DISCUSSIONS
DU
CODE CIVIL
DANS
LE CONSEIL D'ÉTAT.

TOME SECOND.

DISCUSSIONS

DU

CODE CIVIL

DANS

LE CONSEIL D'ETAT,

PRÉCÉDÉES

DES ARTICLES CORRESPONDANS DU TEXTE ET DU PROJET;

AVEC DES NOTES PRINCIPALEMENT PUISÉES DANS LES OBSERVATIONS
ET LA JURISPRUDENCE DES COURS DE CASSATION ET D'APPEL:

Sur le Plan donné par M. REGNAUD (DE SAINT-JEAN-D'ANGELY),
Conseiller d'État, Président de la Section de l'Intérieur, Procureur-
Général de la Haute-Cour Impériale, Membre de l'Institut, Grand-
Officier de la Légion d'Honneur.

PAR MM. JOUANNEAU, L., C., ET SOLON.

TOME SECOND.

A PARIS,

CHEZ DEMONVILLE, IMPRIMEUR-LIBRAIRE,
RUE CHRISTINE, N°. 12.

AN XIII, (1805).

DISCUSSIONS
DU
CODE CIVIL
DANS
LE CONSEIL D'ETAT.

LIVRE TROISIEME.
DES DIFFÉRENTES MANIERES DONT ON ACQUIERT LA PROPRIÉTÉ.

DISPOSITIONS GÉNÉRALES.

Décrétées le 29 Germinal an 11, promulguées le 9 Floréal suivant.

711. La propriété des biens (1) s'acquiert et se transmet par succession, par donation entre-vifs ou testamentaire, et par l'effet des obligations.

(Cet article, le Ier du Projet, fut adopté sans discussion).

712. La propriété s'acquiert aussi par accession ou incorporation, et par prescription.

(Cet article était le IIe du Projet).

Le consul CAMBACÉRÈS demande pourquoi, conformément au droit romain, la tradition n'est pas mise au nombre des manières d'acquérir.

Séance du 9 Nivose an 11.

---

(1) Le tribunal de cassation proposait d'ajouter, *ou les droits* après les mots *la propriété des biens*, parce que les droits qu'on peut acquérir sur les biens, ne sont pas moins que la *propriété* même l'objet de ce livre du Code.

M. Treilhard répond que les caractères et les effets de la tradition sont expliqués au titre *des effets des obligations*.

M. Tronchet dit qu'en effet la tradition n'est que le mode d'exécution d'un engagement ; que même les meubles seuls en sont susceptibles.

L'article est adopté.

713. Les biens qui n'ont pas de maître, appartiennent à la nation.

(Cet article, le IIIe du Projet, fut adopté sans discussion).

714. Il est des choses qui n'appartiennent à personne, et dont l'usage est commun à tous.

Des lois de police règlent la manière d'en jouir.

(Cet article, le IVe du Projet, fut adopté sans discussion).

715. La faculté de chasser ou de pêcher est également réglée par des lois particulières.

(Cet article, le Ve du Projet, fut adopté sans discussion).

716. La propriété d'un trésor appartient à celui qui le trouve dans son propre fonds : si le trésor est trouvé dans le fonds d'autrui, il appartient pour moitié à celui qui l'a découvert, et pour l'autre moitié au propriétaire du fonds.

Le trésor est toute chose cachée ou enfouie sur laquelle personne ne peut justifier sa propriété, et qui est découverte par le pur effet du hasard.

(Cet article, le VIe du projet, fut adopté sans discussion).

717. Les droits sur les effets jetés à la mer, sur les objets que la mer rejette, de quelque nature qu'ils puissent être, sur les plantes et herbages qui croissent sur les rivages de la mer, sont aussi réglés par des lois particulières.

Il en est de même des choses perdues dont le maître ne se représente pas.

(Cet article, le VIIe du Projet, fut adopté sans discussion).

TITRE PREMIER.
DES SUCCESSIONS.

Décrété le 29 *Germinal an* 11, *promulgué le* 9 *Floréal suivant.*

CHAPITRE PREMIER.

DE L'OUVERTURE DES SUCCESSIONS, ET DE LA SAISINE DES HÉRITIERS.

718. Les successions s'ouvrent par la mort naturelle et par la mort civile.

(Cet article, le Ier du Projet, fut adopté sans discussion).

719. La succession est ouverte par la mort civile, du moment où cette mort est encourue, conformément aux dispositions de la section II du chapitre II du titre *de la Jouissance et de la Privation des Droits civils.*

(Cet article était le IIe du Projet).

Le PREMIER CONSUL demande quel est l'héritier, dans le cas de cet article.

M. TREILHARD dit que la mort civile n'étant encourue qu'à l'expiration des cinq années qui suivent l'exécution par effigie du condamné par contumace, ce n'est qu'à cette époque que la succession est ouverte. Le parent qui, dans ce moment, se trouve appelé par la loi, est héritier.

Le PREMIER CONSUL demande qui succède, lorsque le condamné meurt dans l'intervalle des cinq ans.

M. TREILHARD dit que le condamné meurt alors *integri status*, et que l'ordre de sa succession est réglé comme s'il n'y avait point de jugement.

Le PREMIER CONSUL dit qu'il semblerait préférable de laisser la succession en suspens jusqu'après l'expiration des cinq ans; à cette époque, elle serait recueillie par ceux qui se trouvaient héritiers au moment de la condamnation.

M. TREILHARD répond que cette disposition exclurait les enfans légitimes qui seraient nés au contumax depuis la condamnation.

Séance du 25 Frimaire an 11.

Le consul CAMBACÉRÈS dit que la difficulté vient du système qui fait survivre le contumax cinq années à l'exécution par effigie, et qui rend ainsi légitimes les enfans nés depuis cette époque.

M. THIBAUDEAU répond que ce système n'a été adopté qu'après une longue discussion, et précisément à cause de l'intérêt des enfans qui peuvent naître pendant les cinq ans de la contumace.

L'article est adopté.

720. Si plusieurs personnes respectivement appelées à la succession l'une de l'autre, périssent dans un même événement, sans qu'on puisse reconnaître laquelle est décédée la première, la présomption de survie est déterminée par les circonstances du fait, et, à leur défaut, par la force de l'âge ou du sexe.

III. *Si plusieurs individus respectivement appelés à la succession l'un de l'autre, périssent dans un même événement, sans qu'on puisse reconnaître lequel est décédé le premier, la présomption de survie est déterminée par l'âge ou le sexe.*

Le consul CAMBACÉRÈS dit que cet article est trop absolu; que la règle doit fléchir devant les circonstances, lorsqu'elles détruisent la présomption de survie.

M. TREILHARD répond que l'article est rédigé dans ce sens.

Le consul CAMBACÉRÈS dit que la rédaction ferait peut-être croire que les circonstances pourront être écartées, pour s'en tenir uniquement à la présomption tirée du sexe et de l'âge.

M. TRONCHET propose d'employer la rédaction du projet de Code civil.

Elle est adoptée ainsi qu'il suit : *Si plusieurs* individus, *respectivement appelés à la succession l'un de l'autre, périssent dans un même événement, sans qu'on puisse reconnaître lequel est décédé le premier, la présomption de survie est déterminée par les circonstances du fait, et, à leur défaut, par la force de l'âge ou du sexe.*

(Après la conférence tenue avec le Tribunat, le mot *personnes* qui se trouve au commencement de l'article, a été substitué au mot *individus*, qui était dans le projet).

721. Si ceux qui ont péri ensemble avaient moins de quinze ans, le plus âgé sera présumé avoir survécu.

S'ils étaient tous au-dessus de soixante ans, le moins âgé sera présumé avoir survécu.

Si les uns avaient moins de quinze ans, et les autres plus de soixante, les premiers seront présumés avoir survécu.

(L'article IV du Projet était le même, il a été adopté sans discussion).

722. Si ceux qui ont péri ensemble avaient quinze ans accomplis et moins de soixante, le mâle est toujours présumé avoir survécu, lorsqu'il y a égalité d'âge, ou si la différence qui existe n'excède pas une année.

S'ils étaient du même sexe, la présomption de survie qui donne ouverture à la succession dans l'ordre de la nature, doit être admise : ainsi le plus jeune est présumé avoir survécu au plus âgé.

(Cet article se compose des articles V et VI du projet).

V. *Entre ceux qui ont plus de quinze ans et moins de soixante, le mâle est toujours présumé avoir survécu, s'il y a égalité d'âge, ou si la différence qui existe n'excède pas une année.*

VI. *Si ceux qui ont péri sont du même sexe, la présomption de survie qui donne ouverture à la succession dans l'ordre de la nature doit être admise ; ainsi le plus jeune est présumé avoir survécu au plus âgé. Si l'on ignore absolument quel est le plus âgé, la succession de chacun d'eux se défère comme si l'autre n'avait jamais existé.*

M. Tronchet dit que la disposition finale de l'article VI ne peut être appliquée à toutes les hypothèses. Par exemple, si deux cousins périssent en même tems, et qu'il y ait une succession paternelle et une succession maternelle, l'article ne présente plus de solution.

M. Treilhard dit que la disposition finale de l'article est pour le cas de deux individus du même sexe respectivement appelés à la succession l'un de l'autre, desquels on ignore l'âge, et qui sont morts dans un même événement, sans qu'on puisse reconnaître lequel est décédé le premier. Si l'on veut supposer que l'un des deux a survécu, il héritera de l'autre ; mais ce n'est plus le cas de cet article.

M. Tronchet dit que pour rendre plus clairement cette idée, la loi devrait supposer qu'ils sont morts tous deux au même instant.

M. Thibaudeau dit que la première partie de l'article VI rentre dans l'article V ; il demande qu'elle y soit placée : le reste, dit-il, est de droit commun.

La proposition de M. Thibaudeau est adoptée.

723. La loi règle l'ordre de succéder entre les héritiers légitimes : à leur défaut, les biens passent aux enfans naturels, ensuite à l'époux survivant ; et s'il n'y en a pas, à la république.

VII. *La loi règle l'ordre de succéder, elle appelle en premier lieu les héritiers légitimes, à leur défaut les enfans naturels ; ensuite l'époux survivant, et s'il n'y en a pas, la République.*

M. DEFERMON pense qu'on ne peut donner la préférence à l'enfant naturel sur l'époux survivant, ni sur le frère du défunt.

Le consul CAMBACÉRÈS dit que, pour mettre plus d'ordre dans la discussion, il faudrait, avant tout, décider jusqu'à quel degré de parenté la successibilité s'étendra, et où commencera la préférence de l'époux survivant et des enfans naturels. Il serait injuste, par exemple, d'appeler à leur préjudice les héritiers du douzième degré. En discutant les dispositions relatives aux *Enfans naturels* dans le titre *de la Paternité et de la Filiation*, on s'est réservé d'examiner, au titre *des Successions*, si ces enfans devaient être préférés aux parens éloignés dans la succession de leur mère.

L'article est ajourné. (Les changemens qu'il a subis ont eu lieu sans autre discussion.)

724. Les héritiers légitimes sont saisis de plein droit des biens, droits et actions du défunt, sous l'obligation d'acquitter toutes les charges de la succession : les enfans naturels, l'époux survivant et la république, doivent se faire envoyer en possession par justice dans les formes qui seront déterminées.

(Cet article était le VIIIe. du Projet.)

Le consul CAMBACÉRÈS approuve l'article en soi ; mais il voudrait qu'on le rédigeât d'une manière moins absolue, afin de ne rien préjuger contre l'institution d'héritier.

M. TRONCHET dit qu'il y avait dans l'ancienne législation cette différence, qu'en pays de droit écrit, la succession testamentaire était la première, et que, par une suite de ce principe, l'héritier institué était saisi de plein droit ; qu'en pays coutumier au contraire, la qualité d'héritier n'était déférée que par la loi : ainsi l'on ne pouvait prendre que de la main de l'héritier, les legs universels ou particuliers.

Une autre différence encore, était qu'en pays de droit écrit, on pouvait disposer, par testament, de l'universalité de ses biens; au lieu qu'en pays coutumier, il existait des réserves, d'où il résultait que l'héritier naturel devait être saisi, et délivrer les legs, afin qu'il pût examiner si le testateur n'avait pas passé les bornes que lui donnait la loi.

Le Code civil doit faire cesser cette diversité, qui semblait diviser la France en plusieurs nations; mais comme il ne s'agit pas de rompre les habitudes des Français, et que le législateur est réduit à choisir, il a semblé juste de préférer les habitudes les plus universelles, qui sont celles des pays coutumiers.

M. Treilhard dit que la faculté de disposer sera vraisemblablement limitée d'une manière quelconque, ne fût-ce que pour l'intérêt des héritiers en ligne directe; mais que dans toutes les suppositions, l'article est bon, parce que l'héritier ayant le droit de contester la disposition du testateur, il doit être mis en état de l'examiner. Le testament peut être nul, et alors il n'en résulte aucun droit pour l'institué; celui-ci ne peut donc être saisi que lorsque sa qualité est reconnue.

M. Portalis dit que le testament a ses effets, tant qu'il n'est pas annullé.

Le Premier Consul dit que pour éclairer la discussion, il faut remonter à l'article VII; cet article prouve que les dispositions de ce titre ne s'appliquent qu'aux successions *ab intestat*. On doit donc ajourner au titre *des Donations et des Testamens* la difficulté qui s'est élevée.

M. Bigot-Préameneu avoue que l'article VIII préjuge que les héritiers institués ne seront pas placés dans la classe de ceux qui sont de plein droit héritiers, qu'il réserve cette prérogative aux héritiers naturels, et qu'il leur remet l'hérédité pour la rendre ensuite aux héritiers institués.

M. Treilhard persiste à penser que l'article ne doit pas être changé.

L'héritier naturel, dit-il, est toujours certain; l'héritier institué, au contraire, tire sa qualité d'un titre qui n'est pas jugé, il peut ne présenter ce titre qu'après un long espace de tems : or, il faut que, dans l'intervalle, la succession repose sur une tête quelconque. Au surplus, la saisine de l'héritier naturel ne cause aucun préjudice à l'héritier institué.

Le consul Cambacérès nie cette dernière proposition. Il importe à l'héritier institué, dit le Consul, de ne pas éprouver de retard dans sa jouissance, et de ne pas être forcé de s'engager dans une contestation pour l'obtenir; ce serait d'ailleurs dénaturer les idées sur l'institution d'héritier. Dans le droit écrit, où elle était connue, elle excluait d'abord l'héritier naturel, et elle conservait sa force tant que le testament n'était pas annullé : on ne peut pas s'écarter de ces principes sans retomber dans ceux des pays coutumiers, et alors il n'y a plus de véritable institution. Ainsi l'article préjuge le fond de la chose, et même, de ce qu'il donne indistinctement la saisine à tous les héritiers, on pourrait en inférer que la libre disposition en collatérale ne serait plus admissible.

L'article est adopté, et renvoyé à la section pour en réduire les dispositions aux successions *ab intestat*. (Néanmoins la rédaction de l'article a subsisté telle qu'elle avait été proposée.)

CHAPITRE II.

DES QUALITÉS REQUISES POUR SUCCÉDER.

725. Pour succéder, il faut nécessairement exister à l'instant de l'ouverture de la succession.

Ainsi, sont incapables de succéder,

1°. Celui qui n'est pas encore conçu ;

2°. L'enfant qui n'est pas né viable ;

3°. Celui qui est mort civilement.

IX. *Pour succéder, il faut nécessairement exister à l'instant de l'ouverture de la succession.*

Ainsi, sont incapables de succéder,

1°. *Celui qui n'est pas encore conçu ;*

2°. *L'enfant mort-né, même quand il aurait donné quelques signes de vie ;*

3°. *Celui qui est mort civilement.*

M. Bérenger demande la suppression des n°s. I et II de cet article ; ils lui paraissent inutiles, puisqu'ils ne sont que des conséquences évidentes et nécessaires du principe général énoncé au commencement de l'article.

L'article est adopté sauf rédaction.

726. Un étranger n'est admis à succéder aux biens que son parent, étranger ou français, possède dans le territoire de la république, que dans les cas et de la manière dont un français succède à son parent possédant des biens dans le pays de cet étranger, conformément aux dispositions de l'article 11, au titre *de la Jouissance et de la privation des Droits civils.*

X. *Un étranger n'est admis à succéder aux biens que son parent étranger.*

ger ou français possède dans le territoire de la république, que dans le cas et de la manière dont un français succède à son parent possédant des biens dans le pays de cet étranger.

Le Premier Consul dit que la disposition de cet article est déjà placée dans le titre *de la jouissance et de la privation des droits civils.*

Le Consul Cambacérès propose de se borner à dire que l'étranger succède, conformément à l'article IV de ce titre.

Cette proposition est adoptée; néanmoins l'article a subsisté, on n'a fait qu'ajouter l'amendement du consul Cambacérès.

727. Sont indignes de succéder, et comme tels exclus des successions,

1°. Celui qui serait condamné (1) pour avoir donné ou tenté (2) de donner la mort au défunt;

2°. Celui qui a porté contre le défunt une accusation capitale jugée calomnieuse;

3°. L'héritier majeur qui, instruit du meurtre du défunt, ne l'aura pas dénoncé à la justice (3).

(Cet article, le XIe. du Projet, fut adopté sans discussion).

728. Le défaut de dénonciation ne peut être opposé aux ascendans et descendans du meurtrier, ni à ses alliés au même degré, ni à son époux ou à son épouse, ni à

---

(1) Dans le projet soumis aux tribunaux, le N°. Ier. était ainsi conçu : *Celui qui est jugé avoir donné volontairement la mort au défunt.* Le tribunal d'appel de Liège proposa de substituer les mots *condamné pour* au mot *jugé*, parce qu'il est possible qu'un héritier ait donné la mort volontairement, mais à corps défendant; et, dans ce cas, n'étant pas coupable, il ne doit pas être privé de la succession du défunt.

(2) Le tribunal d'appel d'Agen proposa d'ajouter après le mot *volontairement*, ceux-ci, *ou tenté de donner*; ses motifs furent que si les lois criminelles punissent la tentative comme le crime même, comment les lois civiles la traiteraient-elles différemment? L'indignité résulte aussi pleinement de la tentative que de la consommation de l'acte.

(3) Le tribunal d'appel de Bruxelles proposait d'ajouter au n°. 3 : *à moins qu'il n'ait été dans le cas de l'ignorer, ou que la justice n'ait été informée par une autre voie, avant qu'il ait pu dénoncer lui-même.*

Le tribunal de Nîmes demandait que l'héritier qui aurait empêché par violence celui à qui il succède, de disposer, ou l'aurait empêché de révoquer une disposition déjà faite, fût privé de la quotité disponible, ou de la disposition qu'il aurait empêché de révoquer.

ses frères ou sœurs, ni à ses oncles et tantes, ni à ses neveux et nièces.

(Cet article, le XIIe. du Projet, fut adopté sans discussion).

729. L'héritier exclus de la succession pour cause d'indignité, est tenu de rendre tous les fruits et les revenus dont il a eu la jouissance depuis l'ouverture de la succession (1).

(Cet article, le XIIIe. du Projet, fut adopté sans discussion).

730. Les enfans de l'indigne, venant à la succession de leur chef, et sans le secours de la représentation, ne sont pas exclus pour la faute de leur père; mais celui-ci ne peut, en aucun cas, réclamer, sur les biens de cette succession, l'usufruit que la loi accorde aux pères et mères sur les biens de leurs enfans (2).

(Cet article, le XIVe. du Projet, fut adopté sans discussion).

CHAPITRE II.

DES DIVERS ORDRES DE SUCCESSION.

SECTION PREMIERE.

DISPOSITIONS GÉNÉRALES.

731. Les successions sont déférées aux enfans et descendans du défunt, à ses ascendans et à ses parens collatéraux, dans l'ordre et suivant les règles ci-après déterminés.

---

(1) Les actes faits de bonne foi par l'héritier déclaré indigne depuis l'ouverture de la succession jusqu'à l'introduction de l'instance pour faire déclarer l'indignité, seront-ils valables?

L'indignité peut-elle être remise par celui à la vie duquel il a été attenté, ou contre qui son héritier présomptif a porté une accusation capitale jugée calomnieuse?

(2) La mère pourra-t-elle réclamer la jouissance des biens de ses enfans durant le mariage, dans le cas où le père en serait exclus pour cause d'indignité?

(L'article XVe. du Projet était le même, à l'exception du mot *enfans*, qui a été ajouté après la conférence qui a eu lieu entre la section de législation du Conseil d'Etat et celle du Tribunat : il fut adopté sans discussion).

732. La loi ne considère ni la nature ni l'origine des biens pour en régler la succession.

733. Toute succession échue à des ascendans ou à des collatéraux, se divise en deux parts égales ; l'une pour les parens de la ligne paternelle, l'autre pour les parens de la ligne maternelle.

Les parens utérins ou consanguins ne sont pas exclus par les germains ; mais ils ne prennent part que dans leur ligne, sauf ce qui sera dit à l'article 752. Les germains prennent part dans les deux lignes.

Il ne se fait aucune dévolution d'une ligne à l'autre, que lorsqu'il ne se trouve aucun ascendant ni collatéral de l'une des deux lignes.

XVI. *La loi ne considère ni la nature, ni l'origine des biens, pour en régler la succession.*

XVII. *Toute succession échue à des ascendans ou à des collatéraux, se divise en deux parts égales ; l'une pour les parens de la ligne paternelle, l'autre pour les parens de la ligne maternelle.*

Il ne se fait aucune dévolution d'une ligne à l'autre, que lorsqu'il ne se trouve aucun ascendant ni collatéral de l'une des deux lignes.

Le consul CAMBACÉRÈS dit qu'il y a de la connexité entre l'article XVI et le suivant.

Ils tendent à maintenir le droit établi ; ils conservent la fente et excluent la refente : cependant ces dispositions ne suffisent pas pour empêcher qu'une ligne ne s'enrichisse aux dépens de l'autre. Peut-être serait-il convenable de rétablir la règle *paterna paternis*, pourvu que ses effets ne s'étendissent pas au-delà des degrés de parenté assez proches pour que l'origine des biens ne soit enveloppée d'aucune incertitude. Ce serait s'écarter de la loi du 17 nivose : mais on sait que cette loi fut faite dans un esprit de morcellement, tandis que la disposition proposée serait très-propre à maintenir la paix dans les familles.

M. BIGOT-PRÉAMENEU partage l'opinion du Consul ; elle lui paraît fondée sur les considérations qui ont toujours déterminé l'ordre de succéder. En effet, la loi règle cet ordre d'après les divers degrés d'affection qu'elle a dû supposer dans celui qui est décédé : or, dans tous les cœurs on trouve le desir que les biens d'une famille ne passent pas à l'autre, par suite du système des successions. Mais les dispositions de la loi doivent être tellement combinées, qu'il n'en résulte pas de procès entre parens; il est nécessaire de borner les effets de la règle *paterna paternis* à des degrés assez proches pour que l'origine des biens ne puisse être contestée. Resserré dans ces limites, le système proposé remplira le vœu général; il favorisera les mariages, car un collatéral se rendra plus facile à donner, lorsqu'il sera certain que jamais sa libéralité ne passera dans une autre famille.

M. Berlier dit que pour bien se fixer sur la question, il faut voir ce qui existait en France avant la loi du 17 nivose an 2.

La règle *paterna paternis*, dans beaucoup de pays de coutume, ne procurait pas seulement, en cas de mort *ab intestat*, la dévolution des propres anciens, aux parens descendant de l'auteur commun qui les avaient possedés; elle allait, en certains pays, jusqu'à interdire la disposition de cette espèce de biens, par testament : ainsi, dans la coutume de Paris, on ne pouvait disposer que du quint, ou, en d'autres termes, du cinquième des propres.

Dans les pays de droit écrit, au contraire, l'on ne connaissait pas cette entrave dans la disposition de ses biens ; et en cas de mort *ab intestat*, ils passaient, sans distinction d'origine, au plus proche parent.

De ces deux systèmes, le dernier, plus simple, plus en harmonie avec le droit de propriété, et justifié sur-tout par l'affection présumée du défunt, devrait être préféré sans doute, si la division des biens entre les deux lignes n'était un terme moyen propre à concilier des usages si opposés. Est-ce donc le cas de revenir à la règle *paterna paternis*, même en restreignant ses effets au cas de mort *ab intestat*, et au degré de cousin issu de germain ? Mais d'abord l'ascendant commun de deux cousins issus de germains, est le bisaïeul ; or, pour distinguer les biens qui lui ont appartenu, il faudra souvent remonter à près d'un siècle, et cette opération ne sera pas toujours exempte de difficultés et de contestations.

En second lieu, si tous les biens ou la plus grande partie des biens étaient de cette espèce, serait-il juste que le cousin issu de germain exclût le parent de l'autre ligne, beaucoup plus proche que lui, un neveu, par exemple, ou même un frère utérin ou consanguin ; et que celui-ci n'eût rien, tandis que l'autre aurait tout ?

SUCCESSIONS.

On peut, il est vrai, supposer aussi que les biens proviennent de la ligne du plus proche parent, qui, réunissant ainsi les deux titres, pourra trouver dur et injuste de venir à partage : mais si cette injustice existe quelquefois et si elle est sentie, un testament pourra la réparer ; voilà le remède.

Mais la donnée la plus commune est que l'une et l'autre ligne ont à-peu-près également contribué à former la masse ; et en s'arrêtant à cette donnée, on n'exproprie personne, et l'on évite à tous, des procès qui souvent mangeraient l'héritage.

M. Berlier examine ensuite une objection d'une autre nature, déduite de l'intérêt des mariages, et fondée sur la répugnance qu'on aura de donner à un parent son bien, pour le voir passer dans une famille étrangère.

Vaine terreur, dit M. Berlier ; ou du moins elle sera plus que balancée par l'espoir de voir le donataire obtenir des enfans auxquels il transmettra le bénéfice du don sans altération : d'un autre côté, si le donateur a quelque crainte, il pourra stipuler le retour ; et même, s'il est ascendant, il pourra s'en dispenser, puisqu'à ce titre et d'après ce qui doit être proposé, il devra, à défaut de descendans du donataire, succéder à celui-ci dans les biens venant de lui.

L'expérience, d'ailleurs, répond mieux que tous les raisonnemens à l'objection qui est faite : se mariait-on moins, et les donations en faveur des mariages étaient-elles plus rares en pays de droit écrit, où la règle *paterna paternis* était inconnue, que dans les pays où elle était admise ?

M. Berlier termine en observant que le système proposé par la section, et qui n'est que le maintien de la nouvelle législation en ce point, a pour lui l'avantage d'une épreuve de neuf années, et l'assentiment de presque tous les tribunaux consultés ; ce qui n'est pas un faible argument en sa faveur, sur-tout quand on considère à quelle rigueur on est disposé aujourd'hui envers tout ce qui fut fait à cette époque.

M. Portalis dit qu'il n'admet avec aucune modification la règle *paterna paternis*.

Celui qui succède devient propriétaire ; il peut donc disposer : s'il en était autrement, la propriété ne serait plus dans l'individu, elle serait dans la famille entière. Lorsque l'héritier dissipe, sa famille perd les biens sans retour ; elle ne peut pas avoir plus de prétention à la propriété, par cela seul que le possesseur des biens n'a pas été un dissipateur.

La présomption de l'affection doit sans doute être consultée, mais dans le propriétaire actuel seulement.

Au surplus, les considérations qui ont fait supprimer le système des propres, doivent aussi faire écarter la règle *paterna paternis.*

Les articles XVI et XVII sont adoptés. (La seconde partie de l'art. 733 est formé de l'art. XXXVIII du Projet, ainsi conçu : *Les frères et sœurs utérins ou consanguins ne sont pas exclus par les frères ou sœurs germains; mais ils ne prennent part que dans la moitié attribuée à leur ligne : les frères ou sœurs germains prennent part dans les deux lignes*).

(Cet article, adopté sauf rédaction dans la séance du 2 nivose de l'an XI, a été inséré dans l'art. 733, sans autre discussion).

734. Cette première division opérée entre les lignes paternelle et maternelle, il ne se fait plus de division entre les diverses branches ; mais la moitié dévolue à chaque ligne appartient à l'héritier ou aux héritiers les plus proches en degrés, sauf le cas de la représentation ainsi qu'il sera dit ci-après.

(Cet article, le XVIIIe. du projet, fut adopté sans discussion.)

735. La proximité de parenté s'établit par le nombre de générations ; chaque génération s'appelle un *degré.*

(Cet article, le XIXe. du projet, fut adopté sans discussion).

736. La suite des degrés forme la ligne : on appelle *ligne directe* la suite des degrés entre personnes qui descendent l'une de l'autre ; *ligne collatérale*, la suite des degrés entre personnes qui ne descendent pas les unes des autres, mais qui descendent d'un auteur commun.

On distingue la ligne directe, en ligne directe descendante et ligne directe ascendante.

La première est celle qui lie le chef avec ceux qui descendent de lui; la deuxième est celle qui lie une personne avec ceux dont elle descend.

(Cet article, le XXe. du projet, fut adopté sans discussion).

737. En ligne directe, on compte autant de degrés qu'il y a de générations entre les personnes : ainsi le fils est, à

l'égard du père, au premier degré ; le petit-fils, au second ; et réciproquement du père et de l'aïeul à l'égard des fils et petit-fils.

(Cet article, le XXIe. du projet, fut adopté sans discussion).

738. En ligne collatérale, les degrés se comptent par les générations, depuis l'un des parens jusques et non compris l'auteur commun, et depuis celui-ci jusqu'à l'autre parent.

Ainsi, deux frères sont au deuxième degré ; l'oncle et le neveu sont au troisième degré ; les cousins germains au quatrième ; ainsi de suite.

(Cet article, le XXIIe. du projet, fut adopté sans discussion).

SECTION II.

DE LA REPRÉSENTATION.

739. La représentation est une fiction de la loi, dont l'effet est de faire entrer les représentans dans la place, dans le degré et dans les droits du représenté.

(Cet article, le XXIIIe. du projet, fut adopté sans discussion).

740. La représentation a lieu à l'infini dans la ligne directe descendante.

Elle est admise dans tous les cas, soit que les enfans du défunt concourent avec les descendans d'un enfant prédécédé, soit que tous les enfans du défunt, étant morts avant lui, les descendans desdits enfans se trouvent entr'eux en degrés égaux ou inégaux.

(Cet article, le XXIVe. du projet, fut adopté sans discussion).

741. La représentation n'a pas lieu en faveur des ascendans ; le plus proche, dans chacune des deux lignes, exclut toujours le plus éloigné.

(Cet article, le XXVe. du projet, fut adopté sans discussion).

742. En ligne collatérale, la représentation est admise en faveur des enfans et descendans de frères ou sœurs du défunt, soit qu'ils viennent à sa succession concurremment avec des oncles ou tantes, soit que tous les frères et sœurs du défunt étant prédécédés, la succession se trouve dévolue à leurs descendans en degrés égaux ou inégaux.

(Cet article se compose des articles XXVI et XXVII du Projet).

XXVI. *En ligne collatérale, la représentation est admise dans les cas qui suivent.*

1°. Si le défunt laisse des frères ou sœurs et des neveux ou nièces, ou, à leur défaut, des descendans d'eux, à quelque degré qu'ils puissent être.

2°. Si un cousin-germain laisse des cousins ou cousines germains, et des enfans au premier degré d'un cousin-germain prédécédé.

XXVII. *Dans ces cas, le neveu ou la nièce, ou à leur défaut, leurs descendans, viennent par représentation du frère décédé, concurremment avec les frères survivans.*

Les enfans au premier degré du cousin-germain, viennent par représentation de leur père, concurremment avec le cousin-germain survivant.

Le consul Cambacérès dit que, d'après ces deux articles, le petit-neveu se trouverait exclus, lorsque le défunt ne laisserait point de frère.

M. Berlier trouverait injuste de ne point établir, dans ce cas même, la représentation entre le neveu et le petit neveu. Il lui semble que la représentation ne cesse d'être favorable que dans les cas où la généalogie serait très difficile à établir, ce qui ne saurait être pour le degré dont il s'agit.

M. Regnaud (de Saint-Jean-d'Angely) partage cet avis. S'il est juste, dit-il, d'admettre le petit-neveu à la représentation, son droit ne doit pas dépendre de la circonstance qu'il existe un frère du défunt : cette circonstance, au contraire, ne doit pas faire admettre le petit-neveu, s'il n'est pas juste en soi qu'il vienne par représentation de son père.

M. Emmery dit que l'esprit de la section a été d'appeler les neveux et les petits-neveux indistinctement, quand il existerait un frère du défunt ; qu'il lui aurait paru inhumain, quand il n'existe que des neveux, d'exclure les petits-neveux, par la raison que leur père est décédé.

M. Regnaud (de Saint-Jean-d'Angely) dit que la rédaction ne rend pas cette idée.

M. Portalis observe que la représentation n'est qu'une fiction de la loi.

On

On conçoit facilement, dit-il, que lorsque deux frères du défunt laissent des enfans, ces neveux viennent également à la succession ; mais les principes de la représentation ne permettent pas d'établir le même concours entre les neveux d'une part et les petits-neveux de l'autre. Ce ne sont pas, en effet, des vues d'humanité qui ont fait établir la représentation ; ce sont des vues d'ordre, réglées sur les affections présumées du défunt. Or, les lois supposent que dans le degré de petit-neveu, le lien de la parenté ne subsiste presque plus, puisqu'elles n'admettent pas à ce degré la récusation des juges. Ainsi, c'est une idée peu naturelle de priver d'une portion de la succession, le neveu du défunt, objet immédiat de ses affections, pour gratifier de cette part un individu que le défunt a peut-être connu à peine. L'ordre des affections ne doit pas être calculé arbitrairement, mais d'après des présomptions raisonnables. Or, on sait que les relations de parenté, dans certains degrés éloignés, deviennent si étendues et si générales, qu'elles ne peuvent plus être des motifs d'affection. L'avis de la section paraît donc devoir être adopté : les raisons par lesquelles on l'a combattu, militeraient également en faveur de la représentation à l'infini.

M. Berlier dit que lorsqu'il s'agira de la *succession des cousins*, on pourra examiner s'il convient d'étendre la représentation jusqu'à ce degré ; de manière que l'enfant du cousin-germain concoure, par représentation de son père, avec le cousin-germain lui-même ; mais il s'agit en ce moment de *la succession dévolue à des frères ou descendans de frères*.

N'admettra-t-on, selon le droit romain, que le neveu du premier degré, à concourir avec le frère du défunt ; et à défaut de frère, ce neveu exclura-t-il les petits-neveux et arrières-petits-neveux descendant d'autres frères du défunt ? Telle est la question qui, malgré l'autorité du droit romain, ne saurait être résolue affirmativement, sans perpétuer une grande injustice.

Si la distribution des biens *ab intestat* a pour base l'affection présumée du défunt, il faut accorder l'effet avec la cause. Or, voyons ce qui se passe dans les familles ; voilà la vraie règle à suivre en cette matière.

Un homme a un neveu, fils de son frère *Jean*, un petit-neveu descendant de son frère *Paul*, et, si l'on veut encore, un arrière-petit-neveu descendant de son frère *Philippe* ; ces divers enfans n'auront-ils pas le plus souvent recueilli et partagé les caresses du défunt ? N'est-ce point là, par rapport à un homme sans enfans, l'image de la primitive famille, et le tableau vivant qui lui rappelle tous ses frères ?

Dans ce cercle très-étroit de personnes aussi intimement liées, la représentation n'est-elle pas un droit tracé par la nature elle-même?

M. Berlier finit en observant que le tribunal d'appel de Lyon a émis son vœu pour que, dans les successions dévolues à des frères et descendans de frères, tous ces descendans fussent admis à la représentation. L'opinant partage entièrement cet avis.

Le Conseil adopte en principe que les enfans des frères du défunt succèdent par représentation à l'infini.

Le Premier Consul dit que la disposition qui vient d'être adoptée, ne paraît pas devoir être étendue aux cousins-germains. Ils sont chefs de familles distinctes et séparées, et ne se connaissent que comme individus.

M. Tronchet dit que le droit commun bornait la représentation à l'oncle et au neveu, qu'on vient d'y déroger peut-être avec raison pour le petit-neveu, mais que cette dérogation ne paraît pas avoir été étendue jusqu'aux cousins.

M. Treilhard dit qu'il ne pense pas que la dérogation doive s'étendre aux cousins; et que, sur ce point, il n'a jamais partagé l'avis de la section.

Le Conseil rejette le n°. 2 de l'article XXVI, et adopte en principe que la représentation ne sera pas étendue aux cousins.

(D'après cette discussion, l'article fut rédigé ainsi qu'il a été décrété.)

743. Dans tous les cas où la représentation est admise, le partage s'opère par souche : si une même souche a produit plusieurs branches, la subdivision se fait aussi par souche dans chaque branche, et les membres de la même branche partagent entre eux par tête.

(L'article XXVIII du Projet était le même.)

Séance du 2 Nivose an 11.

M. Maleville dit que cet article laisse indécise la question de savoir si les neveux, enfans de divers frères, venant à la succession de leur oncle, sans concours d'aucun frère du défunt, succèdent par souche ou par tête. Cette question méritait d'autant plus une décision expresse, qu'elle a été autrefois très-controversée, et que d'ailleurs, de l'article qu'on discute, il résulte que les petits-enfans venant de divers enfans au premier degré, sans concours d'aucun de ceux-ci, succèdent cependant par souche.

M. Maleville convient que cette dernière décision est conforme à la jurisprudence, quoique, d'après cette jurisprudence, les neveux, dans le même cas, succèdent par tête. C'est une bizarrerie dont il serait difficile de donner des raisons satisfaisantes; et il serait bien plus équitable et plus conséquent que les petits-enfans de divers frères, venant à la succession, comme les neveux, sans concours d'oncle, succédassent aussi par tête : il n'y a pas de motif pour donner à un petit-fils, seul enfant d'un frère prédécédé, la moitié de la succession *ab intestat* de l'aïeul, tandis que cinq ou six autres petits-fils, venant d'un autre frère prédécédé, n'en auront chacun qu'un dixième ou un douzième ; mais, enfin, si l'on veut conserver la jurisprudence actuelle, dans les deux cas, il faut l'appliquer formellement à tous les deux.

M. Treilhard dit que le partage par tête est la conséquence nécessaire du concours d'héritiers dont aucun ne succède par représentation.

M. Tronchet dit que la représentation est une fiction admise pour empêcher l'exclusion d'un héritier plus éloigné par un héritier plus proche. Elle n'a donc pas lieu lorsque tous les héritiers sont au même degré ; et alors aussi le partage se fait par tête. Mais il est inutile de s'en expliquer, puisqu'il n'y a là qu'une conséquence nécessaire du principe, et que d'ailleurs, après avoir indiqué dans l'article XXVI les cas où il y a représentation, on indique dans l'article XXVIII ses effets par rapport au partage.

M. Treilhard ajoute que le projet s'en explique à la section *des Successions collatérales*.

L'article est adopté.

744. On ne représente pas les personnes vivantes, mais seulement celles qui sont mortes naturellement ou civilement.

On peut représenter celui à la succession duquel on a renoncé.

(L'article XXIX du projet était le même.)

M. Jollivet craint qu'en vertu de cet article, un individu ne puisse renoncer en haine de ses enfans ou de ses héritiers.

Le consul Cambacérès dit que l'article se borne à décider qu'on peut venir à la succession de son aïeul, quoiqu'on ait renoncé à la succession de son père ; que cependant il est une difficulté qu'il faut aborder : elle consiste à savoir si un individu peut venir à la succession de son aïeul, malgré qu'il ait renoncé à celle de son père.

M. Berlier dit que la question se rattache à l'article LXXV.

Le consul Cambacérès consent au renvoi ; mais il pense qu'il ne faut pas se lier, en adoptant la première partie de l'article.

La seconde partie de l'article est adoptée, et la première ajournée ; elle a néanmoins été maintenue.

3.

SECTION III.

DES SUCCESSIONS DÉFÉRÉES AUX DESCENDANS.

745. Les enfans ou leurs descendans succèdent à leurs père et mère, aïeuls, aïeules, ou autres ascendans, sans distinction de sexe ni de primogéniture, et encore qu'ils soient issus de différens mariages.

Ils succèdent par égales portions et par tête, quand ils sont tous au premier degré et appelés de leur chef : ils succèdent par souche, lorsqu'ils viennent tous ou en partie par représentation.

(Cet article, le XXXe. du Projet, fut adopté sans discussion).

SECTION IV.

DES SUCCESSIONS DÉFÉRÉES AUX ASCENDANS.

746. Si le défunt n'a laissé ni postérité, ni frère, ni sœur, ni descendans d'eux, la succession se divise par moitié entre les ascendans de la ligne paternelle et les ascendans de la ligne maternelle.

L'ascendant qui se trouve au degré le plus proche, recueille la moitié affectée à sa ligne, à l'exclusion de tous autres.

Les ascendans au même degré succèdent par tête.

(Cet article était le XXXIIe. du Projet).

M. Tronchet dit que la dernière disposition de l'article est trop générale, qu'il convient de la rédiger ainsi : *Les ascendans au même degré, et de la même ligne, succèdent par tête.*

L'article est renvoyé à la Section (néanmoins la première rédaction a été maintenue).

747. Les ascendans succèdent, à l'exclusion de tous autres, aux choses par eux données à leurs enfans ou descendans décédés sans postérité, lorsque les objets donnés se retrouvent en nature dans la succession.

Si les objets ont été aliénés, les ascendans recueillent le prix qui peut en être dû. Ils succèdent aussi à l'action en reprise que pouvait avoir le donataire (1).

XXXI. *Les ascendans succèdent toujours, et à l'exclusion de tous autres, aux choses par eux données à leurs enfans ou descendans, lorsque les donataires sont décédés sans postérité.*

M. Tronchet dit que cet article est nécessaire pour détruire un inconvénient de la loi du 17 nivose, dont les dispositions faisaient craindre que ce que l'on donnait à ses enfans ne passât dans une autre ligne. Cependant l'article a besoin de quelques explications : la réversion des meubles et immeubles trouvés en nature ne souffre point de difficultés; mais il y aurait remploi des choses aliénées. Ensuite ce mot *choses* exprime-t-il les choses mobilières et les sommes d'argent?

M. Treilhard dit que la section a entendu appliquer la réversion à toutes les choses données qui se trouveraient en nature dans l'hérédité; que l'argent même peut se retrouver dans le cas d'une créance qui n'est pas encore payée.

M. Maleville dit qu'on doit aller plus loin, et décider que le père reprendra sur les biens du mari les sommes d'argent qu'il aura constituées en dot à sa fille, lorsqu'elles ne se retrouveront pas en nature dans sa succession.

M. Treilhard dit que le droit de retour embrasse tout ce qui existe en nature, ou, en cas d'aliénation, l'action en paiement du prix qui peut encore être dû, et, par la même raison, l'action en reprise qui pouvait appartenir à la donataire sur les biens de son mari.

Le consul Cambacérès dit que probablement M. Maleville suppose que la dot est placée, et il demande si alors le père pourra la reprendre en argent, ou si le mari sera fondé à la refuser, sous prétexte qu'il en a disposé et qu'elle n'existe plus en nature.

M. Tronchet dit que la rédaction de l'article n'exclut pas la créance du père.

Le consul Cambacérès dit qu'il partage cette opinion; mais qu'il est utile de ne plus laisser subsister de difficulté sur la manière d'entendre l'article.

---

(1) Si le prix des objets donnés et vendus par le donataire, avait été employé en acquisition d'immeubles existans dans la succession du donataire, le donateur exercerait-il le droit de retour?

La section est chargée de réformer la rédaction de l'article, sous ce rapport.

M. Réal demande si le droit de réversion attribué au père par l'article, ne changera rien aux donations qu'auront pu se faire les époux.

M. Treilhard dit que la question est prématurée, et qu'elle doit être renvoyée au titre *des Donations*.

M. Regnaud (de Saint-Jean-d'Angely) demande si le père aura un droit de retour, dans le cas où le fils aura vendu un immeuble reçu en dot, et en aura employé le prix dans le commerce.

M. Tronchet répond que ce droit n'appartient au père, qu'autant qu'il a stipulé le retour.

M. Treilhard ajoute que si le père n'a pas pris cette précaution, le fils a eu tellement le droit de disposer, qu'il a même pu donner.

L'article est adopté. (Les changemens qu'il a subi ont eu lieu sans autre discussion.).

748. Lorsque les père et mère d'une personne morte sans postérité lui ont survécu, si elle a laissé des frères, sœurs, ou des descendans d'eux, la succession se divise en deux portions égales, dont moitié seulement est déférée au père et à la mère, qui la partagent entr'eux également.

L'autre moitié appartient aux frères, sœurs ou descendans d'eux, ainsi qu'il sera expliqué dans la section V du présent chapitre.

(Cet article, le XXXIIIe. du Projet, fut adopté sans discussion).

749. Dans le cas où la personne morte sans postérité laisse des frères, sœurs, ou des descendans d'eux, si le père ou la mère est prédécédé, la portion qui lui aurait été dévolue conformément au précédent article, se réunit à la moitié déférée aux frères, sœurs ou à leurs représentans, ainsi qu'il sera expliqué à la section V du présent chapitre.

(L'article XXXIVe. du Projet était le même.)

XXXV. *Les ascendans autres que les père et mère, ne sont jamais appelés qu'à défaut de frère ou sœur du défunt, ou de descendans qui les représentent,*

Le consul Cambacérès demande si l'effet de l'article XXXIV est réduit au cas du double lien.

M. Tronchet dit que ces difficultés ont été proposées par les tribunaux.

On a observé que l'intention du projet était de rétablir l'équilibre détruit par la suppression du système des propres, mais, a-t-on ajouté, un défunt peut laisser après lui un frère utérin et son père : si la mère est décédée, et que les frères excluent indistinctement les ascendans, le frère utérin exclura le père, et fera passer les biens dans la ligne maternelle. On a demandé en conséquence que la fente se fasse au premier degré de la ligne ascendante, comme elle se fait au premier degré de la ligne collatérale.

Les deux articles sont adoptés avec ces amendemens (néanmoins l'article XXXV a été supprimé).

SECTION V.

DES SUCCESSIONS COLLATÉRALES.

750. En cas de prédécès des père et mère d'une personne morte sans postérité, ses frères, sœurs ou leurs descendans sont appelés à la succession, à l'exclusion des ascendans et des autres collatéraux.

Ils succèdent, ou de leur chef, ou par représentation, ainsi qu'il a été réglé dans la section II du présent chapitre.

(Cet article, le XXXVIe. du Projet, fut adopté sans discussion).

751. Si les père et mère de la personne morte sans postérité lui ont survécu, ses frères, sœurs ou leurs représentans ne sont appelés qu'à la moitié de la succession. Si le père ou la mère seulement a survécu, ils sont appelés à recueillir les trois quarts.

(Cet article, le XXXVIIe. du Projet, fut adopté sans discussion).

752. Le partage de la moitié ou des trois quarts dévolus aux frères ou sœurs, aux termes de l'article précédent, s'opère entr'eux par égales portions, s'ils sont tous du même lit; s'ils sont de lits différens; la division

se fait par moitié entre les deux lignes paternelle et maternelle du défunt; les germains prennent part dans les deux lignes, et les utérins et consanguins chacun dans leur ligne seulement : s'il n'y a de frères ou sœurs que d'un côté, ils succèdent à la totalité, à l'exclusion de tous autres parens de l'autre ligne (1).

(Cet article ne se trouvait pas dans le Projet, il a été ajouté après la conférence tenue avec le tribunat).

753. A défaut de frères ou sœurs ou de descendans d'eux, et à défaut d'ascendans dans l'une ou l'autre ligne, la succession est déférée pour moitié aux ascendans survivans; et pour l'autre moitié, aux parens les plus proches de l'autre ligne.

S'il y a concours de parens collatéraux au même degré, ils partagent par tête.

XXXIX. *A défaut de frère ou sœur, ou de descendans d'eux, et à défaut d'ascendans dans l'une ou l'autre ligne, la succession est déférée, toujours pour moitié dans chaque ligne, aux parens les plus proches.*

S'il y a concours de parens collatéraux au même degré, ils partagent

---

(1) Les frères utérins succèdent-ils à la totalité de la succession, lorsqu'il existe des parens collatéraux dans la ligne paternelle ?

Décidé affirmativement par arrêt de la cour d'appel de Bruxelles, du 28 thermidor de l'an 12, sur les motifs que l'article 733 du Code civil, après avoir en son premier paragraphe, établi le principe de la division en deux parts égales de toute succession échue à des ascendans ou parens collatéraux, l'une pour la branche paternelle, l'autre pour la branche maternelle; après avoir dit au paragraphe II que les parens utérins ou consanguins ne prennent part que dans leur ligne, fait une restriction qui modifie cette disposition et en excepte le cas prévu par l'article 752; que celui-ci ordonne que s'il n'y a de frères ou sœurs que d'un côté, ils succèdent à la totalité à l'exclusion de tous autres parens de l'autre ligne; que dans ce cas il se fait une dévolution d'une ligne à l'autre, et que la troisième partie de l'article 733 n'est relative qu'au cas où il n'y aurait ni frères, ni descendans d'eux, mais des ascendans, des collatéraux d'un autre degré, d'une autre ligne.

Même arrêt a été rendu en faveur des sœurs consanguines, par la cour d'appel de Nancy, le 8 frimaire an XIII.

par

par tête, sans préjudice de la représentation des cousins germains, ainsi qu'il a été dit à la section de la représentation.

L'article est adopté sauf rédaction.

(Les changemens qu'il a subi ont eu lieu sans discussion).

754. Dans le cas de l'article précédent, le père ou la mère survivant a l'usufruit du tiers des biens auxquels il ne succède pas en propriété.

(Cet art., le XLe. du Projet, fut adopté sans discussion).

755. Les parens au-delà du douzième degré ne succèdent pas.

A défaut de parens au degré successible dans une ligne, les parens de l'autre ligne succèdent pour le tout.

(Cet article, le XLIe. du Projet, fut adopté sans discussion).

CHAPITRE IV.

DES SUCCESSIONS IRRÉGULIÈRES.

SECTION PREMIÈRE.

DES DROITS DES ENFANS NATURELS SUR LES BIENS DE LEUR PÈRE OU MÈRE, ET DE LA SUCCESSION AUX ENFANS NATURELS DÉCÉDÉS SANS POSTÉRITÉ.

756. Les enfans naturels ne sont point héritiers; la loi ne leur accorde de droits sur les biens de leur père ou mère décédés, que lorsqu'ils ont été légalement reconnus. Elle ne leur accorde aucun droit sur les biens des parens de leur père ou mère (1).

XLII. *Les enfans naturels n'ont qu'une créance sur les biens de leur*

---

(1) Le tribunal de Grenoble observait que le projet de Code ne présente aucune disposition relative aux alimens que les pères et mères des enfans naturels leur doivent pendant leur vie : il proposait d'insérer une disposition précise à cet égard. (Voyez la discussion qui a eu lieu sur l'article 338.)

père ou mère décédés; la loi ne la leur accorde que lorsqu'ils ont été légalement reconnus.

La loi ne leur accorde aucun droit sur les biens des parens de leur père ou mère.

M. Jollivet dit que cet article paraît en contradiction avec l'article XLIII (757) qui semble donner une part héréditaire à l'enfant naturel.

M Treilhard répond que cet article XLIII, comme l'article XLII, n'attribue à l'enfant qu'une simple créance.

Le consul Cambacérès désirerait qu'on évitât le mot *créance* ; qu'on se bornât à déclarer que les enfans naturels ne sont pas héritiers ; mais que la loi leur accordât un droit sur les biens de leur père.

L'article est adopté avec l'amendement du consul.

757. Le droit de l'enfant naturel sur les biens de ses père ou mère décédés, est réglé ainsi qu'il suit :

Si le père ou la mère a laissé des descendans légitimes, ce droit est d'un tiers de la portion héréditaire que l'enfant naturel aurait eue s'il eût été légitime : il est de la moitié lorsque les père ou mère ne laissent pas de descendans, mais bien des ascendans ou des frères ou sœurs; il est des trois quarts lorsque les père ou mère ne laissent ni descendans ni ascendans, ni frères ni sœurs.

L'article XLIII du projet était le même, à l'exception des mots , *ni frères, ni sœurs*, qui ont été ajoutés.

M. Maleville dit que les trois quarts de la portion héréditaire, sont trop pour les enfans naturels, lorsqu'ils sont en concurrence avec les frères et sœurs du défunt; que d'ailleurs l'article n'est pas concordant avec la disposition qui règle le concours dans les successions entre les ascendans et les frères.

Le consul Cambacérès propose de ne donner aux enfans naturels que la moitié de la portion héréditaire, quand il existe des frères et sœurs du défunt.

L'article est adopté avec l'amendement du consul.

758. L'enfant naturel a droit à la totalité des biens, lorsque ses père ou mère ne laissent pas de parens au degré successible.

(L'article XLIV du Projet était le même).

M. Jollivet demande que la totalité des biens du défunt appartienne aux enfans naturels, quand les héritiers du père et de la mère sont au sixième degré.

M. Maleville pense que l'article s'accorde mieux avec la disposition qui refuse le titre d'héritier aux enfans naturels.

Le consul Cambacérès dit qu'en effet ce serait contredire cette disposition, que de rendre les enfans naturels héritiers, tant qu'il reste des parens aux degrés successibles. D'ailleurs on ignore si les enfans naturels seront déclarés incapables de recevoir de leur père, plus qu'il ne leur est attribué par les articles XLIII et XLIV. En les supposant exempts de cette capacité, on conçoit que le père pourra disposer en leur faveur, et ajouter à ce que la loi leur attribue.

L'article est adopté.

759. En cas de prédécès de l'enfant naturel, ses enfans ou descendans peuvent réclamer les droits fixés par les articles précédens (1).

(L'article XLV du Projet était le même).

Le consul Cambacérès demande si l'enfant naturel du bâtard jouira du bénéfice de cet article.

M. Berlier observe que l'article ne peut s'appliquer dans toute sa latitude à un tel enfant, puisqu'on a décidé, 1°. qu'il n'était pas héritier, mais simplement créancier ; 2°. que cette créance, réduite à une quotité des biens et droits du père, ne les représente conséquemment point en entier.

Le consul Cambacérès objecte que, quoique l'enfant naturel ne soit pas héritier, il a cependant droit à un tiers d'une part héréditaire dans la succession de son père. L'article transmet ce droit à ses descendans.

---

(1) Le tribunal de cassation proposait d'ajouter après le mot *peuvent*, le mot *seuls*, et de terminer l'article ainsi : *et lors même qu'ils auraient renoncé à la succession de ce père ou de cette mère prédécédé.*

Parce que le droit de l'enfant naturel est une créance, mais une créance conditionnelle dépendante d'un événement de survie qui n'a pas eu lieu ; mais comme cette créance conserve quelque chose de la succession, qu'elle en a la faveur à l'égard des enfans et descendans de l'enfant naturel, il faut déclarer que, ce qui ne serait pas vrai pour toute autre espèce de créance, l'enfant de l'enfant naturel, après même avoir renoncé à la succession de son père, pourrait réclamer la portion dont il s'agit dans la succession de son aïeul.

Or, s'il n'a que des enfans naturels, ils auront un neuvième dans la succession de leur aïeul.

L'article est adopté.

760. L'enfant naturel ou ses descendans sont tenus d'imputer sur ce qu'ils ont droit de prétendre, tout ce qu'ils ont reçu du père ou de la mère dont la succession est ouverte, et qui serait sujet à rapport, d'après les règles établies à la section II du chapitre VI du présent titre.

(Cet article, le XLVIe. du Projet, fut adopté sans discussion.)

761. Toute réclamation leur est interdite, lorsqu'ils ont reçu, du vivant de leur père ou de leur mère, la moitié de ce qui leur est attribué par les articles précédens, avec déclaration expresse, de la part de leur père ou mère, que leur intention est de réduire l'enfant naturel à la portion qu'ils lui ont assignée.

Dans le cas où cette portion serait inférieure à la moitié de ce qui devrait revenir à l'enfant naturel, il ne pourra réclamer que le supplément nécessaire pour parfaire cette moitié (1).

(Cet article, le XLVIIe. du Projet, fut adopté sans discussion.)

762. Les dispositions des articles 757 et 758 ne sont pas applicables aux enfans adultérins ou incestueux.

La loi ne leur accorde que des alimens (2).

(Cet article était le XLVIIIe du Projet).

---

(1) Les enfans naturels peuvent-ils être forcés de recevoir, du vivant de leurs père ou mère, la moitié des droits qui leur sont attribués par la loi ?

(2) Les droits des enfans adultérins reconnus avant la promulgation du Code, et dont les père ou mère sont morts après la loi du 12 brumaire de l'an 2, doivent-ils être réglés par le Code civil ? — Décidé affirmativement par la cour d'appel de. . . . . sur le motif que l'article XIII de la loi du 12 brumaire de l'an 2 ne s'applique qu'aux enfans adultérins, dont les père et mère étaient morts depuis le 14 juillet 1789 jusqu'à la publication de cette loi, et que l'article X a laissé l'état et les droits de ceux dont les père ou mère mourraient postérieurement, soumis aux dispositions du Code civil.

M. Tronchet rappelle, que d'après les dispositions antérieurement arrêtées, les enfans adultérins et incestueux ne peuvent être reconnus. Il semble donc impossible de comprendre le père dans cet article, puisque, d'un côté, la paternité ne saurait être légalement avouée, et que de l'autre, elle n'est pas, comme la maternité, naturellement certaine.

M. Treilhard dit que la section s'est déterminée par la considération que la recherche de la maternité donnerait aussi, en certains cas, la preuve de la paternité, comme dans l'hypothèse de l'enlèvement de la mère.

L'article est adopté.

763. Ces alimens sont réglés, eu égard aux facultés du père ou de la mère, au nombre et à la qualité des héritiers légitimes (1).

(Cet article, le XLIXe. du Projet, fut adopté sans discussion).

---

(1) L'article L du Projet était ainsi conçu : *Le remboursement du capital des alimens pourra cependant être ordonné, à la majorité de l'enfant, si ce remboursement est jugé utile pour lui assurer un état, et si sa conduite passée présente une garantie suffisante de sa conduite future.*

M. Bigot-Préameneu s'élève contre cet article, parce que, quoiqu'on ne puisse refuser des alimens, on ne peut, sans blesser les bonnes mœurs, admettre la procédure en remboursement du capital de ces alimens.

M. Regnaud (de Saint-Jean-d'Angely) appuie cette opinion, attendu qu'une semblable demande conduirait à disputer les biens du père et de la mère, et qu'il y aurait deux procès, l'un pour obtenir la pension, l'autre pour obtenir le remboursement du capital.

M. Treilhard répond que ce remboursement ne serait pas dû de plein droit, mais seulement dans le cas où l'enfant aurait tenu une bonne conduite. Au surplus, on pourrait ne permettre cette demande qu'après la mort du père.

M. Boulay dit qu'elle ne peut être admise qu'alors, puisque les enfans, en général, n'ont point d'action pour se faire doter par leur père.

Le consul Cambacérès dit que cet article donne aux enfans adultérins un avantage qui est refusé aux enfans naturels. Au reste, s'ils doivent en jouir, il est préférable qu'ils exercent leur action du vivant du père, plutôt qu'à l'époque où ses biens se trouveront partagés entre ses héritiers.

M. Bigot-Préameneu demande la suppression de l'article. Un père, dit-il, peut avoir transigé pour cacher au public qu'il a un enfant adultérin ou incestueux. Sa prévoyance serait déjouée, si, après sa mort, il était possible de divulguer sa faute pour former une demande contre ses héritiers.

L'article est retranché.

764. Lorsque le père ou la mère de l'enfant adultérin ou incestueux lui auront fait apprendre un art mécanique, ou lorsque l'un d'eux lui aura assuré des alimens de son vivant, l'enfant ne pourra élever aucune réclamation contre leur succession.

(Cet article, le LIe. du Projet, fut adopté sans discussion).

765. La succession de l'enfant naturel décédé sans postérité, est dévolue au père ou à la mère qui l'a reconnu; ou par moitié à tous les deux, s'il a été reconnu par l'un et par l'autre.

766. En cas de prédécès des père et mère de l'enfant naturel, les biens qu'il en avait reçus, passent aux frères ou sœurs légitimes, s'ils se retrouvent en nature dans la succession : les actions en reprise, s'il en existe, ou le prix de ces biens aliénés, s'il est encore dû, retournent également aux frères et sœurs légitimes. Tous les autres biens passent aux frères et sœurs naturels, ou à leurs descendans.

LII. *La succession de l'enfant naturel est dévolue en premier ordre à ses enfans ou descendans; à leur défaut, au père ou à la mère, ou par moitié à tous les deux, quand il a été reconnu par l'un et par l'autre.*

A défaut des père et mère, la succession est dévolue aux frères et sœurs du défunt, sans distinction des frères légitimes et naturels, ou à leurs descendans.

LIII. *La succession de l'enfant naturel n'est dévolue à ses père ou mère, frères ou sœurs, que lorsqu'il a été légalement reconnu : elle est au surplus recueillie conformément aux règles générales sur les successions.*

Le consul CAMBACÉRÈS n'aperçoit point les motifs qui ont pu déterminer la section à déférer l'hérédité des enfans naturels à leur père, à leur mère, à leurs frères, à leurs sœurs; il lui semble que ce serait assez d'accorder au père et à la mère un droit de retour.

M. TREILHARD observe que le fisc seul se trouve exclus par cet article.

Le consul CAMBACÉRÈS dit qu'il faudrait supposer entre l'enfant naturel et ceux qu'on appelle à sa succession, une réciprocité qui est impossible.

M. REGNAUD (de Saint-Jean-d'Angely) dit que l'enfant naturel ne doit avoir pour héritiers que ses descendans ; qu'à l'égard des autres personnes avec lesquelles la nature lui a donné des rapports, il pourra les avantager, en usant de la faculté qui lui appartient de disposer indéfiniment de ses biens, lorsqu'il n'a pas d'enfans.

M. TREILHARD répond qu'il serait inutile d'établir des successions, si la faculté de disposer, qui appartient d'ailleurs à tous, pouvait y suppléer ; mais il s'agit ici de régler des successions *ab intestat* : or, il est naturel que les frères d'un enfant reconnu soient préférés au fisc.

M. DEFERMON dit qu'il est impossible d'admettre qu'un père puisse donner à ses enfans naturels le droit de faire partie de sa famille.

M. TREILHARD réplique que la préférence accordée aux enfans naturels ne leur donne pas plus une famille qu'au fisc et à l'époux survivant, lorsqu'ils sont appelés à recueillir la succession à défaut de parens.

D'ailleurs, on ne peut pas dire qu'un enfant naturel reconnu n'ait point de famille. Et pour qui propose-t-on d'anéantir les effets de la reconnaissance ? Pour l'intérêt du fisc, qui ne vient qu'à défaut de tout autre héritier.

M. EMMERY dit que l'article est favorable même aux frères légitimes de l'enfant naturel, parce qu'il peut leur rendre, s'ils lui survivent, la part qu'il a eue dans le patrimoine du père commun.

Le consul CAMBACÉRÈS dit qu'il serait juste de donner la préférence à l'épouse de l'enfant naturel, sur ses frères et sœurs.

M. REGNAUD (de Saint-Jean-d'Angely) dit qu'on a voulu favoriser les liens de famille, en ne les étendant, dans aucun cas, aux enfans naturels ; qu'on ne peut donc admettre que ces enfans seront représentés dans une succession.

M. BERLIER dit qu'aucun des motifs qui ont été allégués, ne peut empêcher d'établir une successibilité qui ne lèse personne.

M. TREILHARD dit que du moment qu'on a admis la reconnaissance des enfans naturels, on a admis aussi les conséquences que la section en tire. Quand le père avoue sa paternité, il n'y a plus de scandale ultérieur à craindre : maintenant, si cet enfant naturel vient à mourir sans descendans, quels sont ceux qui se disputeront la succession ? Ce seront, d'un côté, ceux qui lui sont unis par le sang ; de l'autre, le fisc : or, il est déjà décidé que l'enfant naturel succède, quand tous les degrés de la parenté légitime sont épuisés ; on ne peut donc lui refuser l'hérédité de son frère légitime. Pourquoi le frère légitime ne succéderait-il pas, à son tour, au frère naturel, puisqu'aux yeux de la loi, ils sont reconnus pour enfans du même père ?

M. Bigot-Préameneu dit que lorsque l'enfant naturel ne laisse point de descendans, sa femme, qui faisait partie de sa famille, vient en premier ordre.

S'il ne laisse point de femme, ses frères doivent être ses héritiers. Cependant, il ne faut pas qu'il y ait un concours entre les frères légitimes et les frères naturels : ces derniers ne doivent venir qu'à défaut des autres, et c'est dans cet ordre qu'ils doivent prendre la succession par exclusion du fisc.

M. Tronchet dit que la difficulté vient de ce que la disposition qu'on discute n'est point à sa place. Les successions légitimes ne sont dévolues que dans les degrés de la parenté civile ; mais on admet encore un autre genre de successions qu'on nomme irrégulières : c'était-là qu'il fallait reporter la disposition. Elle n'établit plus alors qu'une manière de déférer les biens quand il n'y a pas d'héritier, et alors aussi vient le principe : *fiscus post omnes.*

A l'égard de la vocation des frères légitimes, puisque le fisc se trouve exclus, elle présente une compensation de ce qu'ils ont perdu de la succession de leur père, par la part qui a été donnée à leur frère naturel.

Le consul Cambacérès pense aussi que la disposition n'est point à sa place ; mais la difficulté qu'on rencontre, vient aussi de ce que l'article est trop général.

Il ajoute que, pour éviter toute contradiction, on pourrait reléguer les dispositions de cette section dans un titre particulier. Là on réduirait les enfans légitimes à prendre la portion donnée à l'enfant naturel dans le patrimoine du père commun ; mais on ne leur donnerait point, avec le titre d'héritiers, la totalité de la succession ; la parenté civile peut seule, en effet, constituer des héritiers. A la vérité le fisc n'est point favorable ; mais comme il a la charge des enfans naturels, il est bon aussi qu'il leur succède quelquefois, et quand la partie de la succession qui provenait du père, est rendue aux enfans légitimes, la préférence du fisc n'a plus rien d'odieux.

Le Conseil adopte la proposition du Consul.

Ces articles sont renvoyés à la section.

(Dans le projet communiqué au Tribunat, ces articles étaient rédigés ainsi qu'ils ont été décrétés, à l'exception des mots *ou descendans*, qui ont été ajoutés à la fin de l'article 766, après la conférence tenue entre la section de législation du conseil d'Etat et celle du Tribunat).

SECTION

SECTION II.

DES DROITS DU CONJOINT SURVIVANT ET DE LA RÉPUBLIQUE.

767. Lorsque le défunt ne laisse ni parens au degré successible, ni enfans naturels, les biens de sa succession appartiennent au conjoint non divorcé qui lui survit.

LIV. *Lorsque le défunt ne laisse ni parens au degré successible, ni enfans naturels, sa succession est déférée au conjoint qui lui survit.* <small>Séance du 9 Nivose an 11.</small>

M. Maleville dit que, dans le droit ancien, les dispositions de cet article recevaient diverses exceptions. L'époux survivant qui s'était rendu coupable d'injures atroces contre le prédécédé, ou qui avait négligé de venger sa mort, ou de le secourir dans sa dernière maladie, et surtout la femme qui avait abandonné son mari ou qui en était séparée, perdait le droit de lui succéder. Il serait utile, peut-être, pour la conservation des mœurs et le maintien du bon ordre dans les familles, de ne pas s'écarter entièrement de cette ancienne législation.

M. Tronchet dit que l'article ne doit pas être modifié par les exceptions dont parle M. Maleville.

L'abandon est un cas de divorce : si le mari ne l'a pas fait valoir, personne, après sa mort, ne peut l'invoquer contre la femme.

Quant à la séparation de corps, elle est un remède extrême accordé à la femme maltraitée par son mari : ainsi, si la séparation devait la faire exclure de la succession, elle serait punie des excès dont elle n'a été que la victime ; ce serait plutôt l'époux contre lequel la séparation a été prononcée, qui pourrait être privé de la succession de son épouse.

M. Berlier dit que l'opinion de M. Tronchet, opinion qu'il est loin de partager, vient de le convaincre de l'utilité de l'explication proposée par M. Maleville, et de la nécessité d'insérer en l'article quelques expressions qui excluent formellement l'époux séparé de corps.

Pour justifier cet avis, M. Berlier observe que le système de successibilité repose en général sur l'affection présumée du défunt, jointe au lien de famille. A défaut de parens successibles, il est fort juste de déférer la succession à l'époux, qui a pour lui la présomption légale d'une juste affection ; mais cette présomption existe-t-elle dans le cas de la séparation ? Y a-t-il autre chose que de la haine entre des époux séparés, et leur position respective n'est-elle pas pire que celle de deux personnes qui ont toujours été étrangères l'une à l'autre? Le lien rompu ne laisse plus que des souvenirs amers.

Inutilement dit-on qu'ils peuvent se réunir. Qu'est-ce qu'une telle hypothèse, quand on doit raisonner d'après une situation positive, et quand la séparation de corps n'est souvent elle-même que le préliminaire du divorce?

M. Tronchet a déploré le sort d'une femme qui, s'étant fait séparer à cause des mauvais traitemens qu'elle aurait reçus de son mari, très-malheureuse et fort à plaindre sous ce rapport, perdrait encore son droit éventuel à un ordre de succession d'ailleurs très-rare : mais il faut voir aussi le cas inverse ; et si c'est la femme qui prédécède sans parens, le mari coupable lui succédera donc ; car le droit de successibilité est réciproque, et cette matière n'admet pas de distinction.

M. Berlier termine en disant que, quelque peu favorable que soit le fisc, il n'existe aucun motif raisonnable pour que des époux séparés de corps succèdent l'un à l'autre en aucun cas.

M. Bigot-Préameneu dit qu'il faut moins se déterminer par des calculs d'affection que par la préférence qui est due à tous sur le fisc.

M. Treilhard dit que la séparation de corps a été mise à côté du divorce, par respect pour les opinions religieuses ; qu'ainsi elle le remplace quelquefois. Il adopte l'opinion de M. Maleville.

M. Tronchet revient sur sa première opinion. Il considère, en effet, que l'hérédité n'est laissée au survivant que pour le consoler de la perte qu'il a faite. Or ce motif n'existe plus, quand il y a séparation de corps. Cependant le simple abandon ne doit pas produire une exception qui serait une source féconde de procès et qui ne favoriserait que le fisc. L'abandon est d'ailleurs une cause de divorce.

Le Conseil adopte en principe que l'époux survivant n'est pas admis à la succession de l'époux prédécédé, lorsqu'il y a séparation de corps.

L'article est renvoyé à la section, pour le rédiger conformément à ce principe.

768. A défaut de conjoint survivant, la succession est acquise à la république.

(Cet article, le LVe. du Projet, fut adopté sans discussion).

769. Le conjoint survivant et l'administration des domaines qui prétendent droit à la succession, sont tenus de faire apposer les scellés, et de faire faire inventaire

dans les formes prescrites pour l'acceptation des successions sous bénéfice d'inventaire.

(Cet article, le LVIe. du Projet, fut adopté sans discussion).

770. Ils doivent demander l'envoi en possession au tribunal de première instance dans le ressort duquel la succession est ouverte. Le tribunal ne peut statuer sur la demande qu'après trois publications et affiches dans les formes usitées, et après avoir entendu le commissaire du gouvernement.

(Cet article, le LVIIe. du Projet, fut adopté sans discussion).

771. L'époux survivant est encore tenu de faire emploi du mobilier, ou de donner caution suffisante pour en assurer la restitution, au cas où il se présenterait des héritiers du défunt, dans l'intervalle de trois ans : après ce délai, la caution est déchargée (1).

(Cet article, le LVIIIe. du Projet, fut adopté sans discussion).

772. L'époux survivant ou l'administration des domaines qui n'auraient pas rempli les formalités qui leur sont respectivement prescrites, pourront être condamnés aux dommages et intérêts envers les héritiers, s'il s'en représente.

(Cet art., le LIXe. du Projet, fut adopté sans discussion).

773. Les dispositions des articles 769, 770, 771 et 772, sont communes aux enfans naturels appelés à défaut de parens.

(Cet article, le LXe. du Projet, fut adopté sans discussion.)

---

(1) Le tribunal de Metz observait que décharger la caution après trois années, ce n'était pas dispenser de remettre la succession aux parens qui se présenteraient après cet intervalle; que l'article ne parle que de la restitution des fruits aux héritiers qui viendraient à se présenter, et qu'il était essentiel de prévenir les contestations qui s'élèveraient à ce sujet.

M. Maleville observe qu'on a omis dans ce chapitre une disposition reçue par la jurisprudence, qui donnait une pension à l'epoux survivant, lorsqu'il était pauvre, et qu'il ne recueillait pas la succession.

M. Treilhard répond que par l'article XL, on lui accorde l'usufruit d'un tiers des biens.

L'article est adopté.

CHAPITRE V.

DE L'ACCEPTATION ET DE LA RÉPUDIATION DES SUCCESSIONS.

SECTION PREMIERE.

DE L'ACCEPTATION.

774. Une succession peut être acceptée purement et simplement, ou sous bénéfice d'inventaire.

(Cet article, le LXXIe. du projet, fut adopté sans discussion).

775. Nul n'est tenu d'accepter une succession qui lui est échue.

(Cet article, le LXIe. du projet, fut adopté sans discussion).

776. Les femmes mariées ne peuvent pas valablement accepter une succession sans l'autorisation de leur mari ou de justice, conformément aux dispositions du chapitre VI du titre *du Mariage.*

Les successions échues aux mineurs et aux interdits, ne pourront être valablement acceptées que conformément aux dispositions du titre *de la Minorité, de la Tutelle et de l'Emancipation.*

LXII. *Ceux qui ne sont pas capables de s'obliger, ne peuvent pas valablement accepter une succession.*

Le consul Cambacérès dit que cet article n'est pas assez étendu. On ne sait point ce que deviendra la succession qui écherra à un mineur.

M. Treilhard dit que le cas est prévu au titre *de la tutelle.*

M. Tronchet dit que l'objet de l'article est d'empêcher un interdit ou

SUCCESSIONS.

un mineur d'accepter trop légèrement une succession onéreuse. On peut au surplus supprimer l'article, parce que ses dispositions sont établies par les titres relatifs *aux mineurs, aux interdits* et *aux femmes*.

L'article est supprimé.

(Néanmoins il fut reproduit et rédigé ainsi qu'il a été décrété, après les conférences qui ont eu lieu entre la section de législation du conseil d'état, et celle du Tribunat).

777. L'effet de l'acceptation remonte au jour de l'ouverture de la succession.

(Cet article, le LXIIIe. du Projet, fut adopté sans discussion).

778. L'acceptation peut être expresse ou tacite : elle est expresse, quand on prend le titre ou la qualité d'héritier dans un acte authentique ou privé; elle est tacite, quand l'héritier fait un acte (1) qui suppose nécessairement son intention d'accepter, et qu'il n'aurait droit de faire qu'en sa qualité d'héritier.

LXIV. *L'acceptation peut être expresse ou tacite : elle est expresse, quand on prend le titre ou la qualité d'héritier dans un acte authentique ou privé; elle est tacite quand l'héritier fait un acte qu'il n'a droit de faire qu'en sa qualité d'héritier.*

Le consul CAMBACÉRÈS dit qu'il y a peut être quelque danger à faire résulter d'un acte privé, l'acceptation d'une hérédité.

M. TREILHARD dit qu'il est difficile d'exclure les actes de cette nature.

M. RÉAL dit qu'il faut définir ces actes, afin de ne point laisser, d'induction arbitraire.

L'article est adopté. (Les changemens qu'il a subi ont eu lieu sans autre discussion.)

779. Les actes purement conservatoires, de surveil-

---

(1) Dans le projet soumis aux tribunaux, l'on trouvait que « l'acceptation était expresse, « lorsque l'on prenait la qualité d'héritier dans un *écrit* authentique ou privé ».

Le tribunal de cassation proposa de substituer le mot *acte* au mot *écrit*, parce que la qualité d'héritier, prise dans un écrit sous seing-privé, tel qu'une missive, pourrait l'avoir été sans intention, sans réflexion : au moins fallait-il qu'elle fût prise dans un acte qui est toujours censé avoir été fait avec réflexion.

lance et d'administration provisoire, ne sont pas des actes d'adition d'hérédité, si l'on n'y a pas pris le titre ou la qualité d'héritier.

(Cet article, le LXVe. du projet, fut adopté sans discussion.)

780. La donation, vente ou transport que fait de ses droits successifs un des cohéritiers, soit à un étranger, soit à tous ses cohéritiers, soit à quelques-uns d'eux, emporte de sa part acceptation de la succession.

Il en est de même, 1°. de la renonciation, même gratuite, que fait un des héritiers au profit d'un ou de plusieurs de ses cohéritiers ;

2°. De la renonciation qu'il fait même au profit de tous ses cohéritiers indistinctement, lorsqu'il reçoit le prix de sa renonciation (1).

(Cet article, le LXVIe. du Projet, fut adopté sans discussion).

---

(1) L'article LXVII du projet était ainsi conçu : *Celui contre lequel un créancier de la succession a obtenu un jugement, même contradictoire, passé en force de chose jugée, qui le condamne comme héritier, n'est réputé héritier, en vertu de ce jugement, qu'à l'égard seulement du créancier qui l'a obtenu.*

M. Tronchet dit que, dans le projet du Code civil, on avait fait une distinction entre les jugemens contradictoires et les jugemens par défaut : ces derniers ne profitaient qu'aux demandeurs ; mais quand la qualité contestée par l'héritier avait été jugée contradictoirement avec lui, elle était constatée à l'égard de tous.

M. Treilhard dit que la section n'a pas cru devoir admettre cette distinction. En principe général, les jugemens contradictoires ou par défaut ne profitent qu'à ceux qui les obtiennent ; et il est possible, d'ailleurs, que le condamné ait été mal défendu, qu'il ait été trahi par ses défenseurs, ou qu'on n'ait point allégué tous ses moyens.

M. Defermon objecte qu'il est possible aussi que le condamné traite avec sa partie adverse, retire les pièces et les supprime.

M. Treilhard répond que si l'on s'arrête aux prévarications possibles, aucune loi ne peut être bonne. Au surplus, l'existence des pièces est constatée par le premier jugement.

M. Boulay objecte que la vérité est une, et qu'on ne peut avoir à l'égard de l'un une qualité qu'on n'ait point à l'égard d'un autre.

M. Muraire dit qu'il serait difficile de ne pas regarder comme ayant accepté l'hérédité, celui qui a laissé passer en force de chose jugée le jugement qui le déclare héritier : par son silence, il a évidemment manifesté sa volonté ; cette preuve est même plus forte que celle qu'on peut tirer d'un acte sous seing-privé.

M. Emmery dit que cet argument n'a de force que dans le cas d'un jugement contra-

SUCCESSIONS.

781. Lorsque celui à qui une succession est échue, est décédé sans l'avoir répudiée ou sans l'avoir acceptée ex-

dictoire. A l'égard des jugemens par défaut, ils sont souvent obtenus à l'insu de celui qu'ils frappent. On objectera qu'ils sont susceptibles d'opposition ; mais les déboutés d'opposition s'obtiennent d'une manière aussi cachée que les jugemens par défaut ; et quand on considère que la négligence d'un avoué ou d'un domestique peut compromettre la fortune d'un citoyen, on est disposé à donner moins d'importance à ces sortes de condamnations.

M. MALEVILLE dit que si celui qui a fait acte d'héritier est par cela seul réputé, à l'égard de tous, avoir accepté la succession, à plus forte raison doit-il en être ainsi de celui dont la qualité a été jugée d'après une plaidoirie contradictoire. Pour faire adopter l'opinion contraire, on dit qu'un jugement n'a de force qu'à l'égard de celui contre lequel il est rendu, et qu'il est étranger à tous les autres ; mais on pourrait faire la même observation vis-à-vis du successible qui a payé volontairement un seul des créanciers de la succession, ou qui poursuit en revendication l'usurpateur de quelque fonds de cette succession ; cependant, dans ce cas, on convient que le successible a fait irrévocablement un acte d'héritier, et qu'il est tenu comme tel vis-à-vis de tout le monde ; on n'invoque point la règle *res inter alios acta* ; mais pourquoi, dans la même matière, cette règle aurait-elle plus d'effet contre un jugement solennel qui déclare positivement que tel est l'héritier de tel ?

M. TREILHARD dit qu'il y a entre ces deux cas cette différence, que dans le premier, l'appelé a manifesté la volonté d'être héritier ; que dans le second, au contraire, il a désavoué cette qualité.

M. BIGOT-PRÉAMENEU dit qu'il serait bizarre d'obliger chaque créancier à faire juger de nouveau la qualité de l'héritier. A la vérité, les jugemens n'ont d'effet que pour le même fait entre les mêmes personnes, mais ce n'est que lorsqu'il s'agit du règlement de droits particuliers : s'agit-il d'une qualité universelle, le jugement qui la déclare profite en toute occasion à celui à qui elle est donnée, comme elle profite contre lui à tous les intéressés.

M. REGNAUD (de Saint-Jean-d'Angély) dit que la qualité d'héritier est un fait positif qui ne peut tout-à-la-fois exister et ne pas exister. Si donc un jugement décide qu'elle existe, et qu'un autre décide qu'elle n'existe pas, ils ne pourront subsister ensemble ; mais alors auquel des deux devra-t-on croire ? Il faudra donc que le tribunal de cassation intervienne pour départager ?

M. TREILHARD dit que les deux jugemens peuvent subsister, parce qu'ils ne sont pas rendus entre les mêmes personnes.

M. JOLLIVET observe que souvent un parent paye les dettes du défunt seulement par honneur, et sans néanmoins vouloir se porter héritier, et que, d'après ce motif d'honneur, il n'exige pas de cession et se contente d'une simple quittance. Cet exemple prouve qu'il ne faut pas regarder comme addition d'hérédité tous les actes indifféremment, ni par conséquent tout acquiescement apparent aux condamnations qu'on a subies.

M. TRONCHET dit que l'intérêt de la société repousse une disposition qui multiplierait les procès, en forçant une foule de créanciers à faire juger de nouveau un fait déjà jugé. Quelquefois même, à l'époque où les créanciers formeraient leur action, les preuves auraient disparu ; et la succession, dilapidée dans cet intervalle, n'offrirait plus de prise à leurs droits.

pressément ou tacitement, ses héritiers peuvent l'accepter ou la répudier de son chef.

(Cet article, le LXVIIIe. du Projet, fut adopté sans discussion).

Une qualité universelle déclarée par les tribunaux, doit être certaine à l'égard de tous ceux qui ont intérêt à la faire valoir.

M. BERLIER pense, comme M. *Treilhard*, que l'article est juste, et que la proposition contraire ne s'accorde pas avec l'adage trivial, que les jugemens sont bons pour ceux qui les obtiennent.

Pour étendre les dispositions du jugement dont l'article s'occupe à d'autres qu'à ceux qui y sont parties, on dit que l'acte d'addition qualifié par un jugement en dernier ressort, devient une vérité constante envers la société entière. Ainsi l'on voudrait que ce jugement liât tous les autres tribunaux, et ne leur permît plus, s'il étaient saisis par une nouvelle instance avec d'autres parties, d'examiner les faits qui étaient la matière du premier jugement, et de les apprécier. N'est-ce pas trop circonscrire le ministère des juges, et ressusciter la jurisprudence des arrêts avec plus d'intensité qu'elle n'en eut jamais ?

Eh quoi ! si un individu attaqué par un créancier de la succession, et mal défendu, a été condamné vis-à-vis de lui, il faudra qu'il le soit vis-à-vis de tous autres !

Vainement allègue-t-on le besoin de fixer les qualités et d'éloigner les procès ; car celui qui aura été condamné une fois, aura, dans le cas où il plaidrait, à lutter contre un préjugé très-fort, s'il est traduit devant un tribunal autre que celui qui a prononcé la première fois, et bien plus fort encore, si c'est devant le même tribunal : cette crainte suffira pour éloigner les mauvaises difficultés. Il est bon que le premier jugement serve comme préjugé, et cela est dans la nature des choses; mais ce serait trop faire que de lui imprimer un caractère aussi irréfragable que celui de la loi.

Est-ce avec fondement qu'on redoute les dilapidations intermédiaires ? Mais pour dilapider, il faut s'immiscer, et celui qui s'est immiscé ne se présente pas avec avantage pour dénier ensuite la qualité d'héritier ; de sorte que la difficulté, bien entendue, se réduit à quelques faits équivoques d'addition qui auront été accueillis par un jugement ; mais est-ce le cas alors de déroger à la règle commune ?

M. *Berlier* lit ensuite l'article CCXLIII, titre *des Conventions*, du projet de Code civil, ainsi conçu :

L'autorité de la chose jugée n'a lieu qu'à l'égard de ce qui a fait l'objet du jugement. Il faut que la chose demandée soit la même ; que la demande soit fondée sur la même cause ; que la demande soit entre les mêmes parties, et formée par elles et contre elles en la même qualité.

L'opinant conclut en faveur de l'article en discussion, et avoue cependant que si l'article qu'il vient de citer passe comme il y a lieu de l'espérer, celui qu'on discute pourrait être supprimé comme inutile, attendu que le principe général recevrait son application de cette espèce comme de tous les autres.

M. RÉAL observe qu'un individu déclaré héritier par un jugement, peut être ensuite exclus par le véritable héritier ; sa qualité n'est donc pas irrévocablement certaine, et dès-lors, elle peut être soumise au jugement de plusieurs tribunaux.

L'article est retranché.

782. Si ces héritiers ne sont pas d'accord pour accepter ou pour répudier la succession, elle doit être acceptée sous bénéfice d'inventaire.

(L'article LXIX était le même).

M. Tronchet dit que cet article s'écarte de la jurisprudence. Les héritiers représentent le défunt. De là résulte que quand il existe entre eux diversité d'intérêt, on se règle par l'intérêt du défunt.

M. Treilhard dit que l'application de cette règle donnerait lieu à de longues contestations. La section a cru devoir en adopter une beaucoup plus simple et qui ne nuit à personne.

Le consul Cambacérès dit que les héritiers n'ont pas toujours le même intérêt que le défunt. Il pourrait être avantageux à quelques-uns que le défunt eût renoncé, et à d'autres qu'il eût accepté. Ce n'est que dans le cas de ce conflit que l'on peut se régler sur le *quid utilius* du défunt.

M. Defermon dit qu'on ne peut forcer un héritier qui croit la renonciation plus utile, à accepter sous bénéfice d'inventaire.

M. Treilhard dit que tous les héritiers représentant collectivement la personne du défunt, ne peuvent agir chacun diversement.

L'article est adopté.

783. Le majeur ne peut attaquer l'acceptation expresse ou tacite qu'il a faite d'une succession, que dans le cas où cette acceptation aurait été la suite d'un dol pratiqué envers lui : il ne peut jamais réclamer sous prétexte de lésion, excepté seulement dans le cas où la succession se trouverait absorbée ou diminuée de plus de moitié, par la découverte d'un testament inconnu au moment de l'acceptation.

(L'article LXX était le même).

M. Réal voudrait que l'héritier pût aussi revenir sur son acceptation, lorsqu'il apparaîtrait une créance qui n'aurait pas été connue au moment où il s'est porté héritier, et qui absorberait ou qui diminuerait de plus de moitié la succession. La créance produit dans l'hypothèse le même mal que le testament ; et l'exception de *non connaissance* est d'une application plus favorable et plus naturelle lorsqu'il s'agit d'une créance, que d'un testament. Presque toujours le testament se trouve dans les papiers que laisse le défunt ; et s'il a été reçu par un notaire, c'est presque toujours par le notaire qui a sa confiance, qui conserve la minute des autres actes qu'il a passés, et qui est le plus souvent le notaire de son dernier domicile ; et ce notaire sera presque toujours celui qui fera l'inventaire. Ainsi, il est présumable que le testament sera toujours ou presque toujours connu. Cependant on juge nécessaire de présenter une exception pour le cas où il serait inconnu ; à plus forte raison, cette exception y doit-elle être offerte à l'héritier, lorsqu'une créance ignorée absorbe une succession. Le créancier peut être très-éloigné ; il peut n'avoir d'autre titre qu'un titre privé ; et en supposant le titre authentique, il peut avoir été reçu par un notaire qui demeure à cent lieues du dernier domicile de celui qui l'aura souscrit. Enfin, le créancier qui voudra trouver dans la personne et la fortune personnelle de l'héritier une nouvelle garantie, gardera un silence profond pendant plusieurs années. Le légataire n'a pas cet intérêt. Il faut donc faire pour la créance au moins autant que ce que l'on fait pour le testament.

M. TRONCHET dit que cette faveur embarrasserait trop la marche des affaires ; que d'ailleurs, le remède contre l'inconvénient dont on vient de parler, est l'acceptation sous bénéfice d'inventaire.

L'article est adopté.

SECTION II.

DE LA RENONCIATION AUX SUCCESSIONS.

784. La renonciation à une succession ne se présume pas : elle ne peut plus être faite qu'au greffe du tribunal de première instance dans l'arrondissement duquel la succession s'est ouverte, sur un registre particulier tenu à cet effet.

(L'article LXXII du Projet était le même).

Le consul CAMBACÉRÈS pense que la renonciation peut être faite devant notaire.

M. TREILHARD dit que l'acceptation étant faite au greffe, il en doit être de même de la renonciation ; que d'ailleurs cette forme donne à l'acte sa publicité.

M. JOLLIVET dit qu'il en résultera deux actes pour l'héritier absent :

d'abord la procuration qu'il sera obligé de donner ; ensuite la renonciation par son fondé de pouvoir.

M. Tronchet dit qu'il est prudent d'exiger que la renonciation soit faite au lieu où s'ouvre la succession ; que cette règle ne doit pas recevoir d'exception en faveur de l'héritier absent.

Le consul Cambacérès dit que cependant il convient de donner un moyen à celui qui veut renoncer, aussitôt qu'il apprend l'ouverture de la succession. On pourrait donc laisser subsister l'usage de renoncer par un acte devant notaire, qu'on ferait ensuite enregistrer au greffe.

L'article est adopté.

785. L'héritier qui renonce, est censé n'avoir jamais été héritier.

(Cet article, le LXXIIIe. du Projet, fut adopté sans discussion).

786. La part du renonçant accroît à ses cohéritiers; s'il est seul, elle est dévolue au degré subséquent (1).

(Cet article, le LXXIVe. du Projet, fut adopté sans discussion).

787. On ne vient jamais par représentation d'un héritier qui a renoncé : si le renonçant est seul héritier de son degré, ou si tous ses cohéritiers renoncent, les enfans viennent de leur chef et succèdent par tête.

(Cet article était le LXXVe. du Projet).

M. Jollivet dit que cet article favoriserait la renonciation frauduleuse qu'un père pourrait faire en faveur de ses enfans.

M. Treilhard répond que l'article est au contraire dirigé contre ce cas, puisque les enfans ne viennent, lorsque le père a renoncé, qu'en supposant qu'il n'y a pas d'autres héritiers du même degré que le père.

M. Jollivet dit que les neveux du défunt viennent par tête lorsqu'il n'y a pas de frère parmi les héritiers. Il est donc possible, s'il n'y a qu'un frère et des neveux, que ce frère renonce pour augmenter la part de ses enfans en les faisant partager par tête.

---

(1) Le tribunal d'appel de Toulouse demandait d'expliquer si, dans le cas de cet accroissement, l'héritier pour partie pourra, malgré son acceptation préalable, répudier la totalité de la succession qui accroît sa portion par la répudiation des autres cohéritiers.

Il observait que jusqu'à présent le cohéritier avait joui de ce droit dans les pays de droit écrit.

M. Treilhard dit que la part du renonçant accroissant celle de ses cohéritiers, la renonciation du frère ne profiterait pas à ses enfans. En outre, il a été arrêté que le partage se ferait par souches, quand les héritiers ne seraient pas au premier degré.

Le consul Cambacérès demande pourquoi les enfans du frère seraient privés de venir de leur chef, lorsque leur père renonce sans intention de frauder ses créanciers.

M. Berlier dit qu'il est impossible d'admettre les enfans du renonçant dans l'espèce particulière, à quelque titre que ce soit.

S'il étaient admis de leur chef, il a été reconnu que la renonciation du père pourrait souvent intervenir pour bénéficier à ses enfans et nuire à ses cohéritiers.

Mais les admettra-t-on à prendre la simple part qu'aurait eue leur père sans sa renonciation? L'opinant, en reconnaissant que la représentation n'offrirait plus matière aux mêmes fraudes, ne croit pas néanmoins qu'elle puisse être adoptée : car, d'une part, on ne représente pas un homme vivant; et d'autre part, on ne peut exercer un droit consommé par la personne sur la tête de laquelle il reposait tout entier.

Si les créanciers sont admis à exercer les droits de leur débiteur jusqu'à concurrence de leurs créances, et nonobstant sa renonciation, c'est en quelque sorte la revendication de leur propre chose; et c'est aussi parce qu'en plus d'une occasion, la renonciation pourrait être frauduleuse envers eux.

Or, ni l'un ni l'autre de ces motifs n'existent pour les enfans du renonçant : 1°. ils n'ont pas les droits de leur père vivant; 2°. il répugne de supposer que celui-ci veuille agir à leur détriment, en usant de son droit personnel comme il lui plaît.

Pour que les principes de la matière soient tous en harmonie et tous respectés, l'article doit rester tel qu'il est proposé.

L'article est adopté.

788. Les créanciers de celui qui renonce au préjudice de leurs droits, peuvent se faire autoriser en justice à accepter la succession du chef de leur débiteur, en son lieu et place.

Dans ce cas, la renonciation n'est annullée qu'en faveur des créanciers, et jusqu'à concurrence seulement de leurs créances : elle ne l'est pas au profit de l'héritier qui a renoncé.

(Cet article, le LXXVIe. du Projet, fut adopté sans discussion).

789. La faculté d'accepter ou de répudier une succession, se prescrit par le laps de tems requis pour la prescription la plus longue des droits immobiliers.

(Cet art., le LXXVIIe. du Projet, fut adopté sans discussion).

790. Tant que la prescription du droit d'accepter n'est pas acquise contre les héritiers qui ont renoncé, ils ont la faculté d'accepter encore la succession, si elle n'a pas été déjà acceptée par d'autres héritiers ; sans préjudice néanmoins des droits qui peuvent être acquis à des tiers sur les biens de la succession, soit par prescription, soit par actes valablement faits avec le curateur à la succession vacante.

(Cet article, le LXXVIIIe. du Projet, fut adopté sans discussion).

791. On ne peut, même par contrat de mariage, renoncer à la succession d'un homme vivant, ni aliéner les droits éventuels qu'on peut avoir à cette succession.

(Cet article, le LXXIXe. du Projet, fut adopté sans discussion).

792. Les héritiers qui auraient diverti ou recelé des effets d'une succession, sont déchus de la faculté d'y renoncer : ils demeurent héritiers purs et simples, nonobstant leur renonciation, sans pouvoir prétendre aucune part dans les objets divertis ou recélés.

(Cet art., le LXXXe. du Projet, fut adopté sans discussion).

SECTION III.

DU BÉNÉFICE D'INVENTAIRE, DE SES EFFETS, ET DES OBLIGATIONS DE L'HÉRITIER BÉNÉFICIAIRE.

793. La déclaration d'un héritier, qu'il entend ne pren-

dre cette qualité que sous bénéfice d'inventaire, doit être faite au greffe du tribunal civil de première instance dans l'arrondissement duquel la succession s'est ouverte : elle doit être inscrite sur le registre destiné à recevoir les actes de renonciation.

(Cet article, le LXXXIe. du Projet, fut adopté sans discussion).

794. Cette déclaration n'a d'effet qu'autant qu'elle est précédée ou suivie d'un inventaire fidèle et exact des biens de la succession, dans les formes réglées par les lois sur la procédure, et dans les délais qui seront ci-après déterminés (1).

(Cet article, le LXXXIIe. du projet, fut adopté sans discussion).

795. L'héritier a trois mois pour faire inventaire, à compter du jour de l'ouverture de la succession.

Il a de plus, pour délibérer sur son acceptation ou sur sa renonciation, un délai de quarante jours, qui commencent à courir du jour de l'expiration des trois mois donnés pour l'inventaire, ou du jour de la clôture de l'inventaire s'il a été terminé avant les trois mois.

(Cet art., le LXXXIIIe. du Projet, fut adopté sans discussion).

796. Si cependant il existe dans la succession, des objets susceptibles de dépérir ou dispendieux à conserver, l'héritier peut, en sa qualité d'habile à succéder, et sans qu'on puisse en induire de sa part une acceptation, se faire autoriser par justice à procéder à la vente de ces effets.

Cette vente doit être faite par officier public, après les affiches et publications réglées par les lois sur la procédure.

(Cet art., le LXXXIVe. du Projet, fut adopté sans discussion).

---

(1) Si la succession ne se compose que d'immeubles, faut-il un procès-verbal dans la forme voulue pour les inventaires, ou bien suffit-il d'un acte authentique qui constate qu'il n'y a pas de meubles dans la succession?

797. Pendant la durée des délais pour faire inventaire et pour délibérer, l'héritier ne peut être contraint à prendre qualité, et il ne peut être obtenu contre lui de condamnation : s'il renonce lorsque les délais sont expirés ou avant, les frais par lui faits légitimement jusqu'à cette époque, sont à la charge de la succession.

(Cet article, le LXXXVe. du Projet, fut adopté sans discussion).

798. Après l'expiration des délais ci-dessus, l'héritier, en cas de poursuite dirigée contre lui, peut demander un nouveau délai, que le tribunal saisi de la contestation accorde ou refuse suivant les circonstances.

(Cet article, le LXXXVIe. du rojet, fut Padopté sans discussion).

799. Les frais de poursuite, dans le cas de l'article précédent, sont à la charge de la succession, si l'héritier justifie, ou qu'il n'avait pas eu connaissance du décès, ou que les délais ont été insuffisans, soit à raison de la situation des biens, soit à raison des contestations survenues : s'il n'en justifie pas, les frais restent à sa charge personnelle.

(Cet article, le LXXXVIIe. du Projet, fut adopté sans discussion).

800. L'héritier conserve néanmoins, après l'expiration des délais accordés par l'article 795, même de ceux donnés par le juge conformément à l'article 798, la faculté de faire encore inventaire et de se porter héritier bénéficiaire, s'il n'a pas fait d'ailleurs acte d'héritier, ou s'il n'existe pas contre lui de jugement passé en force de chose jugée, qui le condamne en qualité d'héritier pur et simple.

LXXXVIII. *L'héritier conserve néanmoins, après l'expiration des délais accordés par l'article LXXXI, même de ceux donnés par le juge, conformément à l'article LXXXIV, la faculté de faire encore inventaire et de se porter héritier bénéficiaire, s'il n'a pas fait d'ailleurs acte d'héritier, ou s'il n'existe pas contre lui de jugement passé en force de chose jugée, qui le condamne en qualité d'héritier pur et simple;*

Mais cette faculté ne s'étend pas au-delà d'une année, à compter du jour de l'expiration des délais; l'héritier ne peut ensuite qu'accepter purement et simplement, ou renoncer.

M. Forfait observe que le délai est trop court pour l'héritier qui se trouve dans les colonies.

M. Defermon ajoute que, dans la jurisprudence actuelle, l'héritier est admis à réclamer le bénéfice d'inventaire, à quelqu'époque qu'il se présente; dans l'intervalle, on liquidait la succession, et on la réputait vacante : il semble donc trop rigoureux d'exclure l'héritier après le terme d'une année.

M. Treilhard répond que l'héritier aura d'abord deux délais différens, puis celui d'une année; la section n'a pas cru devoir aller plus loin, parce qu'elle a craint que l'intérêt des créanciers ne se trouvât compromis, si, à une époque où les forces de la succession ne seraient plus connues, l'héritier était admis à l'accepter sous bénéfice d'inventaire.

M. Tronchet dit que le délai d'un an serait certainement trop court pour l'héritier qui se trouverait aux Indes orientales; ce terme lui suffirait à peine pour apprendre l'ouverture de la succession. Mais jamais la faculté de se porter héritier bénéficiaire n'a été limitée par un délai; elle a toujours été conservée, tant que les choses demeuraient entières. Ce principe, en effet, ne porte préjudice à personne. Les créanciers ont un moyen de conserver et d'exercer leurs droits, puisqu'il y a un inventaire et un curateur à la succession vacante, lorsqu'aucun parent ne se présente. Si le défunt a laissé des parens qui seraient appelés à défaut de l'absent, ils sont saisis, sauf la pétition d'hérédité : ainsi les biens sont conservés.

M. Treilhard dit que la section a craint les fraudes, et qu'elle a cru d'autant plus assez faire pour l'héritier, qu'elle propose dans l'article de donner aux tribunaux le droit de lui accorder de nouveaux délais, ce qui rend indéfinie la faculté d'accepter sous bénéfice d'inventaire.

L'article est adopté avec la suppression de la dernière disposition.

801. L'héritier qui s'est rendu coupable de recélé, ou qui a omis, sciemment et de mauvaise foi, de comprendre dans

dans l'inventaire, des effets de la succession, est déchu du bénéfice d'inventaire.

(Cet article, le LXXXIXe. du Projet, fut adopté sans discussion).

802. L'effet du bénéfice d'inventaire est de donner à l'héritier l'avantage,

1°. De n'être tenu du paiement des dettes de la succession que jusqu'à concurrence de la valeur des biens qu'il a recueillis, même de pouvoir se décharger du paiement des dettes en abandonnant tous les biens de la succession aux créanciers et aux légataires ;

2°. De ne pas confondre ses biens personnels avec ceux de la succession, et de conserver contre elle le droit de réclamer le paiement de ses créances.

(Cet article, le XCe. du Projet, fut adopté sans discussion).

803. L'héritier bénéficiaire est chargé d'administrer les biens de la succession, et doit rendre compte de son administration aux créanciers et aux légataires.

Il ne peut être contraint sur ses biens personnels qu'après avoir été mis en demeure de présenter son compte, et faute d'avoir satisfait à cette obligation.

Après l'apurement du compte, il ne peut être contraint sur ses biens personnels que jusqu'à concurrence seulement des sommes dont il se trouve reliquataire.

(Cet article, le XCIe. du Projet, fut adopté sans discussion).

804. Il n'est tenu que des fautes graves dans l'administration dont il est chargé.

(Cet article, le XCIIe. du Projet, fut adopté sans discussion).

805. Il ne peut vendre les meubles de la succession que par le ministère d'un officier public, aux enchères, et après les affiches et publications accoutumées.

S'il les représente en nature, il n'est tenu que de la dépréciation ou de la détérioration causée par sa négligence.

(Cet art. était le XCIII^e. du projet).

M. Tronchet rappelle l'usage qui existe de faire payer à l'héritier la crue lorsqu'il ne représente pas les meubles en nature.

Il demande que la loi s'explique sur cet usage.

M. Treilhard répond que le code judiciaire lèvera la difficulté, en décidant que les meubles seront toujours estimés à leur juste valeur.

Le consul Cambacérès pense que l'article qui est en discussion serait incomplet s'il ne contenait pas la disposition qu'on se propose de placer dans le code judiciaire.

M. Tronchet pense que l'héritier qui représente les meubles en nature, doit l'intérêt du prix qu'il en aurait tiré s'il les avait vendus.

M. Treilhard ne croit pas qu'on doive lui imposer cette obligation, attendu que les créanciers de la succession ont le droit de requérir la vente des meubles.

M. Jollivet observe que souvent des créanciers s'en rapportent à l'héritier sur la disposition des meubles, et que la crainte des frais les empêche d'en requérir la vente.

M. Treilhard dit que l'article XCV a pourvu, sous ce rapport, à l'intérêt des créanciers.

M. Jollivet observe que l'héritier, pour échapper à la disposition de cet article, peut vendre les meubles clandestinement et en placer le prix.

M. Treilhard répond que l'article XCIII l'oblige de se servir du ministère d'un officier public.

L'article est adopté.

806. Il ne peut vendre les immeubles que dans les formes prescrites par les lois sur la procédure; il est tenu d'en déléguer le prix aux créanciers hypothécaires qui se sont fait connaître.

(Cet article, le XCIV^e. du Projet, fut adopté sans discussion).

807. Il est tenu, si les créanciers ou autres personnes intéressées l'exigent, de donner caution bonne et solvable de la valeur du mobilier compris dans l'inventaire, et de la portion du prix des immeubles non déléguée aux créanciers hypothécaires.

Faute par lui de fournir cette caution, les meubles sont

vendus, et leur prix est déposé, ainsi que la portion non déléguée du prix des immeubles, pour être employés à l'acquit des charges de la succession.

(Cet article, le XCVe. du projet, fut adopté sans discussion).

808. S'il y a des créanciers opposans, l'héritier bénéficiaire ne peut payer que dans l'ordre et de la manière réglés par le juge.

S'il n'y a pas de créanciers opposans, il paie les créanciers et les légataires à mesure qu'ils se présentent.

(Cet article, le XCVIe. du projet, fut adopté sans discussion). —

809. Les créanciers non opposans qui ne se présentent qu'après l'apurement du compte et le paiement du reliquat, n'ont de recours à exercer que contre les légataires.

Dans l'un et l'autre cas, le recours se prescrit par le laps de trois ans, à compter du jour de l'apurement du compte, et du paiement du reliquat.

XCVII. *Les créanciers qui ne se présentent qu'après l'apurement du compte et le paiement du reliquat, n'ont de recours à exercer que contre les légataires; ceux qui se présentent avant l'apurement, peuvent aussi exercer un recours subsidiaire contre les créanciers payés à leur préjudice.*

Dans l'un et l'autre cas, le recours se prescrit par le laps de trois ans, à compter du jour de l'apurement du compte et paiement du reliquat.

M. Tronchet demande qu'on distingue dans l'article les créanciers opposans, de ceux qui ne le sont pas, conformément à l'article précédent.

L'article est adopté avec l'amendement.

810. Les frais de scellés, s'il en a été apposé, d'inventaire et de compte, sont à la charge de la succession.

(Cet article, le XCVIIIe. du Projet, fut adopté sans discussion).

SECTION IV.

DES SUCCESSIONS VACANTES.

811. Lorsqu'après l'expiration des délais pour faire inventaire et pour délibérer, il ne se présente personne qui réclame une succession, qu'il n'y a pas d'héritier connu, ou que les héritiers connus y ont renoncé, cette succession est réputée vacante.

(Cet article, le XCIX^e. du Projet, fut adopté sans discussion).

812. Le tribunal de première instance dans l'arrondissement duquel elle est ouverte, nomme un curateur sur la demande des personnes intéressées, ou sur la réquisition du commissaire du gouvernement.

(Cet article, le C^e. du Projet, fut adopté sans discussion).

813. Le curateur à une succession vacante est tenu, avant tout, d'en faire constater l'état par inventaire : il en exerce et poursuit les droits ; il répond aux demandes formées contre elle ; il administre, sous la charge de faire verser le numéraire qui se trouve dans la succession, ainsi que les deniers provenant du prix des meubles ou immeubles vendus, dans la caisse du receveur de la régie nationale, pour la conservation des droits, et à la charge de rendre compte à qui il appartiendra.

CI. *Le curateur à une succession vacante est tenu, avant tout, d'en faire constater l'état par un inventaire; il en exerce et poursuit les droits, il répond aux demandes formées contre elle ; il administre sous la charge de rendre compte à qui il appartiendra.*

—M. Defermon pense que les fonds provenant des successions vacantes ne doivent point demeurer entre les mains du curateur, mais être déposés dans les caisses publiques; qu'il en doit être de même des fonds provenant des successions acceptées sous bénéfice d'inventaire.

L'article est adopté avec cet amendement.

SUCCESSIONS.

814. Les dispositions de la section III du présent chapitre, sur les formes de l'inventaire, sur le mode d'administration et sur les comptes à rendre de la part de l'héritier bénéficiaire, sont au surplus communes aux curateurs à successions vacantes.

(Cet article, le CII^e. du Projet, fut adopté sans discussion).

CHAPITRE VI.

DU PARTAGE ET DES RAPPORTS.

SECTION PREMIERE.

DE L'ACTION EN PARTAGE, ET DE SA FORME.

815. Nul ne peut être contraint à demeurer dans l'indivision; et le partage peut être toujours provoqué, nonobstant prohibitions et conventions contraires.

On peut cependant convenir de suspendre le partage pendant un tems limité : cette convention ne peut être obligatoire au-delà de cinq ans; mais elle peut être renouvelée.

CIII. *Nul ne peut être contraint à demeurer dans l'indivision; et le partage peut toujours être provoqué, nonobstant prohibitions et conventions contraires.*

On peut cependant convenir de suspendre le partage pendant un tems limité; mais cette convention ne peut être obligatoire au-delà de cinq ans.

Séance du 25 Nivose an 11.

Le consul CAMBACÉRÈS demande quel motif a déterminé la section à limiter à cinq ans la convention de suspendre le partage.

M. TREILHARD répond que c'est par respect pour le principe qui veut que personne ne demeure malgré lui dans l'indivision.

Le consul CAMBACÉRÈS dit que, suivant un autre principe, chacun peut renoncer aux facultés que la loi lui accorde; qu'au surplus, on ne voit pas la raison qui a décidé la section à proposer le terme de cinq ans plutôt que tout autre : cette fixation paraît arbitraire.

M. JOLLIVET dit que cette limitation est dangereuse, sur-tout dans le cas où il existe une société de commerce formée, sous la condition qu'elle durera pendant un laps de tems convenu.

M. Treilhard répond que la société dans laquelle le défunt était engagé est dissoute par sa mort, et que ses héritiers sont tenus de se conformer aux règles particulières à cette sorte de contrat. Au surplus, il s'agit ici non de société de commerce, mais de succession ; cependant le terme de cinq ans deviendrait embarrassant, s'il expirait avant que la liquidation fût terminée ; mais alors les parties renouvelleraient leur convention.

Le consul Cambacérès dit qu'il importe d'expliquer qu'elles en ont le droit.

L'article est adopté avec cet amendement.

816. Le partage peut être demandé, même quand l'un des cohéritiers aurait joui séparément de partie des biens de la succession, s'il n'y a eu un acte de partage, ou possession suffisante pour acquérir la prescription.

(Cet article était le CIV^e. du Projet).

M. Regnaud (de Saint-Jean-d'Angely) pense que cet article porterait souvent un préjudice considérable à l'héritier, sous le rapport des impenses qu'il aurait faites dans les biens dont il aurait eu pendant long-tems la jouissance.

M. Tronchet dit que cette considération ne doit pas l'emporter sur le principe que l'héritier ne peut devenir propriétaire que par un partage, ou par la prescription.

M. Bigot - Préameneu ajoute que l'intérêt seul des tiers commanderait la disposition de l'article.

L'article est adopté.

817. L'action en partage, à l'égard des cohéritiers mineurs ou interdits, peut être exercée par leurs tuteurs, spécialement autorisés par un conseil de famille.

A l'égard des cohéritiers absens, l'action appartient aux parens envoyés en possession.

(Cet article, le CV^e. du Projet, fut adopté sans discussion).

818. Le mari peut, sans le concours de sa femme, provoquer le partage des objets meubles ou immeubles à elle échus qui tombent dans la communauté : à l'égard des objets qui ne tombent pas en communauté, le mari ne peut

en provoquer le partage sans le concours de sa femme ; il peut seulement, s'il a le droit de jouir de ses biens, demander un partage provisionnel.

Les cohéritiers de la femme ne peuvent provoquer le partage définitif qu'en mettant en cause le mari et la femme.

(Cet article, le CVIe. du Projet, fut adopté sans discussion).

819. Si tous les héritiers sont présens et majeurs, l'apposition de scellés sur les effets de la succession n'est pas nécessaire, et le partage peut être fait dans la forme et par tel acte que les parties intéressées jugent convenable.

Si tous les héritiers ne sont pas présens, s'il y a parmi eux des mineurs ou des interdits, le scellé doit être apposé dans le plus bref délai, soit à la requête des héritiers, soit à la diligence du commissaire du gouvernement près le tribunal de première instance, soit d'office par le juge de paix dans l'arrondissement duquel la succession est ouverte (1).

(Cet article, le CVIIe. du Projet, fut adopté sans discussion).

820. Les créanciers peuvent aussi requérir l'apposition des scellés, en vertu d'un titre exécutoire ou d'une permission du juge.

(Cet article, le CVIIIe. du Projet, fut adopté sans discussion).

821. Lorsque le scellé a été apposé, tous créanciers peuvent y former opposition, encore qu'ils n'aient ni titre exécutoire ni permission du juge.

Les formalités pour la levée des scellés et la confection de l'inventaire, sont réglées par les lois sur la procédure (2).

(Cet article, le CIXe. du Projet, fut adopté sans discussion).

---

(1) Le tribunal de Bruxelles observait qu'il faudrait charger le maire du lieu d'avertir l'officier tenu d'apposer le scellé ; sans cette précaution, il arrivera rarement que l'opération obtienne l'effet que la loi veut lui donner.

(2) Le tribunal de cassation proposait d'ajouter : *en cas de contestation du droit des*

822. L'action en partage, et les contestations qui s'élèvent dans le cours des opérations, sont soumises au tribunal du lieu de l'ouverture de la succession.

C'est devant ce tribunal qu'il est procédé aux licitations, et que doivent être portées les demandes relatives à la garantie des lots entre copartageans et celles en rescision du partage.

(Cet article, le CXI^e. du Projet, fut adopté sans discussion).

823. Si l'un des cohéritiers refuse de consentir au partage, ou s'il s'élève des contestations soit sur le mode d'y procéder, soit sur la manière de le terminer, le tribunal prononce comme en matière sommaire, ou commet, s'il y a lieu, pour les opérations du partage, un des juges, sur le rapport duquel il décide les contestations.

CX. *Si l'un des cohéritiers refuse de consentir au partage, ou s'il s'élève des contestations soit sur le mode d'y procéder, soit sur la manière de le terminer, il en est référé au tribunal qui prononce sur la difficulté, ou qui commet, s'il y a lieu, un des juges pour les opérations du partage.*

(Les changemens faits à l'article ont eu lieu sans discussion, après les conférences tenues avec la section de législation du Tribunat).

824. L'estimation des immeubles est faite par experts choisis par les parties intéressées, ou, à leur refus, nommés d'office.

Le procès-verbal des experts doit présenter les bases de l'estimation : il doit indiquer si l'objet estimé peut être commodément partagé ; de quelle manière ; fixer enfin, en cas de division, chacune des parts qu'on peut en former, et leur valeur.

CXII. *L'estimation des immeubles est faite par experts choisis par les parties intéressées, ou, à leur refus, nommés d'office.*

Le procès-verbal des experts doit contenir en détail la valeur de l'objet

---

opposans ou de quelqu'un d'entr'eux, il est statué préalablement s'ils seront admis à l'inventaire.

Le tribunal de Toulouse demandait que l'on réglât la forme de cette opposition.

estimé ;

SUCCESSIONS.

estimé ; il doit indiquer s'il peut être commodément partagé ; de quelle manière ; fixer enfin, en cas de division, chacune des parts qu'on peut en former, et leur valeur.

M. Tronchet dit que dans le projet de code civil, on avait, à la vérité, exigé que dans le procès-verbal d'estimation, les objets fussent indiqués en détail ; mais cet usage entraîne de grands abus ; les experts multiplient les estimations en détail, pour augmenter le prix de leurs procès-verbaux.

M. Treilhard consent à la suppression proposée, pourvu que l'estimation ne se fasse pas en masse ; elle serait nécessairement inexacte.

L'article est renvoyé à la section.

825. L'estimation des meubles, s'il n'y a pas eu de prisée faite dans un inventaire régulier, doit être faite par gens à ce connaissant, à juste prix et sans crue.

(L'article CXIII du Projet était le même, à l'exception des mots, *et sans crue*, qui ont été ajoutés après les conférences tenues avec la section de Législation du Tribunat).

826. Chacun des cohéritiers peut demander sa part en nature des meubles et immeubles de la succession : néanmoins, s'il y a des créanciers saisissans ou opposans, ou si la majorité des cohéritiers juge la vente nécessaire pour l'acquit des dettes et charges de la succession, les meubles sont vendus publiquement en la forme ordinaire.

(Cet article, le CXIVe. du Projet, fut adopté sans discussion).

827. Si les immeubles ne peuvent pas se partager commodément, il doit être procédé à la vente par licitation devant le tribunal.

Cependant les parties, si elles sont toutes majeures, peuvent consentir que la licitation soit faite devant un notaire, sur le choix duquel elles s'accordent.

(Cet article, le CXVe. du Projet, fut adopté sans discussion).

828. Après que les meubles et immeubles ont été estimés et vendus, s'il y a lieu, le juge commissaire renvoie les parties devant un notaire dont elles conviennent, ou

nommé d'office, si les parties ne s'accordent pas sur le choix.

On procède devant cet officier, aux comptes que les copartageans peuvent se devoir, à la formation de la masse générale, à la composition des lots, et aux fournissemens à faire à chacun des copartageans.

(Cet article, le CXVI^e. du Projet, fut adopté sans discussion).

829. Chaque cohéritier fait rapport à la masse, suivant les règles qui seront ci-après établies, des dons qui lui ont été faits, et des sommes dont il est débiteur.

(Cet article, le CXVII^e. du Projet, fut adopté sans discussion).

830. Si le rapport n'est pas fait en nature, les cohéritiers à qui il est dû, prélèvent une portion égale sur la masse de la succession.

Les prélèvemens se font, autant que possible, en objets de même nature, qualité et bonté que les objets non rapportés en nature.

(Cet article, le CXVIII^e. du Projet, fut adopté sans discussion).

831. Après ces prélèvemens, il est procédé, sur ce qui reste dans la masse, à la composition d'autant de lots égaux qu'il y a d'héritiers copartageans, ou de souches copartageantes.

(Cet article, le CXIX^e. du Projet, fut adopté sans discussion).

832. Dans la formation et composition des lots, on doit éviter, autant que possible, de morceler les héritages et de diviser les exploitations; et il convient de faire entrer dans chaque lot, s'il se peut, la même quantité de meubles, d'immeubles, de droits ou de créances de même nature et valeur.

(Cet article, le CXX^e. du Projet, fut adopté sans discussion).

833. L'inégalité des lots en nature se compense par un retour, soit en rente, soit en argent.

(Cet article, le CXXI^e. du Projet, fut adopté sans discussion).

SUCCESSIONS. 59

834. Les lots sont faits par l'un des cohéritiers, s'ils peuvent convenir entre eux sur le choix, et si celui qu'ils avaient choisi accepte la commission : dans le cas contraire, les lots sont faits par un expert que le juge commissaire désigne.

Ils sont ensuite tirés au sort.

(Cet article, le CXXII^e. du Projet, fut adopté sans discussion).

835. Avant de procéder au tirage des lots, chaque copartageant est admis à proposer ses réclamations contre leur formation (1).

(Cet article, le CXXIII^e. du Projet, fut adopté sans discussion).

836. Les règles établies pour la division des masses à partager, sont également observées dans la subdivision à faire entre les souches copartageantes.

(Cet article, le CXXIV^e. du Projet, fut adopté sans discussion).

837. Si, dans les opérations renvoyées devant un notaire, il s'élève des contestations, le notaire dressera procès-verbal des difficultés et des dires respectifs des parties, les renverra devant le commissaire nommé pour le partage ; et, au surplus, il sera procédé, suivant les formes prescrites par les lois sur la procédure.

(Cet article, le CXXV^e. du Projet, fut adopté sans discussion).

838. Si tous les cohéritiers ne sont pas présents, ou s'il y a parmi eux des interdits, ou des mineurs, même émancipés, le partage doit être fait en justice, conformément aux règles prescrites par les articles 819 et suivans, jusques et compris l'article précédent. S'il y a plusieurs mi-

---

(1) Le tribunal de Caen demandait dans quelle forme seraient refaits les lots mal et illégalement faits, s'ils étaient blâmés ? Il proposait de les renvoyer aux experts, qui, après avoir jugé les blâmes fondés, feraient de nouveaux lots conformes aux règles.

neurs qui aient des intérêts opposés dans le partage, il doit leur être donné à chacun un tuteur spécial et particulier.

(Cet article, le CXXVI°. du Projet, fut adopté sans discussion).

839. S'il y a lieu à licitation, dans le cas du précédent article, elle ne peut être faite qu'en justice avec les formalités prescrites pour l'aliénation des biens des mineurs. Les étrangers y sont toujours admis.

(Cet article, le CXXVII°. du Projet, fut adopté sans discussion).

840. Les partages faits conformément aux règles ci-dessus prescrites, soit par les tuteurs, avec l'autorisation d'un conseil de famille, soit par les mineurs émancipés, assistés de leurs curateurs, soit au nom des absens ou non présens, sont définitifs : ils ne sont que provisionnels, si les règles prescrites n'ont pas été observées.

(Cet article, le CXXVIII°. du Projet, fut adopté sans discussion).

841. Toute personne, même parente du défunt, qui n'est pas son successible, et à laquelle un cohéritier aurait cédé son droit à la succession, peut être écartée du partage, soit par tous les cohéritiers, soit par un seul, en lui remboursant le prix de la cession (1).

(Cet article, le CXXIX°. du Projet, fut adopté sans discussion).

842. Après le partage, remise doit être faite à chacun des copartageans, des titres particuliers aux objets qui lui seront échus.

Les titres d'une propriété divisée restent à celui qui a la plus grande part, à la charge d'en aider ceux de ses copartageans qui y auront intérêt, quand il en sera requis.

---

(1) L'acquéreur de portion d'un immeuble indivis dépendant d'une succession, peut-il être écarté du partage de cet immeuble par les copropriétaires ? — Décidé négativement par arrêt de la cour d'appel de Paris, du 9 ventôse an 12, sur le motif que l'article s'applique exclusivement aux cessions de droits successifs, et non aux ventes ou cessions à titre singulier.

Les titres communs à toute l'hérédité sont remis à celui que tous les héritiers ont choisi pour en être le dépositaire, à la charge d'en aider les copartageans, à toute réquisition. S'il y a difficulté sur ce choix, il est réglé par le juge.

(Cet article, le CXXX^e. du Projet, fut adopté sans discussion).

SECTION II.

DES RAPPORTS.

843. Tout héritier, même bénéficiaire, venant à une succession, doit rapporter à ses cohéritiers tout ce qu'il a reçu du défunt, par donation entre-vifs, directement ou indirectement (1) : il ne peut retenir les dons ni réclamer les legs à lui faits par le défunt, à moins que les dons et legs ne lui aient été faits expressément par préciput et hors part, ou avec dispense du rapport (2).

(Cet article, le CXXXI^e. du Projet, fut adopté sans discussion).

844. Dans le cas même où les dons et legs auraient été

---

(1) Les donations faites à titre onéreux ou sous condition, seront-elles sujettes à rapport ? — Dans le cas de l'affirmative, le donataire rapporte-t-il seulement ce dont l'objet de la donation excéderait la charge, ou bien rapporte-t-il le tout sans indemnité ?

Le tribunal d'appel de Metz demandait si, dans le cas où un père renonce pour faire succéder ses enfans, les enfans qui lui surviendraient dans la suite pourraient demander le rapport à ceux qui auraient recueilli la succession par la renonciation du père ?

(2) Dans les pays régis précédemment par le droit écrit, les donations faites à des collatéraux n'étaient pas sujettes à rapport. Le tribunal d'appel de Besançon demandait si le rapport des donations faites antérieurement au Code aurait lieu dans les successions collatérales ouvertes depuis la promulgation du Code ? Il pensait que l'affirmative pourrait renfermer une disposition rétroactive.

Le tribunal d'appel de Toulouse observait que les termes *par préciput et hors part*, pourraient faire douter si ces expressions sont exigées cumulativement ?

Le tribunal de Melun a jugé, le 18 prairial de l'an 12, que l'intention d'un testateur de faire un legs *par préciput et hors part*, était suffisamment exprimée en disant qu'il lègue à ses petits-fils *le quart de tous ses biens pour le* RÉUNIR *à la moitié qu'ils sont appelés à recueillir dans sa succession*.

faits par préciput ou avec dispense du rapport, l'héritier venant à partage ne peut les retenir que jusqu'à concurrence de la quotité disponible : l'excédent est sujet à rapport.

(Cet article, le CXXXII^e. du Projet, fut adopté sans discussion).

845. L'héritier qui renonce à la succession, peut cependant retenir le don entre-vifs, ou réclamer le legs à lui fait, jusqu'à concurrence de la portion disponible.

(Cet article, le CXXXIII^e. du Projet, fut adopté sans discussion).

846. Le donataire qui n'était pas héritier présomptif lors de la donation, mais qui se trouve successible au jour de l'ouverture de la succession, doit également le rapport, à moins que le donateur ne l'en ait dispensé.

(Cet article, le CXXXIV^e. du Projet, fut adopté sans discussion).

847. Les dons et legs faits au fils de celui qui se trouve successible à l'époque de l'ouverture de la succession, sont toujours réputés faits avec dispense du rapport.

Le père venant à la succession du donateur, n'est pas tenu de les rapporter.

(Cet article, le CXXXV^e. du Projet, fut adopté sans discussion).

848. Pareillement, le fils venant de son chef à la succession du donateur, n'est pas tenu de rapporter le don fait à son père, même quand il aurait accepté la succession de celui-ci : mais si le fils ne vient que par représentation, il doit rapporter ce qui avait été donné à son père, même dans le cas où il aurait répudié sa succession.

(Cet article, le CXXXVI^e. du Projet, fut adopté sans discussion).

849. Les dons et legs faits au conjoint d'un époux successible, sont réputés faits avec dispense du rapport.

Si les dons et legs sont faits conjointement à deux époux,

dont l'un seulement est successible, celui-ci en rapporte la moitié; si les dons sont faits à l'époux successible, il les rapporte en entier.

CXXXVII. *Les dons et legs faits au conjoint d'un époux successible, ne sont pas rapportables.*

Si les dons et legs sont faits conjointement à deux époux, dont l'un seulement est successible, celui-ci en rapporte la moitié; si les dons sont faits à l'époux successible, il les rapporte en entier.

M. TRONCHET dit que cet article peut donner lieu à des fraudes : le père qui voudra avantager un enfant au préjudice des autres, pourrait, si cet enfant est marié en communauté, donner à l'autre conjoint. L'enfant préféré prendrait ensuite la moitié du don, à titre de partage de communauté.

Le projet de code civil proposait une autre règle : il voulait, article CLXVII, que le rapport n'eût lieu de la part de l'époux, que dans le cas où il profiterait du don, et pour la portion dont il en profiterait par l'effet de la communauté.

M. TREILHARD dit que la section a cru cette règle inutile, attendu que le père n'a pas besoin de masquer l'avantage qu'il veut faire au conjoint successible, puisqu'il peut ouvertement le dispenser du rapport.

M. TRONCHET dit qu'alors la section établit la présomption qu'il y a eu dispense de rapport, mais qu'il vaut mieux l'exprimer.

L'article est adopté avec l'amendement de M. Tronchet.

850. Le rapport ne se fait qu'à la succession du donateur.

(Cet article, le CXXXVIII^e. du Projet, fut adopté sans discussion).

851. Le rapport est dû de ce qui a été employé pour l'établissement d'un des cohéritiers, ou pour le paiement de ses dettes (1).

(Cet article était le CXXXIX^e. du projet).

M. REGNAUD (de Saint-Jean-d'Angely) dit que si la somme donnée pour l'établissement est consignée dans un acte, et s'il existe des quittances

---

(1) Le tribunal de Lyon observait qu'il faut 1°. que les dettes aient été légalement contractées; 2°. qu'il était juste et par conséquent nécessaire d'excepter les dettes dont aurait pu être chargée une succession échue à l'enfant pendant sa minorité, et que le père ou la mère auraient acquittée avec les revenus.

des dettes, il y a lieu à rapport, d'après les règles générales précédemment adoptées : l'article est donc pour le cas où le père n'a pas jugé à propos de prendre des titres qu'on pût un jour opposer à son fils, et alors il est évident que le père a voulu donner sans aucune condition de rapport.

M. TREILHARD répond que lorsque la donation n'est pas prouvée, elle est réputée ne pas exister.

D'ailleurs, cet article ne doit pas être séparé de l'article CXL, qui empêche qu'on ne consume la portion de l'enfant par des imputations qui ne doivent pas lui être précomptées; mais il ne serait pas juste que le fils fût dispensé de rapporter les sommes qu'il a reçues de son père, soit en dot, soit pour former un établissement, soit pour payer ses dettes.

M. REGNAUD (de Saint-Jean-d'Angely) demande si un fils sera obligé de rapporter, lorsqu'ayant dépensé, pendant ses études, au-delà de la somme que son père lui avait allouée, celui-ci aura payé l'excédant, sans prendre de lui aucune quittance, et que le fait ne sera connu que par les mémoires trouvés parmi les papiers de la succession?

M. TREILHARD répond qu'on se déciderait, en ce cas, par les circonstances. Les tribunaux ne condamneraient pas le fils à rapporter quelques sommes modiques que son père aurait payées pour lui; mais il n'en serait pas de même, si ces sommes formaient une partie considérable du patrimoine du père.

Le consul CAMBACÉRÈS pense que l'article, juste en soi, doit cependant être limité au cas où il ne résulte pas des circonstances, que le défunt a voulu affranchir l'héritier du rapport. Au reste, cet article aura plus d'effet dans la ligne directe, où la loi établira une réserve, que dans la ligne collatérale, où la faculté de disposer recevra une plus grande latitude; peut-être même ne devrait-il en avoir aucun dans cette dernière ligne.

M. TRONCHET dit qu'en effet, puisque le défunt a pu dispenser du rapport, son intention devient la seule règle qu'on puisse suivre : la loi ne peut la suppléer, quand elle n'est pas manifestée.

M. MALEVILLE dit que jamais on n'a précompté à un héritier ce qu'il avait reçu du défunt, à raison de son service militaire, ou pour frais d'étude et d'apprentissage, à moins que ces avances ne fussent exhorbitantes, relativement à la valeur de la succession.

Le consul CAMBACÉRÈS dit qu'il paraît nécessaire de s'en expliquer dans l'article.

Cet amendement est adopté.

M. REGNAUD

M. REGNAUD (de Saint-Jean-d'Angely) insiste sur la proposition qu'il a faite, de ne pas assujétir au rapport les sommes que le père a dépensées pour payer les dettes contractées par son fils mineur.

Le rapport ne paraît juste que quand le fils est établi.

M. BERLIER pense que cet article comporte une distinction nécessaire. Point de doute que le rapport ne soit dû, à l'égard des dettes contractées par un individu majeur, et qui ont été acquittées par le défunt, à la succession duquel il vient avec d'autres héritiers. Mais doit-il en être ainsi des dettes faites en minorité? Supposons un enfant, ou un jeune homme de seize à dix-huit ans, qui perde une forte somme au jeu, ou qui trouve chez des usuriers de l'argent pour satisfaire à quelques autres fantaisies de jeunesse : son père veut bien payer (cette conduite, sans doute, est louable); mais si le rapport est de droit rigoureux, qu'en résultera-t-il? Que, malgré toutes les précautions que les lois ont prises pour qu'un mineur ne pût contracter, ni s'obliger valablement, celui-ci aura pu, en un jour et à l'avance, dissiper toute sa fortune, uniquement parce qu'il aura plu à son père de payer une dette illégale.

C'est, dira-t-on, la faute de l'enfant; il est plus juste de la lui faire supporter qu'à tous autres.

M. Berlier ne se dissimule pas que cette réflexion a pour elle toutes les apparences de la justice; cependant elle est loin de résoudre les inconvéniens qu'il a exposés. D'ailleurs il ne faut pas voir ici le seul fait de l'enfant; celui du père y entre aussi sous plus d'un rapport. 1°. N'aura-t-il pas quelquefois des reproches à se faire? Les fautes que commet un enfant d'un âge aussi tendre, sont souvent le produit de la négligence des pères; en second lieu, n'a-t-il pas lui-même changé la condition légale de son fils?

Il y a même cela de remarquable, que si le père a pu rendre obligatoire vis-à-vis de lui et des siens la dette qui ne l'était pas vis-à-vis du créancier originaire, les cohéritiers devraient bien avoir la faculté, dans le cas où la dette excéderait la part héréditaire, d'actionner en paiement de l'excédant; ce qui n'est pas proposable.

Si l'on objecte que hors de là l'enfant restera sans frein, on peut répondre qu'outre la surveillance qui prévient les fautes, le père aura le droit de provoquer sa réclusion; en pareil cas, il y a lieu de punir l'enfant, mais non de le ruiner.

M. Berlier estime donc que pour ne pas mettre ce point de législation en désaccord avec tous les principes qui veillent pour la fortune du mineur, il conviendrait, même pour la tranquillité des familles, de jeter un voile officieux sur les dettes de l'espèce qu'on vient d'examiner, et de circonscrire l'action en rapport aux seules dettes *pour le paiement desquelles le cohéritier aurait pu être valablement poursuivi en justice par le créancier remboursé.*

M. TREILHARD dit que le mineur, arrivé à un certain âge, échappe en grande partie à la surveillance de son père. S'il entre au service ; s'il prend un état, il acquiert une espèce d'indépendance qui ne doit pas être funeste à ses frères ; l'indulgence qu'il mérite ne doit pas aller jusqu'à lui permettre de les ruiner.

Le père doit à son fils l'éducation, l'entretien, un état ; rien de tout cela ne sera rapporté : mais il n'est pas obligé de sacrifier une portion considérable de son patrimoine pour réparer les écarts du premier âge.

Au surplus, le principe consacré par l'article subsiste depuis long-tems; et jamais il n'a produit d'inconvéniens.

M. TRONCHET ajoute que la disposition proposée serait immorale ; elle inviterait le fils à dépenser : il importe au contraire de le contenir par l'obligation du rapport.

M. BERLIER dit que, dans ce système, un jeune homme de seize ans peut se ruiner en un moment ; cette peine est trop sévère. La loi met dans les mains du père un autre moyen de répression, moins funeste dans ses conséquences, sans être moins moral.

M. BIGOT-PRÉAMENEU dit que l'article défère au père le droit qui, dans ce système, appartiendrait aux tribunaux ; le père devient juge de la nécessité des dépenses ; et certes, la crainte de ruiner son fils l'empêchera de les payer légèrement.

Le consul CAMBACÉRÈS dit que l'article ne fait que rappeler un principe reçu. Quelques inconvéniens dans l'application, ne doivent pas l'emporter sur l'intérêt de ne pas ruiner une famille entière par les prodigalités d'un jeune homme.

Il restera cependant à examiner si la disposition doit être tellement absolue, qu'elle aille jusqu'à faire refuser des alimens au fils.

L'article est adopté.

852. Les frais de nourriture, d'entretien, d'éducation, d'apprentissage, les frais ordinaires d'équipement, ceux de noces et présens d'usage, ne doivent pas être rapportés.

CXL. *Les frais de nourriture, d'entretien, d'éducation, d'apprentissage, les frais de noces et présens d'usage, ne doivent pas être rapportés.*

SUCCESSIONS.

(L'article est adopté en y renvoyant l'amendement proposé par le consul Cambacérès, et admis pendant la discussion de l'article précédent. (Voyez pag. 64 l'opinion de M. Maleville et du consul Cambacérès.)

853. Il en est de même des profits que l'héritier a pu retirer de conventions passées avec le défunt, si ces conventions ne présentaient aucun avantage indirect, lorsqu'elles ont été faites. (1)

(Cet article, le CXLIe. du Projet, fut adopté sans discussion).

854. Pareillement, il n'est pas dû de rapport pour les associations faites sans fraude entre le défunt et l'un de ses héritiers, lorsque les conditions en ont été réglées par un acte authentique.

(Cet article, le CXLIIe. du Projet, fut adopté sans discussion).

855. L'immeuble qui a péri par cas fortuit et sans la faute du donataire, n'est pas sujet à rapport.

(Cet article, le CXLIIIe. du Projet, fut adopté sans discussion).

856. Les fruits et les intérêts des choses sujettes à rapport, ne sont dus qu'à compter du jour de l'ouverture de la succession.

(Cet article, le CXLIVe. du Projet, fut adopté sans discussion).

857. Le rapport n'est dû que par le cohéritier à son cohéritier; il n'est pas dû aux légataires ni aux créanciers de la succession.

(Cet article, le CXLVe. du Projet, fut adopté sans discussion).

858. Le rapport se fait en nature ou en moins prenant.
(Cet article, le CXLVIe. du Projet, fut adopté, sans discussion).

859. Il peut être exigé en nature, à l'égard des immeu-

---

(1) Le tribunal d'appel de Bourges observait que cet article serait la source d'une foule de procès, si le moindre avantage qu'aurait retiré l'héritier, des conventions faites avec le défunt, suffisait pour les faire annuller; il pensait que l'on ne devait excepter que les cas de fraude.

bles, toutes les fois que l'immeuble donné n'a pas été aliéné par le donataire, et qu'il n'y a pas, dans la succession, d'immeubles de même nature, valeur et bonté, dont on puisse former des lots à-peu-près égaux pour les autres cohéritiers. (1)

(Cet article, le CXLVII^e. du Projet, fut adopté sans discussion).

860. Le rapport n'a lieu qu'en moins prenant, quand le donataire a aliéné l'immeuble avant l'ouverture de la succession ; il est dû de la valeur de l'immeuble à l'époque de l'ouverture.

CXLVIII. *Le rapport n'a lieu qu'en moins prenant, quand le donataire a aliéné l'immeuble avant l'ouverture de la succession.*

M. TRONCHET pense qu'il est nécessaire de déterminer, si l'héritier rapportera seulement le prix de la vente qu'il a faite, ou la valeur de l'immeuble au moment du partage : cette dernière évaluation semble la plus juste.

Le consul CAMBACÉRÈS est d'avis que l'héritier ne doit rapporter que la valeur exacte de l'immeuble, et non l'immeuble en nature ; il n'est pas juste que, parce qu'il ne l'a pas aliéné, ses cohéritiers profitent des augmentations qu'il aura faites à ses frais.

M. TRONCHET dit qu'on doit lui tenir compte de ces augmentations.

M. JOLLIVET dit que le donataire peut avoir reçu l'immeuble grevé d'hypothèques, et les avoir purgées ; cette considération ajoute aux motifs qui doivent faire écarter le rapport en nature. Il aurait d'ailleurs l'inconvénient de laisser la propriété incertaine, et d'affaiblir ainsi l'attachement du propriétaire.

On ne doit pas craindre, en l'excluant, de jeter de l'inégalité dans les partages : la valeur reçue sera rapportée, les améliorations dues aux soins du donataire doivent lui demeurer.

M. TRONCHET dit que la faculté accordée au donateur, de dispenser

---

(1) Le tribunal d'appel de Metz demandait 1°. qui déterminera si les autres immeubles sont de même nature, valeur et bonté ?

Qu'entend-on par même nature ? Ne pourrait-on comparer que des maisons à des maisons, des terres à des terres, des vignes à des vignes, etc. ou bien suffira-t-il que ce soit des biens de la campagne qui puissent être comparés à des biens de la campagne ?

Dans ce cas, et dans tous autres, qu'entendra-t-on par le mot *bonté* ?

le donataire du rapport en nature, répond à toutes les objections ; cette faculté est cependant renfermée dans les limites de la portion disponible.

Le CONSEIL adopte en principe que lorsque l'immeuble aura été aliéné, le donataire en rapportera la valeur estimée au tems de l'ouverture de la succession.

L'article est renvoyé à la section. (Les changemens faits n'ont pas donné lieu à d'autres discussions.)

861. Dans tous les cas, il doit être tenu compte au donataire, des impenses qui ont amélioré la chose, eu égard à ce dont sa valeur se trouve augmentée au tems du partage.

(Cet article, le CXLIX^e. du Projet, fut adopté sans discussion).

862. Il doit être pareillement tenu compte au donataire, des impenses nécessaires qu'il a faites pour la conservation de la chose, encore qu'elles n'aient point amélioré le fonds.

(Cet article, le CL^e. du Projet, fut adopté sans discussion).

863. Le donataire, de son côté, doit tenir compte des dégradations et détériorations qui ont diminué la valeur de l'immeuble, par son fait ou par sa faute et négligence.

(Cet article, le CLI^e. du Projet, fut adopté sans discussion).

864. Dans le cas où l'immeuble a été aliéné par le donataire, les améliorations ou dégradations faites par l'acquéreur doivent être imputées conformément aux trois articles précédens.

(Cet article, le CLII^e. du Projet, fut adopté sans discussion).

865. Lorsque le rapport se fait en nature, les biens se réunissent à la masse de la succession, francs et quittes de toutes charges créées par le donataire ; mais les créanciers ayant hypothèque peuvent intervenir au partage, pour

s'opposer à ce que le rapport se fasse en fraude de leurs droits. (1)

(Cet article était le CLIII^e. du projet).

M. Jollivet dit que le donataire devient réellement propriétaire, il peut aliéner, il peut donc, à plus forte raison, grever d'hypothèques l'immeuble donné. Il résulte de là que les créanciers ne doivent pas être réduits à se défendre contre les cohéritiers qui demandent le rapport de l'immeuble, ils pourraient même n'être pas instruits de la demande en rapport et en partage : il semble donc que l'immeuble doit être rapporté avec les charges dont il est grevé et qui ont été conservées par des oppositions.

M. Treilhard demande quel serait en ce cas le sort des cohéritiers du donataire, si la succession entière se réduisait à l'immeuble donné.

M. Tronchet dit que chacun doit connaître la condition de celui avec lequel il contracte, et que personne n'est reçu à alléguer pour excuse qu'il l'a ignorée.

Ainsi, quand on accepte pour gage un immeuble donné, qui est sujet à rapport, on sait qu'on s'expose à se le voir enlever par l'événement d'un partage. On est reputé s'en être rapporté à la bonne foi de son débiteur.

M. Regnaud (de Saint-Jean-d'Angely) dit que tout se réduit, pour le créancier, à examiner si le débiteur est réellement propriétaire : cette qualité appartient incontestablement au donataire ; et le projet en discussion le reconnaît, puisqu'il suppose que le donataire peut valablement aliéner. S'il lui est permis de vendre l'immeuble, à plus forte raison lui est-il permis de l'engager ; et, par une suite nécessaire, l'immeuble n'est plus sujet à rapport au préjudice du créancier : celui-ci ne peut perdre son gage et être réduit à une simple action.

M. Jollivet ajoute que, si l'on ne trouvait pas de sûreté à prêter au donataire, il ne pourrait obtenir des fonds qu'en aliénant l'immeuble donné : ainsi la faveur trop grande qu'on propose de donner aux héritiers, tournerait contre eux.

---

(1) Le tribunal d'appel de Metz demandait quelle serait l'intervention du créancier ? Aura-t-elle l'effet d'empêcher que le rapport ne se fasse en nature, même dans le cas où la loi le prescrit : alors voilà le donataire maître de conserver l'immeuble ; il lui suffira de l'hypothéquer et de faire intervenir le créancier.

Cette intervention, au contraire, ne produira-t-elle d'autre effet que d'éviter le rapport en nature, lorsque la loi ne le prescrit pas ? Il faudrait l'expliquer.

M. Tronchet dit qu'on a tiré une fausse conséquence du principe qu'il est permis au donataire d'aliéner. La donation, en effet, est réputée faite par anticipation de la succession : il serait donc trop rigoureux de retenir dans la main du donataire la part héréditaire qu'il a reçue à l'avance; ce serait l'empêcher d'en profiter pour améliorer sa fortune. Mais un simple créancier ne peut pas avoir dans la chose, plus de droits que son débiteur. Au reste, ce n'est pas ici le seul cas où la jurisprudence admette un droit de propriété conditionnel.

M. Portalis dit que la question est difficile.

La donation transfère la propriété; c'est une vérité reconnue. Le donataire devient-il propriétaire incommutable? On se divise sur ce point; mais il est indifférent ici. C'est par l'intention du donateur qu'on doit fixer la latitude qui appartient au donataire; or, puisque le donateur a entendu transférer la propriété de la chose, il est évident qu'il n'a pas voulu borner sa libéralité aux produits (car il n'eût donné qu'un usufruit); mais qu'il a voulu que le donataire usât de la chose pour tous les besoins auxquels lui donateur aurait pu l'employer : il aurait pu hypothéquer; il a donc voulu que le donataire pût l'hypothéquer aussi. Le donateur, en ce cas, exerce son droit de propriété par une main médiate, par celle de son représentant.

Si les cohéritiers réclament le rapport, les créanciers, pour les écarter, diront que quand ils ont accepté l'immeuble pour gage, le donataire avait le droit actuel de le leur hypothéquer, et qu'ils n'ont pas dû prévoir que ce droit pût éventuellement changer un jour.

M. Bérenger dit que si on permet au donataire de vendre, on ne peut l'empêcher d'hypothéquer. La manière de disposer ne change rien au droit de disposition : c'est en vertu du même droit qu'on hypothèque et qu'on aliène.

Mais si le fils donataire a un droit aussi étendu, il devient facile aux pères d'échapper à la disposition qui réserve une légitime aux enfans : ils feront une donation à l'enfant qu'ils voudront avantager.

Il importe d'examiner la question sous ce rapport.

M. Treilhard répond à M. Portalis. Il dit qu'on ne peut, sans doute, contester au donateur, avant la donation, le droit d'hypothéquer la chose, mais que ce droit ne passe au donataire que lorsque la donation est parfaite; si la donation n'est que conditionnelle, qu'elle soit modifiée par une réserve, comme une clause de retour par exemple, il est évident que le donateur n'a pas voulu transmettre la plénitude de ses droits au donataire, ni le droit de disposer indéfiniment.

Le consul Cambacérès dit que l'embarras naît ici de la loi qui abolit les hypothèques légales.

Un père a donné un immeuble à un de ses enfans : si la donation excède la portion disponible des biens du père, ses autres enfans ont le droit de venir prendre leur légitime sur l'immeuble donné. Dans l'ancienne législation, leurs droits étaient conservés par l'hypothèque légale : aujourd'hui qu'elle n'existe plus, le créancier du donateur repoussera les légitimaires, en leur opposant qu'il les prime, parce qu'il s'est fait inscrire avant eux.

M. Tronchet dit que le rapport à lieu, par cela seul qu'il est une condition de la donation, et indépendamment de toute hypothèque légale. Cette condition modifie toujours implicitement la donation, quand elle n'a pas été formellement exclue, et elle rend la propriété du donataire éventuelle.

La seule difficulté qui reste, consiste à savoir, si elle permet de distinguer entre la vente et l'hypothèque. Mais, depuis un tems immémorial, il est reçu que, quoique le donataire puisse aliéner, il ne peut cependant pas hypothéquer. Cette distinction est fondée sur ce que la loi a pu se reposer sur l'affection paternelle, du soin de conserver la légitime aux enfans. La même raison de confiance n'existe pas pour l'hypothèque de la chose donnée ; car alors ce n'est plus le donateur, c'est le donataire qui dispose.

S'il fallait absolument opter entre la prohibition de vendre, et la faculté de vendre entraînant le droit d'hypothéquer, la prohibition serait préférable.

Le consul Cambacérès dit que, dans le droit écrit, l'immeuble grevé n'en était pas moins sujet au rapport ; que même on évinçait l'acquéreur du donataire, lorsque les autres biens de la succession ne suffisaient pas pour fournir la légitime.

L'article est renvoyé à la section, (néanmoins il a été maintenu tel qu'il était dans le Projet).

866. Lorsque le don d'un immeuble fait à un successible avec dispense du rapport, excède la portion disponible, le rapport de l'excédant se fait en nature, si le retranchement de cet excédant peut s'opérer commodément.

Dans le cas contraire, si l'excédant est de plus de moitié de la valeur de l'immeuble, le donataire doit rapporter l'immeuble l'immeuble en totalité, sauf à prélever sur la masse la valeur de la portion disponible : si cette portion excède la moitié de la valeur de l'immeuble, le donataire peut retenir l'immeuble en totalité, sauf à moins prendre, et à récompenser ses cohéritiers en argent ou autrement.

(Cet article, le CLIVe. du Projet, fut adopté sans discussion).

867. Le cohéritier qui fait le rapport en nature d'un immeuble, peut en retenir la possession jusqu'au remboursement effectif des sommes qui lui sont dues pour impenses ou améliorations.

(Cet article, le CLVe. du Projet, fut adopté sans discussion).

868. Le rapport du mobilier ne se fait qu'en moins prenant. Il se fait sur le pied de la valeur du mobilier lors de la donation, d'après l'état estimatif annexé à l'acte ; et, à défaut de cet état, d'après une estimation par experts, à juste prix et sans crue (1).

CLVI. *Le rapport du mobilier ne se fait qu'en moins prenant.*
Il se fait sur le pied de la valeur du mobilier, lors de la donation, d'après l'état estimatif annexé à l'acte, et à défaut de cet état, d'après une estimation par experts.

M. MALEVILLE pense que les meubles doivent être estimés suivant la valeur qu'ils ont, non au tems de la donation, mais à l'époque où la succession s'ouvre. Cette règle, qui est suivie à l'égard des immeubles, doit l'être, à plus forte raison, à l'égard des meubles qui dépérissent par l'usage. Si le donateur les eût gardés, il faudrait bien les prendre dans l'état où ils se trouveraient ; c'est l'opinion de Lebrun, auteur très-estimé.

---

(1) Le tribunal d'appel de Caen demandait s'il ne serait pas juste d'autoriser une nouvelle estimation par experts, lorsque dans l'état annexé à l'acte, elle serait faite à vil prix ?
Le tribunal d'appel de Montpellier observait que les experts ne pouvant juger qu'au doigt et à l'œil, ils ne pourraient faire l'estimation qu'autant que le mobilier leur serait représenté, et qu'ils auraient eu connaissance de son état lors de la donation : il paraissait donc que cette estimation ne pourrait être faite que par des experts qui auraient eu connaissance de l'état du mobilier à l'époque de la donation.

M. Tronchet dit qu'il est juste de suivre des règles différentes pour les meubles que pour les immeubles. Ceux-ci ne sont pas diminués par la jouissance : au contraire, l'usage est la seule jouissance qu'on puisse tirer des meubles ; et cet usage les dégrade pour le profit du donataire.

De plus, les meubles sont donnés en pleine propriété : or *res perit domino*.

M. Maleville répond qu'on ne doit s'attacher qu'à rendre à la succession les valeurs dont elle est privée : donc le prix des meubles ne peut être calculé qu'au moment où la succession a droit de les réclamer.

M. Regnaud (de Saint-Jean-d'Angely) distingue les meubles précieux et non sujets à altération, comme les diamans, l'argenterie, des meubles qui se détériorent par l'usage. La valeur des premiers lui paraît devoir être rapportée en entier. Dans le rapport des autres, il convient de supputer la détérioration qu'ils ont dû éprouver, et qui en eût diminué la valeur, quand ils seraient restés entre les mains du donateur.

L'article est adopté.

(Les mots *à juste prix et sans crue* qui se trouvent à la fin de l'article, ont été ajoutés après la conférence tenue avec la section de législation du Tribunat).

869. Le rapport de l'argent donné se fait en moins prenant dans le numéraire de la succession.

En cas d'insuffisance, le donataire peut se dispenser de rapporter du numéraire, en abandonnant, jusqu'à due concurrence, du mobilier, et à défaut de mobilier, des immeubles de la succession.

(Cet article, le CLVII^e. du Projet, fut adopté sans discussion).

SECTION III.

DU PAIEMENT DES DETTES.

870. Les cohéritiers contribuent entre eux au paiement des dettes et charges de la succession, chacun dans la proportion de ce qu'il y prend.

(Cet article, le CLVIII^e. du Projet, fut adopté sans discussion).

871. Le légataire à titre universel contribue avec les héritiers, au prorata de son émolument ; mais le légataire particulier n'est pas tenu des dettes et charges, sauf toutefois l'action hypothécaire sur l'immeuble légué.

(Cet article était le CLIX^e. du Projet).

Le consul CAMBACÉRÈS dit que puisque l'hypothèque légale ne subsiste plus, le légataire particulier ne doit pas supporter des dettes auxquelles le corps certain qui lui est légué se trouve hypothéqué.

M. TREILHARD dit qu'il a son recours contre la succession.

M. TRONCHET dit que le testateur est censé avoir légué la chose dans l'état où elle se trouvait. L'hypothèque spéciale est comme une charge foncière inhérente à l'immeuble et qui le diminue. La perte doit naturellement tomber sur le légataire ; car si l'immeuble était grevé avant le testament, le testateur l'a su ; si depuis, le testateur l'a voulu.

M. BIGOT-PRÉAMENEU dit que l'hypothèque ne peut être assimilée aux charges foncières ; elle ne diminue pas l'immeuble, elle en fait le gage d'une dette.

M. TRONCHET reconnaît ce principe.

L'article est adopté.

872. Lorsque des immeubles d'une succession sont grevés de rentes par hypothèque spéciale, chacun des cohéritiers peut exiger que les rentes soient remboursées et les immeubles rendus libres avant qu'il soit procédé à la formation des lots. Si les cohéritiers partagent la succession dans l'état où elle se trouve, l'immeuble grevé doit être estimé au même taux que les autres immeubles ; il est fait déduction du capital de la rente sur le prix total ; l'héritier dans le lot duquel tombe cet immeuble, demeure seul chargé du service de la rente, et il doit en garantir ses cohéritiers.

CLX. *Lorsqu'un immeuble de la succession est grevé d'une rente par hypothèque spéciale, il doit être estimé au même taux que les autres immeubles ; il est fait déduction du capital de la rente, sur le prix total ; l'héritier dans le lot duquel tombe cet immeuble, demeure seul chargé du service de la rente, et il doit en garantir ses cohéritiers.*

M. Tronchet pense que l'héritier dans le lot duquel tombe l'héritage chargé d'une rente, doit être forcé au remboursement, afin que la garantie de ses cohéritiers ne soit pas indéfinie.

M. Regnaud (de Saint-Jean-d'Angely) observe que l'article semble remédier à cet inconvénient. En asseyant la rente sur l'immeuble donné, il le grève d'une hypothèque spéciale qui fait cesser toutes les autres hypothèques.

M. Jollivet dit que c'est ainsi que s'exécute la loi du 11 brumaire.

M. Tronchet objecte qu'on peut prendre hypothèque sur plusieurs immeubles.

M. Treilhard répond que l'article a tout prévu. Un seul héritier est chargé de la rente : ainsi, si le créancier vient prendre une inscription sur les biens des autres héritiers, le tribunal l'écartera.

M. Tronchet observe que la rente peut être hypothéquée sur plusieurs immeubles répartis dans des lots différens.

M. Treilhard dit que, dans ce cas, les cohéritiers de celui qui est garant poursuivent contre lui la radiation des inscriptions formées sur leurs biens. Si le créancier les attaque, ils exigent qu'il soit remboursé.

M. Tronchet dit que c'est ce qu'il désire voir exprimer dans l'article.

L'article est adopté avec l'amendement de M. Tronchet.

873. Les héritiers sont tenus des dettes et charges de la succession, personnellement pour leur part et portion virile, et hypothécairement pour le tout; sauf leur recours, soit contre leurs cohéritiers, soit contre les légataires universels, à raison de la part pour laquelle ils doivent y contribuer.

(Cet article, le CLXIe. du projet, fut adopté sans discussion).

874. Le légataire particulier qui a acquitté la dette dont l'immeuble légué était grevé, demeure subrogé aux droits du créancier contre les héritiers et successeurs à titre universel (1).

(Cet article, le CLXIIe. du projet, fut adopté sans discussion).

---

(1) Le tribunal d'appel de Rennes observait que cet article ne prévoit pas le cas du cohéritier qui était créancier du défunt avant l'ouverture de la succession; il pensait qu'il devait avoir les mêmes droits que l'article attribue aux autres créanciers.

SUCCESSIONS. 77

875. Le cohéritier ou successeur à titre universel, qui, par l'effet de l'hypothèque, a payé au-delà de sa part de la dette commune, n'a de recours contre les autres cohéritiers ou successeurs à titre universel, que pour la part que chacun d'eux doit personnellement en supporter, même dans le cas où le cohéritier qui a payé la dette se serait fait subroger aux droits des créanciers; sans préjudice néanmoins des droits d'un cohéritier qui, par l'effet du bénéfice d'inventaire, aurait conservé la faculté de réclamer le paiement de sa créance personnelle, comme tout autre créancier.

(Cet article, le CLXIII^e. du Projet, fut adopté sans discussion).

876. En cas d'insolvabilité d'un des cohéritiers ou successeurs à titre universel, sa part dans la dette hypothécaire est répartie sur tous les autres, au marc le franc.

(Cet article, le CLXIV^e. du Projet, fut adopté sans discussion).

877. Les titres exécutoires contre le défunt sont pareillement exécutoires contre l'héritier personnellement; et néanmoins les créanciers ne pourront en poursuivre l'exécution que huit jours après la signification de ces titres à la personne ou au domicile de l'héritier (1).

CLXV. *Les créanciers ne peuvent exercer de poursuites contre l'héritier personnellement, qu'après avoir fait déclarer exécutoires contre lui les titres qu'ils avaient contre le défunt.*

M. MALEVILLE dit que cet article introduit une formalité tout-à-la-fois inutile et dispendieuse. Il suffirait d'un commandement à l'héritier, comme dans les pays de droit écrit : le mort saisit le vif, donc, le titre qui

___

(1) Cet article reçoit-il son application (dans un lieu où il fallait faire déclarer le titre exécutoire contre l'héritier) lorsque la succession est ouverte avant la promulgation du Code ? — Le tribunal d'appel de Paris a jugé l'affirmative le 9 messidor de l'an 11, sur le motif qu'il s'agit d'un acte de procédure, et, qu'en règle générale, les formes de procéder prescrites par les lois en vigueur doivent être observées sans examiner si les procès se rapportent à des droits ouverts antérieurement ou postérieurement à l'existence de la loi.

était exécutoire contre le défunt, l'est de plein droit contre son héritier.

L'article est renvoyé à la section.

(Les changemens faits à l'article ont eu lieu après la conférence tenue avec la section de législation du Tribunat).

878. Ils peuvent demander, dans tous les cas, et contre tout créancier, la séparation du patrimoine du défunt, d'avec le patrimoine de l'héritier.

(Cet article, le CLXVI^e. du Projet, fut adopté sans discussion).

879. Ce droit cependant ne peut plus être exercé, lorsqu'il y a novation dans la créance contre le défunt, par l'acceptation de l'héritier pour débiteur.

(Cet article, le CLXVII^e. du Projet, fut adopté sans discussion).

880. Il se prescrit, relativement aux meubles, par le laps de trois ans.

A l'égard des immeubles, l'action peut être exercée tant qu'ils existent dans la main de l'héritier.

(Cet article, le CLXVIII^e. du Projet, fut adopté sans discussion).

881. Les créanciers de l'héritier ne sont point admis à demander la séparation des patrimoines contre les créanciers de la succession.

(Cet article était le CLXIX^e. du Projet).

Le consul CAMBACÉRÈS pense que cet article doit être basé sur les mêmes principes que l'article CLXV (877).

L'article est renvoyé à la section. (Il n'a néanmoins subi aucun changement de rédaction.)

882. Les créanciers d'un copartageant, pour éviter que le partage ne soit fait en fraude de leurs droits, peuvent s'opposer à ce qu'il y soit procédé hors de leur présence : ils ont le droit d'y intervenir à leurs frais ; mais ils ne peuvent attaquer un partage consommé, à moins toutefois qu'il n'y ait été procédé sans eux et au

préjudice d'une opposition qu'ils auraient formée (1).

CLXX. *Les créanciers hypothécaires d'un copartageant, pour éviter que le partage ne soit fait en fraude de leurs droits, peuvent s'opposer à ce qu'il y soit procédé hors de leur présence : ils ont le droit d'y intervenir à leurs frais; mais ils ne peuvent attaquer un partage consommé, à moins toutefois qu'il n'y ait été procédé sans eux, et au préjudice d'une opposition qu'ils auraient formée.*

M. Jollivet rappelle qu'un des articles précédens défend de disposer d'une succession non échue ; l'héritier n'a donc pu l'hypothéquer, et les créanciers n'ont pu traiter avec lui sur la foi de cette garantie : ainsi le mot *hypothécaire* semble devoir être retranché.

L'article est adopté avec cet amendement.

SECTION IV.

DES EFFETS DU PARTAGE, ET DE LA GARANTIE DES LOTS.

883. Chaque cohéritier est censé avoir succédé seul et immédiatement à tous les effets compris dans son lot, ou à lui échus sur licitation, et n'avoir jamais eu la propriété des autres effets de la succession.

(Cet article, le CLXXI^e. du Projet, fut adopté sans discussion).

884. Les cohéritiers demeurent respectivement garans, les uns envers les autres, des troubles et évictions seulement qui procèdent d'une cause antérieure au partage.

La garantie n'a pas lieu, si l'espèce d'éviction soufferte a été exceptée par une clause particulière et expresse de l'acte de partage ; elle cesse, si c'est par sa faute que le cohéritier souffre l'éviction.

(Cet article, le CLXXII^e. du Projet, fut adopté sans discussion).

885. Chacun des cohéritiers est personnellement obligé, en proportion de sa part héréditaire, d'indemniser

---

(1) Le tribunal d'appel de Toulouse demandait d'expliquer si la dernière disposition de cet article exclut les créanciers de la faculté de se pourvoir par rescision du partage par la voie de la lésion, en exerçant les actions de leur débiteur ?

son cohéritier de la perte que lui a causée l'éviction.

Si l'un des cohéritiers se trouve insolvable, la portion dont il est tenu doit être également répartie entre le garanti et tous les cohéritiers solvables.

(Cet article, le CLXXIII^e. du Projet, fut adopté sans discussion).

886. La garantie de la solvabilité du débiteur d'une rente ne peut être exercée que dans les cinq ans qui suivent le partage. Il n'y a pas lieu à garantie à raison de l'insolvabilité du débiteur, quand elle n'est survenue que depuis le partage consommé.

(Cet article, le CLXXIV^e. du Projet, fut adopté sans discussion).

SECTION V.

DE LA RESCISION EN MATIÈRE DE PARTAGE.

887. Les partages peuvent être rescindés pour cause de violence ou de dol.

Il peut aussi y avoir lieu à rescision, lorsqu'un des cohéritiers établit, à son préjudice, une lésion de plus du quart. La simple omission d'un objet de la succession ne donne pas ouverture à l'action en rescision, mais seulement à un supplément à l'acte de partage.

CLXXV. *Ces partages peuvent être rescindés pour cause de violence ou de dol.*

Il peut aussi y avoir lieu à rescision, lorsqu'un des cohéritiers établit à son préjudice une lésion de plus du quart.

M. TREILHARD dit que la section a cru ne devoir pas faire de l'erreur du fait une cause particulière de rescision. Cette cause, en effet, se confond avec la lésion ; car, ou l'erreur de fait produit un dommage, ou elle est indifférente.

M. MALEVILLE observe que l'erreur peut produire une lésion qui, cependant, ne soit pas du quart.

Le consul CAMBACÉRÈS dit qu'en effet il y a une difficulté à résoudre : la section entend-elle que la lésion produite par l'erreur du fait, ne doive rien changer au partage ? Qu'arrivera-t-il, par exemple, si un bien
ayant

ayant été par erreur compris dans le lot de l'un des héritiers, il en résulte pour les autres une lésion d'un sixième ?

M. Treilhard répond que, d'après les précautions établies, une semblable erreur devient presqu'impossible. Si cependant elle existait, on procéderait à un supplément de partage.

Le consul Cambacérès pense que l'article doit l'exprimer.

M. Treilhard propose de dire que l'omission d'un bien de la succession n'opérera pas la nullité du partage, mais donnera lieu à un partage supplémentaire.

L'article est adopté avec cet amendement.

888. L'action en rescision est admise contre tout acte qui a pour objet de faire cesser l'indivision entre cohéritiers, encore qu'il fût qualifié de vente, d'échange et de transaction, ou de toute autre manière.

Mais après le partage, ou l'acte qui en tient lieu, l'action en rescision n'est plus admissible contre la transaction faite sur les difficultés réelles que présentait le premier acte, même quand il n'y aurait pas eu à ce sujet de procès commencé.

(Cet article était le CLXXVI^e. du Projet).

M. Tronchet dit que s'il est un auteur qui ait admis qu'un premier partage fait en forme de transaction puisse être attaqué, *Dumoulin* le regarde au contraire comme une véritable transaction, et veut qu'il en ait toute la force s'il y avait d'ailleurs lieu à une contestation sérieuse, et seulement *in eâ re in quâ transactum fuit*. En effet, c'est parce que les transactions éteignent les procès, qu'on leur accorde le privilége de ne pouvoir être attaquées. Pourquoi des héritiers qui méritent la faveur de la loi, seraient-ils privés de l'avantage d'étouffer leurs contestations ? Tous les caractères de la transaction se rencontrent dans le partage qu'ils font pour atteindre ce but : il y a matière à transiger, puisqu'il y a des difficultés entr'eux ; leur partage est qualifié, par eux-mêmes, de transaction ; il doit en avoir les effets, *in eâ re in quâ transactum est*, car la transaction peut être partielle. Par exemple, dans le cas où la contestation porte sur l'estimation d'un immeuble ou sur la qualité d'un héritier, on consent à donner une somme à ce dernier, ou à recevoir un complément de celui auquel l'immeuble est échu : c'est là une véritable transaction, mais seulement *in eâ re in quâ transactum fuit*; l'acte retient son caractère de partage, quant au surplus.

M. TREILHARD dit que la section s'est déterminée par la raison que le premier acte que les héritiers font entr'eux, tend toujours à partager la succession : ainsi cet acte doit être résoluble dans les mêmes cas que tout autre partage ; peu importe qu'on l'ait appelé une transaction ; il faut s'arrêter plus à la réalité qu'au titre. On sait que souvent les parties supposent des difficultés imaginaires, pour donner à leur acte le privilége des transactions ; ensuite, il y a un premier procès sur le véritable caractère de l'acte. L'article évite ce procès aux héritiers.

L'article est renvoyé à la section. (On l'a néanmoins maintenu tel qu'il avait été proposé).

889. L'action n'est pas admise contre une vente de droit successif faite sans fraude à l'un des cohéritiers, à ses risques et périls, par ses autres cohéritiers, ou par l'un d'eux.

(Cet article, le CLXXVIIe. du Projet, fut adopté sans discussion).

890. Pour juger s'il y a eu lésion, on estime les objets suivant leur valeur à l'époque du partage.

(Cet article, le CLXXVIIIe. du Projet, fut adopté sans discussion).

891. Le défendeur à la demande en rescision peut en arrêter le cours et empêcher un nouveau partage, en offrant et en fournissant au demandeur le supplément de sa portion héréditaire, soit en numéraire, soit en nature (1).

(Cet article, le CLXXIXe. du Projet, fut adopté sans discussion).

892. Le cohéritier qui a aliéné son lot en tout ou partie, n'est plus recevable à intenter l'action en rescision pour dol ou violence, si l'aliénation qu'il a faite est postérieure à la découverte du dol, ou à la cessation de la violence.

(Cet article, le CLXXXe. du Projet, fut adopté sans discussion).

---

(1) Dans le cas où un partage est rescindé pour lésion, les cohéritiers doivent-ils rendre, à dater de l'acte de partage, ou seulement de la demande en rescision, les fruits qu'ils ont perçus en sus de la quotité de biens qui devait leur revenir ?

TITRE II.

DES DONATIONS ENTRE-VIFS ET DES TESTAMENS.

Décrété le 13 Floréal an 11, promulgué le 23 du même mois.

CHAPITRE PREMIER.

DISPOSITIONS GÉNÉRALES.

893. On ne pourra disposer de ses biens, à titre gratuit, que par donation entre-vifs ou par testament, dans les formes ci-après établies.

(Cet article, le Ier. du Projet, fut adopté sans discussion).

Séance du 7 Pluviose an 11.

894. La donation entre-vifs est un acte par lequel le donateur se dépouille actuellement et irrévocablement de la chose donnée, en faveur du donataire qui l'accepte.

II. *La donation entre-vifs est un contrat par lequel le donateur se dépouille actuellement et irrévocablement en faveur du donataire, de la propriété de la chose donnée.*

Le Premier Consul dit que le *contrat* impose des charges mutuelles aux deux contractans ; qu'ainsi cette expression ne peut convenir à la donation.

M. Bérenger dit que la définition est inexacte en ce qu'elle ne parle que du donateur et non du donataire.

M. Regnaud (de Saint-Jean-d'Angely) pense que les définitions sont inutiles, puisqu'elles ne sont pas des dispositions dans la loi.

M. Bigot-Préameneu dit qu'elles paraissent nécessaires toutes les fois qu'on fait des changemens dans la législation, parce qu'alors elles font connaître qu'on n'a pas entendu changer de principe.

M. Tronchet dit qu'en définissant les donations et les testamens, on a voulu indiquer le caractère propre de chacun de ces actes et en déduire les différences qui les distinguent. Ici le caractère différentiel est la révocabilité et l'irrévocabilité.

M. Maleville dit que si l'on juge les définitions nécessaires, on pourrait définir la donation, *un acte par lequel le donateur se dépouille actuellement et irrévocablement d'une chose, en faveur du donataire qui l'accepte.*

M. Galli est d'avis de supprimer les définitions ; elles lui semblent déplacées dans le Code civil.

Les constitutions du Piémont, qui ont été indiquées au grand Frédéric comme un modèle parfait, sont dégagées de toute définition. La loi en effet ne doit définir que les choses dont elle veut changer la nature : c'est dans le Digeste qu'il faut aller chercher les autres définitions. Il paraît aussi que la constitution de Milan avait déjà suivi cette même marche.

M. Portalis observe que, dans le Piémont et à Milan, le droit romain fait loi et décide à défaut des constitutions.

A la vérité, en France, les ordonnances ne contenaient pas des définitions : mais c'est parce que, n'étant pas des codes, c'est-à-dire, des recueils complets des lois de la matière, elles supposaient que les donations et les testamens se trouvaient déjà définis par les coutumes ou par le droit commun. Aujourd'hui qu'on rédige un code destiné à remplacer le droit écrit et les coutumes, on ne peut se dispenser de définir, parce que ces lois abrogées ne devant pas désormais être enseignées dans les écoles, rien ne donnerait plus une idée précise de la chose, si elle n'était expliquée par le Code civil. Un code complet, tel que celui que le Conseil prépare, n'existe qu'en Prusse, et le Code prussien contient des définitions : au reste, on ne fait ici que suivre l'exemple de Justinien. Personne ne saurait plus précisément ce qu'est une donation entre-vifs ou un testament, si Justinien n'en avait fait insérer les définitions dans le Digeste.

M. Bérenger dit que les définitions appartiennent à la jurisprudence, et non à la loi ; elles sont très-difficiles. Il est donc dangereux de les placer dans un code ; car si elles étaient vicieuses, elles conduiraient à de fausses conséquences.

Les définitions sont le résultat des dispositions du Code, elles sont donc du domaine de la science : or le Code est le fait du législateur.

M. Bigot-Préameneu répond que les définitions sont de véritables dispositions, et même les dispositions fondamentales de la loi ; car elles fixent les incertitudes qui peuvent naître de la diversité des autres dispositions.

M. Tronchet ajoute que le Code civil n'est pas rédigé pour les juges.

seuls et pour les jurisconsultes, mais pour éclairer tous les citoyens. Il faut donc que chacun y puisse apprendre quels sont les effets de la donation qu'il lui est permis de faire.

M. PORTALIS dit que les définitions de droit ne sont pas purement scientifiques ; elles sont positives. Dans les sciences ordinaires, tout est de doctrine et de raison : dans la législation, rien n'existe que par la volonté positive du législateur.

L'article est adopté, avec la substitution du mot *acte* au mot *contrat*.

895. Le testament est un acte par lequel le testateur dispose, pour le tems où il n'existera plus, de tout ou partie de ses biens, et qu'il peut révoquer.

III. *Le testament est un acte par lequel le testateur seul disposé de tout ou partie de ses biens, et qui n'a d'effet qu'autant que le testateur persiste dans la même volonté jusqu'à la mort.*

M. DEFERMON demande qu'on rédige ainsi : *Le testament est un acte par lequel le testateur seul dispose de tout ou partie de ses biens, et qui n'a d'effet qu'autant que le testateur ne l'a pas révoqué.*

Le PREMIER CONSUL préfère cette rédaction, attendu qu'elle exclut la fausse idée que le légataire est tenu de prouver que le testateur a persisté dans sa volonté.

M. TRONCHET propose de renvoyer aux formes de révocation qui seraient déterminées.

Le consul CAMBACÉRÈS propose de rédiger ainsi : *le testament est l'acte* DE DERNIÈRE VOLONTÉ *par lequel le testateur dispose de tout ou partie de ses biens.*

Cet rédaction fut adoptée. (Les autres changemens que présente le texte ont été faits sans discussion).

896. Les substitutions sont prohibées.

Toute disposition par laquelle le donataire, l'héritier institué ou le légataire, sera chargé de conserver et de rendre à un tiers, sera nulle, même à l'égard du donataire, de l'héritier institué ou du légataire.

897. Sont exceptées de l'article précédent les dispositions permises aux pères et mères et aux frères et sœurs, au chapitre VI du présent titre.

898. La disposition par laquelle un tiers serait appelé à recueillir le don, l'hérédité ou le legs, dans le cas où le donataire, l'héritier institué ou le légataire, ne le recueillerait pas, ne sera pas regardée comme une substitution, et sera valable.

899. Il en sera de même de la disposition entre-vifs ou testamentaire par laquelle l'usufruit sera donné à l'un, et la nue propriété à l'autre.

IV. *Les substitutions sont prohibées.*

Toute disposition par laquelle le donataire sera chargé de conserver et de rendre à un tiers, sera nulle, même à l'égard du donataire.

La disposition par laquelle un tiers sera appelé pour recueillir, dans le cas où le donataire ou le légataire ne recueillera pas, ne sera pas regardée comme une substitution, et sera valable.

M. REGNAUD (de Saint-Jean-d'Angely) dit que puisqu'on a jugé convenable de conserver les définitions, il est nécessaire d'expliquer ce qu'on entend par *substitution*.

M. TRONCHET répond que cette explication se trouve dans l'article.

M. REGNAUD (de Saint-Jean-d'Angely) réplique que, l'article ne définit pas toutes les substitutions, puisqu'il ne s'applique pas à la *substitution officieuse*.

M. BIGOT-PRÉAMENEU dit qu'on a admis la *disposition* et non la *substitution officieuse*.

Le consul CAMBACÉRÈS dit qu'il est inutile de définir ce qui ne doit pas exister.

Le Consul fait une autre observation.

Il ne propose pas de rétablir les substitutions telles qu'elles existaient dans le dernier état de la législation ancienne : mais quel inconvénient y aurait-il à permettre, dans la ligne collatérale, la disposition officieuse déjà admise dans la ligne directe ? Pourquoi l'oncle ne pourrait-il pas, comme le père, pourvoir à ce qu'un neveu dissipateur n'enlevât pas sa succession à sa famille ? Les biens frappés de disposition officieuse ne demeureraient pas long-tems hors du commerce, puisqu'ils y rentreraient après la mort du premier héritier. On n'aurait pas à craindre la multiplicité des procès ; ils naissent des expressions ambiguës des actes : or il n'y aurait plus qu'une clause simple, toujours la même, et dont, par cette raison, la formule serait sans équivoque.

M. TREILHARD dit que les inconvéniens des anciennes substitutions ne dépendaient pas du plus ou du moins de degrés auxquels elles s'étendaient. N'y eût il qu'un degré, il faudrait néanmoins nommer un curateur à la substitution ; il faudrait remplir toutes les formalités prescrites pour les substitutions les plus étendues : on retomberait toujours enfin dans les embarras de la restitution.

La disposition officieuse n'a rien de commun avec les substitutions : ce n'est qu'un moyen offert au père qui, suivant le vœu de la nature, desire conserver son bien à ses petits-enfans, sans en priver son fils. Ce père atteint le but en réduisant son fils à l'usufruit et en donnant aux petits-enfans la propriété. Encore n'use-t-il pas arbitrairement de ce droit ; car il faut qu'il motive sa disposition, et que la cause subsiste au moment de son décès.

Le Premier Consul dit que pour accorder au père la disposition officieuse, telle qu'elle a été adoptée, il faut nécessairement admettre en principe que des êtres non conçus peuvent être appelés par un testament. Or, si cette supposition ne blesse pas la raison lorsqu'on l'applique à la ligne directe, il n'y a plus de motifs pour ne pas l'appliquer également à la ligne collatérale.

M. Tronchet dit que le législateur ne peut être accusé d'inconséquence lorsqu'il modifie la règle générale qu'il a établie, par une exception que des considérations particulières amènent.

Tout se réduit donc à savoir si les raisons qui ont fait admettre la disposition officieuse dans la ligne directe, doivent également la faire admettre dans la ligne collatérale.

Or, on considère le droit de disposition officieuse dans le père, comme une suite de la puissance paternelle et comme un moyen de remplir le devoir de laisser ses biens à ses enfans. Ces motifs, qui ont fait admettre une exception pour le père, ne subsistent pas à l'égard de l'oncle.

M. Treilhard dit que puisque le père peut ne pas laisser à son fils ses biens disponibles, il peut, à plus forte raison, ne lui en laisser que l'usufruit. Quant à l'oncle, il n'a que des biens disponibles, il lui sera permis de n'en donner que l'usufruit à son neveu, et d'en transmettre la propriété à tout autre, pourvu qu'il soit conçu.

Le Premier Consul rappelle ce qu'il a déjà dit touchant les motifs qui doivent faire étendre la disposition officieuse au premier degré de la ligne collatérale.

M. Treilhard dit qu'on ne peut trop resserrer cette faculté. Les dispositions en faveur d'individus non conçus laissent les propriétés incertaines, puisqu'on ignore si le propriétaire qui leur est donné existera, et dans l'intervalle les propriétés sont frappées de stérilité; elles sont hors du commerce; elles dépérissent. Le droit accordé au père n'est donc qu'une exception qu'il faut bien se garder d'étendre, en l'appliquant aux oncles.

M. Emmery dit que cette exception n'a, au surplus, d'effet que dans l'intérêt des petits-enfans.

C'est une vérité constante, que l'aieul ne pourrait appeler les collatéraux de son fils, et que si ce fils perdait ses enfans, il pourrait disposer librement des biens, nonobstant le testament de son père.

Le Premier Consul observe que la portion héréditaire étant une espèce de droit sur l'héritage paternel, acquis au fils par le fait même de sa naissance, permettre au père de réduire cette portion à un simple usufruit, c'est l'autoriser à user d'une rigueur extrême. C'est paralyser pour toujours l'industrie de celui qui par une meilleure conduite, aurait peut-être réparé les écarts de son premier âge.

On envisage avec moins de répugnance la disposition officieuse en ligne collatérale, parce que l'oncle pouvant disposer et de la nue propriété et de l'usufruit, lorsqu'il prive son neveu de l'un de ces deux avantages, il lui laisse encore plus qu'il ne lui doit.

Le consul Cambacérès dit que, dans le plan de législation qui est proposé, il n'y a que de grandes considérations d'intérêt public qui puissent empêcher d'admettre la disposition officieuse en ligne collatérale.

Cette faculté est née sous un régime qui donnait la latitude la plus étendue au droit de disposer: or, on propose d'établir cette latitude dans la ligne collatérale. Des collatéraux ne devraient donc pas être fondés à se plaindre de la disposition officieuse, puisque la loi autorisait celui qui l'a faite à ne leur laisser aucune portion de ses biens.

On objecte qu'un oncle ne peut pas être mu par les mêmes motifs d'affection qu'un père.

Mais, à défaut d'amour paternel, l'oncle ne peut-il pas être mu par l'amour de la propriété, et le desir que ses biens ne soient pas dissipés? Il serait donc trop dur de ne pas lui donner la facilité de les conserver à ses petits-neveux.

On a fait valoir des raisons d'intérêt public: l'inaliénabilité, la détérioration et d'autres inconvéniens semblables.

C'est perdre de vue que la disposition officieuse est restreinte à un seul degré, qu'ainsi ses effets ne peuvent subsister que pendant la vie d'un homme.

On

On ne voit donc pas de motifs pour refuser à l'oncle la disposition officieuse.

M. Portalis, pour réduire la question à des termes plus simples, examine s'il convient d'autoriser les substitutions au premier degré de la ligne collatérale. Dans cette ligne, il n'est pas dû de légitime ; donc on n'y peut pas admettre la disposition officieuse qui oblige le testateur à déduire les motifs pour lesquels il transmet à ses petits-enfans la portion de ses biens que la loi réservait à son fils. Ainsi la faculté qu'on propose d'accorder à l'oncle, introduit une vraie substitution.

Aura-t-elle des inconvéniens ?

Pour résoudre cette question, il convient d'examiner quels seront les effets de la substitution proposée par rapport à la famille et par rapport à la société.

Elle ne peut qu'être utile dans les familles ; car c'est sur-tout par l'intérêt qu'on retient les hommes.

Dans la société, la substitution fera, dit-on, naître des procès et gênera le commerce des biens.

Les procès sont des inconvéniens attachés à toute espèce de succession ; il n'en est point qui n'exigent quelques précautions, desquelles peuvent résulter des procédures.

A l'égard de l'inaliénabilité des biens, peut-elle être préjudiciable à l'intérêt public ?

D'abord, les meubles seraient vendus pour être convertis en immeubles ; ils demeureraient donc dans le commerce.

L'inaliénabilité n'affecterait donc que les immeubles. Mais quel avantage y a-t-il à les faire circuler comme les monnaies ? La stabilité des immeubles, au contraire, stabilise les familles, et dès-lors elle est dans l'intérêt de la société. Le commerce des richesses mobilières est donc le seul qu'il importe d'encourager.

Rien ne s'oppose donc à ce qu'on admette les substitutions en collatérale au profit d'enfans à naître, pourvu qu'on les borne à un seul degré.

M. Tronchet dit que la discussion vient de changer d'objet. L'opinant partage l'opinion de M. Portalis, sur l'impossibilité d'admettre la disposition officieuse dans la ligne collatérale. La loi ne peut permettre à un parent de s'établir le juge de la conduite d'un parent qui n'est pas sous sa dépendance, et de le déclarer dissipateur : elle suppose, au contraire, que les précautions que le père prend à l'égard de son fils, n'entachent pas ce dernier.

Mais suppléera-t-on, en collatérale, la disposition officieuse par la substitution ?

A cet égard, il faut observer que quand les substitutions ont été abolies, on s'est récrié contre l'étendue que le législateur a donnée à cette abrogation, et l'on a demandé de toutes parts si une législation nouvelle pouvait anéantir des droits acquis par la législation antérieure.

Si donc les substitutions sont rétablies même pour un seul degré, les réclamations vont se renouveler. Il serait difficile de les repousser; et cependant il serait impossible de les admettre, sans jeter le trouble dans la société. Il faudrait déclarer nulles les aliénations faites par les grevés, dépouiller des acquéreurs de bonne foi; admettre une foule de procès en garantie, et renverser jusqu'aux transactions et aux stipulations matrimoniales faites en conséquence de la loi existante.

M. CRETET dit que les substitutions ont des inconvéniens d'un ordre supérieur à ceux dont on a parlé jusqu'ici.

L'expérience a prouvé qu'un grevé de substitution n'ayant pas d'intérêt à l'amélioration ni même à la conservation des biens, les dégradait pour s'en approprier les débris. Le curateur voulait-il faire son devoir, il y avait des procès à l'infini. Et cependant alors l'usufruitier n'était pas un dissipateur reconnu.

D'un autre côté, une substitution est un piége tendu à la confiance publique; car elle donne au grevé une apparence de propriété qui porte à lui accorder un crédit.

Le PREMIER CONSUL dit que les objections qui ont été faites portent sur les substitutions de plusieurs degrés.

M. MALEVILLE répond aux objections.

On redoute, dit-il, les procès.

Les substitutions en faisaient naître, sans doute, mais c'est parce que elles s'étendaient à plusieurs degrés; la manière même de compter ces degrés, et l'époque où ils étaient évacués, la transmission des fidéicommis, les droits de chaque grevé aux diverses mutations, ceux de leurs épouses, occasionnaient des contestations fréquentes et qui devenaient sur-tout interminables, à mesure qu'on s'éloignait de l'époque de la fondation de la substitution : mais tous ces dangers deviennent presque nuls dans la substitution du fils au père.

On craint l'abandon et la dégradation des biens.

Cet inconvénient n'a lieu que lorsque les substitutions doivent transférer les biens d'une branche dans une autre : s'il ne doivent passer que du père au fils, l'affection paternelle s'appliquera à les conserver.

On a parlé de réclamations contre l'abolition des droits qui avaient été acquis par les substitutions anciennes.

Le Gouvernement n'est pas responsable des injustices commises avant lui, et parce qu'on permettrait des substitutions d'un degré pour préserver les enfans des suites prévues de la dissipation du père, ce ne serait pas un engagement pour revenir sur l'effet rétroactif de la loi actuelle, si d'ailleurs ce retour avait des conséquences funestes.

Reste donc uniquement à examiner si la substitution des enfans au père, et dans les termes qu'on la propose, pourrait être utile aux familles ; mais personne ne l'a contesté.

M. Treilhard dit que si les substitutions d'un degré étaient jugées utiles en ligne collatérale, on ne pourrait les interdire en ligne directe. Les motifs sont les mêmes dans les deux cas ; et même en ligne directe, elles auraient l'avantage d'épargner au fils l'espèce de diffamation qui résulte de la disposition officieuse.

Il faut donc examiner si en général les substitutions doivent être admises.

L'opinant ne le pense pas.

La stabilité des mêmes biens dans les mêmes familles a été présentée comme un avantage. Il est cependant incontestable que la circulation des biens encourage l'industrie et augmente les revenus de l'Etat. Mais ce qu'il importe sur-tout de se rappeler, c'est que l'intérêt public exige que chacun puisse librement disposer de son bien et en user pour améliorer sa fortune.

Le Premier Consul dit qu'il est de l'avis de M. Treilhard sur la nécessité de multiplier les propriétaires, qui sont les plus fermes appuis de la sûreté et de la tranquillité des Etats ; mais qu'il ne peut approuver les conséquences qu'on tire de cette doctrine.

Il ne s'agit pas de rétablir les substitutions telles qu'elles existaient dans l'ancien droit ; alors elles n'étaient destinées qu'à maintenir ce qu'on appelait les grandes familles et perpétuer dans les aînés l'éclat d'un grand nom. Ces substitutions étaient contraires à l'intérêt de l'agriculture, aux bonnes mœurs, à la raison ; personne ne pense à les rétablir : on propose seulement la substitution du premier degré, c'est-à-dire, l'appel d'un individu après la mort d'un autre.

Il est certain que si cette sorte de substitution peut être admise en ligne collatérale, on ne peut l'interdire en ligne directe ; mais aussi, si elle est permise en ligne directe, il n'y a pas de motif pour l'exclure en collatérale.

Il y a même entre la disposition officieuse et la substitution telle qu'elle est proposée, une différence qui rend cette dernière préférable, sous le rapport de la morale. C'est que les tribunaux peuvent quelquefois intervenir dans la disposition officieuse pour en apprécier les motifs et avoir ainsi à prononcer entre le père et le fils, tandis que la substitution n'est qu'une institution au second degré qui n'a rien d'offensant pour le grevé, et qui ne peut donner lieu à aucune discussion personnelle.

M. Treilhard dit que les substitutions, au moment où elles ont été abrogées, n'étaient plus indéfinies : elles s'étendaient seulement à deux degrés. A l'égard de la disposition officieuse, elle est d'un usage peu fréquent.

Jamais elle ne peut nuire à la mémoire du père, puisqu'elle est au contraire l'effet de sa tendresse pour ses enfans; et les réclamations du fils n'auront rien de diffamant, lorsqu'elles seront présentées avec tout le respect dû à celui duquel il tient son existence.

Au surplus, il serait plus utile de sacrifier la disposition officieuse, que de ne la laisser subsister qu'en rétablissant les substitutions.

M. Bérenger dit que puisque la loi autorise l'interdiction du dissipateur, il n'est pas nécessaire que le père la prononce par son testament; on peut donc supprimer la disposition officieuse.

A l'égard de la substitution, puisqu'elle ne doit pas être motivée, il n'y a plus que des considérations générales qui doivent la faire admettre : or, l'intérêt public ne la commanderait comme remède à la prodigalité, que dans le cas où la plupart des hommes seraient des dissipateurs.

L'opinant vote donc également et contre la disposition officieuse et contre la substitution.

Le Premier Consul pense que l'une des plus grandes difficultés dans cette matière, est l'appel des enfans non conçus.

M. Bigot-Préameneu propose un système qu'il croit devoir concilier toutes les opinions.

Il est reconnu, dit-il, qu'il est permis à un testateur de donner à l'un la propriété, à l'autre l'usufruit de ses biens. Ainsi l'on admet une partie des effets des substitutions.

La loi pourrait donc autoriser l'oncle à laisser à son neveu l'usufruit et à laisser la nue propriété aux petits-neveux qui naîtraient dans les cinq ans de l'ouverture de la succession. A l'expiration de ce terme, le neveu réunirait la nue propriété à son usufruit, s'il ne lui était pas survenu d'enfans.

La propriété ne demeurerait pas long-tems incertaine, et il n'y aurait pas de substitution.

M. Treilhard dit que sans doute il est permis à chacun de diviser la propriété de l'usufruit, pour donner l'un à son neveu, l'autre à ses petits-neveux ; mais c'est en supposant que ceux-ci soient du moins conçus. S'ils n'existent pas encore, ce sont des êtres chimériques, qui ne peuvent devenir l'objet de la libéralité du testateur ; la propriété qu'il leur laisse ne réside sur aucune tête. Si les petits-neveux ainsi appelés n'existent jamais, et que l'usufruitier décède, que devient la propriété ?

M. PORTALIS dit que la loi étant toute-puissante, elle peut modifier le principe général qu'elle établit, par une exception en faveur de quelques enfans non encore conçus.

On demande ce que devient la propriété, si les enfans appelés ne naissent pas, et que l'usufruitier meure. Elle est dévolue suivant l'ordre commun des successions.

Le CONSEIL arrête que la substitution au premier degré sera admise dans la ligne collatérale.

La question de savoir si la substitution remplacera la disposition officieuse dans la ligne directe, est soumise à la discussion.

Les opinions sont partagées sur le sens de ces mots, *portion héréditaire*, employés dans l'article XIV du titre *de la Puissance paternelle*, chapitre de la disposition officieuse (1).

La disposition officieuse pourra-t-elle s'étendre sur tout ce que le fils est appelé à recueillir dans la succession de son père ?

N'aura-t-elle d'effet que sur la légitime du fils ?

Ne pourra-t-elle, au contraire, frapper que les biens disponibles qui excèdent la légitime ?

Tels sont les points à examiner.

M. TREILHARD dit que le législateur, lorsqu'il a voulu régler la disposition des pères et les droits des enfans, s'est trouvé placé entre deux principes qu'il lui a fallu concilier.

En effet, d'un côté, le père est propriétaire, et il semble qu'à ce titre il ne puisse pas être gêné dans la disposition de ses biens.

De l'autre, il doit assurer à ses enfans les moyens d'entretenir l'existence qu'il leur a donnée. Mais il ne leur doit pas toute sa fortune ; les devoirs envers les enfans ne sont pas toujours les seuls que le père ait à remplir : la gratitude, la reconnaissance, d'autres considérations non moins respectables, peuvent lui imposer encore d'autres devoirs.

La loi a donc tracé une ligne entre les droits du père et ceux des enfans. Elle a fait la part des enfans dans la succession du père, et lui a laissé la disposition du surplus.

Il n'est donc pas permis au père de priver les enfans de cette portion,

---

(1) Voyez le chapitre de la disposition officieuse, à l'art. 1048, aux notes.

qu'ils tiennent, non de sa volonté, mais de l'autorité de la loi. Aussi la disposition officieuse n'a-t-elle pas été établie comme une exception à ce principe, mais plutôt comme un moyen de lui donner tous ses effets, en conservant au fils dissipateur cette légitime que la loi lui assure, et dont il se priverait lui-même, si on la lui abandonnait sans précaution.

Cette considération prouve que la disposition officieuse ne doit pas être étendue aux biens disponibles; car la loi n'ayant pas affecté ces biens au fils, ils ne peuvent devenir l'objet d'une précaution imaginée pour lui conserver sa légitime.

M. Bigot-Préameneu dit qu'il y a ici un fait à rétablir.

La section, par ces mots *portion héréditaire*, a entendu toute la part que le fils recueillerait dans la succession du père, si celui-ci mourait *ab intestat*.

M. Berlier dit que le système qui ne fera porter la disposition officieuse que sur les biens excédant ceux réservés à titre de légitime, aura l'avantage de ne point blesser un principe reçu, et qui ne permettait pas que la légitime fût grevée même en *usufruit*.

Il ne pouvait être porté atteinte à cette légitime que par une exhérédation complète, et la prodigalité n'était pas au nombre des causes d'exhérédation.

Au surplus, si les rédacteurs du Projet de Code civil proposèrent la disposition officieuse avec la latitude que l'opinant combat, ce fut sans doute en considération de ce qu'ils n'accordaient aucune action en interdiction ou dation de conseil contre le prodigue; mais puisqu'on est revenu sur ce dernier point, il faut abandonner le premier, car ce serait cumuler les entraves et porter la rigueur jusqu'à l'injustice.

Le Conseil adopte en principe que la légitime ne pourra être frappée de substitution;

Que le père pourra transmettre à ses petits-enfans à naître, mais au premier degré seulement, ses biens disponibles, et en laisser l'usufruit à son fils, sans néanmoins motiver sa disposition.

La question de savoir si ces principes seront étendus à l'oncle et au neveu, est ajournée jusqu'à ce qu'il ait été statué sur la réserve en collatérale.

M. Bigot-Préameneu dit que la proposition d'accorder la liberté de substituer la portion disponible au profit des petits-enfans en ligne directe et au profit des enfans des frères ou sœurs en collatérale, ayant été faite à la derniere séance, la section de législation a examiné si, même en réduisant ainsi, et pour ces cas seulement, ces substitutions à un seul degré, il convient de les rétablir.

Pour que son opinion soit bien entendue, il est, sur cette matière, quelques notions générales qu'il faut se rappeler.

La substitution est définie par les jurisconsultes romains, *Secundi vel deinceps hæredis institutio.*

Cette définition s'applique à deux espèces de substitutions très-différentes.

L'une est la disposition par laquelle le testateur, craignant que l'héritier par lui institué ne puisse ou ne veuille l'être, en nomme un autre qui, à son défaut, soit son héritier.

Cette espèce de substitution fut nommée *vulgaire* dans le droit romain, parce que l'usage en fut très-fréquent. Chaque testateur avait l'attention de prévoir qu'il pouvait arriver que l'héritier premier institué ne succédât point, soit par son prédécès, soit qu'il renonçât à l'hérédité, soit qu'il fût incapable de succéder ou qu'il en fût indigne.

L'autre espèce de substitution est celle qui fait passer les biens d'un successeur à un autre, de manière que le premier institué ne possède qu'à la charge de rendre à celui ou à ceux qui sont nommés après lui.

C'est ce qu'on appela *fidéicommis*, parce qu'on employa d'abord une formule de prière adressée à celui que l'on chargeait de rendre et sur la bonne foi duquel le testateur se reposait : mais ensuite la restitution fut rendue obligatoire ; et au lieu de simples fidéicommis, les testateurs firent ouvertement les substitutions d'un héritier à un autre.

On nomma ces substitutions *graduelles*, parce qu'elles font passer les biens aux substitués l'un après l'autre, suivant l'ordre, c'est-à-dire, dans le langage de la loi, suivant le degré dans lequel ils sont appelés.

Le droit de substituer plusieurs successeurs les uns aux autres ne fut point borné aux hérédités ; on l'appliqua aux simples legs et aux dispositions entre-vifs.

L'usage en fut aussi très-fréquent. Les testateurs y trouvaient l'exercice le plus indéfini de leur droit de disposer ; ils y voyaient un moyen de conserver leurs biens dans leur famille ; ils mettaient ainsi leurs descendans ou leurs autres parens à l'abri de la mauvaise conduite de ceux que la nature appelait à posséder leurs biens.

L'orateur ne dira qu'un mot d'une autre espèce de substitution connue dans les pays de droit écrit, sous le nom de *substitution pupillaire*. C'est lorsqu'un père ayant sous sa puissance un enfant impubère, ordonne que si cet enfant n'est pas son héritier, ou si, dans le cas où il serait héritier, il meurt avant l'âge de puberté, le substitué succède à sa place.

Cette substitution a le double effet de la substitution vulgaire, qui appelle le substitué si l'enfant n'est pas héritier, et de la substitution graduelle, qui fait passer les biens de la personne du fils à celle du substitué.

Avec ces notions préliminaires, il est facile de reconnaître les différences qui existent entre ces deux espèces de substitutions, et les conséquences qui en résultent dans l'ordre des successions, dans l'organisation des familles, dans l'économie politique.

Dans la substitution vulgaire, qui ne fait qu'appeler l'un à défaut de l'autre, la propriété ne passe que sur la tête de l'un ou de l'autre; c'est une simple précaution pour qu'il se trouve un individu au profit duquel la disposition ait son exécution. Si le premier appelé est saisi du bien, la substitution est caduque; c'est donc une simple disposition qui transmet une propriété pleine, sans déroger dans la famille à l'ordre futur des successions. Il n'en a jamais résulté de difficulté, et on propose au Conseil de maintenir cette faculté.

Mais lorsque ce n'est pas simplement à défaut d'une personne que l'autre est appelée; lorsque, par la volonté de l'homme, les biens sont transmis d'une personne à l'autre, et successivement de degré en degré, il en résulte des conséquences qui méritent une profonde discussion.

D'une part, il est certain que ce n'est plus un simple acte de transport de propriété; c'est un ordre établi entre les personnes que le donateur appelle pour se succéder les unes aux autres; c'est constituer pour les générations futures l'état et l'organisation de la famille; c'est faire un acte de législation plutôt qu'exercer un droit privé; c'était, dans sa plus grande latitude, l'exercice de ce pouvoir indéfini que le chef de famille avait chez les Romains, non-seulement sur ses biens personnels, mais encore sur la famille entière : pouvoir qui était une des bases du système du gouvernement, et que ne comporte pas notre législation.

Les substitutions étaient sans doute un moyen de conserver les biens. Mais ce moyen est-il bon? Est-il conforme à l'intérêt des familles?

Toute substitution emporte avec elle l'idée de l'exclusion de la généralité des membres de la famille : c'est une branche que l'on préfère à l'autre; c'est un seul qui dans chaque branche écarte tous ses proches.

Il n'est pas possible de concevoir que la famille entière doive être déshéritée pour enrichir l'un de ses membres, et que ce ne soit pas pour elle une cause de ruine et de dissension plutôt qu'un moyen de prospérité. Lorsque les substitutions n'étaient pas dans une famille puissante, les parens dépouillés ne pouvaient avoir dans leur misère aucune ressource.

Si

Si la famille était puissante, les parens dépouillés auraient sans doute préféré une existence assurée dans la propriété d'une partie des biens, plutôt qu'une protection précaire et humiliante.

Mais cette ressource qui existait dans un tems où les familles puissantes avaient pour tous les emplois lucratifs un privilége exclusif, n'existe plus sous un régime où ce privilége, qui lui-même était une espèce de substitution, n'existe plus.

S'il était question d'établir un système pour conserver les biens dans les familles, celui des propres serait encore préférable, en ce qu'il empêchait seulement les dispositions qui dépouillaient la famille, sans priver tous les membres de la participation aux biens ainsi conservés.

La propriété foncière est sans doute à considérer comme une garantie dans la distribution des emplois : mais il existera un plus grand nombre d'individus avec une fortune donnant une garantie suffisante, quand les patrimoines seront répartis, que quand ils seront dans la main d'un seul dans chaque famille.

Si on écarte les idées de puissance et d'élévation dans l'ordre politique, on ne trouvera plus dans les substitutions, de motif pour croire que la volonté du père de famille soit, dans ce cas, préférable à l'ordre établi par la loi ; cet ordre est entièrement fondé sur la proximité du degré, sur la présomption de l'affection qui existait entre celui qui meurt et ceux qui lui succèdent.

On ne saurait passer sous silence les troubles dont les familles étaient agitées. Les formes judiciaires et les procès se multipliaient à l'infini sur la conservation des biens substitués, sur l'interprétation des actes de substitution, sur les droits des tiers, et notamment sur ceux des femmes des grevés, sur le calcul des degrés, et sur tous ces autres objets qui ont fait en France la matière d'une loi dans laquelle la multiplicité des précautions n'a servi qu'à manifester leur impuissance.

Telles sont les considérations qui, relativement à l'ordre de succéder et à l'organisation des familles, s'élevaient contre les substitutions, et qui les firent supprimer par la loi du mois d'octobre 1792.

Si on les examine sous les rapports de l'économie politique, on y a toujours trouvé les plus grands inconvéniens.

Les biens-fonds sont mal administrés ; on ne se livre aux frais de défrichement et de tous les genres d'amélioration, qu'autant qu'on y est provoqué par l'intérêt, on pourrait dire par le sentiment d'une pleine propriété.

Les grevés de substitution ne sont que de simples usufruitiers : ils ont un intérêt contraire à celui d'amélioration, puisque c'est en dégradant qu'ils peuvent se procurer des ressources dans leur dissipation ou dans leurs revers.

Et il faut convenir que cet inconvénient était extrême, lorsque le nombre des degrés dans les substitutions était indéterminé.

Aucune loi du Digeste ou du Code n'avait mis de bornes à la faculté de multiplier les degrés des fidéicommis.

Des plaintes élevées à cet égard par une famille, donnèrent lieu au chapitre CLIX de la novelle de Justinien, qui décida qu'on ne devait pas laisser au fidéicommis le cours de plus de quatre générations.

C'était un cas particulier, qui ne fut point regardé comme une dérogation suffisante au droit commun des fidéicommis perpétuels : ils ont continué d'avoir lieu en Allemagne, en Espagne, en Italie.

En France, ce fut un sujet de controverse; mais non seulement la perpétuité des fidéicommis y fut abolie par l'ordonnance d'Orléans de 1560, mais encore elle y fut réduite, article LIX, à deux degrés, sans y comprendre l'institution ou première disposition.

L'expérience a prouvé, depuis deux siècles, que les substitutions, pour être ainsi réduites quant au nombre de degrés, ne s'en perpétuaient pas moins par le renouvellement, et qu'elles avaient les mêmes inconvéniens dans les familles et pour l'agriculture.

Les substitutions, quoique bornées à la portion disponible et à un seul degré au profit des petits-enfans et des neveux, ne seront-elles pas encore sujettes à une partie des inconvéniens qui ont déterminé leur entière abolition ? Et ce moyen est-il nécessaire pour atteindre le but que l'on se propose ?

On desire principalement que celui qui a un enfant ou un frère dont la conduite ou le genre d'affaires inspire de l'inquiétude sur la conservation de leur patrimoine, puisse assurer au moins une partie de leur fortune, en la substituant aux petits-enfans ou aux neveux.

C'est ici que l'on doit se rappeler qu'il n'y a point de substitution fidéicommissaire, quand l'usufruit est donné à l'un et la nue propriété à l'autre. Cette disposition est permise, quoiqu'elle s'étende à deux personnes, à celle qui n'a que l'usufruit, et à celle qui doit, après l'extinction de cet usufruit, jouir de la nue propriété.

Il n'est donc pas besoin de rétablir aucune substitution fidéicommissaire, pour que le père puisse assurer à ses petits-enfans la propriété de la portion disponible; il lui est libre de ne donner à son enfant que l'usufruit.

DONATIONS ET TESTAMENS.

Il est vrai que la nue propriété ne pourrait pas être donnée ou léguée à des enfans qui ne seraient pas encore conçus : c'est donc uniquement en considération de ceux dont l'existence même est incertaine, que l'on entraverait la propriété des enfans ou des neveux et que l'on s'engagerait dans toutes les difficultés des substitutions : elles renaîtront sur l'interprétation des actes de substitution, sur les droits des tiers, sur la conservation des biens.

La substitution d'un seul degré pouvant se renouveler à chaque génération, elle aura les mêmes inconvéniens que les substitutions de plusieurs degrés.

La section de législation est, par ces motifs, d'avis qu'il vaut mieux ne pas admettre les substitutions, même dans les bornes où on propose de les restreindre.

M. BRUIX dit que la substitution qu'on propose de rétablir n'est pas ce fidéicommis dont a parlé M. Bigot-Préameneu, et qui dépouillait toutes les branches en faveur d'une seule, et tous les individus de la branche préférée en faveur d'un seul individu : celle-ci n'exclut pas tous les petits-enfans pour un seul ; elle leur profite à tous également, et ses effets se bornent à ôter à leur père la facilité de les ruiner.

Au surplus, l'amour qu'on porte naturellement à ses enfans, et le desir de perpétuer son nom, seront les motifs les plus ordinaires de ces sortes de substitutions : dès-lors elles seront d'un usage plus fréquent en ligne directe qu'en ligne collatérale.

M. BOULAY dit que, sans vouloir revenir sur ce qui a été décidé, il est effrayé cependant de ce que la légitime étant fixée par le projet aux trois quarts des biens, et ne pouvant être substituée, l'aïeul qui par de longs travaux s'est formé un patrimoine, et qui voudrait le conserver à ses petits-enfans, sera forcé de le livrer presque en entier à un fils déprédateur.

A l'égard de la substitution telle qu'on la connaissait dans l'ancien régime, il est, pour la repousser, des motifs peut-être plus puissans que ceux présentés par la section.

On ne peut se dissimuler, en effet, que les substitutions n'aient été imaginées pour conserver aux grandes familles leur éclat. C'est sous ce rapport que Montesquieu dit qu'elles conviennent aux monarchies. Si ces familles étaient sincèrement attachées au Gouvernement, il serait sans doute utile de leur donner ce moyen de se conserver ; elles seraient l'appui de l'Etat. Mais comme il n'est pas possible de se faire illusion à cet égard, et que les anciennes familles sont encore les grands propriétaires de la

France, il semble qu'on ne doive admettre d'autre substitution que celle qui devient pour le père un moyen de conserver sa famille et de déposer son patrimoine dans la main de ses petits-enfans, lorsqu'il a de justes motifs de craindre qu'il ne soit dissipé par son fils. Cette substitution n'a rien de commun avec les anciennes substitutions. La rejeter ce serait décourager l'industrie, et éteindre le desir si naturel et si juste de former un patrimoine à sa famille.

M. Berlier dit que Montesquieu, en observant que les substitutions ne sont bonnes que pour les monarchies, pense même que leur emploi ne devrait être accordé qu'aux *nobles;* ce qui établit, 1°. que ce publiciste n'était point satisfait du système établi de son tems, et qui accordait le droit de faire des substitutions, sans distinction d'individus ; 2°. que s'il pouvait revenir parmi nous, il rejetterait tout système de substitution, comme inconciliable avec notre régime actuel, et ne présentant plus que les inconvéniens qui résultent de propriétés *sans maîtres* et de la *gêne du commerce,* inconvéniens que ce publiciste indique, et qui ont été bien développés à la dernière séance.

En adoptant ce dernier parti, tout serait décidé ; mais ce serait revenir sur la délibération prise, et qui déjà, pour la ligne directe, a rétabli la faculté de substituer au premier degré.

Arrêté par cette difficulté, l'opinant propose d'examiner au moins si la disposition adoptée ne pourrait pas être améliorée par une explication. M. Bruix, en défendant le système qui a prévalu, l'a présenté comme un moyen de prévoyance dépouillé des vues d'orgueil que pouvaient avoir les substitutions de l'ancien régime. M. Berlier pense qu'on a dû, ou du moins qu'on doit aujourd'hui l'entendre de cette manière ; et qu'ainsi, si, en ligne directe, la substitution de la portion disponible est maintenue au premier degré à l'égard des enfans *à naître,* le bénéfice doit en être collectivement recueilli par tous les enfans *à naître,* sans que le substituant puisse préférer un aîné à un cadet, ou un garçon à une fille.

L'opinant desirerait que la disposition fût ainsi amendée.

Quant à la question de savoir si la faculté de substituer sera étendue à la ligne collatérale, l'opinant pense qu'il n'y a pas à conclure d'un cas à l'autre. La disposition officieuse, primitivement proposée, grevait sans doute plus que la substitution restreinte à la portion disponible, mais ses effets du moins se renfermaient dans la ligne directe ; ce premier parti serait moins mauvais que le second, si l'on voulait induire de celui-ci l'extension que quelques membres desirent. Et qu'y a-t-il d'analogue entre des petits-enfans et des neveux, ou peut-être encore des collatéraux plus éloignés? On concevra que la grande faveur due aux premiers, a pu déterminer le législateur à adopter pour eux un parti hérissé d'inconvéniens; mais cela ne se concevra pas de même pour les seconds : l'on peut donc, sans s'exposer au reproche d'inconséquence, s'arrêter à une limite tracée par la nature elle-même.

M. REGNAUD (de Saint-Jean-d'Angely) dit qu'il importe d'abord de se bien convaincre qu'il ne s'agit pas de rétablir les anciennes substitutions, ni même rien qui en approche. Ainsi, on ne peut admettre l'appel d'un mâle, ou d'un premier né, au préjudice des autres enfans. Le degré entier doit être appelé.

Le consul CAMBACÉRÈS dit que cette opinion n'est pas celle que le conseil a adoptée.

Il a été décidé que l'aïeul ne pourrait grever de substitutions au profit de ses petits-enfans, que ses biens disponibles, et que la légitime du fils demeurerait libre : or, l'aïeul peut donner à celui de ses enfans qu'il lui plaira de préférer, les biens dont il a indéfiniment la disposition; il pourrait même les donner à un étranger, à l'exclusion de tous ses enfans; à plus forte raison lui est il permis de les laisser à un seul de ses petits-enfans, sans y donner part aux autres.

Ce serait énerver la disposition que de l'expliquer autrement. En effet, si l'aïeul ne pouvait choisir parmi ses petits-enfans, il serait, par une conséquence nécessaire, obligé d'appeler ceux de toutes les branches; et alors la substitution ne serait plus dans sa main un moyen de donner des alimens, sur ses biens disponibles, aux enfans de celui de ses fils qu'il reconnaît pour dissipateur.

M. BERLIER répond qu'il doute encore que la question ait été même implicitement décidée à la dernière séance; il ne se rappelle point qu'elle ait été directement agitée. Au reste, s'il fallait l'entendre comme le consul Cambacérès, l'opinant ne serait que mieux confirmé encore dans l'idée que la substitution rétablie est une très-mauvaise chose, dès qu'elle resterait pleinement entachée de tous les vices de celle de l'ancien régime, et perdrait cette moralité qui doit être son principal soutien.

Il examine ensuite l'argument tiré de la pleine disponibilité, et trouve qu'il n'est pas juste de conclure de ce qu'on peut faire pour tel enfant *né*, qu'on peut aussi le faire pour tel enfant *à naître*.

Celui-là existe; il a pu se concilier l'affection de son aïeul; il a pu devenir un objet de préférence; et, sans examiner si cette préférence sera toujours en harmonie avec la justice, il se présentera du moins un individu capable de recevoir la portion disponible, à titre même d'institution : mais il n'en est pas de même des enfans à naître.

En les considérant dans le futur contingent et dans les espaces imaginaires, peut-on faire un choix entre eux? Mais la loi et la raison, qui est la première de toutes, veulent qu'on soit au moins conçu pour être capable de recevoir; et si la loi veut bien pourvoir aux intérêts d'enfans qui n'existent pas encore, la justice veut que ce soit également pour tous. Vainement invoque-t-on la volonté de l'homme : qu'est-ce ici que cette volonté de *préférence* pour des individus qui n'existent pas? Si l'orgueil et les petites vues de l'ancien régime en sont la base, notre nouvel ordre de choses les repousse; et si ce n'est qu'une disposition purement capricieuse, elle ne doit point être permise.

Le consul CAMBACÉRÈS dit que le père étant autorisé à donner ses biens disponibles à qui il lui plaît, il ne serait pas nécessaire que la loi lui permît de les donner à celui de ses petits-enfans qu'il voudrait choisir, s'il ne s'agissait que d'enfans nés : c'est donc aux enfans à naître que s'applique la disposition adoptée dans la dernière séance.

M. REGNAUD (de Saint-Jean-d'Angely) examine si la substitution admise en ligne directe, doit être étendue à la ligne collatérale.

Il pense qu'il serait difficile de ne pas la permettre dans les degrés auxquels on a accordé la représentation : les motifs d'affection par lesquels on s'est déterminé, sont les mêmes dans les deux lignes.

Les objections qu'on a faites n'ont de force qu'à l'égard des substitutions graduelles, et qui s'étendent à plusieurs degrés.

La nomination d'un curateur, la vente des meubles, l'emploi des fonds, ont lieu dans toute succession où l'un des héritiers est mineur.

La disposition officieuse aurait, comme les substitutions, pu donner un crédit imaginaire au grevé; comme la substitution, elle frappait les immeubles d'inaliénabilité pendant la vie d'un individu.

Ces considérations cependant n'avaient pas empêché de l'admettre.

A l'égard de l'inaliénabilité, elle pouvait être funeste, lorsqu'une substitution graduelle et perpétuellement renouvelée la rendait indéfinie; lorsque beaucoup d'immeubles en étaient déjà affectés par d'autres causes, et qu'il restait peu de biens dans le commerce; lorsqu'il y avait une grande masse de biens de main-morte, de biens ecclésiastiques, de biens du domaine et d'apanage.

Toutes ces propriétés étant rendues à la circulation, l'aliénabilité de quelques biens pendant la vie d'un individu, n'influera pas sur le commerce.

M. Berlier observe qu'en concluant toujours de la ligne directe à la ligne collatérale, on s'attache peu à répondre à la différence qui existe entre ces deux cas, et qui, pourtant, mériterait d'être appréciée, puisqu'elle ne peut manquer d'être sentie; qu'au surplus, si M. *Regnaud*, en admettant le principe de la substitution en collatérale, propose d'en régler l'application aux frères et à leurs descendans, comme en matière de représentation, ce mode d'application est lui-même une seconde question, qu'on pourra examiner si la première passe à l'affirmative; qu'alors il sera facile d'établir que la proposition de M. *Regnaud* est trop étendue, lorsqu'elle embrasse tous les descendans de frères, et va ainsi plus loin dans cette ligne que ce qui est proposé pour la ligne directe même : mais cette discussion serait peut-être prématurée en ce moment; il conviendrait de se fixer d'abord sur la question d'égalité entre les enfans *à naître*, dans le cas déjà admis de la substitution en ligne directe au premier degré.

M. Portalis dit que la question se réduit à savoir si l'on étendra à la ligne collatérale, la substitution qu'on a admise dans la ligne directe.

Il n'y a pas ici de véritable substitution, puisqu'il n'y a pas institution parfaite d'héritier dans chaque degré, que le caractère propre de la substitution est de faire autant d'héritiers que d'appelés, et que dans le système adopté pour la ligne directe, il n'y a qu'une institution unique.

Tout se borne donc à examiner si l'on pourra instituer les enfans à naître de son frère; car l'institution des enfans nés ne peut rencontrer de difficulté. Ce serait, non une substitution, mais une institution de personnes incertaines. La loi peut, sans doute, l'autoriser en modifiant le principe général qu'elle a créé, et déjà l'exception a été admise pour la ligne directe : quels motifs pourraient déterminer à la refuser en collatérale?

On a invoqué, pour le combattre, l'autorité de *Montesquieu*. Mais il ne s'agit pas de rétablir les substitutions nobilières et monarchiques dont il parle, et qui donnaient les mêmes priviléges que les majorats en Espagne. Ce serait en effet contrarier l'esprit de la Constitution.

Il n'y a plus de priviléges, au contraire, dans les substitutions qui sont également permises à tous les propriétaires : celles-là n'ont rien de monarchique, elles existaient dans la République romaine. La conservation des biens dans les familles, quand d'ailleurs l'égalité est respectée, et qu'il n'y a ni droit d'aînesse, ni différence entre les partages à raison de la naissance, est même très-utile dans les républiques. Il importe seulement de ne pas porter trop loin l'esprit de conservation; or il est renfermé dans de justes limites, quand il se borne à soustraire des biens à un dissipateur, pour les transmettre au degré suivant.

M. Thibaudeau dit qu'il résulte de cette discussion qu'il faudrait laisser au père de famille l'entière disposition de ses biens, et le rendre législateur absolu de la destinée de ses enfans. Il n'y aurait rien de mieux à faire sans doute, si tous les hommes étaient animés de sentimens généreux, et mus par la justice. Mais comme il est aussi dans la nature de l'homme d'être accessible aux prédilections, aux préventions, à la vanité, à la haine et à une foule de passions déréglées, la loi doit s'interposer même entre le père et les enfans, parce que dans ce cas, l'inflexibilité de la loi a moins d'inconvéniens que l'arbitraire de l'homme.

Tous les argumens que l'on a employés en faveur des substitutions seraient peut-être fondés, si l'on refusait au père de famille la faculté de disposer d'une partie de ses biens, mais ils sont sans application lorsque cette faculté lui a été accordée.

En partant de ce principe, la question des substitutions ne paraît même plus susceptible du grand intérêt qu'on semble y attacher.

En effet, dès qu'on a rejeté la disposition officieuse, décidé que la légitime devait venir franche de toute condition au fils, et que le père pouvait user librement de sa portion de biens disponible envers un étranger, il est évident qu'il peut, à plus forte raison, disposer de cette portion en faveur de ses petits-fils nés. La question de la substitution n'a donc plus pour objet que les enfans *à naître*. Il est certain que n'étant pas capables de recevoir, il faut une disposition formelle pour leur donner une aptitude qu'ils n'ont pas.

Mais est-il bien nécessaire de faire cette exception au principe qui veut qu'on soit conçu pour être capable de recevoir? Ce cas est-il assez commun pour commander une exception? Non, sans doute, la plupart des pères voyent naître leurs petits-enfans, et, par conséquent, dans le plus grand nombre de cas, ils pourvoiront à la conservation dans leur famille de la partie de leurs biens disponibles.

Au surplus, quoique la disposition officieuse eût peut-être plus d'inconvéniens que d'avantages, elle paraissait encore préférable à la substitution, parce que celle-ci peut être l'effet du caprice, et que celle-là devait être motivée et pouvait être contestée; parce que l'une ne se rapporte qu'aux biens disponibles, et que l'autre s'étendait même à la légitime : et quoique la question soit décidée pour la ligne directe, cependant comme on en conclut qu'elle doit être étendue à la ligne collatérale, l'examen de la seconde question rappelle nécessairement la discussion sur la première.

Le consul Cambacérès dit que la disposition officieuse ayant été remplacée dans la dernière séance par la substitution en ligne directe, la discussion

discussion doit se borner aujourd'hui à la question de savoir si la faculté de substituer sera étendue à la ligne collatérale.

Il y a, ajoute le Consul, parité de motifs. Ce n'est point la vanité du père qu'on a voulu servir, puisque la portion disponible qu'il lui est permis de substituer, sera pour l'ordinaire si modique, qu'elle ne donnera à ses petits-fils que de simples alimens. Ainsi les motifs qui ont fait admettre la substitution en ligne directe, sont, d'un côté, la prévoyance que le fils pourrait être un prodigue; de l'autre, le desir de fournir pour ce cas au père, un moyen de céder à l'intérêt que lui inspirent des petits-enfans même non encore nés, mais que la nature place dans l'ordre de ses affections.

Ces considérations s'appliquent également à l'oncle.

L'inaliénabilité, qu'on regarde comme un inconvénient, ne peut comme autrefois subsister long-tems, attendu que ce renouvellement perpétuel des substitutions, qui, en effet, était fréquent dans l'ancien ordre de choses, ne peut plus se reproduire. Pour s'en convaincre, il suffit de considérer que la substitution ne porte que sur la portion disponible, et que cette portion décroissant toujours à mesure qu'on s'éloigne du premier auteur de la substitution, elle se trouve réduite presque à rien lorsqu'on arrive au second degré.

M. Tronchet dit que les questions sont conçues d'une manière trop vague.

On a demandé si la substitution aurait lieu au premier degré en ligne directe et en collatérale. De là sortait l'idée que, comme autrefois, le testateur pourrait donner à qui il voudrait et ce qu'il voudrait.

Il a ensuite été expliqué qu'il ne pourra substituer que ses biens disponibles, et seulement dans la ligne et dans la descendance de son premier héritier.

Restaient deux difficultés:

La première, si les enfans à naître pourraient être appelés;

La seconde, si l'aïeul serait obligé de substituer à tous les individus du degré collectivement, ou s'il lui était permis de n'en choisir qu'un d'entre eux.

On a judicieusement observé que si la loi ne s'appliquait pas aux enfans à naître, elle était inutile, puisque l'aïeul trouvait dans le droit établi, le pouvoir d'appeler ses petits-enfans existans. Ainsi la première difficulté disparaît.

A l'égard de la seconde, les réflexions présentées par le consul Cambacérès la font également disparaître. Cependant il est nécessaire que le

Conseil statue positivement sur ces deux points, sur-tout avant de décider sur la proposition d'autoriser les substitutions en ligne collatérale.

On ne peut se dissimuler en général, que l'Assemblée constituante n'ait eu de justes motifs d'être frappée des inconvéniens des substitutions.

C'en est un sans doute que l'inaliénabilité dont elles frappent les biens ; c'en est un encore que le faux crédit qu'elles peuvent faire obtenir au grevé : mais le plus grave de tous, est l'hypothèque dont elles frappent tous les biens du grevé, comme responsable des dégradations qu'il a pu se permettre.

M. Réal dit que le rétablissement du système des substitutions, malgré les modifications qu'on lui fera éprouver, fera revivre tous les abus dont elles étaient la source.

Ce système substitue dans le cœur du père de famille, l'orgueil à l'amour paternel, et l'amour de sa postérité à l'amour de ses enfans. Il y a long-tems qu'on a remarqué que ceux qui étaient le plus tourmentés de la manie de la postérité, étaient précisément ceux qui se souciaient le moins de leurs enfans.

Il ne faut pas confondre la famille avec la maison. La substitution peut conserver la maison, le nom ; mais loin de conserver la famille, elle la détruit, en sacrifiant à l'aîné seul les autres enfans, en réduisant ceux-ci à la pauvreté, en introduisant entre frères et sœurs des fermens éternels de discorde et de haine.

A l'époque où nous nous trouvons, dans les circonstances qui nous environnent, cette institution est inutile ; elle est dangereuse.

Inutile : on peut en croire Montesquieu ; il ne la trouve utile que dans une monarchie qui vit de nobles et d'aînés. Elle est inutile et sans but dans le pays où l'égalité est établie.

Elle est dangereuse, parce qu'elle existerait sans les ressources qui corrigeaient son influence sous un régime qui n'est plus. Il n'y a plus de couvens pour les filles ; plus de canonicats ; plus de régimens affectés par privilége aux cadets que les substitutions avaient ruinés.

Elle est d'autant plus dangereuse que certaines personnes qui n'oublient point et qui veulent toujours espérer, se serviront de cette institution pour prolonger entre eux des illusions dont l'effet, quelque léger qu'il soit, est toujours de contrarier d'autant l'établissement d'une parfaite et universelle tranquillité.

Le Premier Consul dit que Montesquieu a considéré les substitutions dans leurs rapports avec le droit politique, et que, dans cette discussion, c'est d'après la justice civile qu'il convient de les apprécier.

Il y a une justice civile qui domine le législateur lui-même. Elle se compose des principes que le législateur a constamment avoués pendant une longue suite de siècles.

Elle proscrit les substitutions qui ne profiteraient qu'aux mâles ou aux aînés, parce qu'elle donne les mêmes droits à tous les enfans.

Elle proscrit également les substitutions dans lesquelles le troisième enfant à naître serait appelé avant les autres, parce qu'il serait indigne d'elle de sanctionner les caprices d'un testateur qui fait régler par le hasard les effets de la bienveillance; mais elle avoue la disposition par laquelle un père laisse ses biens aux enfans que pourra donner à son fils un mariage que ce père a lui-même formé.

Cette justice civile autorise le père à donner à qui lui plaît ses biens disponibles. Il peut avoir de justes motifs d'en priver son fils, il faut qu'il puisse alors les donner à ses petits-enfans à naître. Sera-ce l'intérêt qu'inspirent les petits-enfans qui devra faire admettre cette disposition? Non, sans doute : quel intérêt peuvent inspirer des êtres qui n'existent pas? Ce sera la considération qu'ils doivent être préférés à des étrangers. Ceux-ci seraient infailliblement appelés, si l'aïeul, décidé à exclure son fils, ne pouvait donner à ses petits-enfans.

M. EMMERY dit que le mot *substitution* jette quelque embarras dans les idées.

On conçoit facilement que le père ayant la libre disposition d'une portion de ses biens, il peut ne la pas donner à son fils ; qu'à plus forte raison il peut la lui donner, sous la condition d'en réserver la propriété aux petits-enfans nés.

Mais peut-il faire le même avantage aux enfans à naître?

Ici la question se complique.

Des individus dans le néant ne sont pas capables de recevoir un legs: voilà le principe général.

Quels motifs le législateur peut-il avoir de déroger à ce principe?

Serait-il déterminé par l'affection qu'il supposerait à l'aïeul pour ses petits-enfans? Mais puisqu'ils ne sont pas connus de l'aïeul, il ne peut les aimer.

Penserait-on que l'affection de l'aïeul pour le père s'étende aux petits-enfans? Alors les petits-enfans doivent lui être également chers, et la conséquence de la présomption sera de l'obliger à les comprendre tous dans sa libéralité : on ne peut plus, sans sanctionner un caprice, lui permettre de n'en appeler qu'un seul.

Cependant si le legs doit profiter à toute la postérité du fils, la substitution perd son caractère propre et devient une disposition officieuse, puisqu'elle fait profiter le fils de l'usufruit, et réserve à ses enfans la propriété dont elle le prive. Mais cette disposition officieuse est bien moins simple, bien moins bonne, que celle qui avait été adoptée, puisqu'elle ne porte que sur le quart des biens, et que l'autre en absorbait la totalité, et par là devenait plus utile et au fils et à ses enfans.

Il est encore une autre considération. On veut avec raison, et pour être conséquent, étendre à la ligne collatérale la substitution autorisée en ligne directe.

Mais l'oncle va se trouver en état de mieux assurer le sort de ses neveux, que l'aïeul d'assurer celui de ses petits-enfans, puisqu'en ligne collatérale la portion disponible sera beaucoup plus considérable qu'en ligne directe.

L'opinant propose d'éviter le mot *substitution*, pour ne donner ni fausses idées, ni fausses espérances, et de rétablir la disposition officieuse en la restreignant à la portion disponible.

Le Premier Consul consent à ce que la dénomination soit changée, pourvu que le testateur ne soit pas obligé de motiver. En effet, ce qui a été adopté se rapproche plus de la disposition officieuse que de la substitution.

Mais il faut sur-tout pourvoir à ce que le mécontentement du père ne dépouille pas toute la postérité du fils.

C'est ce qui arriverait infailliblement, si la disposition ne pouvait être étendue aux enfans à naître.

L'aïeul mécontent de son fils lui préfère ses petits-enfans. Un seul de ces derniers existe alors : l'aïeul l'appelle, non parce qu'il l'eût préféré à ses frères, mais parce qu'il ne lui est permis de choisir qu'entre ce petit-fils unique et son fils : l'aïeul meurt ; des frères surviennent à l'appelé ; et ces frères, qui eussent été également appelés s'ils eussent vécu lors du testament, se trouvent, contre le vœu du testateur, deshérités sans retour. Il y aurait là une injustice civile.

M. Tronchet dit qu'il est très-important d'éviter, dans la rédaction des lois, de détourner les mots de l'acception que l'usage leur a donnée ; c'est dénaturer les idées même. Or, l'on a toujours entendu par *disposition officieuse* une disposition motivée. Ce qu'on propose a toujours été appelé *substitution*.

Ce mot ne peut faire naître de réclamations, si la substitution est réduite à un degré.

L'opinant propose de rédiger la loi sur ce plan.

Déclarer d'abord que la légitime ne peut être grevée.

DONATIONS ET TESTAMENS.

Consacrer ensuite dans le père le droit de disposer de ses biens disponibles, au profit de ses petits-enfans à naître au premier degré.

Accorder la même faculté à l'oncle par rapport à ses petits-neveux, aussi au premier degré.

Terminer la loi par la prohibition de substituer dans aucun autre cas.

La proposition de M. Tronchet est renvoyée à la section. (Les art. 896, 897, 898, 899, ont été formés sans autre discussion, de l'art. IV du Projet.)

900. Dans toute disposition entre-vifs ou testamentaire, les conditions impossibles, celles qui seront contraires aux lois ou aux mœurs, seront réputées non écrites.

(Cet article, le Ve. du Projet, fut adopté sans discussion).

CHAPITRE II.
DE LA CAPACITÉ DE DISPOSER OU DE RECEVOIR PAR DONATION ENTRE-VIFS OU PAR TESTAMENT.

901. Pour faire une donation entre-vifs ou un testament, il faut être sain d'esprit.

VI. *Pour faire une donation entre-vifs ou un testament, il faut être sain d'esprit.*

Ces actes ne pourront être attaqués pour cause de démence, que dans le cas et de la manière prescrite par l'article XVII (504) du titre de la Majorité et de l'Interdiction.

Le consul CAMBACÉRÈS pense que la seconde partie de cet article présente une disposition trop absolue.

M. TRONCHET ajoute que d'ailleurs l'article XVII du titre *de l'Interdiction*, auquel on renvoie, est trop restreint. Il n'admet les familles à faire valoir la cause de démence que lorsque l'interdiction a été provoquée du vivant de l'auteur des actes attaqués ; mais la famille, espérant le rétablissement d'un parent en démence, diffère souvent, par cet espoir, de poursuivre son interdiction.

Le consul CAMBACÉRÈS dit que la première partie de l'article pourvoit à tout. La démence est un fait, et la loi en détermine les preuves.

La seconde partie de l'article aurait les inconvéniens dont a parlé M. Tronchet ; et en outre, étant défavorable aux héritiers, elle contrarierait l'esprit général de législation, qui tend à les favoriser.

M. MURAIRE craint, si la seconde partie de l'article est supprimée, que les tribunaux ne regardent l'article XVII du titre *de l'Interdiction* comme une règle absolue et dont il ne leur soit pas permis de s'écarter, même en matière de donations ou de testamens.

M. Tronchet dit que la faveur due aux héritiers ne doit pas aller cependant jusqu'à faire admettre trop légèrement leurs réclamations. On peut toujours leur reprocher un peu d'indifférence pour les intérêts de leur parent, lorsqu'ils n'ont pas provoqué son interdiction. Ainsi quand après sa mort, ils excipaient de sa démence, on leur répondait : *Serò accusas mores quas probasti*. Il conviendrait donc de ne les écouter que quand il y aurait, sur le fait de la démence, un commencement de preuve par écrit qui pourrait au surplus être pris d'ailleurs que de l'acte attaqué. Ceci conduirait à réformer l'article XVII du titre *de l'Interdiction*.

Le consul Cambacérès pense qu'il faut donner une grande latitude à la preuve, et ne pas la restreindre par des conditions qui quelquefois excluent l'évidence. Un individu peut avoir conservé sa raison jusqu'à une époque très-voisine de la donation ou du testament; et alors il devient impossible de prouver la démence, si elle ne peut l'être que suivant le mode indiqué par M. Tronchet. La première partie de l'article contient une règle simple qui suffit; le reste doit être abandonné aux tribunaux.

M. Tronchet dit qu'il n'y a pas de danger à s'en tenir à la première partie de l'article à l'égard du donateur, parce que, survivant à la donation, sa démence peut être vérifiée; mais que si l'on admettait toutes sortes de preuves contre un testateur qui n'est plus : le sort du testament dépendrait du témoignage très-incertain d'une garde ou de quelques domestiques.

M. Emmery dit que l'article XVII du titre *de l'Interdiction* ne concerne ni les donations, ni les testamens.

La première partie de l'article est adoptée; la seconde ajournée jusqu'après un nouvel examen de l'article XVII du titre *de l'Interdiction*.

902. Toutes personnes peuvent disposer et recevoir, soit par donation entre-vifs, soit par testament, excepté celles que la loi en déclare incapables (1).

(1) Le tribunal d'appel de Toulouse desirait que la loi autorisât l'époux prémourant à conférer à son conjoint survivant la faculté d'élire un ou plusieurs de leurs enfans, ou celui que le survivant jugerait le plus digne, pour recueillir la portion disponible qu'il desirait leur laisser.

DONATIONS ET TESTAMENS.

VII. *La capacité de disposer et de recevoir, soit par donation entre-vifs, soit par testament, appartient à tous ceux auxquels la loi ne l'interdit pas.*
(Cet article fut adopté sans discussion).

903. Le mineur âgé de moins de seize ans ne pourra aucunement disposer, sauf ce qui est réglé au chapitre IX du présent titre.

904. Le mineur parvenu à l'âge de seize ans ne pourra disposer que par testament, et jusqu'à concurrence seulement de la moitié des biens dont la loi permet au majeur de disposer.

VIII. *Le mineur non émancipé ne pourra aucunement disposer.*
IX. *Le mineur émancipé ne pourra disposer que par testament.*

Le consul CAMBACÉRÈS voudrait que, même après son émancipation, le mineur ne pût disposer entre-vifs ; mais que la faculté de tester dépendît de l'âge et non de l'émancipation, attendu que le système contraire donnerait à la famille intérêt à ne pas émanciper le mineur.

M. TRONCHET partage cette opinion. La coutume de Paris admettait la distinction que vient de proposer le Consul.

Les donations ne doivent pas être permises au mineur, parce qu'elles le dépouillent sans retour, et il convient aussi de limiter en lui la faculté de tester.

M. BERLIER dit qu'il ne veut pas précisément combattre la proposition de déterminer la capacité du mineur à tester, plutôt par l'âge (de 16 ans par exemple), que par la condition d'être émancipé ; mais qu'il y a cependant quelques observations à faire à ce sujet.

La coutume de Paris, qui a été citée, n'était pas la seule qui admît le mineur à tester de certains biens ; d'autres coutumes, notamment celle de la ci-devant Bourgogne, étaient beaucoup plus libérales envers les mineurs que celle de Paris, puisqu'ils y étaient admis à tester de *tous* leurs biens, non seulement à vingt ans, mais à la simple puberté, c'est-à-dire, les filles à douze ans, et les garçons à quatorze : ce qui était, au surplus, conforme au droit romain.

Mais si l'on fixe la capacité de tester à l'âge de seize ans, il sera difficile de ne pas modifier cette règle selon la qualité des mineurs : ainsi, ceux qui n'auraient ni père ni mère, pourraient tester sans l'autorisation de personne ; ceux au contraire qui auraient leur père ou leur mère ne pourraient tester qu'avec leur autorisation ; car si dans le droit romain le pubère pouvait tester, cette règle était modifiée par rapport au fils de famille, qui ne pouvait disposer que de son pécule; et bien que tout ce qui touche à la puissance paternelle des romains ait été peu imité dans notre Code, et avec grande raison sur beaucoup de points, il est possible qu'on en emprunte quelque chose dans le cas que nous traitons, et que, faute d'émancipation, on exige au moins une autorisation spéciale.

Si l'on doit en venir là, n'est-il pas plus simple de partir du principe de l'émancipation, qui embrassera les mineurs de toute espèce, et ne blessera l'autorité de personne.

Au surplus, quand on s'occupe d'une législation nouvelle, il faut sur-tout se déterminer par la raison plus que par les exemples; et la raison ne refuse-t-elle pas le droit de disposer de son bien, même par testament, à celui qui n'est pas encore jugé capable de le régir?

L'opinant desirerait que cette question fût approfondie.

Les articles sont renvoyés à la section.

(Les changemens que présente le texte, ont eu lieu sans autre discussion).

905. La femme mariée ne pourra donner entre-vifs sans l'assistance ou le consentement spécial de son mari, ou sans y être autorisée par la justice conformément à ce qui est prescrit par les articles 217 et 219, au titre *du Mariage*.

Elle n'aura besoin ni de consentement du mari, ni d'autorisation de la justice, pour disposer par testament.

(Cet article, le Xe. du Projet, fut adopté sans discussion).

906. Pour être capable de recevoir entre-vifs, il suffit d'être conçu au moment de la donation.

Pour être capable de recevoir par testament, il suffit d'être conçu à l'époque du décès du testateur.

Néanmoins la donation ou le testament n'auront leur effet qu'autant que l'enfant sera né viable.

(Cet article était le XIe. du Projet; dans celui-ci on ne trouvait pas ces mots : *néanmoins la donation ou le testament n'auront leur effet qu'autant que l'enfant sera né viable*. Il fut adopté; l'amendement qu'offre le texte, n a donné lieu à aucune discussion).

907. Le

DONATIONS ET TESTAMENS.

907. Le mineur, quoique parvenu à l'âge de seize ans, ne pourra, même par testament, disposer au profit de son tuteur.

Le mineur, devenu majeur, ne pourra disposer, soit par donation entre-vifs, soit par testament, au profit de celui qui aura été son tuteur, si le compte définitif de la tutelle n'a été préalablement rendu et apuré.

Sont exceptés, dans les deux cas ci-dessus, les ascendans des mineurs, qui sont ou qui ont été leurs tuteurs.

(Cet article était le XIIe. du Projet, au lieu de ces mots : *le mineur quoique parvenu à l'âge de seize ans, ne poura, etc.* ; on lisait dans celui-ci : *le mineur émancipé, ne pourrra, etc.* Il fut adopté sans discussion).

908. Les enfans naturels ne pourront, par donation entre-vifs ou par testament, rien recevoir au-delà de ce qui leur est accordé au titre *des Successions*.

(Cet article, le XIIIe. du Projet, fut adopté sans discussion).

909. Les docteurs en médecine ou en chirurgie, les officiers de santé et les pharmaciens qui auront traité une personne pendant la maladie dont elle meurt, ne pourront profiter des dispositions entre-vifs ou testamentaires qu'elle aurait faites en leur faveur pendant le cours de cette maladie.

Sont exceptées, 1°. les dispositions rémunératoires faites à titre particulier, eu égard aux facultés du disposant et aux services rendus ;

2°. Les dispositions universelles, dans le cas de parenté jusqu'au quatrième degré inclusivement, pourvu toutefois que le décédé n'ait pas d'héritiers en ligne directe ; à moins que celui au profit de qui la disposition a été faite, ne soit lui-même du nombre de ces héritiers.

Les mêmes règles seront observées à l'égard du ministre du culte (1).

XIV. *Le malade, dans le cours de la maladie dont il décède, ne pourra disposer au profit de l'officier de santé qui le traite, ni du ministre du culte qui l'assiste.*

(Cet article fut adopté. Les changemens qu'il a subis, ont eu lieu après la conférence avec le Tribunat).

910. Les dispositions entre-vifs ou par testament, au profit des hospices, des pauvres d'une commune, ou d'établissemens d'utilité publique, n'auront leur effet qu'autant qu'elles seront autorisées par un arrêté du gouvernement.

(Cet article, le XVe. du Projet, fut adopté sans discussion).

911. Toute disposition au profit d'un incapable sera nulle, soit qu'on la déguise sous la forme d'un contrat onéreux, soit qu'on la fasse sous le nom de personnes interposées.

Seront réputées personnes interposées les pères et mères,

---

(1) Un legs a été fait en ces termes par la demoiselle F....

« Je veux que C. F. (*héritier institué*) paye chaque année, à dater du jour de mon décès, « *un révérend pasteur desservant la succursale du Vieux-Gennape, ma paroisse*, une « somme de 181 fr. 40 centim. pour célébration de messes ».

Ce legs est-il censé fait au profit *personnel* du desservant, ou bien à celui de la fabrique ?

Jugement du tribunal civil de Nivelle, en date du 9 messidor an 12, qui déclare le legs ou fondation nul et de nul effet,

Attendu que la disposition ne peut se valider, soit qu'on décide que la disposition testamentaire de la demoiselle F.... renferme un legs en faveur de la personne du défendeur, soit qu'on décide qu'elle n'établit qu'une fondation à l'église pour le repos de l'ame de la testatrice,

Parce que, dans le premier cas, il est avoué que le défendeur était le pasteur de la testatrice, qu'il lui a rendu de fréquentes visites pendant sa maladie, et que, par-là, il y avait lieu de faire l'application de l'article 909 du Code civil;

Parce que, dans la seconde hypothèse, la fondation ayant pour objet l'exercice du culte, la fondatrice devait y affecter les fonds nécessaires, et en constituer une rente sur l'état, aux termes de l'article 73 des articles organiques de la convention du 26 messidor an 9.

ns et descendans, et l'époux de la personne incapable.

XVI. *Toute donation entre-vifs, déguisée sous la forme d'un contrat onéreux, ou toute disposition faite sous le nom de personnes interposées, au profit de celui qui est incapable de recevoir, sera nulle.*

Seront réputées personnes interposées, les pères et mères, les enfans et descendans, et l'époux de la personne incapable.

(Cet article fut adopté sans discussion).

912. On ne pourra disposer au profit d'un étranger, que dans le cas où cet étranger pourrait disposer au profit d'un Français.

(Cet article, le XVIIe. du Projet, fut adopté sans discussion).

CHAPITRE III.

DE LA PORTION DE BIENS DISPONIBLE, ET DE LA RÉDUCTION.

SECTION PREMIERE.

DE LA PORTION DE BIENS DISPONIBLE (1).

913. Les libéralités, soit par actes entre-vifs, soit par testament, ne pourront excéder la moitié des biens du dis-

---

(1) M. BIGOT-PRÉAMENEU fait un rapport sur la disposition du titre *des Donations entre-vifs et des Testamens*, relative à la légitime des enfans, à celle des ascendans, et à la réserve au profit des frères et sœurs. *Séance du 3e Nivose an 11.*

Ce rapport est ainsi conçu :

§. Ier. *De la Légitime des Enfans.*

Quoique le droit de disposer de ses biens ne soit que l'exercice du droit de propriété, auquel il semblerait, au premier coup-d'œil, que la loi ne devrait, en aucun cas, porter atteinte, il est cependant des bornes qui doivent être posées, lorsque les sentimens naturels et l'organisation sociale ne permettent pas à celui qui dispose, de les franchir.

Ainsi, la loi ne contrarie point la volonté raisonnable des pères et mères, et elle se conforme à leur affection présumée, lorsqu'elle assure à leurs descendans une part convenable dans leur patrimoine. S'il arrivait que des circonstances extraordinaires semblassent légitimer quelques dispositions contraires à cet ordre naturel, les autres ne seraient le plus souvent qu'un abus d'autorité. Mais il faut d'ailleurs que la volonté ou le droit de quelques

posant, s'il ne laisse à son décès qu'un enfant légitime ; le tiers, s'il laisse deux enfans ; le quart, s'il en laisse trois ou un plus grand nombre.

individus cède à la nécessité de maintenir l'ordre social, qui ne peut subsister, s'il y a incertitude dans la transmission d'une partie du patrimoine des pères et mères à leurs enfans.

Ce sont ces transmissions successives qui fixent principalement le rang et l'état des citoyens. Les pères et mères qui ont donné l'existence naturelle, ne doivent pas avoir la liberté de faire arbitrairement perdre, sous un rapport aussi essentiel, l'existence civile ; et si le père doit rester libre de conserver l'exercice de son droit de propriété, il doit aussi remplir les devoirs que la paternité lui a imposés envers ses enfans et envers la société.

C'est pour faire connaître aux pères de famille les bornes au-delà desquelles ils seraient présumés abuser de leurs droits de propriété, en manquant à leurs devoirs de père et de citoyen, que, dans tous les tems et chez presque tous les peuples policés, la loi a réservé aux enfans, sous le titre de *légitime*, une certaine quotité des biens de leurs ascendans.

Chez les Romains, le droit du Digeste et du Code avait réduit au quart de la succession la légitime des enfans.

La novelle 18 (chap. Ier.) augmenta cette légitime, en donnant le tiers des biens aux enfans, s'ils étaient quatre au moins, et la moitié, s'ils étaient cinq ou plus.

Il faut distinguer en France les pays de droit écrit et ceux de coutume.

Dans presque tous les pays de droit écrit, la légitime en ligne directe et descendante est la même que celle établie par la novelle.

Les pays de coutume étaient, à cet égard, distingués en plusieurs classes.

Les unes, et elles formaient le plus grand nombre, ne réglaient point la quotité de la légitime des enfans ;

D'autres adoptaient les régles du droit écrit ;

Les autres enfin, et de ce nombre était la coutume de Paris, établissaient spécialement une légitime.

Quant aux coutumes où elle n'était pas fixée, l'usage et la jurisprudence y avaient admis les régles du droit romain ou celles de la coutume de Paris, à l'exception de quelques modifications qu'on trouve dans un petit nombre de ces coutumes.

La coutume de Paris fixe la légitime à la moitié de la part que chaque enfant aurait eue dans la succession de ses père et mère et autres ascendans, s'ils n'eussent disposé par donation entre-vifs ou de dernière volonté.

Il fallait choisir entre ces diverses règles, celles qui, en présentant moins d'inégalité entre les légitimaires, seraient fondées sur la combinaison la plus juste du droit de disposer et des devoirs de la paternité.

A Rome, il entrait dans le système du gouvernement d'un peuple guerrier, que les chefs de famille eussent une autorité absolue, sans même craindre que la nature en fût outragée. Lorsque sa civilisation se perfectionna et qu'on voulut modifier des mœurs antiques, il eût été impossible de les régler, comme si c'eût été une institution nouvelle. Non-seulement chaque père entendait jouir, sans restriction, de son droit de propriété, mais encore il avait été constitué le législateur de sa famille. *Paterfamilias uti legassit super familiâ*

914. Sont compris dans l'article précédent, sous le nom d'*enfans*, les descendans en quelque degré que ce soit ;

---

pecunidque suâ, ità jus esto. Mettre des bornes au droit de disposer, c'était dégrader cette magistrature suprême. Aussi, pendant plus de douze siècles, la légitime des enfans, quel que fût leur nombre, ne fut-elle pas portée au-delà du quart des biens : ce ne fut que sur le déclin de ce grand empire, que les enfans obtinrent à ce titre le tiers des biens, s'ils étaient au nombre de quatre ou au-dessous, ce qui était le cas le plus ordinaire ; et la moitié, s'ils étaient en plus grand nombre.

Cette division avait l'inconvénient de donner des résultats incohérens.

S'il y avait quatre enfans, la légitime était du douzième pour chacun, tandis que s'il y en avait cinq, chaque part légitimaire était du dixième : ainsi la part qui doit être plus grande, quand il y a moins d'enfans, se trouvait plus petite. Ce renversement de l'ordre naturel n'était justifié par aucun motif.

On remarquait encore comme inconséquence dans le droit romain, 1°. que le père qui n'avait eu qu'un fils, pût disposer des deux tiers de son bien, si ce fils lui survivait, mais qu'il ne pût disposer que de la moitié, si ce fils, étant mort avant lui, avait laissé cinq enfans, qui venaient alors de leur chef à la succession de l'aïeul ; 2°. que si, au lieu d'un enfant prédécédé, il y en avait deux morts avant le père, et laissant chacun cinq enfans, les dix petits-enfans n'avaient entre eux, pour légitime, que le tiers dans la succession de leur aïeul, parce qu'alors ils venaient par représentation. Ainsi, dans le premier cas, les cinq petits-enfans avaient une moitié à partager, et dans le second cas, les dix petits-enfans n'avaient qu'un tiers.

La coutume de Paris a mis une balance égale entre le droit de propriété et les devoirs de famille. Les auteurs de cette loi ont pensé que les droits et les devoirs des pères et mères sont également sacrés, qu'ils sont également fondamentaux de l'ordre social, qu'ils forment entr'eux un équilibre parfait, et que, si l'un ne doit pas l'emporter sur l'autre, le cours des libéralités doit naturellement s'arrêter, quand la moitié des biens est absorbée.

Le système de la loi parisienne est d'une exécution simple dans tous ses développemens, et on y trouve toujours une proportion juste dans le sort des légitimaires, eu égard à leur nombre et à leur degré.

Ainsi, en rappelant les précédentes hypothèses, s'il y a quatre enfans, la légitime de chacun sera d'un huitième ; s'il y en a cinq, elle sera d'un dixième ; elle sera d'une moitié pour le fils unique ; si ce sont cinq petits-enfans nés d'un fils mort avant l'aïeul, ils auront chacun un dixième, ce qui est dans la proportion de ce que le père eût recueilli.

La division des biens en deux parts égales, dont une est réservée pour la légitime des enfans, est une combinaison facile ; mais ceux qui l'ont faite n'ont-ils pas coupé le nœud plutôt qu'ils n'ont résolu le problème ?

Le père ne doit point être dépouillé de son droit de propriété ; mais ce droit, comme tous les autres, s'exerce suivant les affections. Il n'en est point dans la nature de plus constante et de plus générale que celle des pères pour leurs enfans.

L'ordre conforme à la nature est donc celui dans lequel les pères et mères ne voudront disposer de leur propriété qu'au profit de leurs enfans. S'ils réclament sur une partie des biens une liberté absolue, c'est encore en faveur de leurs enfans, et pour qu'en répa-

néanmoins ils ne sont comptés que pour l'enfant qu'ils représentent dans la succession du disposant.

rant les inégalités qui peuvent résulter des talens, des infirmités, des faveurs ou des revers de la fortune, ils puissent rétablir la balance entre leurs enfans. et leur conserver à tous l'existence civile : mais dans le cours ordinaire des événemens, le quart des biens n'est-il pas suffisant pour cette espèce de nivellement entre les enfans, ou pour remplir, avec d'autres que les enfans, des devoirs de reconnaissance; et cette quotité ne sera-elle pas trop considérable, si elle est destinée à une préférence que la raison désavouerait ?

Telle a été l'opinion de la section de législation, en proposant au Conseil de fixer la légitime des enfans aux trois quarts de ce qu'ils recueilleraient, s'il n'y avait pas de donation entre-vifs ou de testament.

§. II. De la Légitime des Ascendans.

Les Romains reconnaissaient que si les pères doivent une légitime à leurs enfans, c'est un devoir dont les enfans sont également tenus envers leurs pères. *Quemadmodum à patribus liberis, ita à liberis patribus deberi legitimam.*

En France, d'après le système de la division des biens-fonds en propres et en acquêts, le sort des ascendans n'était pas le même dans les pays de coutume et dans ceux de droit écrit.

Un très-petit nombre de coutumes leur donnaient une légitime; dans d'autres, elle leur avait été accordée par une ancienne jurisprudence, à laquelle a succédé celle qui la refuse entièrement. Elle est fondée sur ce que les enfans eussent été presqu'entièrement privés de la liberté de disposer, si, étant obligés de conserver à leurs collatéraux les biens propres auxquels les ascendans n'avaient aucune part, ils n'eussent point eu la disposition libre des meubles et acquêts, à la succession desquels les ascendans étaient appelés par la loi.

Dans les pays de droit écrit, et dans quelques coutumes qui s'y conformaient, les ascendans avaient une légitime; elle consistait dans le tiers des biens à partager entre tous les ascendans, s'il y en avait plusieurs.

Elle n'était due qu'aux plus proches; il n'y en avait point pour les aïeuls, quand les père et mère, ou l'un d'eux, survivaient, parce qu'en ligne ascendante il n'y a point de représentation. La manière d'opérer pour régler la légitime des ascendans, avait fait naître un grand nombre de questions, que l'on avait cherché à résoudre dans l'ordonnance du mois d'août 1735, dont l'article LXI porte « que la quotité de la légitime sera réglée, eu « égard au total des biens, s'il y a un testament, et non sur le pied de la portion qui « aurait appartenu aux ascendans, s'ils eussent recueilli la succession *ab intestat* concur- « remment avec les frères germains du défunt ».

La comparaison du régime de droit écrit avec celui des coutumes, respectivement aux ascendans, ne pouvait laisser aucun doute sur la préférence due au droit écrit.

Le droit coutumier, en donnant les propres aux collatéraux, et en donnant aux descendans la libre disposition des meubles et acquêts, ne prenait point assez en considération les devoirs et les droits qui résultent des rapports intimes entre les pères et mères et leurs enfans.

D'ailleurs, l'abolition des propres a changé totalement le système des coutumes.

915. Les libéralités, par actes entre-vifs ou par testament, ne pourront excéder la moitié des biens, si, à dé-

On ne peut plus statuer d'après la répartition dans laquelle les ascendans étaient appelés aux meubles et acquêts, et ne pouvaient recueillir les biens propres.

C'est donc une nécessité de recourir à la législation, qui, n'admettant point cette distinction de biens, n'a eu à considérer, relativement aux ascendans, que leur droit naturel et les devoirs des enfans.

Dans le projet présenté au Conseil, on a cru devoir s'écarter du droit romain en deux points.

Le premier, sur la quotité des biens affectés à la légitime.

Cette quotité, dans le droit romain, était aussi considérable que pour la légitime des enfans. Les ascendans avaient le tiers ; c'était aussi la légitime des enfans jusqu'au nombre de quatre.

Si, dans le projet présenté, la légitime des ascendans est de moitié, tandis que celle des enfans est des trois quarts, il faut se rappeler que cette différence, défavorable aux ascendans, sera presque toujours balancée par la règle admise, et qui leur assure, même sans stipulation, le retour des biens qu'ils ont donnés à leurs enfans.

Et lors même que la légitime des ascendans serait moindre, on ne peut disconvenir que leur sort dépend beaucoup moins de la part qu'ils peuvent recueillir dans la succession de leurs enfans, que l'état des enfans dans la société ne dépend de la part qu'ils obtiennent dans la succession de leurs pères et mères ; et, sous ce rapport, la légitime des enfans a dû être plus considérable.

Le deuxième point dans lequel le projet qui est présenté diffère du droit romain, est dans la répartition de la légitime entre les ascendans.

Le partage d'une quotité de biens fixe et indépendante du nombre des ascendans, a fait naître des difficultés et des inconséquences du même genre que celles qui ont été observées sur la répartition de la légitime entre les enfans.

C'était le même écueil à éviter ; et il a été facile d'employer le même moyen, celui de fixer la légitime des ascendans comme celle des enfans, dans la proportion de ce qui reviendrait à titre d'héritier, s'il n'y avait pas de donation ou de testament.

§. III. *De la réserve au profit des Frères et Sœurs.*

Il reste à faire quelques réflexions sur ce qui concerne les collatéraux.

Il ne faut pas confondre les réserves coutumières et la légitime.

La réserve coutumière s'étendait à tous ceux que la loi appelait pour succéder ; elle tenait au système de la division des biens en propres et acquêts, système qui lui même était fondé sur celui de la conservation des mêmes immeubles dans les familles.

La légitime, proprement dite, est celle qui est indépendante de cette ancienne distinction entre les propres et les acquêts.

La légitime a sa cause dans le droit naturel ; la réserve n'est que de droit positif.

Le système de perpétuer les mêmes biens dans les familles, se rattachait aux idées féodales ; mais il tendait encore à un but, qui fut, dans tous les tems, celui des législateurs. On voulait maintenir et multiplier les rapports de famille, propres à entretenir parmi ses

faut d'enfant, le défunt laisse un ou plusieurs ascendans dans chacune des lignes paternelle et maternelle ; et

membres les sentimens de bienveillance, et cette responsabilité morale qui supplée si efficacement à la surveillance de la loi. Resserrer et multiplier les liens de famille, tel fut et tel sera toujours le ressort le plus utile à toutes les formes de gouvernement, et la plus sûre garantie du bonheur public.

Or, il n'est personne qui révoque en doute que la transmission des biens d'un parent à l'autre ne forme entr'eux un lien aussi fort qu'invariable. La vocation à la succession établit une sorte de participation aux biens ; elle influe sur les sentimens d'affection réciproques ; elle amortit les dissentions : les degrés par lesquels on tient à un auteur commun, semblent se rapprocher, lorsque les parens se rapprochent réellement pour partager les biens que ses travaux ont mis dans la famille, et qui en perpétuent la prospérité.

La conservation des mêmes biens dans les familles a pu s'établir et avoir de bons effets, dans les tems où les ventes des immeubles étaient très-rares, et où l'industrie n'avait aucun essor. Mais depuis que la rapidité du mouvement commercial s'appliquait aux biens immobiliers comme aux mobiliers, depuis que les propriétaires, habitués à dénaturer leurs biens, pouvaient facilement secouer le joug d'une loi qui gênait la faculté de disposer des propres, il est devenu aussi facile que fréquent de s'y soustraire.

La loi est devenue impuissante pour atteindre son but ; et lorsqu'elle eût dû être le lien des familles, elle les troublait par des procès sans nombre.

On ne peut plus songer à conserver une loi qui, quand elle peut impunément s'éluder par la seule volonté, n'a plus aucune garantie. C'est ainsi que certaines lois dépendent des mœurs et des usages existans au tems où elles s'établissent, et ne sont que transitoires.

C'est encore ainsi qu'il est facile d'expliquer pourquoi tout ce régime de propres et d'acquêts, et de perpétuité des mêmes biens dans les familles, était inconnu aux Romains.

Mais si ce moyen ne peut plus subsister, ce ne doit pas être un motif pour perdre de vue cette idée morale et politique qui tend à maintenir, dans les familles, des rapports ayant sur l'ordre social une aussi grande influence. Et c'est sur-tout dans un tems où les parens sont obligés, par des causes beaucoup plus nombreuses qu'autrefois, de vivre loin les uns des autres, qu'il faut employer des moyens de rapprochement.

D'un autre côté, ces vues d'ordre public et d'organisation des familles, doivent se concilier avec le droit de propriété, qui donne à chacun la libre disposition de ses biens.

S'il est, à cet égard, un sacrifice à faire au maintien et à l'harmonie de la famille, il ne doit être exigé que pour ceux qui la constituent le plus intimement ; pour ceux qui sont présumés avoir vécu sous le même toit, avoir été soumis à l'autorité du même père de famille, tenir de lui un patrimoine qu'il était dans son cœur de voir réparti entr'eux, et que, presque toujours, ils doivent à ses économies et à ses travaux.

Déjà le Conseil a, relativement au droit de représentation, regardé chaque famille comme plus intimement composée des ascendans, des descendans, des frères et sœurs, et de ceux qui en descendent.

Chaque individu ne pourra se regarder comme dépouillé d'une partie de sa propriété, lorsque, d'un côté, on ne réservera à des parens aussi proches que des frères et sœurs ou leurs descendans, que le quart seulement du patrimoine, et lorsque, d'un autre côté, ce sacrifice étant réciproque, celui qui en souffrirait aujourd'hui en profitera demain.

les

DONATIONS ET TESTAMENS.

les trois quarts, s'il ne laisse d'ascendans que dans une ligne.

Les biens ainsi réservés au profit des ascendans, seront par eux recueillis dans l'ordre où la loi les appelle à succéder : ils auront seuls droit à cette réserve, dans tous les cas où un partage en concurrence avec des collatéraux ne leur donnerait pas la quotité de biens à laquelle elle est fixée.

916. A défaut d'ascendans et de descendans, les libéralités par actes entre-vifs ou testamentaires pourront épuiser la totalité des biens (1).

(Ces quatre articles sont formés de l'article suivant).

On a seulement cru devoir mettre une modification à cette réserve légale en ligne collatérale.

La légitime en ligne directe est regardée comme tellement indispensable à l'ordre social, que, pour la remplir, toutes les donations entre-vifs sont résolubles ; toutes sont censées faites sous la condition que cette légitime ne pourra en être altérée.

Le droit des collatéraux à la réserve qui leur est faite, n'a pas paru assez impérieux pour qu'on dût lui sacrifier indéfiniment le principe suivant lequel les donations entre-vifs doivent être irrévocables.

Lorsque ces donations sont faites à l'un des successibles, il est juste qu'elles soient réduites, pour remplir la légitime des cohéritiers. Le vœu de la loi est qu'il y ait entr'eux au moins une égalité légitimaire.

Mais lorsque le parent a, par acte entre-vifs, mis une partie des biens hors de sa famille, est-il nécessaire, et même convenable, que cet étranger puisse, pour l'intérêt de collatéraux, être dépouillé ?

Il a paru que la réserve en leur faveur serait suffisante, si, d'une part, on ne pouvait disposer par testament, à leur préjudice, de plus des trois quarts, et si, d'une autre part, ils pouvaient, pour remplir cette réserve, demander la réduction des donations entre-vifs faites à leurs cohéritiers.

Tels sont les principes qui ont déterminé la section de législation à présenter au Conseil l'article XVIII du Projet.

(1) « L'institution universelle en faveur de ses enfans naturels, faite par un père décédé
« entre la loi du 12 brumaire an 2 et le Code civil, est-elle réductible au profit de ses
« enfans légitimes ? L'est-elle lorsqu'il ne laisse que des collatéraux, des frères, par
« exemple ? En d'autres termes : doit-on entendre par les mots *quotité disponible* la
« portion de biens dont le père peut disposer suivant les articles 913, 915 et 916, ou bien
« doit-on restreindre leur signification à la portion de biens accordés aux enfans naturels
« par l'article 757 ? »

Arrêt de la cour d'appel de Nîmes, en date du 24 floréal an 12, qui, dans la première

XVIII. *S'il y a des enfans ou descendans des enfans au tems du décès, ils auront, à titre de légitime, les trois quarts de ce qui leur reviendrait par succession, s'il n'y avait pas de donation entre-vifs ou testamentaires.*

A défaut de descendans, s'il y a des ascendans, leur légitime sera de moitié.

A défaut de descendans et d'ascendans, s'il y a, au tems du décès, des frères ou sœurs ou des descendans d'eux, la loi leur réserve le quart de ce qui leur reviendrait, s'il n'y avait pas de donation entre-vifs ou testamentaire, sans néanmoins qu'à raison de cette réserve, les donataires par actes entre-vifs, autres que les successibles, puissent être, en tout ou en partie, évincés des biens à eux donnés.

A défaut de parens dans les degrés ci-dessus exprimés, les donations ou legs pourront épuiser la totalité des biens.

Séance du 20 Nivose an 11.

Le second CONSUL ouvre la discussion sur la question de savoir quelle sera la latitude dans laquelle il sera permis de disposer, lorsqu'il y aura des héritiers en ligne directe.

M. MALEVILLE dit que la section resserre trop les limites du pouvoir paternel.

Les peines et les récompenses sont le ressort le plus puissant des actions des hommes; et le législateur ne serait pas sage, qui croirait pouvoir les diriger uniquement par l'amour de leurs devoirs. Il faut donc met-

---

espèce, décide la négative, vu les articles 1 et 2 de la loi transitoire, et attendu qu'on ne peut se refuser à distinguer les deux hypothèses posées par ces deux articles;

La première, lorsque le père étant mort sans disposition, on doit régler les droits de l'enfant d'après le titre du Code civil relatif aux enfans naturels;

La seconde, lorsque le père ayant fait une disposition antérieurement au Code, on en doit ordonner l'exécution pleine et entière;

Qu'on ne peut pas entendre par *quotité disponible* la portion de biens réservée et fixée par la loi pour les enfans naturels, mais au contraire la portion dont les pères et mères peuvent faire une libéralité en faveur de leurs enfans ou étrangers, puisque la *quotité disponible* est la portion que la loi sépare de la réserve, afin que le père puisse en disposer comme bon lui semble, tandis que la portion réservée pour les héritiers est sacrée, et qu'il ne lui est pas permis d'en disposer à sa volonté.

La cour d'appel d'Aix, au contraire, a, par arrêt du 18 thermidor an 12, dans la seconde espèce, décidé l'affirmative, et ordonné au profit des frères du père, la réduction de l'institution universelle qu'il avait faite en faveur de ses enfans naturels.

Attendu que les mots *quotité disponible* doivent être pris dans un sens *restreint aux enfans naturels*, et que la disposition principale se rapporte à eux;

Attendu que l'intention des législateurs a été que dans tous les cas le sort des enfans naturels fût réglé conformément aux dispositions du Code civil.

tre de grands moyens dans la main des pères, si l'on veut compter sur l'obéissance et la moralité des enfans.

On a dit que le desir de profiter de la portion laissée à la disposition des ascendans rendrait les enfans hypocrites, et les engagerait à mettre dans leur conduite des apparences d'un respect qu'ils n'auraient pas dans le cœur. Ce serait toujours un avantage de ramener au devoir par l'espérance et par la crainte ceux sur qui l'amour du devoir serait impuissant. Eh! que serait la société, si les hommes s'y montraient à découvert avec tous les vices que l'intérêt les engage à voiler? Bien souvent l'apparence de la vertu a l'effet de la vertu même. Elle fera contracter aux enfans les heureuses habitudes qui forment les mœurs et assurent la paix des familles.

Ce droit accordé au père de départir ses biens entre ses enfans, suivant leurs besoins et leur mérite, n'est d'ailleurs qu'un faible dédommagement des peines et des sollicitudes attachées à sa condition. Un individu isolé ne souffre que de ses maux personnels : mais il n'en est pas ainsi d'un père ; il est malade de la maladie de ses enfans, tourmenté de leurs chagrins, deshonoré par leur mauvaise conduite. Pourquoi les droits ne seraient-ils pas en proportion avec les devoirs? Pourquoi les peines seraient-elles toutes du côté des pères, et les avantages du côté des enfans.

Enfin la France est presque également partagée en pays coutumier et en pays de droit écrit. Dans ceux-ci, les pères ont eu toujours au moins la moitié de leurs biens à leur libre disposition ; dans les autres constamment la moitié, et cette dernière législation est sans contredit la meilleure. Mais sommes-nous dans des circonstances qui nous obligent à diminuer ce droit, auquel les français sont accoutumés depuis tant de siècles. Bien loin d'affaiblir les ressorts de la puissance paternelle, ne serait-ce pas plutôt le cas de l'augmenter.

L'opinant préfère, sur ce sujet, les dispositions de la coutume de Paris à celles du droit romain : elle accordait au père la libre disposition de la moitié de ses biens. Il serait peut-être imprudent de diminuer ce droit, dans des circonstances où il faut bien plutôt augmenter pour les pères les moyens de contenir leurs enfans.

M. BERLIER dit que la quotité proposée par la section est la même que celle qui avait été adoptée par les rédacteurs du Projet de code civil, et il combat la restriction proposée par M. Maleville.

Si l'on recourt aux vœux émis par les tribunaux d'appel, on en trouve trois, il est vrai, ceux de Limoges, Montpellier et Paris, qui demandent, comme M. Maleville, que la légitime des enfans ne soit fixée qu'à moitié de ce qu'ils auraient eu *ab intestat* : mais la quotité des trois quarts a obtenu l'assentiment de tous les autres tribunaux, à l'exception de celui de Rennes, qui eût préféré le maintien pur et simple de la quotité réglée par la loi du 4 germinal an 8, plus favorable aux légitimaires ; et du tribunal de Lyon, qui n'a point fait connaître son vœu, et dont on voit seulement que les commissaires ont été partagés entre trois opinions ; savoir, la moitié, les trois quarts, et enfin la quotité réglée par la loi du 4 germinal an 8.

De là il résulte que les anciennes habitudes de la Nation ne sont pas une objection en cette matière, puisque ses interprètes naturels ne réclament point, ou du moins ne réclament qu'en très-faible minorité. Il faut donc passer à l'examen du fond de la question.

L'un des hommes dont le nom a figuré avec le plus d'éclat dans les fastes de la révolution, voulait que le père de famille ne pût disposer de rien par testament : cette opinion de *Mirabeau*, émise dans cette célèbre Assemblée constituante, qui a laissé de si grands souvenirs, y fut, il est vrai, combattue ; mais ceux mêmes qui parlèrent pour le droit de disposer reconnurent qu'il devait être modifié, et demandèrent ce que la section propose aujourd'hui. Parmi les excellens discours qui furent prononcés à ce sujet, on peut citer celui de M. Tronchet.

Circonscrire et resserrer les inégalités de dispositions entre enfans du même père, ce but était louable et ne l'est pas moins aujourd'hui.

A la vérité, l'autorité paternelle a besoin de quelques moyens pour récompenser et punir : on ne doit pas les lui ôter, mais on ne doit pas les rendre excessifs ; et ici tout ce qui n'est pas essentiellement nécessaire, serait essentiellement mauvais.

M. Berlier compare ensuite la proposition de M. Maleville avec l'état du droit avant la révolution, et il trouve que la condition de l'enfant, faiblement améliorée dans les pays de droit écrit, deviendrait pire en beaucoup d'autres.

La comparant ensuite avec la législation de quelques Etats voisins, il dit qu'en Prusse, par exemple, la légitime de l'enfant peut s'élever quelquefois jusqu'aux deux tiers de la portion *ab intestat*.

Enfin il observe que l'un des motifs qui pouvaient autrefois autoriser une assez grande latitude dans les dispositions du père de famille, c'est que l'organisation politique de ce tems devait permettre et même favoriser les dispositions par lesquelles, pour perpétuer ou augmenter l'éclat de sa maison, le père faisait un héritier privilégié.

Ce motif n'existe plus; et l'on fait bien assez aujourd'hui, en laissant au père la disposition du quart.

M. Tronchet dit qu'il ne croit pas, avec la section, que la faculté de disposer par testament soit, comme la faculté de disposer entre-vifs, une suite du droit de propriété. Ce droit ne s'étend pas au-delà de la vie ; il ne peut donc produire le pouvoir de disposer pour un tems où le propriétaire n'existera plus. Ainsi la faculté de tester n'est qu'un bénéfice de la loi civile, qui, à cet égard, ajoute à la loi naturelle. Cependant le droit civil doit prendre ses bases dans le droit naturel. Ici, les Romains ne peuvent être pris pour modèles : ils s'étaient érigés en législateurs suprêmes dans leur famille ; leur testament était une loi ; ils exerçaient sur leurs enfans une puissance illimitée. C'était s'écarter de la loi naturelle : elle veut que celui qui a donné la vie à un enfant, lui laisse aussi ses biens. Il semble donc que la totalité du patrimoine paternel devrait passer aux descendans en ligne directe, et que le pouvoir du père devrait être réduit à faire quelques legs rémunératoires d'une valeur modique. Cependant l'intérêt public exige qu'on lui donne un peu plus de latitude, afin qu'il puisse distribuer des récompenses parmi ses enfans même. Mais comme cette disposition du droit positif est une dérogation au droit naturel, qui défère aux enfans les biens du père, sans aucune diminution, il importe de la resserrer du moins dans les bornes les plus étroites : ce motif porte nécessairement à fixer la quotité de la légitime à un taux plus élevé que n'avait fait la coutume de Paris.

M. Portalis examine en soi le principe sur lequel se fonde M. Tronchet.

D'abord, ce n'est pas dans le droit naturel qu'il faut chercher les règles de la propriété. L'état sauvage ou de nature n'admet pas la propriété ; il n'y a là que des biens mobiliers, que des fruits dont le plus fort s'empare : ainsi, si la propriété est dans la nature, c'est en ce sens que la nature humaine étant susceptible de perfectibilité, elle tend vers l'ordre social, qui seul fonde la propriété. L'effet de cet ordre est d'établir entre les associés une garantie qui oblige chacun d'eux à respecter les biens acquis par un autre et la disposition qu'il en fait. C'est ainsi que le droit de disposer naît du droit de propriété. Or, celui qui dispose à cause de mort, dispose pendant sa vie et dans un tems où il est propriétaire.

Mais est-ce le droit naturel ? Est-ce la loi civile qui doit donner ici des règles ?

La loi civile est l'arbitre suprême ; il lui appartient de tout régler. Elle peut donc donner le droit de disposer, et le régler ; son pouvoir, à cet égard, n'est limité que par l'obligation de respecter les droits acquis, parce qu'elle ne pourrait passer ces bornes, sans agir contre sa propre nature, qui est de garantir les droits de chacun.

Il n'est donc pas question d'examiner ce qui est le plus conforme au droit naturel, mais ce qui est le plus utile à la société.

Sous ce point de vue, le droit de disposer est, dans la main du père, non, comme on l'a dit, un moyen entièrement pénal, mais aussi un moyen de récompense. Il place les enfans entre l'espérance et la crainte, c'est-à-dire, entre les sentimens par lesquels on conduit les hommes bien plus sûrement que par des raisonnemens métaphysiques.

Le droit de disposer est encore un droit d'arbitrage, par lequel le père répartit son bien entre ses enfans, proportionnellement à leurs besoins. Et il faut remarquer que ce droit est avantageux à la société; car le père, en donnant moins aux enfans engagés dans une profession lucrative, réserve une plus forte part à ceux que leurs talens appellent à des fonctions utiles à l'Etat, inutiles à leur fortune.

Là où le père est législateur dans sa famille, la société se trouve déchargée d'une partie de sa sollicitude.

Qu'on ne dise pas que c'est-là un droit aristocratique. Il est tellement fondé sur la raison, que c'est dans les classes inférieures que le pouvoir du père est le plus nécessaire. Un laboureur, par exemple, a eu d'abord un fils qui, se trouvant le premier élevé, est devenu le compagnon de ses travaux. Les enfans nés depuis étant moins nécessaires au père, se sont répandus dans les villes et y ont poussé leur fortune. Lorsque ce père mourra, sera-t-il juste que l'aîné partage également le champ amélioré par ses labeurs, avec des frères qui déjà sont plus riches que lui?

Il faut donc donner au père une latitude, non absolue, mais très-grande. Ainsi la raison et l'intérêt de la société s'opposent à ce que la légitime des enfans soit portée aux trois quarts des biens.

Le consul Cambacérès dit qu'on est d'accord sur la nécessité d'accorder une légitime aux enfans; on ne se divise que sur la quotité.

C'est avec raison qu'on écarte les dispositions du droit romain en cette matière: elles étaient si peu mesurées sur la nature des choses, que dans certains cas elles donnaient moins lorsque les enfans étaient en petit nombre, que quand ils étaient plus nombreux.

Toutefois ne pourrait-on pas graduer la latitude de disposer, accordée au père, suivant le plus ou moins d'enfans qu'il laisse; fixer, par exemple, la légitime aux trois quarts s'il y a plus de deux enfans, au tiers s'il n'y en a que deux, à la moitié s'il n'y en a qu'un?

M. Tronchet dit qu'il serait difficile de graduer la légitime sur le nom-

DONATIONS ET TESTAMENS. 127

bre des enfans, parce qu'il faudrait prévoir toutes les variations dont ce nombre est susceptible, et statuer sur trop de cas particuliers. Il est plus simple de ne pas faire dépendre la quotité de la légitime des circonstances, et de la fixer d'une manière déterminée.

L'opinant passe aux réflexions de M. Portalis.

Il pense que si tous les hommes étaient ce qu'ils devraient être, il serait avantageux de rendre le père législateur suprême dans sa famille. Mais une funeste expérience apprend que trop souvent les pères se laissent dominer par une injuste prédilection. Ainsi la prudence conseille de ne s'en rapporter qu'à la loi, et de la rendre arbitre entre les pères et les enfans.

Le consul CAMBACÉRÈS dit que son opinion n'est pas de graduer la légitime sur l'état particulier de chaque famille, mais de la graduer suivant les trois cas dont il a parlé.

Le consul CAMBACÉRÈS renouvelle la proposition qu'il a faite dans la séance du 14 de ce mois, de graduer la légitime suivant le nombre des enfans, et de la fixer à moitié, s'il n'existe qu'un enfant; aux deux tiers, s'il en existe deux; aux trois quarts, s'il en existe trois et plus.

Séance du 21 Pluviose an 11.

M. BIGOT-PRÉAMENEU dit que la section a d'abord examiné le système de la loi du 4 germinal an 8, et a cru devoir le repousser comme insuffisant. Un père, en effet, n'usera ordinairement de la faculté de disposer, qu'en faveur de ses enfans, et pour réparer les inégalités qu'aurait pu mettre entre eux la nature ou la fortune. La loi du 24 germinal ne lui donnait pas à cet égard assez de latitude, puisque, s'il avait cinq enfans, il ne pouvait disposer que d'un sixième, quotité souvent trop faible pour rétablir l'égalité dans la famille. La section a cru devoir proposer de fixer la portion disponible au quart des biens.

M. TRONCHET dit qu'il n'y a pas de question sur la nécessité de donner une légitime aux enfans : on est d'accord sur cette nécessité.

La discussion ne peut donc plus tomber que sur la quotité de la légitime.

La section a proposé de la fixer aux trois quarts.

On s'est partagé ensuite entre deux systèmes; celui des coutumes, qui fixe la légitime à une quotité déterminée, et celui du droit romain, qui la règle d'après le nombre des enfans.

Ce dernier système a même été présenté de deux manières : d'un côté, on a proposé la graduation établie par les lois romaines; de l'autre, une graduation différente.

On a totalement oublié le système de la loi du 4 germinal an 8, qui fixe la légitime d'après le nombre des enfans, mais d'une manière différente du droit romain.

Il semble qu'il aurait fallu de grands motifs pour abandonner une loi si récente, ouvrage du Conseil même.

L'opinant propose de s'y arrêter, en ce qui concerne les enfans seulement.

Il en rappellera donc les dispositions; il en examinera ensuite les bases et les effets; il en comparera les effets avec ceux qui résultent de tous les divers systèmes proposés.

De cette comparaison résultera la solution de la question de savoir auquel de ces divers systèmes on doit donner la préférence.

La loi du 4 germinal an 8 porte :

Ier. *Toutes libéralités qui seront faites soit par actes entre-vifs, soit par actes de dernière volonté, dans les formes légales, seront valables, lorsqu'elles n'excéderont pas le quart des biens du disposant, s'il laisse à son décès moins de quatre enfans; le cinquième, s'il laisse quatre enfans; le sixième, s'il en laisse cinq; et ainsi de suite, en comptant toujours, pour déterminer la portion disponible, le nombre des enfans, plus un.*

V. *Les libéralités autorisées par la présente loi pourront être faites au profit des enfans ou autres successibles du disposant, sans qu'ils soient sujets à rapport.*

Principes et bases de cette loi.

On ne peut pas être divisé sur le motif qui nécessite une loi et l'objet qu'elle doit avoir; on ne peut l'être que sur le mode par lequel on doit atteindre au but.

Il ne faudrait point de loi répressive de la liberté de disposer au préjudice de ses propres enfans, ni de loi qui permette de pareilles dispositions, si tous les hommes étaient ce qu'ils devraient être.

Mais l'expérience de tous les siècles nous apprend que des passions, des faiblesses, des préventions produites par les troubles intérieurs de l'union conjugale, des préférences aveugles et fondées sur de purs caprices ou provoquées par la séduction, étouffent trop souvent, dans le cœur des pères, la voix et l'impulsion primitive de la nature.

Les passions qui agitent le tems orageux de la jeunesse, les faiblesses de cet âge, dont les séductions étrangères ne savent que trop profiter, détournent souvent les enfans de ce respect que la loi divine commande, que les seules lumières de la raison, la reconnaissance, cet instinct de la nature, inspirent et gravent dans tous les cœurs.

En

En un mot, il ne faudrait point de loi, si l'expérience de tous les siècles ne nous montrait pas des fils ingrats, et des pères injustes, non-seulement dans la distribution de leur affection entre leurs enfans, et ce qui est plus rare, mais non pas sans exemple, des pères chez qui des affections étrangères étouffent l'amour paternel. Si tous ces accidens, inséparables de la condition humaine, n'existaient pas, il ne serait pas nécessaire de fixer par une loi les limites de la libéralité et de la bienfaisance des pères, la loi pourrait les laisser les arbitres souverains de leur famille.

Une loi n'est nécessaire que pour arrêter les écarts de la raison, 1°. dans la distribution intérieure que les pères pourraient faire de leur patrimoine entre leurs enfans; 2°. dans la profusion même avec laquelle ils pourraient se livrer à des affections étrangères.

Donner aux pères la faculté de récompenser ou de punir avec discrétion; celle de réparer entre leurs enfans les inégalités de la nature ou les injustices aveugles de la fortune;

Leur accorder en outre la faculté d'exercer des actes de bienfaisance et de reconnaissance envers des étrangers;

Voilà les deux grands objets que la loi doit se proposer lorsqu'elle entreprend de fixer la légitime indisponible qu'elle réserve aux enfans.

En envisageant la loi sous ce double point de vue, voici les bases sur lesquelles se sont appuyés les auteurs de la loi de germinal.

Ils ont pensé que c'était accorder aux pères tout ce que la raison et le vœu de la nature pouvaient tolérer, de leur permettre d'assimiler un étranger à ses propres enfans, et de douer à un enfant une double part de celle qui resterait à chacun des autres.

C'est ce principe qu'ils ont écrit dans la loi même, par cette expression qui termine l'article Ier. : *en comptant toujours, pour déterminer la portion disponible, le nombre des enfans, plus un*; et c'est cette règle qu'ils ont voulu exécuter par cette échelle, qui, commençant du quart, va toujours en dégradant proportionnellement et également au cinquième, au sixième, au septième, et toujours ainsi de suite, suivant le nombre des enfans. Cette échelle suffirait à l'égard des dispositions faites au profit des étrangers.

Elle eût été insuffisante à l'égard des enfans, si la portion d'enfant disponible, donnée à l'un d'eux, n'avait pas pu être retenue par lui, en sus de sa part égale dans le surplus indisponible : c'est ce qui a conduit à la disposition de l'article V, qui est indivisible dans le système de la première.

Peut-être existe-t-il dans cette loi une petite irrégularité, en ce que l'échelle ne commence qu'au nombre de trois enfans, et qu'elle ne se trouve plus dans une proportion égale lorsqu'il n'y a que deux ou même qu'un enfant, puisque le quart, dans ces deux cas, n'est pas la portion d'un enfant, plus un ; et peut-être il aurait fallu commencer l'échelle par la moitié, le tiers, le quart, etc.

Cette petite irrégularité serait facile à réformer. Il suffit d'avoir bien fait connaître la base fondamentale de cette loi, et l'effet qui en résulterait.

C'est en comparant cet effet avec celui que produirait tout autre système, que l'on pourra mieux juger auquel on doit donner la préférence.

Droit romain.

Trois époques. 1°. Liberté absolue. C'était l'abus de la puissance paternelle ;

2°. Réserve du quart seulement. C'était encore un pouvoir excessif résultant de la même source, et produit par la vanité de n'avoir qu'un héritier ;

3°. Réserve calculée d'après le nombre des enfans. Echelle trop irrégulière, dont tout le monde a reconnu les inconvéniens.

Droit coutumier, et spécialement coutume de Paris.

Ici, base différente du droit romain. Ce n'est plus le nombre des enfans : c'est une quotité du patrimoine ; la moitié rendue indisponible.

Cette quotité, quand il n'y avait qu'un enfant, ne faisait qu'égaler l'étranger à l'enfant ; et c'était peut-être beaucoup de mettre l'affection étrangère au niveau du vœu de la nature.

Mais cette quotité paraissait bien plus intolérable, quand on multipliait le nombre des enfans. A deux, elle ne faisait, à la vérité, que doubler la part de l'enfant ; mais elle mettait l'étranger au-dessus des enfans, moitié contre un quart. L'inconvénient devenait bien plus grand, si un père laissait beaucoup d'enfans, trois, quatre, cinq, six.

A trois enfans, l'étranger avait six douzièmes, quand il ne restait à chaque enfant que deux douzièmes.

L'enfant avantagé n'avait cependant encore que double part, six douzièmes contre trois douzièmes ; car il faut bien remarquer que l'enfant donataire ne pouvait conserver son don qu'en renonçant à la succession ; et dans le système de cette proportion, on ne pouvait pas permettre le cumul.

DONATIONS ET TESTAMENS.

Mais combien cette quotité disponible ne deviendra-t-elle pas exorbitante, si l'on porte le nombre des enfans jusqu'à six, huit et même davantage?

A six, un seul enfant peut avoir six douzièmes, tandis que ses frères ont moins d'un sixième.

A huit, un seul enfant a six douzièmes, tandis que ses frères n'ont chacun que trois quarante-huitièmes : c'est l'abus de la vanité, qui ne veut qu'un héritier, un seul enfant dans l'opulence, les autres dans l'indigence.

Tels étaient les inconvéniens de la quotité adoptée pour droit commun coutumier.

Loi du 17 nivose an 2.

M. Tronchet ne parlera pas de cette loi, qui réduisait la quotité disponible au profit d'un étranger, au sixième, et qui ne permettait aucune espèce de disposition entre enfans. C'était l'abus de l'imagination échauffée par une théorie brillante de métaphysique, la destruction de toute autorité paternelle, une égalité injuste, qui interdisait tout secours pour l'enfant disgracié de la nature, ou frappé par l'inconstance de la fortune.

Projet actuel.

Ici, le quart disponible indistinctement joint à la permission accordée à l'enfant de le recevoir hors part, en partageant encore dans les trois quarts réservés.

M. Tronchet considère l'effet de la loi, d'abord, vis-à-vis de l'étranger.

La proportion est tolérable, quand on ne supposera qu'un, deux ou trois enfans; ce sera ou le quart contre les trois quarts, ou trois douzièmes contre quatre douzièmes et demi, ou l'étranger égalé à chaque enfant.

Mais il n'en sera plus de même, si l'on suppose quatre ou six enfans; alors l'étranger aura trois douzièmes contre deux douzièmes et un quart, ou trois douzièmes contre un douzième.

Et l'excès deviendra bien plus grand, si l'on suppose, ce qui n'est pas rare, huit, dix, douze enfans.

L'opinant passe ensuite à l'effet de la loi à l'égard des dispositions entre enfans, en ne la séparant pas de la disposition qui permet l'avantage hors part.

Ici, de même que dans le cas précédent, la disposition devient tolérable quand on ne suppose que deux ou trois enfans. Celui qui est avantagé, n'a que la double portion, ou à-peu-près.

Mais l'inégalité devient trop forte, si l'on suppose quatre, six enfans ou davantage, puisque, dès qu'il y a quatre enfans, celui qui est avantagé a quatre fois autant que chacun de ses frères, quatre douzièmes et demi contre un douzième et demi.

Ainsi, dans ce système, il ne serait plus possible d'admettre le cumul de la portion disponible avec le partage du surplus ; et il faudrait en revenir à permettre seulement au père de donner une part d'enfant pour préciput, en comptant un enfant de plus.

Conclusion.

Ceci ramène naturellement au système de la loi de germinal, non-seulement comme le plus équitable, mais encore comme le plus simple, le plus facile dans son exécution, et le moins compliqué dans ses dispositions.

Objections.

M. Tronchet a toujours supposé la totalité de la portion disponible donnée soit à un étranger seul, soit à un seul enfant.

Mais cette portion peut être distribuée entre plusieurs personnes étrangères, ou entre plusieurs des enfans ; et alors il est évident qu'il y a une disproportion moins grande, entre ce que gagne le donataire et ce qui reste à chaque enfant réduit à sa légitime. La disposition permise au père ne serait plus un avantage ou un secours véritable accordé à un enfant, lorsque le père aurait un certain nombre d'enfans, cinq par exemple, entre lesquels deux ou trois mériteraient un secours.

M. Tronchet répond d'abord que la véritable mesure de l'avantage que peuvent recevoir des étrangers ou des enfans, n'est pas la proportion de ce qu'ils reçoivent, mais que cette mesure doit être combinée dans la double raison de la quotité du patrimoine et des portions qui restent aux enfans, eu égard à leur nombre et au partage de ce qui reste. Trois douzièmes retranchés sur une masse de 6,000 francs partageable en cinq portions, sont aussi considérables pour cette masse que le même retranchement sur une masse de 60,000 francs, également partageable entre cinq enfans.

M. Tronchet répond, en second lieu, qu'il suffit que la loi ne défende pas de donner toute la portion disponible à un seul, pour que le père puisse le faire, et pour qu'il y ait lieu de craindre qu'il ne le fasse.

Mais il faut, dit on, présumer assez bien de la piété paternelle, pour croire qu'il ne réunira pas tout l'effet de ses libéralités sur une seule tête.

Il ne faudrait point de loi, si l'on pouvait se contenter de cette prétendue garantie de la piété paternelle. Elle n'est nécessaire, la loi civile, que parce qu'une expérience de mille ans a prouvé chez nous, comme chez les Romains, que le législateur ne pouvait pas se reposer sur la seule loi de la nature.

M. MALEVILLE dit que non seulement il ne pense pas qu'il faille préférer la loi du 4 germinal an 8 au projet en discussion, mais qu'il croit même que ce projet ne donne pas aux ascendans une assez grande latitude de disposer; et il persiste à croire, comme il l'a déjà soutenu dans l'une des séances précédentes, que la légitime des descendans doit être fixée à la moitié de ce qui leur serait échu, si leur ascendant fût décédé *ab intestat*.

Si la loi de germinal an 8 fut accueillie par la nation, ce n'est pas qu'elle remplit entièrement ses espérances; mais c'est parce qu'elle présentait un acheminement à un meilleur ordre de choses, et qu'elle réparait une partie des maux produits par la fameuse loi du 17 nivose an 2.

Ce n'est pas une bonne méthode pour déterminer la quotité de la légitime, que de la comparer sans cesse avec celle des biens dont il serait possible que l'ascendant disposât en faveur d'un étranger. Quel est donc le père dénaturé qui, abusant de la latitude que la loi lui laisserait dans un objet bien différent, oserait porter la moitié de sa fortune sur la tête d'un étranger? Sans doute il faut laisser aux ascendans les moyens de reconnaître des services, et d'exercer des actes modérés de bienfaisance; et ces moyens doivent aussi entrer en ligne de compte, pour fixer la quotité disponible : mais la loi ne suppose pas des monstres; elle ne statue pas sur des événemens aussi extraordinaires.

La légitime des enfans doit être fixée à la moitié des biens de leur père; d'abord parce que c'est à une moitié au plus qu'elle a été réglée, depuis des siècles, dans tous les pays soumis aujourd'hui au Gouvernement français; car il ne faut pas tenir compte des tems révolutionnaires, où l'on avait rêvé l'égalité parfaite en toutes choses.

Mais c'est déjà une grande raison pour ne pas changer témérairement, et sans les plus puissans motifs, cette antique institution : *non facilè recedendum est ab eo jure quod diù æquum visum est*. Montesquieu insiste fortement sur cette maxime; il dit que si, sous prétexte d'un plus grand bien, on change les anciennes lois, les inconvéniens arrivent en foule par des issues qu'on n'avait pas prévues. Mais quelles seraient les raisons qui pourraient déterminer à augmenter la quotité de la légitime?

Les anciens législateurs ont eu trois motifs pour fixer cette légitime à la moitié : le premier est de faire une part égale au droit de propriété et à la piété filiale ; le second, de mettre les pères en état de compenser, entre leurs enfans, les désavantages qui résulteraient entre eux de la nature ou de la fortune ; le troisième, de placer dans leurs mains des peines et des récompenses pour maintenir dans les familles la subordination et la tranquillité d'où dépend le repos de l'Etat.

Les deux premiers motifs sont toujours existans, et le troisième a acquis, depuis la révolution, un bien plus grand degré de force par l'accroissement de l'insubordination et de la dépravation des mœurs de la jeunesse. Qu'on vérifie dans les greffes des tribunaux criminels l'âge des condamnés, et l'on trouvera qu'ils sont presque tous au-dessous de trente ans.

Les pères sont la providence des familles, comme le Gouvernement est la providence de l'Etat : il serait impossible à celui-ci de maintenir l'ordre, s'il n'était efficacement secouru par les premiers ; il userait ses ressorts en déployant sans cesse sa puissance ; et le meilleur de tous les gouvernemens et celui qui, sachant arriver à son but par les causes secondes, paraît gouverner le moins.

L'erreur de ceux qui voudraient établir par les lois l'égalité entre les enfans, vient de ce qu'ils pensent que, par le droit naturel, le bien des pères appartient à leurs enfans ; d'où ils concluent que ceux-ci doivent les partager également.

Mais on a cent fois prouvé que cette opinion est fausse. Montesquieu dit encore très-bien que, par le droit naturel, les pères sont obligés de nourrir et de protéger leurs enfans jusqu'à ce que ceux-ci soient en âge d'y pourvoir eux-mêmes, mais non de les instituer héritiers ; les successions dépendent en entier de la loi civile.

C'est la tendresse naturelle, et non la loi naturelle, qui appelle les enfans à la succession de leur père ; et cette tendresse doit être égale pour tous, lorsque la reconnaissance et les besoins sont aussi égaux : mais de quelle espèce serait la loi qui obligerait aux mêmes libéralités envers deux enfans dont l'un outragerait son père, et l'autre le secourrait dans ses infirmités ; dont l'un serait disgracié de la nature, et l'autre serait devenu opulent par son industrie? Ce n'est pas alors la loi naturelle qui les appelle à un partage égal, et il faudrait au contraire forcer la nature pour en obtenir un pareil résultat.

Enfin les divers usages des peuples ne viennent point du hasard ou du caprice ; ils ont leur fondement dans la diversité de leur position.

Dans une grande ville, dans un pays commerçant où l'argent abonde et où les richesses sont principalement en mobilier, il y a moins d'inconvénient à ce que la portion disponible soit plus restreinte, parce que, même à l'égard des propriétés foncières, l'un des copartageans trouvera facilement du numéraire pour garder une terre en son entier, et payer aux autres leurs parts : aussi à Paris, à Bordeaux même, au centre du droit romain, et quoique la légitime ne fût que de moitié, l'usage général était-il de partager également.

Mais dans les départemens méditerranés et sans commerce, où le numéraire est rare et les richesses mobilières presque nulles, où les hérédités sont absolument composées de propriétés foncières, chaque ouverture de succession amènera un partage réel, et subdivisera les héritages de manière à ne pouvoir plus composer une ferme, une métairie : ce serait la ruine de la culture et la destruction des familles ; aussi, dans ces pays, l'usage à-peu-près général est-il de faire un héritier.

Ainsi chaque province s'est faite aux institutions les plus conformes à ses intérêts ; et ce serait la plus mauvaise de toutes les politiques, que de chercher à les contrarier : il faut porter une loi qui puisse convenir à toutes les habitudes ; et certainement l'ancienne quotité de la légitime est celle qui s'accommode le mieux à tous les usages. Il convient aux goûts et à la position des uns de faire un partage égal ; la loi n'y porte point d'obstacle : mais pourquoi voulez-vous empêcher les autres de faire autrement, si l'intérêt de leur famille l'exige ? Ce serait une tyrannie à laquelle le législateur ne peut pas se prêter.

M. Boulay admet le système de la loi du 4 germinal, toutefois avec la modification que la portion disponible du père sera du quart dans tous les cas ; ce qui généraliserait l'échelle.

Cette disposition est d'autant plus convenable, que la légitime ne pouvant être frappée de substitution, le père aurait du moins le moyen de conserver une partie de sa fortune à ses petits-enfans.

M. Portalis dit que si la loi laisse au père la disposition d'une partie de ses biens, c'est pour le mettre en état de punir, de récompenser, de réparer les inégalités entre ses enfans, et de satisfaire aux obligations que la reconnaissance ou d'autres motifs peuvent lui imposer envers les étrangers. Lui seul est capable de remplir ces devoirs ; car la loi ne peut régir que la masse des citoyens, et non l'intérieur des familles. Or, elle ne doit s'occuper que de ce qu'elle peut bien régler par elle-même : donc, ne pouvant ici établir une règle générale, il est utile qu'elle s'en rapporte au père. Il y a plus d'enfans ingrats qu'il n'y a de pères injustes. L'âge des passions fait oublier trop souvent à ces derniers leurs devoirs ; et d'ailleurs l'expérience prouve que l'affection est bien plus vive dans les ascendans pour les descendans, que dans les descendans pour les ascendans.

L'opinant rappelle ce qu'il a dit sur ce sujet dans la séance du 7 pluviôse. Il conclut à ce qu'on laisse au père une très-grande latitude.

M. Berlier dit que la proposition du consul Cambacérès lui semble susceptible d'être adoptée moyennant un amendement.

La disponibilité de moitié quand il n'y a qu'un enfant, est bien forte ; mais l'application en sera sans doute bien rare : il faudra qu'un enfant ait bien démérité, pour que les affections de la nature ne l'emportent pas sur les affections étrangères.

Ce qui est à redouter, c'est la préférence d'enfant à enfant, parce qu'elle est plus dans l'ordre des habitudes ; et quoique la disponibilité du tiers, quand il y a deux enfans, puisse, si elle est intégralement exercée au profit de l'un d'eux, assigner à celui-ci un héritage double de celui de son frère, du moins conviendrait-il que cette proportion du double ne fût jamais excédée entre enfans.

Or, c'est ce qui arriverait dans la proposition ultérieure de la disponibilité du quart, appliquée à celui qui a trois enfans ou plus.

Supposons en effet un homme dont la fortune s'élève à 120,000 francs, et qui ait six enfans. Si cet homme peut donner 30,000 fr. à l'un de ses enfans, qui prendra en outre 15,000 francs pour son sixième dans les 90,000 fr. restans, l'enfant avantagé aura 45,000 fr., c'est-à-dire, une portion triple de celle de chacun de ses frères.

Une telle disparité entre les enfans du même père, disparité qui pourrait être beaucoup plus choquante, si l'on suppose un plus grand nombre d'enfans, ne doit pas exister.

Cependant l'opinant ne propose pas d'ôter la disponibilité du *quart* au père qui a trois enfans ou un plus grand nombre ; mais il voudrait qu'un tel père ne pût jamais en user de manière que l'un de ses enfans se trouvât avoir une portion excédant le double de celle des légitimaires.

C'est en ce sens qu'il faudrait amender la disponibilité du quart, qu'il faut d'ailleurs laisser au père, comme pouvant avoir à récompenser plusieurs enfans, ou même des étrangers.

M. Galli est de l'avis de M. Portalis.

Il rappelle que, d'après un principe généralement adopté, ce qui a été fait, reçu et pratiqué par-tout et en tout tems, doit être respecté. Les

lois

lois romaines ont cet avantage ; elles ont fixé la légitime d'après des principes pris dans la nature et dans une saine philosophie, et qui, dès-lors, ne doivent point être sujets aux variations du tems et de la mode.

Mais il est nécessaire, dit-on, de prévenir les testamens déraisonnables.

Il y en aura sans doute. Néanmoins, l'opinant, s'appuyant sur son expérience personnelle, assure que pendant quarante-trois ans qu'il a exercé les fonctions de juge, il a vu à peine quelques testamens où un père ait oublié son caractère et ses devoirs, en préférant des étrangers à ses propres enfans.

Cependant, si l'on répugne à suivre littéralement la loi romaine, M. Galli propose de donner au père la disposition de la moitié de ses biens, quel que soit le nombre de ses enfans.

M. Ségur dit que l'abus de l'autorité de la part des pères est toujours rare, parce qu'elle blesse la nature et leur cœur. On doit bien plus craindre l'indépendance des enfans : elle relâche les liens sociaux et conduit à l'immoralité. Si l'on veut arrêter le désordre, il importe de re-créer la magistrature si simple des pères, et de ne la pas renfermer dans des bornes trop étroites. L'opinant appuie la proposition du Consul Cambacérès.

Le Premier Consul dit que plus on se rapprochera des lois romaines dans la fixation de la légitime, et moins on affaiblira le droit que la nature semble avoir confié aux chefs de chaque famille. Le législateur, en disposant sur cette matière, doit avoir essentiellement en vue les fortunes modiques. La trop grande subdivision de celles-ci met nécessairement un terme à leur existence, sur-tout quand elle entraîne l'aliénation de la maison paternelle, qui en est pour ainsi dire le point central.

M. Bérenger dit qu'il aperçoit deux résultats contradictoires, mais également vrais : le premier, que la question est importante ; le second, que peu importe la manière dont on la décidera, parce que, dans tous les systèmes, les inconvéniens et les avantages se balancent.

Il est nécessaire de décider, parce qu'il faut donner aux familles une règle à laquelle on veut qu'elles s'accoutument.

Mais quand on veut trouver une règle, on rencontre de grands embarras. Par exemple, il est juste d'établir l'égalité entre les enfans ; mais on sent que pour y parvenir, il faut calculer la situation, le sexe, l'âge, les talens et le caractère de chacun d'eux, et alors on est porté à constituer le père arbitre entre ses enfans.

D'un autre côté, si l'on considère que les pères sont sujets aux passions, et sur-tout à l'orgueil, on craint pour le sort des enfans, et on sent qu'il est nécessaire de fixer la quotité de la légitime, et de ne laisser à la disposition du père qu'une partie de ses biens.

On a dit que si la légitime était considérable, les petites fortunes seraient anéanties. Il ne semble cependant pas que le système contraire pût les conserver; car il faudra toujours diviser le patrimoine pour remplir de leur légitime les enfans qui y seraient réduits. Dès-lors la vente de la propriété entière paraîtrait plus utile. Ainsi cette considération n'est pas assez puissante pour porter à étendre la faculté de disposer.

Le maintien de l'autorité paternelle est un motif plus déterminant.

On pourrait laisser au père la disposition de la moitié des biens lorsqu'il a peu d'enfans, et la faire descendre jusqu'au quart, mais graduellement, et d'après une échelle.

M. Berlier observe que l'expérience fournit une puissante réponse aux considérations tirées de l'intérêt des villageois. Les testamens sont heureusement très-peu connus parmi eux; l'égalité préside aux partages que font leurs enfans; et s'il n'entre pas dans leurs vues de faire valoir la petite ferme en société, l'un d'eux la prend, moyennant une rente qu'il fait aux autres. Tout prend ainsi naturellement son niveau, et s'arrange par la force des choses, et beaucoup mieux qu'en ouvrant ou indiquant aux pères de famille considérés dans cette classe, une voie peu compatible avec la simplicité de leurs mœurs et le bonheur de leur famille.

M. Boulay dit que, chargé par le Gouvernement de présenter la loi du 4 germinal an 8, il a eu occasion de s'assurer que la loi 17 nivose an 2 n'a jamais été suivie dans les pays de petite culture: là, l'héritage a continué de demeurer à l'aîné qui l'avait cultivé et amélioré.

Il s'est chargé de nourrir son père. Les autres enfans ont eu un pécule.

Si l'aîné n'a pas la certitude morale de succéder à l'héritage, il se dispensera de toutes les peines qu'il lui en coûte pour l'améliorer.

M. Réal répond qu'il connaît aussi beaucoup de départemens de grande culture où la loi du 17 nivose a reçu son exécution.

Il ne redoute point une loi dont le résultat produirait une certaine division dans les propriétés; elle diminue de nombre la classe des prolétaires; elle augmente le nombre des propriétaires. Il en appelle à l'expérience: c'est dans les pays de petite culture qu'on trouve une population nombreuse; c'est donc là que se trouvent aisance et prospérité.

Il applique à la question actuelle les réflexions qu'il a faites au sujet des substitutions. Sans doute qu'en favorisant ainsi le rétablissement en grande partie du droit d'aînesse, on pourvoit à la conservation du nom de la maison; mais loin de conserver la famille, cette théorie la détruit en chassant de l'héritage paternel la plus grande partie des membres qui composent cette famille, en établissant entre les enfans d'un même père des motifs bien fondés de jalousie et de haine.

C'est ce qui arrivait en Normandie, en Gascogne, où les cadets dépouillés par la coutume, végétaient dans les privations et la misère à côté d'un aîné qui nageait dans l'abondance et le superflu.

On parle de l'ancienneté de cet ordre de choses. Mais d'abord nos institutions ont changé; et ce qui convenait lorsqu'il y avait des priviléges et un tiers-état ne peut convenir sous le régime de l'égalité. Mais si cet ordre de choses est ancien, il faut avouer que les réclamations qui en demandent l'abrogation, sont aussi très-anciennes. Il n'est point un philosophe, un philantrope qui n'ait écrit contre cet abus, pas un publiciste qui ne l'ait condamné; et des réclamations unanimes, consignées dans tous les cahiers, ont fait prononcer son anéantissement.

M. REGNAUD (de Saint Jean-d'Angely) dit que l'égalité absolue, rejetée par l'assemblée constituante, quoique Mirabeau en fût le défenseur, rejetée encore depuis par l'assentiment général qu'a obtenu la loi du 4 germinal an 8, est si peu dans nos mœurs, que presque toujours le père donne à l'aîné de ses enfans le manoir paternel, et aux autres leur part en argent. Pour faire exécuter le partage, le père ajoute une clause par laquelle il prive ceux de ses enfans qui ne s'y soumettraient pas, de toute la portion des biens dont la loi l'autorise à disposer.

M. MALEVILLE dit que la loi doit être conçue de manière qu'elle convienne à tous, qu'elle ne blesse aucun intérêt, qu'enfin elle s'exécute. La loi qui remplirait le mieux ces conditions, serait celle qui donnerait au père la libre disposition de la moitié de ses biens, parce que, sans l'obliger à les partager inégalement entre ses enfans, à faire même aucune disposition, si l'égalité de leurs besoins et de leur mérite l'en dispense, elle lui conserve seulement un droit nécessaire au maintien de son autorité et aussi ancien que l'empire même. Le priver de ce droit, ce serait l'inviter, en quelque sorte, à se faire autrement justice ainsi qu'à sa famille; et l'on verrait les contrats de vente simulés, et les obligations frauduleuses prendre la place des anciens testamens.

Pour faire restreindre ce droit, on a opposé le peu de confiance que méritent les pères : on était frappé, sans doute, des mauvais exemples que pourrait présenter à cet égard la capitale; et c'est peut-être un malheur que les lois soient toujours portées dans d'immenses cités, dont la corruption donnerait en effet une triste idée de la nature humaine. Lorsqu'on veut faire une loi, c'est sur les départemens qu'il faut tourner ses regards. Là un mauvais père est un phénomène dont l'apparition afflige rarement les ames sensibles.

M. Jollivet dit que jusqu'ici on n'a consulté que l'intérêt des enfans ; mais qu'il ne faut pas perdre de vue, quand on règle la disponibilité des pères, que beaucoup de mariages sont arrêtés sous la condition des avantages faits aux époux, et qu'ils deviendraient impossibles, si le père n'avait une grande latitude.

La graduation aurait d'ailleurs l'inconvénient de donner au père intérêt à n'avoir qu'un petit nombre d'enfans.

M. Bigot-Préameneu dit qu'on doit se décider ici par deux sortes d'intérêts, celui de l'état, celui de la famille.

L'intérêt public est dans la bonne organisation de chaque famille ; car il en résulte la bonne organisation de l'état. A l'égard des familles, elles ne se conservent que par une bonne organisation.

Or, le droit d'aînesse ne servait ni l'intérêt de l'état, ni l'intérêt des familles ; il n'existait que pour l'avantage d'un seul : on ne propose pas de le rétablir.

Mais la division égale des biens produit un autre inconvénient ; elle détruit les petites fortunes. Un petit héritage, coupé en parcelles pour être partagé entre plusieurs, n'existe plus pour personne. La famille ne profite pas de cette division ; car, qu'est pour chacun la modique portion qu'il reçoit ? Si l'héritage demeure entier, il reste un centre commun à la famille.

L'opinant appuie la proposition du consul Cambacérès.

Le consul Cambacérès résume les diverses propositions. Il donne la préférence à celle qui gradue la légitime de manière que, quand il y a trois enfans ou un plus grand nombre, elle soit réglée aux trois quarts. Il estime qu'on ne doit point s'inquiéter de l'usage que le père peut faire de la portion de biens dont la disposition lui reste, et qu'il ne faut pas laisser au père une demi-volonté.

Le Premier Consul demande s'il ne serait pas préférable de graduer la légitime sur la quotité de la succession, plutôt que sur le nombre des enfans.

On pourrait, par exemple, accorder au père la disposition de la moitié de ses biens, lorsqu'ils s'élèveraient à 100,000 francs ; au-delà, il ne pourrait disposer que d'une part d'enfant.

Ce système semble laisser la latitude au père, en même tems qu'il tend à conserver les petites fortunes, et à empêcher qu'il ne s'en forme de trop considérables.

M. Bérenger dit que peu de fortunes s'élèvent à 100,000 francs ; que

DONATIONS ET TESTAMENS.

d'ailleurs, l'importance de cette somme varie suivant les tems et suivant les pays.

M. Tronchet dit que le plus grand inconvénient de ce système serait qu'il obligerait à faire une expertise dispendieuse et souvent incertaine.

L'opinant, revenant à la proposition du consul Cambacérès, observe qu'elle laisse subsister la question de savoir si l'enfant pourra prendre, hors part, les avantages que lui fera le père.

M. Bigot-Préameneu répond que cette question se rattache à l'article XX, qui n'est pas encore soumis à la discussion. Elle n'a pas de connéxité avec celle dont s'occupe le Conseil; car il s'agit de fixer la quotité des biens dont le père pourra disposer, même au profit d'étrangers.

La proposition faite par la section est adoptée avec l'amendement proposé par le consul Cambacérès.

La seconde partie de l'article XVIII est adoptée.

La troisième partie du même article est discutée.

Séance du 28 Pluviose an 11.

M. Bigot-Préameneu dit que cette partie de l'article présente la question de savoir si la loi établira une réserve au profit des frères et sœurs et de leurs descendans.

Chez les romains, les parens de cette ligne et de ce degré n'avaient droit de se plaindre de la disposition du testateur, que lorsqu'il avait appelé à sa succession une personne honteuse.

Hors ce cas, ils ne pouvaient prétendre à aucune partie de ses biens.

En France, le système des propres leur donnait une réserve. Ce système avait été imaginé pour conserver les mêmes biens dans les familles : il pouvait produire cet effet dans des tems où le commerce des immeubles était moins fréquent, et où chacun était plus attaché au patrimoine de ses pères. Aujourd'hui que les mœurs ont changé sous ce rapport, il ne peut plus produire les mêmes résultats. Mais à ce moyen, devenu inefficace, il paraît convenable d'en substituer un autre qui, mieux assorti à nos mœurs actuelles, serve à maintenir les familles. C'est dans cet esprit que la section propose la troisième partie de l'article XVIII.

Si elle y donne plus de force qu'en ligne directe aux dispositions entrevifs, c'est que des collatéraux ne lui ont pas paru mériter la même faveur que des enfans.

M. Regnaud (de Saint-Jean-d'Angely) observe qu'en obligeant les successibles à rapporter les donations qu'ils ont reçues, la section favorise moins les parens que les étrangers, puisque ces derniers conservent irrévocablement la chose donnée. Il semble donc que le rapport ne devrait être admis en aucun cas.

M. Bigot-Préameneu répond que l'établissement d'une légitime en collatérale, n'est pas favorable au point d'enlever à un étranger la chose donnée et dont il a dû se croire propriétaire incommutable; mais qu'en directe la légitime est d'absolue nécessité, et que dès-lors on ne peut pas créer, d'un côté, une legitime, et permettre, de l'autre, au testateur d'éluder la loi en faisant des donations aux successibles.

M. Tronchet voudrait qu'il fût accordé une légitime aux frères et aux sœurs. Ce n'est pas que les devoirs qui existent entre les pères et les enfans, existent également entre les frères, et qu'en ligne collatérale, les parens se doivent des alimens comme en ligne directe. Mais la nature ayant établi des liens très-étroits entre les parens de ce degré, ce serait l'outrager que de les priver de tout en faveur d'étrangers. Cependant la légitime doit être modique.

Ces motifs, qui peuvent déterminer à donner une légitime aux frères, ne s'étendent pas jusqu'à leurs descendans. L'oncle doit sans doute protéger ses neveux, mais ce n'est que dans le cas où les neveux se rendent dignes de son appui. Il est à craindre qu'ils n'oublient leurs devoirs, si la loi leur assure irrévocablement une portion des biens de l'oncle. Ils les rempliront au contraire, s'ils sont obligés d'acheter les bienfaits de l'oncle par leur attachement et par leur respect.

L'opinant examine si l'extension que la section a donnée aux dispositions de la coutume de Paris, doit être adoptée.

Dans les pays coutumiers, dit-il, on n'admettait point le cumul de légataires et d'héritiers : on pensait que celui qui réclamait le bénéfice de la loi, ne devait pas se prévaloir de la volonté de l'homme; mais, dans la coutume de Paris, la prohibition était restreinte aux legs.

La section a été plus loin; elle l'a étendue aux donations entre-vifs. Cependant, il semble que l'héritier n'a pas lieu de se plaindre, puisque le défunt pouvait donner entre-vifs tout son bien à un étranger.

Le mot *successible* ne laisse point de difficultés dans le cas dont a parlé le consul Cambacérès.

L'article, en effet, n'exige de rapport que par le successible. Or, ce titre ne convient point à celui qui est exclus par son père. L'ancien droit, à la vérité, faisait une exception à ce principe pour la ligne directe, parce que, dans cette ligne, il voulait l'égalité parfaite, même entre les branches; mais jamais cette exception n'a été étendue à la ligne collatérale.

M. Portalis attaque le principe de l'article. L'opinant n'admet aucune légitime en collatérale; elle est due en ligne directe, à cause de l'obligation imposée au père de pourvoir à l'établissement de ses enfans : or cette obligation n'existe pas entre les frères.

Il y a plus. En collatérale, il est permis de disposer indéfiniment entre-vifs au profit d'étrangers. Cependant, lorsque, d'un côté, cette faculté qui peut dépouiller une famille entière, est admise, on la fait cesser quand il s'agit de récompenser celui des frères qui, par sa situation, ses sentimens ou sa conduite, mérite d'être préféré aux autres. Si la disposition qui permet de préférer des étrangers aux frères, ne choque pas les principes, comment seraient-ils blessés par la préférence donnée à un frère sur les autres ?

C'est, dit-on, parce qu'il faut établir l'égalité entre les successibles.

Etrange manière de les égaliser, que de permettre de les dépouiller également ! On ôte au citoyen le droit d'être juste dans sa famille, pour ne lui laisser que celui de s'y rendre odieux.

On fait valoir les liens que la nature a formés entre les frères ; ils sont nés du même père ; ils ont partagé l'hérédité paternelle.

Ce ne sont pas là des motifs de gêner la disposition d'un testateur. Si son patrimoine vient du père commun, ses frères ont eu leur part et n'ont plus rien à y prétendre.

S'il l'a acquis par son industrie, comment lui en refuser la libre disposition ? Ce droit est une suite nécessaire de sa propriété.

Les liens de famille ! Ils se resserrent, ils se perpétuent par les égards réciproques de ceux qu'ils unissent, par le doux commerce de bienfaits et par l'intérêt mutuel qu'ont tous les membres de la famille de se ménager. L'intérêt, comme la crainte, est le commencement de la sagesse.

M. Bigot-Préameneu répond d'abord à M. Tronchet, que la réserve au profit des neveux est limitée à ceux qui existent à l'époque du décès : ce qui ne conduit pas ordinairement à une longue suite de générations. D'ailleurs, la question est préjugée par la disposition du titre *des Successions*, qui admet les neveux à la représentation, sur le fondement que la mort de leur père ne doit pas leur porter préjudice.

L'opinant répond à M. Portalis, que le testateur ayant la libre disposition des trois quarts de ses biens, a une assez grande latitude pour récompenser l'affection d'un frère et les conduire tous à leurs devoirs par la vue de l'intérêt. Mais il est de la sagesse du législateur de prévoir le cas où un parent dénaturé voudrait désorganiser sa famille et ravir au plus grand nombre de ses parens, en faveur d'un seul, la petite portion de bien nécessaire à leur existence.

Il est impossible d'imposer aux étrangers l'obligation de rapporter les donations qu'ils ont reçues, puisqu'ils ne prennent rien dans la succession, et que leur fortune peut se trouver réduite à un état tel, que la restitution à laquelle ils se trouveraient obligés, consommerait leur propre patrimoine, et tournerait ainsi contre eux le bienfait qu'ils ont reçu.

Les collatéraux, au contraire, se trouvent dans la même position que les héritiers en ligne directe ; et l'on ne voit pas de motif pour établir une différence entre les uns et les autres à l'égard du rapport des donations.

M. Tronchet dit qu'il faut décider d'abord s'il y aura une légitime pour les frères ; qu'ensuite on pourra décider s'il y en aura une pour les neveux.

M. Muraire dit que c'est dénaturer les idées que d'établir une légitime en collatérale. Toute légitime, en effet, est une dette.

Or, les enfans doivent pourvoir aux besoins de leurs pères, les pères aux besoins de leurs enfans ; mais la même obligation n'existe pas à l'égard des frères.

Il ne reste donc plus, pour appuyer ce système, que la considération morale de resserrer les liens de famille. Mais les bienfaits émanés de la volonté de l'homme opéreront toujours cet effet, bien plus sûrement que les bienfaits émanés de la volonté de la loi. Ce motif ne suffit donc pas pour introduire dans le droit une innovation aussi considérable que celle qui est proposée.

Enfin, M. Portalis a fait une réflexion qui doit être décisive : car, si le patrimoine vient d'un père commun, c'est augmenter la légitime des enfans que de leur en réserver encore une partie dans la succession de leurs frères ; si le patrimoine a été acquis par l'industrie du propriétaire, il est juste de ne le point forcer dans sa disposition.

M. Galli pense qu'il conviendrait de s'en tenir aux dispositions de la loi romaine, qui, depuis un tems immémorial, régissent tous les pays civilisés : elles n'admettent de légitime qu'en ligne directe.

Le Premier Consul répond que si les lois romaines régissaient autrefois une partie de la France, l'autre était régie par le droit coutumier, qui admettait une réserve au profit des collatéraux, par l'effet du système des propres.

La réserve du quart, qu'on propose, remplacerait ce système et conduirait au même résultat, en conservant les biens dans la famille.

M. Tronchet observe qu'on pouvait disposer entre-vifs de la totalité de ses propres, et que d'ailleurs il était facile de les dénaturer.

M. Treilhard ajoute que les propres étaient réservés, non à l'héritier le plus proche du défunt, mais à l'héritier de la ligne du propre ; en sorte que

que les propres pouvaient passer et passaient souvent à un parent très-éloigné, au préjudice d'un neveu.

M. Maleville dit que ne point accorder de légitime aux frères, ce serait passer trop brusquement d'un ordre de choses où la presque totalité des biens était réservée aux parens, à un autre où la loi n'établirait aucune réserve en leur faveur.

A l'égard de ce qu'on a dit de l'efficacité de la liberté indéfinie de disposer pour maintenir les liens de famille, comme c'est sur-tout entre les pères et leurs enfans qu'il est utile de resserrer ces liens, il en résulterait qu'il faudrait aussi établir, en ligne directe, cette faculté illimitée de disposer ; ce dont il n'y a pas d'apparence que personne convienne.

M. Muraire objecte qu'en ligne directe la légitime est une dette.

M. Thibaudeau dit qu'il ne faut pas conclure de ce qu'on pouvait disposer de ses propres par donation entre-vifs, qu'on ne doive pas établir de légitime en collatérale, dans les limites proposées. La donation entre-vifs expropriant à l'instant le donateur, ces sortes d'actes n'étaient pas si communs, que les propres ne restassent le plus souvent dans les successions *ab intestat*. Maintenant que la distinction des propres n'existe plus, il arriverait très-fréquemment que les héritiers collatéraux du premier degré se trouveraient privés de tous les biens par testament, et les habitudes d'une grande partie de la France repoussent un système dont l'effet serait de relâcher des liens de famille qu'il importe au contraire de maintenir dans toute leur force.

M. Cretet dit que derrière le droit positif, qui n'impose point l'obligation de donner des alimens en ligne collatérale, il voit la nature qui établit entre les frères une affection à laquelle le législateur doit avoir égard. Le droit romain ne doit pas faire autorité, lorsqu'il méconnaît les liens que forme le sang entre les enfans issus d'un même père.

Toujours la morale fera un devoir au frère de ne point abandonner son frère indigent. Si elle le force à remplir ce devoir pendant sa vie, pourquoi ne l'étendrait-elle pas au-delà de sa mort ?

M. Treilhard dit que ni le droit coutumier, ni le droit écrit, n'ont jamais donné de légitime aux frères. La réserve des propres était un système absolument différent de celui de la légitime : le plus grand nombre des familles n'avait pas de propres, et la réserve était fort inutile dans ce cas. Le testateur pouvait alors disposer de toute sa fortune au préjudice de ses frères. Les réserves coutumières avaient pour objet de conserver les biens dans les lignes, et non pas de les transmettre aux plus proches parens.

Le Premier Consul dit que le droit romain n'accordait une légitime aux frères et aux sœurs que dans le seul cas où le testateur avait appelé à sa succession une personne honteuse.

M. Treilhard dit que si la réserve n'avait lieu que dans ce cas, elle serait infiniment rare, mais qu'il s'agit de savoir si elle aura lieu dans toutes les hypothèses.

M. Bigot-Préameneu dit que si le droit romain ne donnait la préférence aux frères que sur les personnes honteuses, la jurisprudence la leur accordait sur des légataires beaucoup plus favorables, puisque les parlemens réduisaient les legs universels faits au profit des hôpitaux. Cette réduction avait lieu indépendamment de la loi qui déclarait les gens de main-morte incapables de recevoir.

M. Emmery dit que, dans quelques pays, tout testament où les frères n'avaient point été nommés, était annulé. On supposait que si le testateur eût pensé à eux, il eût changé ses dispositions. Il suffisait au surplus qu'il leur eût laissé la somme la plus modique, pourvu que leur nom se trouvât rappelé.

M. Bérenger défend l'opinion de M. Portalis contre les objections par lesquelles elle a été combattue.

On a observé d'abord qu'elle blesse l'affinité que le sang établit entre les enfans d'un même père.

Cette affinité a été respectée dans les successions *ab intestat,* où elle sert à déterminer l'ordre de la vocation. Dans les successions testamentaires, elle ne peut devenir une règle absolue; car les procédés et la conduite peuvent changer les affections naturelles.

Or, serait-il juste qu'un frère qui, par le mépris des sentimens naturels, se serait rendu étranger à son frère, fût préféré à un étranger qui, par son attachement et ses services, s'est rendu le frère du testateur ?

On ne peut tirer aucun argument du système des propres. Le retour par ligne qu'il établissait, prouve qu'il n'était pas mesuré sur les degrés de l'affection, mais qu'il était fondé sur l'intention de conserver les biens dans les familles; mais du moins pouvait-on s'y soustraire en dénaturant ses biens, quand on ne voulait obéir qu'à son cœur. Ici la réserve serait forcée; car même les donations entre-vifs faites à des collatéraux, seraient soumises au rapport.

Quant aux coutumes dont a parlé M. Emmery, elles n'obligeaient pas à conserver aucune portion de ses biens à ses frères, puisqu'il suffisait de rappeler leur nom pour pouvoir disposer indéfiniment.

DONATIONS ET TESTAMENS.

Le Conseil adopte en principe que la loi établira une réserve en faveur des frères ;

Qu'il n'y aura point de réserve pour les neveux venant de leur chef; hors le cas où ils concourraient par représentation avec les frères.

Les mots *autres que les successibles*, sont retranchés de l'article.

M. Maleville revient sur la disposition relative aux ascendans, qui lui semble présenter de l'obscurité dans sa rédaction. En la considérant isolément, on croirait que la légitime des ascendans sera toujours de la moitié fixe des biens; mais en la rapprochant de la première partie de l'article, il paraît qu'elle ne sera que de la moitié de ce qu'ils auraient eu, si la succession n'avait pas été diminuée par des donations entre-vifs ou testamentaires, et alors il peut arriver qu'elle soit moins forte que la légitime des frères ; car si un défunt laisse ses père et mère, et un frère, chacun des père et mère ne prendra qu'un huitième de ses biens, tandis que le frère en prendra le quart.

L'opinant pense que la légitime des ascendans doit être fixée au tiers dans tous les cas : telle est la disposition expresse de l'article LXI de l'ordonnance de 1735.

M. Tronchet dit que cet inconvénient tient à la nature des choses. Une quotité proportionnelle est essentiellement sujette à varier suivant les circonstances; mais la rédaction de l'article semble présenter une autre difficulté. Ces mots, *à défaut de descendans et d'ascendans*, semblent exclure le concours entre les frères et les ascendans, et cependant il est des cas où ce concours existe.

M. Bigot-Préameneu dit que la difficulté est levée par d'autres dispositions, mais qu'il est en effet utile de la faire cesser par une autre rédaction de l'article.

La quatrième partie de l'article est soumise à la discussion et adoptée. (D'après cette discussion l'article fut rédigé ainsi).

Les libéralités par actes entre-vifs ou par testament ne pourront excéder:

La moitié des biens, si le défunt ne laisse pour héritiers que des ascendans dans chacune des lignes paternelle et maternelle;

La moitié et un huitième des biens, s'il ne laisse pour héritiers que ses père et mère et des frères ou sœurs ;

Les trois quarts moins un seizième des biens, s'il ne laisse pour héritiers que son père ou sa mère, et des frères ou sœurs;

Les trois quarts des biens, s'il ne laisse pour héritiers que des frères ou sœurs, ou s'il ne laisse que des ascendans dans une des lignes, et des héritiers collatéraux, autres que des frères ou sœurs, dans l'autre ligne.

Lorsque, dans le cas où, suivant les §. précédens, la portion disponible sera de la moitié et un huitième des biens, et dans le cas où elle sera des trois quarts moins un seizième, et que les héritiers y dénommés seront en concurrence avec des enfans d'autres frères ou sœurs prédécédés, les dispositions pourront comprendre les mêmes quotités, et en outre ce que les enfans des frères ou sœurs prédécédés auraient à recueillir dans le surplus des biens à raison de leur part héréditaire.

Dans le cas où le défunt laisserait pour héritiers des frères ou sœurs en concurrence avec des enfans d'autres frères ou sœurs prédécédés, les dispositions pourront aussi comprendre les trois quarts des biens, et en outre ce que les enfans des frères ou sœurs prédécédés auraient à recueillir dans le surplus des biens, à raison de leur part héréditaire.

Séance du 24 Germinal an 11.

M. Bigot-Préameneu rend compte du résultat de la conférence tenue avec le Tribunat.

Après avoir rappelé les motifs qui ont déterminé le Conseil à adopter la disposition précitée qui établit une réserve en faveur des frères et sœurs, il annonce que le Tribunat est d'une opinion différente.

Le Tribunat pense que cette disposition restreint trop l'exercice du droit de propriété; qu'en donnant plus de latitude à la faculté de disposer, loin de relâcher les liens de famille, on les resserre au contraire par les égards et les ménagemens qui en résultent entre parens. Ce système était celui du droit écrit : dans le droit coutumier, on avait adopté des principes différens et qui tendaient au même but, celui de conserver l'union entre les frères et sœurs.

Le Conseil retranche la disposition.

M. Bigot-Préameneu ajoute que le Tribunat propose également de décider que dans aucun cas les ascendans ne pourront avoir moins que la quotité qui leur est réservée.

On suppose qu'un enfant laisse pour héritiers des ascendans dans chacune des deux lignes paternelle et maternelle, et des frères ou sœurs, et que ses biens s'élèvent à 100,000 francs, sur lesquels il aurait donné 60,000 francs par actes entre-vifs ou testamentaires.

Si le défunt n'avait pas disposé de 60,000 francs, il serait revenu aux ascendans moitié des 100,000 francs; d'un autre côté, il n'a pu, à leur égard, disposer que de la moitié de ce qui leur fût revenu, et conséquemment ils devraient prendre 25,000 fr. Cependant si les 40,000 fr. dont le défunt n'a point disposé étaient partagés par moitié entre les ascendans d'une part et les frères ou sœurs de l'autre, les ascendans n'auraient que 20,000 francs. Le Tribunat observe que dans ce cas les ascen-

DONATIONS ET TESTAMENS. 149

dans doivent prendre sur les biens non donnés 25,000 francs, et que les frères ou sœurs n'ont droit qu'aux 15,000 fr. restans. Cette observation est juste, et présente une explication utile pour l'exécution de la règle établie en faveur des ascendans.

La disposition est adoptée et produit la seconde partie de l'article 915.

917. Si la disposition par acte entre-vifs ou par testament est d'un usufruit ou d'une rente viagère dont la valeur excède la quotité disponible, les héritiers au profit desquels la loi fait une réserve, auront l'option, ou d'exécuter cette disposition, ou de faire l'abandon de la propriété de la quotité disponible.

XIX. *Si la donation entre-vifs ou par testament est d'un usufruit ou d'une rente viagère, les héritiers auront l'option, ou d'exécuter la disposition, ou de faire l'abandon de la portion disponible.*

M. Tronchet dit que l'objet de cet article est de prévenir une difficulté qui s'est souvent présentée.

Séance du 28 Pluviose an 11.

La légitime doit être laissée en entier. Il pourrait arriver cependant qu'un testateur, en réservant la totalité de ses biens à ses enfans, les eût chargés d'une rente viagère ou d'un usufruit qui en réduirait le produit au-dessous des trois-quarts. On a demandé si le légitimaire pourrait se plaindre ; et quelques-uns ont pensé qu'il était récompensé de la diminution de sa jouissance par la propriété de la portion disponible. Mais il a été décidé, conformément au sentiment de Ricard, que le testateur avait fait ce qu'il ne pouvait pas, et qu'il n'avait pas fait ce qu'il pouvait. Or, n'étant pas permis aux juges de suppléer la volonté du testateur, on réduisait ordinairement l'usufruit ou la rente au revenu de la portion disponible. La section a cru devoir proposer une règle fort simple, qui prévient ces sortes de procès.

M. Treilhard ajoute que ni l'héritier ni le légataire ne peuvent se plaindre. Le premier a un moyen de s'affranchir de la rente ; le second acquiert une propriété en remplacement d'un simple usufruit.

L'article est adopté sauf rédaction.

918. La valeur en pleine propriété des biens aliénés, soit à charge de rente viagère, soit à fonds perdu, ou avec réserve d'usufruit, à l'un des successibles en ligne directe, sera imputée sur la portion disponible ; et l'excédant, s'il

y en a, sera rapporté à la masse. Cette imputation et ce rapport ne pourront être demandés par ceux des autres successibles en ligne directe qui auraient consenti à ces aliénations, ni, dans aucun cas, par les successibles en ligne collatérale.

XXI. *La valeur en pleine propriété des biens donnés à charge de rente viagère, et de ceux vendus à fonds perdu ou avec réserve d'usufruit à l'un des successibles en ligne directe, sera imputée sur la portion disponible.*

M. Bigot-Préameneu dit que cet article tend à enlever au père un des moyens d'éluder les prohibitions de la loi.

M. Maleville dit qu'il serait plus simple de défendre au père de vendre son bien à fonds perdu à ses enfans. Si cette vente demeure permise, comme elle peut, dans une infinité de cas, être sincère et sans fraude, il en résultera que, pour avoir donné seulement la préférence à son fils sur un étranger, le père se trouvera privé de la faculté de disposer et qu'on imputera, sur sa part disponible, comme donné, ce qui a réellement été vendu; ce qui serait très-injuste.

M. Portalis dit que l'article ne préviendra pas les procès, comme on pourrait l'espérer. La réalité du paiement fera nécessairement éclore des contestations. Il vaudrait mieux s'en tenir au droit commun.

M. Thibaudeau dit que l'article étouffera les procès. Le fils ne traitera pas avec son père, lorsqu'il sera averti par la loi, que le contrat sera nul, s'il excède la portion disponible.

M. Portalis répond qu'alors l'article conduit le père à traiter avec des étrangers.

On veut éviter les procès. Mais fera-t-on au fils l'injustice de ne pas lui rendre ce qu'il aura réellement payé? Il ne doit pas perdre ce qu'il a donné, chaque année, au de-là du produit des biens : or, pour décider, s'il est en perte, il faut le même examen que s'il s'agissait de décider sur le fonds.

Jusqu'ici on ne s'est attaché dans ces sortes de contrats qu'à vérifier s'ils étaient de bonne foi ou frauduleux, et les tribunaux s'y trompaient rarement.

Le Consul Cambacérès dit que ces sortes de contrats étant ordinairement des avantages déguisés, il faut du moins, si l'article est rejeté, réserver aux enfans la faculté de prouver la simulation.

M. Berlier propose d'excepter de la disposition de l'article, le cas où les cohéritiers du donataire ont donné leur consentement au contrat.

L'article est adopté avec cet amendement.

919. La quotité disponible pourra être donnée en tout ou en partie, soit par acte entre-vifs, soit par testament, aux enfans ou autres successibles du donateur, sans être sujette au rapport par le donataire ou le légataire venant à la succession, pourvu que la disposition ait été faite expressément à titre de préciput ou hors part.

La déclaration que le don ou le legs est à titre de préciput ou hors part, pourra être faite, soit par l'acte qui contiendra la disposition, soit postérieurement dans la forme des dispositions entre-vifs ou testamentaires.

(Cet article était le XXe. du projet).

M. Tronchet dit que la légitime doit demeurer entière, qu'elle ne le serait plus cependant, si le donataire était admis à un partage égal des biens qui restent, sans être obligé au rapport.

On objecte que l'héritier institué faisait part dans la légitime. C'est une erreur : l'héritier institué faisait nombre pour déterminer la quotité de la légitime ; mais il ne prenait aucune part dans la quotité réservée aux légitimaires.

On ne mettra les deux dispositions en harmonie, qu'en décidant que la légitime ne peut être diminuée par la disposition du père.

L'article aurait, en outre, un autre inconvénient ; il pourrait donner à l'enfant favorisé des avantages immenses sur ses frères. Qu'on suppose par exemple, un patrimoine de 100,000 francs, diminué par une donation de 25,000 francs faite à l'un des enfans. S'il existe six partageans parmi lesquels soit le donataire, et qu'il prenne sa part sans rapporter, il recueillera 37,500 francs, tandis que la part de ses frères ne sera que de 12,500 francs.

Plus il y aura de partageans, et plus la disproportion s'accroîtra.

Il paraîtrait donc nécessaire de fixer une quotité au-delà de laquelle la donation faite à un seul des enfans serait réductible au profit de ses frères. On pourrait ajouter à l'article, *sans néanmoins que la donation du quart faite à l'un des enfans puisse excéder le tiers ou la moitié de la portion légitimaire.*

M. Bigot-Préameneu dit que la contradiction dont a parlé M. Tronchet n'est pas réelle, puisque, d'après les dispositions adoptées dans les séances précédentes, la légitime ne peut être entamée. Si, par l'effet d'une donation, l'un des enfans se trouve plus avantagé que ses frères, qui d'ailleurs ont retiré leur légitime, c'est une suite inévitable de la faculté de disposer qu'on est convenu d'accorder au père.

La seconde question a également été traitée ; et l'on a dit que lorsque le patrimoine est considérable, l'enfant réduit à sa légitime se trouvait dans un état d'opulence tel, que la donation qui double la part de son frère, doit lui devenir indifférente ; que si le patrimoine est modique, on ne peut le diviser sans l'anéantir pour tous. Cependant cette question n'a pas été décidée.

M. Treilhard dit que la législation adoptée par le Conseil repose sur des bases différentes de celles admises par les anciennes coutumes. Les coutumes voulaient l'égalité parfaite entre les enfans venant à succession : le Conseil, en accordant une portion disponible au père, et en lui permettant d'en avantager un de ses enfans au préjudice des autres, permet entre eux l'inégalité.

M. Muraire pense qu'on ne peut donner de limites à la libéralité du père.

La loi a fait la part des enfans et a pourvu à leur sort ; elle donne au père la libre disposition d'une partie de ses biens : il serait bizarre de lui permettre d'en user au profit d'étrangers, et d'en borner la latitude lorsqu'il en use au profit de ses enfans. Ainsi, parce qu'on serait l'enfant du donateur, on serait de pire condition que si on ne lui était pas uni par les liens du sang.

De quoi s'effraie-t-on ?

De l'extrême inégalité qui peut en résulter entre les héritiers.

Mais d'abord elle sera rare.

Ensuite on ne la préviendrait pas par la loi ; car le père saura, par des voies indirectes, échapper aux entraves que la loi lui aura données.

M. Bérenger dit qu'il serait contradictoire de donner au père la disposition libre et indéfinie d'une partie de ses biens, et de la limiter ensuite par l'odieuse condition de ne pas en user en faveur de ses enfans.

On a déjà cité dans la discussion le cas où les autres enfans ont formé des établissemens avantageux, et où celui qui est resté près de son père, n'a pu se procurer de fortune, parce qu'au lieu d'employer son industrie pour lui-même, il l'a employée sans réserve à conserver, à améliorer l'héritage paternel. Est-il juste que les autres qui n'ont pas de besoins, viennent partager également avec lui cet héritage qui doit le faire subsister, et profiter de ses labeurs, de ses sacrifices, de son dévouement ?

On a donné aux enfans une légitime raisonnable. C'est avoir fait
pour

pour eux tout ce que l'équité exige. Qu'on laisse au-delà le pere user aussi de la part que la loi lui a faite ; qu'il puisse être aussi juste envers son fils qu'envers un étranger dont il pourrait récompenser les services.

M. Tronchet dit qu'entre un étranger et un enfant, il y a cette différence, que la libéralité du testateur ne peut jamais donner au premier que le quart de ses biens, au lieu que si l'enfant a le droit de cumuler la donation et sa légitime, sa part peut devenir exorbitante.

L'article XX est cependant nécessaire, pourvu qu'on le modifie, car si, pour conserver une donation, il fallait renoncer à l'hérédité, le donataire pourrait ne pas se trouver rempli de sa légitime.

Le consul Cambacérès dit qu'il n'y a pas de doute que, dans la législation proposée, un enfant ne puisse être extrêmement avantagé.

Mais ce n'est pas là qu'est la question. D'autres considérations ont déterminé le Conseil.

On a pensé que s'il est juste que les enfans aient un droit, même plus élevé qu'autrefois, dans la succession de leur père, il est juste aussi qu'en vertu de sa propriété, le père ait la libre disposition d'une partie de ses biens, sur-tout pour réparer les inégalités naturelles ou accidentelles qui existent entre ses enfans, et les contenir par la crainte des peines et l'espoir des récompenses.

Ces motifs avaient déterminé M. Tronchet lui-même à proposer le système de la loi du 4 germinal.

Ce serait ruiner la disposition accordée au père et les effets salutaires qu'on en espère, que de la resserrer dans des limites ; ce serait se contredire. Il serait préférable d'élever la légitime, de diminuer la portion disponible, en ajoutant de nouveaux degrés à l'échelle de graduation. Au moins les dispositions de la loi seraient en harmonie. Mais comment établir que le père a le droit de disposer d'une partie de ses biens, et cependant réserver presque en entier cette portion aux enfans, en n'en laissant, pour ainsi dire, que l'usufruit au père ?

L'article est adopté.

SECTION II.

DE LA RÉDUCTION DES DONATIONS ET LEGS.

920. Les dispositions, soit entre-vifs, soit à cause de mort, qui excéderont la quotité disponible, seront

réductibles à cette quotité lors de l'ouverture de la succession (1).

Séance du . Ventose au 11.

XXII. *Les dispositions, soit entre-vifs, soit à cause de mort, qui excèderont la quotité disponible, seront réductibles à cette quotité, sauf l'exception portée au* III*e.* § *de l'article* XVIII.

(Ce III*e.* § fut retranché à la suite des conférences tenues avec le Tribunat. Cet article XXII fut adopté sans discussion (2)).

---

(1) Lorsqu'un père qui n'a qu'un enfant a disposé de la moitié de ses biens par acte entre-vifs, et que ce fils légitime prédécède en laissant plusieurs enfans, ces enfans viendront-ils par souche ou par tête, à la succession de leur aïeul? En d'autres termes, auront-ils le droit de faire réduire au quart des biens, s'ils sont trois ou plus, la donation faite par leur aïeul? (Voyez les articles 740, 745, 914. Voyez encore, pag. 117, le rapport fait par M. Bigot-Préameneu).

Séance du 12 Ventose an 11.

(2) M. TRONCHET demande que la section fasse connaître les motifs qui ont déterminé à retrancher du titre des donations du projet de Code civil communiqué aux tribunaux, l'article XXII ainsi conçu :

Au décès du donateur, la réduction de la donation soit entre-vifs, soit à cause de mort, ne peut être demandée que par ceux des héritiers venant à succession, au profit desquels la loi a restreint la faculté de disposer, et que proportionnellement à la part qu'ils recueillent dans la succession.

Ainsi, les créanciers, donataires et légataires du défunt ne peuvent demander cette réduction.

Dans les cas où la loi partage la succession par moitié entre les deux lignes paternelle et maternelle, la réduction n'a lieu que pour la moitié de la quotité fixée par la loi, s'il n'y a que l'une des deux lignes dans laquelle il se trouve des héritiers ayant la qualité à laquelle la loi attache le droit de demander la réduction.

Si dans l'une ou l'autre ligne, ou dans chacune de ces lignes il y a plusieurs héritiers dont les uns aient et les autres n'aient pas le droit de demander la réduction, elle n'a lieu qu'au profit de ceux à qui la loi accorde ce droit; et ceux-ci ne peuvent la demander que proportionnellement à la part qu'ils prennent dans la succession. Si, par exemple, il se trouve dans la même ligne un oncle du défunt et un neveu de ce même défunt qui concourent comme étant en égal degré, la réduction ne pourra être demandée que par le neveu; et sa portion héréditaire n'étant que du quart du total de la succession, ou de trois douzièmes, il ne pourra demander la réduction que pour les trois douzièmes de la quotité à laquelle la donation est réductible au profit des neveux.

Dans les cas où, suivant les articles XLVIII *et* L *du titre* des Successions, *les frères ou sœurs consanguins ou utérins concourant avec des frères germains, ne partagent que dans la portion attribuée à leur ligne, la réduction de la donation se partage entre eux dans la proportion de leurs portions héréditaires.*

Les rédacteurs, continue-t-il, avaient considéré que la réduction est une faveur réservée aux seuls héritiers, et souvent même à quelques-uns d'entr'eux seulement. Or, les biens de la succession se partagent entre deux lignes, et par conséquent entre des héritiers de classes différentes, et souvent la réserve légale n'est établie qu'en faveur de l'une de ces classes.

DONATIONS ET TESTAMENS.

XXIII. *La donation entre-vifs conserve tout son effet pendant la vie du donateur.*

M. BIGOT-PRÉAMENEU dit que l'objet de cet article est de régler les effets de la réductibilité, en décidant que la réduction de la donation ne peut être demandée pendant la vie du donateur, ni le donataire obligé de rapporter les fruits.

M. TREILHARD propose de supprimer l'article, en ajoutant à l'article précédent, que la donation n'est réductible qu'à l'ouverture de la succession.

Cette proposition est adoptée.

921. La réduction des dispositions entre-vifs ne pourra être demandée que par ceux au profit desquels la loi fait la réserve, par leurs héritiers ou ayant-cause; les donataires, les légataires, ni les créanciers du défunt, ne pourront demander cette réduction, ni en profiter (1) (2).

En conséquence, les rédacteurs avaient pensé que pour exclure des prétentions contraires à l'esprit de la loi, il convenait d'expliquer que l'action en réduction ne peut être exercée que par celui et au profit de celui pour qui la réserve est établie, et seulement dans la proportion qu'il doit profiter de cette réserve. Les développemens qu'ils ont donnés à leur article, prouvent qu'il est des cas où la difficulté peut se présenter.

M. TREILHARD dit que la section a cru inutile de donner une explication, qui résulte évidemment des dispositions adoptées sur la prohibition de disposer et sur la réserve.

M. TRONCHET dit qu'il ne partage point cette opinion, parce qu'il est très-important, dans un Code destiné à établir un droit absolument nouveau, de prévenir les doutes sur l'étendue que le législateur a voulu donner à sa disposition.

L'art. XXII du titre des *Donations* du projet de Code civil est adopté, sauf rédaction. (Néanmoins il n'a pas été inséré dans le Code.)

(1) XXIV. *Lorsque dans l'une ou l'autre ligne paternelle ou maternelle, il se trouvera plusieurs héritiers, dont les uns auront, et les autres n'auront pas le droit de demander la réduction; elle ne s'opérera qu'à l'égard de ceux au profit desquels la loi a restreint la faculté de disposer.*

Dans tous les cas, la réduction sera dans les proportions établies par l'article XVIII, en raison de la légitime ou de la réserve de chaque successible.

Le consul LEBRUN demande la suppression de cet article; l'art. XXII le rend inutile. Il suffit, en effet, d'avoir décidé que la réduction se ferait en proportion des droits de chacun.

L'article est retranché comme inutile.

(2) Si un père, qui ne laisse ni ascendans, ni *descendans légitimes*, a, suivant l'art. 916, disposé de l'universalité de ses biens en faveur d'un collatéral ou d'un étranger, son enfant naturel reconnu a-t-il le droit de demander et d'obtenir contre le donataire ou légataire le délaissement de la portion des biens que lui accorde l'article 757 du Code? (Voyez la note de l'article 759).

20.

XXV. *Les créanciers, les donataires et légataires du défunt, ne pourront demander la réduction.*

M. Maleville pense que cet article est inutile, puisqu'il résulte des articles précédens que la réduction n'a lieu qu'au profit, et sur la demande, des légitimaires.

M. Treilhard pense qu'il est utile d'ôter aux créanciers, aux légataires et aux donataires du défunt, tout prétexte de croire qu'ils peuvent demander la réduction.

M. Bigot-Préameneu ajoute que les motifs qui ont porté à exclure *formellement* les créanciers du droit de demander le rapport, doivent décider à proscrire d'une manière non moins solennelle les prétentions qu'ils pourraient avoir de demander la réduction.

En principe général, les créanciers peuvent exercer tous les droits que le défunt a transmis à ses héritiers ; ils en concluraient qu'ils peuvent aussi demander la réduction et le rapport, s'ils ne trouvaient pas dans la loi une exception formelle au principe général, exception elle-même fondée sur un autre principe non moins constant.

Le Premier Consul dit qu'il lui reste des doutes sur la justice de cette exception.

La légitime ne doit être fournie que sur les biens de la succession, et les biens ne peuvent être que ce qui reste après le paiement des dettes.

M. Treilhard dit qu'à la vérité les biens du défunt ne consistent que dans ce qui reste, les dettes payées, et que les héritiers n'ont droit qu'aux biens qui composent la succession, prélèvement fait des dettes ; mais que le bien aliéné par une donation entre-vifs n'est plus dans la succession. Les créanciers hypothécaires antérieurs à la donation, et qui ont rempli les formalités nécessaires pour conserver leurs droits, peuvent répéter leur créance sur les biens donnés, non comme les trouvant dans la succession, mais parce qu'ils sont grevés d'une hypothèque à leur profit. Au contraire, les créanciers postérieurs à la donation, ou qui étant antérieurs, ne sont cependant que chirographaires, n'ont aucun droit sur les biens donnés ; car, d'un côté, ces biens ne sont pas hypothécairement affectés à leur créance; de l'autre, la réductibilité de la donation n'est pas établie en leur faveur; elle n'existe que pour les enfans, et ne peut profiter qu'à ceux pour l'intérêt desquels elle existe. Il est si peu dans l'intention de la loi d'en faire profiter les créanciers, que s'il n'y avait d'enfant que le donataire, ou que la donation fût faite à un étranger, les créanciers ne pourraient en demander la réduction.

Le Premier Consul demande comment on règle, dans ce cas la légitime. Par exemple, un père qui avait un patrimoine de 100,000 francs, a fait à l'un de ses enfans une donation de 50,000 francs, et laisse 25,000 francs de dettes, comment opère-t-on pour fixer la légitime?

M. Treilhard répond qu'on ajoute les 25,000 francs qui demeurent libres après le paiement des dettes, aux 50,000 francs donnés, et que la légitime est fixée à raison d'un actif de 75,000 francs.

Le Premier Consul suppose que le défunt ait laissé plus de dettes que de biens. Ses enfans reprennent leur légitime sur une donation antérieurement faite à l'un de leurs frères; il semble juste que ce qu'ils retirent par ce moyen soit passible des dettes du père, car la légitime ne peut se prendre que sur les biens de la succession; or il n'y a de biens qu'après le paiement des dettes.

Le consul Cambacérès dit que les créanciers du donateur n'ont aucun droit à exercer sur les biens donnés, attendu que ces biens ont été mis hors des mains de leur débiteur; l'exception faite en faveur des enfans, pour leur assurer une légitime, n'appartient qu'à eux seuls et ne change point l'état des créanciers.

M. Réal dit qu'à la vérité l'action en demande de légitime n'a été introduite qu'en faveur des enfans; mais l'enfant qui exerce cette action, fait nécessairement acte d'héritier: dès-lors il est tenu de payer toutes les dettes; ainsi les biens qu'il n'aura demandés, qu'il n'aura obtenus qu'en conséquence du droit de légitime, deviendront médiatement le gage des créanciers de la succession, et tomberont dans leur main.

Que si l'on dit que l'enfant, pour exercer cette action, se contentera de prendre la qualité d'héritier bénéficiaire, on ne fera que reculer la difficulté sans la résoudre: à la fin des délais accordés à l'héritier bénéficiaire, il faudra que celui-ci prenne un parti. Si, effrayé des charges, il renonce, le résultat de l'action qu'il aura exercée retombant dans la succession, appartiendra au créancier. S'il accepte, il devient héritier pur et simple, et doit tout payer.

M. Bigot Préameneu dit que celui qui a donné entre-vifs au-delà de sa portion disponible, est contrevenu à la loi relativement à ses héritiers, non relativement à ses créanciers, qui nonobstant toutes ces dispositions, ont pu conserver leurs droits. Les créanciers antérieurs à la donation qui ne se sont pas mis en règle, ou les créanciers postérieurs ne peuvent donc rien prétendre sur les biens que la réduction rend aux enfans, et dès-lors le donataire ne peut repousser la demande, sous le prétexte que les créanciers seuls profiteraient de la réduction.

M. Boulay dit qu'on ouvre la porte aux fraudes, si l'on admet le principe que les créanciers n'ont aucun droit sur les biens qui rentrent dans l'hérédité par l'effet de la réduction des donations.

M. Thibaudeau dit que les difficultés dont s'occupe le Conseil ne peuvent se présenter.

En effet, on ne permettra pas au créancier de demander la réduction; alors il n'y aurait plus de donation certaine, puisqu'il suffirait au donateur, pour l'anéantir, de supposer une dette.

Reste le concours des créanciers et des héritiers.

Quand il existera, les créanciers exerceront leurs droits sur les valeurs que la réduction aura replacées dans l'hérédité.

Cependant il est possible que l'héritier et le donataire prennent ensemble des arrangemens tels que la réduction ne soit pas demandée; mais cet acte serait susceptible d'être attaqué comme frauduleux.

M. Treilhard dit que la question, prise dans ses termes les plus simples, se réduit à savoir si la réduction a lieu au profit des héritiers ou au profit des créanciers.

Si elle est établie en faveur des enfans, elle ne peut profiter qu'à eux; et elle existe si peu au profit des créanciers, que, s'il n'y a pas de légitimaire, ils ne peuvent exercer de recours contre le donataire.

M. Maleville pense aussi que les créanciers chirographaires, ou autres, postérieurs à la donation, ne peuvent répéter leur créance sur les biens que la réduction rend aux légitimaires.

S'il en était autrement, il en résulterait qu'un donataire dont la propriété aurait une date fixe et constante avant l'établissement de la dette, se trouverait néanmoins, par le fait, contribuer au paiement d'un créancier qui n'existait pas lorsque la donation lui a été faite; ce qui serait contraire à tous les principes. Aussi la jurisprudence a-t-elle toujours rejeté ce recours des créanciers postérieurs à la donation sur les biens que le légitimaire en fait retrancher.

M. Emmery considère la réduction comme un privilége réservé aux légitimaires exclusivement; mais ils ne peuvent en faire usage sans se porter héritiers, et ils ne peuvent revêtir cette qualité sans entrer dans tous les engagemens du défunt qu'ils représentent.

Ainsi, quand le créancier exerce son recours contre eux, ce n'est pas comme demandant la réduction; il n'en a pas le droit, car le donataire conserverait 50,000 francs au-delà de la légitime, que le créancier ne pourrait y rien prétendre; c'est comme étant devenu créancier direct du légitimaire, et ayant droit, à ce titre, sur tout ce que le légitimaire recueille dans la succession.

DONATIONS ET TESTAMENS.

M. Treilhard dit que dans ce système, la réduction serait abrogée de fait, toutes les fois qu'il existerait assez de dettes pour absorber la légitime et la portion réductible de la donation, car il faudrait que le légitimaire eût perdu la raison pour la demander.

En laissant aux enfans les biens que la réduction leur donne, on ne fait aucun tort au créancier, puisqu'il n'avait aucun droit à la chose donnée.

Le Premier Consul dit qu'il cesse de soutenir l'intérêt des créanciers, du moment que l'on assure qu'ils ne sont point autorisés à demander la réduction; mais puisque les biens donnés ne font plus partie de ceux du défunt, la légitime n'étant qu'une quote-part de ces derniers, ne pourrait-on pas dire que, dans le cas où les donations entre-vifs et le passif de la succession épuisent ces mêmes biens, il n'y a point réellement de légitime.

M. Treilhard répond que les dettes portent sur les biens qui se trouvent dans la succession, et non sur les choses qui ne s'y trouvent plus, comme ayant été aliénées par une donation.

M. Muraire dit que ce système tendrait à établir une légitime frauduleuse.

Il est certain que, où les dettes l'emportent sur l'actif, il n'y a ni succession, ni légitime. De là résulte que si, dans ce cas, les enfans peuvent obtenir une légitime, par l'effet de la réduction, sans néanmoins payer les dettes, cette légitime est frauduleuse.

Le donataire, il est vrai, n'est pas tenu des dettes postérieures à la donation; mais la succession en est tenue : ainsi les choses que la réduction y fait rentrer, en prenant le caractère de biens héréditaires, deviennent le gage des créanciers, car l'action en réduction est une action héréditaire et une portion de la succession.

On fait valoir la faveur due aux enfans.

Cette faveur, quelque étendue qu'elle soit, ne peut cependant aller jusque là que, lorsqu'il n'y a pas de succession, on en crée une pour les enfans.

M. Galli dit que, dans l'hypothèse dont il s'agit, il n'admet pas la distinction qu'on a faite entre les créanciers hypothécaires et les créanciers chirographaires. Il lui serait facile de la détruire; mais il n'est pas besoin de s'y arrêter, si les lois romaines sont une autorité qu'on puisse invoquer. On y trouve l'action *Paulienne* et le titre *De his quæ in fraudem creditorum*, etc., qui écartent le système que M. Muraire vient de combattre. Ces maximes ont été en tout tems reconnues en France. Le Gouvernement, les jurisconsultes, les magistrats les ont toujours respectées.

M. Portalis dit que la distinction qu'on a établie entre les créances hypothécaires et les chirographaires est fondée ; car la date de ces dernières est toujours incertaine, et il est facile de les supposer beaucoup plus anciennes qu'elles ne sont.

L'opinant passe à ce que vient de dire M. Muraire.

Il demande contre qui on peut établir une légitime frauduleuse. Il ne s'agit que de créanciers postérieurs à la donation ou chirographaires, qui, peut-être eux-mêmes, sont frauduleux : comment donc serait-il possible de les frauder par une donation ? Ils l'ont connue, ou ils ne l'ont point connue. Dans le dernier cas, ils ne peuvent imputer qu'à eux-mêmes la perte qu'ils éprouvent ; car la donation est un acte public, entourée de formes destinées à la faire connaître. Si, au contraire, ces créanciers ont connu la donation, et ont néanmoins traité, ils ont suivi la foi du débiteur.

D'un autre côté, le droit de demander la réduction est établi en faveur de l'enfant, et non en faveur du créancier. Or, il serait étrange que, par le résultat, il tournât tout entier au profit de ce dernier.

Mais, dit-on, la légitime est une portion de l'hérédité.

Ce principe est incontestable ; et il est également vrai qu'il n'y a point de légitime dans toute succession dont l'actif est absorbé par les dettes. Mais ces principes ne reçoivent leur application que dans les cas ordinaires : ils sont impuissans contre l'exception établie par la loi en faveur des enfans. Dans le droit commun, en effet, le père peut dissiper et disposer librement de ses biens. C'est donc par une exception que, dans le cas où il a des enfans, la donation qu'il fait au profit de l'un d'eux, est modifiée par la condition de la réductibilité. Or, quelle est la date de ce privilége des enfans ? Il remonte à l'époque même de la donation et s'identifie avec elle.

D'ailleurs, dans le système que l'opinant combat, il faut admettre, ou que le créancier peut forcer les enfans à demander la réduction, ou qu'il ne le peut pas. Si l'on suppose qu'il en a le droit, comment concilier ce droit avec l'impossibilité où se trouve le créancier de l'exercer, quand il n'y a pas de légitimaire ? Si, au contraire, le légitimaire ne peut être forcé de demander la réduction, il peut se refuser à en faire profiter le créancier.

L'action en réduction est un privilége personnel à l'enfant, à la différence de l'action en légitime, qui est une portion de la succession.

M. Emmery dit que ce système peut être admis comme droit nouveau, mais qu'il est contraire au droit actuellement en usage. Toujours il a été permis aux créanciers de prendre ce qui leur est dû, sur toute la succes-

sion,

sion, et même sur la légitime. Or, point de doute que les biens recueillis par l'enfant, à titre de légitime, ne soient une fraction de sa portion héréditaire. L'article XVIII dit, en effet, que la légitime se composera des trois quarts de cette portion. Ainsi, si l'on veut que les biens qui rentrent ne soient pas passibles des dettes, il faut déclarer, avant tout, qu'ils seront considérés comme des alimens.

M. Bigot-Préameneu dit que la légitime a été regardée comme intéressant l'ordre social : il a donc fallu prendre des moyens propres à la conserver aux enfans. Cependant on ne pouvait, sans blesser dans le père le droit de propriété, lui en interdire la disposition à titre onéreux : dès-lors la loi n'a plus dû s'occuper que des dispositions gratuites. Elle a en conséquence réglé, d'un côté, la portion qui serait réservée aux enfans; de l'autre, la portion disponible du père; et la légitime est devenue une dette naturelle, que le père est tenu d'acquitter avant de faire des actes de libéralité. Le légitimaire la prend, à la vérité, comme héritier; mais lorsque, pour s'en remplir, il est obligé de demander la réduction, il a, sous ce rapport, un caractère particulier, et devient créancier lui-même.

Les créanciers de la succession n'y trouvant plus les biens donnés par le père, il ne peut résulter de ces donations aucun bénéfice en leur faveur.

M. Berlier dit que la question peut s'éclaircir, en ne cumulant pas des objets différens.

La difficulté ne réside pas dans le point de savoir si les créanciers du *défunt* auront l'action en réduction : personne n'a proposé de la leur accorder *directement* contre le donataire.

La difficulté ne consiste pas non plus à savoir si les créanciers du défunt auront action contre l'enfant, afin qu'il exerce son droit contre le donataire; car 1°. cet enfant n'est pas leur débiteur, à moins qu'il n'ait d'ailleurs fait acte d'héritier; 2°. l'exercice d'un droit personnel essentiellement fondé sur la volonté pure de celui à qui il est accordé, ne peut devenir l'effet de la contrainte.

Ainsi, en analysant bien la discussion, l'article XXV peut être adopté, sauf à statuer sur un cas ultérieur indépendant de cet article; savoir, celui où l'enfant ayant usé de son droit de réduction, prétendrait en retenir l'effet, sans être tenu de payer les créanciers de son père.

Là, selon l'opinant, est le point de la difficulté, et sur lequel il ne peut partager l'opinion de M. Portalis; car il n'est pas possible de voir seulement l'*enfant* dans l'*individu* qui exerce ce droit, mais bien aussi l'*héritier* au moins légitimaire, et dès-là obligé envers les créanciers. Inutilement a-t-on dit que l'action en réduction deviendrait par là illusoire; elle le deviendrait, sans doute, dans la supposition extrême où les dettes du défunt absorberaient toute la portion sujette à réduction ; mais ce cas ne sera pas le plus fréquent.

En toute hypothèse, l'enfant fera son calcul. Si l'exercice de son droit doit lui devenir onéreux, il s'en abstiendra : mais s'il en use, il ne doit en recueillir les avantages qu'avec les charges ; et il faut ramener la législation à ce point, si elle y est contraire.

Le consul CAMBACÉRÈS dit que le système proposé change sans utilité le droit existant. Pour justifier cette assertion, il suffit de connaître ce qui se pratique, lors du retranchement des donations pour la légitime des enfans, et de rappeler les principes de la matière. Un père de famille meurt après avoir disposé de son vivant d'une partie de ses biens par des donations entre-vifs ; que font les enfans qui lui survivent pour parvenir au réglement de la légitime ? Ils procèdent à la composition du patrimoine, dans lequel ils font entrer, non-seulement les biens que le père a laissés en mourant, mais encore ceux qu'il avait précédemment donnés. Si les biens existans suffisent pour remplir les enfans de leur légitime, on les leur expédie, et tout est consommé ; s'il y a insuffisance, on retranche ces donations, en commençant par la dernière. Dans le cas où le père ne laisserait aucun bien, la manière d'opérer est toujours la même. On voit que, dans les deux espèces, la donation semble perdre son caractère d'irrévocabilité, puisque les biens qui la composent sont ravis en tout ou en partie au donataire, pour servir à remplir les enfans de leur légitime. Le motif de la loi est que la légitime doit être considérée comme une dette sacrée, qu'il faut toujours acquitter sur ce qui se trouve exister de l'hoirie paternelle, *substantiæ paternæ*, et que les dispositions à titre gratuit, qu'un père ou une mère font, contiennent toujours cette condition tacite du retranchement pour la légitime des enfans. Ce qui vient d'être dit, ajoute le Consul, est fondé sur la législation romaine, sur l'autorité des docteurs et sur les dispositions précises de l'ordonnance de 1731, aux articles XXXIV et XXXV : soit avant, soit depuis la publication de cette ordonnance, personne n'a pensé que les donations sujettes au retranchement pour la légitime, fussent affectées au droit des créanciers ; ceux-ci n'en ont aucun sur les biens qui sont mis hors de la main de leur débiteur ; et il serait étrange de leur donner une action récursoire sur les enfans, puisque ceux-ci n'ont pris aucun engagement envers eux, et que le retranchement des donations qui leur est accordé, est une sorte d'exorbitance du droit commun dont eux seuls doivent profiter.

Le PREMIER CONSUL dit que la loi semble autoriser la fraude, en décidant que, lorsqu'il y a des dettes, les enfans conserveront une portion de la succession, sans néanmoins payer les créanciers.

M. Maleville dit que dans le cours de la discussion, on a mal à propos supposé que le légitimaire agissait nécessairement comme héritier. Si c'était en cette qualité, il serait obligé de maintenir la donation, comme tous les autres contrats souscrits par le défunt, au lieu d'être reçu à la faire retrancher.

M. Réal dit que, s'il est démontré que le légitimaire n'est pas nécessairement héritier, il abandonne l'opinion qu'il a suivie; car elle est uniquement fondée sur ce qu'il pense que l'enfant qui exerce son action, fait acte d'héritier : mais pour compléter sa démonstration, M. Maleville doit prouver que le successible qui renoncerait, pourrait, malgré sa renonciation, exercer son action en légitime.

M. Maleville répond que ce n'est là qu'une équivoque. Sans doute le légitimaire qui aurait répudié l'hérédité de son père, ne serait pas reçu à quereller les donations, parce que les donataires lui diraient que, s'il ne l'avait pas répudiée, il aurait pu trouver dans la succession sa légitime; mais il ne s'ensuit pas pour cela que ce soit comme héritier qu'il demande le retranchement de la donation, et que, par une conséquence ultérieure, il soit tenu au paiement des dettes contractées depuis; le contraire est évidemment prouvé, puisqu'en cette qualité d'héritier, il serait obligé de maintenir cette donation. C'est comme enfant, et non comme héritier, c'est comme n'ayant pu être privé de sa légitime par des dispositions à titre gratuit, qu'il retranche ces donations excessives, et qu'il se met, par l'autorité de la loi, à la place des donataires : mais de même que les donataires ne pouvaient être inquiétés par des créanciers postérieurs, l'enfant qui remplace ces donataires ne peut pas l'être davantage. Pour soutenir le contraire, il faudrait supposer que c'est dans la succession de son père, et par un effet de sa volonté qu'il prend les biens retranchés, tandis qu'il est constant que ces biens étaient hors de la succession; et que c'est par le bénéfice seul de la loi, et en contrevenant à la volonté de son père qui en avait disposé en faveur d'un autre, que le légitimaire s'en saisit.

Qu'est-ce, au surplus, que cette qualité d'héritier qu'on attache au légitimaire ? On sait bien que l'ordonnance de 1735 a voulu que la légitime fût laissée à titre d'institution : mais ce n'est là qu'un titre d'honneur, et qui n'a, dans le fait, aucune réalité immédiate; et rien de plus certain que cette maxime, *legitima est quota bonorum, non hæreditatis*. Dans les pays où l'institution d'héritier avait lieu, le mot *légitimaire* est toujours employé par opposition à celui d'héritier seul tenu au paiement des dettes.

Le consul Cambacérès dit que la qualité de légitimaire ne suppose pas nécessairement la qualité d'héritier, puisque les enfans à qui le testateur a ôté cette dernière qualité, en instituant un étranger, ont néanmoins le droit de retenir la *quarte falcidie*.

M. Regnaud (de Saint-Jean d'Angely) dit que si la loi civile autorisait les enfans à retenir une partie des biens du père sans payer ses dettes, elle serait en contradiction avec la loi politique qui, dans le même cas, les prive des droits de citoyen.

M. Maleville dit que la Constitution parle des enfans qui profitent des biens de leur père sans payer ses dettes, ce qui ne se trouve pas ici, puisque rien n'est moins *nôtre* que ce dont nous avons disposé en faveur d'autrui.

Le Premier Consul dit qu'il est contre les mœurs qu'un fils opulent ne paye point les dettes de son père.

M. Treilhard dit qu'en formant des hypothèses, il est facile d'attaquer la loi la plus sage et de justifier la loi la plus insensée.

Le système que propose la section a été amené par des idées fort simples et qu'il importe de rappeler. On s'est dit : un individu ne contracte point avec un créancier l'engagement de ne plus disposer de ses biens. La fraude n'est point comprise dans le droit que le débiteur se réserve : elle ferait un receleur et non un donataire. Celui qui donne s'exproprie de la même manière que celui qui vend. Or, lorsqu'un débiteur meurt, les créanciers n'ont droit que sur ce qu'ils trouvent dans la succession; donc ils n'en ont aucun sur ce qui a été donné ou ce qui a été vendu.

Cependant, le défunt laisse des enfans à qui la loi réservait une portion de ses biens et le droit de reprendre le complément sur les biens donnés à leurs frères. Ce n'est point le créancier que la loi a voulu favoriser, c'est l'enfant seul; car s'il n'existait point, ou s'il n'exerçait point son droit, le créancier n'aurait rien à prétendre. Il ne lui est pas plus permis d'attaquer la donation après la mort du débiteur que pendant sa vie. L'article est donc dans les principes, et concordant avec les dispositions adoptées.

Ainsi, sans examiner si le légitimaire est héritier ou créancier, il est sage de décider que l'action en réduction ne profitera qu'à lui seul.

M. Boulay observe qu'on s'est appuyé, pour soutenir l'article, sur ce que la donation est irrévocable et étrangère au créancier. Cependant elle ne produit pas une expropriation aussi parfaite que la vente, puisqu'elle est sujette à réduction pour compléter la légitime. Cette circonstance prouve que l'irrévocabilité absolue n'est pas de la nature de la donation, et que son existence est subordonnée à l'état où se trouve la succession.

M. Cretet, dit qu'il serait permis à un père de mettre dans un acte de donation, une clause qui obligerait le donataire à compléter la légitime des enfans : or, la loi proposée se borne à réparer l'oubli des donateurs.

M. Bigot-Préameneu dit que c'est ici un combat entre l'intérêt du légitimaire, l'intérêt du donateur et l'intérêt du créancier.

Le droit reçu décide en faveur du légitimaire, parce qu'il est de l'intérêt de la société, que des enfans ne soient pas entièrement dépouillés par leur père. Si, par innovation, l'intérêt du légitimaire est écarté, et qu'il n'y ait plus de concours qu'entre l'intérêt du donataire et l'intérêt du créancier, le donataire mérite la préférence, et il convient de le décharger de l'obligation de fournir la légitime, car ce n'est qu'au profit des enfans qu'on l'a soumis à la réduction. L'intérêt des créanciers ne devrait pas l'emporter sur le droit de propriété qui appartient au donataire ; et il serait injuste de l'obliger, par une rétroactivité odieuse, de se soumettre à payer des dettes qui sont postérieures à la donation.

M. Bérenger dit que la question de la réduction est celle dont il importe, en effet, de s'occuper. Sous tous les rapports, la réduction rend la donation révocable. On voudrait cependant qu'elle ne le fût point, afin que la propriété ne fût pas incertaine : mais la propriété est-elle certaine, lorsque le recours de l'enfant peut l'anéantir ? Le cas le plus favorable au système de la réduction, est celui où le donateur entre-vifs a excédé sa portion disponible. L'intérêt personnel rendra toujours ce cas fort rare, car, par les libéralités de cette nature, le donateur se dépouille actuellement, et ce sacrifice deviendra un indice que la donation est faite de bonne foi et dans la proportion de la portion disponible.

Il est possible que, depuis la donation, le patrimoine du père ait beaucoup diminué, alors les enfans ne doivent exercer leurs droits que sur les biens qui restent, car si on remontait jusqu'à la donation, la légitime devrait être mesurée sur ce que le père possédait au moment où il a donné.

Le système de la réduction rend la possession du donataire qui use sagement de sa propriété, plus défavorable que celle du donataire qui en abuse. Elle l'invite à dénaturer son bien et à le consumer, car la réduction peut le lui faire perdre, s'il le conserve.

Ce sera sur-tout par rapport aux donations à cause de mariage, qu'on apercevra combien il est dangereux de ne laisser au donataire qu'une propriété incertaine.

L'opinant ne s'oppose point à ce que l'article XXV soit adopté ; mais il voudrait que l'article XXII fût examiné de nouveau.

Le PREMIER CONSUL dit que si la donation n'était pas réductible, même dans le cas où le père a excédé sa portion disponible, la disposition qui donne une légitime aux enfans deviendrait illusoire.

Le CONSEIL décide,

1°. Que l'action en réduction aura lieu contre les enfans donataires ;

2°. Que les créanciers de la succession peuvent exercer leur action sur les biens que la réduction rend au légitimaire.

L'article fut rédigé en ces termes et communiqué au Tribunat.

La réduction pourra être demandée par ceux au profit desquels la loi fait la réserve, par leurs héritiers ou ayant cause : elle ne pourra l'être par les donataires ou légataires, ni par les créanciers du défunt, sauf à ces créanciers à exercer leurs droits sur les biens recouvrés par l'effet de cette réduction.

Séance du 27 Germinal an 11.

M. BIGOT-PRÉAMENEU dit que le Tribunat demande le retranchement de la disposition de cet article qui autorise les créanciers du défunt à exercer leurs droits sur les biens recouvrés par l'effet de la réduction de la donation.

Les motifs du Tribunat sont, que l'enfant à qui la loi accorde la réduction ne pourrait la faire qu'en payant les dettes du défunt, postérieures à la donation ; que l'action en réduction est un droit purement personnel ; que ce droit est réclamé par l'individu comme enfant, abstraction faite de la qualité d'héritier qu'il peut prendre ou non, que s'il en était autrement, il arriverait souvent que l'action en réduction serait illusoire. D'ailleurs il est indifférent pour les créanciers du défunt, postérieurs à la donation que l'enfant exerce son droit de réduction ou non, puisque, s'il ne l'exerce pas, les créanciers n'en ont pas moins leur recours sur les biens donnés. La réduction ne doit donc pas exister pour eux, mais uniquement pour l'enfant.

M. TRONCHET dit qu'absent de la séance où la disposition que le Tribunat attaque a été adoptée, il s'est trouvé dans l'impossibilité de la combattre. Il croit l'opinion du Tribunat conforme aux principes.

L'article suppose que l'enfant ne retirera sa légitime qu'au profit des créanciers postérieurs à la donation : or, il a été reconnu en principe que toutes les fois qu'il s'agit d'exécuter une disposition prohibitive, il faut considérer pour quelle fin elle existe : si c'est par des motifs d'intérêt public, la prohibition est absolue; mais si elle n'est relative qu'à un intérêt particulier, ce serait s'écarter du but de la loi que d'en donner le bénéfice à une autre personne qu'à celle en faveur de qui la loi l'a établie. On a rendu deux fois hommage à ce principe, 1°. dans le titre du *Mariage* où, en distinguant entre les formalités celles qui sont introduites par des raisons d'ordre public, de celles qui ont pour objet l'intérêt des pères ou d'autres individus, on n'a permis qu'à ces personnes de faire valoir l'omission des dernières; 2°. dans le titre *des Successions*, où on a décidé que le rapport profitait aux héritiers seulement et non aux créanciers. Ce serait donc se contredire que d'obliger le légitimaire à donner aux créanciers la portion de biens que la réduction lui rend : la réduction alors serait établie au profit de ces créanciers. Il n'y aurait plus de légitime assurée, si elle pouvait être enlevée par un créancier postérieur sur la chose aliénée avant que sa créance existât. Il doit s'imputer de n'avoir pas connu la condition de son débiteur, et il avait les moyens de s'en instruire, puisque la donation était publique. Ainsi la peine de son imprudence tomberait sur le légitimaire, auquel cependant la loi n'a accordé une réserve que pour le mettre à l'abri des dissipations de son père, ou plutôt le créancier deviendrait légitimaire.

La proposition du Tribunat est adoptée.

922. La réduction se détermine en formant une masse de tous les biens existans au décès du donateur ou testateur. On y réunit fictivement ceux dont il a été disposé (1) par donations entre-vifs, d'après leur état à l'époque des donations et leur valeur au tems du décès du donateur. On calcule sur tous ces biens, après en avoir déduit les dettes, quelle est, eu égard à la qualité des héritiers qu'il laisse, la quotité dont il a pu disposer (2).

(Cet article était le XXVIe. du Projet).

(1) Le rapport fictif doit-il s'étendre aux donations faites avant la publication des nouvelles lois relatives aux successions, et même aux donations faites en ligne collatérale, qui, auparavant, n'étaient pas sujettes à rapport? (Observations des tribunaux d'appel de Besançon et de Toulouse).

(2) L'article 756, en déclarant que l'enfant naturel n'est point héritier, lui accorde un droit sur la succession de ses père et mère.

168 DISCUSSIONS DU CODE CIVIL.

Séance du 12 Ventose an 11.

M. Tronchet dit qu'il est juste, lorsqu'on forme la masse des biens, d'estimer les immeubles suivant la valeur qu'ils ont au tems du décès du donateur, mais que cette règle serait fausse à l'égard des meubles, parce qu'ils ont dû perdre de leur prix; qu'ainsi, si l'on veut que le donataire rende exactement ce qu'il a reçu, il est indispensable d'estimer les meubles d'après la valeur qu'ils avaient à l'époque de la donation. Ce principe a déjà été consacré par le conseil au titre *des Successions*, par la disposition relative au rapport du mobilier.

M. Bigot-Préameneu dit qu'il y a une extrême différence à cet égard entre l'héritier et le donataire. D'abord, le premier rapporte pour rendre les parts égales entre tous les co-partageans; le second n'est tenu que de compléter la légitime.

Ensuite, le donataire a eu le droit de disposer, d'user et d'abuser pendant toute la vie du donateur, c'est-à-dire, pendant tout le tems que la donation, ne pouvant être attaquée, lui attribuait les droits d'un propriétaire incommutable, au lieu que l'héritier a su, dès le principe, que sa donation était sujette à rapport.

M. Berlier ajoute que, d'ailleurs, la réduction ne tombe jamais sur les fruits. Or, la jouissance est, à l'égard des choses fungibles, ce que la perception des revenus est à l'égard des choses frugifères.

L'article est adopté.

923. Il n'y aura jamais lieu à réduire les donations entre-vifs, qu'après avoir épuisé la valeur de tous les biens compris dans les dispositions testamentaires; et lorsqu'il y aura

---

L'article 757 lui attribue le tiers, la moitié, les trois quarts de la part à laquelle il aurait eu droit s'il eût été légitime, suivant qu'il est en concours avec des enfans légitimes, avec des ascendans ou des frères et sœurs, ou que ses père et mère ne laissent ni ascendans, ni descendans, ni frères, ni sœurs.

L'article 758 lui accorde la totalité des biens, lorsqu'il n'y a pas de parens au degré successible.

Si un père, maître d'une fortune de 12,000 livres, et qui a disposé de 6000 liv. par donation entre-vifs ou testamentaire, laisse un enfant naturel et un enfant légitime, comment se réglera la quotité disponible? L'enfant naturel sera-t-il fictivement considéré comme légitime (art. 757) pour parvenir à déterminer la portion qui lui revient dans la succession? Ainsi, réunissant l'objet de la donation au reste des biens, partagera-t-on fictivement la somme en deux parties égales de 6000 liv. chacune, pour attribuer 2000 livres, le tiers de l'une d'elles à l'enfant naturel, et prélever ce tiers à titre de créance? et joindra-t-on enfin l'excédant de la succession montant à 10,000 liv. pour en affecter la moitié à l'enfant légitime, et l'autre moitié au donataire, afin de satisfaire aux dispositions de l'article 913?

lieu

lieu à cette réduction, elle se fera en commençant par la dernière donation, et ainsi de suite en remontant des dernières aux plus anciennes.

(Cet article est formé des XXVII et XXVIIIe. du Projet).

XXVII. *Il n'y aura jamais lieu à réduire les donations entre-vifs, qu'après avoir épuisé les donations à cause de mort.*

XVIII. *Lorsqu'il sera reconnu que la valeur des donations entre-vifs excède ou égale la quotité disponible, toutes les donations à cause de mort seront caduques.*

Si la valeur des donations entre-vifs excède la quotité disponible, elles seront réduites, en commençant par la dernière, et ainsi de suite, en remontant des dernières aux plus anciennes, à l'exception de celles qui, dans le cas de la réserve aux frères ou sœurs, ou aux descendans d'eux, auraient été faites à d'autres qu'aux successibles.

(Ces deux articles furent adoptés sans discussion, le dernier fut renvoyé à la section pour le rendre concordant avec les amendemens admis sur l'article XXV dans la précédente séance).

924. Si la donation entre-vifs réductible a été faite à l'un des successibles, il pourra retenir, sur les biens donnés, la valeur de la portion qui lui appartiendrait, comme héritier, dans les biens non disponibles, s'ils sont de la même nature.

(Cet article était le XXIXe. du Projet. Il fut adopté sans discussion).

925. Lorsque la valeur des donations entre-vifs excédera ou égalera la quotité disponible, toutes les dispositions testamentaires seront caduques.

(Cet article se compose du §. Ier. de l'article XXVIII du Projet : il n'a donné lieu à aucune discussion).

926. Lorsque les dispositions testamentaires excéderont, soit la quotité disponible, soit la portion de cette quotité qui resterait, après avoir déduit la valeur des donations entre-vifs, la réduction sera faite au marc le franc, sans aucune distinction entre les legs universels et les legs particuliers.

XXX. *Dans le cas où les legs particuliers excéderaient, soit la quotité disponible, soit la portion de cette quotité qui resterait après la déduction de la valeur des donations entre-vifs, les legs seront réduits entre les légataires particuliers au marc le franc.*

Néanmoins, si, dans les cas ci-dessus, il y a un légataire à titre universel, il prélèvera le quart de la masse libre, et n'aura droit au surplus qu'après le paiement intégral de tous les legs particuliers.

M. TREILHARD demande s'il est nécessaire d'ériger la disposition sur la retenue du quart, en règle absolue. Il est possible que les legs particuliers soient faits pour des causes tellement favorables, que les réduire, ce serait évidemment blesser l'intention du testateur.

M. BERLIER répond que l'art. XXXI donne au testateur le pouvoir de les en affranchir.

M. TREILHARD dit que quelquefois le testateur oubliera d'exprimer que le legs est fait par préférence, et qu'il en sera sur-tout ainsi lorsqu'il s'exagérera sa fortune.

Le consul CAMBACÉRÈS dit que si l'on donnait la préférence aux legs particuliers, on interpréterait la volonté du défunt contre la présomption naturelle que le légataire universel est celui qu'il a voulu le plus favoriser.

M. BIGOT-PRÉAMENEU dit que la loi a suffisamment pourvu à ce cas, en avertissant le testateur des suites de son silence.

L'article est adopté. (Les changemens qu'il a subis ont eu lieu sans autre discussion).

927. Néanmoins, dans tous les cas où le testateur aura expressément déclaré qu'il entend que tel legs soit acquitté de préférence aux autres, cette préférence aura lieu; et le legs qui en sera l'objet, ne sera réduit qu'autant que la valeur des autres ne remplirait pas la réserve légale.

XXXI. *Dans tous les cas où le donateur aura expressément déclaré qu'il entend que tel legs soit acquitté de préférence aux autres, cette préférence aura lieu, même au préjudice du quart réservé par l'article précédent au légataire à titre universel.*

(Cet article fut adopté, et les changemens qu'il a subis ont eu lieu sans discussion).

928. Le donataire restituera les fruits de ce qui excédera la portion disponible, à compter du jour du décès du

donateur, si la demande en réduction a été faite dans l'année; sinon, du jour de la demande.

(Cet article était le XXXIIe. du projet).

Le consul CAMBACÉRÈS pense que, dans tous les cas, les fruits ne doivent être restitués que du jour de la demande. Il est possible, en effet, que le donataire les ait perçus de bonne-foi, parce qu'il a ignoré l'époque du décès du donateur.

M. TRONCHET ajoute que la réduction peut n'être demandée que long-tems après l'ouverture de la succession, et qu'alors un donataire de bonne-foi se trouverait ruiné par une restitution trop considérable.

C'est d'ailleurs une règle générale, que la restitution des fruits n'est due que du jour de la demande.

L'article est adopté avec l'amendement du Consul.

(Cependant on l'a laissé subsister tel qu'il avait été présenté).

929. Les immeubles à recouvrer par l'effet de la réduction, le seront sans charge de dettes ou hypothèques créées par le donataire.

(Cet art., le XXXIIIe. du Projet, fut adopté sans discussion.)

930. L'action en réduction ou revendication pourra être exercée par les héritiers contre les tiers détenteurs des immeubles faisant partie des donations et aliénés par les donataires, de la même manière et dans le même ordre que contre les donataires eux-mêmes, et discussion préalablement faite de leurs biens. Cette action devra être exercée suivant l'ordre des dates des aliénations, en commençant par la plus récente.

(Cet art., le XXXIVe. du Projet, fut adopté sans discussion.)

CHAPITRE IV.

DES DONATIONS ENTRE-VIFS.

SECTION PREMIERE.

DE LA FORME DES DONATIONS ENTRE-VIFS.

931. Tous actes portant donation entre-vifs seront pas-

sés devant notaires, dans la forme ordinaire des contrats ; et il en restera minute, sous peine de nullité.

(Cet art., le XXXVe. du projet, fut adopté sans discussion.)

932. La donation entre-vifs n'engagera le donateur, et ne produira aucun effet, que du jour qu'elle aura été acceptée en termes exprès.

L'acceptation pourra être faite du vivant du donateur, par un acte postérieur et authentique, dont il restera minute ; mais alors la donation n'aura d'effet, à l'égard du donateur, que du jour où l'acte qui constatera cette acceptation lui aura été notifié.

XXXVI. *La donation entre-vifs n'engagera le donateur, et ne produira pendant sa vie aucun effet, que du jour qu'elle aura été acceptée en termes exprès.*

L'acceptation pourra être faite par un acte postérieur ; mais alors la donation n'aura d'effet que du jour de l'acte qui constatera l'acceptation.

M. Maleville demande si cet article abolit l'exception faite par l'ordonnance de 1731, à l'égard des donations portées dans les contrats de mariage. Elles n'étaient point nulles faute d'acceptation. Il serait trop dur, en effet, d'anéantir des libéralités sur la foi desquelles le mariage s'est contracté, et qui ont procuré à l'Etat l'établissement d'une nouvelle famille, par la seule raison que le notaire aurait omis d'exprimer qu'elles sont acceptées.

Le consul Cambacérès dit que cette exception, universellement reçue, est dans la nature des choses.

M. Treilhard répond que la place naturelle de cette disposition est dans le chapitre particulier des donations à cause de mariage.

La discussion de la proposition de M. Maleville est ajournée à ce chapitre.

L'article est adopté.

(Les changemens qu'il a subis ont eu lieu sans autre discussion).

933. Si le donataire est majeur, l'acceptation doit être faite par lui, ou, en son nom, par la personne fondée de sa procuration, portant pouvoir d'accepter la donation faite, ou un pouvoir général d'accepter les do-

nations qui auraient été ou qui pourraient être faites.

Cette procuration devra être passée devant notaires ; et une expédition devra en être annexée à la minute de la donation, ou à la minute de l'acceptation qui serait faite par acte séparé.

XXXVII. *Si le donataire est majeur, l'acceptation doit être faite par lui, ou, en son nom, par son mandataire général ou spécial, dont la procuration passée devant notaire est annexée à l'acte de donation.*

Le consul Cambacérès dit que dans l'ordre existant, les donations ne peuvent être acceptées qu'en vertu d'un mandat spécial. Cette règle semble devoir être conservée.

M. Tronchet dit que les personnes qui entreprennent un voyage de long cours, laissent ordinairement une procuration générale par laquelle ils donnent les pouvoirs les plus étendus pour l'administration de leurs affaires ; mais ces sortes de procurations n'ont jamais paru donner au mandataire le pouvoir d'accepter la donation faite au mandant, à moins qu'elles ne le lui attribuassent par une clause spéciale. Il est donc nécessaire de changer la rédaction de l'article, et d'expliquer que la donation ne pourra être acceptée qu'en vertu d'une procuration spéciale, ou d'une procuration générale contenant le mandat spécial d'accepter toute donation qui pourrait lui être faite.

L'article est adopté avec cet amendement.

934. La femme mariée ne pourra accepter une donation sans le consentement de son mari, ou, en cas de refus du mari, sans autorisation de la justice, conformément à ce qui est prescrit par les articles 217 et 219, au titre *du Mariage*.

(Cet article, le XXXVIIIe du Projet, fut adopté sans discussion.)

935. La donation faite à un mineur non émancipé ou à un interdit, devra être acceptée par son tuteur, conformément à l'article 463, au titre *de la Minorité, de la Tutelle et de l'Emancipation*.

Le mineur émancipé pourra accepter avec l'assistance de son curateur.

Néanmoins les père et mère du mineur émancipé ou non émancipé, ou les autres ascendans, même du vivant des père et mère, quoiqu'ils ne soient ni tuteurs ni curateurs du mineur, pourront accepter pour lui.

(Cet art. , était le XXXIXe. du Projet.)

M. Berlier attaque la disposition qui autorise les ascendans à accepter la donation faite à leur petit-fils mineur, même du vivant de ses père et mère. Elle lui paraît envers ces derniers une injure que ne peut justifier ni la faveur des donations ni même la nécessité, car le cas prévu par l'article ne se présentera que rarement.

M. Treilhard ajoute que d'ailleurs les pères peuvent avoir de justes motifs de ne point accepter la donation.

M. Tronchet dit que la disposition qu'on attaque se trouve dans l'ordonnance de 1731, et qu'au surplus elle est juste. Le père peut être absent; il peut repousser la donation par un motif de haine contre son fils, ou par le motif non moins odieux de son intérêt personnel, comme dans le cas où lui-même est l'héritier du donateur. Pourquoi priver le mineur de l'appui de son aïeul, sur-tout lorsqu'il s'agit d'un acte qui ne peut être qu'avantageux ?

M. Treilhard dit que si les donations étaient toujours avantageuses aux mineurs, il serait déraisonnable de ne pas leur accorder le droit de les accepter sans autorisation.

Il y aurait de l'inconvenance à permettre une sorte d'appel du père aux ascendans supérieurs. Cette considération doit déterminer à limiter les dispositions de l'article, au cas où le père est absent.

Le consul Cambacérès dit qu'il importe aussi de ne point perdre de vue le cas où le refus du père a pour cause son intérêt personnel. Il arrive très-souvent que le parent d'un père dissipateur transmet, par donation, son hérédité aux enfans de ce père.

M. Treilhard dit que ses observations sont principalement dirigées contre la rédaction de l'article, parce qu'elle présente l'idée d'un appel. Il voudrait qu'on s'exprimât ainsi : *les pères et mères, et à leur défaut les autres ascendans.*

M. Bigot-Préameneu dit qu'il ne s'agit pas seulement de la rédaction, mais de la question de savoir si la loi doit prévoir le refus du père, et offrir, en ce cas, un secours au mineur.

Les donations sont en général avantageuses au donataire ; ainsi, si le père refuse d'accepter la donation faite à son fils mineur, il est présumable que ce n'est point en vue de l'intérêt du donataire. Il faut donc empêcher que ce refus n'ait l'effet d'enlever au mineur l'avantage de la donation.

Au reste, le moyen qu'on propose n'a rien d'injurieux pour le père ; car il ne s'agit point ici d'un acte d'autorité paternelle, mais d'une simple formalité qu'il importe peu de faire remplir par une personne ou par une autre.

M. TREILHARD dit qu'il ne partage point cette opinion. Les donations peuvent être modifiées par des conditions qui les rendent onéreuses au donataire. C'est par cette raison qu'on n'a point laissé au mineur le droit de les accepter, sans y être autorisé.

Ce serait troubler la bonne intelligence des familles, que d'y élever un tribunal domestique contre un tribunal domestique.

Au reste, derrière le père sont les tribunaux, qui peuvent autoriser une acceptation qu'il aurait injustement refusée; ce qui ne peut pas se supposer.

Le consul CAMBACÉRÈS dit que le donataire est ici la partie la plus intéressée, et que le législateur ne doit point s'arrêter à des considérations qui l'empêcheraient de multiplier, en faveur du fils, les moyens de profiter de la donation.

M. TRONCHET est entièrement de cet avis.

Il ne voit pas les mêmes inconvéniens que M. Treilhard, dans cette espèce d'appel du père à l'aïeul.

On a dit : les tribunaux répareront l'injustice du père qui refuse d'accepter pour son fils.

Mais, d'abord, par qui le recours sera-t-il exercé ? Ensuite, ne sera-t-il pas plus injurieux pour le père d'entendre son fils lui prêter des motifs honteux et déraisonnables, que de se voir suppléer par l'aïeul ?

L'article est adopté.

936. Le sourd-muet qui saura écrire, pourra accepter lui-même ou par un fondé de pouvoir.

S'il ne sait pas écrire, l'acceptation doit être faite par un curateur nommé à cet effet, suivant les règles établies au titre *de la Minorité, de la Tutelle et de l'Emancipation.*

(Cet article, le XLe. du Projet, fut adopté sans discussion).

937. Les donations faites au profit d'hospices, des pau-

vres d'une commune, ou d'établissemens d'utilité publique, seront acceptées par les administrateurs de ces communes ou établissemens, après y avoir été dûment autorisés.

(Cet article était le XLIe. du Projet.)

M. Jollivet dit que si la donation ne pouvait s'accomplir que par l'acceptation faite en vertu de l'autorisation du gouvernement, la mort du donateur ou son changement de volonté, survenu dans l'intervalle, priverait les hospices du bénéfice de la donation. Il semble donc que l'acceptation provisoire des administrateurs devrait d'abord donner à l'acte ses effets, à la charge de confirmation par le gouvernement.

M. Bigot-Préameneu dit qu'on ne peut, par aucune considération, supposer aux administrateurs le pouvoir d'accepter sans y être autorisés.

L'article est adopté.

938. La donation dûment acceptée sera parfaite par le seul consentement des parties; et la propriété des objets donnés sera transférée au donataire, sans qu'il soit besoin d'autre tradition.

(Cet acticle était le XLIIe. du Projet : on lisait de plus à la fin de celui-ci, *et sauf l'état estimatif requis par l'article LII ci-après*. Il fut adopté, et le retranchement qu'il a subi a eu lieu sans discussion).

939. Lorsqu'il y aura donation de biens susceptibles d'hypothèques, la transcription des actes contenant la donation et l'acceptation, ainsi que la notification de l'acceptation qui aurait eu lieu par acte séparé, devra être faite aux bureaux des hypothèques dans l'arrondissement desquels les biens sont situés.

XLIII. *Lorsqu'il y aura donation de biens susceptibles d'hypothèques, la transcription des actes contenant la donation, devra être faite aux bureaux des hypothèques dans l'arrondissement desquels les biens seront situés.*

M. Bigot-Préameneu dit que cet article déroge au droit très-anciennement établi, d'assurer aux donations leur publicité par la voie de l'insinuation; mais ce changement doit être la suite de celui qui est intervenu dans une autre partie de la législation. Il existe aujourd'hui des bureaux d'hypthèques où les actes translatifs de propriété doivent être inscrits

inscrits pour opérer l'expropriation. La majorité de la section a donc pensé que la loi établissant une formalité qui doit être nécessairement remplie pour que la donation ait ses effets, la publicité en était assurée par ce moyen.

Les membres de la section qui ont adopté une opinion différente, se sont fondés sur ce qu'on connaît des donations non sujettes à transcription, comme sont les donations de meubles, et que cependant il est nécessaire de leur donner également de la publicité, lorsque le donateur se réserve l'usufruit des choses données.

La majorité de la section ne s'est point rendue à ces observations. Il lui a semblé que pour quelques espèces de donations qui sont toujours très-rares, il ne fallait point soumettre le plus grand nombre de ces sortes d'actes à une formalité embarrassante et inutile.

On a, au surplus, dans l'une et dans l'autre opinion, entendu que rien n'était préjugé sur le système hypothécaire qui n'était point l'objet de la discussion.

M. Tronchet dit que la loi qui ordonne l'insinuation a continué d'être exécutée même depuis l'établissement du régime hypothécaire, qu'elle peut donc conserver encore ses effets; mais il y aurait de l'inconvénient à confirmer dès-à-présent ce régime qui mérite d'être soumis à un examen approfondi, au lieu qu'il n'y en a aucun à laisser les choses dans l'état où elles se trouvent, jusqu'à ce qu'on ait prononcé sur le sort de la loi du 11 brumaire an 7.

M. Treilhard dit que l'inconvénient serait de doubler les frais pour soumettre les donations à une formalité, désormais inutile, puisque la transcription sur les registres hypothécaires est inévitable; que d'ailleurs ces registres assurent mieux la publicité de la donation, que les registres beaucoup plus obscurs de l'insinuation.

Au surplus, l'article ne préjuge rien sur la loi du 11 brumaire an 7. Si dans la suite elle est réformée, on pourra créer des bureaux d'insinuation, en supposant qu'ils soient nécessaires.

M. Bigot-Préameneu dit que les droits d'insinuation sont peu considérables, et qu'après la loi rendue par l'Assemblée constituante sur l'enregistrement, il fut reconnu par les tribunaux que l'insinuation n'était pas supprimée.

Le point le plus important est de ne rien préjuger sur le régime hypothécaire.

Il sera facile, dit-on, de réformer la disposition qui va être adoptée, si elle ne s'accorde pas avec le nouveau système des hypothèques.

Mais l'opinion de M. Tronchet est beaucoup plus simple. Pourquoi ne pas maintenir le mode reçu jusqu'ici, afin de se mieux conserver la plus entière liberté par rapport à la loi du 11 brumaire an 7 ? C'est dans cette vue qu'on a eu l'attention de ne placer dans les autres dispositions du Code civil, aucune expression de laquelle on pût inférer que le régime hypothécaire sera conservé ou changé. Il n'est point de la sagesse du législateur d'arrêter les dispositions dont les bases ne sont pas encore fixes.

M. TRONCHET pense que pour n'établir aucun préjugé, il convient de garder le silence sur l'une et l'autre formalité.

M. JOLLIVET dit qu'en prescrivant l'insinuation, l'ordonnance de 1731 ne s'est proposé d'autre but que de rendre les donations publiques ; que la loi du 11 brumaire an 7, a, dans les mêmes vues, ordonné la transcription, et que les donations y sont sujettes.

Aussi, dans beaucoup de départemens, on a été frappé de l'inutilité de l'insinuation, depuis que la transcription est devenue indispensable. Dans ceux où cette première formalité a été conservée, on ne s'y est déterminé que d'après des circulaires de la régie qui n'avaient d'autre objet que de conserver le droit fiscal.

L'insinuation n'est donc pas d'un usage universel, tandis que la transcription a lieu sur tous les points de la république.

M. TRONCHET dit que l'insinuation avait, dans son principe et dans ses effets, un objet beaucoup plus étendu et beaucoup plus avantageux que la transcription ; elle garantissait les héritiers du danger d'accepter une succession devenue onéreuse par l'effet d'une donation faite avec réserve d'usufruit. Il leur était facile, en parcourant le registre particulier des insinuations, beaucoup moins volumineux que celui des hypothèques, de s'assurer s'ils ne s'exposaient point à cet inconvénient ; d'un autre côté, ils trouvaient sur ce registre toutes les espèces de donations, au lieu qu'ils ne trouveraient sur ceux des hypothèques, ni les donations de biens à venir autorisées dans les contrats de mariage, ni celles des meubles avec réserve d'usufruit, ni enfin celles de sommes d'argent à prendre après la mort du donateur, sur les biens de la succession.

La loi de l'insinuation et celle de la transcription existent également : la dernière n'est applicable qu'aux donations qui transmettent actuellement la propriété de la chose donnée ; les autres donations ne peuvent devenir publiques que par l'insinuation. Dans cet état de choses, il est prudent de ne point s'expliquer sur la force des deux lois.

M. JOLLIVET répond que le donataire d'une somme d'argent à prendre sur la succession, serait obligé de faire transcrire son titre pour conserver sa créance : que les recherches sur les registres des hypothèques ne sont pas, comme on le suppose, difficiles et incertaines ; à l'aide d'une table alphabétique, on trouve, au nom d'une même personne, toutes les inscriptions qui la concernent.

M. REGNAUD (de Saint-Jean-d'Angely) dit que les registres d'insinuation n'ont été établis, que parce que ceux des oppositions aux hypothèques étaient secrets ; ils sont donc inutiles aujourd'hui, ainsi l'article doit être conservé ; il aura d'ailleurs l'avantage d'avertir les donataires qu'il est nécessaire de faire transcrire la donation.

L'article est adopté.

940. Cette transcription sera faite à la diligence du mari, lorsque les biens auront été donnés à sa femme ; et si le mari ne remplit pas cette formalité, la femme pourra y faire procéder sans autorisation.

Lorsque la donation sera faite à des mineurs, à des interdits, ou à des établissemens publics, la transcription sera faite à la diligence des tuteurs, curateurs ou administrateurs.

(Cet art., le XLIVe. du Projet, fut adopté sans discussion).

941. Le défaut de transcription pourra être opposé par toutes personnes ayant intérêt, excepté toutefois celles qui sont chargées de faire faire la transcription, ou leurs ayant-cause, et le donateur.

(Cet article n'avait point d'analogue dans le Projet, il fut ajouté et adopté sans discussion).

942. Les mineurs, les interdits, les femmes mariées, ne seront point restitués contre le défaut d'acceptation ou de transcription des donations ; sauf leur recours contre leurs tuteurs ou maris, s'il y échoit, et sans que la restitution puisse avoir lieu, dans le cas même où lesdits tuteurs et maris se trouveraient insolvables.

(Cet article, le XLVe. du Projet, fut adopté sans discussion)(1).

---

(1) XLVI. *La donation entre-vifs qui n'a pas été acceptée pendant la vie du donateur*,

DISCUSSIONS DU CODE CIVIL.

Séance du 10 Ventose an 11.

943. La donation entre-vifs ne pourra comprendre que les biens présens du donateur; si elle comprend des biens à venir, elle sera nulle à cet égard.

---

et celle qui est faite dans les six jours qui précèdent celui de la mort, ne valent que comme dispositions à cause de mort.

M. BIGOT-PRÉAMENEU dit que cet article déroge au droit ancien.

Suivant les principes suivis jusqu'ici, la donation étant un contrat, et ne pouvant par cette raison avoir d'effet que par le concours de la volonté du donateur et du donataire, elle était censée n'avoir pas été consommée quand ce concours n'était pas intervenu pendant la vie du donateur.

La section a pensé que lorsque le donateur n'a pas révoqué la donation, cette persévérance de volonté doit la faire valoir comme disposition à cause de mort.

Autrefois encore, la donation entre-vifs était nulle quand le donateur ne survivait que de quelque tems.

Cette disposition est détruite par le système de la section, qui, convertissant la donation entre-vifs non révoquée, en donation à cause de mort, la dégage de la condition de la survie.

M. TRONCHET dit que la donation étant un contrat synallagmatique, elle n'est rien tant qu'il n'y a que la volonté du donateur, et pas d'acceptation de la part du donataire.

On objecte que la non-révocation indique que le donateur est mort dans l'intention de maintenir sa libéralité.

Mais ce n'est là qu'une simple présomption, qui ne doit pas avoir la même force qu'un acte formel, et qui ne garantit pas réellement que le donateur soit mort dans l'intention de donner; le retard d'acceptation peut, au contraire, avoir des motifs qui aient fait changer d'intention au donateur. On n'est donc assuré qu'il persévère, que lorsque son intention est exprimée dans les formes prescrites ou pour les donations entre-vifs ou pour les donations à cause de mort; la loi l'avertissant que le défaut d'acceptation rend son intention sans effet, il fera un testament, s'il persiste à vouloir avantager son donataire.

M. TREILHARD dit qu'en effet dans l'ancien droit, il n'y avait que deux manières de disposer de ses biens à titre gratuit, la donation entre-vifs et les testamens, et que l'acte, nul comme disposition entre-vifs, ne devenait jamais valable comme disposition à cause de mort.

La section a trouvé trop de subtilité dans cette distinction, car il faut plus s'arrêter à l'intention démontrée qu'à la forme : or, quand la volonté est attestée par un acte authentique de donation, elle ne doit pas avoir moins de force que si elle était exprimée par un testament. Dans l'un et l'autre cas, il y a *volontatis sententia*. L'acceptation du donataire après la mort du donateur équivaut à l'acceptation du légataire.

On objecte que le donateur peut avoir changé de volonté, quoiqu'il n'ait pas révoqué la donation.

Cette objection pourrait également être opposée à un testament fait depuis un tems considérable; mais on ne juge de la volonté que par les actes qui l'expriment.

M. TRONCHET dit que le système de la section est en contradiction avec les dispositions adoptées, et peut devenir très-dangereux.

DONATIONS ET TESTAMENS.   181

Cet article, le XLVIIIe. du Projet, fut adopté avec l'amendement que la rédaction ferait apercevoir qu'il ne préjuge rien sur les donations entre-vifs, portées aux contrats de mariage.

En effet, on a admis que les donations devaient être rendues publiques par la transcription, afin que les héritiers en étant avertis ne se trouvassent pas exposés à accepter, sans le savoir, une succession onéreuse ; et cependant, à côté de cette sage précaution, on propose un article qui la détruit en partie, en créant un genre de donation que la transcription ne saurait rendre publique.

On paraît considérer l'acceptation comme une simple formalité ; cependant elle est tellement de l'essence des donations, que l'acte n'est parfait et irrévocable qu'après qu'elle est intervenue.

D'ailleurs le donataire peut avoir eu des raisons de ne point accepter. Il peut n'avoir point voulu se soumettre aux charges qui modifient la donation, et sur-tout à celle de nourrir et entretenir le donateur : c'est lui présenter un moyen de s'en affranchir, que de lui permettre de recueillir la libéralité à une époque où les conditions qui l'ont déterminée ne peuvent plus être remplies.

Le PREMIER CONSUL demande ce qui serait décidé dans le cas suivant :

Un individu donne sa maison pour n'appartenir qu'après sa mort au donataire. Il ne s'en réserve pas l'usufruit. Le donataire accepte.

Un tel acte n'est ni une donation ni un testament.

Cependant si on ne l'admet pas dans cette dernière qualité, on contredit le principe de l'article.

M. TREILHARD dit que dans le système de la section, l'acte serait valable comme disposition de dernière volonté.

M. BIGOT-PRÉAMENEU dit que l'acte serait également nul comme donation et comme testament. D'un côté, le donateur déclare qu'il a entendu faire une donation entre-vifs ; de l'autre, il dénature le contrat qu'il a voulu faire par une disposition dont l'effet se reporte après sa mort. Ces deux volontés contradictoires se détruisent mutuellement, et ne laissent à l'acte ni le caractère de la donation, ni le caractère du testament.

M. GALLI pense que, dans le cas proposé par le Premier Consul, la donation serait valable, parce que le donateur, au moment qu'il donne, est censé se dessaisir de sa propriété, quoique la jouissance du donataire soit différée jusqu'à la mort du donateur.

Le consul CAMBACÉRÈS dit qu'il ne peut y avoir de donation là où le prétendu donateur ne se dépouille actuellement ni de la propriété, ni de l'usufruit.

M. GALLI répond que cette expression *je donne* présente nécessairement l'idée d'un propriétaire qui, au moment qu'il donne, entend se dépouiller de sa propriété, et que le délai imposé à la jouissance du donataire emporte l'usufruit au profit du donateur jusqu'à son décès, par mode de rétention et de réserve.

M. MALEVILLE dit que cette manière de voir est au moins très-problématique. En général, il était très-difficile autrefois de distinguer, dans beaucoup de cas, les donations entre-vifs des dispositions à cause de mort.

Le consul CAMBACÉRÈS dit que c'est par cette considération que l'ordonnance de 1731 avait déterminé les formes de la donation : elle se proposait principalement d'empêcher qu'une donation entre-vifs pût jamais devenir une disposition testamentaire.

944. Toute donation entre-vifs faite sous des conditions dont l'exécution dépend de la seule volonté du donateur, sera nulle.

(Cet article, le XLIXe du Projet, fut adopté sans discussion).

Le Premier Consul dit qu'en effet chaque espèce d'acte ayant ses principes particuliers et étant soumise à des formes différentes qui en déterminent le caractère et les effets, on aurait des méprises à craindre, si un acte nul, d'après les principes et dans les formes qui lui sont propres, pouvait devenir valable dans les principes d'une autre espèce d'acte.

L'article ne peut avoir qu'un seul effet utile, c'est de venir au secours du donataire absent qui n'a pas eu assez de tems pour accepter la donation avant la mort du donateur. On pourrait donc le limiter à ce cas.

M. Treilhard observe qu'alors il serait nécessaire de fixer un délai à l'acceptation des donations.

M. Portalis dit que la question de la validité d'une donation dont l'effet se reporte tout entier après la mort du donateur, est décidée par le principe que *donner et retenir ne vaut*.

Un acte qui ne transporte pas à l'instant même la propriété, n'est pas une donation entre-vifs, mais un acte rédigé pendant la vie du donateur.

Mais, dit-on, rien n'empêche qu'il ne se convertisse en une disposition à cause de mort?

Il serait très-dangereux de confondre dans leurs effets ces deux espèces d'actes, car les motifs qui déterminent à choisir un donataire n'influeraient pas toujours sur le choix d'un héritier.

En effet, un homme isolé veut se délivrer des embarras de l'administration et s'assurer une vie tranquille; il choisit l'individu dans lequel il a le plus de confiance, et lui donne ses biens, à la charge d'une pension viagère. S'il eût fallu instituer un héritier, ce même homme ne se serait plus décidé par la confiance; il aurait peut-être choisi le plus pauvre.

Supposons maintenant que le donataire n'accepte qu'après la mort du donateur; dans le système proposé, il prendra la donation dégagée des charges qui l'avaient déterminée. Ainsi les intentions du donateur seront trompées, et la loi substituera sa volonté à celle du défunt, tandis qu'elle ne peut agir sur un acte qui a reçu son complément que pour l'interpréter. Que s'il est incomplet, elle ne doit pas le valider; elle doit le déclarer nul.

Enfin on n'est assuré de rencontrer la volonté du défunt que lorsqu'elle est manifestée dans les formes auxquelles la loi a attaché l'effet de la faire reconnaître.

M. Berlier reconnait avec M. *Portalis*, qu'en matière de contrats, le législateur doit craindre de mettre sa volonté à la place de la volonté de l'homme; mais dans l'espèce, il ne s'agit pas de suppléer à une absence de volonté, puisqu'au contraire on réclame l'effet de cette volonté bien exprimée : ce serait sans doute un singulier respect pour elle que celui qui conduirait à l'anéantir, sous le prétexte que quelques formes relatives au complément du contrat, et d'ailleurs indépendantes de la volonté du donateur, n'ont pas été remplies.

L'opinant examine ensuite l'objection tirée du retard à accepter. Il admet dans cette hypothèse l'exemple le plus fort, celui d'une donation par laquelle le donateur aurait grevé son donataire de charges viagères envers lui, de sorte que, par la conversion proposée,

DONATIONS ET TESTAMENS.   183

945. Elle sera pareillement nulle, si elle a été faite sous la condition d'acquitter d'autres dettes ou charges que celles qui existaient à l'époque de la donation, ou qui

---

ce dernier accueillerait sans charges ce qui ne lui avait été donné qu'avec des charges; d'où l'on conclut que le contrat serait dénaturé.

Ce cas même, dit M. *Berlier*, n'a rien de péremptoire; car si le donataire n'a pas eu le tems d'accepter, il n'y a rien à lui imputer; et s'il s'est écoulé assez de tems pour supposer au donataire un esprit de calcul ou d'hésitation, le donateur en était le juge naturel; s'il n'a pas révoqué sa donation, s'il n'a pas vendu l'objet donné, s'il ne l'a pas donné à une autre personne, ou s'il n'en a pas disposé par un testament plus récent, et qui suffirait pour révoquer la donation même entre-vifs non acceptée, il est présumé y avoir persévéré.

Passant ensuite à la comparaison faite par le Premier Consul, l'opinant ne la trouve pas concluante. La donation qualifiée *entre-vifs*, et dans laquelle on se réserverait la faculté de disposer autrement de l'objet donné, serait nulle dès le principe : *donner et retenir ne vaut*, il n'y aurait point de donation; au lieu que dans l'espèce il y a un acte valable dans son principe, et qu'on doit même considérer comme complet de la part du donateur, sauf sa révocabilité jusqu'à l'acceptation.

Ce ne sera donc jusques-là qu'un testament; mais pourquoi lui en refuser les effets? La présomption de persévérance sera vraie quatre-vingt-dix-neuf fois sur cent, et la loi statue sur les cas généraux.

En résultat, l'article proposé semble à l'opinant préférable au système de nullité absolue puisé dans l'ordonnance de 1731.

M. TRONCHET dit que la discussion porte sur un cas qui sera toujours infiniment rare. Ordinairement le donataire est présent; le donateur le prévient de ses intentions; il accepte la donation.

Si cependant le donataire était absent, et qu'avant son retour le donateur vint à décéder, la donation devrait être sans effet; c'est un malheur pour le donataire.

Il en est de ce cas comme de celui où le donateur meurt tout-à-coup au moment où il allait signer l'acte de donation.

Au reste, ce n'est pas au donataire, c'est à l'héritier que la faveur de la loi doit être réservée.

M. EMMERY dit que le donateur peut seul juger des motifs qui ont fait différer l'acceptation; s'ils sont de nature à changer ses intentions bienveillantes, il révoquera la donation; ainsi, s'il ne la révoque pas, c'est parce qu'il approuve la conduite du donataire. Il meurt donc dans l'intention de donner, et alors ce serait décider contre sa volonté que d'anéantir la donation.

Le consul CAMBACÉRÈS dit que la non-révocation de la donation n'est pas une preuve certaine que le donateur ait persévéré dans ses intentions. Dans les habitudes de la vie, on diffère souvent d'exécuter ce qu'on a résolu : c'est cette considération qui avait déterminé le système de l'ordonnance de 1731. Si l'on veut écarter cette loi, il faut du moins fixer un délai dans lequel la donation pourra être acceptée, même après la mort du donateur, ou n'attribuer à la donation entre-vifs non acceptée, les effets des dispositions à cause de mort, que lorsqu'il n'apparaît pas, par les circonstances, que le défunt a changé de volonté.

seraient exprimées, soit dans l'acte de donation, soit dans l'état qui devrait y être annexé.

L. *Elle serait pareillement nulle, si elle était faite sous la condition*

Le Premier Consul dit que la faveur de la loi étant pour l'héritier, il serait inconséquent de le dépouiller, sur la simple présomption que le défunt a persisté dans la volonté de donner et de lui préférer un donataire, qui peut-être n'a différé d'accepter que pour se soustraire aux charges que lui imposait le donateur.

M. Berlier dit que la faveur due aux héritiers du sang conduirait à modifier le droit de disposer, mais que la disponibilité étant admise, et ses limites tracées, il est difficile de ne pas donner à la volonté de l'homme tout son effet, quand cette volonté apparaît et se trouve dans les limites de la loi.

Le consul Cambacérès dit que les formes des donations entre-vifs et des testamens étant à-peu-près les mêmes, il pourra arriver, lorsque le donataire se trouvera absent, que le défunt fasse un acte géminé en déclarant que si la donation ne vaut pas comme disposition entre-vifs, sa volonté est qu'elle vaille comme disposition à cause de mort. Aucune loi ne le lui défend ; il faut donc que l'article puisse s'appliquer à ce cas.

Ces considérations déterminent le Consul à modifier sa première opinion et à proposer la rédaction suivante :

La donation entre-vifs, qui n'a pas été acceptée pendant la vie du donateur, et celle qui est faite dans les six jours qui précèdent celui de la mort, peuvent valoir comme disposition à cause de mort, s'il n'apparaît une volonté contraire du donateur, ou si elles n'ont pas été faites sous des charges ou conditions que le donataire ne soit plus à tems de remplir.

M. Tronchet dit que si le principe général établi par l'ordonnance de 1731 pouvait recevoir quelque modification, ce ne devrait être que celle qui accorderait au donataire un délai pour accepter. L'on ne peut aller plus loin, sans donner trop de force au silence du donateur ; on le convertirait en présomption *juris et de jure*, comme si on ignorait cette habitude si générale de différer de jour en jour l'exécution de ce qu'on se propose de faire, et de se laisser surprendre par la mort.

L'opinant propose en conséquence de déclarer que toute donation non acceptée dans les trois mois est nulle, et que, si avant l'expiration de ce délai, le donateur vient à décéder, elle vaut comme disposition à cause de mort.

La rédaction proposée par le consul *Cambacérès* est adoptée.

Séance du 24 Germinal an 11.

M. Bigot-Préameneu, après la conférence tenue avec le Tribunat, dit que l'art. XLVI a été admis, parce qu'au moment où il a été discuté, on proposait pour les testamens, des formes semblables à celle des donations entre-vifs ; mais que depuis, les formes des testamens ayant été différemment réglées, et se trouvant plus compliquées que celles des donations, il paraît convenable de retrancher cet article.

L'article est supprimé.

Séance du 12 Ventose an 11.

XLVII. *Un Français qui, se trouvant en pays étranger, veut donner entre-vifs, soit à un Français, soit à un étranger, doit en faire dresser l'acte public et authentique avec les formes usitées dans le lieu où l'acte a été passé, et, au surplus, se conformer aux lois françaises.*

(Cet article est supprimé comme inutile, sans avoir donné lieu à aucune discussion).

de

de payer d'autres dettes ou charges que celles qui existeraient à l'époque de la donation, et qui seraient comprises dans l'état qui doit y être annexé.

M. Miot dit que l'article semblerait exclure la charge qui serait imposée par le donateur, de nourrir l'enfant qui pourrait lui naître postérieurement, car cette charge n'existerait pas au moment de la donation.

M. Treilhard répond que le but de l'article est d'ôter au donateur la faculté d'anéantir la donation, en créant postérieurement des charges et des dettes, et non de l'empêcher de la modifier par des conditions; lesquelles, comme dans le cas proposé, établissent par l'acte même, une charge déterminée et connue; au surplus, pour prévenir toute difficulté, on peut expliquer dans l'article que les seules charges valables seront celles qu'on aura exprimées, soit dans l'acte de donation, soit dans l'état annexé.

L'article est adopté avec cet amendement.

946. En cas que le donateur se soit réservé la liberté de disposer d'un effet compris dans la donation, ou d'une somme fixe sur les biens donnés; s'il meurt sans en avoir disposé, ledit effet ou ladite somme appartiendra aux héritiers du donateur, nonobstant toutes clauses et stipulations à ce contraires.

(Cet article, le LIe. du Projet, fut adopté sans discussion).

947. Les quatre articles précédens ne s'appliquent point aux donations dont est mention aux chapitres VIII et IX du présent titre.

(Cet article n'avait point d'analogue dans le Projet, il a été ajouté et adopté sans discussion).

948. Tout acte de donation d'effets mobiliers ne sera valable que pour les effets dont un état estimatif, signé du donateur, et du donataire, ou de ceux qui acceptent pour lui, aura été annexé à la minute de la donation (1) (2).

(1) Après ces mots : *signé du donateur et du donataire*, le tribunal d'appel de Lyon demandait d'ajouter : *s'ils savent signer, sinon que mention serait faite de leur déclaration.*

(2) Le tribunal d'appel de Bruxelles proposait d'exprimer qu'une pareille donation, quoique revêtue des formalités exigées par la loi, serait encore nulle, si elle n'avait précédé de dix jours au moins la faillite ou déconfiture du donateur.

LII. *Toute donation d'effets mobiliers, s'il n'y a point tradition réelle, sera nulle, s'il n'a été annexé à la minute de la donation un état estimatif des effets donnés, signé du donateur, du donataire, ou de ceux qui acceptent pour lui, du notaire et des témoins.*

M. Tronchet pense que toutes les fois que la donation est faite par un acte, elle doit être accompagnée d'un état, même quand il n'y a point tradition réelle; sans cette précaution, on ne parviendrait point à fixer la légitime des enfans.

M. Bigot-Préameneu propose, en conséquence de cette observation, de supprimer ces mots, *s'il n'y a point de tradition réelle*, et de rédiger ainsi : *tout acte de donation d'effets mobiliers.*

L'article est adopté avec cet amendement.

949. Il est permis au donateur de faire la réserve à son profit, ou de disposer au profit d'un autre, de la jouissance ou de l'usufruit des biens meubles ou immeubles donnés.

(Cet article, le LIIIe. du Projet, fut adopté sans discussion).

950. Lorsque la donation d'effets mobiliers aura été faite avec réserve d'usufruit, le donataire sera tenu, à l'expiration de l'usufruit, de prendre les effets donnés qui se trouveront en nature, dans l'état où ils seront; et il aura action contre le donateur ou ses héritiers, pour raison des objets non existans, jusqu'à concurrence de la valeur qui leur aura été donnée dans l'état estimatif.

(Cet article, le LIVe. du Projet, fut adopté sans discussion).

951. Le donateur pourra stipuler le droit de retour des objets donnés, soit pour le cas du prédécès du donataire seul, soit pour le cas du prédécès du donataire et de ses descendans.

Ce droit ne pourra être stipulé qu'au profit du donateur seul.

LV. *Le donateur pourra stipuler le droit de retour des objets donnés, dans les cas où, soit le donataire seul, soit le donataire et ses descendans, mourraient avant lui.*

Ce droit ne pourra être stipulé qu'au profit du donateur seul.

Il n'aura pas lieu sans stipulation, si ce n'est au profit des ascendans, ainsi qu'il est réglé par l'article XXX au titre des Successions.

M. Tronchet dit que le droit en vertu duquel l'article XXX du titre *des Successions*, auquel cet article renvoie, rend aux ascendans les biens par eux donnés, est, non un droit de retour, mais un droit de successibilité.

L'article est adopté en retranchant la disposition finale.

952. L'effet du droit de retour sera de résoudre toutes les aliénations des biens donnés, et de faire revenir ces biens au donateur, francs et quittes de toutes charges et hypothèques, sauf néanmoins l'hypothèque de la dot et des conventions matrimoniales, si les autres biens de l'époux donataire ne suffisent pas, et dans le cas seulement où la donation lui aura été faite par le même contrat de mariage duquel résultent ses droits et hypothèques.

(Cet article, le LVIe. du Projet, fut adopté sans discussion).

SECTION II.

DES EXCEPTIONS A LA RÈGLE DE L'IRRÉVOCABILITÉ DES DONATIONS ENTRE-VIFS.

953. La donation entre-vifs ne pourra être révoquée que pour cause d'inexécution des conditions sous lesquelles elle aura été faite, pour cause d'ingratitude, et pour cause de survenance d'enfans.

LVII. *La donation entre-vifs ne pourra être révoquée que pour cause d'ingratitude, ou pour cause d'inexécution des conditions sous lesquelles elle aura été faite.*

(Cet article fut adopté sans discussion).

LXV. *La survenance d'enfans n'opérera pas la révocation des donations, sauf la réduction à la quotité disponible.*

Le consul Cambacérès fait observer que cet article est une innovation au droit existant.

M. Treilhard dit que le donateur a dû prévoir, au moment de la donation, qu'il pourrait se marier un jour, et que cette considération ne l'ayant point arrêté, il n'est pas juste de l'admettre à la faire valoir dans la suite, pour changer la situation du donataire, qui peut-être lui-même ne fut marié que sur la foi de la donation.

M. Tronchet ajoute que d'ailleurs la légitime de l'enfant étant des trois quarts des biens, c'est lui porter un très-faible préjudice que de maintenir la donation.

M. Maleville observe que quelquefois la légitime n'est que de moitié, et qu'étant graduée suivant le nombre des enfans, il ne serait pas rare qu'un donateur imprudent, auquel il serait survenu des enfans, eût la douleur de voir emporter par un étranger une portion plus considérable des biens de la famille, que celle que chacun de ces enfans en retirerait lui-même.

Il ajoute que le célèbre rédacteur de l'ordonnance de 1731 était si persuadé que la survenance d'enfans fait naître dans le cœur du donateur, des regrets justes, et que la loi ne doit pas repousser, qu'il a déclaré que la donation serait révoquée, quand même, en la faisant, le donateur aurait formellement renoncé à cette révocation, parce qu'il faut être père pour pouvoir juger de la force de l'amour paternel, et que d'ailleurs c'est en faveur des enfans que la donation est révoquée.

M. Bigot-Préameneu dit que les motifs de l'ordonnance, dans cette disposition, ont été d'encourager les mariages, mais que cette raison était plus spécieuse que solide.

M. Treilhard ajoute que l'autorité de l'ordonnance est grave, sans doute, mais qu'elle ne doit point prévaloir sur l'expérience et sur la réflexion. On peut croire que la survenance d'enfans inspire des regrets au donateur ; cependant les regrets, qui peuvent être la suite de toute espèce d'acte, ne sauraient devenir un motif d'annuler les contrats. L'intérêt de la propriété doit l'emporter ; et si le donateur a agi avec trop de légéreté, il serait injuste de faire retomber sur le donataire la peine de cette imprudence.

Le consul Cambacérès dit que l'intérêt de favoriser les mariages ne peut influer sur cette question. L'usage entraînera toujours les hommes vers cet engagement, indépendamment des calculs qu'on leur a prêtés dans le cours de cette discussion.

Est-il présumable qu'un donateur ait voulu préférer un étranger à ses propres enfans? et ne doit-il pas être censé avoir modifié sa libéralité par la condition qu'elle serait nulle, s'il devenait père?

Le Consul pense que cette condition s'attache tacitement à toutes

DONATIONS ET TESTAMENS. 189

les donations; qu'il y aurait peut-être trop de dureté à lier irrévocablement un donateur qui, dans sa jeunesse, a pu disposer trop indiscrètement.

L'article est rejeté.

M. Tronchet dit qu'il reste à décider si l'on admettra dans toute son étendue l'ancienne jurisprudence, qui, ne se bornant pas à faire dériver de la survenance d'enfans le droit de révoquer la donation, la déclarait, en ce cas, révoquée de plein droit. Ce système avait l'inconvénient de laisser trop long-tems la propriété incertaine; car le donateur et ses héritiers avaient trente ans pour faire valoir la révocation.

M. Portalis dit que la révocation étant établie en faveur des enfans, et ces enfans ne pouvant pas eux-mêmes faire valoir leurs droits au moment où ils viennent de naître, il est nécessaire que la loi veille pour eux, et leur assure ses bienfaits.

M. Regnaud (de Saint-Jean-d'Angely) ne partage point cet avis. Il pense que s'il est juste d'accorder au donateur le droit d'écouter le sentiment de la paternité, qu'il ne connaissait pas encore au moment où il a disposé, il est juste aussi de le laisser décider lui-même si ce sentiment est plus fort dans son cœur que celui qui l'avait porté à donner.

Le consul Cambacérès dit que la question proposée par M. Tronchet vient d'être résolue par le Conseil, qui a écarté l'article proposé, pour revenir au droit établi par l'ordonnance de 1731.

La question est mise aux voix.

Le Conseil adopte le droit établi par l'ordonnance de 1731.

(L'article 953 a donc été formé de l'article LVII et du principe contraire à celui établi dans l'article LXV).

954. Dans le cas de la révocation pour cause d'inexécution des conditions, les biens rentreront dans les mains du donateur, libres de toutes charges et hypothèques du chef du donataire; et le donateur aura, contre les tiers détenteurs des immeubles donnés, tous les droits qu'il aurait contre le donataire lui-même.

LXIV. *Dans le cas de la révocation pour cause d'inexécution des conditions imposées, le donateur aura, contre les tiers détenteurs des immeubles donnés, tous les droits qu'il aurait contre le donataire lui-même.*

(Cet article fut adopté, et les changemens qu'il a subis ont eu lieu sans discussion).

955. La donation entre-vifs ne pourra être révoquée pour cause d'ingratitude que dans les cas suivans :

1°. Si le donataire a attenté à la vie du donateur;

2°. S'il s'est rendu coupable envers lui de sévices, délits ou injures graves;

3°. S'il lui refuse des alimens.

(On ne trouvait pas dans l'article LVIII du Projet, *ou injures graves*.)

Le consul CAMBACÉRÈS craint que la rédaction du n°. 1 de cet article ne donne point assez de latitude à la révocation pour cause d'ingratitude. Le donataire ne doit conserver le bienfait, ni lorsqu'il a attenté à la vie de son bienfaiteur, ni lorsqu'il l'a diffamé. Il pourrait arriver que ce mot *attentat* conduisît les tribunaux à ne prononcer la révocation que dans le cas où il y aurait *attentat formel* de la part du donataire, et qu'ils crussent que l'article ne s'applique point aux autres moyens par lesquels il aurait pu mettre les jours du donateur en danger.

M. MIOT dit que la diffamation rentre dans le n°. 2, et est comprise sous le mot générique *délits*.

M. TREILHARD propose d'ajouter au n°. 2, *ou injures graves*.

L'article est adopté avec cet amendement.

956. La révocation pour cause d'inexécution des conditions, ou pour cause d'ingratitude, n'aura jamais lieu de plein droit.

LIX. *La révocation n'aura jamais lieu de plein droit; elle devra être demandée par le donateur et prononcée par la justice.*

(Cet article fut adopté sans discussion, il a subi des changemens devenus nécessaires après la discussion et la délibération qui ont eu lieu sur l'art. LXV). (953.

957. La demande en révocation pour cause d'ingratitude, devra être formée dans l'année, à compter du jour du délit imputé par le donateur au donataire, ou du jour que le délit aura pu être connu par le donateur.

Cette révocation ne pourra être demandée par le donateur contre les héritiers du donataire, ni par les héritiers du donateur contre le donataire, à moins

DONATIONS ET TESTAMENS. 191

que, dans ce dernier cas, l'action n'ait été intentée par le donateur, ou qu'il ne soit décédé dans l'année du délit.

LX. *La demande devra en être formée dans l'année, à compter du jour du délit imputé par le donateur au donataire, ou du jour que le délit aura pu être connu par le donateur.*

(Cet article fut adopté).

Le second §. de l'article 757 est formé de l'article LXI du Projet.

Le consul CAMBACÉRÈS propose de refondre les deux articles LX et LXI en un seul.

Cette proposition est adoptée. (L'article LX a subi, comme le précédent, les changemens que nécessitaient la discussion et la délibération qui ont eu lieu sur l'article LXV (953)).

958. La révocation pour cause d'ingratitude ne préjudiciera ni aux aliénations faites par le donataire, ni aux hypothèques et autres charges réelles qu'il aura pu imposer sur l'objet de la donation, pourvu que le tout soit antérieur à l'inscription qui aurait été faite de l'extrait de la demande en révocation, en marge de la transcription prescrite par l'article 939 (1).

Dans le cas de révocation, le donataire sera condamné à restituer la valeur des objets aliénés, eu égard au tems de la demande, et les fruits, à compter du jour de cette demande.

LXII. *La révocation pour cause d'ingratitude ne préjudiciera ni aux aliénations faites par le donataire, ni aux hypothèques et autres charges réelles qu'il aura pu imposer sur l'objet de la donation, pourvu que le tout soit antérieur à la demande en révocation.*

---

(1) La propriété entière et incommutable des objets donnés est-elle transférée au donataire par le fait de son acceptation, sans qu'il soit besoin de la transcription de l'acte de donation ? (Article 938).

La transcription n'est pas exigée à peine de nullité. Si elle n'a pas été faite, et que la donation soit révoquée pour cause d'ingratitude, à dater de quel acte les biens ne pourront-ils plus être grevés d'hypothèques du fait du donataire ? Sera-ce de l'exploit introductif de la demande, ou du jugement qui déclarera la révocation ?

Dans ce cas, le donataire sera condamné à restituer la valeur des objets aliénés, eu égard au tems de la demande en révocation.

Les fruits ne seront restitués au donateur que du jour de la demande en révocation.

(Cet article fut adopté, les changemens qu'il a subis ont eu lieu sans discussion).

959. Les donations en faveur de mariage ne seront pas révocables pour cause d'ingratitude.

(Cet article, le LXIIIe. du Projet, fut adopté sans discussion).

960. Toutes donations entre-vifs faites par personnes qui n'avaient point d'enfans ou de descendans actuellement vivans dans le tems de la donation, de quelque valeur que ces donations puissent être, et à quelque titre qu'elles aient été faites, et encore qu'elles fussent mutuelles ou rémunératoires, même celles qui auraient été faites en faveur de mariage par autres que par les ascendans aux conjoints, ou par les conjoints l'un à l'autre, demeureront révoquées de plein droit par la survenance d'un enfant légitime du donateur, même d'un posthume, ou par la légitimation d'un enfant naturel par mariage subséquent, s'il est né depuis la donation (1).

(Cet article n'avait point d'analogue dans le Projet, il a été ajouté par suite de la discussion qui a eu lieu sur l'article LXV (953)).

961. Cette révocation aura lieu, encore que l'enfant du donateur ou de la donatrice fût conçu au tems de la donation.

(Cet article ne se trouvait point dans le Projet, il a été ajouté par suite de la discussion et de la délibération qui ont eu lieu sur l'art. LXV (953)).

---

(1) La donation faite par un père qui avait de justes motifs de croire son fils décédé, est-elle révoquée par le retour de cet enfant ?

Si le donateur épouse sa donataire, ou la donatrice son donataire, la donation est-elle révoquée par la survenance de l'enfant ?

Les enfans issus d'un mariage déclaré nul, et qui produit cependant les effets civils (art. 202) par rapport à ces enfans et à l'époux de bonne foi, donnent-ils lieu à la révocation de la donation faite antérieurement par l'un de leur père ou mère ?

962. La

962. La donation demeurera pareillement révoquée, lors même que le donataire serait entré en possession des biens donnés, et qu'il y aurait été laissé par le donateur depuis la survenance de l'enfant ; sans néanmoins que le donataire soit tenu de restituer les fruits par lui perçus, de quelque nature qu'ils soient, si ce n'est du jour que la naissance de l'enfant ou sa légitimation par mariage subséquent lui aura été notifiée par exploit ou autre acte en bonne forme ; et ce, quand même la demande pour rentrer dans les biens donnés n'aurait été formée que postérieurement à cette notification.

(Cet article ne se trouvait pas dans le Projet, il a été ajouté d'après la discussion et la délibération qui ont eu lieu sur l'article LXV (953)).

963. Les biens compris dans la donation révoquée de plein droit, rentreront dans le patrimoine du donateur, libres de toutes charges et hypothèques du chef du donataire, sans qu'ils puissent demeurer affectés, même subsidiairement, à la restitution de la dot de la femme de ce donataire, de ses reprises ou autres conventions matrimoniales ; ce qui aura lieu quand même la donation aurait été faite en faveur du mariage du donataire et insérée dans le contrat, et que le donateur se serait obligé comme caution, par la donation, à l'exécution du contrat de mariage.

(Cet article n'était point dans le Projet, il a été ajouté d'après la discussion et la délibération qui ont eu lieu sur l'article LXV (953)).

964. Les donations ainsi révoquées ne pourront revivre ou avoir de nouveau leur effet, ni par la mort de l'enfant du donateur, ni par aucun acte confirmatif ; et si le donateur veut donner les mêmes biens au même donataire, soit avant ou après la mort de l'enfant par la

naissance duquel la donation avait été révoquée, il ne le pourra faire que par une nouvelle disposition.

(Cet article ne se trouvait point dans le Projet, il a été ajouté d'après la discussion et la délibération qui ont eu lieu sur l'article LXV (953)).

965. Toute clause ou convention par laquelle le donateur aurait renoncé à la révocation de la donation pour survenance d'enfant, sera regardée comme nulle, et ne pourra produire aucun effet.

(Cet article ne se trouvait pas dans le Projet, il est un des résultats de la discussion et de la délibération qui ont eu lieu sur l'article LXV (953)).

966. Le donataire, ses héritiers ou ayant-cause, ou autres détenteurs des choses données, ne pourront opposer la prescription pour faire valoir la donation révoquée par la survenance d'enfant, qu'après une possession de trente années, qui ne pourront commencer à courir que du jour de la naissance du dernier enfant du donateur, même posthume ; et ce, sans préjudice des interruptions, telles que de droit.

(Cet article ne se trouvait pas dans le Projet, il est un des résultats de la discussion et de la délibération qui ont eu lieu sur l'article LXV (953)).

CHAPITRE V.

DES DISPOSITIONS TESTAMENTAIRES.

SECTION PREMIERE.

DES RÈGLES GÉNÉRALES SUR LA FORME DES TESTAMENS.

967. Toute personne pourra disposer par testament, soit sous le titre d'institution d'héritier, soit sous le titre de legs, soit sous toute autre dénomination propre à manifester sa volonté.

(Cet article n'avait point d'analogue dans le Projet, il fut ajouté et adopté sans discussion).

968. Un testament ne pourra être fait dans le même acte par deux ou plusieurs personnes, soit au profit d'un tiers, soit à titre de disposition réciproque et mutuelle.

(Cet article, le LXVIe. du Projet, fut adopté sans discussion).

969. Un testament pourra être olographe, ou fait par acte public ou dans la forme mystique.

LXVII. *Un testament pourra être fait par acte public ou sous signature-privée.*

(Cet article fut adopté sans discussion; l'amendement que présente le texte, est un des résultats de la discussion et de la délibération qui ont eu lieu sur l'article LXVIII. Voyez l'article 973).

970. Le testament olographe ne sera point valable, s'il n'est écrit en entier, daté et signé de la main du testateur : il n'est assujéti à aucune autre forme.

LXXXIII. *Un testament pourra, dans toute circonstance, être fait sous signature-privée; il devra être écrit en entier, daté et signé de la main du testateur.*

M. TRONCHET craint que par erreur on ne veuille reconnaître pour valables les testamens olographes que lorsqu'ils seraient revêtus de la forme des testamens mystiques.

Il propose de rédiger l'article de manière à prévenir cette erreur.

L'article est adopté avec la proposition de M. Tronchet.

(Voyez sous l'art. 973, la discussion élevée sur l'art. LXVIII).

971. Le testament par acte public est celui qui est reçu par deux notaires, en présence de deux témoins, ou par un notaire, en présence de quatre témoins (1) (2).

---

(1) Un testament est-il nul, lorsqu'il ne contient qu'au commencement, et non à la fin, la mention de la signature du notaire et des témoins ?

La loi du 25 ventôse sur le notariat est-elle applicable à la difficulté ?

Arrêt de la cour d'appel de Bruxelles, en date du 27 prairial an 12, qui, en infirmant un jugement du tribunal civil de Tournay, et attendu que les articles 14 et 68 de la loi du 25 ventôse an 11 sont inapplicables à la matière des testamens, tant parce que les dispositions testamentaires sont régies par des lois qui leur sont spécialement propres, que

972. Si le testament est reçu par deux notaires, il leur est dicté par le testateur, et il doit être écrit par l'un de ces notaires, tel qu'il est dicté.

S'il n'y a qu'un notaire, il doit également être dicté par le testateur, et écrit par ce notaire.

Dans l'un et l'autre cas, il doit en être donné lecture au testateur, en présence des témoins.

Il est fait du tout mention expresse (3).

973. Ce testament doit être signé par le testateur: s'il déclare qu'il ne sait ou ne peut signer, il sera fait dans l'acte mention expresse de sa déclaration, ainsi que de la cause qui l'empêche de signer.

LXVIII. *Le testament par acte public, est celui qui est reçu par deux notaires, ou par un notaire et deux témoins qui sachent et puissent signer.*

Il doit être écrit par le notaire, tel qu'il est dicté par le testateur; il doit lui en être donné lecture, en présence de témoins.

Il est fait du tout mention expresse.

Si le testateur déclare qu'il ne peut ou ne sait signer, il est pareillement fait mention expresse de sa déclaration, ainsi de la cause qui l'empêche de signer.

Le consul CAMBACÉRÈS voudrait que des témoins fussent appelés, même quand le testament est reçu par deux notaires; que le nombre des témoins fût augmenté, s'il n'y a qu'un notaire; et que, lorsque le testateur ne sait ou ne peut signer, on appelât un témoin de plus.

---

parce que les termes dans lesquels les articles sont conçus répugnent aux testamens, déclare valable le testament dont s'agit. (Voyez la note de l'article 980).

(2) Le testament par acte public doit-il être fait en un seul et même contexte? (Voyez l'article 13 de la loi sur le notariat, et la note de l'article 980).

(3) Le testament qui ne contient pas la mention expresse qu'il a été écrit par le notaire ou l'un des notaires, lorsqu'il y est dit d'ailleurs qu'il *lui a été dicté*, doit-il être déclaré nul?

Arrêt de la cour d'appel de Bruxelles, en date du 26 nivôse an 12; jugemens des tribunaux civils de Versailles et de Paris, en date des 9 germinal et 21 floréal an 12; arrêts des cours d'appel de Liége et de Paris, en date des 11 thermidor et 5 fructidor an 12, qui, vu les articles 972 et 1001 du Code civil, prononcent la nullité.

M. Tronchet dit que les témoins méritent en général moins de confiance que deux notaires. Pour exprimer que la présence de tous deux est nécessaire, on pourrait dire que le testament sera dicté aux deux notaires et écrit par l'un d'eux.

Le consul Cambacérès pense qu'il serait utile de conserver littéralement les dispositions par lesquelles l'ordonnance de 1735 règle la forme des testamens et les diverses espèces de testamens qu'elle établit.

M. Treilhard dit que le législateur avait trouvé, en 1735, la France régie en partie par le droit écrit, en partie par le droit coutumier.

Les formes usitées n'étaient donc pas universellement les mêmes : l'ordonnance les a toutes régularisées. Mais peut-être n'est-il pas nécessaire de les conserver toutes : on pourrait choisir celles qui sont indispensables pour constater la volonté du testateur. Ainsi le testament public serait celui que reçoivent des notaires assistés des témoins. Le testateur qui voudrait cacher ses dispositions, pourrait employer le testament olographe ou le testament mystique. Le testament nuncupatif, maintenu par l'ordonnance, par pure déférence pour les principes du droit romain, devient donc inutile. Pourquoi conserver une forme embarrassée et gênante pour le malade, lorsqu'elle n'a plus d'objet ;

Le consul Cambacérès met successivement aux voix les diverses formes établies par l'ordonnance de 1735.

Le Conseil adopte en principe,

1°. Que la forme du testament olographe pourra être employée, non-seulement entre enfans, comme en pays de droit écrit, mais avec la latitude qui était usitée dans les pays coutumiers ;

2°. Que les testamens pourront être faits ou devant deux notaires assistés de deux témoins, ou devant un notaire et quatre témoins ;

3°. Que la forme du testament mystique sera conservée telle qu'elle est établie par l'ordonnance de 1735 ; qu'il ne sera pas ajouté de témoin lorsque le testateur ne saura ou ne pourra signer, mais que la cause de l'empêchement sera exprimée dans le testament ;

4°. Que, dans les campagnes, il suffira que la moitié des témoins sache écrire.

974. Le testament devra être signé par les témoins ; et néanmoins, dans les campagnes, il suffira qu'un des deux témoins signe, si le testament est reçu par deux

notaires, et que deux des quatre témoins signent, s'il est reçu par un notaire.

(Cet article est un résultat de la délibération prise sur l'article LXVIII. Voyez sous l'article 973).

975. Ne pourront être pris pour témoins du testament par acte public, ni les légataires, à quelque titre qu'ils soient, ni leurs parens ou alliés jusqu'au quatrième degré inclusivement, ni les clercs des notaires par lesquels les actes seront reçus.

LXIX. *Les témoins devront être mâles, majeurs, ayant l'exercice des droits civils.*

Ne pourront être pris pour témoins, ni les légataires, à quelque titre qu'ils soient, ni leurs parens ou alliés, jusqu'au quatrième degré inclusivement, ni les clercs des notaires par lesquels les actes seront reçus.

La première partie de cet article est adoptée avec l'amendement *que les témoins seront républicoles.*

M. TREILHARD observe que la seconde partie de l'article doit recevoir une modification, à l'égard du testament mystique. Les parens du légataire ne pouvant connaître le contenu du testament, il n'y a pas les mêmes raisons de les exclure que lorsque le testament est public.

Le consul CAMBACÉRÈS ajoute que l'office des témoins se réduit à attester un fait simple.

M. BIGOT-PRÉAMENEU observe que d'ailleurs c'est le testateur lui-même qui choisit les témoins.

La proposition de M. Treilhard est adoptée.

976. Lorsque le testateur voudra faire un testament mystique ou secret, il sera tenu de signer ses dispositions, soit qu'il les ait écrites lui-même, ou qu'il les ait fait écrire par un autre. Sera le papier qui contiendra ses dispositions, ou le papier qui servira d'enveloppe, s'il y en a une, clos et scellé. Le testateur le présentera ainsi clos et scellé au notaire, et à six témoins au moins, ou il le fera clorre et sceller en leur présence ; et il déclarera que le contenu en ce papier est son testament écrit et signé

de lui, ou écrit par un autre et signé de lui : le notaire en dressera l'acte de suscription, qui sera écrit sur ce papier ou sur la feuille qui servira d'enveloppe ; cet acte sera signé tant par le testateur que par le notaire, ensemble par les témoins (1). Tout ce que dessus sera fait de suite et sans divertir à autres actes ; et en cas que le testateur, par un empêchement survenu depuis la signature du testament, ne puisse signer l'acte de suscription, il sera fait mention de la déclaration qu'il en aura faite, sans qu'il soit besoin, en ce cas, d'augmenter le nombre des témoins.

(Cet article est un résultat de la délibération prise après la discussion de l'article LXVIII. Voyez sous l'article 973).

977. Si le testateur ne sait signer, ou s'il n'a pu le faire lorsqu'il a fait écrire ses dispositions, il sera appelé à l'acte de suscription un témoin, outre le nombre porté par l'article précédent, lequel signera l'acte avec les autres témoins ; et il y sera fait mention de la cause pour laquelle ce témoin aura été appelé.

(Cet article est un résultat de la délibération prise après la discussion de l'article LXVIII. Voyez sous l'article 973).

978. Ceux qui ne savent ou ne peuvent lire, ne pourront faire de dispositions dans la forme du testament mystique.

(Cet article est un résultat de la discussion qui a eu lieu sur l'article LXVIII. Voyez sous l'article 973).

979. En cas que le testateur ne puisse parler, mais qu'il puisse écrire, il pourra faire un testament mystique,

---

(1) L'article 972 exige que le testament par acte public soit écrit par le notaire auquel il est dicté ; il en exige mention expresse, à peine de nullité. (Art. 1001). Le notaire à qui sera remis le testament mystique, devra-t-il écrire lui-même l'acte de suscription ? S'il ne le faisait pas, cette omission emporterait-elle la nullité de l'acte ?

à la charge que le testament sera entièrement écrit, daté et signé de sa main, qu'il le présentera au notaire et aux témoins, et qu'au haut de l'acte de suscription, il écrira, en leur présence, que le papier qu'il présente est son testament : après quoi le notaire écrira l'acte de suscription, dans lequel il sera fait mention que le testateur a écrit ces mots en présence du notaire et des témoins ; et sera, au surplus, observé tout ce qui est prescrit par l'article 976.

(Cet article est un résultat de la délibération prise après la discussion de l'article LXVIII. Voyez sous l'article 973).

980. Les témoins appelés pour être présens aux testamens, devront être mâles, majeurs, républicoles, jouissant des droits civils (1).

(Cet article est formé du premier paragraphe de l'article LXIX. Voyez sous l'article 975, la discussion qui s'y rapporte).

SECTION II.

DES RÈGLES PARTICULIÈRES SUR LA FORME DE CERTAINS TESTAMENS.

981. Les testamens des militaires et des individus em-

---

(1) Les testamens par acte public, quoique faits dans les pays réunis, doivent être rédigés en français ; s'il s'agit d'un testament mystique, l'acte de suscription doit être écrit dans la même langue. Les témoins appelés pour assister à un testament public ou à l'acte de suscription d'un testament mystique, doivent-ils entendre la langue dans laquelle ce testament ou cet acte sont rédigés ?

Les articles 9, 10 et 68 de la loi sur le notariat, sont-ils applicables aux testamens faits par acte public, et aux actes de suscription des testamens mystiques ?

« Le projet de loi dit que les clercs des notaires par lesquels les testamens publics seront « reçus, ne pourront être pris pour témoins. Le Projet ne répète pas cette exclusion pour « les testamens mystiques.

« La loi sur l'organisation du notariat exclut absolument les clercs des notaires ; mais « cette loi générale ne peut être invoquée dans la matière des testamens pour lesquels une « loi particulière règle tout ce qui est relatif aux témoins. Il faut remarquer, d'ailleurs, « que la prohibition ne cesse que pour l'acte de suscription où la présence de six témoins « est nécessaire ». (Rapport fait au Tribunat par M. Jaubert, le 9 floréal an 11, sur le titre des donations et des testamens. Voyez les notes de l'art. 971).

ployés

ployés dans les armées, pourront, en quelque pays que ce soit, être reçus par un chef de bataillon ou d'escadron, ou par tout autre officier d'un grade supérieur, en présence de deux témoins, ou par deux commissaires des guerres, ou par un de ces commissaires en présence de deux témoins.

LXX. *Les testamens des militaires et des individus employés dans les armées, pourront, en quelque pays que ce soit, être reçus par deux officiers ayant au moins le grade de sous-lieutenant, ou par deux commissaires des guerres, ou par l'un desdits officiers ou commissaires, assisté de deux témoins.*

Le consul CAMBACÉRÈS dit qu'il importe d'examiner s'il ne convient pas de confier la fonction de recevoir les testamens des militaires à des officiers d'un grade plus élevé que celui de sous-lieutenant ; car, ajoute le Consul, c'est pour l'intérêt des militaires qu'on rend facile la faculté de tester ; cependant la loi blesserait le même intérêt qu'elle veut favoriser, si elle ne soumettait pas les testamens militaires à des formes suffisantes pour donner la garantie qu'ils sont en effet l'expression de la volonté du testateur.

Séance du 26 Ventose an 11.

Peut-être conviendrait-il de s'en tenir aux dispositions de l'ordonnance de 1735.

M. REGNAUD (de Saint-Jean-d'Angely) dit qu'il y a, sur-tout aujourd'hui, un grand intérêt à prévenir la supposition des testamens militaires, car la conscription peut amener dans les armées des citoyens très-opulens.

M. GOUVION SAINT-CYR propose de dire : *Les testamens des militaires, etc., pourront être reçus par les officiers supérieurs.* Cette expression, *d'officiers supérieurs*, comprendrait les chefs de bataillon et d'escadron.

Cette proposition est adoptée.

982. Ils pourront encore, si le testateur est malade ou blessé, être reçus par l'officier de santé en chef, assisté du commandant militaire chargé de la police de l'hospice.

LXXI. *Ils pourront encore, si le testateur est malade ou blessé, être reçus par deux officiers de santé, ou par un seul, assisté de deux témoins.*

Le consul CAMBACÉRÈS observe que les militaires, dans les hôpitaux, ont assez de moyens de tester, pour qu'il devienne inutile d'appeler les officiers de santé à recevoir leur testament.

M. Jourdan dit que l'article s'appliquera plus particulièrement aux ambulances : comme auprès des hôpitaux il y a toujours un détachement commandé par un officier, on pourrait charger ce commandant de recevoir les testamens conjointement avec l'officier de santé.

Cette proposition est adoptée.

983. Les dispositions des articles ci-dessus n'auront lieu qu'en faveur de ceux qui seront en expédition militaire, ou en quartier, ou en garnison hors du territoire de la république, ou prisonniers chez l'ennemi ; sans que ceux qui seront en quartier ou en garnison dans l'intérieur puissent en profiter, à moins qu'ils ne se trouvent dans une place assiégée ou dans une citadelle et autres lieux dont les portes soient fermées et les communications interrompues à cause de la guerre.

(Cet art., le LXXIIIe. du Projet, fut adopté sans discussion).

984. Le testament fait dans la forme ci-dessus établie, sera nul six mois après que le testateur sera revenu dans un lieu où il aura la liberté d'employer les formes ordinaires.

(Cet art., le LXXIVe. du Projet, fut adopté sans discussion).

985. Les testamens faits dans un lieu avec lequel toute communication sera interceptée à cause de la peste ou autre maladie contagieuse, pourront être faits devant le juge de paix, ou devant l'un des officiers municipaux de la commune, en présence de deux témoins.

(Cet article, le LXXVe. du Projet, fut adopté sans discussion).

986. Cette disposition aura lieu, tant à l'égard de ceux qui seraient attaqués de ces maladies, que de ceux qui seraient dans les lieux qui en sont infectés, encore qu'ils ne fussent pas actuellement malades.

(Cet article était le LXXVIe. du Projet).

DONATIONS ET TESTAMENS.

M. Treilhard demande la suppression de cet article, qui n'est qu'une conséquence des articles précédens.

M. Tronchet dit que l'article est utile, en ce qu'il prévient les difficultés qui pourraient naître de la distinction qu'on tenterait peut-être de faire entre ceux qui sont atteints de la maladie et ceux qui ont échappé à la contagion.

L'article est adopté.

987. Les testamens mentionnés aux deux précédens articles, deviendront nuls six mois après que les communications auront été rétablies dans le lieu où le testateur se trouve, ou six mois après qu'il aura passé dans un lieu où elles ne seront point interrompues.

(Cet article, le LXXVIIe du Projet, fut adopté sans discussion).

988. Les testamens faits sur mer, dans le cours d'un voyage, pourront être reçus, savoir :

A bord des vaisseaux et autres bâtimens de l'état, par l'officier commandant le bâtiment, ou, à son défaut, par celui qui le supplée dans l'ordre du service, l'un ou l'autre conjointement avec l'officier d'administration ou avec celui qui en remplit les fonctions ;

Et à bord des bâtimens de commerce, par l'écrivain du navire ou celui qui en fait les fonctions, l'un ou l'autre conjointement avec le capitaine, le maître ou le patron, ou, à leur défaut, par ceux qui les remplacent.

Dans tous les cas, ces testamens devront être reçus en présence de deux témoins.

LXXVIII. Les testamens faits sur mer dans le cours d'un voyage, pourront être reçus par l'écrivain du vaisseau, par le maître ou par l'officier qui fait la fonction de l'un ou de l'autre, en présence de deux témoins, et, au surplus, en la forme prescrite pour le testament public.

S'il s'agit du testament du maître ou de l'écrivain ou de l'officier qui en fait la fonction, il pourra être reçu par l'officier supérieur ou inférieur du grade le plus prochain.

M. Najac dit que dans le cas de cet article, les testamens pourraient être reçus, à bord des vaisseaux et autres bâtimens de l'Etat, par l'officier commandant ou par celui qui le supplée dans l'ordre du service, l'un ou l'autre conjointement avec l'officier d'administration ou avec celui qui en remplit les fonctions ; et à bord des bâtimens de commerce, par l'écrivain du navire ou celui qui en fait les fonctions, l'un ou l'autre conjointement avec le capitaine, le maître ou le patron, ou ceux qui les remplacent.

Cette proposition est adoptée.

989. Sur les bâtimens de l'état, le testament du capitaine ou celui de l'officier d'administration, et, sur les bâtimens de commerce, celui du capitaine, du maître ou patron, ou celui de l'écrivain, pourront être reçus par ceux qui viennent après eux dans l'ordre du service, en se conformant pour le surplus aux dispositions de l'article précédent.

(Cet article est formé du §. II de l'article LXXVIII).

990. Dans tous les cas, il sera fait un double original des testamens mentionnés aux deux articles précédens.

(Cet article n'avait point d'analogue dans le projet, il a été ajouté et adopté sans discussion).

991. Si le bâtiment aborde dans un port étranger dans lequel se trouve un commissaire des relations commerciales de France, ceux qui auront reçu le testament seront tenus de déposer l'un des originaux, clos ou cacheté, entre les mains de ce commissaire, qui le fera parvenir au ministre de la marine ; et celui-ci en fera faire le dépôt au greffe de la justice de paix du lieu du domicile du testateur.

(Cet article n'était point dans le Projet, il a été ajouté et adopté sans discussion).

992. Au retour du bâtiment en France, soit dans le port

de l'armement, soit dans un port autre que celui de l'armement, les deux originaux du testament, également clos et cachetés, ou l'original qui resterait, si, conformément à l'article précédent, l'autre avait été déposé pendant le cours du voyage, seront remis au bureau du préposé de l'inscription maritime; ce préposé les fera passer sans délai au ministre de la marine, qui en ordonnera le dépôt, ainsi qu'il est dit au même article.

(Cet article n'avait point d'analogue dans le Projet, il a été adopté sans discussion).

993. Il sera fait mention sur le rôle du bâtiment, à la marge, du nom du testateur, de la remise qui aura été faite des originaux du testament, soit entre les mains d'un commissaire des relations commerciales, soit au bureau d'un préposé de l'inscription maritime.

(Cet article ne se trouvait point dans le Projet, il a été adopté sans discussion).

994. Le testament ne sera point réputé fait en mer, quoiqu'il l'ait été dans le cours du voyage, si, au tems où il a été fait, le navire avait abordé une terre, soit étrangère, soit de la domination française, où il y aurait un officier public français; auquel cas, il ne sera valable qu'autant qu'il aura été dressé suivant les formes prescrites en France, ou suivant celles usitées dans les pays où il aura été fait.

(Cet article, le LXXIXe. du Projet, fut adopté sans discussion).

995. Les dispositions ci-dessus seront communes aux testamens faits par les simples passagers qui ne feront point partie de l'équipage.

(Cet article, le LXXXe. du Projet, fut adopté sans discussion).

996. Le testament fait sur mer, en la forme prescrite par l'article 988, ne sera valable qu'autant que le testateur mourra en mer, ou dans les trois mois après qu'il sera des-

cendu à terre, et dans un lieu où il aura pu le refaire dans les formes ordinaires.

(Cet article, le LXXXIe. du Projet, fut adopté sans discussion).

997. Le testament fait sur mer ne pourra contenir aucune disposition au profit des officiers du vaisseau, s'ils ne sont parens du testateur.

(Cet article, le LXXXIIe. du Projet, fut adopté sans discussion).

998. Les testamens compris dans les articles ci-dessus de la présente section, seront signés par les testateurs, et par ceux qui les auront reçus.

Si le testateur déclare qu'il ne sait ou ne peut signer, il sera fait mention de sa déclaration, ainsi que de la cause qui l'empêche de signer.

Dans les cas où la présence de deux témoins est requise, le testament sera signé au moins par l'un d'eux, et il sera fait mention de la cause pour laquelle l'autre n'aura pas signé.

LXXII. *Ces testamens seront signés par ceux qui les auront reçus, et par les testateurs, s'ils savent ou peuvent signer; si les testateurs ne savent ou ne peuvent signer, il en sera fait mention: il sera nécessaire que l'un des témoins sache et puisse signer.*

(Cet article fut adopté, et les changemens que présente le texte ont eu lieu sans discussion).

999. Un Français qui se trouvera en pays étranger, pourra faire ses dispositions testamentaires par acte sous signature privée, ainsi qu'il est prescrit en l'article 970, ou par acte authentique, avec les formes usitées dans le lieu où cet acte sera passé.

Séance du 27 Ventôse an 11.

CXXIV. *Un Français qui se trouvera en pays étranger, pourra faire, au profit de Français ou d'étrangers, ses dispositions testamentaires par acte sous signature privée, ainsi qu'il est prescrit en l'article LXXXIII ci-dessus, ou par acte public et authentique, avec les formes usitées dans le lieu où il est passé.*

(Cet article fut adopté sans discussion).

DONATIONS ET TESTAMENS.

1000. Les testamens faits en pays étranger ne pourront être exécutés sur les biens situés en France, qu'après avoir été enregistrés au bureau du domicile du testateur, s'il en a conservé un, sinon au bureau de son dernier domicile connu en France ; et dans le cas où le testament contiendrait des dispositions d'immeubles qui y seraient situés, il devra être, en outre, enregistré au bureau de la situation de ces immeubles, sans qu'il puisse être exigé un double droit.

CXXV. *Ces testamens ne pourront être exécutés sur les biens situés en France, qu'après y avoir été enregistrés au bureau du domicile du testateur, s'il en a conservé un, sinon au bureau de son dernier domicile connu en France ; et dans le cas où le testament contiendrait des dispositions d'immeubles qui y seraient situés, il devra être en outre enregistré au bureau de la situation de ces immeubles, sans qu'il puisse être exigé un double droit.*

(Cet article fut adopté, les changemens qu'il a subis ont eu lieu sans discussion).

1001. Les formalités auxquelles les divers testamens sont assujétis par les dispositions de la présente section et de la précédente, doivent être observées, à peine de nullité (1) (2).

(Cet art., le LXXXIV°. du Projet, fut adopté sans discussion).

Séance du 26 Ventôse an 11.

---

(1) La validité d'un testament, quant aux formes, doit-elle être jugée d'après les lois existantes à l'époque de sa confection, ou d'après les lois existantes à l'époque du décès du testateur ?

Arrêt de la cour de cassation, en date du 1er. brumaire an 13, qui déclare valable un testament revêtu des formalités exigées au moment de sa confection.

Attendu, quant à la forme de ces actes, qu'ils sont et restent réguliers lorsqu'ils sont revêtus de toutes les formalités prescrites par les lois en vigueur dans le moment de leur confection, encore que ces formalités fussent par la suite changées ou modifiées par de nouvelles lois ; que les lois ne disposent que pour l'avenir, et ne peuvent avoir d'effet rétroactif.

(2) Peut-on ordonner l'exécution provisoire d'un testament argué de nullité sur le fond des dispositions, mais régulier dans la forme ?

Arrêt de la cour d'appel d'Amiens, en date du 13 thermidor an 12, qui, attendu que le testament régulier dans la forme, présente tous les caractères extérieurs que la loi exige ; et qu'une allégation de nullité vague et indéterminée ne peut arrêter l'exécution d'un acte régulier dans la forme :

Ordonne qu'il sera passé outre à l'exécution du testament.

SECTION III.

DES INSTITUTIONS D'HÉRITIER, ET DES LEGS EN GÉNÉRAL.

1002. Les dispositions testamentaires sont ou universelles, ou à titre universel, ou à titre particulier (1).

Chacune de ces dispositions, soit qu'elle ait été faite sous la dénomination d'institution d'héritier, soit qu'elle ait été faite sous la dénomination de legs, produira son effet suivant les règles ci-après établies pour les legs universels, pour les legs à titre universel, et pour les legs particuliers (2).

(Cet article ne se trouvait pas dans le Projet, il a été ajouté sans discussion, lors de la rédaction définitive).

SECTION IV.

DU LEGS UNIVERSEL.

1003. Le legs universel est la disposition testamentaire par laquelle le testateur donne à une ou plusieurs personnes l'universalité des biens qu'il laissera à son décès.

(Cet article ne se trouvait pas dans le Projet, il a été ajouté et adopté cussion lors de la rédaction définitive).

1004. Lorsqu'au décès du testateur il y a des héritiers auxquels une quotité de ses biens est réservée par la loi, ces héritiers sont saisis de plein droit, par sa mort, de tous les biens de la succession; et le légataire universel est tenu

---

(1) Si un testateur institue un héritier ou désigne un légataire sans déterminer pour quelle portion de ses biens il dispose en leur faveur; s'il s'exprime ainsi, par exemple : *J'institue M.... mon héritier*, ou bien, *je veux que M.... soit mon légataire*, l'héritier institué, ou le légataire, aura-t-il droit à la totalité des biens disponibles, ou l'institution sera-t-elle regardée comme non écrite ?

(2) L'héritier universel institué, est-il tenu indéfiniment des dettes de la succession ?

de leur demander la délivrance des biens compris dans le testament.

(Cet article ne se trouvait pas dans le Projet , il a été ajouté et adopté sans discussion lors de la rédaction définitive).

1005. Néanmoins, dans les mêmes cas, le légataire universel aura la jouissance des biens compris dans le testament, à compter du jour du décès, si la demande en délivrance a été faite dans l'année, depuis cette époque ; sinon, cette jouissance ne commencera que du jour de la demande formée en justice, ou du jour que la délivrance aurait été volontairement consentie.

(Cet art. ne se trouvait pas dans le Projet, il a été ajouté sans discussion).

1006. Lorsqu'au décès du testateur il n'y aura pas d'héritiers auxquels une quotité de ses biens soit réservée par la loi, le légataire universel sera saisi de plein droit par la mort du testateur, sans être tenu de demander la délivrance.

(Cet art. ne se trouvait point dans le Projet, il a été ajouté sans discussion).

1007. Tout testament olographe sera, avant d'être mis à exécution, présenté au président du tribunal de première instance de l'arrondissement dans lequel la succession est ouverte. Ce testament sera ouvert, s'il est cacheté. Le président dressera procès-verbal de la présentation, de l'ouverture et de l'état du testament, dont il ordonnera le dépôt entre les mains du notaire par lui commis.

Si le testament est dans la forme mystique, sa présentation, son ouverture, sa description et son dépôt, seront faits de la même manière ; mais l'ouverture ne pourra se faire qu'en présence de ceux des notaires et des témoins, signataires de l'acte de suscription, qui se trouveront sur les lieux, ou eux appelés.

(Cet art. ne se trouvait point dans le Projet, il a été ajouté sans discussion).

1008. Dans le cas de l'article 1006, si le testament est olographe ou mystique, le légataire universel sera tenu de se faire envoyer en possession, par une ordonnance du président, mise au bas d'une requête, à laquelle sera joint l'acte de dépôt.

(Cet art. ne se trouvait pas dans le Projet, il a été ajouté sans discussion).

1009. Le légataire universel qui sera en concours avec un héritier auquel la loi réserve une quotité des biens, sera tenu des dettes et charges de la succession du testateur, personnellement pour sa part et portion, et hypothécairement pour le tout; et il sera tenu d'acquitter tous les legs, sauf le cas de réduction, ainsi qu'il est expliqué aux articles 926 et 927 (1).

XCVIII. *Lorsqu'il y a un légataire universel de la totalité de la portion disponible, c'est à lui seul à payer tous les legs à titre particulier, jusqu'à concurrence seulement des trois quarts de la valeur de cette portion, sauf l'exception portée en l'article XXXI.*

(Cet article fut adopté, les changemens qu'il a subis ont eu lieu sans discussion).

SECTION V.

DU LEGS A TITRE UNIVERSEL.

1010. Le legs à titre universel est celui par lequel le testateur lègue une quote-part des biens dont la loi lui permet de disposer, telle qu'une moitié, un tiers, ou tous ses immeubles, ou tout son mobilier, ou une quotité fixe de tous ses immeubles ou de tout son mobilier.

---

(1) Si le testateur a disposé au-delà de la quotité disponible en faveur de plusieurs légataires particuliers, qu'il ait institué un légataire universel, et lui ait attribué une portion moindre que la somme des legs particuliers, comment se fera la réduction et l'acquittement de ces legs particuliers ? (Voyez les articles 871, 873, 926, 927, 1024).

Tout autre legs ne forme qu'une disposition à titre particulier.

(Cet article, le XCV^e. du Projet, fut adopté sans discussion).

1011. Les légataires à titre universel seront tenus de demander la délivrance aux héritiers auxquels une quotité de biens est réservée par la loi ; à leur défaut, aux légataires universels ; et, à défaut de ceux-ci, aux héritiers appelés dans l'ordre établi au titre *des Successions*.

Séance du 27 Ventose an 11.

(Cet article ne se trouvait pas dans le Projet, il fut ajouté sans discussion. Voyez sous l'article 1014 celle dont l'art. LXXXV a été l'objet).

1012. Le légataire à titre universel sera tenu, comme le légataire universel, des dettes et charges de la succession du testateur, personnellement pour sa part et portion, et hypothécairement pour le tout.

(On lisait dans l'article XCVI du Projet, *comme l'héritier*, au lieu de ces mots : *comme le légataire universel*, il fut adopté sans discussion).

1013. Lorsque le testateur n'aura disposé que d'une quotité de la portion disponible, et qu'il l'aura fait à titre universel, ce légataire sera tenu d'acquitter les legs particuliers par contribution avec les héritiers naturels.

XCIX. *Si le legs à titre universel ne comprend qu'une quotité de la portion disponible, les legs particuliers sont acquittés, d'abord par les héritiers, sur ce qui reste de la portion disponible, et subsidiairement par le légataire à titre universel, ainsi qu'il est dit en l'article précédent.*

L'article XCIX fut adopté avec l'amendement, que la contribution serait supportée également par l'héritier et par le légataire universel.

SECTION VI.

DES LEGS PARTICULIERS.

1014. Tout legs pur et simple donnera au légataire, du

jour du décès du testateur, un droit à la chose léguée, droit transmissible à ses héritiers ou ayant-cause.

Néanmoins le légataire particulier ne pourra se mettre en possession de la chose léguée, ni en prétendre les fruits ou intérêts, qu'à compter du jour de sa demande en délivrance, formée suivant l'ordre établi par l'article 1011, ou du jour auquel cette délivrance lui aurait été volontairement consentie (1).

LXXXV. *Tout legs pur et simple, fait soit à titre universel, soit à titre particulier, donnera au légataire, du jour du décès du testateur, un droit à la chose léguée, droit transmissible à ses héritiers ou ayant-cause.*

Néanmoins le légataire ne pourra se mettre en possession de la chose léguée, ni en prétendre les fruits ou intérêts, qu'à compter du jour de sa demande en délivrance formée en justice contre l'héritier, ou du jour auquel l'héritier en aurait consenti volontairement la délivrance.

M. Bigot-Préameneu dit que cet article fait naître la question de savoir si l'héritier institué sera saisi de la succession de plein droit et en vertu de son titre, ou s'il sera obligé de demander la saisine à l'héritier *ab intestat*.

M. Maleville pense que le légataire particulier doit seul être assujetti à remplir cette formalité ; mais que, conformément aux principes du droit romain, l'héritier testamentaire n'a besoin que de son titre pour se mettre en possession. Ce système, qui évite les circuits et les dépenses inutiles, est d'ailleurs sans inconvénient, tandis que, dans le système opposé, l'héritier institué est exposé aux mauvaises difficultés que peut lui faire l'héritier légal ; et que ce dernier lui-même n'est appelé sous le titre d'héritier, que pour éprouver le désagrément d'en être dépouillé aussitôt. Cependant, dans l'intervalle, la succession peut-être dilapidée par l'héritier *ab intestat*. Toujours y aura-t-il, par rapport à l'administration des biens une stagnation dangereuse, sur-tout quand l'hérédité consiste dans un fonds de commerce. Si l'héritier testamentaire est saisi de plein droit, il se met de suite à la tête des affaires, il reçoit et paie ; et le négoce n'éprouve aucune interruption ; mais si après la mort du commerçant, il faut investir d'abord un héritier légitime qui

---

(1) Si un legs, devenu caduc par l'incapacité du légataire (art. 1043), était grevé d'un autre legs, ce dernier peut-il être réclamé par celui auquel il était adressé ?

n'a aucun intérêt à la chose, et n'est mis là que pour rendre à un autre, la correspondance est nécessairement interrompue, les affaires languissent et la maison dépérit.

On objecte que c'est la loi qui fait les héritiers *ab intestat*.

Elle fait également les héritiers institués, quoique d'une manière moins directe.

On objecte encore que le testament pouvant être nul, il est juste de ne lui donner d'effet qu'après que sa validité aura été reconnue ou jugée.

Mais d'abord, il y a incomparablement plus de testamens valides, que de testamens nuls : or, ce ne sont pas les cas rares que le législateur doit prendre pour bases de ses lois. Ensuite la provision est due au titre.

Le système des pays coutumiers avait pour principe la distinction des biens en propres et en acquêts. Or, cette distinction n'existant plus, il paraît juste de décider que l'héritier testamentaire sera saisi de plein droit comme l'héritier *ab intestat*.

M. Bigot-Préameneu dit que, forcée de donner un effet provisoire à l'un des deux titres, la section a cru devoir préférer celui de l'héritier *ab intestat*, parce qu'il est incontestable. Il n'est pas douteux que le défunt a pu déroger à l'ordre commun des successions et se créer un héritier de son choix ; mais on n'est certain qu'il a usé de cette faculté, que lorsque le testament est reconnu.

Dans le système du droit romain, où le père de famille était législateur, la loi, pour être conséquente, devait admettre d'abord l'héritier institué ; mais il n'en peut être de même dans le système de notre législation, où l'institution d'héritier est une dérogation au droit commun sur les successions.

Au surplus, c'est s'abandonner à de vaines alarmes, que de craindre, de la part de l'héritier *ab intestat*, des difficultés déraisonnables. Cet héritier ne s'exposera pas à la condamnation en dommages et intérêts, qui serait la suite indubitable d'une contestation mal fondée.

M. Tronchet dit que l'ordonnance de 1735 n'étant pas destinée à introduire un droit nouveau, mais à régulariser les usages qu'elle trouvait établis, a dû se modifier suivant la diversité des deux systèmes du pays de droit écrit et du pays coutumier. Maintenant, au contraire, qu'il s'agit de tout réduire à une loi unique et générale, on est forcé de choisir entre les deux systèmes. Il convient donc de les juger chacun en soi, et de les rapprocher ensuite pour examiner s'il est impossible de les concilier.

Dans le droit coutumier, la loi seule et le sang faisaient l'héritier ; la faculté de disposer n'était qu'une exception au droit commun sur la transmission des biens par décès. Mais puisque la faculté de disposer existe par l'autorité de la loi, la loi peut lui donner plus ou moins d'étendue et convertir l'exception en règle. Déjà même, dans les pays coutumiers, l'institution d'héritier était reçue dans les contrats de mariage.

Cependant, en permettant à l'homme de se donner un héritier, la loi subordonne cette faculté à deux conditions : la première est d'exprimer sa volonté dans les formes légales ; la seconde, de ne pas entamer les réserves. Or, puisque l'héritier légal ne peut être dépouillé que sous ces conditions, il est raisonnable et bienséant de lui montrer le titre qui anéantit ses droits, afin qu'il soit en état de le critiquer.

Cette précaution était sur-tout nécessaire là où avec un testament olographe, c'est-à-dire, obscur et clandestin, on pouvait s'emparer d'une succession.

Cet inconvénient existe aujourd'hui par-tout, puisque par-tout le testament olographe peut être employé, et que les réserves sont néanmoins plus considérables qu'autrefois.

L'héritier institué ne doit donc pas avoir la même saisine que celle qui appartient à l'héritier légal en pays coutumier.

On doit distinguer deux effets dans la saisine : la possession, et la jouissance.

Rien ne s'oppose à ce que l'héritier testamentaire obtienne les fruits à compter du jour où la succession s'est ouverte ; mais il y a de grandes difficultés à faire commencer sa possession à la même époque.

Il est vrai que, dans les pays de droit écrit, on admettait un autre principe ; mais cette jurisprudence était d'autant plus étonnante, qu'elle était contraire à une disposition formelle d'une loi romaine.

Adrien, en établissant un droit de vingtième sur les successions testamentaires, avait, pour assurer la perception du droit, obligé l'héritier institué à ne se mettre en possession qu'avec l'autorisation du préteur ; et les réclamations d'un contradicteur ne suspendaient pas la mise en possession.

Justinien, en réformant cette législation, voulut, 1°. que quand le testament serait régulier dans la forme, le juge mît l'héritier en possession : cette disposition exclut évidemment la saisine de plein droit, et suppose un examen préalable ; 2°. que quand il se présenterait un contradicteur, la possession fût adjugée au titre le plus apparent.

Il semble donc qu'en admettant les institutions testamentaires, en leur donnant l'effet d'attribuer les fruits à l'institué à compter de l'ouverture de la succession, pourvu qu'il les réclame dans un court délai, on doit cependant l'obliger à présenter son titre au juge et à le faire reconnaître. La publication ordonnée par *Justinien* devient inutile ; elle est suppléée par l'enregistrement : mais le juge doit avoir le droit de différer la saisine, si le testament lui paraît irrégulier dans la forme.

M. PORTALIS dit qu'il y a ici deux considérations : l'une de droit, et qui dépend des principes de la matière ; l'autre de fait, et qui dépend des résultats.

On a dit qu'en principe l'héritier *ab intestat* seul est certain : or, dans le concours de deux titres, le plus évident doit être préféré.

On a donc raisonné comme s'il existait simultanément deux titres.

C'est une erreur. Lorsqu'il existe un héritier testamentaire, il n'y a plus d'héritier légal ; car la loi n'attache pas moins d'effet à la disposition que fait l'homme en vertu de l'autorisation qu'elle lui donne, qu'à la disposition qu'elle fait elle-même directement : ainsi, l'héritier testamentaire est héritier légal, comme l'héritier *ab intestat*.

On objecte que le testament duquel il tient sa qualité peut être attaqué.

Si l'on suspendait l'effet des actes qui peuvent être attaqués, il faudrait donc suspendre l'exécution non-seulement des testamens, mais encore des ventes, des donations, de presque toutes les transactions civiles. Mais voici les principes par lesquels on doit se déterminer :

1°. La présomption est toujours qu'un acte est valable ; elle ne cesse que lorsque l'acte est annullé.

2°. Cette présomption le rend exécutoire.

Pourquoi, demande-t-on, ne pas appeler l'héritier *ab intestat*?

C'est parce que, dans les choses où l'homme dispose en vertu du pouvoir que lui en donne la loi, sa volonté doit être exécutée plus scrupuleusement que la disposition de la loi elle-même : *Mitiùs contrahitur cum lege, quàm cum homine*. La maxime, *le mort saisit le vif*, reçoit ici son application. Peu importe que la saisine tombe sur l'héritier testamentaire ou sur l'héritier *ab intestat*. Cette maxime est fondée sur ce qu'il ne peut y avoir aucun intervalle entre le défunt et son héritier ; la possession du premier continue immédiatement dans la personne du second.

Dans le droit romain, il n'y avait aucune différence entre l'héritier testamentaire et l'héritier *ab intestat* : elle n'existait que dans le droit coutumier.

Et qu'on ne dise pas que le droit des romains sur cette matière leur est particulier, parce que chez eux le testament avait le caractère de loi. Par-tout le testament a ce caractère; car par-tout les actes autorisés sont exécutés comme des lois. Chez les romains, le père était maître absolu dans sa famille, mais non sous le rapport de son testament; car la puissance paternelle était plus ancienne que la faculté de tester. Le testateur était si peu absolu, qu'il était obligé de faire son testament dans l'assemblée du peuple, qui imprimait à cet acte sa force d'exécution. La forme de tester n'a été simplifiée que lorsqu'on est arrivé aux vrais principes de la propriété.

On craint l'abus qu'on pourrait faire des testamens olographes, s'ils suffisent pour donner la saisine à l'héritier testamentaire. Cependant on est convenu, dans une autre occasion, que la forme des testamens olographes est la plus sûre et la plus respectable.

Au surplus, la législation la plus dangereuse serait celle qui mettrait le titre à la discrétion de la personne dont il blesse les intérêts. L'héritier *ab intestat* est dans cette position; et si cet héritier est absent, s'il est mineur, que de longueurs, que d'embarras !

D'ailleurs, puisqu'on consent à laisser les fruits à l'héritier testamentaire, il n'y a pas d'intérêt à donner, de préférence, la saisine à l'héritier *ab intestat* : le seul résultat de cette préférence serait de faire naître un procès inutile. Mais ce qui doit décider sur ce point, c'est que l'exécution provisoire est due à tout titre en bonne forme. Il n'y a pas de motifs pour ne pas soumettre à ce principe les testamens comme les autres actes.

On craint que l'héritier testamentaire ne dissipe la succession, et que si ensuite le testament est annullé, l'héritier *ab intestat* ne retrouve plus les choses dans leur premier état. Mais l'inconvénient ne serait-il pas le même, si l'héritier *ab intestat*, saisi d'abord de l'hérédité, la dilapide, et qu'ensuite le testament soit confirmé ?

M. Treilhard dit que puisqu'on est obligé de choisir entre l'usage des pays coutumiers et l'usage des pays de droit écrit, on doit ne consulter que la raison.

De quoi s'agit-il ?

De la transmission de l'hérédité.

Il est impossible qu'elle ait lieu tout-à-la-fois au profit des deux espèces d'héritiers. Or, quel est le premier en ordre ? c'est incontestablement celui que crée la loi.

L'héritier que crée la volonté de l'homme, ne le devient que par dérogation

gation au droit commun. L'héritier *ab intestat* doit donc être appelé, avant tout, à examiner et à critiquer le titre qui le dépouille : il doit l'examiner pour vérifier s'il est régulier dans la forme ; si au fond le testateur n'a pas excédé la portion disponible. Cet examen préalable est d'autant plus nécessaire, que l'héritier *ab intestat* n'a pas été partie dans l'acte, et qu'il y aurait de l'inconvénient à laisser l'héritier testamentaire s'emparer même de la portion que la loi réserve aux héritiers du sang. Elle peut, en certains cas, se composer des trois quarts de l'hérédité.

On veut prévenir un procès entre ces deux sortes d'héritiers. Mais il est inévitable, même dans le système proposé, si l'héritier *ab intestat* veut le faire naître ; car en refusant à l'héritier institué les titres et la mise en possession, il l'obligerait à recourir aux tribunaux.

L'opinant appuie l'amendement proposé par M. Tronchet.

M. Muraire est au contraire dans l'opinion que la saisine doit appartenir à l'héritier testamentaire.

Il est certain que la maxime, *le mort saisit le vif*, était reçue dans les pays de droit écrit, comme dans les pays coutumiers : la saisine s'opérait de plein droit dans la personne de l'héritier institué.

Pourquoi lui serait-elle refusée, puisqu'il réunit tout ce qui avait décidé à l'accorder à l'héritier *ab intestat* ? Il a pour lui, comme ce dernier, la volonté de la loi : mais il a un avantage de plus, c'est la priorité d'affection dans les sentimens du testateur. L'héritier *ab intestat* n'a lui-même de droits que par la volonté du défunt qui s'est abstenu de tester.

L'erreur vient de ce qu'on suppose un concours entre ces deux sortes d'héritiers. Cependant il n'y a pas de concours ; car si la loi institue l'héritier du sang quand il n'y a pas de testament, elle institue de préférence l'héritier testamentaire. Il n'existe donc point de concours, il n'existe pas de premier héritier saisi de droit, de la main duquel l'héritier institué doive nécessairement prendre les biens. Les deux sortes d'héritiers ont les mêmes droits au moment où la succession s'ouvre.

D'ailleurs, dans le système contraire, la succession la plus claire se trouve d'abord et nécessairement embarrassée par un procès. Il faut s'attendre, si l'héritier *ab intestat* est d'abord saisi, qu'il emploiera les chicanes et les moyens dilatoires pour écarter par des dégoûts l'héritier institué et percevoir les fruits. Le même héritier *ab intestat* ne viendra pas disputer la succession à l'institué, si ce dernier est d'abord saisi.

Enfin on a raisonné pour soutenir l'opinion opposée, dans la supposition que la présomption était contre le testament : on doit présumer au contraire que le testament est valable, tant que la nullité n'en a pas été prononcée.

M. Jollivet se borne à deux observations.

D'abord, dit-il, il est indispensable de constater le montant de l'hérédité, afin d'établir les réserves. Cependant, si l'héritier institué était d'abord saisi, il lui serait possible d'obscurcir l'état des choses et de rendre illusoire les dispositions de la loi relatives aux réserves.

Ensuite les testamens olographes sont rédigés par le testateur seul. Il devient donc possible de les supposer : or, dans les grandes villes, les faussaires sont assez audacieux pour user de cette facilité, afin de spolier la succession au moyen de la saisine que leur donnerait leur faux titre.

Le consul Cambacérès dit qu'il ne se dissimule pas la force de l'objection prise des dispositions relatives aux réserves ; mais elle n'a d'importance que dans le cas où il existe un héritier qui a droit à une légitime. Dans le cas contraire, elle s'évanouit. Il est un degré de parenté dans lequel le testateur peut disposer de la totalité de sa fortune : la loi qui lui donne cette faculté, veut certainement aussi que ses droits passent immédiatement, et par le seul effet de sa volonté, à l'héritier qu'il institue. Comment pourrait-on soumettre le testament à un héritier que la loi n'appelle qu'à défaut de testament.

On dit : Le testament peut être nul, et cependant l'individu saisi en vertu de ce faux titre, dilapidera la succession.

On peut tourner cette objection contre l'héritier du sang.

Mais ce qui doit décider, c'est que le faux est une exception à l'ordre commun des choses. Le faux dans un testament serait un délit que l'on poursuivra comme tout autre crime, et le juge prononcera, suivant les circonstances, sur l'exécution provisoire du titre attaqué.

Le Consul propose d'adopter la distinction dont il a parlé, entre le cas où il y a des réserves, et celui où il n'en existe pas.

Il conclut, au surplus, à ce que, dans cette dernière hypothèse, on prenne quelques précautions ; que, par exemple, les héritiers du sang soient appelés à la reconnaissance et à l'ouverture du testament.

M. Tronchet dit que son opinion rentre dans celle du Consul.

Il est certain que, quand il existe des réserves, le montant de la succession doit être constaté.

Au surplus, ce qu'on a dit pour prouver qu'il ne peut y avoir de concours entre les deux ordres d'héritiers, n'est pas applicable à ce cas ; car il existe tout-à-la fois un héritier institué et un héritier légal des réserves.

Mais que doit statuer la loi pour le cas où il n'y a pas de réserves ?

Elle doit obliger indistinctement tout héritier testamentaire à s'adresser au juge pour obtenir la saisine : car les héritiers peuvent être inconnus ou absens ; ils peuvent avoir droit à des réserves. Le juge, suivant les circonstances, ordonnera l'apposition des scellés, appellera les héritiers, en donnant la possession provisoire à l'institué, ou lui accordera la saisine.

Le consul CAMBACÉRÈS dit que quelquefois les précautions peuvent être sans objet ; telle serait, par exemple, l'espèce où le testateur aurait déclaré que ses héritiers n'ayant pas droit aux réserves, il veut que celui qu'il a institué soit saisi pour exécuter à l'instant diverses conditions que le testament lui impose.

Il serait au moins inutile d'envoyer dans ce cas l'héritier institué prendre la saisine de la main du juge. Au surplus, c'est par les principes adoptés sur la disponibilité, qu'il convient de se décider. On s'est borné à accorder une légitime aux enfans et aux ascendans : hors ce cas, chacun a la disposition indéfinie de ses biens, et il n'y a plus de prohibition. On a donc voulu que le testament eût tout son effet, et que l'héritier institué, qui se trouve dans la position la plus favorable quand il n'y a pas d'héritier ayant droit à des réserves, ne pût être inquiété par les subtilités de la chicane.

Les propositions faites par le consul Cambacérès sont adoptées.

M. TRONCHET dit que la décision du Conseil conduit à examiner quelques questions.

Dans les pays de droit écrit, on ne reconnaissait qu'un seul héritier, et quelquefois chaque héritier n'était institué que pour partie. Alors on était embarrassé de savoir lequel devait être regardé comme l'héritier à titre universel. De là naissaient une foule de questions : elles ne se présenteront pas, lorsqu'il y aura un héritier de réserve ; mais on sera forcé de les décider, lorsqu'il y aura plusieurs héritiers institués chacun pour quotité des biens.

M. Tronchet demande le renvoi de ces observations à la section.

Le consul CAMBACÉRÈS dit que, dans le droit romain, le testament était nul lorsqu'il ne contenait point d'institution d'héritier, et que par cette raison l'héritier institué pour une quotité seulement était réputé institué pour le tout ; que, dans notre droit, ce principe n'est point admis ; qu'ainsi la personne qui ne recueillera qu'une partie des biens, quelque nom que le testateur lui donne, ne sera cependant qu'un légataire ; qu'au surplus, il est utile de prévenir la difficulté par la rédaction.

Cette proposition est adoptée.

L'article est renvoyé à la section.

1015. Les intérêts ou fruits de la chose léguée courront au profit du légataire, dès le jour du décès, et sans qu'il ait formé sa demande en justice,

1°. Lorsque le testateur aura expressément déclaré sa volonté, à cet égard, dans le testament ;

2°. Lorsqu'une rente viagère ou une pension aura été léguée à titre d'alimens.

(Cet article, le LXXXVIe. du Projet, fut adopté sans discussion).

1016. Les frais de la demande en délivrance seront à la charge de la succession, sans néanmoins qu'il puisse en résulter de réduction de la réserve légale.

Les droits d'enregistrement seront dus par le légataire ;

Le tout s'il n'en a été autrement ordonné par le testament.

Chaque legs pourra être enregistré séparément, sans que cet enregistrement puisse profiter à aucun autre qu'au légataire ou à ses ayant-cause.

(Le § Ier. de l'article LXXXVII du Projet était ainsi conçu : *les frais de la demande en délivrance seront à la charge de l'héritier.*).

Il fut adopté avec l'amendement que la dernière disposition serait réduite au cas où il y aurait des demandes en délivrance de legs particuliers.

M. REGNAUD (de Saint-Jean-d'Angely) dit que le notaire doit avoir la faculté de délivrer séparément l'extrait du testament à chaque légataire.

Le CONSEIL décide que l'article sera rédigé dans ce sens.

1017. Les héritiers du testateur, ou autres débiteurs d'un legs, seront personnellement tenus de l'acquitter, chacun au prorata de la part et portion dont ils profiteront dans la succession.

Ils en seront tenus hypothécairement pour le tout, jusqu'à concurrence de la valeur des immeubles de la succession dont ils seront détenteurs.

(Cet art., le LXXXVIIIe. du Projet, fut adopté sans discussion).

DONATIONS ET TESTAMENS.

1018. La chose léguée sera délivrée avec les accessoires nécessaires, et dans l'état où elle se trouvera au jour du décès du donateur.

(Cet article, le LXXXIXe. du Projet, fut adopté sans discussion).

1019. Lorsque celui qui a légué la propriété d'un immeuble, l'a ensuite augmentée par des acquisitions, ces acquisitions, fussent-elles contiguës, ne seront pas censées, sans une nouvelle disposition, faire partie du legs.

Il en sera autrement des embellissemens, ou des constructions nouvelles faites sur le fonds légué, ou d'un enclos dont le testateur aurait augmenté l'enceinte.

(Cet article était le XC^e. du Projet).

M. TRONCHET dit que *Dumoulin* regarde l'intention d'opérer une incorporation et une union à la chose léguée, comme une preuve que le testateur à eu la volonté d'augmenter le legs. Tel serait, par exemple, le cas où il aurait réuni deux domaines pour n'en former qu'un seul : mais il est, en outre, une incorporation matérielle de fait, comme lorsque le testateur établit une communication entre deux maisons contiguës. Au surplus, M. Tronchet préfère l'opinion de la section à celle de *Dumoulin*, attendu qu'il ne faut s'arrêter qu'à la volonté très-assurée du testateur, et qu'il lui a été facile de s'expliquer.

L'article est adopté.

1020. Si, avant le testament ou depuis, la chose léguée a été hypothéquée pour une dette de la succession, ou même pour la dette d'un tiers, ou si elle est grevée d'un usufruit, celui qui doit acquitter le legs n'est point tenu de la dégager, à moins qu'il n'ait été chargé de le faire par une disposition expresse du testateur (1).

XCI. *Si la chose léguée se trouve antérieurement engagée par hypothèque pour une dette de la succession ou même pour la dette d'un tiers, ou si elle est grevée d'un usufruit, l'héritier n'est point tenu de la dégager, à moins qu'il n'ait été chargé de le faire par une disposition expresse du testateur.*

---

(1) Le tribunal de cassation proposait d'ajouter : *sauf le recours du donataire contre l'héritier, en cas que ce donataire fût obligé de payer la dette hypothécaire ou de déguerpir.* (Voyez les articles 871 et 874).

CXIV. *Si l'objet légué a été postérieurement hypothéqué, le légataire ne peut le réclamer que sous la charge de l'hypothèque, à moins que le testateur n'ait imposé à ses héritiers l'obligation d'affranchir ledit objet.*

M. REGNAUD (de Saint-Jean-d'Angely) demande que cet article soit refondu avec l'article XCI, en ajoutant à ce dernier le mot *postérieurement*.

Cette proposition est adoptée.

1021. Lorsque le testateur aura légué la chose d'autrui, le legs sera nul, soit que le testateur ait connu ou non qu'elle ne lui appartenait pas (1).

(Cet article était le XCII^e. du Projet).

M. MALEVILLE observe que cet article introduit une innovation au droit reçu.

M. BIGOT PRÉAMENEU répond que le legs de la chose d'autrui est tellement contraire à l'ordre ordinaire, qu'il peut toujours à cet égard y avoir des doutes sur la volonté du testateur. Ils sont encore plus grands, s'il a donné la chose d'autrui, croyant qu'elle lui appartenait.

M. TRONCHET dit que, dans le premier cas même, la volonté du testateur n'est pas assez certaine, pour qu'on puisse agir comme si elle était bien connue. Il lui était facile en effet de s'expliquer.

M. TREILHARD dit qu'il faut une règle pour mettre fin aux subtilités, et que la meilleure est celle qui exige que le testateur s'explique clairement.

L'article est adopté.

1022. Lorsque le legs sera d'une chose indéterminée, l'héritier ne sera pas obligé de la donner de la meilleure qualité, et il ne pourra l'offrir de la plus mauvaise.

(Cet article, le XCIII^e. du Projet, fut adopté sans discussion).

1023. Le legs fait au créancier ne sera pas censé en compensation de sa créance, ni le legs fait au domestique en compensation de ses gages.

(Cet art., le XCIV^e. du Projet, fut adopté sans discussion).

1024. Le légataire à titre particulier ne sera point tenu

---

(1) Si depuis le testament, un testateur a acquis à titre onéreux ou gratuit la chose d'autrui qu'il avait léguée, sans avoir manifesté de changement de volonté, ce legs sera-t-il valable ?

DONATIONS ET TESTAMENS.

des dettes de la succession, sauf la réduction du legs ainsi qu'il est dit ci-dessus, et sauf l'action hypothécaire des créanciers.

(Cet art., le XCVII°. du Projet, fut adopté sans discussion.)

SECTION VII.

DES EXÉCUTEURS TESTAMENTAIRES.

1025. Le testateur pourra nommer un ou plusieurs exécuteurs testamentaires.

(Cet art., le C°. du Projet, fut adopté sans discussion.)

1026. Il pourra leur donner la saisine du tout ou seulement d'une partie de son mobilier; mais elle ne pourra durer au-delà de l'an et jour à compter de son décès.

S'il ne la leur a pas donnée, ils ne pourront l'exiger.

(Cet art., le CI°. du Projet, fut adopté sans discussion.)

1027. L'héritier pourra faire cesser la saisine, en offrant de remettre aux exécuteurs testamentaires somme suffisante pour le paiement des legs mobiliers, ou en justifiant de ce paiement (1).

(Cet article était le CII°. du Projet; ces derniers mots : *ou en justifiant de ce paiement*, ne s'y trouvaient pas; il fut adopté, et ce changement a eu lieu sans discussion).

1028. Celui qui ne peut s'obliger, ne peut pas être exécuteur testamentaire.

(Cet art., le CIII°. du Projet, fut adopté sans discussion.)

1029. La femme mariée ne pourra accepter l'exécution testamentaire, qu'avec le consentement de son mari.

---

(1) Le légataire universel qui a laissé la saisine des meubles à l'héritier, peut-il être tenu du paiement des legs en cas d'insolvabilité survenue de l'exécuteur testamentaire ?

Si elle est séparée de biens, soit par contrat de mariage, soit par jugement, elle le pourra avec le consentement de son mari, ou, à son refus, autorisée par la justice, conformément à ce qui est prescrit par les articles 217 et 219, au titre *du Mariage.*

(Cet art., le CIV^e. du Projet, fut adopté sans discussion.)

1030. Le mineur ne pourra être exécuteur testamentaire, même avec l'autorisation de son tuteur ou curateur.

(Cet art., le CV^e. du Projet, fut adopté sans discussion.)

1031. Les exécuteurs testamentaires feront apposer les scellés, s'il y a des héritiers mineurs, interdits ou absens.

Ils feront faire, en présence de l'héritier présomptif, ou lui dûment appelé, l'inventaire des biens de la succession.

Ils provoqueront la vente du mobilier, à défaut de deniers suffisans pour acquitter les legs.

Ils veilleront à ce que le testament soit exécuté ; et ils pourront, en cas de contestation sur son exécution, intervenir pour en soutenir la validité.

Ils devront, à l'expiration de l'année du décès du testateur, rendre compte de leur gestion.

(Cet article, le CVI^e. du Projet, fut adopté sans discussion).

1032. Les pouvoirs de l'exécuteur testamentaire ne passeront point à ses héritiers.

(Cet article, le CVII^e. du Projet, fut adopté sans discussion).

1033. S'il y a plusieurs exécuteurs testamentaires qui aient accepté, un seul pourra agir au défaut des autres ; et ils seront solidairement responsables du compte du mobilier qui leur a été confié, à moins que le testateur n'ait divisé leurs fonctions, et que chacun d'eux ne se soit renfermé dans celle qui lui était attribuée.

(Cet article, le CVIII^e. du Projet, fut adopté sans discussion).

1034. Les

1034. Les frais faits par l'exécuteur testamentaire pour l'apposition des scellés, l'inventaire, le compte et les autres frais relatifs à ses fonctions, seront à la charge de la succession (1).

(Cet article, le CIX^e. du Projet, fut adopté sans discussion).

SECTION VIII.

DE LA RÉVOCATION DES TESTAMENS, ET DE LEUR CADUCITÉ.

1035. Les testamens ne pourront être révoqués, en tout ou en partie, que par un testament postérieur, ou par un acte devant notaires, portant déclaration du changement de volonté.

CX. *Les testamens ne pourront être révoqués en tout ou en partie, que par une déclaration du changement de volonté dans l'une des formes requises pour les testamens.*

M. TRONCHET dit qu'il doit suffire d'une déclaration devant notaire.

M. TREILHARD dit que l'article n'exige pas même tant de solennités, puisqu'il permet de consigner la révocation dans un testament olographe.

Le consul CAMBACÉRÈS dit qu'il importe cependant de prévenir la supposition des actes de révocation.

L'article est adopté avec l'amendement de M. Tronchet.

1036. Les testamens postérieurs qui ne révoqueront pas d'une manière expresse les précédens, n'annulleront, dans ceux-ci, que celles des dispositions y contenues qui se trouveront incompatibles avec les nouvelles, ou qui seront contraires (2).

(Cet article, le CXI^e. du Projet, fut adopté sans discussion).

---

(1) L'exécuteur testamentaire peut-il demander des honoraires? Le tribunal de cassation proposait un article ainsi conçu : *Les fonctions d'exécuteur testamentaire doivent être exercées gratuitement, sauf le don qui pourrait être fait à son profit par testament.*

(2) Le tribunal de cassation proposait un article ainsi conçu : *Tout testament postérieur révoque de droit celui ou ceux faits antérieurement, s'il n'en contient expressément la confirmation.* (Voy. l'observation de M. Berlier, placée en note sous la discussion de l'art. 1047).

1037. La révocation faite dans un testament postérieur aura tout son effet, quoique ce nouvel acte reste sans exécution par l'incapacité de l'héritier institué ou du légataire, ou par leur refus de recueillir.

(Cet article, le CXIIe. du Projet, fut adopté sans discussion).

1038. Toute aliénation, celle même par vente avec faculté de rachat ou par échange, que fera le testateur de tout ou de partie de la chose léguée, emportera la révocation du legs pour tout ce qui a été aliéné, encore que l'aliénation postérieure soit nulle, et que l'objet soit rentré dans la main du testateur.

CXIII. *La donation ou la vente que fera le testateur de tout ou de partie de la chose léguée, emportera la révocation du legs pour tout ce qui a été vendu ou donné, encore que la vente ou la donation postérieure soit nulle, et que l'objet soit rentré dans la main du testateur.*

M. Maleville demande si le légataire pourra exercer la faculté de rachat que le testateur se serait réservée dans la vente de la chose léguée, ou si cette faculté passera à l'héritier; c'est là une question qui se présente souvent, et qui mériterait d'être résolue.

M. Bigot-Préameneu répond qu'il faut, dans ce cas, décider contre le légataire, parce que le testateur a eu clairement l'intention d'anéantir le legs en retirant de la masse de ses biens la chose qu'il avait léguée.

M. Portalis dit qu'en effet il y a un changement de volonté évident.

L'article est adopté, sauf rédaction.

Le Conseil adopte en principe que l'échange de la chose léguée annulle le legs.

1039. Toute disposition testamentaire sera caduque, si celui en faveur de qui elle est faite n'a pas survécu au testateur.

(Cet article, le CXVe. du Projet, fut adopté sans discussion).

1040. Toute disposition testamentaire faite sous une condition dépendante d'un événement incertain, et telle que, dans l'intention du testateur, cette disposition ne doive être exécutée qu'autant que l'événement arrivera ou n'arrivera pas, sera caduque, si l'héritier institué ou le légataire décède avant l'accomplissement de la condition.

(Cet article, le CXVIe. du Projet, fut adopté sans discussion).

1041. La condition qui, dans l'intention du testateur, ne fait que suspendre l'exécution de la disposition, n'empêchera pas l'héritier institué, ou le légataire, d'avoir un droit acquis et transmissible à ses héritiers.

(Cet article, le CXVIIe. du Projet, fut adopté sans discussion).

1042. Le legs sera caduc, si la chose léguée a totalement péri pendant la vie du testateur.

Il en sera de même, si elle a péri depuis sa mort, sans le fait et la faute de l'héritier, quoique celui-ci ait été mis en retard de la délivrer, lorsqu'elle eût également dû périr entre les mains du légataire.

(Cet article, le CXVIIIe. du Projet, fut adopté sans discussion).

1043. La disposition testamentaire sera caduque, lorsque l'héritier institué ou le légataire la répudiera, ou se trouvera incapable de la recueillir.

(Cet article, le CXIXe. du Projet, fut adopté sans discussion).

1044. Il y aura lieu à accroissement au profit des légataires, dans le cas où le legs sera fait à plusieurs conjointement (1).

Le legs sera réputé fait conjointement, lorsqu'il le sera par une seule et même disposition, et que le testateur n'aura pas assigné la part de chacun des colégataires dans la chose léguée.

(Cet article, le CXXe. du Projet, fut adopté sans discussion).

---

(1) Le tribunal d'appel d'Aix proposait d'ajouter : *ou lorsqu'un legs est à la charge de l'autre ; en ce cas, le legs qui devait être pris sur un plus considérable, devenant caduc, accroît au légataire du plus fort legs.*

1045. Il sera encore réputé fait conjointement, quand une chose qui n'est pas susceptible d'être divisée sans détérioration, aura été donnée par le même acte à plusieurs personnes, même séparément.

(Cet article, le CXXI^e. du projet, fut adopté sans discussion).

1046. Les mêmes causes qui, suivant l'article 954 et les deux premières dispositions de l'article 955, autoriseront la demande en révocation de la donation entre-vifs, seront admises pour la demande en révocation des dispositions testamentaires.

(Cet article, le CXXII^e. du projet, fut adopté sans discussion).

1047. Si cette demande est fondée sur une injure grave faite à la mémoire du testateur, elle doit être intentée dans l'année, à compter du jour du délit.

CXXIII. *Si la demande est fondée sur le fait que le légataire était auteur ou complice de la mort du testateur, l'héritier doit la former dans l'année, à compter du jour du décès du testateur, si la condamnation du légataire est antérieure, et à compter du jour de la condamnation si elle est postérieure au décès.*

Si elle est fondée sur une injure grave faite à la mémoire du testateur, elle doit être intentée dans l'année, à compter du jour du délit.

M. Treilhard dit qu'il serait contre l'ordre de laisser un assassin jouir des dépouilles de sa victime, par cela seul qu'il n'aurait pas été recherché pendant un an.

M. Tronchet demande que l'action en déchéance contre le légataire ait la même durée que l'action en poursuite du crime qu'il a commis.

Le Conseil retranche la première partie de l'article.

La seconde partie est adoptée (1).

---

(1) M. Berlier observe que dans la section dont les articles viennent d'être soumis à la discussion, on ne trouve point de disposition sur un cas qui semble cependant devoir être prévu.

Si un premier testament est révoqué par un acte postérieur, mais que cet acte soit nul, que deviendra le premier testament ?

Cette question était fort controversée dans l'ancien droit.

Les uns soutenaient que quoique le second testament ou l'acte révocatoire ût nu, il

CHAPITRE VI.

DES DISPOSITIONS PERMISES EN FAVEUR DES PETITS-ENFANS DU DONATEUR OU TESTATEUR, OU DES ENFANS DE SES FRÈRES ET SOEURS.

1048. Les biens dont les pères et mères ont la faculté de disposer, pourront être par eux donnés, en tout ou en partie, à un ou plusieurs de leurs enfans, par actes entre-vifs ou testamentaires, avec la charge de rendre ces biens aux enfans nés et à naître, au premier degré seulement, desdits donataires (1).

(Cet article, le CXXVI^e. du Projet, fut adopté sans discussion).

---

indiquait un changement de volonté, et qu'alors il fallait regarder la succession comme ouverte *ab intestat*.

Les autres, se fondant sur la maxime que *ce qui est nul ne produit aucun effet*, soutenaient que le premier testament subsistait dans toute sa force.

L'opinant partage le premier avis.

Au surplus, quelle que soit l'opinion du Conseil, il importe de ne point laisser cette question indécise.

M. TRONCHET dit que le second acte, quoique nul, annonce néanmoins, de la part du testateur, un changement de volonté dont l'effet est d'anéantir le testament.

Le CONSEIL adopte l'observation de M. *Tronchet*, et décide qu'elle sera convertie en disposition. (Cependant cette décision n'a pas reçu d'effet).

(1) (Les articles suivans formaient le chapitre II du titre de la puissance paternelle, sous la rubrique *de la Disposition officieuse*. Ce chapitre, d'abord adopté au Conseil d'Etat, fut ensuite retranché dans les séances des 7 et 14 pluviôse an 11. (Voyez page 86 et suiv.).

XIV. *Les père et mère pourront, par leur testament, réduire leurs enfans au simple usufruit de leur portion héréditaire, au profit seulement des descendans nés et à naître de ces derniers.*

M. REGNAUD (de Saint-Jean-d'Angely) demande que la disposition soit réduite aux enfans dissipateurs.

Le consul CAMBACÉRÈS pense que les deux articles qui formaient l'ancienne rédaction, rendent plus clairement l'intention du Conseil.

Ils sont adoptés comme il suit :

XIV. *Les père et mère pourront, par une disposition officieuse, dans le cas de dissipation notoire, réduire leurs enfans au simple usufruit d'une portion héréditaire au profit seulement des descendans nés et à naître de ces derniers.*

XV. *La disposition officieuse ne peut être faite que par acte testamentaire : la cause*

Séance du 8 Vendémiaire an 11.

1049. Sera valable, en cas de mort sans enfans, la disposition que le défunt aura faite par acte entre-vifs ou testamentaire, au profit d'un ou plusieurs de ses frères ou sœurs, de tout ou partie des biens qui ne sont point réservés par la loi dans sa succession, avec la charge de rendre ces biens aux enfans nés et à naître, au premier degré seulement, desdits frères ou sœurs donataires.

(Cet article, le CXXVII^e. du Projet, fut adopté sans discussion).
(Voyez la discussion qui a eu lieu sur l'art. 899, page 86 et suiv.)

1050. Les dispositions permises par les deux articles précédens, ne seront valables qu'autant que la charge de

y doit être spécialement exprimée; elle doit être juste et encore existante à l'époque de la mort du père ou de la mère disposans.

XVI. *Les descendans de l'usufruitier ne pourront, de son vivant, disposer de la propriété dont ils seront saisis en vertu de la disposition officieuse.*

(Cet article est adopté).

XVII. *Il sera dressé un inventaire de tous les biens, et en même tems une estimation à juste prix des meubles et effets. Ceux dont l'enfant réduit à l'usufruit ne voudra pas jouir en nature, seront vendus. Il sera fait emploi du prix provenant de ces ventes, de l'argent comptant qui excéderait une année de revenu, des recouvremens de dettes actives et des remboursemens de capitaux.*

(Cet article est adopté).

XVIII. *Les opérations prescrites par l'article précédent, seront faites à la diligence et en présence des descendans, s'ils sont majeurs, ou d'un tuteur, soit qu'il y ait des descendans mineurs, soit qu'il n'y ait pas de descendans alors existans.*

(Cet article est adopté).

XIX. *La mère, constant le mariage, ne pourra frapper l'enfant commun d'une disposition officieuse, sans l'assistance ou le consentement de son mari.*

M. Tronchet demande la suppression de cet article. Il trouve qu'il est contradictoire d'obliger la femme à prendre le consentement de son mari pour la disposition officieuse, lorsque la loi lui donne la capacité de tester seule; il y a d'autant moins d'inconvénient à repousser cette expression, que l'art. XV exige que la disposition officieuse soit motivée.

(L'article est supprimé).

XX. *L'usufruit laissé à l'enfant pourra être saisi par les créanciers qui lui auront fourni des alimens depuis sa jouissance. Les autres créanciers, soit antérieurs, soit postérieurs à l'ouverture de cette jouissance, ne pourront saisir l'usufruit que dans le cas où il excéderait ce qui peut convenablement suffire à la subsistance de l'usufruitier.*

(Cet article est adopté).

XXI. *Les dispositions officieuses seront rendues publiques dans la même forme que les interdictions.*

(Cet article est adopté). (Voyez la discussion qui a eu lieu sur l'art. 899, pag. 86 et suiv.)

DONATIONS ET TESTAMENS.

restitution sera au profit de tous les enfans nés et à naître du grevé, sans exception ni préférence d'âge ou de sexe.

(Cet article, le CXXVIII^e. du Projet, fut adopté sans discussion).
(Voyez la discussion, page 86 et suiv.)

1051. Si, dans les cas ci-dessus, le grevé de restitution au profit de ses enfans, meurt, laissant des enfans au premier degré et des descendans d'un enfant prédécédé, ces derniers recueilleront, par représentation, la portion de l'enfant prédécédé.

(Cet article, le CXXIX^e. du Projet, fut adopté sans discussion).

1052. Si l'enfant, le frère ou la sœur auxquels des biens auraient été donnés par acte entre-vifs, sans charge de restitution, acceptent une nouvelle libéralité faite par acte entre-vifs ou testamentaire, sous la condition que les biens précédemment donnés demeureront grevés de cette charge, il ne leur est plus permis de diviser les deux dispositions faites à leur profit, et de renoncer à la seconde pour s'en tenir à la première, quand même ils offriraient de rendre les biens compris dans la seconde disposition.

(Cet article, le CXXX^e. du Projet, fut adopté sans discussion).

1053. Les droits des appelés seront ouverts à l'époque où, par quelque cause que ce soit, la jouissance de l'enfant, du frère ou de la sœur, grevés de restitution, cessera : l'abandon anticipé de la jouissance au profit des appelés, ne pourra préjudicier aux créanciers du grevé antérieurs à l'abandon.

(L'article CXXXI du Projet se terminait au mot *cessera*. L'amendement que présente le texte a été adopté sans discussion).

1054. Les femmes des grevés ne pourront avoir, sur les biens à rendre, de recours subsidiaire en cas d'insuffisance des biens libres, que pour le capital des deniers dotaux, et dans le cas seulement où le testateur l'aurait expressément ordonné.

(Cet article, le CXXXII^e. du Projet, fut adopté sans discussion).

1055. Celui qui fera les dispositions autorisées par les articles précédens, pourra, par le même acte, ou par un acte postérieur, en forme authentique, nommer un tuteur chargé de l'exécution de ces dispositions : ce tuteur ne pourra être dispensé que pour une des causes exprimées à la section VI du chapitre II du titre *de la Minorité, de la Tutelle et de l'Emancipation.*

CXXXIII. *Les dispositions autorisées par les articles précédens ne seront valables qu'autant que celui qui les aura faites, aura, par le même acte, ou par un acte postérieur en forme authentique, nommé un tuteur chargé de l'exécution de ces dispositions.*

Le consul CAMBACÉRÈS pense que la validité de la disposition ne doit pas dépendre de la désignation d'un tuteur, puisqu'il est si facile de le nommer ensuite.

M. BIGOT-PRÉAMENEU répond que la section, pour assurer l'effet de la disposition pénale, a cru devoir placer un tiers entre le père et l'enfant.

Le consul CAMBACÉRÈS répond qu'on doit empêcher avant tout que l'oubli ou l'ignorance n'introduise, par l'effet de ces dispositions, des nullités dans les testamens olographes.

A la vérité, l'ignorance du droit n'excuse personne; mais la loi doit néanmoins s'attacher à n'y pas donner occasion.

LE CONSEIL arrête que l'article sera retranché.

(Il a cependant subsisté, mais il a subi un changement motivé par l'observation du consul Cambacérès).

1056. A défaut de ce tuteur, il en sera nommé un à la diligence du grevé, ou de son tuteur s'il est mineur, dans le délai d'un mois, à compter du jour du décès du donateur ou testateur, ou du jour que, depuis cette mort, l'acte contenant la disposition aura été connu.

CXXXIV. *Si, à la mort de celui qui a disposé, le tuteur par lui nommé n'existe plus, ou s'il a une des dispenses admises au titre des Tutelles, il en sera nommé un autre, à la diligence du grevé, dans le délai d'un mois, à compter du jour du décès du donateur ou testateur, ou du jour que, depuis cette mort, l'acte contenant la disposition aura été connu.*

(Cet article fut adopté, sauf les modifications qu'exigeait le changement subi par l'article précédent.)

M. TREILHARD

M. Treilhard demande qu'on pourvoie au cas où le grevé se trouverait mineur; qu'en conséquence l'on ajoute à ces mots : *à la diligence du grevé*, ceux-ci, *ou de son tuteur.*

Cette proposition est adoptée.

1057. Le grevé qui n'aura pas satisfait à l'article précédent, sera déchu du bénéfice de la disposition ; et dans ce cas, le droit pourra être déclaré ouvert au profit des appelés, à la diligence, soit des appelés s'ils sont majeurs, soit de leur tuteur ou curateur s'ils sont mineurs ou interdits, soit de tout parent des appelés majeurs, mineurs ou interdits, ou même d'office, à la diligence du commissaire du gouvernement près le tribunal de première instance du lieu où la succession est ouverte.

(Dans l'article CXXXV du Projet, qui fut adopté sans discussion, on ne trouvait pas ces mots : *soit de leurs tuteurs ou curateurs, s'ils sont mineurs ou interdits.* Cet amendement est un résultat de l'observation faite par M. Treilhard sur l'article précédent).

1058. Après le décès de celui qui aura disposé à la charge de restitution, il sera procédé, dans les formes ordinaires, à l'inventaire de tous les biens et effets qui composeront sa succession, excepté néanmoins le cas où il ne s'agirait que d'un legs particulier. Cet inventaire contiendra la prisée à juste prix des meubles et effets mobiliers.

CXXXVI. *Après le décès de celui qui aura disposé à titre universel ou par quotité, à la charge de restitution, il sera procédé, dans les formes ordinaires, à l'inventaire de tous les biens et effets qui composeront sa succession. Il contiendra la prisée à juste prix des meubles et effets mobiliers.*

(Cet article fut adopté, et les changemens qu'il a subis ont eu lieu sans discussion).

1059. Il sera fait à la requête du grevé de restitution, et dans le délai fixé au titre *des Successions*, en présence du tuteur nommé pour l'exécution. Les frais seront pris sur les biens compris dans la disposition.

(Au lieu de ces mots : *les frais seront pris sur les biens compris dans la disposition*, on lisait dans l'article CXXXVII du Projet, *et des appelés, s'ils sont majeurs*. Le changement fait a eu lieu sans discussion).

1060. Si l'inventaire n'a pas été fait à la requête du grevé dans le délai ci-dessus, il y sera procédé dans le mois suivant, à la diligence du tuteur nommé pour l'exécution, en présence du grevé ou de son tuteur.

(Après les mots, *du grevé*, on lisait dans l'art. CXXXVIII du Projet : *qui sera tenu de rembourser les frais, et des appelés, s'ils sont majeurs*. Il fut adopté, et le changement fait a eu lieu sans discussion. Les mots, *ou de son tuteur*, ont été ajoutés d'après l'observation faite sur l'art. 1056.)

1061. S'il n'a point été satisfait aux deux articles précédens, il sera procédé au même inventaire, à la diligence des personnes désignées en l'article 1057, en y appelant le grevé ou son tuteur, et le tuteur nommé pour l'exécution.

(Dans l'article CXXXIX du Projet qui fut adopté sans discussion, on ne trouvait pas ces mots : *ou son tuteur*, ils sont le résultat de l'observation faite par M. Treilhard sur l'article CXXXIV. Voyez sous l'article 1056).

1062. Le grevé de restitution sera tenu de faire procéder à la vente par affiches et enchères, de tous les meubles et effets compris dans la disposition, à l'exception néanmoins de ceux dont il est mention dans les deux articles suivans.

(Cet article, le CXL^e. du Projet, fut adopté sans discussion).

1063. Les meubles meublans et autres choses mobilières qui auraient été compris dans la disposition, à la condition expresse de les conserver en nature, seront rendus dans l'état où ils se trouveront lors de la restitution.

(Cet article, le CXLI^e. du Projet, fut adopté sans discussion).

1064. Les bestiaux et ustensiles servant à faire valoir les terres, seront censés compris dans les donations entre-vifs ou testamentaires desdites terres ; et le grevé sera seulement tenu de les faire priser et estimer, pour en rendre une égale valeur lors de la restitution.

(Cet article, le CXLII^e. du Projet, fut adopté sans discussion).

1065. Il sera fait par le grevé, dans le délai de six mois, à compter du jour de la clôture de l'inventaire, un emploi des deniers comptans, de ceux provenant du prix des meubles et effets qui auront été vendus, et de ce qui aura été reçu des effets actifs.

Ce délai pourra être prolongé, s'il y a lieu.

(Cet article, le CXLIII. du Projet, fut adopté sans discussion).

1066. Le grevé sera pareillement tenu de faire emploi des deniers provenant des effets actifs qui seront recouvrés et des remboursemens de rentes, et ce, dans trois mois au plus tard après qu'il aura reçu ces deniers.

(Cet article, le CXLIV^e. du Projet, fut adopté sans discussion).

1067. Cet emploi sera fait conformément à ce qui aura été ordonné par l'auteur de la disposition, s'il a désigné la nature des effets dans lesquels l'emploi doit être fait; sinon, il ne pourra l'être qu'en immeubles, ou avec privilège sur des immeubles.

(Cet article, le CXLV^e. du Projet, fut adopté sans discussion).

1068. L'emploi ordonné par les articles précédens sera fait en présence et à la diligence du tuteur nommé pour l'exécution.

(Cet article, le CXLVI^e. du Projet, fut adopté sans discussion).

1069. Les dispositions par actes entre-vifs ou testamentaires, à charge de restitution, seront, à la diligence, soit du grevé, soit du tuteur nommé pour l'exécution, rendues publiques; savoir, quant aux immeubles, par la transcription des actes sur les registres du bureau des hypothèques du lieu de la situation ; et quant aux sommes colloquées avec privilége sur des immeubles , par l'inscription sur les biens affectés au privilége.

(Cet article, le CXLVII^e. du Projet, fut adopté sans discussion).

1070. Le défaut de transcription de l'acte contenant la disposition , pourra être opposé par les créanciers et tiers acquéreurs , même aux mineurs ou interdits ; sauf le recours contre le grevé et contre le tuteur à l'exécution, et sans que les mineurs ou interdits puissent être restitués contre ce défaut de transcription , quand même le grevé et les tuteurs se trouveraient insolvables.

(Cet article, le CXLVIII^e. du Projet, fut adopté sans discussion).

1071. Le défaut de transcription ne pourra être suppléé ni regardé comme couvert par la connaissance que les créanciers ou les tiers acquéreurs pourraient avoir eue de la disposition par d'autres voies que celle de la transcription.

(Cet article, le CXLIX^e. du Projet, fut adopté sans discussion).

1072. Les donataires, les légataires, ni même les héritiers légitimes de celui qui aura fait la disposition, ni pareillement leurs donataires , légataires ou héritiers, ne pourront , en aucun cas, opposer aux appelés le défaut de transcription ou inscription.

(Cet article, le CL^e. du Projet, fut adopté sans discussion).

1073. Le tuteur nommé pour l'exécution sera personnellement responsable, s'il ne s'est pas, en tout point, conformé aux règles ci-dessus établies pour constater les biens, pour la vente du mobilier, pour l'emploi des deniers, pour la transcription et l'inscription, et en général s'il n'a pas fait toutes les diligences nécessaires pour que la charge de restitution soit bien et fidèlement acquittée.

(Cet article, le CLI^e. du Projet, fut adopté sans discussion).

1074. Si le grevé est mineur, il ne pourra, dans le cas même de l'insolvabilité de son tuteur, être restitué contre l'inexécution des règles qui lui sont prescrites par les articles du présent chapitre.

(Cet article ne se trouvait pas dans le Projet, il fut ajouté et adopté sans discussion).

CHAPITRE VII.

DES PARTAGES FAITS PAR PÈRE, MÈRE OU AUTRES ASCENDANS, ENTRE LEURS DESCENDANS.

1075. Les père et mère et autres ascendans pourront faire, entre leurs enfans et descendans, la distribution et le partage de leurs biens.

(Cet article, le CLIIe. du Projet, fut adopté sans discussion).

1076. Ces partages pourront être faits par actes entre-vifs ou testamentaires, avec les formalités, conditions et règles prescrites pour les donations entre-vifs et testamens (1).

Les partages faits par actes entre-vifs ne pourront avoir pour objet que les biens présens.

(Cet article était le CLIIIe du Projet. On y trouvait en outre cette disposition : *L'usage des démissions révocables est aboli*. Cet article fut adopté, et le changement qu'il a subi a eu lieu sans discussion).

1077. Si tous les biens que l'ascendant laissera au jour de son décès n'ont pas été compris dans le partage, ceux de ces biens qui n'y auront pas été compris, seront partagés conformément à la loi.

(Cet article, le CLIVe. du Projet, fut adopté sans discussion).

1078. Si le partage n'est pas fait entre tous les enfans

---

(1) La perte survenue de la portion attribuée à un enfant, doit-elle être supportée par lui seul ?

qui existeront à l'époque du décès et les descendans de ceux prédécédés, le partage sera nul pour le tout. Il en pourra être provoqué un nouveau dans la forme légale, soit par les enfans ou descendans qui n'y auront reçu aucune part, soit même par ceux entre qui le partage aurait été fait.

(Cet article était le CLVe du Projet. On lisait à la fin, *en y appelant les autres*. Il fut adopté avec le retranchement de ces derniers mots).

1079. Le partage fait par l'ascendant pourra être attaqué pour cause de lésion de plus du quart; il pourra l'être aussi dans le cas où il résulterait du partage et des dispositions faites par préciput, que l'un des copartagés aurait un avantage plus grand que la loi ne le permet.

CLVI. *Le partage sera encore nul, si les père et mère ou autres ascendans ont fait, à titre de préciput, une disposition, soit entre-vifs, soit par testament, au profit d'un ou de plusieurs de leurs enfans ou descendans.*

M. Bigot-Préameneu dit que la section a craint l'abus que l'on pourrait faire de ces partages pour favoriser un enfant par des avantages prohibés; mais que la faculté de faire rescinder un partage par la lésion du tiers au quart, paraît être une garantie suffisante.

M. Tronchet dit que la rédaction n'est pas assez claire, on n'entend point s'il s'agit d'un préciput antérieur au partage, d'un préciput postérieur, ou de l'avantage qui serait fait par le partage même.

M. Treilhard éclaircit la rédaction par un exemple. Il suppose que le père ait donné à l'un de ses enfans un quart hors partage, et un quart par le partage; si les enfans sont au nombre de six, les cinq autres ne partageant entre eux que la moitié, chacun n'aurait qu'un dixième au total.

L'intention de la section a été de prévenir cet abus, en n'accordant pas cumulativement au père le droit de disposer au profit de ses enfans et celui de leur partager son bien.

M. Maleville dit qu'il peut arriver qu'un père lègue un de ses biens à un de ses enfans, un autre bien à un autre enfant, et qu'on considère cette disposition comme un partage.

L'article lui ôterait ensuite la faculté de disposer de la portion disponible ; cependant l'on sent combien les dispositions du genre qu'on vient d'indiquer sont favorables, et combien il importe de laisser à la prévoyance et à la tendresse éclairée des pères de famille la distribution économique de leurs biens suivant la position de chacun de leurs enfans, et de ne pas les réduire à la simple faculté d'un prélegs, en livrant le reste des biens à un morcellement que le caprice peut rendre désastreux et bizarre.

M. TREILHARD observe que M. Maleville se méprend sur l'objet de l'article.

M. MURAIRE doute qu'on doive admettre l'exception proposée. Le calcul qu'on a fait pour la justifier est exact ; mais il faut supposer au père l'intention d'être équitable envers ses enfans, et non celle d'ajouter, par le partage, aux avantages qu'il a déjà faits à l'un d'entre eux. Il lui serait facile, s'il était dans d'autres dispositions, de frauder la loi par des voies indirectes et détournées.

Il importe de conserver cette manière simple et régulière de faire les partages ; car elle prévient les procès : et cependant, en admettant l'article, il suffirait d'une erreur involontaire du père, pour que le partage devînt nul.

M. BERLIER dit que la présomption sur laquelle repose le système de M. Muraire, ne saurait être admise par quiconque a étudié le cœur humain.

Comment pourrait-on croire que celui qui a déjà gratifié un de ses enfans au préjudice des autres, par une disposition directe, ne le fera pas encore par la voie du partage, si cette voie lui est ouverte ? Loin que le don fait par préciput doive faire présumer que la libéralité s'arrêtera-là, l'inégalité déjà introduite entre les enfans doit faire craindre qu'on ne l'étende davantage : voilà la crainte naturelle, et la présomption naissante de la préférence même qui a déjà été accordée à l'un des enfans.

Le partage entre enfans est, dit-on, un acte favorable, comme tendant à prévenir les embarras et les procès.

Cela est vrai, quand son origine n'est point souillée par la circonstance qu'on examine : rien de plus louable entre enfans non avantagés ; rien de plus dangereux, rien de plus odieux, entre enfans dont la condition a déjà cessé d'être égale, parce que ce serait presque toujours un moyen de tromper la nature et la loi.

Quand celle-ci a posé la limite, elle aurait fait une chose inutile, si elle admettait en même tems des dispositions propres à l'éluder. Or la loi serait journellement éludée si le père de famille, après avoir directement donné un quart de son bien par préciput à l'un de ses enfans, pouvait encore indirectement l'avantager par un partage qui ne serait attaquable que dans le cas d'une lésion de plus du quart.

Pour éviter cet inconvénient, il faudrait, en admettant le partage, décider qu'il pourrait être rescindé pour la plus petite lésion; mais alors il est bien plus simple de l'interdire tout-à-fait dans le cas dont il s'agit, comme le décide l'article en discussion.

L'article est adopté, sauf rédaction.

CLVII. *Le partage fait par l'ascendant ne pourra être attaqué que dans le seul cas où l'un des co-partagés offre de prouver qu'il contient une lésion de plus du quart à son préjudice.*

(Cet article fut adopté sans discussion. L'article 1079 est le résultat de sa réunion avec l'article CLVI).

1080. L'enfant qui, pour une des causes exprimées en l'article précédent, attaquera le partage fait par l'ascendant, devra faire l'avance des frais de l'estimation; et il les supportera en définitif, ainsi que les dépens de la contestation, si la réclamation n'est pas fondée (1).

CLVIII. *L'enfant qui attaquera le partage fait par l'ascendant, sous prétexte de lésion de plus du quart, devra faire l'avance des frais de l'estimation; et il les supportera en définitif, ainsi que les dépens de la contestation, si la réclamation n'est pas fondée.*

M. BIGOT-PRÉAMENEU dit que cet article est destiné à mettre un frein aux demandes indiscrètes de partage.

L'article est adopté.

CHAPITRE VIII.

DES DONATIONS FAITES PAR CONTRAT DE MARIAGE AUX ÉPOUX, ET AUX ENFANS A NAÎTRE DU MARIAGE.

1081. Toute donation entre-vifs de biens présens, quoique faite par contrat de mariage aux époux, ou à l'un d'eux, sera soumise aux règles générales prescrites pour les donations faites à ce titre.

---

(1) La disposition de cet article ne devrait-elle pas être étendue à toute réclamation contre toute espèce de partage? (Observation du tribunal de cassation).

Elle

Elle ne pourra avoir lieu au profit des enfans à naître, si ce n'est dans les cas énoncés au chapitre VI du présent titre.

(Cet article, le CLIXe. du Projet, fut adopté sans discussion).

1082. Les pères et mères, les autres ascendans, les parens collatéraux des époux, et même les étrangers, pourront, par contrat de mariage, disposer de tout ou partie des biens qu'ils laisseront au jour de leur décès, tant au profit desdits époux, qu'au profit des enfans à naître de leur mariage, dans le cas où le donateur survivrait à l'époux donataire.

Pareille donation, quoique faite au profit seulement des époux ou de l'un d'eux, sera toujours, dans ledit cas de survie du donateur, présumée faite au profit des enfans et descendans à naître du mariage.

(Cet article, le CLXe. du Projet, fut adopté sans discussion).

1083. La donation, dans la forme portée au précédent article, sera irrévocable, en ce sens seulement que le donateur ne pourra plus disposer, à titre gratuit, des objets compris dans la donation, si ce n'est pour sommes modiques à titre de récompense ou autrement.

(Cet article, le CLXIe. du Projet, fut adopté sans discussion).

1084. La donation par contrat de mariage pourra être faite cumulativement des biens présens et à venir, en tout ou en partie, à la charge qu'il sera annexé à l'acte un état des dettes et charges du donateur existantes au jour de la donation; auquel cas, il sera libre au donataire, lors du décès du donateur, de s'en tenir aux biens présens, en renonçant au surplus des biens du donateur (1).

(Cet article, le CLXIIe. du Projet, fut adopté sans discussion).

---

(1) Quel délai sera accordé au donataire pour faire son option ?
Le donataire de biens présens et à venir pourra-t-il, après avoir fait l'option autorisée par cet article, répudier la donation, sous prétexte qu'elle lui est onéreuse ?

1085. Si l'état dont est mention au précédent article, n'a point été annexé à l'acte contenant donation des biens présens et à venir, le donataire sera obligé d'accepter ou de répudier cette donation pour le tout. En cas d'acceptation, il ne pourra réclamer que les biens qui se trouveront existans au jour du décès du donateur, et il sera soumis au paiement de toutes les dettes et charges de la succession.

(Cet article, le CLXIII^e. du Projet, fut adopté sans discussion.)

1086. La donation par contrat de mariage en faveur des époux et des enfans à naître de leur mariage, pourra encore être faite, à condition de payer indistinctement toutes les dettes et charges de la succession du donateur, ou sous d'autres conditions dont l'exécution dépendrait de sa volonté, par quelque personne que la donation soit faite : le donataire sera tenu d'accomplir ces conditions, s'il n'aime mieux renoncer à la donation ; et en cas que le donateur, par contrat de mariage, se soit réservé la liberté de disposer d'un effet compris dans la donation de ses biens présens, ou d'une somme fixe à prendre sur ces mêmes biens, l'effet ou la somme, s'il meurt sans en avoir disposé, seront censés compris dans la donation, et appartiendront au donataire ou à ses héritiers.

(Cet art., le CLXIV^e. du Projet, fut adopté sans discussion.)

1087. Les donations faites par contrat de mariage ne pourront être attaquées, ni déclarées nulles, sous prétexte de défaut d'acceptation (1).

(Cet art., le CLXV^e. du Projet, fut adopté sans discussion.)

---

(1) La donation faite par acte antérieur au contrat de mariage, mais en faveur du mariage, doit-elle être assujettie à la formalité de l'acceptation ? (Voyez *Furgole* sur les articles X et XIII de l'ordonnance de 1731).

DONATIONS ET TESTAMENS. 243

1088. Toute donation faite en faveur du mariage sera caduque, si le mariage ne s'ensuit pas (1).
(Cet article, le CLXVI^e. du Projet, fut adopté sans discussion).

1089. Les donations faites à l'un des époux, dans les termes des articles 1082, 1084 et 1086 ci-dessus, deviendront caduques, si le donateur survit à l'époux donataire et à sa postérité.
(Cet art., le CLXVII^e. du Projet, fut adopté sans discussion.)

1090. Toutes donations faites aux époux par leur contrat de mariage, seront, lors de l'ouverture de la succession du donateur, réductibles à la portion dont la loi lui permettait de disposer.
(Cet art., le CLXVIII^e. du Projet, fut adopté sans discussion.)

CHAPITRE IX.

DES DISPOSITIONS ENTRE ÉPOUX, SOIT PAR CONTRAT DE MARIAGE, SOIT PENDANT LE MARIAGE.

1091. Les époux pourront, par contrat de mariage, se faire réciproquement, ou l'un des deux à l'autre, telle donation qu'ils jugeront à propos, sous les modifications ci-après exprimées.
(Cet art., le CLXIX^e. du Projet, fut adopté sans discussion.)

1092. Toute donation entre-vifs de biens présens, faite entre époux par contrat de mariage, ne sera point censée faite sous la condition de survie du donataire, si cette

---

(1) Il serait nécessaire de fixer un terme, passé lequel la donation deviendrait caduque lors même que le mariage serait contracté postérieurement. (Observations du tribunal d'appel de Grenoble).

Il proposait un article ainsi conçu : *Toute donation faite en faveur de mariage, est caduque, si le mariage ne s'ensuit dans les deux années, à compter de la donation.*

Elle est également caduque, si le donataire ne contracte pas mariage avec la personne qui aurait été désignée dans l'acte de donation.

condition n'est formellement exprimée; et elle sera soumise à toutes les règles et formes ci-dessus prescrites pour ces sortes de donations.

(Cet article, le CLXXe. du Projet, fut adopté sans discussion).

1093. La donation de biens à venir, ou de biens présens et à venir, faite entre époux par contrat de mariage, soit simple, soit réciproque, sera soumise aux règles établies par le chapitre précédent, à l'égard des donations pareilles qui leur seront faites par un tiers; sauf qu'elle ne sera point transmissible aux enfans issus du mariage, en cas de décès de l'époux donataire avant l'époux donateur.

(Cet article, le CLXXIe. du Projet, fut adopté sans discussion).

1094. L'époux pourra, soit par contrat de mariage, soit pendant le mariage, pour le cas où il ne laisserait point d'enfans ni descendans, disposer en faveur de l'autre époux, en propriété, de tout ce dont il pourrait disposer en faveur d'un étranger, et, en outre, de l'usufruit de la totalité de la portion dont la loi prohibe la disposition au préjudice des héritiers.

Et pour le cas où l'époux donateur laisserait des enfans ou descendans, il pourra donner à l'autre époux, ou un quart en propriété et un autre quart en usufruit, ou la moitié de tous ses biens en usufruit seulement.

(Cet article, le CLXXIIe. du Projet, fut adopté sans discussion).

1095. Le mineur ne pourra, par contrat de mariage, donner à l'autre époux, soit par donation simple, soit par donation réciproque, qu'avec le consentement et l'assistance de ceux dont le consentement est requis pour la validité de son mariage; et, avec ce consentement, il pourra donner tout ce que la loi permet à l'époux majeur de donner à l'autre conjoint.

(Cet article, le CLXXIIIe. du Projet, fut adopté sans discussion).

DONATIONS ET TESTAMENS.

1096. Toutes donations faites entre époux, pendant le mariage, quoique qualifiées entre-vifs, seront toujours révocables.

La révocation pourra être faite par la femme, sans y être autorisée par le mari ni par la justice (1).

Ces donations ne seront point révoquées par la survenance d'enfans.

(On ne trouvait pas dans l'article CLXXIV du Projet, cette dernière disposition : *Ces donations ne seront point révoquées par la survenance d'enfant*. Il fut adopté sans discussion ainsi que l'amendement qu'offre le texte).

1097. Les époux ne pourront, pendant le mariage, se faire, ni par acte entre-vifs, ni par testament, aucune donation mutuelle et réciproque par un seul et même acte.

(Cet article, le CLXXVe. du Projet, fut adopté sans discussion).

1098. L'homme ou la femme qui, ayant des enfans d'un autre lit, contractera un second ou subséquent mariage, ne pourra donner à son nouvel époux qu'une part d'enfant légitime le moins prenant, et sans que, dans aucun cas, ces donations puissent excéder le quart des biens (2).

CLXXVI. *L'homme ou la femme qui, ayant des enfans d'un autre lit, contractera un second ou subséquent mariage, ne pourra donner à son nouvel époux qu'une part d'enfant légitime le moins prenant, et en usufruit seulement.*

Il ne pourra disposer, à titre gratuit ni onéreux, des immeubles qu'il a recueillis, à titre de don, de son époux ou de ses époux précédens, tant que les enfans issus des mariages desquels sont provenus ces dons, existent.

M. REGNAUD (de Saint-Jean-d'Angely) observe que cet article change la législation existante.

---

(1) La révocation ne pourra-t-elle être faite que par acte authentique ? Le tribunal de cassation proposait de décider l'affirmative et de l'exprimer.

(2) Le tribunal de cassation proposait d'ajouter : *Néanmoins la réduction d'un don excédant cette part ne pourra être réclamée que par l'enfant du premier lit existant au moment du décès du donateur.*

M. Treilhard dit que la seconde partie de cet article ne serait utile, qu'autant que les biens dont il défend de disposer seraient réservés aux enfans du premier lit.

La seconde partie de l'article est retranchée.

M. Regnaud (de Saint-Jean-d'Angely) observe sur la première partie, qu'en mettant obstacle aux seconds mariages, elle tend à faire vivre dans le concubinage les personnes qu'elle empêche de s'avantager.

Le consul Cambacérès dit que l'intérêt des enfans du premier lit oblige de faire une distinction entre les deux espèces de mariages; qu'il suffit, au surplus, de laisser à l'individu qui se remarie la disposition d'une part d'enfant; mais qu'on pourrait lui permettre de la donner en toute propriété à son autre époux.

M. Berlier observe qu'en accordant au nouvel époux la faculté de recevoir une part d'enfant, *même en propriété*, ce qui est raisonnable, il est peut-être convenable de modifier cette règle; car s'il n'y avait qu'un enfant ou deux du premier mariage, et point du second; le nouvel époux pourrait, en partageant avec eux, avoir la moitié ou le tiers de la succession.

L'opinant pense qu'il serait juste d'établir à côté de la règle principale relative à la part de l'enfant, une exception portant qu'elle ne pourra pas, à l'égard du nouvel époux, excéder une quotité quelconque de la succession; par exemple, le quart.

L'article est adopté avec les amendemens proposés par le consul Cambacérès et par M. Berlier.

1099. Les époux ne pourront se donner indirectement au-delà de ce qui leur est permis par les dispositions ci-dessus.

Toute donation, ou déguisée, ou faite à personnes interposées, sera nulle.

(Cet article, le CLXXVIIe. du Projet, fut adopté sans discussion).

1100. Seront réputées faites à personnes interposées, les donations de l'un des époux aux enfans ou à l'un des enfans de l'autre époux issus d'un autre mariage, et celles faites par le donateur aux parens dont l'autre époux sera héritier présomptif au jour de la donation, encore que ce dernier n'ait point survécu à son parent donataire.

(Cet article, le CLXXVIIIe. du Projet, fut adopté sans discussion).

TITRE III.

DES CONTRATS OU DES OBLIGATIONS CONVENTIONNELLES EN GÉNÉRAL.

Décrété le 17 Pluviose an 12, promulgué le 27 du même mois.

CHAPITRE PREMIER.

DISPOSITIONS PRÉLIMINAIRES.

1101. Le contrat est une convention par laquelle une ou plusieurs personnes s'obligent, envers une ou plusieurs autres, à donner, à faire ou à ne pas faire quelque chose.

(Cet article, le Ier. du Projet, fut adopté sans discussion).

1102. Le contrat est *synallagmatique* ou *bilatéral* lorsque les contractans s'obligent réciproquement les uns envers les autres.

(Cet art., le IIe. du Projet, fut adopté sans discussion).

1103. Il est *unilatéral* lorsqu'une ou plusieurs personnes sont obligées envers une ou plusieurs autres, sans que de la part de ces dernières il y ait d'engagement.

(Cet art., le IIIe. du Projet, fut adopté sans discussion).

1104. Il est *commutatif* lorsque chacune des parties s'engage à donner ou à faire une chose qui est regardée comme l'équivalent de ce qu'on lui donne, ou de ce qu'on fait pour elle.

Lorsque l'équivalent consiste dans la chance de gain ou de perte pour chacune des parties, d'après un évènement incertain, le contrat est *aléatoire*.

(Cet art., le IVe. du Projet, fut adopté sans discussion).

1105. Le contrat *de bienfaisance* est celui dans lequel l'une des parties procure à l'autre un avantage purement gratuit.

(Cet art., le Ve. du Projet, fut adopté sans discussion).

1106. Le contrat *à titre onéreux* est celui qui assujétit chacune des parties à donner ou à faire quelque chose.

(Cet art. le VIe. du Projet, fut adopté sans discussion).

1107. Les contrats, soit qu'ils aient une dénomination propre, soit qu'ils n'en aient pas, sont soumis à des règles générales, qui sont l'objet du présent titre.

Les règles particulières à certains contrats sont établies sous les titres relatifs à chacun d'eux ; et les règles particulières aux transactions commerciales sont établies par les lois relatives au commerce.

(Cet art., le VIIe. du Projet, fut adopté sans discussion).

CHAPITRE II.

DES CONDITIONS ESSENTIELLES POUR LA VALIDITÉ DES CONVENTIONS.

1108. Quatre conditions sont essentielles pour la validité d'une convention :

Le consentement de la partie qui s'oblige ;
Sa capacité de contracter ;
Un objet certain qui forme la matière de l'engagement ;
Une cause licite dans l'obligation.

(Cet art., le VIIIe. du Projet, fut adopté sans discussion).

SECTION PREMIERE.

DU CONSENTEMENT.

1109. Il n'y a point de consentement valable, si le consentement

sentement n'a été donné que par erreur, ou s'il a été extorqué par violence ou surpris par dol.

(Cet art. le IXe. du Projet, fut adopté sans discussion).

1110. L'erreur n'est une cause de nullité de la convention que lorsqu'elle tombe sur la substance même de la chose qui en est l'objet.

Elle n'est point une cause de nullité lorsqu'elle ne tombe que sur la personne avec laquelle on a intention de contracter, à moins que la considération de cette personne ne soit la cause principale de la convention.

(Cet art., le Xe. du Projet, fut adopté sans discussion).

1111. La violence exercée contre celui qui a contracté l'obligation, est une cause de nullité, encore qu'elle ait été exercée par un tiers autre que celui au profit duquel la convention a été faite (1).

(Cet art., le XIe. du Projet, fut adopté sans discussion).

1112. Il y a violence lorsqu'elle est de nature à faire impression sur une personne raisonnable, et qu'elle peut lui inspirer la crainte d'exposer sa personne ou sa fortune à un mal considérable et présent.

On a égard, en cette matière, à l'âge, au sexe et à la condition des personnes.

XII. *La violence n'annulle le contrat que lorsqu'elle est de nature*, etc.

M. Ségur pense qu'il est dangereux de supposer dans la loi, que la violence n'annulle pas toujours le consentement.

M. Bigot-Préameneu répond que la section n'a pas entendu qu'un contrat formé par la violence pût avoir quelque effet; mais qu'elle a cru nécessaire de fixer les caractères de la violence, afin qu'on ne pût,

---

(1) Dans le cas où l'obligation aurait été contractée envers un individu, afin de se soustraire, par son secours, à un péril évident, la convention, quoique l'effet de la crainte, ne devra-t-elle pas être exécutée?

par de vaines allégations, ébranler des conventions valables. La section, en conséquence, et d'après le droit romain, n'admet les allégations de violence que quand il y a eu des faits de nature à faire impression sur une personne raisonnable.

M. Tronchet dit que le droit romain ne donne d'effet à la crainte que quand elle a pu intimider, ce qu'il appelle *constantem virum*.

M. Lacuée observe que l'expression des lois romaines est plus forte que celle de *personne raisonnable*.

M. Bigot-Préameneu dit que c'est aussi pour mieux développer l'esprit de l'article, que la section a ajouté qu'on a égard, en cette matière, à l'âge, au sexe et à la condition des personnes.

M. Portalis dit qu'on se méprend sur le sens des lois, lorsqu'on prend leurs expressions dans l'acception qu'elles ont dans le langage ordinaire. C'est ainsi que dans le droit romain, *justus* ne signifie pas équitable, mais est synonyme à *solemnis* : on dit *justæ nuptiæ* pour désigner un mariage légalement forcé. De même quand les lois romaines parlent de la crainte capable d'affecter celui qu'elles nomment *constantem virum*, elles veulent dire qu'on ne doit pas avoir égard aux circonstances qui pourraient faire peur à un enfant, mais seulement à celles qui sont de nature à causer à un homme fait une frayeur raisonnable.

M. Maleville dit que l'expression *constantem virum* a toujours été ainsi entendue.

M. Bigot-Préameneu dit qu'on peut cependant déférer à l'observation de M. Ségur, en supprimant la négation, qui donne à l'article une forme limitative.

M. Portalis adopte cet amendement, mais en ce sens, qu'on ne reconnaîtra la violence qu'aux caractères déterminés par la loi. On pourrait donc, après avoir posé le principe général que la violence annulle le contrat, ajouter : *il y a violence lorsqu'elle est de nature, etc.*

L'article est adopté avec cet amendement.

1113. La violence est une cause de nullité du contrat, non-seulement lorsqu'elle a été exercée sur la partie contractante, mais encore lorsqu'elle l'a été sur son époux ou sur son épouse, sur ses descendans ou ses ascendans.

(Cet art., le XIIIe. du Projet, fut adopté sans discussion).

1114. La seule crainte révérentielle envers le père, la

mère, ou autre ascendant, sans qu'il y ait eu de violence exercée, ne suffit point pour annuller le contrat (1).

(Cet article était le XIVe. du Projet, avec la différence qu'on y trouvait ces mots: *ou un ascendant*; le mot *autre* a été substitué à la place du mot *un*, sur la proposition de M. Galli).

1115. Un contrat ne peut plus être attaqué pour cause de violence, si, depuis que la violence a cessé, ce contrat a été approuvé, soit expressément, soit tacitement, soit en laissant passer le tems de la restitution fixé par la loi.

(Cet article était le XVe. du Projet).

M. Miot demande que le mot *tacitement* soit retranché. On pourrait en abuser pour supposer une approbation qui n'aurait pas été réellement donnée.

M. Bigot-Préameneu dit que sans cette expression l'article serait trop absolu. Il exclurait l'approbation tacite qui résulte de l'exécution totale ou partielle du contrat.

L'article est adopté.

1116. Le dol (2) est une cause de nullité de la convention, lorsque les manœuvres pratiquées par l'une des parties sont telles, qu'il est évident que sans ces manœuvres l'autre partie n'aurait pas contracté.

Il ne se présume pas, et doit être prouvé.

(Cet art., le XVIe. du Projet, fut adopté sans discussion).

1117. La convention contractée par erreur, violence, ou dol, n'est point nulle de plein droit; elle donne seulement lieu à une action en nullité ou en rescision, dans les cas

---

(1) Le tribunal d'appel d'Orléans demandait si la violence jointe à la crainte révérentielle devait, pour annuller le contrat, être la même que celle exprimée dans l'art. XII (1112) ? Si cela est, celui-ci semble superflu; il parait qu'il n'a été ajouté que parce qu'une moindre violence, jointe à la crainte révérentielle, peut faire impression sur une personne raisonnable.

(2) Le tribunal d'appel de Grenoble demandait qu'on définit le dol: *toute astuce, fraude, ou manœuvre pratiquée dans l'intention de tromper quelqu'un en traitant avec lui, ou de le léser à son insu.*

et de la manière expliqués à la section VII du chapitre V du présent titre.

(Cet art., le XVIIe. du Projet, fut adopté sans discussion).

1118. La lésion ne vicie les conventions que dans certains contrats ou à l'égard de certaines personnes, ainsi qu'il sera expliqué en la même section.

(Cet article était le XVIIIe. du projet).

Le consul CAMBACÉRÈS dit que cet article pourrait préjuger l'importante question de savoir si la restitution pour cause de lésion sera rétablie ; elle mérite un sérieux examen. L'embarras que le papier-monnaie jetait sur l'évaluation des prix, a beaucoup contribué au changement qu'a subi l'ancienne législation. Cette cause n'existe plus. La question se présente donc sous un autre aspect. Il est possible que les exceptions annoncées par l'article satisfassent à toutes les difficultés ; mais comme elles ne sont pas encore connues, on peut craindre que la rédaction ne gêne la discussion subséquente.

M. BIGOT-PRÉAMENEU dit que la section admet la rescision pour cause de lésion d'outre-moitié à l'égard du contrat de vente, et que c'est par ce motif que l'article limite le principe général.

M. BERLIER dit que si l'article préjugeait que la restitution pour cause de vilité de prix en contrat de ventes sera rétablie au profit des majeurs, il le combattrait, parce qu'il regarde ce retour aux vieilles règles comme également funeste et à la société et aux particuliers.

Cette discussion se présentera sous la section à laquelle le présent article renvoie ; mais les termes de cet article paraissent à l'opinant tels qu'il n'en résulte aucun préjugé. Au reste, on peut ne l'adopter qu'en réservant à la discussion toute sa latitude, quand on arrivera à l'examen des espèces pour lesquelles la lésion peut être admise.

M. DEFERMON dit que dans ce système, la rédaction doit être changée. En effet le projet n'admet que trois causes de la nécessité du consentement ; ainsi il convient de dire : *la lésion ne prouve pas toujours l'erreur, le dol ou la violence.*

M. BIGOT-PRÉAMENEU répond que la lésion n'est pas considérée comme un caractère indicatif d'une de ces trois causes, qu'elle est elle-même une cause directe de rescision.

M. DEFERMON dit qu'alors on ne voit pas comment une disposition sur la lésion se trouve placée dans ce titre.

CONTRATS OU OBLIGATIONS.

Le consul Cambacérès dit que tout doit être énoncé dans un titre destiné à devenir l'introduction de la matière des contrats.

On parle ici de la lésion dans un article particulier ; il suppose que la lésion est l'effet de circonstances qui n'ont pas laissé au consentement toute sa liberté. Cet article, au surplus, est sans inconvénient, puisque la section déclare que la question principale demeure entière et ajournée.

L'article est adopté.

1119. On ne peut, en général, s'engager, ni stipuler en son propre nom que pour soi-même.

(Cet art., le XIXe. du Projet, fut adopté sans discussion).

1120. Néanmoins on peut se porter fort pour un tiers, en promettant le fait de celui-ci ; sauf l'indemnité contre celui qui s'est porté fort ou qui a promis de faire ratifier, si le tiers refuse de tenir l'engagement.

(Cet art., le XXe. du Projet, fut adopté sans discussion).

1121. On peut pareillement stipuler au profit d'un tiers, lorsque telle est la condition d'une stipulation que l'on fait pour soi-même ou d'une donation que l'on fait à un autre. Celui qui a fait cette stipulation, ne peut plus la révoquer si le tiers a déclaré vouloir en profiter.

(Cet art., le XXIe. du Projet, fut adopté sans dissussion).

1122. On est censé avoir stipulé pour soi et pour ses héritiers et ayant-cause, à moins que le contraire ne soit exprimé ou ne résulte de la nature de la convention.

(Cet art., le XXIIe. du Projet, fut adopté sans discussion).

SECTION II.

DE LA CAPACITÉ DES PARTIES CONTRACTANTES.

1123. Toute personne peut contracter si elle n'en est pas déclarée incapable par la loi.

(Cet article n'a été ajouté qu'après la conférence avec le Tribunat).

1124. Les incapables de contracter sont,

Les mineurs (1),

Les interdits,

Les femmes mariées, dans les cas exprimés par la loi,

Et généralement tous ceux auxquels la loi a interdit certains contrats.

XXIII. *Les incapables de contracter sont, les impubères* (2), — *les mineurs*, — *les interdits*, — *les femmes mariées dans les cas exprimés par la loi*, — *et généralement tous ceux auxquels la loi interdit certains contrats ou l'aliénation de certaines choses.*

M. REGNAUD (de Saint-Jean-d'Angely) demande qu'au mot *aliénation*; on ajoute celui d'*acquisition*, afin que l'article s'étende aux communes qui ne peuvent acquérir sans autorisation

M. BIGOT - PRÉAMENEU répond que l'article leur est appliqné par ces mots, *certains contrats*..

M. REGNAUD (de Saint-Jean-d'Angely) pense que si ces expressions ont une telle généralité, le mot *aliénation* devient inutile.

M. BIGOT-PRÉAMENEU admet cette observation.

L'article est adopté avec le retranchement du mot *aliénation*.

1125. Le mineur, l'interdit et la femme mariée ne peuvent attaquer, pour cause d'incapacité, leurs engagemens, que dans les cas prévus par la loi.

Les personnes capables de s'engager ne peuvent opposer l'incapacité du mineur, de l'interdit ou de la femme mariée, avec qui elles ont contracté.

XXIV. *Les engagemens contractés par les impubères sont radicalement nuls. Ceux contractés par les mineurs, les interdits et les femmes mariées, ne peuvent être attaqués que par eux dans les cas prévus par la loi. Ils en peuvent poursuivre l'exécution à leur profit, et ne peuvent répéter ce*

---

(1) D'après cet article, les mineurs sont déclarés incapables de contracter : y a-t-il des exceptions à cette règle? Le tribunal de Paris a déclaré valable un billet à ordre souscrit par un mineur, pour raison d'avances à lui faites, lorsqu'il était aux armées, pour subvenir à ses besoins.

Jugement du 5 floréal an 12, IIIe. section.

(2) Sur le mot *impubères*, voyez la discussion de l'article suivant.

qu'ils ont payé en conséquence après que la loi les a rétablis dans la pleine capacité de contracter.

M. Lacuée observe qu'aucune disposition du Code civil n'explique ce qu'il faut entendre par le mot *impubère*.

M. Berlier dit qu'en effet le Code ne donne point cette définition, et qu'on a même travaillé à l'éviter, soit parce que sur un vaste territoire, la puberté est plus hâtive au midi qu'au nord, soit parce que dans le même lieu, elle varie entre les individus. Pour que la supposition légale ne contrarie point le fait, on a préféré, dans le premier livre du Code, de se régler par tel ou tel âge, ce qui offre une idée précise et toujours juste. On peut, d'après ces vues, conserver la substance de l'article, en changeant sa rédaction.

L'observation de M. Lacuée est renvoyée à la section.

M. Regnaud (de Saint-Jean-d'Angely) dit que les engagemens contractés par les communes sans autorisation, sont aussi radicalement nuls que ceux contractés par les impubères. Il est nécessaire de l'exprimer.

M. Treilhard rappelle qu'on y a pourvu par l'article XXIII, en déclarant incapables tous ceux à qui la loi interdit certains contrats.

M. Regnaud (de Saint-Jean-d'Angely) dit que l'objet de l'article est de distinguer ceux dont les engagemens ne seront frappés que d'une nullité relative, et seulement susceptibles d'être annullés sur leur réclamation, de ceux dont les conventions sont nulles radicalement et indépendamment de toute réclamation. On ne peut se dispenser de ranger textuellement les communes dans cette dernière classe, afin que le défaut de réclamation de la part des communes, ne gêne pas l'action du Gouvernement.

M. Tronchet répond que l'article ne se rapporte qu'aux parties contractantes; il ne gêne pas le droit qu'a le gouvernement, auquel il est étranger, de faire valoir la nullité; mais il serait dangereux s'il était trop absolu, car alors on ne pourrait laisser subsister un contrat qui, quoiqu'irrégulier dans la forme, serait avantageux à la commune. En général la nullité de ces sortes d'engagemens n'est établie que pour l'intérêt des communes, qui, à cet égard, sont assimilées aux mineurs.

M. Lacuée pense que l'article suffit.

M. Regnaud (de Saint-Jean-d'Angely) demande si un maire et un conseil municipal ayant vendu une propriété communale sans autorisation, le gouvernement peut faire valoir la nullité sans attendre la réclamation de la commune.

M. Tronchet répond que le gouvernement a ce droit. L'article ne s'applique pas à lui.

M. Defermon dit que le gouvernement est, à l'égard des communes, comme un tuteur qui a le droit d'agir indépendamment de la volonté de son pupille.

Le consul Cambacérès dit qu'il convient d'énoncer que le droit de réclamer accordé aux mineurs, aux femmes, aux interdits, passe à leurs héritiers. Au surplus, on pourrait se borner à dire que les engagemens contractés par des personnes incapables, sont nuls dans les cas déterminés par la loi. Cette rédaction générale répondrait à la difficulté relevée par M. Regnaud (de Saint-Jean-d'Angely), et étendrait la disposition aux héritiers.

L'article est adopté avec cet amendement.

SECTION III.

DE L'OBJET ET DE LA MATIÈRE DES CONTRATS.

1126. Tout contrat a pour objet une chose qu'une partie s'oblige à donner, ou qu'une partie s'oblige à faire ou à ne pas faire.

(Cet art., le XXVe. du Projet, fut adopté sans discussion).

1127. Le simple usage ou la simple possession d'une chose peut être, comme la chose même, l'objet du contrat.

(Cet art., le XXVIe. du Projet, fut adopté sans discussion).

1128. Il n'y a que les choses qui sont dans le commerce qui puissent être l'objet des conventions.

(Cet article était le XXVIIe. du Projet).

M. Réal dit que le mot *commerce* a dans l'usage une acceptation beaucoup plus limitée que celle qui lui est donnée par cet article. Cette expression pourrait donc être équivoque.

M. Bigot-Préameneu répond qu'elle est claire lorsqu'elle est jointe au mot *convention*.

M. Treilhard dit que le sens de ce mot est fixé et généralement entendu dans le langage des lois. On sait ce que signifie cette locution : *il y a des choses qui sont et d'autres qui ne sont pas dans le commerce.*

L'article est adopté.

1129. Il

1129. Il faut que l'obligation ait pour objet une chose au moins déterminée quant à son espèce.

La quotité de la chose peut être incertaine, pourvu qu'elle puisse être déterminée.

XXVIII. *Il faut que l'obligation ait pour objet une chose certaine ou au moins déterminée, quant à son espèce.*

Mais sa quotité peut être incertaine, pourvu qu'elle puisse être déterminée.

M. Portalis observe qu'on peut vendre une chose incertaine, et qui peut-être n'existera jamais, tel que le produit d'un coup de filet.

M. Bigot-Préameneu propose de supprimer le mot *certain*, et de se réduire à dire : *Une chose déterminée quant à son espèce.*

M. Muraire demande que la seconde partie de l'article soit remplacée par cette rédaction : *et qui puisse l'être quant à sa quotité.*

L'article est adopté avec ces amendemens.

1130. Les choses futures peuvent être l'objet d'une obligation.

On ne peut cependant renoncer à une succession non ouverte, ni faire aucune stipulation sur une pareille succession, même avec le consentement de celui de la succession duquel il s'agit.

Cet article était le XXIXe. du Projet. On n'y trouvait pas cette disposition, *même avec le consentement de celui de la succession duquel il s'agit.*

Elle y a été ajoutée après la conférence avec le Tribunat.

SECTION IV.

DE LA CAUSE.

1131. L'obligation sans cause, ou sur une fausse cause, ou sur une cause illicite, ne peut avoir aucun effet.

XXX. *L'obligation sans cause, ou sur une fausse cause est nulle.*

La convention n'en est pas moins valable, quoique la cause n'en soit pas exprimée.

M. Ségur dit qu'il est difficile de concevoir une obligation sans cause.

M. Regnaud (de Saint-Jean-d'Angely) cite pour exemple une semblable obligation, un billet dans lequel il n'est pas dit *valeur reçue.*

M. Fourcroy dit que si la disposition s'applique à un cas semblable, elle paraît contredire celle qui déclare l'obligation valable, quoique la cause ne soit pas exprimée.

M. Bigot-Préameneu explique le sens de l'article. Un citoyen reconnaît devoir une somme sans énoncer la cause de sa dette ; son obligation est valable, parce que la déclaration qu'il doit, fait présumer qu'il y a une cause ; la volonté de s'engager a dû en effet être appuyée sur un motif. Cependant si réellement il n'y en a pas, il est admis à le prouver et à faire cesser la présomption.

M. Treilhard dit que ceux qui sont familiarisés avec les principes du droit conçoivent très-bien qu'il y a des obligations sans cause. Par exemple, si je dis : *je dois à Pierre*, on suppose qu'une cause a déterminé mon aveu ; que j'ai reçu la valeur de ce que je m'oblige à rendre, ou que je dois réellement par une raison quelconque. Si je dis au contraire : *je compterai à Pierre une somme de*, il n'y a pas de cause présumée, parce que je ne me suis pas avoué débiteur.

M. Tronchet dit qu'il y a beaucoup de cas où celui qui souscrit une obligation se borne à reconnaître devoir. Tel est, par exemple, celui où l'obligation a pour cause une restitution que le débiteur ne veut pas avouer publiquement. Alors on suppose qu'il y a une cause ; car il n'est pas présumable qu'un homme se constitue débiteur sans l'être en effet. Le défaut d'énonciation de la cause n'est pris en considération que quand l'obligé est mineur, ou qu'étant majeur, il justifie qu'on l'a surpris et trompé.

M. Portalis dit qu'un avocat général du parlement de Paris a établi, avec raison, le principe que la déclaration du majeur devient une cause suffisante. Ce n'est que pour les mineurs que la cause doit être prouvée.

L'article est adopté.

1132. La convention n'est pas moins valable quoique la cause n'en soit pas exprimée.

(Cet art., le XXXIe. du Projet, fut adopté sans discussion).

1133. La cause est illicite quand elle est prohibée par la loi, quand elle est contraire aux bonnes mœurs ou à l'ordre public (1).

(Cet art., le XXXIIe. du Projet, fut adopté sans discussion.)

---

(1) Le tribunal de Grenoble proposait d'ajouter à cet article : *Cependant si la cause blesse les bonnes mœurs de la part des deux parties, il n'y aura pas lieu à la répétition de ce qui aura été donné en exécution de la convention.*

CHAPITRE III.

DE L'EFFET DES OBLIGATIONS.

SECTION PREMIERE.

DISPOSITIONS GÉNÉRALES.

1134. Les conventions légalement formées tiennent lieu de loi à ceux qui les ont faites.

Elles ne peuvent être révoquées que de leur consentement mutuel, ou pour les causes que la loi autorise.

Elles doivent être exécutées de bonne foi (1).

(Cet article était le XXXIIIe. du Projet).

Le dernier §. était ainsi conçu : *Elles doivent être contractées et exécutées de bonne foi.*

M. PORTALIS demande qu'on retranche dans le dernier alinéa le mot *contractées*, que les dispositions antérieures rendent inutile.

L'article est adopté avec cet amendement.

1135. Les conventions obligent non-seulement à ce qui y est exprimé, mais encore à toutes les suites que l'équité, l'usage ou la loi donnent à l'obligation d'après sa nature.

(Cet article était le XXXIVe du Projet).

M. LACUÉE dit que cet article peut entraîner de graves inconvéniens. Il étend les engagemens bien au-delà des bornes que le débiteur a consenti de leur donner. Il soumet même ce débiteur à des obligations qu'il n'a pu prévoir, car personne ne connaît tous les usages.

Le consul CAMBACÉRÈS dit que l'article n'énonce qu'un principe généralement reçu. Il a été établi par le droit romain, qui dit : *in contractibus tacitè veniunt ea quæ sunt moris et consuetudinis.* Au reste, il ne s'agit

---

(1) Le tribunal d'appel de Grenoble proposait d'ajouter à cet article la maxime suivante : « Dans tous les contrats synallagmatiques, aucune des parties ne peut demander
« contre l'autre l'exécution de la convention, si elle ne l'a exécutée, ou si elle n'est prête
« à l'exécuter elle-même pour ce qui la concerne ».

pas de permettre que l'usage ajoute aux engagemens, mais seulement de l'en constituer l'interprète. On ne peut tout spécifier dans un acte. Dans un bail à ferme, par exemple, on charge le fermier de cultiver ses terres par sols et saisons, et d'y mettre des engrais ; mais on ne détermine ni en quel tems il les ensemencera, ni avec quels engrais il les rendra fécondes. Tout cela varie suivant les lieux, et est abandonné à l'usage.

M. Regnaud (de Saint-Jean-d'Angely) ajoute qu'il en est de même dans un brevet d'apprentissage. L'usage détermine, dans chaque métier, par quels travaux l'apprenti doit commencer, et comment il passe successivement à d'autres travaux.

M. Tronchet dit que le contrat de vente, par exemple, admet des obligations résultant naturellement du contrat, parce qu'elles tiennent à son essence, et qui ont leur effet quoiqu'elles ne soient point exprimées. Telle est entr'autres la garantie.

L'article est adopté.

SECTION II.

DE L'OBLIGATION DE DONNER.

1136. L'obligation de donner emporte celle de livrer la chose et de la conserver jusqu'à la livraison, à peine de dommages et intérêts envers le créancier.

(Cet article, le XXXVe. du Projet, fut adopté sans discussion).

1137. L'obligation de veiller à la conservation de la chose, soit que la convention n'ait pour objet que l'utilité de l'une des parties, soit qu'elle ait pour objet leur utilité commune, soumet celui qui en est chargé à y apporter tous les soins d'un bon père de famille.

Cette obligation est plus ou moins étendue relativement à certains contrats, dont les effets, à cet égard, sont expliqués sous les titres qui les concernent.

(Cet article, le XXXVIe. du Projet, fut adopté sans discussion).

1138. L'obligation de livrer la chose est parfaite par le seul consentement des parties contractantes.

CONTRATS OU OBLIGATIONS.

Elle rend le créancier propriétaire et met la chose à ses risques dès l'instant où elle a dû être livrée, encore que la tradition n'en ait point été faite, à moins que le débiteur ne soit en demeure de la livrer; auquel cas la chose reste aux risques de ce dernier.

(Cet article était le XXXVII°. du Projet).

M. Ségur dit qu'en matière de commerce la tradition même ne transfère pas toujours la propriété. L'usage de la revendication doit être maintenu dans les affaires de négoce.

M. Bigot-Préameneu dit que cet usage pourra être conservé par le code du commerce, qui fera une exception au principe général; l'article ne préjuge rien sur ce sujet.

L'article est adopté.

1139. Le débiteur est constitué en demeure, soit par une sommation ou par autre acte équivalent, soit par l'effet de la convention, lorsqu'elle porte que, sans qu'il soit besoin d'acte et par la seule échéance du terme, le débiteur sera en demeure.

XXXVIII. *Le débiteur n'est pas tenu de la perte de la chose par cas fortuit ou par force majeure, tant qu'il n'est pas en demeure de la livrer, à moins qu'il n'en ait été expressément chargé.*

Le débiteur n'est réputé en demeure que du moment qu'il lui a été fait une sommation.

M. Bigot-Préameneu dit que la section est d'avis de retrancher la dernière disposition, attendu que le débiteur peut être mis en demeure par d'autres faits non moins probans qu'une sommation.

L'article est adopté sauf rédaction.

1140. Les effets de l'obligation de donner ou de livrer un immeuble sont réglés au titre *de la Vente* et aux titres *des Priviléges et Hypothèques.*

(Cet article, le XXXIX°. du Projet, fut adopté sans discussion).

1141. Si la chose qu'on s'est obligé de donner ou de livrer à deux personnes successivement, est purement mobilière, celle des deux qui en a été mise en possession réelle est préférée et en demeure propriétaire, encore que son titre soit postérieur en date, pourvu toutefois que la possession soit de bonne foi.

(Cet article, le XLe. du Projet, fut adopté sans discussion).

SECTION III.

DE L'OBLIGATION DE FAIRE OU DE NE PAS FAIRE.

1142. Toute obligation de faire ou de ne pas faire se résout en dommages et intérêts, en cas d'inexécution de la part du débiteur.

(Cet article, le XLIe. du Projet, fut adopté sans discussion).

1143. Néanmoins le créancier a le droit de demander que ce qui aurait été fait par contravention à l'engagement, soit détruit; et il peut se faire autoriser à le détruire aux dépens du débiteur, sans préjudice des dommages et intérêts, s'il y a lieu.

XLII. *Lorsque ce qui a été fait en contravention à la convention peut se détruire, le créancier a le droit d'en demander la destruction, et peut se faire autoriser, etc.*

Les changemens que cet article a éprouvés n'ont donné lieu à aucune discussion.

1144. Le créancier peut aussi, en cas d'inexécution, être autorisé à faire exécuter lui-même l'obligation aux dépens du débiteur.

(Cet article, le XLIIIe. du Projet, fut adopté sans discussion).

1145. Si l'obligation est de ne pas faire, celui qui y contrevient doit les dommages et intérêts par le seul fait de la contravention.

(Cet article, le XLIVe. du Projet, fut adopté sans discussion).

SECTION IV.

DES DOMMAGES ET INTÉRÊTS RÉSULTANT DE L'INEXÉCUTION DE L'OBLIGATION.

1146. Les dommages et intérêts ne sont dus que lorsque le débiteur est en demeure de remplir son obligation, excepté néanmoins lorsque la chose que le débiteur s'était obligé de donner ou de faire ne pouvait être donnée ou faite que dans un certain tems qu'il a laissé passer.

(Cet article, le XLVe. du Projet, fut adopté sans discussion).

1147. Le débiteur est condamné, s'il y a lieu, au paiement de dommages et intérêts, soit à raison de l'inexécution de l'obligation, soit à raison du retard dans l'exécution, toutes les fois qu'il ne justifie pas que l'inexécution provient d'une cause étrangère qui ne peut lui être imputée, encore qu'il n'y ait aucune mauvaise foi de sa part.

(Cet article était le XLVIe. du Projet).

M. Regnaud (de Saint-Jean-d'Angely) demande s'il suffit d'une cause qui soit étrangère au débiteur pour justifier son retard, et s'il ne serait pas nécessaire de réduire l'excuse au seul cas de la force majeure.

M. Bigot-Préameneu observe que l'excuse est réduite au cas où la cause étrangère au débiteur ne peut lui être imputée : il serait injuste de le rendre responsable de l'impossibilité absolue.

M. Treilhard dit que si quelqu'un a vendu un cheval qu'on lui ait volé ensuite, sans qu'on puisse lui reprocher de négligence, il ne doit pas de dommages-intérêts.

M. Réal demande s'il en sera de même dans le cas où un marchand aurait vendu du vin qu'il lui serait impossible de livrer.

M. Regnaud (de Saint-Jean-d'Angely) demande si, dans le même cas, le marchand s'étant soumis à livrer le vin dans un délai convenu, son retard sera excusé, parce que la baisse ou la crue des eaux aura empêché le vin d'arriver.

M. Treilhard répond qu'en général les dommages-intérêts ne sont dus que lorsque le débiteur est en faute ; ainsi, dans l'espèce proposée, il en est tenu, s'il a vendu du vin qu'il n'avait pas. Il n'en sera pas tenu si, ayant à sa disposition la chose vendue, des obstacles, qu'il ne dépendait pas de lui de faire cesser, l'ont empêché de la livrer dans le délai convenu.

L'article est adopté.

1148. Il n'y a lieu à aucuns dommages et intérêts lorsque, par suite d'une force majeure ou d'un cas fortuit, le débiteur a été empêché de donner ou de faire ce à quoi il était obligé, ou a fait ce qui lui était interdit.

(Cet article, le XLVIIe. du Projet, fut adopté sans discussion).

1149. Les dommages et intérêts dus au créancier sont, en général, de la perte qu'il a faite et du gain dont il a été privé ; sauf les exceptions et modifications ci-après.

(Cet article, le XLVIIIe. du Projet, fut adopté sans discussion).

1150. Le débiteur n'est tenu que des dommages et intérêts qui ont été prévus ou qu'on a pu prévoir lors du contrat, lorsque ce n'est point par son dol que l'obligation n'est point exécutée.

(Cet article, le XLIXe. du Projet, fut adopté sans discussion).

1151. Dans le cas même où l'inexécution de la convention résulte du dol du débiteur, les dommages et intérêts ne doivent comprendre, à l'égard de la perte éprouvée par le créancier et du gain dont il a été privé, que ce qui est une suite immédiate et directe de l'inexécution de la convention.

(Cet article, le L^e. du Projet, fut adopté sans discussion).

1152. Lorsque la convention porte que celui qui manquera de l'exécuter paiera une certaine somme à titre de dommages et intérêts, il ne peut être alloué à l'autre partie une somme plus forte ni moindre.

LI. *Lorsque la convention porte que celui qui manquera de l'exécuter payera une certaine somme, il ne peut être alloué à l'autre partie une plus forte somme, quoique le dommage se trouve plus grand.*

Le

Le juge peut au contraire modérer celle stipulée, si elle excède évidemment le dommage effectif.

M. Bigot-Préameneu dit que, dans la section, les opinions se sont d'abord partagées sur cet article.

On disait, d'un côté, que les contrats devant être exécutés de bonne foi, il était juste de réduire la somme à laquelle les parties avaient fixé les dommages-intérêts, si elle excédait évidemment la valeur du dommage; que le débiteur n'a consenti à en élever la fixation beaucoup au-delà de la juste proportion, que parce qu'il s'est persuadé qu'il pourrait remplir ses engagemens, et qu'il ne serait pas exposé à la peine de l'inexécution; que s'il eût prévu les obstacles qui l'ont arrêté, il ne se serait pas soumis à des dommages-intérêts si considérables; qu'enfin ces principes étaient ceux de la jurisprudence actuelle.

On disait, d'un autre côté, que les parties sont les appréciateurs les plus sûrs du dommage qui peut résulter de l'inexécution d'un engagement; qu'ainsi leur volonté doit être respectée; que si l'on accorde au juge le droit de diminuer les dommages-intérêts qu'elles ont fixés, il faut donc aussi lui donner le pouvoir de les augmenter lorsque les circonstances portent la perte du créancier au-delà de ce qui avait été prévu. On convenait cependant qu'il y avait cette différence, que le créancier qui reçoit moins qu'il n'eût exigé, si, lors de la convention, il eût pu prévoir l'avenir, reçoit cependant tout ce qu'il a stipulé, et a renoncé à recevoir davantage; que si, au contraire, il reçoit tout ce qui a été convenu et que le dommage soit moindre, il s'enrichit.

Au milieu de ces difficultés, la section s'est arrêtée à une règle simple; elle a pensé que quand les parties ont fixé elles-mêmes le taux des dommages-intérêts, leur prévoyance ne devait pas demeurer sans effet, et qu'il fallait respecter leur convention, d'autant plus que, dans d'autres contrats, on ne corrige pas les stipulations que les circonstances rendent ensuite excessives.

La section propose, en conséquence, la rédaction suivante : *Lorsque la convention porte que celui qui manquera de l'exécuter paiera une certaine somme, il ne peut être alloué à l'autre partie une somme plus forte ni moindre.*

Cette rédaction est adoptée.

1153. Dans les obligations qui se bornent au paiement d'une certaine somme, les dommages et intérêts résultant du retard dans l'exécution ne consistent jamais que dans la condamnation aux intérêts fixés par la loi ; sauf les règles particulières au commerce et au cautionnement.

Ces dommages et intérêts sont dus sans que le créancier soit tenu de justifier d'aucune perte.

Ils ne sont dus que du jour de la demande, excepté dans les cas où la loi les fait courir de plein droit.

(Cet article était le LIIe. du Projet).

M. REGNAUD (de Saint-Jean-d'Angely) observe qu'il n'y a point de loi qui fixe l'intérêt de l'argent.

M. TREILHARD répond qu'à défaut de convention, la loi est suppléée par l'usage, qui fixe l'intérêt à cinq pour cent.

M. BIGOT-PRÉAMENEU ajoute que l'ancienne loi est toujours le régulateur des tribunaux, mais que quand elle serait entièrement oubliée, la disposition de l'article devrait encore être présentée dans les mêmes termes, parce que l'intérêt de l'argent étant très-variable sur la place, on ne pourra se dispenser de donner à cet égard une règle aux tribunaux.

M. JOLLIVET dit que la fixation de l'intérêt à cinq pour cent, par rapport aux tribunaux, donne lieu à des fraudes. Le débiteur qui pourrait payer, retient ses fonds, et préfère à se voir condamné à cinq pour cent d'intérêt, parce qu'il est certain qu'il placera le capital à un taux beaucoup plus élevé.

M. TRONCHET dit que, puisque la stipulation d'intérêt est permise, le créancier a eu la faculté d'en élever le taux à plus de cinq pour cent ; s'il ne l'a pas fait, on en doit conclure qu'il s'en est rapporté à l'usage.

M. JOLLIVET dit que, nonobstant ces sortes de stipulations, les tribunaux ne condamneraient le débiteur qu'à cinq pour cent d'intérêt, parce qu'ils se croiraient liés par la disposition de l'article, qui s'explique d'une manière très-impérative, lorsqu'il dit que *les intérêts ne consistent jamais que*, etc.

M. MIOT dit que l'article XXXIII préviendrait cette méprise.

M. BIGOT-PRÉAMENEU pense qu'il est utile de laisser l'intérêt au taux qu'il est réglé, et de ne pas avoir égard aux stipulations qui l'élèveraient plus haut.

M. TREILHARD observe que ce n'est point là le sens de la disposition. Il a été parfaitement expliqué par M. Tronchet, et on ne peut douter que l'article XXXIII ne valide toutes les stipulations faites de bonne foi.

Le consul CAMBACÉRÈS pense que ces mots : *les dommages et intérêts résultant du retard dans l'inexécution ne consistent jamais,* etc. feront

CONTRATS OU OBLIGATIONS.

naître beaucoup de difficultés, parce qu'ils présentent un sens équivoque. Tout est réglé par l'article XXI : il n'a rien de contraire à l'ordre actuel des choses, et suffit pour empêcher la fraude d'un débiteur qui retient les fonds, dans la vue de les placer à un taux plus élevé que celui de l'intérêt auquel il est condamné ; mais il serait imprudent de se lier par une règle trop absolue. La question de savoir si le taux fixé aux intérêts est usuraire, dépend toujours des circonstances. Un jour, peut-être, il y aura usure dans la stipulation d'un demi pour cent d'intérêt par mois. Les conventions doivent être exécutées de bonne foi. Le créancier qui n'est pas payé, peut être obligé de prendre de l'argent sur la place, à neuf ou dix pour cent, et cependant le débiteur qui retient ses fonds ne serait condamné qu'à lui en payer cinq pour cent. Il ne serait pas juste d'anéantir indistinctement et dans tous les cas, la stipulation par laquelle il aurait essayé de se soustraire à cette perte.

M. Jollivet dit que ces sortes de stipulations sont d'autant plus licites, qu'il est au pouvoir du débiteur d'en faire cesser l'effet quand il veut, en remplissant ses engagemens.

M. Tronchet dit que dans l'état actuel des choses, il est permis de stipuler des intérêts plus forts que cinq pour cent, parce que sur la place le cours de l'argent s'élève plus haut, mais que le Code civil étant une loi permanente, il est indispensable de porter ses regards sur l'avenir. On doit donc supprimer le mot *jamais*, et dire que la condamnation aux intérêts sera réglée sur le taux légalement fixé, s'il n'y a stipulation contraire autorisée par la loi.

M. Defermon demande la suppression des articles LI et LII.

L'article LI peut, dans certains cas, placer le juge entre la loi et sa conscience. Les créanciers méritent sans doute une protection spéciale, mais aussi les débiteurs méritent quelque intérêt ; quelquefois leur position les a forcés de souscrire à toutes les conditions qu'on a voulu leur imposer, et ils se trouvent ruinés par les ressources même qu'ils se sont ménagées pour éviter leur ruine.

M. Becouen dit que si cette suppression était adoptée, les contrats ne seraient plus rien ; tout serait abandonné à l'arbitrage du juge.

M. Defermon dit qu'il ne propose point d'écarter les stipulations, mais seulement de ne point autoriser formellement celles qui favorisent l'usure, afin que le créancier n'ayant point l'appui de la loi, écoute la pudeur, et n'ose les faire valoir en justice. Tout se réduit à ne point forcer le juge à condamner un débiteur à payer douze pour cent d'intérêt, lorsque dans le commerce le taux serait de six pour cent.

M. Treilhard ne croit pas l'inconvénient aussi grand que le représente M. Defermon. La pudeur empêchera toujours de faire ostensiblement des stipulations d'un intérêt exorbitant. Les personnes qui prêtent avec loyauté stipulent des termes courts et un intérêt raisonnable; elles ne craignent point d'énoncer leur stipulation dans toute son étendue. Celles qui se permettent l'usure ont grand soin de ne point parler des intérêts dans le contrat; elles les ajoutent au capital et enveloppent le tout dans la même obligation. Au surplus, les intérêts doivent être réglés par la loi ou par la convention. Le Code civil déclare illicite tout pacte contraire aux lois. Si donc par la suite une loi fixe l'intérêt de l'argent, la stipulation qui le porterait plus haut serait nulle.

Le consul Cambacérès partage cette opinion. Il pense que pour répondre à ceux qui craignent que le juge ne soit forcé de prononcer une condamnation qui répugnerait à sa conscience, il suffirait de rétablir dans l'article LI la disposition finale qui en a été retranchée. Cependant, le Consul ne propose cet amendement que comme un moyen de concilier les divers avis; car, dans son opinion, l'article LI est préférable tel qu'il a été adopté. Il serait inconvenant que, parce que l'ancienne loi qui fixait le taux des intérêts a perdu de sa force, un débiteur pût se permettre le retard frauduleux dont il a été parlé. La garantie contre cet abus est dans la facilité d'élever par une stipulation le taux des intérêts au cours de la place; si le créancier se permettait de l'excéder, alors le juge userait de son pouvoir pour le réduire.

M. Treilhard observe que l'article LI s'étendait à toutes espèces de dommages-intérêts, et n'était pas borné à ceux qui sont dus à défaut de paiement d'une somme d'argent.

Les observations qui ont été faites, sont renvoyées à la section, qui a reproduit l'article sans y faire aucun changement.

1154. Les intérêts échus des capitaux peuvent produire des intérêts, ou par une demande judiciaire, ou par une convention spéciale, pourvu que, soit dans la demande, soit dans la convention, il s'agisse d'intérêts dus au moins pour une année entière.

1155. Néanmoins les revenus échus, tels que fermages, loyers, arrérages de rentes perpétuelles ou viagères, produisent intérêt du jour de la demande ou de la convention.

La même règle s'applique aux restitutions de fruits, et

aux intérêts payés par un tiers au créancier en acquit du débiteur (1).

LIII. *Il n'est point dû d'intérêts d'intérêts, mais les sommes dues pour des revenus tels que baux à ferme, loyers de maison, restitution de fruits, forment des capitaux qui peuvent produire des intérêts.*

Il en est de même des intérêts qu'un tiers paie pour un débiteur à son créancier et des sommes provenant des intérêts dont les tuteurs sont tenus de faire emploi, aux termes des articles 455 et 456 du présent Code.

M. REGNAUD (de Saint-Jean-d'Angely) rappelle que dans l'usage on accorde l'intérêt des arrérages qui sont dus pour rente viagère.

Cette exception est adoptée.

M. PELET demande si cet article abroge l'usage où l'on était de joindre au capital originaire les intérêts liquidés, pour ne faire du tout qu'un seul et même capital. Souvent le créancier employait ce moyen pour épargner au débiteur le désagrément d'une expropriation ; mais quand cet usage n'existait pas, pourquoi les intérêts d'une légitime due en argent auraient-ils moins de faveur que l'article n'en donne aux loyers de fermes et de maisons ?

Le consul CAMBACÉRÈS pense que la disposition tend seulement à empêcher le juge de prononcer une condamnation d'intérêts des intérêts. Si, par exemple, un créancier demande une somme qui lui est due depuis plusieurs années, et les intérêts à raison du retard de paiement, les tribunaux lui alloueront l'un et l'autre ; mais ils ne pourront lui allouer également des intérêts pour le retard de paiement de ceux que le capital a produits. Cependant si, par une convention nouvelle, les parties avaient réglé ensemble, et si, ajoutant au capital primitif les intérêts échus, le créancier avait accordé pour le tout un nouveau crédit au débiteur, avec stipulation d'intérêts qui deviendraient le prix de ce nouveau crédit, il n'y a point de doute que la stipulation ne dût avoir ses effets.

MM. BIGOT-PRÉAMENEU et TREILHARD disent que la section a rédigé l'article dans ce sens.

M. MALEVILLE dit que dans l'ancienne jurisprudence, les intérêts ne se cumulaient jamais par jugement avec le capital, à l'effet de produire à leur tour de nouveaux intérêts : on ne souffrait pas davantage que les

---

(1) Le tribunal de Lyon proposait d'ajouter aux exemples des revenus qui peuvent produire intérêts, ceux de dot et de légitime, et autres semblables dont on ne peut limiter le nombre, parce qu'il n'est guères possible d'en faire une énumération complète.

parties fissent elles-mêmes ce cumul ; cette espèce d'usure, appelée *anatocisme*, était au contraire sévèrement réprimée. Il y avait seulement des exceptions à ce principe, et l'article discuté ne les a pas toutes rappelées.

Mais la question est de savoir si l'on doit abroger cet ancien principe, et tolérer indéfiniment la stipulation ou la condamnation judiciaire des intérêts des intérêts : l'opinant soutient hautement la négative. *Vetus urbi fœnore malum*, dit *Tacite* : il n'y a pas de plus sûr moyen pour ruiner les familles et l'Etat même : et l'on peut à peine se faire une idée de l'énorme et rapide progression d'une dette même modique qu'on permettra à un créancier avide de multiplier ainsi, en faisant produire sans cesse de nouveaux intérêts à d'autres intérêts.

Sans doute, on ne peut pas empêcher qu'un créancier comptant avec un débiteur qu'il tient dans les fers, l'oblige à reconnaître des intérêts échus, comme un nouveau capital qu'il lui prête. Mais la loi n'a pas besoin de lui indiquer ce moyen ; et sur-tout, elle ne doit pas autoriser formellement et sans détour les intérêts des intérêts.

M. Pelet dit qu'il n'a pas entendu parler du cas où la cumulation s'opérait par le fait des parties, mais du cas où les intérêts étaient liquidés judiciairement. Il est évident qu'alors ils se réunissent à la somme principale et forment un capital unique. Dès-lors le retard de paiement doit leur faire produire des intérêts suivant la règle qui vient d'être posée.

M. Regnaud (de Saint-Jean-d'Angely) demande que toute liquidation faite, soit de gré à gré, soit judiciairement, ait également l'effet de faire produire des intérêts à la totalité des sommes dont elles constituent débiteur.

M. Réal dit qu'il en résulterait un abus très-grand. Le créancier ferait assigner son débiteur à tous les trimestres, afin que les intérêts échus, se réunissant au capital, lui produisissent des intérêts.

M. Galli propose une autre exception qui, dit-il, a été admise par les jurisconsultes les plus scrupuleux. Il demande que les intérêts des intérêts soient dus toutes les fois qu'il y a transport à une autre personne. Par exemple, *Sextius* doit à *Mevius* une somme de 2000 francs : le retard du paiement a fait produire à cette somme 500 francs d'intérêts : tant que ces deux sommes sont dues à *Mevius*, les 500 francs d'intérêts ne doivent point rendre d'intérêts. Mais si *Mevius*, pour s'acquitter envers *Titius*, lui transporte la totalité des 2500 francs, qui forment le capital et les intérêts de sa créance sur *Sextius*, ce dernier doit être obligé de payer à *Titius* l'intérêt des 2500 francs, du jour du transport.

M. Maleville dit que cette distinction était admise par la jurisprudence, mais qu'il fallait qu'il y eût changement de débiteur.

CONTRATS OU OBLIGATIONS. 271

M. Jollivet dit qu'elle paraît comprise dans la troisième partie de l'article.

M. Maleville dit que la disposition dont parle M. Jollivet est dans le cas où une caution paie à un tiers les capitaux et les intérêts dus par le principal obligé.

M. Tronchet dit qu'il n'y a point de rapport entre les deux cas. Tout ce qu'une caution paie pour le principal obligé, devient un capital à l'égard de celui-ci. Mais dans le cas dont parle M. Galli, il est impossible que celui qui fait le transport donne à celui auquel il est fait plus de droit qu'il n'en a lui-même. Personne ne peut, par son fait seul, changer la condition de son débiteur.

M. Jollivet dit que cette dernière règle paraîtrait devoir également s'appliquer à tous les cas où l'on paie des intérêts pour un tiers.

M. Tronchet dit que si on lui donnait cette étendue, on anéantirait le contrat *negotiorum gestorum*, qui est si favorable. Celui qui par pure envie d'obliger, paie pour son ami, tire un capital de sa bourse, quelle que soit la nature de la dette qu'il paie.

M. Bigot-Préameneu demande que le Conseil se prononce sur la question de savoir s'il sera dû des intérêts des intérêts liquidés.

M. Berlier observe qu'il ne faut pas confondre dans la même question ce qui est relatif aux intérêts d'intérêts liquidés par les parties, ou adjugés par un jugement; il demande la division.

M. Regnaud (de Saint-Jean-d'Angely) demande quelle peut être la différence lorsque la bonne-foi est égale. Un créancier, en faisant exécuter contre son débiteur le jugement qui le condamne à payer 12,000 francs pour capital et intérêt, recouvrerait ses fonds, les placerait et en tirerait un revenu.

M. Berlier répond que des intérêts liquidés de gré à gré peuvent être considérés comme un nouveau capital produisant de nouveaux intérêts, quand les parties en conviennent : c'est comme si le débiteur payait, et qu'au même instant les deniers lui fussent remis, avec l'obligation d'en payer les intérêts : c'est un nouveau contrat auquel la volonté du débiteur préside, et dans lequel il trouve l'avantage de se rédimer, au moins jusqu'au nouveau terme, des poursuites qu'on pourrait exercer contre lui. Ce dernier caractère manque totalement à l'espèce qu'on veut mettre en parallèle; loin que le jugement rédime le débiteur des poursuites actuelles, il les autorise; ce n'est point un acte créant de nouveaux intérêts, mais un titre pour exécuter ou exproprier le débiteur relativement aux intérêts dus et adjugés. Prétendre que l'intérêt de tels intérêts court de plein droit à dater de la signification du jugement, ce serait aggraver la condition du débiteur outre mesure, et sans qu'il en reçût aucun dédommagement.

M. Tronchet dit que les anciennes lois étaient toutes conçues dans un système de rigueur contre l'usure. Elles n'auraient donc point fait la distinction dont on parle. Il est incontestable qu'à Paris on refusait de condamner à des intérêts pour toute somme dans laquelle on voyait un mélange d'intérêts. Les mœurs ne s'étant point améliorées, le législateur n'a point de motif pour se montrer plus indulgent.

M. Pelet dit qu'il n'y a point d'usure dans l'espèce dont il a parlé.

M. Regnaud (de Saint-Jean-d'Angely) dit que la sévérité extrême, loin de servir les mœurs, conduirait à les outrager; elle donnerait au débiteur de mauvaise-foi un intérêt à éluder le paiement, pour se ménager un placement avantageux; elle porterait préjudice au créancier et à sa famille.

Ce n'est pas cependant que l'intérêt des intérêts doive courir de plein droit; mais il est juste qu'il commence du jour de la demande, dont l'effet est de réunir les intérêts échus à la somme principale, et pour ne plus former avec elle qu'un capital unique.

Le consul Cambacérès dit que tant que l'intérêt de l'argent ne sera pas fixé par une loi, il sera difficile de juger si la plupart des stipulations sont usuraires, car le cours du commerce ne donne sur l'évaluation des intérêts, qu'une règle incertaine et souvent illusoire.

La proposition de faire produire intérêt aux intérêts, du jour de la demande, conduirait à une injustice : l'intérêt serait dû forcément et sans le consentement du débiteur. Mais lorsque les deux parties s'étant rapprochées, ont consenti à différer le paiement, en joignant les intérêts échus au capital, et stipulant pour le tout un intérêt raisonnable et modéré, alors c'est un nouveau capital que le créancier confie au débiteur. Il serait donc injuste que le serment de ce dernier pût ruiner un tel arrangement, parce qu'au capital se mêleraient des sommes originairement dues pour intérêts.

M. Bigot-Préameneu dit qu'il faudrait du moins pourvoir à ce que les intérêts des intérêts ne pussent être exigés ou convenus, lorsqu'il ne s'agirait pas d'intérêts dus au moins pour une année entière.

M. Tronchet dit que cette cumulation volontaire des intérêts échus et du capital, était le moyen que prenaient les usuriers pour dépouiller les fils de famille.

Le consul Cambacérès dit qu'on peut, si l'on veut, rétablir le sénatus-consulte

CONTRATS OU OBLIGATIONS.

consulte macédonien, pour sauver les enfans de famille; mais qu'il s'agit ici d'hommes faits et usant de leurs droits.

Veut-on réprimer l'usure, il faut, avant tout, fixer le taux des intérêts, rétablir une peine contre ceux qui l'excèdent; jusque-là toute mesure serait illusoire.

M. Lacuée dit qu'en accordant trop d'indulgence au débiteur, on force le créancier à emprunter et à devenir débiteur lui-même.

M. Treilhard dit que, par rapport aux intérêts, on a toujours établi une distinction entre le tems qui précède et le tems qui suit la demande: dans tous les cas où les intérêts étaient dus légalement ou avaient pu être légalement stipulés, un créancier qui formait sa demande en condamnation d'intérêts échus pouvait conclure aux intérêts de la somme à laquelle ils montaient, et les tribunaux avaient égard à sa demande; les intérêts échus formaient, dans ce cas, un capital qui pouvait produire lui-même des intérêts; mais dans les prêts à terme, toute stipulation d'intérêts était prohibée, et les tribunaux ne pouvaient en prononcer que comme une peine du retard dans les paiemens : ces intérêts ne pouvaient jamais produire d'autres intérêts. Maintenant le système est changé, le prêt à intérêt est autorisé: il faut donc que les principes, adoptés autrefois par les tribunaux, sur les intérêts licites, soient étendus à ceux que produit le prêt, puisqu'on ne peut admettre le système du prêt à intérêt, sans en admettre également toutes les conséquences.

La question est renvoyée à la section.

(L'article reproduit tel qu'il est dans le texte, a été adopté sans autre discussion.)

SECTION V.

DE L'INTERPRÉTATION DES CONVENTIONS.

1156. On doit dans les conventions rechercher quelle a été la commune intention des parties contractantes, plutôt que de s'arrêter au sens littéral des termes (1).

LIV. *On doit dans les conventions, rechercher quelle a été la commune intention des parties contractantes, plus que le sens grammatical des termes.*

---

(1) Le tribunal de Grenoble demandait qu'on ajoutât à l'article : « Lorsque le sens d'une phrase est clair, on ne doit pas l'interpréter ». *Cùm in verbis nulla est ambiguitas, non debet admitti voluntatis intentio.*

M. Defermon pense que le sens grammatical ne présentant que des idées claires, doit être préféré à une simple présomption d'intention; en mettant en question une volonté clairement exprimée, on parviendrait souvent à éluder l'intention des parties, sous prétexte de la mieux saisir.

M. Bigot-Préameneu dit que l'article est fait pour les cas où les termes expriment mal l'intention des parties qui se trouve d'ailleurs manifestée.

Le consul Cambacérès dit que l'article est textuellement copié du Traité des Obligations de Pothier.

MM. Treilhard et Maleville disent que M. Bigot-Préameneu a exactement expliqué l'esprit de l'article.

M. Tronchet dit que cet article ne peut jamais devenir un moyen de dénaturer l'intention des parties; car ce ne sera pas sur de simples allégations qu'on s'écartera des termes de l'acte; ce sera d'après les indices les plus clairs qu'il n'exprime point la volonté des contractans.

M. Defermon demande qu'on substitue les mots *expressions grammaticales* aux mots *sens grammatical*.

L'article est adopté avec cet amendement.

(Les mots *sens littéral* ont été insérés dans l'article après la conférence avec le Tribunat).

1157. Lorsqu'une clause est susceptible de deux sens, on doit plutôt l'entendre dans celui avec lequel elle peut avoir quelque effet, que dans le sens avec lequel elle n'en pourrait produire aucun.

(Cet article, le LVe. du Projet, fut adopté sans discussion).

1158. Les termes susceptibles de deux sens doivent être pris dans le sens qui convient le plus à la matière du contrat.

(Cet article, le LVIe. du Projet, fut adopté sans discussion).

1159. Ce qui est ambigu s'interprète par ce qui est d'usage dans le pays où le contrat est passé.

(Cet article, le LVIIe. du Projet, fut adopté sans discussion).

1160. On doit suppléer dans le contrat les clauses qui y sont d'usage, quoiqu'elles n'y soient pas exprimées.

(Cet article, le LVIIIe. du Projet, fut adopté sans discussion).

1161. Toutes les clauses des conventions s'interprètent

les unes par les autres, en donnant à chacune le sens qui résulte de l'acte entier.

(Cet article, le LIXe. du Projet, fut adopté sans discussion).

1162. Dans le doute, la convention s'interprète contre celui qui a stipulé, et en faveur de celui qui a contracté l'obligation.

(Cet article, le LXe. du Projet, fut adopté sans discussion).

1163. Quelque généraux que soient les termes dans lesquels une convention est conçue, elle ne comprend que les choses sur lesquelles il paraît que les parties se sont proposé de contracter.

(Cet article, le LXIe. du Projet, fut adopté sans discussion).

1164. Lorsque dans un contrat on a exprimé un cas pour l'explication de l'obligation, on n'est pas censé avoir voulu par-là restreindre l'étendue que l'engagement reçoit de droit aux cas non exprimés.

(Cet article, le LXIIe. du Projet, fut adopté sans discussion).

SECTION VI.

DE L'EFFET DES CONVENTIONS A L'ÉGARD DES TIERS.

1165. Les conventions n'ont d'effet qu'entre les parties contractantes; elles ne nuisent point au tiers, et elles ne lui profitent que dans le cas prévu par l'article 1121.

(Cet article, le LXIIIe. du Projet, fut adopté sans discussion).

1166. Néanmoins les créanciers peuvent exercer tous les droits et actions de leur débiteur, à l'exception de ceux qui sont exclusivement attachés à la personne.

(Cet article, le LXIVe. du Projet, fut adopté sans discussion).

1167. Ils peuvent aussi, en leur nom personnel, attaquer les actes faits par leur débiteur en fraude de leurs droits (1).

Ils doivent néanmoins, quant à leurs droits énoncés au titre *des successions* et au titre *du Contrat de mariage et des Droits respectifs des époux*, se conformer aux règles qui y sont prescrites.

LXV. *Ils peuvent aussi en leur nom personnel, attaquer les actes faits par leur débiteur en fraude de leurs droits.*

LXVI. *Lorsqu'un débiteur a renoncé à une succession, le créancier peut l'accepter du chef de son débiteur.*

Le créancier peut ainsi demander l'exécution à son profit d'une donation que son débiteur aurait d'abord acceptée et à laquelle ce débiteur aurait ensuite renoncé.

Dans l'un et l'autre cas, le créancier prend sur lui, les risques et les charges résultant du titre qu'il accepte à la place de son débiteur.

(C'est de la réunion de ces deux articles du Projet, qu'a été formé sans discussion l'article 1167 du texte).

CHAPITRE IV.

DES DIVERSES ESPÈCES D'OBLIGATIONS.

SECTION PREMIERE.

DES OBLIGATIONS CONDITIONNELLES.

§. I. *De la condition en général, et de ses diverses espèces.*

1168. L'obligation est conditionnelle lorsqu'on la fait dépendre d'un événement futur et incertain, soit en la suspendant jusqu'à ce que l'événement arrive, soit en la résiliant, selon que l'événement arrivera ou n'arrivera pas.

Séance du 8 Brumaire an 12.

(Cet article était le LXVIIe. du Projet).

Le consul CAMBACÉRÈS demande pourquoi la section n'a pas énoncé la distinction des conditions positives et des conditions négatives.

---

(1) Le tribunal d'appel de Rouen observait qu'on devait considérer comme faits en fraude des droits des créanciers, les actes par lesquels le débiteur place et conserve tout ou partie de sa fortune sous le nom d'autrui, pour la soustraire aux poursuites de ses créanciers.

CONTRATS OU OBLIGATIONS. 277

M. Bigot-Préameneu répond que cette distinction a paru suffisamment énoncée dans l'article qui fait mention des obligations dépendantes, soit d'un événement qui arrive, soit d'un événement qui n'arrive pas.

1169. La condition *casuelle* est celle qui dépend du hasard, et qui n'est nullement au pouvoir du créancier ni du débiteur.

(Cet art., le LXVIIIe. du Projet, fut adopté sans discussion).

1170. La condition *potestative* est celle qui fait dépendre l'exécution de la convention, d'un événement qu'il est au pouvoir de l'une ou de l'autre des parties contractantes de faire arriver ou d'empêcher.

(Cet art., le LXIXe. du Projet, fut adopté sans discussion).

1171. La condition *mixte* est celle qui dépend tout à-la-fois de la volonté d'une des parties contractantes, et de la volonté d'un tiers.

(Cet article, le LXXe. du Projet, fut adopté sans discussion).

1172. Toute condition d'une chose impossible, ou contraire aux bonnes mœurs, ou prohibée par la loi, est nulle, et rend nulle la convention qui en dépend.

(Cet art., le LXXIe. du Projet, fut adopté sans discussion).

1173. La condition de ne pas faire une chose impossible ne rend pas nulle l'obligation contractée sous cette condition.

(Cet article, le LXXIIe. du Projet, fut adopté sans discussion).

1174. Toute obligation est nulle lorsqu'elle a été contractée sous une condition potestative de la part de celui qui s'oblige.

(Cet article, le LXXIIIe. du Projet, fut adopté sans discussion).

1175. Toute condition doit être accomplie de la manière que les parties ont vraisemblablement voulu et entendu qu'elle le fût.

(Cet article, le LXXIVe du Projet, fut adopté sans discussion).

1176. Lorsqu'une obligation est contractée sous la condition qu'un événement arrivera dans un tems fixe, cette condition est censée défaillie lorsque le tems est expiré sans que l'événement soit arrivé. S'il n'y a point de tems fixe, la condition peut toujours être accomplie ; elle n'est censée défaillie que lorsqu'il est devenu certain que l'événement n'arrivera pas.

(Cet article, le LXXVe. du Projet, fut adopté sans discussion).

1177. Lorsqu'une obligation est contractée sous la condition qu'un événement n'arrivera pas dans un tems fixe, cette condition est accomplie lorsque ce tems est expiré sans que l'événement soit arrivé : elle l'est également, si avant le terme il est certain que l'événement n'arrivera pas; et s'il n'y a pas de tems déterminé, elle n'est accomplie que lorsqu'il est certain que l'événement n'arrivera pas.

(Cet article, le LXXVIe. du Projet, fut adopté sans discussion) (1).

1178. La condition est réputée accomplie lorsque c'est le débiteur, obligé sous cette condition, qui en a empêché l'accomplissement.

(Cet article, le LXXVIIIe. du Projet, fut adopté sans discussion).

1179. La condition accomplie a un effet rétroactif au jour auquel l'engagement a été contracté. Si le créancier est mort avant l'accomplissement de la condition, ses droits passent à son héritier.

(Cet article, le LXXIXe. du Projet, fut adopté sans discussion).

1180. Le créancier peut, avant que la condition soit accomplie, exercer tous les actes conservatoires de son droit.

(Cet article, le LXXXe. du Projet, fut adopté sans discussion).

---

(1) L'article LXXVII du Projet a été supprimé sans discussion; il était ainsi conçu :
Les conditions apposées aux actes entre-vifs peuvent s'accomplir après la mort de celui au profit duquel l'obligation est contractée.

§. II. *De la condition suspensive.*

1181. L'obligation contractée sous une condition suspensive est celle qui dépend ou d'un événement futur et incertain, ou d'un événement actuellement arrivé, mais encore inconnu des parties (1).

Dans le premier cas, l'obligation ne peut être exécutée qu'après l'événement.

Dans le second cas, l'obligation a son effet du jour où elle a été contractée.

(Cet article, le LXXXIe. du Projet, fut adopté sans discussion).

1182. Lorsque l'obligation a été contractée sous une condition suspensive, la chose qui fait la matière de la convention demeure aux risques du débiteur qui ne s'est obligé de la livrer que dans le cas de l'événement de la condition.

Si la chose est entièrement périe sans la faute du débiteur, l'obligation est éteinte.

Si la chose s'est détériorée sans la faute du débiteur, le créancier a le choix ou de résoudre l'obligation, ou d'exiger la chose dans l'état où elle se trouve, sans diminution du prix.

Si la chose s'est détériorée par la faute du débiteur, le créancier a le droit ou de résoudre l'obligation, ou d'exiger la chose dans l'état où elle se trouve, avec des dommages et intérêts.

(Cet article était le LXXXIIe. du Projet, avec cette différence qu'on n'y trouvait pas le dernier paragraphe).

M. Bigot-Préameneu dit que la section propose d'ajouter à la disposition qui termine cet article, que lorsque la chose s'est détériorée par la faute

---

(1) Le tribunal d'appel de Lyon demandait qu'on ajoutât une disposition pour annuller la convention, si l'une des deux parties était instruite de l'événement.

du débiteur, le créancier a le choix de la prendre dans l'état où elle se trouve, ou d'exiger des dommages-intérêts.

L'article est adopté avec cet amendement.

§. III. *De la condition résolutoire.*

1183. La condition résolutoire est celle qui; lorsqu'elle s'accomplit, opère la révocation de l'obligation, et qui remet les choses au même état que si l'obligation n'avait pas existé.

Elle ne suspend point l'exécution de l'obligation; elle oblige seulement le créancier à restituer ce qu'il a reçu, dans le cas où l'événement prévu par la condition arrive.

(Cet article, le LXXXIIIe. du Projet, fut adopté sans discussion).

1184. La condition résolutoire est toujours sous-entendue dans les contrats synallagmatiques, pour le cas où l'une des deux parties ne satisfera point à son engagement.

Dans ce cas, le contrat n'est point résolu de plein droit. La partie envers laquelle l'engagement n'a point été exécuté, a le choix ou de forcer l'autre à l'exécution de la convention lorsqu'elle est possible, ou d'en demander la résolution avec dommages et intérêts.

La résolution doit être demandée en justice, et il peut être accordé au défendeur un délai selon les circonstances.

(Cet article, le LXXXIVe. du Projet, fut adopté sans discussion).

SECTION II.

DES OBLIGATIONS A TERME.

1185. Le terme diffère de la condition, en ce qu'il ne suspend point l'engagement, dont il retarde seulement l'exécution.

(Cet article, le LXXXVe. du Projet, fut adopté sans discussion).

1186. Ce qui n'est dû qu'à terme, ne peut être exigé avant

avant l'échéance du terme; mais ce qui a été payé d'avance, ne peut être répété.

(Cet article, le LXXXVIe. du Projet, fut adopté sans discussion).

1187. Le terme est toujours présumé stipulé en faveur du débiteur, à moins qu'il ne résulte de la stipulation, ou des circonstances, qu'il a été aussi convenu en faveur du créancier.

(Cet article, le LXXXVIIe. du Projet, fut adopté sans discussion).

1188. Le débiteur ne peut plus réclamer le bénéfice du terme lorsqu'il a fait faillite, ou lorsque par son fait il a diminué les sûretés qu'il avait données par le contrat à son créancier (1).

(Cet article était le LXXXVIIIe. du Projet).

M. REGNAUD (de Saint-Jean-d'Angely) dit que dans l'usage, la faillite du débiteur ne rend exigibles les obligations à terme, que lorsqu'elles sont chirographaires, attendu que le domaine engagé répond du paiement des obligations hypothécaires.

MM. BIGOT-PRÉAMENEU, TREILHARD et RÉAL disent que toutes les obligations, de quelque nature qu'elles soient, deviennent nécessairement exigibles, parce qu'on ne peut se dispenser de procéder à la liquidation générale des dettes du failli.

M. REGNAUD (de Saint-Jean-d'Angely) dit qu'il n'est cependant pas juste de faire concourir le créancier hypothécaire dans la distribution du prix des meubles, puisqu'il a d'ailleurs ses sûretés, et d'enlever aux créanciers chirographaires une partie des seuls biens sur lesquels ils puissent prendre leurs créances.

M. SÉGUR demande s'il ne conviendrait pas de retrancher du Code civil toute disposition relative aux faillites, et de renvoyer cette matière dans son entier au *Code du commerce*.

M. TREILHARD répond qu'elle n'appartient pas exclusivement à ce der-

---

(1) Le tribunal de Rennes proposait d'ajouter les dispositions suivantes : *Si entre plusieurs débiteurs solidaires, l'un d'eux fait faillite ou diminue les sûretés du créancier, celui-ci ne peut s'adresser aux autres pour les obliger de payer avant le terme.*

C'est l'opinion de *Pothier*, et il en donne pour motif la maxime : *Nemo ex alterius facto prægravari debet.*

nier code, car on peut faillir sans être marchand : à la vérité, la faillite alors est appelée *déconfiture*; mais peu importe la dénomination, lorsque la chose est la même.

M. Defermon reprend l'objection de M. Regnaud (de Saint-Jean-d'Angely), et l'appuie. Il dit que le créancier hypothécaire ayant toute sûreté pour son paiement dans l'immeuble sur lequel l'hypothèque est assise, il ne peut plus rien prétendre sur le surplus des biens : ils doivent être réservés, sans diminution, aux créanciers chirographaires.

M. Tronchet dit que cette question est subordonnée à ce qui sera décidé sur le régime hypothécaire. Dans l'état actuel des choses, on se trouve très-embarrassé, lorsque, dans une faillite où il y a des créances hypothécaires et des créances chirographaires, les unes à terme, les autres exigibles, les unes et les autres viennent alternativement. L'hypothèque ne prive pas le créancier de son recours sur les autres biens. Il est donc impossible de payer les chirographaires, tant que les créances hypothécaires à terme ne sont pas payées.

M. Bigot-Préameneu dit que le paiement du créancier hypothécaire, mais à terme, n'est point l'objet de l'article: il ne concerne que le débiteur, auquel il ôte le droit de se prévaloir du terme.

M. Bégouen dit que l'article proposé est d'autant plus nécessaire que, s'il y avait une créance hypothécaire dont l'échéance fût éloignée, et qu'elle ne fût pas déclarée échue par le fait de la faillite du débiteur, on ne pourrait renvoyer ce créancier à agir de suite en expropriation de l'immeuble qui fait son gage. Cependant on ne peut aussi, sans nuire aux créanciers chirographaires, l'admettre d'abord à concourir sur la masse des autres biens; en le renvoyant, seulement pour le surplus de sa créance, sur l'immeuble engagé. L'article proposé facilite et régularise les liquidations; s'il était retranché, elles deviendraient impossibles, ou du moins elles prendraient presque forcément une direction contraire aux intérêts et aux droits des créanciers chirographaires.

M. Treilhard dit qu'en effet, sans cette disposition, il serait impossible d'opérer. Un créancier hypothécaire, tant qu'il n'a pas reçu son paiement, n'est pas obligé de laisser vendre son gage. On objectera qu'il est un moyen de le désintéresser : c'est de faire emploi du prix à son profit jusqu'à concurrence de sa dette. Mais un gage exactement de la même valeur que la dette ne donne pas toujours une sûreté suffisante; du moins la sûreté n'est-elle pas la même que lorsque le gage excède beaucoup la dette.

L'article est adopté.

SECTION III.

DES OBLIGATIONS ALTERNATIVES.

1189. Le débiteur d'une obligation alternative est libéré par la délivrance de l'une des deux choses qui étaient comprises dans l'obligation.
(Cet art., le LXXXIXe. du Projet, fut adopté sans discussion).

1190. Le choix appartient au débiteur, s'il n'a pas été expressément accordé au créancier (1).
(Cet article, le XC^e du Projet, fut adopté sans discussion).

1191. Le débiteur peut se libérer en délivrant l'une des deux choses promises ; mais il ne peut pas forcer le créancier à recevoir une partie de l'une, et une partie de l'autre.
(Cet article, le XCI^e. du Projet, fut adopté sans discussion).

1192. L'obligation est pure et simple, quoique contractée d'une manière alternative, si l'une des deux choses promises ne pouvait être le sujet de l'obligation.
(Cet article était le XCII^e. du Projet).
M. Defermon propose de limiter la disposition au cas où il n'y a pas de faute de la part du débiteur.
M. Bigot Préameneu observe que l'article ne se rapporte qu'au cas où le choix de la chose appartient au débiteur.
M. Tronchet dit que lorsque le débiteur a laissé périr l'une des deux choses qu'il s'est obligé de livrer, il est réputé avoir usé de son droit d'option, et préféré de donner la chose qui reste.
L'article est adopté.

1193. L'obligation alternative devient pure et simple, si l'une des choses promises périt et ne peut plus être livrée, même par la faute du débiteur. Le prix de cette chose ne peut pas être offert à sa place.

---

(1) Le tribunal d'appel d'Amiens proposait d'ajouter : *ce choix une fois fait, soit par le débiteur, soit par le créancier, ne peut plus être révoqué.*

Si toutes deux sont péries, et que le débiteur soit en faute à l'égard de l'une d'elles, il doit payer le prix de celle qui a péri la dernière.

(Cet article, le XCIIIe. du Projet, fut adopté sans discussion).

1194. Lorsque, dans les cas prévus par l'article précédent, le choix avait été déféré par la convention au créancier,

Ou l'une des choses seulement est périe; et alors, si c'est sans la faute du débiteur, le créancier doit avoir celle qui reste; si le débiteur est en faute, le créancier peut demander la chose qui reste, ou le prix de celle qui est périe:

Ou les deux choses sont péries; et alors, si le débiteur est en faute à l'égard des deux, ou même à l'égard de l'une d'elles seulement, le créancier peut demander le prix de l'une ou de l'autre à son choix.

(Cet art. le XCIVe. du Projet, fut adopté sans discussion).

1195. Si les deux choses sont péries sans la faute du débiteur, et avant qu'il soit en demeure, l'obligation est éteinte, conformément à l'article 1302.

(Cet art. le XCVe. du Projet, fut adopté sans discussion).

1196. Les mêmes principes s'appliquent aux cas où il y a plus de deux choses comprises dans l'obligation alternative.

(Cet article ne se trouvait pas dans le Projet, il a été ajouté sans discussion).

SECTION IV.

DES OBLIGATIONS SOLIDAIRES.

§. I. *De la solidarité entre les créanciers.*

1197. L'obligation est solidaire entre plusieurs créanciers lorsque le titre donne expressément à chacun d'eux le droit de demander le paiement du total de la créance, et que le paiement fait à l'un d'eux libère le débiteur, encore que le bénéfice de l'obligation soit partageable et divisible entre les divers créanciers.

(Cet art., le XCVI^e. du Projet, fut adopté sans discussion).

1198. Il est au choix du débiteur de payer à l'un ou à l'autre des créanciers solidaires, tant qu'il n'a pas été prévenu par les poursuites de l'un d'eux.

Néanmoins la remise qui n'est faite que par l'un des créanciers solidaires, ne libère le débiteur que pour la part de ce créancier.

Cet article est formé des XCVII et XCVIII^e. du Projet. Le dernier était ainsi conçu : *La remise faite par l'un des créanciers solidaires, libère le débiteur envers l'autre, pourvu qu'il n'ait pas été prévenu par les poursuites des autres créanciers, ou de l'un d'eux.*

(Les changemens qu'on remarque entre le texte et le Projet, n'ont donné lieu à aucune discussion).

1199. Tout acte qui interrompt la prescription à l'égard de l'un des créanciers solidaires, profite aux autres créanciers.

XCIX. *La reconnaissance de la dette envers l'un des créanciers solidaires interrompt la prescription à l'égard de tous.*

(Les changemens faits ont eu lieu après la conférence avec le Tribunat).

§. II. *De la solidarité de la part des débiteurs.*

1200. Il y a solidarité de la part des débiteurs, lorsqu'ils sont obligés à une même chose, de manière que chacun puisse être contraint pour la totalité, et que le paiement fait par un seul libère les autres envers le créancier.

(Cet art., le C^e. du Projet, fut adopté sans discussion).

1201. L'obligation peut être solidaire, quoique l'un des débiteurs soit obligé différemment de l'autre au paiement de la même chose ; par exemple, si l'un n'est obligé que conditionnellement, tandis que l'engagement de l'autre est pur et simple, ou si l'un a pris un terme qui n'est point accordé à l'autre.

(Cet art., le CI^e. du Projet, fut adopté sans discussion).

1202. La solidarité ne se présume point ; il faut qu'elle soit expressément stipulée.

Cette règle ne cesse que dans les cas où la solidarité a lieu de plein droit, en vertu d'une disposition de la loi.

(Cet article était le CII^e. du Projet).

M. Bég ouen dit qu'indépendamment des cas de la solidarité conventionnelle et légale dont parle cet article, il existe, dant le commerce une solidarité de fait qui s'établit de plein droit entre les négocians qui font un achat en commun. Il pense qu'il est nécessaire de la maintenir.

M. Bigot-Préameneu dit que les usages du commerce seront maintenus par un article général.

L'article est adopté.

1203. Le créancier d'une obligation contractée solidairement peut s'adresser à celui des débiteurs qu'il veut choisir, sans que celui-ci puisse lui opposer le bénéfice de division.

(Cet art., le CIII^e. du Projet, fut adopté sans discussion).

1204. Les poursuites faites contre l'un des débiteurs n'empêchent pas le créancier d'en exercer de pareilles contre les autres.

(Cet article était le CIV^e. du Projet).

M. Defermon dit que cet article peut amener des frais considérables et inutiles ; par exemple dans les successions, on a fait souvent assigner une multitude de débiteurs solidaires de rentes lorsqu'on pouvait se borner à des poursuites contre un seul.

M. Tronchet dit que M. Defermon confond la solidarité hypothécaire, avec la solidarité conventionnelle.

M. Bigot-Préameneu dit que l'observation de M. Defermon nait de l'usage fort extraordinaire et particulier à la ci-devant Bretagne, de réputer les héritiers solidaires.

CONTRATS OU OBLIGATIONS. 287

M. Treilhard dit que l'article est exact dans toutes les hypothèses, car on ne peut limiter le droit qu'a le créancier de se pourvoir contre ceux qui se trouvent solidairement obligés envers lui.

L'article est adopté.

1205. Si la chose due a péri par la faute ou pendant la demeure de l'un ou de plusieurs des débiteurs solidaires, les autres codébiteurs ne sont point déchargés de l'obligation de payer le prix de la chose; mais ceux-ci ne sont point tenus des dommages et intérêts.

Le créancier peut seulement répéter les dommages et intérêts tant contre les débiteurs par la faute desquels la chose a péri, que contre ceux qui étaient en demeure.

CV. *Si la chose due a péri par la faute ou pendant la demeure de l'un des débiteurs solidaires, les codébiteurs ne sont point déchargés de l'obligation de payer le prix de la chose; mais ceux-ci ne sont point tenus des dommages et intérêts, qui ne peuvent être répétés par le créancier que contre celui dont le fait ou la demeure y donne lieu.*

(Les changemens qui existent entre le texte et le projet, n'ont eu lieu qu'après la conférence avec le Tribunat).

1206. Les poursuites faites contre l'un des débiteurs solidaires interrompent la prescription à l'égard de tous.

(Cet art., le CVIe. du Projet, fut adopté sans discussion).

1207. La demande d'intérêts formée contre l'un des débiteurs solidaires fait courir les intérêts à l'égard de tous.

(Cet article, le CVIIe. du Projet, fut adopté sans discussion).

1208. Le codébiteur solidaire poursuivi par le créancier peut opposer toutes les exceptions qui résultent de la nature de l'obligation, et toutes celles qui lui sont personnelles, ainsi que celles qui sont communes à tous les codébiteurs.

Il ne peut opposer les exceptions qui sont purement personnelles à quelques-uns des autres codébiteurs.

(Cet article, le CVIIIe. du Projet, fut adopté sans discussion).

1209. Lorsque l'un des débiteurs devient héritier unique

du créancier, ou lorsque le créancier devient l'unique héritier de l'un des débiteurs, la confusion n'éteint la créance solidaire que pour la part et portion du débiteur ou du créancier.

(Cet article, le CIX^e. du Projet, fut adopté sans discussion).

1210. Le créancier qui consent à la division de la dette à l'égard de l'un des codébiteurs, conserve son action solidaire contre les autres, mais sous la déduction de la part du débiteur qu'il a déchargé de la solidarité.

1211. Le créancier qui reçoit divisément la part de l'un des débiteurs, sans réserver dans la quittance la solidarité ou ses droits en général, ne renonce à la solidarité qu'à l'égard de ce débiteur.

Le créancier n'est pas censé remettre la solidarité au débiteur lorsqu'il reçoit de lui une somme égale à la portion dont il est tenu, si la quittance ne porte pas que c'est *pour sa part.*

Il en est de même de la simple demande formée contre l'un des codébiteurs *pour sa part,* si celui-ci n'a pas acquiescé à la demande, ou s'il n'est pas intervenu un jugement de condamnation.

CX. *Le créancier perd toute action solidaire, lorsqu'il reçoit divisément la part de l'un des débiteurs, à moins que la quittance ne porte la réserve de la solidarité ou de ses droits en général.*

Le créancier ne perd point son action solidaire, lorsqu'il a reçu de l'un des codébiteurs une somme égale à la portion dont celui-ci était tenu, si la quittance ne porte pas que c'est pour sa part.

CXI. *La simple demande formée contre l'un des codébiteurs,* pour sa part, *n'emporte point l'extinction de la solidarité, s'il n'a pas acquiescé à la demande, ou s'il n'est pas intervenu un jugement de condamnation.*

M. Bigot-Préameneu propose de rédiger l'article CX ainsi qu'il suit :

Le créancier perd toute action solidaire, lorsqu'il consent à la division de la dette, vis-à-vis l'un des débiteurs; il en est de même lorsqu'il reçoit divisément, etc.

M. Bigot-Préameneu dit que le tribunat n'a proposé de changement au

CONTRATS OU OBLIGATIONS.

au fond que sur l'article suivant lequel le créancier perd toute action solidaire, lorsqu'il consent à la division de la dette à l'égard de l'un des débiteurs, ou lorsque, sans réserve, il reçoit divisément la part de l'un d'eux.

Le Tribunat a observé que de la division de la dette, à l'égard de l'un des débiteurs, on ne doit pas induire la renonciation à la solidarité contre les codébiteurs, et que le débiteur à l'égard duquel on a divisé la dette, n'en doit pas moins être tenu de la contribution, en cas d'insolvabilité d'un ou plusieurs autres codébiteurs.

La section s'est rendue à ces observations.

1212. Le créancier qui reçoit divisément et sans réserves la portion de l'un des codébiteurs sans arrérages ou intérêts de la dette, ne perd la solidarité que pour les arrérages ou intérêts échus, et non pour ceux à échoir, ni pour le capital, à moins que le paiement divisé n'ait été continué pendant dix ans consécutifs.

(Cet article était le CXIIe. du Projet. On y trouvait ces mots *dans les arrérages*, au lieu de ceux-ci, *sans arrérages*. Il paraît qu'il y a une erreur typographique, et que la version du Projet doit être conservée.)

Séance du 18 Brumaire an 12.

1213. L'obligation contractée solidairement envers le créancier se divise de plein droit entre les débiteurs, qui n'en sont tenus entre eux que chacun pour sa part et portion.

(Cet article n'était pas dans le Projet ; il a été ajouté après la conférence tenue avec le Tribunat).

1214. Le codébiteur d'une dette solidaire, qui l'a payée en entier, ne peut répéter contre les autres que les part et portion de chacun d'eux.

Si l'un d'eux se trouve insolvable, la perte qu'occasionne son insolvabilité, se répartit par contribution entre tous les autres codébiteurs solvables et celui qui a fait le paiement.

CXIII. *Le recours du codébiteur d'une dette solidaire, qu'il a payée en entier, ne peut s'exercer contre les autres, que pour les parts et portions de chacun d'eux. Si l'un d'eux se trouve insolvable, la perte qu'oc-*

casionne son insolvabilité, se répartit par contribution entre tous les autres codébiteurs solvables et celui qui a fait le paiement.

(Les changemens faits ont eu lieu sans discussion).

1215. Dans le cas où le créancier a renoncé à l'action solidaire envers l'un des débiteurs, si l'un ou plusieurs des autres codébiteurs deviennent insolvables, la portion des insolvables sera contributoirement répartie entre tous les débiteurs, même entre ceux précédemment déchargés de la solidarité par le créancier.

(Cet article n'était pas dans le Projet, il a été ajouté sans discussion).

1216. Si l'affaire pour laquelle la dette a été contractée solidairement ne concernait que l'un des coobligés solidaires, celui-ci serait tenu de toute la dette vis-à-vis des autres codébiteurs, qui ne seraient considérés par rapport à lui que comme ses cautions.

(Cet article, le CXIVe. du Projet, fut adopté sans discussion).

SECTION V.

DES OBLIGATIONS DIVISIBLES ET INDIVISIBLES.

1217. L'obligation est divisible ou indivisible selon qu'elle a pour objet ou une chose qui dans sa livraison, ou un fait qui dans l'exécution, est ou n'est pas susceptible de division, soit matérielle, soit intellectuelle.

(Cet article, le CXVe. du Projet, fut adopté sans discussion).

1218. L'obligation est indivisible, quoique la chose ou le fait qui en est l'objet soit divisible par sa nature, si le rapport sous lequel elle est considérée dans l'obligation ne la rend pas susceptible d'exécution partielle.

(Cet article, le CXVIe. du Projet, fut adopté sans discussion).

1219. La solidarité stipulée ne donne point à l'obligation le caractère d'indivisibilité.

(Cet article, le CXVIIe. du Projet, fut adopté sans discussion).

§. I. *Des effets de l'obligation divisible.*

1220. L'obligation qui est susceptible de division, doit être exécutée entre le créancier et le débiteur, comme si elle était indivisible. La divisibilité n'a d'application qu'à l'égard de leurs héritiers, qui ne peuvent demander la dette ou qui ne sont tenus de la payer que pour les parts dont ils sont saisis ou dont ils sont tenus comme représentant le créancier ou le débiteur.

(Cet art., le CXVIII^e. du Projet, fut adopté sans discussion).

1221. Le principe établi dans l'article précédent reçoit exception à l'égard des héritiers du débiteur,

1°. Dans le cas où la dette est hypothécaire;

2°. Lorsqu'elle est d'un corps certain;

3°. Lorsqu'il s'agit de la dette alternative de choses au choix du créancier, dont l'une est indivisible;

4°. Lorsque l'un des héritiers est chargé seul, par le titre, de l'exécution de l'obligation;

5°. Lorsqu'il résulte, soit de la nature de l'engagement, soit de la chose qui en fait l'objet, soit de la fin qu'on s'est proposée dans le contrat, que l'intention des contractans a été que la dette ne pût s'acquitter partiellement.

Dans les trois premiers cas, l'héritier qui possède la chose due ou le fonds hypothéqué à la dette, peut être poursuivi pour le tout sur la chose due ou sur le fonds hypothéqué, sauf le recours contre ses cohéritiers. Dans le quatrième cas, l'héritier seul chargé de la dette, et dans le cinquième cas, chaque héritier peut aussi être poursuivi pour le tout; sauf son recours contre ses cohéritiers.

(Cet art., le CXIX^e. du Projet, fut adopté sans discussion).

§. II. *Des effets de l'obligation indivisible.*

1222. Chacun de ceux qui ont contracté conjointement

une dette indivisible, en est tenu pour le total, encore que l'obligation n'ait pas été contractée solidairement.

(Cet art., le CXX^e. du Projet, fut adopté sans discussion).

1223. Il en est de même à l'égard des héritiers de celui qui a contracté une pareille obligation.

(Cet article, le CXXI^e. du Projet, fut adopté sans discussion).

1224. Chaque héritier du créancier peut exiger en totalité l'exécution de l'obligation indivisible.

Il ne peut seul faire la remise de la totalité de la dette; il ne peut recevoir seul le prix au lieu de la chose. Si l'un des héritiers a seul remis la dette ou reçu le prix de la chose, son cohéritier ne peut demander la chose indivisible qu'en tenant compte de la portion du cohéritier qui a fait la remise ou qui a reçu le prix.

(Cet article, le CXXII^e. du Projet, fut adopté sans discussion).

1225. L'héritier du débiteur, assigné pour la totalité de l'obligation, peut demander un délai pour mettre en cause ses cohéritiers, à moins que la dette ne soit de nature à ne pouvoir être acquittée que par l'héritier assigné, qui peut alors être condamné seul; sauf son recours en indemnité contre ses cohéritiers.

(Cet article, le CXXIII^e. du Projet, fut adopté sans discussion).

SECTION VI.

DES OBLIGATIONS AVEC CLAUSES PÉNALES.

1226. La clause pénale est celle par laquelle une personne, pour assurer l'exécution d'une convention, s'engage à quelque chose en cas d'inexécution.

(Cet article était le CXXIV^e. du Projet).

M. Miot trouve quelque vague dans la rédaction de cet article, sur-

CONTRATS OU OBLIGATIONS. 293

tout quand on le rapproche de l'article CXXVII (1229), qui réduit la clause pénale à la compensation du préjudice que souffre le créancier. Il propose de retrancher l'article CXXIV, et de ne laisser subsister que l'article CXXVII, qui est bien plus précis.

M. Bigot-Préameneu dit que ces deux articles se concilient ; qu'en principe, la peine est la compensation du préjudice que souffre le créancier ; mais qu'il est permis aux parties de régler, par une stipulation particulière, la forme de la compensation.

M. Treilhard dit qu'en effet on peut s'engager à fournir la compensation d'une autre manière qu'en donnant une somme d'argent ; les parties peuvent convenir, par exemple, que si l'obligation n'est point exécutée, le débiteur fera telle chose, comme d'aller pour le créancier dans un lieu qu'elles déterminent.

M. Ségur pense qu'on corrigerait la rédaction trop vague de l'article, si l'on s'exprimait ainsi : *La clause pénale est la compensation convenue du dommage, etc.*

M. Réal dit que l'article qui décide qu'une obligation consiste à donner, à faire ou à ne pas faire, détruit le vague qu'on croit trouver dans l'article CXXIV.

L'article est adopté.

1227. La nullité de l'obligation principale entraîne celle de la clause pénale.

La nullité de celle-ci n'entraîne point celle de l'obligation principale.

(Cet article, le CXXVe. du Projet, fut adopté sans discussion).

1228. Le créancier, au lieu de demander la peine stipulée contre le débiteur qui est en demeure, peut poursuivre l'exécution de l'obligation principale.

(Cet article, le CXXVIe. du Projet, fut adopté sans discussion).

1229. La clause pénale est la compensation des dommages et intérêts que le créancier souffre de l'inexécution de l'obligation principale.

Il ne peut demander en même-tems le principal et la

peine, à moins qu'elle n'ait été stipulée pour le simple retard.

(Cet article, le CXXVII^e. du Projet, fut adopté sans discussion (1).

1230. Soit que l'obligation primitive contienne, soit qu'elle ne contienne pas un terme dans lequel elle doive être accomplie, la peine n'est encourue que lorsque celui qui s'est obligé soit à livrer, soit à prendre, soit à faire, est en demeure.

(Cet article était le CXXIX^e. du Projet ; on y trouvait de plus un §. ainsi conçu : *Cette règle cesse lorsqu'il a été stipulé que la partie obligée sera en demeure après l'échéance du terme, sans qu'il soit besoin d'acte pour la constituer en demeure.* Il a été supprimé sans discussion).

1231. La peine peut être modifiée par le juge, lorsque l'obligation principale a été exécutée en partie.

(Cet article, le CXXX^e. du Projet, fut adopté sans discussion).

1232. Lorsque l'obligation primitive contractée avec une clause pénale est d'une chose indivisible (2), la peine est encourue par la contravention d'un seul des héritiers du débiteur, et elle peut être demandée, soit en totalité contre celui qui a fait la contravention, soit contre chacun des cohéritiers pour leur part et portion, et hypothécairement pour le tout, sauf leur recours contre celui qui a fait encourir la peine.

(Cet article, le CXXXI^e. du Projet, fut adopté sans discussion).

___

(1) CXXVIII. *La peine stipulée pour l'inexécution d'une obligation d'une somme d'argent, ou d'une chose qui se consume par l'usage, ne peut excéder l'intérêt au taux de la loi.*

M. Bégouen observe que cet article paraît en opposition avec ce qui a été arrêté sur l'article LII.

M. Regnaud (de Saint-Jean-d'Angely) dit qu'il faut ou revenir sur cette discussion, ou supprimer l'article.

L'article est supprimé.

(2) Si l'obligation primitive est d'une chose indivisible, et que la peine soit encourue pour la contravention envers un seul des héritiers du créancier, la peine doit-elle être encourue pour le tout, ou seulement pour la part héréditaire de celui envers lequel la contravention a été faite ?

1233. Lorsque l'obligation primitive contractée sous une peine est divisible, la peine n'est encourue que par celui des héritiers du débiteur qui contrevient à cette obligation, et pour la part seulement dont il était tenu dans l'obligation principale, sans qu'il y ait d'action contre ceux qui l'ont exécutée.

Cette règle reçoit exception lorsque la clause pénale ayant été ajoutée dans l'intention que le paiement ne pût se faire partiellement, un cohéritier a empêché l'exécution de l'obligation pour la totalité. En ce cas, la peine entière peut être exigée contre lui et contre les autres cohéritiers pour leur portion seulement, sauf leur recours.

(Cet article, le CXXXIIe. du Projet, fut adopté sans discussion).

CHAPITRE V.

DE L'EXTINCTION DES OBLIGATIONS.

1234. Les obligations s'éteignent,
Par le paiement,
Par la novation,
Par la remise volontaire,
Par la compensation,
Par la confusion,
Par la perte de la chose,
Par la nullité ou la rescision,
Par l'effet de la condition résolutoire, qui a été expliquée au chapitre précédent,
Et par la prescription, qui fera l'objet d'un titre particulier.

(Cet article, le CXXXIII^e. du Projet, fut adopté sans discussion).

SECTION PREMIERE.

§. I. *Du paiement en général.*

1235. Tout paiement suppose une dette : ce qui a été payé sans être dû, est sujet à répétition.

La répétition n'est pas admise à l'égard des obligations naturelles qui ont été volontairement acquittées.

(Cet article, le CXXXIV^e. du Projet, fut adopté sans discussion).

1236. Une obligation peut être acquittée par toute personne qui y est intéressée, telle qu'un coobligé ou une caution.

L'obligation peut même être acquittée par un tiers qui n'y est point intéressé, pourvu que ce tiers agisse au nom et en l'acquit du débiteur, ou que, s'il agit en son nom propre, il ne soit pas subrogé aux droits du créancier.

(Cet article, le CXXXVI^e. du Projet, fut adopté sans discussion).

1237. L'obligation de faire ne peut être acquittée par un tiers contre le gré du créancier, lorsque ce dernier a intérêt qu'elle soit remplie par le débiteur lui-même.

(Cet article, le CXXXVII^e. du Projet, fut adopté sans discussion).

1238. Pour payer valablement, il faut être propriétaire de la chose donnée en paiement, et capable de l'aliéner.

Néanmoins le paiement d'une somme en argent ou autre chose qui se consomme par l'usage, ne peut être répété contre le créancier qui l'a consommée de bonne foi, quoique le paiement en ait été fait par celui qui n'en était pas propriétaire ou qui n'était pas capable de l'aliéner.

(Cet article, le CXXXVIII^e. du Projet, fut adopté sans discussion).

1239. Le paiement doit être fait au créancier ou à quelqu'un ayant pouvoir de lui, ou qui soit autorisé par justice ou par la loi à recevoir pour lui.

Le paiement fait à celui qui n'aurait pas pouvoir de recevoir pour le créancier, est valable, si celui-ci le ratifie, ou s'il en a profité.

(Cet article était le CXXXIX^e. du Projet).

M. Ségur dit que la dernière disposition de cet article peut avoir des inconvéniens; si, par exemple, le débiteur paie à celui des créanciers de son créancier, qui dans les arrangemens de ce dernier ne devrait l'être qu'après d'autres créanciers plus urgens, il nuit à celui pour lequel il paie.

M. BIGOT-PRÉAMENEU répond que, dans ce cas, le paiement n'ayant point tourné au profit de celui qui se trouve libéré, la personne qui l'a fait ne peut se prévaloir de l'article, puisqu'il ne s'applique qu'à l'espèce où la libération a été réellement utile à celui dont elle a anéanti l'obligation.

M. REGNAUD (de Saint-Jean-d'Angely) pense que l'observation de M. Ségur est fondée. En effet, une personne peut avoir plusieurs créanciers, dont les uns, à raison du titre de leur créance, méritent la préférence sur d'autres : telle serait, par exemple, la créance de celui qui a fourni des choses nécessaires à la vie, par rapport à celui qui n'a fourni que des objets de luxe.

M. RÉAL dit que MM. Ségur et Regnaud (de Saint-Jean-d'Angely) ne saisissent point la disposition de l'article, sous le rapport qu'elle est présentée. Elle ne prononce, en effet, que l'extinction de l'obligation ; ce qui est relatif à la subrogation sera réglé ailleurs.

M. DEFERMON dit que si Pierre doit une somme de mille francs à Jacques, que Jacques doive une pareille somme à Paul, et que Paul soit payé par Pierre, celui-ci devient nécessairement créancier de Jacques, et qu'alors la compensation est incontestable. Il pourrait y avoir sur ce sujet des débats entre les créanciers du même individu, à raison du droit de préférence ; mais il ne peut y en avoir du créancier au débiteur.

M. REGNAUD (de Saint Jean-d'Angely) dit que parmi les créanciers, les uns, comme les boulangers, par exemple, ont un droit de préférence sur d'autres créanciers tels que les bijoutiers, et cependant, par l'effet de l'article, ces derniers pourraient primer les autres.

M. RÉAL observe que dans ce cas le débat ne serait qu'entre les créanciers, et que l'article leur est étranger.

M. REGNAUD (de Saint-Jean-d'Angely) dit qu'il reste du moins une difficulté très-grave : un débiteur, en vertu de l'article, devient l'administrateur des affaires de son créancier, par la facilité qu'il a d'intervertir l'ordre que celui-ci a fixé au paiement de ses dettes.

Il est au pouvoir du débiteur d'ôter au créancier un paiement sur lequel il comptait, pour acquitter des dettes urgentes et sacrées, telles que les contributions, et d'appliquer la somme à l'extinction d'obligations beaucoup moins pressées.

Il y a plus ; l'article peut donner lieu à des fraudes : rien n'empêcherait un débiteur de mauvaise foi de se libérer à peu de frais. Il lui suffirait d'acheter à vil prix les créances qui existent sur son créancier, et de venir ensuite les compenser pour leur valeur intégrale.

Le consul CAMBACÉRÈS dit que ces raisonnemens ne sont que spécieux. Il est certain que le principe rappelé par la section peut entraîner quelques abus; mais les tribunaux y porteront remède, en prononçant d'après les circonstances. Par exemple, dans l'hypothèse présentée par M. Regnaud (de Saint-Jean-d'Angely), si le paiement a empêché le créancier d'éteindre des dettes plus urgentes que celle dont elle le libère, les tribunaux décideront qu'il n'a point tourné à son profit.

En général, les lois ont toujours été et doivent être favorables à la libération; elles accueillent donc tous les moyens qui l'opèrent, toutes les fois qu'il n'en résulte pas de préjudice pour des tiers. L'article proposé contient cette limitation. Si cependant on desire qu'elle soit plus formellement énoncée, il suffit de dire que *le paiement ne sera valable que lorsqu'il n'aura point porté préjudice au créancier*. Ce ne serait, au surplus, que rendre la même idée par d'autres expressions. Mais il y aurait beaucoup d'inconvéniens à retrancher l'article sans rien mettre à la place; ce serait renverser les principes reçus.

M. REGNAUD (de Saint-Jean-d'Angely) adopte la rédaction du Consul.

M. BIGOT-PRÉAMENEU observe que l'article est pour le cas où celui qui reçoit n'a pas de pouvoir, et décide qu'alors le paiement sera valable lorsqu'il aura tourné au profit du créancier. Ainsi tout se réduira à prouver qu'il a été avantageux à celui-ci; preuve moins incertaine, que celle qui tendrait à établir que le paiement ne lui a pas été préjudiciable.

M. TREILHARD dit que l'article va même plus loin que ne demande M. Regnaud (de Saint-Jean-d'Angely); car il ne se borne pas à exiger que le paiement n'ait point été préjudiciable au créancier, il veut encore que le paiement lui ait été avantageux.

M. TRONCHET dit qu'on est hors de la question. Une dette ne peut être éteinte que par le paiement, et le paiement peut être fait par tous ceux qui le veulent; or si A doit mille francs à B, et B à C, il y a deux dettes différentes. Si donc on paie à C la dette de B, on ne paie pas celle de A; on paie une autre dette.

Le consul CAMBACÉRÈS dit que l'article proposé par la section est conforme à la doctrine de Pothier, dans son Traité des *Obligations*.

M. RÉAL dit que tel a toujours été l'usage.

Le consul CAMBACÉRÈS pense qu'il ne faut rien innover; que les difficultés qui pourront s'élever dans quelques cas particuliers, seront réglées par les tribunaux.

L'article est adopté.

1240. Le paiement fait de bonne foi à celui qui est en possession de la créance, est valable, encore que le possesseur en soit par la suite évincé.

(Cet article, le CXLe. du Projet, fut adopté sans discussion).

1241. Le paiement fait au créancier n'est point valable s'il était incapable de le recevoir, à moins que le débiteur ne prouve que la chose payée a tourné au profit du créancier.

(Cet article, le CXLIe. du Projet, fut adopté sans discussion).

1242. Le paiement fait par le débiteur à son créancier, au préjudice d'une saisie ou d'une opposition, n'est pas valable à l'égard des créanciers saisissans ou opposans : ceux-ci peuvent, selon leur droit, le contraindre à payer de nouveau, sauf, en ce cas seulement, son recours contre le créancier.

(Cet article, le CXLIIe. du Projet, fut adopté sans discussion).

1243. Le créancier ne peut être contraint de recevoir une autre chose que celle qui lui est due, quoique la valeur de la chose offerte soit égale ou même plus grande.

(Cet article, le CXLIIIe. du Projet, fut adopté sans discussion).

1244. Le débiteur ne peut point forcer le créancier à recevoir en partie le paiement d'une dette, même divisible.

Les juges peuvent néanmoins, en considération de la position du débiteur, et en usant de ce pouvoir avec une grande réserve, accorder des délais modérés pour le paiement, et surseoir l'exécution des poursuites, toutes choses demeurant en état.

(Cet article était le CXLIVe. du Projet).

38.

Le consul CAMBACÉRÈS demande si cet article autoriserait le juge à prononcer la division du paiement, même lorsqu'il y aurait une stipulation contraire. Il pense que ce serait donner trop de pouvoir aux tribunaux.

M. REGNAUD (de Saint-Jean-d'Angely) observe que plus la loi laisse de latitude aux tribunaux pour modifier les conventions, moins il existe de crédit.

M. BIGOT-PRÉAMENEU dit qu'il n'a pas été dans l'intention de la section de donner à la disposition l'étendue dont a parlé le Consul; qu'au surplus le projet présenté offre des changemens très-favorables aux créanciers, tels, par exemple, que la disposition qui déclare le débiteur en demeure par le seul effet de la stipulation, et sans qu'il soit besoin de l'y mettre par un acte judiciaire; qu'ainsi il n'aura pas l'inconvénient d'affaiblir le crédit.

Le consul CAMBACÉRÈS dit qu'au surplus l'article peut subsister; mais la disposition qui le termine autorisera-t-elle le tribunal de cassation à connaître du fonds de l'affaire, pour examiner si les juges n'ont usé de leur pouvoir qu'avec la réserve qui leur est prescrite par la loi.

M. TREILHARD expose l'esprit de l'article : il dit que les offres réelles ne sont pas valides, si elles ne sont de la totalité de la dette; mais que ce n'est pas là l'espèce qu'on a voulu prévoir. On a supposé un débiteur qui, prouvant par le tableau de sa situation qu'il est solvable, demande un court délai pour une partie du paiement. Dans ce cas, d'après l'article, le juge le condamne pour la totalité, mais il gradue les termes du paiement.

L'article est adopté.

1245. Le débiteur d'un corps certain et déterminé est libéré par la remise de la chose en l'état où elle se trouve lors de la livraison, pourvu que les détériorations qui y sont survenues ne viennent point de son fait ou de sa faute, ni de celle des personnes dont il est responsable, ou qu'avant ces détériorations il ne fût pas en demeure.

(Cet article, le CXLV^e. du Projet, fut adopté sans discussion).

1246. Si la dette est d'une chose qui ne soit déterminée que par son espèce, le débiteur ne sera pas tenu, pour être libéré, de la donner de la meilleure espèce ; mais il ne pourra l'offrir de la plus mauvaise.

(Cet article n'avait point d'analogue dans le Projet, il n'a été inséré dans la loi qu'après la conférence avec le Tribunat.)

1247. Le paiement doit être exécuté dans le lieu désigné par la convention. Si le lieu n'y est pas désigné, le paiement, lorsqu'il s'agit d'un corps certain et déterminé, doit être fait dans le lieu où était, au tems de l'obligation, la chose qui en fait l'objet.

Hors ces deux cas, le paiement doit être fait au domicile du débiteur.

(Cet article, le CXLVIe. du Projet, fut adopté sans discussion).

1248. Les frais du paiement sont à la charge du débiteur.

(Cet article était le CXLVIIe. du Projet).

M. REGNAUD (de Saint-Jean-d'Angely) demande que les frais de la quittance soient mis à la charge du créancier.

Le consul CAMBACÉRÈS, MM. THEILHARD, TRONCHET, BIGOT-PRÉAMENEU et RÉAL répondent que toujours ces frais ont été à la charge du débiteur.

M. GALLI demande si le créancier serait obligé d'accepter un paiement qui lui serait offert, pour la totalité, en monnaie de billon. *Solet senatus pedemontanus uti temperamento ut solutiones magnæ quantitatis fiant pro tertiâ in auro, pro tertiâ in argento et pro tertiâ in monetâ minutâ.* Gaspare Ksaure *de Augmento monetæ*, n°. 165.

M. PELET dit qu'à Paris la monnaie de billon ne pouvait entrer dans les paiemens que pour quarantième.

La proposition de M. Galli est renvoyée à la section, pour présenter une disposition sur la quotité de billon qui pourra entrer dans les paiemens, lorsque la stipulation n'aura pas réglé les espèces dans lesquelles ils devront être faits.

§. II. *Du paiement avec subrogation.*

1249. La subrogation dans les droits du créancier, au

profit d'une tierce personne qui le paie, est ou conventionnelle ou légale.

(Cet article n'avait point d'analogue dans le Projet ; il a été ajouté sans discussion).

1250. Cette subrogation est conventionnelle,

1°. Lorsque le créancier recevant son paiement d'une tierce personne la subroge dans ses droits, actions, priviléges ou hypothèques contre le débiteur : cette subrogation doit être expresse et faite en même-tems que le paiement ;

2°. Lorsque le débiteur emprunte une somme à l'effet de payer sa dette, et de subroger le prêteur dans les droits du créancier. Il faut, pour que cette subrogation soit valable, que l'acte d'emprunt et la quittance soient passés devant notaires ; que dans l'acte d'emprunt il soit déclaré que la somme a été empruntée pour faire le paiement, et que dans la quittance il soit déclaré que le paiement a été fait des deniers fournis à cet effet par le nouveau créancier. Cette subrogation s'opère sans le concours de la volonté du créancier.

(Cet article n'avait point d'analogue dans le Projet, il a été ajouté sans discussion).

1251. La subrogation a lieu de plein droit,

1°. Au profit de celui qui étant lui-même créancier paie un autre créancier qui lui est préférable à raison de ses priviléges ou hypothèques ;

2°. Au profit de l'acquéreur d'un immeuble, qui emploie le prix de son acquisition au paiement des créanciers auxquels cet héritage était hypothéqué ;

3°. Au profit de celui qui étant tenu avec d'autres ou pour d'autres au paiement de la dette, avait intérêt de l'acquitter ;

CONTRATS OU OBLIGATIONS. 303

4°. Au profit de l'héritier bénéficiaire qui a payé de ses deniers les dettes de la succession.

CXLVIII. *Tout ceux qui sont tenus d'une dette pour d'autres, ou avec d'autres, par lesquels ils en doivent être acquittés, en tout ou partie, sont de plein droit subrogés aux droits et actions du créancier, déduction faite de la portion, dont ils auraient été personnellement tenus.*

(Cet article fut adopté; les changemens qu'il a subis ont eu lieu sans discussion).

1252. La subrogation établie par les articles précédens, a lieu tant contre les cautions que contre les débiteurs : elle ne peut nuire au créancier lorsqu'il n'a été payé qu'en partie ; en ce cas il peut exercer ses droits, pour ce qui lui reste dû, par préférence à celui dont il n'a reçu qu'un paiement partiel.

(Cet article, le CXLIX^e. du Projet, fut adopté sans discussion).

§. III. *De l'imputation des paiemens.*

1253. Le débiteur de plusieurs dettes a le droit de déclarer, lorsqu'il paie, quelle dette il entend acquitter.

(Cet article, le CL^e. du Projet, fut adopté sans discussion).

1254. Le débiteur d'une dette qui porte intérêt ou produit des arrérages, ne peut point, sans le consentement du créancier, imputer le paiement qu'il fait sur le capital par préférence aux arrérages ou intérêts : le paiement fait sur le capital et intérêts, mais qui n'est point intégral, s'impute d'abord sur les intérêts.

(Cet article était le CLI^e. du Projet).

M. RÉAL dit que, dans sa généralité, cet article est une innovation, si on l'applique à d'autres prestations que les arrérages de rentes et les intérêts du prix des choses frugifères. À Paris, lorsque des intérêts étaient adjugés par forme de condamnation, on imputait les paiemens partiels sur le capital, c'est-à-dire, sur ce qu'on appelait *la partie la plus dure*. Cette opinion est celle de Pothier.

M. Treilhard dit que quand des intérêts étaient prononcés par forme de condamnation, pour le retard de paiement d'une dette qui naturellement ne devait point en produire, on imputait en effet les paiemens partiels sur le capital; mais qu'on les imputait sur les intérêts et sur les arrérages, lorsque ces arrérages et intérêts étaient produits naturellement et légalement par la dette. On tenait pour principe qu'une somme d'argent ne devait, en aucun cas, donner d'intérêts; que ceux qui résultaient d'une condamnation n'avaient pas vraiment ce caractère; qu'ils n'étaient adjugés que par forme de peine et de dédommagement : mais cette jurisprudence était particulière au parlement de Paris. Dans plusieurs parlemens du pays du droit écrit, on avait adopté le système inverse. Il importe donc de distinguer ces deux jurisprudences opposées; celle des pays de droit écrit est plus conforme à la législation actuelle, qui considère l'argent comme susceptible de produire des intérêts.

L'article est adopté.

1255. Lorsque le débiteur de diverses dettes a accepté une quittance par laquelle le créancier a imputé ce qu'il a reçu sur l'une de ces dettes spécialement, le débiteur ne peut plus demander l'imputation sur une dette différente, à moins qu'il n'y ait eu dol ou surprise de la part du créancier.

(Cet article, le CLII^e. du Projet, fut adopté sans discussion).

1256. Lorsque la quittance ne porte aucune imputation, le paiement doit être imputé sur la dette que le débiteur avait pour lors le plus d'intérêt d'acquitter entre celles qui sont pareillement échues; sinon, sur la dette échue, quoique moins onéreuse que celles qui ne le sont point.

Si les dettes sont d'égale nature, l'imputation se fait sur la plus ancienne : toutes choses égales, elle se fait proportionnellement (1).

(Cet article, le CLIII^e. du Projet, fut adopté sans discussion).

---

(1) Le tribunal d'appel d'Aix proposait d'ajouter à ces mots, *l'imputation se fait sur la plus ancienne*, ceux-ci : *cependant si l'une est due avec caution, et l'autre sans caution, l'imputation se fait sur la première plutôt que sur la seconde*.

§. IV.

§. IV. *Des offres de payement, et de la consignation.*

1257. Lorsque le créancier refuse de recevoir son paiement, le débiteur peut lui faire des offres réelles, et au refus du créancier de les accepter, consigner là somme ou la chose offerte.

Les offres réelles suivies d'une consignation libèrent le débiteur; elles tiennent lieu à son égard de paiement, lorsqu'elles sont valablement faites, et la chose ainsi consignée demeure aux risques du créancier.

(Cet article, le CLIV^e. du Projet, fut adopté sans discussion).

1258. Pour que les offres réelles soient valables, il faut,

1°. Qu'elles soient faites au créancier ayant la capacité de recevoir, ou à celui qui a pouvoir de recevoir pour lui;

2°. Qu'elles soient faites par une personne capable de payer;

3°. Qu'elles soient de la totalité de la somme exigible, des arrérages ou intérêts dus, des frais liquidés, et d'une somme pour les frais non liquidés, sauf à la parfaire;

4°. Que le terme soit échu, s'il a été stipulé en faveur du créancier;

5°. Que la condition sous laquelle la dette a été contractée soit arrivée;

6°. Que les offres soient faites au lieu dont on est convenu pour le paiement, et que, s'il n'y a pas de convention spéciale sur le lieu du paiement, elles soient faites ou à la personne du créancier, ou à son domicile, ou au domicile élu pour l'exécution de la convention;

7°. Que les offres soient faites par un officier ministériel ayant caractère pour ces sortes d'actes.

(Cet article était le CLV^e. du Projet, avec la différence que le §. 6°. était ainsi conçu : 6°. *Que les offres soient faites, ou à la personne du créancier, ou à son domicile, ou au domicile élu pour l'exécution de la convention*). (Le changement a eu lieu sans discussion).

1259. Il n'est pas nécessaire pour la validité de la consignation, qu'elle ait été autorisée par le juge ; il suffit,

1°. Qu'elle ait été précédée d'une sommation signifiée au créancier, et contenant l'indication du jour, de l'heure et du lieu où la chose offerte sera déposée ;

2°. Que le débiteur se soit dessaisi de la chose offerte, en la remettant dans le dépôt indiqué par la loi pour recevoir les consignations, avec les intérêts jusqu'au jour du dépôt ;

3°. Qu'il y ait eu procès-verbal dressé par l'officier ministériel, de la nature des espèces offertes, du refus qu'a fait le créancier de les recevoir ou de sa non-comparution, et enfin du dépôt ;

4°. Qu'en cas de non-comparution de la part du créancier, le procès-verbal du dépôt lui ait été signifié avec sommation de retirer la chose déposée (1).

(Cet article était le CLVIe. du Projet).

M. REGNAUD (de Saint-Jean-d'Angely) demande qu'il soit fixé un terme entre la sommation et le dépôt, afin de prévenir toutes fraudes en assurant au créancier le tems nécessaire pour se présenter.

M. RÉAL dit que le seul moyen de prévenir les fraudes, est de décider qu'une consignation ne sera valable que lorsqu'elle aura été autorisée par un jugement.

M. TREILHARD dit que sans doute il doit s'écouler, entre la sommation et le dépôt, un tems suffisant pour que le créancier puisse se présenter, et qu'il serait dérisoire de le sommer le matin à Paris, d'être présent à une consignation qui devrait être faite le soir à Orléans ; mais il serait difficile et inutile d'établir, à cet égard, une règle générale, et de fixer

---

(1) Le tribunal de cassation observait qu'il était des choses, telles que des bestiaux, qu'on ne pouvait consigner de la manière indiquée dans cet article ; que celui qui devait ces choses, devait être autorisé à se libérer, en les consignant de la manière dont elles seraient susceptibles « L'article est sans doute un exemple, ajoute le tribunal de cassation, « et les tribunaux pourront en modifier l'exécution d'après la nature des objets qui seront « à livrer ». —Le tribunal d'appel de Grenoble demandait aussi qu'il fût décidé si, pour réaliser l'offre et la consignation d'une somme en denrées, par exemple, de deux cents quintaux de bled, il faudrait l'offrir en nature.

un délai uniforme. Dans ces cas, tout dépend des circonstances; et lorsqu'elles indiquent de la fraude, le juge tient du droit commun le pouvoir d'annuller la consignation.

M. Defermon dit que d'ailleurs le *Code de la procédure* y pourvoira, puisqu'en établissant l'usage des sommations, il sera obligé d'en déterminer le délai.

M. Tronchet dit que le dépôt étant fait au trésor public, le créancier ne peut plus craindre de le perdre. Il n'a donc plus intérêt à être présent que relativement à la cessation des intérêts des arrérages. Or, on ne peut contester au débiteur le droit de les faire cesser.

L'article est adopté.

1260. Les frais des offres réelles et de la consignation sont à la charge du créancier, si elles sont valables.

(Cet article n'était point dans le Projet, il n'a été inséré dans la loi qu'après la conférence avec le Tribunat).

1261. Tant que la consignation n'a point été acceptée par le créancier, le débiteur peut la retirer; et, s'il la retire, ses codébiteurs ou ses cautions ne sont point libérés (1).

(Cet article, le CLVII^e du Projet, fut adopté sans discussion).

1262. Lorsque le débiteur a lui-même obtenu un jugement passé en force de chose jugée, qui a déclaré ses offres et sa consignation bonnes et valables, il ne peut plus, même du consentement du créancier, retirer sa consignation au préjudice de ses codébiteurs ou de ses cautions.

(Cet article, le CLVIII^e du Projet, fut adopté sans discussion).

1263. Le créancier qui a consenti que le débiteur retirât sa consignation après qu'elle a été déclarée valable par un jugement qui a acquis force de chose jugée, ne peut plus pour le paiement de sa créance exercer les priviléges ou

---

(1) Le tribunal d'appel de Rouen proposait d'ajouter à cet article : *Néanmoins les codébiteurs solidaires et les cautions peuvent, pour la sûreté de leurs droits, faire défenses au dépositaire de la somme consignée, de la rendre au débiteur.*

hypothèques qui y étaient attachés; il n'a plus d'hypothèque que du jour où l'acte par lequel il a consenti que la consignation fût retirée aura été revêtu des formes requises pour emporter l'hypothèque.

(Cet article, le CLIX^e. du Projet, fut adopté sans discussion).

1264. Si la chose due est un corps certain qui doit être livré au lieu où il se trouve, le débiteur doit faire sommation au créancier de l'enlever, par acte notifié à sa personne ou à son domicile, ou au domicile élu pour l'exécution de la convention. Cette sommation faite, si le créancier n'enlève pas la chose, et que le débiteur ait besoin du lieu dans lequel elle est placée, celui-ci pourra obtenir de la justice la permission de la mettre en dépôt dans quelque autre lieu.

(Cet article n'était pas dans le Projet, il n'a été inséré dans la loi qu'après la conférence avec le Tribunat).

§. V. *De la cession de biens.*

1265. La cession de biens est l'abandon qu'un débiteur fait de tous ses biens à ses créanciers, lorsqu'il se trouve hors d'état de payer ses dettes.

CLX. *La cession de biens est l'abandon qu'un débiteur fait de tous ses biens à ses créanciers, pour avoir la liberté de sa personne, et pour éviter les poursuites qui pourraient être faites contre lui, lorsqu'il se trouve hors d'état de payer toutes ses dettes.*

(Les changemens qu'on remarque entre le Projet et le texte ont eu lieu après la conférence avec le Tribunat).

1266. La cession de biens est volontaire ou judiciaire.

(Cet article, le CLXI du projet, fut adopté sans discussion).

1267. La cession de biens volontaire est celle que les créanciers acceptent volontairement, et qui n'a d'effet que celui résultant des stipulations même du contrat passé entre eux et le débiteur.

(Cet article, le CLXII du Projet, fut adopté sans discussion).

CONTRATS OU OBLIGATIONS. 309

1268. La cession judiciaire est un bénéfice que la loi accorde au débiteur malheureux et de bonne foi, auquel il est permis, pour avoir la liberté de sa personne, de faire en justice l'abandon de tous ses biens à ses créanciers, nonobstant toute stipulation contraire.

CLXIII. *La cession judiciaire est un bénéfice que la loi accorde au débiteur malheureux et de bonne foi, auquel il est permis de faire, en justice, l'abandon de tous ses biens à tous ses créanciers.*

(Ce n'est qu'après la conférence avec le Tribunat que l'article a subi les changemens qu'on remarque).

1269. La cession judiciaire ne confère point la propriété aux créanciers; elle leur donne seulement le droit de faire vendre les biens à leur profit, et d'en percevoir les revenus jusqu'à la vente.

(Cet article, le CLXIV^e. du Projet, fut adopté sans discussion).

1270. Les créanciers ne peuvent refuser la cession judiciaire, si ce n'est dans les cas exceptés par la loi.

Elle opère la décharge de la contrainte par corps.

Au surplus, elle ne libère le débiteur que jusqu'à concurrence de la valeur des biens abandonnés; et dans le cas où ils auraient été insuffisans; s'il lui en survient d'autres, il est obligé de les abandonner jusqu'au parfait paiement.

CLXV. *Les créanciers ne peuvent refuser la cession judiciaire.*

Elle opère la décharge de la contrainte par corps, si ce n'est dans les cas exceptés par la loi (1).

---

(1) CLXVI. *Les règles relatives à la cession des biens, sont plus amplement expliquées dans le* Code de commerce.

Le consul Cambacérès ne voit pas l'objet du renvoi *au Code de commerce*, puisqu'il n'existe pas encore.

M. Bigot-Préameneu répond que le renvoi aura néanmoins son effet, puisqu'il existe des lois de commerce.

M. Ségur dit que l'article est inutile, puisqu'on se propose de soustraire, par un article général, les matières de commerce à l'application des règles du Code civil.

Le consul Cambacérès dit que l'article, en renvoyant à une loi qui n'est point décrétée, pourrait faire croire aux tribunaux qu'ils doivent l'attendre, et que les lois actuelles ont perdu leur force.

L'article est retranché.

Au surplus, elle ne libère, etc.

(Ce n'est qu'après la conférence avec le Tribunat qu'on a transporté du second au premier alinéa ces mots : *si ce n'est dans les cas exceptés par la loi*).

SECTION II.

DE LA NOVATION.

Séance du 25 Brumaire an 12.

1271. La novation s'opère de trois manières ;

1°. Lorsque le débiteur contracte envers son créancier une nouvelle dette qui est substituée à l'ancienne, laquelle est éteinte ;

2°. Lorsqu'un nouveau débiteur est substitué à l'ancien qui est déchargé par le créancier ;

3°. Lorsque, par l'effet d'un nouvel engagement, un nouveau créancier est substitué à l'ancien, envers lequel le débiteur se trouve déchargé.

(Cet article, le CLXVII^e. du Projet, fut adopté sans discussion).

1272. La novation ne peut s'opérer qu'entre personnes capables de contracter.

(Cet article, le CLXVIII^e. du Projet, fut adopté sans discussion).

1273. La novation ne se présume point ; il faut que la volonté de l'opérer résulte clairement de l'acte.

(Cet article, le CLXIX^e. du Projet, fut adopté sans discussion).

1274. La novation par la substitution d'un nouveau débiteur, peut s'opérer sans le concours du premier débiteur.

(Cet article, le CLXX^e. du Projet, fut adopté sans discussion).

1275. La délégation par laquelle un débiteur donne au créancier un autre débiteur qui s'oblige envers le créancier, n'opère point de novation, si le créancier n'a expressément déclaré qu'il entendait décharger son débiteur qui a fait la délégation.

(Cet article, le CLXXI^e. du Projet, fut adopté sans discussion).

1276. Le créancier qui a déchargé le débiteur par qui a été faite la délégation, n'a point de recours contre ce débiteur, si le délégué devient insolvable, à moins que l'acte n'en contienne une réserve expresse, ou que le délégué ne fût déjà en faillite ouverte, ou tombé en déconfiture au moment de la délégation.

(Cet article, le CLXXII^e. du Projet, fut adopté sans discussion).

1277. La simple indication faite par le débiteur, d'une personne qui doit payer à sa place, n'opère point novation.

Il en est de même de la simple indication faite par le créancier, d'une personne qui doit recevoir pour lui (1).

(Cet article, le CLXXIII^e. du Projet, fut adopté sans discussion).

1278. Les priviléges et hypothèques de l'ancienne créance ne passent point à celle qui lui est substituée, à moins que le créancier ne les ait expressément réservés.

(Cet article, le CLXXIV^e. du Projet, fut adopté sans discussion).

1279. Lorsque la novation s'opère par la substitution d'un nouveau débiteur, les priviléges et hypothèques primitifs de la créance ne peuvent point passer sur les biens du nouveau débiteur.

(Cet article, le CLXXV^e. du Projet, fut adopté sans discussion).

1280. Lorsque la novation s'opère entre le créancier et l'un des débiteurs solidaires, les priviléges et hypothèques de l'ancienne créance ne peuvent être réservés que sur les biens de celui qui contracte la nouvelle dette.

(Cet article, le CLXXVI^e. du Projet, fut adopté sans discussion).

1281. Par la novation faite entre le créancier et l'un des débiteurs solidaires, les codébiteurs sont libérés.

---

(1) Le tribunal d'appel de Grenoble demandait qu'on ajoutât à cet article la disposition suivante : *L'on ne peut valablement payer à la personne indiquée, si elle est devenue, depuis l'indication, incapable de recevoir.*

La novation opérée à l'égard du débiteur principal libère les cautions.

Néanmoins, si le créancier a exigé, dans le premier cas, l'accession des codébiteurs, ou, dans le second, celle des cautions, l'ancienne créance subsiste, si les codébiteurs ou les cautions refusent d'accéder au nouvel arrangement.

(Cet article, le CLXXVIIe. du Projet, fut adopté sans discussion).

SECTION III.

DE LA REMISE DE LA DETTE (1).

1282. La remise volontaire du titre original sous signature privée, par le créancier au débiteur, fait preuve de la libération.

(Cet article, le CLXXIXe. du Projet, fut adopté sans discussion).

1283. La remise volontaire de la grosse du titre fait présumer la remise de la dette ou le paiement, sans préjudice de la preuve contraire.

CLXXX. *La remise volontaire de la grosse du titre suffit pour faire présumer la remise de la dette ou le paiement.*

La preuve que la remise a été volontaire est à la charge du débiteur.

M. TRONCHET pense qu'il n'est pas juste d'obliger le débiteur à prouver que la remise de la grosse a été volontaire. Il est même difficile de concilier cette condition avec la présomption établie par la première disposition de l'article. La remise de la grosse est toujours supposée volontaire tant que le créancier ne prouve pas que cette pièce est parvenue dans la main du débiteur par dol, par surprise, ou parce qu'elle s'était égarée.

M. TREILHARD dit que l'article du projet de Code civil était ainsi conçu : *La simple remise de la grosse du titre ne suffit pas pour faire présumer la remise de la dette ou le paiement.* La section a pensé que la disposition présentée dans ces termes donnerait lieu à beaucoup de contestations ;

---

(1) CLXXVIII. *La remise d'une dette est ou conventionnelle, lorsqu'elle est accordée expressément au débiteur par un créancier qui a la capacité d'aliéner,*

Ou tacite, lorsque le créancier remet volontairement à son débiteur le titre de l'obligation.

(Cet article avait été adopté sans discussion ; il a été supprimé de même).

elle

CONTRATS OU OBLIGATIONS.   313

elle est partie du principe que la remise de la grosse au débiteur indique l'intention de le libérer, mais qu'il n'y a de remise réelle que celle qui est volontaire : or, comme la grosse peut être tombée au pouvoir du débiteur par beaucoup d'autres causes, il est juste de ne lui permettre de se prévaloir de cette circonstance, qu'en justifiant qu'elle est l'effet de la volonté du créancier. Ce fait, au reste, pourra être prouvé de toutes les manières, par témoins, par des lettres, enfin par tous les indices qu'il sera possible de rassembler et de produire.

M. Tronchet dit qu'il ne réclame pas contre le changement que propose la section ; mais il observe que charger le débiteur de prouver que la remise a été volontaire, c'est le réduire à l'impossible : la remise se fait ordinairement de la main à la main et hors de la présence de tiers. Au contraire, les accidens qui ont pu enlever au créancier son titre, laissent des traces qui en rendent la preuve possible ; il en est ainsi de la surprise, de la violence. La perte du titre est quelquefois plus difficile à justifier ; mais il suffit d'établir le principe : les tribunaux, pour l'appliquer, se règleront sur les circonstances.

M. Maleville ajoute que les délits ne se présument pas ; celui qui les allègue doit les prouver : or, la soustraction du titre par le débiteur, la violence, la surprise, sont des délits.

M. Bérenger attaque l'article dans sa totalité comme destructif des avantages que la loi attache aux preuves authentiques, et que celui qui a exigé le titre a voulu se ménager. On ne recourt en effet à ce genre de sûreté, que pour se mettre à l'abri de tous les événemens.

D'un autre côté, comment concilier l'article avec le régime actuel sur les hypothèques, car une inscription ne peut être effacée que sur la représentation d'un titre positif de libération ? Dans tous les systèmes et sous tous les rapports, il est avantageux de ne faire dépendre la preuve que d'une quittance : il n'est pas d'autre moyen de lever les difficultés ; car soit qu'on charge le débiteur de prouver que la remise de la grosse a été volontaire, soit qu'on charge le créancier de prouver qu'elle ne l'a pas été, la preuve sera impossible dans beaucoup d'hypothèses. L'article doit donc être supprimé.

M. Jollivet appuie cette proposition. L'article proposé lui paraît être en opposition avec les articles CCXXVIII et CCXXIX du chapitre V, qui ne placent pas la remise de la grosse au rang des preuves du paiement.

M. Bigot-Préameneu dit que jusqu'ici la remise du titre a eu cet effet, et que la sûreté du créancier n'a néanmoins pas été compromise. La grosse est considérée comme un double de l'original ; ainsi, quand le créancier la remet au débiteur, il est présumé avoir voulu anéantir le titre pour opérer la libération.

Le consul CAMBACÉRÈS dit que *Pothier*, dans son traité des *Obligations*, fait une distinction entre les actes authentiques dont il reste minute, et les simples billets ou titres en brevet; cet auteur n'admet la présomption de la libération par l'effet de la remise du titre, qu'à l'égard des actes de cette dernière espèce, et ne l'étend aux grosses que lorsqu'elle est soutenue de quelqu'autre fait probant.

M. TRONCHET dit que cette distinction est dans la nature des choses; qu'elle justifie l'article proposé par la commission pour décider que la remise de la grosse, quand elle est seule, ne libère pas le débiteur.

M. TREILHARD dit que l'opinion de *Pothier* est la base de la disposition que la section présente. Dans la doctrine de cet auteur, la remise d'une obligation sous seing privé est une preuve de libération, parce que le créancier se dépouillant en entier du seul titre sur lequel il pût établir son action, renonce évidemment à l'exercer. S'il y a parité de motifs dans le cas où le créancier remet la grosse de l'obligation, point de doute qu'il ne doive aussi y avoir parité de droit. Or, pourquoi prend-on une grosse? Parce que la minute ne pouvant sortir des mains du notaire, on veut cependant que le créancier en ait un double. La grosse est si bien considérée comme pièce originale, qu'il est défendu au notaire d'en délivrer une seconde, sans y être autorisé par le juge, et que la permission du juge n'est accordée que sur la preuve que la dernière grosse s'est égarée et que la créance n'est pas éteinte.

Cependant, comme la grosse peut être parvenue au débiteur par une autre cause que la remise volontaire, et qu'alors il est possible d'en obtenir une seconde, puisque la minute existe, *Pothier* dit, avec raison, que la libération du débiteur ne résulte pas de la seule circonstance qu'il est en possession de la grosse. La section adopte entièrement cette opinion, et elle entre parfaitement dans l'esprit de *Pothier*, lorsqu'elle exige du débiteur la preuve que la grosse lui a été *volontairement* remise.

On ne peut néanmoins se dissimuler la force des objections qui ont été faites contre cette disposition: dans l'exécution, elle serait presque illusoire. Cette considération détermine M. Treilhard à appuyer l'avis ouvert d'abord par M. Tronchet, et à réputer la libération acquise, si le créancier ne prouve que la grosse n'est pas sortie de sa main par une remise volontaire.

M. TRONCHET dit qu'on doit s'appliquer à prévenir les procès; qu'on atteint ce but en n'attachant aucune conséquence à la possession de la grosse par le débiteur, lorsque d'autres circonstances ne justifient pas qu'elle est une preuve de la libération ; qu'au contraire, on donne nécessairement ouverture à des contestations, si l'on décide que le débiteur en possession de la grosse est libéré de plein droit, à moins que le créancier ne prouve qu'il n'y a pas eu remise volontaire.

Le Consul CAMBACÉRÈS dit que le desir d'éviter les procès ne peut être pour le législateur qu'une considération secondaire, qui deviendrait même funeste, si elle le portait à retrancher des dispositions d'ailleurs reconnues utiles. Les lois ne sont faites que pour régler les rapports entre les hommes ; le législateur doit donc s'attacher avant tout à établir les meilleures règles possibles. Il est dans la nature des choses que dans l'application, les dispositions les plus sages fassent naître des procès. On l'a nécessairement supposé, lorsqu'on a institué des tribunaux : ce remède était le seul possible. Il faut donc écarter la considération qui vient d'être présentée, et examiner la disposition en elle-même.

Si la remise de la grosse établissait de plein droit la présomption que le débiteur est libéré, sauf au créancier à la détruire par des preuves, il serait à craindre que la plupart des créanciers, ignorant que la remise doit avoir cet effet, ne se trouvassent trompés ; qu'ils crussent, en remettant le titre, ne faire qu'un acte sans conséquence ; et que cependant leurs droits ne leur échapassent, aucune circonstance ne balançant la présomption de la libération. Les tribunaux eux-mêmes, quoique bien convaincus que l'intention du créancier n'a pas été de libérer le débiteur, n'oseraient prononcer d'après leur conscience, se regardant comme liés par une disposition absolue.

La distinction de *Pothier*, présente une règle plus naturelle et plus sûre. Elle est d'ailleurs fondée en raison. Le fait seul de la remise peut avoir tant de causes différentes, qu'on n'est pas nécessairement conduit à la regarder comme la suite d'une convention de libérer le débiteur. Les lois romaines n'y attachaient qu'une simple présomption : il serait souvent injuste et toujours dangereux d'y attacher une certitude.

Mais quel est le caractère de cette présomption? Il varie selon les circonstances. Lorsque le titre n'est qu'un simple billet, la présomption est que le créancier qui s'en dessaisit, et qui, par là, s'ôte le moyen d'établir son action, a libéré le débiteur. C'est au créancier à détruire cette présomption par des faits prouvés.

Quant à la remise de la grosse, seule elle ne décide rien. Le créancier, rassuré par la possibilité de s'en procurer une nouvelle, a pu l'abandonner au débiteur sans vouloir le libérer. Cependant, comme il a pu aussi, en la remettant, vouloir renoncer à l'usage de son titre, il s'élève contre lui une présomption commencée, qui, lorsqu'elle est soutenue d'autres circonstances, peut devenir une présomption complète. Mais alors c'est le débiteur qui l'invoque ; c'est donc le débiteur qui doit l'établir, en prouvant les circonstances d'où elle tire sa force.

L'article est adopté avec la distinction établie par *Pothier*.

1284. La remise du titre original sous signature privée, ou de la grosse du titre à l'un des débiteurs solidaires, a le même effet au profit de ses codébiteurs.

(Cet article, le CLXXXI^e. du Projet, fut adopté sans discussion).

1285. La remise ou décharge conventionnelle au profit de l'un des codébiteurs solidaires, libère tous les autres, à moins que le créancier n'ait expressément réservé ses droits contre ces derniers.

Dans ce dernier cas, il ne peut plus répéter la dette que déduction faite de la part de celui auquel il a fait la remise.

CLXXXII. *La remise ou décharge conventionnelle avec expression qu'elle n'est faite qu'à un seul des débiteurs solidaires, n'éteint la dette et la solidarité vis-à-vis des autres, que jusqu'à concurrence de la part de celui à qui elle est accordée.*

(Les changemens que cet article a éprouvés, n'ont donné lieu à aucune discussion).

1286. La remise de la chose donnée en nantissement ne suffit point pour faire présumer la remise de la dette.

(Cet article, le CLXXXIII^e. du Projet, fut adopté sans discussion).

1287. La remise ou décharge conventionnelle accordée au débiteur principal libère les cautions ;

Celle accordée à la caution ne libère pas le débiteur principal ;

Celle accordée à l'une des cautions ne libère pas les autres (1).

(Cet article, le CLXXXIV^e. du Projet, fut adopté sans discussion).

---

(1) Lorsque plusieurs individus ont fait un cautionnement, ils ont compté sur le secours

1288. Ce que le créancier a reçu d'une caution pour la décharge de son cautionnement, doit être imputé sur la dette, et tourner à la décharge du débiteur principal et des autres cautions.

(Cet article était le CLXXXV^e. du projet).

M. Bigot-Préameneu dit que l'engagement des cautions n'est qu'un accessoire de l'obligation principale : ainsi ce qu'une caution paie en se rachetant, n'étant pas donné pour éteindre une dette qui lui soit personnelle, doit nécessairement porter sur la dette principale, la diminuer d'autant, et tourner par là indirectement au profit des autres cautions.

M. Pelet dit qu'il ne doit pas être permis au créancier de libérer une seule des cautions, et de reporter par là sur les autres tout le poids de l'engagement commun : la solidarité n'avait été établie entre elles qu'afin qu'il fût partagé.

M. Bigot-Préameneu répond que la solidarité ou la division entre les cautions, dépend des clauses particulières du contrat; mais que vis-à-vis du créancier, chacune s'oblige pour le tout.

M. Tronchet dit que les cautions ne sont pas toujours solidaires entre elles; que quand elles le sont, ce qui les concerne se règle par les principes établis au titre *de la Solidarité*.

Le consul Cambacérès dit que les cautions ne sont pas cautions entre elles. L'engagement de l'une n'a aucun rapport à l'engagement de l'autre : le créancier peut exercer son recours contre celle qu'il lui plaît ; chacune répond également de la totalité de la dette. S'il relâche l'une, il ne porte aux autres aucun préjudice.

M. Defermon pense que s'il y a division entre les cautions, le droit que l'article donne au créancier, ne peut souffrir de difficulté, mais qu'on est convenu dans la discussion, qu'il pouvait arriver qu'une seule payât pour toutes; il ne serait donc pas juste de permettre qu'une des cautions pût être déchargée.

M. Treilhard dit que M. Defermon suppose les cautions solidaires; mais elles ne le sont pas, par cela seul que le créancier en a pris plusieurs. Il faudrait, pour que la solidarité existât entre elles, qu'elles se fussent res-

---

de chacun d'eux pour une partie de la dette ; il ne serait donc pas juste que le créancier, par la remise de la dette à l'une des cautions, anéantît les droits des autres, et l'on doit entendre cet article en ce sens, que les autres cautions ne sont pas libérées de la part qu'elles doivent supporter dans les dettes; mais elles sont libérées de la part dont la caution à qui la remise a été faite aurait été tenue. (Observation du tribunal d'appel de Caen).

pectivement cautionnées ; mais alors ce serait un contrat particulier et hors du droit commun.

M. Tronchet dit que trois cautions prises pour le même engagement sont aussi étrangères entre elles, que trois immeubles affectés à la même créance.

Le Conseil adopte en principe qu'un créancier a le droit de décharger une seule des cautions lorsqu'elles ne sont pas solidaires entre elles.

Le consul Cambacérès dit que la disposition qui impute en déduction sur la créance principale ce que l'une des cautions paie pour se racheter, est fondée sur un motif louable, mais qu'elle peut entraîner de grands inconvéniens pour le créancier, lorsque le débiteur ou les cautions deviennent insolvables.

M. Bigot-Préameneu répond que le créancier obtient réellement une partie de sa créance dans ce qu'il reçoit de la caution ; il est donc injuste que les autres en demeurent responsables. Le cautionnement est un service toujours réputé gratuit : l'engagement des cautions doit être interprété en leur faveur.

M. Bérenger dit qu'un créancier prend des cautions pour se ménager des sûretés qui s'évaluent en argent : la considération de ces sûretés décide le créancier à exiger un intérêt moins fort du débiteur ; donc lorsqu'il y renonce, c'est lui et non le débiteur qui doit recevoir le prix de la décharge. Il se peut qu'un pacte semblable offense quelquefois la délicatesse ; cependant quelquefois aussi il n'a rien que d'honnête, car, en relâchant la caution, le créancier s'expose, dans certaines circonstances, à des risques dont il est juste de lui donner l'indemnité. Au surplus, la caution ne s'engage ordinairement qu'au moyen d'arrangemens particuliers qu'elle prend avec le débiteur ; ainsi le créancier seul mérite véritablement la protection de la loi.

M. Treilhard dit que le créancier, en prenant une caution, n'a d'autre objet que de pourvoir à la sûreté de sa créance : or, lorsqu'il reçoit, cet objet est rempli jusqu'à concurrence de la somme qu'il recouvre. Les lois réputent tout cautionnement gratuit et officieux, et par ce motif elles accordent de la faveur aux cautions : la moindre est de faire tourner à leur profit le remboursement partiel qui diminue réellement la dette. La disposition présentée est donc conforme aux principes de la justice et à l'esprit du contrat de cautionnement.

M. Ségur dit que cette disposition sera facilement éludée. Si le créancier manque de délicatesse, il recevra le prix moyennant lequel il relâche la caution, et n'exprimera dans l'acte qu'une décharge pure et simple.

M. Treilhard dit que la loi ne peut rien contre les fraudes que rien ne trahit.

L'article est adopté

SECTION IV.

DE LA COMPENSATION.

1289. Lorsque deux personnes se trouvent débitrices l'une envers l'autre, il s'opère entre elles une compensation qui éteint les deux dettes, de la manière et dans les cas ci-après exprimés.

(Cet article, le CLXXXVI^e. du Projet, fut adopté sans discussion).

1290. La compensation s'opère de plein droit par la seule force de la loi, même à l'insu des débiteurs; les deux dettes s'éteignent réciproquement, à l'instant où elles se trouvent exister à-la-fois, jusqu'à concurrence de leurs quotités respectives.

(Cet article, le CLXXXVII^e. du Projet, fut adopté sans discussion).

1291. La compensation n'a lieu qu'entre deux dettes qui ont également pour objet une somme d'argent, ou une certaine quantité de choses fungibles de la même espèce, et qui sont également liquides et exigibles.

Les prestations en grains ou denrées, non contestées, et dont le prix est réglé par les mercuriales, peuvent se compenser avec des sommes liquides et exigibles.

(Cet article était le CLXXXVIII^e. du Projet).

M. Maleville propose d'étendre l'article aux créances faciles à liquider. Si la créance était incontestable, et que, pour en fixer le montant précis, il ne fallût plus qu'une estimation qui pût se faire sans difficulté, il serait injuste d'obliger le créancier à payer ce qu'il a dû à son débiteur, quoiqu'on fût bien convaincu qu'il ne lui doit plus rien : par exemple, si j'ai prêté, sur billet, cent francs à un artisan qui m'ait fourni pour une somme plus forte de choses de son métier, il serait dûr de l'obliger à me rendre ma somme, lorsqu'il oppose la compensation, et qu'il est si facile de vérifier que c'est moi, au contraire, qui suis son débiteur.

M. Bigot-Préameneu dit que cette proposition de M. Maleville est conforme aux usages des pays de droit écrit, mais qu'il est difficile de la concilier avec le principe qui veut que la compensation s'opère de plein droit et à l'insu du débiteur : on ne pourrait d'ailleurs l'admettre que pour le petit nombre de cas où l'estimation peut être faite d'après des mercuriales.

M. Treilhard dit que l'amendement proposé multiplierait les difficultés dans les procès. Les débiteurs prétendraient toujours que leurs créances sont faciles à liquider. Mais la raison qui doit le faire rejeter, c'est que, comme on vient de le dire, il est contraire aux principes de la matière.

Il s'agit en effet de la compensation de droit, qui est fondée sur le principe que la même personne ne peut cumuler les qualités contraires de créancier et de débiteur : elle suppose nécessairement que des deux côtés les créances sont déterminées, car tant qu'il est incertain si l'une des créances existe, ou quelle est sa quotité, il ne peut y avoir de compensation. Le juge n'ordonne pas la compensation de droit, il se borne à déclarer qu'elle s'est opérée : mais lorsque la contestation se présentera dans les circonstances que M. Maleville a proposées, le juge déférant à l'équité, accordera un délai pour le paiement, et donnera ainsi au débiteur le tems de faire liquider sa créance et d'accomplir la compensation.

M. Tronchet dit que l'effet de la compensation de droit est tel qu'au moment où les deux créances se rencontrent, elles s'éteignent réciproquement, et les intérêts qu'elles pourraient produire cessent de courir. Il ne faut pas confondre la compensation de droit avec la compensation judiciaire que des motifs d'équité font admettre par le motif qui vient d'être expliqué.

M. Maleville dit que du moins il est nécessaire d'exprimer dans l'article ce pouvoir qu'on attribue au juge ; qu'au surplus sa proposition est conforme au texte de la loi romaine, au sentiment de *Dumoulin*, de *Ricard*, des auteurs du répertoire de jurisprudence ; qu'il est permis au débiteur d'opposer sa créance, quoique non encore liquidée, à la demande de son créancier, pourvu que cette créance soit facile à liquider.

M. Bigot-Préameneu dit que jamais les tribunaux ne font cesser l'intérêt que depuis la liquidation ; ce qui prouve qu'ils ne distinguent pas entre le cas où elle est facile et celui où elle rencontre plus de difficultés.

M. Maleville

CONTRATS OU OBLIGATIONS.

M. Maleville dit que la jurisprudence dont parle M. Bigot-Préameneu, n'est ni générale, ni fondée en principes; que de quelque manière qu'une créance soit payée, il est bien constant qu'elle ne peut plus produire d'intérêts, dès qu'elle se trouve acquittée; mais qu'il se contente au surplus des explications que donnera le procès-verbal : elles suffiront pour faire connaître au juge qu'il peut admettre les compensations d'équité, en différant la condamnation.

L'article est adopté.

1292. Le terme de grace n'est point un obstacle à la compensation.

(Cet article, le CLXXXIXe. du Projet, fut adopté sans discussion).

1293. La compensation a lieu, quelles que soient les causes de l'une ou l'autre des dettes, excepté dans le cas,

1°. De la demande en restitution d'une chose dont le propriétaire a été injustement dépouillé;

2°. De la demande en restitution d'un dépôt et du prêt à usage;

3°. D'une dette qui a pour cause des alimens déclarés insaisissables.

(Cet article était le CXCe. du Projet).

Le consul Cambacérès rappelle que jamais la compensation n'a été admise à l'égard des impositions : peut-être serait-il utile d'énoncer le principe dans cet article.

M. Bigot-Préameneu répond que la disposition étant dans l'ordre civil, est étrangère aux impositions qui tiennent à l'ordre public : rien ne doit en arrêter le paiement; l'intérêt général exige que l'Etat ne soit pas privé de ses revenus.

M. Portalis dit qu'il n'y a de compensation avec le trésor public, que lorsqu'il doit à la manière des particuliers et qu'on lui doit de la même manière; c'est-à-dire lorsque la dette naît de contrats régis par le droit civil, comme serait, par exemple, un contrat de vente.

L'article est adopté.

1294. La caution peut opposer la compensation de ce que le créancier doit au débiteur principal;

Mais le débiteur principal ne peut opposer la compensation de ce que le créancier doit à la caution.

Le débiteur solidaire ne peut pareillement opposer la compensation de ce que le créancier doit à son codébiteur.

(Cet article était le CXCIe. du Projet, à l'exception du dernier paragraphe, qui n'y a été ajouté qu'après la conférence avec le Tribunat).

1295. Le débiteur qui a accepté purement et simplement la cession qu'un créancier a faite de ses droits à un tiers, ne peut plus opposer au cessionnaire la compensation qu'il eût pu, avant l'acceptation, opposer au cédant.

A l'égard de la cession qui n'a point été acceptée par le débiteur, mais qui lui a été signifiée, elle n'empêche que la compensation des créances postérieures à cette notification.

CXCIIe. *Le débiteur auquel on a signifié la cession que son créancier a faite de ses droits à un tiers, ou qui a accepté purement et simplement cette cession, ne peut plus opposer au cessionnaire la compensation qu'il eût pu, avant la signification ou l'acceptation, opposer au cédant.*

(Les changemens qu'on remarque dans cet article n'ont eu lieu qu'après la conférence avec le Tribunat).

1296. Lorsque les deux dettes ne sont pas payables au même lieu, on n'en peut opposer la compensation qu'en faisant raison des frais de la remise.

(Cet article, le CXCIIIe. du Projet, fut adopté sans discussion).

1297. Lorsqu'il y a plusieurs dettes compensables dues par la même personne, on suit, pour la compensation, les règles établies pour l'imputation par l'article 1256.

(Cet article, le CXCIVe. du Projet, fut adopté sans discussion).

1298. La compensation n'a pas lieu au préjudice des droits acquis à un tiers. Ainsi celui qui, étant débiteur, est devenu créancier depuis la saisie-arrêt faite par un tiers entre ses mains, ne peut, au préjudice du saisissant, opposer la compensation.

(Cet article, le CXCVe. du Projet, fut adopté sans discussion).

1299. Celui qui a payé une dette qui était de droit éteinte par la compensation, ne peut plus, en exerçant la créance dont il n'a point opposé la compensation, se prévaloir, au préjudice des tiers, des priviléges ou hypothèques qui y étaient attachés, à moins qu'il n'ait eu une juste cause d'ignorer la créance qui devait compenser sa dette.

(Cet article, le CXCVIe. du Projet, fut adopté sans discussion).

SECTION V.

DE LA CONFUSION.

1300. Lorsque les qualités de créancier et de débiteur se réunissent dans la même personne, il se fait une confusion de droit qui éteint les deux créances.

1301. La confusion qui s'opère dans la personne du débiteur principal, profite à ses cautions;

Celle qui s'opère dans la personne de la caution, n'entraîne point l'extinction de l'obligation principale;

Celle qui s'opère dans la personne du créancier, ne profite à ses codébiteurs solidaires que pour la portion dont il était débiteur.

(Cet article, le CXCVIIe. du Projet, fut adopté sans discussion).

SECTION VI.

DE LA PERTE DE LA CHOSE DUE.

1302. Lorsque le corps certain et déterminé qui était l'objet de l'obligation, vient à périr, est mis hors du commerce, ou se perd de manière qu'on en ignore absolument l'existence, l'obligation est éteinte si la chose a péri ou a été perdue sans la faute du débiteur et avant qu'il fût en demeure.

Lors même que le débiteur est en demeure, et s'il ne s'est pas chargé des cas fortuits, l'obligation est éteinte dans le cas où la chose fût également périe chez le créancier si elle lui eût été livrée.

Le débiteur est tenu de prouver le cas fortuit qu'il allègue.

De quelque manière que la chose volée ait péri ou ait été perdue, sa perte ne dispense pas celui qui l'a soustraite, de la restitution du prix.

(Cet article, le CXCVIII^e. du Projet, fut adopté sans discussion).

1303. Lorsque la chose est périe, mise hors du commerce ou perdue, sans la faute du débiteur, il est tenu, s'il y a quelques droits ou actions en indemnité par rapport à cette chose, de les céder à son créancier.

(Cet article, le CXCIX^e. du Projet, fut adopté sans discussion).

SECTION VII.

DE L'ACTION EN NULLITÉ OU EN RESCISION DES CONVENTIONS.

1304. Dans tous les cas où l'action en nullité ou en rescision d'une convention n'est pas limitée à un moindre tems par une loi particulière, cette action dure dix ans (1).

Ce tems ne court, dans le cas de violence, que du jour où elle a cessé; dans le cas d'erreur ou de dol, du jour où ils ont été découverts; et pour les actes passés par les femmes mariées non autorisées, du jour de la dissolution du mariage.

Le tems ne court, à l'égard des actes faits par les interdits, que du jour où l'interdiction est levée, et à l'égard de ceux faits par les mineurs, que du jour de la majorité.

(Cet article, le CC^e. du Projet, fut adopté sans discussion).

1305. La simple lésion donne lieu à la rescision en fa-

---

(1) Le tribunal d'appel de Grenoble demandait qu'on ajoutât : *lorsque le contrat renferme plusieurs obligations distinctes et indépendantes, la nullité de l'une n'emporte pas celle de l'autre.*

veur du mineur non émancipé, contre toutes sortes de conventions; et en faveur du mineur émancipé, contre toutes conventions qui excèdent les bornes de sa capacité, ainsi qu'elle est déterminée au titre *de la Minorité, de la Tutelle et de l'Emancipation* (1).

Cet article était le CCI^e. du Projet, on y trouvait de plus cette disposition.

A l'égard des majeurs, la lésion ne donne lieu à rescision que dans les actes de vente d'immeubles et dans les partages. Les causes qui peuvent autoriser cette rescision, ses conditions et ses effets sont expliquées aux titres des successions et de la vente.

(La première partie de l'article fut adoptée ; quand à la seconde elle fut renvoyée au titre de la vente, voyez la discussion à laquelle elle a donné lieu à la section II, chapitre VI *de la vente*).

1306. Le mineur n'est pas restituable, pour cause de lésion, lorsqu'elle ne résulte que d'un événement casuel et imprévu.

(Cet article, le CCII^e. du Projet, fut adopté sans discussion).

1307. La simple déclaration de majorité, faite par le mineur, ne fait point obstacle à sa restitution.

(Cet article est formé du §. 1, du CCIII^e. du Projet, il fut adopté sans discussion).

1308. Le mineur commerçant, banquier ou artisan, n'est point restituable contre les engagemens qu'il a pris à raison de son commerce ou de son art.

(Cet article, le CCIV^e. du Projet, fut adopté sans discussion).

1309. Le mineur n'est point restituable contre les conventions portées en son contrat de mariage (2), lorsqu'elles

---

(1) Le tribunal d'appel de Toulouse observait que les héritiers ou ayant-cause doivent être admis à attaquer les engagemens contractés par leurs auteurs mineurs, interdits ou femmes mariées, du moins lorsque le mineur est mort avant sa majorité, l'interdit dans son état d'interdiction, et la femme mariée dans les liens du mariage.

(2) Le tribunal de cassation proposait d'ajouter après le mot *mariage*, ceux-ci : *de quelque nature qu'elles soient*. Ces mots intercallés, ajoute le tribunal, préviendront toutes les difficultés qui se sont élevées jusqu'à ce jour sur les clauses qu'on prétendait *insolites* dans les contrats de mariage.

ont été faites avec le consentement et l'assistance de ceux dont le consentement est requis pour la validité de son mariage.

Cet article, le CCV^e. du Projet, fut adopté sans discussion).

1310. Il n'est point restituable contre les obligations résultant de son délit ou quasi-délit.

(Cet article, le CCVI^e. du Projet, fut adopté sans discussion).

1311. Il n'est plus recevable à revenir contre l'engagement qu'il avait souscrit en minorité, lorsqu'il l'a ratifié en majorité ; soit que cet engagement fût nul en sa forme, soit qu'il fût seulement sujet à restitution (1) (2).

(Cet article, le CCVII^e. du Projet, fut adopté sans discussion).

1312. Lorsque les mineurs, les interdits ou les femmes mariées sont admis, en ces qualités, à se faire restituer contre leurs engagemens, le remboursement de ce qui aurait été, en conséquence de ces engagemens, payé pendant la minorité, l'interdiction ou le mariage, ne peut en être exigé, à moins qu'il ne soit prouvé que ce qui a été payé à tourné à leur profit.

CCVIII. *Dans tous les cas, la restitution de ce qui aurait été payé au mineur, à l'interdit ou à la femme mariée, ne peut en être exigée, à moins qu'il ne soit prouvé que ce qui a été payé a tourné à son profit, et encore à l'exception du cas où les mineurs et les interdits ne sont, suivant le § II de l'article CCIII^e (1314), restitués que comme les majeurs.*

Dans ce dernier cas, et dans ceux où les majeurs sont admis à revenir contre leur engagement, ce qui a été reçu doit être remboursé.

(Les changemens que l'article a éprouvés, n'ont donné lieu à aucune discusion).

___

(1) Le tribunal d'appel de Besançon demandait si le paiement partiel opérerait la ratification de l'acte et obligerait au paiement du surplus.

(2) Plusieurs tribunaux d'appel proposaient cette question : « Le mineur, devenu majeur, « aura-t-il, depuis la ratification, les mêmes délais qu'il aurait eus s'il eût contracté en « majorité pour se pourvoir contre un acte vicieux ? »

1313. Les majeurs ne sont restitués pour cause de lésion que dans les cas et sous les conditions spécialement exprimés dans le présent Code.

(Cet article n'avait point d'analogue dans le Projet, il fut adopté et ajouté sans discussion).

1314. Lorsque les formalités requises à l'égard des mineurs ou des interdits, soit pour aliénation d'immeubles, soit dans un partage de succession, ont été remplies, ils sont, relativement à ces actes, considérés comme s'ils les avaient faits en majorité ou avant l'interdiction.

(Cet article est formé du §. 2 du CCIII^e. du Projet, il fut adopté sans discussion).

CHAPITRE V.

DE LA PREUVE DES OBLIGATIONS ET DE CELLE DU PAIEMENT.

1315. Celui qui réclame l'exécution d'une obligation, doit la prouver.

Réciproquement, celui qui se prétend libéré, doit justifier le paiement ou le fait qui a produit l'extinction de son obligation.

(Cet article, le CCIX^e. du Projet, fut adopté sans discussion).

1316. Les règles qui concernent la preuve littérale, la preuve testimoniale, les présomptions, l'aveu de la partie et le serment, sont expliquées dans les sections suivantes.

(Cet article, le CCX^e. du Projet, fut adopté sans discussion).

SECTION PREMIERE.

DE LA PREUVE LITTÉRALE (1).

§. I. Du titre authentique.

1317. L'acte authentique est celui qui a été reçu par

---

(1) CCXI. La preuve littérale résulte ou d'un acte authentique, ou d'un acte sous signature privée.

officiers publics ayant le droit d'instrumenter dans le lieu où l'acte a été rédigé, et avec les solennités requises.

(Cet article, le CCXII^e. du Projet, fut adopté sans discussion).

M. Fourcroy observe que cet article n'énonce que deux divisions, qui se trouvent épuisées dans les deux premiers paragraphes ; que l'ordre paraît exiger qu'on donne au paragraphe une autre subdivision.

L'observation de M. Fourcroy est admise et renvoyée à la section.

M. Duchatel demande qu'on proscrive d'une manière absolue, l'usage des contre-lettres qui tendent à déguiser les conventions. Il en résulte des fraudes, souvent contre les particuliers, et toujours contre le trésor public.

M. Regnaud (de Saint-Jean-d'Angely) dit qu'un jugement vient d'annuller une contre-lettre qui ajoutait au prix d'une vente.

M. Bigot-Préameneu dit que les contre-lettres ne doivent être annullées que lorsqu'elles sont frauduleuses.

M. Berlier dit que la proposition de M. Duchâtel lui paraît, dans sa généralité, propre à produire un mal plus grand que celui qu'on a voulu éviter.

Il a été, au titre du *Contrat de mariage*, spécialement pourvu au sort des contre-lettres qui pouvaient y être relatives ; et c'est en cette matière qu'il importait le plus de parer aux abus, parce que c'est là qu'ils sont le plus fréquens, principalement ceux qui touchent à la substance du pacte.

Mais dans cette foule d'autres contrats qui ont lieu entre les hommes, ne serait-il pas souvent injuste de ne considérer comme valable que l'acte authentique, en rejetant les modifications contenues dans la contre-lettre ? Ne serait-ce pas dénaturer les conventions ? Et le législateur le doit-il, lors sur-tout qu'il peut y avoir des contre-lettres qui n'aient point eu pour objet de déguiser la convention primitive, mais d'en fixer le sens ou d'en réparer les omissions ?

A la vérité, les contre-lettres ont souvent lieu pour éluder ou affaiblir les droits dus au trésor public ; mais c'est par des amendes, et non par la peine de nullité, que cette espèce de fraude doit être atteinte et punie : dans aucun cas, le législateur ne peut mettre sa volonté à la place de celle des parties, pour augmenter ou diminuer les obligations respectives qu'elles se sont imposées.

Le consul Cambacérès dit qu'il existe déjà une disposition législative contre l'usage des contre-lettres ; mais elle ne lui semble pas juste. Ces actes doivent avoir tout leur effet entre les parties ; il suffit, pour en prévenir l'abus, de les soumettre au droit d'enregistrement lorsqu'ils sont produits.

M. Tronchet dit qu'il faut en effet distinguer. Une contre-lettre doit être valable entre les parties et nulle contre le tiers : or la régie de l'enregistrement est un tiers par rapport à l'acte.

M. Defermon dit qu'il serait contre les principes d'annuller indistinctement les contre-lettres. L'intérêt du fisc serait beaucoup mieux assuré, si, lorsqu'elles sont produites, la peine de l'amende était infligée aux parties pour ne les avoir pas fait enregistrer.

M. Duchatel dit que plus la peine sera forte, et plus on s'appliquera à dérober à la régie la connaissance de l'acte.

La proposition de M. Duchâtel est renvoyée à la section.

(L'article n'a pas été reproduit).

1318. L'acte

1318. L'acte qui n'est point authentique par l'incompétence ou l'incapacité de l'officier, ou par un défaut de forme, vaut comme écriture privée, s'il a été signé des parties.

(Cet article était le CCXIII^e. du Projet).

M. Jollivet demande si l'acte sera valable, lorsqu'étant synallagmatique il n'aura pas été fait double entre les parties. A la vérité, l'article CCXIX (1325) ne s'applique point au cas de l'article en discussion ; il faudrait donc le rédiger ainsi : *Les actes sous seing privé et ceux qui sont l'objet de l'article* CCXIII, *etc.*

M. Regnaud (de Saint-Jean-d'Angely) dit que la question est décidée par l'article 68 de la loi du 25 ventose an 11, sur le notariat.

M. Tronchet dit que lorsque l'acte est retenu dans un dépôt public, il n'y a plus de raison pour exiger qu'il soit double, puisqu'il n'est plus à la disposition d'une seule des parties.

M. Regnaud (de Saint-Jean-d'Angely) fait une autre observation. Il dit que l'article n'énonce pas tous les caractères dont la réunion donne aux actes leur authenticité ; que puisqu'il renvoie à la loi relative au notariat, sur l'indication de la plupart de ces caractères, il semble convenable d'y renvoyer indistinctement pour tous. Il n'est pas certain d'ailleurs que l'incompétence ou l'incapacité de l'officier public doive réduire l'acte à n'être plus qu'un écrit sous seing privé.

M. Réal dit que la question est décidée, conformément à la proposition de la section, par l'article 6 de la loi sur le notariat.

L'article est adopté.

1319. L'acte authentique fait pleine foi de la convention qu'il renferme entre les parties contractantes et leurs héritiers ou ayant-cause.

Néanmoins, en cas de plaintes en faux principal, l'exécution de l'acte argué de faux sera suspendue par la mise en accusation ; et en cas d'inscription de faux faite incidemment, les tribunaux pourront, suivant les circonstances, suspendre provisoirement l'exécution de l'acte.

Cet article était le CCXIV^e du Projet. Après les mots : *par la mise en accusation*, on y trouvait ceux-ci, *de celui qui poursuit cette exécution.*

M. Defermon dit qu'il est nécessaire de suspendre l'exécution de l'acte, toutes les fois qu'il y a inscription de faux, sans réduire l'effet de la disposition au seul cas où l'exécution de l'acte est poursuivie par celui qui est mis en accusation. Il est possible, en effet, que tout autre soit l'auteur du délit; que ce soit le notaire, par exemple.

M. REGNAUD (de Saint-Jean-d'Angely) dit que la loi sur le notariat a pourvu à ce cas.

Le CONSEIL arrête que l'article proposé sera rédigé dans les mêmes termes que l'article 19 de la loi du 25 ventôse an 11, sur le notariat.

1320. L'acte, soit authentique, soit sous seing privé, fait foi entre les parties, même de ce qui n'y est exprimé qu'en termes énonciatifs, pourvu que l'énonciation ait un rapport direct à la disposition. Les énonciations étrangères à la disposition ne peuvent servir que d'un commencement de preuve.

CCXV. *La preuve testimoniale n'est point admise contre et outre le contenu dans l'acte, il fait foi entre les parties même, etc.*

(La première partie de l'article a été fondue sans discussion dans l'article 1341).

1321. Les contre-lettres ne peuvent avoir leur effet qu'entre les parties contractantes : elles n'ont point d'effet contre les tiers.

(Cet article n'avait point d'analogue dans le Projet; il est le résultat de la discussion sur l'article CCXI. (Voyez la note pag. 327 et 328).

§. II. *De l'acte sous seing privé.*

1322. L'acte sous seing privé, reconnu par celui auquel on l'oppose, ou légalement tenu pour reconnu, a, entre ceux qui l'ont souscrit et entre leurs héritiers et ayant-cause, la même foi que l'acte authentique.

(Cet article, le CCXVI^e. du Projet, fut adopté sans discussion).

1323. Celui auquel on oppose un acte sous seing privé, est obligé d'avouer ou de désavouer formellement son écriture ou sa signature.

Ses héritiers ou ayant-cause peuvent se contenter de déclarer qu'ils ne connaissent point l'écriture ou la signature de leur auteur.

(Cet article, le CCXVII^e. du Projet, fut adopté sans discussion).

CONTRATS OU OBLIGATIONS. 331

1324. Dans le cas où la partie désavoue son écriture ou sa signature, et dans le cas où ses héritiers ou ayant-cause déclarent ne les point connaître, la vérification en est ordonnée en justice.

(Cet article, le CCXVIII^e. du Projet, fut adopté sans discussion).

1325. Les actes sous seing privé qui contiennent des conventions synallagmatiques, ne sont valables qu'autant qu'ils ont été faits en autant d'originaux qu'il y a de parties ayant un intérêt distinct.

Il suffit d'un original pour toutes les personnes ayant le même intérêt.

Chaque original doit contenir la mention du nombre des originaux qui en ont été faits.

Néanmoins le défaut de mention que les originaux ont été faits doubles, triples, etc. ne peut être opposé par celui qui a exécuté de sa part la convention portée dans l'acte.

(Cet article, le CCXIX^e. du Projet, fut adopté sans discussion).

1326. Le billet ou la promesse sous seing privé, par lequel une seule partie s'engage envers l'autre à lui payer une somme d'argent ou une chose appréciable, doit être écrit en entier de la main de celui qui le souscrit; ou du moins il faut qu'outre sa signature, il ait écrit de sa main un *bon* ou un *approuvé* portant en toutes lettres la somme ou la quantité de la chose;

Excepté dans le cas où l'acte émane de marchands, artisans, laboureurs, vignerons, gens de journée et de service (1).

(Cet article était le CCXX^e. du Projet).

---

(1) D'après la déclaration de 1733, celui qui refusait de payer le billet non revêtu du *bon pour*, devait affirmer par serment qu'il n'en avait pas reçu la valeur. Le tribunal d'appel de Paris demandait que cette disposition fût rétablie.

Le consul Cambacérès demande que la dernière disposition de l'article soit étendue aux banquiers.

M. Bégouen dit qu'ils sont compris sous la dénomination générale de commerçans.

M. Regnaud (de Saint-Jean-d'Angely) observe que le commerce a ses règles particulières; qu'il y a peut-être quelque inconvénient à obliger les négocians à exprimer en toutes lettres la somme au bas des lettres de change. Il propose de renvoyer l'article au *Code du commerce*.

Le consul Cambacérès dit qu'il a déjà eu occasion d'observer que le *Code du commerce* n'étant pas encore terminé, les tribunaux pourraient inférer de la disposition du Code civil, que les lois actuelles sur le commerce sont abrogées; qu'il faut donc, si on retranche la disposition, exprimer qu'on n'entend point déroger à ces lois : mais le Consul pense qu'il serait préférable de maintenir la disposition.

M. Réal dit qu'elle sera d'autant plus utile, que dans l'usage on se borne à approuver l'écriture, sans approuver de sa main la somme, ce qui donne moyen aux créanciers de mauvaise foi, de changer le montant de l'obligation.

M. Maleville rappelle que déjà la déclaration de 1733 a tenté de prévenir ces sortes de fraudes par une disposition semblable à celle qui est proposée.

L'article est adopté.

1327. Lorsque la somme exprimée au corps de l'acte est différente de celle exprimée au *bon*, l'obligation est présumée n'être que de la somme moindre, lors même que l'acte ainsi que le *bon* sont écrits en entier de la main de celui qui s'est obligé, à moins qu'il ne soit prouvé de quel côté est l'erreur.

(Cet article était le CCXXIe. du Projet).

M. Bérenger dit que lorsque le corps de l'acte est d'une main étrangère, il n'y a pas de doute que le bon, écrit de la main du débiteur, ne doive l'emporter, s'il se rencontre quelque différence entre les sommes exprimées. Mais lorsque le corps de l'acte et le bon sont également écrits par le débiteur, toute règle absolue pourrait devenir injuste dans l'application, car la méprise a pu tomber sur la somme la moins forte, comme sur la plus considérable. C'est donc par les circonstances qu'il faut juger de semblables contestations.

M. Treilhard dit que, dans cette hypothèse, il existe un double titre; que la présomption doit être pour le moins onéreux.

M. Bérenger répond que l'avantage d'une présomption n'est pas plus pour le débiteur que pour le créancier; tout dépend des circonstances.

M. Bigot-Préameneu observe que ce serait appeler trop légèrement la preuve testimoniale, que de ne poser aucune base.

M. Regnaud (de Saint-Jean-d'Angely) dit que cette preuve deviendrait nécessaire, s'il résultait de registres ou d'autres renseignemens semblables que c'est la somme la plus forte qui est due.

M. Defermon dit que la discussion ne devient embarrassée que parce qu'on sort de l'espèce de l'article, lequel se réfère à l'article précédent. C'est à ce dernier article qu'il faut se reporter; il paraît établir une fausse règle. En effet, c'est le corps de l'acte qui est le principal objet de l'attention des parties; le bon n'est pour l'ordinaire qu'une note indicative : ainsi, quand l'un et l'autre expriment une somme différente, l'énonciation écrite dans le corps de l'acte doit l'emporter. Il conviendrait donc de réformer l'article CCXX, (1326) dans ce sens.

Le consul Cambacérès dit que ce serait blesser les principes reçus en matière de libération, que de ne pas réduire, dans le doute, l'obligation à la somme la moins forte. Mais ce n'est là qu'une simple présomption qui cède à l'évidence et à la preuve contraire : le vice de la rédaction proposée est de paraître convertir cette présomption en certitude, tellement que la preuve contraire ne pourrait être admise. L'art. CCXXI (1327) n'exprime pas assez exactement l'intention de la section. Les tribunaux y verraient une règle absolue dont ils ne croiraient pas pouvoir s'écarter. La disposition doit donc n'établir qu'une simple présomption.

M. Réal observe, que dans l'espèce présentée par M. Defermon, il y a plus qu'une simple présomption. Le bon, en effet, devient inutile et ne prouve plus rien quand l'acte est écrit en entier de la main du débiteur; ce n'est plus alors qu'un simple contrôle insuffisant pour détruire l'énonciation de l'acte.

Le consul Cambacérès dit qu'il est cependant des hypothèses où l'intention des parties a été de se réduire à la somme exprimée dans le bon. Par exemple, on aura rédigé et souscrit d'abord une obligation de deux cents francs; on reconnaîtra à l'instant même qu'il est dû une moindre somme; au lieu de recommencer l'acte, les parties se seront bornées à exprimer dans le bon le véritable montant de la dette : l'énonciation du bon doit alors être préférée. Il convient donc ou de supprimer l'article, ou, sans poser de règle absolue, de le réduire à n'établir qu'une présomption de libération qui n'exclut pas la preuve contraire.

L'article est adopté avec amendement.

1328. Les actes sous seing privé n'ont de date contre les tiers que du jour où ils ont été enregistrés, du jour de la mort de celui ou de l'un de ceux qui les ont souscrits, ou du jour où leur substance est constatée dans des actes dressés par des officiers publics, tels que procès - verbaux de scellé ou d'inventaire.

CCXXII. *Les actes sous seing privé n'ont de date contre les tiers, que du jour où ils ont été enregistrés, ou du jour de la mort de celui ou de l'un de ceux qui les ont souscrits.*

M. DEFERMON attaque cet article comme incomplet, en ce qu'il y a d'autres circonstances que l'enregistrement et la mort qui peuvent donner à l'acte une date certaine contre les tiers.

Il en demande le renvoi à la section.

M. BERLIER dit que, hors le cas d'une apposition de scellés encore subsistante sur l'écrit sous seing privé, dont la date en ce cas serait devenue certaine à l'époque même de l'apposition de scellés, il ne conçoit pas d'autres espèces à joindre à celles exprimées dans l'article ; car la simple mention dans un acte public ne saurait donner une grande consistance à l'acte sous seing privé dont elle ne ferait point connaître la teneur : d'ailleurs, on ne mentionne dans un acte public les écrits sous seing privé, qu'autant qu'ils ont été préalablement enregistrés.

Au surplus M. Berlier ne s'oppose point au renvoi à la section ; mais il croit que l'on pourrait dès-à-présent se borner à l'amendement qu'il a indiqué.

L'article est renvoyé à la section, qu'il l'a reproduit tel qu'il est dans le texte.

1329. Les registres des marchands ne font point, contre les personnes non marchandes, preuve des fournitures qui y sont portées ; sauf ce qui sera dit à l'égard du serment.

1330. Les livres des marchands font preuve contre eux; mais celui qui en veut tirer avantage ne peut les diviser en ce qu'ils contiennent de contraire à sa prétention.

(Ces articles étaient les CCXXIII et CCXXIV^e. du Projet).

M. BÉGOUEN rappelle que, suivant l'ordonnance de 1673, les livres des marchands ne font jamais preuve que quand les parties ont déclaré s'y rapporter, et qu'ils ne sont même produits que d'après cette déclaration.

M. Bigot-Préameneu observe que cette disposition se retrouve dans l'article CCXXIV, et qu'elle semble même plus clairement exprimée dans cette rédaction : *Celui qui veut en tirer avantage ne peut les diviser en ce qu'ils contiennent de contraire à sa prétention.*

M. Treilhard dit que l'amendement proposé par M. Bégouen serait dangereux. On ne peut être forcé de s'en rapporter indéfiniment aux livres, ni d'admettre comme prouvées les fausses énonciations qu'ils peuvent contenir. Au surplus, l'article de la section ne cause aucun préjudice aux marchands : s'il résulte en effet des livres quelque preuve contre celui qui en demande l'apport, les tribunaux y auront égard.

Le consul Cambacérès dit qu'il est difficile d'admettre que lorsqu'on déclarera s'en rapporter aux livres sur les preuves qu'ils peuvent offrir contre un négociant, on ne se soumettra pas également à déférer aux preuves qui en résulteront en sa faveur.

M. Bigot-Préameneu dit qu'ayant exercé les fonctions de juge d'appel, il a eu occasion de vérifier que la jurisprudence des tribunaux est d'ordonner d'office l'apport des registres lorsqu'ils peuvent éclaircir une allégation.

M. Treilhard dit que, dans ces mêmes fonctions, il a été à portée de se convaincre que peu de ces registres sont en règle.

M. Ségur dit que les commentateurs pensent que les tribunaux ne doivent pas ordonner l'apport des registres, afin que les affaires des négocians ne soient pas exposées aux regards du public ; qu'on n'ordonne l'apport de ces registres que dans les cas de faillite, ou lorsque les parties ont déclaré qu'elles s'y rapporteraient. Il cite à l'appui de son opinion l'ordonnance de 1673 et le commentaire de Jousse.

M. Treilhard répond que le secret des affaires n'est pas violé, parce que le négociant indique la page et la ligne où se trouve l'énonciation qui a rapport au procès.

M. Portalis dit qu'on distingue : quand l'exhibition des registres est ordonnée pour une affaire commune entre deux négocians, ils font preuve des deux côtés, hors le cas de fraude : mais s'il s'agit de l'intérêt d'un tiers qui ne soit pas en société avec le négociant qui les produit, ils ne fournissent plus que de simples documens.

Les livres, en général, sont établis pour que les négocians y inscrivent toutes leurs affaires, et non pour la seule fin de connaître leur situation en cas de faillite. Quand on déclare s'en rapporter à ce qu'ils contiennent, on est lié, à moins qu'il n'y ait fraude. Mais l'article en discussion est plus fort que l'ordonnance pour le cas où il n'y a pas eu de semblable déclaration ; car il supprime l'enquête sur les mœurs et sur la probité du négociant, et il veut que foi soit ajoutée au registre sur ce qu'il prouve réellement, indépendamment de toute déclaration d'ajouter foi.

Les articles sont adoptés

1331. Les registres et papiers domestiques ne font point un titre pour celui qui les a écrits. Ils font foi contre lui, 1°. dans tous les cas où ils énoncent formellement un paiement reçu ; 2°. lorsqu'ils contiennent la mention expresse que la note a été faite pour suppléer le défaut du titre en faveur de celui au profit duquel ils énoncent une obligation.

(Cet article était le CCXXV^e. du Projet, on y trouvait de plus la disposition suivante : *Ils font foi conformément à l'article 46, au titre des actes de l'état civil à l'égard des naissances, mariages ou décès, lorsqu'il n'aura pas existé de registres, ou qu'ils seront perdus*).

(Cette partie de l'article a été supprimée sans aucune discussion).

1332. L'écriture mise par le créancier à la suite, en marge ou au dos d'un titre qui est toujours resté en sa possession, fait foi, quoique non signée ni datée par lui, lorsqu'elle tend à établir la libération du débiteur.

Il en est de même de l'écriture mise par le créancier au dos, ou en marge, ou à la suite du double d'un titre ou d'une quittance, pourvu que ce double soit entre les mains du débiteur.

(Cet article, le CCXXVI^e. du Projet, fut adopté sans discussion).

§. III. *Des tailles.*

1333. Les tailles corrélatives à leurs échantillons font foi entre les personnes qui sont dans l'usage de constater ainsi les fournitures qu'elles font et reçoivent en détail.

(Cet article, le CCXXVII^e. du Projet, fut adopté sans discussion).

§. IV. *Des copies des titres.*

1334. Les copies, lorsque le titre original subsiste, ne font

font foi que de ce qui est contenu au titre, dont la représentation peut toujours être exigée.

(Cet article, le CCXXVIII^e. du Projet, fut adopté sans discussion).

1335. Lorsque le titre original n'existe plus, les copies font foi, d'après les distinctions suivantes :

1°. Les grosses ou premières expéditions font la même foi que l'original. Il en est de même des copies qui ont été tirées par l'autorité du magistrat, parties présentes ou dûment appelées, ou de celles qui ont été tirées en présence des parties et de leur consentement réciproque.

2°. Les copies qui, sans l'autorité du magistrat, ou sans le consentement des parties, et depuis la délivrance des grosses ou premières expéditions, auront été tirées sur la minute de l'acte par le notaire qui l'a reçu, ou par l'un de ses successeurs, ou par officiers publics qui, en cette qualité, sont dépositaires des minutes, peuvent, en cas de perte de l'original, faire foi quand elles sont anciennes.

Elles sont considérées comme anciennes quand elles ont plus de trente ans ;

Si elles ont moins de trente ans, elles ne peuvent servir que de commencement de preuve par écrit.

3°. Lorsque les copies tirées sur la minute d'un acte ne l'auront pas été par le notaire qui l'a reçu, ou par l'un de ses successeurs, ou par officiers publics qui, en cette qualité, sont dépositaires des minutes, elles ne pourront servir, quelle que soit leur ancienneté, que de commencement de preuve par écrit.

4°. Les copies de copies pourront, suivant les circonstances, être considérées comme simples renseignemens.

(Cet article était le CCXXIX^e. du Projet).

M. Regnaud (de Saint-Jean-d'Angely) observe sur le n°. 2 de cet article, que les notaires ne sont pas seuls dépositaires des minutes ; qu'il en existe aussi entre les mains des greffiers.

M. Réal dit que la loi du 25 ventose an 11 sur le notariat, considère alors les greffiers comme successeurs des notaires qui ont reçu l'acte.

L'article est adopté.

1336. La transcription d'un acte sur les registres publics ne pourra servir que de commencement de preuve par écrit; et il faudra même pour cela,

1°. Qu'il soit constant que toutes les minutes du notaire, de l'année dans laquelle l'acte paraît avoir été fait, soient perdues, ou que l'on prouve que la perte de la minute de cet acte a été faite par un accident particulier;

2°. Qu'il existe un répertoire en règle du notaire, qui constate que l'acte a été fait à la même date.

Lorsqu'au moyen du concours de ces deux circonstances la preuve par témoins sera admise, il sera nécessaire que ceux qui ont été témoins de l'acte, s'ils existent encore, soient entendus.

(Cet article, le CCXXX^e. du Projet, fut adopté sans discussion).

§. V. *Des actes récognitifs et confirmatifs.*

1337. Les actes récognitifs ne dispensent point de la représentation du titre primordial, à moins que sa teneur n'y soit spécialement relatée.

Ce qu'ils contiennent de plus que le titre primordial, ou ce qui s'y trouve de différent, n'a aucun effet.

Néanmoins, s'il y avait plusieurs reconnaissances conformes, soutenues de la possession, et dont l'une eût trente ans de date, le créancier pourrait être dispensé de représenter le titre primordial.

(Cet article, le CCXXXI^e. du Projet, fut adopté sans discussion).

1338. L'acte de confirmation ou ratification d'une obligation contre laquelle la loi admet l'action en nullité ou en rescision, n'est valable que lorsqu'on y trouve la substance de cette obligation, la mention du motif de l'action en rescision, et l'intention de réparer le vice sur lequel cette action est fondée.

A défaut d'acte de confirmation ou ratification, il suffit que l'obligation soit exécutée volontairement après l'époque à laquelle l'obligation pouvait être valablement confirmée ou ratifiée.

La confirmation, ratification, ou exécution volontaire dans les formes et à l'époque déterminées par la loi, emporte la renonciation aux moyens et exceptions que l'on pouvait opposer contre cet acte, sans préjudice néanmoins du droit des tiers.

CCXXXII. *Dans la confirmation ou ratification d'un acte radicalement nul, on doit, pour qu'elle soit valable, trouver la substance de l'acte nul, la mention de la nullité et l'intention de la réparer.*

La confirmation ou ratification d'un acte nul emporte la renonciation aux moyens et exceptions que l'on pouvait opposer contre cet acte.

(Les changemens que présente le texte ont eu lieu sans discussion, après la conférence avec le Tribunat).

1339. Le donateur ne peut réparer par aucun acte confirmatif les vices d'une donation entre-vifs; nulle en la forme, il faut qu'elle soit refaite en la forme légale.

(Cet article, le CCXXXIII^e. du Projet, fut adopté sans discussion).

1340. La confirmation ou ratification, ou exécution volontaire d'une donation par les héritiers ou ayant-cause du donateur, après son décès, emporte leur renonciation à opposer soit les vices de forme, soit toute autre exception.

(Cet article était le CCXXXIV^e. du Projet. On n'y trouvait pas ces mots: *ou exécution volontaire.* Ils ont été ajoutés à l'article après la conférence avec le Tribunat).

SECTION II.

DE LA PREUVE TESTIMONIALE (1).

1341. Il doit être passé acte devant notaires ou sous signature privée, de toutes choses (2) excédant la somme ou valeur de cent cinquante francs, même pour dépôts volontaires; et il n'est reçu aucune preuve par témoins contre et outre le contenu aux actes, ni sur ce qui serait allégué avoir été dit avant, lors ou depuis les actes, encore qu'il s'agisse d'une somme ou valeur moindre de cent cinquante francs;

Le tout sans préjudice de ce qui est prescrit dans les lois relatives au commerce (3).

(Cet article, le CCXXXV°. du Projet, fut adopté sans discussion).

1342. La règle ci-dessus s'applique au cas où l'action contient, outre la demande du capital, une demande d'intérêts qui, réunis au capital, excèdent la somme de cent cinquante francs.

(Cet article, le CCXXXVI°. du Projet, fut adopté sans discussion).

1343. Celui qui a formé une demande excédant cent

---

(1) Quelles sont les conditions nécessaires pour que la preuve testimoniale soit complète? Faudra-t-il plusieurs témoins? faudra-t-il avoir recours en cette matière aux dispositions des ordonnances? (Observation du tribunal d'appel de Grenoble).

(2) Au lieu du mot *toutes choses*, le tribunal de cassation proposait de dire *toutes conventions*.

Il ajoutait: ce sont les *conventions* qui ne peuvent être prouvées par témoins et non pas *toutes choses*. Le fait qu'on aurait livré une chose d'une valeur quelconque, est toujours susceptible d'être prouvé par témoins, mais non la convention du prix.

(3) La cour d'appel de Colmar a décidé que les dispositions de l'article 1341, en ce ce qui touche la preuve par témoins de l'existence d'une obligation, n'étaient pas applicables aux conventions faites antérieurement au Code civil, attendu que les conventions doivent être prouvées suivant la loi existante à l'époque du contrat. (Arrêt du 19 thermidor an 12).

cinquante francs, ne peut plus être admis à la preuve testimoniale, même en restreignant sa demande primitive.

(Cet article, le CCXXXVII^e. du Projet, fut adopté sans discussion).

1344. La preuve testimoniale, sur la demande d'une somme même moindre de cent cinquante francs, ne peut être admise lorsque cette somme est déclarée être le restant ou faire partie d'une créance plus forte qui n'est point prouvée par écrit.

(Cet article, le CCXXXVIII^e. du Projet, fut adopté sans discussion).

1345. Si dans la même instance une partie fait plusieurs demandes dont il n'y ait point de titre par écrit, et que, jointes ensemble, elles excèdent la somme de cent cinquante francs, la preuve par témoins n'en peut être admise, encore que la partie allègue que ces créances proviennent de différentes causes, et qu'elles se soient formées en différens tems, si ce n'était que ces droits procédassent, par succession, donation ou autrement, de personnes différentes.

(Cet article, le CCXXXIX^e. du Projet, fut adopté sans discussion).

1346. Toutes les demandes, à quelque titre que ce soit, qui ne seront pas entièrement justifiées par écrit, seront formées par un même exploit, après lequel les autres demandes dont il n'y aura point de preuves par écrit ne seront pas reçues.

(Cet article, le CCXL^e. du Projet, fut adopté sans discussion).

1347. Les règles ci-dessus reçoivent exception lorsqu'il existe un commencement de preuve par écrit.

On appelle ainsi tout acte par écrit qui est émané de celui contre lequel la demande est formée, ou de celui qu'il représente, et qui rend vraisemblable le fait allégué.

(Cet article, le CCXLI^e. du Projet, fut adopté sans discussion).

1348. Elles reçoivent encore exception toutes les fois qu'il n'a pas été possible au créancier de se procurer une preuve littérale de l'obligation qui a été contractée envers lui.

Cette seconde exception s'applique,

1°. Aux obligations qui naissent des quasi-contrats et des délits ou quasi-délits;

2°. Aux dépôts nécessaires faits en cas d'incendie, ruine, tumulte ou naufrage, et à ceux faits par les voyageurs en logeant dans une hôtellerie, le tout suivant la qualité des personnes et les circonstances du fait;

3°. Aux obligations contractées en cas d'accidens imprévus, où l'on ne pourrait pas avoir fait des actes par écrit;

4°. Au cas où le créancier a perdu le titre qui lui servait de preuve littérale, par suite d'un cas fortuit, imprévu et résultant d'une force majeure.

(Cet article, le CCXLII^e. du Projet, fut adopté sans discussion).

SECTION III.

DES PRÉSOMPTIONS.

1349. Les présomptions sont des conséquences que la loi ou le magistrat tire d'un fait connu à un fait inconnu.

(Cet article, le CCXLIII^e. du Projet, fut adopté sans discussion).

§. I. *Des présomptions établies par la loi.*

1350. La présomption légale est celle qui est attachée par une loi spéciale à certains actes ou à certains faits; tels sont,

1°. Les actes que la loi déclare nuls, comme présumés faits en fraude de ses dispositions, d'après leur seule qualité;

2°. Les cas dans lesquels la loi déclare la propriété ou la libération résulter de certaines circonstances déterminées;

3°. L'autorité que la loi attribue à la chose jugée ;

4°. La force que la loi attache à l'aveu de la partie ou à son serment.

(Cet article, le CCXLIVe. du Projet, fut adopté sans discussion).

1351. L'autorité de la chose jugée n'a lieu qu'à l'égard de ce qui a fait l'objet du jugement. Il faut que la chose demandée soit la même ; que la demande soit fondée sur la même cause ; que la demande soit entre les mêmes parties, et formée par elles et contre elles en la même qualité.

(Cet article, le CCXLVe. du Projet, fut adopté sans discussion).

1352. La présomption légale dispense de toute preuve celui au profit duquel elle existe.

Nulle preuve n'est admise contre la présomption de la loi, lorsque, sur le fondement de cette présomption, elle annulle certains actes ou dénie l'action en justice, à moins qu'elle n'ait réservé la preuve contraire, et sauf ce qui sera dit sur le serment et l'aveu judiciaires.

(Cet article était le CCXLVIe. du Projet, à l'exception de la première partie qui n'y a été ajoutée qu'après la conférence avec le Tribunat).

§. II. *Des présomptions qui ne sont point établies par la loi.*

1353. Les présomptions qui ne sont point établies par la loi, sont abandonnées aux lumières et à la prudence du magistrat, qui ne doit admettre que des présomptions graves, précises et concordantes, et dans les cas seulement où la loi admet les preuves testimoniales, à moins que l'acte ne soit attaqué pour cause de fraude ou de dol.

(Cet article, le CCXLVIIe. du Projet, fut adopté sans discussion).

SECTION IV.

DE L'AVEU DE LA PARTIE.

1354. L'aveu qui est opposé à une partie est ou extrajudiciaire ou judiciaire.

(Cet article, le CCXLVIIIe. du Projet, fut adopté sans discussion).

1355. L'allégation d'un aveu extrajudiciaire purement verbal, est inutile toutes les fois qu'il s'agit d'une demande dont la preuve testimoniale ne serait point admissible.

(Cet article, le CCXLIXe. du Projet, fut adopté sans discussion).

1356. L'aveu judiciaire est la déclaration que fait en justice la partie ou son fondé de pouvoir spécial.

Il fait pleine foi contre celui qui l'a fait.

Il ne peut être divisé contre lui.

Il ne peut être révoqué, à moins qu'on ne prouve qu'il a été la suite d'une erreur de fait. Il ne pourrait être révoqué sous prétexte d'une erreur de droit.

(Cet article, le CCLe. du Projet, fut adopté sans discussion).

SECTION V.

DU SERMENT.

1357. Le serment judiciaire est de deux espèces :

1°. Celui qu'une partie défère à l'autre pour en faire dépendre le jugement de la cause : il est appelé *décisoire* ;

2°. Celui qui est déféré d'office par le juge à l'une ou à l'autre des parties.

(Cet article était le CCLIe. du Projet, on y trouvait ces mots : *l'affirmation judiciaire*, au lieu de ceux-ci, *le serment judiciaire*).

M. Miot pense qu'il serait convenable de substituer à l'expression *affirmation judiciaire*, le mot *serment*, qui est plus respectable et que déjà l'on a employé dans d'autres articles.

M. Regnaud (de Saint-Jean-d'Angely) dit qu'en effet, dans l'usage, les mots *fausse affirmation* et les mots *faux serment*, ne présentent pas la même idée.

L'article est adopté avec cet amendement.

§. I. *Du serment décisoire.*

1358. Le serment décisoire peut être déféré sur quelque espèce de contestation que ce soit.

(Cet article, le CCLIIe. du Projet, fut adopté sans discussion).

1359. Il

CONTRATS OU OBLIGATIONS. 345

1359. Il ne peut être déféré que sur un fait personnel à la partie à laquelle on le défère.
(Cet article, le CCLIII°. du Projet, fut adopté sans discussion).

1360. Il peut être déféré en tout état de cause, et encore qu'il n'existe aucun commencement de preuve de la demande ou de l'exception sur laquelle il est provoqué.
(Cet article, le CCLIV°. du Projet, fut adopté sans discussion).

1361. Celui auquel le serment est déféré, qui le refuse ou ne consent pas à le référer à son adversaire, ou l'adversaire à qui il a été référé et qui le refuse, doit succomber dans sa demande ou dans son exception.
(Cet article, le CCLV°. du Projet, fut adopté sans discussion).

1362. Le serment ne peut être référé quand le fait qui en est l'objet n'est point celui des deux parties, mais est purement personnel à celui auquel le serment avait été déféré.
(Cet article, le CCLV°. du Projet, fut adopté sans discussion).

1363. Lorsque le serment déféré ou référé a été fait, l'adversaire n'est point recevable à en prouver la fausseté.
(Cet article, le CCLVI°. du Projet, fut adopté sans discussion).

1364. La partie qui a déféré ou référé le serment, ne peut plus se rétracter lorsque l'adversaire a déclaré qu'il est prêt à faire ce serment.
(Cet article, le CCLVII°. du Projet, fut adopté sans discussion).

1365. Le serment fait ne forme preuve qu'au profit de celui qui l'a déféré ou contre lui, et au profit de ses héritiers et ayant-cause ou contre eux.

Néanmoins le serment déféré par l'un des créanciers solidaires au débiteur, ne libère celui-ci que pour la part de ce créancier ;

Le serment déféré au débiteur principal libère également les cautions ;

Celui déféré à l'un des débiteurs solidaires profite aux codébiteurs ;

Et celui déféré à la caution profite au débiteur principal.

Dans ces deux derniers cas, le serment du codébiteur solidaire ou de la caution ne profite aux autres codébiteurs ou au débiteur principal que lorsqu'il a été déféré sur la dette, et non sur le fait de la solidarité ou du cautionnement.

(Cet article, le CCLVIII°. du Projet, fut adopté sans discussion).

§. II. *Du serment déféré d'office.*

1366. Le juge peut déférer à l'une des parties le serment, ou pour en faire dépendre la décision de la cause, ou seulement pour déterminer le montant de la condamnation.

(Cet article, le CCLIX°. du Projet, fut adopté sans discussion).

1367. Le juge ne peut déférer d'office le serment, soit sur la demande, soit sur l'exception qui y est opposée, que sous les deux conditions suivantes : il faut,

1°. Que la demande ou l'exception ne soit pas pleinement justifiée ;

2°. Qu'elle ne soit pas totalement dénuée de preuves.

Hors ces deux cas, le juge doit ou adjuger ou rejeter purement et simplement la demande.

(Cet article, le CCLX°. du Projet, fut adopté sans discussion).

1368. Le serment déféré d'office par le juge à l'une des parties, ne peut être par elle référé à l'autre.

(Cet article, le CCLXI°. du Projet, fut adopté sans discussion).

1369. Le serment sur la valeur de la chose demandée ne peut être déféré par le juge au demandeur que lorsqu'il est d'ailleurs impossible de constater autrement cette valeur.

Le juge doit même, en ce cas, déterminer la somme jusqu'à concurrence de laquelle le demandeur en sera cru sur son serment.

(Cet article, le CCLXII°. du Projet, fut adopté sans discussion).

TITRE IV.

DES ENGAGEMENS QUI SE FORMENT SANS CONVENTION.

Décrété le 19 Pluviose an 12, promulgué le 29 du même mois.

1370. Certains engagemens se forment sans qu'il intervienne aucune convention, ni de la part de celui qui s'oblige, ni de la part de celui envers lequel il est obligé.

Les uns résultent de l'autorité seule de la loi. Les autres naissent d'un fait personnel à celui qui se trouve obligé.

Les premiers sont les engagemens formés involontairement, tels que ceux entre propriétaires voisins, ou ceux des tuteurs et des autres administrateurs qui ne peuvent refuser la fonction qui leur est déférée.

Les engagemens qui naissent d'un fait personnel à celui qui se trouve obligé, résultent, ou des quasi-contrats, ou des délits ou quasi-délits. Ils font la matière du présent titre.

Ier. *Certains engagemens se forment sans qu'il intervienne aucune convention, ni de la part de celui qui s'oblige, ni de la part de celui envers lequel il est obligé. Ce sont les engagemens qui naissent d'un fait personnel à celui qui se trouve obligé. Ils résultent ou des quasi-contrats, ou des délits, ou des quasi-délits.*

(Les changemens qu'on remarque entre le projet et le texte n'ont eu lieu qu'après la conférence avec le Tribunat).

CHAPITRE PREMIER.

DES QUASI-CONTRATS.

1371. Les quasi-contrats sont les faits purement volontaires de l'homme, dont il résulte un engagement quelconque envers un tiers, et quelquefois un engagement réciproque des deux parties.

(Cet article, le IIe. du Projet, fut adopté sans discussion). (1)

1372. Lorsque volontairement on gère l'affaire d'autrui, soit que le propriétaire connaisse la gestion, soit qu'il l'ignore, celui qui gère contracte l'engagement tacite de continuer la gestion qu'il a commencée, et de l'achever jusqu'à ce que le propriétaire soit en état d'y pourvoir lui-même; il doit se charger également de toutes les dépendances de cette même affaire.

Il se soumet à toutes les obligations qui résulteraient d'un mandat exprès que lui aurait donné le propriétaire.

(Cet article était le IVe. du Projet, on n'y trouvait cependant pas ces mots : *Il doit se charger également de toutes les dépendances de cette même affaire*, qui ont été ajoutés après la conférence avec le Tribunat).

M. BÉRENGER trouve l'obligation que cet article impose à celui qui a pris soin de l'affaire d'un autre, beaucoup trop étendue.

M. BIGOT-PRÉAMENEU observe qu'elle se borne à finir l'affaire commencée.

M. MURAIRE dit que l'article va plus loin : il veut que la gestion soit continuée jusqu'au retour du propriétaire.

M. LACUÉE dit que cette disposition est dure. Lorsqu'on fait une action de pure charité, on n'entend pas s'imposer des engagemens ultérieurs aussi considérables. Un citoyen, par exemple, prendra soin du champ de son voisin qui est à l'armée, sans se soumettre à le cultiver jusqu'à ce que le propriétaire ait achevé son tems de service.

M. TREILHARD dit que l'obligation dont se charge le *negotiorum gestor* s'interprète toujours par l'équité; elle est réduite à ces termes, qu'il ne peut abandonner l'affaire qu'il a entreprise, intempestivement et de manière à causer du préjudice à celui qu'elle concerne. Ainsi circonscrite,

---

(1) III. *Ne sont point au nombre des quasi-contrats, les engagemens formés involontairement, tels qu· ceux entre propriétaires voisins, ou ceux des tuteurs et des autres administrateurs qui ne peuvent refuser la fonction qui leur est confiée. Dans tous ces cas, l'obligation ne résulte que de l'autorité de la loi.*

(Cet article, adopté d'abord sans discussion, a été supprimé après la conférence avec le Tribunat.

elle est juste ; car en se chargeant de suivre l'affaire, il a pu empêcher un autre de s'en charger.

M. Fourcroy observe qu'il peut cependant arriver que par un changement de circonstances, le *negotiorum gestor* ne puisse plus donner ses soins à l'affaire.

M. Treilhard dit qu'alors il s'en déchargera en avertissant le propriétaire.

M. Defermon dit que cette modification doit être exprimée et mise à la place de la disposition qui fait durer l'obligation jusqu'au retour du propriétaire.

Le consul Cambacérès dit que l'article peut effrayer dans la forme qu'il est présenté ; mais qu'il faut s'attacher sur-tout à l'esprit de ses dispositions. On rencontre par-tout des gens officieux, toujours prêts à se mêler des affaires d'autrui, très-souvent pour les gâter. Le remède contre leur zèle indiscret, et quelquefois intéressé, est de ne pas leur permettre d'abandonner, quand il leur plaît, l'affaire qu'ils ont commencée. Cependant cette règle ne doit pas être appliquée avec une trop grande sévérité : quelques services de bon voisinage ne doivent pas faire supposer qu'on a voulu se constituer *negotiorum gestor*. Mais quand des circonstances plus décisives prouvent qu'on a pris cette qualité, il faut bien qu'on demeure responsable de ce mandat volontaire, et qu'on ne puisse s'en décharger à contre-tems.

La rédaction pourrait exprimer ces distinctions.

L'article est adopté avec les amendemens du consul Cambacérès et de M. Defermon, qui cependant n'ont pas été exprimés dans le texte.(1) (2).

1373. Il est obligé de continuer sa gestion, encore que le maître vienne à mourir avant que l'affaire soit consommée, jusqu'à ce que l'héritier ait pu en prendre la direction.

(Cet article était le VIe. du Projet, il avait été adopté sous les mêmes modifications que l'article précédent).

---

(1) M. Bigot-Préameneu présente le titre IV du livre III rédigé conformément aux amendemens adoptés dans la séance du 2 frimaire. Il observe que les articles IV, V et VI sont demeurés dans les termes de la première rédaction : la section a pensé que l'intention du Conseil y est suffisamment expliquée.

Séance du 16 Nivose an 12.

(2) V. Celui qui ne s'est immiscé que dans une affaire, n'est point obligé de se charger d'une autre, lorsqu'il n'y a point de connexité entre les deux.

Cet article avait été adopté sous les mêmes modifications que l'article IV ; il a été supprimé après la conférence avec le Tribunat.

1374. Il est tenu d'apporter à la gestion de l'affaire tous les soins d'un bon père de famille.

Néanmoins les circonstances qui l'ont conduit à se charger de l'affaire, peuvent autoriser le juge à modérer les dommages et intérêts qui résulteraient des fautes ou de la négligence du gérant.

(Cet article était le VIIe. du Projet).

M. Bérenger dit que cet article fait ressortir l'extrême dureté de l'article IV, puisqu'il établit pour tous les cas la peine de dommages-intérêts.

L'article est renvoyé à la section.

1375. Le maître dont l'affaire a été bien administrée, doit remplir les engagemens que le gérant a contractés en son nom, l'indemniser de tous les engagemens personnels qu'il a pris, et lui rembourser toutes les dépenses utiles ou nécessaires qu'il a faites.

(Cet article, le VIIIe. du Projet, fut adopté sans discussion).

1376. Celui qui reçoit par erreur ou sciemment ce qui ne lui est pas dû, s'oblige à le restituer à celui de qui il l'a indûment reçu.

(Cet article, le IXe. du Projet, fut adopté sans discussion).

1377. Lorsqu'une personne qui, par erreur, se croyait débitrice, a acquitté une dette, elle a le droit de répétition contre le créancier.

Néanmoins ce droit cesse dans le cas où le créancier a supprimé son titre par suite du paiement, sauf le recours de celui qui a payé contre le véritable débiteur.

(Cet article, le Xe. du Projet, fut adopté sans discussion).

1378. S'il y a eu mauvaise foi de la part de celui qui a reçu, il est tenu de restituer, tant le capital que les intérêts ou les fruits, du jour du paiement.

(Cet article, le XIe. du Projet, fut adopté sans discussion).

1379. Si la chose indûment reçue est un immeuble ou un meuble corporel, celui qui l'a reçue s'oblige à la restituer en nature, si elle existe, ou sa valeur, si elle est périe ou détériorée par sa faute ; il est même garant de sa perte par cas fortuit, s'il l'a reçue de mauvaise foi.

(Cet article, le XIIe. du Projet, fut adopté sans discussion).

1380. Si celui qui a reçu de bonne foi, a vendu la chose, il ne doit restituer que le prix de la vente.

(Cet article, le XIIIe. du Projet, fut adopté sans discussion).

1381. Celui auquel la chose est restituée, doit tenir compte, même au possesseur de mauvaise foi, de toutes les dépenses nécessaires et utiles qui ont été faites pour la conservation de la chose (1).

(Cet article, le XIVe. du Projet, fut adopté sans discussion).

CHAPITRE II.

DES DÉLITS ET DES QUASI-DÉLITS.

1382. Tout fait quelconque de l'homme, qui cause à autrui un dommage, oblige celui par la faute duquel il est arrivé, à le réparer.

(Cet article, le XVe. du Projet, fut adopté sans discussion) (2).

1383. Chacun est responsable du dommage qu'il a causé non-seulement par son fait, mais encore par sa négligence ou par son imprudence.

(Cet article, le XVIIIe. du Projet, fut adopté sans discussion).

---

(1) Le tribunal d'appel de Toulouse observait qu'il est juste d'accorder les intérêts des dépenses nécessaires et utiles pour la conservation de la chose, à celui qui devient comptable de la restitution des fruits.

(2) XVI. *Si d'une maison habitée par plusieurs personnes, il est jeté sur un passant de l'eau ou quelque chose qui cause un dommage, ceux qui habitent l'appartement d'où*

1384. On est responsable non-seulement du dommage que l'on cause par son propre fait, mais encore de celui qui est causé par le fait des personnes dont on doit répondre, ou des choses que l'on a sous sa garde.

Le père, et la mère après le décès du mari, sont responsables du dommage causé par leurs enfans mineurs habitant avec eux ;

Les maîtres et les commettans, du dommage causé par leurs domestiques et préposés dans les fonctions auxquelles ils les ont employées ;

Les instituteurs et les artisans, du dommage causé par leurs élèves et apprentis pendant le tems qu'ils sont sous leur surveillance.

La responsabilité ci-dessus a lieu, à moins que les père et mère, instituteurs et artisans, ne prouvent qu'ils n'ont pu empêcher le fait qui donne lieu à cette responsabilité.

(Cet article était le XIXe. du Projet, le mot *préposés* remplaçait seulement celui d'*employés* qui termine le troisième *alinea*.

Le consul CAMBACÉRÈS propose de substituer le mot *employés* au mot *préposés*, afin que la responsabilité du maître, soit réduite au cas où le préposé a causé quelques dommages dans l'exécution des ordres qu'il a reçus.

Cet amendement est adopté.

1385. Le propriétaire d'un animal, ou celui qui s'en sert, pendant qu'il est à son usage, est responsable du dommage

---

on l'a jetée, sont tous solidairement responsables, à moins que celui qui a jeté ne soit connu, auquel cas il doit seul la réparation du dommage.

XVII. *Les hôtes qui n'habitent qu'en passant dans la maison d'où la chose a été jetée, ne sont point tenus du dommage, à moins qu'il ne soit prouvé que ce sont eux qui ont jeté ; mais celui qui les loge en est tenu.*

M. MIOT dit que l'énonciation du principe suffit, que les exemples doivent être retranchés.

D'après cette observation, les articles XVI et XVII sont retranchés.

que l'animal a causé, soit que l'animal fût sous sa garde, soit qu'il fût égaré ou échappé.

(Cet article, le XXe. du Projet, fut adopté sans discussion).

1386. Le propriétaire d'un bâtiment est responsable du dommage causé par sa ruine, lorsqu'elle est arrivée par une suite du défaut d'entretien ou par le vice de sa construction.

(Cet article était le XXIe. du Projet).

M. REGNAUD (de Saint-Jean-d'Angely) propose de se borner à dire *par la faute*, et de retrancher ces mots, *par une suite du défaut d'entretien ou par le vice de la construction*, de peur qu'en énonçant quelques cas, la loi ne paraisse décharger de la responsablité pour les autres, suivant la règle *inclusio unius est exclusio alterius*.

L'article est adopté.

TITRE V.

DU CONTRAT DE MARIAGE ET DES DROITS RESPECTIFS DES ÉPOUX.

Décrété le 20 Pluviose an 12, promulgué le 30 du même mois.

CHAPITRE PREMIER.

DISPOSITIONS GÉNÉRALES.

1387. La loi ne régit l'association conjugale, quant aux biens, qu'à défaut de conventions spéciales, que les époux peuvent faire comme ils le jugent à propos, pourvu qu'elles ne soient pas contraires aux bonnes mœurs, et, en outre, sous les modifications qui suivent.

(Cet article était le §. Ier. de l'art. Ier. du Projet). (1)

Séance du 6 Vendémiaire an 12.

M. FOURCROY pense que cet article est trop long, il propose de faire un article séparé de chacun des numéros qui le composent.

Cette proposition est adoptée.

Le §. Ier. est adopté. (Voyez l'opinion de M. Portalis, page 368).

1388. Les époux ne peuvent déroger ni aux droits résultant de la puissance maritale sur la personne de la femme et des enfans, ou qui appartiennent au mari comme chef, ni aux droits conférés au survivant des époux par le titre *de la Puissance paternelle* et par le titre *de la Minorité, de la Tutelle et de l'Emancipation*, ni aux dispositions prohibitives du présent Code.

§. III. de l'art. I. *Ils ne peuvent, par aucune disposition générale ou spéciale, déroger soit aux droits résultant de la puissance maritale sur la personne de la femme et des enfans, ou qui appartiennent au mari comme*

---

(1) L'art. Ier du Projet était composé de quatre paragraphes, qui ont formé les articles 1387, 1388, 1389 et 1390 : cette division eut lieu sur la demande de M. Fourcroy.

chef, soit aux droits conférés au survivant des époux par les titres de la puissance paternelle *et* de la tutelle, *soit aux dispositions prohibitives du Code civil.*

Le consul CAMBACÉRÈS dit que s'il ne trouvait dans la disposition que la prohibition de déroger à certaines dispositions du droit, par une clause générale, il croirait que la liberté des conventions matrimoniales n'est point gênée ; mais on propose de défendre même les dérogations spéciales, et alors il est difficile de concevoir comment les époux auront la faculté qu'on accorde au commencement de l'article, de donner à leur société les règles qu'ils jugeront à propos. Un père qui ne voudra pas que sa fille soit sous la puissance maritale telle qu'elle est établie dans les pays coutumiers, ne pourra lui réserver par le contrat le droit de disposer de ses biens.

M. BERLIER répond que pour les objets traités en ce numéro, la section a très-clairement entendu prohiber toutes dispositions, même *spéciales*, qui y porteraient atteinte, parce qu'elle y a vu principalement des règles qui n'appartiennent plus seulement à l'intérêt pécuniaire des époux, mais à l'ordre public.

Un mari pourrait-il, par exemple, se départir de la puissance maritale, telle qu'elle est déjà définie dans le livre Ier. du Code, ou renoncer à la puissance paternelle et la conférer à sa femme? Celle-ci pourrait-elle stipuler qu'au cas de veuvage, elle resterait sans autorité sur ses enfans? De pareils pactes seraient intolérables sans doute, et la section a dû les proscrire.

A l'égard de ceux qui dérogeraient à une disposition prohibitive du Code, il est évident qu'ils sont sans force.

M. TRONCHET dit qu'il faut distinguer, par rapport au mariage, les règles qui tiennent à l'ordre public, de celles qui ne se rapportent qu'aux intérêts pécuniaires des époux. La liberté de les changer ne doit exister que pour ces dernières ; mais les règles qui concernent l'ordre public doivent demeurer invariables, et la loi ne peut permettre aux parties d'y déroger, ni par une stipulation générale, ni par une stipulation spéciale. Le texte en discussion ne se rapporte qu'à ces sortes de règles ; il ne gêne point la liberté des stipulations relatives aux intérêts pécuniaires des époux.

Ceci répond à la difficulté qu'on a trouvée à empêcher un père de stipuler que sa fille pourra vendre une partie de ses biens sans l'autorisation de son mari, car c'est pour l'intérêt public, autant que pour son intérêt personnel, que cette faculté lui est interdite.

On confiera, sans doute, au mari l'administration, soit de la communauté, soit de la dot ; or, permettrait-on de changer cette disposition par une clause particulière, et de stipuler que la femme la régira, ou même qu'elle régira les biens de son mari ? car il faudrait aller jusque-là.

M. Portalis convient de la distinction que vient de faire M. Tronchet entre les dispositions relatives à l'ordre public et celles qui concernent l'intérêt pécuniaire des époux ; il convient également qu'on ne peut permettre aucune dérogation aux premières : mais il est effrayé de ce qu'on paraît envelopper le droit coutumier dans ce qu'on appelle le droit public. Cette stipulation serait sans doute contre l'ordre qui mettrait la femme au dessus du mari, ou qui changerait de main la puissance sur les enfans. Mais puisqu'on avoue que ce qui touche les intérêts pécuniaires, tombe en droit privé, il faut du moins se conformer à ce principe. On veut cependant que la femme ne puisse, en aucun cas, vendre ses biens sans l'autorisation de son mari : mais si on a l'intention de conserver réellement le droit écrit, il faut permettre à la femme de se réserver le droit de vendre ses biens paraphernaux. Cette faculté ne blesse ni les mœurs ni l'ordre public. Si on la refuse, on ramène tout au droit coutumier, en semblant néanmoins laisser sa force au droit écrit. On doit donc interdire toute stipulation contre l'autorité du mari sur la personne de la femme et des enfans ; mais il est juste de laisser toute liberté aux stipulations qui concernent la manière de disposer des biens.

M. Berlier dit que la critique que M. Portalis a faite de l'exemple invoqué par M. Tronchet, ne conclut rien contre le paragraphe en discussion : en admettant cette critique, tout ce qui en résulterait, c'est que le droit d'autoriser la femme pour l'aliénation de ses biens, ne serait pas un attribut essentiel et nécessaire de la puissance maritale. Cette question particulière pourra, au surplus, être traitée sous l'article du Projet (1538), qui s'en occupe directement, et qui propose d'interdire à toute femme l'aliénation de ses biens sans le consentement de son mari, ou l'autorisation de la justice.

Mais en ce moment on examine un principe, et la question est purement de savoir si l'on peut déroger à la puissance maritale et aux attributions que la loi lui a faites ou lui fera. La négative ne saurait faire un doute.

M. Tronchet dit qu'en pays de droit écrit, les biens dotaux étaient inaliénables, même par la femme ; mais elle disposait librement de ses biens paraphernaux, dans les pays de droit écrit qui n'étaient point du ressort du parlement de Paris ; car, dans ces derniers, l'autorisation du mari était exigée. Elle est établie, parce que le mari est le premier conseil de la femme, et comme un devoir résultant du respect qui lui est dû. Néanmoins elle ne devient point un obstacle, puisqu'elle n'est point indispensable, et qu'elle peut être suppléée par l'autorisation judiciaire.

On a plus d'une fois reconnu, par le refus qui a été fait à la femme de l'autorisation judiciaire, qu'il était prudent de ne point l'abandonner à elle-même.

Au surplus, permettre d'exclure la nécessité de cette autorisation, ce serait déroger à l'article 217 du titre *du Mariage*, lequel, loin de distinguer entre les femmes, les comprend évidemment toutes dans la disposition, en spécifiant qu'elle s'applique même à la femme non commune et séparée. S'il s'élevait quelques difficultés sur l'application de l'article en discussion, les tribunaux prononceraient; et il est certain qu'en se rapportant à l'article 217, ils proscriraient toute stipulation tendant à affranchir la femme de la nécessité de prendre l'autorisation de son mari pour l'aliénation de ses biens; car la stipulation serait valable s'il ne s'agissait que de l'administration. En effet, l'article 217 porte évidemment sur le cas prévu par la disposition que l'on discute : l'autorisation du mari étant une conséquence de la puissance maritale, toute exception à cet article serait désavantageuse.

Le consul CAMBACÉRÈS écarte d'abord l'autorité de l'article 217. Cet article s'applique à la femme commune ou séparée, qui s'est mariée sans se réserver aucun droit; il ne s'applique point à celle qui, étant majeure, se réserve, en réglant les conditions de son mariage, la faculté de disposer de ses biens. D'ailleurs les lois s'expliquent mutuellement. On peut donc, par une loi postérieure, expliquer l'article 217, et déterminer les exceptions qui doivent en fixer les limites.

Le CONSUL passe à la disposition qu'on discute. Il convient qu'on ne peut, par des stipulations particulières, déroger au droit public; mais, dit-il, toutes les dispositions qui sont dans le Code civil n'appartiennent pas à ce droit : celles-là seules s'y rapportent, qui règlent l'ordre des successions et les conditions du mariage. Les contrats et même ceux qui contiennent les conventions matrimoniales, sont des matières du droit privé. C'est à cet égard que les parties doivent avoir la liberté la plus entière. Par exemple, il n'y aurait aucun motif de défendre la stipulation par laquelle des parens sages, craignant que la femme, jeune encore, ne puisse porter le poids de la tutelle, conviendraient que, dans le cas de la mort du mari, elle ne deviendra pas tutrice avant l'âge de vingt-cinq ans. Si l'on veut limiter la liberté des conventions matrimoniales, du moins convient-il de ne pas la proclamer d'abord comme illimitée : elle deviendrait illusoire ; car les tribunaux n'oseraient lui laisser toute sa latitude, se trouvant gênés par la défense d'avoir égard aux dérogations même spéciales.

On a fait valoir l'intérêt public. Le seul intérêt qu'ait l'Etat dans cette matière, c'est que les mariages se multiplient, et dès lors il ne faut pas gêner ceux qui les contractent.

M. TREILHARD dit que sans doute il faut faciliter les mariages, et que l'intention de la section n'a pas été d'y mettre des obstacles ; elle laisse aux conventions toute la latitude qu'elles doivent raisonnablement avoir : mais comme cette latitude ne peut pas être sans bornes, et qu'elle doit être limitée par des exceptions, la section a pensé que celles qu'elle propose étaient nécessaires. Il convient d'examiner l'article sous ce rapport, et d'expliquer les intentions des rédacteurs.

Peut-être ces mots *générale* ou *spéciale* étaient-ils inutiles. On peut, sans inconvénient, les retrancher ; mais les exceptions doivent être conservées.

Le mari est, par la nature même des choses, le maître et le chef de la société; car, dans toute association, un seul doit commander, et ce doit être celui à qui la nature a donné le plus de moyens pour la bien gouverner. On ne peut donc ôter au mari ses droits sans blesser l'ordre de la nature, et c'est seulement là ce que dit l'article. Il se borne à défendre toute stipulation qui rendrait la femme chef de la société conjugale.

Il ne parle de la puissance paternelle que pour défendre les stipulations qui priveraient le père de son pouvoir sur la personne de ses enfans et de l'usufruit de leurs biens.

Ce qu'il dit de la tutelle est conforme aux principes qui ont été adoptés. En arrêtant le titre *des Tutelles*, on a repoussé toutes les propositions qui tendaient à priver la mère du titre honorable de *tutrice*, et l'on a pourvu en même tems à ce que sa faiblesse ne rendît pas ces égards funestes aux enfans. C'est dans cet esprit qu'on a autorisé le père à nommer un conseil de tutelle.

Il était nécessaire enfin d'empêcher toutes dérogations aux prohibitions contenues dans le Code civil ; il faudra, pour que cette défense n'entraîne aucun inconvénient, discuter avec soin les prohibitions qu'on voudra établir.

Au reste, la question est déjà jugée. L'article 223, au titre *du Mariage*, décide que toute autorisation générale, même stipulée par contrat de mariage, n'est valable que quant à l'administration des biens de la femme ; et pour donner à cette disposition un plus grand caractère, on l'a placée au chapitre *des Droits et des devoirs respectifs des Epoux*.

L'autorisation du mari est souvent utile; elle n'est jamais dangereuse, puisque la femme peut en référer au juge.

M. MALEVILLE propose de supprimer ces mots *ou qui appartiennent au mari comme chef*, attendu que sans ajouter rien à la loi, ils peuvent conduire à la fausse conséquence que la femme ne doit, en aucun cas, avoir la libre disposition de ses biens paraphernaux.

M. BÉRENGER dit qu'en général il est inutile de pourvoir à ce que, sous prétexte de la liberté de stipuler sur les biens, on ne déroge aux dispositions qui règlent les rapports personnels entre les époux. La loi a exprimé ailleurs sa volonté sur ce dernier sujet. Le titre qu'on discute n'a que les biens pour objet, et il serait à désirer que dans aucun autre titre, on ne trouvât de dispositions sur cette matière.

La disposition relative aux prohibitions est dangereuse. Il est impossible qu'il n'y ait pas quelque défaut d'attention dans un ouvrage aussi immense que le Code civil. On a donc à craindre qu'il ne se glisse dans les articles par lesquels on n'aura point voulu établir de prohibition quelques expressions qui paraissent ensuite prohibitives, et qui donnent lieu à des contestations. La meilleure méthode serait d'énoncer, dans le plus grand détail, les clauses relatives aux biens qu'il serait défendu de stipuler ; il en résulterait aussi l'avantage de pouvoir mieux peser les prohibitions qu'il convient de faire.

M. BERLIER dit que bien que l'article 1er. auquel se réfère le numéro qu'on discute, ait principalement trait à l'association conjugale *quant aux biens*, il ne faut pas en conclure que ce numéro soit inutile ni même déplacé ; car la connexion entre les hommes et les choses est telle, que le droit sur la personne atteint souvent les biens, et quand on s'en tiendrait à l'exemple qui a été le plus débattu (celui de l'autorisation nécessaire du mari pour l'aliénation des biens de la femme), on aurait la preuve de cette vérité.

Au fond, l'on a combattu l'application de la puissance maritale au cas d'aliénation des biens de la femme, et l'on a soutenu que la libre disposition pouvait en appartenir à celle-ci, *au moins par convention* ; mais il semble à l'opinant qu'on a victorieusement répondu à cette prétention par le texte même d'une loi récente, faisant partie du Code civil.

Passant à d'autres applications de l'article, notamment à la tutelle, on a trouvé injuste qu'un mari qui épouse une jeune femme dont il redoute l'inexpérience, ne pût stipuler qu'elle n'aurait point la tutelle de leurs enfans; mais cette prohibition cesse d'être une entrave, et n'est plus qu'un acte de justice et de respect pour le lien conjugal, quand le mari peut donner un conseil à sa femme : voilà son droit; au-delà commence celui de la femme, et l'un et l'autre sont encore consacrés par une loi récente.

Ne faut-il pas en dire autant de la jouissance des revenus de l'enfant, attachés au droit de garde et à l'autorité que la loi donne au survivant des époux? Ce n'est pas là la matière de simples conventions entre époux, c'est l'ordre établi par la loi dans les familles ; et il n'y aura rien de fixe si l'on peut y déroger.

Mais ne vaudrait-il pas mieux, a-t-on dit, spécifier les droits auxquels on ne pourrait déroger? Ceux qui ont fait cette objection n'ont pas suffisamment réfléchi à l'étendue de la matière et aux dangers des omissions.

Si la discussion n'a donné que trois ou quatre exemples dont l'application se fît au principe controversé, combien n'en existe-t-il pas d'autres! Par exemple, le mari pourrait-il stipuler qu'après son décès, sa veuve n'aurait pas sur les enfans mineurs du mariage le droit de réclusion qui lui est accordé par la loi? Il faudrait donc une disposition *spécialement* prohibitive pour cet objet comme pour une multitude d'autres.

Cela n'est point praticable ; et c'est en général un mode dangereux que de descendre dans trop de détails et d'espèces : ce qui est important, c'est que la règle soit assez clairement posée, pour que les juges y trouvent un guide sûr ; ce n'est point là de l'arbitraire dès qu'il y a une règle dont la fausse application peut et doit être réprimée.

M. BIGOT-PRÉAMENEU propose de retrancher ces mots, *ou qui appartiennent au mari comme chef;* ils lui semblent laisser quelques nuages en ce qu'ils ne déterminent pas assez clairement les droits du mari auxquels il ne serait pas permis de déroger : on pourrait les remplacer par une rédaction qui porterait la défense générale de déroger aux dispositions contenues dans le chapitre des *Droits et des Devoirs respectifs des époux.*

M. TRONCHET dit que les droits du mari, comme chef, seront réglés par le titre qu'on discute.

M. BIGOT-PRÉAMENEU pense comme M. Bérenger, qu'une expression négative ne constitue pas une prohibition, et que cet effet ne doit être attaché qu'à une clause prohibitive. Il propose de rédiger l'article dans ce sens.

M. TRONCHET

M. Tronchet dit que l'énonciation proposée par M. Bérenger serait beaucoup trop longue, et pourrait donner lieu à des omissions dont les conséquences seraient dangereuses ; que ces considérations ont décidé à donner à l'article la forme sous laquelle il est présenté, en se réservant d'exprimer d'une manière formelle dans les autres les prohibitions qui pourront en résulter.

M. Portalis pense que les maximes générales présentées dans cet article sont inutiles. On est convenu d'ailleurs qu'il serait difficile de les entendre, et qu'il faudra en laisser l'application aux tribunaux.

On peut s'en tenir à la maxime qui a existé jusqu'ici, et qui n'admettait pour limites des conventions matrimoniales que l'ordre public et les mœurs. C'est aussi dans ces bornes qu'il faut se renfermer ; et si l'on ne veut point en sortir, l'article est sans objet. On a prétendu que le titre du *Mariage* contient un préjugé en faveur de l'article ; c'est une erreur. Ce titre frappe sur un cas différent : il considère les personnes indépendamment des biens. Voilà le seul objet du droit public ; voilà comment le mari est le *chef de la société conjugale*. Les biens ne sont point du droit public.

L'opinant demande la suppression de l'article, qui, dit-il, ne sert qu'à élever des doutes, et oblige la femme à être commune en biens malgré elle, en ne lui permettant point de s'affranchir de l'autorisation de son mari.

M. Treilhard dit, ou que l'article 217 n'a point de sens, ou qu'il défend, dans tous les cas, à la femme d'aliéner sans l'autorisation de son mari. Renversera-t-on une disposition qui, comme toutes celles du Code civil, a été reçue avec un applaudissement unanime ? Et quel serait donc l'avantage de ce changement dans nos mœurs actuelles ? D'exposer les femmes à plus d'attaques et de séductions, et peut-être de leur attirer souvent pour résultat la honte et la misère. Il y a une connexion si étroite entre l'autorité sur la personne et l'autorité sur les biens, qu'il est réellement impossible de les séparer.

M. Réal dit que le sens de l'article 217 a été fixé lors de la discussion. En recourant aux procès-verbaux, on voit que le Conseil a eu intention de ne point permettre à la femme d'aliéner, même ses biens paraphernaux, sans l'autorisation de son mari.

M. Berlier dit qu'on énoncera que cette maxime est susceptible de modifications.

Les amendemens proposés par MM. Maleville, Bigot-Préameneu et Bérenger, sont rejetés. Le paragraphe est adopté.

(Les mots *générale ou spéciale* ont néanmoins été retranchés.)

1389. Ils ne peuvent faire aucune convention ou renonciation dont l'objet serait de changer l'ordre légal des successions, soit par rapport à eux-mêmes dans la succession de leurs enfans ou descendans, soit par rapport à leurs enfans entre eux; sans préjudice des donations entre-vifs ou testamentaires qui pourront avoir lieu selon les formes et dans les cas déterminés par le présent Code.

(Cet article était le §. IV de l'art. I. Il fut adopté sans discussion (1).

1390. Les époux ne peuvent plus stipuler d'une manière générale que leur association sera réglée par l'une des coutumes, lois ou statuts locaux qui régissaient ci-devant les diverses parties du territoire français, et qui sont abrogées par le présent Code.

§. II de l'art. Ier. *Ils ne peuvent, par une disposition générale, se soumettre à aucune des anciennes lois ou coutumes qui sont abrogées par la présente.*

Le consul CAMBACÉRÈS demande si cette disposition empêche les parties de déclarer en général, par leur contrat, qu'elles se marient suivant les principes du droit écrit. Alors continue le consul, le projet doit rassembler toutes les règles du droit écrit sur la matière des conventions matrimoniales. Au reste il est difficile de concilier cette disposition avec celle qui précède et qui laisse aux parties une liberté indéfinie dans leurs conventions matrimoniales, pourvu qu'elles ne blessent par les mœurs.

M. TRONCHET expose les motifs qui ont déterminé la section. Elle a voulu empêcher les notaires de continuer à insérer dans leurs actes une clause usitée dans les contrats de mariage lorsque les parties voulaient établir leur communauté sur d'autres principes que sur ceux de la coutume de leur domicile : on exprimait alors qu'elles se mariaient suivant telle ou telle coutume. Cette clause serait nulle après la confection du Code civil : puisqu'il abroge toutes les coutumes, il n'est plus possible de les reconnaître ; ou si on leur conservait une sorte d'existence, le système bienfaisant de l'uniformité des lois civiles serait dérangé.

Le consul CAMBACÉRÈS ne pense pas que les stipulations dont vient de parler M. Tronchet, seraient nulles. Il ne doit y avoir de stipulations nulles que celles qui blessent les dispositions du Code civil.

(1) Les époux peuvent-ils, dans leur contrat de mariage, faire une donation au premier enfant qui naîtra de leur union, de la portion des biens disponible au jour de leur décès ?

M. Berlier dit que la proposition qu'on discute, n'implique nulle contradiction avec la faculté laissée aux époux de régler leurs conventions comme ils le veulent. Cette faculté n'est point ici blessée *quant à la matière*; elle n'est restreinte que *quant à la forme*. Les époux stipuleront en détail toutes les conditions de leur union; mais ils ne pourront en termes généraux se référer à telle ancienne loi ou à telle ancienne coutume: voilà ce que dit l'article et ce qu'il devait dire, par respect pour le nouveau code et pour atteindre les bienfaits qu'il promet. Ne serait-ce pas en effet perpétuer l'existence de quatre cents ou quelques lois ou coutumes qui régissaient la France, que de permettre de s'y référer pour les conventions à venir?

Qui veut la fin, continue M. Berlier, doit vouloir les moyens; or, plus d'uniformité, plus de Code civil proprement dit, si l'on permet cette bizarre alliance: et qu'on ne dise pas que dans les tems les plus orageux de la révolution, il ne fut pas défendu de stipuler selon telle ou telle coutume, malgré la défaveur alors attachée à toutes les anciennes institutions; cela est vrai: il y a même plus; car, sans stipulations, ces coutumes ont continué de régir les mariages faits dans leurs ressorts jusqu'à nos jours. Mais pourquoi cela? c'est parce que, jusqu'à présent, il n'y a point eu sur cette matière de nouvelles lois, et que, pour défendre de stipuler d'après les anciennes, *par référé et en termes généraux*, il fallait bien établir un droit nouveau. Ce moment est enfin arrivé, et cette situation nouvelle exige qu'il soit posé une barrière dont la volonté générale ne pourra s'offenser, quand la défense de rappeler les anciennes lois ou coutumes comme règles des conventions futures, n'empêchera pas de convertir leurs dispositions en stipulations *spéciales*: s'il en résulte dans les premiers momens un peu d'embarras, c'est le tort de toutes les institutions nouvelles; mais il faut renoncer à celle-ci, si l'on veut laisser les anciennes en concours avec elle.

M. Réal ajoute que le droit serait hérissé d'autant plus de difficultés, qu'il faudrait étudier à-la-fois et le droit qui a existé et le droit qui existe.

Le consul Cambacérès dit que cet inconvénient existerait en effet, si, par la rédaction, on autorisait expressément l'usage de rappeler les coutumes; mais qu'il suffit de ne point l'exclure. Les notaires peu instruits sont dirigés par une sorte de routine qu'ils ne peuvent perdre qu'avec le tems: il ne faut pas leur ôter l'avantage de s'exprimer dans une forme à laquelle ils sont accoutumés. Dans les pays de droit écrit, ils n'apprendront que par la suite ce qu'est la communauté. La facilité qu'on leur laissera jusques-là, ne nuira point au Code civil, parce que l'usage en donnera insensiblement l'habitude.

M. Treilhard dit qu'en employant ces clauses générales, les notaires peu instruits ignorent le sens de ce qu'ils écrivent dans leurs actes ; ils ne peuvent, en conséquence, l'expliquer aux parties. Il est bon cependant que chacun sache positivement ce qu'il stipule. On doit craindre d'un autre côté, que dans certains pays la routine ne fasse durer encore long-tems l'empire des coutumes. Il ne s'agit au surplus que d'empêcher les citoyens de les rappeler, ce qui ne gêne la liberté de personne, puisque chacun conserve la faculté de faire passer dans son contrat de mariage les dispositions de la coutume qu'il prend pour règle, pourvu qu'il les énonce.

M. Regnaud (de Saint-Jean-d'Angely) dit que si les contractans pouvaient se soumettre d'une manière générale à l'empire d'une coutume, quelquefois leurs stipulations porteraient à faux, en s'appliquant à des dispositions qui ne peuvent plus recevoir leur exécution, et il en résulterait pour eux des erreurs qui pourroient leur devenir préjudiciables : par exemple, s'ils déclaraient qu'ils se marient suivant la coutume de Normandie, ils croiraient le douaire assuré par la seule force du contrat et sans inscription hypothécaire. Ainsi, pour ne point se méprendre, ils seraient obligés de dire qu'ils se marient suivant telle coutume, moins tel ou tel article, qui se trouve abrogé.

Ces clauses générales pourraient aussi rendre les stipulations incomplètes, car il est des coutumes qui sont muettes sur certains points, et dont on ne peut remplir les lacunes qu'en recourant à d'autres coutumes.

M. Maleville n'adopte le paragraphe II en discussion, que dans le cas où l'on se résoudrait à donner dans le projet plus d'étendue aux dispositions prises du droit écrit, et à les consigner avec autant de développemens qu'on a présenté celles qui concernent la communauté légale.

M. Berlier dit que ces réflexions pourront être prises en considération lors de la discussion du chapitre III ; il observe qu'au surplus M. Maleville adopte le principe de la section.

Le paragraphe est adopté.

1391. Ils peuvent cependant déclarer d'une manière générale qu'ils entendent se marier, ou sous le régime de la communauté, ou sous le régime dotal.

CONTRAT DE MARIAGE. 365

Au premier cas, et sous le régime de la communauté, les droits des époux et de leurs héritiers seront réglés par les dispositions du chapitre II du présent titre.

Au deuxième cas, et sous le régime dotal, leurs droits seront réglés par les dispositions du chapitre III.

(Cet article n'était pas dans le Projet, et a été ajouté sans discussion).

1392. La simple stipulation que la femme se constitue ou qu'il lui est constitué des biens en dot, ne suffit pas pour soumettre ces biens au régime dotal, s'il n'y a dans le contrat de mariage une déclaration expresse à cet égard.

La soumission au régime dotal ne résulte pas non plus de la simple déclaration faite par les époux, qu'ils se marient sans communauté, ou qu'ils seront séparés de biens.

(Cet article n'était pas dans le Projet, il a été ajouté sans discussion).

1393. A défaut de stipulations spéciales qui dérogent au régime de la communauté ou le modifient, les règles établies dans la première partie du chapitre II formeront le droit commun de la France.

VII. *Il y a communauté entre les époux, s'il n'y a convention contraire. Cette communauté se forme à l'instant du contrat de mariage.*

M. BERLIER observe que la section, d'accord sur ce point avec les rédacteurs du Projet de Code civil, a pensé que la communauté devait être de droit commun quand il n'y aura pas de stipulation contraire.

M. Berlier commence par examiner les systèmes fort opposés des pays de droit écrit et des pays coutumiers.

Dans les pays de droit écrit, point de communauté sans une convention spéciale pour l'établir; si la femme se constitue une dot, l'administration et les fruits en appartiennent au mari pour soutenir les charges du mariage; au surplus, inaliénabilité de la dot et disponibilité absolue laissée à la femme de tout ce qui est *extra-dotal* ou paraphernal, tel est le dernier état du droit romain, formellement exclusif de la communauté d'aucuns biens entre époux, quand il n'y avait pas de stipulation contraire.

Dans les pays coutumiers (sauf quelques localités en très-petit nombre), c'était la règle opposée qui était suivie; là, en l'absence d'une disposition contraire, la communauté avait lieu, et les coutumes ne variaient entre elles que sur l'étendue des objets qui y entraient : ainsi quelques coutumes n'y faisaient entrer que les acquêts, tandis que d'autres y portaient aussi le mobilier présent, et plusieurs, telles que celle de Paris, le mobilier présent et futur.

Il ne s'agit pas de régler ici les limites de la communauté, ce soin doit être renvoyé à la discussion des détails, mais de prononcer entre le système des pays de droit écrit, et celui des pays de coutumes; or, plusieurs motifs militent en faveur de ce dernier.

1°. Il est plus analogue à la situation des époux ; l'union des personnes ne conduit elle pas en effet naturellement à l'union des biens ?

2°. Il tend à faire prospérer le ménage par l'affection que l'on porte à la chose commune.

3°. Il est plus conforme aux mœurs de la Nation française : en effet, la communauté s'y est établie, de manière qu'elle peut être regardée aujourd'hui comme le droit commun de la majeure partie du territoire français ; et la tendance à ce système est assez évidente, même dans beaucoup de pays de droit écrit, puisque d'une part on y stipule journellement les sociétés d'acquêts, et que d'une autre part on ne voit qu'un seul tribunal du droit écrit (celui de Montpellier) qui ait fortement réclamé contre la communauté considérée comme *droit commun*.

Au surplus, si l'on examine les objections le plus communément dirigées contre la communauté légale, on en compte trois principales, quoique de diverses espèces.

Les uns trouvent que le système du droit écrit protége bien plus efficacement la femme ; les autres, qu'elle est trop favorisée lorsqu'elle est admise à prendre moitié dans des profits qui souvent appartiennent aux labeurs du mari seul : les uns et les autres se plaisent à voir dans la communauté une société bizarre et embarrassante dans ses suites : il faut répondre à ces objections.

D'abord, il est difficile de comprendre comment la femme était mieux protégée par le droit écrit, à moins que la pensée ne s'arrête à *l'inaliénabilité* de la dot ; mais c'était une protection achetée bien chèrement, par l'incapacité qu'elle imprimait à la femme de disposer de son bien dotal, même pour son intérêt évident, et sans qu'elle pût être relevée de cette incapacité par rien : une telle protection ne serait-elle pas plus exactement définie, une entrave excessive?

D'un autre côté, si le bien *dotal* était assuré par cette entrave, comment le bien *extra-dotal* l'était-il, lorsque la femme pouvait en disposer selon sa fantaisie et sans le consentement de son mari, ni l'autorisation de la justice ?

Qu'est-ce donc qu'un tel système, aussi extrême dans ses deux points opposés, a de préférable à celui qui admet l'aliénabilité sans distinction, mais sous des conditions sages, et qui donne à la femme toutes les actions même hypothécaires, les plus étendues pour les remplois ?

L'objection d'ailleurs ne frappe pas directement sur le principe de la communauté, car on conçoit qu'il pourrait s'appliquer encore, même en grevant la dot de cette espèce de substitution que l'on vient d'examiner.

La deuxième objection citée plus haut a un trait plus direct à la communauté, en ce qu'elle tend à la faire considérer comme injuste.

Il ne faut pas, dit-on, que la femme ait la moitié des bénéfices qui appartiennent à la seule industrie du mari.

Mais cette non-participation de la femme aux actes qui enrichissent l'union conjugale, n'est-elle pas une proposition bien hasardée, et n'est-il pas un grand nombre de femmes qui, soit par leurs mises pécuniaires, soit par leurs travaux personnels et leur économie, ont contribué à l'aisance du ménage, autant et quelquefois plus que leurs maris ? Cela n'est-il pas vrai, sur-tout pour les femmes d'artisans et de cultivateurs, partie nombreuse de la société, et qui n'en est pas la moins intéressante ? Et l'on doit remarquer que c'est dans cette classe principalement qu'il ne se fait pas de contrats de mariage, ou du moins très-peu : c'est donc surtout pour elle qu'il importe d'avoir un droit commun qui supplée aux conventions, et qui le fasse d'une manière équitable ; la communauté légale remplira cet objet.

Il reste à répondre à l'objection déduite de ce qu'une société à laquelle l'un des associés peut seul renoncer, offre une situation peu concordante avec les principes de la société ordinaire.

Cela est vrai, dit M. Berlier ; mais le mariage n'est point une société ordinaire : il s'agit donc de poser de bonnes règles pour cette société, sans établir de comparaison avec les sociétés qui ne lui ressemblent point ; et ce qu'on peut dire touchant l'embarras des liquidations, partages, etc., ne mérite pas une sérieuse réponse : l'on exagérera sans doute cet embarras ; mais si la communauté est juste, il serait par trop commode de la repousser, sur le seul fondement qu'il faudra un jour la partager.

Toutes ces objections écartées, que reste-t-il, sinon une vérité bien sentie, c'est que la communauté sera un lien de plus entre les époux ?

Au reste, il sera libre aux parties d'y déroger ; mais puisqu'il faut un droit commun pour tous les cas où il n'y aura pas de conventions spéciales, puisque ce droit commun ne peut plus varier selon les localités, et puisqu'il faut choisir entre les règles fort opposées des diverses parties du territoire, la communauté doit obtenir la préférence.

En terminant son opinion, M. Berlier observe qu'il a moins entendu discuter à fond que provoquer la discussion sur une question aussi grave, et qui doit, selon lui, être préliminairement décidée, si l'on ne veut pas courir les risques d'être arrêté à chaque pas dans la discussion des points ultérieurs.

M. Portalis combat la proposition de la section.

Elle pose sur le faux principe que, pour établir le droit commun, le Conseil est forcé de choisir entre le système des biens dotaux et celui de la communauté légale. Il est un troisième système qui fait cesser cette alternative : c'est de ne soumettre de plein droit les parties ni au système dotal, ni au système de la communauté, et de leur laisser à elles-mêmes le choix de la loi sous laquelle elles consentent à se placer par une stipulation formelle. Il ne s'agit pas d'examiner lequel des deux systèmes est préférable, mais de ne donner à aucun une injuste préférence; de ne pas gêner la liberté, si précieuse sur-tout en matière de mariage, de stipuler ou de ne pas stipuler. Rien n'oblige à établir un droit commun qui donne aux époux un contrat de mariage, lorsqu'ils n'en ont pas voulu.

On répondra que les parties ne sont pas forcément soumises au droit commun, puisqu'elles auront eu la faculté de l'exclure.

Mais pour user de cette faculté, il faut qu'elles fassent un contrat; de là des frais qu'elles voulaient peut-être s'épargner. Dans la plupart des pays de droit écrit, les habitants des campagnes se marient sans contrat. Il est d'ailleurs des circonstances où il peut répugner à l'amour-propre de faire un contrat, pour dire qu'on ne veut pas de contrat. Ces obstacles empêcheront plusieurs mariages; et cependant l'intérêt de l'Etat est qu'ils se multiplient.

La loi doit donc se borner à établir la communauté comme une institution positive que les parties prennent quand elle leur convient, et qui leur est étrangère quand elles ne croient pas devoir se l'appliquer. Ce principe est admis par le droit écrit, mais il dérive du droit naturel, qui laisse à chacun la liberté de former ou de ne pas former de contrat. Pourquoi priver de cette liberté les habitants des pays qui en ont contracté l'habitude?

La communauté n'était pas de droit commun dans une grande partie de la France. En général, ce qui est arbitraire ne peut être le droit commun.

commun. *Dumoulin* donne ce titre au droit romain, mais c'est parce qu'il n'avait pas reçu en France de sanction légale. La loi positive ne peut commander un droit commun : il n'en existe pas d'autre que celui qu'établit l'équité naturelle.

En soi, cette disposition serait une source de procès entre les époux lors de la dissolution du mariage; elle donnerait lieu à des arbitrages et à des frais qui souvent absorberaient les biens de la communauté, pour déterminer quels sont ceux du patrimoine des époux sur lesquels porte la communauté. Elle pouvait n'avoir pas ces inconvéniens, lorsque le mariage n'était dissous que par la mort; elle les aurait aujourd'hui que le divorce est admis; elle aurait de plus le désavantage de transmettre à la femme la moitié des fruits dus aux labeurs du mari, et d'en faire ainsi le prix des chagrins que celle qui les recueille a donnés à celui qui les a acquis.

M. Bigot-Préameneu demande que pour mieux reconnaître si la communauté des biens entre époux est dans l'ordre naturel, les partisans du droit écrit exposent comment les intérêts de chaque époux étaient distingués, sur-tout dans la classe moins aisée; comment ces intérêts étaient conciliés et ménagés, lorsque les parties n'avaient pas fait de contrat, et s'il n'en résultait aucunes difficultés.

M. Maleville répond que chacun des époux administrait ses biens pendant le mariage, et les reprenait après. Les acquêts appartenaient en entier au mari.

M. Treilhard dit qu'il est difficile d'admettre un système intermédiaire entre la communauté et la non-communauté. Quand les époux ne se seront pas expliqués, il faudra bien que la loi décide s'ils sont ou ne sont pas communs en biens.

Au surplus, l'essence des choses repousse l'idée d'indépendance qu'on vient de présenter. Les époux sont nécessairement entre eux dans un état de société. Mais conçoit-on une société qui n'ait pas ses règles? Il en faut sur-tout pour une société aussi étroite que celle du mariage, société de tous les momens, qui agit incessamment sur toutes les circonstances de la vie; *individuam vitæ consuetudinem continens*, et qui fait naître entre ceux qu'elle lie, des obligations respectives. Les sociétaires doivent sans doute être libres de fixer eux-mêmes les conditions et les règles de leur union; mais s'ils négligent ce droit, ou s'ils ne veulent pas en user, il appartient à la loi de décider comment, dans leur état de société, les biens seront administrés; quelles obligations réciproques les époux ont à remplir sous ce rapport; comment les biens de chacun contribueront aux besoins de tous deux : à moins de supposer que l'un des époux nourrira et entretiendra l'autre, et en admettant qu'ils doivent contribuer aux charges communes, il existe par le fait une communauté de biens qui embrasse du moins les revenus ; il est impossible que les époux aient une habitation à part, une existence à part, ou le mariage ne serait plus une union qui confond entre les époux toutes les habitudes de la vie.

Il est donc nécessaire d'établir un droit commun pour donner des règles à la société du mariage, lorsque les parties elles-mêmes ne s'en sont pas donné.

De là résulte qu'il faut choisir entre le système de la communauté légale et le système du droit écrit, car il n'en est pas d'intermédiaire.

Celui de la communauté paraît le mieux assorti à la nature du mariage : les époux opèrent en commun, mêlent et confondent leurs travaux, pourvoient également à l'éducation et à l'établissement de leurs enfans ; il est des positions où les soins et les travaux de l'épouse contribuent beaucoup au bien-être commun : ce serait une injustice de lui disputer sa portion. Dans tous les cas, le meilleur moyen d'exciter l'émulation de la femme, c'est de l'intéresser au succès ; on la décourage, si on l'y rend étrangère : peu lui importe que les affaires du mari prospèrent, lorsque lui seul doit en profiter. On a été si frappé de ces vérités, que dans les pays de droit écrit même, on a introduit l'usage de former une société d'acquêts.

Il n'y a donc plus de question que sur la fixation de la première mise en communauté : celle qui est proposée ne paraît pas excessive.

On a objecté qu'il suffit de permettre aux parties de stipuler la communauté. Ce serait faire alors de la non-communauté un droit commun : il suffit qu'il soit permis d'exclure la communauté.

On réplique que pour user de ce droit, on est forcé à des dépenses qui excèdent les facultés du pauvre. Mais c'est entre les pauvres que la communauté doit sur-tout être formée : dans cette classe, sur-tout, les travaux de la femme contribuent à soutenir la famille ; il convient donc de ne pas l'exclure du partage des profits.

Le consul CAMBACÉRÈS dit que cette discussion préalable doit être écartée ; qu'il est plus simple de se fixer sur les articles du Projet, attendu que l'organisation de la communauté pourra peut-être simplifier les idées, et entraîner ceux qui résistent à ce qu'elle fasse le droit commun.

M. TRONCHET dit qu'il est impossible qu'il n'y ait pas un droit commun, qui, lorsque les époux n'ont pas établi de règles pour leur société conjugale, supplée à leur silence, et décide s'il y aura communauté entre eux, ou s'ils se trouveront sous le régime du droit écrit.

La proposition qu'on a faite est elle-même une preuve de cette nécessité; car le système intermédiaire qu'elle paraît vouloir établir, n'est dans la réalité que l'exclusion de la communauté légale, et la conversion du droit écrit en droit commun. En effet, ces habitans de la campagne, qui, dans les pays de droit écrit, ne font pas de contrat de mariage, tombent sous l'empire du système dotal.

Puisqu'on est forcé de choisir entre les deux systèmes, il importe de se rappeler que le système des pays de droit écrit faisait naître encore plus de questions sur la distinction des biens, que le système de la communauté légale.

Au surplus, l'opinion publique, qui est d'une si grande importance en matière de législation, parce que les seules lois qui soient bien exécutées, sont celles qui conviennent à la masse des citoyens; l'opinion publique a prononcé et donné la préférence au système des pays coutumiers. Sur tous les tribunaux des ci-devant pays de droit écrit, un seul, celui de Montpellier, a réclamé contre la disposition du projet de Code, qui établit la communauté légale; les autres ont senti que la communauté légale est dans l'essence du mariage.

Le mariage, en effet, est l'union de deux personnes qui s'associent aussi intimement qu'il est possible pour faire réciproquement leur bonheur. Une telle union doit naturellement les conduire à confondre leurs intérêts : la société des biens devient la suite de la société des personnes. L'usage contraire n'est venu que des principes hors de la nature, qui, chez les Romains, donnaient au chef de la famille un empire despotique sur sa femme et sur ses enfans. Cette autorité n'est heureusement pas dans nos mœurs. Parmi nous, les époux ne sont que des associés.

Le consul CAMBACÉRÈS rappelle la proposition qu'il a faite sur l'ordre de la discussion.

Il dit que la délibération sera vague et incertaine, si, faute d'avoir d'abord examiné quelles règles on propose de donner à la société conjugale dans l'un et l'autre système, on prononce sur la question en général, et qu'on adopte ou rejette ainsi ce qu'on ne connaît pas encore; au lieu que si l'on discute, avant tout, les dispositions du titre, peut-être arrivera-t-on à les concevoir de manière à concilier toutes les opinions. Ce ne sera qu'après avoir fixé les deux systèmes, qu'on pourra, avec une entière connaissance, régler le droit commun.

M. REGNAUD (de Saint-Jean-d'Angely) dit qu'en effet la discussion des articles jetterait beaucoup de jour sur la question générale qu'on a entamée, et qu'il n'est pas nécessaire de décider préalablement. On peut s'occuper d'abord des dispositions générales contenues dans le chapitre premier; elles ne préjugent rien. On fixerait ensuite les règles générales des deux systèmes, en discutant la section II du chapitre II; et lorsqu'on aurait organisé les deux systèmes, on reprendrait la question générale sur le droit commun.

M. BERLIER dit qu'il serait déraisonnable, sans doute, de sanctionner en masse, et sans un examen approfondi, la manière particulière dont le projet constitue la communauté; mais l'opinant n'a fait que proposer d'arrêter un principe, en réservant tout ce qui appartenait à son organisation, et ce principe peut se réduire à ces termes : *Y aura-t-il ou non une communauté (quelconque) entre les époux qui n'auront pas stipulé le contraire ?*

Cette question peut assurément être traitée en ce moment, et à moins que l'on n'intervertisse l'ordre naturel du projet soumis à la discussion, l'article VII, qui est le premier du chapitre II, en appellera la discussion avant celle des détails, car cet article porte : *Il y a communauté entre les époux, s'il n'y a convention contraire*. Veut-on rejeter la décision de cet article après la discussion complète de tout le chapitre II ? M. Berlier conçoit que cela se peut; mais l'ordre suivi dans le projet lui semble préférable; et si l'opinant a d'abord porté l'attention du Conseil sur cet article VII, c'est que venant immédiatement après quelques dispositions générales, il était le premier de sa série, et le plus important de tout le projet, dont il exprime l'un des points fondamentaux.

M. TREILHARD pense qu'il n'y a pas de difficulté à soumettre, dès-à-présent, à la discussion le chapitre premier. Lorsqu'on sera arrivé à l'article VII, qui commence le chapitre II, et auquel se rattache la question générale, on examinera s'il convient de l'ajourner.

M. BOULAY observe que la question générale naît de l'article premier du chapitre premier, qui exclut le système intermédiaire proposé par M. Portalis.

M. MALEVILLE dit qu'il est prudent d'ajourner l'article VII après la discussion des autres articles du chapitre II, afin qu'avant de prononcer, on connaisse bien ce qui a été proposé.

M. BIGOT-PRÉAMENEU dit qu'il est aussi d'avis de l'ajournement, afin que l'on puisse donner à cette grande question tout le développement dont elle est susceptible. Il faut rechercher dans la législation de Rome quel a été successivement le sort des femmes. On y verra que tout ce qui concerne leurs droits héréditaires et leur condition pendant le mariage, fut d'abord subordonné à l'idée de maintenir, sous tous les rapports, la puissance absolue du chef de famille. Dans les premiers tems, ce fut sous la formule d'une vente que les femmes passaient de la puissance paternelle sous la puissance maritale. Elles n'apportaient point de dot; elles ne pouvaient avoir aucune propriété qui ne devînt celle du mari. On reconnut les inconvéniens auxquels la société était exposée en laissant les femmes dans l'indigence. Le régime des dots s'établit : on les admit à succéder. Enfin elles obtinrent, relativement aux biens paraphernaux, une indépendance plus grande que n'ont eu les femmes mariées dans les pays coutumiers.

C'est aujourd'hui une nécessité de choisir entre des règles aussi diverses, celles que l'on jugera les plus convenables à l'ordre social. Il faut dans les pays de coutumes, comme dans ceux de droit écrit, donner au mari l'autorité, sans laquelle il n'y aurait ni ordre ni mœurs dans les familles; mais on reconnaîtra que pour y parvenir, loin de lui donner des droits qui répugneraient à l'équité et à la nature d'une société aussi intime que celle du mariage, il vaut mieux intéresser les femmes au succès de cette société, en les admettant à y participer, à moins qu'il n'y ait entre eux d'autres conventions.

L'article VII est ajourné après la discussion des autres articles du chapitre II.

On reprend la discussion de l'article.

M. MALEVILLE dit qu'il persiste dans l'opinion qu'il a précédemment émise.

Séance du 13 Vendémiaire an 12.

La communauté légale n'était pas le droit commun de la majorité de la France. Elle était d'abord inconnue dans tous les pays de droit écrit, qui en forment une si grande partie; elle était rejetée dans la vaste province de Normandie, et réduite à la société d'acquêts, dans les deux Bourgognes, et d'autres coutumes particulières : cependant, si on doit rendre un droit commun, c'est celui, sans doute, auquel la majorité du peuple est déjà habituée, toutes choses d'ailleurs égales.

On a fait valoir le silence des tribunaux comme un indice qu'elle est avouée par l'opinion publique. De tous les tribunaux placés dans le pays de droit écrit, un seul, a-t-on dit, celui de Montpellier, a réclamé.

On aurait dû ajouter celui de Rouen, qui s'est également élevé contre la communauté légale. Mais en général on interprète mal le silence des tribunaux : il n'est pas de leur part un aveu. On a eu occasion depuis, de s'instruire d'une manière particulière du sentiment de ceux des pays de droit écrit, et de se convaincre qu'il n'est nullement favorable à la communauté.

D'ailleurs les choses ne seraient pas égales entre les diverses parties du territoire français. Le système de la communauté, en effet, est absolument inconnu dans les pays de droit écrit, et cependant il ne leur suffira pas, pour s'y soustraire, de l'exclure par une stipulation générale; il faudra encore, à la manière dont la loi est rédigée, entrer dans une foule de détails, et recourir à beaucoup de stipulations particulières, si l'on veut qu'il ne conserve aucune influence sur la communauté conjugale.

Le consul CAMBACÉRÈS dit qu'il croit en général le système de la communauté le plus approprié à la nature de l'union conjugale; que cependant il est injuste d'en faire le droit commun d'un pays dont plus de la moitié n'en a pas l'habitude, et qui, quoiqu'il soit bien présenté dans le projet, ne sera pas entendu, même par les gens d'affaires, dans les contrées où il n'est pas en usage. C'est cette considération qui avait déterminé le Consul à s'élever contre la prohibition formelle contenue dans l'article premier, de stipuler qu'on se marie suivant les principes du droit écrit; car il importait de conserver l'usage d'une formule simple, et dont les effets sont connus à cette masse considérable de citoyens qui ne voudront pas adopter la communauté. Cette précaution corrigeait l'inconvénient du droit commun. Le tems aurait accoutumé les esprits au système de la communauté, et l'aurait insensiblement fait passer dans les mœurs. Pourquoi froisser sans nécessité les habitudes de tant de pays, et sur-tout de ceux qui sont nouvellement réunis à la France? Il est plus prudent et plus juste de leur laisser la facilité de les suivre, en érigeant d'ailleurs la communauté légale en droit commun.

Le Consul se borne donc à demander le retranchement de la prohibition portée en l'article premier.

M. TRONCHET pense qu'il serait prudent de remettre la délibération à la prochaine séance, afin de se ménager le tems de réfléchir.

On ne peut en effet, dit-il, retrancher la prohibition de l'article premier, sans se jeter dans de grands embarras. Chacun voudra choisir une coutume pour régir sa communauté, et alors il faudra les conserver toutes. Si l'on veut prévenir cet inconvénient, ce ne peut être que par le sacrifice de l'un ou de l'autre des usages reçus. Sur la société conjugale, il n'y avait que deux systèmes, celui de la communauté, celui de la dot. Hors la coutume de Normandie et de celle de Reims, qu'on peut cependant, à la rigueur, ramener aux principes de la communauté, toutes les coutumes et tous les parlemens adoptaient l'un ou l'autre de ces deux systèmes. Le législateur, s'il a égard aux usages, est donc obligé d'opter.

Mais quelque choix qu'il fasse, l'embarras sera le même pour établir la législation nouvelle; car il est certain que, malgré la clarté de la rédaction, on ne comprendra pas, dans les pays de droit écrit, le système de la communauté, et que réciproquement on ne comprendra pas dans les pays coutumiers le système du droit écrit.

Mais peut-être pourrait-on échapper à cette difficulté, en constituant par la loi l'un et l'autre système, sans donner la préférence à aucun, et en se bornant à dire que chacun se mariera suivant celui des deux qu'il voudra choisir, et qu'alors ses conventions matrimoniales seront réglées par les dispositions contenues dans la loi, et auxquelles il n'aura pas été dérogé. On aurait, à la vérité, deux droits différens, mais l'uniformité de législation ne serait pas rompue, puisqu'aucun de ces deux droits ne serait territorial.

M. REGNAUD (de Saint-Jean-d'Angely) demande comment dans ce système la société conjugale sera réglée, lorsque les parties n'auront pas fait de contrat de mariage.

M. TRONCHET dit qu'en effet cette difficulté ne peut être levée si on n'établit pas le droit territorial.

M. MALEVILLE pense qu'on pourrait donner pour droit commun aux ci-devant pays coutumiers, la communauté légale telle qu'elle est organisée dans le projet, et aux ci-devant pays de droit écrit, le système dotal, tel qu'il sera réglé par les dispositions suivantes.

M. CRETET dit qu'il importe de ne pas écarter la proposition de M. Tronchet, sans s'être bien convaincu qu'elle ne peut se réaliser. On perpétuerait la diversité des lois, que le Code civil doit faire disparaître, si l'on autorisait les parties à s'y référer. D'ailleurs, la jurisprudence des pays de droit écrit est vague et incertaine ; les coutumes sont un livre qui doit être fermé pour l'avenir.

Les choses doivent être considérées dans leur nature : en se mariant on veut être en communauté ou on ne veut pas y être ; la proposition de M. Tronchet embrasse les deux cas.

L'article VII est adopté. Le Conseil retranche la prohibition portée en l'article Ier. (Néanmoins elle a subsisté. Voyez l'art. 1390).

1394. Toutes conventions matrimoniales seront rédigées, avant le mariage, par acte devant notaire.

II. *Toutes conventions matrimoniales doivent être rédigées par acte authentique et devant notaire.*

M. MALEVILLE observe qu'en pays de droit écrit on était dans l'usage

Séance du 6 Vendémiaire an 12.

de rédiger les contrats sous seing-privé. Il pense qu'il pourrait être nécessaire de déclarer valables tous ceux qui auraient été passés jusqu'à la publication de cette loi, à la charge par les contractans de les faire enregistrer dans un délai fixé : cet enregistrement devrait être sans frais.

M. Tronchet répond que le Code civil, comme toute autre loi, ne pouvant avoir d'effet que pour l'avenir, il ne peut y avoir de difficultés sur ces sortes d'actes.

M. Fourcroy demande si l'on peut faire des conventions matrimoniales après le mariage.

M. Tronchet répond que non.

M. Regnaud (de Saint-Jean-d'Angely) pense qu'il est nécessaire de s'en expliquer. Il propose d'ajouter à la rédaction, *avant le mariage et par acte authentique.*

Cette rédaction est adoptée.

1395. Elles ne peuvent recevoir aucun changement après la célébration du mariage.

(Cet article était le IIIe. du Projet).

M. Bérenger demande si les changemens qui seraient faits aux conventions matrimoniales depuis la célébration du mariage, mais avant la publication du Code civil, auront leur effet.

M. Tronchet répond que leur validité sera jugée d'après le droit commun qui existait alors.

M. Maleville demande si, nonobstant l'article, on pourra, après la célébration du mariage, ajouter à la dot suivant l'usage établi en pays de droit écrit.

M. Treilhard répond que cette addition ne produit pas une convention nouvelle.

M. Regnaud (de Saint-Jean-d'Angely) dit que l'augment de dot était en usage même sous l'empire de la coutume de Paris.

L'article est adopté.

1396. Les changemens qui y seraient faits avant cette célébration, doivent être constatés par acte passé dans la même forme que le contrat de mariage.

Nul changement ou contre-lettre n'est, au surplus, valable sans la présence et le consentement simultanée de
toutes

toutes les personnes qui ont été parties dans le contrat de mariage (1).

(Cet article était le IVe. du Projet).

M. JOLLIVET demande qu'on ajoute dans la deuxième partie de l'article, à ces mots, *sans la présence des personnes qui ont été parties dans le contrat,* ceux-ci, *ou elles dûment appelées.* Cette précaution lui paraît nécessaire pour empêcher que la mauvaise volonté d'une de ces personnes ne nuise aux contractans.

M. BERLIER répond que l'article ne concerne que les contractans eux-mêmes, et non les témoins et les tiers.

M. JOLLIVET observe qu'un tiers peut avoir été partie au contrat; tel serait, par exemple, un donateur étranger à la famille.

M. BERLIER répond que lorsqu'on a exigé le consentement simultanée de toutes les parties qui ont stipulé en cette qualité dans le contrat, l'on a bien entendu appliquer cette disposition à tous donateurs, même étrangers à la famille.

Qui ne sent d'ailleurs la corrélation et l'indivisibilité qui existent en cette matière. Le mari reçoit vingt mille francs d'une personne, qui peut-être ne les lui eût pas donnés, si pareil avantage n'avait été fait à la femme par une autre personne : s'il était permis de révoquer ou de modifier cette dernière disposition, sans que l'auteur de la première fût présent, ne serait-ce pas souvent une fraude envers lui ? Il faut donc, en cas de changemens, que toutes les parties y concourent, et les donateurs, quels qu'ils soient, ne sauraient être considérés comme des tiers ou de simples témoins.

L'article est adopté.

1397. Tous changemens et contre-lettres, même revêtus des formes prescrites par l'article précédent, seront sans effet à l'égard des tiers, s'ils n'ont été rédigés à la suite de la minute du contrat de mariage ; et le notaire ne pourra, à peine des dommages et intérêts des parties, et sous plus grande peine s'il y a lieu, délivrer ni grosses ni expéditions

---

(1) L'appel légal de ceux qui auraient été parties au contrat, suffirait-il pour valider les changemens faits au contrat de mariage, quoique les appelés ne fussent pas présens et n'eussent point consenti aux changemens ?

du contrat de mariage, sans transcrire à la suite le changement ou la contre-lettre.

V. *Tout changement, même revêtu des formes prescrites par l'article précédent, sera sans effet à l'égard des tiers, s'il n'a été rédigé à la suite de la minute du contrat de mariage, si l'expédition n'en est délivrée à la suite de l'expédition de ce contrat, et s'il n'en a été fait mention expresse sur le registre de l'enregistrement, en marge de l'article qui contient l'enregistrement du contrat.*

Le consul CAMBACÉRÈS dit que cet article a l'inconvénient de faire dépendre la validité du changement fait aux conventions matrimoniales, de la négligence ou de la mauvaise volonté d'un simple employé de l'enregistrement.

M. TREILHARD dit que la formalité prescrite par l'article est nécessaire pour empêcher qu'un tiers ne soit trompé par une dérogation cachée.

Le consul CAMBACÉRÈS dit qu'alors il convient d'imposer des peines à la négligence ou à la mauvaise volonté de l'employé de l'enregistrement; que d'ailleurs on peut supprimer cette précaution, parce que le tiers dont il vient d'être parlé aura la facilité d'aller consulter l'acte chez le notaire qui l'aura reçu.

M. TRONCHET dit que la publicité des contre-lettres est indispensable pour prévenir les surprises, quoique peut-être il serait préférable d'en abroger l'usage.

L'article est adopté avec le retranchement de ces mots : *et s'il n'en a été fait mention expresse sur le registre de l'enregistrement, en marge de l'article qui contient l'enregistrement du contrat.*

1398. Le mineur habile à contracter mariage est habile à consentir toutes les conventions dont ce contrat est susceptible ; et les conventions et donations qu'il y a faites, sont valables, pourvu qu'il ait été assisté, dans le contrat, des personnes dont le consentement est nécessaire pour la validité du mariage (1).

(Cet article, le VIe. du Projet, fut adopté sans discussion.)

---

(1) La présence des personnes dont le consentement est requis, est-elle absolument nécessaire ? Ne peuvent-elles se faire représenter par un fondé de procuration spéciale ?

CHAPITRE II.

DU RÉGIME EN COMMUNAUTÉ.

1399. La communauté, soit légale, soit conventionnelle, commence du jour du mariage contracté devant l'officier de l'état civil : on ne peut stipuler qu'elle commencera à une autre époque.

(Cet article est formé du second paragraphe de l'article VII. Voyez sous l'article 1393).

PREMIERE PARTIE.

DE LA COMMUNAUTÉ LÉGALE.

1400. La communauté qui s'établit par la simple déclaration qu'on se marie sous le régime de la communauté, ou à défaut de contrat, est soumise aux règles expliquées dans les six sections qui suivent.

(Cet article n'était pas dans le Projet; il fut ajouté sans discussion).

SECTION PREMIERE.

DE CE QUI COMPOSE LA COMMUNAUTÉ ACTIVEMENT ET PASSIVEMENT.

§. Ier. *De l'actif de la communauté.*

1401. La communauté se compose activement,
1°. De tout le mobilier (1) que les époux possédaient au jour de la célébration du mariage, ensemble de tout le

---

(1) Le tribunal d'appel de Colmar observait qu'une foule de contestations pouvaient naître de cet article, en ce que le mot *mobilier*, pris généralement, comprend tous les effets qui de leur nature ne sont pas immeubles. Ce mot ne doit-il s'entendre que des objets mentionnés en l'article 20 du titre Ier. livre II (art. 533), ou bien entend-on par *mobilier* l'argent comptant, les dettes actives et passives, un fonds de boutique, argenterie, bijoux et autres effets précieux que l'un des époux peut posséder au moment du mariage, ou acquérir par succession? (Voyez la note sous l'article 533).

48.

mobilier qui leur échoit pendant le mariage à titre de succession ou même de donation, si le donateur n'a exprimé le contraire;

2°. De tous les fruits, revenus, intérêts et arrérages, de quelque nature qu'ils soient, échus ou perçus pendant le mariage, et provenant des biens qui appartenaient aux époux lors de sa célébration, ou de ceux qui leur sont échus pendant le mariage, à quelque titre que ce soit;

3°. De tous les immeubles qui sont acquis pendant le mariage.

(Cet article était le VIIIe. du Projet).

Séance du 13 Vendémiaire an 12.

M. BERLIER observe que quant aux règles de la communauté, l'on n'a point cherché à innover, mais à améliorer, et sur-tout à recueillir et simplifier des préceptes épars et souvent obscurs.

M. MALEVILLE présente des observations sur cet article.

Il ne les propose que dans l'hypothèse où la communauté légale deviendrait le droit commun des pays qui n'y ont pas été soumis jusqu'à présent; car, si elle ne doit avoir lieu qu'en vertu d'une stipulation, il ne s'oppose pas à ce que ceux qui sont habitués à ce régime le conservent.

Suivant l'article en discussion, les époux sont non-seulement associés aux acquêts qui se font pendant le mariage, mais à tous les biens mobiliers qu'ils ont en se mariant, et, par voie de conséquence, à toutes leurs dettes.

Ainsi, par le fait seul de leur mariage, les négocians, les manufacturiers, les capitalistes, les artistes, les artisans, dont toute la fortune se compose du mobilier, sont censés donner à leur femme, et lui donnent réellement la moitié de leur bien.

D'un autre côté, un père de famille croit donner sa fille à un homme aisé, avec lequel elle pourra passer des jours tranquilles; et cependant tout-à-coup il apparaît des dettes, dont sa fille est obligée de payer la moitié.

Ce n'est pas encore tout; d'après cet article, les successions et les donations mobilières qui adviennent à l'un des époux, se partagent avec l'autre. Mais cette communication, qui transporte ainsi les biens d'une famille dans l'autre, est-elle donc une suite naturelle du mariage? Personne n'osera le prétendre.

Ce principe est si extraordinaire que, dans les coutumes même qui admettent la communauté, il est d'usage de stipuler que les époux ne seront pas tenus aux dettes l'un de l'autre ; que leur mobilier leur demeurera propre en tout ou en partie ; qu'il en sera de même des successions ou donations qui pourront leur advenir : en sorte que, sur cent contrats de mariage, qui se passent à Paris même, il n'en est pas dix où l'on se tienne à la communauté légale, telle qu'elle est ici présentée. Et l'on voudrait la donner pour règle à ceux qui l'ont toujours rejetée !

On dit qu'il faut intéresser les femmes à la prospérité du ménage ; mais le vrai moyen d'atteindre ce but, c'est l'amour maternel et l'habitude des soins domestiques, qui se trouvent par-tout où il y a des mœurs, et ce ne sont pas les calculs de l'intérêt personnel.

Cependant la communauté favorise-t-elle ces deux puissans ressorts ?

Son résultat est d'accumuler les richesses sur la tête des femmes, puisqu'elles ne peuvent qu'y gagner et jamais y perdre, au moyen de la renonciation qu'elles sont toujours libres de faire, et de la reprise de leur apport qu'elles peuvent stipuler : mais les femmes riches sont-elles moins dissipées, plus subordonnées à leurs maris, plus attachées à leur ménage ? Il y a pour la négative une grande autorité, celle de *Montesquieu*. Laissons cependant, pour le moment, cette question indécise ; il est bien constant au moins que, pour intéresser les femmes au soin de la famille, il n'est pas nécessaire de rendre communs les biens et les dettes des époux ; il suffit de les associer aux acquêts qu'ils feront pendant le mariage : voilà un moyen direct et seul correspondant à la fin qu'on se propose.

On dit encore : comment distinguer le mobilier que chacun des époux apporte en se mariant ? Il est bien plus simple de le rendre commun. Mais est-il donc plus difficile de faire des états respectifs en se mariant, que dans tant d'autres occasions où le régime de la communauté l'exige ? D'ailleurs, dans les pays de droit écrit, il y a des règles qui dispensent, dans la plupart des cas, de ces inventaires qui, sous l'empire des coutumes, sont ruineux pour les familles.

Ce régime ne s'y serait jamais établi, si, lors de la formation des coutumes, le mobilier avait eu l'importance qu'il a aujourd'hui ; mais alors cette espèce de biens n'avait presque aucune valeur ; c'est l'extension prodigieuse que l'industrie et le commerce ont reçue depuis, qui fait que la fortune d'une grande partie des familles est toute mobilière. Si, malgré cette différence énorme de position, l'habitude rend la communauté chère aux pays qui l'ont reçue, qu'il leur soit libre de la stipuler telle que l'article discuté la présente : mais si elle doit être de droit commun, M. Maleville demande, que lorsqu'il n'y aura pas de stipulation, elle soit réduite aux acquêts qui se font pendant le mariage.

M. Berlier répond qu'en réduisant la communauté conjugale à une simple société d'acquets, M. Maleville propose de déroger aux habitudes les plus générales du pays coutumier : car la coutume de Paris, dont le ressort était immense, et le plus grand nombre des autres confondaient le mobilier respectif des époux dans la communauté; et cette considération est déjà de quelque poids, car il ne faut pas innover sans de graves motifs.

Mais il y a de fortes raisons pour maintenir la règle et adopter l'article : en effet, pour qui cette règle existera-t-elle? Pour les parties qui ne feront pas de stipulations contraires, et quels sont ces individus? Ceux qui se contenteront du droit établi, ou ceux qui ne feront point de contrats.

Or, cette dernière classe est nombreuse ; et de qui se compose-t-elle? Des membres de la société qui ont le moins de fortune : et l'on conçoit que l'on ne fait grief ni à l'un ni à l'autre des époux, en mettant en communauté leur mince mobilier.

D'un autre côté, ceux qui ne font point de contrats, feront-ils un inventaire? Et comment reconnaître, à la dissolution de la communauté, ce qui appartenait à l'un et à l'autre? Si les meubles dépérissent totalement et qu'ils n'aient pas été estimés, comment s'en fera-t-on respectivement état? Si donc il n'y a point eu de conventions spéciales pour exclure le mobilier de la communauté, il y tombe de sa nature : établir le contraire, ce serait exposer les époux ou leurs héritiers à des difficultés inextricables.

M. Bérenger propose une autre modification.

Il observe qu'il s'agit d'établir un droit commun qui règle la société conjugale, lorsqu'il n'y a pas de contrat de mariage, et même lorsqu'il y en a un, mais qu'il ne contient point de dérogation.

Il faut se fixer sur la jouissance des biens des époux qui, en pays de droit écrit, n'étaient pas communs, sur la constitution dotale, enfin sur la communauté légale. Un de ces systèmes exclut l'autre : on est donc forcé de choisir.

On a dit en faveur de la communauté, qu'elle est plus conforme à la nature de la société conjugale ; que l'union entre les personnes, en confondant les charges, les intérêts et les besoins, conduit naturellement à rendre les biens communs. Mais il ne suffit pas d'envisager le mariage dans les rapports qu'il forme entre les époux ; il importe de le considérer aussi par rapport aux enfans, à la famille, aux créanciers. Les intérêts de ceux-ci seraient bien mieux ménagés, si les intérêts des époux étaient entièrement confondus. Alors on ne craindrait plus les fraudes qui se pratiquent à l'aide de fausses collocations dotales, de fausses reconnaissances de dot;

fraudes dont on se sert trop souvent pour dépouiller les créanciers ou les familles.

La communauté universelle serait donc bien plus utile, si elle était érigée en droit commun, que la communauté partielle proposée par la section. En prévenant des abus, elle donnerait un crédit que la crainte des fraudes affaiblit. Elle est simple et dégagée de toute question, avantage très-précieux lorsqu'il s'agit de répandre l'usage de la communauté dans des pays où elle est inconnue.

L'opinant termine en proposant de faire de la communauté universelle la base du droit commun, en permettant néanmoins les stipulations qui auraient pour objet de la limiter.

M. Tronchet examine les deux propositions contraires qui viennent d'être faites, et dont une tend à limiter la communauté, l'autre à la rendre indéfinie.

On fonde la première sur la possibilité que la communauté devienne le droit commun. Mais si on la réduit aux conquêts, alors ce sera le système du droit écrit qui formera le droit commun.

On a déjà exposé les considérations qui ont dicté la disposition qui est présentée, soit sur la communauté légale, soit sur la communauté contractuelle.

D'abord, la section a évité de proposer des règles nouvelles : elle s'est attachée à ne présenter que les règles consacrées par l'usage.

Ensuite, c'est aller contre le but de la loi que d'exclure de la communauté les biens meubles. La loi établit la communauté pour ceux qui ne font pas de contrat de mariage, ou qui, dans celui qu'ils font, s'en réfèrent à cet égard au droit commun ; ces précautions sont destinées à prévenir les difficultés. La loi manquerait donc son objet, si elle laissait hors de la communauté les biens meubles que les époux possédaient au moment du mariage, et ceux qui leur sont échus depuis. Comment, après trente ans, distinguer jusqu'aux effets à son usage que chaque époux a apportés ? Les difficultés seraient interminables, et s'étendraient au patrimoine entier dans les campagnes où le mobilier compose souvent toute la fortune des époux : ceci concerne les personnes qui ne font pas de contrats de mariage. Celles qui en font peuvent stipuler comme elles voudront sur leurs biens meubles, si elles les trouvent trop considérables pour les laisser tomber en totalité dans leur communauté.

Sur la seconde proposition, il importe de se bien pénétrer de l'importance de ne pas rompre les habitudes. Le projet proposé les respecte ;

car les immeubles ne devenaient pas communs entre les époux, même dans les pays coutumiers, encore moins dans les pays de droit écrit.

D'ailleurs, l'un des obstacles les plus communs aux mariages, qu'il est de l'intérêt de l'état de multiplier, est la crainte qu'ils ne fassent passer les biens des époux d'une famille dans l'autre. On augmenterait cet obstacle si l'on faisait entrer de plein droit, dans la communauté, des propriétés aussi précieuses que les immeubles. Cette considération les en avait fait toujours exclure, en laissant cependant aux parties la faculté de déroger à cette règle générale.

M. Maleville dit qu'il n'a pas proposé une chose inusitée et inconnue, en demandant que la communauté fût réduite aux acquêts, mais ce qui s'est toujours pratiqué, sans entraîner les difficultés qu'on craint, tant dans les pays de droit écrit que dans un grand nombre de coutumes, notamment celle des duché et comté de Bourgogne. Là, on fait très-facilement la distinction qu'on vient de représenter comme impossible. A défaut de renseignemens, les meubles sont censés appartenir à celui dans l'habitation duquel les époux se sont établis ; si chacun avait son domicile meublé, ils sont présumés propres par moitié ; si aucun n'avait de domicile meublé, ils sont censés acquêts. Qu'on compulse les registres des tribunaux de chaque pays, et l'on verra si c'est dans ceux du droit écrit que les mariages occasionnent plus de procès.

M. Berlier réplique que la coutume du ci-devant duché de Bourgogne faisait entrer les meubles dans la communauté conjugale, et que ce point de fait serait aisé à vérifier s'il pouvait être ici de quelque influence; mais cela paraît inutile pour décider la question.

La proposition de M. Maleville est rejetée. Celle de M. Bérenger n'est pas appuyée.

L'article est adopté.

1402. Tout immeuble est réputé acquêt de communauté, s'il n'est prouvé que l'un des époux en avait la propriété ou possession légale antérieurement au mariage, ou qu'il lui est échu depuis à titre de succession ou donation.

(Cet article, le IXe. du Projet, fut adopté sans discussion).

1403. Les coupes de bois et les produits des carrières et mines tombent dans la communauté pour tout ce qui en est

est considéré comme usufruit, d'après les règles expliquées au titre *de l'Usufruit, de l'Usage et de l'Habitation*.

Si les coupes de bois qui, en suivant ces règles, pouvaient être faites durant la communauté, ne l'ont point été, il en sera dû récompense à l'époux non propriétaire du fonds ou à ses héritiers.

Si les carrières et mines ont été ouvertes pendant le mariage, les produits n'en tombent dans la communauté que sauf récompense ou indemnité à celui des époux à qui elle pourra être due.

(Cet article, le Xe. du Projet, fut adopté sans discussion).

1404. Les immeubles que les époux possèdent au jour de la célébration du mariage, ou qui leur échoient pendant son cours à titre de succession, n'entrent point en communauté.

Néanmoins, si l'un des époux avait acquis un immeuble depuis le contrat de mariage, contenant stipulation de communauté, et avant la célébration du mariage, l'immeuble acquis dans cet intervalle entrera dans la communauté, à moins que l'acquisition n'ait été faite en exécution de quelque clause du mariage; auquel cas elle serait réglée suivant la convention.

XI. Les immeubles que les époux possèdent au jour de la célébration du mariage, ou qui leur échoient pendant son cours à titre de succession n'entrent pas dans la communauté : il en est de même des capitaux de rentes.

Néanmoins si l'un des époux avait acquis un immeuble ou un capital de rente depuis le contrat de mariage, contenant stipulation de communauté, et avant la célébration du mariage, l'immeuble ou le capital de rente acquis dans cet intervalle, entrera dans la communauté, à moins que l'acquisition n'ait été faite en exécution de quelque clause du mariage, auquel cas, elle serait réglée suivant la convention.

M. D<small>EFERMON</small> demande si, par cet article, on entend mobiliser les capitaux de rentes.

Autrefois, dit-il, les rentes étaient réputées immeubles, et alors il était facile de les connaître, parce que le prêt à intérêt étant défendu, elles seules faisaient produire un revenu à des capitaux. Mais ces sortes de prêts étant maintenant permis, même d'une manière si indéfinie, que le taux de l'intérêt n'est pas réglé par la loi, il devient indispensable d'expliquer positivement ce qu'on appelle capitaux de rentes.

M. BERLIER dit que ces mots *capitaux de rentes*, ont une acception qui a semblé rendre inutile toute explication ultérieure; c'est une somme principale, aliénée de telle sorte, que le créancier n'en peut demander le remboursement à aucune époque, bien que le débiteur puisse se libérer toujours.

Au surplus, l'opinant observe que si, par amendement au projet des rédacteurs du Code, la section a cru devoir refuser aux capitaux de rentes la qualité de meubles en communauté, ç'a été d'abord parce que de tels capitaux sont souvent importans, et en second lieu parce qu'il n'est pas difficile de connaître de quel chef ils proviennent.

M. JOLLIVET pense que la définition demandée est cependant nécessaire pour faire cesser la confusion d'idées que l'usage a introduites; car on considère assez généralement comme un capital de rente le prix d'un immeuble dont le paiement est fixé à un terme, mais qui, jusque-là, porte intérêt.

M. TRONCHET dit que dans l'ancienne jurisprudence il n'y avait pas de doute sur la nature des rentes : elles étaient réputées immeubles, et n'entraient pas dans la communauté légale. Au reste, le caractère distinctif de ces sortes de biens n'est pas incertain: le capital d'une rente est la somme donnée par le créancier comme prix de sa rente, que ce créancier ne peut jamais répéter, puisqu'elle est aliénée; mais que le débiteur peut rendre pour racheter la rente.

On a depuis mobilisé les capitaux de rente; ils entreraient donc de plein droit dans la communauté légale, si l'on n'avait égard qu'à leur nature : mais ces biens sont trop importans pour n'en être pas exceptés. Cette exception s'accorde d'ailleurs avec les motifs qui ont déterminé la désignation des biens auxquels la communauté légale doit s'étendre. On n'a eu intention, en effet, d'y comprendre que les biens qui se confondent nécessairement, parce que rien n'en indique l'origine : or, les rentes reposent sur un titre qui en fait connaître le propriétaire.

Le consul CAMBACÉRÈS dit qu'il adopte cette règle ; mais il voudrait qu'on lui donnât, dans ses conséquences, toute l'étendue dont elle est susceptible, en l'appliquant aux capitaux dont l'origine est attestée par t itresauthentiques.

M. Bigot-Préameneu dit que le remboursement des capitaux de rentes n'étant jamais certain, la section n'a pas cru qu'ils dussent tomber dans la communauté, comme les sommes d'argent dont les époux ont ou doivent, à une époque déterminée, avoir la disposition. Mais cette raison ne pouvant s'appliquer aux obligations à terme, la section les a considérées comme devant entrer dans la communauté. La différence entre les sommes n'en changeait pas la nature.

Cependant comme les obligations à terme forment souvent la plus grande partie du patrimoine, M. Bigot-Préameneu partage l'opinion du Consul.

M. Treilhard dit que la section n'avait pas excepté de la communauté les capitaux de rentes; que c'est lui qui a proposé de les y soustraire, parce qu'il les regarde comme des fonds qui, donnant un revenu, doi-être placés dans la classe des immeubles; mais si on étendait la disposition jusqu'aux autres capitaux dont l'origine et la propriété sont établies par un titre authentique, il faudrait supprimer l'article VIII, car il ne resterait plus de fonds pour former la communauté. Elle ne doit pas être prise sur les immeubles, parce qu'il est naturel de les conserver pour la famille. Mais la famille n'a aucun droit sur les sommes comprises dans les obligations à terme; elles sont ordinairement le résultat de l'économie, et ne constituent qu'un patrimoine mobile et momentané. Ces sortes de capitaux sont mobiliers de leur nature, et souvent ils sont moins précieux que certains meubles, tels que des diamans, de l'argenterie, des tableaux, dont il est tout aussi facile de connaître l'origine.

Le consul Cambacérès dit que depuis que la loi a déclaré toutes les rentes rachetables, et permis le prêt à intérêt, il n'y a plus de différence bien marquée entre les capitaux de rentes constituées et les obligations à termes, et que même l'usage des constitutions de rentes est presque entièrement tombé; on ne les employait autrefois que parce que c'était la seule manière de tirer un intérêt de ses fonds. Maintenant qu'on obtient le même avantage des simples obligations, et de plus celui de reprendre son capital à une époque déterminée, on préfère cette dernière manière de prêter. Quelle serait donc la difficulté d'assimiler les obligations portées dans un acte authentique aux capitaux de rentes, et de les exclure également de la communauté?

49.

La difficulté, répond-on, est qu'on ne trouvera plus de mise en communauté.

Elle sera composée du mobilier qu'on avoue être aujourd'hui très-considérable, de l'argent dû par billets et par acte sous seing privé.

M. Tronchet dit qu'en effet l'usage des rentes constituées est entièrement tombé, depuis que le prêt à intérêt est permis ; qu'il n'en existe presque pas d'autres que celles dues par l'état. Cependant, peut-être n'est-ce pas un motif d'exclure de la communauté les obligations à terme constatées par acte authentique. Il serait au contraire plus simple de reprendre la première idée de la section, et retranchant l'exception proposée par M. Treilhard, de confondre également dans la communauté légale, et les capitaux des rentes et les capitaux des obligations. Les parties les en excepteront par des stipulations particulières, lorsqu'elles les jugeront trop considérables.

La proposition de M. Tronchet obtient la priorité, et est adoptée.

1405. Les donations d'immeubles qui ne sont faites pendant le mariage qu'à l'un des deux époux, ne tombent point en communauté, et appartiennent au donataire seul, à moins que la donation ne contienne expressément que la chose donnée appartiendra à la communauté.

(Cet article était le XIIe. du Projet, on en a retranché sans discussion les mots *ou de capitaux de rentes*, qui se trouvaient après les mots *les donations d'immeubles*. Voyez la discussion sur l'article précédent).

1406. L'immeuble abandonné ou cédé par père, mère ou autre ascendant, à l'un des deux époux, soit pour le remplir de ce qu'il lui doit, soit à la charge de payer les dettes du donateur à des étrangers, n'entre point en communauté ; sauf récompense ou indemnité.

(Cet art., le XIIIe. du Projet, fut adopté sans discussion).

1407. L'immeuble acquis pendant le mariage à titre d'échange contre l'immeuble appartenant à l'un des deux époux, n'entre point en communauté, et est subrogé au lieu et place de celui qui a été aliéné ; sauf la récompense s'il y a soulte.

(Cet article, le XIVe. du Projet, fut adopté sans discussion).

1408. L'acquisition faite pendant le mariage, à titre de licitation ou autrement, de portion d'un immeuble dont l'un des époux était propriétaire par indivis, ne forme point un conquêt; sauf à indemniser la communauté de la somme qu'elle a fournie pour cette acquisition.

Dans le cas où le mari deviendrait, seul et en son nom personnel, acquéreur ou adjudicataire de portion ou de la totalité d'un immeuble appartenant par indivis à la femme, celle-ci, lors de la dissolution de la communauté, a le choix ou d'abandonner l'effet à la communauté, laquelle devient alors débitrice envers la femme de la portion appartenant à celle-ci dans le prix, ou de retirer l'immeuble, en rembousant à la communauté le prix de l'acquisition.

XV. *L'immeuble acquis par licitation sur une succession échue à l'un des époux, et dont ce dernier était propriétaire par indivis, ne forme point un conquêt ; sauf à indemniser la communauté, de la somme qu'elle a fournie pour cette acquisition,*

Néanmoins, l'immeuble acquis par licitation, et dans lequel la femme avait un droit indivis, tombe en communauté, si la femme a procédé seule dans la licitation, comme autorisée en justice au refus du mari, et si, en ce cas, le mari s'est rendu seul adjudicataire en son nom personnel.

M. REGNAUD (de Saint-Jean-d'Angely) observe qu'il serait plus juste d'ordonner le remploi, dans le cas prévu par la seconde partie de cet article. La mobilisation tournerait toujours au profit du mari.

M. TRONCHET dit qu'il importe de bien saisir les motifs de l'article.

Il décide d'abord que, quand l'un des deux époux se rend adjudicataire d'un immeuble compris dans une succession ouverte à son profit, l'immeuble lui demeure propre, non-seulement pour la part qu'il y aurait eue, s'il eût été partagé, mais pour la totalité, et qu'il ne doit à la communauté que la récompense de ce qui en a été tiré pour solder le prix de l'adjudication.

Cette disposition est fondée sur le principe général, admis en matière de succession, que tout ce qui est recueilli à titre d'hérédité, est propre et que tout corps héréditaire adjugé à l'un des héritiers, est censé avoir passé dans sa main pour la totalité à ce titre ; et c'est pour cette raison, que les portions qui appartenaient par indivis aux autres héritiers, ne sont pas chargées de l'hypothèque de leurs dettes.

Quand le mari s'est rendu adjudicataire au nom de sa femme héritière, l'adjudication est réputée faite à elle-même.

La seconde partie de l'article est pour le cas où la femme ayant concouru à la licitation, d'après une autorisation judiciaire accordée au refus de celle du mari, celui-ci s'est rendu adjudicataire. On a pensé que le mari ne doit pas avoir la faculté d'acquérir pour sa femme malgré elle. Si, par exemple, la succession à laquelle elle est appelée, se compose presque en entier d'une maison de plaisance qui soit plus onéreuse qu'utile, et que la femme refuse de s'en charger, il ne faut pas que le mari puisse lui imposer un fardeau qu'elle a sagement repoussé.

L'ancienne jurisprudence donnait en ce cas à la femme, lors de la dissolution de la communauté, le choix de retirer l'héritage comme propre, ou de le laisser dans la classe des conquêts.

M. REGNAUD (de Saint-Jean-d'Angely) dit qu'il n'attaque pas la seconde partie de l'article; que son objection ne porte que sur la première, et qu'il trouve injuste que l'immeuble adjugé à l'un des époux lui devienne propre au préjudice de la communauté. Cette disposition, en effet, tournera presque toujours au profit du mari, parce qu'étant maître de la communauté, il s'en appliquera seul les avantages. Il retirera, par exemple, un immeuble de la valeur de cent mille francs, dans lequel la femme n'avait qu'une portion de cinq mille francs; les quatre-vingt-quinze mille francs restant, il les prendra dans la communauté, et s'assurera ainsi, avec le secours des fonds communs, le bénéfice que l'acquisition pourra présenter. Le mari ne sera obligé qu'à récompenser la communauté, lors de la dissolution, des sommes qu'il en aura tirées. Les bénéfices qu'il aura pu faire sur son acquisition, lui demeureront en entier; la femme en sera irrévocablement exclue.

La facilité de faire de semblables spéculations sera, au surplus, un privilége réservé au mari: jamais elle ne sera au pouvoir de la femme, lorsqu'il s'ouvrira une succession à son profit, car elle ne peut disposer des fonds de la communauté.

M. TRONCHET répond qu'en admettant la proposition de M. Regnaud (de Saint-Jean-d'Angely), et en déclarant conquêt de communauté l'immeuble ainsi acquis, on tombe dans l'inconvénient de l'hypothéquer aux dettes des cohéritiers, au lieu qu'on l'en affranchit si l'époux le retire à titre d'hérédité. Cette considération doit faire maintenir l'ancienne règle.

A l'égard de la seconde partie de l'article, M. Tronchet observe qu'on n'y a pas exprimé le principe de l'option laissée à la femme, lors de la dissolution de la communauté.

Il propose de réparer cette omission.

L'article est adopté avec l'amendement de M. Tronchet.

§. II. *Du passif de la communauté, et des actions qui en résultent contre la communauté.*

1409. La communauté se compose passivement,

1°. De toutes les dettes mobilières dont les époux étaient grevés au jour de la célébration de leur mariage, ou dont se trouvent chargées les successions qui leur échoient durant le mariage; sauf la récompense pour celles relatives aux immeubles propres à l'un ou à l'autre des époux;

2°. Des dettes, tant en capitaux qu'arrérages ou intérêts, contractées par le mari pendant la communauté, ou par la femme du consentement du mari; sauf la récompense dans le cas où elle a lieu;

3°. Des arrérages et intérêts seulement des rentes ou dettes passives qui sont personnelles aux deux époux;

4°. Des réparations usufructuaires des immeubles qui n'entrent point en communauté;

5°. Des alimens des époux, de l'éducation et entretien des enfans, et de toute autre charge du mariage (1).

(Cet article était le XVIe. du Projet. Après les mots, *de toutes les dettes*, au n°. Ier. se trouvaient ceux-ci, *autres que les capitaux des rentes*, qui ont été retranchés sans discussion et remplacés par le mot *mobilières*. Voyez la discussion sur l'article 1404).

1410. La communauté n'est tenue des dettes mobilières contractées avant le mariage par la femme, qu'autant qu'elles résultent d'un acte authentique antérieur au mariage, ou ayant reçu avant la même époque une date cer-

---

(1) La nourriture et l'entretien des enfans que l'un des époux aurait d'un précédent mariage, sont-ils à la charge de la communauté ?

taine, soit par l'enregistrement, soit par le décès d'un ou de plusieurs signataires dudit acte.

Le créancier de la femme, en vertu d'un acte n'ayant pas de date certaine avant le mariage, ne peut en poursuivre contre elle le paiement que sur la nue propriété de ses immeubles personnels.

Le mari qui prétendrait avoir payé pour sa femme une dette de cette nature, n'en peut demander la récompense ni à sa femme ni à ses héritiers.

(Cet article, le XVIIe. du Projet, fut adopté sans discussion).

1411. Les dettes des successions purement mobilières qui sont échues aux époux pendant le mariage, sont pour le tout à la charge de la communauté.

(Cet article, le XVIIIe. du Projet, fut adopté sans discussion).

1412. Les dettes d'une succession purement immobilière qui échoit à l'un des époux pendant le mariage, ne sont point à la charge de la communauté; sauf le droit qu'ont les créanciers de poursuivre leur paiement sur les immeubles de ladite succession.

Néanmoins, si la succession est échue au mari, les créanciers de la succession peuvent poursuivre leur paiement, soit sur tous les biens propres au mari, soit même sur ceux de la communauté ; sauf, dans ce second cas, la récompense due à la femme ou à ses héritiers.

(Cet article, le XIXe. du Projet, fut adopté sans discussion).

1413. Si la succession purement immobilière est échue à la femme, et que celle-ci l'ait acceptée du consentement de son mari, les créanciers de la succession peuvent poursuivre leur paiement sur tous les biens personnels de la femme : mais si la succession n'a été acceptée par la femme que comme autorisée en justice au refus du mari, les créanciers, en cas d'insuffisance des immeubles de la succession

cession, ne peuvent se pourvoir que sur la nue propriété des autres biens personnels de la femme.

(Cet article, le XXe. du Projet, fut adopté sans discussion).

1414. Lorsque la succession échue à l'un des époux est en partie mobilière et en partie immobilière, les dettes dont elle est grevée ne sont à la charge de la communauté que jusqu'à concurrence de la portion contributoire du mobilier dans les dettes, eu égard à la valeur de ce mobilier comparée à celle des immeubles.

Cette portion contributoire se règle d'après l'inventaire auquel le mari doit faire procéder, soit de son chef, si la succession le concerne personnellement, soit comme dirigeant et autorisant les actions de sa femme, s'il s'agit d'une succession à elle échue.

(Cet article, le XXIe. du Projet, fut adopté sans discussion).

1415. A défaut d'inventaire, et dans tous les cas où ce défaut préjudicie à la femme, elle ou ses héritiers peuvent, lors de la dissolution de la communauté, poursuivre les récompenses de droit, et même faire preuve, tant par titres et papiers domestiques que par témoins, et au besoin par la commune renommée, de la consistance et valeur du mobilier non inventorié.

Le mari n'est jamais recevable à faire cette preuve.

(Cet article, le XXIIe. du Projet, fut adopté sans discussion).

1416. Les dispositions de l'article 1414 ne font point obstacle à ce que les créanciers d'une succession en partie mobilière et en partie immobilière poursuivent leur paiement sur les biens de la communauté, soit que la succession soit échue au mari, soit qu'elle soit échue à la femme, lorsque celle-ci l'a acceptée du consentement de son mari; le tout sauf les récompenses respectives.

Il en est de même si la succession n'a été acceptée par la

femme que comme autorisée en justice, et que néanmoins le mobilier en ait été confondu dans celui de la communauté sans un inventaire préalable.

(Cet article, le XXIIIe. du Projet, fut adopté sans discussion).

1417. Si la succession n'a été acceptée par la femme que comme autorisée en justice au refus du mari, et s'il y a eu inventaire, les créanciers ne peuvent poursuivre leur paiement que sur les biens tant mobiliers qu'immobiliers de ladite succession, et, en cas d'insuffisance, sur la nue propriété des autres biens personnels de la femme.

(Cet article, le XXIVe. du Projet, fut adopté sans discussion).

1418. Les règles établies par les articles 1411 et suivans régissent les dettes dépendant d'une donation, comme celles résultant d'une succession.

(Cet article n'était pas dans le Projet, il a été ajouté et adopté sans discussion).

1419. Les créanciers peuvent poursuivre le paiement des dettes que la femme a contractées avec le consentement du mari, tant sur tous les biens de la communauté que sur ceux du mari ou de la femme ; sauf la récompense due à la communauté, ou l'indemnité due au mari.

(Cet article, le XXVe. du Projet, fut adopté sans discussion).

1420. Toute dette qui n'est contractée par la femme qu'en vertu de la procuration générale ou spéciale du mari, est à la charge de la communauté ; et le créancier n'en peut poursuivre le paiement ni contre la femme, ni sur ses biens personnels.

(Cet article, le XXVIe. du Projet, fut adopté sans discussion).

SECTION II.

DE L'ADMINISTRATION DE LA COMMUNAUTÉ, ET DE L'EFFET DES ACTES DE L'UN OU DE L'AUTRE ÉPOUX RELATIVEMENT A LA SOCIÉTÉ CONJUGALE.

1421. Le mari administre seul les biens de la communauté.

Il peut les vendre, aliéner et hypothéquer sans le concours de la femme.

(Cet article était le XXVIIe. du Projet. Les mots *sans le concours de la femme*, ont été ajoutés sans discussion, après la conférence tenue avec le Tribunat).

1422. Il ne peut disposer entre-vifs à titre gratuit des immeubles de la communauté, ni de l'universalité ou d'une quotité du mobilier, si ce n'est pour l'établissement des enfans communs.

Il peut néanmoins disposer des effets mobiliers à titre gratuit et particulier, au profit de toutes personnes, pourvu qu'il ne s'en réserve pas l'usufruit.

XXVIII. *Il ne peut disposer entre-vifs, à titre gratuit, des immeubles de la communauté, si ce n'est pour l'établissement des enfans communs.*

Il ne peut donner par un acte entre-vifs l'universalité de son mobilier.

Il ne peut même faire une donation entre-vifs de partie de son mobilier, avec réserve d'usufruit.

(Les changemens qui se trouvent entre le texte et le Projet ont été faits sans discussion).

1423. La donation testamentaire faite par le mari ne peut excéder sa part dans la communauté.

S'il a donné en cette forme un effet de la communauté, le donataire ne peut le réclamer en nature, qu'autant que l'effet, par l'événement du partage, tombe au lot des héritiers du mari : si l'effet ne tombe point au lot de ces héritiers, le légataire a la récompense de la valeur totale de l'effet donné, sur la part des héritiers du mari dans la communauté et sur les biens personnels de ce dernier.

(Cet article, le XXIXe. du Projet, fut adopté sans discussion).

1424. Les amendes encourues par le mari pour crime n'emportant pas mort civile, peuvent se poursuivre sur les biens de la communauté, sauf la récompense due à la femme ; celles encourues par la femme ne peuvent s'exécuter que sur la nue propriété de ses biens personnels, tant que dure la communauté.

(Cet article, le XXXe. du Projet, fut adopté sans discussion).

1425. Les condamnations prononcées contre l'un des deux époux pour crime emportant mort civile, ne frappent que sa part de la communauté et ses biens personnels.

(Cet art., le XXXIe. du Projet, fut adopté sans discussion).

1426. Les actes faits par la femme sans le consentement du mari, et même avec l'autorisation de la justice, n'engagent point les biens de la communauté, si ce n'est lorsqu'elle contracte comme marchande publique et pour le fait de son commerce.

(Cet article, le XXXIIe. du Projet, fut adopté sans discussion).

1427. La femme ne peut s'obliger ni engager les biens de la communauté, même pour tirer son mari de prison, ou pour l'établissement de ses enfans en cas d'absence du mari, qu'après y avoir été autorisée par justice.

(Cet article, le XXXIIIe. du Projet, fut adopté sans discussion).

1428. Le mari a l'administration de tous les biens personnels de la femme.

Il peut exercer seul toutes les actions mobilières et possessoires qui appartiennent à la femme.

Il ne peut aliéner les immeubles personnels de sa femme sans son consentement.

CONTRAT DE MARIAGE.   397

Il est responsable de tout dépérissement des biens personnels de sa femme, causé par défaut d'actes conservatoires.

(Cet article, le XXXIVe. du Projet, fut adopté sans discussion).

1429. Les baux que le mari seul a faits des biens de sa femme pour un tems qui excède neuf ans, ne sont, en cas de dissolution de la communauté, obligatoires vis-à-vis de la femme ou de ses héritiers que pour le tems qui reste à courir soit de la première période de neuf ans, si les parties s'y trouvent encore, soit de la seconde, et ainsi de suite, de manière que le fermier n'ait que le droit d'achever la jouissance de la période de neuf ans où il se trouve.

XXXV. *Les baux que le mari a faits des biens de sa femme, pour un tems qui excède neuf ans, ne sont, en cas de dissolution de la communauté, obligatoires vis-à-vis de la femme ou de ses héritiers, que pour le tems qui reste à courir, soit de la première période de neuf ans, si les parties s'y trouvent encore, soit de la seconde, et ainsi de suite, de manière que le fermier n'ait que le droit d'achever la jouissance de la période de neuf ans où il se trouve.*

M. Defermon demande si cet article ne doit s'entendre que des baux faits par le mari seul, ou s'il s'étend aux baux faits conjointement par le mari et par la femme.

M. Treilhard répond qu'il ne peut pas y avoir de doute : l'article dit textuellement qu'il ne s'agit que des baux faits par le mari. Au surplus, on peut ajouter le mot *seul*, pour rendre la loi encore plus claire.

L'article est adopté avec cet amendement.

1430. Les baux de neuf ans ou au-dessous que le mari seul a passés ou renouvelés des biens de sa femme, plus de trois ans avant l'expiration du bail courant s'il s'agit de biens ruraux, et plus de deux ans avant la même époque s'il s'agit de maisons, sont sans effet, à moins que leur exécution n'ait commencé avant la dissolution de la communauté.

(Cet article, le XXXVIe. du Projet, fut adopté sans discussion).

1431. La femme qui s'oblige solidairement avec son mari pour les affaires de la communauté ou du mari, n'est réputée, à l'égard de celui-ci, s'être obligée que comme caution ; elle doit être indemnisée de l'obligation qu'elle a contractée.

(Cet article, le XXXVIIe. du Projet, fut adopté sans discussion).

1432. Le mari qui garantit solidairement ou autrement la vente que sa femme a faite d'un immeuble personnel, a pareillement un recours contre elle, soit sur sa part dans la communauté, soit sur ses biens personnels, s'il est inquiété.

(Cet article, le XXXVIIIe. du Projet, fut adopté sans discussion).

1433. S'il est vendu un immeuble appartenant à l'un des époux, de même que si l'on s'est rédimé en argent de services fonciers dus à des héritages propres à l'un d'eux, et que le prix en ait été versé dans la communauté, le tout sans remploi, il y a lieu au prélèvement de ce prix sur la communauté, au profit de l'époux qui était propriétaire, soit de l'immeuble vendu, soit des services rachetés.

(Cet article était le XXXIXe. du Projet. Après les mots *s'il est vendu un immeuble*, se trouvaient ceux-ci, *ou remboursé un capital*, qui ont été retranchés. Voyez la discussion sur l'article 1404).

1434. Le remploi est censé fait à l'égard du mari, toutes les fois que, lors d'une acquisition, il a déclaré qu'elle était faite des deniers provenus de l'aliénation de l'immeuble qui lui était personnel, et pour lui tenir lieu de remploi.

(Cet article, le XLe. du Projet, fut adopté sans discussion).

1435. La déclaration du mari que l'acquisition est faite des deniers provenus de l'immeuble vendu par la femme, et pour lui servir de remploi, ne suffit point, si ce remploi n'a été formellement accepté par la femme : si elle ne l'a pas accepté, elle a simplement droit, lors de la dissolution de la communauté, à la récompense du prix de son immeuble vendu.

(Cet article était le XLIe. du Projet).

M. Jollivet dit que l'objet de cet article est évidemment de pourvoir aux intérêts de la femme, et que cependant, dans l'application, il lui deviendrait préjudiciable, si, lors de la dissolution de la communauté, les biens du mari se trouvaient insuffisans pour fournir la récompense du prix de l'immeuble vendu. Il conviendrait donc, au lieu de renvoyer dans tous ces cas la femme à ces biens, de lui permettre d'accepter le remploi, même après que la communauté est dissoute.

M. Treilhard dit que l'article est en effet dans l'intérêt de la femme : il ne faut pas qu'elle soit forcée d'accepter une mauvaise acquisition ; mais il ne faut pas aussi qu'elle ait le droit de venir prendre arbitrairement l'immeuble destiné au remploi, lorsqu'après avoir laissé à la charge du mari tous les risques et toutes les avances, tant que la communauté a subsisté, elle se présente après la dissolution pour profiter seule des améliorations. La condition doit être égale entre des associés. La loi doit exiger que la femme s'explique sur son acceptation, au moment où l'immeuble est acquis, et décider que si la femme refuse le remploi, l'immeuble tombe irrévocablement dans la communauté, qui profitera de l'augmentation de valeur qu'il aura reçue, comme elle aurait supporté la perte de la diminution, s'il y en avait eu.

M. Jollivet dit qu'il peut arriver que la femme ait été empêchée de s'expliquer, soit par la mort inopinée du mari, soit parce qu'elle n'a pas été instruite de la déclaration de remploi, et qu'alors il serait injuste de la déclarer déchue d'une faculté qu'il n'a pas été en son pouvoir d'exercer.

Il y a plus : le droit d'accepter le remploi appartient certainement à la femme, tant que la communauté subsiste ; c'est-à-dire, jusqu'à ce que l'état en ait été constaté par un inventaire, car elle n'est dissoute qu'alors. De là résulte que la femme perdrait la faculté d'accepter au seul moment où elle pourrait en user avec discernement. En effet, jusqu'à l'inventaire, elle ignore les forces et les charges de la communauté : peut-être tous les biens qui la composent sont-ils absorbés par les dettes ; c'est cependant dans cet état d'incertitude que, d'après le système proposé, elle serait obligée d'opter, et, au contraire, à l'instant où elle acquerrait assez de lumières pour se déterminer avec connaissance, l'option lui serait interdite.

M. Treilhard pense qu'on pourrait décider que la femme sera admise à accepter le remploi, même après la dissolution de la communauté, lorsque la déclaration de remploi faite par le mari ne lui a pas été connue. Mais si elle a été présente et partie au contrat, il convient de lui refuser cet avantage. Elle a dû s'expliquer au moment même, parce que, sous aucun rapport, et sur-tout pour que les créanciers de la communauté ne soient pas trompés, la propriété de l'immeuble acquis et la nature de cette propriété ne peuvent pas demeurer incertaines.

M. Jollivet admet cette distinction.

M. Tronchet la rejette. Il dit que, dans aucun cas, la propriété ne peut demeurer incertaine par rapport aux créanciers. Il serait contre le bon ordre de permettre aux époux de se jouer de l'intérêt de tiers, et de remettre, après la dissolution de la communauté, à fixer la nature de l'immeuble.

M. Treilhard répond qu'il est impossible d'opposer le défaut d'acceptation à la femme qui n'a pu s'expliquer. On dira qu'elle a pu le faire postérieurement; mais elle a pour elle la présomption que le tems lui a manqué, ou qu'elle a été empêchée d'une autre manière.

M. Berlier dit que la faculté réclamée par M. Jollivet au profit de la femme, aurait pour désavantage de laisser la propriété long-tems incertaine; et que deviendraient, dans l'intervalle, les actions des tiers? Que deviendraient aussi les droits par eux acquis à l'époque où il plairait à la femme d'accepter le remploi? Si le contrat ne s'est point formé avec elle dès l'origine, il doit lui rester pour toujours étranger.

M. Tronchet dit qu'il faudrait encore amender cet amendement par la condition que l'immeuble existera encore en nature dans la communauté, et n'aura pas été hypothéqué; car il est conquêt de communauté tant que l'acceptation de la femme ne lui a pas donné la qualité de propre.

Le consul Cambacérès et M. Treilhard disent que l'article doit être ainsi entendu.

M. Berlier observe que tous ces amendemens et sous-amendemens sont peut-être la meilleure preuve de la bonté de l'article; car si la femme, à l'égard de laquelle il n'existe point de vrai contrat, ne peut se prévaloir de la déclaration de son mari que sauf le droit d'autrui, le remploi ne lui offre pas plus d'avantages que l'action ordinaire pour ses reprises, qu'elle peut exercer sur cet immeuble comme sur tous les autres.

L'article est renvoyé à la section. (Il a été ensuite reproduit et adopté sans aucun changement.)

1436. La

1436. La récompense du prix de l'immeuble appartenant au mari ne s'exerce que sur la masse de la communauté; celle du prix de l'immeuble appartenant à la femme s'exerce sur les biens personnels du mari, en cas d'insuffisance des biens de la communauté. Dans tous les cas, la récompense n'a lieu que sur le pied de la vente, quelqu'allégation qui soit faite touchant la valeur de l'immeuble aliéné.

(Cet article, le XLIIe. du Projet, fut adopté sans discussion).

1437. Toutes les fois qu'il est pris sur la communauté une somme soit pour acquitter les dettes ou charges personnelles à l'un des époux, telles que le prix ou partie du prix d'un immeuble à lui propre ou le rachat de services fonciers, soit pour le recouvrement, la conservation ou l'amélioration de ses biens personnels, et généralement toutes les fois que l'un des deux époux a tiré un profit personnel des biens de la communauté, il en doit la récompense.

(Cet article, le XLIIIe. du Projet, fut adopté sans discussion).

1438. Si le père et la mère ont doté conjointement l'enfant commun, sans exprimer la portion pour laquelle ils entendaient y contribuer, ils sont censés avoir doté chacun pour moitié, soit que la dot ait été fournie ou promise en effets de la communauté, soit qu'elle l'ait été en biens personnels à l'un des deux époux.

Au second cas, l'époux dont l'immeuble ou l'effet personnel a été constitué en dot, a, sur les biens de l'autre, une action en indemnité pour la moitié de ladite dot, eu égard à la valeur de l'effet donné, au tems de la donation.

(Cet article, le XLIVe. du Projet, fut adopté sans discussion).

1439. La dot constituée par le mari seul à l'enfant commun, en effets de la communauté, est à la charge de la communauté; et dans le cas où la communauté est acceptée par la femme, celle-ci doit supporter la moitié de la dot, à moins que le mari n'ait déclaré expressément qu'il s'en chargeait pour le tout, ou pour une portion plus forte que la moitié.

(Cet article, le XLV°. du Projet, fut adopté sans discussion).

1440. La garantie de la dot est due par toute personne qui l'a constituée; et ses intérêts courent du jour du mariage, encore qu'il y ait terme pour le paiement, s'il n'y a stipulation contraire.

(Cet article n'était pas dans le Projet, il fut ajouté et adopté sans discussion).

SECTION III.

DE LA DISSOLUTION DE LA COMMUNAUTÉ, ET DE QUELQUES-UNES DE SES SUITES.

1441. La communauté se dissout, 1°. par la mort naturelle; 2°. par la mort civile; 3°. par le divorce; 4°. par la séparation de corps; 5°. par la séparation de biens.

(Cet article, le XLVI°. du Projet, fut adopté sans discussion).

1442. Le défaut d'inventaire après la mort naturelle ou civile de l'un des époux, ne donne pas lieu à la continuation de la communauté; sauf les poursuites des parties intéressées, relativement à la consistance des biens et effets communs, dont la preuve pourra être faite tant par titre que par la commune renommée.

S'il y a des enfans mineurs, le défaut d'inventaire fait perdre en outre à l'époux survivant la jouissance de leurs revenus; et le subrogé tuteur qui ne l'a point obligé à faire inventaire, est solidairement tenu avec lui de toutes les condamnations qui peuvent être prononcées au profit des mineurs.

(Cet article était le XLVII°. du Projet).

M. Réal dit que cet article indique le danger que courent les intérêts du mineur, mais qu'il n'indique pas également le remède.

La coutume de Paris l'avait trouvé dans la continuation de communauté.

M. Tronchet dit que c'était là un remède inutile et même dangereux, parce qu'il était la source de procès innombrables.

La coutume ne donnait aux enfans qu'une simple option entre la continuation de communauté et l'inventaire par commune renommée. Cette précaution était indispensable; car en prononçant invariablement la continuation de communauté, on pouvait engager les enfans dans une communauté onéreuse.

Au surplus, il y avait une foule de questions; d'abord, sur les droits respectifs des enfans, quand les uns étaient majeurs, les autres mineurs, au moment de la mort de l'époux : les majeurs profitaient-ils du privilége accordé aux mineurs? Ce point était controversé : ensuite sur la part que les majeurs devaient prendre. Le résultat le plus ordinaire de ces débats longs et multipliés, était la renonciation des enfans à la continuation de la communauté. C'est ainsi que par le fait, l'inventaire par commune renommée devenait la règle la plus générale : il est donc plus simple de l'établir directement.

Le consul Cambacérès dit qu'il voit, à la vérité, les inconvéniens de la continuation de communauté, mais qu'il ne voit pas qu'on y ait suppléé par un autre remède.

M. Regnaud (de Saint-Jean-d'Angely) dit que le remède est dans la garantie du subrogé tuteur, qui, pour s'y soustraire, forcera le père de faire inventaire.

Le consul Cambacérès objecte que le subrogé tuteur peut être insolvable.

M. Réal ajoute que d'ailleurs le subrogé tuteur ne répond que des condamnations qui sont prononcées contre le père, et qu'il est très-difficile d'en établir le montant après un laps de tems considérable.

M. Berlier dit que beaucoup de coutumes qui admettaient la communauté, n'en admettaient pas également la continuation à défaut d'inventaire; qu'au surplus il faut examiner si cette règle, suivie dans la coutume de Paris et quelques autres, doit être maintenue.

L'opinant ne le pense pas; toute société se rompt par la mort : voilà le principe auquel il faut se tenir, sauf les précautions à prendre pour assurer les droits des héritiers de l'associé mort; et l'article en discussion fait assez à ce sujet, soit par la peine qu'il inflige au survivant des époux, soit par la responsabilité qu'il impose au subrogé tuteur.

D'ailleurs, M. Tronchet a très-justement objecté les embarras de cette continuation de communauté; mais ils deviendraient plus grands encore, si le survivant des époux se remariait, car le nouvel époux entrerait aussi dans la société; c'est ce qui avait lieu dans le ressort de la coutume de Paris et de celles qui avaient admis la continuation de la communauté: or, l'on conçoit qu'une telle institution est essentiellement mauvaise.

Le consul CAMBACÉRÈS dit qu'il ne prétend pas défendre la continuation de la communauté, quoiqu'elle ait pour elle le préjugé de l'ancienneté, et que toute innovation ne soit ordinairement qu'un essai, souvent dangereux, mais qu'il demande qu'on pourvoie du moins aux intérêts des mineurs.

M. CRETET dit qu'on pourrait, en modifiant le droit existant, imposer au père d'enfans mineurs l'obligation de faire inventaire, et charger la partie publique de tenir la main à ce que ce devoir soit rempli.

M. TREILHARD répond que l'inventaire ne peut pas être forcé, parce que souvent la succession serait absorbée par les frais qu'il entraîne.

Quant à la continuation de communauté, on a toujours réclamé contre cette institution. La section saisira avec avidité les moyens qui pourront être proposés pour suppléer à ce remède dangereux; mais elle a pensé que les garanties qu'elle propose mettent l'intérêt des mineurs à couvert. Le père qui ne fait pas inventaire est déchu de l'usufruit des biens de ses enfans mineurs; le subrogé tuteur est responsable; s'il est sans fortune, les enfans ont du moins leur action contre le père; que si l'on suppose le père également insolvable, il n'est, dans aucun système, de moyens d'assurer leurs intérêts; la continuation de communauté ne serait pas plus efficace que l'inventaire par commune renommée.

M. JOLLIVET propose de charger, en outre, le père de payer aux enfans une indemnité égale au quart en sus de la valeur que la commune renommée donnera au mobilier.

L'article est adopté.

1443. La séparation de biens ne peut être poursuivie qu'en justice par la femme dont la dot est mise en péril, et lorsque le désordre des affaires du mari donne lieu de craindre que les biens de celui-ci ne soient point suffisans pour remplir les droits et reprises de la femme.

Toute séparation volontaire est nulle.

(Cet article était le XLVIIIe. du Projet.)

M. Bérenger demande si cet article est applicable au cas où il n'y a pas de communauté.

M. Tronchet répond qu'il n'y a pas de doute que, même dans le système des pays de droit écrit, la femme ne puisse faire exclure le mari de l'administration de la dot, lorsqu'il a mal géré.

M. Berlier dit que, quoique l'article ne se rapporte qu'à la femme commune, néanmoins par-tout où il y a une dot, la gestion n'en est pas conservée au mari qui a mal administré.

L'article est adopté.

1444. La séparation de biens, quoique prononcée en justice, est nulle si elle n'a point été exécutée par le paiement réel des droits et reprises de la femme, effectué par acte authentique, jusqu'à concurrence des biens du mari; ou au moins par des poursuites commencées dans la quinzaine qui a suivi le jugement, et non interrompues depuis.

(Cet article, le XLIXe. du Projet, fut adopté sans discussion).

1445. Toute séparation de biens doit, avant son exécution, être rendue publique, par l'affiche sur un tableau à ce destiné, dans la principale salle du tribunal de première instance, et de plus, si le mari est marchand, banquier ou commerçant, dans celle du tribunal de commerce du lieu de son domicile; et ce, à peine de nullité de l'exécution.

Le jugement qui prononce la séparation de biens remonte, quant à ses effets, au jour de la demande.

(Cet article, le Le. du Projet, fut adopté sans discussion).

1446. Les créanciers personnels de la femme ne peuvent, sans son consentement, demander la séparation de biens.

Néanmoins, en cas de faillite ou de déconfiture du mari, ils peuvent exercer les droits de leur débitrice jusqu'à concurrence du montant de leurs créances.

(Cet article, le LIe. du Projet, fut adopté sans discussion).

1447. Les créanciers du mari peuvent se pourvoir contre la séparation de biens prononcée et même exécutée en fraude de leurs droits ; ils peuvent même intervenir dans l'instance sur la demande en séparation pour la contester.

LII. *Les créanciers du mari peuvent intervenir dans l'instance sur la demande en séparation de biens, et la contester si elle est provoquée en fraude de leurs droits.*

M. Maleville observe que dans les pays de droit écrit, non-seulement les créanciers pouvaient intervenir, mais que la femme était encore obligée de les appeler.

MM. Tronchet et Treilhard répondent que cette condition est inadmissible, parce que la femme peut ne pas connaître tous les créanciers.

M. Maleville réplique que les séparations ne sont jamais demandées qu'à l'occasion de quelques poursuites faites contre le mari : ce sont ces créanciers poursuivans que la femme doit être forcée d'appeler. La condition s'exécutait ainsi dans les pays de droit écrit. Elle se réduit aux poursuivans ; et l'on ne propose pas de déclarer la séparation nulle, faute par la femme d'avoir appelé *tous* les créanciers.

M. Treilhard observe que la formalité que propose M. Maleville ne tend qu'à donner une grande publicité aux séparations, pour empêcher qu'elles ne soient frauduleuses. Il est possible d'atteindre ce but par des moyens plus simples ; mais ce n'est pas ici leur place. Ils appartiennent au code *de la procédure civile* qu'on prépare en ce moment, et ils y sont proposés.

M. Regnaud (de Saint-Jean-d'Angely) objecte que ce code n'est destiné qu'à régler les formes, qu'ainsi il ne doit pas s'expliquer sur la nécessité d'appeler des tiers pour opérer une séparation ; c'est au Code civil à l'établir. Cette précaution, au surplus, est d'une extrême importance. On a vu trop souvent que, tandis que des créanciers poursuivaient le mari, la femme, profitant de ce qu'elle n'était pas marchande publique, et que par cette raison sa séparation ne devait pas être affichée au tribunal de commerce, se faisait séparer clandestinement. Le mari éconduisait ensuite ses créanciers, en leur opposant un faux procès-verbal de vente qui rendait la femme propriétaire des meubles.

M. Bigot-Préameneu dit qu'il est impossible d'imposer à la femme l'obligation d'appeler les créanciers ; que n'ayant point l'administration, elle n'est même pas présumée les connaître tous, et que d'ailleurs cette

CONTRAT DE MARIAGE.

précaution extrême donnerait lieu à une foule d'incidens qui entraîneraient et beaucoup de longueurs et beaucoup de frais.

Au reste, tout est solennel dans les séparations ; les motifs et les causes qui l'ont fait prononcer sont consignés : si donc elle avait été obtenue par collusion entre le mari et la femme, il serait permis aux créanciers d'intenter une action pour cause de fraude.

M. TREILHARD dit que la proposition de M. Regnaud (de Saint-Jean-d'Angely) ne remédierait pas aux inconvéniens qu'il a indiqués. Dans son hypothèse, en effet, il faut supposer que les époux agissent de concert. Mais, si ce concert existe, ils auront à leur disposition quelques créanciers supposés, par lesquels ils feront entamer des poursuites, afin que la femme, en les appelant, paraisse remplir la condition imposée à la séparation, et elle alléguera ensuite qu'elle n'a pas connu les autres créanciers qui seront les seuls véritables.

Il suffit donc de poser ici le principe de la publicité, et de renvoyer, pour le mode d'exécution, au code de la *procédure civile* dont le projet contient sur ce sujet les dispositions ultérieures qu'on peut desirer.

M. SÉGUR dit qu'on pourrait dès-à-présent établir que les demandes en séparation seront affichées.

M. BERLIER dit qu'il avait eu d'abord cette idée, et l'avait proposée à la section ; mais qu'il s'en est ensuite départi, vu la difficulté de son exécution, et plus essentiellement encore par la considération que le code de *procédure*, qui sera bientôt mis à la discussion, tend à donner la plus grande publicité aux demandes en séparation de biens.

Il faut, sans doute, qu'il soit suffisamment pourvu à l'intérêt des tiers et cet objet sera rempli.

M. REGNAUD (de Saint-Jean-d'Angely) demande que la section s'explique d'abord sur l'intervention du créancier. Lui sera-t-il permis d'attaquer par tierce opposition le jugement de séparation, lorsqu'il n'aura pas été appelé ?

M. TRONCHET dit que cette faculté ne peut lui être accordée, parce que, si la séparation est régulière et légalement faite, il ne faut pas permettre que la tranquillité de la femme soit troublée par de vaines difficultés.

M. TREILHARD ajoute que la voie de la tierce opposition ne peut être accordée qu'à ceux qui ont dû être appelés en cause.

Il demande de nouveau que l'on se borne, quant à présent, à exprimer le principe de la publicité des demandes en séparation.

M. REGNAUD (de Saint-Jean-d'Angely) dit qu'il suffira du procès-verbal où la discussion qui vient d'avoir lieu sera consignée, pour constater à cet égard l'intention du conseil.

L'article est adopté.

1448. La femme qui a obtenu la séparation de biens, doit contribuer, proportionnellement à ses facultés et à celles du mari, tant aux frais du ménage qu'à ceux d'éducation des enfans communs.

Elle doit supporter entièrement ces frais, s'il ne reste rien au mari.

(Cet article, le LIIIe. du Projet, fut adopté sans discussion).

1449. La femme séparée, soit de corps et de biens, soit de biens seulement, en reprend la libre administration.

Elle peut disposer de son mobilier, et l'aliéner.

Elle ne peut aliéner ses immeubles sans le consentement du mari, ou sans être autorisée en justice à son refus.

(Cet article, le LIVe. du Projet, fut adopté sans discussion).

1450. Le mari n'est point garant du défaut d'emploi ou de remploi du prix de l'immeuble que la femme séparée a aliéné sous l'autorisation de la justice, à moins qu'il n'ait concouru au contrat, ou qu'il ne soit prouvé que les deniers ont été reçus par lui, ou ont tourné à son profit.

Il est garant du défaut d'emploi ou de remploi, si la vente a été faite en sa présence et de son consentement: il ne l'est point de l'utilité de cet emploi.

(Cet article, le LVe. du Projet, fut adopté sans discussion).

1451. La communauté dissoute par la séparation soit de corps et de biens, soit de biens seulement, peut être rétablie du consentement des deux parties.

Elle ne peut l'être que par un acte passé devant notaires et avec minute, dont une expédition doit être affichée dans la forme de l'article 1445.

En

En ce cas, la communauté rétablie reprend son effet du jour du mariage; les choses sont remises au même état que s'il n'y avait point eu de séparation, sans préjudice néanmoins de l'exécution des actes qui, dans cet intervalle, ont pu être faits par la femme en conformité de l'article 1449.

Toute convention par laquelle les époux rétabliraient leur communauté sous des conditions différentes de celles qui la réglaient antérieurement, est nulle.

(Cet article, le LVIe. du Projet, fut adopté sans discussion).

1452. La dissolution de communauté opérée par le divorce ou par la séparation, soit de corps et de biens, soit de biens seulement, ne donne pas ouverture aux droits de survie de la femme; mais celle-ci conserve la faculté de les exercer lors de la mort naturelle ou civile de son mari.

(Cet article, le LVIIe. du projet, fut adopté sans discussion).

SECTION IV.

DE L'ACCEPTATION DE LA COMMUNAUTÉ, ET DE LA RENONCIATION QUI PEUT Y ÊTRE FAITE, AVEC LES CONDITIONS QUI Y SONT RELATIVES.

1453. Après la dissolution de la communauté, la femme ou ses héritiers et ayant-cause ont la faculté de l'accepter ou d'y renoncer. Toute convention contraire est nulle.

(Cet article était le LVIIIe. du Projet).

M. JOLLIVET observe que cet article paraît en contradiction avec l'art. Ier, qui établit la liberté des stipulations matrimoniales.

M. BERLIER répond que le mari étant, par la nature des choses, le maître absolu de la communauté, il doit être accordé quelque chose à la femme ou à ses héritiers, non pour contre-balancer ce pouvoir, mais afin qu'à son terme, les résultats n'en atteignent pas leur propre substance d'une manière souvent ruineuse.

La faculté de renoncer est juste, sans doute, dans une société de cette espèce, et ce point n'est pas même contesté; mais s'il en est ainsi, pourquoi voudrait-on qu'il fût permis de se départir d'une telle faculté? Elle est ici conservatrice des droits du faible. Elle est véritablement d'ordre public, et la prohibition d'y déroger doit être maintenue.

L'article est adopté.

1454. La femme qui s'est immiscée dans les biens de la communauté, ne peut y renoncer.

Les actes purement administratifs ou conservatoires n'emportent point immixtion.

(Cet article, le LIXe. du Projet, fut adopté sans discussion).

1455. La femme majeure qui a pris dans un acte la qualité de commune, ne peut plus y renoncer ni se faire restituer contre cette qualité, quand même elle l'aurait prise avant d'avoir fait inventaire, s'il n'y a eu dol de la part des héritiers du mari.

(Cet article, le LXe. du Projet, fut adopté sans discussion).

1456. La femme survivante, qui veut conserver la faculté de renoncer à la communauté, doit, dans les trois mois du jour du décès du mari, faire faire un inventaire fidèle et exact de tous les biens de la communauté, contradictoirement avec les héritiers du mari, ou eux dûment appelés.

Cet inventaire doit être par elle affirmé sincère et véritable, lors de sa clôture, devant l'officier public qui l'a reçu.

(Cet art., le LXIe. du Projet, fut adopté sans discussion).

1457. Dans les trois mois et quarante jours après le décès du mari, elle doit faire sa renonciation au greffe du tribunal de première instance dans l'arrondissement duquel le mari avait son domicile; cet acte doit être inscrit sur le registre établi pour recevoir les renonciations à succession.

(Cet art., le LXIIe. du Projet, fut adopté sans discussion).

1458. La veuve peut, suivant les circonstances, demander au tribunal civil une prorogation du délai prescrit par l'article précédent pour sa renonciation ; cette prorogation est, s'il y a lieu, prononcée contradictoirement avec les héritiers du mari, ou eux dûment appelés.

(Cet art., le LXIIIe. du Projet, fut adopté sans discussion).

1459. La veuve qui n'a point fait sa renonciation dans le délai ci-dessus prescrit, n'est pas déchue de la faculté de renoncer si elle ne s'est point immiscée et qu'elle ait fait inventaire ; elle peut seulement être poursuivie comme commune jusqu'à ce qu'elle ait renoncé, et elle doit les frais faits contre elle jusqu'à sa renonciation.

Elle peut également être poursuivie après l'expiration des quarante jours depuis la clôture de l'inventaire, s'il a été clos avant les trois mois.

(Cet article, le LXIVe. du Projet, fut adopté sans discussion).

1460. La veuve qui a diverti ou recélé quelques effets de la communauté, est déclarée commune, nonobstant sa renonciation : il en est de même à l'égard de ses héritiers.

(Cet article, le LXVe. du Projet, fut adopté sans discussion).

1461. Si la veuve meurt avant l'expiration des trois mois sans avoir fait ou terminé l'inventaire, les héritiers auront, pour faire ou pour terminer l'inventaire, un nouveau délai de trois mois, à compter du décès de la veuve, et de quarante jours pour délibérer, après la clôture de l'inventaire.

Si la veuve meurt ayant terminé l'inventaire, ses héritiers auront, pour délibérer, un nouveau délai de quarante jours à compter de son décès.

Ils peuvent, au surplus, renoncer à la communauté dans les formes établies ci-dessus ; et les articles 1458 et 1459 leur sont applicables.

(Cet article, le LXVIe. du Projet, fut adopté sans discussion).

1462. Les dispositions des articles 1456 et suivans sont applicables aux femmes des individus morts civilement, à partir du moment où la mort civile a commencé.

(Cet article, le LXVIIe. du Projet, fut adopté sans discussion).

1463. La femme divorcée ou séparée de corps, qui n'a point, dans les trois mois et quarante jours après le divorce ou la séparation définitivement prononcée, accepté la communauté, est censée y avoir renoncé, à moins qu'étant encore dans le délai, elle n'en ait obtenu la prorogation en justice, contradictoirement avec le mari, ou lui dûment appelé.

(Cet article, le LXVIIIe. du Projet, fut adopté sans discussion).

1464. Les créanciers de la femme peuvent attaquer la renonciation qui aurait été faite par elle ou par ses héritiers en fraude de leurs créances, et accepter la communauté de leur chef.

(Cet article, le LXIXe. du Projet, fut adopté sans discussion).

1465. La veuve, soit qu'elle accepte, soit qu'elle renonce, a droit, pendant les trois mois et quarante jours qui lui sont accordés pour faire inventaire et délibérer, de prendre sa nourriture et celle de ses domestiques sur les provisions existantes, et, à défaut, par emprunt au compte de la masse commune, à la charge d'en user modérément.

Elle ne doit aucun loyer à raison de l'habitation qu'elle a pu faire, pendant ces délais, dans une maison dépendante de la communauté ou appartenant aux héritiers du mari ; et si la maison qu'habitaient les époux à l'époque de la dissolution de la communauté, était tenue par eux à titre de loyer, la femme ne contribuera point, pendant les mêmes délais, au paiement dudit loyer, lequel sera pris sur la masse.

(Cet article a été ajouté après la conférence avec le Tribunat).

1466. Dans le cas de dissolution de la communauté par la mort de la femme, ses héritiers peuvent renoncer à la communauté dans les délais et dans les formes que la loi prescrit à la femme survivante.

(Même observation que sur l'article précédent).

SECTION V.

DU PARTAGE DE LA COMMUNAUTÉ APRÈS L'ACCEPTATION.

1467. Après l'acceptation de la communauté par la femme ou ses héritiers, l'actif se partage, et le passif est supporté de la manière ci-après déterminée.

(Cet article, le LXXe. du Projet, fut adopté sans discussion).

§. I. *Du partage de l'actif.*

1468. Les époux ou leurs héritiers rapportent à la masse des biens existans, tout ce dont ils sont débiteurs envers la communauté à titre de récompense ou d'indemnité, d'après les règles ci-dessus prescrites, à la section II de la première partie du présent chapitre.

(Cet article, le LXXIe. du Projet, fut adopté sans discussion).

1469. Chaque époux ou son héritier rapporte également les sommes qui ont été tirées de la communauté, ou la valeur des biens que l'époux y a pris pour doter un enfant d'un autre lit, ou pour doter personnellement l'enfant commun.

(Cet article, le LXXIIe. du Projet, fut adopté sans discussion).

1470. Sur la masse des biens, chaque époux ou son héritier prélève ;

1°. Ses biens personnels qui ne sont point entrés en communauté s'ils existent en nature, ou ceux qui ont été acquis en remploi ;

2°. Le prix de ses immeubles qui ont été aliénés pendant la communauté, et dont il n'a point été fait remploi ;

3°. Les indemnités qui lui sont dues par la communauté.

(Cet article, le LXXIIIe. du Projet, fut adopté sans discussion).

1471. Les prélèvemens de la femme s'exercent avant ceux du mari.

Ils s'exercent pour les biens qui n'existent plus en nature, d'abord sur l'argent comptant, ensuite sur le mobilier, et subsidiairement sur les immeubles de la communauté : dans ce dernier cas, le choix des immeubles est déféré à la femme et à ses héritiers.

(Cet article, le LXXIVe. du Projet, fut adopté sans discussion).

1472. Le mari ne peut exercer ses reprises que sur les biens de la communauté.

La femme et ses héritiers, en cas d'insuffisance de la communauté, exercent leurs reprises sur les biens personnels du mari.

(Cet article, le LXXVe. du Projet, fut adopté sans discussion).

1473. Les remplois et récompenses dus par la communauté aux époux, et les récompenses et indemnités par eux dues à la communauté, emportent les intérêts de plein droit du jour de la dissolution de la communauté.

(Cet article, le LXXVIe. du Projet, fut adopté sans discussion).

1474. Après que tous les prélèvemens des deux époux ont été exécutés sur la masse, le surplus se partage par moitié entre les époux ou ceux qui les représentent.

(Cet art., le LXXVIIe. du Projet, fut adopté sans discussion).

1475. Si les héritiers de la femme sont divisés, en sorte que l'un ait accepté la communauté à laquelle l'autre a renoncé, celui qui a accepté ne peut prendre que sa portion virile et héréditaire dans les biens qui échoient au lot de la femme.

Le surplus reste au mari, qui demeure chargé, envers l'héritier renonçant, des droits que la femme aurait pu exercer en cas de renonciation, mais jusqu'à concurrence seulement de la portion virile héréditaire du renonçant.

(Cet article, le LXXVIIIe. du Projet, fut adopté sans discussion).

1476. Au surplus, le partage de la communauté, pour tout ce qui concerne ses formes, la licitation des immeubles quand il y a lieu, les effets du partage, la garantie qui en résulte, et les soultes, est soumis à toutes les règles qui sont établies au titre *des Successions* pour les partages entre cohéritiers.

(Cet art., le LXXIXe. du Projet, fut adopté sans discussion).

1477. Celui des époux qui aurait diverti ou recélé quelques effets de la communauté, est privé de sa portion dans lesdits effets.

(Cet art., le LXXXe. du Projet, fut adopté sans discussion).

1478. Après le partage consommé, si l'un des deux époux est créancier personnel de l'autre, comme lorsque le prix de son bien a été employé à payer une dette personnelle de l'autre époux, ou pour toute autre cause, il exerce sa créance sur la part qui est échue à celui-ci dans la communauté ou sur ses biens personnels.

(Cet article le LXXXIe. du Projet, fut adopté sans discussion).

1479. Les créances personnelles que les époux ont à exercer l'un contre l'autre, ne portent intérêt que du jour de la demande en justice.

(Cet article, le LXXXIIe. du Projet, fut adopté sans discussion).

1480. Les donations que l'un des époux a pu faire à

l'autre, ne s'exécutent que sur la part du donateur dans la communauté, et sur ses biens personnels.

(Cet article, le LXXXIIIe. du Projet, fut adopté sans discussion).

1481. Le deuil de la femme est aux frais des héritiers du mari prédécédé.

La valeur de ce deuil est réglée selon la fortune du mari.

Il est dû même à la femme qui renonce à la communauté.

(Cet article était le LXXXIVe. du Projet. On y lisait un paragraphe ainsi conçu : *les frais de scellé, inventaire, vente de mobilier, licitation ou partage se supportent en commun*, il a été retranché sans discussion).

§. II. *Du passif de la communauté, et de la contribution aux dettes.*

1482. Les dettes de la communauté sont pour moitié à la charge de chacun des époux ou de leurs héritiers : les frais de scellé, inventaire, vente de mobilier, liquidation, licitation et partage, font partie de ces dettes.

(Cet article était le LXXXVe. du Projet; à l'exception des mots *de scellé, vente de mobilier*, qui y ont été ajoutés sans discussion).

1483. La femme n'est tenue des dettes de la communauté, soit à l'égard du mari, soit à l'égard des créanciers, que jusqu'à concurrence de son émolument, pourvu qu'il y ait eu bon et fidèle inventaire, et en rendant compte tant du contenu de cet inventaire que de ce qui lui est échu par le partage.

(Cet article, le LXXXVIe. du Projet, fut adopté sans discussion).

1484. Le mari est tenu, pour la totalité, des dettes de la communauté par lui contractées, sauf son recours contre la femme ou ses héritiers pour la moitié desdites dettes.

(Cet art., le LXXXVIIe. du Projet, fut adopté sans discussion.)

1485. Il n'est tenu que pour moitié de celles personnelles

nelles à la femme et qui étaient tombées à la charge de la communauté.

LXXXVIII. *Le mari n'est tenu que pour moitié, des dettes de la succession échue à la femme, qui sont tombées à la charge de la communauté.*

(Les changemens que présente le texte ont eu lieu sans discussion).

1486. La femme peut être poursuivie pour la totalité des dettes qui procèdent de son chef et étaient entrées dans la communauté, sauf son recours contre le mari ou son héritier, pour la moitié desdites dettes.

(Cet article, le LXXXIXe. du Projet, fut adopté sans discussion).

1487. La femme, même personnellement obligée pour une dette de communauté, ne peut être poursuivie que pour la moitié de cette dette, à moins que l'obligation ne soit solidaire.

(Cet article, le XC^e. du Projet, fut adopté sans discussion).

1488. La femme qui a payé une dette de la communauté au-delà de sa moitié, n'a point de répétition contre le créancier pour l'excédant, à moins que la quittance n'exprime que ce qu'elle a payé était pour sa moitié.

(Cet art., le XCI^e. du Projet, fut adopté sans discussion).

1489. Celui des deux époux qui, par l'effet de l'hypothèque exercée sur l'immeuble à lui échu en partage, se trouve poursuivi pour la totalité d'une dette de communauté, a de droit son recours pour la moitié de cette dette contre l'autre époux ou ses héritiers.

(Cet article, le XCII^e. du Projet, fut adopté sans discussion).

1490. Les dispositions précédentes ne font point obstacle à ce que, par le partage, l'un ou l'autre des copartageans soit chargé de payer une quotité de dettes autre que la moitié, même de les acquitter entièrement.

Toutes les fois que l'un des copartageans a payé des dettes de la communauté au-delà de la portion dont il était tenu, il y a lieu au recours de celui qui a trop payé contre l'autre.

(Cet article, le XCIII^e. du Projet, fut adopté sans discussion).

1491. Tout ce qui est dit ci-dessus à l'égard du mari ou de la femme, a lieu à l'égard des héritiers de l'un ou de l'autre; et ces héritiers exercent les mêmes droits et sont soumis aux mêmes actions que le conjoint qu'ils représentent.

(Cet article, le XCIV^e. du Projet, fut adopté sans discussion).

SECTION VI.

DE LA RENONCIATION A LA COMMUNAUTÉ, ET DE SES EFFETS.

1492. La femme qui renonce, perd toute espèce de droit sur les biens de la communauté, et même sur le mobilier qui y est entré de son chef.

Elle retire seulement les linges et hardes à son usage.

(Cet art., le XCV^e. du Projet, fut adopté sans discussion.)

1493. La femme renonçante a le droit de reprendre,

1°. Les immeubles à elle appartenant, lorsqu'ils existent en nature, ou l'immeuble qui a été acquis en remploi;

2°. Le prix de ses immeubles aliénés dont le remploi n'a pas été fait et accepté comme il est dit ci-dessus;

3°. Toutes les indemnités qui peuvent lui être dues par la communauté.

(Cet article était le XCVI^e. du Projet : aux n°s. 1 et 2, on lisait après le mot *immeubles*, ceux-ci : *et capitaux de rentes;* ces mots ont été retranchés d'après la discussion sur l'article 1404).

1494. La femme renonçante est déchargée de toute contribution aux dettes de la communauté, tant à l'égard du mari qu'à l'égard des créanciers. Elle reste néanmoins tenue envers ceux-ci, lorsqu'elle s'est obligée conjointement avec son mari, ou lorsque la dette, devenue dette de la communauté, provenait originairement de son chef; le tout, sauf son recours contre le mari ou ses héritiers.

(Cet art., le XCVIII^e. du Projet, fut adopté sans discussion).

1495. Elle peut exercer toutes les actions et reprises ci-dessus détaillées, tant sur les biens de la communauté que sur les biens personnels du mari.

Ses héritiers le peuvent de même, sauf en ce qui concerne le prélèvement des linges et hardes, ainsi que le logement et la nourriture pendant le délai donné pour faire inventaire et délibérer; lesquels droits sont purement personnels à la femme survivante.

(Cet art., le XCIX^e. du Projet, fut adopté sans discussion).

Disposition relative à la communauté légale, lorsque l'un des époux ou tous deux ont des enfans de précédens mariages.

1496. Tout ce qui est dit ci-dessus, sera observé même lorsque l'un des époux ou tous deux auront des enfans de précédens mariages.

Si toutefois la confusion du mobilier et des dettes opérait, au profit de l'un des époux, un avantage supérieur à celui qui est autorisé par l'article 1098 au titre des *Donations entre-vifs et des Testamens*, les enfans du premier lit de l'autre époux auront l'action en retranchement.

(Cet article ne se trouvait pas dans le Projet, il a été ajouté et adopté sans discussion).

53.

SECONDE PARTIE.

DE LA COMMUNAUTÉ CONVENTIONNELLE, ET DES CONVENTIONS QUI PEUVENT MODIFIER OU MÊME EXCLURE LA COMMUNAUTÉ LÉGALE.

1497. Les époux peuvent modifier la communauté légale par toute espèce de conventions non contraires aux articles 1387, 1388, 1389 et 1390.

Les principales modifications sont celles qui ont lieu en stipulant de l'une ou de l'autre des manières qui suivent ; savoir,

1°. Que la communauté n'embrassera que les acquêts ;

2°. Que le mobilier présent ou futur n'entrera point en communauté, ou n'y entrera que pour une partie ;

3°. Qu'on y comprendra tout ou partie des immeubles présens ou futurs, par la voie de l'ameublissement ;

4°. Que les époux paieront séparément leurs dettes antérieures au mariage ;

5°. Qu'en cas de renonciation, la femme pourra reprendre ses apports francs et quittes ;

6°. Que le survivant aura un préciput ;

7°. Que les époux auront des parts inégales ;

8°. Qu'il y aura entre eux communauté à titre universel.

(Cet art., le C^e. du Projet, fut adopté sans discussion).

SECTION PREMIERE.

DE LA COMMUNAUTÉ RÉDUITE AUX ACQUÊTS.

1498. Lorsque les époux stipulent qu'il n'y aura entre eux qu'une communauté d'acquêts, ils sont censés exclure de la communauté et les dettes de chacun d'eux actuelles et futures, et leur mobilier respectif présent et futur.

En ce cas, et après que chacun des époux a prélevé ses apports dûment justifiés, le partage se borne aux acquêts faits par les époux ensemble ou séparément durant le mariage, et provenant tant de l'industrie commune que des économies faites sur les fruits et revenus des biens des deux époux.

(Cet art., le CIe. du Projet, fut adopté sans discussion).

1499. Si le mobilier existant lors du mariage, ou échu depuis, n'a pas été constaté par inventaire ou état en bonne forme, il est réputé acquêt.

(Cet art., le CIIe. du Projet, fut adopté sans discussion).

SECTION II.

DE LA CLAUSE QUI EXCLUT DE LA COMMUNAUTÉ LE MOBILIER EN TOUT OU PARTIE.

1500. Les époux peuvent exclure de leur communauté tout leur mobilier présent et futur.

Lorsqu'ils stipulent qu'il en mettront réciproquement dans la communauté jusqu'à concurrence d'une somme ou d'une valeur déterminée, ils sont, par cela seul, censés se réserver le surplus.

(Cet article, le CIIIe. du Projet, fut adopté sans discussion).

1501. Cette clause rend l'époux débiteur envers la communauté, de la somme qu'il a promis d'y mettre, et l'oblige à justifier de cet apport.

(Cet article, le CIVe. du Projet, fut adopté sans discussion).

1502. L'apport est suffisamment justifié, quant au mari, par la déclaration portée au contrat de mariage que son mobilier est de telle valeur.

Il est suffisamment justifié, à l'égard de la femme, par la quittance que le mari lui donne, ou à ceux qui l'ont dotée.

(Cet article, le CVe. du Projet, fut adopté sans discussion).

1503. Chaque époux a le droit de reprendre et de prélever lors de la dissolution de la communauté, la valeur de ce dont le mobilier qu'il a apporté lors du mariage, ou qui lui est échu depuis, excédait sa mise en communauté.

(Cet art., le CVI^e. du Projet, fut adopté sans discussion).

1504. Le mobilier qui échoit à chacun des époux pendant le mariage, doit être constaté par un inventaire.

A défaut d'inventaire du mobilier échu au mari, ou d'un titre propre à justifier de sa consistance et valeur, déduction faite des dettes, le mari ne peut en exercer la reprise.

Si le défaut d'inventaire porte sur un mobilier échu à la femme, celle-ci ou ses héritiers sont admis à faire preuve, soit par titres, soit par témoins, soit même par commune renommée, de la valeur de ce mobilier.

(Cet art., le CVII^e. du Projet, fut adopté sans discussion).

SECTION III.

DE LA CLAUSE D'AMEUBLISSEMENT.

1505. Lorsque les époux ou l'un deux font entrer en communauté tout ou partie de leurs immeubles présens ou futurs, cette clause s'appelle *ameublissement*.

(Cet art., le CVIII^e. du Projet, fut adopté sans dissussion).

1506. L'ameublissement peut être déterminé ou indéterminé.

Il est déterminé quand l'époux a déclaré ameublir et mettre en communauté un tel immeuble, en tout ou jusqu'à concurrence d'une certaine somme.

Il est indéterminé quand l'époux a simplement déclaré apporter en communauté ses immeubles, jusqu'à concurrence d'une certaine somme.

(Cet art., le CIX^e. du Projet, fut adopté sans discussion).

1507. L'effet de l'ameublissement déterminé est de rendre l'immeuble ou les immeubles qui en sont frappés, biens de la communauté comme les meubles même.

Lorsque l'immeuble ou les immeubles de la femme sont ameublis en totalité, le mari en peut disposer comme des autres effets de la communauté, et les aliéner en totalité.

Si l'immeuble n'est ameubli que pour une certaine somme, le mari ne peut l'aliéner qu'avec le consentement de la femme; mais il peut l'hypothéquer sans son consentement, jusqu'à concurrence seulement de la portion ameublie.

(Cet art., le CXe. du Projet, fut adopté sans discussion).

1508. L'ameublissement indéterminé ne rend point la communauté propriétaire des immeubles qui en sont frappés; son effet se réduit à obliger l'époux qui l'a consenti, à comprendre dans la masse, lors de la dissolution de la communauté, quelques-uns de ses immeubles, jusqu'à concurrence de la somme par lui promise.

Le mari ne peut, comme en l'article précédent, aliéner en tout ou en partie, sans le consentement de sa femme, les immeubles sur lesquels est établi l'ameublissement indéterminé; mais il peut les hypothéquer jusqu'à concurrence de cet ameublissement.

(Cet art. était le CXIe. du Projet; le dernier paragraphe y a été ajouté sans discussion).

1509. L'époux qui a ameubli un héritage, a, lors du partage, la faculté de le retenir en le précomptant sur sa part pour le prix qu'il vaut alors; et ses héritiers ont le même droit.

(Cet article, le CXIe. du Projet, fut adopté sans discussion).

SECTION IV.

DE LA CLAUSE DE SÉPARATION DES DETTES.

1510. La clause par laquelle les époux stipulent qu'ils paieront séparément leurs dettes personnelles, les oblige à se faire, lors de la dissolution de la communauté, respectivement raison des dettes qui sont justifiées avoir été acquittées par la communauté à la décharge de celui des époux qui en était débiteur.

Cette obligation est la même, soit qu'il y ait eu inventaire ou non : mais si le mobilier apporté par les époux n'a pas été constaté par un inventaire ou état authentique antérieur au mariage, les créanciers de l'un et de l'autre des époux peuvent, sans avoir égard à aucune des distinctions qui seraient réclamées, poursuivre leur paiement sur le mobilier non inventorié, comme sur tous les autres biens de la communauté.

Les créanciers ont le même droit sur le mobilier qui serait échu aux époux pendant la communauté, s'il n'a pas été pareillement constaté par un inventaire ou état authentique.

(Cet article était le CXII^e. du Projet; le dernier paragraphe y a été inséré sans discussion).

1511. Lorsque les époux apportent dans la communauté une somme certaine ou un corps certain, un tel apport emporte la convention tacite qu'il n'est point grevé de dettes antérieures au mariage ; et il doit être fait raison par l'époux débiteur à l'autre, de toutes celles qui diminueraient l'apport promis.

(Cet art., le CXIV^e. du Projet, fut adopté sans discussion).

1512. La clause de séparation des dettes n'empêche point

point que la communauté ne soit chargée des intérêts et arrérages qui ont couru depuis le mariage.

(Cet art., le CXV^e. du Projet, fut adopté sans discussion).

1513. Lorsque la communauté est poursuivie pour les dettes de l'un des époux, déclaré, par contrat, franc et quitte de toutes dettes antérieures au mariage, le conjoint a droit à une indemnité qui se prend soit sur la part de communauté revenant à l'époux débiteur, soit sur les biens personnels dudit époux ; et, en cas d'insuffisance, cette indemnité peut être poursuivie par voie de garantie contre le père, la mère, l'ascendant ou le tuteur qui l'auraient déclaré franc et quitte.

Cette garantie peut même être exercée par le mari durant la communauté, si la dette provient du chef de la femme; sauf, en ce cas, le remboursement dû par la femme ou ses héritiers aux garans, après la dissolution de la communauté.

(Cet art., le CXVI^e. du Projet, fut adopté sans discussion).

SECTION V.

DE LA FACULTÉ ACCORDÉE A LA FEMME DE REPRENDRE SON APPORT FRANC ET QUITTE.

1514. La femme peut stipuler qu'en cas de renonciation à la communauté, elle reprendra tout ou partie de ce qu'elle y aura apporté, soit lors du mariage, soit depuis; mais cette stipulation ne peut s'étendre au-delà des choses formellement exprimées, ni au profit des personnes autres que celles désignées.

Ainsi la faculté de reprendre le mobilier que la femme a apporté lors du mariage, ne s'étend point à celui qui serait échu pendant le mariage.

Ainsi la faculté accordée à la femme ne s'étend point

aux enfans ; celle accordée à la femme et aux enfans, ne s'étend point aux héritiers ascendans ou collatéraux.

Dans tous les cas, les apports ne peuvent être repris que déduction faite des dettes personnelles à la femme, et que la communauté aurait acquittées.

(Cet art., le CXVII^e. du Projet, fut adopté sans discussion).

SECTION VI.

DU PRÉCIPUT CONVENTIONNEL.

1515. La clause par laquelle l'époux survivant est autorisé à prélever, avant tout partage, une certaine somme ou une certaine quantité d'effets mobiliers en nature, ne donne droit à ce prélèvement, au profit de la femme survivante, que lorsqu'elle accepte la communauté, à moins que le contrat de mariage ne lui ait réservé ce droit, même en renonçant.

Hors le cas de cette réserve, le préciput ne s'exerce que sur la masse partageable, et non sur les biens personnels de l'époux prédécédé.

(Cet art., le CXVIII^e. du Projet, fut adopté sans discussion).

1516. Le préciput n'est point regardé comme un avantage sujet aux formalités des donations, mais comme une convention de mariage.

(Cet art., le CXIX^e. du Projet, fut adopté sans discussion).

1517. La mort naturelle ou civile donne ouverture au préciput.

(Cet art., le CXX^e. du Projet, fut adopté sans discussion).

1518. Lorsque la dissolution de la communauté s'opère par le divorce ou par la séparation de corps, il n'y a pas lieu à la délivrance actuelle du préciput; mais l'époux qui a obtenu soit le divorce, soit la séparation de corps, conserve ses droits au préciput en cas de survie. Si c'est la femme, la somme ou la chose qui constitue le préciput reste toujours provisoirement au mari, à la charge de donner caution.

(Cet art., le CXXI^e. du Projet, fut adopté sans discussion).

1519. Les créanciers de la communauté ont toujours le droit de faire vendre les effets compris dans le préciput, sauf le recours de l'époux, conformément à l'article 1515.

(Cet art., le CXXII^e. du Projet, fut adopté sans discussion).

SECTION VII.

DES CLAUSES PAR LESQUELLES ON ASSIGNE A CHACUN DES ÉPOUX DES PARTS INÉGALES DANS LA COMMUNAUTÉ.

1520. Les époux peuvent déroger au partage égal établi par la loi, soit en ne donnant à l'époux survivant ou à ses héritiers, dans la communauté, qu'une part moindre que la moitié, soit en ne lui donnant qu'une somme fixe pour tout droit de communauté, soit en stipulant que la communauté entière, en certain cas, appartiendra à l'époux survivant, ou à l'un d'eux seulement.

(Cet art., le CXXIII^e. du Projet, fut adopté sans discussion).

1521. Lorsqu'il a été stipulé que l'époux ou ses héritiers n'auront qu'une certaine part dans la communauté, comme le tiers ou le quart, l'époux ainsi réduit ou ses héritiers ne supportent les dettes de la communauté que proportionnellement à la part qu'ils prennent dans l'actif.

La convention est nulle si elle oblige l'époux ainsi réduit ou ses héritiers a supporter une plus forte part, ou si elle les dispense de supporter une part dans les dettes égale à celle qu'ils prennent dans l'actif (1).

(Cet art., le CXXIV^e. du Projet, fut adopté sans discussion).

1522. Lorsqu'il est stipulé que l'un des époux ou ses héritiers ne pourront prétendre qu'une certaine somme pour tout droit de communauté, la clause est un forfait qui oblige l'autre époux ou ses héritiers à payer la somme convenue, soit que la communauté soit bonne ou mauvaise, suffisante ou non pour acquitter la somme.

(Cet art., le CXXV^e. du Projet, fut adopté sans discussion).

1523. Si la clause n'établit le forfait qu'à l'égard des héritiers de l'époux, celui-ci, dans le cas où il survit, a droit au partage légal par moitié.

(Cet art., le CXXVI^e. du Projet, fut adopté sans discussion).

1524. Le mari ou ses héritiers qui retiennent, en vertu de la clause énoncée en l'article 1520, la totalité de la communauté, sont obligés d'en acquitter toutes les dettes.

Les créanciers n'ont, en ce cas, aucune action contre la femme ni contre ses héritiers.

Si c'est la femme survivante qui a, moyennant une somme convenue, le droit de retenir toute la communauté contre les héritiers du mari, elle a le choix ou de leur payer cette somme, en demeurant obligée à toutes les dettes, ou de renoncer à la communauté, et d'en abandonner aux héritiers du mari les biens et les charges.

(Cet art., le CXXVII^e. du Projet, fut adopté sans discussion).

---

(1) Le tribunal de cassation observait que la convention exprimée dans cet article n'étant pas absolument nulle, il semblerait devoir être rédigé ainsi :

La convention serait nulle en *ce qu'elle obligerait* l'époux ainsi réduit, ou ses héritiers, à supporter une plus forte part, *ou en ce qu'elle les dispenserait* de supporter une part dans les dettes, égale à celle qu'ils prennent dans l'actif.

1525. Il est permis aux époux de stipuler que la totalité de la communauté appartiendra au survivant ou à l'un d'eux seulement, sauf aux héritiers de l'autre à faire la reprise des apports et capitaux tombés dans la communauté, du chef de leur auteur.

Cette stipulation n'est point réputée un avantage sujet aux règles relatives aux donations, soit quant au fond, soit quant à la forme, mais simplement une convention de mariage et entre associés.

(Cet art., le CXXVIII^e. du Projet, fut adopté sans discussion).

SECTION VIII.

DE LA COMMUNAUTÉ A TITRE UNIVERSEL.

1526. Les époux peuvent établir par leur contrat de mariage une communauté universelle de leurs biens tant meubles qu'immeubles, présens et à venir, ou de tous leurs biens présens seulement, ou de tous leurs biens à venir seulement.

(Cet art., le CXXIX^e. du Projet, fut adopté sans discussion).

Dispositions communes aux huit sections ci-dessus.

1527. Ce qui est dit aux huit sections ci-dessus, ne limite pas à leurs dispositions précises les stipulations dont est susceptible la communauté conventionnelle.

Les époux peuvent faire toutes autres conventions, ainsi qu'il est dit à l'article 1387, et sauf les modifications portées par les articles 1388, 1389 et 1390.

Néanmoins, dans le cas où il y aurait des enfans d'un précédent mariage, toute convention qui tendrait dans ses effets à donner à l'un des époux au-delà de la portion réglée par l'article 1098, au titre *des Donations entre-vifs et des Testamens*, sera sans effet pour tout l'excédant de cette portion : mais les simples bénéfices résultant des travaux communs et des économies faites sur les revenus respectifs, quoique inégaux, des deux époux, ne sont pas considérés comme un avantage fait au préjudice des enfans du premier lit.

(Cet art., le CXXXe. du Projet, fut adopté sans discussion).

1528. La communauté conventionnelle reste soumise aux règles de la communauté légale, pour tous les cas auxquels il n'y a pas été dérogé implicitement ou explicitement par le contrat.

(Cet art., le CXXXIe. du Projet, fut adopté sans discussion).

SECTION IX.

DES CONVENTIONS EXCLUSIVES DE LA COMMUNAUTÉ.

1529. Lorsque, sans se soumettre au régime dotal, les époux déclarent qu'ils se marient sans communauté, ou qu'ils seront séparés de biens, les effets de cette stipulation sont réglés comme il suit :

(Cet article n'était point dans le Projet, il est le résultat de la discussion qui a eu lieu au chapitre IIIe. du régime dotal) (1).

§. I. *De la clause portant que les époux se marient sans communauté.*

1530. La clause portant que les époux se marient sans communauté, ne donne point à la femme le droit d'administrer ses biens, ni d'en percevoir les fruits : ces fruits sont

---

(1) Cet article a été supprimé d'après la discussion qui a eu lieu sur l'article 1554.

CXXXII. *Il y a exclusion totale de la communauté* 1°. *par la clause portant que tous les biens de la femme lui seront dotaux* ; 2°. *par la condition qu'ils lui seront tous paraphernaux* ; 3°. *par la déclaration formelle que les époux se marient sans communauté* ; 4°. *par la clause exprimant que les époux sont séparés de tous biens* ; 5°. *par la disposition mixte, qui, embrassant la totalité des biens de la femme, stipule les uns dotaux, les autres paraphernaux.*

censés apportés au mari pour soutenir les charges du mariage.

(Cet article était le CXXX^e du Projet ; au lieu des mots, *se marient sans communauté*, on y lisait ceux-ci : *que tous les biens de la femme lui seront dotaux*. Ce changement a eu lieu d'après la discussion sur l'article 1554).

1531. Le mari conserve l'administration des biens meubles et immeubles de la femme, et, par suite, le droit de percevoir tout le mobilier qu'elle apporte en dot, ou qui lui échoit pendant le mariage ; sauf la restitution qu'il en doit faire après la dissolution du mariage, ou après la séparation de biens qui serait prononcée par justice.

(Cet art., le CXXXIV^e. du Projet, fut adopté sans discussion).

1532. Si dans le mobilier apporté en dot par la femme, ou qui lui échoit pendant le mariage, il y a des choses dont on ne peut faire usage sans les consommer, il en doit être joint un état estimatif au contrat de mariage, ou il doit en être fait inventaire lors de l'échéance, et le mari en doit rendre le prix d'après l'estimation.

(Cet art., le CXXXV^e. du Projet, fut adopté sans discussion).

1533. Le mari est tenu de toutes les charges de l'usufruit.

(Cet art., le CXXXVI^e. du Projet, fut adopté sans discussion).

1534. La clause énoncée au présent paragraphe ne fait point obstacle à ce qu'il soit convenu que la femme touchera annuellement, sur ses seules quittances, certaine portion de ses revenus pour son entretien et ses besoins personnels.

(Cet article était le CXXXVII^e. du Projet, il y avait dans celui-ci, au commencement : *la stipulation de bien dotaux, ne fait, etc.* ces mots ont été retranchés sans discussion. Voyez l'article 1554).

1535. Les immeubles constitués en dot, dans le cas du présent paragraphe, ne sont point inaliénables.

Néanmoins, ils ne peuvent être aliénés sans le consentement du mari, et, à son refus, sans l'autorisation de la justice.

CXXXVIII. *Les immeubles constitués en dot, même dans le cas du présent paragraphe, ne sont point inaliénables.*

Toute convention contraire est nulle, sauf la stipulation du droit de retour, ou de toutes autres dispositions permises par le Code, notamment par les articles 337 et suivans du troisième livre, ou de la disposition officieuse, selon les formes et dans les cas déterminés par le Code.

(Ces changemens faits ont eu lieu sans discussion).

§. II. *De la clause de séparation de biens.*

1536. Lorsque les époux ont stipulé par leur contrat de mariage qu'ils seraient séparés de biens, la femme conserve l'entière administration de ses biens meubles et immeubles, et la jouissance libre de ses revenus.

(Cet article, le CXXXIX^e. du Projet, fut adopté sans discussion).

1537. Chacun des époux contribue aux charges du mariage, suivant les conventions contenues en leur contrat ; et, s'il n'en existe point à cet égard, la femme contribue à ces charges jusqu'à concurrence du tiers de ses revenus.

(Cet art., le CXL^e. du Projet, fut adopté sans discussion).

1538. Dans aucun cas, ni à la faveur d'aucune stipulation, la femme ne peut aliéner ses immeubles sans le consentement spécial de son mari, ou, à son refus, sans être autorisée par justice.

Toute autorisation générale d'aliéner les immeubles donnée à la femme, soit par contrat de mariage, soit depuis, est nulle.

(Cet art., le CXLI^e. du Projet, fut adopté sans discussion).

1539. Lorsque

1539. Lorsque la femme séparée a laissé la jouissance de ses biens à son mari, celui-ci n'est tenu, soit sur la demande que sa femme pourrait lui faire, soit à la dissolution du mariage, qu'à la représentation des fruits existans, et il n'est point comptable de ceux qui ont été consommés jusqu'alors.

(Cet art., le CXLII^e. du Projet, fut adopté sans discussion).

CHAPITRE III.

DU RÉGIME DOTAL (1).

1540. La dot, sous ce régime comme sous celui du chapitre II, est le bien que la femme apporte au mari pour supporter les charges du mariage.

Séance
du 4 Brumaire
an 12.

(Cet art., le CXLVII^e. du Projet, fut adopté sans discussion).

1541. Tout ce que la femme se constitue ou qui lui est donné en contrat de mariage, est dotal, s'il n'y a stipulation contraire.

(Cet art., le CXLVIII^e. du Projet, fut adopté sans discussion).

SECTION PREMIERE.

DE LA CONSTITUTION DE DOT.

1542. La constitution de dot peut frapper tous les biens présens et à venir de la femme, ou tous les biens présens seulement, ou une partie de ses biens présens et à venir, ou même un objet individuel.

La constitution, en termes généraux, de tous les biens de la femme, ne comprend pas les biens à venir.

(Cet art., le CXLIX^e. du Projet, fut adopté sans discussion).

---

(1) La section IX du chap. IIe. et les art. XLIIIe. (1554) CXLIV^e. (1575) CXLV^e (1576) CXLVI^e. (1578) étaient, dans le Projet, destinés à régir le système dotal; mais d'après la discussion qui eut lieu sur l'art. CXLIII^e (1554), la sect. IX a régi les mariages contractés avec stipulation de non-communauté, et la section de législation présenta les articles du chap. IIIe pour le système dotal.

1543. La dot ne peut être constituée ni même augmentée pendant le mariage.

(Cet article était le CL°. du Projet).

Le consul Cambacérès dit qu'il peut y avoir de l'abus à permettre de constituer un augment de dot en argent, mais qu'il ne conçoit pas pourquoi on le défendrait également en immeubles.

M. Portalis répond que dans le droit écrit on tenait pour maxime que la constitution de dot est un moyen de faciliter le mariage. Cette raison ne peut s'appliquer à ce qui ne serait donné qu'après le mariage même.

Le consul Cambacérès dit que cette théorie paraît devoir céder à des considérations plus décisives. On a permis d'ajouter à la dot des enfans qui avaient été mariés les premiers, parce que si la fortune du père augmente de manière qu'il puisse constituer une dot plus forte aux enfans qu'il marie ensuite, il est juste et prudent de lui donner un moyen d'égaliser tous ses enfans, et de prévenir ainsi les jalousies que l'inégalité de dot pourrait faire naître. On sent cependant que s'il était permis de donner l'augment en argent, il en résulterait peut-être des fraudes et des abus; mais cet inconvénient n'existe pas lorsque l'augment est constitué en immeubles qui tombent sous les mêmes charges et sous les mêmes hypothèques que les biens donnés d'abord.

M. Tronchet répond qu'il y aurait toujours de l'inconvénient en ce que la dot étant inaliénable dans toutes ses parties, et ne pouvant par cette raison être engagée, il en résulterait que, pour se donner un faux crédit, on ne montrerait que le contrat de mariage et non le titre qui constitue l'augment; ainsi les biens avenus de cette dernière manière paraîtraient disponibles et capables de répondre de l'emprunt.

L'article est adopté.

1544. Si les père et mère constituent conjointement une dot, sans distinguer la part de chacun, elle sera censée constituée par portions égales.

Si la dot est constituée par le père seul pour droits paternels et maternels, la mère, quoique présente au contrat, ne sera point engagée, et la dot demeurera en entier à la charge du père.

(Cet article était le CLI°. du Projet).

Le consul Cambacérès, en convenant que la seconde disposition de l'article est reçue dans l'usage, observe que cependant elle a quelque dureté.

M. Portalis dit qu'il est bon qu'il y ait quelque chose de plus que la présence de la mère, pour faire présumer son consentement; car à raison de la subordination de la femme au mari, cette présence pourrait être forcée. Dans l'ancienne jurisprudence, lorsque le père déclarait que la dot était constituée sur les biens paternels et maternels, sans fixer la quotité pour laquelle elle serait imputée sur chacun des deux patrimoines, la dot demeurait tout entière à la charge du père.

L'article est adopté.

1545. Si le survivant des père ou mère constitue une dot pour biens paternels et maternels, sans spécifier les portions, la dot se prendra d'abord sur les droits du futur époux dans les biens du conjoint prédécédé, et le surplus sur les biens du constituant.

(Cet article, le CLII^e. du Projet, fut adopté sans discussion).

1546. Quoique la fille dotée par ses père et mère ait des biens à elle propres dont ils jouissent, la dot sera prise sur les biens des constituans, s'il n'y a stipulation contraire.

(Cet article, le CLIII^{e.} du Projet, fut adopté sans discussion).

1547. Ceux qui constituent une dot, sont tenus à la garantie des objets constitués.

(Cet article, le CLIV^e. du Projet, fut adopté sans discussion).

1548. Les intérêts de la dot courent de plein droit, du jour du mariage, contre ceux qui l'ont promise, encore qu'il y ait terme pour le paiement, s'il n'y a stipulation contraire.

(Cet article, le CLV^e du Projet, fut adopté sans discussion.)

SECTION II.

DES DROITS DU MARI SUR LES BIENS DOTAUX, ET DE L'INALIÉNABILITÉ DU FONDS DOTAL.

1549. Le mari seul a l'administration des biens dotaux pendant le mariage.

Il a seul le droit d'en poursuivre les débiteurs et détenteurs, d'en percevoir les fruits et les intérêts, et de recevoir le remboursement des capitaux.

Cependant il peut être convenu, par le contrat de mariage, que la femme touchera annuellement, sur ses seules quittances, une partie de ses revenus pour son entretien et ses besoins personnels.

(Cet article, le CLVIe. du Projet, fut adopté sans discussion).

1550. Le mari n'est pas tenu de fournir caution pour la réception de la dot, s'il n'y a pas été assujéti par le contrat de mariage.

(Cet article, le CLVIIe. du Projet, fut adopté sans discussion).

1551. Si la dot ou partie de la dot consiste en objets mobiliers mis à prix par le contrat, sans déclaration que l'estimation n'en fait pas vente, le mari en devient propriétaire, et n'est débiteur que du prix donné au mobilier.

(Cet article, le CLVIIIe. du Projet, fut adopté sans discussion).

1552. L'estimation donnée à l'immeuble constitué en dot n'en transporte point la propriété au mari, s'il n'y en a déclaration expresse.

(Cet article, le CLIXe. du Projet, fut adopté sans discussion).

1553. L'immeuble acquis des deniers dotaux n'est pas dotal si la condition de l'emploi n'a été stipulée par le contrat de mariage.

Il en est de même de l'immeuble donné en paiement de la dot constituée en argent.

(Cet article, le CLXe. du Projet, fut adopté sans discussion).

1554. Les immeubles constitués en dot ne peuvent être aliénés ou hypothéqués pendant le mariage, ni par le mari, ni par la femme, ni par les deux conjointement; sauf les exceptions qui suivent:

CXLIII. *Les immeubles constitués en dot, même dans le cas du présent paragraphe (sect. IX du chap. II et chap. III), ne sont point inaliénables. Toute convention contraire est nulle, sauf la stipulation du droit de retour, ou de toutes autres dispositions permises par le Code, notamment par les art. 1048 et suivans, ou de la disposition officieuse* (Voy. la note sous l'art. 1048.); *selon les formes et dans les cas déterminés par le Code.*

Séance du 15 Vendémiaire au 12.

M. Portalis observe que si la dot est déclarée aliénable, le système du pays de droit écrit est entièrement sacrifié, et ceux qui croiront le prendre pour règle de leur association, se trouveront cependant régis par le système coutumier.

M. Berlier répond qu'à la vérité cet article contient une grande dérogation à la loi *Julia*; car, par l'effet de cette loi, le fonds dotal était inaliénable; et l'article proposé ne veut pas même qu'une disposition spéciale puisse le rendre tel : voici les motifs de cette proposition.

L'on a considéré, dit M. Berlier, que la dot d'une femme lui était constituée ou par elle-même, ou par autrui, et notamment par ses parens.

Au premier cas, on a trouvé qu'il était peu conforme au droit de propriété que la femme se privât de ce droit, et s'imposât à elle-même des entraves qui seraient souvent suivies de regrets; l'on a pensé aussi que cette incapacité civile nuirait à la société entière, et n'était qu'une espèce de substitution dont la femme se grevait elle-même.

Au deuxième cas, c'est-à-dire, lorsque la dot est constituée par des parens, ils peuvent stipuler soit un droit de retour, soit les dispositions permises par l'art. 337 du livre Ier. du Code, et, sous ce rapport, leur intérêt est satisfait.

Au surplus, cet article mérite toute l'attention du Conseil.

M. Portalis dit qu'on s'est nécessairement formé une fausse idée de l'inaliénabilité de la dot, lorsqu'on a craint qu'elle ne mît obstacle au droit de retour, et qu'elle ne ramenât les inconvéniens des substitutions.

Et, en effet, l'inaliénabilité n'existe et n'a de résultat que pendant la durée du mariage; elle s'évanouit aussitôt qu'il est dissous. Pendant le mariage, elle a le double objet de conserver la dot à la femme et les fruits de la dot au mari. Sous le premier rapport, elle empêche le mari de disposer seul de la dot sous aucun prétexte, et la femme d'en disposer, même avec le consentement du mari, sans causes légitimes : sous le second, elle interdit à la femme de donner sa dot entre-vifs; mais elle lui laisse la faculté d'en disposer par testament, parce qu'alors la donation n'a d'effets que dans un tems où le mari n'a plus aucun droit aux fruits. Ainsi la dot devenant aliénable après la dissolution du mariage, il est évident que l'inaliénabilité n'a rien de commun ni avec les substitutions, ni avec le droit de retour, qui ne peut avoir lieu qu'à une époque où l'inaliénabilité a cessé.

Le consul Cambacérès dit qu'il n'aperçoit pas les motifs de l'innovation singulière qu'on propose. Il ne voit même pas l'utilité des articles destinés à fixer le système du droit écrit.

D'abord, ils n'énoncent pas à beaucoup près toutes les maximes que le droit écrit consacre. Ensuite, il suffit d'avoir établi un droit commun, et d'avoir laissé aux parties la liberté de se marier suivant les usages qu'elles préféreront. Elles pourront prendre le droit écrit pour règle de leur mariage. Il n'est pas besoin, pour qu'une telle stipulation ait tous ses effets, d'insérer les dispositions du droit écrit dans le Code civil; mais il ne faut pas non plus l'affaiblir, en dénaturant le système dotal.

M. Treilhard dit qu'il sera difficile de concilier l'inaliénabilité de la dot avec l'intérêt du commerce et l'abolition des substitutions. Pourquoi, de tous les biens qui existent, ceux qui sont dotaux sont-ils seuls soustraits à la circulation? L'inaliénabilité en assurera le retour à la famille; mais cet intérêt est faible aux yeux du législateur. L'obligation de doter est imposée au père par le droit naturel : elle est dégagée de toute condition et de toute espérance de retour.

Au reste, même dans les pays de droit écrit, on a si bien reconnu que l'inaliénabilité de la dot était impossible, qu'on l'a modifiée par une foule d'exceptions.

Dans les pays coutumiers, on connaissait aussi une dot, et cependant on n'y connaissait pas les précautions imaginées par le droit romain pour en assurer la conservation; on y pourvoyait par des moyens moins extraordinaires.

Le consul Cambacérès dit que le principe de l'inaliénabilité n'a jamais été modifié que par deux exceptions qui même étaient controversées. La dot ne pouvait être aliénée que pour racheter le mari de l'esclavage et pour payer les dettes pour lesquelles il était retenu en prison : encore, dans le dernier cas, fallait-il qu'il ne pût se dégager par la cession de biens.

L'inaliénabilité, au surplus, n'est pas établie pour ramener la dot dans la main du père, mais pour conserver le fonds affecté aux charges du mariage, et le patrimoine des enfans.

Le Conseil adopte le principe de l'inaliénabilité de la dot.

CONTRAT DE MARIAGE. 439

M. Berlier demande qu'on exprime qu'il sera permis de déroger à ce principe par une stipulation.

Cet amendement est adopté.

M. Treilhard demande si le principe de l'inaliénabilité de la dot sera également appliqué à ceux qui se marieront suivant les maximes du droit coutumier.

Le Consul ajourne la suite de la discussion, et renvoie à la section les propositions adoptées, en la chargeant de les rédiger en articles.

Séance du 4 Brumaire an 12.

(Voyez la note page 433.)

1555. La femme peut, avec l'autorisation de son mari, ou, sur son refus, avec permission de justice, donner ses biens dotaux pour l'établissement des enfans qu'elle aurait d'un mariage antérieur ; mais si elle n'est autorisée que par justice, elle doit réserver la jouissance à son mari.

(Cet art., le CLXI^e. du Projet, fut adopté sans discussion).

1556. Elle peut aussi, avec l'autorisation de son mari, donner ses biens dotaux pour l'établissement de leurs enfans communs.

(Cet art., le CLXII^e. du Projet, fut adopté sans discussion).

1557. L'immeuble dotal peut être aliéné lorsque l'aliénation en a été permise par le contrat de mariage.

(Cet article, le CLXIII^e. du Projet, fut adopté sans discussion).

1558. L'immeuble dotal peut encore être aliéné avec permission de justice, et aux enchères, après trois affiches,

Pour tirer de prison le mari ou la femme ;

Pour fournir des alimens à la famille dans les cas prévus par les articles 203, 205 et 206, au titre *du Mariage;*

Pour payer les dettes de la femme ou de ceux qui ont constitué la dot, lorsque ces dettes ont une date certaine antérieure au contrat de mariage ;

Pour faire de grosses réparations indispensables pour la conservation de l'immeuble dotal ;

Enfin lorsque cet immeuble se trouve indivis avec des tiers, et qu'il est reconnu impartageable.

Dans tous ces cas, l'excédant du prix de la vente au-dessus des besoins reconnus restera dotal, et il en sera fait emploi comme tel au profit de la femme.

(Cet article était le CLXIV^e. du Projet).

Le consul CAMBACÉRÈS dit que les causes qui rendront la dot aliénable sont énoncées d'une manière trop vague et trop générale. Si le mari ne se trouve en prison que pour raison d'un délit ou pour dettes contractées au jeu, il ne serait pas juste que la dot de la femme servît à l'en tirer.

Elle ne doit pas non plus être employée à fournir des alimens à la famille : c'est sur les revenus et non sur les capitaux, qu'il faut prendre les alimens.

Il serait utile de faire sentir, dans la rédaction, que la dot ne peut être aliénée que dans le cas de la nécessité la plus impérieuse ; car quoique le mot *peut* dont on s'est servi annonce que l'application de l'article est abandonnée à la sagesse des tribunaux, il serait cependant plus avantageux de resserrer la disposition dans ses justes bornes.

M. PORTALIS répond que la section s'en est référée à la jurisprudence sur l'explication de l'article, mais qu'il est possible de le rendre plus précis.

Le consul CAMBACÉRÈS ajoute à ses premières observations, qu'il conviendrait aussi de réduire l'aliénabilité pour dettes, aux seules dettes contractées antérieurement au mariage et constatées par un acte authentique.

Les observations du Consul sont adoptées et renvoyées à la section.

(Néanmoins l'article est resté le même).

1559. L'immeuble dotal peut être échangé, mais avec le consentement de la femme, contre un autre immeuble de même valeur, pour les quatre cinquièmes au moins, en justifiant de l'utilité de l'échange, en obtenant l'autorisation en justice, et d'après une estimation par experts nommés d'office par le tribunal.

Dans ce cas, l'immeuble reçu en échange sera dotal ; l'excédant du prix, s'il y en a, le sera aussi, et il en sera fait emploi comme tel au profit de la femme.

(Cet article n'avait point d'analogue dans le Projet, il a été ajouté sans discussion.)

1560. Si

1560. Si, hors les cas d'exception qui viennent d'être expliqués, la femme ou le mari, ou tous les deux conjointement, aliènent le fonds dotal, la femme ou ses héritiers pourront faire révoquer l'aliénation après la dissolution du mariage, sans qu'on puisse leur opposer aucune prescription pendant sa durée : la femme aura le même droit après la séparation de biens.

Le mari lui-même pourra faire révoquer l'aliénation pendant le mariage, en demeurant néanmoins sujet aux dommages et intérêts de l'acheteur, s'il n'a pas déclaré dans le contrat que le bien vendu était dotal.

CLXV. *Si, hors les cas d'exception qui viennent d'être expliqués, la femme, ou le mari, ou tous les deux conjointement, aliènent le fonds dotal, l'aliénation sera radicalement nulle.*

La femme ou ses héritiers pourront la faire révoquer après la dissolution du mariage, sans qu'on puisse leur opposer aucune prescription pendant sa durée.

Le mari lui-même pourra faire révoquer l'aliénation pendant le mariage, en demeurant néanmoins sujet aux dommages et intérêts de l'acheteur, pourvu que celui-ci ait ignoré le vice de l'achat.

M. BERLIER observe que la troisième partie de cet article lui paraît inadmissible : cette disposition suppose que l'acheteur a ignoré le vice de l'achat, et le considère comme de bonne foi.

Cependant elle permet de l'exproprier; et à qui cette permission est-elle donnée? Au mari et durant le mariage.

Qu'après la dissolution du mariage, cette action appartienne à la femme ou à ses héritiers, cela est juste ; mais convient-il que le mari, tant que la jouissance dure, et le mari qui a vendu de mauvaise foi, puisse lui-même exproprier l'acquéreur, en lui payant des dommages-intérêts?

Puisqu'il est sujet à des dommages-intérêts, il ne devrait pas être autorisé à revenir contre son propre fait ; *quem de evictione tenet actio, eumdem agentem repellit exceptio.* La disposition proposée est directement contraire à cette maxime.

M. PORTALIS répond que la disposition n'est que pour le cas où il y a nullité absolue. Il est permis à tous de faire valoir ces sortes de nullités. L'acheteur ne mérite aucun intérêt ; c'est par sa légèreté qu'il se trouve trompé ; il doit s'imputer de n'avoir pas pris des renseignemens suffisans : d'ailleurs il est difficile qu'il n'ait pas profité de la nécessité ou de la prodigalité du mari, car celui-ci n'a certainement pu que faire une mauvaise affaire. Cependant comme il est le chef de la société conjugale, qu'il doit pourvoir à la subsistance de la femme et des enfans, et que la dot est constituée pour la leur fournir, on ne peut lui refuser le droit de faire valoir la nullité.

M. Pelet dit que cependant il serait juste de soumettre le mari à des dommages-intérêts envers l'acheteur.

M. Portalis répond que l'acheteur a connu ou n'a pas connu le vice de la vente; s'il ne l'a pas connu, le mari lui doit des dommages et intérêts; s'il l'a connu, il devient le complice du mari et ne mérite aucun ménagement.

M. Pelet dit que, même dans ce dernier cas, il a pu acheter dans la persuasion que la vente se réduirait pour lui en dommages et intérêts.

M. Portalis répond que la vente ne peut produire aucun effet, puisque la dot doit être rendue en nature.

M. Maleville dit que la question est décidée par la disposition qui déclare la vente radicalement nulle. Lorsqu'un acte est ainsi qualifié par la loi, il est comme s'il n'existait pas, et ne peut être opposé à personne; tels sont les principes également admis dans les pays coutumiers et dans ceux de droit écrit.

L'article est adopté.

(Les changemens qu'il a subis n'ont donné lieu à aucune autre discussion).

1561. Les immeubles dotaux non déclarés aliénables par le contrat de mariage, sont imprescriptibles pendant le mariage, à moins que la prescription n'ait commencé auparavant.

Ils deviennent néanmoins prescriptibles après la séparation de biens, quelle que soit l'époque à laquelle la prescription a commencé.

CLXVI. *Le fonds dotal est imprescriptible pendant le mariage, à moins que la prescription n'ait commencé auparavant.*

Le consul Cambacérès trouve quelque obscurité dans la fin de cet article. Le mari pourrait, par un concert frauduleux, laisser accomplir la prescription commencée avant le mariage. Il conviendrait de régler, d'une manière plus précise, l'application de l'article.

M. Portalis dit qu'on peut, sans inconvénient, appliquer le principe de l'imprescriptibilité absolue aux biens spécifiés par le contrat ; mais que dans l'article on n'a eu en vue que les actions plus obscures et moins connues. La prescription qui peut les atteindre, ne doit pas commencer pendant le mariage ; mais si elle a commencé avant, il serait injuste d'imputer au mari seul une négligence dont sont également coupables ceux qui n'ont point interrompu la prescription plutôt.

Le consul Cambacérès dit qu'alors il est nécessaire d'exprimer cette distinction dans l'article.

M. Tronchet attaque l'article comme contraire aux principes de l'imprescriptibilité, laquelle doit être absolue. Tout au plus peut-on déclarer la prescription suspendue pendant la durée du mariage, comme dans le cas de la minorité.

M. Treilhard dit que cette suspension aurait des effets extraordinaires : car si la prescription avait commencé trois ans avant le mariage, et si le mariage avait duré cinquante ans, il en résulterait qu'elle ne s'accomplirait que vingt-sept ans après la dissolution, et qu'ainsi l'action aurait duré quatre-vingts ans.

Le consul Cambacérès dit que l'article a certainement besoin d'explication. Déjà M. Portalis a parlé d'une distinction qu'il importe d'exprimer : elle conduit à décider aussi si l'on donnera un recours à la femme contre le mari, pour les actions qu'il aurait laissé prescrire. Il faudra ensuite, si la règle générale proposée par M. Tronchet est modifiée, déterminer les modifications dont elle est susceptible.

L'article est renvoyé à la section.

(Les changemens qu'il a subis n'ont plus donné lieu à aucune discussion).

1562. Le mari est tenu, à l'égard des biens dotaux, de toutes les obligations de l'usufruitier.

Il est responsable de toutes prescriptions acquises et détériorations survenues par sa négligence.

(Cet article, le CLXVII⁰. du Projet, fut adopté sans discussion).

1563. Si la dot est mise en péril, la femme peut poursuivre la séparation de biens, ainsi qu'il est dit aux articles 1443 et suivans.

(Cet article, le CLXVIII⁰. du Projet, fut adopté sans discussion).

SECTION III.

DE LA RESTITUTION DE LA DOT.

1564. Si la dot consiste en immeubles,

Ou en meubles non estimés par le contrat de mariage, ou bien mis à prix, avec déclaration que l'estimation n'en ôte pas la propriété à la femme,

Le mari ou ses héritiers peuvent être contraints de la restituer sans délai, après la dissolution du mariage.

(Cet art., le CLXIXe. du Projet, fut adopté sans discussion).

1565. Si elle consiste en une somme d'argent,

Ou en meubles mis à prix par le contrat, sans déclaration que l'estimation n'en rend pas le mari propriétaire,

La restitution n'en peut être exigée qu'un an après la dissolution.

(Cet article, le CLXXe. du Projet, fut adopté sans discussion).

1566. Si les meubles dont la propriété reste à la femme ont dépéri par l'usage et sans la faute du mari, il ne sera tenu de rendre que ceux qui resteront, et dans l'état où ils se trouveront.

Et néanmoins la femme pourra, dans tous les cas, retirer les linges et hardes à son usage actuel, sauf à précompter leur valeur lorsque ces linges et hardes auront été primitivement constitués avec estimation.

(Cet article était le CLXXIe. du Projet).
(Le deuxième paragraphe y a été ajouté sans discussion).

1567. Si la dot comprend des obligations ou constitutions de rente qui ont péri, ou souffert des retranchemens qu'on ne puisse imputer à la négligence du mari, il n'en sera point tenu, et il en sera quitte en restituant les contrats.

(Cet article, le CLXXIIe. du Projet, fut adopté sans discussion).

1568. Si un usufruit a été constitué en dot, le mari ou ses héritiers ne sont obligés, à la dissolution du mariage, que de restituer le droit d'usufruit, et non les fruits échus durant le mariage.

(Cet article, le CLXXIII^e. du Projet, fut adopté sans discussion).

1569. Si le mariage a duré dix ans depuis l'échéance des termes pris pour le paiement de la dot, la femme ou ses héritiers pourront la répéter contre le mari après la dissolution du mariage, sans être tenus de prouver qu'il l'a reçue, à moins qu'il ne justifiât de diligences inutilement par lui faites pour s'en procurer le paiement.

(Cet article, le CLXXIV^e. du Projet, fut adopté sans discussion).

1570. Si le mariage est dissous par la mort de la femme, l'intérêt et les fruits de la dot à restituer courent de plein droit au profit de ses héritiers depuis le jour de la dissolution.

Si c'est par la mort du mari, la femme a le choix d'exiger les intérêts de sa dot pendant l'an du deuil, ou de se faire fournir des alimens pendant ledit tems aux dépens de la succession du mari; mais, dans les deux cas, l'habitation durant cette année et les habits de deuil, doivent lui être fournis sur la succession, et sans imputation sur les intérêts à elle dus.

(Cet article, le CLXXV^e. du Projet, fut adopté sans discussion).

1571. A la dissolution du mariage, les fruits des immeubles dotaux se partagent entre le mari et la femme ou leurs héritiers, à proportion du tems qu'il a duré, pendant la dernière année.

L'année commence à partir du jour où le mariage a été célébré.

(Cet article était le CLXXVIe. du Projet ; on en a retranché sans discussion les mots : *déduction préalablement faite des frais de culture et semence*, qui se trouvaient après ceux *pendant la dernière année*).

1572. La femme et ses héritiers n'ont point de privilége pour la répétition de la dot sur les créanciers antérieurs à elle en hypothèque.

(Cet article, le CLXXVIIe. du Projet, fut adopté sans discussion).

1573. Si le mari était déjà insolvable, et n'avait ni art, ni profession lorsque le père a constitué une dot à sa fille, celle-ci ne sera tenue de rapporter à la succession du père que l'action qu'elle a contre celle de son mari, pour s'en faire rembourser.

Mais si le mari n'est devenu insolvable que depuis le mariage,

Ou s'il avait un métier ou une profession qui lui tenait lieu de bien,

La perte de la dot tombe uniquement sur la femme.

(Cet article, le CLXXVIIIe. du Projet, fut adopté sans discussion).

SECTION IV.

DES BIENS PARAPHERNAUX.

1574. Tous les biens de la femme qui n'ont pas été constitués en dot, sont paraphernaux.

(Cet article, le CLXXIXe. du Projet, fut adopté sans discussion).

1575. Si tous les biens de la femme sont paraphernaux, et s'il n y a pas de convention dans le contrat pour lui faire supporter une portion des charges du mariage, la femme y contribue jusqu'à concurrence du tiers de ses revenus.

CXLIV. *Si tous les biens de la femme sont paraphernaux, et qu'il n'y ait pas de convention dans le contrat pour lui faire supporter une portion des charges du mariage, le mari est censé les avoir assumés en entier pour son compte.*

Le consul CAMBACÉRÈS craint que cet article ne consacre une injustice.

M. BERLIER partage cette opinion. Il dit que déjà on a décidé, par l'article 147, que dans le cas de la simple exclusion de communauté sans soumission au régime dotal, les époux contribuent tous deux aux charges du mariage, et que la même règle devrait s'appliquer ici; mais que la section a cru devoir déférer au vœu des jurisconsultes des pays de droit écrit, invoquant le maintien de leur jurisprudence.

Le consul CAMBACÉRÈS dit que dans le droit écrit, la femme contribuait aux charges du mariage; qu'à défaut de contrat, les tribunaux décidaient dans quelle proportion elle devait les porter; mais que dans le droit qu'on va établir, il faudra nécessairement un contrat pour placer les parties sous le régime dotal; qu'il est donc naturel que la manière dont les charges communes seront portées, soit déterminée par ce contrat.

M. TREILHARD dit que la disposition de l'article a été proposée par les jurisconsultes du pays de droit écrit, qu'on a réunis pour concerter avec eux la partie du titre relatif au régime dotal; que la section n'a point partagé leur opinion, parce qu'il lui a semblé que le mariage établissant une société non seulement de personnes, mais encore d'intérêts, il était juste que les charges fussent réciproques, et que les faire retomber en entier sur un seul des associés, ce serait constituer une société léonine.

Le consul CAMBACÉRÈS ajoute que si le mari était sans fortune, il faudrait bien que la subsistance de la famille fût prise sur les biens de la femme.

M. PORTALIS dit que dans le droit écrit, l'exécution de l'article était subordonnée à la possibilité où était le mari de fournir seul aux charges de mariage.

M. Maleville propose d'étendre au cas dont il s'agit la disposition de l'article.

Cette proposition est adoptée.

1576. La femme a l'administration et la jouissance de ses biens paraphernaux.

Mais elle ne peut les aliéner ni paraître en jugement à raison desdits biens, sans l'autorisation du mari, ou, à son refus, sans la permission de la justice.

(Cet article, le CXLVe. du Projet, fut adopté sans discussion).

1577. Si la femme donne sa procuration au mari pour administrer ses biens paraphernaux, avec charge de lui rendre compte des fruits, il sera tenu vis-à-vis d'elle comme tout mandataire.

(Cet article, le CLXXXe. du Projet, fut adopté sans discussion).

1578. Si le mari a joui des biens paraphernaux de sa femme sans mandat, et néanmoins sans opposition de sa part, il n'est tenu, à la dissolution du mariage, ou à la première demande de la femme, qu'à la représentation des fruits existans, et il n'est point comptable de ceux qui ont été consommés jusqu'alors.

(Cet article, le CXLVIe. du Projet, fut adopté sans discussion).

1579. Si le mari a joui des biens paraphernaux malgré l'opposition constatée de la femme, il est comptable envers elle de tous les fruits tant existans que consommés.

(Cet article, le CLXXXIe. du Projet, fut adopté sans discussion).

1580. Le mari qui jouit des biens paraphernaux, est tenu de toutes les obligations de l'usufruitier.

(Cet article, le CLXXXIIe. du Projet, fut adopté sans discussion).

Dispositions particulières.

1581. En se soumettant au régime dotal, les époux peuvent

vent néanmoins stipuler une société d'acquêts, et les effets de cette société sont réglés comme il est dit aux articles 1498 et 1499.

(Cet article, le CLXXXIV^e. du Projet, fut adopté sans discussion) (1).

---

(1) **CLXXXV**. *Toute clause de soumission au régime dotal doit être affichée en la principale salle de chacun des tribunaux de première instance, dans le ressort desquels se trouvent et le domicile des époux et les immeubles dotaux.*

Faute d'avoir rempli cette formalité, les droits que des tiers pourraient acquérir de bonne foi sur le fonds dotal, seront maintenus, sauf le recours de la femme ou de ses héritiers contre le mari ou ses héritiers.

M. PORTALIS dit qu'il ne voit pas l'utilité de cet article. On ne peut présumer en effet que celui qui achète un bien, ne se fasse pas représenter les titres qui en rendent le vendeur propriétaire. *Nemo debet esse ignarus conditionis illius cum quo contrahit.*

Le consul CAMBACÉRÈS dit que cet article ne donne aucune garantie contre le mari; car s'il néglige la formalité de l'affiche, sans doute la femme négligera également de la remplir. Y obligera-t-on ses parents? Ce serait étendre encore les embarras dans lesquels les familles se trouvent jetées par la loi qui les oblige de former inscription, lorsqu'ils ont concouru à la nomination d'un tuteur.

L'article est retranché.

TITRE VI.

DE LA VENTE.

Décrété le 15 Ventose an 12, promulgué le 25 du même mois.

CHAPITRE PREMIER.

DE LA NATURE ET DE LA FORME DE LA VENTE.

1582. La vente est une convention par laquelle l'un s'oblige à livrer une chose, et l'autre à la payer.

Elle peut être faite par acte authentique, ou sous seing privé.

Séance du 30 Frimaire an 12.

Ier. *La vente est une convention par laquelle l'un s'oblige à livrer une chose, et l'autre à la payer.*

La vente d'un immeuble peut être faite par acte authentique ou sous seing privé.

(L'article fut adopté. Néanmoins, après la conférence tenue avec le Tribunat, les mots d'*un immeuble* qui se trouvent dans la seconde partie de l'article ont été supprimés).

1583. Elle est parfaite entre les parties, et la propriété est acquise de droit à l'acheteur à l'égard du vendeur (1), dès qu'on est convenu de la chose et du prix, quoique la chose n'ait pas encore été livrée ni le prix payé (2).

(Cet article, le IIe du Projet, fut adopté sans discussion).

1584. La vente peut être faite purement et simplement, ou sous une condition soit suspensive, soit résolutoire.

---

(1) Si un immeuble a été successivement vendu à deux individus, le second acquéreur qui a été mis en possession réelle, sera-t-il préféré au premier acquéreur ?

(2) Le tribunal de Caen observait que toujours la vente a été regardée comme *suspensive*, s'il a été stipulé qu'il en serait passé acte par écrit; qu'il serait bon de l'expliquer, parce que l'on pourrait abuser de la généralité de l'article.

Elle peut aussi avoir pour objet deux ou plusieurs choses alternatives.

Dans tous ces cas, son effet est réglé par les principes généraux des conventions.

(Cet article, le IIIe. du Projet, fut adopté sans discussion).

1585. Lorsque des marchandises ne sont pas vendues en bloc, mais au poids, au compte ou à la mesure, la vente n'est point parfaite, en ce sens que les choses vendues sont aux risques du vendeur jusqu'à ce qu'elles soient pesées, comptées ou mesurées; mais l'acheteur peut en demander ou la délivrance, ou des dommages et intérêts, s'il y a lieu, en cas d'inexécution de l'engagement.

IV. *Lorsqu'on vend au poids, au compte ou à la mesure, la vente n'est point parfaite, que la marchandise ne soit pesée, comptée ou mesurée.*

M. Jollivet observe que le principe de cet article, posé d'une manière aussi générale, serait peut-être étendu même aux immeubles, quoique ce fût une fausse application.

Le consul Cambacérès répond qu'il ne peut pas y avoir de méprise, parce que l'article explique clairement que ses dispositions ne concernent que les ventes de marchandises.

M. Bégouen dit que l'application de l'article, quand elle serait réduite à ces termes, ne serait pas exacte dans sa généralité.

M. Galli dit qu'en effet l'article ne peut s'appliquer même aux ventes de marchandises, que lorsqu'elles sont faites sous la condition du mesurage.

M. Jollivet dit que, hors le cas dont il vient d'être parlé, la vente est valable, quoiqu'il y ait défaut de poids ou de mesure.

M. Réal ajoute que l'influence du poids ne produit d'autre effet que de donner au créancier une action pour obliger le vendeur à parfaire.

M. Bérenger dit que l'insuffisance du poids ne vicie pas la vente, la chose vendue fût-elle un corps certain comme est une balle de toile.

L'article n'établirait qu'une exception qui s'appliquerait à très-peu de ventes.

M. Treilhard dit que l'article tel qu'il est rédigé, n'est peut-être pas parfaitement exact, car si l'on achète tout ce qui se trouve dans un magasin à raison de tant la mesure, il ne reste d'incertitude que sur la quotité; la chose et le prix sont déterminés.

Le consul Cambacérès pense que cette opinion est susceptible d'objections. Dans une vente de dix muids de blé, par exemple, la chose n'est au risque de l'acheteur qu'après le mesurage ; c'est ce cas que l'article prévoit et décide.

M. Treilhard convient que cette opinion est exacte ; mais il pense qu'on peut la concilier avec la sienne.

Si l'on achète la totalité des marchandises déposées dans un magasin, la vente est parfaite aussitôt que le prix est convenu.

Si au contraire on achète une certaine quantité des marchandises, non en bloc, mais à la mesure, comme dans l'hypothèse présentée par le Consul, la vente n'est parfaite qu'après que la marchandise a été mesurée et livrée.

Le consul Cambacérès partage cette opinion ; mais ce qui importe, dit-il, c'est de ne pas soumettre le cas de l'article IV à la disposition de l'article II, qui, suivant l'axiome *res perit domino*, met la chose aux risques de l'acheteur du moment que la vente est parfaite.

M. Jollivet pense qu'on pourrait rendre cette idée, en disant que le vendeur est responsable jusqu'à ce que la marchandise ait été pesée ou mesurée.

M. Treilhard dit qu'il suffit d'excepter de l'article le cas où la vente est faite en bloc.

M. Muraire observe que l'article V pourvoit à ce cas.

M. Tronchet dit qu'il est inutile de changer la rédaction, parce que l'article II explique comment une vente devient parfaite.

Le principe de l'article est adopté, et renvoyé à la section pour le rédiger conformément aux distinctions qui ont été faites.

(L'article fut ainsi rédigé :

Lorsque les marchandises ne sont pas vendues en bloc, mais au poids, au compte ou à la mesure, la vente n'est parfaite qu'après que les marchandises ont été pesées, comptées ou mesurées.

(Les changemens qu'il a subis sont le résultat des conférences tenues avec la section du Tribunat).

1586. Si au contraire les marchandises ont été vendues en bloc, la vente est parfaite, quoique les marchandises n'aient pas encore été pesées, comptées ou mesurées.

V. *La disposition de l'article précédent n'a point lieu si les marchandises ont été vendues en bloc.*

(L'article fut adopté, et les changemens qu'il a subis ont eu lieu sans discussion.)

1587. A l'égard du vin, de l'huile, et des autres choses que l'on est dans l'usage de goûter avant d'en faire l'achat, il n'y a point de vente tant que l'acheteur ne les a pas goûtées et agréées.

(Cet article était le VIe. du projet).

M. Miot demande que la disposition de l'article ne s'étende pas au cas où elle se trouve détruite par la convention. On peut, par exemple, acheter un baril d'huile, sans y goûter.

M. Galli répond que l'exception réclamée ayant été érigée en règle générale, il serait aussi inutile qu'embarrassant de la répéter à chacun des articles auxquels elle s'applique.

L'article est adopté.

1588. La vente faite à l'essai est toujours présumée faite sous une condition suspensive.

VII. *La vente faite à l'essai est toujours présumée faite sous une condition suspensive, si le contraire n'est prouvé par la convention.*

L'article est adopté.

(Après les conférences tenues avec la section du Tribunat, les mots *si le contraire*, etc., ont été supprimés).

1589. La promesse de vente vaut vente, lorsqu'il y a consentement réciproque des deux parties sur la chose et sur le prix.

(Cet article, le VIIIe du Projet, fut adopté sans discussion.)

1590. Si la promesse de vendre a été faite avec des arrhes, chacun des contractans est maître de s'en départir,

Celui qui les a données, en les perdant,

Et celui qui les a reçues, en restituant le double (1).

(Cet art., le IXe. du Projet, fut adopté sans discussion.)

---

(1) Le tribunal d'appel de Bruxelles demandait si, lorsque la promesse de vendre aura été faite verbalement avec arrhes qui n'excéderont pas 150 francs, la preuve de la délivrance des arrhes pourra être admise par témoins, pour mettre celui qui les a données dans le cas de les perdre, et celui qui les a reçues dans le cas de restituer le double, sans que de la preuve faite relativement aux arrhes puisse résulter l'obligation d'exécuter la vente?

1591. Le prix de la vente doit être déterminé et désigné par les parties (1).

 X. *Le prix de la vente doit être certain, et consister dans une chose déterminée.*

(Les changemens faits à l'article, ont eu lieu après les conférences tenues avec la section du Tribunat).

1592. Il peut cependant être laissé à l'arbitrage d'un tiers : si le tiers ne veut ou ne peut faire l'estimation, il n'y a point de vente (2).

XI. *Il peut cependant être laissé à l'arbitrage d'un tiers.*

(La fin de l'article a été ajouté après les conférences tenues avec le Tribunat).

1593. Les frais d'actes et autres accessoires à la vente sont à la charge de l'acheteur.

(Cet article, le XIIe. du Projet, fut adopté sans discussion).

CHAPITRE II.

QUI PEUT ACHETER OU VENDRE.

1594. Tous ceux auxquels la loi ne l'interdit pas, peuvent acheter ou vendre.

(Cet art., le XIIIe. du Projet, fut adopté sans discussion).

1595. Le contrat de vente ne peut avoir lieu entre époux que dans les trois cas suivans :

1°. Celui où l'un des deux époux cède des biens à l'autre séparé judiciairement d'avec lui, en paiement de ses droits ;

2°. Celui où la cession que le mari fait à sa femme,

---

(1) Le tribunal d'appel de Grenoble proposait d'ajouter : *Toutes les clauses avantageuses au vendeur, ou onéreuses à l'acheteur, font partie du prix.*

Cette disposition serait utile en cas de l'action en lésion ; et lorsqu'il s'agirait de la clause connue en droit, *in diem, addictione.*

(2) Le tribunal d'appel de Toulouse observait que le cas où la vente aura été convenue suivant *l'estimation d'experts*, n'est pas prévu.

même non séparée, a une cause légitime, telle que le remploi de ses immeubles aliénés, ou de deniers à elle appartenant, si ces immeubles ou deniers ne tombent pas en communauté ;

3°. Celui où la femme cède des biens à son mari en paiement d'une somme qu'elle lui aurait promise en dot, et lorsqu'il y a exclusion de communauté ;

Sauf, dans ces trois cas, les droits des héritiers des parties contractantes, s'il y a avantage indirect.

XIV. *Le contrat de vente ne peut avoir lieu entre époux que dans les trois cas suivans :*

1°. Celui où le mari cède à sa femme, séparée judiciairement d'avec lui, en paiement de ses droits.

2°. Celui où la cession qu'il fait à sa femme, même non séparée, a une cause légitime, telle que le remploi de ses propres aliénés, ou de deniers à elle appartenant qui ne tombent pas en communauté.

3°. Celui où la femme cède des biens à son mari en paiement d'une créance qu'elle lui aurait antérieurement apportée en dot, et lorsqu'il y a exclusion de communauté.

Sauf, dans ces trois cas, les droits des héritiers des parties contractantes, s'il y a avantage indirect.

M. REGNAUD (de Saint-Jean-d'Angely) pense qu'il faudrait expliquer plus clairement au n°. 3 de cet article, qu'il s'agit d'une créance que le mari avait sur sa femme antérieurement au mariage, ou par suite d'une stipulation de son contrat de mariage.

M. TRONCHET répond que ce n'est pas le cas de l'article ; il est rédigé dans l'hypothèse où la femme s'étant constituée en dot une créance qu'elle avait à exercer sur un tiers, n'en a pas reçu le paiement, et a ensuite remplacé son apport par des immeubles.

M. JOLLIVET dit que cependant il serait juste d'étendre l'article au cas dont a parlé M. Regnaud (de Saint-Jean-d'Angely).

M. RÉAL dit qu'on pourrait substituer le mot *somme* au mot créance.

M. TRONCHET propose de supprimer le n°. 3 de l'article, et de rédiger ainsi le n°. 1er. : *celui où l'un des époux cède à l'autre des biens en paiement de ses droits.*

L'article est adopté avec cet amendement.

(Néanmoins le n°. 3 a été maintenu).

1596. Ne peuvent se rendre adjudicataires, sous peine de nullité, ni par eux-mêmes, ni par personnes interposées,

Les tuteurs, des biens de ceux dont ils ont la tutelle;

Les mandataires, des biens qu'ils sont chargés de vendre;

Les administrateurs, de ceux des communes ou des établissemens publics confiés à leurs soins;

Les officiers publics, des biens nationaux dont les ventes se font par leur ministère.

(Cet art., était le XVe. du Projet.)

M. Réal demande si la dernière disposition de cet article empêcherait un préfet de se rendre adjudicataire. Il ne critique point la disposition ainsi entendue, mais il observe qu'elle introduit une innovation.

M. Regnaud (de Saint-Jean-d'Angely) observe que l'article ne s'étend aux préfets et autres administrateurs, que dans le cas où ils font eux-mêmes la vente, ce qui est juste : s'ils veulent se rendre adjudicataires, ils doivent se faire remplacer pour ne pas être juges dans leur propre cause.

M. Dauchy répond qu'il est utile d'appliquer l'article aux préfets, que ce sera le moyen de prévenir les abus possibles, et sur-tout les soupçons.

L'article est adopté.

1597. Les juges, leurs suppléans, les commissaires du gouvernement, leurs substituts, les greffiers, huissiers, avoués, défenseurs officieux et notaires, ne peuvent devenir cessionnaires des procès, droits et actions litigieux qui sont de la compétence du tribunal dans le ressort duquel ils exercent leurs fonctions, à peine de nullité, et des dépens, dommages et intérêts.

(L'article XVIe. du Projet était le même à l'exception des mots *et notaires*, qui se trouvent à la suite des mots *défenseurs officieux*, et qui ont été ajoutés après les conférences tenues avec la section du Tribunat).

Cet article fut adopté sans discussion.

CHAPITRE

VENTE.

CHAPITRE III.

DES CHOSES QUI PEUVENT ETRE VENDUES.

1598. Tout ce qui est dans le commerce, peut être vendu lorsque des lois particulières n'en ont pas prohibé l'aliénation.

(Cet article, le XVIIe. du Projet, fut adopté sans discussion).

1599. La vente de la chose d'autrui est nulle : elle peut donner lieu à des dommages et intérêts lorsque l'acheteur a ignoré que la chose fût à autrui (1).

XVIII. *La vente de la chose d'autrui, encore qu'elle soit qualifiée telle dans le contrat, est nulle, et n'est point obligatoire. Cependant le vendeur sera toujours obligé à la restitution du prix avec les intérêts.*

M. TREILHARD demande le retranchement de ces mots *qualifiée telle*, parce que l'esprit de l'article est de prononcer la nullité de la vente dans tous les cas.

M. TRONCHET dit que le droit romain valide ces sortes de ventes, pourvu qu'il soit prouvé que le vendeur n'ignorait pas que la chose ne lui appartenait pas. De cette condition naissent des questions très-difficiles à résoudre. On a voulu les prévenir par ces mots *qualifiée telle dans le contrat*. On a voulu également écarter les subtilités du droit romain, car il est ridicule de vendre la chose d'autrui.

M. BERLIER dit que la vente de la chose d'autrui est indubitablement nulle, soit qu'on l'ait ou non *qualifiée telle*, et qu'ainsi le retranchement de ces mots est très-justement demandé, en ce que cette circonstance ne peut influer sur la validité ou l'invalidité du contrat.

Mais il est un point de vue ultérieur sous lequel la distinction devient utile et raisonnable ; c'est pour régler les suites de l'inexécution.

Si le vice a été énoncé, il suffira sans doute que le prix soit restitué à l'acheteur avec intérêt, car il y a eu faute commune, ou, en tout cas, celui-ci a sciemment couru la chance.

Mais si le vice n'a pas été énoncé, le vendeur qui a surpris la bonne-foi de l'acquéreur, lui doit des dommages intérêts.

---

(1) Les tribunaux d'appel d'Orléans et de Toulouse proposaient d'excepter le cas où le vendeur aurait promis de faire ratifier la vente par les propriétaires.

C'est ce que l'article devrait dire au lieu de ce qui y est exprimé.

M. Defermon observe qu'il peut arriver cependant qu'une mère tutrice, pour libérer ses mineurs de la manière la moins onéreuse, vende des propriétés qui lui sont communes avec eux, en leur réservant des propriétés plus utiles; qu'alors il serait contre l'intérêt des mineurs de déclarer nulle une semblable vente.

M. Tronchet répond que cette mère n'a point vendu la chose d'autrui, puisque sa qualité de tutrice lui donnait le droit de vendre les biens du mineur, en garantissant la vente.

Le consul Cambacérès craint que le principe que la vente de la chose d'autrui est nulle, n'embarrasse dans beaucoup de cas, s'il est posé d'une manière trop absolue. Cette raison détermine le Consul à penser qu'il convient de laisser subsister la disposition du droit romain, pour l'hypothèse où la chose vendue n'a pas été annoncée dans le contrat comme appartenant à un tiers; qu'ainsi, l'article peut être adopté tel qu'il est rédigé.

M. Tronchet dit que le propriétaire qui n'a point exprimé qu'il vendait la chose d'autrui, doit être réputé n'avoir pas su cette circonstance; mais celui qui l'a énoncée, s'est soumis à des dommages-intérêts, quoique la vente soit nulle.

Le consul Cambacérès demande s'il les doit, même lorsque la chose a péri.

M. Tronchet répond que la perte de la chose ne change rien à l'engagement du vendeur, car, dès le principe, il était dans l'impuissance de livrer la chose vendue; or, c'est de cette impuissance, qui rendait le contrat inexécutable, que naît l'obligation de payer des dommages-intérêts.

M. Treilhard dit que tant que la chose existe, il est absolument possible de la livrer, mais que cette possibilité cesse lorsque la chose périt, et qu'alors il faut se régler suivant les circonstances, ainsi qu'il est expliqué au titre des *Contrats et des Obligations conventionnelles en général.*

L'article est adopté; les changemens qu'il a éprouvés ont eu lieu après les conférences tenues avec la section du Tribunat.

1600. On ne peut vendre la succession d'une personne vivante, même de son consentement.

(Cet article, le XIXe. du Projet, fut adopté sans discussion).

1601. Si au moment de la vente la chose vendue était périe en totalité, la vente serait nulle.

VENTE.

Si une partie seulement de la chose est périe, il est au choix de l'acquéreur d'abandonner la vente, ou de demander la partie conservée, en faisant déterminer le prix par la ventilation.

(Cet article était le XXe. du Projet).

M. REGNAUD (de Saint-Jean-d'Angely) objecte que lorsqu'on achète un vaisseau actuellement en mer, la vente est valable, quoique le bâtiment eût péri au moment où elle a été consommée.

M. BÉRENGER dit que si la règle posée par cet article est générale, il est nécessaire de la modifier par une exception en faveur du commerce, où très-souvent on vend par courtiers des marchandises dont on n'est point actuellement propriétaire.

M. TRONCHET rappelle qu'il a été convenu que les dispositions du Code civil ne s'appliquent point aux affaires du commerce. Ainsi les objections de M. Regnaud (de Saint-Jean-d'Angely) et de M. Bérenger sont également sans objet.

M. PORTALIS dit que dans le commerce même, il faut une matière aux contrats de vente. Or, il n'y a point de contrat, lorsque le navire vendu est péri avant la vente; la vente est pour ce cas soumise aux mêmes principes que le contrat d'assurance. Toute réserve des usages particuliers au commerce ne doit donc pas être admise pour le cas dont il s'agit. Dans le commerce aussi, il ne peut y avoir de vente sans une matière qui en soit l'objet. A la vérité, la bonne-foi du vendeur l'exempte de payer des dommages-intérêts, mais il serait absurde que le contrat de vente fût tout à l'avantage du vendeur, et que l'acheteur payât un prix pour ce qui n'existe pas.

M. Portalis ajoute que trois fois cette question a été jugée au parlement d'Aix, d'après ses défenses ou sur ses consultations.

Au reste, la règle générale posée par l'article ne peut pas être altérée par les usages du commerce, lesquels d'ailleurs se diversifient à l'infini, suivant les localités.

M. BÉGOUEN dit que quand on vend un navire en voyage, l'acheteur se charge indéfiniment des risques; mais les négocians, dans leurs conventions, s'expliquent toujours de manière à prévenir l'abus de cet usage: on ne vend ordinairement qu'avec la police d'assurance.

MM. REGNAUD (de Saint-Jean-d'Angely) et BÉGOUEN observent que M. Portalis a présenté des principes entièrement opposés à ceux généralement suivis en pareil cas; qu'au surplus il a été reconnu que l'article ne s'applique point au commerce, qu'ainsi il n'y a point de difficulté à l'adopter.

L'article est adopté.

CHAPITRE IV.

DES OBLIGATIONS DU VENDEUR.

SECTION PREMIERE.

DISPOSITIONS GÉNÉRALES.

1602. Le vendeur est tenu d'expliquer clairement ce à quoi il s'oblige.

Tout pacte obscur ou ambigu s'interprète contre le vendeur.

(Cet article était le XXIe. du Projet).

M. Tronchet voudrait que la rédaction de cet article fût changée, et fît apercevoir que sa disposition est fondée sur ce que le vendeur était obligé de s'expliquer clairement, même sur les obligations de l'acheteur.

L'article est adopté avec cet amendement, néanmoins on n'a rien changé à la rédaction.

1603. Il a deux obligations principales, celle de délivrer et celle de garantir la chose qu'il vend.

(Cet article, le XXIIe. du Projet, fut adopté sans discussion).

SECTION II.

DE LA DÉLIVRANCE.

1604. La délivrance est le transport de la chose vendue en la puissance et possession de l'acheteur.

(Cet article, le XXIIIe. du Projet, fut adopté sans discussion).

1605. L'obligation de délivrer les immeubles est remplie de la part du vendeur, lorsqu'il a remis les clefs, s'il s'agit d'un bâtiment, ou lorsqu'il a remis les titres de propriété.

(Cet article, le XXIVe. du Projet, fut adopté sans discussion).

1606. La délivrance des effets mobiliers s'opère,
Ou par la tradition réelle,
Ou par la remise des clefs des bâtimens qui les contiennent,
Ou même par le seul consentement des parties, si le transport ne peut pas s'en faire au moment de la vente, ou si l'acheteur les avait déjà en son pouvoir à un autre titre.
(Cet art. le XXVe. du Projet, fut adopté sans discussion).

1607. La tradition des droits incorporels se fait, ou par la remise des titres, ou par l'usage que l'acquéreur en fait du consentement du vendeur.
(Cet art. le XXVIe. du Projet, fut adopté sans discussion).

1608. Les frais de la délivrance sont à la charge du vendeur, et ceux de l'enlèvement à la charge de l'acheteur, s'il n'y a eu stipulation contraire.
(Cet art., le XXVIIe. du Projet, fut adopté sans discussion).

1609. La délivrance doit se faire au lieu où était, au tems de la vente, la chose qui en a fait l'objet, s'il n'en a été autrement convenu.
(Cet art., le XXVIIIe. du Projet, fut adopté sans discussion).

1610. Si le vendeur manque à faire la délivrance dans le tems convenu entre les parties, l'acquéreur pourra, à son choix, demander la résolution de la vente, ou sa mise en possession, si le retard ne vient que du fait du vendeur.
(Cet art., le XXIXe. du Projet, fut adopté sans discussion).

1611. Dans tous les cas, le vendeur doit être condamné aux dommages et intérêts, s'il résulte un préjudice pour l'acquéreur, du défaut de délivrance au terme convenu.
(Cet art., le XXXe. du Projet, fut adopté sans discussion).

1612. Le vendeur n'est pas tenu de délivrer la chose, si

l'acheteur n'en paie pas le prix, et que le vendeur ne lui ait pas accordé un délai pour le paiement.

(Cet article, le XXXI⁰. du Projet, fut adopté sans discussion).

1613. Il ne sera pas non plus obligé à la délivrance, quand même il aurait accordé un délai pour le paiement, si, depuis la vente, l'acheteur est tombé en faillite ou en état de déconfiture, en sorte que le vendeur se trouve en danger imminent de perdre le prix ; à moins que l'acheteur ne lui donne caution de payer au terme.

(Cet article, le XXXII⁰. du Projet, fut adopté sans discussion).

1614. La chose doit être délivrée en l'état où elle se trouve au moment de la vente.

Depuis ce jour, tous les fruits appartiennent à l'acquéreur (1).

(Cet art., le XXXIII⁰. du Projet, fut adopté sans discussion).

1615. L'obligation de délivrer la chose comprend ses accessoires et tout ce qui a été destiné à son usage perpétuel (2).

---

(1) L'article XXXV du Projet soumis aux tribunaux était ainsi conçu : *La chose doit être délivrée dans l'état où elle se trouve au moment de la vente.*

Depuis ce jour, tous les fruits pendans appartiennent à l'acquéreur, quoique les fonds eussent été ensemencés par un tiers, si le vendeur ne les a réservés, sauf le recours de ce tiers contre le vendeur.

Le tribunal d'appel de Montpellier observait que le principe posé que les fruits sont la propriété de l'acquéreur, blesse évidemment l'équité naturelle ; car si le droit d'un tiers sur ces fruits, tel que l'acheteur de ces mêmes fruits, le fermier partiaire ou à prix fixe, etc. est antérieur à celui de l'acquéreur du fonds, on ne voit pas sur quel fondement doit cesser ici la règle d'équité naturelle, *qui prior est tempore, prior est jure.*

Le tribunal de Lyon proposait de supprimer la fin de l'article, à partir des mots *quoique le fonds*, et d'ajouter *à la charge des impositions de l'année, du droit colonique, des frais de culture, du prix des semences, s'ils sont dus, sauf son recours contre le vendeur, dans le cas où il aurait déclaré les avoir payés* ; sinon il y aurait contradiction avec le titre du privilége sur les meubles.

(2) Le tribunal de Lyon observait que les mots *accessoires, destination à usage perpétuel*, avaient besoin d'être déterminés en y ajoutant : « On ne peut réputer accessoires « ou destinés à usage perpétuel, que ce qui est déclaré tel par les lois au titre de la dis- « tinction des biens ».

XXXIV. *L'obligation de livrer la chose comprend ses accessoires, les dépendances sans lesquelles elle serait inutile, et tout ce qui a été destiné à son usage perpétuel.*

M. Jollivet propose d'ajouter à ces mots *elle serait inutile*, ceux-ci : *ou se trouverait détériorée.*

M. Galli pense que cette rédaction présenterait une idée trop vague, en ce qu'elle ne spécifierait pas le degré de détérioration.

M. Treilhard dit qu'il s'agit d'une détérioration telle, que la chose ne puisse plus servir à l'usage pour lequel elle a été achetée.

M. Berlier dit qu'on peut se dispenser de peser la valeur de ces expressions, quand celles qui précèdent sont claires et suffisantes.

La chose et ses accessoires, tout est compris dans ces deux mots ; on peut donc retrancher ceux qui ne font qu'embarrasser la disposition et l'obscurcir.

L'article est adopté avec cet amendement.

1616. Le vendeur est tenu de délivrer la contenance telle qu'elle est portée au contrat, sous les modifications ci-après exprimées.

(Cet art., le XXXVe. du Projet, fut adopté sans discussion).

1617. Si la vente d'un immeuble a été faite avec indication de la contenance, à raison de tant la mesure, le vendeur est obligé de délivrer à l'acquéreur, s'il l'exige, la quantité indiquée au contrat ;

Et si la chose ne lui est pas possible, ou si l'acquéreur ne l'exige pas, le vendeur est obligé de souffrir une diminution proportionnelle du prix.

(Cet article, le XXXVIe du Projet, fut adopté sans discussion).

1618. Si, au contraire, dans le cas de l'article précédent, il se trouve une contenance plus grande que celle exprimée au contrat, l'acquéreur a le choix de fournir le supplément du prix, ou de se désister du contrat, si l'excédant est d'un vingtième au-dessus de la contenance déclarée.

(Cet article, le XXXVIIe. du Projet, fut adopté sans discussion).

1619. Dans tous les autres cas,

Soit que la vente soit faite d'un corps certain et limité,

Soit qu'elle ait pour objet des fonds distincts et séparés,

Soit qu'elle commence par la mesure, ou par la désignation de l'objet vendu, suivie de la mesure,

L'expression de cette mesure ne donne lieu à aucun supplément de prix, en faveur du vendeur, pour l'excédant de mesure, ni en faveur de l'acquéreur, à aucune diminution du prix pour moindre mesure, qu'autant que la différence de la mesure réelle à celle exprimée au contrat est d'un vingtième en plus ou en moins, eu égard à la valeur de la totalité des objets vendus, s'il n'y a stipulation contraire.

(Cet article était le XXXVIIIe. du Projet, à l'exception du mot *dixième* qui était dans le sixième alinéa de l'article, à la place du mot *vingtième*).

M. BERLIER dit qu'il trouve la différence de mesure tolérée à une quotité trop forte.

La jurisprudence ne l'avait, jusqu'à nos jours, admise que pour un trentième, et cela seulement lorsque le vendeur s'était servi de l'expression *environ* : ainsi l'attestent *Henrys* et *Bourjon*.

La règle ne doit donc pas être posée de telle sorte que celui qui vend un domaine annoncé contenir cent hectares, soit à l'abri de toutes recherches si le domaine en contient quatre-vingt-dix ; car la vraie limite est celle où cesse la présomption de bonne-foi : or, cette présomption, qui peut être juste quand la différence n'est que d'un vingtième, le sera bien rarement lorsque la différence sera d'un dixième. L'opinant propose donc le vingtième au lieu du dixième, et il observe que cette décision ne nuira point aux stipulations propres à rédimer le vendeur qui aura vendu le fonds *tel qu'il est et se comporte*, ou *sans aucune garantie de contenance*.

De telles clauses sont un appel à la vigilance de l'acheteur, et le supposent instruit ou lui font la loi de s'instruire des détails ; mais quand, au contraire, le vendeur indique la mesure, cette indication devient la règle de l'acheteur et sa garantie ; et c'est bien assez, en ce cas, de souffrir qu'il puisse y avoir différence d'un vingtième entre la quantité promise et celle qui est livrée.

M. JOLLIVET dit que la jurisprudence n'était pas uniforme sur ce point ;
que

que quelquefois on n'a point eu égard à la différence moindre du vingtième, attendu qu'on la passait dans cette mesure aux arpenteurs de l'administration forestière.

M. Galli dit qu'il consent à réduire la différence au vingtième ; que déjà les tribunaux ont fait les observations qui viennent d'être présentées.

M. Tronchet dit que si ce changement est admis, il faut que la différence soit mesurée sur le prix de la vente et non sur l'étendue du terrain.

M. Bigot-Préameneu objecte qu'alors il sera nécessaire de faire une ventilation, et qu'elle sera très-difficile.

M. Tronchet répond qu'elle est cependant indispensable pour reconnaître le dommage que peut souffrir l'acheteur, car il se pourrait faire que la différence entre la contenance déclarée et la contenance réelle, ne portât que sur des terres vagues et de peu de valeur.

M. Bérenger dit qu'en effet si le défaut de mesure ne porte que sur ces sortes de terres, il pourrait se faire que la différence en superficie fût d'un dixième, tandis que dans le prix elle serait à peine d'un centième.

M. Berlier dit qu'il ne faut point ici confondre la valeur et la mesure ; il ne s'agit que de la dernière, et d'une opération très-simple qui doit se terminer la toise à la main.

Au surplus, c'est une vaine supposition que de dire que la différence portera le plus souvent sur les terres *de moindre valeur*, car, pour être quelque chose, il faut exister d'abord, et le débat porte ici sur le défaut même d'existence.

Quel est donc le seul calcul admissible dans notre espèce ? C'est que le défaut de mesure s'applique au tout ou à chacune des espèces renfermées dans le tout, ce qui revient au même.

Ainsi, en admettant que le domaine renferme des terres de trois qualités, et qu'il ne soit que de quatre-vingt-huit hectares au lieu de cent portés dans la vente, la différence, calculée dans le détail, devrait se reporter, non sur une terre de la première, ou de la seconde, ou de la troisième qualité, mais sur toutes et dans une égale proportion : on fait la même chose, et d'une manière beaucoup plus simple, en déduisant pour le *déficit* douze pour cent du prix total.

M. Bigot-Préameneu dit que si la quotité de chaque espèce de terre a été énoncée dans le contrat de vente, il sera facile de reconnaître l'espèce de terre dont la contenance n'est pas suffisante, et d'en parfaire le prix, et qu'alors la différence ne doit pas être prise sur la valeur totale du domaine vendu ; mais si la contenance des terres a été énoncée sans distinction, il est indispensable de prendre la différence sur la totalité de leur valeur, et cette valeur se règle par le prix.

Le Conseil adopte en principe qu'on n'aura égard à la différence que lorsqu'elle sera du *vingtième*, et qu'on l'estimera d'après la valeur des objets vendus.

1620. Dans le cas où, suivant l'article précédent, il y a lieu à augmentation de prix pour excédant de mesure, l'acquéreur a le choix ou de se désister du contrat, ou de fournir le supplément du prix, et ce, avec les intérêts, s'il a gardé l'immeuble.

(Cet article était le XXIXe. du Projet).

M. Tronchet dit qu'en réduisant au vingtième la différence à laquelle on aura égard, il n'est plus nécessaire de donner à l'acquéreur la faculté de se désister du contrat.

Le consul Cambacérès dit qu'en effet ce serait trop favoriser l'inconstance.

M. Defermon dit que les anciennes mesures, quoiqu'elles portassent la même dénomination, étaient cependant très-différentes suivant les lieux ; qu'on laissait aux notaires le soin de les réduire à celles de ces mesures d'après lesquelles on achetait ; que ces évaluations n'étant pas toujours exactes, il en résultait une grande différence dans la contenance ; qu'il y aura encore plus d'erreurs aujourd'hui, où l'on est forcé de convertir en hectares, les mesures des divers pays.

Cependant l'acquéreur qui a épuisé ses moyens pour solder le prix convenu, se trouvera extrêmement embarrassé, s'il est obligé d'y ajouter encore. Il semble donc juste de lui conserver la faculté de renoncer à la vente.

Au surplus, on se règle ordinairement dans l'acquisition d'un domaine, moins sur la mesure exacte de son étendue, que sur son produit, qui est justifié par la représentation des baux.

M. Berlier dit que la difficulté qu'on élève doit peut-être conduire à n'insérer dans l'article XXXVIII, que ce qui touche à l'obligation du vendeur, quand il livre moins que ce qu'il a promis, sauf à régler particulièrement ce qui concerne l'acheteur, quand il y a excédant de mesure.

Une réduction de prix est plus aisée à faire qu'un supplément, et le vendeur est censé mieux connaître l'étendue de son héritage que l'acquéreur ; voilà ce qui différencie les espèces, et ce qui pourrait faire admettre une autre quotité, ou d'autres règles pour le cas d'excédant, mais il n'est point nécessaire de revenir sur la matière qui a été l'objet de la première délibération, s'il est d'une justice évidente que celui qui a promis cent hectares doive en livrer au moins quatre-vingt-quinze, et l'on peut se borner à renvoyer à la section la seconde question, pour la coordonner avec le reste du système.

M. Bérenger dit qu'il conviendrait de réduire la faculté de l'option au cas où il y a excédant de mesure. Afin de ne point soumettre l'acquéreur à une obligation qu'il ne pourrait pas remplir, on lui permettrait de rendre des terres jusqu'à due concurrence.

Le consul Cambacérès dit que l'article devrait être rédigé de manière qu'il laissât aux juges la faculté de décider d'après les circonstances et la situation des parties.

L'article est renvoyé à la section. (Néanmoins il a été conservé tel qu'il était dans le Projet).

1621. Dans tous les cas où l'acquéreur a le droit de se désister du contrat, le vendeur est tenu de lui restituer, outre le prix, s'il l'a reçu, les frais de ce contrat.

(Cet art., le XLe. du Projet, fut adopté sans discussion).

1622. L'action en supplément de prix de la part du vendeur, et celle en diminution de prix ou en résiliation du contrat de la part de l'acquéreur, doivent être intentées dans l'année, à compter du jour du contrat, à peine de déchéance.

(Cet art., le XLIe. du Projet, fut adopté sans discussion).

1623. S'il a été vendu deux fonds par le même contrat, et pour un seul et même prix, avec désignation de la mesure de chacun, et qu'il se trouve moins de contenance en l'un et plus en l'autre, on fait compensation jusqu'à due concurrence (1); et l'action, soit en supplément, soit

(1) Le tribunal de Bordeaux demandait si c'était la compensation des *mesures*, ou la compensation des *valeurs* ? Il pensait que cette dernière était la seule qui ménage également les intérêts du vendeur et de l'acheteur, mais qu'il faudrait l'exprimer.

en diminution du prix, n'a lieu que suivant les règles ci-dessus établies.

(Cet art., le XLIIe. du Projet, fut adopté sans discussion.)

1624. La question de savoir sur lequel, du vendeur ou de l'acquéreur, doit tomber la perte ou la détérioration de la chose vendue avant la livraison, est jugée d'après les règles prescrites au titre *des Contrats ou des Obligations conventionnelles en général.*

(Cet article, le XLIIIe. du Projet, fut adopté sans discussion).

SECTION III.

DE LA GARANTIE.

1625. La garantie que le vendeur doit à l'acquéreur, a deux objets : le premier est la possession paisible de la chose vendue ; le second, les défauts cachés de cette chose ou les vices redhibitoires.

(Cet article, le XLIVe. du Projet, fut adopté sans discussion).

§. I. *De la garantie en cas d'éviction.*

1626. Quoique lors de la vente il n'ait été fait aucune stipulation sur la garantie, le vendeur est obligé de droit à garantir l'acquéreur de l'éviction qu'il souffre dans la totalité ou partie de l'objet vendu, ou des charges prétendues sur cet objet, et non déclarées lors de la vente.

(Cet article, le XLVe. du Projet, fut adopté sans discussion).

1627. Les parties peuvent, par des conventions particulières, ajouter à cette obligation de droit, ou en diminuer l'effet ; elles peuvent même convenir que le vendeur ne sera soumis à aucune garantie.

(Cet article, le XLVIe. du Projet, fut adopté sans discussion).

1628. Quoiqu'il soit dit que le vendeur ne sera soumis

à aucune garantie, il demeure cependant tenu de celle qui résulte d'un fait qui lui est personnel : toute convention contraire est nulle.

(Cet article, le XLVIIe. du Projet, fut adopté sans discussion).

1629. Dans le même cas de stipulation de non-garantie, le vendeur en cas d'éviction est tenu à la restitution du prix,

A moins que l'acquéreur n'ait connu lors de la vente le danger de l'éviction, ou qu'il n'ait acheté à ses périls et risques.

(Cet article, le XLVIIIe. du Projet, fut adopté sans discussion).

1630. Lorsque la garantie a été promise, ou qu'il n'a rien été stipulé à ce sujet; si l'acquéreur est évincé, il a droit de demander contre le vendeur,

1°. La restitution du prix ;

2°. Celle des fruits, lorsqu'il est obligé de les rendre au propriétaire qui l'évince;

3°. Les frais faits sur la demande en garantie de l'acheteur, et ceux faits par le demandeur originaire ;

4°. Enfin les dommages et intérêts, ainsi que les frais et loyaux coûts du contrat.

(Cet article, le XLIXe. du Projet, fut adopté sans discussion).

1631. Lorsqu'à l'époque de l'éviction, la chose vendue se trouve diminuée de valeur, ou considérablement détériorée, soit par la négligence de l'acheteur, soit par des accidens de force majeure, le vendeur n'en est pas moins tenu de restituer la totalité du prix.

(Cet article, le L^e. du Projet, fut adopté sans discussion).

1632. Mais si l'acquéreur a tiré profit des dégradations par lui faites, le vendeur a droit de retenir sur le prix une somme égale à ce profit.

(Cet article, le LIe. du Projet, fut adopté sans discussion).

1633. Si la chose vendue se trouve avoir augmenté de prix à l'époque de l'éviction, indépendamment même du fait de l'acquéreur, le vendeur est tenu de lui payer ce qu'elle vaut au-dessus du prix de la vente.

(Cet article, le LIIe. du Projet, fut adopté sans discussion).

1634. Le vendeur est tenu de rembourser ou de faire rembourser à l'acquéreur, par celui qui l'évince, toutes les réparations et améliorations utiles qu'il aura faites au fonds.

(Cet art. , le LIIIe. du Projet , fut adopté sans discussion).

1635. Si le vendeur avait vendu de mauvaise foi le fonds d'autrui, il sera obligé de rembourser à l'acquéreur toutes les dépenses, même voluptuaires ou d'agrément, que celui-ci aura faites au fonds.

(Cet article, le LIVe. du Projet, fut adopté sans discussion).

1636. Si l'acquéreur n'est évincé que d'une partie de la chose, et qu'elle soit de telle conséquence, relativement au tout, que l'acquéreur n'eût point acheté sans la partie dont il a été évincé, il peut faire résilier la vente.

(Cet article, le LVe. du Projet, fut adopté sans discussion).

1637. Si, dans le cas de l'éviction d'une partie du fonds vendu, la vente n'est pas résiliée, la valeur de la partie dont l'acquéreur se trouve évincé, lui est remboursée suivant l'estimation à l'époque de l'éviction, et non proportionnellement au prix total de la vente, soit que la chose vendue ait augmenté ou diminué de valeur.

(Cet article, le LVIe. du Projet, fut adopté sans discussion).

1638. Si l'héritage vendu se trouve grevé, sans qu'il en ait été fait de déclaration, de servitudes non apparentes, et qu'elles soient de telle importance qu'il y ait lieu de présumer que l'acquéreur n'aurait pas acheté s'il en avait été instruit, il peut demander la résiliation du contrat, si mieux il n'aime se contenter d'une indemnité.

(Cet article, le LVIIe. du Projet, fut adopté sans discussion).

1639. Les autres questions auxquelles peuvent donner lieu les dommages et intérêts résultant pour l'acquéreur de l'inexécution de la vente, doivent être décidées suivant les règles générales établies au titre *des Contrats ou des Obligations conventionnelles en général*.

(Cet article, le LVIIIe. du Projet, fut adopté sans discussion).

1640. La garantie pour cause d'éviction cesse lorsque l'acquéreur s'est laissé condamner par un jugement en dernier ressort, ou dont l'appel n'est plus recevable, sans appeler son vendeur, si celui-ci prouve qu'il existait des moyens suffisans pour faire rejeter la demande (1).

(Cet article, le LIXe. du Projet, fut adopté sans discussion).

§. II. *De la garantie des défauts de la chose vendue.*

1641. Le vendeur est tenu de la garantie à raison des défauts cachés de la chose vendue qui la rendent impropre à l'usage auquel on la destine, ou qui diminuent tellement cet usage, que l'acheteur ne l'aurait pas acquise, ou n'en aurait donné qu'un moindre prix, s'il les avait connus.

(Cet article, le LXe. du Projet, fut adopté sans discussion).

1642. Le vendeur n'est pas tenu des vices apparens et dont l'acheteur a pu se convaincre lui-même.

(Cet article, le LXIe du Projet, fut adopté sans discussion).

---

(1) Le tribunal d'appel de Grenoble proposait d'ajouter un article ainsi conçu : *La subrogation ne donne point d'action en garantie au subrogataire contre le subrogeant, pas même pour la restitution du prix en cas d'éviction, sauf au subrogataire à exercer tous les droits du subrogeant.*

Il observait que le Code ne parle pas de ce principe de droit, quoique d'un fréquent usage pour les mutations des domaines nationaux.

1643. Il est tenu des vices cachés, quand même il ne les aurait pas connus, à moins que dans ce cas il n'ait stipulé qu'il ne sera obligé à aucune garantie.

(Cet article, le LXIIe. du Projet, fut adopté sans discussion).

1644. Dans le cas des articles 1641 et 1643, l'acheteur a le choix de rendre la chose et de se faire restituer le prix, ou de garder la chose et de se faire rendre une partie du prix, telle qu'elle sera arbitrée par experts.

(Cet article, le LXIIIe. du Projet, fut adopté sans discussion).

1645. Si le vendeur connaissait les vices de la chose, il est tenu, outre la restitution du prix qu'il en a reçu, de tous les dommages et intérêts envers l'acheteur.

(Cet article, le LXIVe. du Projet, fut adopté sans discussion).

1646. Si le vendeur ignorait les vices de la chose, il ne sera tenu qu'à la restitution du prix, et à rembourser à l'acquéreur les frais occasionnés par la vente.

(Cet article, le LXVe. du Projet, fut adopté sans discussion).

1647. Si la chose qui avait des vices a péri par suite de sa mauvaise qualité, la perte est pour le vendeur, qui sera tenu envers l'acheteur à la restitution du prix, et aux autres dédommagemens expliqués dans les deux articles précédens.

Mais la perte arrivée par cas fortuit sera pour le compte de l'acheteur.

(Cet article, le LXVIe. du Projet, fut adopté sans discussion).

1648. L'action résultant des vices redhibitoires doit être intentée par l'acquéreur, dans un bref délai, suivant la nature des vices redhibitoires, et l'usage du lieu où la vente a été faite (1).

(Cet article, le LXVIIe. du Projet, fut adopté sans discussion).

---

(1) La plupart des tribunaux d'appel demandaient que l'on fixât un délai uniforme, au

1649. Elle

1649. Elle n'a pas lieu dans les ventes faites par autorité de justice.

(Cet article, le LXVIIIe. du Projet, fut adopté sans discussion).

CHAPITRE V.

DES OBLIGATIONS DE L'ACHETEUR.

1650. La principale obligation de l'acheteur est de payer le prix au jour et au lieu réglés par la vente.

(Cet article, le LXIXe. du Projet, fut adopté sans discussion).

1651. S'il n'a rien été réglé à cet égard lors de la vente, l'acheteur doit payer au lieu et dans le tems où doit se faire la délivrance.

(Cet article, le LXXe. du Projet, fut adopté sans discussion).

1652. L'acheteur doit l'intérêt du prix de la vente jusqu'au paiement du capital, dans les trois cas suivans :

S'il a été ainsi convenu lors de la vente ;

Si la chose vendue et livrée produit des fruits ou autres revenus ;

Si l'acheteur a été sommé de payer (1).

Dans ce dernier cas, l'intérêt ne court que depuis la sommation.

(Cet article, le LXXIe. du Projet, fut adopté sans discussion).

1653. Si l'acheteur est troublé ou a juste sujet de craindre d'être troublé par une action soit hypothécaire,

---

lieu de s'en rapporter à *l'usage des lieux*. Celui de Colmar observait que dans le Pas-de-Calais, l'usage sur ce point varie d'une commune à l'autre. Appellera-t-on *usage* celui d'une seule commune, contraire à l'usage des communes voisines ?

(1) Dans le Projet soumis aux tribunaux, la quatrième partie de l'article portait : « *S'il* (l'acquéreur) *a été sommé* JUDICIAIREMENT *de payer* ».

Le tribunal de cassation proposa de supprimer le mot *judiciairement*, parce que les auteurs du Projet paraissaient avoir voulu ne pas rendre la demande nécessaire pour faire courir les intérêts.

soit en revendication, il peut suspendre le paiement du prix jusqu'à ce que le vendeur ait fait cesser le trouble, si mieux n'aime celui-ci donner caution, ou à moins qu'il n'ait été stipulé que, nonobstant le trouble, l'acheteur paiera.

(Cet article, le LXXIIe. du Projet, fut adopté sans discussion.

1654. Si l'acheteur ne paie pas le prix, le vendeur peut demander la résolution de la vente.

(Cet article, le LXXIIIe. du Projet, fut adopté sans discussion).

1655. La résolution de la vente d'immeubles est prononcée de suite, si le vendeur est en danger de perdre la chose et le prix.

Si ce danger n'existe pas, le juge peut accorder à l'acquéreur un délai plus ou moins long suivant les circonstances.

Ce délai passé sans que l'acquéreur ait payé, la résolution de la vente sera prononcée.

(Cet article, le LXXIVe. du Projet, fut adopté sans discussion).

1656. S'il a été stipulé lors de la vente d'immeubles, que, faute de paiement du prix dans le terme convenu, la vente serait résolue de plein droit, l'acquéreur peut néanmoins payer après l'expiration du délai, tant qu'il n'a pas été mis en demeure par une sommation : mais, après cette sommation, le juge ne peut pas lui accorder de délai (1).

(Cet article, le LXXVe. du Projet, fut adopté sans discussion).

1657. En matière de vente de denrées et effets mobiliers, la résolution de la vente aura lieu de plein droit et

---

(1) Si le vendeur, après l'expiration du délai fixé, a demandé la résolution de la vente, pourra-t-il, avant qu'elle soit prononcée, abandonner sa première demande pour intenter une action en paiement du prix ? *Et vice versâ*, si d'abord il avait demandé le paiement du prix, pourrait-il dans la suite demander la résolution de la vente ?

sans sommation, au profit du vendeur, après l'expiration du terme convenu pour le retirement.

LXXVI. *En matière de vente de marchandises, denrées et effets mobiliers, la résolution de la vente aura lieu de plein droit et sans sommation au profit du vendeur, après l'expiration du terme convenu pour le retirement.*

M. Bégouen observe que cet article serait applicable au commerce, où, cependant aucune vente n'est résiliée sans que l'acheteur ait été mis en demeure de retirer les marchandises. Si l'on s'écartait de cet usage, on donnerait trop d'avantages au vendeur dans le cas où le cours des choses vendues augmenterait.

M. Galli consent à restreindre l'article à la vente des effets mobiliers.

M. Réal dit que la disposition est conforme à ce qui a été décidé par l'article XXXVIII (1139) du titre *des contrats ou des obligations conventionnelles en général*, d'après lequel le débiteur est constitué en demeure sans aucune sommation.

Le consul Cambacérès dit que toute équivoque sera levée par le procès-verbal qui indiquera que l'article n'est point applicable aux affaires de commerce.

M. Defermon dit que cet article paraît mettre l'acheteur à la discrétion du vendeur. Si celui qui a acheté cent barils d'huile ne se présente que trois mois après pour le retirer, le vendeur pourrait le repousser en soutenant que la vente est résiliée. Il faut donc aussi prononcer sur le sort de l'acheteur, et lui accorder également l'avantage de renoncer à la vente, faute par le vendeur d'avoir livré; autrement celui-ci aurait dans tous les tems le droit de réclamer l'exécution du contrat, tandis que l'acheteur en serait privé.

M. Bérenger dit que l'acheteur seul est en faute : c'était à lui à retirer les choses vendues; s'il ne l'a point fait, il a renoncé à la vente : il ne peut pas se faire un titre de sa négligence.

M. Bigot-Préameneu lit l'article XXXVIII du titre *des Contrats ou Obligations conventionnelles en général*, lequel est ainsi conçu :

Le débiteur est constitué en demeure, soit par une sommation ou par un autre acte équivalent, soit par l'effet de la convention, lorsqu'elle porte que sans qu'il soit besoin d'acte, et par la seule échéance du terme, le débiteur sera en demeure.

Le consul Cambacérès dit que cet article est juste; que lorsque le débiteur se trouve interpellé par l'expiration du terme, et qu'il en est averti par la loi, il n'est pas besoin de sommation pour le mettre en demeure.

L'article est adopté (1).

CHAPITRE VI.

DE LA NULLITÉ ET DE LA RÉSOLUTION DE LA VENTE.

1658. Indépendamment des causes de nullité ou de résolution déjà expliquées dans ce titre, et de celles qui sont communes à toutes les conventions, le contrat de vente peut être résolu par l'exercice de la faculté de rachat et par la vileté du prix.

(Cet article était le LXXVIIIe. du Projet).

M. BERLIER observe que les dernières expressions de cet article préjugeraient, si elles étaient irrévocablement adoptées, que la rescision pour lésion aura lieu en matière de vente entre majeurs.

Il paraît convenable à l'opinant d'ajourner l'article, qui n'est d'ailleurs qu'une espèce de préambule, jusqu'à ce que le Conseil ait pris un parti sur la section II du chapitre VI.

L'article est adopté, sauf ce qui sera décidé relativement à la rescision entre majeurs pour cause de lésion.

SECTION PREMIERE.

DE LA FACULTÉ DE RACHAT.

1659. La faculté de rachat ou de réméré est un pacte par lequel le vendeur se réserve de reprendre la chose vendue, moyennant la restitution du prix principal, et le remboursement dont il est parlé à l'article 1673.

(Cet article, le LXXIXe. du Projet, fut adopté sans discussion).

---

(1) L'article LXXVII était ainsi conçu : *Le privilège du vendeur sur la chose vendue, et les cas où il peut la revendiquer à défaut de paiement, sont expliqués au titre VI du présent titre.*

Il fut supprimé après les conférences tenues avec la section du Tribunat.

Le tribunal d'appel de Toulouse observait que le Code ne s'expliquait pas sur le pacte de *préférence*. S'il était admis, il pensait qu'il faudrait fixer le délai de son exercice à la première mutation, et déterminer si l'action serait personnelle ou réelle.

1660. La faculté de rachat ne peut être stipulée pour un terme excédant cinq années.

Si elle a été stipulée pour un terme plus long, elle est réduite à ce terme.

(Cet art., le LXXXe. du Projet, fut adopté sans discussion.)

1661. Le terme fixé est de rigueur, et ne peut être prolongé par le juge.

(Cet art., le LXXXIe. du Projet, fut adopté sans discussion.)

1662. Faute par le vendeur d'avoir exercé son action de réméré dans le terme prescrit, l'acquéreur demeure propriétaire irrévocable.

(Cet article, le LXXXIIe. du Projet, fut adopté sans discussion).

1663. Le délai court contre toutes personnes, même contre le mineur, sauf, s'il y a lieu, le recours contre qui de droit.

(Cet article, le LXXXIIIe. du Projet, fut adopté sans discussion).

1664. Le vendeur à pacte de rachat peut exercer son action contre un second acquéreur, quand même la faculté de réméré n'aurait pas été déclarée dans le second contrat.

(Cet art., le LXXXIVe. du Projet, fut adopté sans discussion).

1665. L'acquéreur à pacte de rachat exerce tous les droits de son vendeur; il peut prescrire tant contre le véritable maître que contre ceux qui prétendraient des droits ou hypothèques sur la chose vendue.

(Cet article, le LXXXVe. du Projet, fut adopté sans discussion).

1666. Il peut opposer le bénéfice de la discussion aux créanciers de son vendeur.

(Cet art., le LXXXVIe. du Projet, fut adopté sans discussion).

1667. Si l'acquéreur à pacte de réméré d'une partie indivise d'un héritage s'est rendu adjudicataire de la totalité sur une licitation provoquée contre lui, il peut obliger le vendeur à retirer le tout lorsque celui-ci veut user du pacte.

(Cet art. le LXXXVIIe. du Projet, fut adopté sans discussion).

1668. Si plusieurs ont vendu conjointement, et par un seul contrat, un héritage commun entre eux, chacun ne peut exercer l'action en réméré que pour la part qu'il y avait.

(Cet art., le LXXXVIIIe. du Projet, fut adopté sans discussion).

1669. Il en est de même si celui qui a vendu seul un héritage a laissé plusieurs héritiers.

Chacun de ces cohéritiers ne peut user de la faculté de rachat que pour la part qu'il prend dans la succession.

(Cet article, le LXXXIXe. du Projet, fut adopté sans discussion).

1670. Mais, dans le cas des deux articles précédens, l'acquéreur peut exiger que tous les covendeurs ou tous les cohéritiers soient mis en cause, afin de se concilier entre eux pour la reprise de l'héritage entier ; et, s'ils ne se concilient pas, il sera renvoyé de la demande.

XC. *Mais, dans le cas des deux articles précédens, l'acquéreur peut exiger, s'il le juge à propos, que tous les covendeurs ou cohéritiers soient mis en cause, afin de se concilier entre eux pour la reprise de l'héritage entier ; faute de ce, il sera renvoyé de la demande.*

M. Defermon demande pourquoi l'action ne passe pas directement à un seul des cohéritiers.

M. Treilhard répond que c'est parce qu'étant dans la succession, elle se partage de droit. Cependant on la met ordinairement au nom d'un seul qui l'exerce en entier.

M. Defermon dit qu'il n'est pas juste de donner à l'acquéreur l'embarras d'appeler tous les cohéritiers.

Le consul Cambacérès propose de dire que chacun d'eux ne pourra l'exercer qu'au nom de tous.

L'article est adopté avec cet amendement.

(Les changemens qu'il a subis ont eu lieu après les conférences tenues avec la section du Tribunat).

1671. Si la vente d'un héritage appartenant à plusieurs n'a pas été faite conjointement et de tout l'héritage ensemble, et que chacun n'ait vendu que la part qu'il y avait, ils peuvent exercer séparément l'action en réméré sur la portion qui leur appartenait;

Et l'acquéreur ne peut forcer celui qui l'exercera de cette manière, à retirer le tout.

(Cet article, le XCIe. du Projet, fut adopté sans discussion).

1672. Si l'acquéreur a laissé plusieurs héritiers, l'action en réméré ne peut être exercée contre chacun d'eux que pour sa part, dans le cas où elle est encore indivise, et dans celui où la chose vendue a été partagée entre eux.

Mais s'il y a eu partage de l'hérédité, et que la chose vendue soit échue au lot de l'un des héritiers, l'action en réméré peut être intentée contre lui pour le tout (1).

(Cet article, le XCIIe. du Projet, fut adopté sans discussion).

1673. Le vendeur qui use du pacte de rachat, doit rembourser non-seulement le prix principal, mais encore les frais et loyaux coûts de la vente, les réparations nécessaires, et celles qui ont augmenté la valeur du fonds, jusqu'à concurrence de cette augmentation. Il ne peut entrer en possession qu'après avoir satisfait à toutes ces obligations.

Lorsque le vendeur rentre dans son héritage par l'effet du pacte de rachat, il le reprend exempt de toutes les charges et hypothèques dont l'acquéreur l'aurait grevé : il

---

(1) Dans le Projet soumis aux tribunaux, l'article XCIV au titre de la vente était ainsi conçu : *Les créanciers du vendeur ne peuvent user de la faculté de réméré qu'il s'est réservée.*

Le tribunal d'appel de Bordeaux observa que si le vendeur n'avait pas d'autre bien, il serait juste d'autoriser les créanciers porteurs d'un titre antérieur à la vente, à user de la faculté de rachat, que le vendeur se serait réservée.

(L'article n'a pas été reproduit).

est tenu d'exécuter les baux faits sans fraude par l'acquéreur.

(Cet article, le XCIII^e. du Projet, fut adopté sans discussion).

SECTION II.

DE LA RESCISION DE LA VENTE POUR CAUSE DE LÉSION.

(La question de savoir si en matière de vente, l'action en rescision pour vileté du prix serait admise, donna lieu à la discussion suivante.

La seconde partie de l'article CC du Projet, au titre des contrats et obligations en général, était ainsi conçue :

A l'égard des majeurs, la lésion ne donne lieu à rescision que dans les actes de vente d'immeubles, et dans les partages. Les causes qui peuvent autoriser cette rescision, les conditions et les effets sont expliqués au titre des successions et de la vente).

Séance du 25 frimaire an 12.

M. BERLIER attaque cette disposition en ce qu'elle préjuge que le majeur pourra être restitué pour lésion dans le prix des immeubles par lui vendus, ce qui tend à faire revivre l'ancienne législation au préjudice de la loi du 14 fructidor an 3.

L'opinant observe qu'on se ferait une fausse idée de cette dernière loi, si l'on ne voulait y voir qu'une loi de circonstance : il est vrai qu'à l'époque où elle fut portée, le discrédit des assignats, et, par une conséquence inévitable, l'extrême mobilité des valeurs appelaient une mesure sans laquelle nulle vente n'offrait de solidité; mais urgente alors, cette loi n'est-elle pas utile à quelque tems qu'on veuille l'appliquer ? M. Berlier prie les partisans de la rescision pour lésion dans le prix, d'observer que dès 1793, c'est-à-dire, à l'époque où les assignats avaient le plus de faveur, tous les projets de code tendaient à l'abolition de cette cause de rescision, et qu'en l'an 5, après la réapparition du numéraire, un nouveau projet de code proposa de confirmer l'abolition prononcée dans l'intervalle. L'opinant lit les motifs de cette proposition dans le discours préliminaire qui fut alors prononcé à la tribune du conseil des Cinq-cents, et conclut de ces observations préliminaires, que l'abolition de la cause de rescision qu'on examine ne fut pas simplement, comme quelques personnes l'ont prétendu, une mesure révolutionnaire et de circonstances, mais une innovation sage et réfléchie, bonne pour tous les tems.

Au surplus, continue M. Berlier, si la restitution des majeurs est tout-à-la-fois à-la-fois contraire à l'essence du contrat de vente, à l'intérêt public, à celui des créanciers de l'acheteur, et enfin à la classe même des vendeurs, on aura prouvé, sans doute, qu'il faut bien se garder de la rétablir; or, telle était l'action qu'on veut faire renaître.

D'abord, ne répugne-t-il pas à la raison que le majeur qui n'allègue ni dol personnel ni violence, puisse faire rescinder son propre contrat, sur le seul fondement qu'il a vendu à trop bon marché? Le devoir du majeur est de contracter avec prudence, et la loi ne lui doit aucun secours contre ses propres actes, quand il n'y a nul délit ni quasi-délit à imputer à la partie avec laquelle il a contracté.

Il y a dit-on, dans le cas posé, un vice radical, *dolus re ipsá* : mais qu'est-ce que cette métaphysique du droit romain, et que prouve-t-elle quand on l'isole des faits propres à l'acheteur; sinon que le vendeur s'est lésé lui-même?

La vente, dit-on encore, est un contrat *commutatif*, qui est blessé dans son essence, si le vendeur ne reçoit pas un prix raisonnable : mais le contrat est-il d'une autre nature pour l'acheteur, et propose-t-on pour lui le bénéfice de restitution, si l'objet vendu est d'une valeur très-inférieure au prix qu'il en a donné?

Le vendeur et l'acheteur sont-ils, sous ce rapport, de conditions différentes? Oui, peut-être; mais alors cette différence est toute en faveur de l'acheteur : car le vendeur est présumé connaître la chose qu'il vend et sa valeur, tandis que l'acheteur n'a souvent, à cet égard, que des documens imparfaits. C'était donc un contre-sens dans la législation romaine, depuis adoptée par nos pères, que de voir, pour lésion d'outre-moitié, le bénéfice de la restitution accordée au vendeur et refusée à l'acheteur.

Comment a-t-on entrepris de colorer cette bizarre distinction? C'est, dit-on, qu'il y a des prix de convenance, et que tel fonds qu'un homme achète pour réunir à d'autres possessions, a pour lui une plus grande valeur qu'il n'aurait pour un autre. Mais qu'est-ce que cette objection, quand on veut l'analyser? Si quelquefois la convenance conduit à acheter plus cher, ne peut-elle aussi conduire à vendre meilleur marché? Tel homme, qui, pour éviter un grand dommage ou se livrer à une utile entreprise, trouve aujourd'hui cinquante mille francs du fonds qu'il eût pu vendre quatre-vingt mille francs un an après, fait aussi une chose de convenance, et dont le résultat peut être plus avantageux, quoiqu'au premier aspect il le paraisse moins.

La distinction qu'on veut établir sous ce rapport pèche donc par la base, et ne justifie pas le privilége accordé au vendeur.

Si ce privilége devait exister pour quelqu'un, ce serait pour l'acheteur, qui communément connaît moins ce qu'il achète, que le vendeur ne connait ce qu'il vend; aussi voit-on que les modernes législateurs de la Prusse ont suivi ce parti, et accordé le bénéfice de la restitution à l'acheteur en le refusant au vendeur.

Pour justifier cette proposition, M. Berlier fait lecture de plusieurs articles du code prussien, notamment des articles 59 et 69 du titre XI, Ire. partie: *Des Titres d'acquisitions de propriété*, etc., lesquels sont ainsi conçus:

59. *Si néanmoins la disproportion (entre le prix de la vente et la valeur de la chose) est si forte que le prix de vente excède le double de la valeur de la chose, elle établit en faveur de l'acheteur la présomption légale d'une erreur qui infirme le contrat.*

69. *Le vendeur ne peut attaquer l'achat sur le fondement que la chose par lui vendue excède du double le montant du prix de la vente.*

L'opinant pense que c'est ce qu'il y aurait de plus raisonnable, si la restitution était admise, et que cette action ne fût point réciproque; si la réciprocité avait lieu, la législation serait moins injuste que par le passé.

Mais il est aisé de faire mieux que tout cela, c'est de n'accorder la restitution ni au vendeur ni à l'acheteur, quand l'un et l'autre sont majeurs; la réciprocité ne sera plus blessée, et le respect dû aux contrats passés sans dol personnel ni violence entre majeurs, sera plus entier, lorsque les deux parties sauront qu'elles ne peuvent ni l'une ni l'autre se jouer de leurs conventions.

M. Berlier examine ensuite tous les inconvéniens de la rescision avant la loi du 14 fructidor an 3.

Elle était contraire à l'agriculture et au commerce; car durant le délai de la rescision, l'acheteur n'osait améliorer le fonds acquis, et cette stagnation était funeste à l'ordre social.

La restitution du majeur était nuisible au crédit; car, par l'effet d'une expertise juste ou injuste, mais toujours arbitraire dans son application, l'acheteur pouvait perdre son acquêt, et ses créanciers leur gage.

Cette restitution était contraire même aux vendeurs considérés en général, quoiqu'elle eût été introduite en leur faveur; car qu'arrivait-il? Que le vendeur un peu lésé se croyait l'être beaucoup, et se déterminaît d'autant plus facilement à plaider, qu'il fondait des chances sur l'arbitraire des expertises et les faiblesses ou l'ignorance des experts. Mais quel était le résultat de ces innombrables et dispendieux procès? Que sur vingt demandes en rescision, il en échouait au moins dix-neuf, et qu'ainsi ceux qui avaient fait de mauvais marchés, achevaient de se ruiner par de mauvais procès.

Quand un si grand nombre d'argumens militent contre la restitution des majeurs pour simple cause de lésion en matière de ventes, que peut-on faire valoir pour la rétablir? *L'ancien usage* ; mais c'était un abus démontré, et quoique cette espèce de rescision nous vînt du droit romain, et spécialement de la loi *rem majoris*, ce serait faire dégénérer le respect pour cette législation en pur esclavage, que de n'oser y toucher dans des points aussi évidemment défectueux.

Dira-t-on, pour autoriser la rescision dont il s'agit, qu'elle est admise pour lésion du tiers au quart, dans les partages entre cohéritiers? Mais d'abord, il y a dans cette dernière espèce un motif d'un ordre supérieur, c'est le maintien de l'égalité entre cohéritiers; d'un autre côté, cette action appartient à chacun des cohéritiers, et non, comme dans la rescision pour vente, à un des contractans : ainsi nulle analogie ni dans les causes, ni dans la substance de l'action ; et ceci implique si peu contradiction, que tous les projets de code, le dernier excepté, et la loi même du 14 fructidor an 3, en rejetant toute rescision pour vente, la maintenaient à l'égard des partages entre cohéritiers.

Opposera-t-on enfin l'intérêt du fisc? Pour écarter cette objection, l'opinant lit les observations du tribunal d'appel de Rouen, et se fortifie des argumens par lesquels ce tribunal repousse l'impolitique proposition des rédacteurs du Projet de Code civil.

M. Berlier termine en observant que, malgré la propension des hommes à réclamer contre ce qui froisse leurs habitudes, l'on n'entend point dans la société réclamer contre l'abolition de l'action dont il s'agit; ainsi le jugement des citoyens a vaincu la routine, et une telle épreuve mérite le respect du législateur même.

Une réflexion enfin qui mérite aussi d'être appréciée par le Conseil, c'est que la lésion d'outre-moitié ne peut guère exister qu'à l'égard de vendeurs obérés, et qu'alors leurs créanciers hypothécaires peuvent surenchérir, et faire ainsi cesser le grief, soit qu'on maintienne la loi de brumaire an 7, soit qu'on en revienne à l'édit de 1771.

Inutile sous ce rapport, injuste dans son organisation projetée, impolitique dans ses effets, la proposition qu'on discute ne doit donc point reparaître parmi nos institutions civiles.

M. Bigot-Préameneu expose les motifs qui ont déterminé la majorité de la section.

Ils sont exprimés dans la loi 8. c. *de rescind. vend.*

Ce n'est pas seulement l'équité qui l'a dictée, c'est l'humanité même : *Rem majoris pretii si tu vel pater tuus minoris distraxerit, humanum est ut vel pretium te restituente emptoribus, fundum venundatum recipias, auctoritate judicis intercedente, vel si emptor elegerit quod deest justo pretio recipias: minus autem pretium esse videtur, si nec dimidia pars veri pretii soluta sit.*

L'équité étant la base de tous les contrats, la loi a dû venir au secours de celui envers lequel le contrat devenait injuste, en le soumettant à une lésion énorme.

Il est vrai qu'elle n'a pas parlé de l'acheteur : *Cujas* en a donné la raison; c'est, dit-il, *quia penès emptorem invidia, penès venditorem inopia.* L'acquéreur assez opulent pour satisfaire des fantaisies, a pu faire des sacrifices au desir d'avoir la chose; le vendeur, au contraire, n'a pu sacrifier une partie de son bien qu'à une nécessité pressante.

La loi qui établit la rescision pour lésion entre majeurs est très-ancienne; elle est universellement reçue, et cependant jamais elle n'a troublé l'ordre public. La loi du 14 fructidor an 3 ne l'abroge pas sous ce rapport, mais parce que sous l'empire du papier-monnaie elle était devenue inexécutable. Au milieu de la décroissance de la monnoie d'alors, on ne pouvait plus déterminer exactement la valeur donnée aux choses. Cette raison est la seule que le rapporteur de la loi du 14 fructidor ait présentée.

On a parlé de l'incertitude que le système de la rescision jette, dit-on, sur la propriété. Mais par le passé il n'a pas eu cet effet; et l'inconvénient sera encore moindre pour l'avenir, puisque la section proposera de réduire l'action à quatre ans.

On objecte que peu de ces actions réussissent. C'est un motif de plus de la maintenir. Un vendeur ne s'exposera à une expertise et à l'embarras d'un procès, que lorsqu'il aura la conviction intime que sa cause est juste. L'opinant ne tire aucune induction de ce qui se pratique à l'égard des partages. Il reconnaît que par rapport à ces actes, la rescision est fondée sur d'autres principes que par rapport à la vente.

Mais il lui semble qu'une disposition dictée par l'humanité et par la justice, qui devient un frein contre la spoliation de l'homme nécessiteux; qui, depuis des siècles, qu'elle existe, n'a pas troublé l'ordre public; dont les effets vont être resserrés dans un délai plus court; contre laquelle il ne s'est élevé de réclamation que de la part d'un seul tribunal, qui n'a été abrogée que par des raisons de circonstance, doit être rétablie, et qu'il n'y a point de motifs pour ne pas revenir aux principes.

Elle ne serait pas suppléée par la sur-enchère, car souvent c'est pour réparer des malheurs et pour ne pas avoir recours aux emprunts, que l'on est contraint de vendre à tout prix. La sur-enchère deviendra une garantie de plus pour les cas où elle pourra être un remède à la lésion.

M. DEFERMON dit que les principes sur lesquels on fonde le rétablissement de la rescision pour lésion d'outre-moitié à l'égard des immeubles, obligeraient de l'accorder également contre la vente des meubles. Les motifs d'équité qu'on fait valoir sont les mêmes dans les deux cas. L'intérêt du vendeur n'est pas moins grand dans l'un que dans l'autre. Celui qui vend à vil prix sa manufacture, nuit autant et quelquefois plus à sa fortune, que celui qui fait des sacrifices sur la valeur de son champ.

Mais entre majeurs, la fraude, la violence, le dol, sont les seules causes qui doivent amener la résolution des contrats.

Avant la révolution, on s'écartait de ce principe, et on admettait la rescision pour cause de lésion, parce que le système de toute la législation tendait à maintenir les biens dans les familles, et principalement dans les mains des seigneurs. C'est dans cet esprit qu'elle avait institué aussi le retrait lignager. Le système est maintenant changé. On a supprimé le retrait lignager par respect pour la foi des contrats, et aussi parce que celui qui se défait de son bien est ordinairement moins en état de le bien cultiver que celui qui l'achète. Ces considérations doivent également écarter la rescision pour cause de lésion entre majeurs.

M. PORTALIS dit que la question est de savoir si l'on doit renoncer au droit qui établit la rescision pour cause de lésion, ou si l'on doit le maintenir; car la législation intermédiaire n'est pas assez affermie, pour qu'on puisse regarder l'ancien droit comme irrévocablement aboli.

On soutient que cet ancien droit blesse également les principes des contrats, l'intérêt public et les convenances : c'est ce qu'il faut examiner.

Les Romains nous ont transmis le principe incontestable que tout contrat infecté de dol ou d'erreur est nul, ou du moins sujet à rescision. La restitution pour cause de lésion n'est que l'application de ce principe. Les Romains ont distingué avec raison deux espèces de dol : le dol personnel, qui résulte de faits particuliers, et le dol réel, *dolus re ipsâ*, qui est prouvé par les clauses et les conditions du contrat même, lesquelles sont telles qu'elles supposent des faits de dol qu'on ne voit pas.

Cette preuve matérielle est plus certaine que celle qu'on pourrait faire par témoins de quelques faits particuliers. La fraude devient évidente lorsqu'il y a une lésion tellement énorme, que jamais un homme raisonnable n'y eût consenti naturellement.

La rescison pour cause de lésion est donc conforme aux principes des contrats.

Mais, dit-on, pourquoi l'action n'est-elle pas accordée à l'acheteur comme au vendeur?

Ceci doit être expliqué.

D'abord, quel est le motif de la rescision? L'équité : *humanum est*, dit la loi. Il serait contre toutes les règles de la justice d'admettre qu'un homme pourra impunément tromper un autre homme. Or, comme l'équité doit être réciproque, on avait depuis long-tems corrigé l'ancienne législation, qui réservait la rescision au vendeur, et on l'avait également accordée à l'acheteur. M. Portalis ajoute qu'il est en état de prouver que sur ce point la jurisprudence de tous les anciens tribunaux de France était uniforme. Il a eu occasion de les recueillir dans une contestation qui lui fut suscitée personnellement. Aussi ne contesta-t-il pas à l'acheteur le droit de demander la rescision; il ne se défendit que sur le fait, et fit vérifier qu'il n'y avait pas de lésion.

On a dû sans doute accorder plus de faveur au vendeur, parce qu'il est possible que la nécessité lui ait arraché des sacrifices involontaires : cependant, comme la nécessité n'est pas la seule cause de la lésion, et que par des manœuvres, le vendeur a pu abuser de la fantaisie de l'acheteur, il est juste qu'en ce cas celui-ci soit également relevé.

On demande quelle raison il y a de distinguer entre les meubles et les immeubles.

C'est parce que la valeur des choses mobilières est elle-même très-mobile. Elle varie chaque jour; et alors comme la lésion ne peut plus résulter du contrat même, *re ipsâ*, la loi se trouve réduite à l'impuissance de discerner et de secourir la partie lésée. La valeur des immeubles, au contraire, ne change pas si brusquement. La loi accorde donc sa protection là où elle peut.

Mais l'intérêt public repousse-t-il, comme on le prétend, la rescision pour cause de lésion?

On a dit sur ce sujet que l'incertitude des propriétés pendant le laps de plusieurs années, empêche de les améliorer, et nuit à la culture, et l'on craint que le rétablissement de la restitution pour cause de lésion, ne produise cet effet désastreux.

Mais si l'on écoutait de telles craintes, il faudrait n'avoir égard à aucune des nullités capables de vicier les contrats, et ainsi l'intérêt des individus serait sacrifié sans réserve au prétendu bien de l'être purement métaphysique, qu'on appelle la société. Ici l'on confond, quant à leur objet, les lois civiles avec les lois politiques. Dans le droit politique, les individus ne sont rien : il s'agit de sauver la chose publique. Dans le droit civil, tout se réduit aux particuliers : chaque individu est considéré comme la société tout entière. Si l'on abolit toutes les nullités, on aura la paix sans doute ; mais quelle paix! Celle de la mort et le silence des tombeaux : d'un côté des trompeurs impunis, de l'autre des trompés sans protection. Le grand intérêt public, celui qui va au cœur, est d'empêcher l'honnête homme d'être surpris.

On a qualifié la loi de loi féodale, de loi de famille : elle n'est rien de tout cela ; c'est une loi d'équité ; *humanum est*. Elle ne bouleverse pas plus la société que l'action du dol ou de l'erreur. Elle la sert, au contraire, en contenant la fraude. Les applaudissemens qu'elle a reçus ont franchi les limites de l'école ; les philosophes aussi, les politiques, en ont loué la justice ; *Voltaire* fait honneur de cette loi au siècle qui l'a vu naître.

M. REGNAUD (de Saint-Jean-d'Angely) dit que la loi sur la rescision a été admise en France dans d'autres circonstances et dans des mœurs différentes. Alors le nombre des propriétaires était petit, les moyens d'échange peu multipliés, le système général, de conserver les biens dans les familles. Aujourd'hui les propriétés sont très-divisées, les moyens d'échange nombreux, la législation sur les propres et sur le retrait est abolie.

La rescision pour lésion n'a donc plus le même objet.

Mais elle aurait, sous le rapport de l'intérêt public, des conséquences désastreuses. Déjà l'on a observé que l'incertitude de la propriété prolongée pendant quatre années, empêcherait d'améliorer les biens, et diminuerait l'intérêt d'en augmenter les produits. Cette objection est demeurée sans réponse. On pouvait ajouter que les améliorations seront d'autant plus négligées, qu'ajoutant à la valeur du bien, elles peuvent faire illusion sur celles qu'il avait au tems de la vente, et faire croire plus facilement à la lésion ; d'ailleurs elles deviendraient elles-mêmes des sujets de contestation. Il faudra, en effet, distinguer celles dont l'acheteur devra être indemnisé ; Il faudra régler la quotité de l'indemnité.

Comment, d'un autre côté, déterminer la lésion? Autrefois on avait des bases à-peu-près fixes pour estimer la valeur des immeubles : maintenant cette valeur ne dépend plus que de l'opinion. On a vu certains biens, un parc, un château, par exemple, être regardés dans un tems comme une propriété avantageuse; dans un autre, comme une propriété à charge. On a vu les immeubles de la même espèce réputés d'une valeur très-différente, suivant qu'ils étaient situés dans des contrées paisibles, ou dans des pays ravagés, soit par la guerre civile, soit par les orages de la révolution. On sait enfin que l'opinion distingue les biens en trois ou quatre classes, sous le rapport de leur origine. Peut-on avoir des idées fixes sur la valeur des immeubles, lorsqu'elle est soumise à tant de variations et à une si grande mobilité? Quel moyen reste alors pour exécuter la loi? Il faut s'abandonner à deux experts qui, opérant chacun dans des sentimens de bienveillance pour la partie par laquelle il a été nommé, ne se mettent jamais d'accord : on est donc forcé d'appeler un sur-expert, et ainsi, un seul homme finit par décider souverainement de cette valeur du bien, qu'il est si difficile d'apprécier.

Qu'on ne dise pas que les circonstances changeront, que les biens prendront enfin une valeur plus fixe. Il s'écoulera peut-être un siècle avant que le changement s'opère et se consolide.

Les circonstances repoussent donc le rétablissement de la rescision pour lésion.

Voici une autre considération encore, qui touche plus immédiatement à l'intérêt public. N'est-il pas à craindre que l'innovation proposée n'affaiblisse la confiance des acquéreurs de domaines nationaux? Sans parler de l'influence qu'elle pourrait avoir dans le commerce sur le prix des domaines déjà vendus, il est naturel de concevoir des inquiétudes pour ceux qui restent à vendre. Si la loi proclame que la lésion peut faire rescinder les ventes, ceux qui se proposent d'acquérir de ces biens, redouteront l'application du principe, quoique dans un avenir éloigné, et sous un autre Gouvernement : or celui qui achète desire que ses enfans soient aussi assurés que lui-même de conserver leur propriété.

Enfin la loi nouvelle serait en contradiction avec les principes adoptés par le Conseil, il y a quelques jours. On a reconnu que, dans les circonstances, il est impossible de fixer le prix de l'argent; on a donc entendu laisser la plus grande latitude sur la valeur des choses ; dès-lors
il

il devient impossible d'admettre un système qui suppose qu'il est facile de la déterminer.

Au reste, ce système donnerait lieu à une infinité de fraudes. Par exemple, dans un moment où les rentes sont sur la place à un taux peu élevé, un propriétaire vend son fonds à bas prix pour en acquérir; il réalise ce placement et se constitue un revenu beaucoup plus fort que celui qu'il tirait de son immeuble : lui permettrait-on ensuite et quand les rentes ont remonté, de revenir sur l'acquéreur pour exiger un supplément de prix?

Le consul CAMBACÉRÈS résume la discussion, et émet son opinion individuelle.

Elle n'est point consignée, dit-il, dans le discours qui précéda au conseil des Cinq-cents la présentation du projet du Code civil. Chacun sait qu'un rapporteur est obligé de se dépouiller de toute opinion personnelle, et de rendre, avec le plus de force qu'il lui est possible, celle de la réunion, au nom de laquelle il porte la parole. Au reste, tout ce que prouve le passage qu'on a cité, c'est qu'on était alors trop près de la loi du 19 fructidor, pour que les motifs qui l'avaient fait décréter eussent perdu l'importance qu'on y avait attachée.

Mais il faut aborder la question en soi.

Pour en trouver la solution, il importe d'écarter d'abord les considérations d'intérêt public, de convenance et autres raisons seulement spécieuses, produits d'une imagination qui s'alarme trop facilement, et souvent de la crainte d'être évincé de propriétés qu'on voudrait retenir.

C'est par les principes seuls que la question doit être traitée.

Déjà ceux qui doivent la résoudre sont fixés. L'article IV, qui est adopté, porte :

Le contrat est commutatif, *lorsque l'une des parties s'engage à donner ou à faire une chose qui est regardée comme l'équivalent de ce qu'elle reçoit.*

Or, s'il n'y a contrat commutatif que lorsque l'une des parties reçoit l'équivalent de ce qu'elle donne, comment serait-il possible de ne pas rectifier le prétendu contrat où l'un donne tout, et où l'autre ne donne rien? Quel esprit raisonnable admettra qu'un jeune homme de vingt-un ans qui vend pour mille francs un immeuble de cent mille francs, reçoit l'équivalent approximatif de ce qu'il cède? Cependant le contrat sera valable si l'on décide que la lésion n'est jamais une cause de rescision, et il le sera au mépris des principes qui en déterminent l'essence.

On a parlé de féodalité. Connaissait-on la féodalité chez les Romains, de qui la loi sur la rescision nous est venue? Elle a été rendue parce que la position où les Romains se trouvaient alors ressemblait beaucoup à celle des peuples modernes; alors aussi des gens à argent trompaient les citoyens et spéculaient sur l'embarras des malheureux. La loi a été reconnue si morale, qu'elle a conservé sa force, non-seulement dans le bas Empire, mais encore dans tous les pays qui avaient formé l'empire romain; cependant, comme ses effets étaient trop restreints, la jurisprudence les a, avec raison, étendus à l'acheteur.

A la vérité, cette loi a été abolie en France; mais l'abrogation n'en fut d'abord proposée que par suite du système politique alors adopté. Le projet était de ne laisser subsister aucune des institutions établies, aucun des pricipes reçus. Plusieurs lois furent portées dans ces vues; la loi du 17 nivose sur les successions, celle du 12 brumaire sur les enfans naturels, n'ont pas eu d'autres motifs. Si l'on ne s'est pas occupé de la rescision dans le même tems, c'est que cette matière a paru moins urgente : on l'a donc laissée en suspens jusqu'au 14 fructidor an 3.

A cette dernière époque, les vues politiques n'étaient plus les mêmes ; on n'attaqua pas le principe de la loi, mais on pensa que dans les circonstances, il était impossible de l'appliquer. Les assignats étaient la seule monnaie dans laquelle il fût permis de stipuler; leur décroissance journalière en rendait la valeur incertaine : il n'était donc plus possible de fixer le juste prix des immeubles. Ces considérations seules ont décidé à abroger la rescision pour lésion d'outre-moitié.

Ensuite, et après le retour du numéraire, vinrent les lois sur les stipulations faites en papier-monnaie. On reconnut que certaines ventes entraînaient une lésion énorme, et, malgré que la rescision fût abolie depuis trois années, on permit de l'invoquer pendant un an contre les contrats lésionnaires.

Il fut donc avoué que quand, dans un contrat commutatif, l'une des parties a reçu infiniment moins que ce qu'elle a donné, le contrat est vicié dans son essence. Comment cette maxime serait-elle repoussée dans la même loi où le principe qui lui sert de base est solennellement proclamé ? Comment, dans un moment où l'on s'attache à rendre leur force aux idées morales, pourrait-on légitimer un contrat commutatif où le vendeur ne reçoit que le centième de la valeur de sa chose !

On peut au surplus modifier la loi ancienne, exiger une lésion plus forte que d'outre-moitié, abréger la durée de l'action, valider les ventes existantes, ne pas étendre la loi aux ventes faites par l'autorité publique ; mais que les principes du contrat commutatif soient respectés.

Qu'on ne craigne pas d'alarmer les acquéreurs de domaines nationaux ; la loi ne s'appliquera qu'aux ventes ordinaires, et non aux ventes faites à l'enchère.

Qu'on n'appréhende pas que les améliorations faites par l'acquéreur tournent à son préjudice ; chacun sait qu'on estime le bien suivant la valeur qu'il avait au tems de la vente.

Mais qu'on craigne plutôt d'abandonner à d'autres le soin de remplir la lacune qu'on laisserait dans le Code civil ; car, il n'en faut pas douter, la rescision pour lésion énorme serait un jour rétablie : les circonstances en feraient sentir le besoin.

Il ne reste plus que la question de savoir si l'acheteur profitera du bénéfice de la loi. Pothier la résout affirmativement : mais on peut l'ajourner au titre *de la vente*.

M. GALLI dit qu'en Italie et dans d'autres états, l'acheteur est admis pour cause de lésion à faire rescinder le contrat ; par suite même de la loi 2 Cod. *De rescindendâ venditione*, dont le bénéfice doit être commun à l'acheteur, puisque dans le langage du droit ces paroles *emptio*, *venditio* ont le même sens que celles-ci : *locatio*, *conductio* L. 19, et 2 ff. *De actionibus empti* ; c'est aussi le sentiment presque général des interprètes.

M. BERLIER croit qu'il y a des réponses directes aux objections qui ont été faites tant par le consul Cambacérès que par M. Portalis.

D'abord, l'opinant ne pense point qu'il y ait dans la législation postérieure à la loi du 14 fructidor an 3, rien qui ait détruit ou modifié cette loi : celle du 16 nivose an 6 n'est relative qu'aux transactions faites en papier-monnaie, et accorde des options, selon que les parties se trouveront ou non *lésées* par les règles qu'elle pose ; mais on conçoit aisément combien ces dispositions de circonstances sont étrangères au principe en discussion ; les seules limitations de cette loi, les espèces et les termes dans lesquels elle a circonscrit l'action, sont une preuve assez évidente que les législateurs de l'an 6 n'ont point voulu blesser le principe posé par les législateurs de l'an 3 ; et c'est en ce sens que l'opinant a avancé que l'abolition de la cause de rescision dont il s'agit, ne donnait lieu à aucune réclamation : certes, il n'a pas voulu dire que les transactions en papier-monnaie n'eussent pas donné lieu de crier à la lésion ; c'était une crise inévitable en tout état de législation ; mais ce que l'opinant a dit et ce qu'il dit encore, c'est que la voix des citoyens ne s'est point élevée pour demander que la rescision fût rétablie à l'avenir pour la lésion d'outre-moitié.

Passant à l'objection tirée de la nature même du contrat, qui veut que l'on donne l'*équivalent de ce qu'on reçoit*, M. Berlier trouve qu'on s'y est arrêté avec trop de complaisance ; car si ce principe était d'une application rigoureuse, la moindre lésion suffirait donc pour annuller les contrats, même entre majeurs. Au surplus, la justice du principe ne fait pas sortir du domaine du législateur l'examen des cas où il convient de l'appliquer, et le jugement des moyens par lesquels on veut y parvenir.

Or, la difficulté est là, et l'on ne peut séparer la théorie de l'exécution, sans s'exposer à faire une mauvaise loi, telle que serait, selon l'opinant, celle qui est proposée par les rédacteurs du projet de Code civil, titre *du Contrat de vente*.

A la vérité ces rédacteurs semblent aujourd'hui se diviser, au moins dans les détails, puisque l'un d'eux vient de reconnaître que le principe de la restitution devait être réciproque ; mais quelques concessions partielles que l'on fasse, il reste à examiner si l'on doit admettre une chose dont l'ancienne organisation connue est extraordinairement vicieuse et à l'égard de laquelle l'esprit ne conçoit pas une bonne organisation possible.

Car on tomberait aisément d'accord si l'action qu'on veut faire revivre pouvait être accompagnée de quelques caractères intrinsèques qui lui imprimassent le sceau de la confiance ; mais le seul moyen pratiqué et connu jusqu'à l'époque où elle fut abolie, est loin de rassurer et de satisfaire.

L'un des préopinans a présenté l'*expertise* comme une voie bien meilleure et plus sûre que cette foule de faits qui, en matière de dol personnel, peuvent être admis pour faire rescinder le contrat.

M. Berlier combat cette opinion : un fait de la nature de ceux qui servent à prouver le dol, a quelque chose de positif et sur-tout de personnel qui rassure la conscience et peut établir la conviction ; d'ailleurs, l'importance et la vraisemblance en sont appréciées avant que la preuve en soit admise, et du moins les tribunaux en sont les véritables juges.

Mais en est-il ainsi d'une expertise ordonnée sur la simple allégation de lésion ? Tout est passif dans le rôle du juge ; et ce ne sont pas des faits positifs et personnels aux parties, et appréciés par le juge qui forment la base du jugement, c'est l'opinion d'un tiers expert qui prononce seul, d'après le dissentiment habituel des deux premiers : ainsi, en revenant, comme on le propose, aux anciens usages, on fait dépendre le sort de tout contrat de vente entre majeurs, de l'opinion d'un seul homme ; qui, faillible de sa nature, est de plus environné de tous les piéges que peut lui tendre l'intérêt personnel.

Croit-on avoir répondu à cette effrayante considération, en disant que cela s'est ainsi pratiqué pendant des siècles? Qu'est-ce que cela prouve? Rien : car cet abus a existé comme beaucoup d'autres. Et si le devoir du législateur est de faire cesser les abus lorsqu'il les aperçoit, à plus forte raison ne doit-il pas faire revivre ceux qui ont perdu par l'abolition leur seul et véritable point d'appui, *l'habitude*.

Croit-on aussi avoir réfuté tout ce qui a été dit touchant l'intérêt public, en distinguant entre la loi politique et la loi civile, et en disant qu'à la différence de la première, la seconde s'occupe plus spécialement des individus que de la masse? Sans doute la loi civile doit voir et peser les intérêts individuels; car on existe comme individu avant d'exister comme membre de la société : mais en toutes circonstances, et en écartant toutes subtiles distinctions, il est impossible de ne pas considérer comme un des caractères essentiels de la loi, de s'accorder avec les intérêts du plus grand nombre.

Ici, et à la faveur d'une proposition très-louable au fond, *humanum est*, etc., on propose de subvenir au malheur de quelques-uns, en compromettant les droits de tous; mais s'il est humain de réprouver un acte qui porterait avec soi les caractères de la fraude, il n'est pas prudent de considérer comme tel celui contre lequel il n'y a encore qu'une vaine allégation de lésion; et c'est, selon l'opinant, une humanité assez mal entendue que celle qui, dans ces vues, expose tous les acquéreurs de fonds et leurs créanciers à voir leurs titres s'anéantir devant la périlleuse opinion d'un seul homme : en effet, c'est à ce point qu'aboutit toute cette discussion, comme l'a déjà démontré l'opinant.

Au surplus, continue M. Berlier, l'on n'a sans doute pas entendu sérieusement répondre aux considérations tirées de l'avantage qu'il y a de stabiliser les conventions humaines, en disant que, pour rendre notre système plus complet, il ne resterait plus qu'à l'étendre aux mineurs : la loi veille et doit veiller aux contrats que passent les mineurs, et ces contrats fort rares ne font qu'une exception : mais c'est à la raison des majeurs à veiller à ceux qui leur sont propres; une assimilation ironique ne saurait effacer ce principe véritablement élémentaire, et qui, loin de menacer la société dans ses bases, tend, au contraire, à mettre les hommes et les choses à leur vraie place, et à rendre aux contrats faits entre majeurs, sans fraude ni violence, tout le respect qui leur est dû.

Le consul Cambacérès dit qu'il ne s'est jamais élevé de réclamation contre la loi romaine qui établit la rescision pour cause de lésion, mais qu'il y en a eu évidemment contre la loi du 14 fructidor, puisqu'en l'an 6, il a fallu rétablir la rescision pour quelques cas particuliers.

L'article qui fixe les caractères du contrat commutatif est, dit-on, un article général qui ne règle pas d'une manière particulière les principes de la vente.

Cet article, quoiqu'il ne soit point particulier à la vente, s'y applique cependant de même qu'à l'échange, et en général à tous les contrats commutatifs.

On observe qu'il y a cette différence entre le dol ordinaire et la lésion, que le dol est prouvé par des faits particuliers dont il est possible aux tribunaux de juger la vérité, au lieu que pour reconnaître s'il y a lésion, ils sont obligés de s'en rapporter aveuglément à des experts.

La lésion elle-même est quelquefois si évidente, que les tribunaux ont cru pouvoir se dispenser d'interroger des experts. Cependant de ce que ce cas n'est pas le plus ordinaire, il n'en résulte pas qu'on doive repousser la rescision dans tous les autres : tout ce qu'on en peut conclure, c'est qu'il faut chercher des moyens pour corriger les inconvéniens du mode d'estimation pratiqué jusqu'ici, et pour empêcher qu'en définitif un seul homme ne devienne l'arbitre suprême de la valeur de l'immeuble ; mais il faut ou sacrifier le respect dû aux conventions, ou laisser ses effets à l'intention qu'ont eue les parties, lorsqu'elles ont formé un contrat commutatif, de se donner mutuellement l'équivalent de ce qu'elles reçoivent.

M. BERLIER dit que dans le cas où il serait matériellement acquis, par exemple, que le prix de la vente n'excède pas une année ou deux du revenu, et où cela résulterait de la simple comparaison de l'acte de vente avec des baux authentiques, il y aurait dans une telle espèce une erreur démontrée par titres, et dont le redressement pourrait être fait par les tribunaux sans le secours très-équivoque des expertises.

Dans ce cas, il y aurait d'autant moins d'inconvéniens à accueillir l'action, qu'une telle espèce, quoique possible, ne s'est peut-être jamais présentée, et que l'homme méchant qui en aurait profité, pourrait être atteint sans que cela répandît l'alarme parmi les honnêtes acquéreurs.

Si l'on restreint la restitution à ce cas ou à d'autres semblables et bien précisés, l'opinant adhère à ces nouvelles vues ; mais il observe que c'est un système tout différent de celui qu'il a combattu.

Le consul CAMBACÉRÈS dit que son opinion ne va pas au-delà ; qu'il ne propose point de mettre la validité des ventes à la discrétion d'un expert, ni d'ébranler aussi légèrement la foi des conventions ; mais qu'il réclame contre l'injustice et la violation de principes qui déclareraient valable un contrat commutatif dans lequel tout aurait été donné par l'un et rien par l'autre.

M. Tronchet dit qu'on s'est trompé, lorsqu'on a pensé que l'appréciation des immeubles dépendait autrefois d'une règle unique. La valeur variait comme aujourd'hui, suivant les lieux ; et ils se vendaient, les uns au denier trente, les autres au denier quarante, d'autres au denier cinquante.

Au surplus, l'opinant croit que la discussion est épuisée. Il est évidemment reconnu que l'équité ne permet pas de soutenir un contrat commutatif entaché de lésions énormes. Le danger ne saurait être que dans l'application de cette vérité ; or, l'article se borne à poser le principe, c'est au titre *de la Vente* que se placent les règles d'application. On peut donc l'adopter, et sur le surplus renvoyer au titre *de la Vente*.

M. Boulay dit que sa conscience répugnerait à admettre la validité du contrat dans le cas de la lésion très-énorme, mais qu'il répugnerait également à laisser à l'action une durée de quatre ans, comme la section le propose. Il lui semble que pour mieux se déterminer, on pourrait ajourner la discussion du tout, afin de ne point séparer le principe de son application.

M. Berlier dit qu'il faut se borner à un renvoi pur et simple à la section, parce que la difficulté ne porte pas seulement sur les détails, mais sur le principe même : en effet, il est incertain qu'on applique même aux actes de la cathégorie citée par le consul Cambacérès la rescision pour lésion ; et lui-même a fourni l'idée d'annuller de tels actes pour cause d'erreur démontrée.

Il ne faut pas se lier par les mots, quand on n'est point fixé sur la nature des choses.

M. Tronchet craint que si l'ajournement du tout est adopté la discussion qui vient d'avoir lieu ne soit perdue.

Le consul Cambacérès pense que pour ne point se lier, on peut ne point parler de lésion dans le titre dont le Conseil s'occupe.

La première partie de l'article est adoptée.

Les observations qui ont été faites sont renvoyées à la section, pour présenter les cas où la restitution peut avoir lieu entre majeurs.

(La section de législation présente au Conseil d'Etat le Projet de la section II du chap. VI, au titre de la vente), M. Berlier dit qu'il s'étonne qu'après la discussion qui a déjà eu lieu sur cette matière, les partisans de la rescision reproduisent le système de non réciprocité, que l'un d'eux avait formellement condamné, parce qu'il avait reconnu une suprême injustice à dénier à l'acquéreur lésé le même droit qu'au vendeur.

Mais ce n'est pas en ce point seulement que le Projet actuel s'écarte des termes dans lesquels semblait le placer le dernier état de la discussion.

On y trouve tous les inconvéniens des expertises et tous les embarras qui parurent choquer même les partisans de la rescision *modifiée*, et notamment le consul Cambacérès.

Si les vues du Consul sont exactement restées dans la mémoire de l'opinant, elles tendaient seulement à ce que les juges n'eussent pas les mains liées quand il serait question de réparer un préjudice évident.

Frappé de cette idée, M. Berlier avait rédigé un projet, dont il donne lecture, et qui est ainsi conçu :

La vente d'un immeuble faite par un majeur à un majeur, ne peut être rescindée que lorsqu'il y a entre la valeur réelle de l'immeuble et le prix qui en a été donné ou promis, une telle disproportion qu'il en résulte une présomption légale d'erreur.

Cette présomption a lieu : 1°. *au profit du vendeur, quand l'immeuble n'a été vendu que le tiers de sa valeur ou au-dessous ;* 2°. *au profit de l'acheteur, quand le prix de l'immeuble est égal à trois fois sa valeur, ou au-dessus.*

Dans l'un et l'autre cas, la présomption légale d'erreur ne peut résulter que d'actes ayant date certaine et donnant des notions suffisantes sur les revenus de l'immeuble au tems de la vente, de telle sorte que par la comparaison de ces revenus avec le prix de cette vente, les tribunaux puissent, sans autre examen et sans ordonner aucune expertise, reconnaître l'existence de l'erreur.

Toute action à ce sujet ne pourra être intentée après un an révolu, à partir du jour de la vente.

Nul majeur non muni des actes exigés par l'article précédent ne sera admis à attaquer un contrat de vente, sur la seule allégation de lésion et sous la soumission de la vérifier par experts, sans préjudice toutefois des moyens fondés sur le dol, la fraude ou la violence, quand il y aura lieu.

S'il fallait se décider, continue M. Berlier, entre ce projet et celui de la section, il pense que les articles qu'il vient de lire mériteraient la préférence ; mais le système réduit à ce point sera d'une application extrêmement rare, et il reste à examiner s'il ne vaut pas mieux dénier toute action contre le contrat à ceux qui n'articulent ni dol personnel, ni fraude, ni violence.

L'opinant demande au Conseil la permission de l'entretenir un instant d'un ouvrage fort savant, où la question a été très-approfondie.

Chrétien Thomasius, docteur allemand, dans sa 73e. dissertation, intitulée : *de AEquitate cerebriná.* Leg. 2. c. *de Rescind. Vend.* (Dissertation citée par *Barbeyrac* sur *Grotius* et *Puffendorff*), établit, comme on peut

le

le voir, en recourant à une nouvelle édition de ses œuvres *in*-4°. imprimée à Magdebourg, 1777, que cette loi est loin de mériter les éloges que lui ont donnés quelques jurisconsultes.

En analysant cette dissertation très-étendue et écrite en langue latine, et en recueillant quelques traits principaux, on trouvera que cette loi n'existait pas dans les beaux tems du droit romain, et qu'il est même douteux qu'elle ait existé du tems de *Dioclétien*, à qui on l'attribue.

L'auteur puise ses raisons de douter : 1°. dans quelques textes qui contredisent évidemment cette loi 2 ; 2°. dans la circonstance que les collaborateurs de *Tribonien* ne l'ont pas recueillie dans les Pandectes.

Il pense que *Tribonien* a pu prendre cette loi dans une source suspecte (le Code hermogénien), et il incline à le regarder comme apocryphe dans son origine ; mais il prouve sur-tout qu'elle n'avait pas été suivie par les Empereurs qui avaient succédé à *Dioclétien*, jusqu'au tems de la compilation ordonnée par *Justinien* : ainsi elle fut rejetée par les Empereurs *Constantin*, surnommé le Grand, *Gratien*, *Valentinien*, *Théodose*, *Honorius* et *Arcade*.

Parmi plusieurs preuves, *Thomasius* cite la L. 1. C. Th. *de contrah. empt.* ainsi conçue : *Venditionis atque emptionis fidem nullâ circumscriptionis violentiâ factam rumpi, minimè decet. Nec enim solâ pretii vilioris querelâ contractus sine ullâ culpâ celebratus litigioso strepitu turbandus est.*

L'auteur de la dissertation observe qu'après la compilation, les canonistes et les théologiens se saisirent de la question, et que plusieurs d'entr'eux ayant prétendu que la moindre lésion viciait le contrat, cette opinion vint singulièrement à l'appui d'un texte qui n'accordait la rescision que pour lésion de moitié.

Il examine le principal motif donné à la loi, l'*humanité*; et il pense que la *justice* est seule à considérer dans les contrats, et qu'il ne convient au législateur d'y intervenir que quand les règles qui fondent le contrat ont été blessées.

Il cherche ce que veut dire ce *dolus re ipsâ* que les docteurs ont cru pouvoir substituer au dol et aux machinations personnelles ; il avoue qu'il ne comprend pas cette proposition : en tout cas, il la trouve en opposition avec une loi de ce même *Dioclétien* à qui l'on attribue la loi 2 ; car la loi 10, C. *Eod. tit.* porte : *Dolus emptoris qualitate facti, non quantitate pretii, æstimatur* : c'est donc s'élever contre un texte formel que de soutenir que le dol résulte de la seule vileté de prix, ou est suffisamment prouvé par elle.

Sur ce mot *prix*, l'auteur remarque d'abord l'embarras de *Tribonien*, qui s'est tantôt servi de l'expression *veri pretii*, tantôt de celle *justi pretii*: mais il n'y a qu'un prix, c'est celui réglé par le contrat.

Les choses n'ont pas en général un prix vrai, un prix juste ; elles valent moins pour l'un, elles valent plus pour l'autre ; le plus ou le moins d'affection, les convenances, la situation diverse des parties ; voilà bien des motifs d'appréciations diverses : mais le prix n'est connu que par la convention même ; c'est elle qui le constitue, et il ne faut pas le chercher ailleurs.

Comment d'ailleurs arriver autrement à la fixation de ce prix? C'est cette opération que l'auteur de la dissertation appelle *si non moraliter impossibilis, saltem difficillima*, quand elle n'aurait pas l'inconvénient majeur de mettre en question la validité de tous les contrats de vente.

Enfin, il cite l'usage des chambres et colléges de Saxe, qui ont toujours rejeté l'action en rescision pour cause de lésion d'outre-moitié, lorsqu'il n'existait pas d'autres circonstances propres à indiquer le dol.

Après ce résumé de la dissertation de *Thomasius*, M. Berlier observe que, dans la plupart des Etats du nord, on ne suit point la loi 2. C. de rescind. vend., et si l'usage contraire a prévalu dans les Etats méridionaux, il est difficile de n'y pas apercevoir l'influence de nos théologiens ; mais il faut revenir aux principes : le confesseur qui conseille la restitution de trop grands bénéfices fait fort bien ; mais le législateur qui fait respecter les contrats remplit un devoir bien plus essentiellement conservateur de l'ordre social.

M. Berlier termine son opinion en invitant le Conseil à se rappeler toutes les autres considérations d'ordre public et privé qu'il développa dans la séance du 25 brumaire, et conclut au rejet du système que le projet de la section tend à faire revivre après l'abolition qui a été prononcée par la loi de l'an 3.

M. Portalis distingue deux parties dans la dissertation de *Thomasius*.

L'une porte sur la question de savoir si la loi 2, au code *De resc. vend.* est apocriphe ; l'autre a pour objet le mérite de cette loi.

Thomasius s'étend beaucoup plus sur le premier point.

Cependant on ne voit pas bien précisément à quoi tend son raisonnement. Veut-il établir que la loi n'a pas existé pendant toute la durée de la législation romaine ? Il articule un fait incontestable ; mais il en est de même de beaucoup d'autres lois romaines. Au surplus, ce n'est point par leur date qu'il faut juger de la bonté des lois.

Il est sans doute des lois dont on aime à connaître l'origine, dont on veut savoir quelles circonstances les ont fait naître ; ce sont celles qui forment la législation des *rescrits*. Il est possible cependant qu'une bonne loi naisse d'un mauvais principe. Le législateur qui opère seul, agit presque toujours d'après ses passions, son intérêt et les sentimens dont il est affecté; néanmoins son intérêt peut se trouver d'accord avec l'intérêt public, et alors il porte des lois sages et utiles : aussi avons-nous vu, même le règne de *Justinien*, produire de bonnes lois.

Les lois générales n'inspirent pas la même curiosité. Il est difficile que des passions ou des intérêts particuliers en soient la base.

Ecartons donc, dit M. Portalis, la première partie de la dissertation, et jugeons la loi en elle-même.

Avec quoi faudra-t-il la comparer ? Sera-ce avec les mœurs et les usages du pays où elle a existé ? Non : ce sera avec la raison. Le droit ne naît pas des règles, mais les règles naissent du droit. C'est donc d'après les principes du contrat de vente qu'il faut examiner la loi dont il s'agit.

Ils ont été posés dans cette séance même. Le contrat de vente a été mis au rang des contrats commutatifs, et dans cette idée on a cherché à le ramener à sa nature, en corrigeant toutes les inégalités qui pouvaient mettre quelque différence à l'avantage du vendeur ou de l'acheteur. C'est avec autant de scrupule que de justice, qu'on a pourvu à ce que l'insuffisance ou l'excédant de mesure ne donnât pas à l'acheteur plus qu'il n'a payé, et ne privât pas le vendeur de plus qu'il n'a reçu. On a donc reconnu que la lésion ne résulte pas toujours de la vileté du prix, mais que toujours cependant elle change la condition des parties et blesse la nature du contrat. Comment maintenant voudrait-on qu'une lésion de moitié ne présentât pas un caractère d'injustice, lorsqu'on a attaché tant d'importance à toute lésion au-dessus du vingtième ?

Thomasius convient qu'il doit y avoir rescision, quand les règles du contrat de vente sont violées.

Ne le sont-elles pas dans le cas où ce contrat qui doit assurer à chacun l'équivalent de ce qu'il donne, a l'effet désastreux de donner presque tout à l'un et presque rien à l'autre ?

Thomasius demande comment la lésion pourra être vérifiée; il dit que s'il n'est pas impossible, il est du moins très-difficile de la reconnaître.

La lésion sera vérifiée comme tout autre fait, ou d'après des preuves, ou d'après l'examen de la chose.

On admet la preuve testimoniale dans les contestations civiles les plus importantes; on l'admet au criminel, où l'importance est plus grande encore, et cependant il y a beaucoup plus de danger à la recevoir pour l'examen d'un fait isolé, que pour celui qui se confond avec la chose même. Les doutes de *Thomasius* ne viennent que de ce que les professeurs en général, se perdant dans des théories purement spéculatives, sont perpétuellement embarrassés, toutes les fois qu'il s'agit de la pratique, de l'usage et de l'application des lois. On peut donc lui répondre : la loi ne répugne pas à la preuve par témoins, et cependant des témoins, comme des experts, peuvent être corrompus, avec cette seule différence qu'ils déposent d'un fait qui s'est enfui, et dont la trace souvent n'existe plus que dans leurs dépositions, au lieu que des experts opèrent sur un fait présent, et qu'on peut vérifier après eux. A tout moment, à chaque pas on est obligé de recourir aux témoins et aux experts. Si c'est un mal, du moins est-ce un mal inévitable ; pourquoi n'emploierait-on pas ce genre de preuves pour vérifier une lésion, puisqu'on y défère quand il s'agit de bien plus encore, quand il faut prononcer sur la vie d'un homme ?

Mais, dit *Thomasius* cette vérification est très-difficile.

Il exagère les difficultés. Dans chaque localité on connaît en général la valeur réelle et la valeur relative des propriétés, l'on décide du prix de celle qu'il faut estimer par la comparaison avec celles qui l'environnent.

Thomasius prétend que c'est au vendeur à user de prudence, et que la loi ne doit pas intervenir dans les contrats entre majeurs.

D'abord, toutes les ventes ne sont point faites directement par les propriétaires et tous les propriétaires ne sont pas dans une maturité d'esprit suffisante pour ne point commettre d'imprudence. Un citoyen est retenu loin de son domicile ; il est obligé de confier à des tiers la direction de ses affaires, et ces tiers peuvent n'être pas toujours aussi soigneux que lui-même. Un autre est dégagé par la loi des liens de la minorité ; mais il y est retenu encore par la nature : car il ne faut pas croire que, si diverse dans ses productions, la nature soit égale dans la formation de la raison humaine ; qu'à la même époque et au même moment, elle répartisse aux hommes une mesure égale de prudence et de maturité. La loi civile, pour éviter l'arbitraire, a dû s'arrêter à un point précis, et fixer uniformément pour tous les hommes l'époque de la majorité : mais le législateur peut-il oublier qu'entre des individus inégaux en talens, en intelligence, une règle égale n'est qu'une invention purement civile ?

Il faut prendre la société comme elle est, avec son jeu, avec ses ressorts, avec tout le disparate de sa constitution. Ainsi, quand on voit un absent trompé, un jeune homme de vingt-un ans spolié par un contrat de vente, quoi de plus juste que de venir à son secours ? La loi tend une main protectrice à celui qui se trouve grevé d'une servitude qu'on lui avait cachée ; à celui auquel il manque quelques arpens de terre ; à celui enfin qui, par l'effet d'une vente, éprouve la lésion la plus légère ; et elle abandonnerait sans pitié l'homme auquel une vente enlève la moitié de son bien !

Le raisonnement de *Thomasius* ne peut se soutenir auprès de ces réflexions. Il y a mieux : *Thomasius* avait plus étudié les lois anciennes que les lois nouvelles ; il les avait méditées dans un esprit de curiosité, et non comme ceux qui ne les voient que dans l'usage, et qui, s'ils ne sont plus savans que lui, sont du moins beaucoup plus utiles. Il a eu la vanité de prétendre aux découvertes, d'énoncer des idées nouvelles, et de manifester ce qui paraissait avoir échappé à ceux qui l'ont précédé : c'est ce sentiment, il n'en faut point douter, qui a dicté sa dissertation ; mais d'autres jurisconsultes aussi doctes que lui bénissent la loi qu'il improuve.

Il prétend que si la rescision pour lésion entre majeurs était admise, il n'y aurait plus rien de stable dans les conventions. C'est ainsi que, pour vouloir trop prouver, il ne prouve rien. Les autres causes de rescision, le défaut de contenance, une servitude latente, etc., ne peuvent-elles pas renverser une foule de contrats, comme la rescision pour cause de lésion ?

Thomasius ne peut se rendre raison de ce que c'est que le dol *re ipsâ*.

Il faut le lui expliquer.

Le dol personnel ne se découvre point par l'inspection de la chose ; il résulte de circonstances qu'on ne connaît que par la déposition de témoins. Le dol réel, au contraire, résulte de l'inspection de la chose qui en donne la preuve, sans que l'intervention des témoins soit nécessaire.

La distinction est donc tout entière à l'avantage du dol réel ; et *Thomasius* qui le rejette admet bien plus, puisqu'il veut qu'on s'en rapporte à des témoins. Quand le fonds est là, on a des termes de comparaison pour juger de la lésion ; c'est le fonds lui-même d'un côté, c'est le prix de l'autre : dans le dol personnel, on n'a plus de terme de comparaison ; il faut saisir des faits particuliers, les rapprocher, les comparer, et marcher à la lueur trompeuse du témoignage.

On objecte que dans l'expertise le sort du contrat finit par être livré à la probité d'un seul homme.

Il est d'abord possible de prendre des précautions pour corriger cet inconvénient ; mais quand il serait inévitable, ne s'en rapporte-t-on pas tous les jours dans les tribunaux au témoignage d'un seul, placé entre un témoin qui affirme et un autre qui nie ? Quand le sort des hommes peut dépendre ainsi de la véracité d'un seul, comment peut-on reprocher à une matière particulière de législation un inconvénient qui se rencontre dans toutes les autres ? On le retrouve dans les expertises, dans les jugemens, dans les arbitrages; il est par-tout enfin, avec cette différence que l'opinion de l'expert qui détermine s'il y a lésion, est motivée, qu'elle n'est pas appuyée sur un fait caché, mais sur un fait physique et présent, sur les revenus et la valeur des héritages voisins; avantage qui n'existe dans aucun autre genre de preuves.

On ne doit donc pas s'effrayer de l'inconvénient qui a été objecté. On a vu des jugemens injustes et universellement improuvés; mais y a-t-il jamais eu un murmure général contre quelques jugemens qui aient prononcé la rescision pour cause de lésion ? Non sans doute : les juges n'oseraient s'écarter de leur devoir, parce que chacun peut les contrôler, et se convaincre par ses yeux de leur injustice ou de leur équité.

Enfin le juge n'est point lié par le rapport des experts. Si les circonstances le démentent, le juge l'écartera pour suivre son opinion personnelle, comme il fait dans presque toutes les autres affaires.

On admet des présomptions, même contre les contrats. Des présomptions ne sont que des indices qui approchent des preuves; car il n'y a de preuves véritablement concluantes, que celles qui deviennent la conséquence de principes certains. Des présomptions sont des conséquences de principes moins certains, mais qui approchent néanmoins de la certitude; et cependant, dans les affaires de la vie, presque tout se règle par des présomptions. Forcé de décider, on ne peut s'en rapporter qu'à la vérité apparente, lorsqu'on est privé du flambeau de la vérité évidente. Si les présomptions règlent tout, pourquoi les repousser dans le seul cas où elles peuvent être l'effet de la corruption; et alors que si on les repousse, on maintient ce qu'il y a de plus injuste, la lésion énorme ?

Le consul CAMBACÉRÈS dit que, quant à lui, jamais il ne donnera son assentiment à un système dans lequel un contrat reconnu commutatif devient inébranlable, quoique son effet soit de donner tout à l'un et rien à l'autre. Ce serait un code révoltant, que celui qui consacrerait un principe semblable. Quel père de famille ne tremblerait pour son fils, si un jeune homme de vingt-un ans, encore en proie aux passions, et prêt à tout sacrifier à la jouissance du moment, pouvait, par une signature indiscrète, se dépouiller irrévocablement de sa fortune ? Au tems où *Thomasius* écrivait, on n'était majeur qu'à vingt-cinq ans : du moins y avait-il une garantie, qui n'existe plus aujourd'hui; or, le législateur doit prendre la société telle qu'elle est.

Le Consul partage entièrement l'avis de M. Portalis, et il lui paraît avoir parfaitement répondu aux objections faites relativement aux experts et au dol *re ipsâ*. La preuve du dol est bien plus certaine lorsqu'elle résuite de l'inspection de la chose, que lorsqu'il faut la tirer de dépositions de témoins. Au surplus, l'exécution des dispositions sur le dol en général n'est pas encore organisée, et lorsqu'on s'occupera de cette partie de la législation, on verra qu'on sera forcé d'admettre et des experts et des visites.

Les articles proposés par M. Berlier sont raisonnables : ils rendent l'opinion que le Consul a exposée dans une séance précédente : on pourrait les discuter, mais la question préalable blesserait tous les principes. Le Consul répète que jamais elle n'obtiendra son suffrage, et il voit, même avec plaisir, que l'impression des procès-verbaux apprendra du moins à la France entière qu'il s'est élevé contre cette opinion.

M. PORTALIS dit que la question est de savoir si l'action en rescision doit être accordée aux majeurs pour vileté de prix.

Séance du 29 Nivose an 12.

Pour la traiter dans toute son étendue, il faut expliquer ce qui a été, ce qui est, ce qui doit être.

Autrefois, la lésion d'outre-moitié donnait au vendeur l'action en rescision qui durait dix ans. La lésion était justifiée par une expertise et par d'autres preuves. Le bien était estimé suivant le prix qu'il avait au tems de la vente.

Cette jurisprudence a changé depuis la révolution. La loi du 14 fructidor an 3 a refusé aux majeurs la rescision pour cause de vileté de prix.

Cette loi est née des circonstances.

A l'époque où elle fut portée, il était impossible de reconnaître dans quels cas il y avait lésion. Le papier-monnaie et la valeur des immeubles étant soumis à une égale mobilité, on ne pouvait plus ni saisir, ni déterminer aucune proportion entre le prix convenu et la valeur réelle de la chose : ces motifs ont obligé de suspendre l'action en rescision.

Aujourd'hui, une nouvelle législation civile se prépare. Le législateur n'est plus gêné par les circonstances. Il peut et il doit revenir aux principes dans toute leur pureté. C'est donc ici le moment d'examiner si l'action en rescision doit être accordée aux majeurs pour lésion d'outre-moitié ou pour une lésion plus grande.

Il est deux choses à examiner : le principe et le mode d'exécution.

Pour fixer le principe, il faut partir de vérités convenues.

Or, il est avoué que le contrat de vente est un contrat commutatif, c'est-à-dire, où chacune des parties ne donne que pour recevoir l'équivalent, ou, si l'on veut, un prix proportionné à la valeur de la chose dont elle se dessaisit.

Ainsi, d'abord il est dans l'essence même du contrat qu'il soit rescindé, quand l'équivalent de la chose n'a pas été fourni.

Une autre maxime non moins certaine dans le droit est qu'il n'y a pas d'obligation sans cause.

Quelles sont les causes des contrats ?

Dans les contrats de bienfaisance, la cause est la bienfaisance même.

Mais dans les contrats intéressés, la cause est l'intérêt, c'est-à-dire, l'avantage que les parties trouvent à les faire. Dans la vente, cet intérêt est, pour le vendeur, d'avoir le prix représentatif de sa chose plutôt que sa chose même ; pour l'acheteur, d'avoir la chose plutôt que la somme d'argent qui en représente la valeur.

Ceci posé, on sent qu'il n'y a de cause dans la vente que lorsque le prix est en proportion avec la valeur de la chose vendue. Si donc il existe une lésion énorme, si le prix et la valeur de l'objet vendu sont hors de toute proportion entre eux, il n'y a certainement plus de cause.

Au reste, ce n'est pas ici le seul cas où, pour décider de la validité du contrat de vente, on compare le prix avec la valeur de la chose. S'agit-il de déterminer si un contrat qui se présente sous le titre et sous les apparences de la vente, n'est réellement qu'une donation palliée ? S'il n'est qu'un avantage ménagé à certaines personnes contre la prohibition de la loi ; si, renfermant une clause de réméré, il ne masque pas un simple gage, quel est l'indice auquel on s'arrête ? A la vileté de prix. On doit sans doute raisonner sur sa lésion, comme dans tous les cas où l'on cherche à découvrir le véritable caractère du contrat.

Mais des majeurs doivent-ils être restitués comme lésés ? La loi les déclare capables de gérer leurs affaires ; elle reconnaît que leur raison est arrivée à sa maturité ; ils ont donné leur consentement : le consentement forme les contrats, peut-on venir à leur secours sans ébranler la foi des conventions ?

Quoi ! la loi ne vient-elle pas au secours des majeurs dans beaucoup d'autres cas, où ces motifs, s'ils étaient solides, devraient l'en détourner ? On peut en effet appliquer à l'erreur, au dol, à la crainte inspirée sans violence, toutes les considérations que l'on fait valoir pour le cas de la lésion, et cependant la loi ne s'y est pas arrêtée.

Il y a plus, elle secourt le majeur, même contre la lésion, pour d'autres actes que le contrat de vente. En effet, le partage où il y a lésion du tiers au quart, n'est-il pas rescindé ?

On

On répondra que c'est par le motif particulier que l'égalité la plus parfaite est de l'essence des partages.

Aussi se contente-t-on d'une lésion moindre. Mais une égalité quelconque n'est pas moins de l'essence des autres contrats, sinon on ne verrait plus dans les parties que des oppresseurs et des opprimés : ils ne peuvent donc subsister lorsqu'ils produisent une lésion qui passe toute raison et toute mesure.

Ainsi on n'aperçoit pas de motifs pour respecter le contrat de vente plus que les autres contrats, comme si ceux-ci ne se formaient pas aussi par le consentement.

Mais est-il bien vrai qu'il y ait consentement dans un contrat qui présente une lésion énorme?

On convient que l'erreur vicie le consentement, que l'homme trompé n'a pas consenti.

Dès-lors, lorsqu'un citoyen s'est trouvé dans des circonstances telles que, s'il eût connu toute l'étendue de la lésion, il n'eût pas souscrit le contrat, on ne peut pas dire qu'il ait consenti, car personne ne consent spontanément à d'aussi grandes pertes. Aussi *Dumoulin* dit-il qu'il doit être restitué non comme lésé, mais comme trompé.

Et qu'on ne dise pas qu'on ne peut pas supposer que des majeurs se laissent surprendre.

Un majeur qui sort de la minorité, sur-tout depuis qu'elle finit à vingt-un ans, n'a pas encore atteint l'époque de la raison.

Un majeur n'est pas toujours présent. Il est obligé de donner des procurations, même générales. Son mandataire est trompé, quelquefois le trompe.

Un majeur vieillit, et l'on profite de sa caducité pour lui surprendre, sous le titre de vente, des donations que la vileté du prix simulé fait reconnaître.

Un majeur enfin n'est pas infaillible ; quand il est trompé, il a droit à la protection des lois, comme tout autre opprimé.

Si donc l'erreur et le dol doivent faire venir au secours des majeurs, en quelle occasion ont-ils cet effet, s'ils ne l'ont pas lorsque le dol est évident, et qu'il est prouvé par la chose même, *re ipsâ!*

C'est ici qu'on nous arrête, continue M. Portalis, et qu'on nous parle de la difficulté de reconnaître la lésion par l'inspection de la chose, parce qu'il est impossible, dit on, de déterminer le juste prix d'un bien.

Le mot *juste prix* n'est cependant pas vide de sens. Dans l'opinion, dans l'usage, il a une signification déterminée. On s'entend dans la société, lorsqu'on parle d'un homme qui a fait un bon marché, parce qu'il a acheté à un prix raisonnable.

Dans les lois même on le trouve employé.

Quand on a réglé les conditions sous lesquelles un citoyen peut être exproprié, on a dit que ce serait lorsque ce sacrifice serait commandé par l'utilité publique et à la charge d'une *juste* indemnité.

Cette rédaction est l'ouvrage du Conseil. Ce n'est donc pas devant lui qu'elle a besoin d'être justifiée. Or, si dans ce texte l'idée qu'on attache au mot *juste prix* est claire, il ne peut devenir ambigu dans un autre.

Mais il faut discuter les objections de détail.

On demande pourquoi le principe de la rescision, s'il est équitable, n'est pas appliqué aux ventes mobilières.

C'est parce que la nature des choses s'y oppose.

La valeur des biens mobiliers est tellement variable, qu'il est très-difficile de la fixer, et alors on n'a plus de règles pour discerner la lésion.

La valeur des immeubles change aussi sans doute; mais la variation est bien moins rapide : on sait ce que vaut un immeuble dans un tems, dans des circonstances, dans un lieu donnés. On a donc des termes de comparaison pour juger si le vendeur se trouve lésé.

Mais on se rejette sur le mode d'exécution, et l'on dit qu'il n'est pas sans danger d'admettre un principe dont l'application ne peut être faite que par un moyen aussi incertain que l'expertise.

Des experts méritent-ils donc moins de confiance que des témoins qu'on retrouve cependant dans la législation civile, et, ce qui est plus encore, dans la législation criminelle?

Ils en méritent davantage.

Des témoins déposent de faits fugitifs, et dont il ne reste de trace que dans leur mémoire : des experts déposent de faits qui sont présens, et qu'on peut vérifier après eux.

Si des experts peuvent être corrompus, des témoins aussi peuvent l'être; mais du moins les experts sont démentis par d'autres témoins irrécusables, la chose vendue et le prix.

Des experts motivent leur témoignage; ils ne sont pas crus si les faits qui existent encore, les contredisent : il suffit à des témoins, pour ne pas être repoussés, de ne rien affirmer d'invraisemblable.

Au surplus, le ministère des experts n'est pas toujours employé : la lésion peut être vérifiée même par des preuves littérales, par les ventes antécédentes, par les partages, par les baux. il suffit quelquefois de comparer le prix avec celui des propriétés voisines.

On objecte enfin qu'il est dangereux de laisser la propriété incertaine.

Il se peut qu'un terme de dix ans soit trop long. Rien ne s'oppose à ce qu'on donne à l'action une durée moins longue. Mais s'il fallait la sacrifier en entier à cette crainte de laisser un moment la propriété incertaine, ce serait sacrifier l'équité même, et alors l'action de dol, d'erreur, et beaucoup d'autres, ne peuvent plus subsister.

Mais, dit-on encore, la loi qu'on veut rétablir n'a pas toujours existé; elle était inconnue dans les beaux tems de Rome.

Sans doute les lois naissent du tems et des circonstances : celle-ci a été appelée par des tems de corruption; est-ce donc un tems de corruption qu'il faut choisir pour l'abroger?

M. Berlier répond à M. Portalis, et commence par rappeler sommairement tous les inconvéniens de l'action qu'on veut faire revivre.

Elle est contraire à l'intérêt public, puisqu'elle tient la propriété en suspens pendant le délai donné pour la rescision.

Elle est contraire au crédit privé et à la foi publique, puisque les créanciers seront exposés à voir le gage échapper des mains de leurs débiteurs.

Elle est injuste et inégale, en ce qu'on veut qu'elle n'existe que pour le vendeur qui vend à trop bon marché, et non pour l'acquéreur qui achète trop cher.

Elle n'est qu'une funeste amorce pour les vendeurs considérés *en général*, car sur vingt individus qui espèrent réussir, et se pourvoient, il en est dix-neuf qui succombent; et il reste fort douteux que le succès du vingtième soit fondé sur la justice.

Elle est une source de tracasseries envers la masse des acquéreurs que l'on menacera d'un procès afin d'en arracher quelques sommes dont ils voudront bien faire le sacrifice à leur tranquillité.

Enfin, et sur-tout, elle a pour inconvénient notable de faire dépendre le sort du contrat d'une périlleuse expertise.

Avec de tels caractères, comment la rescision pour vileté de prix a-t-elle pu s'introduire parmi nous et s'y naturaliser, tandis que les peuples septentrionaux de l'Europe et une grande partie de l'Allemagne ne l'ont point admise?

L'opinant croit avoir suffisamment indiqué le *pourquoi* dans l'une des précédentes séances : on a fait de tout ceci un cas de conscience ; mais le législateur doit voir de plus haut, et ne pouvant redresser tous les petits griefs *individuels*, il doit sur-tout s'opposer à ce qui pourrait troubler la masse.

M. Berlier examine ensuite les principales objections de M. Portalis. Point de contrat sans cause, point de vente sans un prix raisonnable, point de consentement réel, si l'erreur est palpable comme dans le cas de lésion des sept douzièmes, etc. etc.

Mais n'y a-t-il pas ici une cause commune, un prix de vente, un consentement formel ! Et pour renverser tout cela, qu'oppose-t-on, sinon une simple allégation de lésion ?

On continue, et l'on dit que le système général de notre législation admet contre tout acte le dol, la fraude, la violence, et que c'est aller contre ces principes que de refuser la preuve de la lésion, puisque dans la lésion même, quand elle est d'outre-moitié, se trouve intrinsèquement la preuve du dol.

L'opinant a répondu à cette objection dans les précédentes séances ; il a démontré qu'elle ne renfermait qu'une pétition de principes, et ne tendait qu'à établir la question par la question.

On est revenu sur le point de notre législation, qui admet la rescision pour lésion en matière de partages entre cohéritiers : mais quelle comparaison y a-t-il entre cette espèce et la nôtre pour conclure de l'une à l'autre ? Deux motifs existent en matière de partage ; l'ignorance commune des cohéritiers, et sur-tout l'*égalité* qui doit exister entre eux.

Qu'est-ce que cela peut avoir de commun avec la vente ? et l'opinant ne peut-il argumenter avec beaucoup plus d'avantages d'autres contrats plus analogues à celui de vente, et où les partisans de la rescision n'ont pas osé l'introduire ? Tels sont le louage, l'échange, le partage entre associés, etc.

Qui ne sent, au surplus, que les principes généraux développés par M. Portalis, si ces principes ne se modifiaient pas naturellement eux-mêmes, s'appliqueraient tout aussi bien aux autres contrats qu'à celui de vente ; et cependant on n'ose pas introduire la rescision par-tout, parce qu'on sent bien que la société en serait ébranlée.

On a reproché à l'opinant de s'effrayer trop des expertises. La société, a-t-on dit, pourrait-elle exister sans expertises et sans preuves testimoniales ? Et, en second lieu, l'expertise n'est-elle pas un moyen plus sûr de connaître la vérité que la preuve vocale ordinaire ?

M. Berlier discute séparément ces deux propositions.

D'abord, loin que l'expertise soit un moyen meilleur que la preuve, parce qu'un expert peut être corrompu de même qu'un témoin, il semble à l'opinant qu'il y a une mauvaise chance de plus en matière d'expertise, l'ignorance de l'expert pouvant être tout aussi nuisible que sa mauvaise-foi.

Abordant ensuite la première proposition, l'opinant distingue les cas où les expertises et preuves peuvent être admises, d'avec ceux où elles doivent être rejetées.

Deux grandes règles existent sur ce point : 1°. si l'objet excède 150 fr., et qu'il s'agisse d'une obligation, plus de preuves admissibles; 2°. nulle preuve contre, et outre le contenu dans un acte.

Quand, au contraire, la preuve est-elle admissible? Dans les cas où il n'a pas pu y avoir de contrat, ou lorsque le contrat lui-même est la suite d'un délit, l'ouvrage de la fraude, de la violence ou d'un dol gisant en faits positifs.

Cette distinction bien établie, tout ce qui se passe autour de nous, en matière d'expertises, est étranger à notre question.

Si l'intérêt public réclame mon champ, j'en serai indemnisé *à dire d'experts;* c'est l'ouvrage de la nécessité, il n'y a point de contrat par lequel il ait été mis un prix à la chose.

Si mon voisin m'enlève ma récolte, il faudra bien que des experts l'estiment; il n'y a pas là de contrat, mais un délit.

Il en est tout autrement quand on veut prouver par experts que la chose vaut plus ou moins que le prix qu'on y a mis soi-même, car ce serait briser le mur de séparation que la législation a sagement posé entre les contrats et les faits simples qui tombent en preuve. La proposition que l'opinant combat tend-elle, en effet, à autre chose qu'à faire admettre une preuve contre ce qui est contenu dans un acte?

On a invoqué *l'humanité*, *l'équité* : l'opinant respecte ces vertus; et il consentirait à tout ce que l'on demande, si la Vérité pouvait descendre du ciel, et venir elle-même rectifier les opérations des hommes; mais quand il voit que tout ce débat se réduit à préférer l'opinion d'un expert à la clause d'un contrat, il ne peut que s'opposer à l'action qu'on veut faire revivre.

M. Muraire dit que déjà l'opinion générale de la France a prononcé sur la question qu'on agite.

De tous les tribunaux de la République, un seul, le tribunal de Rouen, a demandé le maintien de la loi du 14 fructidor an 3. Le tribunal d'appel de Grenoble a fait quelques observations sur la durée de l'action en rescision; il a désiré quelques précautions contre l'abus qu'on pouvait faire de cette action, mais il n'en a pas combattu le principe.

Les autres tribunaux l'ont admise ou formellement ou du moins par leur silence.

Et qu'on ne dise pas que c'est interpréter d'une manière trop favorable le silence des tribunaux ; qu'il en résulte seulement qu'ils n'ont ni approuvé, ni désapprouvé.

Il en serait ainsi, sans doute, si l'action en rescision eût encore subsisté ; mais lorsqu'étant abolie, on propose de la rétablir, lorsqu'on demande aux tribunaux leur avis sur cette proposition, comme sur toutes les autres dispositions du projet du Code civil, n'est-il pas évident que si elle leur eût déplu, ils auraient réclamé ? Et dès-lors leur silence ne peut plus avoir pour principe qu'une opinion favorable.

Mais l'abolition de l'action en rescision n'est pas seulement en opposition avec l'opinion générale, elle contrarie encore l'esprit du Code civil.

Il a été reconnu en effet que l'égalité doit être la base des contrats de bonne-foi. C'est sur ce principe que l'on admet la rescision pour cause de lésion en matière de partage. Le contrat de vente aussi est un contrat, non-seulement commutatif, mais encore de bonne-foi ; comment pourrait-on, sans se contredire, refuser de lui appliquer le principe général qui règle tous les contrats de la même nature ?

Ne serait-ce pas se contredire encore que d'admettre la rescision pour cause de dol, d'erreur, ou de surprise, et de la rejeter cependant alors que les faits même attestent l'existence de ces vices destructeurs du contrat ? alors qu'ils démontrent jusqu'à l'évidence, qu'il n'y a pas eu volonté spontanée ?

Enfin, ce n'est pas lorsque la fraude s'agite pour se soustraire au paiement des droits du fisc, qu'il convient de lui donner de nouvelles facilités, en lui offrant un moyen de dissimuler le véritable prix des ventes.

M. REGNAUD (de Saint-Jean-d'Angely) dit que déjà il a eu occasion d'énoncer son opinion sur la matière que le Conseil discute.

Il se bornera donc à résumer les réflexions qu'il a précédemment présentées, et à les fortifier par de nouveaux développemens.

On prétend que l'action en rescision pour lésion même entre majeurs, dérive de l'essence du contrat de vente.

S'il en est ainsi, pourquoi n'accorder cette action que contre les ventes d'immeubles ? Elle doit nécessairement être admise contre toute vente quelconque, et dès-lors contre celle des biens meubles. Ce contrat-ci n'est pas moins commutatif que celui qui transmet la propriété d'un immeuble : il peut n'être pas moins important, comme lorsqu'il a pour objet un navire, des diamans, des tableaux et d'autres meubles précieux, qui, dans les successions et dans certains cas prévus par la loi, sont assimilés aux immeubles. Cependant, on ne propose pas d'étendre la rescision jusqu'à ces ventes. Le principe de la rescision ne tient donc pas, comme on le prétend, à l'essence du contrat.

Mais il faut aller plus loin, et comparer les inconvéniens de l'action en rescision avec les avantages qu'on peut en attendre.

Les inconvéniens sont nombreux : ils portent sur la masse des acquéreurs. Aucun ne se croira irrévocablement propriétaire tant que durera l'action en rescision, aucun n'osera jusque-là se permettre des améliorations ; aucun ne pourra emprunter sur son immeuble, parce qu'il ne pourra offrir d'hypothèque solide.

Mais dans les circonstances, comment reconnaître s'il y a lésion ? La valeur des biens est plus que jamais incertaine, à raison de la différence que l'opinion met entre eux.

Il existe d'abord une première distinction des biens, en patrimoniaux et en biens nationaux.

Ces derniers sont de première, de deuxième, de troisième classe.

On les distingue encore par leur situation, suivant qu'ils appartiennent à l'ancien ou au nouveau territoire de la France.

Il est possible qu'un château et un parc de la valeur d'un million, soient achetés fort cher au prix de vingt-cinq mille francs, parce qu'à raison de leur situation on ne les acquiert pas pour habiter, mais pour démolir et pour abattre.

L'opinion individuelle ajoute encore à cette diversité d'évaluation. Tel croit faire un marché raisonnable en acquérant un bien national sur le pied de vingt fois la revenu ; tel autre pense qu'au dixième le prix en serait trop élevé.

L'évaluation exacte des biens est donc presque impossible.

Tant d'inconvéniens et de difficultés ne seraient pas à beaucoup près balancés par les avantages.

Le rétablissement de l'action en rescision ne profitera jamais qu'à un très-petit nombre de personnes : il en est peu qui soient assez dépourvues de raison pour vendre leur bien au-dessous de la moitié de sa valeur.

Quelques-uns cependant souscriront par besoin des marchés désavantageux.

Mais ils se trouvent dans le même cas que ceux qui, par un motif semblable, vendent leurs meubles, leurs rentes, en un mot des choses sujettes à varier de valeur.

Enfin, une dernière considération qui mérite l'attention la plus sérieuse, c'est que le rétablissement de l'action en rescision peut jeter des alarmes dans l'esprit des acquéreurs de biens nationaux. La malveillance parviendrait peut-être à leur persuader qu'un jour cette action sera dirigée contre eux.

Le Premier Consul dit qu'avant de parler sur le fond du projet qui est d'une grande importance pour les mœurs, il discutera les considérations politiques qu'on vient de mettre en avant, et examinera si en effet les circonstances forment obstacle au rétablissement de l'action en rescision.

Il est certain que toute mesure qui inquiéterait les acquéreurs de domaines nationaux, amènerait des désordres dans l'Etat, et blesserait la foi publique.

Mais à s'en tenir même aux principes du droit civil, le rétablissement de l'action en rescision pour cause de lésion ne peut les alarmer. On trouve dans le projet qu'elle ne sera pas admise contre les ventes par licitation : or, si des ventes garanties par l'autorité d'un tribunal deviennent irrévocables, combien plus les aliénations garanties par l'autorité de la loi elle-même, d'une loi qui n'est pas moins respectable que le Code civil?

Il n'y aurait qu'une contre-révolution qui pourrait opérer l'expulsion des acquéreurs de domaines nationaux, et rappeler les anciens propriétaires : jusque-là ils ont pour eux la protection de la loi et toute la force du Gouvernement.

On demande pourquoi la lésion ne serait d'aucun poids dans les ventes de meubles.

Ne voit-on pas que la loi de la rescision est une loi de mœurs, qui a pour objet le territoire? Peu importe comment un individu dispose de quelques diamans, de quelques tableaux; mais la manière dont il dispose de sa propriété territoriale n'est pas indifférente à la société. C'est à elle qu'il appartient de donner des règles et des bornes au droit de disposer; et c'est d'après ce principe que la loi assure une légitime aux enfans sur les biens des pères, aux pères sur les biens des enfans; c'est parce que le droit de propriété ne donne à personne la disposition indéfinie de ses biens, parce que personne ne peut en user contre les mœurs, que la loi pèse d'un côté les affections, de l'autre les devoirs; et que par de sages prohibitions elle empêche l'homme de faire céder ses obligations à ses penchans.

Cependant, sans l'action en rescision, tout ce système est renversé.

Qu'est en effet une vente dont cette action n'assure pas la réalité; où

le

le vendeur transmet pour la somme la plus modique une propriété de la plus haute valeur? C'est une donation, mais une donation qui échappe à toutes les formalités, à toutes les modifications auxquelles la loi, dans sa sagesse, a soumis les actes de pure libéralité.

Suppose-t-on que le vendeur n'ait pas eu intention de donner; qu'il ait en effet voulu recevoir une somme de dix mille francs, comme le prix d'une propriété de cent mille : alors qui ne se récrierait contre l'injustice d'un pareil contrat? Qui ne verrait avec indignation que le Code civil l'a sanctionné? Le Code civil, qui doit être le résultat le plus exact de la justice civile! S'il repose sur cette base, il sera éternel.

On objecte que dans les principes de la justice civile les contrats doivent être respectés.

Il n'y a pas de contrat de vente lorsque l'on ne reçoit pas l'équivalent de ce qu'on donne, quand la séduction des passions ou le besoin ont déterminé un propriétaire à céder sa chose pour rien. Peut-il ê   lans les principes de la justice civile de sanctionner un acte par lequ   ndividu sacrifie dans un moment de folie l'héritage de ses pères et   patrimoine de ses enfans, à l'emportement de sa passion?

S'il a cédé au besoin, pourquoi la loi ne prendrait-elle pas la défense du pauvre opprimé, contre l'homme riche, qui, pour le dépouiller, abuse de l'occasion et de sa fortune?

La loi de la rescision l'obligera à payer du moins le bien, la moitié de sa valeur.

Cette loi pourra quelquefois être éludée, mais plus souvent elle retiendra l'injustice; et précisément parce qu'elle existera, il y aura moins d'occasions de l'invoquer.

Ce sera sur-tout l'avantage que les mœurs tireront de la loi : on craindra l'action en rescision, et l'on n'osera se permettre une lésion énorme. Si cette action n'existe pas, la fraude n'a plus de frein, et osera tout entreprendre.

Mais au profit de qui tournerait donc l'exclusion de l'action en rescision, dans le cas d'une lésion énorme?

Au profit de quelques agioteurs.

Et ce serait pour protéger un pareil intérêt, qu'on foulerait aux pieds les mœurs et les principes de la justice civile?

M. Berlier dit que son opinion ne tend pas à favoriser telle ou telle classe d'acquéreurs, mais à protéger tous les acquéreurs contre les attaques dirigées contre eux au mépris d'un contrat; qu'à la vérité cette protection s'étendra peut-être sur quelques individus qui en seront peu dignes, mais qu'il faut garantir la masse des acquéreurs qui est de bonne-foi, et qui restera, sans exception d'individus, exposée à de mauvaises difficultés, si le système de la rescision passe.

On s'est peu appliqué, continue M. Berlier, à répondre au danger qu'il y a de rompre un contrat, par le seul résultat d'une expertise : on ne doit pas ici diviser la fin et le moyen ; car, s'il n'était question de relever le vendeur que dans le cas où il serait établi, par des actes authentiques, des baux par exemple, que le fonds vendu donne un revenu quatre ou cinq fois supérieur à ce qu'il devrait être comparativement au prix de la vente, on pourrait tomber d'accord, en investissant les juges du droit de prononcer sur ces cas infiniment rares.

Cette proposition, assez concordante avec celle que fit le consul Cambacérès, dans l'une des précédentes séances, ne porterait qu'une bien légère atteinte aux principes posés en faveur des contrats, et ne saurait répandre l'alarme parmi les acquéreurs de bonne-foi.

Mais les partisans de la rescision lui donnent, à peu de chose près, pour accompagnemens et pour soutiens, ceux qu'elle avait avant la loi de l'an 3, qui l'a abolie.

Sous ce rapport, l'opinant persiste à considérer cette action comme plus propre à servir la mauvaise-foi des vendeurs qu'à réprimer celle des acquéreurs.

M. Réal dit qu'il ne prétend point revenir sur les considérations politiques qui ont été victorieusement réfutées ; mais qu'il doit observer que le rétablissement de la rescision produira un effet défavorable aux domaines nationaux.

Il faudra en effet évaluer les biens suivant le prix qu'ils ont dans le commerce, et dès-lors on sera forcé de suivre, par rapport aux biens nationaux, les calculs de l'agiotage, de les distinguer dans les tribunaux des biens dits patrimoniaux, et de faire constater par des jugemens, qu'ils sont d'une valeur beaucoup inférieure à ces derniers.

Le consul CAMBACÉRÈS dit que si la disproportion entre le prix des biens nationaux et celui des biens patrimoniaux était aussi grande qu'on le suppose, ce serait une raison de plus pour rétablir la rescision ; car il serait utile de les fixer dans la main des propriétaires, afin qu'y en ayant moins dans le commerce, ils reprissent leur juste valeur.

Mais on exagère cette disproportion ; et celle qui existe, ne pouvant être que momentanée, ne saurait devenir un motif de sacrifier un principe de justice éternelle, et qui doit durer dans tous les tems.

Vient ensuite le mode d'exécution. Il ne produit que des questions secondaires, et à cet égard on n'est point lié : on pourra voir pour quelle quotité l'action devra être accordée, dans quels termes il conviendra de la renfermer ; et déjà, sous ce dernier rapport, on a fait un changement considérable, en proposant de la limiter à deux ans.

Quant au principe, il ne peut pas être mis sérieusement en question.

M. Tronchet dit que la discussion serait vicieuse si on cherchait à affaiblir par le mode d'exécution un principe qu'on ne peut attaquer directement.

La rescision pour cause de lésion n'est que l'application au contrat de vente, des principes généraux sur les conventions.

Ces principes sont que la loi doit protéger les contrats, mais seulement quand ils ne sont pas infectés de vices qui en attaquent la substance ; car, dans ce dernier cas, n'y ayant point de consentement, il n'y a point réellement de contrat.

Ce vice se rencontre dans toute vente où il y a lésion énorme.

Il est évident en effet que celui qui se dessaisit de sa propriété a voulu la donner ou la vendre. S'il a voulu la donner, il importe de le réduire à employer la forme des donations. S'il a voulu la vendre, il a été trompé ou forcé par le besoin.

Dans le premier cas, il y a erreur ; dans le second, une sorte de violence.

Il est impossible de défendre celui qui a profité de son malheur ou de sa folie.

Mais on revient par un détour, et en paraissant respecter le principe, on l'élude cependant en proposant de retrancher l'expertise, c'est-à-dire, le moyen principal de vérifier la lésion.

Après tout, qu'est-ce que l'expertise peut avoir d'effrayant ?

D'abord, on ne s'en servira que lorsqu'elle sera indispensable et en la modifiant par toutes les précautions capables d'en prévenir l'abus ; et alors elle n'est pas plus dangereuse dans le cas de lésion, que dans une foule d'autres où l'on convient qu'elle doit être admise.

Le principal inconvénient de l'expertise était que chaque partie nommant son expert, chaque expert se croyait plutôt le défenseur de la personne qui l'avait nommé, que l'arbitre de l'affaire. Il y avait donc toujours partage d'opinions, et alors le tribunal nommait d'office un sur-expert qui en effet finissait par être le seul juge de l'évaluation.

Le projet remédie à cet inconvénient, en exigeant que les trois experts soient nommés par les parties, et en ordonnant que si elles ne s'accordent point sur cette nomination, elle sera faite par le juge.

Le projet veut que les experts motivent leur opinion, mais seulement en commun et sans que l'avis de chacun soit énoncé. Il y a donc toujours une majorité, mais les parties demeurent sans influence, puisque les experts ne présentent qu'un avis commun ; personne ne peut savoir avec certitude comment chaque expert a opiné.

Enfin le rapport des experts ne lie point le juge. Il peut nommer d'office de nouveaux experts, et même chercher la vérité par tout autre moyen.

Le Premier Consul dit qu'il est nécessaire de se fixer d'abord sur le principe. Il y a une foule de moyens de découvrir la véritable valeur d'un bien, même indépendamment des expertises. On peut recourir aux ventes, aux partages, aux baux et à beaucoup d'autres circonstances.

Le Conseil adopte en principe que l'action en rescision sera accordée aux majeurs pour cause de lésion énorme.

1674. Si le vendeur a été lésé de plus de sept douzièmes dans le prix d'un immeuble, il a le droit de demander la rescision de la vente, quand même il aurait expressément renoncé dans le contrat à la faculté de demander cette rescision, et qu'il aurait déclaré donner la plus value (1).

(Cet article était le XCIV^e. du Projet).

Séance du 7 Pluviose an 12.

M. Jollivet dit que si l'action en rescision est accordée à l'acheteur, il sera indispensable d'élever pour lui le taux de la lésion, et qu'alors il paraît juste de l'élever également pour le vendeur.

M. Cretet dit que l'objet de cette proposition est d'adoucir dans l'application le rétablissement de l'action en rescision, mais que sous ce rapport la quotité de la lésion paraît indifférente ; c'est principalement sur la durée de l'action qu'il importe de s'arrêter. Sur le taux de la lésion, on pourrait sans inconvénient suivre l'ancienne maxime qui voulait qu'elle fût d'outre moitié. Or, la proposition de la porter à sept douzièmes, s'éloigne si peu de la règle autrefois en usage, qu'elle n'appelle aucune objection.

M. Bérenger dit que s'il reproduit les argumens par lesquels il a combattu le principe de la rescision, ce n'est point pour atténuer de nouveau ce principe ; c'est uniquement pour prouver qu'il importe d'élever le taux de la lésion.

---

(1) Le tribunal d'appel de Toulouse demandait si l'action admise par cette section aura lieu à l'égard des ventes faites sous la réserve *d'une pension viagère*, pour tout ou partie du prix.

En effet, pour estimer la véritable valeur de l'immeuble au tems de la vente, il faut voir dans quelle circonstance et à quelle époque les parties ont contracté ; car il est possible que le vendeur eût fait un marché utile, quoique, si l'on s'en rapportait aux apparences, il parût avoir souffert une lésion énorme.

L'opinant propose d'exiger une lésion des deux tiers.

M. Cretet dit qu'il existe déjà dans la législation une rescision qu'on peut prendre pour modèle, quant à la quotité de la lésion, et quant à la durée de l'action ; c'est celle qui s'opère par l'effet de la sur-enchère des créanciers hypothécaires.

M. Tronchet dit qu'il ne faut pas perdre de vue le principe qui a fait adopter l'action en rescision. On l'a puisé dans la nature du contrat de vente, lequel est commutatif. Or il n'y a plus d'équivalent ; mais il y a lésion, quand on voit, d'un côté, plus de la moitié de la valeur du contrat.

On a cru néanmoins devoir exiger une lésion de sept douzièmes, parce que c'était établir une règle trop incertaine que de se borner à la moitié : la différence la plus légère, ne fût-elle que d'un franc, aurait emporté la balance ; mais aller plus loin, et regarder celui qui a reçu moins de sept douzièmes du prix, comme ayant obtenu l'équivalent de ce qu'il donne, ce serait détruire le principe même.

Le Conseil adopte en principe qu'il y aura rescision pour lésion des sept douzièmes du juste prix.

1675. Pour savoir s'il y a lésion de plus de sept douzièmes, il faut estimer l'immeuble suivant son état et sa valeur au moment de la vente.

(Cet article était le XCV^e. du Projet).

M. Jollivet demande l'ajournement de cet article, parce que, dit-il, il tient au mode d'estimer l'immeuble, lequel n'est pas encore déterminé.

Le consul Cambacérès dit que l'article ne préjuge rien sur le mode d'estimation ; qu'il suppose seulement que l'immeuble sera estimé, ce qui est incontestable ; et qu'il veut que, dans ce cas, on s'arrête à la valeur qu'il avait au tems de la vente. Cette règle ne peut pas souffrir de difficulté.

Cependant on peut calmer toutes les craintes, en adoptant une autre rédaction ; il suffit de dire : *La valeur de l'immeuble sera estimée*, etc.

L'article est renvoyé à la Section.

1676. La demande n'est plus recevable après l'expiration de deux années, à compter du jour de la vente.

Ce délai court contre les femmes mariées, et contre les absens, les interdits, et les mineurs venant du chef d'un majeur qui a vendu.

Ce délai court aussi et n'est pas suspendu pendant la durée du tems stipulé pour le pacte de rachat (1).

(Cet article était le XCVI^e. du Projet).

M. CRETET examine s'il est nécessaire de faire durer l'action pendant deux ans.

L'une des plus grandes difficultés contre le principe même de la rescision, c'est qu'il laisse pendant un tems la propriété incertaine; ce qui gêne le propriétaire dans l'exercice de son droit, et prive la société de tous les avantages qu'elle retire des améliorations.

C'est, sans doute, déjà beaucoup faire que de réduire à deux ans cet état fâcheux, qui, dans l'ancienne législation, durait pendant le long espace de dix années.

Mais y a-t-il quelque motif de prolonger l'action, même pendant deux ans?

La lésion vient, ou de l'erreur de celui qui vend, ou de ses besoins.

Il ne lui faut point deux ans pour se détromper, s'il n'y a qu'erreur.

S'il a voulu se procurer un secours que les circonstances lui rendaient nécessaire ou utile, il cesse d'être favorable; on ne lui doit aucune garantie pour les fausses spéculations auxquelles il a pu se livrer. Il y a plus: la loi ne pourrait le secourir, sans fournir à l'agiotage un moyen nouveau. En effet, on vendrait à vil prix, pour se procurer des fonds dont on tirerait des bénéfices considérables; et on les rendrait après deux ans à l'acheteur, en reprenant sa chose.

Lorsqu'on n'accorde que deux mois à des créanciers, pour reconnaître si la vente de leur gage leur est préjudiciable, et pour surenchérir, pourquoi accorderait-on deux ans à un vendeur? six mois devraient lui suffire; mais afin de n'être pas trop rigoureux, on peut lui donner un an.

M. MALEVILLE dit que le délai n'est pas seulement établi pour que le vendeur puisse reconnaître la lésion qu'il a soufferte, mais aussi pour

---

(1) Le tribunal d'appel d'Aix demandait si la prescription établie par cet article aurait lieu quand l'exécution du contrat ne devait commencer qu'après une certaine époque ?

qu'il trouve des ressources avec lesquelles il puisse la réparer. Ce n'est pas parce qu'il a été trompé que la loi le restitue en pareil cas, mais parce que le besoin l'a forcé de donner sa propriété à vil prix.

C'est à tort qu'on a dit que, pendant la durée de l'action, les terres demeurent sans culture : l'acheteur ne doit pas craindre de se livrer aux améliorations, puisqu'il en serait remboursé en cas de rescision.

M. JOLLIVET dit que l'acheteur sera toujours très-circonspect, parce qu'il craindra que les améliorations qu'il aura faites ne soient pas estimées à leur juste valeur : la durée de l'action en rescision lui porte donc préjudice.

Le vendeur, au contraire, qui connaît sa chose, ne peut pas se tromper long-tems sur le prix.

Il pouvait, d'ailleurs, en vendant à réméré, se donner tout le tems nécessaire pour reprendre son bien.

La proposition de M. Cretet paraît donc devoir être admise.

M. PORTALIS combat cette proposition.

Il observe d'abord qu'autrefois l'action en rescision subsistait pendant dix ans, et que c'est en abréger prodigieusement la durée, que de la réduire à deux.

Il ajoute qu'elle existera au profit des femmes, des mineurs, enfin de tous ceux que la loi regarde comme privilégiés, et que, par cette raison, elle n'a pas soumis à la prescription ordinaire. Il est difficile de la réduire, à l'égard de toutes ces personnes, à une durée d'un an.

Un absent, par exemple, qui a agi par un fondé de pouvoir, ne peut, dans un délai si court, se procurer les renseignemens dont il a besoin pour reconnaître s'il a été lésé.

On objecte que la loi ne donne que deux mois aux créanciers pour surenchérir : mais on ne prend pas garde qu'ils n'ont aucune lésion à prouver; qu'ils exercent leurs droits sans rencontrer aucun obstacle, et qu'enfin, ce qu'ils obtiennent au-delà du prix vendu, est en bénéfice pour eux.

Ce qu'on a dit sur les améliorations se tournerait également en objection contre toutes les causes qui peuvent opérer l'expulsion d'un acquéreur. Mais tout acquéreur, s'il est prudent, a soin, lorsqu'il entre en jouissance, de faire constater l'état dans lequel il prend le bien, et alors il ne craint plus de se permettre des améliorations. Quelles améliorations, d'ailleurs, peut-on faire en deux ans? Il faut au moins ce terme, et plus d'une récolte, pour connaître le produit d'un domaine.

M. BÉRENGER répond aux objections de M. Maleville. Si le vendeur, dit-il, étant pressé de vendre, n'a pu trouver un acquéreur qui lui donnât un prix plus haut que celui qu'il a reçu, il ne peut pas prétendre qu'il a été lésé. Le bien a été vendu à la valeur qu'il pouvait avoir dans les circonstances; car le cours est la mesure la plus exacte de l'évaluation : autrement il faudrait également soumettre à la rescision les ventes qui sont faites par autorité publique; mais on les en exempte, parce qu'il est évident que lorsque le domaine a été livré au concours des acheteurs, il a été vendu à son juste prix. En général, on confond trop la valeur exacte des biens avec leur valeur relative, qui résulte de la situation des parties. Celui qui retire d'une vente les ressources dont il a besoin dans les circonstances où il se trouve, a obtenu tout l'avantage qu'il voulait s'assurer en vendant.

Le terme de deux ans ne servirait qu'à donner des facilités à la fraude; on en profiterait pour faire valoir le prix qu'on aurait retiré de la vente; et après s'être assuré les bénéfices qu'on espérait de cette spéculation, on reviendrait déposséder l'acquéreur, en lui rendant ses fonds, dont on n'aurait plus besoin.

M. Cretet dit qu'il n'est point touché de ce que M. Portalis a dit relativement aux personnes privilégiées.

Elles méritent, sans doute, la faveur de la loi; mais la loi a épuisé sa protection à leur égard, lorsqu'elle a entouré les aliénations qui les intéressent, des formes propres à les rendre aussi avantageuses qu'il soit possible. Elle peut donc, au-delà, les confondre avec les majeurs, et ne leur pas accorder un délai plus long pour exercer l'action en rescision.

Les précautions qu'on a supposé être prises par les acquéreurs, lorsqu'ils entrent en possession, sont très-rarement employées. Sur ce fait, on peut attester l'usage. Il y a peu de pères de famille qui fassent constater l'état dans lequel ils prennent un bien. Ces formalités sont trop embarrassantes et trop dispendieuses, quand on veut les rendre régulières; car un simple procès-verbal fait hors de la présence de la partie adverse, ne forme pas contre elle une preuve complète; il donne seulement le droit de contester ses assertions; ainsi, un acquéreur prudent ne se contentera pas de ces formalités illusoires; il trouvera plus sage de ne point faire d'améliorations.

M. Jollivet croit qu'un délai d'un an doit suffire à l'acquéreur; car il a encore, pour trouver des ressources, tout le tems que dure la contestation, puisque, pour la commencer, il n'est point obligé de faire d'offres réelles.

M. Tronchet dit que loin de trouver le délai trop long, il le trouve au contraire

contraire trop court, et qu'il ne l'admet que pour concilier les opinions diverses.

On sera convaincu que ce terme est évidemment trop court, si l'on jette les yeux sur les diverses classes des vendeurs.

Ce sont des majeurs, dira-t-on; oui, sans doute; mais ce sera un jeune homme de vingt-un ans, qui aura sacrifié son héritage à la fougue de ses passions, et qu'un acquéreur avide aura dépouillé.

Ce sera un homme dans le malheur, et que la nécessité aura forcé de vendre. Il est étonnant qu'on dise qu'en aliénant son bien, il se place dans une position meilleure. Quoi ! parce qu'à défaut des ressources qu'il espérait, il aura sacrifié sa propriété pour sauver son honneur et se soustraire à la poursuite de ses créanciers, sa situation sera améliorée !

Ce sera une femme qui, n'administrant pas par elle-même, n'aura pas connu la valeur du bien qu'on lui a fait vendre.

Comment toutes ces personnes profiteront-elles de l'action en rescision, si la durée en est abrégée ? Ce ne sera pas dans un delai de six mois qu'un jeune homme reviendra de ses égaremens, qu'une femme reconnaîtra le tort qu'elle a souffert, qu'un malheureux réparera le désordre de ses affaires.

Mais, dit-on, puisqu'il n'est pas forcé a faire des offres réelles, le délai pour trouver des ressources se prolonge à son égard. Vaine défaite ! L'acquéreur, qui connaît la position malheureuse du vendeur, se hâte d'acquiescer à sa demande, bien certain de l'exclure plus sûrement, en le réduisant à l'impuissance de rendre le prix.

Autrefois l'action en rescision durait dix ans, et ce terme n'était pas trop long. Maintenant il va être infiniment abrégé ; mais si l'on veut l'abréger encore davantage, le bienfait de la rescision devient illusoire.

Le Premier Consul propose de fixer le délai à quatre ans, afin qu'un jeune homme de vingt-un ans ait le secours de la rescision jusqu'à l'âge de vingt-cinq ans, c'est-à-dire, pendant tout le tems que durait autrefois la minorité.

M. Cretet demande que, du moins, un délai aussi long ne soit pas accordé à tous les autres vendeurs.

Le consul Cambacérès dit qu'à l'égard du jeune homme de vingt-un ans, la nouvelle jurisprudence abrégera le délai de douze ans ; car il ne sera plus restitué après l'expiration de sa vingt-troisième année, tandis qu'autrefois il était restituable jusqu'à l'âge de trente-cinq ans.

On a rétabli l'action en lésion, comme un remède contre l'usure devenue trop commune ; il ne faut donc point rendre ce remède inutile, en ne laissant pas le tems d'en faire usage. Déjà on a fait, à l'égard des mineurs et des interdits, des innovations qui peuvent ne leur être pas avantageuses, du moins faut-il ne pas aller plus loin. Ce ne serait pas trop les favoriser que de leur accorder l'action en rescision pendant quatre ans.

A l'égard de tous les autres, peu importe que le délai soit d'une ou de deux années.

Le Premier Consul dit qu'il ne faut pas perdre de vue qu'en rétablissant l'action en rescision, on s'est sur-tout proposé de prévenir la lésion. Plus on multipliera les chances défavorables contre celui qui oserait se la permettre, plus on atteindra sûrement ce but. On le manquera, au contraire, si l'on organise le principe de la lésion de manière que dans l'application il devienne illusoire.

Le Consul desirerait que le délai pût être de quatre ans ; dix ans même ne lui paraîtraient pas trop longs : mais puisque la majorité a été fixée à vingt-un ans, et que la loi ne doit pas se contredire, que le délai soit du moins de deux ans.

M. Jollivet dit que le cas de lésion n'étant pas patent, il est à craindre que les vendeurs, par la menace d'un procès, ne tourmentent les acquéreurs, et ne parviennent à leur arracher des supplémens de prix, sans qu'il y ait réellement lésion.

Le Premier Consul demande si l'on a vu beaucoup d'actions en rescision formées sans qu'il y eût lésion réelle.

M. Portalis dit que, dans le ressort du parlement d'Aix, on formait rarement de telles actions sans qu'il y eût un juste motif.

M. Maleville dit que peu de vendeurs ont demandé la rescision, sans avoir été réellement lésés. Quand ils ont échoué, c'est parce que la moindre erreur dans l'évaluation ne portait plus la lésion à la proportion exacte de plus de la moitié du juste prix, ou parce qu'en effet la lésion n'avait pas été précisément portée à ce taux ; mais en rejetant leur demande, les tribunaux étaient bien convaincus qu'ils avaient réellement souffert une lésion très-considérable : et souvent la seule action produisait ce bien que, sans attendre le jugement, l'acquéreur rendait justice au vendeur par un supplément de prix.

M. Berlier dit que, pour répondre à la demande du Premier Consul, il importe de savoir ce qu'on entend par ces mots *lésion réelle*.

Si l'on veut dire une *lésion quelconque*, comme de cinq, dix ou quinze pour cent, le résultat des expertises a pu souvent offrir une lésion de cette espèce; lésion au surplus insignifiante puisqu'elle n'opérerait pas la rescision du contrat.

Mais si l'on veut parler d'une lésion propre à rescinder le contrat, l'opinant nie formellement que, sur aucun point du territoire, il y eût souvent lieu de l'appliquer. Sur trente actions dirigées vers ce but, il en échouait vingt-neuf : cette considération est l'une de celles qui, dans les précédentes séances, avaient engagé l'opinant à s'élever contre le rétablissement du système dont il s'agit : la décision contraire a passé, et il la respecte; mais cela ne change pas la nature des faits.

M. Defermon dit que, pour éluder la loi de la rescision, il suffira d'exprimer dans l'acte un prix plus élevé que celui qui aura été réellement reçu.

Le Premier Consul dit qu'on attaquerait l'acte comme frauduleux.

M. Defermon répond que la fraude serait difficile à prouver.

Il ajoute que d'ailleurs un acquéreur de bonne-foi peut être surpris. Il aura pris chez un notaire chargé de vendre un bien, des renseignemens sur le produit; on lui en aura donné d'inexacts; il croira avoir payé le bien son juste prix, et neuf ans après, c'est-à-dire, lorsqu'il aura dénaturé ce bien, qu'il l'aura changé de forme et peut-être démembré, on viendra lui dire qu'il valait deux fois ce qu'il l'a payé, et le menacer d'un procès.

Le Premier Consul dit que si le domaine vaut réellement le double de ce qu'il a été acheté, il n'y a pas d'inconvénient que l'acquéreur en complète le prix; car il n'est pas juste que, pour enrichir sa famille, il en appauvrisse une autre. Si on voulait le lui faire rendre, on serait injuste; il s'y est établi : mais qu'il paye la différence.

M. Tronchet s'étonne que lorsqu'il ne s'agit plus que de régler l'application du principe, on revienne sur le principe même.

On a fait une hypothèse fort extraordinaire, lorsqu'on a présenté un homme qui achète d'après quelques renseignemens pris chez un notaire. Ce n'est pas ainsi que traitent ordinairement les acquéreurs; ils examinent avec beaucoup plus de soin, et presque toujours ils se transportent ou ils envoient sur les lieux.

Mais quand il y aurait eu incertitude et erreur, à qui nuisent-elles ? A l'acquéreur : qu'il descende dans sa conscience. Plus la loi sera sévère, plus elle sera morale.

Le Premier Consul demande qui doit être le plus favorisé du vendeur ou de l'acheteur : c'est sans doute le vendeur; il a été violenté par le besoin ; il a dépouillé sa famille : l'acheteur au contraire était parfaitement libre ; rien ne le forçait d'acquérir ; il a tous les profits du contrat.

D'ailleurs, il ne faut pas toujours voir ici des domaines considérables, des vendeurs opulens ; il faut aussi descendre dans les petites familles, dans les petites fortunes qui ne se composent que d'une seule propriété. Celui qui la sacrifie, déshérite sa postérité tout entière ; il la fait descendre de l'aisance quelconque dont elle était appelée à jouir, pour la réduire à la misère : voilà ce qui n'arrive point à l'acheteur ; il ne dépouille point sa famille, il consolide au contraire le patrimoine qu'il lui laisse.

L'article est adopté.

1677. La preuve de la lésion ne pourra être admise que par jugement, et dans le cas seulement où les faits articulés seraient assez vraisemblables et assez graves pour faire présumer la lésion.

(Cet article était le XCVII^e. du Projet).

M. JOLLIVET dit que cet article est inutile, puisque l'action en rescision pour lésion ne peut être admise que par un jugement.

M. TRONCHET répond que l'article est destiné à avertir le juge qu'il ne doit admettre à la preuve de la lésion que lorsqu'il y a déjà quelque présomption que le vendeur a été lésé. Cette disposition est nécessaire, parce que, dans l'ancienne jurisprudence, il suffisait de se pourvoir au greffe.

Le consul CAMBACÉRÈS pense qu'on pourrait ramener les dispositions de la section en discussion, à un ordre plus naturel.

On pourrait déclarer d'abord que les juges devront examiner par eux-mêmes les circonstances de la cause ; et si la lésion leur paraît évidente, prononcer la rescision, sans employer le ministère d'experts. Il y a en effet des cas où l'inspection des titres suffit pour vérifier la lésion, comme dans le cas où un bien est vendu six mois après avoir été estimé à l'occasion d'un partage.

On ajouterait que si la lésion ne peut pas être vérifiée directement par les juges, ils ordonneront que l'immeuble sera estimé par des experts.

On placerait ensuite les articles qui organiseraient l'expertise.

Le PREMIER CONSUL dit que la loi doit donner aux juges une règle pour les trois cas suivans :

Celui où ils sont convaincus qu'il y a lésion ;

Celui où ils voient clairement qu'il n'en existe pas ;

Celui où ils croient que le fait articulé doit être vérifié par des experts. Cette proposition est admise et renvoyée à la section.

L'article est adopté.

1678. Cette preuve ne pourra se faire que par un rapport de trois experts, qui seront tenus de dresser un seul procès-verbal commun, et de ne former qu'un seul avis à la pluralité des voix.

(Cet article, le XCVIII^e. du Projet, fut adopté sans discussion).

1679. S'il y a des avis différens, le procès-verbal en contiendra les motifs, sans qu'il soit permis de faire connaître de quel avis chaque expert a été.

(Cet article, le XCIX^e. du Projet, fut adopté sans discussion).

1680. Les trois experts seront nommés d'office, à moins que les parties ne se soient accordées pour les nommer tous les trois conjointement.

(Cet article, le C^e. du Projet, fut adopté sans discussion)(1).

1681. Dans le cas où l'action en rescision est admise, l'acquéreur a le choix ou de rendre la chose en retirant le prix qu'il en a payé, ou de garder le fonds en payant le supplément du juste prix, sous la déduction du dixième du prix total.

Le tiers possesseur a le même droit, sauf sa garantie contre son vendeur.

CII. *Dans le cas où l'action en rescision est admise, l'acquéreur a le choix, ou de rendre la chose en retirant le prix qu'il en a payé, ou de parfaire le juste prix et de garder la chose.*

Le tiers possesseur a le même droit, sauf sa garantie contre son vendeur.

---

(1) L'article CI du Projet était ainsi conçu : *Pourront néanmoins les juges rescinder un acte de vente, sans qu'il soit besoin d'une estimation d'experts, lorsqu'une lésion suffisante sera déjà établie par une preuve littérale.*

Cet article fut adopté dans la séance du 7 pluviôse de l'an 12; néanmoins il a été supprimé après les conférences tenues avec la section du Tribunat.

Le Premier Consul dit qu'il est peut-être trop rigoureux d'imposer à l'acquéreur l'obligation de parfaire le juste prix.

Celui qui a acheté à cinquante pour cent de la valeur, n'est point exposé à l'action en rescision ; il y est soumis s'il a acheté à quarante. Il semble que c'est mettre trop de différence dans la condition de l'un et de l'autre, que d'obliger ce dernier à payer la valeur exacte de la chose. Il paraît mieux de ne lui en faire payer que quatre-vingt ou quatre-vingt-dix pour cent.

M. Bigot-Préameneu dit que la disposition est prise dans les lois romaines. Elle est fondée sur ce que, quand la loi intervient pour tenir la balance entre les parties, elle ne peut plus permettre que l'une ait de l'avantage sur l'autre.

Le Premier Consul dit que la réponse à ce raisonnement est que, si le vendeur avait voulu tenir rigoureusement au juste prix, l'acquéreur n'aurait pas acheté. Il est donc raisonnable de réduire le juste prix de dix pour cent. Rarement on achète une chose à sa valeur exacte. L'acquéreur, après tout, est venu au secours du vendeur ; et celui-ci aurait certainement consenti à recevoir quatre-vingt-dix pour cent de la valeur de son bien.

M. Bérenger dit que la section ne peut exciper de la rigueur du principe : elle veut que la lésion soit mesurée sur le juste prix, et cependant elle n'accorde la rescision que lorsqu'il y a une différence de sept douzièmes. Pourquoi cette modification ? C'est parce qu'il est difficile de déterminer le juste prix ; or, cette incertitude doit également engager à ne pas exiger de l'acquéreur la différence exacte.

Le Premier Consul propose d'ajouter à l'article : *Le juste prix s'évalue d'après la valeur exacte de la chose, diminuée de dix pour cent.*

M. Tronchet dit que cette déduction est toujours faite dans l'estimation des experts.

M. Treilhard dit qu'il admet tout ce qui peut affaiblir l'action en rescision. Il applaudit en conséquence à l'idée de diminuer de dix pour cent l'exacte valeur de la chose ; mais il pense que le but serait encore mieux rempli si l'on n'obligeait l'acquéreur qu'à fournir la moitié de ce qui manque au juste prix.

M. Bérenger dit qu'il importe de considérer qu'il y a ici deux personnes à indemniser ; celui qui a vendu à bas prix, et celui dont la rescision change toutes les convenances, les combinaisons et la situation, quant à ses affaires.

M. Bigot-Préameneu dit que c'est toujours offrir une chance et une prime au dol.

Le Premier Consul dit que la déduction d'un dixième ne peut tenter la mauvaise-foi, puisqu'il lui est facile de s'assurer impunément des avantages beaucoup plus considérables en achetant le bien à cinquante pour cent.

On ne voit donc plus d'autre motif, pour refuser cette déduction, que le principe très-moral que celui qui achète à vil prix ne mérite ni ménagement ni considération.

Mais il serait injuste d'appliquer rigoureusement ce principe à tous les acquéreurs indistinctement; une telle sévérité ne conviendrait que contre ceux qui, en achetant la chose au-dessous de sa valeur, ont eu l'intention de frauder le vendeur : or il y a, sous ce rapport, des distinctions à faire entre les acheteurs. Il en est qui n'ont pas agi dans des vues aussi coupables, et desquels le vendeur a tiré des secours utiles, qu'il n'a pas cru payer trop cher en faisant des sacrifices sur le prix. Si tous ces acquéreurs étaient également odieux, il faudrait casser le contrat; mais comme il y a des nuances qu'il est cependant difficile de fixer, on laisse la chose à l'acheteur, et on ne l'oblige qu'à en parfaire le prix.

La proposition du Premier Consul est adoptée.

1682. Si l'acquéreur préfère garder la chose en fournissant le supplément réglé par l'article précédent, il doit l'intérêt du supplément, du jour de la demande en rescision.

S'il préfère la rendre et recevoir le prix, il rend les fruits du jour de la demande.

L'intérêt du prix qu'il a payé, lui est aussi compté du jour de la même demande, ou du jour du paiement, s'il n'a touché aucuns fruits.

(Cet art., le CIIIe. du Projet, fut adopté sans discussion).

1683. La rescision pour lésion n'a pas lieu en faveur de l'acheteur.

(Cet article était le CIVe. du Projet).

M. Ségur dit que, quoique l'acheteur soit moins exposé à être trompé, la justice semble cependant exiger que, lorsqu'il l'a été, la loi vienne à son secours.

M. Jollivet pense que cette protection serait d'autant plus juste, que, dans ces derniers tems, on a imaginé une fraude infame pour surprendre les acquéreurs : on leur présente des baux simulés qui donnent au domaine un produit apparent beaucoup supérieur au produit réel.

M. Tronchet dit que ces manœuvres ne constituent pas une simple lésion, mais le dol et la surprise, qui ne sont pas l'objet du titre en discussion.

A l'égard de l'action en lésion, les lois romaines la refusaient à l'acheteur, par la raison que personne n'est forcé d'acheter, au lieu que les circonstances et le besoin des affaires forcent quelquefois de vendre.

Les auteurs ont adopté le système du droit romain. Ils ont pensé que l'acheteur qui mettait un trop haut prix à la chose, s'y étant déterminé librement, soit par des raisons solides, ou pour augmenter ses jouissances, avait calculé ses sacrifices et y avait consenti; que dès-lors il ne devait être relevé que dans le cas où il aurait été trompé par des déclarations mensongères et par de faux renseignemens.

Il y avait diversité dans la jurisprudence.

M. Portalis dit qu'il avait pensé que l'action en lésion devait être accordée aux deux parties; mais que la section a cru devoir la restreindre au vendeur.

Lui était-elle particulière dans le principe?

On ne peut pas décider cette question par le texte de la loi 2 au C. *de rescind. vend.*; car il faut se rappeler qu'à Rome on rendait des rescrits sur des cas particuliers, et qu'ainsi le silence de la loi ne préjugeait rien contre les cas différens de celui sur lequel elle s'est expliquée. Mais on voit, par d'autres lois, quel était sur la question l'esprit de la législation romaine : elles déclarent que toutes les dispositions sur la vente sont communes au vendeur et à l'acheteur.

La jurisprudence était d'abord divisée.

Un arrêt du parlement de Paris, rendu en 1676, et rapporté au Journal du Palais, a paru fixer les principes.

On a considéré que toutes les fois que le dol est prouvé par la chose même, la loi ne peut se dispenser de réparer la lésion, de quelque côté qu'elle se rencontre.

L'acquéreur peut sans doute avoir des raisons pour suracheter, savoir qu'il paye la chose au-delà de son prix, y consentir librement; mais on est forcé de reconnaître aussi qu'il peut être trompé, ou même se tromper : or, dans cette dernière hypothèse, il est lésé.

Aussi *Pothier* veut-il que la rescision lui soit accordée; et *d'Aguesseau*, qui écrivait avant que la jurisprudence fût fixée, est de la même opinion.

Depuis,

Depuis, la jurisprudence est devenue uniforme, et les acheteurs lésés ont obtenu la rescision.

M. Tronchet dit qu'il ne s'oppose pas à ce que l'action en rescision soit accordée aux acheteurs, lorsqu'ils se trouvent lésés; mais que, pour rendre cette disposition juste, il faut la restreindre par un amendement.

Il arrive, en effet, assez souvent, qu'un propriétaire qui desire s'agrandir, sollicite le propriétaire voisin de lui céder une partie de sa chose. Celui-ci se détermine avec peine : l'acheteur le décide en lui offrant des conditions très-avantageuses. Il ne serait pas juste que, dans ces circonstances, il pût se faire restituer.

Le Premier Consul dit qu'en accordant l'action en rescision à l'acheteur lésé, on embarrassera souvent les propriétés.

Un particulier qui a le projet d'établir une manufacture, achète un terrain où il trouve un courant d'eau dont il a besoin pour son entreprise. Les circonstances changent; il ne réalise pas ses projets, ou il vient à mourir : lui-même ou ses héritiers viennent alléguer qu'ils ont payé ce terrain cinq fois sa valeur, et demandent la restitution. Le vendeur cependant s'est défait des terres voisines; il les a aliénées à un prix inférieur à celui qu'elles auraient eu, si l'héritage eût été entier, et il s'y est déterminé par l'indemnité que lui offrait la première vente. Il est évident que, dans cette hypothèse, la rescision du contrat ne le replacerait pas dans la position où il se trouvait.

On voit, par cet exemple, que si l'on accordait la rescision à l'acheteur, ce ne pourrait être qu'en distinguant entre les divers cas ; ce qui rendrait la loi très-confuse, en même tems qu'incomplète, car il serait impossible de prévoir ni de saisir toutes les distinctions qu'exigerait l'équité.

Il n'en est pas de même de la rescision accordée au vendeur ; elle ne porte jamais préjudice à l'acheteur : son intérêt et sa volonté sont d'avoir la chose qu'il a achetée. Si la rescision la lui ôtait, elle serait mauvaise et injuste; mais elle la lui laisse, et ne l'oblige qu'à en payer le véritable prix.

La loi qui accorderait la rescision à l'acheteur, blesserait les intérêts du fisc, en ouvrant la porte aux fraudes. Le prix réel de la vente ne serait plus exprimé dans les contrats ; le vendeur exigerait que ce qui est au-delà de l'exacte valeur de la chose, fût donné par forme de pot-de-vin.

Enfin, un dernier inconvénient serait que, si le prix exprimé dans le contrat n'est plus certainement le véritable prix, on ne saurait pas quelle valeur donner à l'héritage dans les partages de famille.

La proposition d'accorder à l'acheteur l'action en rescision est rejetée.
L'article est adopté.

1684. Elle n'a pas lieu en toutes ventes qui, d'après la loi, ne peuvent être faites que d'autorité de justice.

CV. *Elle n'a pas lieu en vente forcée, etc.*

(Après les conférences tenues avec la section du Tribunat, l'article fut rédigé, ainsi qu'il a été décrété).

1685. Les règles expliquées dans la section précédente pour les cas où plusieurs ont vendu conjointement ou séparément, et pour celui où le vendeur ou l'acheteur a laissé plusieurs héritiers, sont pareillement observées pour l'exercice de l'action en rescision.

(Cet article, le CVI^e. du Projet, fut adopté sans discussion).

CHAPITRE VII.

DE LA LICITATION.

Séance du 9 Nivose an 12.

1686. Si une chose commune à plusieurs ne peut être partagée commodément et sans perte;

Ou si, dans un partage fait de gré à gré de biens communs, il s'en trouve quelques-uns qu'aucun des copartageans ne puisse ou ne veuille prendre,

La vente s'en fait aux enchères, et le prix en est partagé entre les copropriétaires.

(Cet article, le CVII^e. du Projet, fut adopté sans discussion).

1687. Chacun des copropriétaires est le maître de demander que les étrangers soient appelés à la licitation; ils sont nécessairement appelés lorsque l'un des copropriétaires est mineur.

(Cet article, le CVIII^e. du Projet, fut adopté sans discussion).

VENTE. 531

1688. Le mode et les formalités à observer pour la licitation sont expliqués au titre *des Successions* et au Code judiciaire.

(Cet article, le CIX°. du Projet, fut adopté sans discussion).

CHAPITRE VIII.

DU TRANSPORT DES CRÉANCES, ET AUTRES DROITS INCORPORELS.

1689. Dans le transport d'une créance, d'un droit ou d'une action sur un tiers, la délivrance s'opère entre le cédant et le cessionnaire par la remise du titre.

(Cet article, le CX°. du Projet, fut adopté sans discussion).

1690. Le cessionnaire n'est saisi à l'égard des tiers que par la signification du transport faite au débiteur.

Néanmoins, le cessionnaire peut être également saisi par l'acceptation du transport faite par le débiteur dans un acte authentique.

(Cet article, le CXI°. du Projet, fut adopté sans discussion).

1691. Si, avant que le cédant ou le cessionnaire eût signifié le transport au débiteur, celui-ci avait payé le cédant, il sera valablement libéré.

(Cet article, le CXII°. du Projet, fut adopté sans discussion).

1692. La vente ou cession d'une créance comprend les accessoires de la créance, tels que caution, privilége et hypothèque (1).

(Cet article, le CXIII°. du Projet, fut adopté sans discussion).

1693. Celui qui vend une créance ou autre droit incor-

---

(1) Le tribunal d'appel de Grenoble proposait d'ajouter un article ainsi conçu: *Une cession générale des droits et actions ne comprend pas les actions* rescindantes *et* rescisoires, *sans clause expresse.*

porel, doit en garantir l'existence au tems du transport, quoiqu'il soit fait sans garantie.

(Cet article, le CXIVe. du Projet, fut adopté sans discussion).

1694. Il ne répond de la solvabilité du débiteur que lorsqu'il s'y est engagé, et jusqu'à concurrence seulement du prix qu'il a retiré de la créance.

(Cet article, le CXVe. du Projet, fut adopté sans discussion).

1695. Lorsqu'il a promis la garantie de la solvabilité du débiteur, cette promesse ne s'entend que de la solvabilité actuelle, et ne s'étend pas au tems à venir, si le cédant ne l'a expressément stipulé.

(Cet article, le CXVIe. du Projet, fut adopté sans discussion).

1696. Celui qui vend une hérédité sans en spécifier en détail les objets, n'est tenu de garantir que sa qualité d'héritier.

(Cet article, le CXVIIe. du Projet, fut adopté sans discussion).

1697. S'il avait déjà profité des fruits de quelque fonds, ou reçu le montant de quelque créance appartenant à cette hérédité, ou vendu quelques effets de la succession, il est tenu de les rembourser à l'acquéreur, s'il ne les a expressément réservés lors de la vente.

(Cet article, le CXVIIIe. du Projet, fut adopté sans discussion).

1698. L'acquéreur doit de son côté rembourser au vendeur ce que celui-ci a payé pour les dettes et charges de la succession, et lui faire raison de tout ce dont il était créancier, s'il n'y a stipulation contraire.

(Cet article, le CXIXe. du Projet, fut adopté sans discussion).

1699. Celui contre lequel on a cédé un droit litigieux peut s'en faire tenir quitte par le cessionnaire, en lui remboursant le prix réel de la cession avec les frais et loyaux coûts, et avec les intérêts, à compter du jour où le cessionnaire a payé le prix de la cession à lui faite.

(Cet article était le CXX^e. du Projet).

M. LACUÉE dit que la faculté qu'on accorde à celui contre lequel on a cédé un droit litigieux, paraît exorbitante; qu'il conviendrait d'en renfermer du moins l'exercice dans un délai donné.

M. TRONCHET répond que le principe de cette disposition est la défaveur qui pèse sur les cessionnaires de droits litigieux.

M. BIGOT-PRÉAMENEU dit que l'objet du projet d'article est que les cessionnaires soient détournés de faire de ces odieux marchés, par la crainte de n'en pas tirer de bénéfice.

On peut dire en leur faveur que le contrat est aléatoire en tant qu'il y a incertitude sur l'événement du procès; mais lorsqu'eux-mêmes ont réglé le prix de ce qu'ils ont acheté, ils ne peuvent prétendre qu'on les constitue en perte, quand on le leur rembourse.

M. LACUÉE observe qu'il peut arriver qu'un homme opulent, pour obliger un citoyen pauvre, lui achète ses droits litigieux. L'adverse partie, cependant, qui voit qu'elle va être poursuivie, se hâte de rembourser le cessionnaire : elle profite donc seule du marché, et se soustrait aux condamnations dont elle était menacée.

M. TRONCHET dit que le procédé du cessionnaire est immoral, même dans le cas dont on vient de parler. S'il n'eût voulu qu'obliger le plaideur indigent, il lui eût fait des avances. Il devient donc évident qu'en se faisant faire une cession, il a cédé à un sentiment beaucoup moins généreux; qu'il a voulu se ménager un bénéfice.

M. PELET dit que toujours les cessionnaises de droits litigieux ont été vus avec défaveur. Dans le midi de la France, sur-tout, l'abus de ces sortes de marchés a été porté au point que certains individus en faisaient métier. Ils parvenaient à traîner en longueur les contestations engagées dans les tribunaux, pour fatiguer les plaideurs et obtenir à vil prix la cession de leurs droits. Ils poursuivaient ensuite leurs parties adverses avec la plus extrême rigueur. Dans le ci-devant Vivarais, le désordre devint si général en 1782, qu'il amena une insurrection qu'on ne parvint à réprimer qu'en envoyant des commissaires et de la force armée.

L'article est adopté.

1700. La chose est censée litigieuse dès qu'il y a procès et contestation sur le fond du droit.

(Cet article, le CXXI^e. du Projet, fut adopté sans discussion).

1701. La disposition portée en l'article 1699 cesse,

1°. Dans le cas où la cession a été faite à un cohéritier ou copropriétaire du droit cédé ;

2°. Lorsqu'elle a été faite à un créancier en paiement de ce qui lui est dû ;

3°. Lorsqu'elle a été faite au possesseur de l'héritage sujet au droit litigieux.

(Cet art., le CXXII^e. du Projet, fut adopté sans discussion).

TITRE VII.

DE L'ÉCHANGE.

Décrété le 16 Ventose an 12, promulgué le 26 du même mois.

1702. L'échange est un contrat par lequel les parties se donnent respectivement une chose pour une autre. Séance
du 5 Ventose
an 12.
(Cet article, le Ier. du Projet, fut adopté sans discussion).

1703. L'échange s'opère par le seul consentement, de la même manière que la vente.
(Cet art., le IIe. du Projet, fut adopté sans discussion).

1704. Si l'un des copermutans a déjà reçu la chose à lui donnée en échange, et qu'il prouve ensuite que l'autre contractant n'est pas propriétaire de cette chose, il ne peut pas être forcé à livrer celle qu'il a promise en contre-échange, mais seulement à rendre celle qu'il a reçue.
(Cet art., le IIIe. du Projet, fut adopté sans discussion).

1705. Le copermutant qui est évincé de la chose qu'il a reçue en échange, a le choix de conclure à des dommages et intérêts, ou de répéter sa chose (1).
(Cet article, le IVe. du Projet, fut adopté sans discussion).

1706. La rescision pour cause de lésion n'a pas lieu dans le contrat d'échange.
(Cet article, le Ve. du Projet, fut adopté sans discussion).

1707. Toutes les autres règles prescrites pour le contrat de vente s'appliquent d'ailleurs à l'échange.
(Cet article, le VIe. du Projet, fut adopté sans discussion).

---

(1) L'échangiste évincé d'un immeuble reçu en échange, peut-il revendiquer l'immeuble qu'il a donné, alors qu'il a passé dans les mains d'un tiers acquéreur ?

TITRE VIII.
DU CONTRAT DE LOUAGE(1).

Décrété le 16 *Ventose an* 12, *promulgué le* 26 *du même mois.*

CHAPITRE PREMIER.
DISPOSITIONS GÉNÉRALES.

<small>Séance du 9 Nivose an 12.</small>

1708. Il y a deux sortes de contrats de louage :
Celui des choses,
Et celui d'ouvrage.

(Cet article, le Ier. du Projet, fut adopté sans discussion).

---

(1) L'ordre de ce titre était différent dans le Projet.

Les articles Ier, II, III, IV et V du Projet (1708, 1709, 1710, 1711, 1712). étaient sous la rubrique *Disposition générale.*

Le chap. Ier. était composé de cinq sections. La première, intitulée *de la forme et de la durée des Baux*, contenait depuis l'art. VII jusqu'à l'art. XXIV du Projet (1714, 1715, 1716, 1717, 1718, 1737, 1738, 1739, 1740, 1736, 1757, 1758, 1759, 1763, 1764, 1774, 1775, 1776).

La IIe. section, *des Obligations du Bailleur*, comprenait depuis l'article XXV jusqu'à l'article XXXIII du Projet (1719, 1720, 1721, 1722, 1723, 1724, 1725, 1765, 1727).

La IIIe. section, sous la rubrique *des Obligations du Preneur*, renfermait depuis l'article XXXIV jusqu'à l'article XLVI du Projet (1728, 1729, 1752, 1754, 1756, 1766, 1730, 1731, 1732, 1733, 1734, 1735, 1768).

La IVe. section, intitulée *de la Résolution du Louage*, renfermait depuis l'art. XLVII jusqu'à l'art. LIX (1741, 1742, 1761, 1762, 1743, 1744, 1745, 1746, 1747, 1748, 1749, 1750, 1751).

La Ve. section, intitulée *des Règles particulières à la ferme des Biens ruraux*, renfermait depuis l'article LX jusqu'à l'article LXX (1726, 1777, 1778, 1767, 1770, 1769, 1771, 1772, 1773).

Le chapitre II formait *le Bail à cheptel.*

Le chapitre III, *le louage d'ouvrage et d'industrie.*

Sur l'art. XXXIII (1727).

M. REGNAUD (de Saint-Jean-d'Angely) fait une observation générale sur le classement des articles ; il pense qu'ils ne sont pas placés dans leur ordre naturel. On aurait pu, suivant le plan adopté par *Pothier*, réunir sous une même division les dispositions relatives

1709. Le

CONTRAT DE LOUAGE. 537

1709. Le louage des choses est un contrat par lequel l'une des parties s'oblige à faire jouir l'autre d'une chose pendant un certain tems, et moyennant un certain prix que celle-ci s'oblige de lui payer.

(Cet article, le IIe. du Projet, fut adopté sans discussion).

1710. Le louage d'ouvrage est un contrat par lequel l'une des parties s'engage à faire quelque chose pour l'autre, moyennant un prix convenu entre elles.

(Cet article, le IIIe. du Projet, fut adopté sans discussion).

1711. Ces deux genres de louage se subdivisent encore en plusieurs espèces particulières :

On appelle *bail à loyer*, le louage des maisons et celui des meubles;

Bail à ferme, celui des héritages ruraux;

Loyer, le louage du travail ou du service;

Bail à cheptel, celui des animaux dont le profit se partage entre le propriétaire et celui à qui il les confie.

Les *devis*, *marché* ou *prix fait*, pour l'entreprise d'un ouvrage moyennant un prix déterminé, sont aussi un louage, lorsque la matière est fournie par celui pour qui l'ouvrage se fait.

Ces trois dernières espèces ont des règles particulières.

IV. *Ces deux genres de louages se subdivisent encore en plusieurs espèces particulières.*

---

au louage des maisons et des biens ruraux, et sous un autre, celles qui concernent le louage des animaux et des meubles.

M. TRONCHET dit qu'on a réuni ici les règles communes à tous les louages, et rejeté dans une section particulière les règles propres aux louages des biens ruraux.

M. REGNAUD (de Saint-Jean-d'Angely) dit que les règles qui composent le chapitre Ier, reçoivent des développemens bien différens, suivant l'espèce de louage auquel on les applique. Par exemple, l'article XXVI (1720) n'aura pas les mêmes résultats lorsqu'il s'agira d'une maison que le bailleur aura livrée sans portes ni fenêtres, que lorsqu'il s'agira d'un cheval qu'il aura donné sans être ferré.

L'observation de M. Regnaud (de Saint-Jean-d'Angely) est renvoyée à la section.

On appelle bail à loyer, *le louage des maisons et celui des meubles;*
Bail à ferme, *celui des héritages ruraux;*
Loyer, *le louage du travail;*
Bail à cheptel, *celui des animaux dont le profit se partage entre le propriétaire et celui à qui il les confie;*
Devis, marché ou prix fait, *l'entreprise d'un ouvrage moyennant un prix déterminé.*
Ces trois dernières espèces ne sont comprises dans le louage que dans un sens très-étendu; elles ont des règles particulières.

M. REGNAUD (de Saint-Jean-d'Angely) observe que *le devis, marché ou prix fait*, est une convention qui passe les bornes du louage, lorsqu'elle comprend, indépendamment de la main-d'œuvre, la fourniture de matériaux. Il demande que l'article soit rédigé dans le sens de cette distinction; il ajoute que, pour l'ordre des matières, la facilité de la discussion en ce moment, et la commodité des recherches après l'émission de la loi, il faudrait distinguer le *simple louage d'ouvrages* d'avec les entreprises SUR DEVIS et A FORFAIT.

M. TRONCHET demande que le mot *gage* soit ajouté au mot *louage de travail* : cette dernière expression ne présentant pas l'idée qu'on attache au mot *gage*.

L'article est adopté avec ces deux amendemens.

1712. Les baux des biens nationaux, des biens des communes et des établissemens publics, sont soumis à des réglemens particuliers.

(Cet article, le Ve. du Projet, fut adopté sans discussion).

CHAPITRE II.

DU LOUAGE DES CHOSES.

1713. On peut louer toutes sortes de biens meubles ou immeubles.

(Cet article, le VIe. du Projet, fut adopté sans discussion).

SECTION PREMIERE.

DES RÈGLES COMMUNES AUX BAUX DES MAISONS ET DES BIENS RURAUX.

1714. On peut louer ou par écrit, ou verbalement.

(Cet article, le VIIe. du Projet, fut adopté sans discussion).

CONTRAT DE LOUAGE. 539

1715. Si le bail fait sans écrit n'a encore reçu aucune exécution, et que l'une des parties le nie, la preuve ne peut être reçue par témoins, quelque modique qu'en soit le prix, et quoiqu'on allègue qu'il y a eu des arrhes données.

Le serment peut seulement être déféré à celui qui nie le bail.

(Cet article, le VIIIe. du Projet, fut adopté sans discussion).

1716. Lorsqu'il y aura contestation sur le prix du bail verbal dont l'exécution a commencé, et qu'il n'existera point de quittance, le propriétaire en sera cru sur son serment; si mieux n'aime le locataire demander l'estimation par experts; auquel cas les frais de l'expertise restent à sa charge, si l'estimation excède le prix qu'il a déclaré.

(Cet article était le IXe. du Projet).

Le consul CAMBACÉRÈS pense que cet article est trop absolu. Il conviendrait de laisser le juge, suivant les circonstances, déférer le serment, ordonner l'expertise ou arbitrer par lui-même.

L'article est adopté avec cet amendement; il a été néanmoins maintenu.

1717. Le preneur a le droit de sous-louer, et même de céder son bail à un autre, si cette faculté ne lui a pas été interdite.

Elle peut être interdite pour le tout ou partie.

Cette clause est toujours de rigueur.

(Cet article était le Xe. du Projet).

M. PELET dit que la faculté donnée au preneur de sous-louer et de céder même son bail sans l'aveu du propriétaire, se concilie difficilement avec l'intérêt de la propriété et avec le respect qui lui est dû.

M. BIGOT-PRÉAMENEU observe que ce droit ne serait accordé qu'au locataire d'une maison, et non au fermier d'un bien rural.

M. LACUÉE dit que, même restreint dans ces limites, ce droit aurait encore de grands inconvéniens, car il serait possible qu'un locataire en abusât pour placer dans la maison qu'il occupe, des individus qui exercent une profession infame, incommode ou dangereuse.

Le consul CAMBACÉRÈS dit que, dans l'exactitude des principes, le locataire a le droit de jouir des lieux dans toute la latitude qui appartient au propriétaire lui-même, à moins qu'une clause particulière ne limite ce droit. Il est seulement responsable de l'usage qu'il en fait.

Au surplus, une disposition qui restreindrait ce droit, serait facilement éludée. On l'invoquerait inutilement : le locataire répondrait qu'il n'y a pas contrevenu ; qu'il ne sous-loue pas son appartement, qu'il le prête : si elle peut avoir quelque avantage, le propriétaire aura soin de se le ménager, ainsi que le projet le lui permet, par une stipulation particulière.

M. Bigot-Préameneu dit que l'article XXXV (1729) pourvoit à l'inconvénient que craint M. Pelet : cet article autorise le propriétaire à faire résilier le bail, si le preneur emploie la chose louée à un autre usage que celui auquel elle a été destinée, ou dont il puisse résulter du dommage pour le bailleur.

M. Lacuée convient qu'en effet l'article XXXV (1729) suffit pour prévenir l'abus qu'on pourrait faire de l'article.

L'article est adopté.

1718. Les articles du titre *du Contrat de mariage et des Droits respectifs des Epoux*, relatifs aux baux des biens des femmes mariées, sont applicables aux baux des biens des mineurs.

(Cet article, le XIIIe. du Projet, fut adopté sans discussion).

1719. Le bailleur est obligé, par la nature du contrat, et sans qu'il soit besoin d'aucune stipulation particulière,

1°. De délivrer au preneur la chose louée ;

2°. D'entretenir cette chose en état de servir à l'usage pour lequel elle a été louée ;

3°. D'en faire jouir paisiblement le preneur pendant la durée du bail.

(Cet art., le XXVe. du Projet, fut adopté sans discussion).

1720. Le bailleur est tenu de délivrer la chose en bon état de réparations de toute espèce.

Il doit y faire, pendant la durée du bail, toutes les réparations qui peuvent devenir nécessaires, autres que les locatives.

(Cet art., le XXVIe. du Projet, fut adopté sans discussion).

1721. Il est dû garantie au preneur pour tous les vices ou défauts de la chose louée qui en empêchent l'usage, quand même le bailleur ne les aurait pas connus lors du bail.

S'il résulte de ces vices ou défauts quelque perte pour le preneur, le bailleur est tenu de l'indemniser.

(Cet art., le XXVIIe. du Projet, fut adopté sans discussion).

1722. Si, pendant la durée du bail, la chose louée est détruite en totalité par cas fortuit, le bail est résilié de plein droit; si elle n'est détruite qu'en partie, le preneur peut, suivant les circonstances, demander ou une diminution du prix, ou la résiliation même du bail. Dans l'un et l'autre cas, il n'y a lieu à aucun dédommagement.

(Cet art., le XXVIIIe. du Projet, fut adopté sans discussion).

1723. Le bailleur ne peut, pendant la durée du bail, changer la forme de la chose louée.

(Cet art., le XXIXe. du Projet, fut adopté sans discussion).

1724. Si, durant le bail, la chose louée a besoin de réparations urgentes et qui ne puissent être différées jusqu'à sa fin, le preneur doit les souffrir, quelqu'incommodité qu'elles lui causent, et quoiqu'il soit privé, pendant qu'elles se font, d'une partie de la chose louée.

Mais, si ces réparations durent plus de quarante jours, le prix du bail sera diminué à proportion du tems et de la partie de la chose louée dont il aura été privé.

Si les réparations sont de telle nature qu'elles rendent inhabitable ce qui est nécessaire au logement du preneur et de sa famille, celui-ci pourra faire résilier le bail.

(Cet art., le XXXe. du Projet, fut adopté sans discussion).

1725. Le bailleur n'est pas tenu de garantir le preneur, du trouble que des tiers apportent par voies de fait à sa jouissance, sans prétendre d'ailleurs aucun droit sur la chose louée; sauf au preneur à les poursuivre en son nom personnel.

XXXII. *Le bailleur n'est pas tenu de garantir le preneur, du trouble que des tiers apportent par voie de fait à sa jouissance, sans prétendre d'ailleurs aucun droit sur la chose louée, sauf au preneur à les poursuivre en son nom, et à demander même, s'il y a lieu, une diminution de prix, suivant ce qui est dit à l'article LXX.* (1726).

M. Lacuée dit qu'il est contradictoire de décharger le bailleur de toute garantie du trouble apporté par des voies de fait à la jouissance du preneur, et d'autoriser cependant celui-ci à réclamer une diminution de prix.

M. Regnaud (de Saint-Jean-d'Angely) dit que le renvoi à l'article LXX, contredit également le principe de l'article; car le bailleur deviendrait responsable des vols et des coupes faites furtivement par des tiers sur les terres données à ferme.

M. Tronchet dit qu'il n'est dû de diminution sur le prix que lorsqu'une partie de la récolte a été détruite par des événemens de force majeure, tels que ceux de la guerre.

L'article est adopté avec le retranchement de la dernière partie, depuis ces mots: *et à demander même.*

1726. Si, au contraire, le locataire ou le fermier ont été troublés dans leur jouissance par suite d'une action concernant la propriété du fonds, ils ont droit à une diminution proportionnée sur le prix du bail à loyer ou à ferme, pourvu que le trouble et l'empêchement aient été dénoncés au propriétaire.

LXX. *Si le fermier a été empêché de jouir d'une partie du fonds, le propriétaire lui doit toujours un rabais proportionné sur le prix de ferme, pourvu que le trouble et l'empêchement lui aient été dénoncés.*

(Les changemens que présente le texte ont eu lieu sans discussion).

1727. Si ceux qui ont commis les voies de fait, prétendent avoir quelque droit sur la chose louée, ou si le preneur est lui-même cité en justice pour se voir condamner au délaissement de la totalité ou de partie de cette chose, ou à souffrir l'exercice de quelque servitude, il doit appeler le bailleur en garantie, et doit être mis hors d'instance, s'il l'exige, en nommant le bailleur pour lequel il possède.

(Cet art., le XXXIIIe. du Projet, fut adopté sans discussion).

1728. Le preneur est tenu de deux obligations principales :

1°. D'user de la chose louée, en bon père de famille, et suivant la destination qui lui a été donnée par le bail, ou suivant celle présumée d'après les circonstances, à défaut de convention ;

2°. De payer le prix du bail aux termes convenus.

(Cet article était le XXXIVe. du Projet ; les mots *ou suivant celle présumée d'après les circonstances, à défaut de convention*, ont été ajoutés sans discussion après la conférence tenue avec le Tribunat).

1729. Si le preneur emploie la chose louée à un autre usage que celui auquel elle a été destinée, ou dont il puisse résulter un dommage pour le bailleur, celui-ci peut, suivant les circonstances, faire résilier le bail.

(Cet article, le XXXVe. du Projet, fut adopté sans discussion).

1730. S'il a été fait un état des lieux entre le bailleur et le preneur, celui-ci doit rendre la chose telle qu'il l'a reçue, suivant cet état, excepté ce qui a péri ou a été dégradé par vétusté ou force majeure.

(Cet art., le XLe. du Projet, fut adopté sans discussion).

1731. S'il n'a pas été fait d'état des lieux, le preneur est présumé les avoir reçus en bon état de réparations locatives, et doit les rendre tels ; sauf la preuve contraire.

(Cet article était le XLIe. du Projet).

M. Defermon propose de n'obliger le locataire à rendre les lieux en bon état que des réparations locatives seulement.

M. Treilhard répond que c'est là le sens de l'article.

L'article est adopté.

1732. Il répond des dégradations ou des pertes qui arrivent pendant sa jouissance, à moins qu'il ne prouve qu'elles ont eu lieu sans sa faute.

(Cet article était le XLIIe. du Projet).

1733. Il répond de l'incendie, à moins qu'il ne prouve,

Que l'incendie est arrivé par cas fortuit ou force majeure, ou par vice de construction,

Ou que le feu a été communiqué par une maison voisine.

(Cet article était le XLIVe. du Projet ; après les mots *ou par vice de construction*, on trouvait ceux-ci : *de la cheminée*).

M. DEFERMON dit que cet article et l'article XLII (1732) imposent au preneur une obligation à laquelle il lui sera difficile de satisfaire : comment pourra-t-il prouver que l'événement est arrivé sans sa faute ? comment justifiera-t-il, par exemple, de l'accident qui aura fait périr quelques parties d'un troupeau qu'il tient à cheptel ?

M. TRONCHET répond que des preuves de cette nature se tirent des circonstances ; au surplus, on ne pose ici que la règle générale ; ailleurs on trouve les règles particulières au louage des animaux, des fonds ruraux, etc.

L'article XLII est adopté.

L'article XLIV est adopté avec les retranchemens des mots : *de la cheminée*.

1734. S'il y a plusieurs locataires, tous sont solidairement responsables de l'incendie ;

A moins qu'ils ne prouvent que l'incendie a commencé dans l'habitation de l'un d'eux, auquel cas celui-là seul en est tenu ;

Ou que quelques-uns ne prouvent que l'incendie n'a pu commencer chez eux, auquel cas ceux-là n'en sont pas tenus.

(Cet article était le XLVe. du Projet).

M. LACUÉE trouve la disposition de cet article trop dure.

M. TREILHARD dit qu'on ne peut la retrancher sans priver le propriétaire de son recours.

L'article est adopté.

1735. Le

1735. Le preneur est tenu des dégradations et des pertes qui arrivent par le fait des personnes de sa maison ou de ses sous-locataires.

(Cet article, le XLIIIᵉ. du Projet, fut adopté sans discussion).

1736. Si le bail a été fait sans écrit, l'une des parties ne pourra donner congé à l'autre qu'en observant les délais fixés par l'usage des lieux.

XIV. *Si le bail a été fait sans écrit, l'une des parties ne pourra donner congé à l'autre qu'en observant les délais ci-après :*

S'il s'agit d'une maison entière, le congé devra être donné au moins une année avant,

S'il s'agit d'un corps de logis entier ou d'une boutique, six mois avant;

Et pour tous autres appartemens, dans les délais fixés par les usages des lieux.

M. Bigot-Préameneu observe qu'il est des lieux où l'usage rend la location annuelle; qu'ainsi en manifestant l'intention de respecter en général les usages, on abolirait néanmoins celui dont il s'agit, si l'on établissait généralement que la location d'une boutique ou d'un corps de logis entier, lorsqu'il n'y a pas de bail écrit, est de six mois.

M. Regnaud (de Saint-Jean-d'Angely) dit que, dans tous les cas, il ne suffirait pas de borner aux corps de logis entiers le délai de six mois, parce que dans les grandes villes, et singulièrement à Paris, on loue peu de corps de logis; mais on loue ordinairement un étage entier, dont le prix est bien plus considérable que celui d'un corps de logis dans une petite ville.

M. Fourcroy dit qu'il ne voit aucune difficulté à s'en référer indéfiniment aux usages des lieux.

M. Galli pense que, pour les maintenir, il suffit d'ajouter à l'article: *sauf les usages contraires.*

M. Regnaud (de Saint-Jean-d'Angely) répond que cette rédaction aurait l'inconvénient de subordonner la loi à l'usage. C'est la diversité et l'incertitude de ces usages qui causent des contestations, auxquelles une disposition précise de la loi mettrait fin.

M. Bigot - Préameneu propose de s'en rapporter à l'usage, dans les cas des deux derniers alinéas de l'article, et de retrancher toute énonciation de termes.

Le consul Cambacérès voudrait que dans toutes ses dispositions l'article fût moins restrictif; qu'il laissât aux juges la faculté de déférer aux usages des lieux et aux circonstances. Le délai, en effet, ne doit pas être le même, lorsqu'il s'agit du déplacement d'une manufacture, d'un grand établissement, d'une famille considérable, d'un homme public, tel qu'un notaire, que lorsqu'il ne s'agit que du déménagement d'un célibataire, ou d'une personne sans état et sans suite; lorsqu'on occupe une habitation importante dans une grande ville, que lorsqu'on ne tient à loyer qu'une chaumière dans une campagne.

M. Tronchet dit que l'usage des lieux a toujours réglé les termes sur l'étendue et le prix de l'habitation.

Le Conseil adopte en principe que sur les termes on s'en référera à l'usage des lieux.

1737. Le bail cesse de plein droit à l'expiration du terme fixé, lorsqu'il a été fait par écrit, sans qu'il soit nécessaire de donner congé.

XVIII. *Le bail cesse de plein droit à l'expiration du terme fixé, tant à l'égard des maisons que des fonds de terre, lorsqu'il a été fait par écrit, sans qu'il soit nécessaire de donner congé.*

L'article est adopté.

(Les mots *tant à l'égard des maisons que des fonds de terre*, ont été retranchés sans discussion).

1738. Si, à l'expiration des baux écrits, le preneur reste et est laissé en possession, il s'opère un nouveau bail dont l'effet est réglé par l'article relatif aux locations faites sans écrit.

(Cet article était le XXe. du Projet).

M. Tronchet dit que cet article est en contradiction avec l'article XVIII (1737). Le premier de ces articles veut que le bail cesse de plein droit à l'expiration du terme fixé; et le second, qu'il y ait tacite réconduction, si le preneur reste ou est laissé en possession.

L'assemblée constituante avait supprimé la tacite réconduction. Cette abrogation était juste, car il arrive souvent qu'un fermier qui exploite un domaine éloigné, se maintient en possession à l'aide de quelques labours qu'il se hâte de faire, et trompe ainsi l'attente du propriétaire, qui, dans la persuasion que la convention serait exécutée telle qu'elle a été faite, pense que le fermier sortant a quitté la ferme à l'expiration du bail, et dans cette idée loue à un autre fermier.

M. Treilhard dit que l'article n'est pas en contradiction avec l'article XVIII. Il suppose, en effet, non-seulement que le fermier est resté en possession, mais encore que le propriétaire l'y a laissé. Il est certain que si au vu et su de ce propriétaire, et non d'une manière furtive, le preneur a continué d'exploiter, il s'est formé entre eux une convention nouvelle, qui fait durer la location pendant un tems quelconque. Mais ce contrat est bien différent de la tacite réconduction, laquelle s'opérait par le seul fait du preneur.

M. Tronchet dit que la tacite réconduction n'avait point d'autre principe que celui qu'on vient d'alléguer; elle supposait aussi de la part des deux parties, l'intention de continuer la location.

Au surplus, cette expression : *laissé en possession*, donnera lieu, dans l'application, à une foule de procès.

Il arrivera ordinairement qu'un propriétaire qui aura fait un bail nouveau, s'en reposera sur le fermier entrant, du soin de déposséder le fermier sortant, et que personnellement il ne s'en occupera plus. Cependant, le nouveau fermier différera de se mettre en possession au moment même où le bail précédent expirera : le fermier sortant argumentera de ce retard contre le propriétaire, et celui-ci se trouvera lié des deux côtés.

Le consul Cambacérès dit qu'il admet la disposition d'après laquelle le fermier sortant demeure suffisamment interpellé par le seul effet de l'expiration du bail. Cependant, il faut voir le cas où les parties ne s'étant point expliquées, et étant domiciliées à une grande distance l'une de l'autre, le fermier a espéré que le bail lui serait continué, et a fait en conséquence les semences et labours. Le Consul pense que cette expression, *laissé en possession*, prévient toutes les difficultés qui peuvent s'élever dans cette hypothèse.

M. Treilhard observe qu'il y a si peu tacite réconduction, que ce n'est pas même l'ancien bail qui continue, car on se réfère, sur la durée de la jouissance du fermier, aux articles qui règlent le tems des locations faites sans écrit.

M. Bigot-Préameneu croit que l'article n'aura pas de grands inconvéniens. Toujours le fermier entrant commence les nouveaux labours, et s'emménage avant l'expiration du bail précédent. Ainsi, la volonté du propriétaire se trouve expliquée par la communication nécessaire qui s'établit entre les deux fermiers. Mais si le propriétaire ne s'est expliqué ni directement, ni indirectement, et que dans ce silence, l'ancien fermier ait continué d'exploiter, il est juste qu'il continue.

M. Regnaud (de Saint-Jean-d'Angely) dit que le système est de supposer que le bailleur a suffisamment manifesté l'intention de continuer au fermier son exploitation, en le laissant pendant un tems en jouissance; mais que comme la loi ne peut précisément déterminer ni la durée de ce tems, ni les circonstances qui prouvent cette intention, elle fait tout ce qui est en son pouvoir en posant le principe, et elle en renvoie l'application à l'arbitrage du juge.

M. Tronchet dit qu'un des grands inconvéniens de la tacite réconduction, est qu'elle n'est invoquée contre le propriétaire que lorsqu'il y a un bail nouveau ; car le propriétaire, dont l'intérêt n'est pas de laisser ses terres sans culture, ne se met pas en devoir d'expulser l'ancien fermier, lorsqu'il n'en a pas un autre à lui substituer.

La tacite réconduction tourne donc toujours contre le propriétaire, et toujours aussi elle sert la mauvaise foi du fermier : si celui-ci prétend qu'on a eu intention de lui laisser son exploitation, il faut le réduire à n'en justifier qu'en rapportant un nouveau bail.

M. Treilhard dit qu'il est impossible que le preneur reste en jouissance, sans que le bailleur y ait consenti. On n'attend pas en effet la fin d'un bail pour préparer la récolte nouvelle ; ainsi le fait du propriétaire a dû avertir le fermier de son intention ; si elle n'a pas été manifestée au fermier ni de cette manière, ni d'aucune autre, qu'a-t-il pu faire de mieux pour l'intérêt de tous, que de ne pas laisser les terres sans culture et de continuer son exploitation ? Dans ce cas, il est juste qu'il jouisse comme celui qui n'a point de bail par écrit, et il serait injuste de l'expulser après qu'il a pourvu aux intérêts du propriétaire.

M. Defermon dit que, dans ce système, la condition des deux parties n'est pas égale, car le propriétaire se trouve lié, et le fermier ne l'est pas; il lui serait facile, d'ailleurs, pourvu qu'il eût l'adresse de se maintenir pendant un court laps de tems, de se donner à lui-même une location nouvelle, quoique contre l'intention du propriétaire.

Il est des pays où les fermiers sortant ensemencent et même récoltent après leur sortie. Là nécessairement ils restent encore quelque tems après l'expiration du bail ; le nouveau fermier exploite même à côté d'eux : il ne résulte donc pas nécessairement de semblables circonstances, que le propriétaire ait eu intention de laisser l'exploitation à l'ancien fermier. Cette intention ne sera jamais exactement justifiée que par une autorisation écrite.

M. Berlier dit que si, après avoir été laissé en possession, le fermier acquiert le droit d'achever l'exploitation commencée, le propriétaire a de même action contre le fermier ; soit pour l'y contraindre, soit pour se faire payer, et qu'il n'aperçoit rien qui puisse motiver l'objection déduite du défaut de réciprocité ;

Qu'à l'égard des actes de possession tolérés par le propriétaire et propres à caractériser la tacite réconduction, il est bien entendu que ce sont ceux qui s'appliquent non à l'exploitation passée ; mais à l'exploitation future ; et qu'il ne peut y avoir à ce sujet d'équivoque ;

Que des actes furtifs et précipités, précédés ou suivis de la contradiction immédiate du propriétaire, ne sauraient non plus fonder la tacite réconduction ; mais que l'article n'autorise point à faire cette objection, puisqu'il dispose formellement et uniquement pour le cas où le propriétaire *a laissé le fermier en possession.*

Cette possession, continue M. Berlier, est un fait ; or, en faisant abstraction du premier bail, on ne peut se dispenser d'apercevoir dans les nouveaux actes possessoires, au moins un bail sans écrit ; et l'article en discussion ne pouvait faire moins que d'assimiler, comme il le fait, l'ancien fermier à celui qui jouit sans bail écrit.

L'opinant observe d'ailleurs qu'il serait contre toutes les règles de l'équité, qu'après avoir laissé commencer une nouvelle exploitation, le propriétaire pût ensuite, et avant son achèvement, expulser le fermier ; car il est résulté des actes du fermier et de la tolérance du propriétaire un contrat *per factum*, qui doit sans doute être resserré dans d'étroites limites, mais qui cependant mérite quelque considération.

M. Ségur dit qu'il serait nécessaire de fixer du moins un délai avant l'expiration duquel le fermier ne fût pas réputé être resté en possession.

Le consul Cambacérès dit que ces mots, *laissé en possession*, pourront sans doute donner lieu à quelques procès ; mais qu'il ne faut point s'arrêter à cet inconvénient, puisque les procès comme les guerres seront toujours inévitables entre les hommes ; le législateur ne doit point, dans la vue de les prévenir, consacrer une injustice : c'en serait une cependant, que d'expulser tout-à-coup le fermier qui a ensemencé, sans rencontrer d'opposition, les terres dont le bail est expiré.

M. Bigot-Préameneu pense que, sans poser de règles précises soit à l'effet d'expulser le fermier, soit à l'effet de le laisser en jouissance, il convient d'abandonner ces cas à la sagesse des juges.

M. Portalis dit que l'article, tel qu'il est proposé, remplit ces vues, puisque ce seront les juges qui décideront dans quelles circonstances le propriétaire sera réputé avoir laissé le fermier en possession ; mais que du moins il leur donne une règle, et n'abandonne pas les parties à un arbitraire absolu.

M. JOLLIVET dit qu'il a eu récemment occasion de vérifier quelle est la jurisprudence sur ces sortes de questions. Un fermier, qu'il n'avait pas expressément expulsé, a persisté à vouloir labourer après l'expiration du bail, et a empêché le nouveau fermier d'entrer en jouissance. Les tribunaux, en dépossédant le fermier ancien, ont ordonné que le nouveau lui rembourserait ses labours et semences.

M. TREILHARD dit que cette décision est dans l'esprit de l'article XX.

Le consul CAMBACÉRÈS dit qu'il est difficile de rejeter la tacite réconduction dans une loi où l'on admet des baux non écrits. Comment ne pas reconnaître qu'un bail semblable s'est formé, lorsque toutes choses demeurent dans le même état entre le bailleur et le preneur? Sans doute, ce raisonnement ne serait pas exact, si l'on proposait de donner, comme autrefois, trois ans de durée au bail nouveau; mais il faut prendre garde qu'on le réduit au terme d'un bail non écrit.

M. SÉGUR dit qu'il reste cependant cette différence qu'en formant un bail même non écrit, les parties ont du moins stipulé verbalement; mais celui qui a fait un bail écrit, a dû compter qu'à l'expiration de ce bail, la possession du preneur cessait, et ne pouvait se renouveler sans son consentement, soit verbal, soit écrit. Si l'on veut que son silence serve de droit nouveau au preneur, il faut que ce silence ait duré assez pour faire présumer qu'il a eu l'intention de laisser la possession au fermier.

M. JOLLIVET propose de rédiger ainsi: *Si, à l'expiration des baux écrits, le preneur reste et est laissé en possession pendant le tems nécessaire pour faire présumer qu'il y a tacite réconduction, il s'opère un nouveau bail*, etc.

Cette rédaction est adoptée. (Néanmoins l'article est resté tel qu'il était).

1739. Lorsqu'il y a un congé signifié, le preneur, quoiqu'il ait continué sa jouissance, ne peut invoquer la tacite réconduction.

(Cet art., le XXIIe. du Projet, fut adopté sans discussion).

1740. Dans le cas des deux articles précédens, la caution donnée pour le bail ne s'étend pas aux obligations résultant de la prolongation.

(Cet article, le XXIVe. du Projet, fut adopté sans discussion).

1741. Le contrat de louage se résout par la perte de la

chose louée, et par le défaut respectif du bailleur et du preneur, de remplir leurs engagemens.

(Cet article, le XLVIIe. du Projet, fut adopté sans discussion). (1)

1742. Le contrat de louage n'est point résolu par la mort du bailleur, ni par celle du preneur.

XLVIII. *Le contrat de louage n'est point résolu par la mort du bailleur ni par celle du preneur.*

Les héritiers sont respectivement tenus des mêmes obligations.

M. DEFERMON propose d'ajouter à l'article : *s'il n'y a convention contraire.*

M. TREILHARD dit que cette clause est de droit, qu'elle dérive des principes généraux sur les conventions.

M. DEFERMON observe que cependant on a cru devoir l'ajouter à l'article suivant.

M. BERLIER répond que c'est parce que l'article XLIX (1761) change le droit existant, et que par cette raison, il a fallu donner plus de développement à une disposition qui établit un droit dont les effets ne sont pas encore déterminés par la jurisprudence.

L'article est adopté. (Le dernier paragraphe a été retranché après la conférence tenue avec le Tribunat).

1743. Si le bailleur vend la chose louée, l'acquéreur ne peut expulser le fermier ou le locataire qui a un bail authentique ou dont la date est certaine, à moins qu'il ne se soit réservé ce droit par le contrat de bail.

(Cet article était le L^e. du Projet).

M. DEFERMON demande pourquoi on n'attacherait pas au bail sous seing-privé l'effet que l'article donne au bail authentique.

M. TREILHARD répond que c'est parce que ce serait faciliter la fraude; qu'au surplus le bail sous seing-privé conserve toute sa force entre le bailleur et le preneur.

---

(1) Les articles relatifs à la résolution du louage formaient une section IV, intitulée *de la résolution du louage.*

M. REGNAUD (de Saint-Jean-d'Angely) demande que la rubrique soit changée, et que, pour ne pas envelopper dans cette section le louage de la main-d'œuvre auquel ses dispositions ne peuvent se rapporter, on dise, *de la résolution du bail à loyer ou à ferme.*

M. TRONCHET dit que les dispositions de cette section conviennent également à toute espèce de louage.

La rubrique est maintenue.

Le consul Cambacérès dit qu'il y a sans doute de très-fortes raisons pour abolir la loi *Æde*, mais qu'on ne peut se dissimuler que ce changement dans le droit existant nuira à la valeur des maisons.

M. Tronchet répond que la loi *Æde* n'était fondée sur aucune raison solide ; que la loi *Emptorem* avait un motif, mais qui n'était après tout qu'une subtilité : l'acquéreur, disait-on, n'étant que successeur à titre singulier, ne doit pas, comme le successeur à titre universel, être tenu des engagemens personnels de son auteur.

Depuis l'Assemblée constituante, ces deux lois ont été abandonnées : on a pensé cependant que pour prévenir les difficultés et les procès, il convenait de les abroger formellement, en laissant néanmoins la faculté de s'y soumettre par une stipulation particulière.

Le consul Cambacérès dit qu'il se rend à ces raisons ; son observation ne porte que sur l'effet que produira le changement de jurisprudence. Il en résultera certainement une diminution dans la valeur des maisons. La précaution que prendra le propriétaire de faire renoncer le preneur au droit commun, persuadera ce dernier que le bailleur se propose de vendre prochainement sa maison, et, par une suite de cette idée, le loyer sera fixé plus bas. Si les parties n'ont pas dérogé au droit commun, et que la maison soit vendue, l'acheteur qui se trouvera gêné dans sa jouissance, par la nécessité de respecter le bail existant, ne voudra acheter qu'à un prix moins élevé.

M. Berlier dit que le bail authentique doit être maintenu, parce que son sort ne peut ni ne doit dépendre d'un acte postérieur ; tant pis pour le bailleur, si, voulant vendre ensuite, il trouve un moindre prix. La raison ne veut pas que le contrat qu'il a souscrit devienne résoluble par son seul fait. Au surplus, M. Tronchet a fort justement observé que la loi *Emptorem* ne reposait que sur l'une de ces subtilités que l'on trouve trop souvent dans le droit romain ; elle n'est pas plus favorable que la loi *Æde* ; et si celle-ci a été rejetée sans opposition, l'autre ne mérite pas un meilleur sort.

M. Treilhard dit que la différence de valeur sera toujours légère ; les baux n'étant ordinairement que de trois, six ou neuf ans, l'acheteur ne sera pas privé long-tems de la libre disposition de la chose.

M. Tronchet dit que d'ailleurs la disposition ne change réellement rien à ce qui existe. Actuellement, un bail existant cause toujours quelque perte au propriétaire, car s'il en charge l'acquéreur, il vend moins ; s'il ne l'en charge pas, il prend sur lui l'obligation d'indemniser le locataire.

M. Bigot-Préameneu dit que le droit nouveau diminuera un peu la valeur

valeur des biens, attendu qu'il écarte la concurrence de tous ceux qui n'achètent que pour occuper à l'instant par eux-mêmes ; mais que néanmoins il n'est point d'avis d'abroger les lois *Emptorem* et *Æde*, qui ne peuvent se concilier avec l'équité et avec la foi due aux contrats.

M. JOLLIVET, en approuvant la disposition, demande qu'on y fasse exception pour le cas de la vente judiciaire, parce que la condition des créanciers hypothécaires serait moins avantageuse, si la valeur de la chose engagée venait à décroître, et qu'elle ne doit pas changer par le fait du débiteur.

M. TREILHARD répond que l'hypothèque ne peut diminuer le droit que la propriété donne au débiteur de jouir de sa chose, ni le constituer en quelque sorte dans un état d'interdiction.

L'article est adopté.

1744. S'il a été convenu, lors du bail, qu'en cas de vente, l'acquéreur pourrait expulser le fermier ou locataire, et qu'il n'ait été fait aucune stipulation sur les dommages et intérêts, le bailleur est tenu d'indemniser le fermier ou locataire, de la manière suivante.

(Cet article, le LIIe. du Projet, fut adopté sans discussion).

1745. S'il s'agit d'une maison, appartement ou boutique, le bailleur paie, à titre de dommages et intérêts, au locataire évincé, une somme égale au prix du loyer, pendant le tems qui, suivant l'usage des lieux, est accordé entre le congé et la sortie.

(Cet art., le LIIIe. du Projet, fut adopté sans discussion.)

1746. S'il s'agit des biens ruraux, l'indemnité que le bailleur doit payer au fermier, est du tiers du prix du bail pour tout le tems qui reste à courir.

(Cet article, le LIVe. du Projet, fut adopté sans discussion).

1747. L'indemnité se réglera par experts, s'il s'agit de manufactures, usines, ou autres établissemens qui exigent de grandes avances.

(Cet article, le LVe. du Projet, fut adopté sans discussion).

1748. L'acquéreur qui veut user de la faculté réservée par le bail, d'expulser le fermier ou locataire en cas de vente, est, en outre, tenu d'avertir le locataire au tems d'avance usité dans le lieu pour les congés.

Il doit aussi avertir le fermier des biens ruraux, au moins un an à l'avance.

(Cet article, le LVIe. du Projet, fut adopté sans discussion).

1749. Les fermiers ou les locataires ne peuvent être expulsés qu'ils ne soient payés par le bailleur, ou, à son défaut, par le nouvel acquéreur, des dommages et intérêts ci-dessus expliqués.

LVII. *Les fermiers ou les locataires ne peuvent être expulsés qu'ils ne soient payés par le bailleur, ou, à son défaut, par le nouvel acquéreur, des dommages et intérêts ci-dessus expliqués, et de toutes les autres reprises qu'ils peuvent avoir.*

(Les derniers mots de l'article ont été retranchés sans discussion après la conférence tenue avec le Tribunat).

1450. Si le bail n'est pas fait par acte authentique, ou n'a point de date certaine, l'acquéreur n'est tenu d'aucuns dommages et intérêts.

(Cet article, le LVIIIe. du Projet, fut adopté sans discussion).

1751. L'acquéreur à pacte de rachat ne peut user de la faculté d'expulser le preneur, jusqu'à ce que, par l'expiration du délai fixé pour le réméré, il devienne propriétaire incommutable.

LIX. *Dans le cas expliqué aux articles XLIX (1761) et L (1748), l'acquéreur à pacte de rachat ne peut user de la faculté d'expulser le preneur, jusqu'à ce que, par l'expiration du délai fixé pour le réméré, il devienne propriétaire incommutable.*

(Les changemens que présente le texte ont eu lieu sans discussion).

SECTION II.

RÈGLES PARTICULIÈRES AUX BAUX A LOYER.

1752. Le locataire qui ne garnit pas la maison de meubles suffisans, peut être expulsé, à moins qu'il ne donne des sûretés capables de répondre du loyer.

(Cet article était le XXXVIe. du Projet).

M. Regnaud (de Saint-Jean-d'Angely) demande si les meubles des sous-locataires répondent du loyer dû par le locataire principal.

Cette question se présente très-fréquemment; il importe donc de la décider.

M. Tronchet dit que la question appartient à la matière des priviléges ; que cependant, si l'on veut la traiter dès-à-présent, il observera que, dans l'usage, les meubles des sous-locataires répondent du loyer au propriétaire, tant qu'ils ne l'ont pas payé au locataire principal.

M. Regnaud (de Saint-Jean-d'Angely) dit que s'ils n'en répondent pas indéfiniment, le propriétaire se trouve exposé à perdre. En effet, s'il réclame l'exécution de la disposition qui oblige à garnir la maison de meubles suffisans pour lui donner ses sûretés, le principal locataire lui objectera qu'elle est garnie par les meubles des sous-locataires ; s'il demande à faire valoir son privilége sur les meubles des sous-locataires , ils lui diront qu'ils ont payé le locataire principal. Il serait donc utile d'établir une règle claire sur un cas qui se reproduit fréquemment dans les grandes villes.

M. Treilhard dit qu'en général le preneur loue pour jouir, ou par lui-même, ou par les autres, à moins qu'il n'ait renoncé à la faculté de sous-louer; ainsi, les meubles qui garnissent la maison doivent répondre du loyer, comme s'ils appartenaient tous au locataire principal mais seulement jusqu'à concurrence de ce que chacun occupe.

M. Regnaud (de Saint-Jean-d'Angely) observe que la règle de M. Treilhard est plus absolue que celle de M. Tronchet, qui décharge les meubles des sous-locataires de la responsabilité, lorsque le locataire principal est payé; d'où il résulte qu'ils ne fourniraient aucune sûreté au propriétaire.

On pourrait distinguer : adopter la règle de M. Tronchet, pour le cas où le locataire a sous-loué, malgré la renonciation qu'il a faite à ce droit , et celle de M. Treilhard pour le cas contraire.

M. Berlier dit que cette distinction ne peut atteindre les sous-locataires sans aggraver leur condition : dans tous les cas, leurs meubles doivent être assujettis au privilége du propriétaire jusqu'à concurrence de ce qu'ils doivent sur le prix de leurs locations particulières : mais ils ne peuvent être tenus au-delà, lors même que le locataire principal n'eût pas eu la faculté de leur sous-louer ; car tout ce qui résultait de cette clause, vis-à-vis des tiers, c'est que le propriétaire pouvait empêcher qu'ils n'occupassent : s'il ne l'a point fait, leurs obligations envers lui n'excèdent pas celles de tous les autres sous-locataires.

M. Treilhard croit la difficulté plus spécieuse que réelle. Le doute ne peut subsister que pour un seul terme ; car on n'en laisse pas ordinairement accumuler plusieurs. Il est donc facile au sous-locataire de s'assurer, avant de payer le locataire principal, si le propriétaire est payé.

La question est renvoyée à la section.

(L'article a été reproduit et adopté).

1753. Le sous-locataire n'est tenu envers le propriétaire que jusqu'à concurrence du prix de sa sous-location dont il peut être débiteur au moment de la saisie, et sans qu'il puisse opposer des paiemens faits par anticipation.

Les paiemens faits par le sous-locataire, soit en vertu d'une stipulation portée en son bail, soit en conséquence de l'usage des lieux, ne sont pas réputés faits par anticipation.

(Cet article n'était pas dans le Projet ; il fut ajouté et adopté sans discussion.)

1754. Les réparations locatives ou de menu entretien dont le locataire est tenu, s'il n'y a clause contraire, sont celles désignées comme telles par l'usage des lieux, et, entre autres, les réparations à faire,

Aux âtres, contre-cœurs, chambranles et tablettes des cheminées ;

Au recrépiment du bas des murailles des appartemens et autres lieux d'habitation, à la hauteur d'un mètre ;

Aux pavés et carreaux des chambres, lorsqu'il y en a seulement quelques-uns de cassés ;

Aux vitres, à moins qu'elles ne soient cassées par la grêle, ou autres accidens extraordinaires et de force majeure, dont le locataire ne peut être tenu;

Aux portes, croisées, planches de cloison ou de fermeture de boutiques, gonds, targettes et serrures.

XXXVII. *Les réparations locatives ou de menu entretien dont le preneur est tenu, s'il n'y a clause contraire, sont celles qui deviennent nécessaires, pendant la durée du bail,*

Aux âtres, contre-cœurs, chambranles et tablettes des cheminées;

Au récrépiment du bas des murailles des appartemens, à la hauteur d'un mètre;

Aux pavés et carreaux des chambres, lorsqu'il y en a seulement quelques-uns de cassés, et que tout le pavé en général n'est pas devenu mauvais par vétusté;

Aux vitres, excepté qu'elles ne soient cassées par la grêle ou autres accidens extraordinaires et de force majeure, dont le preneur ne peut être tenu;

Aux portes, croisées, planches de cloison ou de fermeture des boutiques, gonds, targettes et serrures, sauf qu'il en manque par vétusté ou mauvaise qualité, ou qu'ils aient été cassés et endommagés par une force majeure,

Et autres désignées par l'usage des lieux.

M. Miot dit que l'énumération contenue dans cet article ne comprend pas tous les cas; cependant elle ne peut être imcomplète sans qu'on en infère que l'intention de la loi est de ne pas avoir égard aux cas qui ne seraient pas énoncés. Il serait donc préférable de s'en rapporter sur tous, aux usages.

M. Galli répond que c'est aussi pour suppléer à l'insuffisance de l'énumération, que, par la disposition qui termine l'article, on a conservé aux usages toute leur force.

M. Regnaud (de Saint-Jean-d'Angely) dit que cette précaution suffit; mais qu'il est nécessaire de fixer positivement le droit sur plusieurs des points sur lesquels l'article s'explique.

M. Tronchet ajoute que souvent l'humeur ou la mauvaise foi des parties oblige à recourir à des experts, qu'ainsi il est utile de diminuer les doutes en fixant l'opinion sur les cas les plus ordinaires.

M. Bigot-Préameneu propose de placer à la tête de l'article, et avant l'énumération, la disposition qui maintient les usages.

M. REGNAUD (de Saint-Jean-d'Angely) demande que l'obligation de faire le récrépiment du bas des murailles soit étendue à tous les lieux clos, tels que les écuries et autres.

L'article est adopté avec les amendemens de MM. Bigot-Préameneu et Regnaud (de Saint-Jean-d'Angely).

M. REGNAUD (de Saint-Jean-d'Angely) propose de charger le locataire de la réparation des parquets et planchers en bois, s'ils viennent à être brisés.

M. TREILHARD dit que ce n'est pas là une réparation locative : si une feuille du parquet ou une partie du plancher est brisée par la faute du locataire, il doit en indemniser le propriétaire, non parce que les réparations d'un parquet sont une charge de la location en général, mais parce qu'il a détérioré la chose d'autrui.

M. REGNAUD (de Saint-Jean-d'Angely) observe que le projet met à la charge du locataire généralement toutes les détériorations qui ne proviennent pas de vétusté, telles que les carreaux de terre ou pavés brisés; et il y a une ressemblance parfaite entre cette dégradation et le bris d'une feuille de parquet ou d'une des planches qu'on emploie au lieu de parquet dans un grand nombre de départemens.

L'observation est renvoyée à la section.

(Les changemens que présente l'article n'ont donné lieu à aucune autre discussion).

1755. Aucune des réparations réputées locatives n'est à la charge des locataires, quand elles ne sont occasionnées que par vétusté ou force majeure.

(Cet article n'avait point d'analogue dans le projet; il fut ajouté et adopté sans discussion).

1756. Le curement des puits et celui des fosses d'aisance, sont à la charge du bailleur, s'il n'y a clause contraire (1).

(Cet article, le XXXVIIIe. du Projet, fut adopté sans discussion).

1757. Le bail des meubles fournis pour garnir une maison entière, un corps-de-logis entier, une boutique, ou tous autres appartemens, est censé fait pour la durée ordi-

---

(1) Le tribunal de cassation demandait que l'entretien des cordes et les sceaux des puits fussent considérés comme des réparations locatives.

naire des baux de maisons, corps-de-logis, boutiques ou autres appartemens, selon l'usage des lieux.

XV. *Le bail des meubles fournis pour garnir une maison entière est censé fait pour un an.*

Celui des meubles garnissant un corps de logis entier, ou une boutique, est censé fait pour six mois.

Le bail des meubles fournis pour garnir tous autres appartemens, est censé fait pour la durée ordinaire des baux desdits appartemens, selon l'usage des lieux.

Le bail de l'appartement meublé est censé fait pour un an.

M. Tronchet dit qu'on doit appliquer à cet article le principe adopté pour l'article XIV (1736), afin que les deux dispositions se trouvent en harmonie.

L'article est adopté avec cet amendement.

1758. Le bail d'un appartement meublé est censé fait à l'année, quand il a été fait à tant par an ;

Au mois, quand il a été fait à tant par mois ;

Au jour s'il a été fait à tant par jour.

Si rien ne constate que le bail soit fait à tant par an, par mois, ou par jour, la location est censée faite suivant l'usage des lieux.

(Cet article était le XVIe. du projet ; excepté que le dernier paragraphe, était ainsi conçu) :

Si aucun écrit ne constate que le bail soit fait à tant par an, par mois ou par jour, la location est censée faite pour un mois.

Le Consul Cambacérès dit que cet article doit être également réduit au principe adopté pour les articles précédens.

M. Berlier dit qu'il y a quelque différence, en ce que l'article se rapporte à un cas précis et particulier sur lequel il existe une convention qu'il s'agit de fixer.

M. Tronchet observe que cette raison ne s'applique point au dernier alinéa, et qu'en conséquence il convient de renvoyer aux usages sur le cas prévu dans cette partie de l'article.

M. Lacuée pense que cet amendement est d'autant plus nécessaire, que la dernière disposition de l'article change l'usage subsistant de considérer les appartemens garnis comme loués pour un terme de quinze jours : la disposition ferait durer cette location pendant un mois.

M. Berlier observe qu'il est sans inconvénient de retrancher la dernière partie de cet article, mais qu'il ne faut point que la suppression porte sur la règle posée dans la première partie.

En effet, si un appartement est loué à tant par an, par mois ou par jour, le bail a pour limites naturelles celles indiquées par le prix; ainsi il convient de dire qu'en ce cas, le bail est censé fait ou pour un an, ou pour un mois, ou pour un jour.

Il ne faut point pour cela renvoyer aux usages, car il ne s'agit là que d'expliquer les effets d'une convention.

M. Lacuée objecte que cette suppression nuirait au locateur, parce que ne sachant pas précisément le jour où il pourra disposer de son appartement, il serait dans l'impossibilité de le louer à une autre personne pour une époque déterminée.

M. Tronchet dit que l'article embrasse deux cas; celui où les parties ont déterminé le tems de la location en la fixant à l'année, au mois ou au jour, et celui où le tems n'a pas été déterminé : c'est ce dernier cas qu'il faut abandonner aux usages.

L'article est adopté avec cet amendement.

1759. Si le locataire d'une maison ou d'un appartement continue sa jouissance après l'expiration du bail par écrit, sans opposition de la part du bailleur, il sera censé les occuper aux mêmes conditions, pour le terme fixé par l'usage des lieux, et ne pourra plus en sortir ni en être expulsé qu'après un congé donné suivant le délai fixé par l'usage des lieux.

(Cet article était le XXIIIe. du Projet. Après les mots *congé donné*, on trouvait ceux-ci, *de la manière prescrite en l'article XIV* (1736); ils ont été retranchés sans discussion; voy. sous l'article 1736.

1760. En cas de résiliation par la faute du locataire, celui-ci est tenu de payer le prix du bail pendant le tems nécessaire à la relocation, sans préjudice des dommages et intérêts qui ont pu résulter de l'abus.

(Cet article est formé du deuxième paragraphe de l'article XXXV. Voy. sous l'article 1729).

1761. Le

1761. Le bailleur ne peut résoudre la location, encore qu'il déclare vouloir occuper par lui-même la maison louée, s'il n'y a eu convention contraire.

(Cet article, le XLIXe. du Projet, fut adopté sans discussion).

1762. S'il a été convenu, dans le contrat de louage, que le bailleur pourrait venir occuper la maison, il est tenu de signifier d'avance un congé aux époques déterminées par l'usage des lieux.

LI. *S'il a été convenu, dans le contrat de louage, que le bailleur pourrait venir occuper la maison, il n'est tenu que de signifier un congé au tems d'avance usité dans le lieu.*

M. Defermon dit que cette expression, *n'est tenu que de signifier un congé*, semble supposer que le bailleur n'est soumis à aucune autre condition, et qu'il peut en conséquence louer sa maison à une autre personne, après en avoir expulsé le preneur, sous le prétexte de l'habiter lui-même.

M. Treilhard dit que si l'on suppose des fraudes, il n'y a pas de disposition dont on puisse espérer qu'elle aura son effet; mais qu'on poursuit la fraude, et que dans le cas prévu, le preneur expulsé obtiendrait des dommages-intérêts.

M. Bigot-Préameneu dit que la locution restrictive qu'on a employée dans l'article, n'a pour objet que de faire connaître que le bailleur ne doit pas des dommages-intérêts au preneur.

M. Defermon demande que l'article soit rédigé ainsi : *Il est tenu de signifier*, etc.

L'article est adopté avec cet amendement.

SECTION III.

RÈGLES PARTICULIÈRES AUX BAUX A FERME.

1763. Celui qui cultive sous la condition d'un partage de fruits avec le bailleur, ne peut ni sous-louer ni céder, si la faculté ne lui en a été expressément accordée par le bail.

XI. *Le colon partiel n'a pas la faculté ni de sous-louer, ni de céder, si elle ne lui a expressément été accordée par le bail.*

(Les changemens qu'offre le texte ont eu lieu sans discussion).

1764. En cas de contravention, le propriétaire a droit de rentrer en jouissance, et le preneur est condamné aux dommages et intérêts résultant de l'inexécution du bail.

(Cet art., le XIIe. du Projet, fut adopté sans discussion).

1765. Si, dans un bail à ferme, on donne aux fonds une contenance moindre ou plus grande que celle qu'ils ont réellement, il n'y a lieu à augmentation ou diminution de prix pour le fermier, que dans les cas et suivant les règles exprimées au titre *de la Vente*.

(Cet art., le XXXIe. du Projet, fut adopté sans discussion).

1766. Si le preneur d'un héritage rural ne le garnit pas des bestiaux et des ustensiles nécessaires à son exploitation, s'il abandonne la culture, s'il ne cultive pas en bon père de famille, s'il emploie la chose louée à un autre usage que celui auquel elle a été destinée, ou, en général, s'il n'exécute pas les clauses du bail, et qu'il en résulte un dommage pour le bailleur, celui-ci peut, suivant les circonstances, faire résilier le bail.

En cas de résiliation provenant du fait du preneur, celui-ci est tenu des dommages et intérêts, ainsi qu'il est dit en l'article 1764.

(Cet article, le XXXIXe. du Projet, fut adopté sans discussion).

1767. Tout preneur de bien rural est tenu d'engranger dans les lieux à ce destinés d'après le bail.

(Cet article, le LXIIe. du Projet, fut adopté sans discussion).

1768. Le preneur d'un bien rural est tenu, sous peine de tous dépens, dommages et intérêts, d'avertir le propriétaire, des usurpations qui peuvent être commises sur les fonds.

Cet avertissement doit être donné dans le même délai

que celui qui est réglé en cas d'assignation suivant la distance des lieux.

(Cet article est formé de l'article XLVI et du paragraphe II de l'article LXX du Projet. Voy. sous l'article 1726).

XLVI. *Le fermier d'un bien rural est tenu d'empêcher les usurpations qui peuvent être commises sur les fonds, ou d'en avertir le propriétaire, à peine d'en répondre.*

LXX. §. II. *Cette dénonciation doit être faite dans le mois, si le domicile du propriétaire n'est pas éloigné de plus de vingt-deux myriamètres (cinquante lieues); et de deux mois, s'il demeure au-delà.*

(Les changemens que présente le texte ont eu lieu sans discussion).

1769. Si le bail est fait pour plusieurs années, et que, pendant la durée du bail, la totalité ou la moitié d'une récolte au moins soit enlevée par des cas fortuits, le fermier peut demander une remise du prix de sa location, à moins qu'il ne soit indemnisé par les récoltes précédentes.

S'il n'est pas indemnisé, l'estimation de la remise ne peut avoir lieu qu'à la fin du bail, auquel tems il se fait une compensation de toutes les années de jouissance;

Et cependant le juge peut provisoirement dispenser le preneur de payer une partie du prix, en raison de la perte soufferte.

LXIV. *Si le bail est pour plusieurs années, et qu'il arrive, dans quelqu'une de ces années, des cas fortuits qui enlèvent ou la totalité, ou du moins la moitié de la récolte, leur effet sera réglé d'après la distinction suivante.*

LXV. *Si le cas fortuit arrive après plusieurs années écoulées du bail, on vérifie si le fermier est récompensé par les récoltes précédentes.*

LXVI. *Si le cas fortuit arrive ou dans les premières années, ou vers la fin du bail, ou si, arrivant après plusieurs années écoulées, le fermier ne se trouve pas récompensé par les récoltes précédentes, on attend la fin du bail pour faire la compensation de toutes les années.*

Et cependant le juge peut provisoirement dispenser le fermier de payer une partie du prix correspondant à la perte qu'il a soufferte.

(Les changemens de rédaction qu'offre le texte ont eu lieu sans discussion).

1770. Si le bail n'est que d'une année, et que la perte soit de la totalité des fruits, ou au moins de la moitié, le preneur sera déchargé d'une partie proportionnelle du prix de la location.

Il ne pourra prétendre aucune remise, si la perte est moindre de moitié.

(Cet article était le LXIIIe. du Projet. On lisait au commencement, *si le bail n'est pas d'une année*, etc. Ce changement n'a donné lieu à aucune discussion).

1771. Le fermier ne peut obtenir de remise, lorsque la perte des fruits arrive après qu'ils sont séparés de la terre, à moins que le bail ne donne au propriétaire une quotité de la récolte en nature; auquel cas le propriétaire doit supporter sa part de la perte, pourvu que le preneur ne fût pas en demeure de lui délivrer sa portion de récolte.

Le fermier ne peut également demander une remise, lorsque la cause du dommage était existante et connue à l'époque où le bail a été passé.

(Cet article, le LXVIIe. du Projet, fut adopté sans discussion).

1772. Le preneur peut être chargé des cas fortuits par une stipulation expresse.

LXVIII. *Le fermier peut renoncer aux cas fortuits.*

(Les changemens faits à cet article n'ont donné lieu à aucune discussion).

1773. Cette stipulation ne s'entend que des cas fortuits ordinaires, tels que grêle, feu du ciel, gelée ou coulure.

Elle ne s'entend point des cas fortuits extraordinaires, tels que les ravages de la guerre, ou une inondation, auxquels le pays n'est pas ordinairement sujet, à moins que le preneur n'ait été chargé de tous les cas fortuits prévus ou imprévus.

(Cet article, le LXIXe. du Projet, fut adopté sans discussion).

1774. Le bail, sans écrit, d'un fonds rural, est censé

fait pour le tems qui est nécessaire afin que le preneur recueille tous les fruits de l'héritage affermé.

Ainsi le bail à ferme d'un pré, d'une vigne, et de tout autre fonds dont les fruits se recueillent en entier dans le cours de l'année, est censé fait pour un an.

Le bail des terres labourables, lorsqu'elles se divisent par soles ou saisons, est censé fait pour autant d'années qu'il y a de soles.

(Cet article était le XVIIe. du Projet : il avait un dernier paragraphe ainsi conçu) :

Mais le bail d'un bois taillis, lors même qu'il se partage en plusieurs coupes, n'est censé fait que pour une coupe.

M. Defermon dit que, lorsque la convention ne donne au preneur qu'une seule coupe, ce n'est point un bail, c'est une vente ; car si la totalité de l'exploitation se divise, par exemple, en neuf coupes, il ne peut y avoir de bail que lorsque le contrat les comprend toutes également.

M. Galli dit que le tribunal d'appel de Rennes a déjà fait cette observation ; il a demandé que la dernière partie de l'article fût réformée et convertie dans la disposition suivante : *Le bail d'un bois taillis, lorsqu'il se partage en plusieurs coupes, est censé fait pour l'exploitation successive de plusieurs coupes.* Cette opinion n'a pas été adoptée par la section de législation.

M. Defermon dit que dans la ci-devant Bretagne, il se trouve presque toujours des taillis parmi les terres affermées, qu'on en laisse la jouissance au fermier, pour les coupes aux époques convenables et sans anticipation, et qu'ils font partie de la totalité du bail. Ces usages se trouveraient détruits par l'article.

M. Tronchet pense que ce motif, et les autres considérations qui ont été proposées, doivent décider à ne se point expliquer sur les baux des bois.

L'article est adopté avec la suppression du dernier alinéa.

1775. Le bail des héritages ruraux, quoique fait sans écrit, cesse de plein droit à l'expiration du tems pour lequel il est censé fait, selon l'article précédent.

(Cet article, le XIXe. du Projet, fut adopté sans discussion).

1776. Si, à l'expiration des baux ruraux écrits, le preneur reste et est laissé en possession, il s'opère un nouveau bail dont l'effet est réglé par l'article 1774.

(Cet article est formé des articles XX et XXI du Projet).

XX. *Si à l'expiration des baux écrits, le preneur reste et est laissé en possession, il s'opère un nouveau bail dont l'effet est réglé par l'article relatif aux locations faites sans écrit.* (Voyez sous l'art. 1738).

XXI. *La même règle sera observée pour les baux ruraux, et, en conséquence, l'article ci-dessus recevra son exécution, lorsqu'après l'expiration des baux écrits, le preneur restera et le bailleur le laissera en possession.*

(L'article XX a été retranché sans discussion des articles relatifs aux baux à loyer. (Voyez l'art. 1759), et rédigé avec l'article XXI pour les baux ruraux).

1777. Le fermier sortant doit laisser à celui qui lui succède dans la culture, les logemens convenables et autres facilités pour les travaux de l'année suivante ; et réciproquement, le fermier entrant doit procurer à celui qui sort, les logemens convenables et autres facilités pour la consommation des fourrages, et pour les récoltes restant à faire.

Dans l'un et l'autre cas, on doit se conformer à l'usage des lieux.

(Cet article était le LXe. du Projet ; à l'exception du dernier paragraphe, qui fut ajouté et, comme le dernier, adopté sans discussion. Voy. sous l'art. 1726.)

1778. Le fermier sortant doit aussi laisser les pailles et engrais de l'année, s'il les a reçus lors de son entrée en jouissance ; et quand même il ne les aurait pas reçus, le propriétaire pourra les retenir suivant l'estimation.

(Cet article, le LXIe. du Projet, fut adopté sans discussion).

CHAPITRE III.

DU LOUAGE D'OUVRAGE ET D'INDUSTRIE.

1779. Il y a trois espèces principales de louage d'ouvrage et d'industrie :

1°. Le louage des gens de travail qui s'engagent au service de quelqu'un ;

2°. Celui des voituriers, tant par terre que par eau, qui se chargent du transport des personnes ou des marchandises ;

3°. Celui des entrepreneurs d'ouvrages par suite de devis ou marchés.

(Cet article, le CI^e. du Projet, fut adopté sans discussion).

SECTION PREMIERE.

DU LOUAGE DES DOMESTIQUES ET OUVRIERS.

1780. On ne peut engager ses services qu'à tems, ou pour une entreprise déterminée.

CIII. *On ne peut engager ses services qu'à tems.*
(Voyez la discussion sous l'article suivant).

1781. Le maître est cru sur son affirmation,
Pour la quotité des gages ;
Pour le paiement du salaire de l'année échue ;
Et pour les à-comptes donnés pour l'année courante.
(Cet article était le CII^e. du Projet).

M. JOLLIVET demande que, dans le troisième alinéa de l'article, on substitue les mots *terme échu*, à ceux-ci, *l'année échue*, attendu qu'il y a des louages au mois, et en général pour un tems plus court que l'année.

M. TREILHARD dit qu'on peut se borner à dire, *le salaire échu*, sans exprimer le tems.

Cet amendement est adopté.

M. DEFERMON observe que les règles relatives aux ouvriers ne sont pas les mêmes que celles qui concernent les domestiques. On ne s'en rapporte pas en effet à l'affirmation de la personne qui a confié des travaux à un maçon ou à un couvreur. On ne peut donc, comme on le fait ici, envelopper dans les mêmes dispositions les ouvriers et les domestiques.

M. MIOT répond que la disposition n'a d'effet qu'entre l'entrepreneur et l'ouvrier qu'il emploie.

M. TREILHARD dit qu'en effet l'article ne dispose qu'entre l'entrepreneur et son ouvrier, entre le maître et le domestique. Il fallait déférer l'affirmation à l'un ou à l'autre; or, le maître mérite le plus de confiance.

Le consul CAMBACÉRÈS pense que pour rendre plus clairement l'idée de la section, il conviendrait de faire plusieurs articles, et de dire :

Le maître est cru à son affirmation sur la quotité et sur le paiement des salaires de l'ouvrier qu'il emploie.

Le maître est cru à son affirmation sur la quotité et sur le paiement des gages de ses domestiques.

L'ordre naturel, continue le Consul, serait de commencer par l'article 1780, qui établit une règle générale.

M. LACUÉE demande si les preuves morales seront écoutées : par exemple, l'ouvrier ou le domestique produira des témoins en présence desquels le maître se sera expliqué sur la quotité ou sur le paiement, soit du salaire, soit des gages; y aura-t-il encore lieu de lui déférer l'affirmation?

M. TREILHARD répond qu'on ne pourrait avoir égard à des preuves de cette espèce, sans ouvrir la porte aux fraudes; les ouvriers ne pourraient-ils pas se servir de témoins entre eux.

L'article est adopté avec l'amendement et le classement proposés par le consul Cambacérès.

(D'après cet amendement, l'article avait été rédigé ainsi : *le maître est cru sur son affirmation pour la quotité des gages.* Après la conférence avec le Tribunat, il a été rétabli tel qu'il était dans le Projet).

M. BÉRENGER observe que l'article (1780) semblerait s'opposer à ce qu'un individu pût s'engager pour une entreprise dont il serait impossible de fixer la durée. On préviendrait cette fausse application, et l'on maintiendrait néanmoins la disposition, si l'on s'exprimait ainsi : *on ne peut engager ses services à tems.*

Le consul CAMBACÉRÈS dit qu'on peut exprimer qu'il est permis de s'engager jusqu'à l'accomplissement d'une entreprise.

Ces propositions sont renvoyées à la section (1).

SECTION II.

DES VOITURIERS PAR TERRE ET PAR EAU.

1782. Les voituriers par terre et par eau sont assujétis,

---

(1) L'article suivant a été retranché après la conférence avec le Tribunat.

CIV. *Si l'individu qui a loué ses services n'exécute pas son engagement, il est condamné aux dommages et intérêts; mais il ne peut jamais être contraint personnellement à l'exécution.*

pour

CONTRAT DE LOUAGE. 569

pour la garde et la conservation des choses qui leur sont confiées, aux mêmes obligations que les aubergistes, dont il est parlé au titre *du Dépôt et du Séquestre*.

(Cet article était le CVe. du Projet. Voyez la discussion sous l'art. 1786).

1783. Ils répondent non-seulement de ce qu'ils ont déjà reçu dans leur bâtiment ou voiture, mais encore de ce qui leur a été remis sur le port ou dans l'entrepôt, pour être placé dans leur bâtiment ou voiture.

(Cet article était le CVIe. du Projet. Voyez sous l'article 1786).

1784. Ils sont responsables de la perte et des avaries des choses qui leur sont confiées, à moins qu'ils ne prouvent qu'elles ont été perdues et avariées par cas fortuit ou force majeure.

(Cet article était le CVIIe. du Projet. Voyez sous l'article 1786).

1785. Les entrepreneurs de voitures publiques par terre et par eau, et ceux des roulages publics, doivent tenir registre de l'argent, des effets et des paquets dont ils se chargent.

(Cet article était le CVIIIe. du Projet. Voyez sous l'article 1786).

1786. Les entrepreneurs et directeurs de voitures et roulages publics, les maîtres de barques et navires, sont en outre assujétis à des réglemens particuliers, qui font la loi entre eux et les autres citoyens.

(Cet article était le CIXe. du Projet).

M. Defermon dit qu'il n'y a pas de doute qu'un voiturier ne doive répondre des paquets qui lui sont directement remis, mais que s'ils sont remis à des tiers ou dans un entrepôt, le voiturier ne peut plus en répondre ; alors il faut que la responsabilité porte sur les tiers.

M. Bérenger dit que le voiturier n'est chargé que du moment où il prend le paquet dans l'entrepôt.

M. Treilhard observe que les articles CVII (1785) et CIX (1786) lient les tiers qui tiennent l'entrepôt.

M. Defermon dit qu'il parle, non des entrepreneurs de roulage et des directeurs de voitures publiques, que les art. CVII et CIX concernent, mais de ceux qui, sans avoir cette qualité, se rendent commissionnaires entre le voiturier et la personne qui veut faire transporter des paquets.

M. RÉAL dit que ces commissionnaires sont de véritables entreposeurs, et qu'en conséquence ils deviennent responsables envers ceux qui entreposent : mais il s'agit ici du cas où le paquet est confié au voiturier lui-même. Comme il ne peut être responsable que lorsqu'il accepte le dépôt, et qu'il s'en charge, il faudrait substituer le mot *reçu* au mot *remis*.

M. REGNAUD (de Saint-Jean-d'Angely) dit que la difficulté vient de ce qu'on assimile les voituriers aux aubergistes; cependant il y a une grande différence. Dans une auberge, les paquets déposés ne sont pas enregistrés, et ne peuvent l'être : tout se traite de bonne-foi. Les voituriers, au contraire, ont des registres, ou du moins doivent en avoir : on peut donc se réduire à ordonner que les paquets seront enregistrés.

M. RÉAL dit que la rapidité avec laquelle on fait les chargemens, ne permet pas toujours de remplir cette formalité; aussi les voituriers n'ont-ils souvent que de simples lettres de voiture.

L'article, au surplus, leur est étranger; il ne concerne que les entrepreneurs.

M. TREILHARD dit que les voituriers sont chargés par le fait seul. Très-souvent on n'apporte les paquets qu'au moment du départ, et l'on n'a pas le tems de remplir des formalités : il faut alors que l'entrepreneur demeure chargé envers le public, et le voiturier envers lui.

M. REGNAUD (de Saint-Jean-d'Angely) objecte que ce système mettrait les entrepreneurs à la discrétion des voituriers.

M. TREILHARD dit qu'il serait sans doute préférable qu'il y eût toujours un enregistrement; mais qu'il est impossible de l'espérer.

Au reste, les difficultés qui s'élèvent dans ces cas entre le voiturier et l'entrepreneur, s'expliquent par les circonstances d'après lesquelles le juge se détermine.

Le consul CAMBACÉRÈS dit qu'un maître ne peut suivre le domestique qu'il charge de porter un paquet aux voitures publiques; cependant il faut qu'il ait ses sûretés. Il ne peut les trouver que dans la responsabilité de l'entrepreneur. Celui-ci n'a pas à se plaindre : s'il ne tient pas de registres, par cela seul il devient suspect de mauvaise foi; s'il en tient, et qu'il n'ait pas enregistré, même sans que le voyageur l'ait requis, même malgré son refus, il est en faute. La loi doit veiller pour celui qui fait le dépôt, et rendre l'enregistrement forcé de la part de l'entrepreneur.

Le voyageur, dira-t-on, profitera peut-être de l'omission de cette formalité pour réclamer des effets plus précieux que ceux qu'il a déposés.

Mais on sait comme on prononce sur de semblables contestations : on se réduit à ce qui est vraisemblable, et on défère le serment.

M. Bigot-Préameneu dit que l'art. CVIII comprend aussi les voituriers qui n'ont point de registres, et qui la plupart, ne sachant même pas écrire, seraient hors d'état d'en tenir. On a dû assujettir à des formes plus sévères les entrepreneurs de voitures et roulage.

Le consul Cambacérès pense que les articles de cette section seraient mieux placés au titre *du Dépôt.*

M. Defermon rappelle que la régie nationale avait une règle d'après laquelle la personne qui n'avait pas fait une déclaration par état, ne pouvait, en cas de perte du paquet, réclamer au-delà de cent cinquante fr. : on pourrait appliquer ici cette règle. Mais ce serait changer les principes reçus que de soumettre les entrepreneurs aux mêmes engagemens que les aubergistes. Ils ne peuvent répondre des paquets qui sont remis au voiturier pendant sa route et loin de leur présence.

Le consul Cambacérès résume la discussion.

Sur l'article CV (1782), il faut examiner si les obligations des aubergistes sont trop étendues pour y soumettre les voituriers ; si le dépôt fait à ces derniers est en effet un dépôt nécessaire. On pourrait rappeler précisément ceux de ces engagemens auxquels on croirait devoir assujettir les voituriers.

A l'article CVI (1783), on pourrait ajouter : *sans préjudice de la responsabilité de l'entrepreneur.*

On a demandé sur l'art. CVII, que l'entrepreneur ne fût chargé que lorsque les paquets auraient été enregistrés.

Mais la personne qui les envoie prend toujours un reçu. Cette pièce suffit pour charger l'entrepreneur. C'est sa faute s'il n'a pas de registres.

M. Regnaud (de Saint-Jean-d'Angely) dit que dans le cas de l'article CV (1782), il n'y a pas de dépôt nécessaire.

Il avoue, au surplus, qu'un reçu doit suffire pour charger l'entrepreneur.

M. Treilhard observe que les voyageurs ont le droit de porter avec eux un paquet dont le poids est déterminé ; qu'il n'y a ni reçu ni enregistrement de ce paquet, et que cependant l'entrepreneur en demeure chargé.

M. Regnaud (de Saint-Jean-d'Angely) dit que toute messagerie a un registre sur lequel les voyageurs ont soin de faire charger leur malle ; autrement il serait impossible de constater le dépôt ; ou si l'on écoutait les réclamations qui ne seraient pas appuyées de cette preuve, la mauvaise foi aurait trop d'avantages. Lorsque le registre est en règle, et que le paquet ne s'y trouve pas inscrit, l'entrepreneur est déchargé : tel est l'usage.

A l'égard des petits paquets que les voyageurs portent avec eux, c'est à eux à y veiller; l'entrepreneur n'en répond pas.

Le consul CAMBACÉRÈS dit que ce système favorise l'entrepreneur au préjudice de la masse des citoyens.

Très-souvent on se borne à prendre un reçu; mais si le propriétaire le perd, et que l'entrepreneur soit de mauvaise foi, comment prononcer entre eux? Par les registres, répond-on; et le Code civil obligera d'en tenir.

Mais cette disposition aura-t-elle infailliblement l'effet de faire enregistrer tous les paquets déposés? elle aura donc un résultat désastreux, en ce qu'elle avertira l'entrepreneur que, pour échapper à la responsabilité, il lui suffira d'éluder l'enregistrement.

On objectera qu'il faut cependant à l'entrepreneur une garantie contre la mauvaise foi du voyageur.

Il aura cette garantie si l'on fixe un *maximum* aux réclamations, qu'on défère l'affirmation, et que, dans tous les cas, les tribunaux puissent avoir égard aux indices qui démontreraient sa bonne foi.

M. BERLIER dit que l'embarras de cette discussion lui semble provenir en grande partie de ce que l'article CV. (1782), assimile les voituriers aux aubergistes, et renvoie au titre *du Dépôt* pour savoir comment les uns et les autres seront traités.

Sans doute, si en articulant qu'on a remis quelque chose à un voiturier, rien ne pouvait en empêcher la preuve, et que le juge fût tenu de l'ordonner, une règle aussi absolue, toujours dure, serait souvent injuste.

Mais si l'on recourt aux règles projetées sur le dépôt par les rédacteurs du projet de Code civil, on y verra que le juge ne doit, même contre l'aubergiste, admettre la preuve qu'*avec circonspection, suivant les circonstances de fait et l'état des personnes.*

Ce tempérament salutaire a peut-être besoin d'être indiqué ici autrement que par un renvoi à des dispositions qui n'existent pas encore, et ce parti leverait bien des difficultés.

Le CONSEIL adopte en principe que les engagemens des entrepreneurs et des voituriers seront spécifiés.

(Les articles CV, CVI, CVII, CVIII et CIX, sont renvoyés à un nouvel examen de la section.)

Après que le Conseil eut adopté le chapitre du dépôt nécessaire,

Séance du 28 Nivose an 12.

M. JOLLIVET observe que c'est ici le lieu de s'occuper des dispositions relatives aux voituriers, lesquelles ont été ajournées dans la séance du 14 nivose.

M. Tronchet dit que les engagemens des voituriers forment un contrat mêlé de dépôt et de louage; qu'ainsi on doit reporter au titre *du Louage* les dispositions qui les règlent comme tenant de la nature du louage, et ne placer dans le titre en discussion que celles qui les concernent sous le rapport du dépôt.

Les articles CV, CVI, CVII, CVIII et CIX sont adoptés.

Le Conseil arrête qu'ils seront rapportés au titre *du Louage* (1).

SECTION III.

DES DEVIS ET DES MARCHÉS.

1787. Lorsqu'on charge quelqu'un de faire un ouvrage, on peut convenir qu'il fournira seulement son travail ou son industrie, ou bien qu'il fournira aussi la matière.

Cet article était le CXe. du Projet; il avait de plus le paragraphe suivant,

Dans le premier cas, c'est un pur louage.

Dans le second cas, c'est une vente d'une chose une fois faite.

(Il a été retranché sans discussion, après la conférence tenue avec le Tribunat.

1788. Si, dans le cas où l'ouvrier fournit la matière, la chose vient à périr, de quelque manière que ce soit, avant d'être livrée, la perte en est pour l'ouvrier, à moins que le maître ne fût en demeure de recevoir la chose.

(Cet art., le CXIe. du Projet, fut adopté sans discussion).

1789. Dans le cas où l'ouvrier fournit seulement son travail ou son industrie, si la chose vient à périr, l'ouvrier n'est tenu que de sa faute.

(Cet article était le CXIIe. du Projet).

M. Regnaud (de Saint Jean-d'Angely) demande qu'on ajoute à l'article, *à moins qu'il ne soit en retard de livrer la chose.*

Séance du 14 Nivose an 12.

---

(1) L'article suivant, présenté dans la séance du 28 Nivose an 12, fut adopté; il a été ensuite retranché sans discussion.

Le marché fait avec les voituriers par terre et par eau est un contrat mixte, qui participe de la nature du contrat de louage et de celui de dépôt.

MM. Tronchet, Berlier, Treilhard et Bigot-Préameneu répondent que le retard est compris dans la faute.

M. Boulay ajoute que l'article CXIII, explique l'article CXII dans ce sens.

L'article est adopté.

1790. Si, dans le cas de l'article précédent, la chose vient à périr, quoique sans aucune faute de la part de l'ouvrier, avant que l'ouvrage ait été reçu, et sans que le maître fût en demeure de le vérifier, l'ouvrier n'a point de salaire à réclamer, à moins que la chose n'ait péri par le vice de la matière.

(Cet art., le CXIII^e. du Projet, fut adopté sans discussion).

1791. S'il s'agit d'un ouvrage à plusieurs pièces ou à la mesure, la vérification peut s'en faire par parties; elle est censée faite pour toutes les parties payées, si le maître paie l'ouvrier en proportion de l'ouvrage fait.

(Cet art., le CXIV^e. du Projet, fut adopté sans discussion).

1792. Si l'édifice construit à prix fait, périt en tout ou en partie, par le vice de la construction, même par le vice du sol, les architecte et entrepreneur en sont responsables pendant dix ans.

CXV. *Si l'édifice donné à prix fait, périt en tout ou en partie par le vice du sol, l'architecte en est responsable pendant le tems réglé au titre* des Prescriptions.

M. Ségur demande pourquoi l'article rend le constructeur responsable du vice du sol. Il croit qu'on devrait ne le faire répondre que du vice de la construction.

MM. Treilhard et Fourcroy répondent que l'architecte est obligé ou de remédier au vice du sol, ou d'avertir le propriétaire que la construction n'aura pas de solidité.

M. Réal ajoute qu'on a toujours suivi cette règle.

M. Bérenger propose de rendre l'architecte également responsable des vices de construction.

M. Treilhard dit que cette disposition est nécessaire, et que ce n'est que par omission qu'elle n'a pas été exprimée.

CONTRAT DE LOUAGE.

M. Regnaud (de Saint-Jean-d'Angely) observe que *Pothier* décharge l'architecte de la responsabilité, aussitôt que l'ouvrage a été reçu ; et que l'article CXIII (1790) semble supposer ce principe, en l'appliquant au cas opposé.

M. Bérenger dit que l'article CXIII se rapporte à tout ouvrage quelconque, au lieu que l'article établit une règle particulière pour les ouvrages dirigés par un architecte. Cette distinction est nécessaire : on peut facilement vérifier si un meuble est conditionné comme il doit l'être ; ainsi, dès qu'il est reçu, il est juste que l'ouvrier soit déchargé de toute responsabilité : mais il n'en est pas de même d'un édifice ; il peut avoir toutes les apparences de la solidité, et cependant être affecté de vices cachés qui le fassent tomber après un laps de tems. L'architecte doit donc en répondre pendant un delai suffisant pour qu'il devienne certain que la construction est solide.

M. Réal dit que *Pothier* suppose que l'architecte répondra de la construction pendant dix ans.

M. Treilhard dit que l'on a toujours suivi le principe consacré par l'article.

M. Regnaud (de Saint-Jean-d'Angely) dit que, dans la doctrine de Pothier, la construction doit être vérifiée ; et que lorsqu'elle est jugée solide, l'architecte est déchargé.

M. Réal dit que la vérification dont parle Pothier, a pour objet d'autoriser l'architecte à demander son paiement, lorsque l'ouvrage est fait d'après les règles de l'art ; mais qu'elle ne l'affranchit pas de la responsabilité à laquelle il est soumis pour les vices cachés, et que le tems seul peut découvrir.

M. Tronchet dit qu'il est des vices que la vérification ne peut faire connaître : on a vu, par exemple, des édifices qui paraissaient construits en pierre de taille, tandis que des dehors trompeurs ne servaient qu'à cacher des matériaux beaucoup moins solides.

M. Treilhard dit que la vérification ne porte que sur les proportions et sur le plan : quand ils ont été suivis, le propriétaire est obligé de payer; mais il ne perd pas le droit de se pourvoir contre l'architecte pour les vices cachés de construction.

M. Ségur demande quelle est la responsabilité de l'architecte pour vice du sol, et comment doit se faire la vérification.

M. Tronchet dit que ce point était expliqué par le projet du Code civil, qui portait :

Si l'édifice donné à prix fait périt par le vice du sol, l'architecte en est responsable, à moins qu'il ne prouve avoir fait au maître les représentations convenables pour le dissuader d'y bâtir.

M. Réal dit qu'il y a sur les constructions des règles qu'il n'est pas permis au propriétaire lui-même d'enfreindre : ce sont les règles de la police des bâtimens, telles que celles qui déterminent l'épaisseur des murs. L'architecte, dans ces cas, doit se refuser à la volonté du propriétaire.

M. Regnaud (de Saint-Jean-d'Angely) dit que l'exécution des réglemens dont on vient de parler, était confiée à une autorité qui n'existe plus, à la chambre des bâtimens; ainsi les constructions ne sont plus vérifiées.

M. Réal dit que ce n'était pas là l'objet de la chambre des bâtimens; elle n'était qu'une chambre de consultation, et réglait les mémoires : mais alors, comme aujourd'hui, les tribunaux appliquaient les réglemens et punissaient les contraventions.

M. Tronchet dit que la section a eu raison d'écarter l'addition faite par le projet. L'architecte, en effet, ne doit pas suivre les caprices d'un propriétaire assez insensé pour compromettre sa sûreté personnelle, en même-tems que la sûreté publique.

M. Bigot-Préameneu dit qu'il n'est pas probable qu'un propriétaire soit capable de cet excès de folie; qu'ainsi les allégations de l'architecte ne méritent aucune confiance.

M. Pelet dit que les principes de la construction, sous le rapport de la sûreté, n'étant pas les mêmes dans les petites localités que dans les grandes villes, il conviendra de ne pas établir de règle générale.

Le consul Cambacérès pense que la disposition retranchée par la section doit être rétablie avec une légère modification.

Elle sera utile sur-tout pour le cas, rare à la vérité, mais qui, cependant, peut se présenter, où le propriétaire étant décédé avant la chûte du bâtiment, ses héritiers poursuivraient l'architecte. Il est juste que, s'il parvient à prouver qu'il a fait des représentations, et que le propriétaire n'a pas voulu s'y rendre, il soit dégagé envers eux de tous dommages-intérêts.

Cependant cette preuve ne doit pas l'exempter de la peine que mérite la contravention aux réglemens de police; mais comme la faute est commune, il faut que la punition le soit aussi, et qu'elle porte également et sur l'architecte et sur le propriétaire.

M. Réal observe que les architectes, pour déterminer les propriétaires à construire, cherchent ordinairement à leur persuader que la dépense sera modique. Peut-être y a-t-il lieu de craindre, si on leur fournit un moyen de ne pas répondre des mauvaises constructions, qu'ils ne prennent plus aucun soin de rendre les édifices solides.

Le consul CAMBACÉRÈS dit qu'il est utile de poser par la loi, une règle pour décider une question qui, jusqu'ici, n'a été résolue que par le sentiment des auteurs : si cette règle était trop absolue, le juge serait quelquefois obligé de l'appliquer contre l'équité. On ne doit donc pas craindre de multiplier les articles, afin de faire les distinctions nécessaires, et de donner plus de latitude aux tribunaux. Cette considération a persuadé le Consul que la disposition additionnelle proposée par les rédacteurs doit être adoptée, en la modifiant de la manière qu'il a expliquée.

M. TREILHARD dit qu'il n'y a aucun inconvénient à être sévère à l'égard de l'architecte ; le propriétaire ne connaît pas les règles de la construction : c'est à l'architecte à l'en instruire, et à ne pas s'en écarter par une complaisance condamnable.

M. TRONCHET propose d'expliquer que l'architecte est responsable toutes les fois que les vices, soit de construction, soit du sol, compromettent la solidité du bâtiment.

M. RÉAL observe que le mot *périt* renferme cette explication.

M. BÉRENGER ajoute que si l'action contre l'architecte n'a pas une durée trop longue, le bâtiment ne pourra périr sans qu'il soit évident que sa chute a pour cause un vice de construction.

Le CONSEIL rejette la proposition de rétablir la rédaction de la commission, adopte l'article, et fixe à dix ans la durée de la garantie.

1793. Lorsqu'un architecte ou un entrepreneur s'est chargé de la construction à forfait d'un bâtiment, d'après un plan arrêté et convenu avec le propriétaire du sol, il ne peut demander aucune augmentation de prix, ni sous le prétexte d'augmentation de la main-d'œuvre ou des matériaux, ni sous celui de changemens ou d'augmentations faits sur ce plan, si ces changemens ou augmentations n'ont pas été autorisés par écrit, et le prix convenu avec le propriétaire.

(Cet article était le CXVIe. du Projet).

M. TRONCHET dit que cet article prévient une surprise qui était très-commune. Les architectes avaient coutume de suggérer au propriétaire l'idée de faire quelques changemens au plan adopté, et quelque légers que ces changemens fussent, les architectes soutenaient que le devis se trouvait annullé.

L'article est adopté.

1794. Le maître peut résilier, par sa seule volonté, le marché à forfait, quoique l'ouvrage soit déjà commencé, en dédommageant l'entrepreneur de toutes ses dépenses, de tous ses travaux, et de tout ce qu'il aurait pu gagner dans cette entreprise.

(Cet article, le CXVII^e. du Projet, fut adopté sans discussion).

1795. Le contrat de louage d'ouvrage est dissous par la mort de l'ouvrier, de l'architecte ou entrepreneur.

CXVIII. *Le contrat de louage d'ouvrage est dissous par la mort de l'ouvrier, à moins que le propriétaire ne consente d'accepter, pour la continuation de l'ouvrage, l'héritier de l'entrepreneur, ou l'ouvrier que cet héritier lui présente.*

M. REGNAUD (de Saint-Jean-d'Angely) observe que *Pothier* fait ici une distinction. Il veut que le contrat subsiste à l'égard des héritiers, si l'on est convenu, en général, que le bâtiment serait construit pour un prix qui serait déterminé; mais que si la construction a été confiée à un architecte par l'effet de la confiance qu'on avait dans ses talens, le contrat s'éteigne avec lui.

M. RÉAL pense que cette distinction ne serait pas juste. Le propriétaire n'a pas pu prévoir qu'il se trouverait un jour avoir contracté avec la femme, avec les enfans en bas âge que l'architecte a laissés.

Comment d'ailleurs ceux-ci parviendraient-ils à exécuter le contrat? Il faudrait des avis de parens et le concours d'une famille entière, pour achever une entreprise qui ne peut être conduite que par l'intelligence d'un seul.

M. REGNAUD (de Saint-Jean-d'Angely) répond que le système de M. Réal priverait les héritiers de l'architecte des bénéfices qu'il devait tirer de l'entreprise, et les exposerait peut-être à des pertes, si, par exemple, des matériaux avaient déjà été achetés. Il peut y avoir quelque embarras pour les héritiers à exécuter le marché; mais il est cependant dans leur intérêt qu'il subsiste. Ce n'est pas néanmoins que le choix de l'ouvrier doive leur appartenir privativement; tout se réduirait à le présenter, et à n'obliger le propriétaire à l'accepter que lorsqu'il serait habile.

M. Tréilhard dit qu'il faudrait donc faire prononcer par un jury sur l'habileté de cet ouvrier. L'art. CXIX garantit la succession des pertes auxquelles on la dit exposée.

M. Bérenger dit que quand on traite avec un architecte, ce n'est pas seulement parce qu'il est architecte, mais parce qu'on le croit habile; ainsi s'il meurt, la confiance qui a formé le contrat et qui en est le principe, n'existe plus, et par une suite nécessaire, le contrat se trouve détruit.

Au reste, la fin de l'article est inutile. La disposition qu'il établit est de droit, et existe par l'effet des principes généraux sur la liberté des conventions.

M. Lacuée observe qu'on fait quelquefois avec un entrepreneur un forfait qui le charge d'entretenir, pendant un tems déterminé, des murs ou d'autres constructions; cependant si, quoiqu'il eût touché le prix annuel, il avait négligé l'entretien des murs, et qu'il vînt à mourir, il se trouverait déchargé par l'effet de l'article.

MM. Réal et Tréilhard répondent que le propriétaire aurait son recours contre la succession, faute par l'entrepreneur d'avoir exécuté son engagement.

M. Lacuée dit qu'il ne suppose pas qu'il y ait eu de la négligence de la part de l'entrepreneur, mais qu'il n'y a pas eu besoin de réparations pendant les années écoulées.

M. Tronchet dit qu'on se perd infailliblement, si, lorsqu'il s'agit de fixer un principe, on se jette dans les hypothèses.

Il y a ici un principe certain et auquel il faut se tenir, c'est qu'un marché d'ouvrage ne se règle pas seulement par la fixation d'un prix, mais par la confiance qu'on a dans la probité et dans l'intelligence de celui qu'on en charge. Il est donc impossible de forcer un propriétaire à en accepter un autre.

L'article est adopté avec le retranchement proposé par M. Bérenger.

1796. Mais le propriétaire est tenu de payer en proportion du prix porté par la convention, à leur succession, la valeur des ouvrages faits et celle des matériaux préparés, lors seulement que ces travaux ou ces matériaux peuvent lui être utiles.

CXIX. *Dans le cas où le propriétaire ne donne pas ce consentement, il n'y a lieu à aucuns dommages et intérêts de part ni d'autre; mais le pro-*

priétaire est tenu de payer au prix porté par la convention, à la succession de l'entrepreneur, la valeur des ouvrages faits et celle des matériaux préparés, lors seulement que ces travaux ou ces matériaux peuvent lui être utiles.

(La première partie de l'article est supprimée, d'après la discussion sur l'article précédent. La seconde est adoptée sans discussion) (1).

1797. L'entrepreneur répond du fait des personnes qu'il emploie.

(Cet article, le CXXIe. du Projet, fut adopté sans discussion).

1798. Les maçons, charpentiers et autres ouvriers qui ont été employés à la construction d'un bâtiment ou d'autres ouvrages faits à l'entreprise, n'ont d'action contre celui pour lequel les ouvrages ont été faits, que jusqu'à concurrence de ce dont il se trouve débiteur envers l'entrepreneur, au moment où leur action est intentée.

(Cet article, le CXXIIe. du Projet, fut adopté sans discussion).

1799. Les maçons, charpentiers, serruriers, et autres ouvriers qui font directement des marchés à prix fait, sont astreints aux règles prescrites dans la présente section : ils sont entrepreneurs dans la partie qu'ils traitent.

(Cet art., le CXXIIIe. du Projet, fut adopté sans discussion.)

CHAPITRE IV.

DU BAIL A CHEPTEL.

SECTION PREMIERE.

DISPOSITIONS GÉNÉRALES.

Séance du 9 Nivose an 12.

1800. Le bail à cheptel est un contrat par lequel l'une

---

(1) L'article suivant a été retranché sans discussion.

CXX. *Si l'ouvrier ne fait pas l'ouvrage convenu, ou s'il ne le fait pas tel et dans le tems qu'il l'a promis, il est tenu de tous les dommages et intérêts qui peuvent résulter de l'inexécution de son obligation.*

des parties donne à l'autre un fonds de bétail pour le garder, le nourrir et le soigner, sous les conditions convenues entre elles.

(Cet article, le LXXIe du Projet, fut adopté sans discussion).

1801. Il y a plusieurs sortes de cheptels (1) :
Le cheptel simple ou ordinaire,
Le cheptel à moitié,
Le cheptel donné au fermier ou au colon partiaire.

Il y a encore une quatrième espèce de contrat improprement appelée *cheptel*.

(Cet article était le LXXIIe. du Projet ; à l'exception du dernier §, qui comme les précédens fut adopté sans discussion).

1802. On peut donner à cheptel toute espèce d'animaux susceptibles de croît ou de profit pour l'agriculture ou le commerce.

(Cet article, le LXXIIIe. du Projet, fut adopté sans discussion).

1803. A défaut de conventions particulières, ces contrats se règlent par les principes qui suivent.

(Cet article, le LXXIVe. du Projet, fut adopté sans discussion).

SECTION II.

DU CHEPTEL SIMPLE.

1804. Le bail à cheptel simple est un contrat par lequel on donne à un autre des bestiaux à garder, nourrir et soigner, à condition que le preneur profitera de la moitié du croît, et qu'il supportera aussi la moitié de la perte.

(Cet article, le LXXVe. du Projet, fut adopté sans discussion).

---

(1) Le tribunal d'appel d'Angers demandait qu'on ajontât un article relatif aux droits des créanciers du bailleur; lesquels droits doivent se réduire à saisir et faire vendre à leur profit la part du croît, le produit du cheptel appartenant au bailleur leur débiteur, ou à vendre le droit du bailleur seulement, sans préjudicier à celui du preneur.

1805. L'estimation donnée au cheptel dans le bail n'en transporte pas la propriété au preneur ; elle n'a d'autre objet que de fixer la perte ou le profit qui pourra se trouver à l'expiration du bail.

LXXVI. *Le cheptel est estimé dans le bail pour fixer la perte ou le profit qui pourra se trouver à son expiration.*

Mais le bailleur ne demeure pas moins propriétaire du cheptel.

(Les changemens faits à cet article ont eu lieu sans discussion).

1806. Le preneur doit les soins d'un bon père de famille à la conservation du cheptel.

(Cet art., le LXXVIIe. du Projet, fut adopté sans discussion.)

1807. Il n'est tenu du cas fortuit que lorsqu'il a été précédé de quelque faute de sa part, sans laquelle la perte ne serait pas arrivée.

(Cet article, le LXXVIIIe. du Projet, fut adopté sans discussion).

1808. En cas de contestation, le preneur est tenu de prouver le cas fortuit, et le bailleur est tenu de prouver la faute qu'il impute au preneur.

(Cet article, le LXXIXe. du Projet, fut adopté sans discussion).

1809. Le preneur qui est déchargé par le cas fortuit, est toujours tenu de rendre compte des peaux des bêtes.

(Cet article était le LXXXe. du Projet.)

M. Defermon dit que cet article impose au preneur un engagement difficile à remplir.

M. Treilhard répond que l'article ne l'oblige pas à payer toujours les peaux qu'il ne peut pas représenter, mais seulement à en rendre compte.

L'article est adopté.

1810. Si le cheptel périt en entier sans la faute du preneur, la perte en est pour le bailleur.

S'il n'en périt qu'une partie, la perte est supportée en commun, d'après le prix de l'estimation originaire, et celui de l'estimation à l'expiration du cheptel.

CONTRAT DE LOUAGE.

LXXXI. *Si le cheptel périt en entier sans la faute du preneur, la perte en est pour le bailleur;*

S'il n'en périt qu'une partie, la perte est supportée en commun.

M. Defermon dit que si l'intention de la section est de n'imposer en aucun cas au preneur une perte qui puisse excéder ses profits, elle blesse l'essence du bail à cheptel.

M. Treilhard dit que la section, pour régler sur qui tombe la perte, ne s'attache qu'à une distinction qui est dans le droit commun : si le fonds du cheptel périt par cas fortuit, il périt pour le propriétaire ; s'il périt par la faute du preneur, c'est lui qui en supporte la perte.

M. Defermon dit que par l'effet naturel du tems, des bestiaux donnés à cheptel doivent perdre de leur valeur ; cependant, d'après la dernière partie de l'article, le preneur entrerait dans cette diminution.

M. Tronchet dit que ces mots : *la perte est supportée en commun*, ne signifient pas que le cheptelier sera tenu de rembourser la moitié de la perte ; mais qu'elle portera sur lui, en ce sens, qu'elle diminuera d'autant le profit qu'il tire du cheptel, sans qu'il ait de recours contre le propriétaire.

M. Treilhard dit que si l'opinion de M. Defermon est que quand il n'y a ni cas fortuit, ni faute du preneur, les bénéfices de celui ci ne doivent pas souffrir de diminution sur ce qui reste du troupeau, elle est juste, et qu'il convient de la rendre d'une manière plus claire dans la rédaction.

Le chapitre entier est renvoyé à la section de législation, pour être revu dans l'esprit des observations qui ont été faites.

1811. On ne peut stipuler,

Que le preneur supportera la perte totale du cheptel, quoique arrivée par cas fortuit et sans sa faute,

Ou qu'il supportera, dans la perte, une part plus grande que dans le profit,

Ou que le bailleur prélèvera, à la fin du bail, quelque chose de plus que le cheptel qu'il a fourni.

Toute convention semblable est nulle.

Le preneur profite seul des laitages, du fumier et du travail des animaux donnés à cheptel.

La laine et le croit se partagent.

(Cet article, le LXXXIIe. du Projet, fut adopté sans discussion).

1812. Le preneur ne peut disposer d'aucune bête du troupeau, soit du fonds, soit du croit, sans le consentement du bailleur, qui ne peut lui-même en disposer sans le consentement du preneur.

(Cet art. le LXXXIIIe. du Projet, fut adopté sans discussion).

1813. Lorsque le cheptel est donné au fermier d'autrui, il doit être notifié au propriétaire de qui ce fermier tient; sans quoi il peut le saisir, et le faire vendre pour ce que son fermier lui doit.

(Cet article, le LXXXIVe. du Projet, fut adopté sans discussion).

1814. Le preneur ne pourra tondre sans en prévenir le bailleur.

(Cet art., le LXXXVe. du Projet, fut adopté sans discussion).

1815. S'il n'y a pas de tems fixé par la convention pour la durée du cheptel, il est censé fait pour trois ans.

(Cet art., le LXXXVIe. du Projet, fut adopté sans discussion).

1816. Le bailleur peut en demander plutôt la résolution, si le preneur ne remplit pas ses obligations.

(Cet article, le LXXXVIIe. du Projet, fut adopté sans discussion).

1817. A la fin du bail, ou lors de sa résolution, il se fait une nouvelle estimation du cheptel.

Le bailleur peut prélever des bêtes de chaque espèce, jusqu'à concurrence de la première estimation; l'excédant se partage.

S'il n'existe pas assez de bêtes pour remplir la première estimation, le bailleur prend ce qui reste, et les parties se font raison de la perte.

(Cet article, le LXXXVIIIe. du Projet, fut adopté sans discussion).

SECTION

SECTION III.

DU CHEPTEL A MOITIÉ.

1818. Le cheptel à moitié est une société dans laquelle chacun des contractans fournit la moitié des bestiaux, qui demeurent communs pour le profit ou pour la perte.

(Cet article, le LXXXIXe. du Projet, fut adopté sans discussion).

1819. Le preneur profite seul, comme dans le cheptel simple, des laitages, du fumier et des travaux des bêtes.

Le bailleur n'a droit qu'à la moitié des laines et du croît.

Toute convention contraire est nulle, à moins que le bailleur ne soit propriétaire de la métairie dont le preneur est fermier ou colon partiaire.

(Cet article, le XC^e. du Projet, fut adopté sans discussion).

1820. Toutes les autres règles du cheptel simple s'appliquent au cheptel à moitié.

(Cet article, le XCI^e. du Projet, fut adopté sans discussion).

SECTION IV.

DU CHEPTEL DONNÉ PAR LE PROPRIÉTAIRE A SON FERMIER OU COLON PARTIAIRE.

§. I. *Du cheptel donné au fermier.*

1821. Ce cheptel (aussi appelé *cheptel de fer*) est celui par lequel le propriétaire d'une métairie la donne à ferme, à la charge qu'à l'expiration du bail, le fermier laissera des bestiaux d'une valeur égale au prix de l'estimation de ceux qu'il aura reçus.

(Cet article n'était pas dans le Projet ; il a été ajouté et adopté sans discussion).

1822. L'estimation du cheptel donné au fermier ne lui

en transfère pas la propriété, mais néanmoins le met à ses risques.

(Cet article, le XCII^e. du Projet, fut adopté sans discussion.

1823. Tous les profits appartiennent au fermier pendant la durée de son bail, s'il n'y a convention contraire.
(Cet article, le XCIII^e. du Projet, fut adopté sans discussion).

1824. Dans les cheptels donnés au fermier, le fumier n'est point dans les profits personnels des preneurs, mais appartient à la métairie, à l'exploitation de laquelle il doit être uniquement employé.
(Cet article, le XCIV^e. du Projet, fut adopté sans discussion).

1825. La perte, même totale et par cas fortuit, est en entier pour le fermier, s'il n'y a convention contraire.
(Cet article, le XCV^e. du Projet, fut adopté sans discussion).

1826. A la fin du bail, le fermier ne peut retenir le cheptel en en payant l'estimation originaire ; il doit en laisser un de valeur pareille à celui qu'il a reçu.

S'il y a du déficit, il doit le payer; et c'est seulement l'excédant qui lui appartient.
(Cet article, le XCVI^e. du Projet, fut adopté sans discussion).

§. II. *Du cheptel donné au colon partiaire.*

1827. Si le cheptel périt en entier, sans la faute du colon, la perte est pour le bailleur.
(Cet article, le XCVII^e. du Projet, fut adopté sans discussion).

1828. On peut stipuler que le colon délaissera au bailleur sa part de la toison à un prix inférieur à la valeur ordinaire;

Que le bailleur aura une plus grande part du profit;

Qu'il aura la moitié des laitages :

Mais on ne peut pas stipuler que le colon sera tenu de toute la perte.
(Cet art., le XCVIII⁰. du Projet, fut adopté sans discussion).

1829. Ce cheptel finit avec le bail à métairie.
(Cet article, le XCIX⁰. du Projet, fut adopté sans discussion).

1830. Il est d'ailleurs soumis à toutes les règles du cheptel simple.
(Cet article, le C⁰. du Projet, fut adopté sans discussion).

SECTION V.

DU CONTRAT IMPROPREMENT APPELÉ CHEPTEL.

1831. Lorsqu'une ou plusieurs vaches sont données pour les loger et les nourrir, le bailleur en conserve la propriété; il a seulement le profit des veaux qui en naissent.
(Cet article n'était pas dans le Projet, il a été ajouté et adopté sans discussion).

TITRE IX.

DU CONTRAT DE SOCIÉTÉ.

Décrété le 17 Ventose an 12, promulgué le 27 du même mois.

CHAPITRE PREMIER.

DISPOSITIONS GÉNÉRALES.

1832. La société est un contrat par lequel deux ou plusieurs personnes conviennent de mettre quelque chose en commun, dans la vue de partager le bénéfice qui pourra en résulter.

Séance du 14 Nivose an 12.

(Cet article, le Ier. du Projet, fut adopté sans discussion).

1833. Toute société doit avoir un objet licite, et être contractée pour l'intérêt commun des parties.

Chaque associé doit y apporter, ou de l'argent, ou d'autres biens, ou son industrie.

(Cet article était le IIe. du Projet).

M. Pelet dit qu'on peut apporter dans la société son nom et sa réputation, lesquels doivent aussi être considérés comme une mise.

M. Treilhard dit que la réputation étant le résultat de l'industrie, ce ne serait rien mettre dans la société que de n'y apporter que son nom, si l'industrie ne l'a rendu recommandable.

M. Berlier ajoute que d'ailleurs l'espèce de mise dont on parle, ne s'applique qu'aux sociétés de commerce, dont toutes les règles sont spécialement et exceptionnellement maintenues par plusieurs dispositions du titre que l'on discute.

Au surplus, et en thèse générale, un *nom* isolé de tout acte de la personne est une chose fort abstraite, au lieu que l'industrie est une chose positive à laquelle il convient de s'arrêter.

L'article est adopté.

1834. Toutes sociétés doivent être rédigées par écrit,

lorsque leur objet (1) est d'une valeur de plus de cent cinquante francs.

La preuve testimoniale n'est point admise contre et outre le contenu en l'acte de société, ni sur ce qui serait allégué avoir été dit avant, lors ou depuis cet acte, encore qu'il s'agisse d'une somme ou valeur moindre de cent cinquante francs.

III. *Toutes sociétés autres que celles contractées en foire ou pour affaire de foire, doivent être rédigées par écrit, lorsque leur objet est d'une valeur de plus de 150 francs.*

Nulle preuve testimoniale n'est admise contre et outre le contenu en l'acte de société.

(Cet article fut adopté sans discussion).

(Les changemens qu'il a subis ont eu lieu après la conférence tenue entre les sections de législation du Conseil d'état et du Tribunat).

CHAPITRE II.

DES DIVERSES ESPÈCES DE SOCIÉTÉS.

1835. Les sociétés sont universelles ou particulières.
(Cet article, le IVe. du Projet, fut adopté sans discussion).

SECTION PREMIERE.

DES SOCIÉTÉS UNIVERSELLES.

1836. On distingue deux sortes de sociétés universelles, la société de tous biens présens, et la société universelle de gains.

V. *On distingue deux sortes de sociétés universelles; la société universelle de gains, et celle de tous biens présens.*

---

(1) Quelle étendue doit-on donner à la signification du mot *objet* employé dans le §. Ier. de cet article ? Signifie-t-il seulement le montant des sommes apportées en société, ou si ce sont des effets leur valeur ; ou bien non-seulement la valeur du fonds social au moment où la société est contractée, mais encore la valeur indéterminée et éventuelle de la société au moment de sa dissolution et de sa liquidation?

M. Defermon observe que la société de tous biens comprend nécessairement les gains. La définition que présente cet article n'est donc pas exacte, car elle réduit la société des biens aux biens présens, et se tait sur les gains. Cependant une explication est d'autant plus import... que dans la suite on exclut la société des biens à venir.

M. Berlier répond qu'en lisant tout l'article, et notamment sa seconde partie, l'on y voit clairement que les seuls biens *futurs* exclus de cette espèce de société, sont ceux provenant de successions et donations; d'où il résulte que ceux avenus par *gains ordinaires*, y sont compris.

L'opinant observe au surplus que les biens mis dans la société étant le principe des bénéfices, les gains sont un accessoire du principal, et que la société dont il s'agit comprend non-seulement les gains futurs, mais de plus, et dès l'origine, tous les biens présens; qu'au reste et surabondamment, il est facile de l'exprimer en termes formels.

M. Tronchet dit que l'article V présente une division, et non une définition.

Le consul Cambacérès propose de placer la société de biens la première, et d'expliquer qu'elle embrasse les gains à venir.

M. Berlier dit qu'il ne voit nulle difficulté à faire l'inversion desirée par le Consul.

L'article est adopté avec l'amendement du consul Cambacérès

1837. La société de tous biens présens est celle par laquelle les parties mettent en commun tous les biens meubles et immeubles qu'elles possèdent actuellement, et les profits qu'elles pourront en tirer.

Elles peuvent aussi y comprendre toute autre espèce de gains; mais les biens qui pourraient leur avenir par succession, donation ou legs, n'entrent dans cette société que pour la jouissance : toute stipulation tendant à y faire entrer la propriété de ces biens, est prohibée, sauf entre époux, et conformément à ce qui est réglé à leur égard.

VII. *La société de tous biens présens est celle par laquelle les parties mettent en commun tous les biens, meubles et immeubles qu'elles possèdent actuellement.*

Les biens qui peuvent leur avenir par succession, donation ou legs, n'entrent dans cette société que pour la jouissance : toute stipulation tendant à y faire entrer la propriété des biens à venir, est prohibée, sauf entre époux, et conformément à ce qui est réglé à leur égard.

Le consul Cambacérès dit que la faculté de disposer étant indéfinie hors deux cas seulement, les motifs qui autrefois ont fait exclure la société de biens à venir ne subsistent plus.

M. Berlier dit qu'à l'égard de la prohibition de comprendre dans la société les biens futurs provenant de successions, donations ou legs, il croit devoir, en prenant les choses de plus haut, rendre compte de ce qui a conduit à cette résolution.

Le projet de Code civil n'admettait que la société universelle de gains; plusieurs tribunaux, et notamment celui de Paris, ont réclamé une plus grande latitude; à cette occasion, la section a admis la société de tous biens *présens*, mais a craint d'aller plus loin, par plusieurs motifs.

D'abord, confondre dans ce pacte les successions et donations à venir, ce serait y comprendre des choses éventuelles, tandis qu'il est dans les principes de la société que les associés connaissent bien ce qu'ils donnent et ce qu'ils reçoivent.

En second lieu, bien que les libéralités soient moins restreintes qu'elles ne l'étaient avant la promulgation du Code civil, cependant elles ne doivent pas être encouragées et leur mode étendu outre mesure.

Enfin, et ce motif a déterminé la section, on ne peut disposer par donation entre-vifs, de biens *à venir;* or, la société qu'on discute est certainement un acte entre-vifs.

M. Bigot-Préameneu dit qu'il est de l'essence de la société que les choses qui y entrent soient connues, sauf l'incertitude des bénéfices ou des pertes: or, elles ne peuvent l'être dans la société de biens à venir. Personne ne peut connaître quelles successions lui écherront, et il est établi en principe qu'elles ne peuvent être l'objet d'aucun traité.

Le consul Cambacérès répond que ce contrat serait aléatoire.

M. Tronchet objecte que ce serait autoriser les avantages indirects, en les affranchissant des formalités de la donation.

M. Treilhard dit qu'il partage l'opinion du Consul. Il y aurait dans ces sortes de conventions des chances réciproques qui empêcheraient qu'elles pussent masquer des avantages indirects. Par exemple, celui des associés qui espère une succession peut en être frustré, tandis qu'il peut survenir à l'autre, qui n'a en perspective aucune espérance, des gains inopinés, ne fût-ce que ceux que donne la loterie.

Le consul Cambacérès dit que Pothier admet la société de biens à venir.

Il est difficile de voir quel motif pourrait décider à employer ce moyen pour faire des avantages indirects, lorsque la loi permet de disposer indéfiniment de tous les biens qui ne forment pas la réserve des ascendans ou des enfans. Il n'y a de fraude possible que vis-à-vis du fisc, qui se trouverait frustré des droits d'enregistrement établis sur les donations.

Si cependant on voulait faire quelque distinction, on pourrait exclure de ces sortes de sociétés les successions à recueillir.

M. Bérenger attaque l'ensemble du titre.

Ses dispositions ne s'appliquent ni au commerce, ni au mariage; ainsi leur effet porte sur très-peu de cas. Alors il suffirait peut-être de ne pas interdire le contrat de société et de laisser les parties en déterminer à leur gré les résultats, en pourvoyant cependant à l'intérêt des tiers.

M. Berlier dit que le titre qu'on discute n'a pas trait seulement à des sociétés universelles qui seront rares, mais à des sociétés particulières qui le seront moins;

Que, d'un autre côté, il contient des principes généraux qui régiront même *les sociétés de commerce*, lorsqu'ils ne seront pas en opposition avec les lois spéciales du commerce;

Que le besoin de certaines règles pour les sociétés purement civiles, avait d'ailleurs été tellement senti que plusieurs coutumes en avaient un titre exprès;

Et que sous ces divers rapports, il n'est pas possible d'écarter le projet comme inutile en son entier.

Revenant ensuite à l'article VII, M. Berlier pense que, s'il doit être amendé, ce n'est pas pour ajouter à ses dispositions, et ce par les raisons qu'il a déjà déduites, mais pour interdire la société universelle, même réduite aux biens présens, entre personnes qui ne peuvent s'avantager.

Cet amendement est dans l'esprit du Projet.

Le consul Cambacérès dit que les rédacteurs du Projet de Code civil avaient réglé les dispositions qu'ils proposaient, sur un système dans lequel la faculté de donner était restreinte.

Ensuite, ils n'avaient pas même admis la société de tous biens. Si l'on va plus loin qu'eux sur ce point, il n'y a pas de motifs de ne pas autoriser également la société des biens à venir.

On objecte que les donations ne peuvent avoir pour objet que les biens présens; qu'il convient donc de renfermer la société des biens dans les mêmes limites.

L'analogie

L'analogie n'est pas exacte : il y a entre les deux contrats cette différence essentielle que la donation est gratuite, au lieu que la société est intéressée.

Reste donc l'inconvénient des avantages indirects.

On l'a déjà observé : avec la faculté étendue de disposer qui existe maintenant, il n'y a de fraudes à craindre que pour le fisc. Le remède est dans le droit qui lui appartient d'attaquer les contrats simulés.

M. Tronchet dit que la commission n'a vu dans la société de tous biens, même présens, qu'une véritable donation ; que ce motif l'avait déterminé à l'exclure, parce qu'elle tend à frauder le fisc, à frauder les tiers qui ne se trouvent plus avertis par la publication, enfin à éluder les prohibitions établies pour certains cas et entre certaines personnes.

M. Treilhard dit qu'on ne peut empêcher la société des biens présens, sans gêner le libre usage de la propriété.

S'il fallait chercher dans ce contrat un autre caractère que celui que son titre présente, ce ne serait pas une donation qu'il faudrait y voir ; ce serait une vente, car la mise de l'un est le prix de la mise de l'autre, quand même les deux mises paraîtraient inégales. Les parties seules, lorsqu'elles sont majeures, peuvent juger jusqu'à quel point le contrat établit l'égalité; elle ne se mesure pas toujours par l'argent : l'industrie, l'affection, beaucoup d'autres considérations raisonnables sont mises dans la balance, et déterminent l'évaluation.

La crainte de faciliter les donations déguisées ne doit pas faire impression.

Il est sans doute du plus grand intérêt d'assurer au Gouvernement les ressources sans lesquelles il se trouverait paralysé; mais il est des moyens pour empêcher que le fisc ne soit fraudé : ne peut-on pas assujettir les sociétés de tous biens aux mêmes droits que les donations?

Pour empêcher que les prohibitions ne soient éludées, on peut interdire ces sortes de sociétés entre personnes qui sont incapables de se donner.

Avec ces précautions, il ne restera plus qu'un contrat fondé sur des motifs légitimes.

M. Réal revient à l'opinion de la commission.

Il a été reconnu en effet que, par des considérations d'un ordre supérieur, la liberté de disposer doit être quelquefois gênée. De là des prohibitions et des dispositions restrictives qu'il serait impossible de concilier avec la faculté de donner sous le voile d'une société de tous les biens. Par exemple, les donations sont révoquées par survenance d'enfans. cependant, s'il n'y a eu apparence qu'une société, les enfans ne recueilleront pas le bénéfice de cette disposition, et la loi se trouvera en contradiction avec elle-même, lorsqu'à côté de la disposition qui les favorise, elle aura placé une autre disposition qui donne la facilité de les en frustrer.

M. Tronchet dit que, néanmoins, un amendement serait indispensable.

La vente est un contrat comme la société, et cependant, quand elle est faite à des personnes prohibées, et à vil prix, il est permis de l'attaquer, comme n'étant qu'une donation déguisée.

Toutes les donations, même les donations réciproques, sont soumises aux prohibitions et aux réserves : donc, si les sociétés de tous biens peuvent être quelquefois des donations, il est nécessaire, en les autorisant, d'exprimer que c'est sans préjudice des dispositions prohibitives.

Le consul Cambacérès admet cette restriction : la crainte des abus est un motif de prendre des précautions contre les sociétés frauduleuses, mais non de priver les citoyens du droit d'user de celles qui sont fondées sur des motifs légitimes.

M. Bigot-Préameneu dit que les véritables sociétés de tous biens seront rares : elles seront dangereuses, si on ne les défend entre personnes prohibées. L'opinant adopte donc l'amendement de M. Treilhard, mais il repousse celui de M. Tronchet; ce ne serait qu'une source de procès entre les enfans et les pères.

Le Conseil adopte en principe la société de tous biens présens, en la défendant aux personnes entre lesquelles les donations sont prohibées.

Il rejette la société des biens à venir.

M. Réal observe que d'après le principe adopté, la survenance d'enfans détruira les sociétés de tous les biens.

Le consul Cambacérès dit que si la société donne quelque avantage à l'autre associé, on le réduira à la portion disponible.

1838. La société universelle de gains renferme tout ce que les parties acquerront par leur industrie, à quelque titre que ce soit, pendant le cours de la société : les meubles que chacun des associés possède au tems du contrat, y sont aussi compris; mais leurs immeubles personnels n'y entrent que pour la jouissance seulement.

(Cet article, le VIe. du Projet, fut adopté sans discussion).

1839. La simple convention de société universelle, faite

sans autre explication, n'emporte que la société universelle de gains.

(Cet article, le VIIIe. du Projet, fut adopté sans discussion).

1840. Nulle société universelle ne peut avoir lieu
qu'entre personnes respectivement capables de se donner
ou de recevoir l'une de l'autre, et auxquelles il n'est point
défendu de s'avantager au préjudice d'autres personnes.

(Cet article ne se trouvait pas dans le Projet ; il a été ajouté d'après la
discussion qui a eu lieu sur l'art. VII. Voy. sous l'art. 1837).

SECTION II.

DE LA SOCIÉTÉ PARTICULIÈRE.

1841. La société particulière est celle qui ne s'applique
qu'à certaines choses déterminées, ou à leur usage, ou
aux fruits à en percevoir.

(Cet article, le IXe. du Projet, fut adopté sans discussion).

1842. Le contrat par lequel plusieurs personnes s'associent, soit pour une entreprise désignée, soit pour l'exercice de quelque métier ou profession, est aussi une société
particulière.

(Cet article, le Xe. du Projet, fut adopté sans discussion).

CHAPITRE III.

DES ENGAGEMENS DES ASSOCIÉS ENTRE EUX ET A L'ÉGARD DES TIERS.

SECTION PREMIERE.

DES ENGAGEMENS DES ASSOCIÉS ENTRE EUX.

1843. La société commence à l'instant même du contrat, s'il ne désigne une autre époque.

(Cet art., le XIIe. du Projet, fut adopté sans discussion).

1844. S'il n'y a pas de convention sur la durée de la société, elle est censée contractée pour toute la vie des associés, sous la modification portée en l'article 1869; ou, s'il s'agit d'une affaire dont la durée soit limitée, pour tout le tems que doit durer cette affaire.

(Cet article, le XIIIe. du Projet, fut adopté sans discussion).

1845. Chaque associé est débiteur envers la société, de tout ce qu'il a promis d'y apporter.

Lorsque cet apport consiste en un corps certain, et que la société en est évincée, l'associé en est garant envers la société, de la même manière qu'un vendeur l'est envers son acheteur.

(Cet article, le XIVe. du Projet, fut adopté sans discussion).

1846. L'associé qui devait apporter une somme dans la société, et qui ne l'a point fait, devient, de plein droit et sans demande, débiteur des intérêts de cette somme, à compter du jour où elle devait être payée (1).

Il en est de même à l'égard des sommes qu'il a prises dans la caisse sociale, à compter du jour où il les en a tirées pour son profit particulier;

Le tout sans préjudice de plus amples dommages et intérêts, s'il y a lieu.

(Cet article, le XVe. du Projet, fut adopté sans discussion).

1847. Les associés qui se sont soumis à apporter leur industrie à la société, lui doivent compte de tous les gains qu'ils ont faits par l'espèce d'industrie qui est l'objet de cette société.

(Cet article, le XVIe. du Projet, fut adopté sans discussion).

---

(1) Si l'associé débiteur a promis d'apporter un immeuble dans la société, doit-il compte des fruits qu'il a perçus depuis le moment où l'immeuble a dû être mis en société? Contracte-il cette obligation de plein droit par l'échéance du terme, ou seulement de l'époque où il a été mis en demeure?

1848. Lorsque l'un des associés est, pour son compte particulier, créancier d'une somme exigible envers une personne qui se trouve aussi devoir à la société une somme également exigible, l'imputation de ce qu'il reçoit de ce débiteur, doit se faire sur la créance de la société et sur la sienne dans la proportion des deux créances, encore qu'il eût par sa quittance dirigé l'imputation intégrale sur sa créance particulière : mais s'il a exprimé dans sa quittance, que l'imputation serait faite en entier sur la créance de la société, cette stipulation sera exécutée.

(Cet article, le XVIIe. du Projet, fut adopté sans discussion).

1849. Lorsqu'un des associés a reçu sa part entière de la créance commune, et que le débiteur est depuis devenu insolvable, cet associé est tenu de rapporter à la masse commune ce qu'il a reçu, encore qu'il eût spécialement donné quittance *pour sa part.*

(Cet art., le XVIIIe. du Projet, fut adopté sans discussion).

1850. Chaque associé est tenu envers la société, des dommages qu'il lui a causés par sa faute, sans pouvoir compenser avec ces dommages les profits que son industrie lui aurait procurés dans d'autres affaires.

(Cet article était le XIXe. du Projet).

M. LACUÉE pense que le mot *faute* est trop vague ; on pourrait en abuser pour rendre l'associé responsable des événemens qui auraient trompé des combinaisons exactes dans leur principe.

M. TREILHARD dit que les tribunaux sauront faire les distinctions que réclame la justice ; que la loi ne peut que s'en rapporter à eux : vainement elle entreprendrait de spécifier d'avance tous les cas de la responsabilité.

M. BERLIER dit que le principe posé est inattaquable, et qu'il lui semble impossible d'en rendre l'idée par une autre expression.

Le droit romain distinguait la faute *grave*, la faute *légère*, et même la faute *très-légère* : on a évité ces distinctions dans tous les titres adoptés, mais sans ôter aux tribunaux la faculté d'apprécier ce qui constitue la faute ou en absout.

Des spéculations raisonnables qui tournent mal sont un *malheur* et non une *faute* ; tout cela doit être décidé *ex æquo et bono :* l'expression employée n'y fait point obstacle, et il est d'ailleurs impossible de la remplacer par aucune autre qui ait un sens tout-à-la-fois plus précis et moins dangereux.

L'article est adopté.

1851. Si les choses dont la jouissance seulement a été mise dans la société sont des corps certains et déterminés, qui ne se consomment point par l'usage, elles sont aux risques de l'associé propriétaire.

Si ces choses se consomment, si elles se détériorent en les gardant, si elles ont été destinées à être vendues, ou si elles ont été mises dans la société sur une estimation portée par un inventaire, elles sont aux risques de la société.

Si la chose a été estimée, l'associé ne peut répéter que le montant de son estimation.

(Cet article était le XXe. du Projet).

M. Bérenger dit qu'il est des choses qui, sans se consommer par l'usage, périssent faute d'entretien : tels sont, par exemple, les immeubles. Il serait juste de mettre les frais d'entretien à la charge de la société.

M. Berlier dit que ce que desire M. Bérenger est implicitement dans le contrat, et n'a pas besoin d'être exprimé ; car la société est usufruitière de la chose, et, dès-lors tenue même des charges de l'usufruit, au premier rang desquelles se placent l'entretien et les réparations usufruitières.

Ce principe très-clairement posé au titre de *l'Usufruit*, et pour tous les cas qui s'y rapportent, n'offrirait ici qu'une très-inutile répétition.

M. Tronchet dit que l'unique objet de l'article est de mettre en opposition le cas où il s'agit de choses qui se consomment par l'usage, avec le cas contraire ; mais il n'exclut pas la règle générale que les frais d'entretien sont dus par la société.

L'article est adopté.

1852. Un associé a action contre la société, non-seulement à raison des sommes qu'il a déboursées pour elle, mais encore à raison des obligations qu'il a contractées de bonne foi pour les affaires de la société, et des risques inséparables de sa gestion.

(Cet art., le XXIe. du Projet, fut adopté sans discussion).

1853. Lorsque l'acte de société ne détermine point la part de chaque associé dans les bénéfices ou pertes, la part de chacun est en proportion de sa mise dans le fonds de la société.

A l'égard de celui qui n'a apporté que son industrie, sa part dans les bénéfices ou dans les pertes est réglée comme si sa mise eût été égale à celle de l'associé qui a le moins apporté.

XXII. *Lorsque l'acte de société ne détermine point la part de chaque associé dans les bénéfices ou pertes, la part de chacun est en proportion de la mise dans le fonds de la société.*

M. LACUÉE demande comment cet article pourra recevoir son application, lorsque l'un des associés n'aura apporté que son industrie.

M. TRONCHET répond que dans le silence de l'acte de société, celui qui n'apporte que son industrie est réputé avoir mis autant que les personnes qui ont fourni en argent la totalité de la mise, en raison du nombre des associés, et qu'il partage dans cette proportion.

L'article est adopté.

(L'amendement que présente le texte a eu lieu sans autre discussion).

1854. Si les associés sont convenus de s'en rapporter à l'un d'eux ou à un tiers pour le réglement des parts, ce réglement ne peut être attaqué s'il n'est évidemment contraire à l'équité.

Nulle réclamation n'est admise à ce sujet, s'il s'est écoulé plus de trois mois depuis que la partie qui se prétend lésée a eu connaissance du réglement, ou si ce réglement a reçu de sa part un commencement d'exécution.

(Cet article était le XXIIIe. du Projet, à cette différence que le délai fixé à la réclamation était de *trente jours*).

Le consul Cambacérès dit que le délai est trop court. Trente jours ne suffisent pas pour prendre conseil et pour se concerter ; il serait utile de porter le délai à un an.

M. Tronchet dit que dans la rigueur des principes, il ne devrait être accordé aucun délai, car le réglement est exécutoire à l'instant. Du moins faut-il que le délai ne soit pas trop long : dans l'intervalle, la société, si elle n'était pas dissoute, se trouverait paralysée.

M. Boulay propose de fixer le délai à trois mois.

L'article est adopté avec cet amendement.

1855. La convention qui donnerait à l'un des associés la totalité des bénéfices, est nulle.

Il en est de même de la stipulation qui affranchirait de toute contribution aux pertes, les sommes ou effets mis dans le fonds de la société par un ou plusieurs des associés.

(Cet art., le XXIVe. du Projet, fut adopté sans discussion).

1856. L'associé chargé de l'administration par une clause spéciale du contrat de société, peut faire, nonobstant l'opposition des autres associés, tous les actes qui dépendent de son administration, pourvu que ce soit sans fraude.

Ce pouvoir ne peut être révoqué sans cause légitime, tant que la société dure ; mais s'il n'a été donné que par acte postérieur au contrat de société, il est révocable comme un simple mandat.

(Cet article, le XXVe. du Projet, fut adopté sans discussion).

1857. Lorsque plusieurs associés sont chargés d'administrer sans que leurs fonctions soient déterminées, ou sans qu'il ait été exprimé que l'un ne pourrait agir sans l'autre, ils peuvent faire chacun séparément tous les actes de cette administration.

(Cet art., le XXVIe. du Projet, fut adopté sans discussion).

1858. S'il a été stipulé que l'un des administrateurs ne pourra

pourra rien faire sans l'autre, un seul ne peut, sans une nouvelle convention, agir en l'absence de l'autre, lors même que celui-ci serait dans l'impossibilité actuelle de concourir aux actes d'administration.

(Cet article, le XXVIIe. du Projet, fut adopté sans discussion).

1859. A défaut de stipulations spéciales sur le mode d'administration, l'on suit les règles suivantes :

1°. Les associés sont censés s'être donné réciproquement le pouvoir d'administrer l'un pour l'autre. Ce que chacun fait est valable même pour la part de ses associés, sans qu'il ait pris leur consentement ; sauf le droit qu'ont ces derniers, ou l'un d'eux, de s'opposer à l'opération, avant qu'elle soit conclue (1).

2°. Chaque associé peut se servir des choses appartenant à la société, pourvu qu'il les emploie à leur destination fixée par l'usage, et qu'il ne s'en serve pas contre l'intérêt de la société, ou de manière à empêcher ses associés d'en user selon leur droit.

3°. Chaque associé a le droit d'obliger ses associés à faire avec lui les dépenses qui sont nécessaires pour la conservation des choses de la société.

4°. L'un des associés ne peut faire d'innovations sur les immeubles dépendans de la société, même quand il les soutiendrait avantageuses à cette société, si les autres associés n'y consentent.

(Cet article, le XXVIIIe. du Projet, fut adopté sans discussion).

1860. L'associé qui n'est point administrateur, ne peut aliéner ni engager les choses même mobilières qui dépendent de la société.

(Cet article, le XXIXe. du Projet, fut adopté sans discussion).

---

(1) Un seul ou plusieurs associés auraient-ils le droit de s'opposer à l'exécution d'une entreprise que la majorité d'entre eux aurait approuvée dans une délibération ?

1861. Chaque associé peut, sans le consentement de ses associés, s'associer une tierce personne relativement à la part qu'il a dans la société : il ne peut pas, sans ce consentement, l'associer à la société, lors même qu'il en aurait l'administration (1).

XXX. *Chaque associé peut, sans le consentement de ses associés, s'associer une tierce personne relativement à la part qu'il a dans la société ; il ne peut pas, sans ce consentement, l'associer à la société, lors même qu'il en aurait l'administration.*

Il répond des dommages causés à la société par cette tierce personne, comme de ceux qu'il aurait causés lui-même.

M. Defermon dit que le dernier alinéa de cet article paraît en contradiction avec le premier ; car s'il est permis à l'un des associés d'introduire un tiers dans la société, il ne doit pas répondre de lui.

M. Berlier dit que, soit que l'associé n'use que de son droit en associant quelqu'un à sa part simplement, soit qu'il abuse de ce droit en allant au-delà, la tierce personne ne devient point membre de la société.

Rien de contraire n'est dit par la dernière disposition de l'article, qui suppose seulement que le tiers a pu s'ingérer et nuire à la société.

Ceci peut avoir lieu de la part de tout autre que de ceux qui sont membres de la société : ainsi point de contradiction entre les deux dispositions ; mais, à la rigueur, la seconde peut fort bien paraître inutile, car la garantie qu'elle exprime est de droit, et, en ne considérant le tiers que comme un préposé de l'associé, celui-ci répond de ses faits.

M. Treilhard dit qu'en effet l'article donne à l'associé le droit d'associer un tiers à sa part, mais non à la société. Si ensuite il lui plaît d'employer ce tiers aux affaires de la société, il en répond, comme de son agent.

M. Réal dit que cette responsabilité étant de droit, la partie de l'article qui l'établit devient oiseuse.

M. Regnaud (de Saint-Jean-d'Angely) observe qu'elle est prise textuellement de Pothier:

---

(1) Le tribunal d'appel de Lyon proposait d'ajouter à cet article la disposition suivante : *La femme commune en biens de l'un des associés, est une tierce personne à l'égard de la société. L'associé de l'associé, son créancier, sa femme commune en biens ou non commune, n'ont aucun droit sur les effets de la société ; ils ne peuvent exercer leurs droits que sur la part qui revient à l'associé, par l'événement de la liquidation après le paiement des dettes.*

M. Treilhard dit que néanmoins il est inutile de l'exprimer : on a énoncé ailleurs le principe général que chacun répond de ceux qu'il emploie.

L'article est adopté avec le retranchement de la dernière disposition.

SECTION II.

DES ENGAGEMENS DES ASSOCIÉS A L'ÉGARD DES TIERS.

1862. Dans les sociétés autres que celles de commerce, les associés ne sont pas tenus solidairement des dettes sociales, et l'un des associés ne peut obliger les autres si ceux-ci ne lui en ont conféré le pouvoir.

(Cet article, le XXXIIe. du Projet, fut adopté sans discussion).

1863. Les associés sont tenus envers le créancier avec lequel ils ont contracté, chacun pour une somme et part égales, encore que la part de l'un d'eux dans la société fût moindre, si l'acte n'a pas spécialement restreint l'obligation de celui-ci sur le pied de cette dernière part.

(Cet art., le XXXIIIe. du Projet, fut adopté sans discussion).

1864. La stipulation que l'obligation est contractée pour le compte de la société, ne lie que l'associé contractant et non les autres, à moins que ceux-ci ne lui aient donné pouvoir, ou que la chose n'ait tourné au profit de la société.

(Cet art., le XXXIVe. du Projet, fut adopté sans discussion).

CHAPITRE IV.

DES DIFFÉRENTES MANIÈRES DONT FINIT LA SOCIÉTÉ.

1865. La société finit,

1°. Par l'expiration du tems pour lequel elle a été contractée;

2°. Par l'extinction de la chose, ou la consommation de la négociation ;

3°. Par la mort naturelle de quelqu'un des associés

4°. Par la mort civile (1), l'interdiction ou la déconfiture de l'un d'eux ;

5°. Par la volonté qu'un seul ou plusieurs expriment de n'être plus en société.

(Cet article, le XXXVIe du Projet, fut adopté sans discussion).

1866. La prorogation d'une société à tems limité ne peut être prouvée que par un écrit revêtu des mêmes formes que le contrat de société.

(Cet article, le XXXVIIe. du Projet, fut adopté sans discussion).

1867. Lorsque l'un des associés a promis de mettre en commun la propriété d'une chose, la perte survenue avant que la mise en soit effectuée, opère la dissolution de la société par rapport à tous les associés.

La société est également dissoute dans tous les cas par la perte de la chose, lorsque la jouissance seule a été mise en commun, et que la propriété en est restée dans la main de l'associé.

Mais la société n'est pas rompue par la perte de la chose dont la propriété a déjà été apportée à la société.

XXXVIII. *La chose que l'un des associés devait mettre dans la société, et qui a péri, opère la dissolution de la société par rapport à tous les associés.*

(Cet article fut adopté sans discussion. Les amendemens que présente le texte sont le résultat de la conférence tenue entre les sections de législation du Conseil d'Etat et du Tribunat).

1868. S'il a été stipulé qu'en cas de mort de l'un des associés la société continuerait avec son héritier, ou seu-

___
(1) Le tribunal d'appel d'Agen proposait d'ajouter à cet article la disposition suivante : *Par la condamnation à des peines afflictives ou infamantes.*

lement entre les associés survivans, ces dispositions seront suivies : au second cas, l'héritier du décédé n'a droit qu'au partage de la société, eu égard à la situation de cette société lors du décès, et ne participe aux droits ultérieurs qu'autant qu'ils sont une suite nécessaire de ce qui s'est fait avant la mort de l'associé auquel il succède.

(Cet art., le XXXIXe. du Projet, fut adopté sans discussion).

1869. La dissolution de la société, par la volonté de l'une des parties ne s'applique qu'aux sociétés dont la durée est illimitée, et s'opère par une renonciation notifiée à tous les associés, pourvu que cette renonciation soit de bonne foi et non faite à contre-tems.

(Cet article, le XLe. du Projet, fut adopté sans discussion).

1870. La renonciation n'est pas de bonne-foi lorsque l'associé renonce pour s'approprier à lui seul le profit que les associés s'étaient proposé de retirer en commun.

Elle est faite à contre-tems lorsque les choses ne sont plus entières, et qu'il importe à la société que sa dissolution soit différée.

(Cet article, le XLIe. du Projet, fut adopté sans discussion).

1871. La dissolution des sociétés à terme ne peut être demandée par l'un des associés avant le terme convenu, qu'autant qu'il y en a de justes motifs, comme lorsqu'un autre associé manque à ses engagemens, ou qu'une infirmité habituelle le rend inhabile aux affaires de la société, ou autres cas semblables, dont la légitimité et la gravité sont laissées à l'arbitrage des juges.

(Cet art., le XLIIe. du Projet, fut adopté sans discussion).

1872. Les règles concernant le partage des successions, la forme de ce partage, et les obligations qui en résultent entre les cohéritiers, s'appliquent aux partages entre associés (1).

(Cet art., le XLIIIe. du Projet, fut adopté sans discussion).

Disposition relative aux sociétés de commerce.

1873. Les dispositions du présent titre ne s'appliquent aux sociétés de commerce, que dans les points qui n'ont rien de contraire aux lois et usages du commerce.

(Cet article est le résultat de la délibération qui a motivé le retranchement de trois articles XI, XXXI et XXXV du projet) (2).

---

(1) Le tribunal d'appel de Toulouse demandait qu'on expliquât si l'action *en rescision* aurait lieu à raison du partage soit *des marchandises, des dettes actives, des effets mobiliers*, ou seulement *des immeubles*, ou de tout cela à-la-fois.

(2) XI. *Il y a des sociétés particulières qui appartiennent spécialement au commerce, telles que* la société en nom collectif, *celle en* commandite, *et celle appelée* anonyme.

Ces sociétés sont régies par les lois commerciales.

Cet article est retranché (sans discussion), et la section est chargée de rédiger un article général tendant à déclarer que les dispositions du titre ne dérogent point aux lois et usages du commerce.

XXXI. *Des lois spéciales règlent de quelle manière les associés aliènent ou acquièrent par la société, en matière de commerce.*

XXXV. *Les engagemens résultant envers les tiers, des sociétés de commerce, sont spécialement réglés par les lois commerciales.*

Ces deux articles sont retranchés, sur ce motif que leurs dispositions doivent entrer dans l'article général qui déclarera que les affaires de commerce ne sont point réglées par les principes du Code civil.

TITRE X.

DU PRÊT.

Décrété le 18 Ventose an 12, promulgué le 28 du même mois.

1874. Il y a deux sortes de prêt :
Celui des choses dont on peut user sans les détruire,
Et celui des choses qui se consomment par l'usage qu'on en fait.

La première espèce s'appelle *prêt à usage, ou commodat;*
La deuxième s'appelle *prêt de consommation,* ou simplement *prêt.*

(Cet article, le Ier. du Projet, fut adopté sans discussion) (1).

Séance du 7
Pluviose an 12.

CHAPITRE PREMIER.

DU PRET A USAGE, OU COMMODAT.

SECTION PREMIERE.

DE LA NATURE DU PRÊT A USAGE.

1875. Le prêt à usage ou commodat est un contrat par lequel l'une des parties livre une chose à l'autre pour s'en servir, à la charge par le preneur de la rendre après s'en être servi.
(Cet article, le IIIe. du Projet, fut adopté sans discussion).

1876. Ce prêt est essentiellement gratuit.
(Cet article, le IVe. du Projet, fut adopté sans discussion).

---

(1) II. *Cette seconde espèce se subdivise encore en prêt gratuit et prêt à intérêt.*
(Cet article fut adopté sans discussion, et néanmoins il a été ensuite retranché).

1877. Le prêteur demeure propriétaire de la chose prêtée.

(Cet article, le Ve. du Projet, fut adopté sans discussion).

1878. Tout ce qui est dans le commerce, et qui ne se consomme pas par l'usage, peut être l'objet de cette convention.

(Cet article, le VIe. du Projet, fut adopté sans discussion).

1879. Les engagemens qui se forment par le commodat, passent aux héritiers de celui qui prête, et aux héritiers de celui qui emprunte.

Mais si l'on n'a prêté qu'en considération de l'emprunteur, et à lui personnellement, alors ses héritiers ne peuvent continuer de jouir de la chose prêtée.

(Cet article, le VIIe. du Projet, fut adopté sans discussion).

SECTION II.

DES ENGAGEMENS DE L'EMPRUNTEUR.

1880. L'emprunteur est tenu de veiller, en bon père de famille, à la garde et à la conservation de la chose prêtée. Il ne peut s'en servir qu'à l'usage déterminé par sa nature ou par la convention; le tout à peine de dommages et intérêts, s'il y a lieu.

(L'article VIII du projet se terminait à ces mots : *chose prêtée* : il fut adopté, et la seconde partie a été ajoutée sans discussion).

1881. Si l'emprunteur emploie la chose à un autre usage, ou pour un tems plus long qu'il ne le devait, il sera tenu de la perte arrivée, même par cas fortuit.

(Cet article, le IXe. du Projet, fut adopté sans discussion).

1882. Si la chose prêtée périt par cas fortuit dont l'emprunteur aurait pu la garantir en employant la sienne propre,

propre, ou si, ne pouvant conserver que l'une des deux, il a préféré la sienne, il est tenu de la perte de l'autre.

(Cet article, le Xe. du Projet, fut adopté sans discussion).

1883. Si la chose a été estimée en la prêtant, la perte qui arrive, même par cas fortuit, est pour l'emprunteur, s'il n'y a convention contraire.

(Cet art., le XIe. du Projet, fut adopté sans discussion).

1884. Si la chose se détériore par le seul effet de l'usage pour lequel elle a été empruntée, et sans aucune faute de la part de l'emprunteur, il n'est pas tenu de la détérioration.

(Cet art., le XIIe. du Projet, fut adopté sans discussion).

1885. L'emprunteur ne peut pas retenir la chose par compensation de ce que le prêteur lui doit.

(Cet article, le XIIIe. du Projet, fut adopté sans discussion).

1886. Si, pour user de la chose, l'emprunteur a fait quelque dépense, il ne peut pas la répéter.

(Cet article, le XIVe. du Projet, fut adopté sans discussion).

1887. Si plusieurs ont conjointement emprunté la même chose, ils en sont solidairement responsables envers le prêteur.

(Cet article, le XVe. du Projet, fut adopté sans discussion).

SECTION III.

DES ENGAGEMENS DE CELUI QUI PRÊTE A USAGE.

1888. Le prêteur ne peut retirer la chose prêtée qu'après le terme convenu, ou, à défaut de convention, qu'après qu'elle a servi à l'usage pour lequel elle a été empruntée.

(Cet article, le XVIe. du Projet, fut adopté sans discussion).

1889. Néanmoins, si, pendant ce délai, ou avant que le besoin de l'emprunteur ait cessé, il survient au prêteur un besoin pressant et imprévu de sa chose, le juge peut, suivant les circonstances, obliger l'emprunteur à la lui rendre.

(Cet article, le XVIIe. du Projet, fut adopté sans discussion).

1890. Si, pendant la durée du prêt, l'emprunteur a été obligé, pour la conservation de la chose, à quelque dépense extraordinaire, nécessaire et tellement urgente qu'il n'ait pas pu en prévenir le prêteur, celui-ci sera tenu de la lui rembourser.

(Cet article, le XVIIIe. du Projet, fut adopté sans discussion).

1891. Lorsque la chose prêtée a des défauts tels, qu'elle puisse causer du préjudice à celui qui s'en sert, le prêteur est responsable, s'il connaissait les défauts et n'en a pas averti l'emprunteur.

XXV. *Lorsque la chose prêtée a des défauts tels, qu'elle puisse causer du préjudice à celui qui s'en sert, le prêteur est responsable, s'il n'a pas fait connaître ces défauts à l'emprunteur.*

M. Lacuée demande comment et dans quel cas cet article rend le prêteur responsable.

M. Jollivet dit qu'au lieu d'établir une règle positive, il conviendrait de laisser le juge prononcer sur la responsabilité du prêteur; car le prêt étant gratuit, il faut sans doute des circonstances très-graves pour que le prêteur devienne responsable.

M. Treilhard répond que l'esprit de l'article n'est point d'imposer au prêteur une responsabilité hors des cas où l'équité l'exige.

On a demandé quand et comment il serait responsable.

Ce sera quand, faute d'avoir déclaré les défauts de la chose prêtée, il aura causé quelque dommage à l'emprunteur; par exemple, s'il a prêté un cheval morveux qui ait fait périr les chevaux de ce dernier.

M. Lacuée dit qu'on pourrait abuser de la règle pour inquiéter trop légèrement le prêteur. On prétendrait, par exemple, que lorsqu'il a prêté une échelle en mauvais état, il répond de l'accident arrivé à celui qui s'en est servi.

Le consul Cambacérès dit qu'il ne s'agit point ici de prêt à usage (1),

___
(1) Dans le Projet, cet article était en effet placé à la section II du chapitre II. Voy. la discussion placée sous l'art. 1901.

dont les règles sont fixées par le chapitre Ier.; mais du prêt de consommation.

M. Lacuée craint que les dispositions de l'article XXV ne détournent les personnes officieuses de prêter.

M. Treilhard dit que cette règle n'est point nouvelle; qu'elle est dans les principes de l'équité naturelle, et que jusqu'à présent elle n'a point empêché de prêter.

M. Jollivet ajoute qu'en effet si quelqu'un prête un blé avarié qui puisse nuire à la santé, il doit répondre de cette faute.

M. Berlier propose de ne rendre le prêteur responsable, que lorsqu'il connaissait les défauts de la chose, et qu'il n'en a pas averti l'emprunteur.

L'article est adopté, en substituant à ces mots : *Le prêteur est responsable s'il n'a pas fait connaître ces défauts à l'emprunteur*, ceux-ci : *Le prêteur est responsable s'il connaissait les défauts, et n'en a pas averti l'emprunteur.*

CHAPITRE II.

DU PRET DE CONSOMMATION, OU SIMPLE PRET.

SECTION PREMIÈRE.

DE LA NATURE DU PRÊT DE CONSOMMATION.

1892. Le prêt de consommation est un contrat par lequel l'une des parties livre à l'autre une certaine quantité de choses qui se consomment par l'usage, à la charge par cette dernière de lui en rendre autant de même espèce et qualité.

(Cet art., le XIXe. du Projet, fut adopté sans discussion).

1893. Par l'effet de ce prêt, l'emprunteur devient le propriétaire de la chose prêtée; et c'est pour lui qu'elle périt, de quelque manière que cette perte arrive.

(Cet article, le XXe. du Projet, fut adopté sans discussion).

1894. On ne peut pas donner à titre de prêt de consommation, des choses qui, quoique de même espèce, diffèrent dans l'individu, comme les animaux : alors c'est un prêt à usage.

(Cet article, le XXIe. du Projet, fut adopté sans discussion).

1895. L'obligation qui résulte d'un prêt en argent, n'est toujours que de la somme numérique énoncée au contrat.

S'il y a eu augmentation ou diminution d'espèces avant l'époque du paiement, le débiteur doit rendre la somme numérique prêtée, et ne doit rendre que cette somme dans les espèces ayant cours au moment du paiement.

(Cet article, le XXIIe. du Projet, fut adopté sans discussion).

1896. La règle portée en l'article précédent n'a pas lieu, si le prêt a été fait en lingots.

(On lisait dans l'article XXIII du projet : *En lingots ou en marcs*).

M. Jollivet demande la suppression du mot *marc*, lequel n'est plus en usage.

M. Portalis pense que l'on pourrait y substituer le mot *poids*.

M. Jollivet dit qu'il suffit d'employer le mot *lingot*, lequel suppose que la chose a été pesée.

L'article est adopté en retranchant ces mots : *Ou en marcs*.

1897. Si ce sont des lingots ou des denrées qui ont été prêtés, quelle que soit l'augmentation ou la diminution de leur prix, le débiteur doit toujours rendre la même quantité et qualité, et ne doit rendre que cela.

(On lisait dans l'article XXIV : *Si ce sont des lingots, des marcs, ou des denrées, etc.*). Il est adopté en retranchant également : *Ou des marcs*. (Voy. sous l'article précédent.)

SECTION II.

DES OBLIGATIONS DU PRÊTEUR.

1898. Dans le prêt de consommation, le prêteur est tenu de la responsabilité établie par l'article 1891 pour le prêt à usage.

(Voy. sous l'article 1891 la discussion qui s'est élevée sur l'art. XXV).

1899. Le prêteur ne peut pas redemander les choses prêtées, avant le terme convenu.

(Cet article, le XXVIe. du Projet, fut adopté sans discussion).

1900. S'il n'a pas été fixé de terme pour la restitution, le juge peut accorder à l'emprunteur un délai suivant les circonstances.

(Cet art., le XXVIIe. du Projet, fut adopté sans discussion).

1901. S'il a été seulement convenu que l'emprunteur paierait quand il le pourrait, ou quand il en aurait les moyens, le juge lui fixera un terme de paiement suivant les circonstances.

(Cet article était le XXVIIIe. du Projet).

M. REGNAUD (de Saint-Jean-d'Angely) fait une observation générale sur la totalité de la section II. Il dit qu'elle est intitulée : *Des Obligations du prêteur*; que cependant, suivant Pothier, le prêt n'impose des obligations qu'à l'emprunteur.

M. BERLIER dit qu'en effet les articles XXVII et XXVIII n'imposent aucune obligation au prêteur. On peut donc supprimer la section II, en plaçant ailleurs l'article XXV.

M. TRONCHET observe que l'article XXV devant être conservé, on est forcé de reconnaître que le prêt impose des obligations au prêteur ; et même ce n'est point là l'unique engagement auquel ce contrat le soumette. L'article XXVI ne lui permet pas de retirer la chose prêtée avant le terme convenu.

M. JOLLIVET ajoute que les articles XXVII et XXVIII ne font que développer les articles XXV et XXVI. Ainsi tous les articles de la section II se rapportent aux engagemens du prêteur.

Le consul CAMBACÉRÈS dit que Pothier pense que le contrat de prêt étant unilatéral, ne soumet directement le prêteur à aucune obligation ; que néanmoins, comme ce contrat doit être exécuté de bonne foi, il impose au prêteur des devoirs.

LE CONSEIL maintient la section II.

SECTION III.

DES ENGAGEMENS DE L'EMPRUNTEUR.

1902. L'emprunteur est tenu de rendre les choses prêtées, en même quantité et qualité, et au terme convenu.

(Cet article, le XXIXe. du Projet, fut adopté sans discussion).

1903. S'il est dans l'impossibilité d'y satisfaire, il est tenu d'en payer la valeur eu égard au tems et au lieu où la chose devait être rendue d'après la convention.

Si ce tems et ce lieu n'ont pas été réglés, le paiement se fait au prix du tems et du lieu où l'emprunt a été fait.

(Cet article, le XXXe. du Projet, fut adopté sans discussion).

1904. Si l'emprunteur ne rend pas les choses prêtées ou leur valeur au terme convenu, il en doit l'intérêt du jour de la demande en justice.

(Cet article, le XXXIe. du Projet, fut adopté sans discussion).

CHAPITRE III.

DU PRET A INTÉRET.

1905. Il est permis de stipuler des intérêts pour simple prêt soit d'argent, soit de denrées, ou autres choses mobilières.

(Cet article, le XXXIIe. du Projet, fut adopté sans discussion).

1906. L'emprunteur qui a payé des intérêts qui n'étaient pas stipulés, ne peut ni les répéter ni les imputer sur le capital.

(Cet article, le XXXIIIe. du Projet, fut adopté sans discussion).

1907. L'intérêt est légal ou conventionnel. L'intérêt légal est fixé par la loi. L'intérêt conventionnel peut excéder celui de la loi toutes les fois que la loi ne le prohibe pas.

Le taux de l'intérêt conventionnel doit être fixé par écrit (1).

XXXIV. *Le taux de l'intérêt est déterminé par des lois particulières.*

(1) Voyez page 266 la discussion qui s'est élevée sur l'article 1153.

L'intérêt qui aura été stipulé à un taux plus fort, sera réduit conformément à la loi.

Si l'intérêt a été payé au-dessus du taux légitime, l'excédant sera imputé, année par année, sur le capital, qui sera réduit d'autant.

Ces dispositions ne s'appliquent pas aux négociations commerciales.

Le consul CAMBACÉRÈS propose de retrancher le dernier alinéa de cet article. On pourrait en conclure que le taux des négociations commerciales demeurera toujours abandonné aux parties. On verra, au contraire, lorsqu'on s'occupera des lois qui fixeront l'intérêt de l'argent, s'il ne doit pas être réglé, même par rapport au commerce ; car il serait choquant que si, par exemple, l'intérêt était en général fixé à cinq pour cent, les négocians eussent le droit de le porter à vingt-cinq.

M. TREILHARD voudrait que l'article fût moins absolu ; qu'il se bornât à dire que le taux de l'intérêt *pourra* être déterminé par des lois particulières.

M. REGNAUD (de Saint-Jean-d'Angely) dit que cet article décide une question depuis long-tems controversée ; celle de savoir si la loi doit fixer le taux de l'intérêt, et si les particuliers ne peuvent, dans leurs stipulations, l'élever plus haut.

L'affirmative a certainement des avantages, mais elle n'est pas sans inconvéniens.

C'en est un d'abord que de porter une loi qui sera éludée au gré des parties, car il serait facile de masquer la stipulation d'un intérêt excédant le taux que la loi aurait fixé.

C'est un autre inconvénient non moins fâcheux que de mettre le système de la législation en contradiction avec le système administratif, de lier les particuliers, dans leurs négociations, à une règle dont le Gouvernement sera forcé de s'écarter dans les siennes. On ne pourra, par exemple, placer qu'à cinq pour cent sur les particuliers, tandis qu'on placera à dix pour cent sur l'Etat en achetant des rentes à cinquante-quatre ou à cinquante-cinq pour cent, ou en prenant des effets publics à trois quarts pour cent par mois.

Cependant, si le Conseil adopte le principe, et que le taux de l'intérêt doive être réglé par la loi, du moins faut-il pourvoir à ce qu'on n'infère pas de cette disposition, que, jusqu'à ce qu'il ait été porté une loi nouvelle sur ce sujet, la loi qui fixe l'intérêt à cinq pour cent doit conserver sa force ; ce qui n'est pas, quoique le tribunal de cassation paraisse aussi l'avoir décidé.

M. TREILHARD dit qu'en rendant l'article facultatif, on ne pourra en conclure que la loi dont il vient d'être parlé soit maintenue.

M. REGNAUD (de Saint-Jean-d'Angely) pense qu'il conviendrait de s'en expliquer d'une manière plus positive.

Le consul CAMBACÉRÈS dit que la première question est de savoir si le taux de l'intérêt sera fixé par la loi : c'est celle qu'il faut d'abord traiter.

Les autres questions ne sont que secondaires ; elles viendront ensuite ; et parmi elles se place l'importante question qu'on vient d'élever sur la force de l'ancienne loi.

M. TRONCHET pense qu'il faut d'abord examiner si le législateur a le droit de régler l'intérêt ; on verra ensuite s'il convient de le faire.

Le droit ne peut être contesté ; il est consacré par l'usage de tous les peuples civilisés. Dans tous les codes, on trouve des lois sur le taux de l'intérêt.

Il y a plus : ces lois sont indispensables pour le cas particulier des condamnations à des dommages-intérêts. Comment les tribunaux pourraient-ils les liquider, si la loi ne leur donnait une règle ?

M. BERLIER observe que ce qu'a dit M. Tronchet sur la nécessité de fixer l'intérêt considéré comme peine de l'inexécution des contrats, est vrai, mais ne résout pas la difficulté, et ne prouve pas même que la règle qu'il a rappelée soit ici convenablement placée, si elle ne s'applique aux condamnations judiciaires, et doive rester sans influence sur le contrat de prêt, qui est le seul objet dont on traite dans le chapitre en discussion.

Le consul CAMBACÉRÈS dit que M. Tronchet n'a traité la question qu'à demi. La règle qu'il demande pour déterminer judiciairement les intérêts, dépend de celle qui sera établie sur la stipulation d'intérêt. On pourrait, en effet, décider que les parties régleront les intérêts de gré à gré, et que lorsqu'elles n'auront pas usé de cette faculté, l'intérêt sera fixé à cinq pour cent.

M. JOLLIVET demande la suppression du premier alinéa de l'article. Il le croit inutile, attendu que le législateur n'a pas besoin de se réserver expressément un droit qui lui appartient par la nature de son pouvoir.

Il suffirait donc de dire que l'intérêt ne pourra être stipulé à un taux plus fort que celui qui aura été déterminé par la loi.

M. TREILHARD est aussi d'avis de supprimer le premier alinéa de l'article, mais par d'autres motifs que ceux qui viennent d'être présentés.

Il partage l'opinion de M. Regnaud (de Saint-Jean-d'Angely) sur la nécessité de ne pas mettre en contradiction le système de la loi et le système administratif. Il adopte également la distinction faite par M. Tronchet, entre l'intérêt légal et l'intérêt conventionnel. Mais il observe que la question sera beaucoup plus ardue, lorsqu'il y aura une convention.

Etablira-t-on

Etablira-t-on que l'intérêt conventionnel ne pourra jamais être élevé plus haut que l'intérêt légal ? Alors il est à craindre que la loi et les circonstances ne se trouvent pas toujours d'accord. La loi aura fixé l'intérêt à un taux modéré, et les circonstances cependant pourront quelquefois être telles qu'il deviendra impossible de trouver de l'argent à ce prix.

Pour se déterminer, il importe de se bien pénétrer de cette vérité, que ce ne sont pas les conventions qui gênent les emprunteurs. Jamais on ne stipule ouvertement vingt, trente, quarante pour cent d'intérêt ; et d'un autre côté, la loi défendrait inutilement de semblables stipulations : comme actuellement, on les ferait par des moyens indirects ; on cumulerait dans l'obligation les intérêts avec le capital.

On doit donc se borner à décider que l'intérêt sera réglé par des lois particulières, lorsqu'il ne l'aura pas été par la convention.

M. TRONCHET propose de dire que l'intérêt est ou légal ou conventionnel ; que l'intérêt légal est celui que la loi détermine ; que l'intérêt conventionnel peut s'élever plus haut, lorsque la loi ne l'a pas prohibé ; que si elle le prohibe, l'excédant est imputé sur le capital.

M. MALEVILLE répond aux réflexions de M. Treilhard. Il dit qu'une loi sur le taux de l'intérêt aura l'avantage de donner aux citoyens honnêtes une règle à laquelle ils se conformeront ; que si cette règle n'existe pas, ils prendront pour guide l'usage, et le suivront sans scrupule. Mais un Etat ne peut subsister sans une telle loi : la justice y serait paralysée, et les tribunaux ne sauraient que prononcer, dans les cas si fréquens où il s'agit de déterminer la peine du refus ou du retard à remplir ses obligations.

Aussi, dans le moment actuel même, la loi qui a fixé l'intérêt à cinq pour cent est-elle en pleine vigueur : la Convention nationale l'avait abrogée, il est vrai, en déclarant l'argent marchandise ; mais les funestes inconvéniens de cette déclaration furent bientôt sentis, et vingt-trois jours après, elle fut rapportée. C'est donc bien mal-à-propos qu'on a dit qu'on pourrait conclure de l'article en discussion, que la loi qui fixe l'intérêt à cinq pour cent existe encore : oui, elle existe, et on ne peut la révoquer qu'en en portant une autre qui donne un nouveau taux à l'intérêt.

Il suffit, au reste, de la triste expérience que nous en avons faite, et de ce qui se passe chaque jour sous nos yeux, pour savoir s'il est bien utile de laisser le taux de l'intérêt à l'arbitraire des conventions, et de ne pas fixer au moins une mesure à ces conventions. A-t-on jamais vu en France l'intérêt porté à un taux aussi scandaleux que depuis que la Convention a lâché législativement cette déclaration imprudente, que l'argent était une marchandise? Mais qui est-ce qui ignore que l'intérêt excessif de l'argent produit nécessairement l'avilissement des fonds de terre, la ruine du commerce; et un tel renchérissement des objets manufacturés, qu'il est impossible de soutenir la concurrence dans le marché des nations?

On a dit que ce sont les circonstances qui font le taux de l'intérêt: c'est une erreur. L'opinant vient de parcourir des départemens ravagés par l'usure, et il a reconnu que le prix excessif de l'argent est bien moins l'ouvrage des circonstances que de la cupidité qui abuse du besoin.

M. BÉRENGER dit que, dans l'ancienne législation, tout prêt à intérêt était réputé usuraire.

Ce préjugé a été écarté. Cependant on l'a ménagé encore en établissant l'intérêt légal, comme un correctif et un remède du prêt à intérêt, dans lequel on semblait voir encore un mal qu'il était bon de restreindre.

De là sont venues les idées que vient de rappeler M. Maleville: on a distingué entre l'intérêt juste et l'intérêt injuste.

Si l'on raisonne d'après la loi, il n'y aura sans doute d'intérêt juste que celui qu'elle détermine.

Cependant, dans les idées naturelles, un intérêt de sept pour cent peut n'être pas plus injuste qu'un intérêt de trois; car il est de la nature de l'intérêt d'être variable comme le prix des loyers, comme toutes les choses sur lesquelles les circonstances peuvent influer.

Lorsqu'on a fixé l'intérêt à cinq pour cent, l'argent n'était employé qu'à l'exploitation des terres: ainsi les bénéfices qu'il pouvait donner se trouvaient plus circonscrits que dans nos tems modernes, où une industrie plus active l'emploie à beaucoup d'autres usages. Aujourd'hui en empruntant à sept pour cent, on peut obtenir des gains beaucoup plus considérables que dans les tems plus reculés, où l'on avait l'argent à cinq.

Il n'y a donc pas de règle d'une justice absolue pour la fixation de l'intérêt. On ne peut pas plus le déterminer, qu'on ne peut fixer un *maximum* au prix des denrées et des marchandises.

D'ailleurs la loi serait presque toujours éludée; car les consciences timorées dont a parlé M. Maleville sont très-rares. Chacun se dit que, pouvant tirer dix pour cent de son argent, il donne la moitié de son bénéfice à l'emprunteur, s'il prête à cinq. Cependant il est dangereux d'accoutumer les citoyens à se soustraire à la loi. Celle qui serait portée sur l'intérêt de l'argent ne servirait qu'à le faire hausser, et à rendre les emprunts plus rares et plus difficiles.

L'intérêt de l'argent ne doit donc être fixé par la loi, que pour le cas où il ne l'a pas été par les parties.

M. Tronchet dit qu'on vient de reconnaître que l'intérêt de l'argent doit être fixé par la loi, du moins pour un cas, et que cependant la conséquence des raisonnemens qu'on a faits, serait qu'il est impossible de trouver une juste règle pour le déterminer. C'est ce qu'il faut éclaircir.

Il est vrai qu'autrefois, donnant un sens trop étendu à ce texte de l'évangile, *mutuum date, nihil inde sperantes*, et convertissant en précepte ce qui n'était qu'un conseil, on réprouvait comme usuraire toute espèce de prêt à intérêt. Mais depuis, ce principe a été abandonné dans le droit civil, et l'on a considéré l'intérêt comme une indemnité juste des bénéfices que le prêteur aurait pu tirer de son argent, s'il s'en était réservé l'usage.

Cependant quelle règle la loi pouvait-elle établir?

Elle a dû considérer que celui qui stipule des intérêts, les évalue d'après les bénéfices ordinaires que peuvent lui donner les moyens d'emploi qui existent. C'est par cette raison qu'autrefois la législation fixait à cinq pour cent l'intérêt de l'argent, parce que c'était le bénéfice ordinaire de tout emploi de fonds.

Mais les circonstances faisant varier l'espoir des bénéfices, la loi peut-elle prendre ces bénéfices pour base d'une règle générale sur la fixation de l'intérêt?

Tout ce qu'il faudrait conclure de là, c'est que la loi devant se régler sur les circonstances qui changent et qui varient, elle ne peut être invariable.

La rédaction proposée par l'opinant est dans ces termes. Elle décide qu'il appartient à la loi de fixer l'intérêt légal, et qu'il lui appartient également de prohiber l'intérêt conventionnel, si les circonstances permettent une telle prohibition.

M. Treilhard propose d'ajouter qu'on n'aura égard aux conventions d'intérêts, que lorsqu'elles seront rédigées par écrit : autrement, la stipulation sera réduite au taux de l'intérêt légal.

L'article XXXIV est supprimé, et remplacé par la rédaction de M. Tronchet, amendée par M. Treilhard.

Cette rédaction est ainsi conçue :

L'intérêt est légal ou conventionnel. L'intérêt légal est fixé par la loi. L'intérêt conventionnel peut excéder celui de la loi toutes les fois que la loi ne le prohibe pas.

Le taux de l'intérêt conventionnel doit être fixé par écrit.

1908. La quittance du capital donnée sans réserve des intérêts, en fait présumer le paiement, et en opère la libération.

(Cet article, le XXXVe. du Projet, fut adopté sans discussion).

1909. On peut stipuler un intérêt moyennant un capital que le prêteur s'interdit d'exiger.

Dans ce cas, le prêt prend le nom de *constitution de rente*.

(Cet article, le XXXVIe. du Projet, fut adopté sans discussion).

1910. Cette rente peut être constituée de deux manières, en perpétuel ou en viager.

(Cet article, le XXXVIIe. du Projet, fut adopté sans discussion).

1911. La rente constituée en perpétuel est essentiellement rachetable.

Les parties peuvent seulement convenir que le rachat ne sera pas fait avant un délai qui ne pourra excéder dix ans, ou sans avoir averti le créancier au terme d'avance qu'elles auront déterminé.

(Les mots, *en perpétuel*, ne se trouvaient pas dans l'article XXXVIII du Projet).

M. JOLLIVET propose d'ajouter à ces mots, *la rente constituée*, ceux-ci, *en perpétuel*, afin de ne pas déroger à ce qui a été dit relativement aux rentes viagères.

L'article est adopté avec cet amendement.

1912. Le débiteur d'une rente constituée en perpétuel peut être contraint au rachat (1),

1°. S'il cesse de remplir ses obligations pendant deux années ;

---

(1) La loi ne doit rien ordonner en vain. Un usage s'était introduit dans les tribunaux, de regarder plusieurs dispositions légales comme simplement comminatoires, ce qui rendait l'autorité de la loi illusoire. (Observation du tribunal d'appel de Bourges). Il proposait en conséquence d'ajouter à cet article la disposition suivante : *Quand l'action en rachat aura été formée en justice, l'offre d'exécuter l'obligation ne dispensera plus le débiteur du remboursement.*

2°. S'il manque à fournir au prêteur les sûretés promises par le contrat.

(Cet article était le XXXIXe. du Projet : même observation que sur le précédent).

1913. Le capital de la rente constituée en perpétuel devient aussi exigible en cas de faillite ou de déconfiture du débiteur.

(Cet article était le XLe. du Projet : même observation que sur le précédent).

1914. Les règles concernant les rentes viagères sont établies au titre *des Contrats aléatoires.*

(Cet article n'avait point d'analogue dans le Projet ; il a été ajouté sans discussion).

TITRE XI.
DU DÉPOT ET DU SÉQUESTRE.

Décrété le 23 Ventose an 12, promulgué le 3 Germinal suivant.

CHAPITRE PREMIER.

DU DÉPÔT EN GÉNÉRAL, ET DE SES DIVERSES ESPÈCES.

1915. Le dépôt, en général, est un acte par lequel on reçoit la chose d'autrui, à la charge de la garder et de la restituer en nature.

(Cet article, le Ier. du Projet, fut adopté sans discussion).

Séance du 28 Nivose an 12.

1916. Il y a deux espèces de dépôts : le dépôt proprement dit, et le séquestre.

(Cet article, le IIe. du Projet, fut adopté sans discussion).

CHAPITRE II.

DU DÉPÔT PROPREMENT DIT.

SECTION PREMIÈRE.

DE LA NATURE ET DE L'ESSENCE DU CONTRAT DE DÉPÔT.

1917. Le dépôt proprement dit est un contrat essentiellement gratuit.

(Cet article, le IIIe. du Projet, fut adopté sans discussion).

1918. Il ne peut avoir pour objet que des choses mobilières.

(Cet article, le IVe. du Projet, fut adopté sans discussion).

1919. Il n'est parfait que par la tradition réelle ou feinte de la chose déposée.

La tradition feinte suffit, quand le dépositaire se trouve déjà nanti, à quelque autre titre, de la chose que l'on consent à lui laisser à titre de dépôt.

(Cet art., le Ve. du Projet, fut adopté sans discussion).

1920. Le dépôt est volontaire ou nécessaire.

(Cet article, le VIe. du Projet, fut adopté sans discussion).

SECTION II.

DU DÉPÔT VOLONTAIRE.

1921. Le dépôt volontaire se forme par le consentement réciproque de la personne qui fait le dépôt et de celle qui le reçoit.

(Cet article, le VIIe. du Projet, fut adopté sans discussion).

1922. Le dépôt volontaire ne peut régulièrement être fait que par le propriétaire de la chose déposée, ou de son consentement exprès ou tacite.

(Cet art., le VIIIe. du Projet, fut adopté sans discussion).

1923. Le dépôt volontaire doit être prouvé par écrit. La preuve testimoniale n'en est point reçue pour valeur excédant cent cinquante francs.

(Cet article, le IXe. du Projet, fut adopté sans discussion).

1924. Lorsque le dépôt, étant au-dessus de cent cinquante francs, n'est point prouvé par écrit, celui qui est attaqué comme dépositaire, en est cru sur sa déclaration, soit pour le fait même du dépôt, soit pour la chose qui en faisait l'objet, soit pour le fait de sa restitution.

(Cet article était le Xe. du Projet; on n'y trouvait pas ces mots : *étant au-dessus de cent cinquante francs*).

M. DEFERMON observe que la règle établie par cet article est tellement générale, qu'on pourrait croire qu'elle forme exception à la disposition de l'article précédent.

Il propose, pour prévenir toute équivoque, de réduire l'article X au cas où le dépôt est d'une valeur au-dessus de cent-cinquante francs.

Cet amendement est admis. En conséquence, le Conseil adopte l'article X dans les termes suivans :

Lorsque le dépôt étant au-dessus de cent-cinquante francs, n'est point prouvé par écrit, etc.

1925. Le dépôt volontaire ne peut avoir lieu qu'entre personnes capables de contracter.

Néanmoins, si une personne capable de contracter accepte le dépôt fait par une personne incapable, elle est tenue de toutes les obligations d'un véritable dépositaire ; elle peut être poursuivie par le tuteur ou administrateur de la personne qui a fait le dépôt.

(Cet art., le XIe. du Projet, fut adopté sans discussion).

1926. Si le dépôt a été fait par une personne capable à une personne qui ne l'est pas, la personne qui a fait le dépôt n'a que l'action en revendication de la chose déposée, tant qu'elle existe dans la main du dépositaire, ou une action en restitution jusqu'à concurrence de ce qui a tourné au profit de ce dernier.

(Cet art., le XIIe. du Projet, fut adopté sans discussion).

SECTION III.

DES OBLIGATIONS DU DÉPOSITAIRE.

1927. Le dépositaire doit apporter dans la garde de la chose déposée, les mêmes soins qu'il apporte dans la garde des choses qui lui appartiennent.

(Cet article était le XIIIe. du Projet).

M. DEFERMON dit que sans doute cet article tend à obliger le dépositaire aux soins d'un bon père de famille. La rédaction ne paraît pas rendre cette idée : on pourrait en tirer la conséquence que, s'il est négligent,

gent et inconsidéré dans ses propres affaires, il peut l'être impunément à l'égard du dépôt dont il s'est chargé.

M. Portalis répond qu'un dépositaire qui rend un service d'ami, ne doit pas être soumis à une responsabilité aussi étendue que celle qui résulterait de la rédaction qui est proposée : il suffit qu'il donne à la conservation du dépôt les soins d'un bon administrateur. Le déposant est libre dans son choix; s'il place mal sa confiance, il commet une faute qui compense et qui couvre dans une certaine mesure, la négligence du dépositaire. C'est par cette considération qu'on n'oblige ce dernier qu'aux mêmes soins qu'il donne à ses propres affaires, et non à la sollicitude extrême et scrupuleuse que l'on exige de celui qu'on assujettit aux soins d'un bon père de famille.

L'article est adopté.

1928. La disposition de l'article précédent doit être appliquée avec plus de rigueur, 1°. si le dépositaire s'est offert lui-même pour recevoir le dépôt; 2°. s'il a stipulé un salaire pour la garde du dépôt; 3°. si le dépôt a été fait uniquement pour l'intérêt du dépositaire; 4°. s'il a été convenu expressément que le dépositaire répondrait de toute espèce de faute.

(Cet art., le XIVe. du Projet, fut adopté sans dissussion).

1929. Le dépositaire n'est tenu, en aucun cas, des accidens de force majeure, à moins qu'il n'ait été mis en demeure de restituer la chose déposée.

(Cet art., le XVe. du Projet, fut adopté sans discussion).

1930. Il ne peut se servir de la chose déposée, sans la permission expresse ou présumée du déposant.

(Cet art., le XVIe. du Projet, fut adopté sans discussion).

1931. Il ne doit point chercher à connaître quelles sont les choses qui lui ont été déposées, si elles lui ont été confiées dans un coffre fermé ou sous une enveloppe cachetée.

(Cet art., le XVIIe. du Projet, fut adopté sans discussion).

1932. Le dépositaire doit rendre identiquement la chose même qu'il a reçue.

Ainsi le dépôt des sommes monnayées doit être rendu dans les mêmes espèces qu'il a été fait, soit dans le cas d'augmentation, soit dans le cas de diminution de leur valeur.

(Cet art., le XVIIIe. du Projet, fut adopté sans discussion).

1933. Le dépositaire n'est tenu de rendre la chose déposée, que dans l'état où elle se trouve au moment de la restitution. Les détériorations qui ne sont pas survenues par son fait, sont à la charge du déposant.

(Cet art., le XIXe. du Projet, fut adopté sans discussion.)

1934. Le dépositaire auquel la chose a été enlevée par une force majeure, et qui a reçu un prix ou quelque chose à la place, doit restituer ce qu'il a reçu en échange.

(Cet article, le XXe. du Projet, fut adopté sans discussion).

1935. L'héritier du dépositaire, qui a vendu de bonne foi la chose dont il ignorait le dépôt, n'est tenu que de rendre le prix qu'il a reçu, ou de céder son action contre l'acheteur, s'il n'a pas touché le prix.

(Cet article, le XXIe. du Projet, fut adopté sans discussion).

1936. Si la chose déposée a produit des fruits qui aient été perçus par le dépositaire, il est obligé de les restituer. Il ne doit aucun intérêt de l'argent déposé, si ce n'est du jour où il a été mis en demeure de faire la restitution.

(Cet art. le XXIIe. du Projet, fut adopté sans discussion).

1937. Le dépositaire ne doit restituer la chose déposée, qu'à celui qui la lui a confiée, ou à celui au nom duquel le dépôt a été fait, ou à celui qui a été indiqué pour le recevoir.

(Cet art. le XXIIIe. du Projet, fut adopté sans discussion).

DÉPÔT ET SÉQUESTRE.

1938. Il ne peut pas exiger de celui qui a fait le dépôt, la preuve qu'il était propriétaire de la chose déposée.

Néanmoins, s'il découvre que la chose a été volée, et quel en est le véritable propriétaire, il doit dénoncer à celui-ci le dépôt qui lui a été fait, avec sommation de le réclamer dans un délai déterminé et suffisant. Si celui auquel la dénonciation a été faite, néglige de réclamer le dépôt, le dépositaire est valablement déchargé par la tradition qu'il en fait à celui duquel il l'a reçu.

(Cet article était le XXIVe. du Projet).

M. Regnaud (de Saint-Jean-d'Angely) dit qu'il serait extraordinaire, lorsque le propriétaire diffère de retirer la chose, de permettre au dépositaire de la remettre à celui qu'il saurait l'avoir volée. Il serait plus convenable de l'obliger à faire sa déclaration à un officier public.

M. Bigot-Préameneu dit que cette disposition est fondée sur ce que le propriétaire a eu un tems suffisant pour faire valoir ses droits.

M. Portalis dit qu'il est possible qu'il y ait eu des arrangemens entre les parties ; alors, pourquoi dénoncer un délit dont elles ont voulu effacer les traces, et qui ne blesse que des intérêts privés, qui peut-être même n'a jamais existé ; car il n'est pas certain que les renseignemens donnés aux dépositaires fussent vrais. Il suffit donc que le propriétaire soit averti ; c'est à lui d'agir : s'il garde le silence, le dépositaire n'est pas obligé de veiller à ses intérêts avec plus de soin que lui-même. Le dépositaire ne doit pas s'exposer à diffamer mal-à-propos un citoyen, ni à se voir poursuivi comme calomniateur.

M. Regnaud (de Saint-Jean-d'Angely) objecte que la sommation que l'article oblige de faire au propriétaire suffit pour divulguer le délit.

M. Portalis répond qu'une sommation n'est pas un acte public. Elle ne va pas au-delà des parties. Le tiers interposé entre elles n'est là que comme le moyen de communication exigé par la loi.

D'ailleurs, on est maître de la rédaction d'un acte semblable, et dès-lors on peut écarter toute énonciation trop positive, et dire, par exemple, que, faute de réclamation, on rendra le dépôt à celui qui l'a confié. Au contraire, dans la déclaration faite à un officier public, on est forcé d'expliquer les faits et de nommer les personnes.

M. Cretet dit qu'on pourrait se borner à obliger le dépositaire d'avertir, sans l'astreindre à faire une sommation

M. Treilhard répond qu'il est nécessaire que l'avertissement soit légalement constaté.

M. Defermon demande la suppression de cette partie de l'article. Elle lui paraît inutile, et même elle pourrait quelquefois exposer le dépositaire à l'accusation de recel. En la retranchant, tout marchera naturellement et sans aucun embarras.

Le consul Cambacérès dit que la règle consacrée par l'article a existé dans tous les tems, et est admise par tous les jurisconsultes. On s'étonnerait de ne pas la retrouver dans le Code civil.

L'article est adopté.

1939. En cas de mort naturelle ou civile de la personne qui a fait le dépôt, la chose déposée ne peut être rendue qu'à son héritier.

S'il y a plusieurs héritiers, elle doit être rendue à chacun d'eux pour leur part et portion.

Si la chose déposée est indivisible, les héritiers doivent s'accorder entre eux pour la recevoir.

(Cet art., le XXVe. du Projet, fut adopté sans discussion).

1940. Si la personne qui a fait le dépôt, a changé d'état; par exemple, si la femme, libre au moment où le dépôt a été fait, s'est mariée depuis, et se trouve en puissance de mari; si le majeur déposant se trouve frappé d'interdiction; dans tous ces cas et autres de même nature, le dépôt ne peut être restitué qu'à celui qui a l'administration des droits et des biens du déposant.

(Cet art., le XXVIe. du Projet, fut adopté sans discussion).

1941. Si le dépôt a été fait par un tuteur, par un mari ou par un administrateur, dans l'une de ces qualités, il ne peut être restitué qu'à la personne que ce tuteur, ce mari ou cet administrateur représentaient, si leur gestion ou leur administration est finie.

(Cet article était le XXVIIe. du Projet; on n'y trouvait pas ces mots : *Dans l'une de ces qualités*).

M. Defermon demande qu'on explique que l'article ne s'applique qu'au

DÉPÔT ET SÉQUESTRE.

cas où le dépôt a été fait par un tuteur, par un mari, par un administrateur, dans sa qualité d'administrateur, de tuteur ou de mari.

M. PORTALIS répond que l'article est évidemment rédigé dans ce sens.

L'article est adopté dans les termes suivans :

Si le dépôt a été fait par un tuteur, par un mari ou par un administrateur, dans l'une de ces qualités, il ne peut, etc.

1942. Si le contrat de dépôt désigne le lieu dans lequel la restitution doit être faite, le dépositaire est tenu d'y porter la chose déposée. S'il y a des frais de transport, ils sont à la charge du déposant.

(Cet art., le XXVIIIe. du Projet, fut adopté sans discussion).

1943. Si le contrat ne désigne point le lieu de la restitution, elle doit être faite dans le lieu même du dépôt.

(Cet article, le XXIXe. du Projet, fut adopté sans discussion).

1944. Le dépôt doit être remis au déposant aussitôt qu'il le réclame, lors même que le contrat aurait fixé un délai déterminé pour la restitution ; à moins qu'il n'existe, entre les mains du dépositaire, une saisie-arrêt ou une opposition à la restitution et au déplacement de la chose déposée (1).

(Cet article, le XXXe. du Projet, fut adopté sans discussion).

1945. Le dépositaire infidèle n'est point admis au bénéfice de cession.

(Cet article n'était pas dans le Projet ; il y a été inséré après la conférence avec le Tribunat).

1946. Toutes les obligations du dépositaire cessent, s'il

---

(1) Le tribunal de cassation proposait de commencer cet article par ces mots : *Le dépositaire peut toujours se libérer à volonté du dépôt par la restitution de la chose déposée ; elle doit être également rendue au déposant aussitôt qu'il la réclame*, etc.

Le motif du tribunal de cassation était que la faculté de résoudre le contrat devait être réciproque. Le tribunal d'appel de Rennes observait que cette disposition se trouvait retracée en ces termes dans le Projet du Code *Cambacérès*, article 1050 : *de même le dépositaire peut obliger le déposant à retirer le dépôt, et s'il y avait des oppositions, à les faire vider*.

vient à découvrir et à prouver qu'il est lui-même propriétaire de la chose déposée.

(Cet art., le XXXIe. du Projet, fut adopté sans discussion).

SECTION IV.

DES OBLIGATIONS DE LA PERSONNE PAR LAQUELLE LE DÉPÔT A ÉTÉ FAIT

1947. La personne qui a fait le dépôt, est tenue de rembourser au dépositaire les dépenses qu'il a faites pour la conservation de la chose déposée, et de l'indemniser de toutes les pertes que le dépôt peut lui avoir occasionnées.

(Cet article, le XXXIIe. du Projet, fut adopté sans discussion).

1948. Le dépositaire peut retenir le dépôt jusqu'à l'entier paiement de ce qui lui est dû à raison du dépôt.

(Cet article, le XXXIIIe. du Projet, fut adopté sans discussion).

SECTION V.

DU DÉPÔT NÉCESSAIRE.

1949. Le dépôt nécessaire est celui qui a été forcé par quelque accident, tel qu'un incendie, une ruine, un pillage, un naufrage ou autre événement imprévu.

(Cet article, le XXXIVe. du Projet, fut adopté sans discussion).

1950. La preuve par témoins peut être reçue pour le dépôt nécessaire, même quand il s'agit d'une valeur au-dessus de cent cinquante francs.

(Cet article, le XXXVe. du Projet, fut adopté sans discussion).

1951. Le dépôt nécessaire est d'ailleurs régi par toutes les règles précédemment énoncées.

(Cet article, le XXXVIe. du Projet, fut adopté sans discussion).

1952. Les aubergistes ou hôtelliers sont responsables,

comme dépositaires, des effets apportés par le voyageur qui loge chez eux : le dépôt de ces sortes d'effets doit être regardé comme un dépôt nécessaire.

(Cet article, le XXXVIIe. du Projet, fut adopté sans discussion)(1).

1953. Ils sont responsables du vol ou du dommage des effets du voyageur, soit que le vol ait été fait ou que le dommage ait été causé par les domestiques et préposés de l'hôtellerie, ou par des étrangers allant et venant dans l'hôtellerie.

(Cet article, le XXXIXe. du Projet, fut adopté sans discussion).

1954. Ils ne sont pas responsables des vols faits avec force armée ou autre force majeure.

(Cet article, le XLe. du Projet, fut adopté sans discussion).

CHAPITRE III.

DU SÉQUESTRE.

SECTION PREMIÈRE.

DES DIVERSES ESPÈCES DE SÉQUESTRE.

1955. Le séquestre est ou conventionnel ou judiciaire.
(Cet article, le XLIe. du Projet, fut adopté sans discussion).

SECTION II.

DU SÉQUESTRE CONVENTIONNEL.

1956. Le séquestre conventionnel est le dépôt fait par une ou plusieurs personnes, d'une chose contentieuse, entre les mains d'un tiers qui s'oblige de la rendre, après

---

(1) XXXVIII. L'hôtelier ou aubergiste est responsable des effets apportés par le voyageur, encore qu'ils n'aient point été remis à sa garde personnelle.

(Cet article, d'abord adopté, fut supprimé sans discussion après la conférence avec le Tribunat).

la contestation terminée, à la personne qui sera jugée devoir l'obtenir.

(Cet article était le XLIIe. du Projet. Au lieu des mots *chose contentieuse*, on y trouvait ceux-ci : *chose qui est en litige*. Ce changement a été fait d'après la discussion qui a eu lieu sur l'art. 1960. Voy. sous cet article.)

1957. Le séquestre peut n'être pas gratuit.
(Cet article, le XLIIIe. du Projet, fut adopté sans discussion).

1958. Lorsqu'il est gratuit, il est soumis aux règles du dépôt proprement dit, sauf les différences ci-après énoncées.
(Cet art., le XLIVe. du Projet, fut adopté sans discussion).

1959. Le séquestre peut avoir pour objet, non-seulement des effets mobiliers, mais même des immeubles.
(Cet art., le XLVe. du Projet, fut adopté sans discussion).

1960. Le dépositaire chargé du séquestre ne peut être déchargé, avant la contestation terminée, que du consentement de toutes les parties intéressées, ou pour une cause jugée légitime.
(Cet article était le XLVIe. du Projet).

M. REGNAUD (de Saint-Jean-d'Angely) demande s'il faut exiger le consentement de toutes les parties intéressées, ou seulement de celles qui ont comparu au séquestre. Par exemple, trois héritiers ont consenti qu'un bien sur lequel ils sont en contestation, demeure en séquestre entre les mains de l'un d'eux ; dans la suite, un quatrième héritier se présente : le séquestre peut-il être levé par le consentement des trois qui l'ont établi, ou faudra-t-il nécessairement le concours du quatrième ?

M. TREILHARD observe que le gardien ne s'est pas obligé envers lui.

Le consul CAMBACÉRÈS dit que le séquestre, volontaire dans son principe, devient forcé, si un tiers intéressé se présente. Alors c'est l'autorité de la justice qui établit le séquestre.

M. TREILHARD dit qu'il est nécessaire de bien poser d'abord la question.

Trois personnes, alors seules connues pour parties intéressées, conviennent du séquestre. Une quatrième se fait ensuite connaître. Elle est en cause ou elle n'y est pas. Si elle n'est pas en cause, son consentement est inutile pour la levée du séquestre : on ne la connaît pas juridiquement. Si elle est en cause, elle devient partie intéressée et le dépositaire la connaît.

naît. Ainsi l'article pourvoit à tous les cas, lorsqu'il dit que le dépositaire est déchargé par le consentement des parties intéressées, *ou pour une cause jugée légitime*.

M. Tronchet dit que le dépositaire-séquestre choisi par trois personnes ne se trouve engagé qu'envers elles, et n'est pas obligé de savoir si un tiers réclame quelque droit devant les tribunaux, à moins que ce tiers ne se fasse connaître à lui par une opposition. On pourrait donc dire que le dépositaire est déchargé par le consentement de tous ceux qui ont fait le dépôt.

M. Treilhard observe que cette rédaction est exacte pour le cas qu'a supposé M. Tronchet, mais qu'elle aurait l'inconvénient d'autoriser le dépositaire à rendre le dépôt à ceux qui l'ont fait, même lorsqu'il aurait été mis personnellement en cause.

M. Tronchet dit qu'il est nécessaire de ne pas confondre tous les cas dans l'application d'une règle trop générale; car le dépositaire peut être déchargé avant que la contestation soit terminée, et alors il lui est permis d'ignorer qu'il existe un tiers réclamant.

M. Regnaud (de Saint-Jean-d'Angely) ne pense pas qu'un dépositaire puisse se refuser à rendre la chose, des diamans, par exemple.

Le consul Cambacérès distingue entre le séquestre conventionnel et le séquestre judiciaire.

Il n'y a pas de doute, dit-il, que si plusieurs personnes, prêtes à entreprendre un voyage, ont déposé entre les mains de quelqu'un des effets tels que des diamans, le dépositaire doit les leur rendre sans se permettre aucune recherche.

Mais si trois personnes qui sont en procès, ont déposé l'objet contentieux entre les mains d'un tiers jusqu'à ce que le litige soit terminé, le dépositaire ne doit rendre la chose qu'après le jugement, même lorsque tous ceux qui ont fait le dépôt viennent le redemander. S'il s'écartait de cette règle, un tiers qui aurait droit à la chose serait fondé à lui reprocher de s'en être dessaisi avant de savoir à qui l'événement du procès la donnerait, avant de s'être fait représenter la transaction, la décision arbitrale ou le jugement qui ont terminé la contestation.

M. Regnaud (de Saint-Jean-d'Angely) regarde le séquestre purement conventionnel, comme un contrat résoluble par le consentement de ceux-là seulement qui l'ont formé, sans que le dépositaire-séquestre puisse régler sa conduite sur l'intérêt d'un tiers qu'il ne connaît pas. Si donc les personnes qui ont fait le dépôt s'accordent pour le retirer, on ne peut leur opposer l'intérêt de ce tiers.

M. Treilhard observe qu'on oublie dans cette discussion, les dispositions de l'article XLII (1956).

Cet article, après avoir défini le séquestre conventionnel, décide que la chose ne peut être rendue qu'après la contestation terminée, et seulement à celui qui est jugé devoir l'obtenir.

M. Portalis dit que la rédaction de l'article doit être maintenue.

On s'est servi de l'expression *parties intéressées*, dans la prévoyance que les déposans pourraient vouloir retirer la chose avant que la contestation fût terminée, et pour leur en réserver le droit. Cette dénomination en effet ne convient qu'aux personnes qui ont confié leur intérêt au dépositaire, et qui l'ont déduit en justice avant la contestation; à ceux enfin qui se montrent, et non à des tiers inconnus.

M. Tronchet dit que rigoureusement cette explication des mots *parties intéressées*, est conforme aux principes du droit; mais le langage des lois n'étant pas entendu de tous, elle laissera des doutes. Il conviendrait donc de décider que le dépositaire sera déchargé par le consentement de ceux qui ont établi le séquestre, tant que d'autres ne se seront pas déclarés; que si des tiers se font connaître, il faudra le concours de leur consentement pour assurer la décharge du dépositaire.

Le consul Cambacérès dit que les tiers intéressés auront toujours soin de former opposition entre les mains du dépositaire-séquestre, et de convertir ainsi en séquestre judiciaire le séquestre qui, dans le principe, était conventionnel.

Personne n'est forcé d'accepter un séquestre : celui qui trouve cet engagement trop onéreux peut le refuser; mais s'il s'y est soumis, il faut qu'il l'exécute de bonne-foi; autrement il serait préférable de ne permettre de séquestre qu'entre les mains d'officiers publics.

Le dépositaire-séquestre ne connaît à la vérité que ceux qui lui ont fait le dépôt; mais il n'ignore pas que la chose est litigieuse : c'en est assez pour s'interdire toute complaisance favorable à la fraude, même de la part de ceux qui ont fait le dépôt. S'ils s'accordent pour soustraire la chose aux droits d'un tiers, le dépositaire ne doit pas se prêter à cet arrangement.

En un mot, le séquestre conventionnel ne diffère du séquestre judiciaire qu'en ce que dans celui-ci le dépositaire est nommé par la justice, et dans l'autre par les parties.

Le Consul ajoute qu'il faut du moins obliger le dépositaire-séquestre à faire une déclaration au greffe, afin que le séquestre ne soit pas ignoré des tiers qui peuvent avoir intérêt à le connaître.

DÉPÔT ET SÉQUESTRE. 635

La règle générale est que le dépositaire-séquestre ne peut rendre la chose qu'après le litige.

M. Tronchet dit qu'il n'existe pas toujours de contestation : quelquefois les parties ne mettent la chose en séquestre que pour se donner le tems de transiger.

Le consul Cambacérès dit que ce cas est hors des termes de l'art. XLII, (1956) lequel ne se rapporte qu'à l'hypothèse où il y a procès. On peut cependant, si l'on veut, étendre plus loin la disposition de l'article, et dire que si la contestation n'est pas engagée, il est libre aux parties de retirer la chose ; mais que s'il y a procès, le dépositaire ne peut plus rendre la chose qu'après le jugement.

M. Regnaud (de Saint-Jean-d'Angely) dit qu'en effet il arrive quelquefois que des associés mettent leur actif en séquestre jusqu'après le réglement de leur compte. Il doit leur être permis de le retirer, tant qu'il n'y a point de contestation entre eux ; mais s'il s'élève un procès, le dépositaire doit attendre le jugement, pour rendre les effets séquestrés, conformément à ce qui sera décidé.

M. Treilhard dit que c'est là un simple dépôt et non un séquestre. Le séquestre en effet suppose toujours une contestation.

M. Portalis dit que quand il existe une contestation, il y a séquestre ; quand il n'en existe pas, il n'y a qu'un dépôt. Ainsi, lorsque les parties conviennent de séquestrer la chose, ce ne peut être que parce qu'elle se trouve en litige, et alors il y a lieu d'appliquer l'art. XLII (1956).

M. Regnaud (de Saint-Jean-d'Angely) dit qu'il existe encore d'autres différences ; que le dépôt n'a lieu que pour des choses mobilières, et le séquestre seulement pour des immeubles.

M. Portalis répond qu'il n'est point inhérent à la nature du séquestre de ne pouvoir être établi que sur des immeubles. Le dépôt, à la vérité, ne peut avoir lieu que pour choses mobilières ; mais le séquestre peut être également établi sur les meubles et sur les immeubles.

M. Regnaud (de Saint-Jean-d'Angely) dit qu'il y a encore cette autre différence, que le séquestre est toujours formé par le consentement de plusieurs, et le dépôt par la volonté d'un seul.

Le consul Cambacérès dit qu'il est possible de rapprocher toutes les opinions.

On est d'accord que les parties peuvent retirer la chose séquestrée, tant qu'il n'y a point de contestation ;

On reconnaît également que, s'il existe une contestation, la chose ne peut plus être remise qu'à celui qui sera jugé devoir la retenir.

Un changement de rédaction dans l'art. XLII (1956) suffirait pour remplir les vues du Conseil. On pourrait dire *que le séquestre conventionnel est le dépôt fait par plusieurs personnes d'une chose contentieuse à un tiers qui s'oblige de la rendre après la contestation terminée.*

Ces mots : *chose contentieuse et contestation terminée*, indiqueraient que la seule différence entre le séquestre judiciaire et le séquestre conventionnel consiste en ce que, dans ce dernier, le dépositaire est choisi par les parties.

D'un autre côté, on ne confondrait point des associés et d'autres qui auraient mis la chose en séquestre, jusqu'à ce qu'ils aient pris leurs arrangemens avec ceux qui auraient fait le dépôt, afin que la chose demeurât dans la main d'un tiers jusqu'à ce que la justice ait prononcé ; car le mot *contentieux* suppose une contestation engagée.

Il deviendrait évident que dans ce dernier cas le dépositaire serait obligé, avant de rendre la chose, de savoir comment la contestation a fini : autrement, et dans les divers systèmes qui ont été proposés, tantôt le dépositaire se trouverait engagé, tantôt il ne le serait pas, tandis que, lorsqu'il vient un litige, il doit être assimilé, pour la manière de rendre la chose, au dépositaire-séquestre nommé par la justice ; car il a contracté avec elle comme avec les parties.

M. REGNAUD (de Saint-Jean-d'Angely) admet cette distinction. Il convient que lorsque le dépositaire n'est chargé que par un simple contrat, son engagement doit pouvoir être résolu par le consentement contraire ; que s'il y a procès, il doit devenir dépositaire judiciaire.

L'article est adopté.

SECTION III.

DU SÉQUESTRE OU DÉPÔT JUDICIAIRE.

1961. La justice peut ordonner le séquestre,

1°. Des meubles saisis sur un débiteur ;

2°. D'un immeuble ou d'une chose mobilière dont la propriété ou la possession est litigieuse entre deux ou plusieurs personnes ;

3°. Des choses qu'un débiteur offre pour sa libération.

(Cet article, le XLVIIe. du Projet, fut adopté sans discussion).

1962. L'établissement d'un gardien judiciaire produit, entre le saisissant et le gardien, des obligations réciproques. Le gardien doit apporter pour la conservation des effets saisis, les soins d'un bon père de famille.

Il doit les représenter, soit à la décharge du saisissant pour la vente, soit à la partie contre laquelle les exécutions ont été faites, en cas de main-levée de la saisie.

L'obligation du saisissant consiste à payer au gardien le salaire fixé par la loi (1).

(Cet article, le XLVIIIe. du Projet, fut adopté sans discussion).

1963. Le séquestre judiciaire est donné, soit à une personne dont les parties intéressées sont convenues entre elles, soit à une personne nommée d'office par le juge.

Dans l'un et l'autre cas, celui auquel la chose a été confiée, est soumis à toutes les obligations qu'emporte le séquestre conventionnel.

(Cet article, le XLIXe. du Projet, fut adopté sans discussion).

---

(1) Le tribunal d'Aix proposait d'ajouter à cet article : *L'établissement des gardiens forme en outre une obligation entre le saisissant et le saisi ; il oblige celui-là à répondre de la solvabilité et de la bonne conduite du gardien qui est l'homme et le mandataire du saisissant.*

TITRE XII.

DES CONTRATS ALÉATOIRES.

Décrété le 19 *Ventose an* 12, *promulgué le* 29 *du même mois.*

1964. Le contrat aléatoire est une convention réciproque dont les effets, quant aux avantages et aux pertes, soit pour toutes les parties, soit pour l'une ou plusieurs d'entre elles, dépendent d'un événement incertain.

Tels sont,

Le contrat d'assurance,

Le prêt à grosse aventure,

Le jeu et le pari,

Le contrat de rente viagère.

Les deux premiers sont régis par les lois maritimes.

<small>Séance du 5 Pluviose an 12.</small>

Ier. *Le contrat aléatoire est celui par lequel chacune des parties contractantes s'engage à donner ou à faire une chose, et ne reçoit, en équivalent de ce qu'elle donne ou promet, que l'avantage casuel d'un événement incertain.*

Tels sont, etc.

(Les changemens que présente le texte ont eu lieu sans discussion).

CHAPITRE PREMIER.

DU JEU ET DU PARI.

1965. La loi n'accorde aucune action pour une dette du jeu ou pour le paiement d'un pari.

II. *La loi n'accorde aucune action pour le paiement de ce qui a été gagné au jeu ou par un pari.*

(Les changemens faits à cet article ont eu lieu sans discussion).

1966. Les jeux propres à exercer au fait des armes, les courses à pied ou à cheval, les courses de chariot, le jeu de paume et autres jeux de même nature qui tiennent à l'adresse et à l'exercice du corps, sont exceptés de la disposition précédente.

Néanmoins, le tribunal peut rejeter la demande, quand la somme lui paraît excessive.

(Cet article, le IIIe. du Projet, fut adopté sans discussion).

1967. Dans aucun cas, le perdant ne peut répéter ce qu'il a volontairement payé, à moins qu'il n'y ait eu, de la part du gagnant, dol, supercherie ou escroquerie.

(Cet article, le IVe. du Projet, fut adopté sans discussion).

CHAPITRE II.

DU CONTRAT DE RENTE VIAGÈRE.

SECTION PREMIERE.

DES CONDITIONS REQUISES POUR LA VALIDITÉ DU CONTRAT.

1968. La rente viagère peut être constituée à titre onéreux, moyennant une somme d'argent, ou pour une chose mobilière appréciable, ou pour un immeuble.

(Cet article, le Ve. du Projet, fut adopté sans discussion).

1969. Elle peut être aussi constituée, à titre purement gratuit, par donation entre-vifs ou par testament. Elle doit être alors revêtue des formes requises par la loi.

(Cet article, le VIe. du Projet, fut adopté sans discussion).

1970. Dans le cas de l'article précédent, la rente viagère est réductible, si elle excède ce dont il est permis de disposer : elle est nulle, si elle est au profit d'une personne incapable de recevoir.

(Cet article, le VIIe. du Projet, fut adopté sans discussion).

1971. La rente viagère peut être constituée, soit sur la

tête de celui qui en fournit le prix, soit sur la tête d'un tiers qui n'a aucun droit d'en jouir.

(Cet article, le VIIIe. du Projet, fut adopté sans discussion).

1972. Elle peut être constituée sur une ou plusieurs têtes.

(Cet article, le IXe. du Projet, fut adopté sans discussion).

1973. Elle peut être constituée au profit d'un tiers, quoique le prix en soit fourni par une autre personne.

Dans ce dernier cas, quoiqu'elle ait les caractères d'une libéralité, elle n'est point assujétie aux formes requises pour les donations; sauf les cas de réduction et de nullité, énoncés dans l'article 1970.

(Cet article, le Xe du Projet, fut adopté sans discussion).

1974. Tout contrat de rente viagère créée sur la tête d'une personne qui était morte au jour du contrat, ne produit aucun effet.

(Cet article, le XIe. du Projet, fut adopté sans discussion).

1975. Il en est de même du contrat par lequel la rente a été créée sur la tête d'une personne atteinte de la maladie dont elle est décédée dans les vingt jours de la date du contrat.

(Cet article, le XIIe. du Projet, fut adopté sans discussion).

1976. La rente viagère peut être constituée au taux qu'il plaît aux parties contractantes de fixer.

(Cet article, le XIIIe. du Projet, fut adopté sans discussion).

SECTION II.

DES EFFETS DU CONTRAT ENTRE LES PARTIES CONTRACTANTES.

1977. Celui au profit duquel la rente viagère a été constituée moyennant un prix, peut demander la résiliation
du

du contrat, si le constituant ne lui donne pas les sûretés stipulées pour son exécution (1).

1978. Le seul défaut de paiement des arrérages de la rente n'autorise point celui en faveur de qui elle est constituée, à demander le remboursement du capital, ou à rentrer dans le fonds par lui aliéné : il n'a que le droit de saisir et de faire vendre les biens de son débiteur, et de faire ordonner ou consentir, sur le produit de la vente, l'emploi d'une somme suffisante pour le service des arrérages.

(Ces deux articles formaient le XIVe. du Projet).

Le consul CAMBACÉRÈS pense que les deux parties de cet article doivent former chacune un article séparé.

Il conviendrait aussi de faire sentir, dans la redaction, que la règle générale que l'article établit n'est pas absolue ; qu'il est permis aux parties d'y déroger et de stipuler que, faute de paiement de la rente, le créancier pourra rentrer dans son capital ou dans l'immeuble dont elle est le prix. La rédaction proposée n'exclut pas cette clause dérogatoire; mais il serait plus utile de l'autoriser formellement.

Les propositions du Consul sont renvoyées à la section.

1979. Le constituant ne peut se libérer du paiement de la rente, en offrant de rembourser le capital, et en renonçant à la répétition des arrérages payés ; il est tenu de servir la rente pendant toute la vie de la personne ou des personnes sur la tête desquelles la rente a été constituée, quelle que soit la durée de la vie de ces personnes, et quelque onéreux qu'ait pu devenir le service de la rente.

(Cet article était le XVe. du Projet) (2).

---

(1) On ne pense pas que le créancier qui fait résilier le contrat, doive la restitution des arrérages perçus ; mais il eût été bon de le dire. (Observation du tribunal d'appel de Caen). Le tribunal de Montpellier, au contraire, pensait qu'en cas de remboursement du capital au propriétaire de la rente, celui-ci devait tenir compte de l'excédant du taux ordinaire des intérêts.

(2) XVI. *Les arrérages d'une rente viagère sont un fruit civil qui appartient à l'usufruitier ; et celui-ci n'est point obligé, après la cessation de l'usufruit, de les restituer au propriétaire ni à ses héritiers.*

(Cet article, d'abord adopté, fut supprimé sans discussion).

M. Defermon demande pourquoi la faculté que cet article refuse au débiteur ne lui serait pas accordée, lorsque la rente a été constituée à prix d'argent.

M. Tronchet répond que ce serait détruire le contrat dans son essence, car l'intention du créancier a été de s'assurer irrévocablement une rente viagère.

M. Defermon objecte que cependant, lorsque le débiteur tombe en faillite, la condition de ses créanciers devient beaucoup trop dure, s'ils n'ont aucun moyen d'affranchir de la rente les biens qui forment leur gage.

M. Portalis répond que ni le changement survenu dans la fortune du débiteur, ni le fait de ses créanciers, ne peuvent détruire le contrat antérieurement formé, ou modifier la condition du créancier de la rente.

M. Tronchet ajoute que le taux de l'argent ou le signe représentatif pouvant changer, la faculté de rembourser une rente viagère pourrait devenir très-préjudiciable à celui qui la perçoit.

L'article est adopté.

1980. La rente viagère n'est acquise au propriétaire que dans la proportion du nombre de jours qu'il a vécu.

Néanmoins, s'il a été convenu qu'elle serait payée d'avance, le terme qui a dû être payé, est acquis du jour où le paiement a dû en être fait.

XVII. *La rente viagère n'est acquise au propriétaire que dans la proportion du nombre de jours qu'il a vécu, quand elle aurait été stipulée payable par trimestre, semestre ou par mois, ou par termes d'avance.*

Le constituant a l'action en répétition pour les termes qu'il aurait payés d'avance, sans y être obligé par le contrat.

(Les changemens faits à l'article, ont eu lieu sans discussion après la conférence avec le Tribunat).

1981. La rente viagère ne peut être stipulée insaisissable, que lorsqu'elle a été constituée à titre gratuit.

(Cet article, le XVIIIe. du Projet, fut adopté sans discussion).

1982. La rente viagère ne s'éteint pas par la mort civile

du propriétaire ; le paiement doit en être continué pendant sa vie naturelle (1).

(Cet article, le XIXe. du Projet, fut adopté sans discussion).

1983. Le propriétaire d'une rente viagère n'en peut demander les arrérages qu'en justifiant de son existence, ou de celle de la personne sur la tête de laquelle elle a été constituée (2).

(Cet article, le XXe. du Projet, fut adopté sans discussion).

---

(1) A qui doit être payée la rente viagère due au mort civilement?
L'article 24 du projet du Code soumis à l'observation des tribunaux, portait : *à ses héritiers*.

(2) Le débiteur d'une rente viagère peut-il opposer la prescription, dans le cas d'absence pendant plus de trente ans ?

TITRE XIII.
DU MANDAT.

Décrété le 19 Ventose an 12, promulgué le 29 du même mois.

CHAPITRE PREMIER.

DE LA NATURE ET DE LA FORME DU MANDAT.

1984. Le mandat ou procuration est un acte par lequel une personne donne à une autre le pouvoir de faire quelque chose pour le mandant et en son nom.

Le contrat ne se forme que par l'acceptation du mandataire.

(Cet article le Ier. du Projet, fut adopté sans discussion).

Séance du 5 Pluviose an 12.

1985. Le mandat peut être donné, ou par acte public, ou par écrit sous seing privé, même par lettre. Il peut aussi être donné verbalement; mais la preuve testimoniale n'en est reçue que conformément au titre *des Contrats ou des Obligations conventionnelles en général.*

L'acceptation du mandat peut n'être que tacite, et résulter de l'exécution qui lui a été donnée par le mandataire.

(Cet art., le IIe. du Projet, fut adopté sans discussion).

1986. Le mandat est gratuit, s'il n'y a convention contraire.

(Cet article, le IIIe. du Projet, fut adopté sans discussion).

1987. Il est, ou spécial et pour une affaire ou certaines affaires seulement, ou général et pour toutes les affaires du mandant.

(Cet article, le IVe. du Projet, fut adopté sans discussion). (1)

---

(1) V. *Soit qu'il s'agisse d'une affaire ou de toutes, le mandat ne donne au mandataire d'autres pouvoirs que ceux qui y sont formellement exprimés.*

Cet article fut supprimé, attendu que la disposition qu'il établit se retrouve dans l'art. VII.

1988. Le mandat conçu en termes généraux n'embrasse que les actes d'administration.

S'il s'agit d'aliéner ou hypothéquer, ou de quelqu'autre acte de propriété, le mandat doit être exprès.

(Cet article, le VIe. du Projet, fut adopté sans discussion).

1989. Le mandataire ne peut rien faire au-delà de ce qui est porté dans son mandat : le pouvoir de transiger ne renferme pas celui de compromettre.

(Cet article, le VIIe. du Projet, fut adopté sans discussion).

1990. Les femmes et les mineurs émancipés peuvent être choisis pour mandataires ; mais le mandant n'a d'action contre le mandataire mineur, que d'après les règles générales relatives aux obligations des mineurs, et contre la femme mariée et qui a accepté le mandat sans autorisation de son mari, que d'après les règles établies au titre *du Contrat de mariage, et des Droits respectifs des Epoux.*

(Cet article, le VIIIe. du Projet, fut adopté sans discussion).

CHAPITRE II.

DES OBLIGATIONS DU MANDATAIRE.

1991. Le mandataire est tenu d'accomplir le mandat tant qu'il en demeure chargé, et répond des dommages-intérêts qui pourraient résulter de son inexécution.

Il est tenu de même d'achever la chose commencée au décès du mandant, s'il y a péril en la demeure.

(Cet article, le IXe. du Projet, fut adopté sans discussion).

1992. Le mandataire répond non-seulement du dol, mais encore des fautes qu'il commet dans sa gestion.

Néanmoins la responsabilité relative aux fautes est appliquée moins rigoureusement à celui dont le mandat est gratuit qu'à celui qui reçoit un salaire.

(Cet article, le Xe. du Projet, fut adopté sans discussion).

1993. Tout mandataire est tenu de rendre compte de sa gestion, et de faire raison au mandant de tout ce qu'il a reçu en vertu de sa procuration, quand même ce qu'il aurait reçu n'eût point été dû au mandant.

(Cet article, le XIe. du Projet, fut adopté sans discussion).

1994. Le mandataire répond de celui qu'il s'est substitué dans la gestion, 1°. quand il n'a pas reçu le pouvoir de se substituer quelqu'un ; 2°. quand ce pouvoir lui a été conféré sans désignation d'une personne, et que celle dont il a fait choix était notoirement incapable ou insolvable.

Dans tous les cas, le mandant peut agir directement contre la personne que le mandataire s'est substituée.

(Cet article était le XIIe. du Projet, à l'exception du n°. 2 ainsi conçu : *Quand ce pouvoir lui a été conféré sans désignation de personne, et que celle dont il a fait choix était notoirement suspecte sous le rapport de la capacité ou de la solvabilité*).

Le consul CAMBACÉRÈS dit qu'il lui paraît nécessaire de défendre formellement au mandataire de substituer, lorsqu'il n'y a pas été autorisé par le mandant. Il est évident que dans ce cas, ce dernier n'a accordé sa confiance qu'au mandataire, et non à celui par lequel il s'est fait remplacer.

M. TREILHARD dit que le mandataire répond de celui qu'il emploie, et qu'ainsi le mandant a une garantie.

Le consul CAMBACÉRÈS dit que cette garantie peut n'être pas suffisante : quand on se choisit un mandataire, on ne règle pas toujours sa confiance sur la fortune, mais souvent sur la probité, le zèle et l'intelligence.

M. TREILHARD dit qu'on pourrait ne permettre au mandataire de substituer que lorsque cette faculté ne lui a pas été refusée par le mandant.

Le consul CAMBACÉRÈS dit que le mandant répugnera, pour l'ordinaire, à exprimer une semblable défense : il est plus naturel de la faire résulter de son silence.

M. TREILHARD dit que la prohibition de substituer aura nécessairement des inconvéniens. Le mandataire peut être malade ou empêché de toute autre manière ; il faut cependant que l'affaire dont il s'est chargé ne souffre pas de cet obstacle : mais s'il ne peut se faire remplacer, sa responsabilité se trouve compromise.

Il paraît donc convenable de forcer du moins le mandant à exprimer clairement sa volonté, lorsqu'il veut borner sa confiance à son mandataire immédiat.

M. Tronchet dit qu'il est dur de ne pas permettre au mandataire de se décharger du mandat lorsque les circonstances le réduisent à l'impossibilité d'agir par lui-même, et qu'en se dégageant il ne met pas en péril l'intérêt de celui qui l'a constitué : c'est assez de le soumettre à l'obligation rigoureuse de répondre de celui qu'il commet à sa place.

On pourrait décider que le mandataire sera déchargé du mandat pour toute cause jugée légitime contradictoirement avec le mandant.

M. Treilhard dit que cette question est différente de celle qui s'agite et qui a été élevée par le Consul.

M. Berlier dit que la disposition proposée par le Consul, aurait pour tout résultat beaucoup de rigueur sans utilité.

D'abord, il ne faut pas perdre de vue que le mandat est gratuit de sa nature, et qu'en matière de bons offices, il ne faut pas faire la loi trop dure à celui qui les rend.

En second lieu, la loi ne doit pas prescrire des obligations telles que dans certaines circonstances il devienne presque louable d'y déroger, comme cela arriverait, si le mandataire tombait malade dans un moment où l'intérêt même du mandant exigerait quelques démarches actives.

Enfin, qu'y a-t-il de mieux que la responsabilité établie par l'article? Si celui que le mandataire s'est substitué fait mal, le mandataire en répondra ; mais s'il fait bien, quelle action le mandant pourrait-il avoir, lors même que la clause prohibitive existerait? Elle serait donc au moins inutile.

Le consul Cambacérès se rend à ces observations.

(Les changemens faits à l'article ont eu lieu sans autre discussion).

1995. Quand il y a plusieurs fondés de pouvoir ou mandataires établis par le même acte, il n'y a de solidarité entre eux qu'autant qu'elle est exprimée.

(Cet article, le XIIIe du Projet, fut adopté sans discussion.)

1996. Le mandataire doit l'intérêt des sommes qu'il a employées à son usage, à dater de cet emploi ; et de celles dont il est reliquataire, à compter du jour qu'il est mis en demeure.

(Cet article, le XIVe. du Projet, fut adopté sans discussion).

1997. Le mandataire qui a donné à la partie avec laquelle il contracte en cette qualité, une suffisante connaissance de ses pouvoirs, n'est tenu d'aucune garantie pour ce qui a été fait au-delà, s'il ne s'y est personnellement soumis.

(Cet article, le XVe. du Projet, fut adopté sans discussion).

CHAPITRE III.

DES OBLIGATIONS DU MANDANT.

1998. Le mandant est tenu d'exécuter les engagemens contractés par le mandataire, conformément au pouvoir qui lui a été donné (1).

Il n'est tenu de ce qui a pu être fait au-delà, qu'autant qu'il l'a ratifié expressément ou tacitement.

XVI. *Le mandant est tenu d'exécuter ce qui a été fait suivant le pouvoir qu'il a donné, il n'est tenu de ce qui a pu être fait, etc.*

(Les changemens qu'a subis l'article ont eu lieu sans discussion).

1999. Le mandant doit rembourser au mandataire les avances et frais que celui-ci a faits pour l'exécution du mandat, et lui payer ses salaires lorsqu'il en a été promis.

S'il n'y a aucune faute imputable au mandataire, le mandant ne peut se dispenser de faire ces remboursement et paiement, lors même que l'affaire n'aurait pas réussi, ni faire réduire le montant des frais et avances sous le prétexte qu'ils pouvaient être moindres.

XVII. *Le mandant doit au mandataire le remboursement des avances et frais que celui-ci a payés pour l'exécution du mandat.*

Le mandant ne peut s'en dispenser, sur le fondement que l'affaire n'a

---

(1) Le tribunal d'appel d'Agen demandait si celui qui a le pouvoir de vendre, a le pouvoir de recevoir le prix, s'il ne lui a été expressément confié ?

pas

pas réussi, si elle n'a point manqué par la faute du mandataire, ni faire réduire le montant de ces frais et avances, sur le fondement qu'ils pouvaient être moindres, s'il n'y a eu dol ou faute imputable au mandataire.

(L'article fut adopté. Les changemens qu'il a subis ont eu lieu sans discussion).

2000. Le mandant doit aussi indemniser le mandataire des pertes que celui-ci a essuyées à l'occasion de sa gestion, sans imprudence qui lui soit imputable.

(Cet article, le XVIIIe. du Projet, fut adopté sans discussion).

2001. L'intérêt des avances faites par le mandataire lui est dû par le mandant, à dater du jour des avances constatées.

(Cet art., le XIXe. du projet, fut adopté sans discussion.)

2002. Lorsque le mandataire a été constitué par plusieurs personnes pour une affaire commune, chacune d'elles est tenue solidairement envers lui de tous les effets du mandat.

(Cet article, le XXe. du Projet, fut adopté sans discussion).

CHAPITRE IV.

DES DIFFÉRENTES MANIÈRES DONT LE MANDAT FINIT.

2003. Le mandat finit,
Par la révocation du mandataire,
Par la renonciation de celui-ci au mandat,
Par la mort naturelle ou civile, l'interdiction ou la déconfiture, soit du mandant, soit du mandataire (1).

(Cet article, le XXIe. du Projet, fut adopté sans discussion).

2004. Le mandant peut révoquer sa procuration quand

---

(1) Le mandat donné par une femme est-il revoqué par son mariage postérieur ? La mort du tuteur révoque-t-elle le mandat qu'il avait donné pour gérer les affaires du mineur ?

bon lui semble, et contraindre, s'il y a lieu, le mandataire à lui remettre, soit l'écrit sous seing-privé qui la contient, soit l'original de la procuration, si elle a été délivrée en brevet, soit l'expédition, s'il en a été gardé minute.

(Cet article, le XXIIe. du Projet, fut adopté sans discussion).

2005. La révocation notifiée au seul mandataire ne peut être opposée aux tiers qui ont traité dans l'ignorance de cette révocation, sauf au mandant son recours contre le mandataire (1).

(Cet article, le XXIIIe. du Projet, fut adopté sans discussion).

2006. La constitution d'un nouveau mandataire pour la même affaire, vaut révocation du premier, à compter du jour où elle a été notifiée à celui-ci.

(Cet article était le XXIVe. du Projet, à l'exception que dans celui-ci l'on trouvait une seconde disposition ainsi conçue : *Elle obtient son effet vis-à-vis des tiers, à compter du jour où elle leur a été notifiée.* La suppression de cette partie de l'article a eu lieu sans discussion.)

2007. Le mandataire peut renoncer au mandat, en notifiant au mandant sa renonciation.

Néanmoins, si cette renonciation préjudicie au mandant, il devra en être indemnisé par le mandataire, à moins que celui-ci ne se trouve dans l'impossibilité de continuer le mandat sans éprouver lui-même un préjudice considérable.

(Cet article, le XXVe. du Projet, fut adopté sans discussion).

2008. Si le mandataire ignore la mort du mandant, ou

---

(1) Le tribunal d'appel de Toulouse demandait d'excepter le cas où ceux avec lesquels le mandant avait donné pouvoir de traiter, auraient connu la révocation; il observait qu'il serait à désirer que l'on pût trouver un moyen d'arrêter l'effet de la mauvaise foi d'un mandataire qui voudrait abuser d'une procuration générale après que la révocation lui aurait été signifiée.

l'une des autres causes qui font cesser le mandat, ce qu'il a fait dans cette ignorance est valide.
(Cet art., le XXVIe. du Projet, fut adopté sans discussion).

2009. Dans les cas ci-dessus, les engagemens du mandataire sont exécutés à l'égard des tiers qui sont de bonne-foi.
(Cet article fut ajouté lors de la rédaction définitive).

2010. En cas de mort du mandataire, ses héritiers doivent en donner avis au mandant, et pourvoir, en attendant, à ce que les circonstances exigent pour l'intérêt de celui-ci.
(Cet art., le XXVIIe. du Projet, fut adopté sans discussion.)

TITRE XIV.

DU CAUTIONNEMENT.

Décrété le 24 Pluviose an 12, promulgué le 4 Ventose suivant.

CHAPITRE PREMIER.

DE LA NATURE ET DE L'ÉTENDUE DU CAUTIONNEMENT.

2011. Celui qui se rend caution d'une obligation, se soumet envers le créancier à satisfaire à cette obligation, si le débiteur n'y satisfait pas lui-même.

Séance du 16 Frimaire au 12. I. *Celui qui se rend caution d'une obligation, s'oblige envers le créancier à lui payer, au défaut du débiteur, ce que celui-ci lui doit.*

(Cet article fut adopté sans discussion. Les changemens qu'il a éprouvés ont eu lieu après la conférence tenue avec le Tribunat.)

2012. Le cautionnement ne peut exister que sur une obligation valable.

On peut néanmoins cautionner une obligation, encore qu'elle pût être annullée par une exception purement personnelle à l'obligé; par exemple, dans le cas de minorité.

(Cet art., le IIe. du Projet, fut adopté sans discussion).

2013. Le cautionnement ne peut excéder ce qui est dû par le débiteur, ni être contracté sous des conditions plus onéreuses.

Il peut être contracté pour une partie de la dette seulement, et sous des conditions moins onéreuses.

Le cautionnement qui excède la dette, ou qui est contracté sous des conditions plus onéreuses, n'est point nul; il est seulement réductible à la mesure de l'obligation principale.

(Cet article était le IIIe. du Projet).

M. Jollivet pense qu'il serait cependant possible de stipuler la contrainte par corps contre la caution, quoiqu'elle n'eût pas été stipulée contre le débiteur.

MM. Maleville, Bigot-Préameneu, Treilhard et Muraire répondent que le cautionnement n'est qu'un accessoire de l'obligation principale; que la condition de la caution ne peut donc être plus dure que celle du débiteur.

L'article est adopté.

2014. On peut se rendre caution sans ordre de celui pour lequel on s'oblige, et même à son insu.

On peut aussi se rendre caution, non-seulement du débiteur principal, mais encore de celui qui l'a cautionné.

(Cet art., le IVe. du Projet, fut adopté sans discussion).

2015. Le cautionnement ne se présume point; il doit être exprès, et on ne peut pas l'étendre au-delà des limites dans lesquelles il a été contracté.

(Cet article, le Ve du Projet, fut adopté sans discussion).

2016. Le cautionnement indéfini d'une obligation principale s'étend à tous les accessoires de la dette, même aux frais de la première demande, et à tous ceux postérieurs à la dénonciation qui en est faite à la caution.

VI. *Le cautionnement indéfini d'une obligation principale s'étend à tous les accessoires de la dette, même aux frais.*

(La fin de l'article a été ajoutée après les conférences tenues avec la section du Tribunat).

2017. Les engagemens des cautions passent à leurs héritiers, à l'exception de la contrainte par corps, si l'engagement était tel que la caution y fût obligée.

(Cet article, le VIIe. du Projet, fut adopté sans discussion).

2018. Le débiteur obligé à fournir une caution doit en présenter une qui ait la capacité de contracter, qui ait un bien suffisant pour répondre de l'objet de l'obligation, et dont le domicile soit dans le ressort du tribunal d'appel où elle doit être donnée.

VIII. *Le débiteur, qui est obligé de fournir une caution, doit en présenter une qui ait la capacité de contracter, qui ait un bien suffisant pour répondre de l'objet de l'obligation, et qui ait son domicile dans le département où elle doit être donnée.*

M. Jollivet dit que cet article restreint beaucoup trop les facilités que doit avoir le débiteur pour la présentation de la caution. Il serait possible, en effet, qu'il ne pût en trouver dans le département, et qu'au-delà, à une distance très-rapprochée, il eût un ami qui consentît à le cautionner.

M. Treilhard observe que cet article ne concerne pas le cas où le créancier indique la caution qu'il desire, mais celui où la présentation en est confiée au débiteur. Alors il faut que le créancier ne puisse être forcé d'accepter une caution dont la poursuite deviendrait trop embarrassante.

M. Bérenger répond que si le créancier attache quelque intérêt à avoir une caution domiciliée dans le département, il peut le stipuler; mais que la loi ne doit pas ajouter au contrat, pour aggraver la condition du débiteur.

M. Bigot-Préameneu dit que si le débiteur ne croit pas pouvoir fournir une caution domiciliée dans le département, il se ménagera, par la stipulation, une plus grande latitude. Mais hors ce cas, il convient de fixer des limites, et dès-lors, il est impossible d'avoir égard à la possibilité que peut avoir le débiteur de présenter une caution domiciliée à une distance même peu éloignée du territoire fixé.

M. Jollivet demande que du moins la caution puisse être prise parmi les citoyens domiciliés dans le ressort du tribunal d'appel, car la contestation serait portée devant ce tribunal.

L'article est adopté avec cet amendement.

2019. La solvabilité d'une caution ne s'estime qu'eu égard à ses propriétés foncières, excepté en matière de commerce ou lorsque la dette est modique.

On n'a point d'égard aux immeubles litigieux, ou dont la discussion deviendrait trop difficile par l'éloignement de leur situation.

(Cet article, le IXe. du Projet, fut adopté sans discussion).

2020. Lorsque la caution reçue par le créancer, vvolontairement ou en justice, est ensuite devenue insolvable, il doit en être donné une autre.

Cette règle reçoit exception dans le cas seulement où la caution n'a été donnée qu'en vertu d'une convention par laquelle le créancier a exigé une telle personne pour caution.

X. *Lorsque le débiteur a volontairement donné une caution, sans y être tenu par la loi ni par une condamnation, le créancier qui a reçu une caution dont il s'est contenté, ne peut plus en demander d'autre, quand même elle deviendrait insolvable.*

M. Regnaud (de Saint-Jean-d'Angely) attaque le principe de l'article. Il demande qu'on adopte la doctrine de *Pothier*, qui distingue le cas où le débiteur s'est chargé d'une manière indéterminée de fournir une caution, de celui où il s'est obligé sous le cautionnement d'une personne déterminée. *Pothier* ne le décharge que dans le dernier cas, de l'obligation de présenter une caution nouvelle, lorsque celle qu'il a donnée devient insolvable.

M. Treilhard répond que l'obligation de fournir caution est également remplie dans les deux cas. Le créancier avait le droit de discuter la caution conventionnelle et de la refuser : il devait, s'il l'acceptait, prendre ses sûretés sur les biens de cette caution. S'il s'en est contenté, et qu'elle devienne insolvable, il ne peut plus imputer qu'à lui-même le préjudice qu'il éprouve.

M. Regnaud (de Saint-Jean-d'Angely) réplique que ce raisonnement ne s'applique qu'aux cautions hypothécaires; mais pour les dettes modiques on se contente d'une caution dont on estime la solvabilité par sa consistance personnelle.

M. Treilhard dit que si l'on réduit la proposition aux dettes modiques, elle perd beaucoup de son intérêt, et ne porte plus que sur quelques cas particuliers. Alors il suffit de l'article VIII qui fixe les caractères des cautions exigées pour les obligations importantes. Si la caution présentée n'était pas propriétaire d'immeubles, le créancier a eu tort de l'accepter. Si elle avait des immeubles, il a eu tort de ne pas former d'inscription.

M. Bérenger dit que l'article X porte atteinte à la substance du contrat.

Tout ce qu'on a dit pour le soutenir est vrai, lorsqu'il s'agit d'une caution hypothécaire ou déterminée; mais la question se présente dans d'autres circonstances.

Les articles VIII et IX sont pour le cas où la caution est forcée. Ils règlent la manière de remplir l'intention des contractans, qui ont voulu que le créancier eût une caution suffisante : hors les engagemens de commerce et les obligations modiques, ils ne mesurent la solvabilité de la caution que sur les immeubles dont elle est propriétaire : il est très-difficile au débiteur de trouver une caution qui réunisse tous les caractères prescrits par ces articles : le créancier, pour le faciliter et pour prévenir une contestation, a pu se relâcher un peu de ses droits; et cependant l'art. X tourne contre lui la complaisance qu'il a eue pour son débiteur.

M. BERLIER dit que nonobstant l'estime due à l'opinion de *Pothier*, opinion d'ailleurs fort souvent gênée par les textes qu'il voulait concilier, il peut y avoir ici une distinction à faire, mais qui s'applique à un cas beaucoup plus restreint.

Si MM. Regnaud et Bérenger se bornaient à demander que l'obligation de fournir une nouvelle caution, en cas d'insolvabilité de la première, eût lieu lorsque cette première caution refusée par le créancier n'aurait été admise que par le juge, cela serait juste, et ce n'est point dans une telle espèce qu'on saurait avec succès opposer à la partie le fait du juge comme le sien propre; en effet, il n'y a là rien de libre, et conséquemment nul argument à tirer de la volonté qui est la base des contrats.

Mais quand cette volonté s'est exprimée d'une manière formelle et libre sur-tout, pourquoi, inscrite dans l'acte postérieur, n'aurait-elle pas le même effet que celle consignée dans l'acte primitif? S'il y a ici différence dans les tems, il n'y en a point dans la chose. Quand on promet de donner une caution, il est sous-entendu, sans doute, qu'elle sera solvable, mais il est formellement établi que le créancier sera juge de cette solvabilité, puisqu'il peut recevoir la caution ou la contester.

Qu'importe donc, lorsqu'il l'accepte sans contrainte et sans réserve, que ce soit dans l'acte primitif ou dans un acte postérieur? Cet acte-ci est-il autre chose que le complément du premier?

L'obligation indéfinie de fournir une caution, est, dit-on, toute autre chose que le contrat qui se forme sur l'indication précise d'un tel pour caution. Que cela établisse une différence jusqu'à l'indication précise de la caution et l'acceptation qui en est faite, soit; mais à cette seconde époque, la condition des parties ne devient-elle pas absolument la même qu'elle eût été dans l'acte primitif? Pourquoi donc aggraver la condition du débiteur par une distinction subtile? Quoi qu'on en dise, l'acceptation libre et sans réserve de la caution promise a tout consommé sur ce

point,

point, et la loi ne doit point vouloir plus que les parties n'ont voulu elles-mêmes.

Le consul Cambacérès dit que M. Berlier ne s'est pas placé dans toutes les hypothèses qui peuvent se présenter. Par exemple, le propriétaire d'une usine l'afferme à la charge que le fermier lui fournira une caution qui réponde des dégradations et des frais d'entretien. Pour s'épargner une discussion, il accepte celle qui est présentée.

Cependant, si ensuite elle devient insolvable et qu'il ne puisse en exiger une autre, il demeure sans garantie, et la convention est éludée. Ainsi, si la loi se renferme dans la distinction proposée par M. Berlier, le propriétaire, pour obtenir réellement les sûretés qu'il aura stipulées, sera forcé de discuter fictivement la caution, et d'en laisser ordonner la réception. C'est là une de ces subtilités que la loi doit éviter.

Pourquoi la convention ne pourrait-elle avoir dans ce cas le même effet que le jugement? L'article X, même avec la distinction qu'on a faite, ne peut être admis que lorsqu'il s'agit d'un prêt en argent. Dans tout autre cas, et sur-tout lorsqu'il s'agit d'une caution et d'une entreprise, comme serait la construction d'un canal pour lequel on fournit des fonds d'avance, le cautionnement se lie à la nature de la convention ; or, l'article X en empêcherait l'effet.

M. Regnaud (de Saint-Jean-d'Angely) dit que souvent on n'accorde que sous caution la disposition des marchandises entreposées ; cependant, si l'article X était adopté, les agens du fisc ne pourraient exiger une caution nouvelle, lorsque la première serait devenue insolvable.

On ne saurait objecter que la solvabilité de la caution ne pourra jamais être douteuse, parce qu'elle sera estimée, eu égard à ses propriétés foncières : l'article IX n'établit cette règle que pour le juge dans le cas où la validité de la caution est contestée ; mais pour les autres cas, l'article VIII répute solvable la caution qui a un bien suffisant.

M. Tronchet dit que la difficulté qu'on rencontre, vient de la différence qui existe entre la rédaction de la commission et celle de la section. L'exception que la commission avait proposée ne se référait qu'à la caution déterminée, et, en effet alors, si le créancier revient sur ses pas, il change la condition du débiteur qui ne peut plus retrouver la même personne. Il faudrait donc réduire l'article au seul cas de la caution déterminée.

M. Portalis dit que, dans la vérité, lorsqu'on stipule une caution indéterminée, on entend stipuler une garantie qui soit suffisante pendant toute la durée de l'obligation. Ainsi, quoique le créancier se contente de celle qui lui est offerte, le débiteur cependant n'est point affranchi de l'engagement général de donner une garantie. Au contraire, dans le cas de la caution déterminée, la garantie est déterminée elle-même.

Toute caution peut devenir insolvable; mais au risque de qui court le danger de l'insolvabilité ? Ce ne peut être contre celui qui a entendu s'assurer une garantie, et au profit du débiteur. Le créancier, en effet, ne l'a exigée qu'à son profit, et parce qu'il ne voulait point suivre la foi de ce débiteur. Ainsi, l'obligation de fournir une garantie subsiste pour lui, lorsque la caution qui a été acceptée devient insolvable.

M. Bigot-Préameneu dit qu'il y a aussi des considérations qui militent en faveur du débiteur. Il n'est pas toujours facile de trouver des cautions, sur-tout lorsque leur solvabilité n'est estimée que d'après les propriétés foncières qu'elles possèdent. Il paraît donc juste, lorsque le débiteur est parvenu à trouver une telle caution, de ne point le soumettre ultérieurement à l'obligation d'en fournir une nouvelle. Il a satisfait à son engagement, en présentant une caution que le créancier a trouvée suffisante; l'acceptation que ce dernier en a faite, met la solvabilité à ses risques et périls.

M. Portalis répond qu'il ne serait pas juste, au contraire, de tourner contre le créancier l'indulgence avec laquelle il a traité le débiteur, en ne discutant pas avec assez de sévérité la caution qui lui était présentée. C'était à celui-ci à choisir la caution la plus sûre. Au reste, si la solvabilité ne devait être estimée, dans tous les cas, que d'après ses propriétés foncières, il faudrait décider qu'on n'admettra que des cautions hypothécaires.

M. Treilhard dit qu'il y a cette différence entre la caution déterminée et la caution indéterminée, que lorsque le créancier a exigé la première, c'est par l'effet de son choix particulier, et alors il s'est interdit toute discussion. Au contraire, lorsqu'il n'a exigé qu'une caution indéterminée, il en a déféré le choix au débiteur, et s'en est réservé la discussion. Si donc il avait usé, comme il le devait, de cette faculté de discuter la caution, il n'aurait pas mis le débiteur dans l'embarras; ainsi, l'on ne peut pas dire qu'il soit moins exempt de faute que le débiteur. Celui-ci a rempli son obligation, en présentant une caution qui a été acceptée; car, à moins qu'il n'y ait une stipulation particulière, on ne peut pas soutenir que l'intention des contractans ait été qu'il serait fourni plusieurs cautions successives.

M. Tronchet dit que ces raisonnemens détruiraient la distinction faite par la section. On pourrait, en effet, dire également que le débiteur a satisfait à son obligation quand la caution qu'il a présentée a été jugée solvable. Mais si cette application n'est pas exacte au cas où le débiteur est obligé ou par la loi ou par un jugement à donner caution, elle ne peut l'être dans le cas où la caution a été stipulée; car les conventions sont aussi des lois que les parties se font à elles-mêmes. L'esprit d'une semblable convention est que la caution sera telle qu'elle donne une garantie au débiteur jusqu'à l'exécution effective de l'obligation.

M. TREILHARD répond que quand la caution est légale, il est dans l'intention de la loi qu'elle fournisse au créancier sa sûreté pendant toute la durée de l'engagement; mais que quand elle est conventionnelle, l'intention des contractans a eu tout son effet aussitôt que le débiteur en a présenté une que le créancier a jugée valable, et qu'il a acceptée. Cette acceptation a rendu déterminée la caution indéterminée qui avait été stipulée.

L'article de la section est rejeté, et le Conseil adopte l'article XXVII du titre VI, chap. IV du Projet de Code civil, ainsi conçu :

Lorsque la caution qui a été reçue est devenue depuis insolvable, celui qui l'a offerte est obligé d'en donner une autre.

Cette règle reçoit exception, lorsque la caution n'a été donnée qu'en vertu d'une convention par laquelle le débiteur s'était obligé de donner une telle personne pour caution.

(Les changemens qu'il a éprouvés ont eu lieu sans discussion.)

CHAPITRE II.

DE L'EFFET DU CAUTIONNEMENT.

SECTION PREMIERE.

DE L'EFFET DU CAUTIONNEMENT ENTRE LE CRÉANCIER ET LA CAUTION.

2021. La caution n'est obligée envers le créancier à le payer qu'à défaut du débiteur, qui doit être préalablement discuté dans ses biens, à moins que la caution n'ait renoncé au bénéfice de discussion, ou à moins qu'elle ne se soit obligée solidairement avec le débiteur; auquel cas l'effet de son engagement se règle par les principes qui ont été établis pour les dettes solidaires.

(Cet article, le XIe du Projet, fut adopté sans discussion).

Séance du 23 Frimaire an 12.

2022. Le créancier n'est obligé de discuter le débiteur principal, que lorsque la caution le requiert, sur les premières poursuites dirigées contre elle.

XII. *Le créancier n'est obligé de discuter le débiteur principal, que lorsque la caution le requiert.*

(La fin de l'article a été ajoutée après les conférences tenues avec la section du Tribunat).

2023. La caution qui requiert la discussion, doit indiquer au créancier les biens du débiteur principal, et avancer les deniers suffisans pour faire la discussion.

Elle ne doit indiquer ni des biens du débiteur principal, situés hors de l'arrondissement du tribunal d'appel du lieu où le paiement doit être fait, ni des biens litigieux, ni ceux hypothéqués à la dette qui ne sont plus en la possession du débiteur.

(Cet article a été formé des articles XIII et XIV du Projet.

Le consul Cambacérès demande pourquoi le créancier ne serait pas obligé de discuter les biens que le débiteur peut avoir hors de l'arrondissement du tribunal d'appel.

M. Bigot-Préameneu répond qu'il a toujours été reçu que le créancier n'est pas tenu de discuter les biens situés à une si grande distance que la discussion en devienne et trop dispendieuse et trop embarrassante.

Ces articles sont adoptés. (Leur réunion a eu lieu sans discussion.).

2024. Toutes les fois que la caution a fait l'indication de biens autorisée par l'article précédent, et qu'elle a fourni les deniers suffisans pour la discussion, le créancier est, jusqu'à concurrence des biens indiqués, responsable, à l'égard de la caution, de l'insolvabilité du débiteur principal survenue par le défaut de poursuites.

XV. *Le créancier qui a négligé de discuter les biens qui lui ont été indiqués n'en a pas moins le droit de poursuivre la caution.*

Néanmoins si le créancier avait accepté les deniers pour la discussion des biens indiqués, il serait responsable de l'insolvabilité survenue par le défaut de poursuites.

M. Lacuée dit que cet article paraît détruire l'effet de l'article XIII. Ce dernier article assure à la caution le bénéfice de la discussion, pourvu qu'elle indique les biens du débiteur et qu'elle avance les frais : l'article XV semble ensuite l'en priver, quoiqu'elle ait satisfait à ces deux conditions, car il permet au créancier de ne pas discuter le débiteur et de poursuivre cependant la caution.

M. Muraire observe à M. Lacuée que la seconde partie de l'article XV réduit sa première disposition au créancier qui a été seulement requis de discuter le débiteur principal, mais auquel la caution n'a pas avancé les frais de la discussion.

M. Bigot-Préameneu dit qu'en effet la caution ne peut renvoyer le créancier à discuter le débiteur principal, qu'en remplissant la double condition d'indiquer les biens et d'avancer les frais : alors seulement toute poursuite contre la caution est interdite au créancier jusqu'après la discussion ; et s'il laisse tomber le débiteur principal dans un état d'insolvabilité, il porte seul la peine de sa négligence.

M. Defermon dit que l'objection de M. Lacuée ne paraît pas résolue : le créancier à qui la caution indique les biens du débiteur principal et fait l'avance des frais, ne peut plus revenir sur elle qu'en cas d'insuffisance des biens indiqués. Ce principe est d'abord reconnu par l'article XI, et cependant, d'après l'article XV, le créancier pourrait négliger la discussion du débiteur principal et exercer son recours contre la caution pour la totalité de la dette.

M. Bigot-Préameneu répond qu'il n'y a pas de contradiction entre les dispositions. Le créancier auquel on a indiqué des biens et fait les avances nécessaires, peut ne pas poursuivre le débiteur principal ; mais si, depuis qu'il a été mis en état de le discuter, ce débiteur devient insolvable, le créancier ne conserve de recours contre la caution que pour la portion de la dette que les biens indiqués n'eussent pu acquitter.

Le Premier Consul dit que l'article devrait exprimer plus clairement que l'insolvabilité du débiteur retombe sur la caution, lorsqu'elle s'est bornée à indiquer les biens du débiteur sans avancer les frais.

M. Treilhard dit que l'article est rédigé dans ce sens.

Le consul Cambacérès dit qu'on peut s'en tenir dans cette matière à un principe beaucoup plus simple. La caution qui n'a pas renoncé au bénéfice de discussion, doit ne pouvoir éteindre l'action du créancier qu'en payant la dette : sa garantie sera dans la subrogation de celui qu'elle paie. Aucune autre circonstance que le paiement ne peut enlever au créancier ses droits contre la caution.

M. Bigot-Préameneu observe que le cautionnement est un office d'ami et gratuit; s'il était intéressé, il changerait de nature et deviendrait une société : il ne serait donc pas juste de rendre la condition de la caution trop difficile; personne ne voudrait plus cautionner. Quand la caution indique les biens des débiteurs et qu'elle avance les frais de discussions, le créancier ne souffre aucun préjudice.

M. Tronchet dit que l'article XV est inutile, s'il ne tend qu'à établir le principe que lorsque la caution s'est bornée à indiquer les biens du débiteur, elle demeure responsable de son insolvabilité; que si en outre elle avance les frais de discussion, la responsabilité tombe sur le créancier. Ce principe était déjà consacré par l'article XIII qui règle évidemment les deux cas.

Mais il a voulu prévoir le cas où le créancier, quoique mis en état de discuter le débiteur principal, est cependant demeuré dans l'inaction, et où le débiteur est devenu insolvable. On suppose qu'alors sa négligence doit tourner contre lui-même, et que la caution ne peut plus être poursuivie. Cette règle pose sur un faux principe, car la caution doit aussi répondre de l'insolvabilité du débiteur; elle pouvait également la prévenir, puisqu'elle avait une action contre le débiteur pour l'obliger à se libérer.

Le consul Cambacérès dit que si l'art. XV était adopté, il faudrait du moins fixer le tems pendant lequel le créancier serait responsable de l'insolvabilité du débiteur principal.

Mais cet article pose en effet sur un faux principe, ou du moins sur un principe controversé. Les auteurs se partagent sur la question de savoir, si, dans le cas prévu, ce sera sur le créancier ou sur la caution que tombera l'insolvabilité du débiteur; et cependant la section pose en principe que c'est au créancier qu'elle doit nuire.

M. Treilhard dit qu'il est facile d'entendre et de justifier la proposition de la section.

Elle autorise la caution à requérir la discussion des biens du débiteur principal, mais à la charge de les indiquer et d'avancer les frais. Quand le créancier accepte ces avances, il se charge des suites, et l'insolvabilité subséquente du débiteur est à sa charge.

Mais il peut arriver que la caution ne remette pas les frais : alors le créancier conserve tous ses droits contre elle; c'est ce qu'il était inutile d'exprimer.

Il peut arriver aussi que le créancier, après avoir reçu, demeure dans l'inaction, et que le débiteur, solvable au moment où la discussion a été requise et que la caution a rempli les conditions prescrites, devienne ensuite insolvable : cependant la caution qui s'est crue en sûreté, parce qu'elle a satisfait à ce qui était exigé d'elle pour s'affranchir de toute responsabilité, s'en repose sur le créancier, et reste tranquille : il est juste que, dans ces circonstances, elle ne porte pas le poids d'un événement qui n'a eu lieu que par la faute du créancier : sa garantie doit se borner à la portion de la dette dont les biens qu'elle avait indiqués ne pouvaient pas répondre.

Le Premier Consul dit que ce raisonnement serait sans réplique, si le créancier avait spontanément accepté ; mais il serait injuste de le rendre indéfiniment garant : car si la caution, prévoyant l'insolvabilité du débiteur principal, se presse de requérir la discussion, indique les biens, et, sur le refus que fait le créancier de recevoir l'avance des frais, les consigne, le créancier devra-t-il être victime de cette sorte de fraude ? Il paraîtrait donc convenable de rendre la caution responsable de l'insolvabilité du débiteur pendant les trois mois qui suivront la réquisition de la discussion, l'indication des biens et le paiement des avances.

Le consul Cambacérès dit qu'il admet cette modification ; que cependant elle ne lève point la difficulté principale, car l'article discuté reste toujours en contradiction avec l'art. Ier., qui oblige la caution de payer au défaut du débiteur.

On répondra que le bénéfice de discussion adoucit cette règle générale ; mais cet adoucissement ne consiste qu'à renvoyer d'abord le créancier vers le débiteur principal : il n'éteint pas son action contre la caution. Si l'on veut étendre plus loin l'effet du bénéfice de discussion, il faut changer la définition du cautionnement, et dire qu'il consiste à indiquer les biens du débiteur principal et à faire l'avance des frais de poursuite : or, ce n'est certainement pas là ce que l'on se propose. Ainsi la disposition de l'article en discussion ne peut pas avoir lieu de plein droit contre le créancier qui ne consent point à réduire à ces termes l'engagement de la caution.

M. Treilhard dit que l'article suppose ce consentement, car il ne change la condition du créancier que lorsque celui-ci, par son fait, change le droit commun. Il lui est permis, en effet, ou de se charger lui-même des poursuites contre le débiteur, ou d'en charger la caution. Le mot *accepter* qu'emploie l'article, indique assez que sa disposition est dans l'hypothèse d'une convention nouvelle entre le créancier et la caution : celle-ci a donc le droit de se reposer entièrement sur l'exactitude du créancier. Cependant si vingt-quatre heures après que le créancier a reçu les avances, le bien du débiteur lui échappait, l'événement ne devrait pas porter sur lui, car l'insolvabilité de ce débiteur ne viendrait pas de son fait. M. Treilhard admet donc l'article avec l'amendement proposé par le premier Consul.

Le PREMIER CONSUL demande si le créancier peut être contraint d'accepter l'avance des frais.

MM. TRONCHET et RÉAL répondent qu'il ne peut pas s'en exempter.

Le PREMIER CONSUL dit qu'alors le système de M. Treilhard ne peut pas subsister.

M. TRONCHET dit que l'enchaînement des idées sur ce sujet est infiniment simple : la caution doit payer pour le débiteur ; telle est la règle générale. Le bénéfice de discussion lui donne seulement la faculté de prouver que le débiteur peut payer. La condition de cette faculté est d'indiquer les biens et d'avancer les frais de discussion : alors le créancier ne peut se dispenser de prendre sur lui les poursuites. Néanmoins la caution n'est pas déchargée : si les biens du débiteur ne suffisent pas à l'acquittement de la dette, elle est forcée de compléter le paiement. Ainsi le bénéfice de discussion ne fait que suspendre l'action du créancier contre la caution.

Cependant le créancier, lorsqu'il a reçu l'avance des frais, devient son mandataire : de là résulte, non qu'elle soit affranchie de plein droit, mais que si son mandataire néglige de remplir son mandat, il doit répondre des suites de son inexactitude ; et alors la caution se trouve dégagée envers lui, comme créancier, jusqu'à concurrence de ce qu'il a pu recouvrer de la dette.

Le PREMIER CONSUL dit que néanmoins la question n'est pas résolue, car il reste toujours que le créancier n'a pas le droit de refuser l'avance des frais que lui offre la caution : quand il les reçoit, point de doute que les événemens ne doivent tomber sur lui ; mais il ne serait pas juste de le rendre également responsable dans le cas où, préférant la sûreté que lui présente la caution, et sachant que bientôt le débiteur principal deviendra insolvable, il ne retire pas les deniers consignés. Il paraît donc convenable de ne faire commencer la responsabilité du créancier qu'après un délai.

M. TREILHARD dit que l'article n'est point rédigé dans l'hypothèse où il y a contestation entre la caution et le créancier, et par suite consignation de deniers ; il n'est que pour le cas où le créancier a reçu les avances. Or, il ne les accepte pas, quand il les laisse entre les mains du receveur des consignations.

» Il est certain au surplus que si l'insolvabilité du débiteur survient assez promptement pour que le créancier n'ait pas eu le tems de diriger contre lui les poursuites, ce créancier n'en doit pas être responsable. Il est donc juste et nécessaire de donner un délai.

M. TRONCHET dit que les doutes naissent du mot *accepter*. Le résultat d'offres valablement faites est absolument le même que celui d'une acceptation volontaire. Il faudrait donc, dans la rédaction, éviter le mot *accepter*, et s'exprimer ainsi : *lorsque le débiteur a indiqué des biens suffisans et fourni les frais de poursuite*. Cette locution comprendrait également et le cas où il y a acceptation et celui où il y a consignation par suite du refus d'accepter; on pourrait ajouter que si le créancier, pendant un délai qu'on déterminerait, néglige de poursuivre le débiteur principal, les événemens sont à ses risques.

LE PREMIER CONSUL dit qu'il paraît convenable de distinguer : quand le créancier accepte les deniers, il consent à se charger des poursuites, et dès-lors tous les événemens postérieurs doivent être à sa charge; mais quand il les refuse, et qu'ils sont ensuite consignés, on pourrait ne faire commencer sa responsabilité que trois mois après.

M. TREILHARD fait une autre observation. Il dit que l'acceptation du créancier forme un engagement dont l'objet est de le charger des poursuites à l'effet de retirer tout ce que peuvent fournir les biens indiqués; mais si une partie de ces biens échappe au paiement de la dette sans la faute du créancier, la caution ne doit être libérée que jusqu'à due concurrence. La rédaction ne paraît pas rendre assez clairement cette idée.

L'amendement du premier Consul est adopté, et l'article renvoyé à la section.

(Les changemens qu'il a subis ont eu lieu sans autre discussion.)

2025. Lorsque plusieurs personnes se sont rendues cautions d'un même débiteur pour une même dette, elles sont obligées chacune à toute la dette.

(Cet article, le XVIe. du Projet, fut adopté sans discussion).

2026. Néanmoins, chacune d'elles peut, à moins qu'elle n'ait renoncé au bénéfice de division, exiger que le créancier divise préalablement son action, et la réduise à la part et portion de chaque caution.

Lorsque, dans le tems où une des cautions a fait prononcer la division, il y en avait d'insolvables, cette caution est tenue proportionnellement de ces insolvabilités ; mais elle ne peut plus être recherchée à raison des insolvabilités survenues depuis la division.

(Cet article, le XVIIe. du Projet, fut adopté sans discussion).

2027. Si le créancier a divisé lui-même et volontairement son action, il ne peut revenir contre cette division, quoiqu'il y eût, même antérieurement au tems où il l'a ainsi consentie, des cautions insolvables.

(Cet article était le XVIIIe. du Projet).

M. DEFERMON demande que la modification adoptée pour l'article XV soit étendue à l'article XVIII, attendu que le créancier a pu ignorer l'insolvabilité des cautions, si elle est survenue dans un tems très-rapproché de celui où il a divisé son action.

M. MURAIRE répond qu'il n'y a pas parité de raisons, parce que, dans le cas de l'article XVIII, la division est en entier du fait du créancier.

M. BIGOT-PRÉAMENEU ajoute que les cautions ont pu compter sur le bénéfice de la division, qu'elles sont donc déchargées quand la division s'opère et que les événemens postérieurs ne peuvent plus les concerner ; au lieu que dans le cas de l'article XV, la caution n'est pas libérée de plein droit par cela seul qu'elle a indiqué les biens et fait l'avance des poursuites. On ne peut donc lui accorder cette faveur qu'après un délai.

M. DEFERMON observe que, suivant l'article XVI, chaque caution répond de la totalité de la dette. Si donc l'une d'elles, se voyant poursuivie par le créancier, demande la division de l'action, le tribunal pourra la prononcer par la considération que toutes les cautions sont solvables. Ainsi, lorsque peu après l'une d'elles cesse de l'être, il n'est pas juste de décharger des suites de cet événement la caution qui a obtenu la division, pour en charger le créancier qui n'avait pas la faculté de le prévenir.

M. TREILHARD dit qu'il ne faut point séparer l'article XVI de l'art. XVII qui prévoit et résout cette objection.

L'article est adopté.

SECTION II.

DE L'EFFET DU CAUTIONNEMENT ENTRE LE DÉBITEUR ET LA CAUTION.

2028. La caution qui a payé, a son recours contre le débiteur principal, soit que le cautionnement ait été donné au su ou à l'insu du débiteur.

Ce recours a lieu tant pour le principal que pour les intérêts et les frais; néanmoins la caution n'a de recours que pour les frais par elle faits depuis qu'elle a dénoncé au débiteur principal les poursuites dirigées contre elle.

Elle a aussi recours pour les dommages et intérêts, s'il y a lieu.

(Cet article, le XIXe. du Projet, fut adopté sans discussion).

2029. La caution qui a payé la dette, est subrogée à tous les droits qu'avait le créancier contre le débiteur.

XX. *La caution a, pour ce recours, les mêmes actions et le même privilége de subrogation que la loi accorde au codébiteur solidaire.*

(Les changemens faits à l'article ont eu lieu après les conférences tenues avec la section du Tribunat).

2030. Lorsqu'il y avait plusieurs débiteurs principaux solidaires d'une même dette, la caution qui les a tous cautionnés, a, contre chacun d'eux, le recours pour la répétition du total de ce qu'elle a payé.

(Cet article, le XXIe. du Projet, fut adopté sans discussion).

2031. La caution qui a payé une première fois, n'a point de recours contre le débiteur principal qui a payé une seconde fois, lorsqu'elle ne l'a point averti du paiement par elle fait; sauf son action en répétition contre le créancier.

Lorsque la caution aura payé sans être poursuivie et sans avoir averti le débiteur principal, elle n'aura point de recours contre lui dans le cas où, au moment du paiement, ce débiteur aurait eu des moyens pour faire déclarer la dette éteinte; sauf son action en répétition contre le créancier.

(Cet article était le XXIIe. du Projet, à l'exception des mots : *Sauf son action en répétition contre le créancier*, qui ont été ajoutés après les conférences tenues avec la section du Tribunat : il fut adopté sans discussion).

2032. La caution, même avant d'avoir payé, peut agir contre le débiteur pour être par lui indemnisée,

1°. Lorsqu'elle est poursuivie en justice pour le paiement;

2°. Lorsque le débiteur a fait faillite, ou est en déconfiture;

3°. Lorsque le débiteur s'est obligé de lui rapporter sa décharge dans un certain tems;

4°. Lorsque la dette est devenue exigible par l'échéance du terme sous lequel elle avait été contractée;

5°. Au bout de dix années, lorsque l'obligation principale n'a point de terme fixe d'échéance, à moins que l'obligation principale, telle qu'une tutelle, ne soit pas de nature à pouvoir être éteinte avant un tems déterminé (1).

(Cet article, le XXIIIe. du Projet, fut adopté sans discussion).

SECTION III.

DE L'EFFET DU CAUTIONNEMENT ENTRE LES COFIDÉJUSSEURS.

2033. Lorsque plusieurs personnes ont cautionné un même débiteur pour une même dette, la caution qui a acquitté la dette, a recours contre les autres cautions, chacune pour sa part et portion;

Mais ce recours n'a lieu que lorsque la caution a payé dans l'un des cas énoncés en l'article précédent.

XXIV. *Lorsque plusieurs personnes ont cautionné un même débiteur*

---

(1) Le tribunal d'appel de Montpellier observait qu'il faudrait exprimer si, au bout de dix années, la caution peut obliger le débiteur d'une rente à en rembourser le capital.

pour une même dette, la caution qui a acquitté la dette a recours contre les autres cautions, chacune pour sa part et portion.

Mais ce recours n'a lieu que lorsque la caution a payé en conséquence de poursuites dirigées contre elle.

M. JOLLIVET observe que l'article pourrait, à raison de sa généralité, être appliqué à la caution qui aurait déjà payé, qu'il est donc nécessaire d'exprimer que le recours n'aura point lieu contre elle.

L'article est adopté avec cet amendement.

CHAPITRE III.

DE L'EXTINCTION DU CAUTIONNEMENT.

2034. L'obligation qui résulte du cautionnement, s'éteint par les mêmes causes que les autres obligations.

(Cet article, le XXVe. du Projet, fut adopté sans discussion).

2035. La confusion qui s'opère dans la personne du débiteur principal et de sa caution, lorsqu'ils deviennent héritiers l'un de l'autre, n'éteint point l'action du créancier contre celui qui s'est rendu caution de la caution.

(Cet article, le XXVIe. du Projet; fut adopté sans discussion).

2036. La caution peut opposer au créancier toutes les exceptions qui appartiennent au débiteur principal, et qui sont inhérentes à la dette ;

Mais elle ne peut opposer les exceptions qui sont purement personnelles au débiteur.

(Cet article, le XXVIIe. du Projet, fut adopté sans discussion).

2037. La caution est déchargée, lorsque la subrogation aux droits, hypothèques et priviléges du créancier, ne peut plus, par le fait de ce créancier, s'opérer en faveur de la caution.

(Cet art., le XXVIIIe. du Projet, fut adopté sans discussion).

2038. L'acceptation volontaire que le créancier a faite d'un immeuble ou d'un effet quelconque en paiement de la dette principale, décharge la caution, encore que le créancier vienne à en être évincé.

(Cet article, le XXIXe. du Projet, fut adopté sans discussion).

2039. La simple prorogation de terme, accordée par le créancier au débiteur principal, ne décharge point la caution, qui peut, en ce cas, poursuivre le débiteur pour le forcer au paiement.

(Cet art., le XXXe. du Projet, fut adopté sans discussion).

CHAPITRE IV.

DE LA CAUTION LÉGALE ET DE LA CAUTION JUDICIAIRE.

2040. Toutes les fois qu'une personne est obligée, par la loi ou par une condamnation, à fournir une caution, la caution offerte doit remplir les conditions prescrites par les articles 2018 et 2019.

Lorsqu'il s'agit d'un cautionnement judiciaire, la caution doit, en outre, être susceptible de contrainte par corps.

(Cet art., le XXXIe. du Projet, fut adopté sans discussion).

2041. Celui qui ne peut pas trouver une caution, est reçu à donner à sa place un gage en nantissement suffisant.

(Cet article, le XXXIIe. du Projet, fut adopté sans discussion).

2042. La caution judiciaire ne peut point demander la discussion du débiteur principal.

(Cet article, le XXXIIIe. du Projet, fut adopté sans discussion.)

2043. Celui qui a simplement cautionné la caution judiciaire, ne peut demander la discussion du débiteur principal et de la caution.

(Cet art., le XXXIVe. du Projet, fut adopté sans discussion.)

TITRE XV.
DES TRANSACTIONS.

Décrété le 29 Ventose an 12, promulgué le 9 Germinal suivant.

2044. La transaction est un contrat par lequel les parties terminent une contestation née, ou préviennent une contestation à naître.

Ce contrat doit être rédigé par écrit.

(Cet article, le Ier. du Projet, fut adopté sans discussion).

2045. Pour transiger il faut avoir la capacité de disposer des objets compris dans la transaction.

Le tuteur ne peut transiger pour le mineur ou l'interdit que conformément à l'article 467 au titre *de la Minorité, de la Tutelle et de l'Emancipation ;* et il ne peut transiger avec le mineur devenu majeur, sur le compte de tutelle, que conformément à l'article 472 au même titre.

Les communes et établissemens publics ne peuvent transiger qu'avec l'autorisation expresse du Gouvernement.

(Cet art. était le IIe. du Projet, à l'exception du dernier paragraphe).

M. REGNAUD (de Saint-Jean-d'Angely) demande qu'on ajoute à cet article les dispositions du réglement qui a été fait sur la manière dont les communes peuvent transiger.

L'article est adopté avec cet amendement.

2046. On peut transiger sur l'intérêt civil qui résulte d'un délit.

La transaction n'empêche pas la poursuite du ministère public.

(Cet article, le IIIe. du Projet, fut adopté sans discussion).

2047. On peut ajouter à une transaction la stipulation d'une peine contre celui qui manquera de l'exécuter.

(Cet article, le IVe. du Projet, fut adopté sans discussion).

2048. Les transactions se renferment dans leur objet : la renonciation qui y est faite à tous droits, actions et prétentions, ne s'entend que de ce qui est relatif au différend qui y a donné lieu.

2049. Les transactions ne règlent que les différends qui s'y trouvent compris, soit que les parties aient manifesté leur intention par des expressions spéciales ou générales, soit que l'on reconnaisse cette intention par une suite nécessaire de ce qui est exprimé.

V. *Les transactions ne règlent que les différends qui s'y trouvent nettement compris, soit que les parties aient manifesté leur intention par des expressions spéciales ou générales, soit que l'on reconnaisse cette intention par une suite nécessaire de ce qui est exprimé.*

VI. *La renonciation faite dans une transaction à tous droits, actions et prétentions, ne doit s'entendre que de ce qui est relatif à l'objet du différend qui y a donné lieu.*

Le consul CAMBACÉRÈS demande quel sens la section entend attacher au mot *nettement*.

M. TRONCHET dit que le but de l'article est de réduire l'effet de la transaction à l'objet en litige, parce que la convention n'est réellement transaction que dans ce point; mais que la rédaction pourrait rendre cette idée avec plus de clarté, et que cette observation s'applique également à l'art. VI.

Les articles V et VI sont adoptés sauf rédaction.

2050. Si celui qui avait transigé sur un droit qu'il avait de son chef, acquiert ensuite un droit semblable du chef d'une autre personne, il n'est point, quant au droit nouvellement acquis, lié par la transaction antérieure.

(Cet article, le VIIe. du Projet, fut adopté sans discussion).

2051. La transaction faite par l'un des intéressés ne lie point les autres intéressés, et ne peut être opposée par eux.

(Cet article, le VIIIe. du Projet, fut adopté sans discussion).

2052. Les transactions ont, entre les parties, l'autorité de la chose jugée en dernier ressort (1).

---

(1) La transaction par laquelle on aurait renoncé à des alimens, est-elle valable, et a-t-elle entre les parties l'autorité de la chose jugée en dernier ressort?

Décidé négativement par le tribunal d'appel de Paris, attendu qu'en point de droit on ne peut renoncer à des alimens. — Jugement du 7 floréal an 12, IIIe. section.

Elle

TRANSACTIONS.

Elle ne peuvent être attaquées pour cause d'erreur de droit, ni pour cause de lésion.

2053. Néanmoins une transaction peut être rescindée, lorsqu'il y a erreur dans la personne, ou sur l'objet de la contestation.

Elle peut l'être dans tous les cas où il y a dol ou violence.

IX. *Les transactions ont, entre les parties, l'autorité de la chose jugée.*

X. *Il y a lieu à rescision, lorsqu'il y a erreur dans la personne ou sur l'objet de la contestation. La transaction ne pourrait être attaquée pour cause d'erreur dans la nature du droit litigieux, ni pour cause de lésion.*

Elle peut l'être dans tous les cas où il y a dol.

M. BERLIER observe que plusieurs membres de la section ont pensé que la rédaction de ces deux articles serait meilleure et s'adapterait mieux à l'ordre naturel des idées, si on leur substituait les deux articles qui suivent:

IX. *Les transactions ont, entre les parties, l'autorité de la chose jugée. Elles ne peuvent être attaquées pour cause d'erreur dans la nature du droit litigieux, ni pour cause de lésion.*

X. *Néanmoins une transaction peut être rescindée, lorsqu'il y a erreur dans la personne, ou sur l'objet de la contestation.*

Elle peut l'être dans tous les cas où il y a dol ou violence.

M. TRONCHET demande qu'à la fin de la première partie de l'article IX on ajoute ces mots : *En dernier ressort.*

M. BERLIER dit que l'addition proposée lui semble inutile ; *l'autorité de la chose jugée* ne s'est jamais appliquée qu'aux jugemens non susceptibles d'appel.

Mais tel jugement qui n'était pas rendu *en dernier ressort* en acquérait la force, quand la partie condamnée ne se pourvoyait pas en tems utile ; cette règle ne sera certainement point changée, et l'on peut sans inconvénient s'en tenir aux expressions consacrées par l'usage, et qui sont peut-être plus exactes.

La rédaction de M. Berlier est adoptée avec l'amendement de M. Tronchet.

2054. Il y a également lieu à l'action en rescision contre une transaction, lorsqu'elle a été faite en exécution d'un titre nul, à moins que les parties n'aient expressément traité sur la nullité.

(Cet article, le XIe. du Projet, fut adopté sans discussion).

2055. La transaction faite sur pièces qui depuis ont été reconnues fausses, est entièrement nulle.

XII. *La transaction faite sur pièces fausses est entièrement nulle.*

M. Jollivet demande que la nullité prononcée par l'article n'ait lieu que dans le cas où les pièces ont été reconnues fausses depuis la transaction.

L'article est adopté avec cet amendement.

2056. La transaction sur un procès terminé par un jugement passé en force de chose jugée, dont les parties ou l'une d'elles n'avaient point connaissance, est nulle.

Si le jugement ignoré des parties était susceptible d'appel, la transaction sera valable.

XIII. *Pour que la transaction sur un procès déjà terminé, même à l'insu des parties, par un jugement, soit valable, il faut que ce jugement soit susceptible d'être attaqué par appel.*

Le consul Cambacérès dit que la disposition qui déclare valable la transaction sur un procès jugé, même lorsque le jugement n'aura pas été connu des parties, pourra sembler étrange.

M. Muraire observe que l'effet de la disposition est limité au cas où le jugement serait sujet à appel; et qu'en effet, tant qu'il y a matière à appel, le procès n'est pas éteint.

Le consul Cambacérès dit que néanmoins la partie qui, ayant gagné en première instance, aurait cependant renoncé à ses droits par une transaction, ne se présenterait plus sur l'appel qu'avec une extrême défaveur.

M. Berlier dit que l'article dont il s'agit est en parfaite concordance avec les dispositions du droit romain, qui, dans la section, ont obtenu la préférence sur l'opinion contraire d'*Argou*, exprimée en ses Institutions au droit français.

Il n'est pas vraisemblable, en effet, que la transaction eût eu lieu, si la partie qui s'oblige à donner plus, ou consent à recevoir moins, eût connu le titre irréfragable qui rendait sa condition meilleure.

D'un autre côté, quand le procès est terminé, il n'y a réellement plus matière à transaction; de sorte que celle qui est intervenue après un jugement en dernier ressort, et sans que rien indique qu'on en ait eu connaissance, doit être considérée comme le pur effet d'une erreur, et, à ce titre, ne saurait subsister.

M. Berlier propose en conséquence la rédaction suivante : *La transaction sur un procès terminé par un jugement passé en force de chose*

jugée, dont les parties ou l'une d'elles n'avaient point connaissance, est nulle.
Si le jugement ignoré des parties était susceptible d'appel, la transaction serait valable.

Cette rédaction est adoptée.

2057. Lorsque les parties ont transigé généralement sur toutes les affaires qu'elles pouvaient avoir ensemble, les titres qui leur étaient alors inconnus, et qui auraient été postérieurement découverts, ne sont point une cause de rescision, à moins qu'ils n'aient été retenus par le fait de l'une des parties;

Mais la transaction serait nulle si elle n'avait qu'un objet sur lequel il serait constaté par des titres nouvellement découverts, que l'une des parties n'avait aucun droit.

(Cet article était le XIVe du Projet; la première partie se terminait à ces mots, *ne sont point une cause de rescision*).

Le consul CAMBACÉRÈS trouve la disposition de cet article trop absolue. Il peut arriver qu'un titre qui n'aura pas été connu des parties, change entièrement leur situation.

Le PREMIER CONSUL demande si l'on peut revenir contre un jugement en dernier ressort, quand on découvre des pièces nouvelles qui changent le droit des parties.

M. TRONCHET répond qu'il y a ouverture à requête civile.

Le PREMIER CONSUL dit que cette jurisprudence semble devoir être également appliquée aux transactions.

M. MALEVILLE dit que l'article en discussion est littéralement calqué sur la disposition des lois romaines, qui sont, à cet égard, observées dans toute la France : une transaction n'est point rescindée sous prétexte de la découverte de quelque titre plus avantageux à l'un des contractans, à moins que l'autre partie n'eût soustrait ce titre, ou que l'on n'eût transigé sur pièces fausses : telle est l'autorité que les lois ont voulu accorder à cet acte, l'un des plus favorables à la société et à l'ordre public.

Le PREMIER CONSUL dit qu'alors les transactions ont donc un caractère plus sacré que les jugemens.

M. TRONCHET répond que ce principe est notoire, qu'il est fondé sur ce que, dans les transactions, les parties se jugent elles-mêmes.

M. BERLIER dit qu'à la vérité la voie de la requête civile contre un jugement en dernier ressort, peut résulter de la découverte faite postérieurement, de titres qui eussent pu donner lieu à un jugement différent, s'ils eussent été connus; mais que cette ouverture n'est cependant admise que lorsque les pièces décisives ont été retenues par la partie adverse, ou celées par son fait.

Veut-on retracer ici cette exception? L'opinant n'y voit d'autre inconvénient que d'insérer en l'article un amendement, peut-être inutile, car la partie qui retient des pièces se rend coupable de dol; et l'article qui admet la rescision pour cause de dol, paraît avoir suffisamment pourvu à ce cas.

L'article est adopté en ajoutant à la première partie les mots, *à moins que ces titres n'aient été retenus par le fait de l'une des parties.*

2058. L'erreur de calcul dans une transaction doit être réparée.

XV. *L'erreur de calcul dans une transaction, doit être réparée.*

Mais la transaction sur un compte litigieux ne peut être attaquée pour cause de découverte d'erreurs ou inexactitude dans les articles du compte.

M. TRONCHET dit que la seconde partie de cet article blesse le principe généralement reçu, qu'on est admis dans tous les cas à revenir contre des erreurs de calcul.

L'article est adopté, en retranchant la seconde partie (1).

---

(1) XVI. *Il n'y a point lieu à la garantie des objets auxquels chaque partie prétendait avoir des droits dont elle s'est désistée en faveur de l'autre, lors même que ce désistement aurait été consenti moyennant une somme.*

Néanmoins, si une partie est évincée par un tiers, avant qu'elle ait, de sa part, exécuté la transaction, elle ne peut pas y être contrainte, à moins que le cas de l'éviction n'ait été prévu.

Le PREMIER CONSUL dit que cet article lui paraît injuste; qu'il lui semble que, dans le cas prévu, la transaction doit être nulle, à moins qu'il n'y ait renonciation pure et simple de la part de la partie évincée.

M. BERLIER dit qu'en effet cette disposition, quoiqu'elle ne soit point nouvelle, mais copiée du droit romain, paraît blesser la justice dans la première partie.

Quant à la seconde partie, elle est inutile; car, soit dans le cas dont elle s'occupe, soit dans tout autre, on peut prévoir l'éviction et se départir des droits qui en sont la suite.

L'article est supprimé.

XVII. *On ne peut préjudicier par une transaction à une caution qui n'y est pas appelée: cette caution peut se prévaloir des dispositions de la transaction, qui seraient à la charge du débiteur principal.*

M. BERLIER pense que cet article peut être retranché comme inutile.

Dans plusieurs titres du Code, et notamment dans ceux des *Obligations conventionnelles en général,* et du *Cautionnement,* il a été suffisamment exprimé que le débiteur principal pouvait alléger et non aggraver par de nouveaux pactes la condition de sa caution. Cette règle recevra son application dans cette espèce comme dans toutes les autres.

L'article est supprimé.

TITRE XVI.

DE LA CONTRAINTE PAR CORPS EN MATIERE CIVILE.

Décrété le 23 Pluviose an 12, promulgué le 3 Ventose suivant.

2059. La contrainte par corps a lieu, en matière civile, pour le stellionat.

Il y a stellionat,

Lorsqu'on vend ou qu'on hypothèque un immeuble dont on sait n'être pas propriétaire ;

Lorsqu'on présente comme libres des biens hypothéqués, ou que l'on déclare des hypothèques moindres que celles dont ces biens sont chargés.

Ier. *La contrainte par corps a lieu, en matière civile, contre les agens du Gouvernement, pour la répétition des deniers publics et nationaux, et contre toutes personnes, pour le stellionat.*

Il y a stellionat, lorsqu'on vend un immeuble qu'on a précédemment vendu, ou dont on n'est pas propriétaire;

Lorsqu'on présente comme libres des biens hypothéqués, ou que l'on déclare des hypothèques moindres que celles dont ces biens sont chargés.

M. Jollivet pense que la première disposition doit être étendue au-delà des agens du Gouvernement, parce qu'ils ne sont pas les seuls qui manient les deniers publics ; la manutention des revenus des communes et des établissemens publics est confiée à d'autres agens.

M. Portalis dit que la contrainte par corps n'a jamais eu lieu contre ces derniers.

M. Defermon craint que le projet proposé n'affaiblisse l'usage reçu. Aujourd'hui tous détenteurs de deniers appartenant à l'Etat, à quelques titres qu'ils les retiennent, même les fournisseurs qui se trouvent reliquataires faute d'avoir justifié de l'emploi des avances qu'ils ont reçues, sont contraignables par corps, parce qu'ils sont sous la main de l'administration, et que toute contrainte décernée par elle s'exécute par corps. Mais l'administration perd cet avantage, et les deniers publics sont exposés à la dilapidation, si, par une énonciation trop précise, l'application de la contrainte par corps est restreinte à une classe déterminée de comptables, et si l'on décide, comme le veut l'article IX, qu'elle ne pourra être prononcée que par un jugement.

M. Treilhard convient que l'article restreindrait l'usage de la contrainte par corps, et ne permettrait plus de l'exercer que contre les détenteurs de deniers publics ; mais il n'empêcherait pas l'administration de la prononcer, car la règle serait générale et aurait ses effets, par quelque autorité compétente que le jugement fût prononcé.

M. Defermon observe que l'article IX ne présente pas cette idée. On pourrait, par une loi particulière, organiser la contrainte par corps, et cette loi leverait les difficultés que l'article en discussion présente.

M. Portalis dit que tout ce qui tient à l'administration est susceptible de règles particulières. On peut rédiger la disposition de manière qu'elle ne paraisse pas déroger à ce principe ; on peut en borner textuellement les effets aux matières purement civiles.

M. Berlier dit qu'il y aurait de l'inconvénient, soit à déclarer contraignables par corps tous les débiteurs de deniers publics, soit à ne rien dire sur ce point dans la loi qu'on discute.

La première disposition est évidemment contraire à la justice et à la politique ; car, prise à la lettre, elle atteindrait et les fermiers de biens nationaux, et même tous les contribuables : or, cette effrayante latitude ne saurait être accueillie.

A l'égard du renvoi de cette matière à une loi spéciale, l'opinant observe qu'outre qu'on perdrait par ce renvoi le fruit de la discussion actuelle, il est utile peut-être de poser dans le Code civil les limites dans lesquelles l'administration publique doit être renfermée pour l'exercice de son privilége.

L'article qu'on discute a été attaqué comme insuffisant ; ce reproche doit cesser si l'on étend ses dispositions à tous les *comptables* envers la République, expression générale qui embrasse les fournisseurs auxquels il a été fait des avances, et ne menace point les autres classes de la société.

M. Jollivet propose de généraliser l'article, et de dire : *la contrainte par corps a lieu contre tous manutentionnaires, détenteurs et dépositaires de deniers publics, pour raison de leur gestion.*

M. Defermon dit que cette rédaction produirait beaucoup d'incertitudes. L'énumération de ceux auxquels les qualités qu'elle énonce conviennent, serait très-longue ; il serait très-difficile de discerner positivement quelles personnes doivent y être comprises.

CONTRAINTE PAR CORPS. 679

M. Bigot-Préameneu observe que l'on est embarrassé, parce qu'on veut donner une garantie contre l'abus de la contrainte par corps, sans cependant en trop restreindre l'usage; mais que la garantie la plus sûre est la disposition qui porte qu'elle n'aura lieu qu'en vertu de la loi.

M. Treilhard dit que l'inquiétude qu'on a manifestée pour les intérêts de l'administration, prend sa source dans l'article IX ; qu'il est facile de la dissiper en rédigeant ainsi cet article : *La contrainte par corps ne peut être prononcée que par un jugement ou par une décision de l'autorité compétente.*

M. Portalis propose d'ajouter, *contre tous rétentionnaires de deniers publics.*

M. Regnaud (de Saint-Jean-d'Angely) observe que cette disposition générale a déjà été proposée et abandonnée. Elle paraîtrait en effet avoir une étendue telle, qu'on prétendrait qu'elle est applicable à celui qui doit à la république ses impositions, le prix d'une ferme, ou des arrérages de rente.

M. Defermon dit que ces sortes de débiteurs ne sont pas du nombre de ceux qu'on appelle rétentionnaires de deniers publics.

Il demande la suppression de ces mots : *agens du Gouvernement.*

M. Regnaud (de Saint-Jean-d'Angely) dit que la contrainte par corps ne doit être établie que contre les comptables.

M. Treilhard propose, pour comprendre tous ceux qui y sont soumis, de dire : *contre tous dépositaires et comptables de deniers nationaux.*

M. Bérenger observe que la disposition ne s'étendrait pas aux receveurs des hospices.

M. Portalis répond que l'intention de la section n'a pas été de les y comprendre.

M. Bigot-Préameneu dit qu'autrefois ils étaient soumis à la contrainte par corps.

M. Regnaud (de Saint-Jean-d'Angely) dit que les receveurs des communes y sont également soumis.

M. Portalis dit que si l'on veut envelopper tous ces agens dans l'effet de l'article, il suffit de dire : *Tous dépositaires et comptables de deniers publics et nationaux.*

Cette rédaction est adoptée.

Le consul Cambacérès demande si les deux cas énoncés dans l'article sont les seuls où il y ait stellionat.

M. Portalis dit que le stellionat n'est qu'un genre de fraude, et que cette considération l'avait déterminé à repousser la définition particulière qu'en présente l'article.

M. Treilhard dit que le véritable stellionat consiste à vendre ce qu'on n'a pas, ou à vendre comme libre ce qu'on ne possède pas librement.

Le consul Cambacérès dit qu'il préférerait cette rédaction. Elle ne bornerait pas le stellionat à la vente des immeubles, tandis que ce genre de fraude peut se rencontrer aussi dans la vente d'une universalité de meubles.

M. Berlier dit qu'il est bien difficile d'appliquer l'idée du stellionat *aux meubles*, du moins sous le rapport de l'action qu'on discute; car la contrainte par corps est établie par l'article en faveur de celui qui a acquis un immeuble dont la délivrance ne peut lui être faite.

En vente de meubles, au contraire, la tradition se fait de la main à la main, et nulle action ne reste à celui qui est nanti du meuble à lui vendu. Il y a bien, dans ce cas, un délit de la part du vendeur; il y a bien une partie lésée, mais c'est la personne qui était propriétaire du meuble, et non l'acheteur.

La définition donnée par l'article est donc exacte, et ne fait d'ailleurs nul obstacle à la poursuite du délit collatéral que l'opinant a distingué d'avec le stellionat.

M. Portalis dit qu'en droit, une universalité de meubles est considérée comme un immeuble.

M. Maleville propose de se servir du mot générique *chose*, car, dit-il, on peut vendre deux fois non-seulement des immeubles et une universalité de meubles, mais encore des marchandises, des vins, des diamans dont la valeur excède quelquefois celle des immeubles.

M. Bérenger dit que la double vente d'un meuble est une escroquerie que le *Code de police correctionnelle* punit de l'emprisonnement.

M. Tronchet dit que c'est parce que le mot *stellionat* ne présente qu'une idée vague et que la contrainte par corps est sévère, qu'on a défini le stellionat, et qu'on a cru devoir ne l'admettre qu'à l'égard des ventes d'immeubles. On peut cependant l'admettre aussi pour les ventes d'universalité de meubles; mais alors il faudra déterminer avec précision ce qu'on entend par cette expression, *universalité de meubles*; autrement, on pourrait l'appliquer hors de son véritable sens, et alors la contrainte par corps aurait lieu pour des ventes de choses d'une trop faible valeur. Lorsqu'un pauvre aurait vendu la totalité du mobilier modique qui garnit sa chambre, on prétendrait peut-être qu'il y a vente d'une universalité de meubles.

M. Portalis pense qu'en effet il faudrait fixer une somme au-dessous de laquelle la vente de meubles ne pourrait jamais être considérée comme la vente d'une universalité.

M. Bérenger

M. Bérenger dit que la valeur de la chose ne change pas la nature du délit ; que dans aucune circonstance l'escroquerie ne mérite de faveur ; que d'ailleurs on n'est plus au tems où les immeubles seuls étaient réputés des biens de quelque valeur : aujourd'hui les meubles, bien plus que les immeubles, sont des objets de commerce.

M. Tronchet dit qu'il ne s'agit pas ici du commerce, puisqu'il a des règles qui lui sont particulières.

M. Bégouen observe que ces règles sont expressément maintenues par l'article VIII.

M. Defermon dit que dans les usages du commerce, il n'y a point de stellionat lorsque les mêmes marchandises sont vendues à deux acquéreurs différens.

M. Regnaud (de Saint-Jean-d'Angely) ajoute qu'en effet il est dans la nature du commerce de vendre, ou plutôt de s'engager à fournir des marchandises qu'on n'a pas actuellement en son pouvoir. Si on ne peut les livrer, la vente se résout en dommages-intérêts, hors le cas de fraude. Mais s'il y avait fraude, il y aurait lieu à une poursuite criminelle. Il ne faut pas changer les usages qui excluent le stellionat pour vente de meubles ou marchandises.

Le consul Cambacérès partage cette opinion ; mais il pense qu'on doit rappeler dans la loi les cas de fraude, et déclarer qu'ils demeurent soumis à la peine prononcée par la loi du 22 juillet 1791, afin qu'on n'infère pas du silence du Code civil qu'il a entendu abroger cette loi. On ne saurait prendre trop de précautions pour prévenir les doutes dans cette matière du stellionat qui comporte des distinctions extrêmement subtiles ; car, par exemple, on peut présenter aussi comme une escroquerie la double vente d'un immeuble.

L'article est adopté avec les deux amendemens, dont un tend à déclarer que la loi du 22 juillet n'est pas abrogée ; l'autre, que l'article n'est pas applicable aux affaires du commerce.

M. Bégouen présente une nouvelle observation sur l'article qui vient d'être adopté.

Il dit qu'il peut exister sur un immeuble des hypothèques provenant d'inscriptions faites par un tiers, et que le propriétaire ignore de bonne foi ; que, dans ce cas, il serait injuste de le soumettre à la peine du stellionat pour ne les avoir pas déclarées.

M. Treilhard dit que jamais un propriétaire ne peut ignorer les inscriptions qui existent sur ses biens. Il sait d'abord s'il est des personnes qui aient le droit d'en former ; ensuite il a la facilité de consulter les registres hypothécaires.

On objectera que l'acquéreur peut également faire cette vérification ; qu'ainsi il est inutile d'attacher une peine aussi sévère que la contrainte par corps à la fausse déclaration du vendeur.

Mais cette mesure n'en est pas moins nécessaire, parce qu'il est possible qu'entre la vérification que fait l'acquéreur et l'instant où la vente se consomme, il survienne des inscriptions quelquefois même frauduleusement ménagées par le vendeur. C'est par cette raison qu'on a intérêt d'exiger de lui une déclaration qui, le soumettant à la contrainte par corps, l'oblige d'être vrai. Il doit savoir au surplus si son bien est libre ou affecté d'hypothèques.

M. Berlier dit qu'en toute matière la bonne-foi prouvée fait disparaître le délit; qu'au surplus, si la règle qu'on attaque existait autrefois, il y aura bien moins lieu de la rejeter si le nouveau système hypothécaire est maintenu; car dans ce système, l'hypothèque ne résultant pas de la seule existence d'un titre authentique, mais de son inscription sur un registre tenu dans le lieu de la situation des fonds, cette inscription facile à vérifier rendrait une fausse déclaration moins excusable.

Au surplus, si cette facilité doit, dans l'hypothèse donnée, exister pour l'acheteur lui-même, cette circonstance ne rédime point le vendeur de l'obligation de faire une déclaration exacte, ni de la peine attachée à la fausse déclaration ; or, cette peine est ici celle du stellionat.

M. Ségur objecte que l'immeuble peut être situé à une si grande distance du vendeur, qu'il lui soit impossible de savoir exactement s'il est survenu des inscriptions.

M. Portalis dit qu'il y a une réponse à cette objection : le stellionat suppose toujours de la fraude ; ainsi, quand il n'y a qu'erreur et bonne foi, il n'y a pas de stellionat.

Le consul Cambacérès dit que quand le vendeur a des doutes, il peut refuser la déclaration que l'acquéreur exige pour payer, et consentir à ne recevoir le prix qu'après la délivrance du certificat du conservateur.

Mais si, se prétendant pressé de toucher, il demande un à-compte; qu'on le lui accorde sur la déclaration qu'il fait que son bien n'est engagé que pour une certaine somme, de manière qu'il reste une latitude suffisante pour répondre de l'à-compte; que cependant l'immeuble se trouve chargé d'une hypothèque beaucoup plus forte et qui en absorbe la valeur, il y a de la part du vendeur dol et escroquerie, et alors il est juste qu'il devienne sujet à la contrainte par corps.

M. RÉAL dit que l'article ne prévoit pas tous les cas où il y a stellionat. Il ne parle pas de celui où le vendeur, par une obligation nouvelle, créerait une hypothèque dans l'intervalle de la signature de l'acte de vente, à la transcription.

M. TRONCHET répond que l'article a été rédigé d'une manière générale, afin de ne rien préjuger sur le régime hypothécaire qui n'est pas encore fixé. Mais comme dans tous les systèmes, il y aura toujours un intervalle où il sera possible au vendeur d'engager frauduleusement la chose vendue, on a pensé que le remède contre ces fraudes serait d'autoriser l'acquéreur à exiger du vendeur une déclaration qui soumette celui-ci à la contrainte par corps.

M. TREILHARD dit que l'usage introduira naturellement une clause qui donnera à l'acquéreur un délai pour faire transcrire, et fera durer jusque-là la responsabilité du vendeur.

Le CONSEIL maintient l'article Ier. (Les changemens que présente le texte ont eu lieu sans autre discussion.)

2060. La contrainte par corps a lieu pareillement,

1°. Pour dépôt nécessaire ;

2°. En cas de réintégrande, pour le délaissement, ordonné par justice, d'un fonds dont le propriétaire a été dépouillé par voie de fait ; pour la restitution des fruits qui en ont été perçus pendant l'indue possession, et pour le paiement des dommages et intérêts adjugés au propriétaire ;

3°. Pour répétition de deniers consignés entre les mains de personnes publiques établies à cet effet ;

4°. Pour la représentation des choses déposées aux séquestres, commissaires et autres gardiens ;

5°. Contre les cautions judiciaires et contre les cautions des contraignables par corps, lorsqu'elles se sont soumises à cette contrainte ;

6°. Contre tous officiers publics, pour la représentation de leurs minutes, quand elle est ordonnée ;

7°. Contre les notaires, les avoués et les huissiers, pour la restitution des titres à eux confiés, et des deniers par eux reçus pour leurs clients, par suite de leurs fonctions.

Cet article était le IIe. du Projet, avec la différence que dans le §. V on ne trouvait pas ces mots : *Et contre les cautions des contraignables par corps, lorsqu'elles se sont soumises à cette contrainte* ; et dans le §. VII ceux-ci : *les notaires*.

M. Jollivet observe que cet article n'admet la contrainte par corps contre les cautions que lorsqu'elles sont judiciaires, et que l'article V défend de la prononcer et de l'exécuter hors les cas formellement exprimés par la loi ; que ces dispositions semblent changer l'usage établi en matière d'administration ; que, pour le maintenir, il conviendrait d'expliquer que la contrainte par corps a lieu contre les cautions des comptables de deniers publics, lorsqu'elle a été stipulée.

Le consul Cambacérès dit qu'elle existe de droit contre ces sortes de cautions.

M. Jollivet dit que dans l'usage elle n'a lieu que par l'effet d'une stipulation.

Le consul Cambacérès dit qu'il croit se rappeler que la loi qui avait aboli la contrainte par corps avait cependant reçu une exception pour les individus comptables envers le trésor public, et que la loi qui l'a rétablie a confirmé cette disposition.

M. Maleville demande que la loi prononce que la contrainte par corps a lieu de plein droit contre les cautions des comptables : on ne doit pas les distinguer des débiteurs principaux.

M. Bérenger dit qu'il existe deux sortes de cautions. Les unes ont pour objet des entreprises où elles sont les parties principales et les véritables entrepreneurs ; celles-là sont solidaires entre elles. Les autres sont cautions de comptables proprement dits : elles ne cautionnent qu'une somme déterminée, elles ne sont pas associées avec le comptable ; un intérêt convenu est le seul bénéfice qu'elles tirent de leur engagement.

La loi doit se régler sur ces distinctions.

Elle ne peut admettre la solidarité des cautions dans tous les cas, sans convertir en cautionnemens indéfinis les cautionnemens pour une somme déterminée. D'un autre côté, si elle n'admettait pas la contrainte par corps contre les cautions, lorsqu'elle est stipulée, elle priverait le trésor public de la facilité de se ménager ses sûretés.

La proposition de M. Jollivet paraît donc devoir être adoptée pour le cas où les cautions sont associées à l'entreprise.

M. Treilhard pense qu'il est inutile de distinguer entre les cautions ; car, en donnant à l'administration le droit de stipuler la contrainte par corps des cautions en général, on doit lui laisser appliquer cette mesure aux cas qui lui paraîtront l'exiger. Il faut qu'elle soit autorisée à la prendre contre toute caution d'un contraignable.

Le consul CAMBACÉRÈS croit, comme M. Bérenger, que les cautions simples ne doivent pas être soumises à la contrainte par corps; que les cautions associées doivent seules être contraignables.

M. TREILHARD dit que, quoique les entreprises soient sous le nom d'un individu sans consistance, derrière lui se trouvent des personnes solvables qui sont les véritables parties avec lesquelles le Gouvernement traite; mais qu'il peut cependant y avoir encore d'autres associés qui lui soient inconnus.

Le consul CAMBACÉRÈS fait lecture de la loi du 30 mars 1793, de l'article 2 de la loi du 24 ventose an 5, et de l'article 3 de la loi du 15 germinal an 6, qu'il a précédemment rappelés.

M. TREILHARD observe que des cautions ne sont point débiteurs directs.

Le consul CAMBACÉRÈS répond qu'elles le sont quand elles se trouvent associées. Elles sont donc sujettes à la contrainte par corps de plein droit, et indépendamment de toute stipulation. De là résulte pour le Gouvernement une sûreté plus grande que celle que lui donnerait la faculté de stipuler la contrainte par corps; car il est possible que dans un traité on oublie d'user de cette précaution.

M. BÉRENGER dit que le service ne peut être fait que par ceux qui se présentent : la latitude du choix est donc circonscrite, et cependant il faut se déterminer, parce qu'il est indispensable que le service soit fait. Il est donc possible que le Gouvernement soit trompé, ainsi il lui faut des sûretés qui suppléent à l'impossibilité de faire un choix tel qu'il ne lui reste aucune inquiétude. On peut cependant lui contester le droit de considérer toutes les cautions comme ses débiteurs directs; mais il aura toutes les sûretés qu'il soit possible d'établir, si, en distinguant entre les cautions, on l'autorise de stipuler la contrainte par corps de celles qui sont associées aux entreprises.

L'inconvénient du projet est qu'il n'admet pas de semblables stipulations.

M. RÉAL dit que les cautionnemens donnent au Gouvernement une garantie plus réelle que les cautions; qu'en laissant subsister l'usage de la stipulation de la contrainte par corps contre les cautions, elles deviennent plus difficiles à trouver, et par une suite nécessaire les cautionnemens sont plus fréquens.

M. PORTALIS observe que l'article II ne concerne que les cas où la contrainte par corps a lieu sans stipulation ; que les cas où elle pourrait avoir lieu par l'effet d'une stipulation, sont l'objet d'un autre article auquel on pourrait renvoyer cette discussion, ne fût-ce que pour établir plus d'ordre dans la rédaction.

M. Bérenger dit que les cautionnemens ne peuvent jamais présenter une sûreté suffisante, puisque jamais ils ne peuvent être égaux aux avances ; car s'ils l'étaient, les avances deviendraient inutiles.

M Maleville observe que quand il a dit que la condition des cautions doit être la même que celle du débiteur principal, il n'a pas entendu parler de celles qui donnent pour garantie leurs immeubles, mais de celles qui s'obligent personnellement et solidairement. Il n'y a pas de doute qu'elles ne deviennent débiteurs directs.

M. Defermon dit que plus on avance dans cette discussion, et plus on sent l'embarras qu'il y a de mêler avec les principes destinés à guider les tribunaux, ceux qui sont la règle de l'administration : il faudrait entrer dans des détails et dans des distinctions très-difficiles à saisir, et qui se multiplient à l'infini. Il vaut donc mieux laisser à l'administration ses usages ; elle n'a de sûreté que lorsqu'elle peut suivre les indications que les circonstances lui présentent, pour discerner quels sont les véritables obligés, par des règles qui lui sont particulières et qui ne conviennent pas aux tribunaux : il serait dangereux de la priver de ces moyens. Par exemple, un principal débiteur a été cautionné en immeubles ; le gage a été présenté pour une valeur de cent mille francs ; il se trouve cependant qu'il n'en a produit que quarante mille ; la caution prétend qu'en l'abandonnant, elle est déchargée : alors le trésor public se trouverait exposé à des pertes, s'il ne lui était plus permis de décerner une contrainte contre cette caution, à l'effet de l'obliger à parfaire la somme pour laquelle elle s'est réellement engagée. Si, malgré ces facilités, il est si souvent dupe, que serait-ce si elles lui étaient ôtées ?

On doit donc ajouter à ces mots, *cautions judiciaires*, ceux-ci, *et en matière d'administration*.

M. Portalis dit qu'il serait préférable de ne pas parler de l'administration dans le Code civil, et d'étendre au contraire à elle la réserve faite par l'article VIII à l'égard du commerce.

Cette proposition est adoptée.

M. Réal propose de comprendre les notaires dans le n°. 7 de l'article, parce que, pour des liquidations et pour d'autres actes, les parties sont forcées de leur confier leurs titres.

L'article est adopté avec cet amendement.

2061. Ceux qui, par un jugement rendu au pétitoire, et passé en force de chose jugée, ont été condamnés à désemparer un fonds, et qui refusent d'obéir, peuvent, par un second jugement, être contraints par corps, quinzaine après la signification du premier jugement à personne ou domicile.

Si le fonds ou l'héritage est éloigné de plus de cinq myriamètres du domicile de la partie condamnée, il sera ajouté, au délai de quinzaine, un jour par cinq myriamètres.

(Cet article, le IIIe. du Projet, fut adopté sans discussion).

2062. La contrainte par corps ne peut être ordonnée contre les fermiers pour le paiement des fermages des biens ruraux, si elle n'a été stipulée formellement dans l'acte de bail. Néanmoins, les fermiers et les colons partiaires peuvent être contraints par corps, faute par eux de représenter, à la fin du bail, le cheptel de bétail, les semences et les instrumens aratoires qui leur ont été confiés; à moins qu'ils ne justifient que le déficit de ces objets ne procède point de leur fait.

(Cet article était le IVe. du Projet).

M. Jollivet demande que la contrainte par corps ait également lieu, faute par le fermier de rendre les engrais. Il est en effet des pays où, la première année, on lui fournit des engrais, à la charge de les rendre à l'expiration du bail. Or, quand il manque à cet engagement, il prive souvent le fermier qui lui succède, de moyens d'exploitation indispensables.

L'article est adopté avec cet amendement. (Cependant on n'a rien changé à sa rédaction).

2063. Hors les cas déterminés par les articles précédens, ou qui pourraient l'être à l'avenir par une loi formelle, il est défendu à tous juges de prononcer la contrainte par corps, à tous notaires et greffiers de recevoir des actes dans lesquels elle serait stipulée, et à tous Français de consentir pareils actes, encore qu'ils eussent été passés en pays étranger; le tout à peine de nullité, dépens, dommages et intérêts.

(Cet article était le Ve. du Projet).

Le consul CAMBACÉRÈS propose d'ajouter *en matière civile*, pour que la rédaction soit conforme à ce qui a été arrêté sur l'article Ier.

L'article est adopté avec cet amendement. (Néanmoins sa rédaction n'a pas été changée.)

2064. Dans les cas même ci-dessus énoncés, la contrainte par corps ne peut être prononcée contre les mineurs.

(Cet article était le VIe. du Projet).

M. BIGOT-PRÉAMENEU propose, au nom de la section, d'interdire la contrainte par corps pour toute dette au-dessous de trois cents francs.

M. JOLLIVET dit que si l'on doit fixer un *maximum*, il faut du moins ne pas l'appliquer aux fermages.

M. BERLIER dit que cette modification ne saurait être retranchée de la loi, sans consacrer une dureté que repoussaient nos anciennes ordonnances.

Et pourquoi cesserait-elle relativement aux *fermages*, et lorsque dans un bail on se sera indéfiniment soumis à la contrainte par corps ? La loi qui pourrait défendre une telle stipulation, et qui la défend même dans le dernier état des choses, ne peut-elle en limiter l'effet ? N'a-t-on pas remarqué que plusieurs tribunaux d'appel se sont opposés au rétablissement de la contrainte par corps qui serait stipulée dans les baux ; et si des considérations supérieures auxquelles l'opinant s'est rendu avec peine, ont fait admettre cette stipulation rigoureuse, faut-il la rendre odieuse par son excès ?

L'on a dit ailleurs qu'il était difficile de *maximer* les intérêts pécuniaires', et qu'une somme de 300 francs, modique pour un tel, pouvait être très-considérable pour tel autre ; mais cet argument n'a-t-il pas contre lui plusieurs textes de notre législation ? Et qu'est-ce que les lois de compétence établies à raison des sommes ? Au reste, cette difficulté se réduit à un point fort simple : ne serait-ce pas un scandale public que de voir traîner un homme en prison pour une dette civile de cinquante francs ou de cent francs ? Et s'il devait s'élever contre une telle rigueur un murmure respectable, parce qu'il serait fondé sur un sentiment louable de compassion, le législateur ne serait-il pas indiscret en y donnant lieu ?

Le consul CAMBACÉRÈS dit qu'en général la disposition aurait souvent l'inconvénient l'inconvénient de faire naître un procès sur le montant de la dette. Ce serait dans beaucoup de cas le moyen de défense du débiteur.

M. Portalis dit qu'on peut prévenir ces contestations, en disant que la contrainte par corps ne sera pas prononcée pour une somme au-dessous de trois cents francs.

Le consul Cambacérès demande s'il sera néanmoins permis de la stipuler pour un prix de ferme de cinquante francs.

M. Treilhard répond que cette stipulation ne serait pas interdite, parce qu'un fermage de cinquante francs produit, pour la durée d'un bail de neuf ans, une somme plus forte que trois cents francs; mais qu'il serait trop rigoureux de traîner un citoyen dans les prisons pour une dette modique.

Le consul Cambacérès répond que la position du propriétaire deviendrait très-fâcheuse, s'il lui fallait attendre l'expiration du bail pour toucher un revenu sur lequel il a dû compter chaque année; qu'il faudrait du moins l'autoriser à faire prononcer la résiliation du bail, faute de paiement d'une année de fermage.

Le Conseil adopte en principe que la contrainte par corps ne pourra avoir lieu pour une somme au-dessous de trois cents francs.

2065. Elle ne peut être prononcée pour une somme moindre de trois cents francs.

(Cet article n'était pas dans le Projet; il est le résultat de la discussion qui a eu lieu sur l'article précédent).

2066. Elle ne peut être prononcée contre les septuagénaires, les femmes et les filles, que dans les cas de stellionat.

Il suffit que la soixante-dixième année soit commencée, pour jouir de la faveur accordée aux septuagénaires.

La contrainte par corps pour cause de stellionat pendant le mariage, n'a lieu contre les femmes mariées que lorsqu'elles sont séparées de biens, ou lorsqu'elles ont des biens dont elles se sont réservé la libre administration, et à raison des engagemens qui concernent ces biens.

Les femmes qui, étant en communauté, se seraient obligées conjointement ou solidairement avec leur mari, ne pourront être réputées stellionataires à raison de ces contrats.

(Cet article était le VIIe. du Projet).

M. REGNAUD (de Saint-Jean-d'Angely) demande que la femme mariée demeure soumise à la contrainte par corps pour le stellionat qu'elle a commis avant son mariage.

L'article est adopté avec cet amendement. (Cependant sa rédaction n'a éprouvé aucun changement).

Le consul CAMBACÉRÈS demande si l'effet de cet article sera de remettre en liberté l'individu qui, antérieurement arrêté pour dettes, arrive, dans la prison, à sa soixante-dixième année.

M. PORTALIS répond que la section propose l'article dans ce sens.

2067. La contrainte par corps, dans les cas même où elle est autorisée par la loi, ne peut être appliquée qu'en vertu d'un jugement.

(Cet article était le IXe. du Projet).

M. JOLLIVET demande que la contrainte par corps puisse être exercée en vertu du titre seul, lorsqu'il est authentique, et sans qu'il soit besoin de jugement. Le contrat, dit-il, doit être exécuté. Il serait extraordinaire d'obliger un créancier à perdre du tems et à faire des frais pour remplir une formalité inutile. Un titre authentique suffit lorsqu'il porte une stipulation autorisée par la loi. C'est en vertu de ce principe qu'il est exécuté sur la personne.

M. BERLIER dit qu'il regarderait la faculté de stipuler la contrainte par corps dans un bail, comme très-dangereuse, si, le jour même où la dette est échue, le propriétaire pouvait faire emprisonner son fermier, sans l'intervention de la justice.

L'opinant avoue qu'il le pouvait autrefois, quand le bail était authentique et portait son exécution parée; mais le tempérament apporté par l'article est juste, et tend à garantir le fermier d'une action brusque et rapide, sans ôter au propriétaire l'emploi de ce moyen extrême, auquel on aura bien rarement recours, parce que le fermier menacé paiera dans l'intervalle.

M. RÉAL ajoute que si l'intervention du juge est toujours nécessaire pour déposséder le propriétaire d'un immeuble, elle doit l'être, à plus forte raison, pour se saisir de la personne.

M. Bérenger observe que l'article est rédigé de manière qu'on l'appliquerait aux actes de l'administration.

M. Muraire dit qu'on ferait cesser cette équivoque, en transportant l'article IX avant l'article VIII (2070), qui doit contenir une réserve à l'égard des actes du commerce et de l'administration.

M. Regnaud (de Saint-Jean-d'Angely) combat l'opinion de M. Berlier.

Il pense qu'il y a plus de raisons pour être sévère que de motifs pour être indulgent. Les fermiers se jouent aujourd'hui de leurs engagemens : rien n'est plus difficile que de leur arracher le prix de leur ferme. L'indulgence ne serait pas même une faveur pour eux, puisqu'en dernier résultat, elles les exposerait à supporter des frais dont ils ne seraient pas chargés, si on leur eût donné moins de facilités pour éluder le paiement. Leur mauvaise foi d'ailleurs est telle, que, dès le commencement des poursuites, ils soustrairaient à-la-fois le gage du propriétaire et leur personne à toute exécution ultérieure. Ils seront au contraire exacts à payer, s'ils sont bien avertis que tout retard les expose à perdre leur liberté.

M. Berlier dit que les frais seront peu de chose, si l'on simplifie, comme il convient, cette espèce de procédure ; qu'au surplus, le paiement arrivant après les premières poursuites, rendra souvent le jugement inutile ; mais que la nécessité de ce jugement a l'avantage certain d'avertir le fermier, sans nuire aux sûretés du créancier, qui peut dans l'intervalle se pourvoir sur les biens.

Le consul Cambacérès demande si le débiteur sera soumis également à la contrainte par corps pour le recouvrement des frais de poursuite et pour les intérêts.

M. Réal pense que la contrainte par corps doit s'étendre jusque-là.

M. Portalis dit que la section avait distingué : en cas de réintégrande dans une possession dont le propriétaire a été dépouillé avec violence, le débiteur ne mérite aucun ménagement ; la contrainte par corps doit donc être exécutée contre lui pour tout ce dont il est redevable : mais dans les autres cas, la sévérité de cette garantie donnée au débiteur doit être adoucie par l'humanité. En conséquence, il était dans l'intention de la section de la réduire au paiement de la somme principale. Ainsi, si l'on veut l'étendre aux engagemens accessoires, il sera nécessaire de s'en expliquer.

M. Tronchet dit qu'il ne serait pas d'avis d'accorder la contrainte par corps pour la répétition des intérêts et des frais. La dette principale est seule privilégiée : autrement il serait trop facile de ruiner les fermiers; on laisserait accumuler les fermages pour en former un capital qui produirait des intérêts considérables, et l'on exigerait d'eux capital et intérêts avec une égale sévérité. Un propriétaire ne doit pas attendre si long-tems pour demander ses fermages.

M. REGNAUD (de Saint-Jean-d'Angely) observe que d'un côté, on veut assujettir le propriétaire à des formalités qui le constitueront inutilement en frais, et que de l'autre, cependant, on lui refuse le moyen de recouvrer ses avances.

On pourrait du moins, puisqu'on persiste à vouloir que le fermier soit averti, épargner les frais au propriétaire, en le dispensant de prendre un jugement, et en ne l'obligeant qu'à faire un commandement à son débiteur. Le visa du juge de paix et les autres formalités qui doivent, aux termes de la loi actuelle, précéder l'exécution de la contrainte par corps, suffisent pour empêcher que le fermier ne soit surpris par une exécution trop précipitée.

Le consul CAMBACÉRÈS dit que les fermiers ne sont pas dans cet état d'indigence où on les représente; qu'au surplus, la loi sur la contrainte par corps est si facilement éludée dans l'état actuel des choses, que si l'on augmente encore les difficultés, elle n'offrira plus qu'une garantie illusoire à celui qui voudra la stipuler. La contrainte par corps est organisée; on peut revoir la loi pour examiner si les formalités établies sont telles qu'elles empêchent d'exécuter trop brusquement la contrainte par corps. Mais si l'on se bornait à dire d'une manière vague qu'il faut un jugement, on jetterait le créancier dans des frais et dans des retards sans mesure, et il ne lui serait plus possible d'obtenir son paiement.

Il faut lui maintenir la sûreté qu'il a voulu prendre sur la personne de son fermier. Il faut, sans néanmoins l'exposer à perdre, empêcher qu'il n'en abuse par un premier mouvement d'humeur : mais ce cas sera toujours rare ; et, d'ailleurs, les juges viendraient au secours du fermier en lui accordant un délai. C'est dans cet esprit qu'il convient de revoir la loi du 15 germinal de l'an 6.

M. BERLIER dit que la loi de l'an 6, faite uniquement, s'il s'en souvient bien, dans l'intérêt du commerce, ne doit pas avoir grand trait à la question qu'on discute.

La proposition de donner un délai suffisant après un premier commandement a quelque chose de plus satisfaisant : cependant l'opinant doute que, même en donnant à cette idée l'organisation dont elle serait susceptible, cela pût suffire ; car le fermier peut prétendre qu'il a payé, ou qu'il doit moins de trois cents francs : en ce cas, la contrainte ira-t-elle toujours de plein droit? Voilà donc un cas (et il pourra souvent être invoqué) où l'intervention du juge sera utile, même quand il y aura un titre authentique.

A l'égard de tous les autres cas où la contrainte par corps peut avoir lieu, il suffit d'en lire la nomenclature pour se convaincre que le juge seul peut en faire l'application; prenons pour exemple le dépôt : un dépôt sera presque toujours établi par un acte authentique ; en conclura-t-on que le dépositaire peut être contraint par la seule exhibition de cet acte? Si cette conclusion n'est point juste pour ce cas, elle ne l'est guère plus pour celui qu'on discute ; et l'article qui veut un jugement est bon pour tous les cas.

M. Bégouen dit que l'effet de la loi du 15 germinal an 6 est absolument nul. Elle donne un délai de dix jours après le commandement ; elle établit des formalités très-minutieuses, qu'on ne peut cependant violer sans perdre le bénéfice de sa poursuite : avec tant de facilités les débiteurs de mauvaise foi parviennent toujours à se soustraire à la contrainte par corps.

M. Treilhard demande le renvoi à la section. Il dit que, si la nécessité d'obtenir un jugement est un obstacle pour le créancier, il est à craindre aussi, si on l'en dispense, qu'il ne fasse exécuter la contrainte par corps contre un débiteur qui ne pourrait à l'instant représenter sa quittance, ou qui aurait à opposer un compte d'où résulterait sa libération.

L'article est renvoyé à la Section. (Cependant il n'a éprouvé aucun changement.)

2068. L'appel ne suspend pas la contrainte par corps prononcée par un jugement provisoirement exécutoire en donnant caution.

(Cet art., le Xe. du Projet, fut adopté sans discussion).

2069. L'exercice de la contrainte par corps n'empêche ni ne suspend les poursuites et les exécutions sur les biens.

(Cet article, le XIe. du Projet, fut adopté sans discussion).

2070. Il n'est point dérogé aux lois particulières qui autorisent la contrainte par corps dans les matières de commerce, ni aux lois de police correctionnelle, ni à celles qui concernent l'administration des deniers publics.

VIII. *Il n'est point dérogé aux lois particulières qui autorisent la contrainte par corps dans les matières de commerce.*

(Ce qui a été ajouté à cet article, est le résultat de la discussion qui a eu lieu sur les art. I et II) (1).

---

(1) Le Conseil d'Etat, d'après le renvoi fait par sa Majesté d'un rapport du Grand-Juge Ministre de la Justice, sur l'exercice de la contrainte par corps en matière de douane, après avoir entendu la section de législation.

Considérant que la contrainte par corps avait été prononcée par la loi du 30 mars 1793 contre tous les débiteurs directs du trésor public; que cette disposition est renouvelée par la loi du 4 germinal an 2 contre les redevables de droits de douane, amende et confiscation; qu'elle est maintenue par la loi du 15 germinal an 6, pour le versement des deniers publics et nationaux; que l'article 19 de cette dernière loi, qui abroge tous les réglemens et ordonnances précédemment rendus sur l'exercice de la contrainte par corps, ne s'applique qu'à ceux rendus en matière civile ou de commerce; que l'article 2070 du Code civil ne déroge point aux lois concernant l'administration des deniers publics :

Est d'avis que la loi du 4 germinal an 6, n'ayant pas été rapportée, les redevables des droits de douane, amende et confiscation peuvent être poursuivis par la voie de la contrainte par corps.

Du 8 thermidor an 12. Approuvé par l'Empereur le 7 fructidor suivant.

TITRE XVII.
DU NANTISSEMENT.

Décrété le 25 Ventose an 12, promulgué le 5 Germinal suivant.

2071. Le nantissement est un contrat par lequel un débiteur remet une chose à son créancier pour sûreté de la dette.

(Cet art., le Ier. du Projet, fut adopté sans discussion).

2072. Le nantissement d'une chose mobilière s'appelle *gage*.
Celui d'une chose immobilière s'appelle *antichrèse*.

(Cet article, le IIe. du Projet, fut adopté sans discussion).

CHAPITRE PREMIER.
DU GAGE.

2073. Le gage confère au créancier le droit de se faire payer sur la chose qui en est l'objet, par privilége et préférence aux autres créanciers.

(Cet article, le IIIe. du Projet, fut adopté sans discussion).

2074. Ce privilége n'a lieu qu'autant qu'il y a un acte public ou sous seing-privé, dûment enregistré, contenant la déclaration de la somme due, ainsi que l'espèce et la nature des choses remises en gage, ou un état annexé de leur qualité, poids et mesure.

La rédaction de l'acte par écrit et son enregistrement ne sont néanmoins prescrits qu'en matière excédant la valeur de cent cinquante francs.

IV. *Ce privilége n'a lieu qu'autant qu'il y a un acte duement enregistré, etc.*

Le consul CAMBACÉRÈS propose de rédiger ainsi l'article : *Ce privilége n'a lieu qu'autant qu'il y a un acte public ou sous-seing privé duement enregistré*, etc.

Cette rédaction est adoptée.

2075. Le privilége énoncé en l'article précédent ne s'établit sur les meubles incorporels, tels que les créances mobilières, que par acte public ou sous seing-privé, aussi enregistré, et signifié au débiteur de la créance donnée en gage.

(L'article V^e. du Projet était le même, à l'exception des mots : *public ou sous seing privé*, qui y ont été ajoutés d'après l'observation du consul Cambacérès sur l'article précédent).

2076. Dans tous les cas, le privilége ne subsiste sur le gage qu'autant que ce gage a été mis et est resté en la possession du créancier, ou d'un tiers convenu entre les parties.

(VI. *Dans tous les cas, le privilége ne subsiste sur le gage qu'autant que ce gage a été mis et est resté en la possession du créancier* (1).

Le consul CAMBACÉRÈS dit qu'il est possible que les parties soient convenues de déposer le gage entre les mains d'un tiers par lequel le créancier possède ; que la rédaction doit embrasser ce cas.

L'article est adopté avec l'amendement du Consul.

---

(1) VII. *La chose donnée en gage par une personne à qui elle n'appartenait pas, n'en est pas moins valablement engagée, sauf le droit du véritable propriétaire.*

M. LACUÉE dit que les deux dispositions de cet article paraissent se contredire ; car la chose donnée en gage ne peut être valablement engagée, si le propriétaire a le droit de la reprendre exempte de toute charge.

M. BERLIER répond que la dernière partie de cet article ne détruit pas la première, en ce que celle-ci a seulement eu pour objet d'empêcher que le débiteur ne pût, après coup, se prévaloir lui-même du vice de la chose, et que nul autre que le propriétaire ne pût la réclamer.

Au surplus, l'opinant avoue que cette règle n'en existera pas moins, quoique non exprimée, et il pense que l'article peut être supprimé, non comme contradictoire dans ses diverses parties, mais comme inutile.

L'article est retranché.

2077½. Le

2077. Le gage peut être donné par un tiers pour le débiteur.

(Cet article, le VIIIe. du Projet, fut adopté sans discussion).

2078. Le créancier ne peut, à défaut de paiement, disposer du gage; sauf à lui à faire ordonner en justice que ce gage lui demeurera en paiement, et jusqu'à due concurrence, d'après une estimation faite par experts, ou qu'il sera vendu aux enchères.

Toute clause qui autoriserait le créancier à s'approprier le gage, ou à en disposer sans les formalités ci-dessus, est nulle.

(Cet article était le IXe. du Projet).

M. Bégouen pense que la seconde partie de l'article doit être supprimée : c'est assez d'avoir établi le droit commun dans la première partie; la loi doit ensuite laisser aux parties la faculté d'y déroger.

M. Berlier répond que la seconde partie de l'article doit être maintenue dans toute sa rigueur, parce que, s'il en était autrement, le créancier d'une somme de mille francs, qui aurait engagé un effet de trois mille francs, se hâterait, au terme, de le vendre à vil prix pour être plus promptement payé. La loi doit pourvoir à ce que les intérêts du débiteur ne soient point sacrifiés. L'obligation de vendre le gage en justice peut néanmoins cesser, si le débiteur lui-même change son titre et vend à son créancier la chose qu'il lui avait primitivement engagée; mais du moins faut-il qu'il s'explique à ce sujet.

L'article est adopté.

2079. Jusqu'à l'expropriation du débiteur, s'il y a lieu, il reste propriétaire du gage, qui n'est, dans la main du créancier, qu'un dépôt assurant le privilége de celui-ci.

(Cet art., le Xe. du Projet, fut adopté sans discussion).

2080. Le créancier répond, selon les règles établies au titre *des Contrats ou des Obligations conventionnelles en général*, de la perte ou détérioration du gage qui serait survenue par sa négligence.

De son côté, le débiteur doit tenir compte au créancier, des dépenses utiles et nécessaires que celui-ci a faites pour la conservation du gage.

(Cet art., le XIe. du Projet, fut adopté sans discussion).

2081. S'il s'agit d'une créance donnée en gage, et que cette créance porte intérêts, le créancier impute ces intérêts sur ceux qui peuvent lui être dus.

Si la dette pour sûreté de laquelle la créance a été donnée en gage, ne porte point elle-même intérêts, l'imputation se fait sur le capital de la dette.

(Cet art., le XIIe. du Projet, fut adopté sans discussion).

2082. Le débiteur ne peut, à moins que le détenteur du gage n'en abuse, en réclamer la restitution qu'après avoir entièrement payé, tant en principal qu'intérêts et frais, la dette pour sûreté de laquelle le gage a été donné.

S'il existait de la part du même débiteur envers le même créancier une autre dette contractée postérieurement à la mise en gage, et devenue exigible avant le paiement de la première dette, le créancier ne pourra être tenu de se dessaisir du gage avant d'être entièrement payé de l'une et de l'autre dette, lors même qu'il n'y aurait eu aucune stipulation pour affecter le gage au paiement de la seconde.

(Cet article était le XIIIe. du Projet).

M. TRONCHET attaque la seconde partie de l'article. Il observe que le gage ne s'établit pas de plein droit, mais seulement par une convention qui doit même être rédigée par écrit : c'est donc ajouter au contrat primitif, que d'en étendre l'effet à une autre créance que celle qui en a été l'objet.

M. BERLIER répond que la disposition attaquée n'est point introductive d'un droit nouveau et qu'elle résulte de la loi unique au Code, *Etiam ob chirograph. pecun.*, *etc.*, qu'à la vérité, le projet du Code n'avait pas conservée, mais dont plusieurs tribunaux ont demandé le rétablissement.

Au fond, l'opinant pense qu'elle est très-juste : comment, en effet, forcer un créancier qui aura reçu un gage pour la dette A, et qui depuis aura acquis une nouvelle dette B, devenue exigible avant le paiement de la première, à se dessaisir du gage sans être payé de l'une et de l'autre ; et comment le débiteur pourrait-il être admis à dire : *je reconnais que je*

vous dois l'une et l'autre somme, mais je veux retirer le gage en vous payant seulement la première? Une telle exception ne serait-elle pas choquante?
L'article est adopté.

2083. Le gage est indivisible, nonobstant la divisibilité de la dette entre les héritiers du débiteur ou ceux du créancier.

L'héritier du débiteur, qui a payé sa portion de la dette, ne peut demander la restitution de sa portion dans le gage, tant que la dette n'est pas entièrement acquittée.

Réciproquement, l'héritier du créancier, qui a reçu sa portion de la dette, ne peut remettre le gage au préjudice de ceux de ses cohéritiers qui ne sont pas payés.

(Cet art., le XIVe. du Projet, fut adopté sans discussion).

2084. Les dispositions ci-dessus ne sont applicables ni aux matières de commerce, ni aux maisons de prêt sur gage autorisées, et à l'égard desquelles on suit les lois et réglemens qui les concernent.

(Cet article, le XVe. du Projet, fut adopté sans discussion).

CHAPITRE II.

DE L'ANTICHRÈSE.

2085. L'antichrèse ne s'établit que par écrit.

Le créancier n'acquiert par ce contrat que la faculté de percevoir les fruits de l'immeuble, à la charge de les imputer annuellement sur les intérêts, s'il lui en est dû, et ensuite sur le capital de sa créance.

(Cet art., le XVIe. du Projet, fut adopté sans discussion).

2086. Le créancier est tenu, s'il n'en est autrement convenu, de payer les contributions et les charges annuelles de l'immeuble qu'il tient en antichrèse.

Il doit également, sous peine de dommages et intérêts, pourvoir à l'entretien et aux réparations utiles et nécessaires de l'immeuble ; sauf à prélever sur les fruits toutes les dépenses relatives à ces divers objets.

(Cet art., le XVIIe. du Projet, fut adopté sans discussion).

2087. Le débiteur ne peut, avant l'entier acquittement de la dette, réclamer la jouissance de l'immeuble qu'il a remis en antichrèse.

Mais le créancier qui veut se décharger des obligations exprimées en l'article précédent, peut toujours, à moins qu'il n'ait renoncé à ce droit, contraindre le débiteur à reprendre la jouissance de son immeuble.

(Cet article, le XVIIIe. du Projet, fut adopté sans discussion).

2088. Le créancier ne devient point propriétaire de l'immeuble par le seul défaut du paiement au terme convenu ; toute clause contraire est nulle : en ce cas, il peut poursuivre l'expropriation de son débiteur par les voies légales.

(Cet article, le XIXe. du Projet, fut adopté sans discussion).

2089. Lorsque les parties ont stipulé que les fruits se compenseront avec les intérêts, ou totalement, ou jusqu'à une certaine concurrence, cette convention s'exécute comme toute autre qui n'est point prohibée par les lois.

(Cet article, le XXe. du Projet, fut adopté sans discussion).

2090. Les dispositions des articles 2077 et 2083 s'appliquent à l'antichrèse comme au gage.

(Cet article, le XXIe. du Projet, fut adopté sans discussion).

2091. Tout ce qui est statué au présent chapitre ne préjudicie point aux droits que des tiers pourraient avoir sur le fonds de l'immeuble remis à titre d'antichrèse.

Si le créancier, muni à ce titre, a d'ailleurs sur le fonds des priviléges ou hypothèques légalement établis et conservés, il les exerce à son ordre et comme tout autre créancier.

(Cet article, le XXIIe. du Projet, fut adopté sans discussion).

TITRE XVIII.

DES PRIVILEGES ET HYPOTHEQUES.

Décrété le 28 Ventose an 12, promulgué le 8 Germinal suivant.

M. BIGOT-PRÉAMENEU, au nom d'une partie de la Section de législation, fait l'exposé suivant des motifs du régime hypothécaire adopté dans le Projet de Code civil.

Séance du 12 Pluviose an 12.

Ce rapport est ainsi conçu :

LE nouveau système de la publicité et de la spécialité des hypothèques est-il préférable aux règles suivies dans cette matière jusqu'à la loi du 11 brumaire an 7 ?

Les motifs qui s'opposent à ce que ce système soit adopté vont être exposés.

On rappellera quelle est, dans cette matière, l'ancienne législation que l'on propose de maintenir, et l'on discutera ensuite les questions de publicité et de spécialité.

SECTION PREMIÈRE.

Etat de la Législation jusqu'à l'an 7.

Un principe fondamental sur lequel il ne peut y avoir diversité d'opinions, se trouve rappelé en tête de tous les projets de loi sur les hypothèques : *Quiconque s'est obligé personnellement, est tenu de remplir son engagement sur tous ses biens mobiliers et immobiliers, présens et à venir.*

La conséquence de ce principe est que le crédit de celui qui contracte un engagement, se compose, non-seulement de ses immeubles, non-seulement de tous ses biens actuels, mais encore de ceux que sa bonne conduite, que son industrie, que l'ordre naturel des successions, peuvent lui faire espérer.

Les Romains, nos maîtres en législation, n'ont jamais fait la moindre dérogation à un principe aussi fécond dans ses heureux effets. Si, d'une part, ils ont voulu faire reposer la foi des engagemens sur tout ce que le débiteur possède et pourra posséder ; ils auraient également cru porter atteinte au droit de propriété du débiteur, s'ils l'avaient privé de l'avantage d'offrir, dans toute son étendue, la garantie qui est en son pouvoir.

Quant aux droits des créanciers entre eux, ils étaient réglés sur des principes d'équité.

Dans tous les tems, il s'est trouvé des créanciers qui, non contens d'une obligation personnelle et générale, ont voulu rendre leur créance préférable à celle des autres créanciers. Ils ont exigé qu'on mît en leur possession des choses mobilières, qui devinssent ainsi leur gage spécial, ou que le débiteur affectât, sous le nom d'hypothèque, tout ou partie de ses biens présens et à venir. Le débiteur n'était point dépossédé par l'effet de cette hypothèque, mais il ne pouvait disposer du bien hypothéqué qu'avec la charge dont il était grevé envers le créancier : celui-ci pouvait le suivre entre les mains des tierces personnes auxquelles il aurait été transmis, et son droit ne se perdait que par la prescription.

Ainsi le créancier avait, du moment où l'engagement était contracté, un droit réel sur le bien hypothéqué, droit considéré comme un accessoire à l'engagement, et qui conséquemment s'appliquait aux biens présens et aux biens futurs.

De là ces règles que le créancier hypothécaire est préféré à celui qui n'a qu'une obligation personnelle, et que dans le concours de plusieurs créanciers hypothécaires, celui dont l'hypothèque remonte à une date antérieure est préférable.

Tel était l'ordre simple entre les créanciers qui avaient obtenu l'hypothèque par convention avec le débiteur ; mais il est aussi des engagemens qui, par leur objet, et par des principes d'humanité ou de justice, doivent être exécutés de préférence aux autres conventions, et conséquemment aux hypothèques qui en sont l'accessoire : ce sont les créances qui, par ces motifs, sont mises comme privilégiées dans une classe à part. Il faut qu'à cet égard les règles de l'équité soient aussi impérieuses que certaines, puisqu'elles se retrouvent dans tous les tems et dans tous les codes.

Il est encore des engagemens qui se forment sans convention, et par l'autorité de la loi. Elle intervient alors pour conserver aux créanciers un droit que la nécessité de maintenir l'ordre public doit garantir ; et du moment que ce droit légal est établi, il ne doit plus dépendre du débiteur d'attribuer à un autre, par simple convention, un droit d'hypothèque qui puisse prévaloir.

Telles sont les hypothèques que la loi donne à la femme sur les biens de son mari, aux mineurs et aux interdits sur les biens des tuteurs, etc.

La force des jugemens n'eût été qu'illusoire, si le condamné eût pu ensuite, par une simple convention d'hypothèques, donner sur ses biens un droit préférable : il était encore d'une nécessité absolue que les condamnations judiciaires, comme les engagemens légaux, eussent, suivant leur date, rang au nombre des dettes hypothécaires.

Telle est, en peu de mots, cette théorie simple, qui, depuis tant de siècles, fixe les droits entre les créanciers et les débiteurs, et les droits des créanciers entre eux ; théorie fondée sur l'usage le plus étendu du droit de propriété, soit pour assurer le sort des créanciers, soit pour multiplier le crédit et les ressources du débiteur ; théorie qui n'a jamais souffert d'altération chez le peuple le plus profond dans la science des lois civiles ; théorie avec laquelle la France était parvenue au plus haut degré de prospérité ; théorie qui ne peut être détruite ou altérée sans porter atteinte à l'ordre public, et spécialement au droit le plus sacré de tous, celui de la propriété.

Les changemens que la législation romaine avait essuyés en France avant la loi du 11 brumaire an 7, n'avaient rien de contraire aux principes qui viennent d'être exposés.

Les Romains donnaient à l'hypothèque le même effet sur les meubles que sur les immeubles, et cette règle s'était conservée dans quelques parties de la France.

Mais on avait en général reconnu qu'il était très-difficile, ou le plus souvent impossible, de suivre les meubles dans les mains des tierces personnes auxquelles le débiteur les avait transmis. Cette sorte d'hypothèque a été regardée comme nulle, ou comme moins utile que nuisible au créancier, à cause de la difficulté de l'exercer. De là cette règle que les meubles *n'ont point de suite par hypothèque*, règle regardée comme si raisonnable, que, dans les divers projets de loi qui sont présentés, on la conserve.

A Rome, l'hypothèque pouvait s'établir par le seul effet d'une convention, sans qu'il fût besoin du ministère d'un officier public, et même sans écrit. L'empereur *Léon* exigea seulement qu'une pareille stipulation se fît en présence de trois témoins dignes de confiance.

En France, on a voulu que l'hypothèque eût une date certaine ; et il a été statué que, pour la constater, il était nécessaire qu'il y eût un acte passé devant notaire ou reconnu en jugement.

Cette mesure a encore été, quelque parti que l'on prenne, regardée comme nécessaire.

Les partisans de la loi nouvelle ne cessent de répéter que, par l'édit de 1771, on a créé, pour les hypothèques, un système qu'ils prétendent mettre en opposition avec celui de l'an 7.

L'édit de 1771 n'est qu'un réglement de procédure. On a voulu faire cesser l'abus des décrets volontaires.

Les lois sur les ventes forcées avaient établi que l'adjudication, précédée des formes prescrites, mettait l'adjudicataire à l'abri des recherches de tous les créanciers, de ceux même ayant hypothèque.

Mais, dans les ventes volontaires, l'acquéreur pouvait, suivant les règles ordinaires du droit, être inquiété pendant tout le tems que la loi donnait aux créanciers pour exercer leurs droits d'hypothèque. La crainte de laisser les acquéreurs dans une trop longue incertitude, avait fait introduire l'usage de remplir, sous le nom de décret volontaire, les mêmes formalités que si le décret eût été forcé. L'acquéreur parvenait ainsi à rendre son immeuble libre des hypothèques dont le vendeur l'avait grevé; mais cette procédure, quoique longue et dispendieuse, n'était, dans la vérité, qu'un vain simulacre. D'une part, elle était onéreuse à l'acquéreur, et, de l'autre, les créanciers se trouvaient le plus souvent dépouillés de leurs droits sans avoir eu connaissance de ces poursuites illusoires.

Ce fut pour prévenir ce double abus, qu'on voulut, par l'édit de 1771, donner aux ventes une publicité telle, que les créanciers pussent en être avertis. On imposa aux acquéreurs l'obligation d'afficher leurs contrats pendant deux mois, et de les notifier aux créanciers qui auraient formé leurs oppositions aux bureaux des hypothèques. Au moyen de ces formalités, qui, sans contredit, étaient préférables au décret volontaire, les acquéreurs recevaient, sous le titre de lettres de ratification, un acte d'affranchissement de toutes les hypothèques des créanciers qui auraient négligé de s'opposer avant le sceau de ces lettres. (Art. 7).

Dans ce système, l'opposition n'était point nécessaire pour établir le droit d'hypothèque, mais seulement pour l'exercer sur le prix de l'immeuble vendu, et les créanciers n'étaient point payés suivant l'ordre des oppositions, mais suivant la date de leurs hypothèques. Le droit des créanciers était conservé, lors même qu'ils n'avaient point formé d'opposition avant l'aliénation de l'immeuble, pourvu qu'ils s'opposassent avant le sceau des lettres. Ils étaient regardés comme suffisamment avertis par une affiche dans l'auditoire, pendant deux mois; et la peine de leur négligence était d'être privés du droit qu'ils auraient eu dans la distribution de l'immeuble vendu, lorsqu'ils ne se présentaient pas à cet appel. On n'avait cependant pas cru pouvoir mettre ainsi les acquéreurs à l'abri des hypothèques légales qui sont énoncées dans l'édit.

La forme de déchéance, établie par cet édit, était sans doute sujette à des inconvéniens : les rédacteurs du projet de Code sont les premiers

à

à desirer que de meilleurs moyens lui soient substitués ; il leur suffit d'avoir observé que l'édit de 1771 n'a eu aucunement pour objet d'établir un nouveau régime d'hypothèque, et qu'il ne porte aucune atteinte aux principes en cette matière.

Changer le mode de créer les hypothèques, vouloir que de simples hypothèques, si elles sont inscrites, l'emportent, malgré l'évidence de l'équité, sur des priviléges résultant de la nature même de la créance, réduire le débiteur à n'offrir pour gage que ses biens présens, ne l'autoriser à hypothéquer tous ses biens présens qu'avec des formalités ruineuses, voilà ce qu'on doit appeler une grande et effrayante innovation ; et ce qui doit encore être ainsi qualifié, lorsque l'on compare son existence depuis cinq ans, avec plus de vingt siècles, pendant lesquels il n'est point à croire que l'on ait méconnu quels sont les droits respectifs des débiteurs vis-à-vis des créanciers, et des créanciers entre eux, et quel est le régime le plus convenable soit au crédit général, soit à l'ordre public.

Cependant les auteurs de la loi de l'an 7 ont cru qu'il n'y aurait de propriété en France que sous les conditions suivantes :

La première, qu'aucun hypothèque ou privilége n'aurait d'effet que du jour de l'inscription sur un registre public ;

La deuxième, que chaque créancier serait tenu de se contenter d'une hypothèque spéciale.

SECTION II.

De la Publicité des Hypothèques.

§. Ier. *Divers Essais du Fisc pour établir cette Publicité.*

L'idée de la publicité des hypothèques n'est point nouvelle ; les gens de finances ont depuis très-long-tems provoqué ce régime, avec la perspective que ce serait pour le fisc une mine très-riche à exploiter. Elle a été introduite dans la Belgique, et dans quelques parties de la France, par les seigneurs de fiefs, sous le nom de *nantissement*, pour multiplier leurs droits de mutations.

L'origine du contrôle des actes remonte à *Henri III*. Un édit du mois de juin 1581 créa dans chaque siége royal un office de contrôleur des titres, pour enregistrer tous les contrats qui excéderaient cinq écus de principal, ou trente sous de rente foncière ; et l'on mit, pour peine du défaut de contrôle et d'enregistrement de ces actes, qu'ils n'emporteraient point de droit de propriété ni d'hypothèques.

On ne songeait certainement pas, dans cette loi, à établir le crédit général : les offices ne purent être établis que dans un petit nombre de lieux ; l'opinion publique l'emporta ; l'édit fut révoqué en 1588.

Le moyen d'assurer la date des actes par le contrôle, fut reproduit et mis à exécution sous le règne de *Henri IV;* mais il ne fut plus question de faire dépendre de cette formalité les hypothèques et la transmission de propriété.

Le fisc avait réussi à établir le contrôle, en présentant un motif d'utilité, celui d'assurer la date des actes ; il fit, en 1673, à cette époque où *Louis XIV* épuisait tous les moyens d'asseoir des impôts, un nouvel essai, sous le prétexte de conserver les fortunes en assurant les hypothèques, et de donner aux débiteurs solvables les moyens de constater leur solvabilité, en garantissant leurs biens d'être consumés en frais de justice.

L'édit du mois de mars 1673 créa des greffes où les créanciers devaient former leurs oppositions, et ces oppositions devaient contenir les sommes ou les droits pour lesquels elles étaient formées.

Les hypothèques enregistrées sur les biens présens, dans le délai de quatre mois, à compter de la date des titres, et dans un pareil délai, à compter du jour où de nouveaux biens surviendraient au débiteur, étaient préférées aux hypothèques antérieures ou même privilégiées qui n'auraient pas été enregistrées.

Les créanciers avaient aussi un délai de quatre mois, en cas de mort du débiteur, pour obtenir, par l'enregistrement, la préférence sur les créanciers personnels de l'héritier.

Les créanciers en sous-ordre étaient admis à se conformer au même régime.

L'enregistrement avait son effet, sans qu'il fût besoin de le renouveler.

Les hypothèques non enregistrées venaient dans l'ordre de leurs dates sur les biens restans.

Les titres de propriété des biens survenus aux débiteurs, étaient notifiés aux créanciers dont les hypothèques étaient enregistrées.

On dispensa de l'enregistrement les hypothèques légales sur les biens des maris, des tuteurs, des comptables de deniers publics, des receveurs de consignations, etc.

Ces principales dispositions de l'édit de 1673 suffisent pour convaincre que le crédit public et le droit de propriété y étaient beaucoup moins compromis que dans le nouveau système.

Les partisans de la loi de l'an 7 disent que si cet édit fut retiré l'année suivante, il faut l'imputer aux brigues du parlement. Ils citent le testament politique de *Colbert*, dans lequel on lit : « Que le parlement, qui
« tirait sa substance des cent têtes de l'hydre, craignit qu'elle ne les
« perdît; qu'il voulut favoriser les gens de la cour, qui n'eussent pu
« trouver des ressources quand leurs affaires eussent été découvertes ».

Personne n'ignore que le livre qui a paru sous le titre de *Testament de Colbert*, n'est point en général regardé comme l'ouvrage de ce grand ministre : on en est même encore plus persuadé à la lecture d'un passage qui ne présente que de l'animosité, des faits erronés, des idées fausses.

C'est en 1673 que le parlement est accusé d'avoir voulu sacrifier le bien public à la chicane, lorsqu'il venait de concourir à ces ordonnances célèbres, devenues des modèles de sagesse et de simplicité, et qui avaient détruit, autant que l'intelligence humaine le permettait, l'hydre de la chicane. On n'a point reproché aux parlemens, jaloux de leur pouvoir, d'être d'accord avec les gens de cour. *Colbert* n'eût point dit que, pour les favoriser, il fallait les laisser se ruiner de fond en comble. En effet, lorsqu'ils empruntaient au-delà de leurs facultés, le moment de la déconfiture arrivait, et la famille perdait sa vraie puissance, celle de la richesse.

Ce n'est point à ces motifs vagues et dénués de fondement qu'il faut attribuer la révocation de l'édit de 1673. Une réclamation universelle en démontra l'injustice et les inconvéniens.

Son premier défaut était d'être impraticable.

« Cette loi, dit *Basnage* (*Traité des hypot.* chap. Ier.), était si bur-
« sale et si difficile à exécuter, qu'elle n'a point eu d'effet ».

On voulait rendre les hypothèques publiques, afin que le créancier connût pour quelle somme le bien était déjà grevé d'hypothèques antérieures, et l'on ne songeait pas que les hypothèques les plus nombreuses sont affectées à des créances indéterminées.

Elles ne procuraient point aux créanciers la sûreté promise, puisque, dans le délai de quatre mois, donné pour inscrire les hypothèques sur les registres, on pouvait y porter des hypothèques antérieures, et que le dernier prêteur ignorait.

Il ne restait de certain que la surcharge d'un nouvel impôt, et la loi de l'an 7 n'a point encore eu d'autre résultat.

Les auteurs de cette dernière loi avaient sous les yeux le tableau des malheurs de tout genre dont les créanciers n'ont cessé d'être accablés pendant la révolution. Non seulement les débiteurs avaient payé avec, un papier-monnaie déprécié, ou de nulle valeur, mais encore ils continuaient à employer sans pudeur les moyens les plus répréhensibles pour tromper leurs créanciers.

La nation a paru aux législateurs dépravée au point qu'il ne restait plus, pour rétablir la bonne-foi, d'autre ressource que celle de chercher à enchaîner les débiteurs de manière que la fraude devînt impossible. Ils n'ont vu, pour y parvenir, d'autre moyen que de réduire toutes les transactions avec hypothèque, à la forme d'un prêt sur gage public et spécial. Ils ont cru que la publicité donnerait aux créanciers une connaissance certaine de l'état de la fortune de leurs débiteurs, et les mettrait à l'abri de toute inquiétude sur des hypothèques antérieures. Il est impossible d'atteindre ainsi ce but, ni même d'en approcher.

§. II. *Effets de la Publicité.*

1°. Insuffisance de ce moyen pour constater la fortune des débiteurs.

Il faut distinguer plusieurs causes principales des transactions qui opèrent la circulation générale.

Au premier rang sont les transactions commerciales et industrielles, qui, fort heureusement, se font presque toutes sans recourir à des hypothèques, et pour lesquelles les seules règles de l'équité ont été conservées dans leur pureté : il n'est point ici question de ce genre de créance.

Au second rang, pour le nombre et l'importance, doivent être placées les hypothèques légales.

Ce ne sont pas quelques personnes seulement, mais des classes entières de citoyens, dont les biens sont grevés de ces hypothèques :

1°. Les maris pour sûreté des droits de leurs femmes ;

2°. Celui des époux qui survit avant la majorité de tous ses enfans, ce qui est dans le cours ordinaire de la nature ;

3°. Tous les autres tuteurs soit de mineurs soit d'interdits ;

4°. Tous les héritiers acceptant des successions sous bénéfice d'inventaire ;

5°. Tous les comptables de deniers publics ;

6°. Tous les dépositaires de justice.

Au troisième rang sont les hypothèques conventionnelles ; elles se sous-divisent en deux classes.

L'une comprend les engagemens pour des sommes déterminées.

L'autre classe se compose des obligations qui peuvent être indéterminées, soit relativement à la quotité, soit parce qu'elles dépendent d'une condition ou d'un événement incertain.

PRIVILEGES ET HYPOTHEQUES. 709

Telles sont les garanties, en cas d'éviction totale ou partielle, en matière de vente ou de partage ;

Les obligations contractées sous la condition qu'un événement arrivera ou n'arrivera pas, et en général sous des conditions suspensives ou résolutoires ;

Les libéralités faites pour le cas de survie ;

Les obligations dont l'objet est susceptible d'une liquidation plus ou moins longue, plus ou moins incertaine.

Au quatrième rang sont les hypothèques judiciaires, dont un très-grand nombre est encore ou indéterminé, ou incertain.

Elles sont indéterminées, lorsque les jugemens portent des condamnations à des sommes non liquides, à des restitutions de fruits, à des dommages et intérêts, à des redditions de compte, à des garanties éventuelles de valeurs incertaines.

Les hypothèques judiciaires incertaines sont celles que donnent les jugemens qui, rendus par défaut, ou susceptibles d'appel, peuvent être réformés.

On ne saurait contester que la quantité des hypothèques indéterminées ne soit immense, et que le nombre des maris, des tuteurs, des comptables, ne soit pas beaucoup plus considérable que celui des emprunteurs par hypothèque.

Il faut de plus observer que, par la nature des obligations que garantissent les hypothèques légales, elles sont d'une longue durée.

Les hypothèques que la loi a établies au profit des femmes, ne doivent cesser qu'avec le mariage ; les hypothèques au profit des mineurs, durent jusqu'à ce que les comptes de tutelle aient été rendus et soldés ; celles au profit des interdits, pendant toute leur vie ; celles au profit du trésor national, pendant la gestion des comptables.

Si, d'une part, les obligations pour prêt se renouvellent, cela est plus que balancé par la longue durée des engagemens indéterminés.

Le résultat final et certain est que la plus grande masse d'immeubles est habituellement grevée d'hypothèques indéterminées, et que, par ce motif, on ne peut connaître la situation de la fortune du plus grand nombre de propriétaires.

Cet obstacle au nouveau projet est insurmontable : c'est en vain que ses auteurs cherchent à l'éluder, en proposant de soumettre à une évaluation une partie des hypothèques indéterminées.

C'est une mesure que l'on n'avait même pas cru pouvoir admettre dans la loi de l'an 7 ; il serait impossible de l'exécuter, elle causerait des

2°, Les hypothèques indéterminées ne sont pas susceptibles d'évaluation.

procès sans nombre; elle ne saurait être favorable ni au créancier ni au débiteur.

Les hypothèques indéterminées ne sont pas susceptibles d'évaluation, même approximative. Comment apprécier les droits qui peuvent, pendant tout le cours du mariage, devenir l'objet de l'hypothèque d'une femme sur les biens de son mari? Comment prévoir les résultats d'une mauvaise administration, les droits qu'il aura laissé prescrire, les biens qui surviendront à la femme par succession ou autrement, et qu'il n'aura ni constatés, ni conservés; en un mot, tous les genres de fautes dont il est responsable?

Comment évaluer les gains nuptiaux, qui dépendent de l'événement de la survie?

La responsabilité des tuteurs n'est ni moins étendue, ni moins incertaine; et il serait également impossible d'évaluer à une somme fixe la dette éventuelle des comptables ou des dépositaires publics.

Mais d'ailleurs quel serait le mode possible d'exécution? Quel est le genre d'arbitrage ou d'expertise qui serait employé pour fixer l'hypothèque d'une femme ou d'un mineur?

Il n'y aurait, pour une semblable opération, aucune base. Les femmes et les mineurs ne seraient-ils pas exposés à des risques évidens, si l'on jugeait du mari ou du tuteur par les apparences, qui sont toujours favorables à l'époque où le mariage et la tutelle commencent, et si l'on calculait sur les biens alors existans, tandis que le plus souvent la fortune s'accroissant pendant le mariage et pendant la tutelle, exige une garantie plus forte. La loi, plus sage et plus prévoyante, a jusqu'ici établi cette hypothèque sur tous les biens présens et à venir; elle ne peut donc pas être évaluée.

Des contestations scandaleuses s'élèveraient, où plutôt les parens eux-mêmes de la femme ou du mineur aimeraient mieux éviter toute discussion en se rendant trop faciles, que d'ouvrir ainsi l'arène judiciaire pour une évaluation de biens et de droits respectifs de la femme contre le mari, au moment même du mariage, de l'enfant contre son père ou sa mère, au moment où la nature les appelle à se témoigner plus d'affection, et à se consoler d'un malheur commun.

L'évaluation des autres hypothèques indéterminées serait également presque toujours impossible.

Comment prévoir à quel degré seront responsables des comptables de deniers publics, des héritiers négligens ou infidèles, qui accepteront des successions sous bénéfice d'inventaire? Comment prévoir quel sera le résultat d'une liquidation? etc.

PRIVILEGES ET HYPOTHEQUES. 711

Cependant les auteurs du nouveau projet reconnaissent que, sans évaluation, la publicité des hypothèques ne serait rien pour les tiers, auxquels il serait inutile de savoir qu'il y a une hypothèque, s'ils ignoraient pour quelle somme l'héritage serait grevé ; mais ils croient pouvoir autoriser des opérations purement arbitraires, et ils en donnent pour motifs « que la dette principale n'a pas besoin d'une estimation anticipée, mais « que l'hypothèque n'est qu'une sûreté, un cautionnement qui survient « à la dette et l'appuie ; que c'est là ce qui doit être limité à une somme « déterminée à forfait, selon le plus ou le moins d'étendue probable de la « dette ».

C'est ainsi que, pour lever un obstacle insurmontable, ils oublient ce que l'on entend par hypothèque, ils en dénaturent l'idée. Ce n'est pas la personne du débiteur qui peut répondre d'une dette, ce sont ses biens. Ses biens ne sont point un accessoire de la dette, un cautionnement ; ils sont la matière directe de l'engagement. L'hypothèque est encore moins un cautionnement ; elle n'a pour objet que d'assurer le droit acquis sur les biens par la priorité de date. Evaluer à forfait la partie des biens sur laquelle le créancier conservera son droit de priorité, c'est altérer ce droit ; c'est soustraire une partie de la matière de la dette ; c'est faire un nouveau contrat entre lui et le débiteur ; contrat qui d'ailleurs serait illicite, lorsqu'il s'agit d'une hypothèque, qui, créée par la loi et par des considérations d'ordre public, ne doit pas dépendre d'une convention.

Il reste donc pour constant, d'une part, que la plus grande masse des immeubles est grevée d'hypothèques indéterminées, et, de l'autre, que toute évaluation de ces hypothèques serait impossible et injuste.

Or, les partisans de la publicité reconnaissent eux-mêmes qu'elle est inutile si elle ne fait pas connaître l'étendue des engagemens du débiteur; ainsi ce système manque par sa base.

Ne devrait-on pas encore être arrêté par la crainte de dépouiller les familles de la faculté de garder le secret de leurs affaires ?

Ce secret a toujours été regardé comme un des principaux droits de la liberté individuelle.

5°. Le système de publicité est une interdiction aux familles de garder le secret de leurs affaires.

Il n'est presque aucune affaire, aucun événement de famille, qui ne soit l'occasion d'une hypothèque.

Il faudrait, pour exiger de tous les citoyens une renonciation absolue à tout secret sur ce qu'ils ont de plus intime et de plus précieux, non-seulement qu'il n'y eût pas de doute sur l'utilité d'un pareil dévoilement, mais encore que la nécessité en fût clairement démontrée.

Dire qu'on ne peut desirer de conserver le secret de ses affaires sans être de mauvaise foi, c'est une proposition démentie par ce sentiment que les hommes les plus probes ont de tout tems éprouvé, et par leur conduite habituelle.

S'il se trouve des emprunteurs qui abusent d'un pareil secret, doit-on sacrifier le droit général à la crainte qu'inspirent les gens de mauvaise foi? Devrait on écouter celui qui porterait le mépris de ses concitoyens au point de supposer que les fripons composent la généralité, et que les gens honnêtes ne font qu'une exception? Est-ce sur une pareille théorie que l'on peut faire des lois?

Mais, d'ailleurs, le propriétaire que l'on voudrait ne point admettre à emprunter avec hypothèque, si pendant toute sa vie il n'avait mis au plus grand jour toutes les transactions qui peuvent grever son patrimoine, ne devrait-il pas rester le maître de dire : « Je consens de subir « cette incapacité ; j'aime beaucoup mieux ne trouver jamais à emprunter « que sur mon crédit personnel ; il sera pour moi plus avantageux. Mais, « lorsque je me soumets à l'interdiction que vous prononcez, ne me dé- « pouillez pas de mes droits de privilége ou d'hypothèque, parce que je « ne vous aurai pas rendu, par une inscription, le compte public de « toutes mes affaires ; compte qui nuit à mes intérêts, qui n'est à mes « yeux qu'une inquisition odieuse, et dont on peut abuser contre moi ».

SECTION III.

De l'Inscription considérée comme moyen d'établir les Hypothèques.

Incompatibilité de ce moyen avec le droit de propriété.

Supposons qu'il soit possible de procurer au créancier une parfaite sécurité, en exigeant des inscriptions publiques ; on ne doit pas employer un pareil moyen, s'il ne peut se concilier avec les principes du droit de propriété.

Ne les renverse-t-on pas ces principes, en proposant qu'un privilége, qu'une hypothèque légale, n'aient point d'effet sans inscriptions?

Et d'abord, quel est le fondement des priviléges? Ils n'en ont pas d'autre que des motifs d'humanité, ou un motif évident d'équité.

Ainsi, c'est par humanité que l'on donne privilége aux médecins, aux chirurgiens, aux pharmaciens et pour les frais quelconques de dernière maladie, à ceux qui fournissent des subsistances ; les frais funéraires seraient dus par privilége, même chez le peuple le moins civilisé.

C'est à-la-fois sur l'humanité et sur l'équité qu'est établi le privilége du propriétaire.

C'est

C'est sur la foi publique que repose le privilége sur les biens des fonctionnaires publics coupables d'abus ou de prévarications.

C'est par l'évidence de l'équité que se forment les priviléges du vendeur ou de celui qui a fourni le prix de la vente sur l'immeuble vendu, du cohéritier sur les immeubles de la succession, de l'entrepreneur et de l'ouvrier sur les bâtimens qu'ils construisent.

Les priviléges du trésor public sont dans un ordre supérieur à celui des intérêts privés.

Les partisans du nouveau système consentent de ne pas exiger d'inscriptions pour quelques créances privilégiées, à cause de leur peu d'importance. Cette idée arbitraire n'obtiendra point la préférence sur des principes d'éternelle justice.

Lorsqu'un privilége est fondé sur l'humanité, celui qui fait l'acte d'humanité, a, dès ce moment, un droit acquis; l'existence d'un droit acquis ne doit pas dépendre d'une formalité.

Comment persuadera-t-on que la loi elle-même ne commettrait pas une injustice, si un propriétaire, si un vendeur ou celui qui a fourni le prix de la vente, étaient privés, par un simple défaut de formalité, d'un gage que nul autre ne peut avoir comme eux?

Il n'est pas douteux que tout est facile à celui qui a le droit de faire la loi, et quand elle sera promulguée, le créancier, celui même qui sera privilégié, et qui ne l'exécutera point, sera en faute : mais la loi ne doit faire que ce qui est juste; elle peut établir des formalités pour créer ou constater des obligations; elle ne doit pas faire dépendre d'une simple formalité, des droits acquis par la nature des choses. Elle doit plutôt éviter de compromettre les droits de l'humanité et de l'équité, que de procurer des facilités pour des emprunts éventuels. Agir autrement, c'est ébranler l'ordre social plutôt que l'établir.

Enfin il est des priviléges qui intéressent la nation entière; ce sont ceux sur les biens des personnes qui ont le maniement des deniers publics, et sur ceux des contribuables.

Il est à desirer que l'on puisse maintenir la règle qui soumet le Gouvernement, pour tout ce qui a trait à la propriété, aux mêmes règles que les simples citoyens. L'expérience seule apprendra s'il n'y a pas trop d'inconvéniens à faire dépendre les revenus de l'Etat, de l'infidélité ou de la négligence de ses agens; et s'il est même possible que ces agens connaissent tous les biens que des comptables achèteront dans des lieux plus ou moins éloignés de leur résidence; si ces comptables auront sur les lieux des supérieurs qui les surveillent; en un mot, si l'on devrait imposer aux agens du trésor public une formalité qui pourrait être impossible dans l'exécution.

Nous dira-t-on que le bien public exige que le créancier privilégié remplisse cette formalité; que, malgré toute la faveur de son droit, il ne doit pas laisser son débiteur dans une sorte d'interdiction; et qu'ordonner une inscription pour former le privilége, ce n'est pas imposer une plus grande gêne que d'exiger, comme le fait l'édit de 1771, une opposition avant les lettres de ratification?

On répond que le bien public exige encore bien plus impérieusement que les droits fondés sur l'humanité ou sur un motif d'équité incontestable, soient toujours respectés. Malheur à la nation qui, pour seconder des vues de commerce ou d'industrie, commencerait par violer dans les lois ce que la bonne-foi, ce que le droit de propriété, auraient de plus sacré!

Mais il n'est point vrai qu'il soit nécessaire de mettre cette entrave aux priviléges, pour qu'un débiteur ne tombe pas dans l'état d'interdiction. Les débiteurs de créances privilégiées ont-ils jamais imaginé qu'ils fussent dans un pareil état? Il faut même observer ou que les dettes privilégiées ne sont pas d'une grande importance dans la fortune du débiteur, ou que si ces dettes s'élèvent à des sommes considérables, il est toujours facile au prêteur de les connaître. Les priviléges sur immeubles, les plus ordinaires et les plus importans, sont ceux des vendeurs, des bailleurs de fonds, des cohéritiers; ces priviléges seront toujours facilement connus par la demande de communication des titres de propriété de l'acquéreur; et cette précaution, usitée avant la loi de l'an 7, était regardée comme suffisante pour la sûreté d'un créancier postérieur.

L'inscription exigée pour établir un privilége, ne peut être assimilée avec les oppositions prescrites par la loi de 1771.

Que l'acquéreur soit autorisé à faire l'appel de tous les créanciers pour s'acquitter, aucun n'a droit de se plaindre; la juste peine de la négligence est que le prix de l'immeuble vendu soit distribué aux créanciers opposans. Il est présumé consentir à cette distribution, et se contenter d'exercer son action sur les autres biens. Si l'immeuble, dont le prix aurait été distribué, n'est pas celui sur lequel repose le privilége, il le conserve nonobstant le défaut d'opposition; si c'est le même immeuble, il lui reste encore pour sa sûreté une hypothèque sur les autres biens. En un mot, la loi de 1771 ne porte aucune atteinte aux règles d'humanité ou d'équité qui constituent les priviléges.

Quant aux simples hypothèques, on ne peut les faire dépendre d'une inscription, sans oublier que, par la nature des engagemens, il existe un droit acquis au profit du créancier le premier en date ; *qui prior est tempore, potior est jure.* Ce n'est point une simple considération d'équité, c'est un droit positif ; *potior est jure.*

Pour éviter toute incertitude sur les dates, on avait réglé en France que nulle hypothèque ne pourrait être établie que par un acte authentique ou par un jugement ; mais il suffisait que le droit de priorité fût ainsi constaté, pour qu'il fût acquis sur tous les immeubles, sans qu'il pût y en avoir d'exceptés.

Dans le système où l'hypothèque n'est point acquise par le contrat, mais seulement par une inscription sur chaque immeuble, le droit de priorité n'existe plus qu'altéré et dénaturé, lorsqu'un créancier qui voudrait avoir pour gage tous les biens de son débiteur, ne les connaît pas, ou lorsqu'un créancier postérieur s'inscrit avant celui qui devait avoir le premier rang.

Ces observations sont communes à toutes les hypothèques ; il en est de particulières aux hypothèques légales et judiciaires.

Ce n'est pas seulement pour l'intérêt privé des parties que les hypothèques légales ont été établies indépendamment de leurs conventions ; c'est encore par des motifs d'ordre public.

Ces motifs furent regardés, en 1673, comme assez puissans pour ne pas faire dépendre d'un enregistrement, de semblables hypothèques, et pour en excepter plusieurs dans l'édit de 1771.

Si, à cette dernière époque, les mineurs furent déclarés déchus de leur droit à la distribution du prix de l'immeuble vendu, lorsque le tuteur ne s'était pas opposé, c'est parce que celui qui a un droit à exercer contre un mineur, peut le poursuivre dans la personne du tuteur ; et que l'acquéreur ayant le droit de se libérer, ne devait pas en être privé par la négligence du tuteur averti dans les formes légales.

Mais la loi serait en contradiction avec elle-même, si d'une part elle déclarait que l'ordre public exige que le droit d'hypothèque soit inhérent à telle créance, tandis que d'une autre part elle ferait dépendre cette hypothèque d'une inscription qui pourrait être involontairement ou même volontairement omise. Ce serait créer d'une main ce que l'on détruirait de l'autre.

A l'égard des femmes, la réclamation est générale en leur faveur. L'expérience a appris que non-seulement, à l'époque du changement de loi, en l'an 7, mais encore depuis que le système nouveau est en pleine activité, cette classe, formant une moitié de la société et jusqu'alors protégée, a été en grande partie dépouillée sans retour de ses biens.

Les femmes n'ont aucune part à la formation ni à l'exécution de la loi. On ne peut pas supposer qu'elles la connaîtront mieux à l'avenir. Elles sont, sous tous les rapports, dans la dépendance de leurs maris intéressés à ce que les formalités ne soient pas remplies ; et parmi ceux même qui ne voudraient pas faire tort à leurs femmes, combien n'en est-il pas qui négligent ou qui regardent comme inutile la formalité de l'inscription ? Et c'est en vain que des malheurs imprévus font ensuite regretter de ne l'avoir pas remplie.

On a établi pour droit général la communauté de biens, qui donne au mari, dans son administration, une telle autorité, que les femmes sont dans l'impuissance même de payer les frais de l'inscription sans laquelle leur patrimoine est perdu.

Pourrait-on n'être pas indigné, en voyant une femme ainsi dépouillée du patrimoine qu'elle aurait apporté et qui serait livré aux créanciers envers lesquels il aurait plu au mari de s'obliger et qui pourraient même être de collusion avec lui ?

Voudrait-on rendre responsables du défaut d'inscription les parens qui dotent ? Mais déjà on a statué que les pères et mères eux-mêmes ne sont pas obligés de doter ; à plus forte raison ne doivent-ils pas être responsables de la dot.

Si les femmes qui se marient avant leur majorité, ont perdu leurs pères et mères, le tuteur ne peut pas, avant le mariage, couvrir d'inscription les biens du futur époux ; les devoirs et les droits de ce tuteur cessent aussitôt que le mariage est célébré ; on ne peut plus alors faire concourir son autorité avec celle du mari.

Les immeubles restent ordinairement dans les mains des pères et mères, lorsqu'ils marient leurs enfans. Le mari n'aura point alors de biens sur lesquels la femme puisse prendre inscription. Il serait injuste que des créanciers pussent s'inscrire avant elle sur les biens qui écherraient au mari et dont souvent elle n'aurait même pas connaissance. Observez enfin qu'il s'est toujours fait un assez grand nombre de mariages, sans que les conditions en aient été réglées par un contrat ; aucune loi ne l'exige encore ; le système des inscriptions en imposerait la nécessité. C'est, en oubliant la nature de l'hypothèque légale, mettre une gêne aux mariages, lorsque tout devrait tendre à les favoriser.

Les mineurs ont le plus souvent pour tuteur le survivant des père et mère. Il faut toujours éviter de mettre en opposition d'intérêts les maris et les femmes, les enfans et leurs pères ou mères. La paix des familles constitue le bonheur public : cette idée morale et politique a été jusqu'à présent suivie dans la composition du Code, et elle a eu l'assentiment général ; on s'en écartera si l'on fait dépendre d'une inscription la fortune des femmes et des mineurs ; c'est, au lieu de la paix, établir dans les familles l'injustice, la fraude et la discorde.

Quant aux hypothèques judiciaires, elles ont été établies pour que l'autorité de la chose jugée ne fût pas compromise par les hypothèques que la partie condamnée, ou sur le point de l'être, accorderait à un tiers qui deviendrait ainsi préférable. Le système dans lequel une condamnation ne doit donner l'hypothèque que par l'inscription, donne à la fraude plus de facilité qu'elle n'en eut jamais.

SECTION IV.

De l'inscription considérée comme moyen de publicité des hypothèques.

Le motif pour lequel on veut exiger l'inscription, est l'intérêt des créanciers postérieurs. C'est, à l'égard des hypothèques légales, une formalité inutile.

<small>1°. Inutilité de l'inscription des hypothèques légales.</small>

L'état de femme mariée n'est-il pas rendu complétement notoire par les solennités qui l'accompagnent et par la cohabitation des époux? La qualité de tuteur, celle de comptable, ne sont-elles pas publiques? Il ne résulte donc, pour les autres créanciers, aucun avantage réel de cette inscription ; et c'est de cette vaine formalité que l'on veut faire dépendre le sort des femmes, des mineurs, et le recouvrement des deniers publics.

Les réflexions qui viennent d'être faites sur la nature et sur l'objet des hypothèques légales, avaient arrêté, en 1673, les premiers auteurs du système de la publicité des hypothèques. On dispensa de l'enregistrement les hypothèques des mineurs sur les biens des tuteurs pendant la minorité ; et les mineurs eurent une année, à compter de leur majorité, pour remplir cette formalité.

Les partisans du système de publicité se trouvent entre deux écueils : ou ils donneront un certain délai pour s'inscrire, et alors celui qui contracte ignore quels sont les créanciers antérieurs qui peuvent lui être préférés par une inscription prise dans ce délai ; ou bien ils ne donneront l'hypothèque que du moment de l'inscription, et dès-lors le créancier ayant une hypothèque légale ou judiciaire, est dans l'impossibilité de conserver son droit.

<small>2°. De la nécessité d'un délai pour l'inscription.</small>

En 1673, on crut qu'il était indispensable de donner un certain délai pour l'enregistrement des titres hypothécaires, ce délai fut fixé à quatre mois pour avoir hypothèque sur les biens présens, et à pareil délai pour étendre cette hypothèque aux biens qui survenaient au débiteur par acquisition, succession ou autrement.

On avait ainsi, dans cette loi, maintenu le principe suivant lequel le débiteur peut donner et le créancier prendre pour gage tous les biens présens et futurs ; mais, d'une autre part, le créancier, ainsi qu'on l'a observé, avait à craindre, lorsqu'il contractait, que des créanciers antérieurs, à l'égard desquels le délai de quatre mois ne serait pas encore expiré, n'obtinssent la préférence par l'enregistrement fait dans ce délai.

On a voulu, dans la loi de l'an 7, parer à cet inconvénient : on ne donne aucun délai au créancier ; son hypothèque n'a d'effet que du jour de l'inscription.

S'agit-il d'une hypothèque légale ou judiciaire ; c'est mettre le créancier dans l'impossibilité de conserver sa propriété. En effet, on ne peut pas supposer qu'il connaisse ainsi, sur-le-champ, tous les biens de son débiteur; que ces biens soient à sa portée : jamais on ne doit faire dépendre le droit de propriété d'une formalité, sans constituer en demeure, par un délai suffisant, celui qui, étant tenu de la remplir, la négligerait. Et dans quel cas écarte-t-on ce principe ? c'est lorsqu'on prononce la peine la plus rigoureuse, celle de la perte de la propriété.

3°. De la possibilité de la fraude, lors même qu'il n'y a pas de délai pour l'inscription.

S'agit-il d'une hypothèque pour prêt, le prêteur ne peut, dans le cas même où il n'y a pas de délai pour inscrire, être assuré qu'un autre créancier ne sera pas plus prompt que lui à prendre une inscription sur un immeuble éloigné du lieu où le contrat aura été fait ; le prêteur, tourmenté par cette inquiétude, ne veut point délivrer la somme avant qu'il lui soit prouvé que son inscription sera utile.

Mais la loi qui lui impose la nécessité de s'inscrire, n'a aucun moyen de le mettre à l'abri de la mauvaise foi. Il ne peut même pas faire deux actes, dont l'un, qui ne serait qu'une promesse de prêter, serait inscrit, sauf ensuite à réaliser le prêt : on ne peut prendre d'hypothèque sur une simple promesse de prêt.

Les parties ne croient pouvoir sortir de cette perplexité qu'en faisant un acte faux. On y suppose que la somme a été versée à l'emprunteur : elle reste déposée dans les mains du notaire, pour n'être délivrée qu'après l'inscription. Déjà il est notoire que l'usage d'un moyen aussi répréhensible s'introduit ; on croit pouvoir en rejeter l'odieux sur une loi impossible à pratiquer.

Quel contraste entre cette loi, qui provoquerait au crime de faux, et qui dans l'opinion publique semblerait l'excuser, et celles qui ont prononcé les peines les plus rigoureuses pour sauver la société de ce dangereux fléau !

Il est impossible de maintenir un système dans lequel le prêteur, pour se garantir de la mauvaise foi de l'emprunteur, est obligé non-seulement de souscrire à un faux, mais encore de suivre la foi du tiers qui est sans caractère public pour recevoir le dépôt, et qui ne donne aucune garantie de la restitution.

Dira-t-on que l'on ne peut présumer ni un accord criminel entre le dépositaire et l'emprunteur, ni même que l'emprunteur se rende coupable de stellionat en donnant une hypothèque qui pût être inscrite avant celle qu'il aurait déjà consentie, lorsqu'il aurait la certitude d'être promptement découvert et puni ?

On ne songe pas que le prêteur ne pourrait exercer de poursuites contre le dépositaire ou l'emprunteur, sans se découvrir lui-même comme complice du crime de faux.

D'ailleurs, si la peine du stellionat est un moyen suffisant de prévenir les fraudes, on a également ce moyen dans tous les systèmes sur les hypothèques, puisque dans tous, l'intérêt du créancier lésé fait inévitablement découvrir l'infidélité du débiteur dans la déclaration des hypothèques dont ses biens sont grevés.

La peine infligée au débiteur coupable n'empêche pas que le créancier trompé ne soit victime.

Mais il y a plus : le cas dont il s'agit peut arriver très-souvent sans qu'il y ait fraude de la part du débiteur.

L'emprunteur peut avoir sur les lieux où l'immeuble est situé, un fondé de pouvoir qui, à son insu et sans qu'il ait le tems de le prévenir, fasse un emprunt dont le titre soit inscrit avant celui de l'emprunt fait par le débiteur direct.

Des titres peuvent se trouver entre les mains de créanciers qui ne les ont point encore fait inscrire au moment où le débiteur contracte une nouvelle obligation, et qui remplissent cette formalité avant qu'elle l'ait été par le nouveau créancier : tels seraient des jugemens ; ceux qui les ont obtenus peuvent toujours s'inscrire sur le bien qu'ils jugent à propos : tels seraient encore des titres qui emporteraient une hypothèque légale sur tous les biens.

Quant aux créanciers par jugement, ils seraient entièrement livrés à la mauvaise foi du débiteur, qui, se voyant condamné, et avant que l'on ait pu, en exécution du jugement, prendre une inscription, pourraient s'entendre avec un tiers dont la dette supposée et antérieurement inscrite absorberait la fortune de ce débiteur.

<small>4°. De la possibilité des erreurs.</small> Les formalités de l'inscription sont multipliées; elle sont exigées sous peine de nullité.

Souvent les noms sont mal indiqués: ceux des domaines varient, ou ces domaines ne sont point connus sur les lieux par les noms qui se trouvent dans les titres; on ne peut plus les distinguer à cause des changemens dans la contenance, dans les bornages, dans la culture; le créancier est le plus souvent obligé de s'en rapporter à la désignation que fait le débiteur, qui trompera s'il est de mauvaise foi, et qui, même avec de la probité, ne sera pas sûr de ne point induire en erreur.

Ajoutez à tous ces risques ceux auxquels le créancier est encore exposé, si le conservateur des hypothèques se trompe, soit dans l'inscription qu'il porte sur le registre, soit dans le certificat qu'il délivre sur la franchise de l'immeuble ou sur les hypothèques dont il est grevé. Rendre les conservateurs responsables, sur toute leur fortune, d'une simple erreur, ce serait un moyen excessivement rigoureux, et presque toujours insuffisant.

L'expérience a prouvé que, soit pour les inscriptions, soit pour les expropriations, les exemples de nullité dans la forme sont très multipliés. Lorsque, d'une part, l'on est forcé de reconnaître que l'hypothèque est un droit de propriété résultant de la loi ou de la convention, comment, de l'autre, peut-on faire dépendre ce droit d'une formalité qui expose à d'aussi grands risques, sans aucun moyen de les prévenir?

SECTION V.

De la Spécialité des Hypothèques.

§. Ier. *Règles observées jusqu'à l'an 7 sur la Généralité et sur la Spécialité des Hypothèques.*

De tout tems il a été permis de donner une hypothèque générale sur tous ses biens présens et futurs: le créancier pouvait même encore exiger, et le débiteur consentir, que parmi les biens généralement hypothéqués, il y eût des biens présens spécialement affectés.

Les règles sur ce genre de convention sont rappelées dans le projet de code; on y prévient les difficultés qu'elles avaient fait naître.

Des doutes s'étaient élevés sur le point de savoir si celui qui avait stipulé une hypothèque spéciale n'avait point par-là dérogé à l'hypothèque
générale

générale que lui eût donnée son contrat authentique, ou si du moins, en conservant l'hypothèque générale, il n'était pas tenu de commencer par discuter l'immeuble spécialement hypothéqué.

On a décidé que celui à qui l'acte authentique donne l'hypothèque générale, n'est point censé avoir renoncé à ce droit en stipulant une hypothèque spéciale, à moins qu'il n'y ait une clause formelle.

Le droit que donne l'hypothèque générale, est de pouvoir discuter, soit le bien spécialement hypothéqué, soit les autres immeubles du débiteur.

Ces décisions, loin d'être contraires à la volonté des parties, sont la présomption la plus juste de cette volonté, à moins qu'il n'y en ait une autre exprimée dans l'acte.

Il y avait encore dissentiment sur la question de savoir si, dans l'ordre entre les créanciers, l'hypothèque spéciale ne devait pas être préférée à l'hypothèque générale, même antérieure.

Cette préférence eût été contraire aux autres règles et à l'équité. Il serait d'une injustice évidente que le débiteur pût, sans le concours de son créancier, lui enlever une partie de son gage, en créant, au profit d'un créancier postérieur, une hypothèque spéciale. Cela était ainsi décidé par la loi romaine. Tout l'avantage que la justice permettait d'accorder au créancier ayant une hypothèque spéciale, était de lui donner sur le bien ainsi hypothéqué la préférence, lorsqu'il se trouvait en concurrence avec un créancier ayant une hypothèque générale de même date.

Telles ont été les règles admises jusqu'à l'an 7, sur les hypothèques spéciales. On les a regardées comme un avantage particulier que chaque créancier pouvait toujours se procurer sans nuire à son droit d'hypothèque générale, et ce droit lui était certainement plus avantageux que le système dans lequel on le réduirait à une hypothèque spéciale.

§. II. *De l'Hypothèque spéciale telle qu'on la propose.*

La loi de l'an 7 établit les règles suivantes :

La nature et la situation des immeubles doivent être indiquées dans l'acte qui établit l'hypothèque. Il résulte de cette première règle, que les biens futurs ne peuvent être hypothéqués; la même exclusion des biens futurs a été prononcée à l'égard des hypothèques judiciaires.

Quant à toutes les hypothèques légales, elles frappent tous les biens du débiteur, situés dans l'arrondissement où se fait l'inscription. Le créancier peut aussi, par des inscriptions ultérieures, mais sans préjudice de celles antérieures à la sienne, faire porter son hypothèque sur les biens qui écherront au débiteur ou qu'il acquerra par la suite.

Les partisans de cette loi y proposent quelques modifications.

Ils veulent que si les biens présens et libres du débiteur sont insuffisans pour la sûreté de la créance, il puisse, en exprimant cette insuffisance, consentir que le créancier s'inscrive sur chacun des biens à venir, à mesure de leur acquisition; sauf à faire réduire ces inscriptions, si elles sont excessives.

Ils prévoient le cas du dépérissement ou de la dégradation de l'immeuble hypothéqué; et, dans ce cas, ils donnent au créancier le droit ou de se faire rembourser, ou d'obtenir un supplément d'hypothèque, ou de s'inscrire sur chacun des biens à venir, à mesure qu'ils surviendront au débiteur, et sauf encore, dans ce dernier cas, la réduction des inscriptions.

Quant aux hypothèques légales, on veut que si les biens hypothéqués ont été spécifiés, ou si les droits d'hypothèque à réaliser par l'inscription ont été déterminés, le créancier ne puisse prendre inscription que sur les biens indiqués, et seulement jusqu'à concurrence de la somme réglée.

On veut même que s'il n'y a point de convention de cette espèce, et que le créancier ait pris inscription sur une masse de biens excessive, eu égard au montant des créances fixes, et à la valeur estimative des créances conditionnelles ou indéterminées, le débiteur soit autorisé à demander la réduction des inscriptions, en ce qu'elles excéderaient la proportion convenable avec les créances.

On ne donne aux femmes, pour le remploi de leurs biens aliénés, ou pour indemnité de dettes contractées par elles avec leurs maris, d'hypothèque qu'à compter du jour de l'inscription faite depuis les aliénations ou depuis les dettes contractées; on accorde néanmoins à la femme une hypothèque, du jour de l'inscription que le créancier, envers qui elle se sera obligée, aura prise sur les biens du mari.

L'hypothèque sur les biens des tuteurs et des subrogés tuteurs pourra être fixée dans les actes de tutelle, sauf aux tuteurs à obtenir des réductions.

Quant à la nation et aux établissemens publics, on leur donne un délai de deux mois, à compter de la transcription des contrats d'acquisition faits par les comptables, pour prendre inscription sur les immeubles acquis.

Les auteurs du dernier projet proposent d'abroger la disposition de la loi de l'an 7, suivant laquelle l'hypothèque judiciaire ne pouvait affecter que les biens appartenant au débiteur lors du jugement : ils consentent que le créancier puisse prendre inscription sur les biens qui surviendront au débiteur, sauf réduction.

§. III. *L'Inscription limitée aux Biens présens est contraire au droit de Propriété.*

Pour établir le régime dans lequel l'hypothèque ne doit avoir d'effet que du jour de l'inscription, on a été entraîné à faire une innovation contraire au principe fondamental du droit de propriété. On a limité aux biens présens du débiteur la faculté de les hypothéquer, tandis que jusqu'alors on avait mis au nombre des biens qu'il pouvait donner pour gage, même ses biens futurs. Il est vrai que, si l'on avait maintenu cette règle, il aurait fallu donner au créancier un délai pour s'inscrire sur les biens nouvellement acquis de son débiteur, et que cette hypothèque aurait dû remonter au tems de la première inscription.

On ose affirmer que celui qui a le premier conçu cette idée de réduire aux biens présens la faculté d'hypothéquer, a méconnu la nature des obligations; qu'il a resserré l'exercice du droit de propriété dans des limites qui n'avaient encore jamais été posées, et qu'il en doit résulter une grande altération dans le crédit public.

Les auteurs de ce système disent que l'engagement des biens présens et futurs est maintenu au moyen des poursuites que peut toujours faire le créancier; mais que le crédit du débiteur ne doit pas être paralysé par des inscriptions excessives; que les biens sont, à mesure qu'ils surviennent, le gage de tous les créanciers alors existans; qu'aucun d'eux ne pouvait avoir eu antérieurement le gage qui n'existait pas, et qu'ainsi la priorité des dettes est à cet égard indifférente.

Toutes ces assertions sont contraires aux premiers élémens du droit.

Quel a pu être le motif pour autoriser celui qui s'engage à hypothéquer des biens futurs, si ce n'est de procurer à chacun, soit pour seconder son industrie, soit pour remplir des besoins ou réparer des malheurs, tous les moyens qu'il peut avoir d'inspirer la confiance? Ainsi, non-seulement ses biens actuels, mais encore sa bonne conduite, sa probité, son travail, ses talens, les biens que l'ordre de la nature doit lui transmettre, composent l'actif qu'il peut offrir pour gage. Oserait on dire que réduire ce gage aux biens présens, ce soit le multiplier? Celui qui n'a que peu d'immeubles, ou qui n'en a point au moment où il a besoin d'emprunter, trouvera-t-il donc un prêteur aussi facilement que si, avec ses biens présens, il pouvait hypothéquer ceux à venir?

Depuis plus de vingt siècles qu'il est permis d'hypothéquer ses biens présens et à venir, on n'avait point encore entendu dire que cette faculté fût immorale, et encore moins qu'elle fût contraire au droit de propriété.

Elle est, nous dit-on, contraire au droit de propriété, en ce qu'on ne peut disposer d'une propriété que l'on n'a point encore et que l'on n'aura peut-être jamais.

Mais celui qui s'oblige n'est-il pas astreint à remplir son engagement par tous les moyens qui seront en son pouvoir, et conséquemment sur tous ses biens présens et futurs? Quiconque s'oblige, dispose donc par cela même de ses biens à venir; et les partisans de l'hypothèque spéciale n'entendent pas les affranchir des dettes antérieures à l'acquisition : s'ils les affectent d'une manière générale, il n'y a aucune raison pour qu'ils ne les affectent pas par hypothèque.

Comment pourrait-il se faire que ce qui tient à la nature même des obligations fût immoral, et contraire à l'ordre public?

On paraît effrayé de l'abus qui pourra être fait de l'hypothèque des biens à venir. On spéculera sur des successions futures, on les consumera d'avance; la jeunesse sera victime de ses passions et de la cupidité des créanciers.

La loi doit remédier aux abus que chacun peut faire de la propriété, lorsqu'ils intéressent l'ordre public; mais c'est toujours en respectant et en maintenant le droit de propriété; et déjà les règles contre les abus dont il s'agit ici, ont été posées par la défense de traiter sur des successions futures, et par la faculté donnée aux mineurs, de se restituer contre les engagemens qui leur seraient préjudiciables. Ainsi on ne pourrait pas hypothéquer spécialement les biens d'une succession; mais il est juste que ces biens soient, dès le tems d'une obligation non défendue par la loi, affectés au paiement dans le cas où ils écherront.

C'est une erreur de dire que le bien, au moment qu'il échoit au débiteur, doit être le gage commun des créanciers alors existans, parce que ce débiteur n'a lui-même de droit sur ces biens qu'au moment où il en devient propriétaire.

Pour dissiper cette erreur, il suffit encore de rappeler que, par la nature même des obligations, ces biens à venir leur ont été affectés conditionnellement à la propriété future; que s'ils ont pu être affectés, les mêmes règles d'équité doivent exister pour la préférence entre les créanciers, sur les biens présens comme sur ceux à venir.

Il est un grand nombre de droits d'hypothèque qui seraient souvent nuls, si l'application ne pouvait en être faite aux biens futurs.

Telles seraient les hypothèques légales, et notamment celles des femmes sur les biens de leurs maris. Il arrive le plus ordinairement que le patrimoine reste en totalité, ou au moins en grande partie, dans la possession des pères et mères à l'époque où ils marient leurs enfans. La faveur due à ceux qui ont ces hypothèques, a paru aux auteurs même du nouveau projet, tellement nécessaire à maintenir, qu'ils ont cru que de pareilles hypothèques doivent s'étendre aux biens futurs.

Ils sont aussi forcés de faire le même aveu pour les hypothèques qui résultent de condamnations judiciaires; il est possible que le débiteur n'ait pas d'immeubles, ou qu'ils soient insuffisans; et comment celui qui peut exécuter son jugement sur tous les biens présens et à venir du condamné, ne pourrait-il pas exercer un droit moindre, celui d'hypothèque? Ne pas laisser au débiteur ce moyen d'obtenir des facilités, c'est le livrer à toutes les rigueurs des poursuites.

N'y aurait-il pas de la contradiction à soutenir qu'on ne peut, sans blesser la morale ou sans donner trop d'extension à l'exercice du droit de propriété, appliquer le droit d'hypothèque aux biens futurs du débiteur, tandis qu'on est forcé de convenir que, dans des cas très-nombreux, non-seulement cela est juste, mais encore nécessaire?

§. IV. *Motifs qui s'opposent à la réduction d'Inscriptions de trop fortes sommes.*

L'idée de réduire les inscriptions d'hypothèques indéterminées, sous prétexte que ces inscriptions seraient de trop fortes sommes, est inadmissible,

1°. Parce qu'un pareil droit donné au débiteur, serait contraire à la nature de son engagement;

2°. Parce que ce serait une source de procès interminables, et dont la plupart seraient entre personnes qui ne doivent pas être mises en opposition.

Comment a-t-on pu imaginer de donner le droit d'enlever au créancier actuel une partie de son gage, pour laisser au débiteur la faculté de l'affecter à d'autres dettes?

Ou le débiteur avait consenti à cette inscription, ou, comme dans le cas d'une hypothèque soit légale, soit judiciaire, l'inscription avait été prise sans sa participation.

Dans le premier cas, comment le débiteur serait-il recevable à revenir contre son propre fait? serait-ce sous prétexte de lésion? Mais il a été reconnu que cette action n'a lieu que dans le cas de partage ou de vente d'immeubles; il y a une différence décisive entre la vente et l'hypothèque. La vente est un contrat commutatif, dans lequel l'immeuble est transporté pour un prix : l'hypothèque plus ou moins étendue n'est que le résultat naturel de l'engagement du débiteur, et n'ajoute rien à sa dette.

Dans quelle position placera-t-on le débiteur qui demandera la réduction? Sera-ce simplement pour lui procurer la faculté de faire d'autres emprunts? Mais il serait trop déraisonnable de permettre au débiteur de violer son contrat, pour se ménager une faculté éventuelle.

Supposera-t-on que le débiteur ne demande la réduction que pour procurer à un créancier postérieur existant, une plus grande sûreté? Ce ne serait plus le débiteur, mais le créancier, auquel l'action pourrait appartenir, s'il n'y avait pas une injustice évidente à la lui accorder.

S'il s'agit d'une inscription pour hypothèque légale ou judiciaire, la demande en réduction doit être, à plus forte raison, rejetée : on ne peut pas déroger à un engagement dont la cause est dans l'ordre public.

Les procès qui s'élèveraient entre les femmes et les maris, entre les mineurs et les pères, mères ou autres tuteurs, sur ces réductions, seraient encore plus scandaleux et plus contraires à la paix des familles, que les procès dont on a déjà fait le tableau, en repoussant l'idée de l'évaluation des hypothèques.

Comment, d'ailleurs, procéderait-on à de pareilles réductions? Au moyen de contre-lettres, le prix des baux des immeubles peut être enflé. Tous les biens ne sont pas donnés à bail, ou ne le sont pas à prix déterminé. Il faudrait essuyer les lenteurs, les frais et l'incertitude des estimations. Les débiteurs eux-mêmes ne voudraient pas, pour se procurer une simple faculté, commencer par entreprendre un procès ruineux; et s'ils y étaient provoqués par le besoin actuel d'emprunter, ils ne trouveraient aucun prêteur qui voulût attendre l'issue de pareil procès.

SECTION VI.

Résultats du nouveau Système.

4°. Les hypothèques légales et judiciaires, et les hypothèques indéterminées, resteront générales sur les biens présens et à venir.

Il faut partir d'une idée que l'expérience a toujours confirmée; c'est qu'un créancier emploie tous les moyens qui sont en son pouvoir pour ne courir aucun risque : son intérêt le lui commande, et il fait la loi,

Il y sera encore plus porté, il se croira moins rigoureux, lorsqu'il verra qu'on fonde le système entier de la législation sur ce qu'il n'y a que mauvaise foi parmi les débiteurs, sur ce que les créanciers doivent, pour conserver leur fortune, mettre les débiteurs dans l'impossibilité de tromper, et que l'ordre public y est lui-même intéressé.

Il est facile de prévoir ce que produira ce sentiment de défiance de la part de chaque espèce de créancier,

Suivant la loi de l'an 7, les hypothèques légales peuvent grever tous les biens présens, au moyen d'inscriptions dans chaque arrondissement; on peut même, par des inscriptions ultérieures, les étendre aux biens futurs à mesure qu'ils surviendront.

Les créanciers d'hypothèques légales manqueront d'autant moins d'exercer ce droit, que presque toujours ce sont des tierces personnes qui agissent pour eux, et qui se rendraient responsables, si elles ne prenaient pas une sûreté que la loi leur commande, par cela même qu'elle l'autorise.

Les dots reçues par le mari et la femme, sont le plus souvent proportionnées l'une à l'autre. Si la dot a été reçue par le mari en immeubles et par la femme en argent, le mari sera, par l'inscription sur tous ses biens, en état d'interdiction.

Les partisans du nouveau système permettent au créancier par jugement de prendre des inscriptions sur les biens présens du débiteur et sur ceux qui lui surviendront.

De deux choses l'une : ou le créancier qui sera obligé d'obtenir un jugement pour exercer ses poursuites, sera exposé à la mauvaise foi du débiteur qui, avant que le jugement puisse être expédié et inscrit, peut faire inscrire des dettes simulées ; ou le créancier qui croira son débiteur incapable d'un pareil délit, préférera avoir pour titre un jugement qui lui donne le droit d'étendre son inscription aux biens présens et futurs.

Ainsi on donne un moyen de fraude au débiteur, ou on provoque des jugemens ruineux pour le débiteur et qui rendent trop inégal le sort des créanciers.

Quant aux hypothèques conventionnelles, si la dette est indéterminée, le créancier prendra des inscriptions sur tous les biens présens.

Si la dette est déterminée, le prêteur commencera par demander une hypothèque spéciale sur tous les immeubles qu'il trouvera non grevés, fussent-ils d'une valeur plus que double de la somme prêtée. Le débiteur sera toujours trop pressé par le besoin d'un emprunt actuel, pour être arrêté par la considération d'un emprunt ultérieur que souvent il ne prévoit pas.

_{2°. L'inscription de chaque hypothèque conventionnelle sera prise sur tous les biens.}

Ce même prêteur, persuadé que les biens antérieurement hypothéqués sont d'une valeur beaucoup plus grande que les dettes inscrites, aura intérêt à prendre une inscription, même en second ordre, sur ces biens : il lui suffit d'ailleurs de ne pas connaître leur valeur, ou d'ignorer le prix auquel ils seraient vendus, pour qu'à tout événement il prenne cette inscription, qui peut lui être utile, sans qu'elle puisse lui préjudicier.

On ne sera point surpris que des calculs aussi simples soient ceux qui se réalisent depuis la loi de l'an 7 ; et il serait difficile de citer un seul exemple de gens devenus insolvables depuis cette loi, dont chaque immeuble ne soit grevé de l'inscription de tous les créanciers, de ceux dont les titres sont postérieurs à l'an 7, comme de ceux dont les titres sont antérieurs.

5°. Jamais le créancier ne se contentera d'une hypothèque proportionnée à la dette.

Dans l'hypothèse même où le créancier renoncerait au droit de priorité sur une partie des biens, et bornerait son inscription à ceux qui lui seraient spécialement hypothéqués, on ne croira pas que, dans l'incertitude de la valeur du bien hypothéqué, et sur-tout s'il est éloigné, le débiteur se contente d'une valeur égale ou à-peu-près égale à la somme prêtée. Il calculera tous les événemens qui peuvent faire périr l'immeuble ou en diminuer la valeur, l'incendie des maisons, les inondations, les dégradations par le défaut soit de culture soit d'entretien, par les coupes extraordinaires d'arbres, par les grandes variations que les événemens politiques peuvent mettre dans la valeur des immeubles ; il aura égard aux embarras d'une expropriation, aux frais inévitables d'une discussion ; il voudra que toutes les chances soient en sa faveur ; et un immeuble d'une valeur au moins double ne lui paraîtra qu'une garantie nécessaire. Ainsi le propriétaire d'un immeuble de 100,000 francs, n'aura même pas de crédit pour 50,000 francs : tandis que si la confiance n'est pas anéantie par le système de prêt sur gage immobilier, ce propriétaire aura un crédit proportionné à sa fortune entière et à sa bonne conduite.

Dans le nouveau projet, on donne au créancier dont le gage immobilier périra ou sera détérioré, le droit d'exiger son remboursement ou un supplément d'immeubles à hypothéquer ; ainsi, dans ce cas, et si le débiteur avait aliéné ses autres biens ou s'ils n'étaient pas libres, le créancier serait privé de sa propriété, parce qu'il n'aurait pas d'abord exigé une hypothèque sur des biens d'une valeur beaucoup plus grande. Nul ne voudra s'exposer à ces risques.

4°. De l'ordre entre les créanciers.

Il n'est pas plus possible, sous la loi de l'an 7, que sous le régime antérieur, d'empêcher qu'il n'y ait un ordre à discuter et à régler entre les créanciers ;

créanciers; et si l'on a cru que les créanciers ayant des hypothèques spéciales pourront s'isoler pour recevoir, sans essuyer ni lenteurs ni frais, le montant de leurs créances, c'est une erreur qui devait être bientôt démentie par l'expérience. On imaginait qu'il n'y aurait, sur chaque immeuble spécialement hypothéqué, que l'inscription du créancier ayant cette hypothèque; mais depuis on a toujours vu que, sur chaque immeuble d'un débiteur, il y a autant d'inscriptions qu'il y a de créanciers.

D'ailleurs, n'est-il pas évident que quand le débiteur tombe en déconfiture, ses biens sont le gage de tous ses créanciers, qu'ils aient ou non des hypothèques? Et plus le titre de celui qui se présente avec un privilége ou avec une hypothèque spéciale devra lui procurer d'avantage sur les autres créanciers, et plus ce titre devra être soumis à un sévère examen, soit sur sa validité, soit sur la validité de l'hypothèque.

Que l'on simplifie les frais de la procédure entre les créanciers; c'est le vœu général : cette mesure doit être complète et s'appliquer à tous les créanciers, aux simples chirographaires comme à ceux qui ont des hypothèques. La loi rendue en l'an 7 a réformé, à cet égard, plusieurs abus : il en reste encore que l'on peut prévenir; mais la spécialité des hypothèques ne saurait être mise au nombre des moyens de parvenir à ce but.

La publicité et la spécialité ont pour objet de donner à chaque citoyen une plus grande facilité pour emprunter.

Mais, en supposant possibles et justes de pareils moyens, les emprunts n'en deviendraient pas plus faciles.

Il est évident que tout système qui tend à réduire les créances au petit nombre de celles qui n'offriront au créancier aucun doute, doit beaucoup diminuer la circulation générale. D'une part, il est fort peu de citoyens, même des plus riches, dont les biens ne soient frappés de quelque hypothèque indéterminée, et qui puissent donner une entière certitude sur l'état de leur fortune : d'une autre part, on renonce à la principale cause du crédit public, la confiance dans la moralité, dans l'industrie de l'emprunteur.

L'expérience prouve malheureusement qu'il n'est pas vrai que, pour les transactions relatives au commerce, il y ait une garantie suffisante dans l'intérêt qu'a le débiteur de ne pas perdre son crédit, et dans les contraintes rigoureuses qui peuvent être exercées. C'est dans le commerce qu'arrivent la plupart des faillites, et sur-tout ces faillites ruineuses qui ne laissent aucun espoir aux créanciers.

Voudrait-on aussi établir la doctrine que, pour parvenir à ce qu'il n'y ait plus de commerçans trompeurs, et pour multiplier ce genre de circu-

5°. Circulation moindre.

lation, aucun prêt ne serait légitime, s'il n'était sur un gage mobilier ou immobilier?

Il n'est que trop certain que l'influence de la loi de l'an 7 sur les emprunts commerciaux se fait ressentir, et qu'à Paris notamment, la plupart de ces opérations, lorsqu'elles sont de quelque importance, ne se font que sur un nantissement.

Les partisans de la publicité et de la spécialité conviennent que si la confiance, qui anime l'industrie de toutes les nations commerçantes, était bannie du commerce de France, ce serait le plus grand malheur. Est-il plus sage de vouloir bannir la confiance réciproque des citoyens qui ne sont pas commerçans? Il semble, au contraire qu'elle doive avoir plus d'effet où il y a moins de risques. Les propriétaires ne sont point exposés aux hasards du commerce; les causes de leurs emprunts sont presque toujours connues; la plus fréquente est celle des acquisitions, et le bien acquis sert de gage privilégié. Si ce sont des entreprises de bâtimens ou d'agriculture, le prêteur calcule lui-même les degrés de confiance que lui inspirent ces spéculations, et il a un nouveau gage dans la plus grande valeur ainsi donnée à l'immeuble. Si les emprunteurs sur hypothèque ne font pas un emploi extérieur et facile à apprécier, ils découvrent par cela même que la personne qui emprunte, dissipe; et d'ailleurs la dissipation est elle-même un abus de fortune qui ne saurait être secret, et qui écarte toute confiance. Les grandes fraudes dans ce genre ont été celles des propriétaires qui, grevés de substitutions, semblaient présenter pour gage une fortune immense qui n'était point à leur disposition. Cet abus a été réformé.

Si la confiance est une cause de circulation dans le commerce, à plus forte raison à l'égard des propriétaires.

Supprimer cette cause, c'est supprimer une grande partie de la circulation.

6°. Obstacle à la baisse de l'intérêt.
Les partisans de la publicité et de la spécialité regardent comme certain que, si les emprunteurs étaient tous des propriétaires d'immeubles, pouvant ou voulant rendre leurs affaires publiques et donner un gage spécial et à l'abri de tout risque, le prêteur serait moins exigeant pour les intérêts; ce qui en opérerait la baisse générale.

Ils sont encore à cet égard dans l'erreur. Le nombre le plus considérable d'emprunteurs, parmi ceux même qui ne sont pas négocians, sera toujours celui des gens dont les immeubles ne seront point libres d'hypothèques antérieures, ou même qui n'auront pas d'immeubles. Il faudra qu'ils rachètent par un taux excessif d'intérêts, la sûreté qu'ils ne peuvent pas procurer. Les prêteurs seront séduits par cet intérêt ; et quand les prêts de confiance se soutiendront ainsi à un gros intérêt, il ne faut pas croire que l'on obtienne une grande différence dans l'intérêt du prêt sur gage en immeubles. C'est un résultat devenu par l'expérience aussi positif qu'il est inévitable.

Loin que le véritable intérêt du commerce et de l'Etat soit d'établir un système qui tende à détruire ou à diminuer la confiance, qui sera toujours le principal ressort de la circulation générale, il faudrait au contraire que le but de toutes nos lois fût de la rétablir, soit au moyen de peines sévères contre les nouveaux genres de fraude que les événemens de la révolution ont fait naître, soit en faisant une distinction consolante des débiteurs malheureux dont la bonne-foi serait certaine : mais soutenir que l'on ne doit avoir aucune confiance, et que l'on ne doit prêter qu'à celui qui rendra un compte public de ses affaires, afin de pouvoir donner un gage spécial et certain, c'est démentir toutes les notions reçues jusqu'ici, c'est aller contre son but ; c'est, après une tourmente dans laquelle tous les genres de crédit ont été anéantis ou ébranlés, mettre un obstacle insurmontable à ce qu'ils se rétablissent.

Les auteurs de la loi de l'an 7 ont commis une grande erreur, quand ils ont pensé que les causes d'immoralité avaient acquis tant de force, et qu'elles étaient en même tems devenues si générales, qu'il n'y avait plus d'autre ressource que celle de substituer à la confiance un système dans lequel elle ne fût plus nécessaire. Il ne faut pas établir les règles permanentes d'un Code civil sur des circonstances passagères.

Pendant la révolution, l'agiotage avait détruit et remplacé tous les genres d'industrie ; son principal aliment était dans un papier-monnaie variable chaque jour et répandu sans mesure : spéculer d'abord sur la valeur casuelle de ce papier, pour spéculer ensuite avec le papier sur les marchandises de tout genre, sur les immeubles même, comme sur tous les effets mobiliers, tel était le mouvement rapide et périlleux imprimé à toutes les affaires. Les habitans des villes étaient tous commerçans, c'est-à-dire, agioteurs ; et les habitans des campagnes ont aussi su employer ce moyen de profiter de leur position. Cependant, l'agiotage n'était que l'art de se tromper, celui d'enrichir l'un aux dépens de l'autre ; au lieu que, dans les affaires industrielles et commerciales, l'objet et le résultat des transactions sont l'avantage réciproque de ceux qui contractent ensemble.

Il n'était pas possible que tout-à-coup ce fléau disparût entièrement ; un certain nombre d'années est nécessaire, après que toutes les bases des transactions ont été bouleversées par un papier-monnaie, pour que le cours des valeurs et des prix se fixe. Chacun a voulu maintenir les anciens prix des effets mobiliers ou immobiliers qu'il possédait ; on a fait des efforts que la bonne-foi n'eût pas dû permettre ; mais chaque jour cette cause de variations dans le cours des prix disparaît. La tourbe des commerçans agioteurs a été victime de sa cupidité ; le nombre des spéculateurs se réduit chaque jour à ceux qui se livrent aux genres d'industrie ou de commerce auxquels ils sont propres. Tout reprend cet équilibre dans lequel chacun des contractans peut apprécier ses engagemens ; et c'est cette connaissance mutuelle qui est le moyen le plus efficace pour démasquer les trompeurs, pour faire triompher la bonne-foi, et pour rétablir ainsi la confiance.

Comment l'opinion publique elle-même n'eût-elle pas été dépravée, lorsque tous les citoyens se livraient à des spéculations immorales ? Mais autant l'opinion publique encourageait alors les trompeurs, autant elle doit démasquer et flétrir ceux dont la mauvaise foi ferait contraste avec le rétablissement de l'ordre.

Lorsqu'un contrat devant notaires ou un jugement suffisaient pour créer et conserver l'hypothèque, il était un nombre infini de créances pour lesquelles on ne croyait même pas nécessaire de s'opposer à la vente des biens.

7°: Fiscalité. S'il n'y avait point d'hypothèques sans inscriptions, la conséquence inévitable serait que bientôt presque toutes les propriétés foncières de la France se trouveraient inscrites sur les registres des hypothèques. Ainsi, on organiserait une des plus grandes contributions qui puissent être établies.

SECTION VII.

Des Pays de nantissement.

Les partisans de la nouvelle loi citent l'exemple de divers pays connus sous le nom de *pays de nantissement,* où les hypothèques s'établissent par l'inscription sur des registres publics, et en y spécifiant les immeubles qui en sont grevés.

Il est vrai qu'une loi rendue en 1611 pour la Belgique, avait établi que nul droit réel, soit en tout par vente ou donation, soit en partie par hypothèque, ne pourrait s'établir que par les œuvres de loi, c'est-à-dire, par un dessaisissement ou une main-mise devant les officiers publics.

PRIVILEGES ET HYPOTHEQUES. 733

L'hypothèque étant ainsi assimilée à une aliénation, il était nécessaire de spécifier les immeubles qui en étaient l'objet.

Il n'est personne qui soutienne que la loi de 1611 ait eu pour objet de créer un nouveau système d'hypothèque plus convenable à la prospérité publique : elle fut, au contraire, une mesure oppressive, pour assurer l'usurpation des seigneurs féodaux, qui, afin de multiplier leurs droits de mutation, parvinrent à faire décider que de simples hypothèques seraient considérées comme des aliénations effectives. Ainsi, d'une part, les créanciers exigeaient dans ces pays, comme dans tous les autres, que les débiteurs leur fournissent des hypothèques, et, de l'autre, les seigneurs exigeaient des droits de mutation, comme si ces débiteurs eussent aliéné leurs immeubles.

Mais au moins, nous dit-on, il a résulté de ce régime que toutes les hypothèques étant spéciales et publiques, chaque débiteur a pu, dans les pays de nantissement, faire connaître sa situation, et que chaque créancier avait une pleine sûreté.

Ce résultat n'est pas exact; et le régime des pays de nantissement avait d'ailleurs des conséquences funestes.

On doit distinguer dans ces pays ceux où, par suite de cette idée d'aliénation et de gage effectif attachée à la stipulation d'hypothèques, on n'admettait ni les hypothèques légales ni les hypothèques judiciaires, ni même celles pour conventions dont l'objet était indéterminé.

Un pareil système est trop étranger à nos principes, trop contraire aux droits de propriété les plus sacrés, pour pouvoir être adopté.

Dans l'autre partie des pays de nantissement, et de ce nombre étaient ceux situés dans le ressort du parlement de Paris, les formalités du nantissement n'étaient point exigées dans tous les cas où, soit en vertu de la loi, soit par jugement, les biens étaient hypothéqués sans qu'il fût besoin d'actes notariés.

Dans ce pays, il était impossible que les registres hypothécaires fissent connaître l'état de la fortune du débiteur, et donnassent, pour la sûreté de la dette, un témoignage complet.

Le vrai résultat du régime des pays de nantissement était donc qu'un propriétaire n'y pouvait emprunter qu'avec les formalités, avec les frais et tous les inconvéniens d'une aliénation effective.

Et c'est cette vexation, cette gêne dans la circulation, que l'on dit être une cause de la prospérité de la Belgique. Comme s'il n'était pas évident que la circulation eût été beaucoup plus libre, si les hypothèques n'eussent été soumises qu'aux règles résultant de la nature de cet engagement;

comme s'il n'était pas notoire que la Belgique doit sa prospérité à la fertilité de son sol, aux facilités de transport que lui donnent ses canaux et ses rivières, et à son heureuse situation pour le commerce tant extérieur qu'intérieur.

Il est vrai que, comme tous les genres d'oppression féodale, celle qui, relativement aux hypothèques, pesait sur la Belgique, s'était propagée dans d'autres contrées.

Ainsi, en Prusse, nul ne peut céder son domaine direct, ni le grever d'hypothèques, sans le consentement du seigneur, sous peine de félonie; et lors même qu'il a consenti à l'aliénation, on ne peut pas en induire qu'il est permis d'hypothéquer. Cette prohibition a plusieurs causes, dont la principale est dans le droit qu'a le seigneur de succéder à la tenure, au défaut des descendans des personnes expressément comprises dans l'investiture originaire. Le grand intérêt qu'ont les seigneurs de connaître les dettes, a donné naissance à toutes les mesures prises pour que toutes les transactions des vassaux soient tellement publiques, qu'ils ne puissent soustraire leurs biens à la puissance féodale. Ainsi on y a fait dresser des registres publics, sur lesquels sont portés les états de toutes les propriétés foncières, avec toutes les mutations. Les hypothèques étant, comme en Belgique, assimilées à de véritables aliénations, doivent aussi y être inscrites. Non seulement il faut établir ainsi le nantissement ou gage effectif au profit du créancier, mais encore il faut que l'inscription soit précédée d'une publication judiciaire.

Jamais régime plus oppressif ne fut inventé: et loin d'avoir été imaginé comme un moyen de multiplier les transactions, il n'a eu, comme en Belgique, d'autre objet que de sacrifier l'industrie générale à la puissance et à la richesse des seigneurs de fief.

SECTION VIII.

Motifs de la préférence due à l'ancien régime hypothécaire.

<small>1°. Faculté de stipuler les hypothèques spéciales.</small>

Il est surprenant que les auteurs de la loi de l'an 7 aient voulu établir de droit et forcément l'hypothèque spéciale, lorsque, sous les lois anciennes, il a toujours été libre aux parties d'en convenir, et lorsque, sous ce régime, la convention donnait au créancier le même rang et la même préférence qu'on veut lui procurer par une loi coërcitive.

Plus ils sont dans l'opinion que ce moyen est préférable, et que ceux même qui pourraient prendre des hypothèques sur tous les biens des créanciers, reconnaîtront bientôt qu'il est de leur intérêt de n'avoir

PRIVILEGES ET HYPOTHEQUES.

qu'une hypothèque spéciale, et moins ils doivent s'armer d'une loi qui restreigne la liberté naturelle. C'est sur-tout dans les lois relatives à la propriété qu'il faut laisser chacun en disposer par les conventions qui lui conviennent, et que la loi ne doit pas intervenir pour défendre ce qui en soi n'a rien d'illicite, et encore moins pour interdire des stipulations de généralité d'hypothèques qui dérivent de la nature même des obligations.

Si les créanciers se contentent d'une hypothèque spéciale sans exiger qu'elle soit générale, les débiteurs ne manqueront pas de ne stipuler que l'hypothèque spéciale, et de convenir que les autres biens ne seront pas grevés de l'hypothèque générale. Ainsi le cours naturel des choses amènera cet ordre que l'on veut établir par contrainte; et la liberté, à laquelle il devrait naissance, en démontrerait l'utilité.

Mais puisque le contraire est arrivé jusqu'ici, puisque chaque créancier, voulant avoir toutes les sûretés possibles, a constamment préféré la double hypothèque générale et spéciale à la simple hypothèque spéciale; puisque, même sous le régime nouveau, les créanciers ne manquent pas de se procurer l'avantage des hypothèques générales, soit en prenant pour leurs hypothèques, ou légales, ou judiciaires, ou indéterminées, des inscriptions sur tous les biens présens et sur ceux qui surviennent, soit en prenant, pour les hypothèques conventionnelles et déterminées, des inscriptions qui, sous le nom de spécialité, couvrent tous les biens qu'ils savent appartenir au débiteur, il vaut mieux laisser au débiteur la liberté d'emprunter, soit par hypothèque spéciale, soit par hypothèque à-la-fois générale et spéciale. Il ne faut pas croire qu'il grève sa fortune plus que ne l'exigeront sa position et la volonté de celui avec lequel il croit de son intérêt de traiter.

La liberté de stipuler l'hypothèque générale doit avoir, pour le débiteur, des effets plus avantageux que le régime proposé.

2°. Faculté de stipuler l'hypothèque générale, plus utile au débiteur.

Les hypothèques générales n'ont point été, jusqu'à la loi de l'an 7, un obstacle à ce qu'un débiteur pût trouver de nouveaux emprunts, parce qu'à l'égard des créanciers postérieurs, sa déclaration, garantie par sa moralité ou par la peine du stellionat, donnait la sûreté dont communément ils se contentaient.

Mais s'il est une fois établi qu'il n'y a d'hypothèque sûre que celle qui est spéciale sur un bien franc, en vain le débiteur qui voudra faire un nouvel emprunt cherchera-t-il à prouver que le créancier antérieur a pris des hypothèques spéciales trop étendues. Celui qui prête n'entrera point dans ces discussions; et tout débiteur qui ne possédera que des immeubles sur lesquels auront été prises des inscriptions soit excessives, soit convenables, soit même inutiles ou non existantes, ne pourra plus les présenter comme gage d'une nouvelle dette.

<small>5°. Privilége résultant de la plupart des prêts sur immeubles.</small>

Une dernière réflexion se présente. Quel est l'objet de presque tous les prêts sur les immeubles? L'expérience apprend que plus des sept huitièmes se font à des acquéreurs qui donnent une hypothèque privilégiée sur l'immeuble acquis : ce privilége donnait au prêteur une pleine sûreté; et si le débiteur voulait ensuite hypothéquer le même bien à un autre créancier, celui-ci reconnaissait, à la première inspection des titres de propriété, pour quelle somme cet immeuble était déjà grevé. C'est ainsi que, sans contrainte et en laissant à chacun le plein exercice de sa propriété, les prêteurs pouvaient, sous les anciennes lois, se mettre à l'abri de tout risque par des priviléges. Ce n'est pas au petit nombre de prêteurs non privilégiés que l'on peut sacrifier et les droits du débiteur sur ses biens présens et à venir, et les droits résultant des hypothèques légales et judiciaires.

<small>4°. Nul inconvénient dans le changement de loi.</small>

Les partisans de la loi de l'an 7 supposent que le retour à l'ancien régime hypothécaire aurait des inconvéniens.

Le plus grand des maux, celui qu'il faut s'empresser de réparer, c'est l'atteinte portée au droit de propriété. On n'examinera point si le législateur pouvait faire une main-mise générale sur des droits antérieurement acquis, pour ne les rendre qu'à ceux qui rempliraient cette formalité; mais ce qui est évident, c'est que le retour aux anciens principes ne peut causer aucune secousse. Le Code civil ne statuant que pour l'avenir, tous les droits acquis par l'inscription seront maintenus. Les créanciers par hypothèque spéciale conserveront tout leur avantage, puisqu'il ne peut y avoir que des hypothèques postérieures, et puisque les droits dont sont déchus ceux qui, sous le régime de l'an 7, n'ont pas pris d'inscription, ne seraient point rétablis.

<small>5°. L'opinion générale contraire à la loi du 11 Brumaire an 7.</small>

La substitution de l'ancien régime hypothécaire à celui de l'an 7 a été proposée dans le projet de Code civil. Tous les tribunaux d'appel, au nombre de trente, et le tribunal de cassation, ont fait leurs observations. Neuf seulement ont exprimé le vœu de conserver la loi de l'an 7, avec des modifications.

RÉSUMÉ.

On a démontré que le nouveau système de publicité et de spécialité ne procure ni la connaissance de la fortune du débiteur, ni la sûreté du prêteur, ni la plénitude du crédit de l'emprunteur; que ce système ne préserve

serve point des lenteurs et des frais de discussion ; que les hypothèques légales, établies par des considérations d'ordre public, ne doivent pas dépendre d'une simple formalité ; et que l'on doit, à cet égard, préférer un régime hypothécaire qui maintient tous les droits de propriété, et sous lequel la France s'était, pendant un grand nombre de siècles, élevée au plus haut degré de prospérité.

M. Treilhard dit qu'il ne prend la parole que pour établir l'état de la question, et sans prétendre répondre dans le moment à une dissertation écrite et longtems méditée.

L'hypothèque est l'affectation d'un immeuble au paiement d'une créance pour la sûreté du créancier.

Autrefois l'hypothèque s'acquérait de plein droit par un acte authentique ou par un jugement, et s'étendait sur tous les biens.

Il en résultait que le créancier, qui croyait s'être assuré un gage suffisant, se trouvait souvent écarté par des créanciers antérieurs à lui, mais qu'il n'avait eu aucun moyen de connaître. Les créances hypothécaires étaient classées suivant leur ordre de date. Comme elles étaient ordinairement très-nombreuses, et que chaque créancier avait son procureur, l'ordre donnait lieu à des frais immenses, qui absorbaient le gage et en faisaient la proie des gens de justice.

On avait souvent réclamé contre un système aussi vicieux et dont les conséquences étaient aussi désastreuses. Sous Henri III, sous Henri IV, sous Louis XIV, on avait inutilement tenté d'en corriger les abus. Il ne s'était présenté qu'un remède, qu'on pouvait considérer comme un simple palliatif, c'était l'usage des lettres de ratification. Elles étaient scélées à la charge des oppositions, et ainsi elles éclairaient chaque créancier sur sa situation véritable ; mais elles n'étaient pas pour lui un moyen de contracter avec sûreté. Tel est l'état de choses que la loi du 11 brumaire an 7 a changé.

On s'est dit qu'il était nécessaire de rassurer enfin les citoyens honnêtes et de prendre des précautions contre ceux qui voudraient les tromper. A cet effet, on a décidé que l'hypothèque serait tout à-la-fois publique et spéciale, c'est-à-dire, que le débiteur serait obligé de désigner l'immeuble qui deviendrait passible de la créance. Il suffit donc, pour vérifier les charges de l'immeuble, de se transporter au bureau des hypothèques, et d'y consulter les registres ; car, comme l'hypothèque n'est acquise que du jour de l'inscription et non du jour de la date de l'acte, il est facile à chacun de savoir si l'immeuble se trouve chargé d'inscriptions, et quel est le montant de celle dont il est frappé. D'après ces renseignemens, chacun se décide ou se refuse à traiter.

Voilà le régime qui existe actuellement : il est certainement préférable, pour les hommes de bonne-foi, à celui qui l'a précédé.

Il faut maintenant examiner les objections qu'on y oppose.

On dit d'abord qu'on parvient à en éluder l'effet en ne formant les inscriptions qu'on veut dérober à la connaissance du prêteur, que dans l'intervalle de l'acte à l'inscription que lui-même il doit prendre.

Une impudence aussi grande, aussi déshonorante, aussi facile à vérifier à l'instant même, ne peut pas être très-commune. Mais quand on supposerait qu'elle soit à craindre, rien n'empêche de la déjouer, en différant l'exécution de l'acte et la délivrance des deniers jusqu'après l'inscription du prêteur.

On objecte, en second lieu, que le nouveau système n'épargne pas aux parties les frais d'ordre auxquels elles étaient exposées sous l'ancien, puisqu'il y a toujours un ordre.

On se trompe : la différence est immense, quant aux frais entre un ordre qui s'étendait à tous les biens et qui se faisait avec une foule de créanciers, et celui qui n'a pour objet qu'un seul immeuble et qui n'a lieu qu'entre deux ou trois personnes.

On répond qu'un prêteur se contente rarement d'une hypothèque sur un immeuble d'une valeur à-peu près équivalente à la somme qu'il donne; qu'il veut des sûretés beaucoup plus grandes; qu'ordinairement il exige pour un prêt de dix mille francs un immeuble du prix de cent mille francs; qu'ainsi la spécialité ne dispense pas de mettre en vente des biens beaucoup plus considérables que la créance, et n'épargne pas aux parties ces frais énormes qu'on reproche à l'ancien système.

Cette assertion, dit M. Treilhard, est certainement hasardée. Un créancier ne veut qu'une sûreté suffisante. Il l'obtient dès que la valeur de l'immeuble excède le montant de la créance. Pour un prêt de dix mille francs, il exigerait tout au plus un gage de quinze à vingt mille francs.

On reproche encore à la loi du 11 brumaire de ne permettre d'hypothèques que sur les biens actuels.

C'est une assurance de plus donnée aux gens honnêtes, et un moyen de moins pour la mauvaise foi. On ne traite jamais avec sûreté que sous la garantie des biens présens : les biens à venir sont trop incertains.

Mais, dit-on, pourquoi ces entraves ? Les biens sont-ils donc l'unique sûreté que cherche ordinairement un créancier ? N'accorde-t-il pas autant de confiance à la bonne conduite, à la moralité ?

La moralité, la bonne conduite, sont bien les meilleurs garans des obligations, mais les apparences sont souvent bien trompeuses; il est donc nécessaire que le créancier puisse en prendre de moins équivoques. Loin de nuire au crédit, on le fortifie au contraire, quand on met celui qui a besoin de fonds dans une situation telle qu'il ne puisse pas tromper sur l'état de sa fortune.

On oppose l'intérêt du commerce; on craint qu'il ne trouve point de fonds, si l'on habitue les prêteurs à ne chercher leur sûreté que dans un gage.

Ce ne serait peut-être pas un grand inconvénient que le commerce ne pût attirer à lui tous les capitaux consacrés à des prêts; que l'agriculture et des établissemens qui ne sont pas moins intéressans pour la prospérité publique, eussent la facilité d'obtenir une partie de ces secours.

Mais l'inconvénient qu'on oppose est imaginaire. Les personnes qui placent dans le commerce, consentent à n'avoir point d'hypothèques, et s'en rapportent à la bonne conduite, à la bonne réputation du négociant auquel elles confient leur argent. L'hypothèque sur les immeubles n'est donc que pour ceux qui veulent un intérêt moindre et une sûreté plus grande.

On parle enfin de l'avantage des hypothèques légales.

Il y en a de peu considérables, tels que les frais de maladie, et quelques autres que le nouveau système admet sans inscription.

Il ne repousse point celles qui sont d'une plus haute importance, telles que l'hypothèque à laquelle la tutelle donne lieu; mais il veut qu'elles soient inscrites, afin que le prêteur puisse les vérifier.

Le conseil aura cependant à examiner s'il convient d'exiger que l'hypothèque prise sur les biens du tuteur, ou toute autre hypothèque légale, soit déterminée par l'inscription. S'il décide qu'elle doit l'être, le tuteur trouvera du crédit sur la partie de ses biens non grevés. Si l'inscription doit être indéterminée, il lui deviendra impossible d'emprunter, à moins que ce ne soit par la confiance qu'il inspirera personnellement. Ainsi le système de la loi du 11 brumaire remédie à tout, et ne compromet dans aucun cas la sûreté du prêteur.

Le consul CAMBACÉRÈS dit que si M. Treilhard a discuté avec avantage le système qui est dans son opinion, sous le double rapport de la publicité et de la spécialité des hypothèques, il a paru moins fort lorsqu'il a parlé des hypothèques légales.

Toutefois cette partie du système n'est pas la moins importante.

Il est du devoir du législateur de veiller à la sûreté de ces sortes d'hypothèques; elles se lient à l'intérêt public. L'Etat est intéressé à ce que les femmes ne perdent point leur dot, à ce que les mineurs ne soient pas dépouillés de leur patrimoine, à ce que les comptables ne puissent soustraire leurs biens à l'affectation dont ils doivent être frappés envers la République.

Or, c'est ici le côté faible de la loi du 11 brumaire, car ne faisant plus résulter l'hypothèque de la nature de la dette, mais de la formalité de l'inscription, il s'ensuit que, si l'inscription n'a pas été formée, les intérêts des femmes, des mineurs, de la République, se trouvent compromis.

Dans la vue de corriger cet inconvénient par rapport aux mineurs, on a imaginé d'obliger les personnes qui nomment le tuteur, de veiller à ce qu'il soit formé des inscriptions sur ses biens, et de les rendre responsables du dommage que leur négligence, à cet égard, peut occasionner. Cette législation, qui soumet des citoyens à une responsabilité aussi embarrassante et aussi dispendieuse, pour avoir rempli des devoirs de parenté, d'amitié et de bon voisinage, n'est pas digne d'une nation civilisée.

Il en est de même des dispositions de la loi relatives à la dot. Elles rendent tous ceux qui ont signé le contrat de mariage, responsables des inscriptions que le mari doit former sur ses propres biens. C'est ainsi qu'une simple formalité impose des obligations exorbitantes auxquelles la plupart des signataires se trouvent soumis sans le savoir. Et encore cette rigueur peut-elle être sans effet; car si les parens sont insolvables, et que le mari, d'accord avec eux, ne fasse pas les inscriptions, la dot n'a plus d'hypothèque.

On répondra qu'il est possible d'abolir cette solidarité incommode; qu'il restera toujours au père la ressource de vérifier sur les registres hypothécaires en quel état sont les affaires de l'homme auquel il destine sa fille.

Mais comment compulser soi-même ces volumineux registres? on est forcé de s'en rapporter au certificat du conservateur, qui, par négligence ou par fraude, peut omettre des inscriptions.

A la vérité, celui à qui cette faute cause quelque dommage, a son recours contre le cautionnement du conservateur : mais quelle faible garantie que celle d'un cautionnement aussi modique!

Toutes les difficultés qui embarrassent le nouveau système hypothécaire, viennent de ce que les auteurs de la loi ne se sont occupés que de l'intérêt des acquéreurs et des prêteurs. Il fallait ménager et protéger également tous les intérêts, et ne pas sacrifier les uns à la sûreté des autres.

M. BIGOT-PRÉAMENEU dit que le système existant dénature les hypothèques légales.

La loi les a créées et distribuées elle-même afin qu'elles fussent indépendantes de toute convention, de toute formalité ; qu'elles existassent de plein droit ; qu'aucune négligence, qu'aucune fraude, ne pût en dépouiller. Elle les avait tirées, ainsi que les priviléges, de la nature des choses et du caractère de la dette ; et cependant il suffit aujourd'hui d'un défaut d'inscription pour les faire perdre.

La femme, le mineur, n'ont plus de sûreté si l'on omet de former des inscriptions ; et cependant l'obligation de les faire est confiée précisément à ceux contre lesquels elles sont exigées, au tuteur et au mari.

On objecte qu'autrefois la femme et le mineur perdaient également leur hypothèque, faute d'opposition au sceau des lettres de ratification.

Du moins ils ne la perdaient que sur l'immeuble qui était vendu : ils la conservaient sur tous les autres biens.

On a proposé de faire examiner par un conseil de famille comment on peut asseoir l'hypothèque sur les biens du tuteur et du mari, et s'il ne convient pas de la rendre déterminée.

Il faudrait d'abord un procès pour en fixer le montant ; et, d'ailleurs, il est de la nature des hypothèques légales d'être indéterminées.

M. TREILHARD dit qu'il est moins embarrassé de répondre à ce qu'on vient de dire sur le danger auquel le système de la loi du 11 brumaire expose les mineurs de perdre leurs hypothèques faute d'inscription, lorsqu'il jette les yeux sur le projet de Code civil, et qu'il y lit les deux articles suivans :

XVII. *Toutes personnes, même les mineurs, les interdits, les femmes en puissance de mari, et sans qu'elles aient besoin d'autorisation, les absens, les agens ou préposés du Gouvernement, et les administrateurs des communes et de tous établissemens publics, sont tenus, sous peine de déchéance, de former opposition entre les mains des conservateurs des hypothèques à l'effet de conserver leurs priviléges et hypothèques, sauf le recours, ainsi que de droit, contre ceux qui, étant chargés de l'administration des biens, auraient négligé de former opposition.*

XVIII. *L'opposition des mineurs sur les immeubles de leur tuteur doit être faite par le subrogé tuteur, à peine, contre ce dernier, d'être responsable du préjudice qui résulterait du défaut d'opposition.*

Ces articles n'entraînent-ils pas tous les inconvéniens qu'on reproche au nouveau système hypothécaire ?

Leurs auteurs paraissent les désavouer aujourd'hui ; mais ces dispositions sont infiniment sages.

Il n'est pas aussi difficile qu'on le pense de former des inscriptions sur les biens d'un tuteur et d'un mari.

Le tuteur est un membre de la famille, nommé par les autres parens; ceux-ci connaissent sa fortune : ils savent donc sur quels biens ils doivent former soit des inscriptions, dans le nouveau système hypothécaire, soit des oppositions dans le système de l'édit de 1771.

Ce sont aussi des parens qui assistent aux conventions matrimoniales; les biens du mari leur sont connus; ils leur sont même indiqués dans le contrat; où est donc la difficulté de faire des inscriptions?

S'il est décidé que l'on déterminera la nature et la quotité de la dette pour laquelle ces inscriptions seront faites, ceux qui voudront traiter avec le tuteur ou avec le mari, auront la sûreté la plus entière : si elles sont indéterminées, on sera du moins averti que les biens ne sont pas libres, et pour traiter on examinera de plus près la moralité.

Les raisonnemens qu'on a faits pour défendre le régime de 1771, ont tous également ce défaut qu'ils sont dans l'hypothèse de la vente, et qu'ils ne prouvent rien pour celle du prêt. Mais par rapport à la vente même, on ne lève pas la difficulté; car s'il n'a pas été formé d'oppositions, les lettres de ratification purgent les hypothèques du mineur et de la femme. Or, il n'est pas plus difficile de former des inscriptions que de former des oppositions.

En un mot, M. Treilhard, admet sans inscription l'hypothèque légale pour quelques créances légères, et qui, de leur nature, doivent emporter privilège.

Il admet également l'hypothèque légale pour les autres créances susceptibles de la produire; mais il veut que le public en soit averti par des inscriptions.

Et qu'on ne dise pas que le système de la loi du 11 brumaire gêne la liberté qui doit naturellement appartenir à tout propriétaire, de donner en gage la totalité de ses biens. Le propriétaire conserve cette faculté. La loi a seulement combiné ses dispositions sur les cas les plus ordinaires; car communément un créancier n'exige qu'une hypothèque suffisante pour répondre de la dette.

Le Premier Consul observe que M. Treilhard ne répond pas à ce qui a été dit sur l'inconvénient d'exposer les citoyens à être trompés par de faux certificats des conservateurs.

M. Treilhard dit qu'il n'est pas impossible qu'un conservateur se prête à cette fraude, mais que le législateur ne doit pas être arrêté par des inconvéniens aussi rares, aussi extraordinaires, et qu'il est aussi difficile de prévenir qu'il le serait d'empêcher le vol des deniers déposés chez un notaire. Si l'on se jetait dans les hypothèses, il faudrait donc prévoir aussi l'infidélité possible de l'huissier qui, dans le système de l'édit de 1771, se trouverait chargé de signifier l'opposition.

M. BERLIER dit que le cautionnement du conservateur ne constitue pas la limite de la garantie qu'il peut devoir aux parties lésées par son fait; son cautionnement est le gage, mais non la mesure des actions qu'on a contre lui, et qu'on peut exercer sur le surplus de ses biens.

A la vérité, la totalité de ses biens pourrait ne point répondre à l'étendue du dommage causé, et laisser celui qui l'a souffert en éviction.

Mais on peut croire que, pour son propre intérêt, le conservateur évitera soigneusement de manquer à des devoirs dont l'inobservation pourrait entraîner sa ruine absolue.

Voilà pour les cas généraux, et il est bien difficile de le supposer en collusion; car, quelque bénéfice frauduleux qu'il voulût faire faire à un tiers, il en deviendrait, par sa responsabilité, le payeur personnel.

Ainsi, et à moins de pousser la supposition jusqu'à le voir s'expatrier avec les sommes dont on aurait acheté sa criminelle complaisance, il faut abandonner l'objection.

Or si l'objection se réduit à cela, il faut convenir qu'elle est peu frappante : d'abord elle repose sur un crime, et les crimes ne se présument point ; en second lieu, il n'est pas dans la nature de se livrer à de criminelles combinaisons, dont le résultat immédiat serait une ruine certaine ou l'expatriation : enfin il n'y aurait plus d'institutions civiles, si l'on rejetait celles où la fraude peut s'introduire ; et celle dont il s'agit est peut-être celle qui, par son organisation particulière, en est le moins susceptible.

Le consul CAMBACÉRÈS dit que le législateur n'en serait pas moins imprévoyant, s'il se dissimulait qu'il est dangereux d'abandonner l'intérêt des citoyens à la fidélité d'un employé qui, souvent, est sans fortune, et n'a pas même la propriété du cautionnement qu'il fournit.

M. RÉAL, au nom des membres de la section, qui n'ont point partagé l'opinion présentée par M. Bigot-Préameneu, fait l'exposé suivant.

Il est ainsi conçu :

LORSQUE la section de législation, continuant son examen du projet de Code civil, est arrivée à cette partie du projet où ses auteurs, sous les titres VI, VII et VIII, en traitant des *priviléges, hypothèques, lettres de ratification et ventes forcées*, substituent au système actuel qu'ils abrogent, le système établi par l'édit de 1771, la première question qui s'est présentée à la discussion, et qui devait naturellement précéder tout examen, a été celle de savoir si ce changement absolu de système, si l'abrogation du régime actuellement en vigueur, était d'absolue nécessité.

Cette question avait été également, et préalablement à toute autre, agitée par un grand nombre de tribunaux; et les tribunaux de cassation, de Paris, de Lyon, Bruxelles, Rouen, Caen, Douay, Grenoble et Montpellier, se hâtèrent de déclarer, et ont, selon nous, démontré que l'innovation contenue au projet de Code, loin d'être utile, était dangereuse; loin d'être provoquée par l'opinion comme un bienfait, était repoussée par elle comme une calamité.

Aucun autre titre du Code n'a éprouvé d'aussi nombreuses, d'aussi violentes contradictions.

Et ces tribunaux réclamans, qui tous siégent dans les villes les plus peuplées, les plus industrieuses de la République, et où les transactions sont le plus multipliées, ne se sont point contentés d'attaquer en détail quelques parties du système présenté par le projet; c'est contre le système même, c'est contre cette théorie incomplète et désastreuse de 1771, c'est contre la résurrection du régime universellement abhorré, solennement proscrit, des saisies-réelles, que, de tous les points du territoire français, ces tribunaux se sont élevés avec un concert d'autant plus imposant, qu'aucune réunion n'avait pu le provoquer et l'effectuer.

Et ce ne sont pas seulement quelques tribunaux dont on pourrait dire, comme de ceux de Bruxelles et de Douai, que des habitudes anciennes ont pu commander l'opinion, qui ont demandé la conservation du régime consacré par la loi de brumaire an 7; ce sont aussi des tribunaux que des habitudes devaient, au contraire, environner de préjugés opposés; des tribunaux dont les membres, dont les justiciables avaient été élevés dans les principes consacrés par l'édit de 1771 et par celui des *criées*, ce sont les tribunaux de Paris, de Caen, de Rouen; c'est celui de Lyon, de Grenoble, de Poitiers; c'est celui de Montpellier; enfin c'est celui de cassation, qui tous se réunissent pour demander la conservation du régime hypothécaire actuel; qui se réunissent pour affirmer, comme juges, et d'après leur actuelle expérience, que le principe de la publicité et de la spécialité des hypothèques est essentiellement conservateur de la propriété, créateur du crédit public et du crédit particulier, régénérateur de la bonne-foi et des mœurs; ce sont ces mêmes tribunaux qui signalent comme le plus cruel ennemi de la propriété, du crédit et de la bonne-foi, le principe de l'hypothèque clandestine et générale qui se trouve présenté dans le projet de Code.

Une

Une improbation aussi solennellement manifestée aurait seule, et abstraction faite de toute autre considération, imposé à la section le devoir d'examiner avec le plus grand soin les motifs d'une innovation qui inspirait autant de craintes ; mais elle y était également obligée par la solennelle et longue discussion qui, pendant quatre années entières, occupant quatre législatures, avait enfin donné à la France le système si simple, si facile, si complet, que renferment et développent les trente-six articles de la loi de brumaire an 7, que le projet veut abroger.

Cet examen sévère lui était encore commandé par la seule existence de la loi, et par ce sentiment conservateur qui, après tant de secousses, de bouleversemens, après les malheurs enfántés par la versatilité qui a flétri notre législation, doit animer l'ami du repos, sur-tout lorsqu'il s'agit d'innover dans une partie de législation qui régit tous les biens, qui est la base de tous les contrats, qui touche à tous les intérêts.

La section s'est donc occupée, avant tout, de savoir si le système actuel serait conservé, ou si l'innovation présentée par le projet de Code serait adoptée.

Après plusieurs délibérations, les voix ont été comptées.

Huit membres assistaient à la délibération.

Quatre d'entre eux ont opiné pour la conservation du système actuel, modifié dans quelques détails.

Deux autres ont voté pour le projet ; deux autres ont d'abord déclaré n'avoir point d'avis, et leur voix a cependant été comptée au nombre de celles qui votaient pour le projet.

C'est de cette manière qu'il s'est établi un partage dans la commission.

Il a été résolu que les deux projets seraient présentés au Conseil ; M. Bigot-Préameneu a été chargé de présenter les motifs qui déterminent les membres de la commission qui ont voté pour l'innovation que renferme le projet de Code.

Je suis chargé de vous présenter les motifs qui ont déterminé les quatre membres de la commission à voter pour la conservation du système actuel modifié.

Il n'y a qu'une opinion sur la nécessité d'un régime hypothécaire, d'un régime qui régisse particulièrement, qui protège spécialement, efficacement, les traités qui ont les immeubles pour objet « Dans les matières ci-
« viles (disent les rédacteurs du Code) où l'on suit plutôt les biens que la
« personne, il faut des lois hypothécaires ; c'est-à dire il faut des lois qui
« puissent donner sur les biens toutes les sûretés que l'on cherche ».

Nous ajouterons, avec les tribunaux qui ont traité cette question, et en empruntant les expressions du tribunal de Rouen, que la matière des hypothèques est, sans contredit, la plus importante de toutes celles qui doivent entrer dans la composition d'un Code civil. Elle intéresse la fortune mobilière et immobilière de tous les citoyens ; elle est celle à laquelle toutes les transactions sociales se rattachent.

Suivant la manière dont elle sera traitée, elle donnera la vie et le mouvement au crédit public et particulier, ou elle en sera le tombeau.

La France est agricole autant que commerçante ; les capitaux sont aussi nécessaires à l'agriculture qu'au commerce ; et la législation doit être telle, que les capitaux puissent facilement arriver à cette double source de la prospérité nationale.

L'espoir de plus grands bénéfices promptement réalisés, des voies de contrainte plus rigoureuses, la rapidité des mouvemens dans les fonds, la courte durée du prêt, la prompte rentrée des fonds, l'impossibilité où se trouve l'emprunteur de manquer à son engagement sans se déshonorer et s'exposer aux derniers malheurs, sont autant d'appâts qui attireront toujours au commerce un très-grand nombre de capitaux.

Et bientôt il les absorberait tous au détriment de l'agriculture et des autres besoins de la société, si, dans les prêts hypothécaires et dans les autres transactions qui ont pour objet ou moyens les immeubles, l'infériorité des bénéfices n'était compensée par la facilité et la solidité du placement.

Les immeubles entrent dans les transactions, soit pour être aliénés, soit pour être affectés au paiement d'une somme prêtée, ou à l'exécution d'une obligation.

Le but à remplir, dans un régime hypothécaire, est donc de procurer à ce double genre de transaction la plus grande solidité, sans en altérer l'essence ni en embarrasser la forme.

Si l'acquéreur trouve dans votre législation sécurité dans son acquisition, facilité, sécurité dans sa libération ; si le vendeur y trouve le moyen de toucher promptement et sans frais le prix de l'immeuble non grevé qu'il aura vendu ; s'il y trouve le moyen de faire payer en son acquit, promptement et à peu de frais, les créanciers auxquels il avait affecté pour gage l'immeuble qu'il aura vendu ; si, par l'effet de votre législation, le propriétaire d'un immeuble non grevé peut jouir de la totalité du crédit que lui assure sa propriété ; si le propriétaire d'un immeuble dont la valeur est affectée à quelque créance, trouve dans votre loi le moyen de jouir d'un crédit égal à la valeur dont sa propriété surpasse l'engagement qui la grève ; si le capitaliste qui voudra prêter, ou tout autre qui voudra contracter avec un tiers, trouve dans votre législation un moyen sûr, infaillible, de connaître la fortune de celui avec qui il traite; si sur-tout votre législation lui donne la certitude que la garantie qu'il a acquise ne pourra plus lui être enlevée; et si la conséquence nécessaire de toutes ces dispositions est qu'un homme de mauvaise foi ne pourra jamais vendre ce qui ne lui appartient pas, ni présenter au capitaliste un crédit mensonger, nous ne dirons pas encore que la loi qui procurera tous ces avantages sera parfaite et ne présentera aucun inconvénient; mais nous affirmerons et nous prouverons facilement que, comparée à tout ce qui a précédé en France la loi de brumaire an 7, elle approchera le plus de la perfection, et offrira, sans aucune comparaison, beaucoup moins d'inconvéniens.

Nous en conclurons qu'en offrant plus d'avantages, et faisant courir moins de dangers aux propriétaires et aux capitalistes, elle appellera aux ventes d'immeubles un concours plus nombreux d'acquéreurs, et que, par conséquent, elle contribuera puissamment à faire remonter le prix des biens territoriaux à leur véritable valeur; et que le capitaliste, trouvant sûreté, sécurité parfaite dans les prêts sur immeubles, se contentera d'un plus léger bénéfice; qu'un double avantage résultera de cette disposition: le premier, que les besoins de l'agriculture seront facilement satisfaits; le second, que l'intérêt de l'argent baissera à proportion que les risques du prêteur diminueront.

Il sera facile maintenant de démontrer que tous ces avantages se trouvent dans le système hypothécaire créé par la loi de brumaire an 7, et qu'ils sont dus aux principes de la *publicité* et de la *spécialité* des hypothèques que consacre cette loi.

Il sera aussi facile de démontrer que cette théorie n'est point nouvelle; que son institution remonte à la plus haute antiquité; qu'elle fut la loi générale de toute la Grèce; qu'elle y fut recueillie par les Romains, et conservée par eux jusqu'au tems de l'empereur Léon; qu'elle fut longtems la loi des deux tiers de la France coutumière; qu'elle n'a jamais cessé de régir la plus grande partie des provinces dont les conquêtes de Louis XIV ont agrandi la France monarchique; qu'elle faisait jouir de la plénitude de ses bienfaits, les populeuses, riches et heureuses contrées dont la France républicaine s'est agrandie, au nord et à l'est, par la conquête de la Belgique, du pays de Liége, et des départemens du Rhin.

Nous pourrons dire qu'à plusieurs époques les ministres les plus sages, Colbert entre autres, ont, à diverses époques, tenté de restituer à la France cette belle institution; et nous démontrerons qu'elle ne fut repoussée que par le malheur des tems, les préjugés, et plus encore par l'intrigue, et par le besoin où se trouvèrent alors les grands seigneurs d'en imposer au public et de continuer à tromper leurs créanciers.

Nous démontrerons qu'aucun des bienfaits procurés par le système de brumaire an 7 ne se trouve dans le système de 1771, renouvelé par le projet de Code,

Et si quelques inconvéniens sont attachés au système qui institue des hypothèques publiques et spéciales, nous forcerons les ennemis de ce système de convenir que ces inconvéniens sont communs aux deux systèmes, et qu'ils sont bien plus graves dans celui des hypothèques clandestines.

Enfin, nous démontrerons que ce dernier système a des inconvéniens qui lui sont propres, et dont la plupart non seulement contrarient, mais anéantissent, l'objet essentiel que doit se proposer tout législateur qui établit un régime hypothécaire.

Théorie de la loi de brumaire an 7.

La base du régime établi par cette loi pour les mutations d'immeubles et pour la conservation des droits hypothécaires, est uniforme : c'est la publicité des contrats translatifs de propriété, et des actes constitutifs d'hypothèque.

Chaque acquéreur fait transcrire son contrat au bureau de la situation de l'immeuble vendu.

Chaque créancier fait inscrire son titre au bureau de la situation de l'immeuble affecté à sa créance.

Le conservateur des hypothèques, outre les registres de transcription et d'inscription, tient un *livre de raison*, à l'aide duquel il découvre à l'instant le nom et la qualité du propriétaire actuel ; il aperçoit d'un coup-d'œil toutes les charges qui existent sur la propriété ; et la publicité s'acquiert par les certificats en due forme que le conservateur délivre à toute réquisition, sous sa responsabilité, du nom du véritable propriétaire, de la situation et des charges de l'immeuble qu'il veut aliéner ou hypothéquer.

L'effet de la *transcription* est que, du moment qu'elle est faite, l'acquéreur devient propriétaire incommutable, sans pouvoir jamais, être troublé pour des causes postérieures à cette même transcription, ni pour des causes antérieures dont la connaissance lui aurait été dérobée.

L'effet de l'inscription est d'assigner au créancier le rang invariable qu'il doit tenir, et de lui donner la certitude que, sur l'immeuble qui lui est engagé, il ne sera préféré à aucun créancier que celui qu'il a su à l'avance être inscrit antérieurement à lui.

Voilà, dans toute sa simplicité, mais aussi dans son énergie, la théorie de la loi de brumaire an 7.

M. Tronchet dit qu'il aurait desiré que la discussion fût précédée de l'impression des deux rapports de la section de législation : elle aurait eu plus de suite et de méthode. Il essaiera cependant d'exposer ses idées.

Le système de la loi du 11 brumaire, continue-t-il, n'est qu'une invention fiscale qui, au surplus, n'a pas même le mérite de la nouveauté.

Le préambule de l'édit de 1673 portait : « Les plaintes que nous recevons
« depuis long-tems de nos sujets, que les rentes que nos prédécesseurs
« rois et nous avons constituées sur nos tailles, gabelles, aides, entrées,
« décimes et clergé, dons gratuits et autres nos revenus, sont hors de
« tout commerce, à cause de la difficulté qu'il y a de les acquérir avec
« sûreté sans les formalités d'un décret, qui ne se peuvent faire qu'avec
« de très-grands frais qui consument le plus souvent la plus grande partie
« du principal, mais encore un tems infini par la nécessité de pratiquer
« toutes les formalités ; sans lesquelles les propriétaires ne peuvent les
« vendre, ni les acquéreurs en jouir avec sûreté ; ce qui nous aurait porté
« à faire rechercher toutes sortes de moyens pour y remédier, en donnant
« à ceux qui ont desdites rentes, des moyens aisés et faciles de les vendre
« et en disposer dans leurs besoins, et à ceux qui les voudront acheter,
« des assurances de la propriété sans crainte d'y être troublés, et sans être
« obligés aux dépenses et longueurs des adjudications par décret ».

Depuis, on a défendu le même système, par d'autres raisons il est vrai, mais toujours par des raisons qui ne sont que spécieuses, et qu'on ne peut considérer que comme de vains prétextes.

On a prétendu que *Colbert* avait assigné pour cause du rejet de l'édit de 1673, l'intérêt des grands d'alors, qui ne voulaient pas qu'on pût porter un œil trop curieux sur leurs affaires.

Il est assez naturel qu'un ministre, dont le projet est repoussé, se venge par des injures, et suppose que ce rejet a été produit par des causes défavorables ; mais il faut se rappeler qu'au contraire le gouvernement d'alors avait pris des précautions pour faire passer son édit, et qu'au moment où il l'a présenté, la voix des parlemens venait d'être étouffée par un autre édit qui gênait leurs délibérations. Au surplus, leur silence forcé a été inutile à la cour ; la puissance de l'opinion a proscrit une loi qu'ils n'avaient pu se dispenser d'enregistrer.

Plusieurs raisons doivent faire aujourd'hui rejeter ce même système.

D'abord il introduit un impôt énorme (le proportionnel) et qui est nécessairement inégal, puisqu'il ne porte que sur une classe de citoyens.

Tous les citoyens sans doute doivent contribuer aux charges de l'Etat, mais chacun dans la mesure de sa fortune et sur ses revenus seulement ; c'est ce qui rend justes les impôts mis sur les objets de consommation et les contributions foncières, puisque c'est le propriétaire du fonds qui vend les matières premières qui fournissent les consommations. L'impôt de l'hypothèque au contraire se prélève sur les capitaux ; et ce qui le rend plus odieux encore, il se prend sur le malheur et absorbe les ressources de l'industrie. La fortune d'un citoyen se trouve dérangée, il est forcé d'emprunter pour faire honneur à ses engagemens, et le fisc vient lui arracher une partie des secours qu'il se procure ; car c'est toujours sur l'emprunteur que portent les frais du contrat. Un citoyen vend sa propriété pour en employer le prix à des entreprises utiles, à des spéculations commerciales, le fisc vient encore partager avec lui.

Mais quand on abandonnerait la partie fiscale de la loi du 11 brumaire, quand on consentirait à ne plus faire des hypothèques un moyen d'impositions, le système devrait encore être rejeté,

1º. Parce qu'il ne remplit point l'objet des hypothèques et qu'il ne le peut pas ;

2º. Parce qu'il n'est pas applicable à tous les contrats ;

3º. Parce qu'il ne l'est pas sur-tout aux contrats les plus importans ;

4º. Parce qu'il détruit l'essence et le caractère des contrats ;

5º. Enfin, parce que dans l'exécution il produit beaucoup d'autres inconvéniens.

M. Tronchet développe ses idées.

Il prend les deux principaux contrats, *la vente* et *le prêt*.

Dans la vente, dit-il, la transcription est superflue.

Est-ce pour assurer la propriété à l'acquéreur qu'on l'emploie ?

La garantie de l'acquéreur résulte de l'antériorité de la date de son acquisition ; et cette date est rendue certaine par le contrat.

Est-ce pour assurer au vendeur son paiement ?

La question est la même que pour le prêt, et M. Tronchet y reviendra.

Est-ce pour que le tiers acquéreur ne se trouve pas trompé, en achetant d'un homme qui ne soit plus propriétaire ?

L'expérience a prouvé que les moyens ordinaires de s'instruire de ce point de fait lui donnent des renseignemens suffisans.

Est-ce pour que l'acquéreur paie avec sûreté ?

L'acquéreur ne paie jamais avant de s'être assuré qu'il paie utilement.

Mais on fait valoir les avantages du système par rapport aux emprunts et à la grande sûreté qu'il donne au prêteur.

Quoi, le prêt est-il donc un contrat privilégié dont la loi doive s'occuper aux dépens de tous les autres ?

Mais cette sûreté même du prêteur, à laquelle la loi du 11 brumaire sacrifie tout, elle ne parvient pas à la lui assurer. Qu'on se place, en effet, dans la position la plus favorable, dans celle où l'immeuble sur lequel l'hypothèque doit s'asseoir, est situé sous les yeux du prêteur et dans la commune où le contrat est consommé. Avec la plus grande diligence, il faut au moins quatre jours pour obtenir l'enregistrement ; et cependant l'emprunteur, s'il est de mauvaise foi, tient toute prête une obligation antérieure et peut-être fictive, qu'il présente et fait enregistrer avant celle qu'il a réellement souscrite.

Et qu'on ne dise pas que c'est ici une hypothèse imaginaire ; elle est tellement fréquente, que les notaires, qui savent qu'on ne peut pas enregistrer un contrat soumis à une condition potestative, sont obligés, pour prévenir la fraude, de supposer le prêt exécuté, et de retenir les deniers jusqu'après l'enregistrement.

Quelle sûreté peut donc résulter d'une loi qui, pour la garantie des parties, les oblige de confier leurs fonds à un homme qui n'a point le caractère de dépositaire public, qui se trouve même dans l'impossibilité de leur donner un titre ? A la vérité, à Paris et dans beaucoup d'autres lieux, les notaires méritent la confiance des citoyens : mais en est-il de même par-tout, et sur-tout dans les campagnes ? Si ces inconvéniens sont réels lorsque l'emprunteur et le prêteur habitent la même ville, que sera-ce s'ils sont à une grande distance l'un de l'autre, et que, par une suite nécessaire, le délai de l'enregistrement doive être encore plus reculé ? Alors les fonds demeurent bien plus long-tems exposés. Quand on supposerait même que tous les notaires sont de bonne foi, il peut arriver qu'un créancier qui fera saisir chez eux, enveloppe dans la saisie, des deniers que rien n'atteste ne pas appartenir au notaire qui se trouve son débiteur.

Les notaires de Paris réclament tous qu'on facilite davantage les emprunts, parce que, disent-ils, la loi du 11 brumaire ne fait que les entraver. Autrefois du moins le propriétaire, en se ménageant un privilége fictif, pouvait offrir dans son immeuble un gage certain sur lequel il trouvait des ressources. Aujourd'hui ce moyen lui échappe ; le fisc vient se mêler de toutes les transactions, et on ne peut pas multiplier les contrats sans payer des frais d'enregistrement énormes.

Il est donc prouvé que la loi du 11 brumaire ne donne point et ne peut pas donner une sûreté réelle au prêteur.

Mais il y a bien d'autres contrats, tels que les baux, par exemple, où l'hypothèque est nécessaire, et où l'on n'a pas la faculté, comme dans la vente et dans le prêt, de tenir les fonds en dépôt.

Il en est de même, et ce sont les transactions les plus importantes, auxquelles le système de la loi du 11 brumaire ne peut être appliqué sans dénaturer le contrat.

Tel est le mariage, par exemple : un père n'accorde pas toujours la main de sa fille à l'homme qui possède le plus d'immeubles; très-souvent il la donne à celui dont la bonne conduite, l'état, l'industrie, paraissent offrir une garantie suffisante. Il n'exige pas toujours l'emploi de la dot, parce qu'elle est quelquefois nécessaire pour faire prospérer les affaires des deux époux et leur ménage commun. Souvent c'est à cause des espérances du mari par rapport à la succession future de son père, que le mariage se conclut. Dans tous ces cas, ou il est impossible de se conformer à la loi du 11 brumaire, ou on ne s'y conforme qu'en contrariant les vues des familles.

On répond que quand le mari n'est point propriétaire d'immeubles, la loi du 11 brumaire donne du moins à la femme l'assurance de voir inscrire sa dot sur les immeubles qui pourront survenir.

Une telle assurance est bien illusoire. C'est contre le mari dissipateur qu'elle est établie : or, un tel mari se gardera bien de prévenir son épouse des changemens qui seront survenus dans sa fortune. Que si la femme le découvre par quelque autre moyen, il lui est bien difficile d'en tirer avantage, n'ayant sous la main ni le contrat de mariage qui forme son titre, ni les fonds nécessaires pour payer les frais d'inscription. Et quand elle parviendrait à forcer ces obstacles, voilà le trouble et la désunion entre les deux époux.

Supposons cependant, contre toute vraisemblance, que l'inscription puisse être prise : comment la spécialiser ? Les reprises des femmes sont indéterminées.

On a proposé à ce sujet de les évaluer et de les inscrire pour ainsi dire à forfait.

Il en résulterait d'abord un procès sur l'évaluation. Ensuite, peut-on prévoir les événemens qui, peut-être, changeront l'état actuel des choses? Il est possible qu'une femme, dont les droits présens ne s'élèvent qu'à une modique somme de trois ou quatre mille francs, recueille une succession mobilière qui porte les reprises à deux cent mille. D'ailleurs, c'est détruire

truire l'essence du contrat que de déterminer à l'avance les reprises, car le mari est indéfiniment engagé à restituer tous les biens qui écherront à la femme.

Le système de la loi du 11 brumaire ne détruit pas seulement l'essence des contrats les plus importans; il détruit l'essence de tous les contrats sans distinction, en prohibant l'hypothèque sur les biens à venir. En effet, il n'est point d'obligation qui ne doive être exécutée sur tous les biens du débiteur; les partisans de la loi du 11 brumaire en conviennent : or il est difficile de concilier ce principe et cet aveu avec la distinction qu'on voudrait faire sous ce rapport, entre les biens immeubles et les biens meubles, et qui tendrait à n'appliquer le principe qu'à ces derniers. Cependant si les biens meubles à venir doivent répondre des engagemens, pourquoi n'en serait-il pas de même des immeubles?

On répond que c'est parce que l'hypothèque s'asseoit sur un immeuble, et suppose en conséquence qu'il est là.

Il semble que l'hypothèque soit un sceau apposé par la main de l'homme, tandis qu'elle est constituée par la loi qui force les particuliers à se conduire les uns envers les autres d'après les principes de la bonne-foi ; par la loi vengeresse de la fraude ; par la loi qui se saisit d'un immeuble, et déclare au propriétaire qu'il n'en aura la disposition qu'après avoir satisfait à ses engagemens.

Telles sont les bases vicieuses sur lesquelles repose ce système.

Dans l'exécution, il entraîne beaucoup d'inconvéniens, dont l'importance devient moins frappante auprès de l'inconvénient décisif d'admettre une théorie vicieuse dans son principe même.

Il est enfin ici une réflexion générale bien capable de faire impression sur le législateur, parce qu'elle intéresse les mœurs publiques :

La bonne-foi est le seul pivot sur lequel roule le commerce entre les hommes.

La moralité est la garantie la plus sûre qu'ils puissent se donner :

C'est sur ces principes que contracte la moitié de la France : pourquoi jeter dans l'autre une défiance qui ajoute à la démoralisation.

On a beaucoup parlé de la nécessité de faire cesser l'abus de la saisie-réelle.

Elle était ruineuse, il est vrai, et sur-tout à Paris; mais cet abus venait de la complication des formes : ainsi, pour faire cesser l'abus, il suffit de les simplifier. Déjà dans quelques parlemens on y était parvenu. A Rouen, par exemple, l'ordre s'introduisait par un simple procès-verbal du commissaire.

M. Portalis dit qu'il proposerait de repousser également et le système de la loi du 11 brumaire et celui de la commission, s'il n'était persuadé que cette opinion ne serait pas adoptée par le Conseil.

L'hypothèque en effet n'est pas inhérente aux engagemens personnels; c'est une institution toute civile : elle n'existe que par l'autorité de la loi, qui l'attache aux actes faits dans les formes qu'elle détermine, et par la force des jugemens : aussi les actes passés en pays étranger ne donnent-ils pas hypothèque.

En Provence, on avait conclu de ce principe que l'ordre des hypothèques doit être réglé par la date des actes.

Ce système était au surplus fondé sur la nature des choses. La société est composée d'hommes qui traitent les uns avec les autres; mais les transactions n'ont lieu qu'entre des individus qui se connaissent, qui ont pris sur leur fortune et sur leur probité respectives tous les renseignemens que la prudence commande. Si la loi intervient pour les protéger, leurs affaires, qui ne sont que privées, prennent aussitôt le caractère d'affaires publiques, et, en les soumettant à des règles, on empêche certainement beaucoup d'alliances, beaucoup de contrats qui n'ont rien de commun avec le prêt. Le système le plus naturel et le plus simple est donc de laisser chacun veiller par lui-même à ses intérêts, et chercher principalement sa sûreté dans la moralité de ceux avec lesquels il contracte.

Mais ce système ne trouverait pas de partisans dans le Conseil ; il faut donc choisir entre les deux autres.

L'édit de 1771 est insuffisant : il promet une sûreté qu'il ne donne pas ; car en offrant des moyens de conserver les hypothèques, il n'avertit pas de celles qui existent au moment où l'on contracte.

La publicité établie par la loi du 11 brumaire serait certainement plus avantageuse, si l'on ne voulait pas en faire un principe absolu. M. Portalis l'admet, pourvu qu'on ne l'étende pas aux engagemens qui naissent du mariage et de la tutelle.

Il est absurde, en effet, de vouloir donner de la publicité au fait du mariage, qui déjà est public. Quand on traite avec un homme marié, on n'ignore pas qu'il se trouve engagé dans le mariage : aussi en Provence les articles non publics du contrat de mariage donnaient-ils hypothèque, parce que, disait-on, chacun est averti par le fait de prendre ses precautions. La publicité que donnent les inscriptions est donc un bienfait inutile, puisqu'elle est acquise, et d'une manière bien plus certaine, par la notoriété.

A l'égard des tutelles, on doit se demander d'abord pourquoi la loi rend le tuteur responsable? C'est parce qu'elle veut venir au secours d'un pupille, qui ne peut se protéger lui-même.

La protection de la loi doit donc être efficace et utile : or elle ne l'est pas, lorsque l'effet des précautions que la loi ordonne dépend de la fidélité de ce même tuteur, contre lequel elles sont établies, et sur-tout lorsqu'elles ont pour objet des engagemens indéterminés.

Le fait de la tutelle est public : il n'est pas besoin d'en avertir des acquéreurs et des prêteurs. On leur sacrifie donc la sûreté du pupille, sans leur donner plus d'avantages.

Dans tous les autres cas, il est bon d'assurer la publicité : quand elle existe déjà, cette précaution est superflue. Chacun sait si celui avec lequel il traite est marié, est tuteur, est comptable.

Ce n'est pas, au surplus, sous le rapport de l'impôt qu'elle établit, que la loi du 11 brumaire doit être attaquée.

Les impôts sont nécessaires, et ceux-là sont préférables, sans doute, qui se paient doucement, et qui sont perçus dans le moment où le redevable peut le plus facilement les payer : or, l'homme qui achète, jouit évidemment d'un peu d'aisance; l'homme qui emprunte, reçoit un secours qui le met dans une position commode : l'un et l'autre peuvent faire quelques sacrifices.

Ainsi, sous le rapport de la publicité, le système de la loi du 11 brumaire paraît devoir être maintenu, pourvu qu'on ne l'étende pas aux hypothèques légales.

Quant à la spécialité, on peut l'admettre à l'égard de tous les engagemens, si ce n'est ceux qui, de leur nature, sont indéterminés.

On a observé qu'autrefois, au moyen d'un privilége fictif que le propriétaire se réservait, il parvenait à donner à l'emprunteur une sûreté même plus grande que celle qu'on peut espérer de la spécialité.

Mais la loi ne doit ni supposer, ni autoriser de simulation.

M. TREILHARD répond d'abord à M. Portalis.

Il s'est reporté, dit-il, à la législation primitive, qui réglait l'ordre des hypothèques par la date des contrats.

Ce sont précisément les vices de ce système, reconnus par l'expérience, qui ont amené l'édit de 1771, et depuis la loi du 11 brumaire.

Il est certain que s'il suffisait de la date de contrats connus seulement des parties, pour établir l'ordre des hypothèques, il n'est personne qui ne dût craindre d'être dépossédé ou primé par des créanciers inconnus. On a eu tellement lieu de s'en convaincre, qu'on a tenté de corriger du moins cet inconvénient par le moyen de la prescription en faveur des tiers détenteurs.

Dans l'impossibilité de soutenir ce système, on compose sur le système de la publicité, et l'on propose d'y soustraire les hypothèques légales.

Si la publicité est utile, il faut n'y rien soustraire. Il n'est pas sans exemple qu'un homme soit marié, quoiqu'il passe pour célibataire; il ne suffit même pas, après tout, qu'on sache qu'un homme est marié, pour traiter sûrement avec lui; il importe encore de connaître l'étendue des engagemens que son mariage lui impose.

Mais, dit-on, quelles lumières peut donner à cet égard l'inscription, puisque ces engagemens sont indéterminés?

Cette objection a bien plus trait au système de la spécialité, dont le système de la publicité est très-indépendant.

Au reste, on a déjà indiqué, dans le cours de cette discussion, des moyens de rendre les hypothèques légales, déterminées. Et enfin, quand elles ne le seraient pas, toujours les tiers pourront-ils vérifier si les biens du mari sont frappés d'hypothèques; avantage qu'ils n'ont dans aucun autre système.

Passant à l'opinion de M. Tronchet, M. Treilhard observe que la longue durée de l'ancienne législation n'est pas un préjugé qui doive être ici de quelque poids. On sait d'abord qu'il est de longues erreurs. Mais celles dont on parle n'ont pas même l'avantage d'une possession paisible : souvent on a réclamé contre ce dangereux système des hypothèques; et d'Héricourt, dans son traité de la vente des immeubles, dit positivement, à l'occasion de l'édit de 1673, que le régime qu'il établit a toujours été desiré par les jurisconsultes les plus recommandables.

Il est inutile de s'arrêter sur ce qui a été dit des charges que la loi du 11 brumaire impose aux citoyens : M. Portalis a réfuté cette objection. Il a observé, avec raison, que les impositions qui se perçoivent dans les momens les plus favorables sont les meilleures. Si les droits d'hypothèque sont trop considérables, il faut les diminuer : ce point n'appartient pas à la discussion.

On prétend que le système de la loi du 11 brumaire n'atteint pas son but; qu'il ne peut convenir qu'au prêt et à la vente.

Il convient également à tous les actes translatifs de propriété, même à titre gratuit.

On a dit que la loi du 11 brumaire ne donne ni au prêteur ni à l'acquéreur une sûreté suffisante, parce qu'il est possible qu'à l'aide d'une fausse obligation, on parvienne à les primer, et que s'ils veulent prendre des précautions contre cette fraude, ils sont forcés de laisser leurs fonds en dépôt, même sans avoir de titre.

Il y a deux réponses à cette objection :

La première, qu'il n'est pas présumable qu'un homme soit assez imprudent pour se permettre une fraude qui ruinerait à jamais son crédit, et qui l'exposerait aux peines du stellionat, puisqu'il aurait vendu et engagé comme libre un bien qui ne l'était pas ;

La seconde, qu'il est un moyen simple de se procurer ces sûretés : c'est de stipuler que l'acte ne recevra son exécution qu'après un délai, et seulement dans le cas où l'immeuble ne se trouverait pas chargé au-delà des hypothèques qui ont été déclarées dans le contrat.

On réplique que ce dernier expédient ne peut être utile que lorsque l'immeuble est situé dans la ville qu'habitent également les deux parties.

Mais, répond M. Treilhard, si cet immeuble était à une trop grande distance, il ne donnerait point de crédit au propriétaire. Ce point a été reconnu au titre *du Cautionnement*, et c'est parce qu'il est dans l'habitude des hommes de vouloir que leur gage soit sous leur main, qu'on a limité l'étendue dans laquelle devait être situé l'immeuble présenté par la caution.

On ajoute que le système de la loi du 11 brumaire ne peut convenir aux transactions les plus importantes, et particulièrement aux contrats de mariage.

Ce système s'adapte à toutes les conventions, et aux contrats de mariage comme aux autres. Il est facile de concevoir, en effet, qu'il donne entière sûreté pour la dot.

Ce n'est pas cependant que le mari ait toujours des immeubles à offrir en garantie ; mais alors le père et l'épouse ne cherchent leur sûreté dans aucun système hypothécaire : ils croyent la trouver dans la confiance que leur inspire la moralité du mari, et ils s'en contentent. Mais, dans ce cas même, la loi du 11 brumaire leur est utile, en ce qu'elle soumet à l'hypothèque de la dot les biens qui peuvent échoir par la suite. La femme peut prendre inscription sur ses biens, sans être arrêtée par les obstacles dont on a parlé ; si elle n'a pas le contrat sous la main, elle le lèvera chez le notaire. Quant aux frais de l'inscription, ils sont tellement modiques qu'aucune femme ne peut se trouver dans l'impuissance de les faire.

Les difficultés ne sont pas plus grandes à l'égard des hypothèques du pupille.

Le tuteur est ordinairement un membre de la famille; il est nommé par d'autres parens qui nécessairement connaissent ses biens et sa fortune, et auxquels dès-lors il est facile de former des inscriptions. Au surplus, sous ce rapport, le système de la loi du 11 brumaire n'est pas plus embarrassé que celui de l'édit de 1771; car d'après cette dernière loi, le défaut d'opposition anéantissait les hypothèques.

Mais, dit-on, la loi du 11 brumaire empêche de donner aux créanciers une sûreté complète, puisqu'elle ne permet pas d'hypothéquer les biens à venir. Elle blesse les principes de la matière, car il est juste qu'un débiteur paie tout-à-la-fois et sur les biens qu'il a et sur ceux qu'il pourra avoir.

Il y a quelque chose d'immoral dans tous les calculs fondés sur la dépouille d'un homme encore vivant, et d'ailleurs l'espérance des biens à venir est souvent trompeuse. Si cependant il survient des biens au débiteur, la loi ne s'oppose pas à ce que le créancier s'en empare, comme d'un gage nouveau, et ne forme inscription à mesure qu'ils arrivent.

L'hypothèque légale, a-t-on dit encore, est établie par la seule force de la loi; qu'est-il donc besoin, pour qu'elle ait ses effets, du fait de l'homme ou de formalités extérieures?

Sans doute c'est la loi qui donne l'hypothèque; mais la loi ne suppose pas, lorsqu'elle accorde son secours, qu'on demeurera dans l'inaction. C'est ainsi que quoiqu'elle accorde la contrainte par corps, ceux-là seuls profitent de cette garantie qui ne négligent pas de la demander.

On observe enfin que la bonne-foi étant l'ame des contrats, il faut bien se garder d'accoutumer les citoyens à une défiance et à des précautions qui changeraient le principe des conventions entre les hommes.

La conséquence rigoureuse de cette doctrine serait qu'il ne faut point du tout d'hypothèque. Cependant elle est professée par ceux-là même qui se plaignent de ce qu'on ne permet pas d'étendre l'hypothèque sur tous les biens, même à venir. Ils sont au surplus dans l'erreur. Les partisans de la loi du 11 brumaire accordent l'hypothèque sur tous les biens; ils veulent seulement qu'elle soit publique et spéciale, parce que l'expérience leur apprend que les hypothèques occultes nuisent aux citoyens honnêtes qui, dans leur aveugle confiance, s'en rapportent trop facilement aux fausses apparences de fortune. La justice veut qu'on leur fournisse un moyen de les vérifier et d'éviter les surprises. Il est possible que cette trop grande évidence de la situation de chacun prive quelques hommes de leur crédit : mais quel est l'inconvénient de ruiner un crédit qui ne reposait que sur la fraude et sur la fourberie?

Le premier Consul dit qu'il aperçoit ici trois systèmes différens ;

Celui des lois romaines, qui n'admet ni publicité ni spécialité,

Celui de l'édit de 1771, qui admet la publicité sans spécialité ;

Celui enfin de la loi du 11 brumaire an 7, qui admet également et la publicité et la spécialité.

Le Consul ajoute que d'après ce qu'il vient d'entendre, le système du droit romain lui paraît plus dans la nature et dans les principes de la justice civile, en ce qu'il donne la garantie la plus entière pour les hypothèques légales.

L'édit de 1771 leur est moins favorable, puisqu'il exige, pour les maintenir, la formalité de l'opposition.

Mais la loi du 11 brumaire an 7 les anéantit dans leurs effets, car les femmes et les mineurs ne les obtiennent que dans le cas où il a été formé inscription à leur profit.

Serait-il impossible de concilier ces divers systèmes?

Ne pourrait-on pas laisser subsister la nécessité de l'inscription pour toutes les hypothèques, hors les hypothèques légales, car la loi doit défendre celui qui ne peut se defendre lui-même? On n'a point répondu à cette raison : or la femme, le mineur, sont incapables de veiller à leurs intérêts; et cependant, dans l'état actuel des choses, il ne faut que l'omission d'une formalité pour leur enlever l'hypothèque que la loi a entendu leur assurer.

M. Treilhard a objecté que, sous l'empire de l'édit de 1771, il suffisait aussi qu'il n'eût point été formé d'opposition pour que le mineur et la femme perdissent leur hypothèque.

Mais il y a une grande différence entre faire dépendre d'une formalité l'effet d'une hypothèque qui doit être forcée par cela seul qu'elle est déclarée légale, et laisser périr des hypothèques acquises, en négligeant de former opposition ; et M. Bigot-Préameneu a fort bien observé, à cet égard, que le défaut d'opposition n'efface du moins l'hypothèque que sur un seul immeuble, tandis que le défaut d'inscription en affranchit tous les biens du débiteur.

Pour que le Code porte une profonde impression de justice civile, il est nécessaire de concilier ces différens systèmes ; la justice civile s'oppose à ce qu'on reporte sur le mineur et sur la femme, les suites d'une négligence qu'il n'était pas en leur pouvoir d'empêcher. Ce principe ne doit pas être sacrifié au desir, très-louable d'ailleurs, de rendre les transactions plus sûres. Il ne faut pas acheter, au prix d'une injustice, l'avantage de simplifier la loi : tous les principes doivent être également respectés.

Il semble qu'on parviendrait à tout concilier, si on décidait que les hypothèques légales frapperont de plein droit les immeubles du mari et du tuteur ; que cependant il est permis au mari de les restreindre à une portion suffisante de ses biens, si la femme y consent : que la même faculté est donnée au tuteur ; et que si les biens sont insuffisans, pour restreindre ainsi l'hypothèque à une partie seulement du patrimoine soit du tuteur, soit du mari, l'acquéreur achetera à la charge des hypothèques, ainsi que le décidait l'édit de 1771.

M. Réal dit que ce serait aller directement contre le but qu'on se propose. On veut, en effet, garantir les droits de la femme ; et cependant on rendrait sa condition bien plus désavantageuse qu'elle ne l'était sous l'édit de 1771 ; car alors l'acquéreur, sachant qu'elle perdait son recours faute d'opposition, trouvait, dans cette disposition, une garantie suffisante. Si, au contraire, il est indéfiniment soumis aux hypothèques de la femme, il ne traitera avec le mari que sous la condition qu'elle interviendra et qu'elle s'obligera solidairement.

Le Premier Consul dit que depuis qu'il entend discuter le Code civil, il s'est souvent aperçu que la trop grande simplicité dans la législation est l'ennemie de la propriété. On ne peut rendre les lois extrêmement simples sans couper le nœud plutôt que de le délier, et sans livrer beaucoup de choses à l'incertitude de l'arbitraire.

Cependant si la justice civile est la base de la loi, chacun est frappé du sentiment que les droits des hommes reposent sur des principes immuables. On perd au contraire le respect pour la propriété, lorsqu'on la regarde comme soumise à des chances qui peuvent facilement et sans raison la porter d'une main dans une autre. Par-tout les hypothèques des femmes et des mineurs ont été considérées comme naissant et s'identifiant avec l'engagement qui les fait naître ; c'est ce principe qu'il faut parvenir à concilier avec la sûreté des acquéreurs et des prêteurs. La loi sera moins simple, mais elle sera conforme aux principes de la justice civile.

M. Réal dit que le système de la loi du 11 brumaire ne blesse point le principe

principe de la propriété, puisqu'il est né dans un pays où la propriété était infiniment respectée, dans la ci-devant Belgique.

M. Bigot-Préameneu dit que le régime de la Belgique était entièrement féodal; là le seigneur était considéré comme le propriétaire du domaine direct et universel.

M. Réal dit qu'il n'examine le système qu'en soi et indépendamment de ses abus. Dans le Brabant il n'y avait d'hypothèque légale que pour les droits du prince, et encore n'en était-il pas ainsi dans toutes les parties de ce pays.

Au reste les choses ne sont plus entières. Depuis l'an 7 le système de la spécialité et de la publicité existe en France, on ne peut plus l'abolir sans rétrograder.

Le Premier Consul dit qu'il ne s'agit point de revenir sur ce système; il faut la publicité, il faut la spécialité; mais il faut aussi qu'elle ne puisse nuire aux hypothèques légales.

M. Treilhard a observé que les frais de saisie-réelle consument le bien du débiteur et le gage du créancier; qu'avec des hypothèques cachées il n'y a plus de sûreté pour les acquéreurs ni pour les prêteurs, qui peuvent se laissent tromper par de fausses apparences : il a présenté la publicité et la spécialité comme le remède de ces inconveniens; on les lui accorde; mais on desire en même tems que sans rien changer au fonds du système, la loi évite de commettre une injustice civile, en sacrifiant un principe à l'autre, et en rendant sans effet les hypothèques légales.

M. Jollivet dit que pour affranchir les hypothèques légales de la nécessité de l'inscription, on s'est fondé sur la publicité du fait du mariage et de la tutelle. Cette notoriété, continue M. Jollivet, n'existe pas toujours : il est des maris qui vivent loin de leurs femmes, et la mort même de la femme n'éteint pas ses droits : ils passent à ses héritiers. Egalement, on peut ignorer l'époque où une tutelle a fini, et ne pas savoir si les comptes ont été rendus. Le mari et le tuteur se trouvent donc placés dans une dépendance indéfinie.

Le Premier Consul dit qu'on leur propose un moyen de s'y soustraire, en rendant spéciale l'hypothèque générale dont leurs biens sont grevés; qu'au surplus, il n'y a peut-être pas beaucoup d'inconvéniens à placer le mari dans une situation qui l'empêche de dissiper son bien; car il est hors de doute que s'il ne veut faire que des emprunts nécessaires, la femme ne refusera point d'y consentir.

M. PORTALIS dit qu'il est possible de concilier avec la loi du 11 brumaire les véritables principes sur les hypothèques légales.

Cette loi veut la publicité et la spécialité.

Les inscriptions sont inutiles pour établir la publicité des hypothèques légales, puisqu'elles existent par la notoriété du fait du mariage et de la tutelle.

Ces précautions seraient même dangereuses. Le moment où l'on s'occupe des apprêts du mariage, est le moment de la confiance entre les époux. Peut-être que l'altérer alors, ce serait la détruire à jamais. Ce serait même compromettre les intérêts de la femme et des enfans et opérer leur ruine, que de faire crouler, pour un simple défaut de formalité, le contrat de mariage, qui devient le fondement de la famille.

Les tiers sont inexcusables, quand ils voient des personnes mariées, de n'avoir point prévu qu'il pouvait exister un contrat. C'est par cette raison que quelques parlemens attachaient, même aux actes sous seing privé, l'effet de produire l'hypothèque légale au profit de la femme.

Si c'est la spécialité qu'on veut obtenir, elle est impossible, puisqu'il s'agit de droits qui ne sont pas encore fixés, et qui peuvent naître d'événemens postérieurs.

Ce qui vient d'être dit s'applique également à la tutelle : elle est aussi publique que le mariage ; elle est déférée aussi solennellement ; et les citoyens peuvent aller au greffe vérifier les nominations aussi facilement qu'ils peuvent vérifier les inscriptions sur les registres hypothécaires.

A l'égard de la spécialité, comment l'établir, lorsque l'hypothèque a pour objet une gestion indéterminée ?

En général, toute hypothèque légale existant par la seule force de la loi, ne peut plus être subordonnée à une formalité extérieure, sans cesser d'être légale.

C'est sous ce rapport qu'on la distingue de l'hypothèque conventionnelle : celle-ci est un fait accidentel dont il faut avertir ; mais l'hypothèque légale est de droit général ; elle est établie, non pour le droit de l'individu, mais pour l'intérêt public. Il importe à l'Etat que la dot des femmes, que le patrimoine des mineurs, soient conservés. La loi est donc intervenue pour remplir directement cet objet par l'hypothèque qu'elle établit. Ce serait la dégrader et tromper sa sollicitude, que de ne pas se contenter de sa volonté suprême, et d'exiger un fait particulier. L'hypothèque qu'elle crée ne doit pas seulement être légale dans le mot, elle doit être encore légale dans la chose.

Tous les inconvéniens qu'on oppose à cette doctrine n'ont pas l'importance qu'on leur prête. On ne voit pas, en effet, qu'avant la loi du 11 brumaire, il se commît plus de fraudes qu'aujourd'hui.

Le Premier Consul pense qu'il est nécessaire de fixer les idées par quelques propositions.

Il remarque dans la loi du 11 brumaire, qui est placée sous ses yeux, des articles par lesquels certaines créances, que la loi nomme *privilégiées*, sont dispensées d'inscriptions : ainsi, dit-il, les auteurs de la loi ont reconnu que le système de la publicité et de la spécialité n'est pas absolument incompatible avec l'hypothèque légale que la loi fait résulter de plein droit de quelques engagemens à raison de leur nature. Or, on ne propose que de donner un peu plus d'étendue à ce principe admis par la loi même.

On pourrait laisser subsister la publicité et la spécialité à l'égard de toutes les hypothèques, et se borner à affranchir de la formalité de l'inscription celles dont parle le chap. IV de la loi du 11 brumaire.

Peut-être objectera-t-on que la condition des acheteurs sera moins avantageuse que sous le régime de l'édit de 1771, parce que du moins alors, en prenant des lettres de ratification, ils se mettaient en sûreté.

Le Consul voit dans l'édit de 1771, des exceptions en faveur des droits du domaine et du douaire non ouvert, à l'égard desquels les hypothèques n'étaient point purgées par des lettres de ratification. Il en conclut que, sous ce dernier rapport, on se retrouvait dans le système du droit romain, suivant lequel l'ordre des hypothèques était réglé par la date des créances; qu'ainsi aucune loi n'a encore donné de sûreté complète aux acquéreurs et aux prêteurs : mais, continue-t-il, on peut établir cette sûreté et faciliter l'affranchissement des immeubles, même grevés d'hypothèques légales, en autorisant à rendre ces hypothèques spéciales d'après une procédure sommaire, ou d'après le consentement de la femme.

M. Tronchet dit que la question était d'abord de savoir si l'inscription ordonnée par la loi du 11 brumaire serait exigée pour toute espèce de créances ; mais que dans les termes auxquels le Consul vient de la réduire, elle ne peut être bien décidée qu'en fixant les idées sur toutes les exceptions qui sont nécessaires. On n'en a réclamé que pour les hypothèques légales ; et cependant les créances privilégiées et les créances indéterminées paraissent ne pouvoir pas recevoir l'application de la loi du 11 brumaire.

A l'égard de l'hypothèque légale qui garantit les droits de la femme, elle existait dans le droit romain et dans le droit français, par le seul fait du mariage, et même lorsqu'il n'y avait pas de contrat. Or, il est impossible de la soumettre à la formalité de l'inscription, sans forcer tous ceux qui se marient à consigner dans un contrat leurs conventions matrimoniales ; et cependant beaucoup de citoyens s'en rapportent à cet égard à la loi. La publicité est-elle utile à l'égard de cette hypothèque ? C'est ce qui est encore en question. Quant à la spécialité, elle paraît impossible.

M. Treilhard dit qu'on a perpétuellement confondu, dans le cours de cette discussion, l'obligation qui peut produire l'hypothèque, avec l'hypothèque elle-même.

De ce que celui qui s'oblige, s'oblige sur tous ses biens, on en a conclu que toute obligation devait nécessairement produire une hypothèque générale. C'est une erreur : une obligation peut exister sans produire d'hypothèque ; les engagemens sous seing-privé, et ceux qui naissent d'un fait, sont un exemple de cette vérité.

En considérant les choses dans leur essence, on aperçoit facilement que, sans la publicité et sans la spécialité de toute espèce d'hypothèques, l'hypothèque devient illusoire. En effet, on ne prend un immeuble pour gage, qu'afin d'assurer son paiement ; mais cette précaution devient inutile, si elle ne donne une entière sûreté. L'hypothèque cependant peut-elle avoir un tel résultat, lorsque celui qui prend cette garantie est hors d'état de vérifier la situation de celui avec lequel il traite ? Des créanciers antérieurs et inconnus paraissent tout-à-coup et absorbent le gage où l'on croyait trouver sa sûreté. C'est ce qui a fait imaginer la publicité et la spécialité.

Mais, dit-on, où est donc la différence entre les hypothèques légales et les hypothèques conventionnelles ?

Ces dernières, répond M. Treilhard, ne sont pas moins sacrées que les autres ; car l'état social suppose nécessairement des conventions, et les conventions des sûretés. Ce n'est donc point sous ce rapport qu'on peut établir une différence entre les deux sortes d'hypothèques ; ce qui les distingue, c'est la cause qui les produit : les unes naissent de la convention, les autres de la loi.

On réplique qu'assujettir les hypothèques légales à la formalité de l'inscription, c'est les détruire.

C'est au contraire en assurer l'effet ; car depuis long-tems l'expérience a prouvé que sans cette précaution elles sont inutiles. Trop souvent un père se laisse tromper par des apparences de fortune et par les manœuvres de l'homme qui recherche sa fille : ensuite ce vain appareil s'évanouit, et l'hypothèque légale de la femme ne trouve plus de prise. La cause de ces supercheries était l'obscurité qui enveloppait autrefois toutes les fortunes. On pouvait plus facilement en imposer alors qu'il n'existait aucun moyen de vérifier les affaires d'un particulier. La publicité et la spécialité préviennent ces sortes de surprises.

D'un autre côté, quelque sacrés que soient l'intérêt de la femme et celui du mineur, ils ne doivent pas cependant absorber tout autre intérêt.

C'est dans cet esprit qu'a été porté l'édit de 1771, qui a été combattu sous le rapport de la bursalité, mais dont le fond et l'objet ont été universellement adoptés.

Cependant cette loi n'est utile que dans le cas de la vente : or, ce contrat n'est pas le seul auquel il fallait pourvoir.

D'après cette considération, on est insensiblement arrivé au système de la loi du 11 brumaire, qui ne fut pas une loi de circonstance, amenée par l'existence du papier-monnaie, mais la conséquence d'un système profondément réfléchi, dans la vue d'empêcher les fraudes et de ranimer le crédit.

Ce n'est point alors qu'on a imaginé de faire dépendre l'effet de l'hypothèque de certaines formalités extérieures. Cette idée est empruntée de l'édit de 1771, qui exigeait des oppositions pour la conservation de toutes les hypothèques, à l'exception de celle du douaire. On avait donc senti dès-lors que la protection due à la femme et au mineur ne pouvait empêcher la loi d'établir des moyens de purger l'hypothèque à leur égard, et que négliger de le faire, c'était troubler l'ordre et blesser la justice.

Il n'y a de différence, quant à l'hypothèque légale, entre ce système et celui de la loi du 11 brumaire, qu'en ce que la formalité des inscriptions a été substituée à celle des oppositions : or l'une n'est pas plus difficile que l'autre.

Mais il faut discuter les objections.

On oppose que les inscriptions sont inutiles pour faire connaître que le mari est engagé ; le fait du mariage suffit pour en avertir le public.

Il a déjà été répondu à cette objection.

D'abord, que le fait du mariage n'est pas toujours connu ; le mari quelquefois vit loin de sa femme ;

Ensuite, que le seul fait du mariage n'apprend pas au public pour quelle somme les biens du mari sont hypothéqués.

Si l'on disait qu'il faut chercher des moyens de parvenir à ce que les inscriptions soient toujours prises en effet pour la femme et pour le mineur, M. Treilhard partagerait cet avis.

Certainement il en existe.

Il faut d'abord charger le mari de prendre inscription, et ne pas craindre de ruiner à jamais la confiance entre les deux époux : loin qu'au moment du mariage les précautions soient déplacées, c'est au contraire alors que le mari ne se refuse à aucune des sûretés qui lui sont demandées.

Si l'on croit qu'il ne suffise pas de charger le mari du soin de prendre les inscriptions, qu'on charge le notaire qui reçoit le contrat et qui le fait enregistrer, de veiller à ce qu'elles soient formées ; qu'il ne puisse délivrer d'expédition sans qu'on lui justifie que l'on a fait inscrire, qu'on en charge le receveur de l'enregistrement. Qu'on prenne, enfin, tous les moyens qu'on voudra, pourvu qu'il y ait des inscriptions qui avertissent le public que les biens du mari sont grevés.

On a dit encore : L'hypothèque légale est donnée directement par la loi ; elle ne doit donc dépendre d'aucune formalité extérieure.

Sans doute l'hypothèque légale est l'ouvrage de la loi seule ; mais la loi suppose qu'on en assurera l'effet en remplissant les conditions qu'elle prescrit.

C'est ainsi que, sous l'édit de 1771, l'hypothèque légale périssait faute d'opposition, et que même on était obligé de renouveler cette opposition tous les trois ans.

Tout ce qui vient d'être dit s'applique également au tuteur. La famille assemblée peut exiger qu'il désigne ses biens, qu'il forme lui-même inscription. On peut les faire prendre par le juge-de-paix ou par le receveur de l'enregistrement.

Enfin, personne ne conteste l'excellence du système de la publicité et de la spécialité en soi ; on ne l'attaque que par les inconvéniens qu'il a produits dans son organisation actuelle.

Que conclure de là ? Qu'il faut abolir le système ? Non ; mais qu'il faut en corriger les abus.

Ce n'est pas cependant qu'il faille espérer, quelque organisation qu'on lui donne, qu'on le dégagera de tout inconvénient. Mais il en est ainsi de toutes les lois ; aucune n'atteindra jamais la perfection : quand elles préviennent la plus grande partie des inconvéniens, elles sont aussi bonnes qu'elles puissent l'être.

M. TRONCHET dit qu'on a beaucoup argumenté de la nécessité de former opposition dans le système de l'édit de 1771, et qu'on a raisonné dans la supposition que les adversaires de la loi du 11 brumaire veulent dispenser de cette formalité et de toute autre.

Ce n'est point là leur idée ; ils veulent des oppositions et non des inscriptions, parce qu'ils pensent qu'il existe une différence immense entre ces deux sortes de formalités.

Dans le système de l'édit de 1771, la femme a de plein droit, sans inscription et par le seul fait de son mariage, une hypothèque générale sur les biens de son mari. Si, faute d'opposition, un des immeubles échappe à cette hypothèque, la perte du moins n'est que partielle; la femme conserve ses sûretés sur les autres. Voilà l'avantage qu'on lui enlève, si son hypothèque ne s'établit plus que par des inscriptions, qui peuvent n'être pas formées.

D'ailleurs, et on l'a déjà observé, souvent le mari ne possède pas d'immeubles au moment du mariage. C'est sur l'espérance des successions qu'il doit recueillir par la suite, de celles de son père, de sa mère, d'un oncle, que l'épouse lui est accordée. Comment alors former des inscriptions ? Sera-ce sur les biens de ceux dont le mari est l'héritier ? Ils n'y consentiront pas ; et le mariage sera manqué. Ce ne peut donc être que par la suite et à mesure que les biens échoient au mari. Mais qui charge-t-on de prendre ces inscriptions ? Le mari lui-même, c'est-à-dire, celui contre lequel elles sont établies.

La femme, répond-on, a son recours contre lui, s'il a négligé de les former.

Ne voit-on pas que ce recours est illusoire, puisqu'il n'est pas appuyé d'une hypothèque qui s'établisse de plein droit sur les biens du mari ?

Ces raisonnemens s'appliquent également à la tutelle.

La perte de l'hypothèque sur un immeuble particulier du tuteur ne ruinait pas le pupille, puisque son hypothèque générale subsistait sur les autres biens.

Tel était l'édit de 1771, qui, au surplus, n'avait pas pour objet la manière de constituer l'hypothèque, mais la manière de la purger.

Le consul CAMBACÉRÈS dit que la question est de savoir si l'on doit faire dépendre l'effet des hypothèques légales, de la formalité soit de l'opposition, soit de l'inscription.

Il est de la nature de ces sortes d'hypothèques d'exister par la seule force de la loi, et dès-lors d'être indépendantes du fait de l'homme. Voilà le principe d'après lequel il faut juger les divers systèmes, les raisons sur lesquelles on les appuie, et les objections par lesquelles on les combat.

Or, si l'on examine sous ce rapport l'édit de 1771, on reconnaît qu'il est plus conforme à la nature de l'hypothèque légale, que la loi du 11 brumaire.

Le reproche qu'on a fait à ceux qui partagent cette opinion, de confondre l'obligation avec l'hypothèque, n'est pas fondé : personne ne conteste que toute hypothèque, même générale, ne naisse toujours ou de la nature de la dette, ou du caractère de l'acte.

Les autres objections n'ont pas plus de consistance.

Il est certain que ce sont les dangers de la clandestinité des créances qui ont amené l'édit de 1771; mais il est certain aussi que ce ne sont point les modifications que cet édit apporte au système de la publicité qui l'ont fait critiquer. Les oppositions qu'il a éprouvées ne sont venues que de ce qu'il contrariait les lois de quelques provinces, et de ce qu'on soupçonnait qu'il pouvait devenir un moyen d'étendre les droits du fisc.

On a observé encore que l'édit de 1771, et même le projet de Code civil, apportaient des modifications au système absolu de l'hypothèque légale; qu'il était indifférent que ces modifications donnassent lieu aux formalités de l'opposition, ou à celles de l'inscription; que toujours devenait-il incontestable que le législateur avait jugé nécessaire de corriger, en faveur de l'acquéreur, la trop grande rigidité du principe de l'hypothèque légale absolue.

Tous les acquéreurs ne méritent pas une égale faveur; s'il en est de bonne-foi, il en est aussi qui ne le sont pas : mais dans tous les cas, l'équité ne permet pas de balancer entre un acquéreur qui a toute la capacité nécessaire pour défendre ses intérêts, et le mineur qui, par lui-même, ne peut veiller aux siens.

On a prétendu enfin que faute d'inscription de toutes les hypothèques, beaucoup de familles s'étaient laissé tromper par des apparences de fortune, et avaient indiscrètement confié la dot d'une fille à des hommes qui n'avaient aucune sûreté réelle à offrir.

Cependant si l'on interroge l'expérience, on verra que beaucoup de familles se sont relevées de ce défaut de précaution par l'effet des hypothèques légales sur les biens échus au mari depuis le mariage.

Il faut donc écarter toutes ces objections, et examiner si l'hypothèque légale peut exister avec les conditions dont la loi du 11 brumaire en fait dépendre l'effet.

Le Consul ne le croit pas.

Cette loi prescrit des formalités qui peuvent n'être pas remplies, et alors l'hypothèque légale n'existe plus que dans le mot.

Cette loi précipite l'expropriation, et facilite ainsi les translations de propriété frauduleuses et clandestines. Un acheteur qui saurait payer la diligence des employés des hypothèques, parviendrait à faire transcrire son contrat à l'instant même; et ainsi l'éveil n'étant point donné aux créanciers hypothécaires, ils ne pensent point à prendre des inscriptions ou à vérifier s'il en a été formé, et leurs droits sont éteints sans retour. Dans l'édit de 1771, au contraire, le contrat demeurait exposé pendant
deux

deux mois avant que les lettres de ratification fussent expédiées, et par-là les créanciers qui avaient négligé de former opposition pouvaient être avertis.

Il y avait d'ailleurs, dans l'édit de 1771, des exceptions qu'on ne retrouve point dans la loi du 11 brumaire : il n'était pas besoin d'opposition pour conserver l'usufruit, le douaire non ouvert, les droits seigneuriaux.

Dans le droit actuel, il n'y a d'exception à la nécessité de prendre des inscriptions que pour le fisc seulement ; et encore, d'après les termes de la loi, cette exception est-elle douteuse.

Le Consul pense que l'effet des hypothèques légales ne doit pas dépendre de la formalité de l'inscription, à moins qu'on ne prenne des précautions tellement sûres, que cette formalité soit toujours indubitablement remplie, et que la femme ne puisse pas être dépouillée brusquement par une translation de propriété clandestine. Il est possible d'adopter les moyens proposés par M. Treilhard. On peut aussi exiger le dépôt du contrat pendant un certain tems ; on peut exiger que l'acquéreur notifie son opposition à la femme. Ce n'est point lui imposer une obligation onéreuse que de le soumettre à quelques formalités qui assurent son repos, sans le constituer en frais.

Quant aux comptables envers le trésor public, le Consul pense que leurs biens doivent être frappés d'hypothèques légales sans aucune condition de formalité ; mais qu'une prescription de courte durée, comme de cinq ans, par exemple, doit éteindre l'hypothèque et donner à l'acquéreur une entière sûreté.

A l'égard des mineurs, le Consul consent à ce que le juge de paix soit chargé de faire les inscriptions, pourvu que le contrat d'aliénation demeure déposé pendant un délai avant d'être transcrit.

La loi du 11 brumaire, ajoute le Consul, n'était pas, à la vérité, une loi de circonstance ; néanmoins on ne peut se dissimuler qu'elle tenait au système de mobiliser les propriétés, et de rendre les mutations rapides et faciles ; système qui n'a rien d'avantageux pour l'Etat, lequel trouve au contraire sa garantie dans la fixité des propriétés dans les mêmes familles.

En un mot, les hypothèques légales doivent être affranchies de la formalité de l'inscription, qu'on peut au surplus conserver pour les hypothèques conventionnelles. Si l'on trouve quelque avantage à spécialiser les hypothèques légales, que ce soit du moins par des formes particulières.

M. Treilhard est, sur beaucoup de points, de l'avis du Consul.

Il repousse également le système de la mobilisation et de la transmission trop rapide des propriétés.

Il croit cependant qu'il est possible de soumettre les hypothèques légales à la formalité de l'inscription, et il y voit de l'avantage. Au surplus, il consent à ce que cette hypothèque soit toujours générale, et qu'elle donne le droit de former inscription sur tous les biens, même ceux à venir.

S'il ne s'était point engagé dans les détails de l'exécution, c'est que la question principale lui avait paru en être indépendante. Mais il sait que le moyen d'exécution établi par la loi du 11 brumaire a besoin d'être amélioré et en est susceptible.

A l'égard du fisc, M. Treilhard ne voit ses droits qu'avec beaucoup d'intérêt, parce qu'il sait que sans le secours des contributions, un Etat ne peut se maintenir. Cependant il lui semble que le fisc doit demeurer dans l'ordre commun, et être traité relativement à l'exercice de ses droits, comme le sont les individus. Cette disposition ne compromettrait point les revenus publics : l'administration a une foule de moyens pour prendre ses sûretés ; et le système de la loi du 11 brumaire lui donne encore plus de facilité, puisqu'elle la met en état de vérifier si les immeubles des cautions sont libres ou chargés d'hypothèques. On peut ajouter encore la précaution de rendre les agens locaux responsables du défaut d'inscription. Quelques exemples de sévérité contre ceux d'entre eux qui se seraient montrés négligens, donneraient le plus grand effet à cette responsabilité.

Si, malgré tant de précautions, le trésor public éprouvait encore quelques banqueroutes, elles seraient peu considérables. Le privilége qu'on réclame pour lui les lui épargnerait peut-être ; mais ce ne serait qu'en ruinant des familles, et en rendant le fisc odieux.

M. Bigot-Préameneu dit que ces détails qu'on présente comme peu importans, sont ici des objets principaux, et qu'il ne serait pas raisonnable d'adopter comme principe ce qui ne serait pas susceptible d'exécution.

La faveur due aux droits des femmes, des mineurs, du Gouvernement, a fait établir les hypothèques légales ; elles sont nulles, si elles n'ont leur effet par la seule disposition de la loi, parce que de leur nature elles répondent d'obligations indéterminées. En effet, la responsabilité des comptables, des maris, des tuteurs, des administrateurs, est éventuelle : personne ne peut en prévoir d'avance les limites ; et c'est là ce qui rend très importans ces détails d'exécution, qu'on paraît vouloir négliger.

On parle de charger les juges de paix, les employés de l'enregistrement, les notaires, du soin de prendre les inscriptions pour assurer l'effet des hypothèques légales.

On ne réfléchit pas que toutes ces personnes ne connaissent pas même les biens présens du débiteur, encore moins ceux qui lui échoient par la suite.

La notification qui serait faite à la femme par l'acquéreur d'un immeuble du mari, ne lui donnerait de renseignemens que sur ce bien particulier, et la laisserait sans lumière sur les autres.

Enfin, quelque moyen qu'on imagine, on n'en trouvera aucun de sûr ; ou plutôt on finira par reconnaître que les hypothèques légales sont essentiellement indéterminées, et que si on leur ôtait ce caractère elles deviendraient inutiles.

Or, si elles demeurent indéterminées, elles ne sont pas susceptibles d'inscription.

M. BERLIER dit qu'il lui serait difficile d'exposer dès-à-présent des moyens qui dussent infailliblement pourvoir à l'inscription dans l'intérêt des *pupilles* et des *femmes mariées*.

On conçoit pourtant qu'à l'égard des premiers, on pourrait imposer au juge de paix qui reçoit la tutelle, l'obligation d'interroger et le tuteur et la famille sur les biens qui devraient être frappés d'inscription, en raison combinée des droits pupillaires, évalués par aperçu, et de la valeur des biens qui seraient frappés d'inscription : le concours de l'officier public et de la famille offrirait, en cette circonstance, des élémens très-utiles pour la fin qu'on se propose.

A l'égard des femmes, et sur-tout par rapport à celles qui sont majeures, on n'aperçoit plus de conseils de famille, ni d'officiers tels qu'un juge de paix ; et, sous ce point de vue, il pourrait sembler plus difficile de pourvoir à leurs intérêts ; mais on n'a peut-être pas, jusqu'à présent, assez remarqué une grave différence qui existe, à l'avantage de la femme mariée, entre elle et le pupille.

L'hypothèque légale résultant de l'incapacité légale d'agir, est entière à l'égard du pupille, que la loi ne peut pas habiliter à pourvoir lui-même à ses intérêts : mais la loi du 11 brumaire an 7 habilite la femme ; elle peut faire ses inscriptions sans l'autorisation de son mari, et même sans frais, puisque la même loi ordonne au conservateur d'y procéder sur l'exhibition d'une simple note, et sauf à recouvrer ses frais sur le grevé

La femme mariée est donc relevée, *quant à ce*, de la puissance maritale : il n'y a plus incapacité de *droit;* et si l'on dit qu'il reste une espèce d'incapacité *de fait*, en ce que la femme n'osera pas faire d'inscription, quand cela déplaira à son mari, l'on argumente d'une exception et d'un cas dont l'application n'est pas beaucoup à redouter.

En effet, de tous les créanciers du mari, celui dont ce dernier a le plus pressant intérêt de conserver les droits, c'est sa femme ; et il ne faut pas croire qu'il agira en sens contraire de ce que lui prescrit l'intérêt de sa femme, qui se confond, sous plusieurs rapports, avec le sien propre et avec celui de leurs enfans.

D'un autre côté, ne peut-on assurer l'exercice de la faculté laissée à la femme à l'aide de quelques autres précautions dont l'esprit ne saurait, dès-à-présent, repousser la possibilité ?

S'il ne faut pas, continue M. Berlier, retirer à la femme une juste protection, il ne faut pas non plus qu'une protection exagérée vienne nuire au mari, et empêche celui-ci de vendre et d'emprunter.

On a reconnu que, pour la vente, il devait être permis à l'acquéreur de purger l'hypothèque légale par des lettres de ratification ou autres mesures imitées de l'édit de 1771 ; mais, outre que cette voie n'est point aussi simple que celle ouverte par la loi du 11 brumaire, cet expédient ne répond qu'au cas de vente, et non aux autres contrats pour lesquels le mari ne pourra pas user de son crédit avec autant d'avantage que s'il présentait un immeuble dégrevé.

Pour écarter l'obligation d'inscrire spécialement les titres de la femme, on a dit que ses droits étant le plus souvent indéterminés, il faudrait frapper d'inscription chacun des immeubles du mari ; ce qui équivaudrait à une inscription générale et indéfinie, et ne ferait rien pour conserver à celui-ci sa juste latitude de crédit : mais, cela fût-il ainsi, ce serait toujours un avertissement pour les tiers ; et puis, dans les objets même indéterminés, n'y a-t-il pas une mesure d'estimation arbitraire ? Pour une dot ou des droits matrimoniaux en valeur approximative de cinquante mille francs, on frapperait d'inscription un immeuble de soixante à quatre-vingt mille francs. La volonté particulière ne conduirait pas notablement au-delà du besoin, comme la loi le fera dans le système des hypothèques légales, exerçant leur empire sans inscription, et d'une manière absolue sur tous les immeubles présens et futurs du mari.

De ces considérations, l'opinant ne conclut pas qu'il ne faille rien faire, pour les femmes, au-delà des dispositions de la loi du 11 brumaire ; mais il pense que, pour prendre un parti définitif, il faudrait examiner plus mûrement qu'on ne l'a fait, tout ce qui, sans dispenser de l'inscription, pourrait assurer qu'elle sera faite, et qu'elle le sera avec fruit. La chose est difficile peut-être; mais l'impossibilité n'en est pas encore démontrée : et jusque-là il faut bien se garder de porter atteinte au système éminemment utile de la publicité et de la spécialité des hypothèques; système qui repose essentiellement sur la nécessité de l'inscription, et qui deviendrait très-imparfait s'il y avait des cas, et sur-tout des cas nombreux et fréquens, où l'on pût se dispenser d'inscrire le titre qui est l'origine de l'hypothèque.

Le PREMIER CONSUL dit que la question n'est plus entière. Le titre *des hypothèques* n'est point un Code particulier, mais une partie du Code civil; on ne peut donc établir ici des principes de justice civile différens de ceux qui ont été consacrés dans les autres titres.

Or il a été décidé que les obligations sont exécutoires du jour de leur date : maintenant on propose d'en reporter l'effet à la date de l'inscription qui est subséquente.

Il a été décidé que les mineurs étaient sous la protection de la loi : on propose un système qui rend cette protection inefficace.

Il a été décidé que la femme aurait un recours pour ses droits sur les biens de son mari : ce recours, on veut le rendre sans effet.

Il a été décidé enfin que les biens du tuteur répondraient de plein droit de sa gestion : on ruine cette garantie, puisque, dans le système proposé, le tuteur peut donner la préférence à un de ses créanciers, en le laissant prendre inscription avant le pupille.

Mais il faut aller plus loin, et suivre ce système dans ses conséquences.

Un tuteur n'a point de biens, ou du moins il en a très-peu; il ruine son pupille, et du produit de ses dilapidations il fait des acquisitions considérables; ensuite, à l'aide d'une inscription prise sous le nom d'un faux créancier, il met ses larcins à couvert : et le malheureux pupille n'a pas recours, même sur ses propres dépouilles, tandis que ce seraient au contraire les biens que le tuteur acquiert qui devraient principalement répondre de sa gestion. Il fallait, si on ne répugne pas à un pareil résultat, ne pas donner de garantie au pupille sur les biens de son tuteur.

On a également donné un recours aux femmes sur les biens de leurs maris; et néanmoins, quand on vient à la partie du Code où l'exécution de ce principe doit être organisée, on trouve que cette garantie n'existe plus dans l'effet : car, comme l'a très-bien observé M. Tronchet, auquel on n'a point répondu, souvent la sûreté de la femme repose en entier sur les biens qui échoient ensuite au mari; au moment du mariage, il n'y a pas de biens; tout se réduit à des espérances pour l'avenir.

Détruire ainsi par les formes les principes qu'on a posés, c'est faire des lois de fantaisie, des lois aussi mobiles que le caprice qui les a produites. S'il existait beaucoup de lois semblables, il n'y aurait plus de justice civile ; car il n'y aurait plus de principes fixes et convenus : la propriété deviendrait flottante ; les biens seraient au premier occupant.

Ce n'est pas cependant qu'on ne rencontre quelques légers embarras en donnant aux hypothèques légales leur effet par la seule force de la loi. Mais cet inconvénient n'est rien au prix de celui de porter des lois contradictoires, et d'imprimer à la législation tout entière le cachet de l'instabilité. D'ailleurs, on a déjà indiqué des moyens de concilier le système des hypothèques légales avec celui de la publicité et de la spécialité.

On a prétendu que la formalité de l'inscription n'avait pas plus d'inconvénient que celle de l'opposition. Le consul Cambacérès a répondu à cette objection. On peut ajouter à ce qu'il a dit, que la formalité de l'opposition ne permet pas, du moins comme celle de l'inscription, de donner aux hypothèques une date postérieure à celle qu'elles doivent avoir.

Le Consul admet, dans tout le reste, le système de la loi du 11 brumaire.

M. JOLLIVET dit que ce système ne peut plus se soutenir, si les hypothèques légales existent de plein droit. Les maris, les tuteurs, les comptables, forment la moitié de la société. Dès-lors, la publicité, la spécialité des créances perdent presque tous leurs avantages; elles ne sont utiles en effet que pour faire connaître quels biens sont engagés et pour quelle somme ; et cependant il devient impossible de s'assurer de ce point de fait, si des immeubles peuvent être grevés d'hypothèques légales inconnues et indéterminées.

M. TRONCHET dit que le Premier Consul a touché le vrai point de la difficulté.

En effet, on accorde d'abord que l'hypothèque légale doit être générale ; puis on veut la soumettre à la formalité de l'inscription, ce qui la rend nécessairement spéciale. Ainsi, on ne l'appelle générale que parce qu'il est possible de la faire inscrire sur chacun des biens de l'individu responsable.

PRIVILEGES ET HYPOTHEQUES.   775

Or, il est impossible que l'hypothèque légale de la femme et du mineur puisse être spécialisée. L'hypothèque de la femme ne peut être déterminée au moment du mariage, parce qu'elle a pour objet, non-seulement les biens présens, mais encore tous ceux qui pourront lui échoir jusqu'à la dissolution de l'union conjugale.

Souvent même, comme on l'a dit, cette hypothèque n'aurait point de prise, parce que souvent l'époux ne possède point d'immeubles à l'époque où le mariage se forme.

On répond que la femme, ayant une hypothèque générale, peut prendre des inscriptions sur les biens que le mari acquiert par la suite.

Mais on ne prend pas garde que les précautions ne sont nécessaires que contre le mari dissipateur, et que le mari dissipateur se garde bien d'avertir la femme des acquisitions qu'il fait, ni de désigner sur-tout l'immeuble dont il devient propriétaire ; et cependant la désignation est nécessaire pour former inscription. Ce mari, au contraire, charge sa nouvelle propriété d'inscriptions fausses ; quelquefois même il en survient de réelles. Il est donc impossible de maintenir à la femme les avantages des hypothèques légales, si on les fait dépendre de la formalité de l'inscription.

La même difficulté se présente à l'égard du pupille.

Son actif, objecte-t-on, est constaté par un inventaire. Dès-lors rien ne s'oppose à ce que l'hypothèque soit spécialisée.

Mais d'abord, l'actif peut être augmenté par des successions, par des donations ou par d'autres événemens. Ensuite le tuteur doit plus que la restitution du fonds des biens, il doit aussi le compte des fruits.

On a proposé de faire prendre les inscriptions du mineur par le juge de paix du domicile.

Cet expédient est impossible. Comment un juge de paix connaîtra-t-il les biens dépendant d'une succession qui s'est ouverte à cinquante lieues de sa résidence.

M. Treilhard dit que la question est entière, et que le système qu'il adopte se concilie parfaitement avec les dispositions du Code civil antérieurement admises.

Si l'on suppose un mari dissipateur, alors on fait à la femme un présent funeste en lui accordant l'hypothèque légale ; car le mari la forcera de s'engager solidairement avec lui, et alors à quoi lui serviront ses hypothèques ?

Le régime que M. Treilhard propose lui paraît beaucoup plus simple. La femme, pour prendre inscription, n'est obligée à aucune dépense,

Elle n'a pas besoin de son contrat de mariage ; elle peut même former inscription à l'insu de son mari.

On craint que le mari ne la prime par de fausses inscriptions.

Dans le système contraire, il la primerait par un faux privilége.

Au reste, l'expérience n'a pas justifié toutes ces craintes ; mais un point beaucoup plus certain, c'est que les hypothèques légales, quand elles s'établiraient de plein droit, seraient toujours une faible ressource pour la femme, tant que par des inscriptions la fortune de son mari n'aurait pas été mise à découvert.

M. BIGOT - PRÉAMENEU dit qu'on se persuade faussement que la fortune d'un citoyen puisse être vérifiée à l'aide des inscriptions. On parviendra sans doute à connaître par ce moyen les hypothèques conventionnelles qui existent sur les immeubles ; mais les inscriptions ne peuvent faire connaître la quotité des hypothèques légales, puisque ces hypothèques sont essentiellement indéterminées.

L'inconvénient d'exposer la femme à être forcée par son mari à s'engager avec lui, se rencontre dans tous les systèmes ; mais celui de M. Treilhard a un inconvénient de plus, c'est d'obliger à réduire les hypothèques légales de la femme, afin que, devenant indéterminées, elles puissent être inscrites.

Le PREMIER CONSUL pense que les hypothèques de la femme seront bien plus certaines, si, pour les conserver, il lui suffit de ne pas y renoncer, que s'il lui fallait, pour en obtenir l'effet, agir et prendre des inscriptions. On sait qu'en général les femmes refusent avec beaucoup de fermeté de signer tout acte qui peut compromettre leur dot ; qu'au contraire elles sont peu capables de faire des démarches et de conduire les affaires.

M. CRETET observe à M. Bigot-Préameneu qu'il est impossible qu'il n'y ait pas des hypothèques indéterminées, et que cependant il est utile de les inscrire.

On conçoit en effet deux espèces de bilans : l'un très-précis, et qui présente la balance exacte de l'actif et du passif de chacun ; l'autre indéfini, et qui ne fait pas connaître positivement la quotité des dettes. Si le dernier ne donne pas une idée claire de la situation de la personne avec laquelle on veut traiter, du moins a-t-il l'effet d'avertir que les biens de cette personne sont grevés, et d'empêcher les surprises. Quand on n'inscrirait pas la quotité des reprises de la femme, des engagemens des tuteurs, des comptables, c'est toujours beaucoup faire pour le public, que de lui apprendre qu'un particulier, comme mari, comme tuteur, comme comptable,

table, est responsable sur ses biens. On ne desire pas obtenir un autre effet de l'inscription d'hypothèques indéterminées.

Le Premier Consul dit qu'il se rend aux raisons qu'on a proposées, pour faire dépendre de la formalité de l'inscription l'effet de l'hypothèque légale du fisc : il en pourra résulter quelques pertes pour l'Etat ; mais cet inconvénient est moins grand que celui de sacrifier au fisc la sûreté des citoyens. Le Consul desire que les hypothèques légales des femmes et des mineurs aient leur effet par la seule force de la loi.

Il admet la publicité et la spécialité pour toutes les autres hypothèques; mais il pense que celles de la femme et du mineur ne doivent pas dépendre de la formalité de l'inscription. Il voudrait cependant que l'acquéreur fût admis à les purger par une procédure particulière qui garantît également ses droits et ceux de la femme, et que cette procédure ne pût avoir lieu qu'après que le contrat serait demeuré exposé pendant deux ou trois mois au bureau des hypothèques.

Le consul Cambacérès pense que l'exposition du contrat est une formalité indispensable. La clandestinité ne peut être utile qu'à la fraude : tantôt c'est un acquéreur qui veut consommer dans les ténèbres un marché scandaleux ; tantôt un vendeur qui cherche à frustrer ses créanciers : que du moins les hypothèques légales soient mises hors d'atteinte.

On peut au surplus les inscrire. Il suffirait qu'elles le fussent au domicile du débiteur, et que cette inscription valût pour les biens qu'il peut posséder dans d'autres arrondissemens; mais l'inscription ne doit pas être une condition dont l'oubli expose la femme ou le mineur à perdre son hypothèque; il faut qu'ils aient leur garantie par la seule force de la loi.

On objecte que les maris feront obliger leur femme.

Il faudrait le défendre; car les familles n'ont de consistance que là où la dot est en sûreté.

Sous l'ancienne législation, qui ne s'occupait que de l'intérêt des femmes et des mineurs, les acquéreurs savaient pourvoir par eux-mêmes à leur sûreté. S'ils avaient des doutes, ils ne délivraient pas le prix, ou ils stipulaient un emploi.

Dans la législation nouvelle, on peut établir pour leur sûreté toutes les précautions qu'on jugera convenables, pourvu qu'on n'oblige pas ceux à qui la loi accorde l'hypothèque légale, d'agir pour la conserver. On peut, par exemple, ordonner que le contrat demeurera déposé; que le commissaire du Gouvernement veillera à ce que les formalités prescrites pour avertir les tiers soient remplies; que l'acquéreur sera tenu d'avertir la femme ; qu'il pourra exiger l'emploi des deniers.

Le Premier Consul dit que l'inscription des hypothèques légales ne doit être qu'une simple formalité, et non une condition nécessaire pour en assurer l'effet; qu'il faut cependant établir des moyens de les purger; que s'il était impossible d'organiser un système qui mît tous les intérêts à couvert, il faudrait faire céder la sûreté d'un majeur qui prête et qui acquiert, à celle de la femme et du mineur, que leur état rend incapables de se protéger eux-mêmes.

Le Conseil adopte en principe,

Que toute hypothèque sera publique;

Que l'hypothèque conventionnelle sera toujours spéciale ;

Que la sûreté de la femme et du mineur doit être préférée à celle des acquéreurs et des prêteurs.

CHAPITRE PREMIER.

DISPOSITIONS GÉNÉRALES.

2092. Quiconque s'est obligé personnellement, est tenu de remplir son engagement sur tous ses biens mobiliers et immobiliers, présens et à venir.

(Cet article, le Ier. du Projet, fut adopté sans discussion).

2093. Les biens du débiteur sont le gage commun de ses créanciers; et le prix s'en distribue entre eux par contribution, à moins qu'il n'y ait entre les créanciers des causes légitimes de préférence.

(Cet art. , le IIe. du Projet, fut adopté sans discussion).

2094. Les causes légitimes de préférence sont les priviléges et hypothèques.

(Cet article, le IIIe. du Projet, fut adopté sans discussion).

CHAPITRE II.

DES PRIVILÉGES.

2095. Le privilége est un droit que la qualité de la

créance donne à un créancier d'être préféré aux autres créanciers, même hypothécaires.

(Cet article, le IVe. du Projet, fut adopté sans discussion).

2096. Entre les créanciers privilégiés, la préférence se règle par les différentes qualités des priviléges.

(Cet art., le Ve. du Projet, fut adopté sans discussion).

2097. Les créanciers privilégiés qui sont dans le même rang, sont payés par concurrence.

(Cet article, le VIe du Projet, fut adopté sans discussion).

2098. Le privilége, à raison des droits du trésor public, et l'ordre dans lequel il s'exerce, sont réglés par les lois qui les concernent.

Le trésor public ne peut cependant obtenir de privilége au préjudice des droits antérieurement acquis à des tiers.

XI. *Le privilége à raison des contributions publiques, et l'ordre dans lequel il s'exerce, sont réglés par les lois qui les concernent.*

M. DEFERMON demande, 1°. que la disposition de cet article soit généralisée et étendue à toutes les espèces de privilége que peut avoir le trésor public; 2°. que l'article soit placé après l'article VI. (2097).

Ces propositions sont adoptées.

2099. Les priviléges peuvent être sur les meubles ou sur les immeubles.

(Cet article, le VIIe. du Projet, fut adopté sans discussion).

SECTION PREMIERE.

DES PRIVILÉGES SUR LES MEUBLES.

2100. Les priviléges sont, ou généraux, ou particuliers sur certains meubles.

(Cet art., le VIIIe. du Projet, fut adopté sans discussion).

§. I. *Des priviléges généraux sur les meubles.*

2101. Les créances privilégiées sur la généralité des meubles sont celles ci-après exprimées, et s'exercent dans l'ordre suivant :

1°. Les frais de justice ;

2°. Les frais funéraires ;

3°. Les frais quelconques de la dernière maladie, concurremment entre ceux à qui ils sont dus ;

4°. Les salaires des gens de service, pour l'année échue et ce qui est dû sur l'année courante ;

5°. Les fournitures de subsistances faites au débiteur et à sa famille ; savoir, pendant les six derniers mois, par les marchands en détail, tels que boulangers, bouchers et autres ; et pendant la dernière année, par les maîtres de pension et marchands en gros.

(Cet article, le IXe. du Projet, fut adopté sans discussion).

§. II. *Des priviléges sur certains meubles.*

2102. Les créances privilégiées sur certains meubles sont,

1°. Les loyers et fermages des immeubles, sur les fruits de la récolte de l'année, et sur le prix de tout ce qui garnit la maison louée ou la ferme, et de tout ce qui sert à l'exploitation de la ferme ; savoir, pour tout ce qui est échu, et pour tout ce qui est à échoir, si les baux sont authentiques, ou si, étant sous signature privée, ils ont une date certaine ; et, dans ces deux cas, les autres créanciers ont le droit de relouer la maison ou la ferme pour le restant du bail, et de faire leur profit des baux ou fermages, à la charge toutefois de payer au propriétaire tout ce qui lui serait encore dû ;

Et, à défaut de baux authentiques, ou lorsqu'étant sous

signature privée ils n'ont pas une date certaine, pour une année, à partir de l'expiration de l'année courante ;

Le même privilége a lieu pour les réparations locatives, et pour tout ce qui concerne l'exécution du bail ;

Néanmoins, les sommes dues pour les semences ou pour les frais de la récolte de l'année, sont payées sur le prix de la récolte, et celles dues pour ustensiles, sur le prix de ces ustensiles, par préférence au propriétaire, dans l'un et l'autre cas ;

Le propriétaire peut saisir les meubles qui garnissent sa maison ou sa ferme, lorsqu'ils ont été déplacés sans son consentement, et il conserve sur eux son privilége, pourvu qu'il ait fait la revendication ; savoir, lorsqu'il s'agit du mobilier qui garnissait une ferme, dans le délai de quarante jours ; et dans celui de quinzaine, s'il s'agit des meubles garnissant une maison ;

2°. La créance, sur le gage dont le créancier est saisi ;

3°. Les frais faits pour la conservation de la chose ;

4°. Le prix d'effets mobiliers non payés, s'ils sont encore en la possession du débiteur, soit qu'il ait acheté à terme ou sans terme ;

Si la vente a été faite sans terme, le vendeur peut même revendiquer ces effets tant qu'ils sont en la possession de l'acheteur, et en empêcher la revente, pourvu que la revendication soit faite dans la huitaine de la livraison, et que les effets se trouvent dans le même état dans lequel cette livraison a été faite ;

Le privilége du vendeur ne s'exerce toutefois qu'après celui du propriétaire de la maison ou de la ferme, à moins qu'il ne soit prouvé que le propriétaire avait connaissance que les meubles et autres objets, garnissant sa maison ou sa ferme, n'appartenaient pas au locataire ;

Il n'est rien innové aux lois et usages du commerce sur la revendication ;

5°. Les fournitures d'un aubergiste, sur les effets du voyageur qui ont été transportés dans son auberge;

6°. Les frais de voiture et les dépenses accessoires, sur la chose voiturée;

7°. Les créances résultant d'abus et prévarications commis par les fonctionnaires publics dans l'exercice de leurs fonctions, sur les fonds de leur cautionnement, et sur les intérêts qui en peuvent être dus.

X. *Les créances privilégiées sur certains meubles sont*,

1°. *Les loyers et fermages des immeubles, sur le prix de tout ce qui garnit la maison louée ou la ferme, et de tout ce qui sert à l'exploitation de la ferme; savoir, pour ce qui est échu, et pour tout ce qui est à échoir, si les baux sont authentiques; et dans ce cas, les autres créanciers ont le droit de relouer la maison ou la ferme pour le restant du bail, et de faire leur profit des baux ou fermages;*

Et, à défaut de baux authentiques, ou lorsqu'étant sous signature privée ils n'ont pas une date certaine, pour une année à partir de l'expiration de l'année courante;

Le même privilège a lieu pour les réparations locatives, et pour tout ce qui concerne l'exécution du bail;

Néanmoins, les sommes dues pour les semences ou pour les frais de la récolte de l'année, sont payées sur le prix des récoltes; et celles dues pour ustensiles, sur le prix de ces ustensiles, de préférence au propriétaire, dans l'un et l'autre cas;

Le propriétaire peut saisir les meubles qui garnissent sa maison ou sa ferme, lorsqu'ils ont été déplacés sans son consentement, et il conserve sur eux son privilège, pourvu qu'il ait fait la revendication; savoir, lorsqu'il s'agit du mobilier qui garnissait une ferme, dans le délai de quarante jours; et dans celui de quinzaine, s'il s'agit des meubles garnissant une maison;

2°. *La créance sur le gage dont le créancier est saisi;*

3°. *Le prix d'effets mobiliers non payés, s'ils sont encore en la possession du débiteur, soit qu'il ait acheté à terme ou sans terme;*

Si la vente a été faite sans terme, le vendeur peut même revendiquer ces effets tant qu'ils sont en la possession de l'acheteur, et en empêcher la revente, pourvu que la revendication soit faite dans la huitaine de la livraison, et que les effets se trouvent dans le même état dans lequel cette livraison a été faite;

PRIVILEGES ET HYPOTHEQUES. 783

4°. *Les fournitures d'un aubergiste, sur les effets du voyageur qui ont été transportés dans son auberge;*

5°. *Les frais de voiture et les dépenses accessoires, sur la chose voiturée;*

6°. *Les créances résultant d'abus et prévarications commis par les fonctionnaires publics dans l'exercice de leurs fonctions, sur les fonds de leur cautionnement, et sur les intérêts qui en peuvent être dus.*

M. Bégouen dit que les baux ruraux étant notoires, il semble qu'ils doivent donner au propriétaire un privilége, même lorsqu'ils sont rédigés sous seing privé.

M. Treilhard répond que la section aurait craint de donner ouverture à la collusion, si elle eût attaché cet effet aux baux qui n'ont pas une date certaine, pour un tems plus long que l'espace d'une année.

M. Bégouen dit que la fraude serait difficile, puisque le fait du bail est notoire; que le système de la section a l'inconvénient d'embarrasser le propriétaire, et de l'obliger à être rigoureux avec son fermier.

M. Defermon dit que la disposition proposée serait utile au trésor public, en ce qu'elle assurerait le droit d'enregistrement sur les baux; mais qu'elle est désavantageuse pour le propriétaire, parce qu'elle l'expose à perdre les fermages arriérés.

La collusion n'est pas vraisemblable. Comment la supposer entre le propriétaire et un fermier qu'il est obligé de faire exécuter?

M. Bérenger dit que la collusion serait possible, si l'on accordait aux baux sous seing privé un privilége qui primerait même les créances dont la date serait certaine.

M. Treilhard dit que cette réflexion est décisive.

Il ajoute que si le fait du bail est notoire, les conditions ne le sont pas; qu'ainsi rien n'est plus facile au propriétaire que de se concerter avec le fermier pour exagérer le prix de la ferme et frustrer les créanciers.

La proposition de M. Bégouen est renvoyée à la section.

M. Jollivet observe qu'il peut arriver que le fermier achète des bestiaux à crédit, et que dans cette hypothèse le propriétaire de la ferme ne doit pas être préféré au vendeur.

M. Treilhard répond qu'il est impossible de supposer qu'après dix-huit mois, le prix de ces bestiaux ne soit pas payé, et qu'on ne peut même reconnaître si ceux qui se trouvent dans la ferme sont identiquement ceux dont on réclame le paiement.

M. Defermon dit que les vaches sont ordinairement signalées avec beaucoup d'exactitude; que dans l'usage actuel, le vendeur est préféré au propriétaire qui n'exerce son privilége que sur l'excédant du prix.

M. Bégouen dit que cet usage n'est pas suivi dans les départemens formés du territoire de la ci-devant Normandie ; qu'au surplus, comme la question intéresse les usages du commerce, elle doit être renvoyée au Code du commerce.

Le consul CAMBACÉRÈS dit que l'article ne préjuge rien à l'égard de la revendication en matière de commerce, laquelle se trouve réglée par une disposition insérée dans le projet de Code du commerce, disposition que le Consul est loin d'approuver, mais qui sert à justifier que l'article en discussion ne se rapporte point à cette matière.

M. BÉGOUEN dit qu'il croit nécessaire, pour prévenir toute équivoque, d'exprimer ici la réserve, comme on l'a fait dans d'autres titres ; qu'il serait très-dangereux de restreindre à huit jours le délai de revendication en matière de commerce.

Le consul CAMBACÉRÈS dit qu'il ne voit aucun inconvénient à adopter cette proposition, quoiqu'elle tende à établir une précaution surabondante, attendu qu'évidemment il ne s'agit pas ici de la revendication usitée dans le commerce, qu'on pourrait donc rédiger ainsi : *Il n'est rien innové aux lois et usages du commerce sur la revendication.*

Cet amendement est adopté.

M. REGNAUD (de Saint-Jean-d'Angely) craint que l'article ne facilite la fraude des locataires qui, garnissant les lieux de meubles dont ils ne sont pas propriétaires, ou qu'ils n'ont pas payés, n'offrent au locateur qu'un gage apparent et qui lui échappe au moment où il veut s'en saisir.

Le consul CAMBACÉRÈS dit que cette observation est fondée.

Le Consul pense qu'il est nécessaire de trancher la difficulté, en accordant positivement au locateur le privilége sur le tapissier qui a fourni ou loué les meubles.

M. TREILHARD ajoute qu'en effet, sans cette disposition, le locataire a toujours un moyen de frauder le propriétaire ; il lui suffit de présenter une fausse vente ou un bail de meubles simulé.

M. JOLLIVET observe que souvent on hiverne dans une ferme un troupeau de moutons qui n'appartient pas au fermier, qu'il faudrait du moins ne pas faire porter sur ces bestiaux le privilége du propriétaire, et admettre la preuve qu'ils n'ont été placés là que pour un tems.

M. TREILHARD répond que ces bestiaux n'étant pas vendus, la disposition qu'on propose ne s'étendrait pas à eux.

Le consul CAMBACÉRÈS pense qu'il est d'autant plus nécessaire d'établir la préférence du propriétaire, que l'article VI dit que des créanciers de même degré viennent par concurrence entre eux.

M. TREILHARD dit que cependant la règle ne doit pas être établie d'une
manière

manière trop absolue, car les circonstances peuvent quelquefois justifier la prétention du vendeur. Si, par exemple, la vente est récente, et qu'il soit prouvé que le prix n'a pas été payé, la cause du vendeur devient tellement favorable, qu'il serait injuste de lui préférer le propriétaire.

M. Tronchet dit qu'en effet il faut laisser aux tribunaux assez de latitude pour qu'ils puissent avoir égard à la bonne-foi du vendeur, et examiner s'il n'a pas été induit en erreur par la négligence du propriétaire ; mais que hors quelques circonstances particulières qui peuvent nécessiter cette exception, la préférence doit être donnée à ce dernier, attendu que lorsqu'une maison est garnie de meubles, il est ordinairement très-difficile au locateur de savoir s'ils appartiennent au locataire. Au contraire, le marchand qui les a vendus peut prendre ses sûretés.

Le consul Cambacérès partage cette opinion.

Il propose de décider que le privilége du locateur primera tout autre privilége, à moins qu'il ne résulte des circonstances que le locateur a été instruit que les meubles dont la maison a été garnie n'appartenaient pas au locataire.

M. Cretet dit que déjà, dans la jurisprudence actuelle, le propriétaire est préféré au tapissier qui a vendu ou loué les meubles, lorsque celui-ci ne représente pas un acte authentique.

M. Maleville dit qu'un acte, même authentique, ne doit pas nuire au privilége du propriétaire. Il ignore cet acte, et ne voit que le fait, sans savoir si les meubles qui garnissent sa maison sont achetés à crédit ou pris à loyer.

L'amendement du Consul est adopté.

M. Regnaud (de Saint-Jean-d'Angely) demande sur le n°. 6 de l'article, qu'il soit accordé à celui qui a fourni le cautionnement, un privilége, lequel, comme bailleur de fonds, le fasse venir immédiatement après les créanciers pour abus et prévarications.

M. Treilhard objecte que les bailleurs de fonds sont propriétaires du cautionnement, et qu'on n'a pas besoin de privilége sur sa propre chose.

M. Jollivet dit que ce principe n'est pas consacré par l'usage.

M. Defermon dit que si la disposition demandée par M. Regnaud (de Saint-Jean-d'Angely) était placée dans le Code civil, elle deviendrait une règle absolue, et generait les opérations de la caisse d'amortissement, qui n'a pas de bureau d'opposition ; mais qu'on pourra la prendre en considération, lorsqu'on s'occupera des lois annoncées par l'article XI.

M. Regnaud (de Saint Jean-d'Angely) dit que sa proposition ne se rapporte pas à l'intérêt du trésor public, mais à l'intérêt du tiers bailleur de fonds.

Il est certain qu'autrefois il avait privilége sur la finance de la charge. Aujourd'hui il fait exprimer dans la quittance du cautionnement, qu'il a fourni les deniers : cette déclaration doit lui assurer un privilége.

M. Bérenger dit que l'usage est d'expédier la quittance à celui qui fournit les fonds, en énonçant qu'ils l'ont été pour le cautionnement d'un tiers ; qu'ainsi la propriété des deniers est conservée au bailleur.

M. Tronchet dit qu'autrefois le récépissé était au nom du titulaire ; mais que dans l'acte du prêt, celui qui fournissait les fonds en faisait exprimer la destination, et que le récépissé lui était remis par forme de nantissement.

M. Treilhard dit que cet usage est maintenu et autorisé par la disposition du n°. 2 de l'article.

L'article est renvoyé à la section pour le rédiger d'après les amendemens adoptés.

SECTION II.

DES PRIVILÉGES SUR LES IMMEUBLES.

2103. Les créanciers privilégiés sur les immeubles sont,

1°. Le vendeur, sur l'immeuble vendu, pour le paiement du prix ;

S'il y a plusieurs ventes successives dont le prix soit dû en tout ou en partie, le premier vendeur est préféré au second, le deuxième au troisième, et ainsi de suite ;

2°. Ceux qui ont fourni les deniers pour l'acquisition d'un immeuble, pourvu qu'il soit authentiquement constaté, par l'acte d'emprunt, que la somme était destinée à cet emploi, et, par la quittance du vendeur, que ce paiement a été fait des deniers empruntés ;

3°. Les cohéritiers, sur les immeubles de la succession, pour la garantie des partages faits entre eux, et des soulte ou retour de lots (1) ;

---

(1) Le tribunal d'appel de Toulouse demandait qu'on ajontât à ce paragraphe la dispo-

PRIVILEGES ET HYPOTHEQUES. 787

4°. Les architectes, entrepreneurs, maçons et autres ouvriers employés pour édifier, reconstruire ou réparer des bâtimens, canaux ou autres ouvrages quelconques, pourvu néanmoins que, par un expert nommé d'office par le tribunal de première instance dans le ressort duquel les bâtimens sont situés, il ait été dressé préalablement un procès-verbal, à l'effet de constater l'état des lieux relativement aux ouvrages que le propriétaire déclarera avoir dessein de faire, et que les ouvrages aient été, dans les six mois au plus de leur perfection, reçus par un expert également nommé d'office;

Mais le montant du privilége ne peut excéder les valeurs constatées par le second procès-verbal, et il se réduit à la plus-value existante à l'époque de l'aliénation de l'immeuble et résultant des travaux qui y ont été faits.

5°. Ceux qui ont prêté les deniers pour payer ou rembourser les ouvriers, jouissent du même privilége, pourvu que cet emploi soit authentiquement constaté par l'acte d'emprunt, et par la quittance des ouvriers, ainsi qu'il a été dit ci-dessus pour ceux qui ont prêté les deniers pour l'acquisition d'un immeuble.

On lisait seulement, au paragraphe 4 de l'article XII : *Pour édifier, reconstruire ou réparer des bâtimens quelconques*, etc.

Le paragraphe 5 était ainsi conçu : *Ceux qui ont prêté les deniers pour payer et rembourser les ouvriers, jouissent du même privilége, pourvu que cet emploi soit authentiquement constaté, et que, pour les constructions, reconstructions ou réparations, les formalités ci-dessus aient été observées.*

M. Cretet demande que le privilége accordé par le n°. 4 de cet article, soit étendu à toute espèce de construction, et particulièrement à celle des canaux.

---

sition suivante : *L'échangiste à qui le retour est dû sur les immeubles par lui donnés en échange pour le montant du retour.*

M. Treilhard adopte cet amendement, et propose d'ajouter les canaux, les digues, les desséchemens et autres ouvrages.

L'article est adopté avec cet amendement. (Les autres changemens ont eu lieu sans discussion.)

SECTION III.

DES PRIVILÉGES QUI S'ÉTENDENT SUR LES MEUBLES ET LES IMMEUBLES.

2104. *Les priviléges qui s'étendent sur les meubles et les immeubles sont ceux énoncés en l'article* 2101.

XIII. *Les priviléges qui s'étendent sur les meubles et les immeubles sont*,

1°. *Ceux pour les frais de justice, les frais funéraires, ceux de dernière maladie, ceux pour la fourniture des subsistances, et les gages des gens de service*;

2°. *Le privilége en faveur du trésor public, sur les meubles des comptables et sur les immeubles acquis depuis leur entrée en exercice;*

3°. *Le privilége en faveur de la régie des domaines, relativement aux droits dus pour les ouvertures des successions.*

M Defermon demande que la disposition de cet article ne soit pas restreinte aux biens des comptables acquis depuis leur entrée en exercice.

M. Tronchet objecte que le trésor public ne peut avoir qu'une hypothèque sur les biens acquis avant la gestion, attendu que le privilége qui lui est accordé sur les biens acquis depuis, n'est fondé que sur la présomption qu'ils ont été achetés des deniers dont les comptables avaient le maniement.

M. Bérenger ajoute que le trésor public a dû prendre ses sûretés en exigeant des cautions et en prenant inscription sur les biens. Il n'y a pas de motifs pour le faire sortir de la classe commune des créanciers. Ce privilége exorbitant serait d'ailleurs sans effet; car si le comptable est de bonne-foi, il n'achètera pas d'immeuble, afin de ne pas se mettre dans un état d'interdiction. Il évitera encore plus d'acheter s'il est de mauvaise foi.

M. Defermon dit que l'article XI offre un moyen de corriger tous les inconvéniens que l'article XIII pourrait avoir par rapport au trésor public. Seulement, pour laisser les choses entières, il est nécessaire de dire, dans ce dernier article, que les priviléges du trésor public seront réglés par des lois particulières.

PRIVILEGES ET HYPOTHEQUES.

Le consul CAMBACÉRÈS dit que cette réserve est impossible ; car, si, par exemple, le privilége du trésor public était étendu, ainsi qu'on l'a proposé, à tous les immeubles des comptables, les lois particulières sur ce sujet renverseraient en entier le système adopté par le Code civil. Il faut, sans doute, que le trésor public ait ses sûretés ; mais on ne doit pas les lui donner aux dépens de la justice et des droits du vendeur. Il est même nécessaire d'exprimer cette limitation pour prévenir toute inquiétude, et de dire que néanmoins les priviléges du trésor public ne pourront détruire ceux qui existeraient antérieurement à la gestion du comptable.

L'article est adopté avec l'amendement du Consul. (Les autres changemens ont eu lieu sans discussion.)

2105. Lorsqu'à défaut de mobilier, les privilégiés énoncés en l'article précédent se présentent pour être payés sur le prix d'un immeuble en concurrence avec les créanciers privilégiés sur l'immeuble, les paiemens se font dans l'ordre qui suit :

1°. Les frais de justice et autres énoncés en l'article 2101;

2°. Les créances désignées en l'article 2103.

XIV. *Lorsqu'à défaut de mobilier les privilégiés énoncés en l'article précédent se présentent pour être payés sur le prix d'un immeuble en concurrence avec les créanciers privilégiés sur l'immeuble, les paicmens se font dans l'ordre qui suit :*

1°. *Les frais de scellé, inventaire et vente, et autres désignés au n°. 1er. de l'art.* XIII;

2°. *Les créances désignées en l'art.* XII;

3°. *Les créances désignées aux n°s. 2 et 3 de l'art.* XIII.

(Cet article est renvoyé à la section pour être rédigé conformément à l'amendement adopté sur l'article XIII).

SECTION IV.

COMMENT SE CONSERVENT LES PRIVILÉGES.

2106. Entre les créanciers, les priviléges ne produisent d'effet à l'égard des immeubles, qu'autant qu'ils sont rendus publics par inscription sur les registres du conservateur des hypothèques, de la manière déterminée par la loi, et à compter de la date de cette inscription, sous les seules exceptions qui suivent.

(Cet article, le XVe. du Projet, fut adopté sans discussion).

2107. Sont exceptées de la formalité de l'inscription, les créances énoncées en l'article 2101.

XVI. *Sont exceptés de la formalité de l'inscription.*
1°. *Les frais de scellés, inventaire et vente;*
2°. *Les frais funéraires;*
3°. *Ceux de dernière maladie;*
4°. *Les fournitures pour subsistances;*
5°. *Les gages des domestiques;*
6°. *Les droits de mutation dus à la République pour les ouvertures de succession.*

(Cet article fut adopté sans discussion).
(Les changemens qu'il a subis n'ont donné lieu à aucuns débats).

2108. Le vendeur privilégié conserve son privilége par la transcription du titre qui a transféré la propriété à l'acquéreur, et qui constate que la totalité ou partie du prix lui est due; à l'effet de quoi, la transcription du contrat faite par l'acquéreur vaudra inscription pour le vendeur et pour le prêteur qui lui aura fourni les deniers payés, et qui sera subrogé aux droits du vendeur par le même contrat : sera néanmoins le conservateur des hypothèques tenu, sous peine de tous dommages et intérêts envers les tiers, de faire d'office l'inscription sur son registre, des créances résultant de l'acte translatif de propriété, tant en faveur du vendeur qu'en faveur des prêteurs, qui pourront aussi faire faire, si elle ne l'a été, la transcription du contrat de vente, à l'effet d'acquérir l'inscription de ce qui leur est dû sur le prix.

XVII. *Le vendeur privilégié, conserve son privilége par la transcription du tirte qui a transféré la propriété à l'acquéreur, et qui constate que la totalité ou partie du prix lui est due; à l'effet de quoi, le conservateur fait d'office l'inscription sur son registre, des créances non encore inscrites qui résultent de ce titre :* le vendeur peut aussi faire faire la transcription du contrat de vente, à l'effet d'acquérir l'inscription de ce qui lui est dû à lui-même sur le prix.

Le consul CAMBACÉRÈS trouve la disposition de cet article fort sage. Il voudrait cependant que l'effet ne dépendît point de l'exactitude du conservateur.

Il est utile de faire inscrire la créance du vendeur, afin que chacun sache que l'immeuble est grevé, et qu'il n'y ait pas de surprise : quand la transcription atteste que le prix n'a pas été payé en entier, le public est suffisamment averti ; ni les acquéreurs ni les prêteurs ne peuvent plus être trompés. Toute inscription particulière devient donc inutile, et il n'y a pas de motif d'en faire une condition qui expose la créance du vendeur, si le conservateur est négligent.

On répondra que le vendeur peut veiller à ce que l'inscription soit faite.

Mais pourquoi l'exposer à une chance qu'on peut sans inconvénient lui épargner?

M. TREILHARD propose de déclarer que la transcription vaudra inscription pour la partie du prix qui n'aurait pas été payée.

M. JOLLIVET demande que néanmoins, afin que le registre des inscriptions soit complet, la loi oblige le conservateur d'y porter la créance du vendeur, sans cependant que l'omission de cette formalité nuise à la conservation de ce privilége.

L'article est adopté avec ces amendemens.

2109. Le cohéritier ou copartageant conserve son privilége sur les biens de chaque lot ou sur le bien licité, pour les soulte et retour de lots, ou pour le prix de la licitation, par l'inscription faite à sa diligence, dans soixante jours, à dater de l'acte de partage ou de l'adjudication par licitation ; durant lequel tems aucune hypothèque ne peut avoir lieu sur le bien chargé de soulte ou adjugé par licitation, au préjudice du créancier de la soulte ou du prix.

(Cet article était le XVIIIe. du Projet).

M. BIGOT-PRÉAMENEU dit que cet article impose aux cohéritiers une charge trop onéreuse, en les obligeant de prendre inscription les uns sur les autres.

M. TREILHARD répond que le système de la publicité, qui a été adopté, serait blessé si une seule hypothèque pouvait demeurer ignorée.

L'article est adopté.

2110. Les architectes, entrepreneurs, maçons et autres ouvriers employés pour édifier, reconstruire ou réparer des bâtimens, canaux, ou autres ouvrages, et ceux qui ont, pour les payer et rembourser, prêté les deniers dont l'emploi a été constaté, conservent, par la double inscription faite, 1°. du procès-verbal qui constate l'état des lieux, 2°. du procès-verbal de réception, leur privilége à la date de l'inscription du premier procès-verbal.

(Cet article, le XIXe. du Projet, fut adopté sans discussion).

2111. Les créanciers et légataires qui demandent la séparation du patrimoine du défunt, conformément à l'article 878 au titre *des Successions*, conservent, à l'égard des créanciers des héritiers ou représentans du défunt, leur privilége sur les immeubles de la succession, par les inscriptions faites sur chacun de ces biens, dans les six mois à compter de l'ouverture de la succession.

Avant l'expiration de ce délai, aucune hypothèque ne peut être établie avec effet sur ces biens par les héritiers ou représentans au préjudice de ces créanciers ou légataires.

(Dans l'article XX du Projet, on ne trouvait pas ces mots : *Qui demandent la séparation du patrimoine du défunt, conformément à l'art. 878, au titre des successions.* Il fut adopté et amendé sans discussion).

2112. Les cessionnaires de ces diverses créances privilégiées exercent tous, les mêmes droits que les cédans, en leur lieu et place.

(Cet article, le XXIe. du Projet, fut adopté sans discussion).

2113. Toutes créances privilégiées soumises à la formalité de l'inscription, à l'égard desquelles les conditions, ci-dessus prescrites pour conserver le privilége n'ont pas été accomplies, ne cessent pas néanmoins d'être hypothécaires; mais l'hypothèque ne date, à l'égard des tiers, que de l'époque des inscriptions qui auront dû être faites ainsi qu'il sera ci-après expliqué.

(Cet art., le XXIIe. du Projet, fut adopté sans discussion) (1).

CHAPITRE III.

DES HYPOTHEQUES.

2114. L'hypothèque est un droit réel sur les immeubles affectés à l'acquittement d'une obligation.

Elle est, de sa nature, indivisible, et subsiste en entier sur tous les immeubles affectés, sur chacun et sur chaque portion de ces immeubles.

Elle les suit dans quelques mains qu'ils passent.

(Cet article, le XXIIIe. du Projet, fut adopté sans discussion).

2115. L'hypothèque n'a lieu que dans les cas et suivant les formes autorisées par la loi.

(Cet art., le XXIVe. du Projet, fut adopté sans discussion).

2116. Elle est, ou légale, ou judiciaire, ou conventionnelle.

(Cet article, le XXVe. du Projet, fut adopté sans discussion).

---

(1) M. REGNAUD (de Saint-Jean-d'Angely) observe que dans la section IV, on ne trouve aucune disposition qui assure au bailleur de fonds son privilége.

M. TREILHARD répond que le bailleur de fonds doit s'appliquer les dispositions générales, et faire, comme tout autre créancier, inscrire sa créance. Les dispositions de la section IV ne concernent que les créances qui exigent un mode particulier d'inscription.

M. REGNAUD (de Saint-Jean-d'Angely) dit que l'objet des articles de cette section étant de déterminer la manière dont les priviléges se conservent, et, par cette raison, tous ceux qu'établit le section II s'y trouvant énumérés, à l'exception de celui du bailleur de fonds, on pourrait conclure de cette exception que ce privilége n'a pas été conservé.

M. TRONCHET dit que, dans le langage des lois, on n'entend par bailleur de fonds que le vendeur qui a livré l'immeuble et auquel le prix est dû, et non celui qui a fourni les deniers pour l'acheter.

Le consul CAMBACÉRÈS dit qu'on a pleinement pourvu à la sûreté du vendeur par l'art. XVII. Mais celui qui a prêté les deniers pour payer le prix ne peut être assimilé au vendeur; c'est un créancier ordinaire qui a un privilége et qui conserve ses droits de la même manière que les autres créanciers.

L'observation de M. Regnaud (de Saint-Jean-d'Angely) n'a pas de suite.

2117. L'hypothèque légale est celle qui résulte de la loi.

L'hypothèque judiciaire est celle qui résulte des jugemens ou actes judiciaires.

L'hypothèque conventionnelle est celle qui dépend des conventions, et de la forme extérieure des actes et des contrats.

(Cet art., le XXVIe. du Projet, fut adopté sans discussion).

2118. Sont seuls susceptibles d'hypothèques,

1°. Les biens immobiliers qui sont dans le commerce, et leurs accessoires réputés immeubles;

2°. L'usufruit des mêmes biens et accessoires pendant le tems de sa durée.

(Cet article, le XXVIIe. du Projet, fut adopté sans discussion).

2119. Les meubles n'ont pas de suite par hypothèque.

(Cet article, le XXVIIIe. du Projet, fut adopté sans discussion).

2120. Il n'est rien innové par le présent Code aux dispositions des lois maritimes concernant les navires et bâtimens de mer.

(Cet article, le XXIXe. du Projet, fut adopté sans discussion) (1).

SECTION PREMIERE.

DES HYPOTHEQUES LÉGALES.

2121. Les droits et créances auxquels l'hypothèque légale est attribuée, sont,

Ceux des femmes mariées, sur les biens de leur mari;

---

(1) M. JOLLIVET dit que l'emphythéose n'a jamais été susceptible d'hypothèque. Il observe que ce principe n'est pas rappelé dans le chapitre III. Sans doute que le silence de la section vient de ce qu'elle n'a pas cru devoir parler de l'emphythéose dans les autres parties du Code civil.

M. TRONCHET dit qu'on n'employait autrefois l'emphythéose que pour éviter les droits seigneuriaux : maintenant il n'aurait plus d'objet. Il était donc inutile d'en parler.

PRIVILEGES ET HYPOTHEQUES.   795

Ceux des mineurs et interdits, sur les biens de leur tuteur;

Ceux de la nation, des communes et des établissemens publics, sur les biens des receveurs et administrateurs comptables.

(Cet art., le XXXe. du Projet, fut adopté sans discussion).

2122. Le créancier qui a une hypothèque légale, peut exercer son droit sur tous les immeubles appartenant à son débiteur et sur ceux qui pourront lui appartenir dans la suite, sous les modifications qui seront ci-après exprimées.

(Cet article, le XXXIe. du Projet, fut adopté sans discussion).

SECTION II.

DES HYPOTHEQUES JUDICIAIRES.

2123. L'hypothèque judiciaire résulte des jugemens, soit contradictoires, soit par défaut, définitifs ou provisoires, en faveur de celui qui les a obtenus. Elle résulte aussi des reconnaissances ou vérifications, faites en jugement, des signatures apposées à un acte obligatoire sous seing privé.

Elle peut s'exercer sur les immeubles actuels du débiteur et sur ceux qu'il pourra acquérir, sauf aussi les modifications qui seront ci-après exprimées.

Les décisions arbitrales n'emportent hypothèque qu'autant qu'elles sont revêtues de l'ordonnance judiciaire d'exécution.

L'hypothèque ne peut pareillement résulter des jugemens rendus en pays étranger, qu'autant qu'ils ont été déclarés exécutoires par un tribunal français; sans préjudice des dispositions contraires qui peuvent être dans les lois politiques ou dans les traités (1).

(Cet article était le XXXIIe. du Projet).

M. JOLLIVET dit que l'on a souvent agité la question de savoir si les reconnaissances faites devant les bureaux de conciliation donnaient hypothèque. La section s'est refusée avec raison à décider l'affirmative ; c'eût été ouvrir un moyen de frauder le droit d'enregistrement : mais il est peut-être utile que l'intention de la loi soit connue et que le procès-verbal s'en explique.

Le consul CAMBACÉRÈS dit que l'observation de M. Jollivet, qui est juste et conforme aux intentions du Conseil, se trouvera nécessairement au procès-verbal.

L'article est adopté.

SECTION III.

DES HYPOTHEQUES CONVENTIONNELLES.

2124. Les hypothèques conventionnelles ne peuvent être consenties que par ceux qui ont la capacité d'aliéner les immeubles qu'ils y soumettent.

(Cet article, le XXXIIIe. du Projet, fut adopté sans discussion).

2125. Ceux qui n'ont sur l'immeuble qu'un droit suspendu par une condition, ou résoluble dans certains cas, ou sujet à rescision, ne peuvent consentir qu'une hypothèque soumise aux mêmes conditions ou à la même rescision.

(Cet article, le XXXIVe. du Projet, fut adopté sans discussion).

2126. Les biens des mineurs, des interdits, et ceux des absens, tant que la possession n'en est déférée que provi-

---

(1) Une simple ordonnance suffit-elle pour déclarer exécutoire un jugement rendu en pays étranger, ou faut-il que le tribunal français compétent prononce parties présentes ou appelées? Pourrait-on, en ce cas, remettre le fond de l'affaire en contestation ? (Observation du tribunal de cassation. Voyez le premier volume, page 49, note 2).

soirement, ne peuvent être hypothéqués que pour les causes et dans les formes établies par la loi, ou en vertu de jugemens.

(Cet article, le XXXVe. du Projet, fut adopté sans discussion).

2127. L'hypothèque conventionnelle ne peut être consentie que par acte passé en forme authentique devant deux notaires, ou devant un notaire et deux témoins.

(Cet article était le XXXVIe. du Projet).

M. Duchatel demande qu'on attribue à la reconnaissance de la signature, lorsqu'elle est faite devant notaires, la même force que lorsqu'elle est faite en jugement.

M. Berlier dit qu'il n'y a point de motif pour admettre l'amendement proposé par M. Duchâtel.

En effet, s'il s'agit d'un titre sous seing privé dont la reconnaissance ait été poursuivie en justice, l'art. XXXII y pourvoit; l'hypothèque en ce cas devient judiciaire : si au contraire il s'agit d'un titre sous seing privé que toutes les parties intéressées aient porté à un notaire pour lui donner la forme authentique par la transcription, l'annexe, ou une nouvelle rédaction, l'article en discussion suffit ; car l'acte notarié donne ouverture à l'hypothèque, et, dès ce moment, elle peut être acquise en observant les formalités prescrites par la loi.

M. Treilhard dit que les actes sous seing privé, ainsi reconnus, deviennent des actes devant notaires, pourvu que la reconnaissance ait lieu de la part de ceux contre lesquels ils font preuve. S'ils n'étaient déposés que par l'une des parties, à moins que ce ne fût le débiteur, la reconnaissance ne serait pas complète.

L'article est adopté.

2128. Les contrats passés en pays étranger ne peuvent donner d'hypothèque sur les biens de France, s'il n'y a des dispositions contraires à ce principe dans les lois politiques ou dans les traités.

(Cet article, le XXXVIIe. du Projet, fut adopté sans discussion).

2129. Il n'y a d'hypothèque conventionnelle valable que celle qui, soit dans le titre authentique constitutif de la créance, soit dans un acte authentique postérieur, déclare spécialement la nature et la situation de chacun des immeubles actuellement appartenant au débiteur, sur lesquels il consent l'hypothèque de la créance. Chacun de tous ses biens présens peut être nominativement soumis à l'hypothèque.

Les biens à venir ne peuvent pas être hypothéqués.

(Cet article, le XXXVIIIe. du Projet, fut adopté sans discussion).

2130. Néanmoins, si les biens présens et libres du débiteur sont insuffisans pour la sûreté de la créance, il peut, en exprimant cette insuffisance, consentir que chacun des biens qu'il acquerra par la suite, y demeure affecté à mesure des acquisitions.

(Cet article, le XXXIXe. du Projet, fut adopté sans discussion).

2131. Pareillement, en cas que l'immeuble ou les immeubles présens, assujétis à l'hypothèque, eussent péri, ou éprouvé des dégradations, de manière qu'ils fussent devenus insuffisans pour la sûreté du créancier, celui-ci pourra, ou poursuivre dès-à-présent son remboursement, ou obtenir un supplément d'hypothèque.

(Cet article, le XLe. du Projet, fut adopté sans discussion).

2132. L'hypothèque conventionnelle n'est valable qu'autant que la somme pour laquelle elle est consentie, est certaine et déterminée par l'acte : si la créance résultant de l'obligation est conditionnelle pour son existence, ou indéterminée dans sa valeur, le créancier ne pourra requérir l'inscription dont il sera parlé ci-après, que jusqu'à concurrence d'une valeur estimative par lui déclarée expressément, et que le débiteur aura droit de faire réduire, s'il y a lieu.

(Cet article, le XLIe. du Projet, fut adopté sans discussion.)

2133. L'hypothèque acquise s'étend à toutes les améliorations survenues à l'immeuble hypothéqué.

(Cet article était le XLIIe. du Projet).

M. GALLI demande une explication sur cet article.

Si, dit-il, l'héritage grevé d'hypothèque se trouve considérablement agrandi, soit par alluvion, soit parce que le fleuve qui l'avoisine a changé de lit, l'hypothèque s'étend-elle sur l'accroissement?

Cette question s'est élevée quelquefois dans le ci-devant Piémont et ailleurs.

M. TREILHARD dit que les accroissemens produits par l'effet de l'alluvion sont insensibles et deviennent ainsi des parties du même fonds. Il n'y a donc point de doute qu'ils ne supportent l'hypothèque.

Mais il n'en serait pas de même si l'augmentation produite par un événement extraordinaire ajoutait à-la-fois à l'héritage une étendue assez considérable de terre pour qu'on dût la considérer comme un fonds nouveau et distinct du premier.

M. TRONCHET dit que diverses dispositions du Code civil déterminent ce qu'il faut considérer comme des accessoires de la chose principale ; que ces accessoires s'identifiant avec la chose, deviennent ainsi passibles de toutes les charges dont elle est grevée.

L'article est adopté.

SECTION IV.

DU RANG QUE LES HYPOTHEQUES ONT ENTRE ELLES.

2134. Entre les créanciers, l'hypothèque, soit légale, soit judiciaire, soit conventionnelle, n'a de rang que du jour de l'inscription prise par le créancier sur les registres du conservateur, dans la forme et de la manière prescrites par la loi, sauf les exceptions portées en l'article suivant (1).

(Cet article était le XLIIIe. du Projet).

---

(1) Si un créancier se pourvoit en cassation sur un jugement qui ordonne la radiation de son inscription, et que dans l'intervalle du pourvoi au jugement qui rétablit cette inscription, un tiers ait acquis un droit d'hypothèque sur les biens du débiteur, et ait inscrit, en vertu de son titre, l'inscription rayée, mais rétablie, conservera-t-elle ou non son antériorité sur la seconde ? (Observation du tribunal d'appel de Toulouse).

M. Tronchet dit que cet article pourrait nuire à l'hypothèque qui aurait pour objet la garantie d'une vente. Il est impossible en effet de réduire l'engagement que le vendeur prend à cet égard, à une somme déterminée, qui devienne la matière d'une inscription ; car la garantie que le vendeur doit à l'acquéreur évincé, n'est pas bornée au prix qui avait été donné à l'immeuble par le contrat ; elle se règle sur sa valeur au tems de l'éviction, et oblige ainsi le vendeur à payer l'augmentation que la chose a reçue, souvent par le seul effet du tems et des circonstances.

M. Treilhard dit que pour concilier le système des inscriptions avec l'intérêt et l'engagement du vendeur, il suffit aux parties d'évaluer cet engagement à la plus haute somme à laquelle la valeur de l'immeuble puisse être élevée ; mais que ce serait ruiner le système de la spécialité, que de dispenser l'acquéreur de prendre inscription.

M. Tronchet dit qu'il n'est pas dans sa pensée d'affranchir l'acquéreur de l'obligation de faire inscrire ; qu'il veut seulement que l'inscription soit indéterminée. Ce serait porter atteinte à la propriété, que d'obliger les parties à réduire à une somme déterminée un engagement dont on ne peut mesurer d'avance l'étendue.

M. Treilhard pense que l'usage de la propriété serait beaucoup plus compromis, si, par l'effet d'une inscription indéterminée dont l'objet ne pourrait peut-être jamais excéder trente mille francs, le propriétaire d'une terre d'un million n'offrait plus assez de sûreté pour obtenir un prêt de dix mille francs.

L'acquéreur a une sûreté suffisante lorsque l'obligation du vendeur est portée aussi loin qu'elle puisse aller.

M. Jollivet dit que la question présente peu d'intérêt, l'usage de l'action en garantie pour cause d'éviction ayant toujours été très-rare.

M. Berlier dit que M. Treilhard a suffisamment répondu à l'objection proposée contre la première partie de cet article.

A l'égard des difficultés qui pourront naître de la fixation des hypothèques, relativement aux créances indéterminées, il ne faut pas croire qu'il y aura autant de procès que d'inscriptions : l'intérêt des parties les portera presque toujours à déterminer dans l'obligation principale la somme pour laquelle l'inscription pourra être prise, sans néanmoins que cette fixation devienne la limite nécessaire de la dette ou de la créance ; et il n'y a pas lieu de douter que cette stipulation accessoire ne devienne, par son utilité, une clause de style.

L'article est adopté.

2135. L'hypothèque

PRIVILEGES ET HYPOTHEQUES.

2135. L'hypothèque existe, indépendamment de toute inscription,

1°. Au profit des mineurs et interdits, sur les immeubles appartenant à leur tuteur, à raison de sa gestion, du jour de l'acceptation de la tutelle ;

2°. Au profit des femmes, pour raison de leurs dot et conventions matrimoniales, sur les immeubles de leur mari, et à compter du jour du mariage.

La femme n'a hypothèque pour les sommes dotales qui proviennent de successions à elle échues, ou de donations à elle faites pendant le mariage, qu'à compter de l'ouverture des successions, ou du jour que les donations ont eu leur effet.

Elle n'a hypothèque pour l'indemnité des dettes qu'elle a contractées avec son mari, et pour le remploi de ses propres aliénés, qu'à compter du jour de l'obligation ou de la vente.

Dans aucun cas, la disposition du présent article ne pourra préjudicier aux droits acquis à des tiers avant la publication du présent titre.

XLIV. *L'hypothèque existe*, indépendamment de toute inscription,

1°. *Au profit des mineurs, sur les immeubles appartenant à leur tuteur, à raison de sa gestion, du jour de l'acceptation de la tutelle ; et sur les immeubles du subrogé tuteur, pour les cas où, d'après les lois, il devient responsable ;*

2°. *Au profit des femmes, pour raison de leurs dot et conventions matrimoniales, sur les immeubles appartenant à leur mari, et à compter du jour du mariage.*

Le consul CAMBACÉRÈS voudrait qu'on changeât la définition que l'article XXVI (2117) donne de l'hypothèque légale, et qu'on exprimât que cette hypothèque est celle qui existe par la seule force de la loi. Cette rédaction en indiquerait beaucoup mieux la nature.

Au reste, de quelque manière qu'on s'exprime, il sera toujours de l'essence des hypothèques légales de tirer toute leur force de la loi.

Cependant, lorsqu'on rapproche les articles XXX (2121), XLIII (2134)

avec l'article qu'on discute, il semble que les hypothèques de la nation, qui sont certainement légales, ne pourront plus être conservées que par des inscriptions.

M. Treilhard répond que la définition de l'article XXVI (2117) pose sur le principe que, quoique toute hypothèque légale ne soit ainsi appelée que parce qu'elle dérive de la loi immédiatement, il est cependant de ces hypothèques dont l'effet ne doit être assuré que par des inscriptions.

Il en est ainsi sur-tout du privilège de la nation sur les biens des comptables.

Les anciennes lois ont dû donner au trésor public une préférence indéfinie. C'était le seul moyen de lui conserver ses droits, alors que les biens pouvaient être clandestinement affectés par des hypothèques.

Mais depuis que l'hypothèque est publique, depuis qu'il est possible de vérifier les charges d'un immeuble et d'en reconnaître la valeur, et qu'il est facile au trésor public de conserver ses droits par des inscriptions que forment les agens qu'il a sur tous les points de la France, la préférence que lui donnaient les anciennes lois est devenue inutile. On arrive au même but par des moyens plus doux, et qui ne rendent pas le fisc odieux. Il ne faut que de l'exactitude de la part de ses agens pour lui donner les sûretés les plus entières; et certainement on l'obtiendra avec un peu de sévérité contre ceux de ces agens qui négligeraient leurs devoirs. Les pertes, en supposant qu'il y en ait, ne seront que légères : toujours seront-elles un mal moins fâcheux que la haine dont on entoure le trésor public, si, par des priviléges exorbitans et qui pèsent sur tous les citoyens, on le soustrait à l'ordre commun de la législation.

Le Conseil adopte en principe, que l'effet des hypothèques légales de la nation dépendra de la formalité de l'inscription.

M. Tronchet observe qu'on pourrait inférer du mot *appartenant*, employé dans l'article en discussion, que l'hypothèque légale des femmes et des mineurs ne frappe que sur les biens présens des maris et des tuteurs : il demande qu'on exprime qu'elle s'étend également sur les biens qui leur surviennent par la suite.

Cet amendement est adopté. (L'article fut rédigé en ces termes :)

L'hypothèque existe, indépendamment de toute inscription,

1°. *Au profit des mineurs et interdits, sur les immeubles appartenant à leur tuteur, à raison de sa gestion, du jour de l'acceptation de la tutelle, et sur les immeubles du subrogé tuteur, pour les cas où, d'après les lois, il devient responsable, et à compter du jour de son acceptation.*

2°. *Au profit des femmes, pour raison de leurs dot, reprises et conven-*

PRIVILEGES ET HYPOTHEQUES.

tions matrimoniales, sur les immeubles de leur mari, et à compter du jour du mariage.

M. TREILHARD rend compte du résultat de la conférence qui a eu lieu avec le Tribunat sur le titre *des Priviléges et Hypothèques.* Séance du 22 Ventose an 12.

Il en est résulté, dit-il, de légers changemens de rédaction, dont il est inutile de parler.

Quant au fonds et sur le n°. 1 de l'art. XLIV, le Tribunat a pensé qu'il n'était pas convenable de donner au mineur une hypothèque légale sur les biens du subrogé tuteur, attendu que celui-ci n'administre pas, et n'agit qu'accidentellement.

La section propose d'adopter ce changement.

La partie de l'article relative *au subrogé tuteur* est retranchée.

Sur le n°. 2 du même article, le Tribunat observe qu'il n'est juste de faire remonter l'hypothèque légale de la femme à la date de son mariage, que pour la dot seulement; mais que l'hypothèque, pour remploi et indemnité, ne doit remonter qu'à l'époque de la vente ou de l'obligation qui y donne lieu.

On a dit que la jurisprudence que le parlement de Paris avait adoptée à cet égard, et qui se trouve consignée dans l'article XLIV, n'était pas universelle. On a ajouté que la rétroactivité qu'il introduit facilite la fraude; car la femme, à l'aide d'une obligation simulée, peut parvenir à primer les créanciers anciens.

On a proposé en conséquence d'ajouter à l'article ce qui suit :

La femme n'a hypothèque pour les sommes dotales qui proviennent de successions à elle échues, ou de donations à elle faites pendant le mariage, qu'à compter de l'ouverture des successions, ou du jour que les donations ont eu leur effet.

Elle n'a hypothèque pour l'indemnité des dettes qu'elle a contractées avec son mari, et pour le remploi de ses propres aliénés, qu'à compter du jour de l'obligation ou de la vente.

Dans aucun cas, la disposition du présent article ne pourra préjudicier aux droits acquis à des tiers avant la publication du présent titre.

La section propose au Conseil d'adopter cette rédaction.

Le consul CAMBACÉRÈS dit que cette rédaction peut n'être pas suffisante, lorsque, dans un contrat de mariage fait dans le système dotal, la femme se sera réservé le privilége de la loi *Assiduis*. On n'a pas vu de ces sortes de stipulations sous le règne de la loi du 11 brumaire, parce qu'elles les rejetait; mais sous le régime hypothécaire qui va être établi, on les croira permises.

M. Treilhard répond que la rédaction proposée les exclut.

La rédaction proposée est adoptée.

2136. Sont toutefois les maris et les tuteurs tenus de rendre publiques les hypothèques dont leurs biens sont grevés, et, à cet effet, de requérir eux-mêmes, sans aucun délai, inscription aux bureaux à ce établis, sur les immeubles à eux appartenant, et sur ceux qui pourront leur appartenir par la suite.

Les maris et les tuteurs qui, ayant manqué de requérir et de faire faire les inscriptions ordonnées par le présent article, auraient consenti ou laissé prendre des priviléges ou des hypothèques sur leurs immeubles, sans déclarer expressément que lesdits immeubles étaient affectés à l'hypothèque légale des femmes et des mineurs, seront réputés stellionataires, et comme tels contraignables par corps.

Séance du 5 Ventose an 12.

XLV. *Sont toutefois les maris, les tuteurs et subrogés tuteurs, chacun pour sa gestion, tenus de requérir eux-mêmes, etc.*

Le consul Cambacérès dit qu'il conviendrait de faire sentir, dans la rédaction, que les inscriptions exigées par cet article n'ont d'autre objet que d'avertir les tiers; autrement, ceux qui n'auraient pas la discussion sous les yeux, concevraient difficilement comment des hypothèques, qui, suivant les articles précédens, ont de plein droit toute leur force, se trouvent cependant soumises à cette formalité.

M. Tronchet dit qu'il importe aussi d'expliquer si ces inscriptions donneront lieu aux droits d'hypothèque.

M. Treilhard dit que la section ne s'est pas occupée des hypothèques sous ce rapport; que ce qui concerne les droits à payer appartient non au Code civil, mais aux lois sur les finances.

M. Tronchet dit que dans le silence de la loi nouvelle, le conservateur exigera les droits. Cependant, si l'on oblige le mari de les payer, ils seront supportés par la communauté, c'est-à-dire, en partie par la femme; si on les exige du tuteur, ils retomberont sur le mineur.

Il paraît donc nécessaire de s'en expliquer.

On pourrait décider que les droits ne seront perçus qu'au moment où l'on fera valoir l'hypothèque.

M. Treilhard convient qu'il faut une loi sur ce sujet; mais il persiste à penser qu'elle ne doit pas être placée dans le Code civil.

PRIVILEGES ET HYPOTHEQUES. 805

M. Tronchet dit que la loi à intervenir aura pour objet de fixer la quotité des droits; mais que la question de savoir par qui ils seront payés, appartient au Code civil, et qu'elle se trouvera même décidée par son silence, contre la femme et contre le mineur.

M. Jollivet dit que les inscriptions étant prises au nom des femmes et des mineurs, il est juste que les frais en retombent sur eux. Le mari et le tuteur doivent cependant en faire l'avance, car il serait contre l'équité de rendre le conservateur responsable, et de retenir cependant son salaire.

M. Tronchet dit qu'il n'a pas entendu parler du salaire du conservateur, mais du droit proportionnel.

Au surplus, ce n'est pas pour l'intérêt des femmes et des mineurs que les inscriptions sont formées, puisque leur hypothèque est indépendante de cette formalité; c'est pour la sûreté des tiers. On ne conçoit donc pas pourquoi la femme et le mineur en feraient les frais.

M. Jollivet dit que l'acquéreur purgeant les hypothèques contre la femme et contre le mineur, après un délai, les inscriptions sont un acte conservatoire dont ils profitent.

M. Berlier dit que la proposition de M. Tronchet ne tend pas à faire supporter définitivement au mari ou au tuteur les droits fiscaux de l'inscription; cela serait injuste envers eux, puisqu'ils n'en retirent aucun profit personnel; cela serait injuste aussi envers la femme et le mineur, auxquels cette inscription est inutile, puisque la loi veille pour eux, et que leur hypothèque a lieu *indépendamment de toute inscription*.

Cette inscription a donc purement lieu dans l'intérêt public, et n'a pour objet que d'avertir les tiers; mais puisqu'elle est d'ordre public, elle devrait être affranchie de tous droits fiscaux : il semble à l'opinant que la proposition est là tout entière, et il la trouve fort juste.

M. Duchatel pense que sous le rapport de l'intérêt du fisc, le paiement des droits peut être différé; mais que le salaire du conservateur doit être payé à l'instant.

M. Bérenger dit que la loi sur l'enregistrement recevra nécessairement des modifications. Lorsqu'on s'en occupera, on pourra régler aussi les droits d'hypothèque; mais toute disposition sur ce sujet serait déplacée dans le Code civil.

Le Premier Consul dit que l'article ne préjuge pas la question.

L'article est adopté. (Les mots *et subrogés tuteurs* ont été retranchés sans discussion. V. pag. 803.

2137. Les subrogés tuteurs seront tenus, sous leur responsabilité personnelle, et sous peine de tous dommages et intérêts, de veiller à ce que les inscriptions soient prises sans délai sur les biens du tuteur, pour raison de sa gestion, même de faire faire lesdites inscriptions.

(Cet article, le XLVIe. du Projet, fut adopté sans discussion).

2138. A défaut par les maris, tuteurs, subrogés tuteurs, de faire faire les inscriptions ordonnées par les articles précédens, elles seront requises par le commissaire du gouvernement près le tribunal civil du domicile des maris et tuteurs, ou du lieu de la situation des biens.

(Cet article, le XLVIIe. du Projet, fut adopté sans discussion).

2139. Pourront les parens, soit du mari, soit de la femme, et les parens du mineur, ou, à défaut de parens, ses amis, requérir lesdites inscriptions; elles pourront aussi être requises par la femme et par les mineurs.

(Cet article, le XLVIIIe. du Projet, fut adopté sans discussion).

2140. Lorsque, dans le contrat de mariage, les parties majeures seront convenues qu'il ne sera pris d'inscription que sur un ou certains immeubles du mari, les immeubles qui ne seraient pas indiqués pour l'inscription resteront libres et affranchis de l'hypothèque pour la dot de la femme et pour ses reprises et conventions matrimoniales. Il ne pourra pas être convenu qu'il ne sera pris aucune inscription.

XLIX. *Lorsque, dans le contrat de mariage, les parties seront convenues qu'il ne sera pris aucune inscription sur les immeubles du mari, ou qu'il n'en sera pris que sur un ou certains immeubles, tous les immeubles du mari, ou ceux qui ne seraient pas indiqués pour l'inscription, resteront libres et affranchis de l'hypothèque pour la dot de la femme et pour ses reprises.*

M. Bérenger observe que cet article, en soi très-sage, est cependant incomplet : il pourvoit aux mariages à venir, mais il ne s'occupe pas des mariages déjà contractés, et n'offre aux maris actuellement engagés, aucun moyen d'affranchir une partie de leurs immeubles.

M. Tronchet dit qu'une loi transitoire sur ce sujet serait inutile. Les maris qui voudront aliéner ou engager quelques-uns de leurs immeubles, feront, comme autrefois, intervenir leurs femmes au contrat, pour s'engager avec eux, ou pour renoncer à leurs hypothèques.

M. Bérenger demande que cette modification soit généralisée par le Code civil, attendu que, sous le régime dotal, la femme ne peut s'obliger que dans un petit nombre de cas.

M. Treilhard dit que l'observation de M. Bérenger se rattache à l'article LIII (2144).

M. Bigot-Préameneu voudrait que l'article proposé n'autorisât les parties qu'à restreindre les hypothèques, et ne permît pas d'en affranchir la totalité des immeubles du mari.

On objectera que si les parties peuvent se donner tous leurs biens, elles peuvent, à plus forte raison, stipuler qu'ils ne seront pas grevés d'hypothèques.

Mais on suppose ici entre les deux hypothèses une parité qui n'existe pas; car les donations sont soumises à des conditions, et sur-tout à celle d'être révocables par la survenance d'enfans.

M. Treilhard répond qu'au moment où les parties arrêtent leurs conventions matrimoniales, elles jouissent de la liberté la plus illimitée de stipuler ce qu'il leur plaît; elles peuvent se donner tous leurs biens : comment donc leur refuser le droit, beaucoup moins considérable, de convenir que les biens du mari ne seront point chargés des hypothèques de la femme?

On objecte qu'une donation devient réductible par la survenance d'enfans.

Mais il faut prendre garde qu'elle n'est réduite que pour les enfans. Par rapport à la femme, tout est consommé, et la donation a irrévocablement ses effets.

Le Premier Consul dit que M. Treilhard s'est appuyé sur le principe que qui peut plus, peut moins.

Ce principe est incontestable, lorsqu'il s'agit de choses du même ordre; mais il ne peut être appliqué, lorsqu'il s'agit de choses d'un ordre différent : alors, il faut examiner si celui qui peut faire une chose, peut aussi en faire une autre. Point de doute que celui à qui la loi permet de donner cent mille francs, ne puisse, à plus forte raison, en donner cinquante mille; mais il est difficile de concevoir comment une femme qui manifeste l'intention de retenir la propriété de ses biens, pourrait cependant, dans un excès de confiance, se dépouiller de toute sûreté, et renoncer à des hypothèques que la loi lui donne sans son fait, parce que la loi a jugé qu'elles lui sont nécessaires.

Le consul Cambacérès dit que l'objection a la même force contre l'article L (2141), qui autorise des parens à dépouiller un enfant de toutes les hypothèques que la loi lui assure.

A l'égard de l'article XLIX, si sa disposition devait être admise, il conviendrait d'en borner du moins l'effet à la femme majeure.

M. Maleville dit qu'il n'y a aucune raison solide pour autoriser la femme, même majeure, à renoncer, par son contrat de mariage, à toute hypothèque sur les biens de son mari : pour un cas absolument possible, où il serait de l'intérêt des deux époux que cette renonciation se fît, il y en aurait cent, où, au moyen d'une pareille clause, un séducteur corrompu abuserait de la faiblesse du sexe pour satisfaire impunément ses passions, aux dépens de la fortune de sa femme.

Et l'on ne peut pas dire que les parens de la femme s'opposeront à une pareille stipulation, si elle est contraire à ses intérêts; car une femme majeure n'a besoin du consentement de personne pour régler les conventions de son mariage.

Ce n'est pas, d'ailleurs, pour l'intérêt de la femme seule que la loi a voulu qu'elle eût de droit une hypothèque sur les biens de son mari ; c'est bien plutôt pour l'intérêt des enfans, et pour leur réserver une ressource en cas que le mari vienne à perdre sa fortune. Mais peut-on mettre en balance, avec cette vue bienfaisante de la loi, l'appât accidentel, et si souvent trompeur, de quelque spéculation mercantile, et pour cela compromettre la subsistance des enfans, et priver les familles de cette ressource assurée?

Que si la renonciation à toute hypothèque ne peut être adoptée, même à l'égard de la femme majeure, à plus forte raison doit-elle être rejetée dans l'intérêt de la femme mineure, ou dans celui des mineurs, relativement à leur tuteur.

Il y a une maxime vulgaire qui dit que celui qui est habile à contracter mariage, l'est aussi pour faire toutes les conventions y relatives ; mais cela s'entend des conventions ordinaires à ces sortes de contrats, et non d'une clause aussi insolite, aussi greveuse que celle qu'on propose : ainsi, dans les cas d'une association générale de tous biens, ou d'un ameublissement de tous les immeubles, consentis par des femmes mineures, elles ont été restituées contre ces conventions extraordinaires ; comment donc la loi pourrait-elle les autoriser à mettre bien plus ouvertement tout leur patrimoine dans le danger imminent de périr, tandis que la justice devrait les relever d'une renonciation aussi étrange, si elles avaient eu la faiblesse de s'y prêter ?

M. Bérenger

PRIVILEGES ET HYPOTHEQUES.   809

M. Bérenger dit que la proposition de M. Bigot-Préameneu est appuyée sur un principe qu'il ne croit pas exact; elle suppose que les personnes qui se marient n'entendent pas leurs intérêts, tandis que la loi suppose le contraire, en leur laissant, à tous autres égards, la liberté indéfinie de régler leurs conventions.

Il y a des positions qui donnent à la femme intérêt à ce que les biens de son mari demeurent libres. Dans l'état actuel des choses, les hypothèques gênent l'amélioration des fortunes. Or, le mari étant choisi par la femme et par la famille, qui donne la dot, comment empêcher les parties d'arrêter ce qui leur convient également à toutes?

Elles prendront certainement les précautions qui sont nécessaires; et s'il en est qu'elles écartent, ce ne peut être que par la raison qu'elles les jugent dangereuses.

On parlera de l'intérêt des enfans; mais c'est sur cet intérêt que les parties règlent leur stipulation, beaucoup plus que sur leur intérêt individuel.

La prohibition qu'on propose ne doit donc être admise que pour le cas exprimé dans l'article L.

M. Bigot-Préameneu dit que la conséquence de ce système serait qu'il ne faut pas d'hypothèques légales; car si elles sont reconnues nécessaires, on ne peut permettre à la femme d'y renoncer, sans supposer qu'elle sera plus sage que la loi: tout ce qu'on peut lui accorder, c'est la faculté de les restreindre.

M. Bérenger répond que ces sortes d'hypothèques ne sont appelées légales que parce qu'elles sont établies par la loi; mais il ne s'ensuit pas que ceux à qui la loi les donne doivent être privés du droit d'y renoncer.

Le consul Cambacérès dit que personne n'a le pouvoir de renoncer à ce qui est d'ordre public.

Le Consul ajoute qu'il prévoyait cette difficulté, lorsqu'il proposait une définition qui tendait à faire sentir que les hypothèques légales étant établies par la seule autorité de la loi, indépendamment de toute autre volonté et de toute formalité, il était impossible d'y renoncer.

Si cette faculté existait, l'hypothèque ne serait plus l'hypothèque de la loi; ce serait une hypothèque proposée par la loi à ceux à qui il plairait de la laisser subsister. Quand la loi couvre un individu de sa protection, il n'est permis ni à celui qu'elle protège, ni à tout autre, de repousser ce bienfait.

On est convenu qu'il en doit être ainsi à l'égard de la femme mineure. Peut-être le principe ne s'applique-t-il pas aussi évidemment à la femme majeure. Cépendant les lois la considèrent aussi comme un être faible et qui a besoin de protection. Cette supposition est la base de plusieurs dispositions : on ne pourrait l'écarter, à l'égard des hypothèques légales, sans mettre la législation en contradiction avec elle-même.

M. Treilhard dit que les hypothèques légales sont établies pour la conservation des droits de la femme pendant le mariage ; leur effet ne doit pas s'étendre plus loin : mais avant le mariage, les parties peuvent tout ce qu'elles veulent, et la femme ne peut avoir de droits que ceux qui lui ont été assurés par son contrat, et tels qu'il a plu aux parties de les régler. C'est par ce motif qu'il leur est permis de se donner indéfiniment : sans cette liberté absolue de régler les conditions du mariage, beaucoup de mariages n'auraient pas lieu.

M. Regnaud (de Saint-Jean-d'Angely) dit qu'autrefois la femme avait la faculté de lever son hypothèque légale sur un bien, en apposant sa signature à l'acte par lequel il était aliéné : elle n'est donc pas, comme on le prétend, dans l'impossibilité obsolue de donner main-levée. Quelquefois même, il y a un intérêt très-pressant d'affranchir les biens du mari de toute hypothèque, ne fût-ce que lorsqu'il faut établir les enfans. Or, puisque la femme peut anéantir l'hypothèque légale après le mariage', elle le peut, à plus forte raison, avant, si quelque motif raisonnable la porte à y consentir.

Le consul Cambacérès dit que la faculté de lever ses hypothèques légales n'était accordée à la femme que dans le système coutumier.

M. Regnaud (de Saint-Jean-d'Angely) répond qu'elle n'existait pas dans le système du droit écrit, parce que le bien dotal était inaliénable.

Le consul Cambacérès dit que ce motif ne s'applique pas au cas où la dot était en argent : cependant il n'y en avait aucun où il fût permis à la femme de se dépouiller de ses hypothèques légales.

Le Premier Consul dit qu'il conçoit fort bien qu'on admette la femme à donner tout ce qu'elle possède, même sa dot ; mais qu'il ne conçoit pas qu'on puisse lui permettre de changer sa condition. La qualité d'épouse est un état dans l'ordre social : donc, si la femme pouvait renoncer aux droits inhérens à sa qualité, il lui serait permis de changer son état. Un tel droit ne peut appartenir à personne.

La section fonde son système sur ce que, de droit commun, les parties ont la liberté la plus indéfinie de régler comme il leur plaît leurs conventions matrimoniales. Cependant, la section reconnaît, d'un autre côté, que, de droit commun, cette liberté ne va pas jusqu'à faire renoncer la femme à la totalité de ses hypothèques légales ; car elle propose une disposition formelle pour l'y autoriser.

Au surplus, cette disposition anéantirait en entier les hypothèques légales. La renonciation deviendrait une clause de style, et la femme qui l'aurait souscrite sans en comprendre l'effet, serait dans la suite fort étonnée de se trouver, contre son intention, privée de toute sûreté.

M. BERLIER dit que la loi, récemment portée, relativement au *Contrat de mariage*, ne limite la volonté des parties qu'autant que leurs conventions deviendraient contraires ou aux bonnes mœurs, ou à certains droits de famille exprimés aux articles II et III de cette loi, ou à une disposition formellement prohibitive.

Cela posé, et faisant application de ces principes à la question actuelle, on ne saurait soutenir que la stipulation dont il s'agit soit contraire aux bonnes mœurs ; et l'on ne trouvera dans les parties déjà décrétées du Code, nulle disposition qui la défende : elle est donc conforme à la législation la plus récente.

Reviendra-t-on sur ce point pour imposer une restriction nouvelle ? Il faudrait, pour cela, que la loi qu'on discute modifiât celle qui a déjà été adoptée ; et outre l'inconvénient de varier en si peu de tems, l'opinant n'aperçoit dans la proposition restrictive, qu'une entrave peu conciliable avec beaucoup d'autres dispositions du Code.

Le consul CAMBACÉRÈS dit qu'il est persuadé que les hypothèques légales et l'inaliénabilité de la dot conservent les familles, en assurant la subsistance des enfans. La législation a toujours reposé sur ce principe. Si depuis quelque tems on s'en est écarté, ce n'a été que pour faciliter la circulation des immeubles, ou plutôt pour les obtenir à vil prix, car toute la faveur des lois nouvelles a été pour les acquéreurs.

Aujourd'hui on revient à d'autres maximes. On rétablit les hypothèques légales ; il ne faut donc pas atténuer ce système par des dispositions qui en ruineraient presque entièrement l'effet.

La renonciation des femmes aux hypothèques légales n'est un avantage pour elles que dans le cas où la spécialisation devient nécessaire. Il est certain, en effet, qu'un homme opulent ne consentirait point à se marier, s'il devait par cela seul tomber dans un état d'interdiction. Il est donc raisonnable et juste de permettre à la femme de renoncer à une partie de ses hypothèques légales. Si, par exemple, un citoyen qui possède pour trois cent mille francs d'immeubles, épouse une personne qui lui apporte en dot cinquante mille francs, il n'y a point de nécessité que tous ses biens soient grevés ; et alors, la femme doit pouvoir renoncer aux hypothèques que la loi lui donne sur l'universalité des immeubles, pour se réduire à un gage plus proportionné aux obligations du mari. Mais cette modification est la seule qui puisse se concilier avec le système des hypothèques légales. Une renonciation totale de la part de la femme anéantirait ce système.

M. Treilhard dit que si l'on admet le principe que ce n'est point la loi qui fait les contrats de mariage, mais qu'ils doivent être l'ouvrage des parties, il est impossible de leur refuser la liberté indéfinie de stipuler ce qu'il leur plaît.

M. Treilhard est d'avis que les hypothèques légales de la femme doivent exister de plein droit sur tous les biens du mari. Peut-être consentirait-il à ce qu'elles ne pussent point être restreintes dans leur généralité pendant le cours du mariage ; mais avant le mariage, mais lorsque la dot n'existe pas encore, comment refuser aux parties le droit de stipuler qu'il n'y aura point d'hypothèques légales ?

Les parens de la femme pouvaient ne lui point donner de dot. Ils doivent donc être maîtres des conditions sous lesquelles ils lui en constituent une.

M. Tronchet dit que ce raisonnement pose sur une équivoque. Sans doute, il n'y a point de dot tant que le mariage n'est pas fait ; mais le contrat de mariage et le mariage sont deux choses indivisibles. Le contrat règle la condition de la femme, non dans le cas où elle resterait fille, mais pour le tems où elle aura revêtu la qualité d'épouse.

Quel est l'objet des hypothèques légales ? C'est de défendre la faiblesse de la femme, même contre le mari. Si donc on lui accorde le droit d'y renoncer, on lui donne en même tems le pouvoir de changer son état de femme. Ce serait blesser l'ordre public, qui seul peut régler l'état de chacun.

Il suffit que la femme ait la faculté d'affranchir des immeubles déterminés.

M. Treilhard convient que l'effet du contrat de mariage est de régler la condition de la femme sous le mariage ; mais il n'admet par les conséquences qu'on vient de tirer de ce principe.

Avant le mariage, les époux peuvent tout se donner ; après le mariage ils ne le peuvent plus. Avant le mariage, les parties sont tellement libres de régler comme il leur plaît la constitution de dot, qu'elles peuvent même accorder au mari le pouvoir d'aliéner les biens dotaux. Cette faculté est certainement bien plus étendue que celle de renoncer aux hypothèques légales.

PRIVILEGES ET HYPOTHÈQUES.   813

On ne doit pas craindre l'abus du droit de renoncer aux hypothèques, lorsqu'au moment où les parties en usent, elles sont entourées des conseils d'une famille entière.

Enfin, il est impossible que ceux qui ont le droit de ne point donner de dot, ne soient pas les maîtres des conditions, lorsqu'ils veulent bien en constituer une.

Le Premier Consul dit qu'ils n'en sont pas les maîtres; qu'il n'est permis à personne de donner sous des conditions qui dérogent à une loi d'ordre public.

M. Berlier dit que, dans cette discussion, l'attention s'est fixée d'une manière peut-être trop exclusive sur la *dot*, c'est-à-dire, sur les deniers dotaux que la femme se constitue, ou qui lui sont constitués par ses parens : il faut apercevoir aussi le cas très-ordinaire où le mari fait des avantages considérables à une femme qui n'a aucun bien personnel : peut-il être, en ce cas, interdit au mari d'affranchir ses biens de l'inscription, et ne peut-il faire de cet affranchissement une condition de sa libéralité? Il faut aller jusque-là pour accueillir la prohibition générale qu'on provoque.

L'opinant repousse cette idée, et trouve dans l'espèce qu'il vient de citer un motif de plus en faveur de la liberté des stipulations : il observe, au surplus, que la vigilance de l'intérêt personnel est le guide le plus éclairé qu'on puisse avoir en cette matière ; la femme et sa famille ne se départiront pas du bénéfice légal, sans de bonnes raisons; mais il leur appartient essentiellement d'être les régulateurs d'une affaire qui est bien la leur.

Le Premier Consul répond qu'on doit refuser au mari, même lorsqu'il avantage sa femme, le droit de la faire renoncer aux hypothèques légales ; sa libéralité n'est pas désintéressée ; il ne donne que pour obtenir la main d'une femme qui lui convient. Ce mari est ordinairement un vieillard. Il ne faut pas, qu'après avoir fait consentir la femme à l'épouser, en lui présentant certains avantages, il puisse à son gré les lui retrancher et la laisser sans ressource.

M. Regnaud (de Saint-Jean-d'Angely) dit qu'il ne tient point à l'article proposé, si l'on admet que la femme, pendant le mariage, pourra donner main-levée de ses hypothèques légales. Dans le cas contraire, et si l'on se propose d'établir, sous ce rapport, un régime plus sévère que celui qui existait avant la loi du 11 brumaire, la disposition qu'on discute paraît indispensable.

D'ailleurs, on a déclaré les biens dotaux aliénables sous le régime de la communauté ; ils ne sont inaliénables que sous le régime dotal : cependant on généralise ce dernier régime, si l'on étend le système de l'inaliénabilité.

Le consul Cambacérès dit qu'il ne s'agit point de changer les dispositions qui se trouvent au titre du *Contrat de mariage*, mais seulement de donner des effets sérieux et réels au système des hypothèques légales qui a été adopté. Ce serait, par exemple, une dérision que de réduire à un immeuble de mille francs l'hypothèque d'une dot de trois cent mille francs.

La renonciatiation générale aux hypothèques légales ne peut, dans aucun cas, être avantageuse à la femme ; on ne peut donc l'admettre sans ruiner le système.

Le Consul propose de réduire l'article à ces termes :

Lorsque, dans le contrat de mariage, les parties majeures seront convenues qu'il ne sera pris d'inscription que sur un ou certains immeubles du mari, immeubles qui ne seraient pas indiqués, etc.

Cette rédaction est adoptée.

M. Tronchet voudrait que l'article contînt une prohibition formelle de toute stipulation tendant à opérer une renonciation générale de la part de la femme.

M. Jollivet propose de distinguer entre le régime dotal et celui de la communauté, ce dernier ne pouvant se concilier avec aucun système prohibitif, attendu qu'il permet à la femme de s'obliger avec son mari.

M. Tronchet dit que, même en pays coutumier, jamais la renonciation générale aux hypothèques légales n'a été permise dans les contrats. Avant le mariage, la conduite du mari n'est pas encore connue ; elle l'est après le mariage. Ainsi, la femme qui renonce alors à une partie de ses hypothèques, n'agit qu'avec discernement.

M. Treilhard préférerait d'interdire la renonciation aux hypothèques pendant le mariage. Avant, le mari ne peut trouver mauvais que la femme et sa famille s'y refusent ; au lieu que le refus qui interviendrait après le mariage, pourrait blesser le mari et troubler la paix du ménage.

Le Conseil admet la disposition de l'article XLIX, qui permet la spécialisation, et rejette celle qui autoriserait la femme à renoncer, avant le mariage, à la totalité de ses hypothèques légales.

M. Tronchet reproduit la proposition qu'il a faite de prohiber formellement la renonciation générale, avant le mariage, aux hypothèques légales. Il la croit nécessaire, afin d'empêcher qu'on ne tire de fausses conséquences de la disposition du titre du *Contrat de mariage*, qui donne aux époux une liberté indéfinie dans les stipulations.

PRIVILEGES ET HYPOTHEQUES.

M. Berlier avoue que, pour remplir le vœu que la majorité du Conseil vient de manifester, il ne suffirait pas de retrancher de l'article ce qui a déplu au plus grand nombre ; qu'il faut que la restriction soit formellement énoncée et en termes prohibitifs ; sans quoi, la faculté qu'on a voulu proscrire résulterait du système général de la législation.

Cet amendement est adopté.

2141. Il en sera de même pour les immeubles du tuteur lorsque les parens, en conseil de famille, auront été d'avis qu'il ne soit pris d'inscription que sur certains immeubles.

L. *Il en sera de même pour les immeubles du tuteur, lorsque les parens, dans l'assemblée de famille, auront été d'avis qu'il ne soit pas pris d'inscription, ou qu'il n'en soit pris que sur certains immeubles.*

M. Treilhard dit que cet article doit être restreint conformément à ce qui a été décidé pour l'article précédent.

L'article est adopté avec cet amendement.

2142. Dans le cas des deux articles précédens, le mari, le tuteur et le subrogé tuteur, ne seront tenus de requérir inscription que sur les immeubles indiqués.

(Cet article, le LIe. du Projet, fut adopté sans discussion).

2143. Lorsque l'hypothèque n'aura pas été restreinte par l'acte de nomination du tuteur, celui-ci pourra, dans le cas où l'hypothèque générale sur ses immeubles excéderait notoirement les sûretés suffisantes pour sa gestion, demander que cette hypothèque soit restreinte aux immeubles suffisans pour opérer une pleine garantie en faveur du mineur.

La demande sera formée contre le subrogé tuteur, et elle devra être précédée d'un avis de famille.

(Cet article, le LIIe. du Projet, fut adopté sans discussion.)

2144. Pourra pareillement le mari, du consentement de sa femme, et après avoir pris l'avis des quatre plus proches parens d'icelle réunis en assemblée de famille, demander que l'hypothèque générale sur tous ses immeubles, pour raison de la dot, des reprises et conventions matrimoniales, soit restreinte aux immeubles suffisans pour la conservation entière des droits de la femme.

(Cet article était le LIII°. du Projet).

M. BÉRENGER demande que la loi se borne à dire qu'on prendra l'avis de l'assemblée de famille, sans exiger que cette assemblée soit composée des parens les plus proches, parce qu'ils peuvent être actuellement éloignés.

Le consul CAMBACÉRÈS dit qu'il craint, si cet amendement est admis, que la disposition de l'article ne dégénère en pure formalité; qu'alors on composera l'assemblée de personnes indifférentes et que rien n'attache aux intérêts des parties.

M. BERLIER dit que la loi ne doit point vouloir l'impossible, et qu'il faut ici, comme au titre *des Tutelles*, entendre par *plus proches parens*, les plus proches parmi ceux qui se trouvent dans un rayon donné.

L'article est adopté.

2145. Les jugemens sur les demandes des maris et des tuteurs ne seront rendus qu'après avoir entendu le commissaire du gouvernement, et contradictoirement avec lui.

Dans le cas où le tribunal prononcera la réduction de l'hypothèque à certains immeubles, les inscriptions prises sur tous les autres seront rayées.

(Cet art., le LIV°. du Projet, fut adopté sans discussion.)

CHAPITRE IV.

DU MODE DE L'INSCRIPTION DES PRIVILEGES ET DES HYPOTHEQUES.

2146. Les inscriptions se font au bureau de conservation des hypothèques dans l'arrondissement duquel sont situés les biens soumis au privilége ou à l'hypothèque. Elles ne produisent aucun effet si elles sont prises dans le délai pendant lequel les actes faits avant l'ouverture des faillites sont déclarés nuls.

Il en est de même entre les créanciers d'une succession,
si

si l'inscription n'a été faite par l'un d'eux que depuis l'ouverture, et dans le cas où la succession n'est acceptée que par bénéfice d'inventaire.

(Cet article, le LVe. du Projet, fut adopté sans discussion).

Séance du 10 Ventose an 12.

2147. Tous les créanciers inscrits le même jour exercent en concurrence une hypothèque de la même date, sans distinction entre l'inscription du matin et celle du soir, quand cette différence serait marquée par le conservateur.

(Cet article était le LVIe. du Projet.)

Le consul CAMBACÉRÈS objecte que celui qui a fait inscrire le matin, a l'avantage de l'antériorité de date sur celui qui n'a fait inscrire que le soir, et qu'il paraît juste de le lui conserver.

M. TREILHARD répond que la section a craint la collusion entre le conservateur des hypothèques et les créanciers. En effet, lorsque plusieurs créanciers se présenteraient le même jour, le conservateur deviendrait le maître de donner l'antériorité à celui qu'il lui plairait, si l'inscription faite le matin devait primer celle qui ne serait faite que le soir.

M. JOLLIVET dit que la règle établie par l'article a toujours été en usage depuis la loi du 11 brumaire.

L'article est adopté.

2148. Pour opérer l'inscription, le créancier représente, soit par lui-même, soit par un tiers, au conservateur des hypothèques, l'original en brevet ou une expédition authentique du jugement ou de l'acte qui donne naissance au privilége ou à l'hypothèque.

Il y joint deux bordereaux écrits sur papier timbré, dont l'un peut être porté sur l'expédition du titre; ils contiennent,

1°. Les nom, prénom, domicile du créancier, sa profession s'il en a une, et l'élection d'un domicile pour lui dans un lieu quelconque de l'arrondissement du bureau;

2°. Les nom, prénom, domicile du débiteur, sa profession s'il en a une connue, ou une désignation individuelle et spéciale, telle, que le conservateur puisse reconnaître et distinguer dans tous les cas l'individu grevé d'hypothèque;

3°. La date et la nature du titre;

4°. Le montant du capital des créances, exprimées dans le titre, ou évaluées par l'inscrivant, pour les rentes et prestations, ou pour les droits éventuels, conditionnels ou indéterminés, dans les cas où cette évaluation est ordonnée; comme aussi le montant des accessoires de ces capitaux, et l'époque de l'exigibilité;

5°. L'indication de l'espèce et de la situation des biens sur lesquels il entend conserver son privilége ou son hypothèque.

Cette dernière disposition n'est pas nécessaire dans le cas des hypothèques légales ou judiciaires : à défaut de convention, une seule inscription, pour ces hypothèques, frappe tous les immeubles compris dans l'arrondissement du bureau.

(Cet art., le LVIIe. du Projet, fut adopté sans discussion).

2149. Les inscriptions à faire sur les biens d'une personne décédée, pourront être faites sous la simple désignation du défunt, ainsi qu'il est dit au numéro 2 de l'article précédent.

(Cet article, le LVIIIe. du Projet, fut adopté sans discussion).

2150. Le conservateur fait mention, sur son registre, du contenu aux bordereaux, et remet au requérant, tant le titre ou l'expédition du titre, que l'un des bordereaux, au pied duquel il certifie avoir fait l'inscription.

(Cet article, le LIXe. du Projet, fut adopté sans discussion).

2151. Le créancier inscrit pour un capital produisant intérêt ou arrérages, a droit d'être colloqué pour deux années seulement, et pour l'année courante, au même rang d'hypothèque que pour son capital; sans préjudice des

PRIVILEGES ET HYPOTHEQUES.

inscriptions particulières à prendre, portant hypothèque à compter de leur date, pour les arrérages autres que ceux conservés par la première inscription.

(Cet article, le LXe. du Projet, fut adopté sans discussion).

2152. Il est loisible à celui qui a requis une inscription, ainsi qu'à ses représentans, ou cessionnaires par acte authentique, de changer sur les registres des hypothèques le domicile par lui élu, à la charge d'en choisir et indiquer un autre dans le même arrondissement.

(Dans l'article LXI du Projet, on ne trouvait pas ces mots : *Par acte authentique*).

M. JOLLIVET propose d'expliquer que la disposition de cet article n'est applicable qu'au cas où la cession et le transport sont constatés par un acte authentique. On ne pourrait donner le même effet aux actes sous seing-privé, sans favoriser les changemens frauduleux de domicile.

L'article est adopté avec cet amendement.

2153. Les droits d'hypothèque purement légale de la nation, des communes et des établissemens publics sur les biens des comptables, ceux des mineurs ou interdits sur les tuteurs, des femmes mariées sur leurs époux, seront inscrits sur la représentation de deux bordereaux, contenant seulement,

1°. Les nom, prénom, profession et domicile réel du créancier, et le domicile qui sera par lui, ou pour lui, élu dans l'arrondissement ;

2°. Les nom, prénom, profession, domicile, ou désignation précise du débiteur ;

3°. La nature des droits à conserver, et le montant de leur valeur quant aux objets déterminés, sans être tenu de le fixer quant à ceux qui sont conditionnels, éventuels ou indéterminés.

LXII. *Les droits d'hypothèque purement légale de la nation et établissemens publics sur les comptables, des mineurs ou interdits sur les tu-*

teurs ou subrogés tuteurs, des femmes mariées sur leurs époux, seront inscrits sur la représentation de deux bordereaux, contenant seulement,

1°. Les nom, prénoms, profession et domicile réel du créancier, et le domicile qui sera par lui, ou pour lui, élu dans l'arrondissement;

2°. Les nom, prénoms, profession, domicile, ou désignation précise du débiteur;

3°. La nature des droits à conserver, et le montant de leur valeur quant aux objets déterminés, sans être tenu de le fixer quant à ceux qui sont conditionnels, éventuels ou indéterminés.

Ces inscriptions seront reçues sans aucune avance des salaires du conservateur, sauf son recours contre les grevés d'hypothèques.

M. REGNAUD (de Saint-Jean-d'Angely) demande si celui qui fera inscrire les hypothèques dont parle cet article, sera tenu d'avancer les droits du fisc.

M. TREILHARD répond que cette question doit être renvoyée aux lois particulières annoncées par l'article II.

M. REGNAUD (de Saint-Jean-d'Angely) dit qu'on ne peut en différer la décision jusqu'à l'époque où ces lois seront portées, parce que les commissaires du Gouvernement rencontreraient peut-être quelque difficulté à requérir l'inscription des hypothèques légales.

M. TREILHARD répond qu'ils peuvent se servir de la disposition de l'article LXIV.

M. REGNAUD (de Saint-Jean-d'Angely) dit que l'article LXIV contenant une disposition suffisante, le dernier alinéa de l'article LXII devient inutile; il en demande la suppression.

L'article est adopté avec cet amendement.

2154. Les inscriptions conservent l'hypothèque et le privilége pendant dix années, à compter du jour de leur date: leur effet cesse, si ces inscriptions n'ont été renouvelées avant l'expiration de ce délai.

LXIII. *Les inscriptions conservent les priviléges et hypothèques, à compter du jour de leur date, pendant tout le tems que durent l'obligation et l'action personnelle contre le débiteur, ou pendant tout celui que dure l'action hypothécaire contre le tiers détenteur, quand le bien chargé d'hypothèques est dans ses mains.*

M. TREILHARD dit qu'on a observé que si l'effet des inscriptions avait la durée que lui donne cet article, un tems viendrait où il serait presque impossible de les découvrir dans les énormes volumes des registres hypothécaires.

La section a pensé que cet inconvénient ne se ferait sentir que dans un certain nombre d'années, et que, si alors il a quelque réalité, on pourra y remédier par une loi particulière.

Le consul CAMBACÉRÈS dit que cependant si les registres sont trop volumineux et trop anciens, ils sera plus facile d'intercaler frauduleusement des inscriptions.

M. REGNAUD (de Saint-Jean-d'Angely) dit que cette fraude sera toujours difficile avec une régie aussi bien organisée que la régie de l'enregistrement. Elle serait aperçue par les inspecteurs et par les contrôleurs. Elle ne se pratiquera pas plus pour les hypothèques que pour l'enregistrement, à l'égard duquel on n'en a pas d'exemple.

M. CRETET dit qu'on s'attache trop à ménager la négligence des citoyens. Il ne faut pas que les égards aillent jusqu'à donner occasion au désordre. Cependant il serait inévitable, s'il fallait, comme à Paris, où cinq cents registres font le service, chercher les traces d'une inscription faite depuis long tems par un homme décédé. D'ailleurs, les frais de recherches seraient très-considérables.

Il serait préférable de fixer un tems pendant lequel l'inscription conserverait ses effets. Si dix ans paraissent trop courts, on peut porter le délai à quinze ou à vingt ans.

M. BERLIER partage l'avis de M. Cretet; il lui semble, en effet impossible de calculer la durée de l'inscription sur celle de l'obligation personnelle, car alors il n'y aurait plus de terme connu.

En effet, et bien que la plus longue prescription doive être désormais de trente ans, l'obligation personnelle peut durer cent ans et plus, si elle est suffisamment entretenue par des actes conservatoires.

D'un autre côté, et sans cela même, la prescription de l'obligation personnelle peut ne s'accomplir que par un laps de tems supérieur à trente ans, s'il y a eu des minorités.

Il faut donc renoncer à prendre la durée de l'obligation personnelle pour mesure de celle de l'inscription, si l'on ne veut point embarrasser le système adopté; et s'il faut prendre un terme fixe pour la durée de l'inscription, il est fort simple de s'en tenir à celui de dix ans, établi par la loi du 11 brumaire an 7, et en usage aujourd'hui.

M. TREILHARD dit que la Section ne s'est pas dissimulé ces objections; mais elle a considéré que l'article ne change rien au passé, en même tems qu'il concilie plus de faveur à la loi.

M. Cretet dit que le public est accoutumé à l'idée que les inscriptions ne durent que dix ans, et qu'elle ne se présente pas à lui avec défaveur; mais qu'il faut ne pas donner aux inscriptions une durée tellement longue, qu'on ne puisse presque plus les retrouver sur les registres.

M. Bérenger dit que cet inconvénient serait inévitable dans le système de la section.

Il ajoute que M. Berlier a fait un raisonnement péremptoire. Pourquoi l'inscription durerait-elle plus long-tems que l'action qui se prescrit par trente ans?

M. Jollivet dit que l'article pourrait faire durer la responsabilité du conservateur pendant cent ans, si la prescription avait été interrompue. Aucune disposition n'oblige, par exemple, de lui notifier le titre nouvel qui peut avoir été fait.

M. Bigot-Préameneu dit que la section aurait voulu épargner aux citoyens la charge de payer plusieurs fois le droit proportionnel; mais qu'on pourrait remplir ces vues en dispensant les parties de payer de nouveau le droit à la seconde inscription et aux inscriptions subséquentes.

Le consul Cambacérès rappelle qu'on est convenu de ne pas parler des droits dans le Code civil. Il peut se faire qu'ils soient trop considérables; mais ce n'est pas ici le lieu de les modérer.

L'idée de la section est bonne en soi. Pourquoi exiger que des formalités régulièrement remplies soient renouvelées? Mais ce qui est effrayant, c'est l'embarras et les procès dans lesquels l'article jettera dans la suite. Il se peut que l'on n'ait pas eu jusqu'ici d'exemples d'enregistrement frauduleux; cependant, dans cinquante ans, deux créanciers peuvent se présenter chacun avec un bordereau d'inscription, à la même date et sur le même bien : que faire alors? Il faudra donc les faire concourir.

L'article est adopté avec l'amendement que l'effet des inscriptions continuera à ne durer que dix ans.

2155. Les frais des inscriptions sont à la charge du débiteur, s'il n'y a stipulation contraire; l'avance en est faite par l'inscrivant, si ce n'est quant aux hypothèques légales, pour l'inscription desquelles le conservateur a son recours contre le débiteur. Les frais de la transcription, qui peut être requise par le vendeur, sont à la charge de l'acquéreur.

(Cet article, le LXIV°. du Projet, fut adopté sans discussion).

2156. Les actions auxquelles les inscriptions peuvent donner lieu contre les créanciers, seront intentées devant le tribunal compétent, par exploits faits à leur personne, ou au dernier des domiciles élus sur leur registre ; et ce, nonobstant le décès soit des créanciers, soit de ceux chez lesquels ils auront fait élection de domicile.

(Cet article était le LXVe. du Projet).

M. REGNAUD (de Saint-Jean-d'Angely) dit qu'il est nécessaire d'indiquer quel tribunal est compétent. Il s'est élevé des doutes sur ce sujet. On a hésité à décider que la cause devait être portée devant le tribunal de l'arrondissement où l'inscription a été faite, et où le créancier a élu un domicile. Il semble que, l'action étant réelle, doit être poursuivie devant ce tribunal et non devant celui du domicile ordinaire.

M. TREILHARD dit que l'article LXVIII (2159) décide la question dans ce sens. (L'article est adopté.)

CHAPITRE V.

DE LA RADIATION ET RÉDUCTION DES INSCRIPTIONS.

2157. Les inscriptions sont rayées du consentement des parties intéressées et ayant capacité à cet effet, ou en vertu d'un jugement en dernier ressort ou passé en force de chose jugée.

LXVI. *Les inscriptions sont radiées du consentement des parties intéressées, ou en vertu d'un jugement exécutoire qui l'ordonne.*

(Cet article fut adopté. Les changemens que présente le texte ont eu lieu sans discussion).

2158. Dans l'un et l'autre cas, ceux qui requièrent la radiation déposent au bureau du conservateur l'expédition de l'acte authentique portant consentement, ou celle du jugement.

(Cet art., le LXVIIe. du Projet, fut adopté sans discussion).

2159. La radiation non consentie est demandée au tribunal dans le ressort duquel l'inscription a été faite, si ce n'est lorsque cette inscription a eu lieu pour sûreté d'une condamnation éventuelle ou indéterminée, sur l'exécution ou liquidation de laquelle le débiteur et le créancier prétendu sont en instance ou doivent être jugés dans un autre tribunal ; auquel cas la demande en radiation doit y être portée ou renvoyée.

Cependant la convention faite par le créancier et le débiteur, de porter, en cas de contestation, la demande à un tribunal qu'ils auraient désigné, recevra son exécution entre eux.

LXVIII. *La radiation non consentie est demandée au tribunal dans le ressort duquel l'inscription a été faite, si ce n'est lorsqu'elle l'a été pour sûreté d'une condamnation éventuelle ou indéterminée, sur l'exécution ou liquidation de laquelle le débiteur et le créancier prétendu sont en instance, ou doivent être jugés dans un autre tribunal, auquel cas, la demande en radiation doit y être portée ou renvoyée.*

Le consul CAMBACÉRÈS demande si, quoique tous les scels attributifs de juridiction soient supprimés, les parties ne pourraient pas stipuler qu'elles seront jugées par un tribunal déterminé, et dont elles conviendraient.

M. BERLIER doute que cela se puisse, les juridictions étant d'ordre public.

M. TREILHARD dit que les parties ont cette liberté : puisqu'il leur est permis de convenir de s'en rapporter à l'arbitrage de particuliers sans caractère public, à plus forte raison peuvent-elles choisir un tribunal.

M. MALEVILLE ajoute que cette faculté leur est textuellement accordée par la loi du 24 août 1790.

Le consul CAMBACÉRÈS dit que, puisque telle est l'intention de la section, il serait utile de l'exprimer clairement dans l'article ; car on pourrait inférer de la rédaction, que la juridiction est forcée.

M. JOLLIVET observe que cette faculté pourrait nuire aux tiers, qui ont toujours le droit de réclamer les juges que la loi leur assigne.

M. TREILHARD répond que l'effet de la stipulation est renfermé entre les parties stipulantes, et ne change pas l'ordre des juridictions à l'égard des tiers.

L'article est adopté avec l'amendement du Consul.

2160. La radiation doit être ordonnée par les tribunaux, lorsque

lorsque l'inscription a été faite sans être fondée ni sur la loi, ni sur un titre, ou lorsqu'elle l'a été en vertu d'un titre soit irrégulier, soit éteint ou soldé, ou lorsque les droits de privilége ou d'hypothèque sont effacés par les voies légales.

(Cet article, le LXIXe. du Projet, fut adopté sans discussion).

2161. Toutes les fois que les inscriptions prises par un créancier qui, d'après la loi, aurait droit d'en prendre sur les biens présens ou sur les biens à venir d'un débiteur, sans limitation convenue, seront portées sur plus de domaines différens qu'il n'est nécessaire à la sûreté des créances, l'action en réduction des inscriptions, ou en radiation d'une partie en ce qui excède la proportion convenable, est ouverte au débiteur. On y suit les règles de compétence établies dans l'article 2159.

La disposition du présent article ne s'applique pas aux hypothèques conventionnelles.

(L'article LXX du Projet, ne renfermait pas le deuxième paragraphe de l'article 2161).

Le consul CAMBACÉRÈS demande si, en vertu de cet article, le juge pourrait prononcer la réduction même des hypothèques conventionnelles et spéciales.

M. TREILHARD dit que l'article ne s'étend pas à ces sortes d'hypothèques.

L'article est adopté avec cet amendement.

2162. Sont réputées excessives les inscriptions qui frappent sur plusieurs domaines, lorsque la valeur d'un seul ou de quelques-uns d'entre eux excède de plus d'un tiers en fonds libres le montant des créances en capital et accessoires légaux.

(Cet article, le LXXIe. du Projet, fut adopté sans discussion).

2163. Peuvent aussi être réduites comme excessives, les inscriptions prises d'après l'évaluation faite par le créancier, des créances qui, en ce qui concerne l'hypothèque à établir pour leur sûreté, n'ont pas été réglées par la convention, et qui par leur nature sont conditionnelles, éventuelles ou indéterminées.

(Cet article, le LXXIIe. du Projet, fut adopté sans discussion).

2164. L'excès, dans ce cas, est arbitré par les juges, d'après les circonstances, les probabilités des chances et les présomptions de fait, de manière à concilier les droits vraisemblables du créancier avec l'intérêt du crédit raisonnable à conserver au débiteur ; sans préjudice des nouvelles inscriptions à prendre avec hypothèque du jour de leur date, lorsque l'événement aura porté les créances indéterminées à une somme plus forte.

(Cet article, le LXXIIIe. du Projet, fut adopté sans discussion).

2165. La valeur des immeubles dont la comparaison est à faire avec celle des créances et le tiers en sus, est déterminée par quinze fois la valeur du revenu déclaré par la matrice du rôle de la contribution foncière, ou indiqué par la cote de contribution sur le rôle, selon la proportion qui existe dans les communes de la situation entre cette matrice ou cette cote et le revenu, pour les immeubles non sujets à dépérissement, et dix fois cette valeur pour ceux qui y sont sujets. Pourront néanmoins les juges s'aider, en outre, des éclaircissemens qui peuvent résulter des baux non suspects, des procès-verbaux d'estimation qui ont pu être dressés précédemment à des époques rapprochées, et autres actes semblables, et évaluer le revenu au taux moyen entre les résultats de ces divers renseignemens.

(Cet article, le LXXIVe. du Projet, fut adopté sans discussion).

CHAPITRE VI.

DE L'EFFET DES PRIVILEGES ET HYPOTHEQUES CONTRE LES TIERS DÉTENTEURS.

2166. Les créanciers ayant privilége ou hypothèque

inscrite sur un immeuble, le suivent en quelques mains qu'il passe, pour être colloqués et payés suivant l'ordre de leurs créances ou inscriptions.

(Cet article, le LXXVe. du Projet, fut adopté sans discussion).

2167. Si le tiers détenteur ne remplit pas les formalités qui seront ci-après établies, pour purger sa propriété, il demeure, par l'effet seul des inscriptions, obligé comme détenteur à toutes les dettes hypothécaires, et jouit des termes et délais accordés au débiteur originaire.

(Cet article, le LXXVIe. du Projet, fut adopté sans discussion).

2168. Le tiers détenteur est tenu, dans le même cas, ou de payer tous les intérêts et capitaux exigibles, à quelque somme qu'ils puissent monter, ou de délaisser l'immeuble hypothéqué, sans aucune réserve.

(Cet art., le LXXVIIe. du Projet, fut adopté sans discussion.)

2169. Faute par le tiers détenteur de satisfaire pleinement à l'une de ces obligations, chaque créancier hypothécaire a droit de faire vendre sur lui l'immeuble hypothéqué, trente jours après commandement fait au débiteur originaire, et sommation faite au tiers détenteur de payer la dette exigible ou de laisser l'héritage.

(Cet article, le LXXVIIIe. du Projet, fut adopté sans discussion).

2170. Néanmoins, le tiers détenteur qui n'est pas personnellement obligé à la dette, peut s'opposer à la vente de l'héritage hypothéqué qui lui a été transmis, s'il est demeuré d'autres immeubles hypothéqués à la même dette dans la possession du principal ou des principaux obligés, et en requérir la discussion préalable selon la forme réglée au titre *du Cautionnement :* pendant cette discussion, il est sursis à la vente de l'héritage hypothéqué.

(Cet article, le LXXIXe. du Projet, fut adopté sans discussion).

2171. L'exception de discussion ne peut être opposée au créancier privilégié ou ayant hypothèque spéciale sur l'immeuble.

(Cet article était le LXXXe. du Projet).

M. Tronchet dit que cet article anéantit entièrement la discussion à l'égard des hypothèques légales. En effet, le créancier ne peut faire valoir une hypothèque de cette nature, tant que son droit n'est pas ouvert; et aussitôt qu'il l'est, l'hypothèque se spécialise.

La disposition ne serait pas juste même à l'égard des hypothèques conventionnelles; car lorsque le détenteur de l'immeuble engagé indique les autres biens du débiteur, et fait l'avance des frais, il ne doit être troublé que dans le cas où les biens indiqués seraient insuffisans.

M. Treilhard répond que le changement de système a dû amener cette disposition. Autrefois on ne connaissait que des hypothèques générales, et dans ce système, il n'y avait pas de raison pour s'en prendre à un immeuble plutôt qu'à un autre; mais aujourd'hui que la spécialité est admise, l'immeuble grevé d'hypothèque devient le gage direct et exclusif du créancier.

M. Tronchet observe que la question ne peut s'élever que lorsque le créancier a pris inscription sur plusieurs immeubles, car autrement il serait impossible de lui opposer la discussion. Dans cette hypothèse, il est juste de lui rappeler qu'il n'a d'autre intérêt que celui d'être payé; qu'ainsi son objet se trouve rempli dès qu'on lui indique des biens sur lesquels il peut prendre sa créance, et qu'on lui avance les frais nécessaires pour en obtenir le paiement.

On a conservé le bénéfice de la discussion aux codébiteurs solidaires et aux cautions: il n'y a pas de motifs de traiter plus durement ceux que l'article concerne.

L'opinant se réduit à demander que lorsque plusieurs immeubles se trouvent grevés d'hypothèques, et que l'un d'eux a été vendu, le créancier exerce ses droits sur ceux qui sont demeurés dans la main de son débiteur.

L'article est renvoyé à la section. (Néanmoins il n'a subi aucun changement.)

2172. Quant au délaissement par hypothèque, il peut être fait par tous les tiers détenteurs qui ne sont pas personnellement obligés à la dette, et qui ont la capacité d'aliéner.

(Cet art., le LXXXIe. du Projet, fut adopté sans discussion).

2173. Il peut l'être même après que le tiers détenteur a reconnu l'obligation ou subi condamnation en cette qualité seulement : le délaissement n'empêche pas que, jusqu'à l'adjudication, le tiers détenteur ne puisse reprendre l'immeuble en payant toute la dette et les frais.

(Cet article, le LXXXIIe. du Projet, fut adopté sans discussion).

2174. Le délaissement par hypothèque se fait au greffe du tribunal de la situation des biens, et il en est donné acte par ce tribunal.

Sur la pétition du plus diligent des intéressés, il est créé à l'immeuble délaissé un curateur sur lequel la vente de l'immeuble est poursuivie dans les formes prescrites pour les expropriations.

(Cet article, le LXXXIIIe. du Projet, fut adopté sans discussion).

2175. Les détériorations qui procèdent du fait ou de la négligence du tiers détenteur au préjudice des créanciers hypothécaires ou privilégiés, donnent lieu contre lui à une action en indemnité ; mais il ne peut répéter ses impenses et améliorations que jusqu'à concurrence de la plus-value résultant de l'amélioration.

(Cet article, le LXXXIVe. du Projet, fut adopté sans discussion).

2176. Les fruits de l'immeuble hypothéqué ne sont dus par le tiers détenteur qu'à compter du jour de la sommation de payer ou de délaisser, et, si les poursuites commencées ont été abandonnées pendant trois ans, à compter de la nouvelle sommation qui sera faite.

(Cet art., le LXXXVe. du Projet, fut adopté sans discussion).

2177. Les servitudes et droits réels que le tiers détenteur avait sur l'immeuble avant sa possession, renaissent après le délaissement ou après l'adjudication faite sur lui.

Ses créanciers personnels, après tous ceux qui sont inscrits sur les précédens propriétaires, exercent leur hypothèque à leur rang, sur le bien délaissé ou adjugé.

(Cet article, le LXXXVIe. du Projet, fut adopté sans discussion).

2178. Le tiers détenteur qui a payé la dette hypothécaire, ou délaissé l'immeuble hypothéqué, ou subi l'expropriation de cet immeuble, a le recours en garantie, tel que de droit, contre le débiteur principal.

(Cet article, le LXXXVIIe. du Projet, fut adopté sans discussion).

2179. Le tiers détenteur qui veut purger sa propriété en payant le prix, observe les formalités qui sont établies dans le chapitre VIII du présent titre.

(Cet article, le LXXXVIIIe. du Projet, fut adopté sans discussion).

CHAPITRE VII.

DE L'EXTINCTION DES PRIVILEGES ET HYPOTHEQUES.

2180. Les privilèges et hypothèques s'éteignent,

1°. Par l'extinction de l'obligation principale,

2°. Par la renonciation du créancier à l'hypothèque(1),

3°. Par l'accomplissement des formalités et conditions

---

(1) Le créancier ou le notaire qui signent, comme témoin ou comme officier public, l'acte d'aliénation d'un immeuble qui leur est hypothéqué, sont-ils censés, par cela seul, renoncer à leur hypothèque; ou bien est-il nécessaire, pour opérer cet effet, que le débiteur ait, dans le contrat, déclaré son immeuble *franc et quitte* de toute hypothèque? (Observation du tribunal de cassation).

prescrites aux tiers détenteurs pour purger les biens par eux acquis,

4°. Par la prescription.

La prescription est acquise au débiteur, quant aux biens qui sont dans ses mains, par le tems fixé pour la prescription des actions qui donnent l'hypothèque ou le privilége.

Quant aux biens qui sont dans la main d'un tiers détenteur, elle lui est acquise par le tems réglé pour la prescription de la propriété à son profit : dans le cas où la prescription suppose un titre, elle ne commence à courir que du jour où il a été transcrit sur les registres du conservateur.

Les inscriptions prises par le créancier n'interrompent pas le cours de la prescription établie par la loi en faveur du débiteur ou du tiers détenteur.

LXXXIX. *Les priviléges et hypothèques s'éteignent,*
1°. *Par l'extinction de l'obligation principale,*
2°. *Par la renonciation du créancier à l'hypothèque,*
3°. *Par la prescription.*
Elle n'est acquise, quant aux biens étant dans les mains du débiteur, que par le tems fixé pour la prescription de l'action personnelle;
Elle s'aquiert, quant aux biens qui sont dans les mains d'un tiers détenteur, par le tems réglé pour la prescription de la propriété au profit du tiers détenteur, mais seulement, dans le cas où la prescription suppose un titre, à compter du jour où ce titre a été transcrit sur les registres du conservateur;
Les inscriptions prises par le créancier n'interrompent pas le cours de la prescription établie par la loi en faveur du débiteur ou du tiers détenteur;
4°. *Par l'accomplissement des formalités et conditions prescrites aux tiers détenteurs pour purger les biens par eux acquis.*

M. Berlier observe que la rédaction de cet article est évidemment vicieuse. Il lui paraît indispensable de rapprocher les diverses causes d'extinction, sauf à expliquer par un ou plusieurs articles séparés, les modifications propres à la prescription.

L'article est renvoyé à la section.

CHAPITRE VIII.

MODE DE PURGER LES PROPRIÉTÉS DES PRIVILEGES ET HYPOTHEQUES.

2181. Les contrats translatifs de la propriété d'immeubles ou droits réels immobiliers, que les tiers détenteurs voudront purger de priviléges et hypothèques, seront transcrits en entier par le conservateur des hypothèques dans l'arrondissement duquel les biens sont situés.

Cette transcription se fera sur un registre à ce destiné, et le conservateur sera tenu d'en donner reconnaissance au requérant.

(Cet article était le XC^e. du Projet).

M. JOLLIVET demande si les actes sous seing-privé pourront être présentés à la transcription. La question a été diversement décidée. Le ministre de la justice l'a décidée négativement, et quelques tribunaux affirmativement.

Le consul CAMBACÉRÈS dit que la question a été résolue au titre de *la Vente*, par la disposition qui attribue aux actes de vente rédigés sous seing-privé, l'effet de transférer la propriété. La conséquence nécessaire de cette disposition est que ces sortes d'actes peuvent être transcrits. Ce serait la rapporter que de décider ici le contraire.

M. JOLLIVET dit qu'il conviendrait cependant de ne les admettre à la transcription qu'après qu'ils auraient été reconnus devant notaires ou en justice; car sans cette précaution, il y a lieu de craindre que le vendeur ne se donne un faux crédit, ou qu'il n'y ait un faux ordre, une fausse distribution des deniers.

Le consul CAMBACÉRÈS dit que les lois de police correctionnelle prononcent des peines contre l'escroquerie; que ce n'est pas sous ce rapport que dans le Code civil on doit s'occuper de la question. Il ne s'agit ici que de décider de la validité de la vente faite sous seing-privé. On l'a déclarée valable par une disposition précédente, et cependant, dans le fait, elle serait nulle si l'acte ne pouvait être transcrit, et qu'un acquéreur plus récent pût, en faisant transcrire son contrat, enlever la propriété à l'acquéreur sous seing-privé.

L'article est adopté.

2182.

PRIVILEGES ET HYPOTHEQUES. 833

2182. La simple transcription des titres translatifs de propriété sur le registre du conservateur, ne purge pas les hypothèques et priviléges établis sur l'immeuble.

Le vendeur ne transmet à l'acquéreur que la propriété et les droits qu'il avait lui-même sur la chose vendue : il les transmet sous l'affectation des mêmes priviléges et hypothèques dont il était chargé.

XCI. *Les actes translatifs de propriété qui n'ont pas été ainsi transcrits, ne peuvent être opposés aux tiers qui auraient contracté avec le vendeur, et qui se seraient conformés aux dispositions de la présente.*

XCII. *La simple transcription des titres translatifs de propriété sur le registre du conservateur, ne purge pas les hypothèques et priviléges établis sur l'immeuble.*

Il ne passe au nouveau propriétaire qu'avec les droits qui appartenaient au précédent, et affecté des mêmes priviléges ou hypothèques dont il était chargé.

M. Maleville demande si l'effet de l'article XCI sera d'investir de la propriété le nouvel acheteur qui aura fait transcrire, au préjudice de l'acheteur plus ancien qui n'aura pas rempli cette formalité. Cet article semblerait le supposer d'abord par la généralité de ses expressions; mais comme l'article suivant dit que, malgré la transcription, l'immeuble ne passe à l'acquéreur qu'avec les droits qui appartenaient au vendeur, et qu'on ne peut pas transférer ce qu'on n'a plus, il y a lieu de douter si l'article XCI a voulu en effet que le premier acquéreur pût être dépouillé de sa propriété par le seul défaut de transcription ; cette disposition présenterait des inconvéniens bien graves.

M. Treilhard dit que telle sera la conséquence de l'article.

Il était nécessaire de régler la préférence entre les acquéreurs, dans le cas d'une double vente. L'article veut qu'elle soit accordée à l'acquéreur qui a fait transcrire, sauf le recours de l'autre contre le vendeur.

M. Jollivet ajoute que cette disposition est encore nécessaire pour ôter au vendeur la faculté de charger d'hypothèques l'immeuble vendu.

M. Tronchet dit que c'est précisément cette conséquence qui rend la disposition désastreuse. Elle aurait les effets les plus funestes.

On a vu dans tous les tems des ventes faites par des individus qui n'étaient pas réellement propriétaires ; on a vu aussi des ventes doubles faites par le propriétaire véritable ; mais les tribunaux, dans tous ces cas, prononçaient entre les parties. Aujourd'hui, et d'après l'article qu'on propose, tout dépend de la transcription ; en sorte qu'un citoyen qui aurait acheté et qui possèderait un immeuble depuis dix et depuis vingt ans, mais qui n'aurait pas fait transcrire, serait obligé de le céder à l'acheteur très-récent dont le contrat aurait été transcrit.

Il faut même observer que l'effet de cette étrange disposition n'est pas borné aux ventes faites depuis la loi du 11 brumaire, mais qu'elle embrasse également les ventes antérieures ; qu'ainsi il n'y a plus en France une seule propriété dont on ne puisse être dépouillé faute de transcription, en vertu d'une vente faite par un individu qui n'a jamais été propriétaire, pourvu que l'acheteur fasse transcrire le contrat.

Il est impossible de justifier une disposition qui expose à de si grands dangers le droit sacré de propriété, et qui sacrifie un propriétaire légitime à un acquéreur nouveau, à un nouveau créancier.

On ne voit pas quel motif a pu leur faire accorder cette injuste faveur. Que la loi établisse la spécialité des hypothèques, on aperçoit le motif de cette disposition ; elle consacre le seul moyen qui existe d'empêcher le prêteur de placer faussement sa confiance dans un gage déjà absorbé par des hypothèques antérieures. Mais celui qui achète n'a pas besoin que la loi pourvoie d'une manière particulière à sa sûreté : il a sous les yeux les titres ; il peut vérifier la possession du vendeur. Et ce serait pour le dispenser de cet examen qu'on ne craindrait pas de compromettre la propriété d'un citoyen qui se repose avec sécurité sur un contrat légal !

Cette disposition, à la vérité, n'est pas nouvelle : on l'a empruntée de la loi du 11 brumaire ; mais elle n'y avait été placée, comme beaucoup d'autres, que pour l'intérêt du fisc, et sans avoir de point d'appui dans les principes de la matière ; car comment colorer même une préférence évidemment arbitraire, ou plutôt évidemment injuste ?

On n'a cessé de répondre à ceux qui répugnaient au système de la transcription, qu'il ne tendait qu'à établir le bilan des fortunes ; que la transcription était entièrement facultative.

Voilà, certes, une étrange faculté que celle dont on ne peut user sans s'exposer à perdre son bien !

Le Consul CAMBACÉRÈS invite la section à s'expliquer positivement sur ces deux points.

Les ventes faites avant la loi du 11 brumaire seront-elles assujéties à la formalité de la transcription ?

PRIVILEGES ET HYPOTHEQUES.

La transcription conférera-t-elle la propriété à l'acheteur, même lorsqu'il aura acheté d'un particulier qui n'était pas propriétaire?

M. Treilhard dit que l'article XCII résout la difficulté, en décidant que l'héritage ne passe au nouveau propriétaire qu'avec les droits qui appartiennent au vendeur.

M. Tronchet dit que l'article XCII ne sert qu'à mieux faire ressortir la conséquence de l'article XCI.

On commence en effet par établir qu'un contrat de vente non transcrit, ne pourra militer avec un contrat transcrit : on dit ensuite que la transcription ne purge pas les priviléges et les hypothèques ; il est donc évident qu'elle purge la propriété.

On prétend que les intérêts de l'acheteur qui n'a pas fait transcrire, sont mis à couvert par le recours qu'on lui réserve contre le vendeur.

Quand on lui accorderait même la poursuite en stellionat, toujours serait-il vrai qu'on le dépouille de sa propriété pour le réduire à une action, et qu'on préfère ainsi au propriétaire légitime l'acquéreur imprudent qui n'a pas pris la peine d'examiner les titres du vendeur.

M. Treilhard répond que l'usage où sont les acquéreurs d'examiner les titres de propriété est déjà une première garantie contre l'abus de l'article XCI ; car certainement ceux qui découvriraient, par cet examen, que le vendeur n'est pas propriétaire, s'abstiendraient d'acheter.

Mais quand on supposerait qu'il se trouve des hommes assez inconsidérés pour acheter sans avoir vérifié les titres, eux seuls porteraient la peine de leur imprudence ; elle ne nuirait pas au propriétaire véritable, puisque, d'après l'article XCII, ils n'acquièrent sur la chose que les droits que pouvait avoir le vendeur.

Les inconvéniens dont on a parlé n'ont donc rien de réel, et ne doivent pas faire rejeter la disposition.

Voici maintenant les raisons qui doivent la faire admettre.

On a voulu que les prêteurs ne fussent pas obligés de se livrer à une confiance aveugle ; qu'ils eussent des moyens de vérifier la situation de ceux auxquels ils prêtent leurs capitaux : de là la publicité des hypothèques.

Cependant l'effet de ce système serait manqué, si l'on n'était pas autorisé à regarder comme propriétaire celui qu'on trouve inscrit sous cette qualité.

Si cet individu a vendu son héritage, et que néanmoins il l'engage comme s'il lui appartenait encore, point de doute qu'il ne se rende coupable de stellionat.

Mais sur qui les suites de cette faute doivent elles retomber? Sera-ce sur le prêteur qui n'a pu s'éclairer que par l'inspection des registres hypothécaires? Non, sans doute : ce sera sur l'acquéreur qui était obligé de faire connaître son contrat, et qui, pour ne l'avoir pas fait transcrire, a jeté dans l'erreur celui que la loi renvoyait aux registres.

On voudrait qu'un acheteur fût libre de ne pas faire transcrire.

Il peut s'en dispenser ; mais alors il ne lui restera d'autre garantie contre les hypothèques à venir que la moralité de son vendeur.

Au reste, la disposition n'ébranle pas les anciennes acquisitions. Elle n'a trait qu'aux hypothèques créées par le vendeur sur une chose dont il s'est dessaisi, et elle donne, en ce cas, la préférence au prêteur qui n'a rien à se reprocher, sur l'acheteur qui ne peut imputer qu'à lui-même les suites fâcheuses de sa négligence ou de sa crédulité. Elle ne concerne que le vendeur propriétaire véritable, et non le faux propriétaire qui a vendu l'héritage d'autrui. Si le vendeur n'a point la propriété de l'immeuble, la transcription du contrat ne la transmet pas à l'acheteur.

L'article XCI est d'ailleurs un moyen de prévenir la collusion frauduleuse de l'acquéreur et du vendeur, qui, si le contrat suffisait sans la transcription, pourraient se concerter pour faire des dupes en offrant un faux gage.

Le consul CAMBACÉRÈS dit que la rédaction de l'article ne rend pas assez clairement le sens que vient de lui donner M. Treilhard.

Elle laisse des doutes sur les contrats antérieurs à la loi du 11 brumaire, et peut-être serait-on porté à penser qu'elle en ordonne la transcription.

D'un autre côté, l'article XCII, tel qu'il est rédigé, ne décide pas nettement que la transcription ne transfère pas la propriété à celui qui achète d'une personne non propriétaire. Le mot *droits* qu'il emploie s'applique naturellement aux services fonciers, à l'usufruit et aux autres charges réelles dont l'immeuble peut être grevé ; mais dans son sens le plus direct, il ne comprend pas la propriété.

L'opinion du Consul est que l'acheteur doit être forcé de purger les hypothèques, mais que la transcription ne doit pas avoir l'effet de purger la propriété.

A la vérité il est rare qu'un particulier vende sciemment un héritage qui ne lui appartient pas ; cependant ce cas peut se présenter ; et d'ailleurs, dans les campagnes, rien n'est plus ordinaire que les empiétemens. Si les terres ainsi ajoutées sont vendues avec le fonds, il est juste que la transcription du contrat n'empêche pas le propriétaire de les revendiquer.

PRIVILEGES ET HYPOTHEQUES.   837

Le Consul demande que la rédaction soit réformée, afin que l'article ne laisse aucun doute sur l'intention de la loi.

Le Conseil adopte en principe,

1°. Que la disposition de l'article n'est pas applicable aux contrats de vente antérieurs à la loi du 11 brumaire ;

2°. Que la transcription du contrat ne transfère pas à l'acheteur la propriété, lorsque le vendeur n'était pas propriétaire.

Les deux articles sont renvoyés à la section pour les rédiger dans le sens des amendemens adoptés.

2183. Si le nouveau propriétaire veut se garantir de l'effet des poursuites autorisées dans le chapitre VI du présent titre, il est tenu, soit avant les poursuites, soit dans le mois, au plus tard, à compter de la première sommation qui lui est faite, de notifier aux créanciers, aux domiciles par eux élus dans leurs inscriptions,

1°. Extrait de son titre, contenant seulement la date et la qualité de l'acte, le nom et la désignation précise du vendeur ou du donateur, la nature et la situation de la chose vendue ou donnée ; et, s'il s'agit d'un corps de biens, la dénomination générale seulement du domaine et des arrondissemens dans lesquels il est situé, le prix et les charges faisant partie du prix de la vente, ou l'évaluation de la chose, si elle a été donnée ;

2°. Extrait de la transcription de l'acte de vente ;

3°. Un tableau sur trois colonnes, dont la première contiendra la date des hypothèques et celle des inscriptions ; la seconde, le nom des créanciers ; la troisième, le montant des créances inscrites.

XCIII. *Si le nouveau propriétaire veut se dispenser de payer l'intégralité des dettes hypothécaires ou privilégiées, et se garantir de l'effet des poursuites autorisées par le chapitre VI, il est tenu, soit avant les poursuites, soit dans le mois, au plus tard, à compter de la première sommation qui lui est faite, de notifier, par extrait, aux créanciers, aux domiciles par eux élus dans leurs inscriptions.*

1°. Extrait de son titre, contenant la date et la qualité de l'acte, le nom

et la désignation précise du vendeur, la nature et la situation de la chose vendue;

2°. Le certificat de la transcription de l'acte de vente;

3°. L'état des charges et hypothèques dont l'immeuble est grevé, et la déclaration de l'acquéreur ou donataire qu'il est prêt à acquitter sur-le-champ les dettes et charges hypothécaires, jusqu'à concurrence seulement du prix.

Séance du 12 Ventose an 12.

Le consul CAMBACÉRÈS dit que cet article renouvelle la disposition de la loi du 11 brumaire, qui rendait l'acquéreur responsable de la totalité des dettes dont l'immeuble était chargé; que cette disposition a toujours été critiquée, comme beaucoup trop sévère; attendu qu'il convient de laisser à l'acheteur l'alternative, ou de payer les dettes, ou de déguerpir l'héritage.

M. TREILHARD dit qu'il n'a pas été dans l'intention de la section de la lui refuser. Elle a seulement voulu lui offrir un moyen de purger les hypothèques, et dans le cas où il n'en userait pas, qu'il fût tenu de payer ou de déguerpir.

M. TRONCHET fait une observation sur le n°. 3 de l'article; il dit que la loi du 11 brumaire dispensait ceux qui voulaient purger leurs hypothèques de payer à l'instant les créances non exigibles, et que cette disposition jetait beaucoup d'embarras dans les liquidations. Par exemple, s'il existait sur un immeuble trois créances hypothécaires, l'une de 15,000 francs, l'autre de 5,000 fr., et l'autre de 10,000 fr., et que la deuxième ne fût pas exigible, le premier créancier était payé, le second s'opposait à ce que le troisième le fût, attendu que s'il permettait ce paiement, et que le bien vînt à diminuer de valeur, il courait le hasard de ne plus trouver dans le gage une sûreté suffisante pour le recouvrement de sa créance : on a vu tel ordre qu'il a été impossible de terminer, parce qu'il se composait de beaucoup de créances exigibles et non exigibles, qui se trouvaient entremêlées.

Il serait donc utile d'abandonner ce système, et de décider que l'acquéreur qui voudra purger les hypothèques, sera tenu de payer toutes les créances exigibles ou non.

M. TREILHARD dit que ce point a été convenu dans la section, et que c'est dans cette vue qu'on s'est servi des expressions *acquitter sur-le-champ*, et qu'on n'a point fait de distinction entre les dettes exigibles et non exigibles.

L'article est adopté sauf rédaction.

XCIV. *L'état des charges dont l'immeuble est grevé, contiendra les époques des hypothèques, les noms et désignations des créanciers inscrits, les sommes pour lesquelles ils sont inscrits en capital et accessoires, ou la nature de celles des créances éventuelles ou indéterminées qui ont pu être inscrites sans évaluation.*

(Cet article fut adopté sans discussion. Il a formé, après la conférence tenue avec le Tribunat, le paragraphe 3 de l'article 2183). (Les autres changemens de rédaction que présente l'article ont eu lieu sans discussion.)

2184. L'acquéreur ou le donataire déclarera par le même acte, qu'il est prêt à acquitter, sur-le-champ, les dettes et charges hypothécaires, jusqu'à concurrence seulement du prix, sans distinction des dettes exigibles ou non exigibles.

(Cet article est formé du troisième paragraphe de l'article XCIII du Projet. Voyez sous l'article précédent).

2185. Lorsque le nouveau propriétaire a fait cette notification dans le délai fixé, tout créancier dont le titre est inscrit, peut requérir la mise de l'immeuble aux enchères et adjudications publiques, à la charge,

1°. Que cette réquisition sera signifiée au nouveau propriétaire dans quarante jours, au plus tard, de la notification faite à la requête de ce dernier ; en y ajoutant deux jours par cinq myriamètres de distance entre le domicile élu et le domicile réel de chaque créancier requérant ;

2°. Qu'elle contiendra soumission du requérant, de porter ou faire porter le prix à un dixième en sus de celui qui aura été stipulé dans le contrat, ou déclaré par le nouveau propriétaire ;

3°. Que la même signification sera faite dans le même délai au précédent propriétaire, débiteur principal ;

4°. Que l'original et les copies de ces exploits seront signés par le créancier requérant, ou par son fondé de procuration expresse, lequel, en ce cas, est tenu de donner copie de sa procuration ;

5°. Qu'il offrira de donner caution jusqu'à concurrence du prix et des charges.

Le tout à peine de nullité.

(On ne trouvait pas au cinquième paragraphe de l'article XCVe. du Projet, ces mots : *jusqu'à concurrence du prix et des charges*).

M. Jollivet demande qu'on ajoute au paragraphe 5 de cet article, *jusqu'à concurrence du prix et des charges.*

M. Bérenger observe qu'on donne au créancier un délai trop court ; il lui sera difficile de s'instruire, dans un tems moindre de trois mois, du prix et des conditions de la vente.

M. Tronchet dit que ce délai serait trop long : l'un des plus grands inconvéniens des formes actuelles, est qu'un acquéreur ne peut parvenir à se libérer.

L'article est adopté avec l'amendement proposé par M. Jollivet.

2186. A défaut, par les créanciers, d'avoir requis la mise aux enchères dans le délai et les formes prescrits, la valeur de l'immeuble demeure définitivement fixée au prix stipulé dans le contrat, ou déclaré par le nouveau propriétaire, lequel est, en conséquence, libéré de tout privilége et hypothèque, en payant ledit prix aux créanciers qui seront en ordre de recevoir, ou en le consignant.

(L'article XCVI du Projet ne renfermait pas ces derniers mots : *ou en le consignant*).

M. Tronchet dit que cet article forcerait l'acquéreur d'attendre la confection de l'ordre, c'est-à-dire une époque souvent fort reculée, avant de pouvoir se libérer. Il convient donc de l'autoriser à consigner le prix.

L'article est adopté avec cet amendement.

2187. En cas de revente sur enchère, elle aura lieu suivant les formes établies pour les expropriations forcées, à la diligence soit du créancier qui l'aura requise, soit du nouveau propriétaire.

Le poursuivant énoncera dans les affiches le prix stipulé dans le contrat, ou déclaré, et la somme en sus
à

PRIVILEGES ET HYPOTHEQUES. 841

à laquelle le créancier s'est obligé de la porter ou faire porter.

(Cet art., le XCVII^e. du Projet, fut adopté sans discussion.)

2188. L'adjudicataire est tenu, au-delà du prix de son adjudication, de restituer à l'acquéreur ou au donataire dépossédé les frais et loyaux coûts de son contrat, ceux de la transcription sur les registres du conservateur, ceux de notification, et ceux faits par lui pour parvenir à la revente.

(Cet art. était le XCVIII^e. du Projet).

M. Dupuy demande que cet article soumette l'acquéreur à payer également les impenses et améliorations.

M. Treilhard répond que cette obligation étant de droit commun, il devient inutile de l'exprimer.

L'article est adopté.

2189. L'acquéreur ou le donataire qui conserve l'immeuble mis aux enchères, en se rendant dernier enchérisseur, n'est pas tenu de faire transcrire le jugement d'adjudication.

XCIX. *L'acquéreur ou le donataire conserve l'immeuble mis aux enchères, soit en soldant toutes les dettes privilégiées et hypothécaires, soit en se rendant dernier enchérisseur.*

(Cet article fut adopté sans discussion ainsi que les changemens que présente le texte).

2190. Le désistement du créancier requérant la mise aux enchères, ne peut, même quand le créancier paierait le montant de la soumission, empêcher l'adjudication publique, si ce n'est du consentement exprès de tous les autres créanciers hypothécaires.

(Cet article, le C^e. du Projet, fut adopté sans discussion).

2191. L'acquéreur qui se sera rendu adjudicataire aura son recours tel que de droit contre le vendeur, pour le remboursement de ce qui excède le prix stipulé par son titre, et pour l'intérêt de cet excédant, à compter du jour de chaque paiement.

L'article CI^e. du Projet portait : *L'acquéreur. . . . . pour le remboursement de ce qu'il aura payé ou dû payer au-delà du prix stipulé, etc.*

(Il fut adopté sans discusssion, ainsi que les changemens que présente le texte).

2192. Dans le cas où le titre du nouveau propriétaire comprendrait des immeubles et des meubles, ou plusieurs immeubles, les uns hypothéqués, les autres non hypothéqués, situés dans le même ou dans divers arrondissemens de bureaux, aliénés pour un seul et même prix, ou pour des prix distincts et séparés, soumis ou non à la même exploitation, le prix de chaque immeuble frappé d'inscriptions particulières et séparées, sera déclaré dans la notification du nouveau propriétaire, par ventilation, s'il y a lieu, du prix total exprimé dans le titre.

Le créancier surenchérisseur ne pourra, en aucun cas, être contraint d'étendre sa soumission, ni sur le mobilier, ni sur d'autres immeubles que ceux qui sont hypothéqués à sa créance, et situés dans le même arrondissement ; sauf le recours du nouveau propriétaire contre ses auteurs, pour l'indemnité du dommage qu'il éprouverait, soit de la division des objets de son acquisition, soit de celle des exploitations (1).

(Cet article, le CII^e. du Projet, fut adopté sans discussion).

CHAPITRE IX.

MODE DE PURGER LES HYPOTHEQUES, QUAND IL N'EXISTE PAS D'INSCRIPTIONS SUR LES BIENS DES MARIS ET DES TUTEURS.

2193. Pourront les acquéreurs d'immeubles apparte-

---

(1) Le créancier de l'un des vendeurs pourra-t-il enchérir pour le tout, si le fonds à vendre appartient à plusieurs par indivis ? (Observation du tribunal d'appel de Toulouse.)

nant à des maris ou à des tuteurs, lorsqu'il n'existera pas d'inscription sur lesdits immeubles à raison de la gestion du tuteur, ou des dot, reprises et conventions matrimoniales de la femme, purger les hypothèques qui existeraient sur les biens par eux acquis.

(On trouvait dans l'article CIII^e. du Projet : *par eux acquis du chef de la femme ou des mineurs.* Il fut adopté sans discussion).

2194. A cet effet, ils déposeront copie dûment collationnée du contrat translatif de propriété au greffe du tribunal civil du lieu de la situation des biens, et ils certifieront par acte signifié, tant à la femme ou au subrogé tuteur, qu'au commissaire civil près le tribunal, le dépôt qu'ils auront fait. Extrait de ce contrat, contenant sa date, les noms, prénoms, professions et domiciles des contractans, la désignation de la nature et de la situation des biens, le prix et les autres charges de la vente, sera et restera affiché pendant deux mois dans l'auditoire du tribunal ; pendant lequel tems les femmes, les maris, tuteurs, subrogés tuteurs, mineurs, interdits, parens ou amis, et le commissaire du gouvernement, seront reçus à requérir s'il y a lieu, et à faire faire au bureau du conservateur des hypothèques, des inscriptions sur l'immeuble aliéné, qui auront le même effet que si elles avaient été prises le jour du contrat de mariage, ou le jour de l'entrée en gestion du tuteur ; sans préjudice des poursuites qui pourraient avoir lieu contre les maris et les tuteurs, ainsi qu'il a été dit ci-dessus, pour hypothèques par eux consenties au profit de tierces personnes sans leur avoir déclaré que les immeubles étaient déjà grevés d'hypothèques, en raison du mariage ou de la tutelle.

(On ne trouvait pas dans l'article CIV^e. du Projet cette disposition : *et ils certifieront, par acte signifié tant à la femme ou au subrogé tuteur, qu'au commissaire civil près le tribunal, le dépôt qu'ils auront fait.*

Les femmes, *les mineurs*, *les interdits*, n'étaient pas non plus désignés parmi ceux qui pouvaient acquérir inscription sur l'immeuble aliéné).

M. TRONCHET propose d'ajouter que les maris et les tuteurs seront tenus de signifier le contrat au commissaire du Gouvernement, et que ce dernier requerra l'inscription.

M. MALEVILLE dit que cet amendement est nécessaire pour mettre la disposition en harmonie avec le système des hypothèques légales. Il serait même utile d'aller plus loin et d'obliger le mari de dénoncer le contrat à la femme, et le tuteur de le dénoncer à ceux qui l'ont nommé. Il faut en un mot prendre toutes les précautions possibles pour ne pas enlever à la femme et aux mineurs, par l'article en discussion, l'hypothèque de droit et sans inscription que l'article XLIV leur assure.

Ce qui a fait introduire l'hypothèque légale des femmes mariées et des mineurs, c'est que, ne pouvant agir par eux-mêmes pour la conservation de leurs droits, ils ne devaient pas souffrir de la négligence d'un tiers : mais la femme, depuis et pendant le mariage, les mineurs, tant que dure la tutelle, sont-ils en meilleure position pour veiller à leurs intérêts qu'à l'époque du contrat de mariage ou de la nomination du tuteur ?

Le consul CAMBACÉRÈS pense aussi que la disposition n'est pas concordante avec le système des hypothèques légales ; mais les moyens proposés lui paraissent insuffisans.

On a établi, dit-il, que les hypothèques légales existent de plein droit, et que les inscriptions n'ont d'autre objet que d'en avertir les tiers. Cependant l'article CV (2195) décide que ces hypothèques sont purgées dans le cas de la vente, si dans le délai de deux mois il n'a pas été formé d'inscriptions pour les conserver ; et c'est afin de donner l'éveil à ceux par qui elles doivent être prises, que l'article CIV ordonne le dépôt du contrat. Peut-être n'est-ce pas faire assez pour la sûreté des femmes et des mineurs, et, pour compléter le système de précautions, faudrait-il obliger l'acquéreur à veiller à l'emploi du prix, sous peine de répondre de sa négligence.

M. TREILHARD répond que lorsque les inscriptions sont formées, et que l'acquéreur est averti des hypothèques dont l'immeuble se trouve grevé, tout rentre dans le droit commun, et doit être réglé par les principes généraux.

M. TRONCHET demande si l'acquéreur purgera également les hypothèques qui répondent des droits éventuels.

PRIVILEGES ET HYPOTHEQUES.   843

M. Treilhard répond que les fonds qui en répondent demeurent dans la main de l'acquéreur où ils sont déposés.

M. Tronchet observe que quelquefois des contrats de mariage contiennent des donations éventuelles et sous la condition de survie, lesquelles peuvent ne jamais s'ouvrir, et dont il est impossible d'évaluer à l'avance le montant.

Il conviendrait donc d'établir une réserve pour les droits non ouverts.

M. Treilhard dit que l'immeuble demeure grevé de ces sortes de charges; que néanmoins l'acquéreur est en sûreté, s'il prend la précaution de retenir le prix.

M. Maleville observe que si ces charges subsistent, l'immeuble n'est donc pas libéré.

M. Treilhard répond qu'il demeure grevé, mais que l'acquéreur a ses sûretés.

M. Jollivet observe que le donataire sous condition de survie, ne prend que ce qui reste des biens du donateur.

M. Bigot Préameneu, dit que l'équivoque vient ici du mot *purger* : il n'est pas vrai que la transcription purge les hypothèques des droits non ouverts; elles ne sont effacées que par un paiement valable.

Dans le système de l'édit de 1771, l'opposition laissait subsister toutes les hypothèques pour dettes qui ne pourraient pas être liquidées.

M. Treilhard dit que l'acquéreur est averti de la situation de son vendeur, au moyen des formes qui forcent le mari et le tuteur à faire inscrire les droits du mineur et de la femme.

M. Tronchet trouve que cette précaution est insuffisante : aucune créance de la femme ne peut être payée sur le prix de l'immeuble vendu pendant le mariage, pas même sa dot; car l'action en restitution n'est ouverte qu'après la mort du mari.

(L'article est renvoyé à la section. Il fut reproduit dans la rédaction communiquée au Tribunat avec la disposition étrangère au projet ainsi conçue : *et ils certifieront par acte au commissaire civil près le tribunal, le dépôt qu'ils auront fait.*)

M. Treilhard dit que le Tribunat a demandé que, pour que la vente soit mieux connue des parties intéressées, le contrat soit signifié à la femme ou au subrogé tuteur.

Séance du 22 Ventôse an 12.

La section propose d'adopter cet amendement. L'amendement est adopté.

2195. Si, dans le cours des deux mois de l'exposition du

contrat, il n'a pas été fait d'inscription du chef des femmes, mineurs ou interdits, sur les immeubles vendus, ils passent à l'acquéreur sans aucune charge, à raison des dot, reprises et conventions matrimoniales de la femme, ou de la gestion du tuteur, et sauf le recours, s'il y a lieu, contre le mari et le tuteur.

S'il a été pris des inscriptions du chef desdites femmes, mineurs ou interdits, et s'il existe des créanciers antérieurs qui absorbent le prix en totalité ou en partie, l'acquéreur est libéré du prix ou de la portion du prix par lui payée aux créanciers placés en ordre utile; et les inscriptions du chef des femmes, mineurs ou interdits, seront rayées, ou en totalité, ou jusqu'à due concurrence.

Si les inscriptions du chef des femmes, mineurs ou interdits, sont les plus anciennes, l'acquéreur ne pourra faire aucun paiement du prix au préjudice desdites inscriptions, qui auront toujours, ainsi qu'il a été dit ci-dessus, la date du contrat de mariage, ou de l'entrée en gestion du tuteur; et, dans ce cas, les inscriptions des autres créanciers qui ne viennent pas en ordre utile, seront rayées.

CV. *Si dans le cours des deux mois de l'exposition du contrat, il n'a pas été fait d'inscription sur les immeubles vendus, ils passent à l'acquéreur sans aucune charge, à raison des conventions matrimoniales de la femme, ou de la gestion du tuteur.*

<small>Séance du 12 Ventose an 12.</small>

(Cet article fut renvoyé à la section par suite de la discussion qui s'éleva sur l'article précédent, et les changemens qu'il a subi n'ont donné lieu à acune discussion).

CHAPITRE X.

DE LA PUBLICITÉ DES REGISTRES, ET RESPONSABILITÉ DES CONSERVATEURS.

2196. Les conservateurs des hypothèques sont tenus de délivrer à tous ceux qui le requièrent, copie des actes transcrits sur leurs registres et celle des inscriptions subsistantes, ou certificat qu'il n'en existe aucune.

(Cet article, le CVI^e. du Projet, fut adopté sans discussion).

2197. Ils sont responsables du préjudice résultant,

1°. De l'omission sur leurs registres, des transcriptions d'actes de mutation, et des inscriptions requises en leurs bureaux;

2°. Du défaut de mention dans leurs certificats, d'une ou de plusieurs des inscriptions existantes, à moins, dans ce dernier cas, que l'erreur ne provint de désignations insuffisantes qui ne pourraient leur être imputées.

(Cet article, le CVII^e. du Projet, fut adopté sans discussion).

2198. L'immeuble à l'égard duquel le conservateur aurait omis dans ses certificats une ou plusieurs des charges inscrites, en demeure, sauf la responsabilité du conservateur, affranchi dans les mains du nouveau possesseur, pourvu qu'il ait requis le certificat depuis la transcription de son titre; sans préjudice néanmoins du droit des créanciers de se faire colloquer suivant l'ordre qui leur appartient, tant que le prix n'a pas été payé par l'acquéreur, ou tant que l'ordre fait entre les créanciers n'a pas été homologué.

(Cet article, le CVIII^e. du Projet, fut adopté sans discussion).

2199. Dans aucun cas, les conservateurs ne peuvent refuser ni retarder la transcription des actes de mutation, l'inscription des droits hypothécaires, ni la délivrance des certificats requis, sous peine des dommages et intérêts des parties; à l'effet de quoi, procès-verbaux des refus ou retardemens seront, à la diligence des requérans, dressés sur-le-champ, soit par un juge de paix, soit par un huissier audiencier du tribunal, soit par un autre huissier ou un notaire, assisté de deux témoins.

(Cet article, le CIX^e. du Projet, fut adopté sans discussion).

2200. Néanmoins, les conservateurs seront tenus d'avoir un registre sur lequel ils inscriront, jour par jour, et par ordre numérique, les remises qui leur seront faites d'actes de mutation pour être transcrits, ou de bordereaux pour être inscrits; ils donneront au requérant une reconnaissance sur papier timbré, qui rappellera le numéro du registre sur lequel la remise aura été inscrite, et ils ne pourront transcrire les actes de mutation ni inscrire les bordereaux sur les registres à ce destinés, qu'à la date et dans l'ordre des remises qui leur en auront été faites.

(Cet article ne se trouvait pas dans le Projet).

Séance du 22 Ventose an 12.

M. TREILHARD dit que le Tribunat est d'avis de placer ici une disposition qui aura pour but d'empêcher les conservateurs, qui ne peuvent inscrire tous les titres au moment où ils sont présentés, d'intervertir l'ordre de la présentation.

La section, qui adopte cette addition, propose en conséquence l'article 2200.

Cet article est adopté.

2201. Tous les registres des conservateurs sont en papier timbré, cotés et paraphés à chaque page par première et dernière, par l'un des juges du tribunal dans le ressort duquel le bureau est établi. Les registres seront arrêtés chaque jour comme ceux d'enregistrement des actes.

2202. Les conservateurs sont tenus de se conformer, dans l'exercice de leurs fonctions, à toutes les dispositions du présent chapitre, à peine d'une amende de deux cents à mille francs pour la première contravention, et de destitution pour la seconde; sans préjudice des dommages et intérêts des parties, lesquels seront payés avant l'amende.

CX. *Tous les registres des conservateurs destinés à recevoir les transcriptions d'actes et les inscriptions des droits hypothécaires, sont en papier timbré, cotés et paraphés à chaque page par première et dernière, par l'un des juges du tribunal dans le ressort duquel le bureau est établi.*

Les conservateurs sont tenus d'observer cette règle, et de se conformer,

dans

PRIVILEGES ET HYPOTHEQUES. 849

dans l'exercice de leurs fonctions, à toutes les dispositions du présent chapitre, à peine d'une amende de deux cents à mille francs pour la première contravention, et de destitution pour la seconde; sans préjudice des dommages et intérêts des parties, lesquels seront payés avant l'amende.

(Les deux articles 2201 et 2202 ont été formés de l'article CX^e. du Projet, qui fut adopté sans discussion).

<small>Séance du 12 Ventose an 12.</small>

2203. Les mentions de dépôts, les inscriptions et transcriptions, sont faites sur les registres, de suite, sans aucun blanc ni interligne, à peine, contre le conservateur, de mille à deux mille francs d'amende, et des dommages et intérêts des parties, payables aussi par préférence à l'amende.

(On ne trouvait pas dans l'article CXI du Projet, ces mots : *les mentions de dépôt*. A cette différence près il était le même que l'article 2203 ; il fut adopté sans discussion).

TITRE XIX.

DE L'EXPROPRIATION FORCÉE ET DES ORDRES ENTRE LES CRÉANCIERS.

Décrété le 28 Ventose an 12, promulgué le 8 Germinal suivant.

CHAPITRE PREMIER.

DE L'EXPROPRIATION FORCÉE.

2204. Le créancier peut poursuivre l'expropriation, 1°. des biens immobiliers et de leurs accessoires réputés immeubles appartenant en propriété à son débiteur ; 2°. de l'usufruit appartenant au débiteur, sur les biens de même nature.

Séance du 12 Ventose an 12.

Ier. Le créancier peut poursuivre l'expropriation des immeubles et des accessoires réputés immeubles, appartenant à son débiteur en propriété ou en usufruit.

(Cet article fut adopté, les changemens qu'il a éprouvés ont eu lieu sans discussion, après la conférence tenue avec le Tribunat).

2205. Néanmoins la part indivise d'un cohéritier dans les immeubles d'une succession ne peut être mise en vente par ses créanciers personnels, avant le partage ou la licitation qu'ils peuvent provoquer s'ils le jugent convenable, ou dans lesquels ils ont le droit d'intervenir, conformément à l'article 882 au titre *des Successions*.

(Cet article, le IIe. du Projet, fut adopté sans discussion).

2206. Les immeubles d'un mineur, même émancipé, ou d'un interdit, ne peuvent être mis en vente avant la discussion du mobilier.

(Cet article, le IIIe. du Projet, fut adopté sans discussion).

EXPROPRIATION FORCÉE.

2207. La discussion du mobilier n'est pas requise avant l'expropriation des immeubles possédés par indivis entre un majeur et un mineur ou interdit, si la dette leur est commune, ni dans le cas où les poursuites ont été commencées contre un majeur, ou avant l'interdiction.

(Cet article, le IVe. du Projet, fut adopté sans discussion) (1).

2208. L'expropriation des immeubles qui font partie de la communauté, se poursuit contre le mari débiteur, seul, quoique la femme soit obligée à la dette.

Celle des immeubles de la femme qui ne sont point entrés en communauté, se poursuit contre le mari et la femme, laquelle, au refus du mari de procéder avec elle, ou si le mari est mineur, peut être autorisée en justice (2).

En cas de minorité du mari et de la femme, ou de minorité de la femme seule, si son mari majeur refuse de procéder avec elle, il est nommé par le tribunal un tuteur à la femme, contre lequel la poursuite est exercée.

VI. *L'expropriation des immeubles conquêts de communauté, se poursuit contre le mari débiteur, seul, quoique la femme soit obligée à la dette.*

---

(1) V. *L'adjudication de l'immeuble d'un mineur ou interdit, sans discussion de son mobilier, ne peut être annullée qu'autant qu'il serait prouvé qu'à l'époque des affiches le mineur ou l'interdit avait des meubles ou deniers suffisans pour acquitter la dette.*

L'action en nullité ne peut être par eux exercée après l'année révolue du jour où ils ont appris ou recouvré l'exercice de leurs droits.

L'article fut adopté.

Dans la séance du 22 ventôse an 12, M. Treilhard dit que le Tribunat a demandé la suppression de l'article V, qu'il croit inutile et dangereux.

La disposition est inutile, parce qu'on ne passe aux immeubles qu'après avoir discuté les meubles, et que la présence du tuteur garantit que cet ordre ne sera pas interverti.

Elle est dangereuse, parce que si les acquéreurs se voient exposés à une expropriation, ils achèteront à un prix plus bas.

La section a adopté cette observation.

L'article est retranché.

(2) Le tribunal d'appel de Caen proposait d'ajouter au second alinéa ces mots : *Soit sur sa demande, soit sur celle du créancier poursuivant.*

Celle des immeubles de la femme propres de communauté, se poursuit contre le mari et la femme, laquelle, au refus du mari de procéder avec elle, peut être autorisée en justice.

En cas de minorité du mari et de la femme, ou de minorité de la femme seule, si son mari majeur refuse de procéder avec elle, il est nommé par le tribunal un tuteur à la femme, contre lequel la poursuite est exercée.

(Cet article fut adopté, les changemens qu'il a subis ont eu lieu sans discussion, après la conférence tenue avec le Tribunat).

2209. Le créancier ne peut poursuivre la vente des immeubles qui ne lui sont pas hypothéqués, que dans le cas d'insuffisance des biens qui lui sont hypothéqués.

(Cet article, le VIIe. du Projet, fut adopté sans discussion).

2210. La vente forcée des biens situés dans différens arrondissemens ne peut être provoquée que successivement, à moins qu'ils ne fassent partie d'une seule et même exploitation.

Elle est suivie dans le tribunal dans le ressort duquel se trouve le chef-lieu de l'exploitation, ou à défaut de chef-lieu, la partie de biens qui présente le plus grand revenu, d'après la matrice du rôle.

(Cet art., le VIIIe. du Projet, fut adopté sans discussion).

2211. Si les biens hypothéqués au créancier, et les biens non hypothéqués, ou les biens situés dans divers arrondissemens, font partie d'une seule et même exploitation, la vente des uns et des autres est poursuivie ensemble, si le débiteur le requiert; et ventilation se fait du prix de l'adjudication, s'il y a lieu.

(Cet art., le IXe. du Projet, fut adopté sans discussion).

2212. Si le débiteur justifie, par baux authentiques, que le revenu net et libre de ses immeubles pendant une année, suffit pour le paiement de la dette en capital, intérêts et frais, et s'il en offre la délégation au créancier, la pour-

EXPROPRIATION FORCÉE. 853

suite peut être suspendue par les juges, sauf à être reprise s'il survient quelque opposition ou obstacle au paiement.

(Cet article, le Xe. du Projet, fut adopté sans discussion).

2213. La vente forcée des immeubles ne peut être poursuivie qu'en vertu d'un titre authentique et exécutoire, pour une dette certaine et liquide. Si la dette est en espèces non liquidées, la poursuite est valable ; mais l'adjudication ne pourra être faite qu'après la liquidation.

(Cet article, le XIe. du Projet, fut adopté sans discussion).

2214. Le cessionnaire d'un titre exécutoire ne peut poursuivre l'expropriation qu'après que la signification du transport a été faite au débiteur.

XII. *Le cessionnaire d'un titre exécutoire peut poursuivre l'expropriation comme le cédant, après que la signification du transport a été faite au débiteur.*

(L'article fut adopté sans discussion, le changement de rédaction qu'il a éprouvé, a eu lieu après la conférence tenue avec le Tribunat).

2215. La poursuite peut avoir lieu en vertu d'un jugement (1) provisoire ou définitif, exécutoire par provision, nonobstant appel ; mais l'adjudication ne peut se faire qu'après un jugement définitif en dernier ressort, ou passé en force de chose jugée.

La poursuite ne peut s'exercer en vertu de jugemens rendus par défaut durant le délai de l'opposition.

(Cet article, le XIIIe. du Projet, fut adopté sans discussion).

2216. La poursuite ne peut être annullée, sous prétexte que le créancier l'aurait commencée pour une somme plus forte que celle qui lui est due.

(Cet article, le XIVe. du Projet, fut adopté sans discussion).

---

(1) Le tribunal d'appel de Nîmes proposait d'ajouter : *Sauf la nullité de la saisie et les dommages et intérêts, dans le cas où le jugement provisoire viendrait à être anéanti, si toutefois la saisie n'était maintenue par l'opposition d'autres créanciers.*

2217. Toute poursuite en expropriation d'immeubles doit être précédée d'un commandement de payer, fait, à la diligence et requête du créancier, à la personne du débiteur, ou à son domicile, par le ministère d'un huissier.

Les formes du commandement, et celles de la poursuite sur l'expropriation, sont réglées par les lois sur la procédure.

(Cet article, le XVe. du Projet, fut adopté sans discussion).

CHAPITRE II.

DE L'ORDRE ET DE LA DISTRIBUTION DU PRIX ENTRE LES CRÉANCIERS.

2218. L'ordre et la distribution du prix des immeubles, et la manière d'y procéder, sont réglés par les lois sur la procédure.

(Cet article, le XVIe. du Projet, fut adopté sans discussion).

TITRE XX.

DE LA PRESCRIPTION.

Décrété le 24 Ventose an 12, promulgué le 4 Germinal suivant.

CHAPITRE PREMIER.

DISPOSITIONS GÉNÉRALES.

2219. La prescription est un moyen d'acquérir ou de se libérer par un certain laps de tems, et sous les conditions déterminées par la loi.

(Cet article, le Ier. du Projet, fut adopté sans discussion).

Séance
du 7 Pluviose
an 12.

2220. On ne peut, d'avance, renoncer à la prescription : on peut renoncer à la prescription acquise.

(Cet article, le IIe. du Projet, fut adopté sans discussion).

2221. La renonciation à la prescription est expresse ou tacite : la renonciation tacite résulte d'un fait qui suppose l'abandon du droit acquis.

(Cet article, le IIIe. du Projet, fut adopté sans discussion).

2222. Celui qui ne peut aliéner, ne peut renoncer à la prescription acquise.

(Cet article, le IVe. du Projet, fut adopté sans discussion).

2223. Les juges ne peuvent pas suppléer d'office le moyen résultant de la prescription.

(Cet article, le Ve. du Projet, fut adopté sans discussion).

2224. La prescription peut être opposée en tout état de cause, même devant le tribunal d'appel, à moins que la partie qui n'aurait pas opposé le moyen de la prescription

ne doive, par les circonstances, être présumée y avoir renoncé.

(Cet article, le VIe. du Projet, fut adopté sans discussion).

2225. Les créanciers, ou toute autre personne ayant intérêt à ce que la prescription soit acquise, peuvent l'opposer, encore que le débiteur ou le propriétaire y renonce.

(Cet article, le VIIe. du Projet, fut adopté sans discussion).

2226. On ne peut prescrire le domaine des choses qui ne sont point dans le commerce.

(Cet article, le VIIIe. du Projet, fut adopté sans discussion).

2227. La nation, les établissemens publics et les communes sont soumis aux mêmes prescriptions que les particuliers, et peuvent également les opposer.

(Cet article, le IXe. du Projet, fut adopté sans discussion).

CHAPITRE II.

DE LA POSSESSION.

2228. La possession est la détention ou la jouissance d'une chose ou d'un droit que nous tenons ou que nous exerçons par nous-mêmes, ou par un autre qui la tient ou qui l'exerce en notre nom.

(Cet article, le Xe. du Projet, fut adopté sans discussion).

2229. Pour pouvoir prescrire, il faut une possession continue et non interrompue, paisible, publique, non équivoque, et à titre de propriétaire.

(Cet article, le XIe. du Projet, fut adopté sans discussion).

2230. On est toujours présumé posséder pour soi, et à titre de propriétaire, s'il n'est prouvé qu'on a commencé à posséder pour un autre.

(Cet article, le XIIe. du Projet, fut adopté sans discussion).

2231. Quand

PRESCRIPTION. 857

2231. Quand on a commencé à posséder pour autrui, on est toujours présumé posséder au même titre, s'il n'y a preuve du contraire.

(Cet article, le XIIIe. du Projet, fut adopté sans discussion).

2232. Les actes de pure faculté et ceux de simple tolérance ne peuvent fonder ni possession ni prescription.

(Cet article, le XIVe. du Projet, fut adopté sans discussion).

2233. Les actes de violence ne peuvent fonder non plus une possession capable d'opérer la prescription.

La possession utile ne commence que lorsque la violence a cessé.

XV. *Les actes de violence ne peuvent fonder non plus une possession capable d'opérer la prescription, tant que cette violence dure.*

(Les changemens que cet article a subis ont eu lieu sans discussion)

2234. Le possesseur actuel qui prouve avoir possédé anciennement, est présumé avoir possédé dans le tems intermédiaire, sauf la preuve contraire.

(Cet article, le XVIe. du Projet, fut adopté sans discussion).

2235. Pour compléter la prescription, on peut joindre à sa possession celle de son auteur, de quelque manière qu'on lui ait succédé, soit à titre universel ou particulier, soit à titre lucratif ou onéreux.

(Cet article, le XVIIe. du Projet, fut adopté sans discussion) (1).

CHAPITRE III.

CAUSES QUI EMPECHENT LA PRESCRIPTION.

2236. Ceux qui possèdent pour autrui, ne prescrivent jamais, par quelque laps de tems que ce soit.

---

(1) Le tribunal d'appel de Grenoble proposait d'ajouter après cet article un article pris dans les lois 131 et 150, ff. *de reg. jur.* ainsi conçu :

Celui qui cesse de posséder par dol, est toujours réputé possesseur, et, comme tel, tenu de procurer le délaissement de l'immeuble qu'il possédait, ou d'en payer la valeur.

Ainsi, le fermier, le dépositaire, l'usufruitier, et tous autres qui détiennent précairement la chose du propriétaire, ne peuvent la prescrire.

(Cet article, le XVIIIe. du Projet, fut adopté sans discussion).

2237. Les héritiers de ceux qui tenaient la chose à quelqu'un des titres désignés par l'article précédent, ne peuvent non plus prescrire.

(Cet article, le XIXe. du Projet, fut adopté sans discussion).

2238. Néanmoins, les personnes énoncées dans les articles 2236 et 2237, peuvent prescrire, si le titre de leur possession se trouve interverti, soit par une cause venant d'un tiers, soit par la contradiction qu'elles ont opposée au droit du propriétaire.

(Cet article, le XXe. du Projet, fut adopté sans discussion).

2239. Ceux à qui les fermiers, dépositaires et autres détenteurs précaires, ont transmis la chose par un titre translatif de propriété, peuvent la prescrire.

(Cet article, le XXIe. du Projet, fut adopté sans discussion).

2240. On ne peut pas prescrire contre son titre, en ce sens que l'on ne peut point se changer à soi-même la cause et le principe de sa possession.

(Cet article, le XXIIe. du Projet, fut adopté sans discussion).

2241. On peut prescrire contre son titre, en ce sens que l'on prescrit la libération de l'obligation que l'on a contractée.

(Cet art., le XXIIIe. du Projet, fut adopté sans discussion).

CHAPITRE IV.

CAUSES QUI INTERROMPENT OU QUI SUSPENDENT LE COURS DE LA PRESCRIPTION.

SECTION PREMIERE.

DES CAUSES QUI INTERROMPENT LA PRESCRIPTION.

2242. La prescription peut être interrompue, ou naturellement, ou civilement.

(Cet art., le XXIVe. du Projet, fut adopté sans discussion).

2243. Il y a interruption naturelle, lorsque le possesseur est privé, pendant plus d'un an, de la jouissance de la chose, soit par l'ancien propriétaire, soit même par un tiers.

(Cet article, le XXVe. du Projet, fut adopté sans discussion).

2244. Une citation en justice, un commandement ou une saisie signifiés à celui qu'on veut empêcher de prescrire, forment l'interruption civile.

(Cet art., le XXVIe. du Projet, fut adopté sans discussion).

2245. La citation en conciliation devant le bureau de paix interrompt la prescription, du jour de sa date, lorsqu'elle est suivie d'une assignation en justice, donnée dans les délais de droit.

(Cet article, le XXVIIe. du Projet, fut adopté sans discussion).

2246. La citation en justice, donnée même devant un juge incompétent, interrompt la prescription.

(Cet article, le XXVIIIe. du Projet, fut adopté sans discussion).

2247. Si l'assignation est nulle par défaut de forme,

Si le demandeur se désiste de sa demande,

S'il laisse périmer l'instance,

Ou si sa demande est rejetée,

L'interruption est regardée comme non avenue.

(Cet article, le XXIXe. du Projet, fut adopté sans discussion).

2248. La prescription est interrompue par la reconnaissance que le débiteur ou le possesseur fait du droit de celui contre lequel il prescrivait.

(Cet article était le XXXe. du Projet).

M. Jollivet dit que la jurisprudence variait sur le délai après lequel le titre nouvel d'une rente pouvait être demandé, et qu'il importe de le fixer.

M. Berlier observe que la discussion de cet amendement, se lie à l'article XLIII (2262).

La proposition de M. Jollivet est ajournée après la discussion de cet article.

L'article fut ensuite adopté.

2249. L'interpellation faite, conformément aux articles ci-dessus, à l'un des débiteurs solidaires, ou sa reconnaissance, interrompt la prescription contre tous les autres, même contre leurs héritiers.

L'interpellation faite à l'un des héritiers d'un débiteur solidaire, ou la reconnaissance de cet héritier, n'interrompt pas la prescription à l'égard des autres cohéritiers, quand même la créance serait hypothécaire, si l'obligation n'est indivisible.

Cette interpellation ou cette reconnaissance n'interrompt la prescription, à l'égard des autres codébiteurs, que pour la part dont cet héritier est tenu.

Pour interrompre la prescription pour le tout, à l'égard des autres codébiteurs, il faut l'interpellation faite à tous les héritiers du débiteur décédé, ou la reconnaissance de tous ces héritiers.

(Cet article, le XXXIe. du Projet, fut adopté sans discussion).

2250. L'interpellation faite au débiteur principal, ou sa reconnaissance, interrompt la prescription contre la caution.

(Cet article, le XXXIIe. du Projet, fut adopté sans discussion).

SECTION II.

DES CAUSES QUI SUSPENDENT LE COURS DE LA PRESCRIPTION.

2251. La prescription court contre toutes personnes, à moins qu'elles ne soient dans quelque exception établie par une loi.

(Cet article, le XXXIIIe. du Projet, fut adopté sans discussion).

2252. La prescription ne court pas contre les mineurs et les interdits, sauf ce qui est dit à l'article 2278, et à l'exception des autres cas déterminés par la loi.

(Cet article n'était pas dans le Projet; il a été ajouté après les conférences avec le Tribunat).

2253. Elle ne court point entre époux.

(Cet art., le XXXIVe. du Projet, fut adopté sans discussion).

2254. La prescription court contre la femme mariée, encore qu'elle ne soit point séparée par contrat de mariage ou en justice, à l'égard des biens dont le mari a l'administration, sauf son recours contre le mari.

(Cet article, le XXXVe. du Projet, fut adopté sans discussion).

2255. Néanmoins elle ne court point, pendant le mariage, à l'égard de l'aliénation d'un fonds constitué selon le régime dotal, conformément à l'article 1561 au titre *du Contrat de mariage et des Droits respectifs des Epoux.*

(Cet article, le XXXVIe. du Projet, fut adopté sans discussion).

2256. La prescription est pareillement suspendue pendant le mariage,

1°. Dans le cas où l'action de la femme ne pourrait être exercée qu'après une option à faire sur l'acceptation ou la renonciation à la communauté ;

2°. Dans le cas où le mari, ayant vendu le bien propre de la femme sans son consentement, est garant de la vente, et dans tous les autres cas où l'action de la femme réfléchirait contre le mari.

(Cet article, le XXXVIIe. du Projet, fut adopté sans discussion).

2257. La prescription ne court point,

A l'égard d'une créance qui dépend d'une condition, jusqu'à ce que la condition arrive ;

A l'égard d'une action en garantie, jusqu'à ce que l'éviction ait lieu ;

A l'égard d'une créance à jour fixe, jusqu'à ce que ce jour soit arrivé.

(Cet article, le XXXVIIIe. du Projet, fut adopté sans discussion).

2258. La prescription ne court pas contre l'héritier bénéficiaire, à l'égard des créances qu'il a contre la succession.

Elle court contre une succession vacante, quoique non pourvue de curateur.

(Cet article, le XXXIXe. du Projet, fut adopté sans discussion).

2259. Elle court encore pendant les trois mois pour faire inventaire, et les quarante jours pour délibérer.

(Cet art., le XLe. du Projet, fut adopté sans discussion).

PRESCRIPTION. 863

CHAPITRE V.

DU TEMS REQUIS POUR PRESCRIRE.

SECTION PREMIERE.

DISPOSITIONS GÉNÉRALES.

2260. La prescription se compte par jours, et non par heures. Elle est acquise lorsque le dernier jour du terme est accompli.

(Cet article, le XLIe. du Projet, fut adopté sans discussion).

2261. Dans les prescriptions qui s'accomplissent dans un certain nombre de jours, les jours complémentaires sont comptés.

Dans celles qui s'accomplissent par mois, celui de fructidor comprend les jours complémentaires.

(Cet article, le XLIIe. du Projet, fut adopté sans discussion.

SECTION II.

DE LA PRESCRIPTION TRENTENAIRE.

2262. Toutes les actions, tant réelles que personnelles, sont prescrites par trente ans, sans que celui qui allègue cette prescription soit obligé d'en rapporter un titre, ou qu'on puisse lui opposer l'exception déduite de la mauvaise foi.

(Cet article était le XLIIIe. du Projet).

M. JOLLIVET rappelle l'observation qu'il a faite sur l'article XXX : il propose de fixer le delai à vingt ans.

M. BERLIER dit que ce delai est trop court.

M. JOLLIVET propose de le fixer à vingt-cinq ans.

M. BERLIER dit que la loi ne doit, à cet égard, accorder que ce qui est strictement nécessaire; or, puisque la prescription ne s'acquiert, relativement aux rentes, que par trente ans, pourquoi l'action en renouvellement du titre serait-elle accordée avant l'expiration de la vingt-neuvième année? Une année est bien suffisante pour poursuivre le titre nouvel, ou du moins pour en former la demande, qui seule est interruptive de la prescription : il faut donc s'arrêter là; car d'ailleurs la passation du nouveau titre est aux frais du débiteur, et il ne faut pas aggraver sa condition sans nécessité.

M. JOLLIVET dit que les créanciers qui reçoivent régulièrement leurs arrérages, sont ordinairement insoucians à l'égard du titre nouvel; que cependant cette négligence les expose à perdre la rente par la prescription. Elle paraît en effet acquise contre eux, lorsqu'ils n'ont pas pris de titre nouvel; car les quittances étant entre les mains du débiteur, ils ne peuvent justifier que la rente leur a été payée exactement pendant les trente années antérieures.

M. TRONCHET dit qu'abréger le délai après lequel le titre nouvel peut être exigé, c'est abréger la prescription elle-même; car elle ne doit s'accomplir qu'après trente ans.

M. TREILHARD dit qu'il suffit d'une année pour que le créancier ne soit pas surpris par l'accomplissement de la prescription; qu'ainsi le délai pour exiger le titre nouvel paraît devoir être fixé à vingt-neuf ans.

L'article est adopté.

2263. Après vingt-huit ans de la date du dernier titre, le débiteur d'une rente peut être contraint à fournir à ses frais un titre-nouvel à son créancier ou à ses ayant-cause.

(Cet article n'était pas dans le Projet, il est le résultat de la discussion qui a eu lieu sur l'article précédent. Voy. aussi la proposition de M. Jollivet sur l'article 2248).

2264. Les règles de la prescription sur d'autres objets que ceux mentionnés dans le présent titre, sont expliquées dans les titres qui leur sont propres.

(Cet article, le XLIVe. du Projet, fut adopté sans discussion).

SECTION III.

DE LA PRESCRIPTION PAR DIX ET VINGT ANS.

2265. Celui qui acquiert de bonne-foi, et par juste titre,

titre(1), un immeuble, en prescrit la propriété par dix ans, si le véritable propriétaire habite dans le ressort du tribunal d'appel dans l'étendue duquel l'immeuble est situé; et par vingt ans, s'il est domicilié hors dudit ressort.

(Cet article, le XLVe. du Projet, fut adopté sans discussion).

2266. Si le véritable propriétaire a eu son domicile en différens tems, dans le ressort et hors du ressort, il faut, pour compléter la prescription, ajouter à ce qui manque aux dix ans de présence, un nombre d'années d'absence, double de celui qui manque, pour compléter les dix ans de présence.

(Cet art., le XLVIe. du Projet, fut adopté sans discussion).

2267. Le titre nul par défaut de forme, ne peut servir de base à la prescription de dix et vingt ans.

(Cet art., le XLVIIe. du Projet, fut adopté sans discussion).

2268. La bonne-foi est toujours présumée, et c'est à celui qui allègue la mauvaise foi à la prouver.

(Cet article, le XLVIIIe. du Projet, fut adopté sans discussion).

2269. Il suffit que la bonne-foi ait existé au moment de l'acquisition.

(Cet art., le XLIXe. du Projet, fut adopté sans discussion).

2270. Après dix ans, l'architecte et les entrepreneurs sont déchargés de la garantie des gros ouvrages qu'ils ont faits ou dirigés.

(Cet article, le L^e. du Projet, fut adopté sans discussion).

---

(1) Le tribunal d'appel de Caen observait que l'expression de *juste titre* est bien vague. Par exemple, le titre d'une donation serait-il réputé tel ? Cette prescription a souvent été rejetée nonobstant la disposition précise de la loi *Super*, au Code *De long. temp. præscript.*

SECTION IV.

DE QUELQUES PRESCRIPTIONS PARTICULIÈRES.

2271. L'action des maîtres et instituteurs des sciences et arts, pour les leçons qu'ils donnent au mois;

Celle des hôteliers et traiteurs, à raison du logement et de la nourriture qu'ils fournissent;

Celle des ouvriers et gens de travail, pour le paiement de leurs journées, fournitures et salaires,

Se prescrivent par six mois.

(Cet article, le LIe. du Projet, fut adopté sans discussion).

2272. L'action des médecins, chirurgiens et apothicaires, pour leurs visites, opérations et médicamens;

Celle des huissiers, pour le salaire des actes qu'ils signifient, et des commissions qu'ils exécutent;

Celle des marchands, pour les marchandises qu'ils vendent aux particuliers non marchands;

Celle des maîtres de pension, pour le prix de la pension de leurs élèves; et des autres maîtres, pour le prix de l'apprentissage;

Celle des domestiques qui se louent à l'année, pour le paiement de leur salaire,

Se prescrivent par un an.

(Cet article, le LIIe. du Projet, fut adopté sans discussion).

2273. L'action des avoués, pour le paiement de leurs frais et salaires, se prescrit par deux ans, à compter du jugement des procès, ou de la conciliation des parties, ou depuis la révocation desdits avoués. A l'égard des affaires non terminées, ils ne peuvent former de demandes pour leurs frais et salaires qui remonteraient à plus de cinq ans.

(Cet article était le LIIIe. du Projet).

M. Pelet, afin d'empêcher que les avoués n'abusent de cet article pour prolonger inutilement des procédures dispendieuses, propose de ne faire durer que pendant deux ans au lieu de cinq, leur action, même pour les affaires non encore terminées.

M. Berlier dit que la distinction faite par l'article est juste et doit être maintenue.

Quand une affaire est terminée, l'avoué doit plus spécialement songer à se faire payer ; et la prescription, qui n'est qu'une présomption légale de paiement, peut, en ce cas, s'acquérir par un moindre tems.

Mais tant que l'affaire dure, la loi peut et doit présumer quelques ménagemens de plus envers le client ; et dans ce cas, la présomption légale ne doit s'établir que par un plus grand laps de tems.

Ne serait-ce pas d'ailleurs aggraver la condition des cliens en général, que d'obliger l'avoué, même pendant le litige, à poursuivre son paiement dans le terme de deux ans, sous peine de prescription ? On peut bien croire qu'il n'y manquerait pas ; et la règle qui le forcerait à être dur envers son client, ne tournerait certainement pas au profit de celui-ci.

M. Portalis ajoute que si la proposition de M. Pelet était adoptée, le pauvre ne trouverait plus d'avoués qui voulussent faire des avances pour lui ; que d'ailleurs elle n'enchaînerait pas la cupidité ; car il est possible de faire, en deux ans, des frais aussi considérables que dans un laps de tems beaucoup plus long.

L'article est adopté.

2274. La prescription, dans les cas ci-dessus, a lieu, quoiqu'il y ait eu continuation de fournitures, livraisons, services et travaux.

Elle ne cesse de courir que lorsqu'il y a eu compte arrêté, cédule ou obligation, ou citation en justice non périmée.

(Cet art. le LIVe. du Projet, fut adopté sans discussion).

2275. Néanmoins ceux auxquels ces prescriptions seront opposées, peuvent déférer le serment à ceux qui les opposent, sur la question de savoir si la chose a été réellement payée.

Le serment pourra être déféré aux veuves et héritiers,

ou aux tuteurs de ces derniers, s'ils sont mineurs, pour qu'ils aient à déclarer s'ils ne savent pas que la chose soit due.

(Cet article, le LVe. du Projet, fut adopté sans discussion).

2276. Les juges et avoués sont déchargés des pièces cinq ans après le jugement des procès.

Les huissiers, après deux ans, depuis l'exécution de la commission, ou la signification des actes dont ils étaient chargés, en sont pareillement déchargés.

(Cet art., le LVIe. du Projet, fut adopté sans discussion).

2277. Les arrérages de rentes perpétuelles ou viagères ;
Ceux des pensions alimentaires ;
Les loyers des maisons, et le prix de ferme des biens ruraux ;
Les intérêts des sommes prêtées, et généralement tout ce qui est payable par année, ou à des termes périodiques plus courts,
Se prescrivent par cinq ans.

(Cet art., le LVIIe. du Projet, fut adopté sans discussion).

2278. Les prescriptions dont il s'agit dans les articles de la présente section, courent contre les mineurs et les interdits, sauf le recours contre leurs tuteurs.

(Cet article, le LVIIIe. du Projet, fut adopté sans discussion).

2279. En fait de meubles, la possession vaut titre.

Néanmoins celui qui a perdu ou auquel il a été volé une chose, peut la revendiquer pendant trois ans, à compter du jour de la perte ou du vol, contre celui dans les mains duquel il la trouve, sauf à celui-ci son recours contre celui duquel il la tient.

(Cet article, le LIXe. du Projet, fut adopté sans discussion).

2280. Si le possesseur actuel de la chose volée, ou perdue, l'a achetée dans une foire ou dans un marché, ou dans une vente publique, ou d'un marchand vendant des choses pareilles, le propriétaire originaire ne peut se la faire rendre qu'en remboursant au possesseur le prix qu'elle lui a coûté.

(Cet article, le LXe. du Projet, fut adopté sans discussion).

2281. Les prescriptions commencées à l'époque de la publication du présent titre, seront réglées conformément aux lois anciennes.

Néanmoins les prescriptions alors commencées, et pour lesquelles il faudrait encore, suivant les anciennes lois, plus de trente ans à compter de la même époque, seront accomplies par ce laps de trente ans.

(Cet article n'était pas dans le Projet : il a été ajouté après la conférence avec le Tribunat).

FIN.

ERRATA DU TOME PREMIER.

Page 6, *ligne* 14, les changemens qui, *lisez* les différences qui.
Page 23, *ligne* 2, contestée, *lisez* contesté.
Page 31, *ligne* 5, 28 du même mois, *lisez* 27 du même mois.
Page 43, *ligne* 17, art. XIII, *lisez* art. XIV.
Page 216, *ligne* 10, art. XVIII, *lisez* art. XVII.
Page 225, *ligne* 7, art XV, *lisez* art. XVI.
Page 236, *ligne* 12, *ajoutez* (1).
Page 278, *ligne* 6, 130, *lisez* 180.
Page 291, *ligne* 2, dix, *lisez* six.
Page 480, *ligne* 8, transition, *lisez* transaction.
Page 517, *ligne* 3, art....., *lisez* XXV.
Page 561, *ligne* 7, s'appliquer, *lisez* s'expliquer.
Page 576, *ligne* 19, quel que puisse le taux, *lisez* quel que puisse être le taux.
Page 590, *ligne* 25, Cet art., le XIVe du Projet, était le même, à cette différence, *lisez* Cet art. était le XIVe du Projet, à cette différence.
Page 594, *ligne* 23, Les instituts disent *de rer. divis.*, *lisez* Les instituts *de rerum divisione*.

ERRATA DU TOME SECOND.

Page 79, *ligne* 15, succéder, *lisez* succédé.
Page 80, *ligne* 21, Ces partages, *lisez* Les partages.
Page 250, *ligne* 16, légalement forcé, *lisez* légalement formé.
Page 252, *ligne* 30, causes de la nécessité, *lisez* causes de la nullité.
Page 267, *ligne* 2, l'art. XXI, *lisez* l'art XXXIII.
Page 313, *ligne* 35, CCXXVIII et CCXXIX, *lisez* CCXXV et CCXXVI.
Page 451, *ligne* 27, l'influence, *lisez* l'insuffisance.

www.ingramcontent.com/pod-product-compliance
Lightning Source LLC
Chambersburg PA
CBHW070857300426
44113CB00008B/869